U0555530

陈光中法学文选（第四卷）

司法改革与刑事诉讼法修改

陈光中◎著

中国政法大学出版社

2019·北京

声　明　1. 版权所有，侵权必究。

　　　　　2. 如有缺页、倒装问题，由出版社负责退换。

图书在版编目（ＣＩＰ）数据

陈光中法学文选. 第四卷，司法改革与刑事诉讼法修改/陈光中著. —北京：
中国政法大学出版社，2019.12（2020.9重印）

　ISBN 978-7-5620-8039-8

　Ⅰ.①陈…　Ⅱ.①陈…　Ⅲ.①法学－文集　Ⅳ.①D90-53

中国版本图书馆CIP数据核字(2019)第271112号

书　　名	陈光中法学文选（第四卷） 司法改革与刑事诉讼法修改 CHENGUANGZHONG FAXUE WENXUAN DISIJUAN SIFAGAIGE YU XINGSHISUSONGFA XIUGAI
出版者	中国政法大学出版社
地　　址	北京市海淀区西土城路 25 号
邮　　箱	fadapress@163.com
网　　址	http://www.cuplpress.com (网络实名：中国政法大学出版社)
电　　话	010-58908466(第七编辑部) 58908334(邮购部)
承　　印	北京中科印刷有限公司
开　　本	720mm×960mm　1/16
印　　张	41.25
字　　数	870 千字
版　　次	2019 年 12 月第 1 版
印　　次	2020 年 9 月第 2 次印刷
定　　价	190.00 元

陈光中教授近影

2012年9月，获得"全国杰出资深法学家"称号

2018年10月，获得中国刑事诉讼法学研究会年会颁发的中国刑事诉讼法学"终身成就奖"

2018年12月，参加由《中国新闻周刊》杂志社主办的"影响中国"2018年度人物荣誉盛典，获得"见证40年·法治人物"奖

2011年9月，在我国台湾地区高雄大学参加第二届海峡两岸法学院校长论坛

2014年1月，率考察小组赴我国澳门特别行政区对廉政公署、司法警察局进行考察

2014年5月，参加第二届陈光中诉讼法学优秀研究生学位论文颁奖仪式暨司法改革研讨会

2015年6月，主持召开《中国大百科全书》第三版法学学科第一次编委会会议

2016 年 12 月，与德中刑事诉讼法学高端论坛部分与会代表合影

2016 年 12 月，在德中刑事诉讼法学高端论坛上做主旨发言

2017年9月，参加中德刑事诉讼法学高端论坛

2017年11月，参加中国法学会宪法学研究会和中国刑事诉讼法学研究会联合主办的"国家监察体制改革：宪法学与刑事诉讼法学的对话"研讨会

2018 年 5 月，参加由国家检察官学院、中国犯罪学学会联合主办，由陈光中教授做主旨发言的"动态平衡诉讼观理论与实践"研讨会

2014 年 9 月，参加《艾伦教授论证据法（上）》首发式

2012年与日本松尾浩也教授合影

2013年与美国弗洛伊德·菲尼教授合影

2019 年 11 月，"陈光中诉讼法学奖学基金"获紫光集团有限公司捐资人民币伍佰万元，捐赠仪式参与人员合影

2018 年 6 月，与博士生合影

序　言

学术人生耄耋年

八十寿辰祝贺会上，我曾吟诗一首："风雨阳光八十秋，未敢辜负少年头。伏生九旬传经学，法治前行终生求。"以诗明志，尚冀耄耋之年在学术上仍能做出新的奉献。九年来，我体力上逐渐衰退，但学术上仍孜孜以求，不敢有所懈怠。不仅实现了当初的承诺，而且超出了原有预期。现从以下五个方面对我八十岁之后九年以来的学术人生作出一番梳理。

一、著书立说，成果丰硕

这九年来，我仍活跃在法学科研第一线，承担了"2011 计划"国家司法文明协同创新中心"中国司法制度的发展与转型"项目、北京市社科重点课题"中国司法改革研究"等多项科研项目，学术成果相当丰硕。著作方面，我一共出版个人专著 4 部，主编及合著专著 6 本，主编教材 4 本。其中，我主编出版的《中国司法制度的基础理论问题研究》一书于 2012 年获北京市第十二届哲学社会科学优秀成果奖特等奖。主编教材《刑事诉讼法学（第四版）》（北京大学出版社、高等教育出版社 2012 年 6 月版），获北京高等教育经典教材奖、中国大学出版社图书奖优秀教材奖二等奖。目前该书已再版至第六版，成为国内刑事诉讼法学有代表性的教科书。主编教材《证据法学》（法律出版社 2011 年 4 月版），该书将证据法基础理论、基本知识与众多经典案例相结合，获得了广大师生的好评。目前该书已再版至第四版，这也兑现了我当初编写一部证据法学教材的诺言。另外，还有《论检察》（中国检察出版社 2013 年 7 月版），《非法证据排除规则实施问题研究》（北京大学出版社 2014 年 12 月版）等著作。

值得一提的是，2013 年，我主持的司法文明协同创新中心团队将"中国司法制度史"（三卷本）列入重点课题，分别研究中国古代司法制度、中国近代司法制度和中国现代司法制度。新著《中国古代司法制度》于 2017 年 12 月出版，共计 10 章 42 万字，贯彻了"以今观古，以古鉴今，通古今之变"的指导思想，受到法律界的好评，被誉为"研究、阐述古代司法制度的传世之作"。[1]目前，《中国现代司法制度》一书也将于今年出版，此书阐述了中华人民共和国的新司法制度，充分肯定了中华人民共和国成立以来的司法制度建设成就，也不回避特定时期的曲折与教训。

九年来，我还发表了文章（包括合著）123 篇，同时还有法治杂谈及访谈 94 篇，我也因此被誉为法学界多产的老年法学家。文章中主要涉及刑事诉讼法基础理论、证据制度、辩护制度、刑事诉讼程序和监察制度改革等方面的内容，也包括民主法治建设见解及案例评析等内容。择其代表性的有：《关于司法权威问题之探讨》《论无罪推定原则及其在中国的适用》《证据裁判原则若干问题之探讨》《刑事证据制度改革若干理论与实践问题之探讨》《我国公诉制度改革若干问题之探讨》《关于深化司法改革若干问题的思考》与《动态平衡诉讼观之我见》等。[2]其中，我与龙宗智教授合著的《关于深化司法改革若干问题的思考》一文，鲜明地指出深化司法改革必须遵循司法规律，确保司法机关依法独立行使职权，率先提出"以审判为中心"的主张，并应在人事、财物方面削弱对地方的依赖性。这些论述不仅在学界引起较大反响，而且有些内容被党的十八届四中全会决定所吸收。去年正值改革开放四十周年，也是刑事诉讼立法四十周年，为此我发表了《中国刑事诉讼立法四十年》一文以兹纪念。本书《陈光中法学文选（第四卷）——司法改革与刑事诉讼法修改》就是这些文章的选编。

此外，2015 年 7 月起，我被聘担任《中国大百科全书》（第三版）编

---

〔1〕 张建伟："现实关照下的古代司法制度历史图卷"，《人民法院报》2017 年 12 月 15 日第 5 版。
〔2〕 发表出处见本书"附录二 陈光中论著目录"，下同。

辑委员会委员、法学学科主编。《中国大百科全书》是国务院支持的国家级大型出版项目，是我国科学文化事业的一项重要的基础性、标志性、创新性工程。《中国大百科全书》（第三版）法学学科的编纂，是新时代中国法学研究成就的汇总和展现，也是世界深入了解中国法学和法治发展的窗口，意义重大。《中国大百科全书》（第三版）法学学科设有分支学科18个。目前，《中国大百科全书》（第三版）法学学科完成条目撰写近5000条，完成率约98%，条目编纂工作基本完成，审改任务仍然艰巨。可以说，担任《中国大百科全书》（第三版）法学学科的主编工作，是我追求法治人生中浓重的一笔，我将知难而上，尽力圆满完成编纂任务。

二、传道解惑，培育法律高端人才

作为中国政法大学终身教授，我仍未离开三尺讲台，继续在传道解惑，培养法学人才。我教育学生，在治学上要"博而后精，学以致用"。在2010年至2019年期间，共出站博士后6人，毕业博士研究生39人，毕业硕士研究生4人。至今，由我培养的出站博士后共9人，博士研究生共101人，硕士研究生共15人，他们当中有的人成为卓有成就的学者，有的成为实务部门的重要骨干，桃李盈门，英才辈出，令我无比欣慰。

为了奖励优秀的硕士生、博士生，我在学生亲友的支持下，于2002年成立了"陈光中诉讼法学奖学基金"。基金会面向全国，对学业优秀、科研突出的硕士生、博士生予以奖励。这个基金会现在正在扩充捐赠规模，以进一步促进诉讼法学青年学子的成长。同时，我也在家乡浙江省永嘉县成立了"陈光中教育基金会"，以促进基层中小学教育事业的发展，以此报效家乡的哺育之恩。

三、学以致用，助推立法完善

我一贯主张知行合一，学以致用，为助推立法发展，大致做了以下三方面的工作。

第一，参与立法修改，助推立法完善。在2012年我国启动《刑事诉讼法》第二次大修改以前，我就曾主编《中华人民共和国刑事诉讼法再修改专家建议稿与论证》，并提交给全国人大常委会法工委作参考。此次修改中，我全程参与了全国人大常委会法工委召开的关于《刑事诉讼法》修改的专家研讨会，为《刑事诉讼法》的修改提出了不少有益建议。例如，我所力倡的司法人权保障明确体现在 2012 年修改的《刑事诉讼法》第二条"尊重和保障人权"的规定中。我所坚持主张的"最高人民法院复核死刑案件，应当讯问被告人"，最后也被立法者所采纳（原草案规定"可以讯问被告人"）。其他诸如完善侦查阶段辩护律师的地位与权利，确立非法证据排除规则等主张也在修法中得到一定程度的吸收。

在 2018 年《中华人民共和国刑事诉讼法（修正草案）》公布之后，我通过媒体报道与发表文章，提出了若干意见供立法机关参考。其中有的建议被立法机关所采纳，例如，对值班律师职责由提供"辩护"修改为提供"法律帮助"。顺便还要说的是，此前《认罪认罚试点方案》中对某些特殊案件规定"犯罪嫌疑人自愿如实供述涉嫌犯罪的事实，有重大立功或者案件涉及国家重大利益的，经公安部或者最高人民检察院批准，侦查机关可以撤销案件，检察院可作不起诉决定"。我认为，该规定不符合法治精神，著文提出"应当统一由最高人民检察院批准"，此建议得到了采纳并最后规定在 2018 年《刑事诉讼法》之中。

第二，立足试点实践，推动司法改革。为配合司法改革的推进，我身体力行地完成了两个比较典型的试点项目。第一个是"非法证据排除规则"的试点实践。该项目自 2012 年 10 月起在全国七个省份共十个城市进行广泛调研，历时 1 年多，最后成文《非法证据排除规则实施若干问题研究——以实证调查为视角》，文中一些重要观点更直接被 2017 年"两院三部"联合发布的《关于办理刑事案件严格排除非法证据若干问题的规定》所吸收。例如，吸收外国经验，确立重复供述排除规则，采取"同一主体排除"的做法。第二个是为期两年的"庭审实质化与证人出庭作证实证研究"项目。这次试点和调研工作，从 2014 年 10 月开始启动，2016 年 6 月完成，内容包括在浙江省温州市人民法院、北京市西城区人民法院的试点以及在黑龙江省和广西壮族自治区法院系统的面上调查。在此基础上成文《完善证人出庭制度的若干问题探析——基于实证试点和调研的研究》，在杂志上予以发表。证人出庭项目在温州中级人民法院试点效果显著，影响很大，得到最高人民法院和中央政法委的高度评价，并被作为榜样向全国推广。

第三，敢于担当，促进监察制度改革。十八届六中全会后，中共中央为了加强反腐败斗争，试行国家监察制度的改革。为了将试点中行之有效的经验和做法上升为法律，全国人大常委会拉开了监察立法的序幕。自从中央作出决定以来，我始终对监察制度改革高度关注，接连发表数篇论文，并在学术研讨会上表达了我对监察制度的认识。2017年11月7日，在全国人大常委会正式公布《中华人民共和国监察法（草案）》并公开向社会征询意见后，针对草案存在的一些原则性问题，我本着学者的良知和担当精神，连续发声。草案公布当天，我接受财经网的采访，率先提出了《中华人民共和国监察法（草案）》应当修改的五点意见。2017年11月11日，我参加了中国法学会宪法学研究会和中国刑事诉讼法学研究会联合主办的"国家监察体制改革：宪法学与刑事诉讼法学的对话"研讨会并作了主题演讲，进一步对《中华人民共和国监察法（草案）》提出了八点系统性的修改意见。上述发声，力主三点意见：第一，修改《宪法》应先于制定监察法。第二，监察委员会独立行使职权的表述应当与《宪法》中对人民法院、人民检察院独立行使职权的规定相一致。第三，反腐败也应当注意保障人权，留置的适用应当严格遵循法治程序，并允许律师介入。随后，我的这些主张在网络上被广泛传播，产生了较大的影响。在此过程中，"《人民日报》内参"以"中国政法大学终身教授陈光中等专家认为——《中华人民共和国监察法（草案）》存合宪性争议有待完善"为题上报至中央。不到一周，中央有关会议就强调要"努力使每一项立法都符合宪法精神、反映人民意志、得到人民拥护"。应当说，我的上述主张对《监察法》的制定起到了积极的推动作用，有的建议直接为后来通过的《监察法》所吸收。

四、不遗余力，推动海外学术交流

作为一位站在法学研究前沿的学者，我深知比较法研究的重要性，因此九年来依然不遗余力地开展与海外的学术交流活动。

我仍然经常同我国港澳台地区学者进行学术交流。例如，2010年3月，我应我国台湾地区东吴大学的邀请，参加在台北举行的"海峡两岸法学交流二十周年纪念研讨会"，并在大会上做了题为"炎黄子孙总是情"的发言。同年9月，我参加了中国政法大学主办的首届海峡两岸法学院校长论坛。2012年5月，我应外交部驻港特派员公署邀请，赴港参加在香港的海外记者午餐研讨会，做关于刑事诉讼法修改的讲解报告，并解答记者提问。2013年7月起，我连续几年参加了福建省法官协会承办的"海峡两岸司法实务研讨会"。2014年1月，我率考察小组赴澳门对廉政公署、司法警察局进行考察，并在澳门大学做关于"中国内地司法改革"的演讲。

与此同时，我特别重视加强同德国等大陆法系国家的交流。例如，在我与德国慕尼黑大学法学院贝恩德·许乃曼教授的推动下，2016年12月在德国维尔茨堡大学召开了首届"德中刑事诉讼法学高端论坛"。作为中方代表，我以86岁高龄率领国内10名中青年知名法学家赴德参加会议，开启了中德两国刑事诉讼法学深入交流的序幕。2017年9月，我作为东道主，邀请德方代表在中国政法大学举办了第二届"中德刑事诉讼法学高端论坛"，进一步强化我们与大陆法系刑事诉讼法学者的联系。我此次参会的会议论文《审判公正与证人出庭问题》于2018年在德国刑事法权威杂志《哥特达玛刑事法档案》（第一卷）发表，这是该杂志第一次刊登中国刑事诉讼法学者的论文。2018年11月，我参加由中国政法大学诉讼法学研究院和比较法学研究院主办的中德刑事诉讼法学学术沙龙——"中德刑事诉讼中的审前羁押问题"，并做了主题发言。

此外，我也同其他国家、地区的学者开展学术交流与合作。2012年11月，我邀请日本德高望重的刑事法学专家松尾浩也教授来华做学术演讲。2014 年 8 月，我参加美国加州大学戴维斯分校法学院主办的"庭审中心与传闻证据规则"交流座谈会。同年 9 月，我以国际刑法协会中国分会名誉会长的身份参加巴西里约热内卢州法院主办的第 19 届国际刑法大会。

我的学术成就在国际范围内获得了相当高的评价。美国西北大学法学院艾伦教授认为在中国法治建设方面，我应当被视为引领中国"走上成功之路的国家英雄"。[1] 美国加州大学戴维斯分校菲尼教授评价我"是一位学者、一位改革家、一位为中国乃至全人类带来深远影响的人"。[2]

五、求真务实，完善学术思想

进入 80 岁高龄以来，我的学术思想臻于成熟，形成了比较完善的学术思想体系。综合九年来所发表的著作、文章以及采访，我将自己的主要学术观点概述如下。

（一）动态平衡诉讼观

刑事诉讼是一个矛盾的集合体，如何正确对待和处理这些矛盾事关重大。我很早就意识到这一问题的关键性，并提出平衡应当成为刑事诉讼的一项基本理念。经过近几年的反复思考，我在以往学术主张的基础上形成了更为系统的平衡观念，即动态平衡诉讼观，作为我多年来诉讼法学思想的总结和名片。刑事诉讼法学上的"动态平衡观"表现在以下五个方面。

第一，刑事实体法和刑事程序法相平衡。一方面，刑事诉讼法保障刑法的实施，程序法对于实体法的实施具有工具价值。另一方面，刑事诉讼法自身具有独立的价值，即程序法本身直接体现出来的民主、法治、人权

---

〔1〕 引自艾伦教授在《艾伦教授论证据法（上）》首发式上的发言，原文为：People like Prof. Chen should be heroes in your country. He and others steered China from the abyss of ignorance and destruction and set it on the path toward success that the country is now following。该首发式由"2011 计划"司法文明协同创新中心、中国政法大学证据科学研究院、中国人民大学出版社于 2014 年 9 月 28 日共同主办，以热烈祝贺艾伦教授新书首发并荣获 2014 年中国政府"友谊奖"。

〔2〕 引自菲尼教授在我 80 岁华诞会上的贺词。原文为：The profound influence that Professor Chen has had as a scholar, as a reformer, and as one of the architects of a new and better world not only for China but for all of mankind.

的精神，不依附于实体法而存在。司法公正是实体公正和程序公正的有机统一，要保证实体公正和程序公正动态并重。既要承认程序法的工具价值，又不能陷入唯工具论；既要承认程序法的独立价值，又不能过度夸大，陷入程序优先论。

第二，惩罚犯罪与保障人权相平衡。惩罚犯罪和人权保障，是刑事诉讼法目的的两个方面。一是刑事诉讼法必须对犯罪进行追究和惩罚，以保障公民的生命、财产和其他合法权利不受侵犯，保障国家安全和维护社会秩序稳定。二是刑事诉讼法尊重和保障人权，这是评价一个国家民主法治文明程度的标杆。刑事诉讼领域人权保障的重心在于犯罪嫌疑人、被告人的权利，并注意保障被害人权利。惩罚犯罪和保障人权对立统一，不可偏废。两者必须妥善地加以协调，相互平衡地结合在一起。

第三，客观真实与法律真实相结合。客观真实是指司法人员通过证明活动对案件事实的认定与案件客观事实相一致。法律真实是指司法人员通过证明活动对案件事实的认定达到法律所规定的真实程度。我国定罪的证明标准是"犯罪事实清楚，证据确实、充分"，要求定罪证明达到主客观相统一，这明显是以客观真实为理念基础。十八届四中全会决定提出："健全事实认定符合客观真相、办案结果符合实体公正、办案过程符合程序公正的法律制度"，这与客观真实理念相一致。科学证据的日益扩大适用，增强了事实认定符合客观真相的能力。但是，司法活动不是以发现真实为唯一价值，还包含人权保障的程序价值，当价值间存在矛盾和冲突时，法律真实起到了平衡器的作用。巨额财产来源不明罪中的推定、疑罪从无都是典型的法律真实的体现。

第四，诉讼结构上，控辩对抗和审判中立相统一。在现代法治国家中，刑事诉讼控诉、辩护和审判三者的关系可以概括为：控审分离、控辩对抗和审判中立。其中，由于行使控诉权的国家专门机关在权力、手段和物质条件上远超于被追诉人，因而国家必须刻意构建控辩双方平等对抗的程序，保证辩护权的有效行使。随着和谐诉讼和诉讼效率价值的提高，英美法系辩诉交易制度、大陆法系认罪协商制度在全球范围内兴起，中国也建立了认罪认罚从宽制度。因而刑事诉讼结构在坚持控辩平等对抗的同时，越来越多地增加了诉讼和合的因子。

第五，诉讼公正与诉讼效率之间的合理平衡。提高诉讼效率不仅能够节约司法成本，更重要的是让犯罪分子及时得到惩罚，无罪的人早日免受刑事追究，被害人及时得到精神上和物质上的补偿，从而更有效地实现刑事诉讼法的任务。诉讼公正与诉讼效率的合理平衡，要以公正为优先，公正是司法的灵魂和生命线。离开了司法公正，司法效率必将是反效率、高成本的，因为图快求多容易造成冤案错案，不仅损害了公正，而且需要花费更多的司法成本加以纠正和补偿。

这五项基本内容是符合刑事司法一般规律的。但这种平衡是动态的而不是静态的，即总体而言，矛盾双方是相对平衡的，但在不同情况下，侧重点可以有所不同。之所以提"动态"，是因为刑事司法不仅要考虑时空等因素，而且必须有现代化的多元诉讼机制。

(二) 司法改革的系统主张

在民主法治思想与动态平衡诉讼观的指导下，我针对当今司法改革的重要问题，提出了系统的具体主张，主要如下：

第一，审判、检察独立。这是实现司法公正的首要保障，是树立司法权威的必要条件，也是法官职业化的题中之意。为此，应当坚持和改善党对司法工作的领导，党组织（包括党委和政法委）对司法工作的领导主要是方针、政策的领导和组织领导，原则上不宜具体参与办案工作；理顺权力机关监督、监察委员会监督与司法机关独立行使职权的关系；为保障检察权、审判权的独立行使，应当落实三中全会关于"推动省以下地方法院、检察院人财物统一管理"等有力保障司法机关独立行使职权的措施。

第二，辩护制度的完善。辩护制度是否发达是衡量一个国家民主法治、人权保障程度的重要标志。在我看来，当今的辩护制度有待完善。一是加快推进刑事法律援助的全覆盖。对于可能判处三年有期徒刑以上刑罚的案件，应当对其提供法律援助。此处的法律援助并非是值班律师的法律帮助，而是刑事辩护法律援助。特别是对于可能被判处死刑的案件，公安司法机关在任何阶段都应当为其指定法律援助律师。死刑复核程序更不能例外。二是侦查阶段辩护律师是否享有取证权问题。现行法律对此问题没有明确规定，我主张应当吸收外国的经验，明确侦查阶段律师有权收集证据。当然，考虑到侦查阶段的特殊性，律师收集证据的权利可设定在其会见犯罪嫌疑人之后，以此减少此项制度所产生的负面影响。三是保障辩护律师的人身安全。由于《刑法》第306条与《刑事诉讼法》第44条的规定，我国辩护律师具有职业的高风险性，2011年北海律师案便凸显了这一点。此案由于在庭审中辩方证人全部翻证，4名律师和辩方3名证人在庭审后全部被拘捕。为此，我应邀召开学者座谈会，严肃批评北海公安司法机关抓捕证人和律师的错误行为，并表示应予立即释放。此案后来得到了正确公正的处理。我认为，《刑法》第306条"威胁、引诱证人违背事实改变证言或者作伪证"中的"引诱"难以准确掌握，应当对此进行修改。在现有法律未作改动之前，应严格把握界限。2015年6月，我在庆祝京都律师事务所成立20周年时所作的题词便为"尊重律师，支持律师，保护律师"，也体现了这一主张。

第三，刑事诉讼原则和证据规则的完善。首先，确立无罪推定原则，应当借鉴国际上对此原则的通行表述，以替代现行《刑事诉讼法》第12条中不到位的规定，改为"凡受刑事控告者，在未依法证实有罪之前，应有权被视为无罪"，并且应当完善并坚决贯彻"存疑有利于被指控人"的规则。

其次，完善证据裁判原则。证据裁判原则是现代法治国家刑事诉讼中认定犯罪事实时必须遵循的原则。我独自创新性地提出，诉讼证明方式的演进历史，不应以欧洲大陆为中心，而应扩展至世界范围，分为神明裁判、口供裁判和证据裁判三个阶段。证据裁判原则要求以口供以外的证据作为认定案件事实的主要根据。证据必须具有真实性、关联性、合法性。定罪证明标准是"事实清楚，证据确实、充分"，这是主客观相结合的标准，其中"事实清楚"是主观标准，"证据确实、充分"是客观标准。刑事诉讼法新增加的"排除合理怀疑"标准，不能照搬西方对排除合理怀疑关于"接近确定性"或"95%"的解释。对案件的主要事实应达到结论唯一性，以严防冤案的发生。

最后，完善不得强迫自证其罪原则。我国既规定不被强迫自证其罪原则，又规定了如实回答义务，这在法理上是矛盾的，不利于人权保障，应当删除后者的规定，并创造条件确立相对沉默权。

第四，审判中心与庭审实质化改革。"以审判为中心"的内涵应当从三个维度来解读：首先，审判中心是从最终认定被告人是否有罪这一权力由人民法院行使的角度来讲的；其次，审判中心要求庭审实质化并起决定性作用。再次，审判中心意味着侦查、起诉阶段为审判作准备，其对事实认定和法律适用的标准应当参照适用审判阶段的标准。推进以审判为中心的诉讼制度改革，应当从当前的司法实践出发，进一步推进证人出庭制度的改革。立法应重新确定必须出庭证人的范围：规定公诉人、当事人或者辩护人、诉讼代理人对证人证言有异议，且证人证言对案件定罪量刑有重大影响的，则该证人应当出庭；规定可能判处死刑或者有重大社会影响的案件中的重要证人应当出庭；删除现行《刑事诉讼法》第195条中关于允许当庭宣读不出庭证人证言笔录的规定。

第五，司法责任制。建立和完善司法责任制是司法改革的关键环节，是司法公正的重要保障，也是权责统一原则的必然要求，同时还是中西方司法文明共同的经验汇集。司法责任制应当坚持遵循司法权运行规律原则以及主观过错和客观行为相一致原则。司法责任制的适用范围应当限定于故意违法的行为，重大过失行为且造成了错案等严重后果的两种情形。

第六，完善认罪认罚从宽制度。在认罪认罚案件办理过程中，我们应当坚持案件事实清楚，证据确实、充分的证明标准；保障犯罪嫌疑人、被告人认罪认罚的自愿性；强化辩护权保障。正确应对审判阶段被告人反悔的情形，被告人可以撤回之前认罪认罚的供述，但法庭应该立即将审理程序转为被告人不认罪的普通程序。

第七，主张严防力纠冤案。我曾著文及接受采访，多次强烈呼吁，冤案是司法上的最大不公，必须严防力纠。我自己也付诸实际行动。如聂树斌案件中，在司法机关对此案进行申诉审查时对是否立案态度不明的关键时刻，我鲜明地指出，聂树斌案的五大疑点已经撕裂了原有的证据证明体系，该案符合再审条件，理应重新进行公正审判，并呼吁人民法院提起再审，引起了社会的广泛关注。随后，我就本案中专业法医问题邀请专家召开会议，并形成"聂树斌案法医问题咨询交流会内容纪要"，提交最高人民法院相关领导内部参考。该案最后改判聂树斌无罪，这是可以载入中国司法史册的适用疑罪从无规则的标志性案件。应当说，我对此案平反有所贡献。

第八，科技时代刑事司法的发展问题。首先，科技的发展是大势所趋，我们应当顺势而为，适应这一发展。同时，我们要积极地推动新技术成果在刑事诉讼法和证据法领域的应用。其次，不论是外国的司法经验还是中国的司法实践都告诉我们，科技的进步，例如，DNA检测技术的适用，使得刑事司法活动发现真相的能力大为提升，可以最大限度地防止冤假错案的发生。同时，物证技术在刑事司法领域的广泛应用，使得办案人员的关注点逐渐从言词证据转向实物证据，对被追诉人口供的依赖性及刑讯逼供的需求性日益降低，甚至可能改变庭审方式。最后，要重视大数据分析方法在刑事司法中的应用。我们可以利用大数据指引证据的收集，缩小作案嫌疑人的范围，进行犯罪发展态势研判、司法统计分析、审判动态研究等。但是大数据是宏观层面的研究，对刑事个案中具体案情的认定，要大数据与小数据相结合，做到事实清楚，证据确实、充分才能定案。总之，对于这些新问题的研究，我们尚处在摸索阶段。于刑事诉讼法而言，我们既要重视并强化科技的适用性，又要注意这个问题具有一定的探索性，这样才能让刑事案件的办理更为科学、公正和高效。

（三）对法治的理解

对这个我"终生求"的问题，我没有写过长篇大论的文章，只有只言片语的短文或采访，其内容要点有三。

第一，法治就是依据法律治理国家，也就是制度之治、规则之治与程序之治。我国的法治是党领导人民治理国家的方略。法治就是要全国公民，特别是领导人，一律平等地遵守法律，任何人不能有超越法律的特权。法治最重要的价值就是把权力关在制度的笼子里。

第二，法治必须与民主相结合，以民主为前提。中国古代的法家倡导法治，是为君主专制服务的，是专制法治。对古代的法治思想，应当取其精华，古为今用，但是不能与当代的民主法治混为一谈。民主就是人民当家作主，在工作决策中应当采取民主决策的方式，完善民主集中制，避免领导人个人独断而导致错误决策，给党和国家的事业造成重大损失。

第三，法治以公正为灵魂。社会的公平正义是人类追求的首要价值目标，任何妨碍社会公平正义实现的制度、程序都应当加以改革，社会主义更应是如此。公正司法是实现社会公平正义的最重要手段之一，也是体现社会公平正义最重要的一个窗口。如果司法不公，社会公平正义就难以实现。我国的司法从制度层面到实践层面，都还存在一定的不足，我们应当不断努力加以改革完善。

由于上述九年来的学术活动与成就，我有幸得到了不少荣誉，较为重要的有：2012年9月荣获"全国杰出资深法学家"称号（全国25名）；2016年9月，中国教育频道一套播出专题节目报道："法治天下：司法先驱陈光中"；2018年10月，我被中国刑事诉讼法学研究会授予"中国刑事诉讼法学终身成就奖"；2018年12月，我在中国新闻周刊杂志社主办的"影响中国"2018年度人物荣誉盛典上获得"见证40年·法治人物"奖。

因为年迈，我难以同时兼任众多社会职务，现保留兼职有：教育部社会科学委员会委员、法学部召集人之一、教育部人文社会科学重点研究基地——中国政法大学诉讼法学研究院名誉院长、国家司法文明协同创新中心学术委员会主席、中国刑事诉讼法学研究会名誉会长。

鹤发之年，我吸取了年轻时代的经验教训，努力秉着学者的良知行事，不写违心文、不做违心事、不说违心话。2011 年 6 月，时任重庆市副市长兼公安局局长的王立军，成立了一个"中国有组织犯罪对策研究中心"，聘请了许多专家作高级顾问，并派人给我送聘书。当时我已察觉到，王立军在重庆的"打黑"活动中存在着严重的程序不公，随即在电话中予以拒绝。被我拒绝后，来人将聘书送至我所在的工作单位转交。在这种情况下，我写了一封谢绝信，签字、盖章后连同聘书一并寄回重庆市公安局。信中，我明言自己经过考虑，"不拟接受，并退回聘书"，同时，我也指出"贵局打黑，名震全国，如能重程序正义，则更符合法治精神"。半年多以后，王立军叛逃事件爆发。2012 年 12 月，《南都周刊》在《起底王立军》一文中也刊登了此事。此事多少说明，我在处事上尽量让自己保持住学术良知和学术品格。

人生难百岁，法治千秋业。倘若九旬之后，能再为国为民做最后一点贡献，则此生我愿足矣！

陈光中

2019 年 11 月

目　录

第一部分　综　论

第二部分　证据制度

第三部分 辩护制度

第四部分 刑事诉讼程序

第五部分 监察制度改革与其他

第六部分　法治杂谈与案例评析

陈光中法学文选（第四卷）

司法改革与刑事诉讼法修改

第一部分　综　论

关于司法权威问题之探讨[1]

一、司法权威的内涵、源由与构成

（一）司法权威的内涵

"权威"（authority）一词源于拉丁文 authoritas，指权力、权限、有权力发号施令的人或团体、具有专门知识的人以及可提供可靠资料或政局的书籍等，含有权力、尊严、力量和信服之意。汉语中的"权威"也是指"权力、威势""使人信从的力量和威望""统治、威慑""在某种范围里最有地位的人或事物"。可见，从词意上说，权威既是一种权力，也是一种威望，是权力与威望的统一。在政治学和法学领域，"权威"的概念虽然是最具争议的概念之一，但有一点是应当一致认可的，即它应当具有国家权力和法律价值的内涵。换言之，政治法律语义下的权威是建立在国家强制力和合法性的基础之上的。

司法，一般被视为国家办理案件的诉讼活动；也有学者将其等同于审判。前者是广义的司法，后者是狭义的司法。从我国的法律文本和政治文件来看，司法大多针对诉讼而言，采取广义的解读。在司法制度体系中，审判制度是中心。审判是指法院通过审理案件，认定事实，适用法律，加以裁判的活动。在民事和行政诉讼中，诉讼就是审判；而在刑事诉讼中，诉讼除审判外还包括侦查、起诉等审前程序，审前程序主要是为审判程序做准备的。诚然，以中国实际情况而论，刑事诉讼中的侦查权力较大，作用重要；检察机关以法律监督的名义行使公诉权，其地位与法院并列。即便如此，仍无法动摇法院审判在诉讼中的中心地位，如果离开审判，那么司法或者说诉讼就无从谈起。因此，本文主要从法院审判的角度来探讨司法权威。

司法权威作为一种特殊的权威类型，是指司法在社会生活中所处的令人信从的地位和力量。按照马克斯·韦伯对权威的理论分类，司法权威是一种法理

---

〔1〕原载《政法论坛》2011年1月，与肖沛权合著。

（Rational-Legal）型权威。[1]在现代民主法治社会，应当从两个视角来理解司法权威。一方面，司法权威是一种特殊的公权力，是具有权威性的公权力。与其他公权力尤其是行政权力相比，司法权的实现不仅以国家强制为保障，而且还因其诉讼特质而具有权威性。另一方面，司法除了有权力威严之品质外，其本身还应当具有社会公信力。所谓公信力，是指社会公众（含当事人）从道义上、思想上对司法的认同程度与信服程度。它包括社会公众对司法强制比例性的认同程度、对司法判断准确性的信任程度，以及对司法执行力的支持程度等。司法公信力是社会公众内心深处对司法的感触和体验，它涉及人的心灵，是一种心理状态。公信力不仅意味着社会公众相信司法的过程及最后结论的公正性，并且意味着社会公众接受这种裁判，进而自觉执行或协助执行裁判。当然，要求当事人输赢皆服的难度较大，但是如果当事人不服裁判的比例过高，必然影响社会一般公众对司法裁决的认可程度，影响司法权威的建立。因此，只有具备公信力的司法权力才能构成完整的司法权威。

（二）司法权威的产生源由

第一，源于法律权威，即法律具有至高无上性。法律权威是社会发展到一定历史阶段的社会现象。在封建专制社会，皇权至上，皇帝旨意即是法律，法律不具有至上性。所谓"三尺安出哉？前主所是著为律，后主所是疏为令，当时为是，何古之法乎？"[2]（以三尺竹简书法律，故称三尺法）这典型道出了皇权高于法律的真实情况。只有在现代民主法治社会，法律才具有至上性。法律一旦得到确立并以国家的名义公布，任何国家机关、单位，任何领导人和普通公民，都必须严格服从与遵守（在我国，共产党作为执政党，其组织和个人也必须在宪法和法律范围内活动）。质言之，法律权威要求制定法得到普遍的遵循，任何违反法律的行为都将引起消极的法律后果，如违反法律的行为无效、实施违法行为的行为人承担一定的法律责任，如构成犯罪要受到刑事惩罚。司法机关的司法过程正是实施法律、强制人们服从法律的最重要保障手段，正如英国法学家戴雪在概括法治的内涵时指出："任何公民都必须服从在一般法院里实施的国家的一般法律。"[3]也就是说，每一

---

[1] 法理（Rational-Legal）型权威是德国著名社会学家和哲学家马克斯·韦伯根据权威来源的不同所作的三种类型之一，他把权威分为传统（Traditional）型权威、卡里斯马（Charismatic）型权威以及法理（Rational-Legal）型权威三种。其中传统型权威建立在历史传统与习惯法则的基础上，包括老人制统治、族长制统治与世袭制统治；卡里斯马型权威也称崇拜型权威，是基于对超凡圣灵、超人特质以及超自然信仰的内心敬畏与崇拜，它是"对非凡的投降"，该权威来自"相信领袖人物的超凡魅力，即把某人当做救世主、先知或英雄"；而法理型权威"是建立在相信统治者的章程所规定的制度和指令权利的合法性之上，也即合理性基础上的权威"。参见［德］马克斯·韦伯：《经济与社会》，林荣远译，商务印书馆1998年版，第241页。

[2]《史记·杜周传》。

[3]［英］罗杰·科特威尔：《法律社会学导论》，潘大松等译，华夏出版社1989年版，第184页。

个社会成员对法律的严格遵守，一般需要通过司法权威来保证实现。

第二，源于司法公正。公正既是人类社会所追求的首要价值目标，也是司法与生俱来的品质，是司法的灵魂与生命线。[1] 国家设置司法的目的就在于公正地解决纠纷，惩罚犯罪，恢复正义。

在现代法治理念中，司法公正包含实体公正和程序公正两方面的内容。实体公正，即诉讼结果公正，指办理案件要准确认定事实，正确适用法律，使案件最后得到公正的处理。程序公正，即诉讼过程公正，主要指程序的正当性和人权保障。程序公正既有保证实体公正实现的工具价值，也有其独立价值。实体公正与程序公正相辅相成，价值并重。过去长期存在的"重实体，轻程序"观念固然需要大力纠正，但是如果片面强调程序优先或程序本位，也不符合诉讼规律和中国的实际情况。只有坚持实体公正与程序公正并重，才能较好地解决纠纷，实现法律效果与社会效果的统一。[2]

首先，司法权威来源于实体公正。实体公正是当事人参与诉讼所追求的最终目标，也是社会公众关注的焦点所在。案件公正的处理结果能与社会公众内心原有的法律公正价值观直接联系起来，使社会公众对司法裁判真诚信从，从而尊重司法，包括尊重法院与法官。如果处理结果不公正，即使是个别案件的错误处理，如近几年的佘祥林案、赵作海案等冤案错案，也会造成严重的负面社会影响，破坏司法权威赖以生成的基础。

其次，司法权威还来源于程序公正。在结果最终得出之前，当事人和社会公众据以判断案件的处理是否公正的依据只能是诉讼过程的公正与否。"程序公正给当事人一种公平待遇之感。它能够促进解决，并增进双方之间的信任，没有信任，这种制度将无以复存。"[3] 如果当事人在诉讼过程中得不到公正、合理的对待，即使结果公正，有时当事人仍不理解、不接受而拒绝执行判决，无法树立司法权威；相反，如果程序公正，即使实体处理略有瑕疵，也有可能使当事人因为程序的公正而感受到正义正在以看得见的形式实现，从而理解并接受对案件处理的实体结果，形成对司法的普遍信从和尊重。可见，司法公正是司法权威赖以建立的基础与源泉。如果司法权威不以公正为基础，那么这种权威只是一种专制主义下的镇压"淫威"而已。只有建立在民主、公正基础上的司法权威，才是现代法治意义上的权威。

第三，源于司法是解决社会纠纷的最后一道防线。有社会便有纠纷，社会和国家需要设置防止和解决纠纷的机制。这些机制大体分为四种：一是社会解决；二是

---

[1] 英语 Justice 一词既可译为司法，也可译为公正。

[2] 关于实体公正与程序公正的内涵及二者之间的关系，笔者（陈光中）主持的中国司法制度的基础理论问题研究项目成果《中国司法制度的基础理论问题研究》一书中的诉讼公正篇有较为详细的论述，此处不赘。

[3] [美] 戈尔丁：《法律哲学》，齐海滨译，生活·读书·新知三联书店 1987 年版，第 241 页。

行政解决；三是司法解决；四是武力解决。随着社会的发展，纠纷也日益多样化、复杂化。尤其在当今社会，每天都会发生大量的社会冲突和纠纷。这些社会冲突和纠纷如果不能及时得到合理解决，必然影响社会的安定和发展，导致社会矛盾激化，造成社会动乱。与其他纠纷解决方式相比，司法裁判具有终局解决的优越性，除极少数特殊过度激化的社会矛盾不得不通过武力手段来解决外，绝大多数的矛盾纠纷最终都可以通过司法得到解决。纠纷一旦被诉诸法院，包括被控告犯罪的人被起诉到法院，法官通过行使国家司法权力所作的裁判就作为最后一道屏障出现，具有最终的法律效力。除法定的情形以外，任何社会力量和诉讼主体，包括法院，都不得动摇、推翻司法裁判。美国一位大法官说："一个有效的司法制度的另一个重要因素是其判决的终局性……如果一个解决方案可以没有时间限制并且可以用不同的理由反复上诉和修改，那么阻碍了矛盾的解决。"又说："无休止的诉讼反映了，同时更刺激了对法院决定的不尊重。"〔1〕可见，司法裁判的终局性是司法权威的重要来源。如果司法机关作出的生效裁判可以很容易地被推翻，那么诉讼当事人的利益与命运势必长期处于不确定的状态，争议各方将无法根据司法裁判所确立的各自的权利义务去重新安排生活而陷入无休止的诉讼。这显然难以形成司法权威。当然，司法作为解决社会纠纷的最后一道防线不能被绝对化。对于已经发生法律效力的裁判，如果发现其在认定事实或适用法律上确有重大错误，人民法院可依审判监督程序对案件重新进行审判，特别是发现无辜者被错判的情况时，必须及时平反，以维护人权。惟有如此，才能保障实现司法公正，更好地维护裁判的权威性。

（三）司法权威构成的权力要件

从权力角度而言，我们认为司法权威的构成要件主要有以下几个方面：

1. 司法主体的专门性

司法主体的专门性是指专门的国家机关，即司法机关代表国家统一行使司法权，其他任何机关都不得行使司法权。在西方主要国家，专门的司法机关主要是指法院，比如《美国宪法》第3条第1款就规定："合众国的司法权属于最高法院以及由国会随时下令设立的低级法院。"《联合国关于司法机关独立的基本原则》之文本也只涉及法院和法官，而把检察机关排除在司法机关之外。〔2〕而在我国，专门司法机关包括法院和检察院。如前所述，法院审判在诉讼中处于中心地位，可以说无审判则无诉讼，司法主体的专门性也主要从法院和法官的角度来谈。法官是司法活动的具体实施者，决定着司法的实际状况，只有把司法权赋予法院和法官，由其专司审判职能，才能在最大程度上实现法律权威和司法权威。所谓"法院是法

---

〔1〕 宋冰编：《程序、正义与现代化——外国法学家在华演讲录》，中国政法大学出版社1998年版，第3页。

〔2〕 程味秋、〔加〕杨诚、杨宇冠编：《联合国人权公约和刑事司法文献汇编》，中国法制出版社2000年版，第211~214页。

律帝国的首都，法官是帝国的王侯"，〔1〕正是司法权威的生动真实写照。

2. 司法的高度法定程序性

司法程序是指司法过程中所必须遵循的法定的方式、方法、顺序及步骤等。司法的高度法定程序性主要表现在如下三点：其一，司法活动都有相应的法律规定的程序予以调整。如果属于应当在司法程序中进行的活动却没有相应的法定程序规范，就不能有效地防止司法机关的武断专横，不能准确地打击犯罪，更不能有力地保障参与司法活动的公民、法人或其他组织的合法权利。正因为如此，我国不仅制定了三个诉讼程序法典——刑事诉讼法、民事诉讼法和行政诉讼法，而且还制定了众多涉及三大诉讼程序的司法解释。例如，最近"两院三部"公布的《死刑案件证据规定》第3条就规定了法定程序原则："侦查人员、检察人员、审判人员应当严格遵守法定程序，全面、客观地收集审查、核实和认定证据。"〔2〕其二，程序本身具有严格性和逻辑性，司法程序不能模糊不清或逻辑不严谨。程序之间的各个要素应相互联系且其内部保持和谐一致，如果达不到这种程度，司法程序就无法得以一体遵行。其三，对法定程序的严格遵守。如果司法机关的活动违反了法定程序，必须根据违反的程度作出处理，或要求予以弥补，或采取程序制裁而宣布其活动结果无效。

在诉讼中，两造对抗，第三方中立裁判的三角形构造是典型样态，这不仅是诉讼程序与生俱来的特点，也是诉讼行为区别于行政行为的重要标志。鉴于这种构造的民主性、合理性，部分行政程序也对其加以借鉴，如采用听证程序。当然，这种构造在诉讼程序的不同阶段显示的强弱有所不同，其在审判阶段最为明显，审查起诉阶段次之，侦查阶段最弱。不过，随着社会的进步、司法的现代化发展以及司法审查制度的兴建，在西方国家，侦查阶段的三角形构造日益成熟。在我国，由于律师和检察机关的介入，侦查阶段的三角形构造也初现雏形，随着我国刑事司法改革的逐步深化，侦查阶段的这种诉讼化构造将进一步发展并日趋完善。

司法权运行的过程就是按照法定程序展开司法的过程，如果缺乏司法程序，司法活动将无章可循，无法树立司法权威。当然，司法的法定程序性要与司法的便民性相结合。司法便民，即在司法过程中，采取措施，方便当事人和社会公众参与诉讼。司法便民有利于实现实体公正，也有利于提高司法公信力，从而树立司法权威。

3. 司法活动的强制性

强制是指"一人的环境或情境为他人所控制，以至于为了避免所谓的更大的

---

〔1〕 ［美］德沃金：《法律帝国》，李常青译，中国大百科全书出版社1996年版，第361页。

〔2〕 最高人民法院、最高人民检察院、公安部、国家安全部和司法部联合颁布的《关于办理死刑案件审查判断证据若干问题的规定》和《关于办理刑事案件排除非法证据若干问题的规定》，本文分别简称为《死刑案件证据规定》和《非法证据排除规定》，合称为"两院三部""两个证据规定"。该"两个证据规定"于2010年6月13日颁布，2010年7月1日开始实施。

危害，他被迫不能按自己的一贯的计划行事，而只能服务于强制者的目的。除了选择他人强设于他的所谓的较小危害之情境外，他既不能运用他自己的智慧或知识，亦不能遵循他自己的目标及信念"〔1〕。司法作为一种公权力的裁判活动，要定分止争，要惩治犯罪，就必须具有一定的国家强制性，否则，难以实现其任务。例如，司法机关和司法人员在办理案件过程中，为调查核实证据、查明案件事实，防止被告人逃跑及实施其他种种妨碍审判正常进行的活动，有权采取拘留逮捕等强制措施，也有权采取其他强制性手段，如扣押物证、冻结财产等。另外，司法机关作出的司法裁判一旦发生法律效力，诉讼参与人及其他社会公众就应当自觉执行。如果诉讼参与人与其他社会公众在规定的期限内不履行的，司法机关可以通过国家强制性的力量保障生效裁判内容的执行，可见，强制性是建立司法权威的必要条件，也是司法权威的重要特征。

4. 司法的判断性

判断性是司法的本质属性。所谓司法判断性是指司法机关及其工作人员在司法程序中，判断涉案证据、事实之真伪并适用法律判明涉案内容之是非（包括是否犯罪）。司法总是在判断证据、判断事实、判断适用法律的基础上对纠纷主体切身权利、义务作出最后处理。司法判断性由三个要素构成：第一，它以社会上既存纠纷为对象。没有纠纷，就没有裁判。只有纠纷诉诸法院要求法院裁断，法官才能对纠纷进行裁判。第二，由第三者即法官进行判断。只有由中立的第三方进行裁判，才有可能得出公正的裁判，树立司法权威。第三，判断的尺度是法律。这要求法官在行使司法权，裁判社会纠纷与争端的过程中，只能忠于法律，恪守"法官的惟一上司是法律"的格言，这样才能做到明辨是非真伪，实现司法公正，树立司法权威。如果判断在事实上失真，在法律上失误，必然导致司法不公，出现冤案错案，直接毁坏司法权威。

5. 司法裁判的有效执行性

司法裁判涉及对纠纷主体切身权利的重组与分配，利益和争执往往已至无法调和的地步才会诉诸法院要求法院裁断，当事人最后把纠纷诉诸法院的根本目的在于恢复自己被侵害的合法权益，即不仅能够获得胜诉判决，而且该判决能够得到执行。公正判决的执行是国家专门机关的一项重要司法活动，也是司法权威的最终体现。生效裁判所确定的权利和义务依法、及时、合理地得到实现，其本身就属于实体公正的一部分，对实现司法公正、树立司法权威具有标志性的作用。只有执行真正到位，司法公正才能够得到最终的实现，才能增加当事人与社会公众对司法的信任度，对通过司法保障自己合法权益的期望也更高，这也强有力地表明司法机关与司法人员具有令当事人和社会公众信服的权力与威望，即具有司法权威。如果生效裁判得不到有效执

---

〔1〕 ［英］弗里德利希·冯·哈耶克：《自由秩序原理》（上册），邓正来译，生活·读书·新知三联书店1997年版，第28~29页。

行，如"赢了官司拿不到钱""法院打了白条"等，这本身就是司法不公、不威的一种表现，无异于法院向当事人和社会开了一张实现社会公正的"空头支票"。

需要明确的是，司法裁判的有效执行与强制执行是不尽相同的两个概念。强制执行强调执行的强制性，指负有履行义务的一方当事人不履行裁判义务时，法院有权采用国家强制力强制其履行，这是有效执行的途径之一；有效执行除了通过国家强制力予以保证外，主要还是通过说服教育等手段动员负有履行义务的一方当事人敬畏司法权，主动履行裁判义务。只有当事人主动履行和国家强制力执行相结合，才能保证司法裁判的有效执行。

二、关于如何树立司法权威的几点思考

时下，司法权威式微，司法公信力低下，导致申诉成风、上访不断，严重影响了司法"定分止争"功能的发挥，影响社会秩序的稳定，影响经济社会可持续发展的大局。如何采取有效措施树立和加强司法权威，这正是当前司法改革亟待解决的问题。对此我们谈以下几个问题。

（一）保证司法独立

司法独立是一项为现代法治国家普遍承认和确立的基本法律原则。其核心精神在于法官在进行司法裁判过程中，只服从法律的要求和良心的驱使，客观判断证据、事实，公正裁决案件而不受来自法院内部和外部的干预和控制。正如有的外国学者指出："司法的任务是通过其判决确定是非曲直，判决为一种'认识'，不容许在是非真假上用命令插手干预。"[1]"司法独立最简单的道理在于只有独立才能使法院成为中立的第三者，否则法院是没有资格进行裁判的，不独立的结果必然会形成法官支持一方对付另一方的局面，造成诉讼中的'二比一'（two against one）的状况。"[2]可见，司法独立是司法公正的保证，是司法权威的基石。

我国《宪法》第 126 条规定："人民法院依照法律规定独立行使审判权，不受行政机关、社会团体和个人的干涉。"因此必须结合中国实际正确处理司法独立与党的领导的关系、与行政机关的关系以及与人民代表大会的关系。

在我国，司法机关必须坚持中国共产党的领导。但是，我们认为，党的领导主要是政治上和组织上的领导以及方针、路线的领导，而不是通过干预办案的方式来体现领导。党中央早在 1979 年颁布的《关于坚决保证刑法、刑事诉讼法切实实施的指示》中就明确指出："加强党对司法工作的领导，最重要的一条，就是切实保证法律的实施，充分发挥司法机关的作用，切实保证人民检察院独立行使检察权，人民法院独立行使审判权，……为此，中央决定取消各级党委审批案件的制度。"然而时至今日，各级地方政法委领导似乎仍习惯于对具体案件作协调并倾心于最终

---

〔1〕 ［德］拉德布鲁赫：《法学导论》，米健、朱林译，中国大百科全书出版社 1997 年版，第 101 页。

〔2〕 Christopher M. Larkings, "Judicial Independence and Democratization", *American Journal of Comparative Law*, Fall, 1996.

的拍板权，这种"判而不审"的做法违反了基本的诉讼规律，其弊端也日益显露。佘祥林案，省高级人民法院以事实不清裁定发回重审，经当地政法委协调敲定，改判15年有期徒刑，铸成惊世冤案。同样，赵作海案，检察机关曾坚持认为证据不足，两次退回补充侦查，但由于地方政法委从中协调迫使检察机关提起公诉，最终造成了冤案。实践证明，政法委协调案件，虽然有时可能有利于服务大局，但也有可能借协调案件之名搞地方保护主义，而且对案件拍板错了又难以追究其法律责任。更何况现在政法委领导有的还兼任公安局局长，让政法委协调案件，无异于让侦查机关干预起诉、审判工作。为了汲取沉痛的历史教训，防止重蹈覆辙，保证司法权的独立行使，我们认为，应当取消地方政法委对案件的协调拍板权，地方政法委对具体的案件一概不要协调干预。当然，对于全国性的大案要案或社会影响重大的个别案件，党中央与中央政法委有权协调指示，以使这类案件的处理最大程度地符合司法公正与国家大局利益的统一。惟有如此，方能增强社会公众对司法的信任与认同度，树立司法权威。

关于司法机关与行政机关的关系，尽管我国宪法以及相关法律明确规定人民法院审判不受行政机关的干涉，但是现实中司法机关却无法摆脱行政机关对个案的干预，甚至出现了司法机关对行政机关的颐指气使卑屈顺从的奇怪现象。例如，重庆市就出现了"史上最牛公函"。重庆市一工业园区管委会就当地养殖户与爆破公司的诉讼，给一审法院发出措辞强硬的公函，要求"一审（法院）不应采信（西南大学司法鉴定所的）错误鉴定结论，应作出驳回原告诉讼请求的判决"，并公然警告法院不要"一意孤行"。原以为胜券在握的养殖场业主等来的是与公函要求相符的判决。[1]又如在四川省某市一起土地纠纷中，市国土局和规划建设局向市中级人民法院"下达指令"，要求中级人民法院"应在国土局与傅自松达成土地回购协议后再判决"。最终市中级人民法院在国土局收回土地之后作出判决。虽然原告获得了胜诉，但是这姗姗来迟的胜诉已经没有任何实际意义。[2]以上两例，足以反映出行政干涉司法的严重局面。形成这种不正常局面的根源在于现行司法保障体制存在严重缺陷。在我国，地方法院经费由地方财政全额拨付，法院的财政预算是同级政府财政预算的组成部分。同时，我国地方法院法官的职位还要受到政府编制的约束。这种财务、人事上的控制使法院难以摆脱同级行政机关的羁绊而独立审判。为此，我们认为，根据党的十六大、十七大的文件精神，应当考虑将各级法院的财政保障、人事管理权逐步从同级地方政府中剥离出来，铲除行政干预司法的经济根基。此项改革，党内党外、上上下下已讨论多年，却因阻力重重、分歧太大而无法前行。即便如此，学界仍有责任呐喊呼吁，尽力推动。

关于司法机关与权力机关的关系，根据我国宪法的规定，人民法院由各级人民

---

[1] 杨万国："法院判决前接到政府'警告函'"，载《新京报》2010年6月28日。
[2] 王峰、高飞："治河指挥部'指挥'法院判案"，载《法治周末》2010年8月12日。

代表大会产生，向同级人民代表大会负责并报告工作，接受人民代表大会的监督。而根据《各级人民代表大会常务委员会监督法》的有关规定，人民代表大会常务委员会对人民法院的工作监督，主要是通过听取和审议人民法院的专项工作报告、执法检查报告等形式，督促人民法院完善内部监督机制，重点解决审判工作中群众反映强烈并具有共性的问题，如告状难、执行难、赔偿难、超期羁押、错案不纠等，以促进司法公正，但不是对具体的案件进行监督。实践中人大代表可以向同级法院反映个案不公问题，作为对司法机关进行监督的一种方式。但是人大代表这种就个案不公提出建议的权利只是个人的反映权和提案权，人民法院对此应当理性对待，既要重视对个案的反映，又要坚持审判权行使的独立性，不受人大代表反映意见的约束。总之，司法要独立，要树立权威，必须抵制来自外界的各种干扰。从根本上来说，只能走体制改革之路，深入进行政治体制与司法体制的改革。

（二）防治司法腐败

古语云："公生明，廉生威。"[1]司法廉洁是实现司法公正，树立司法权威的前提。作为社会正义的体现者和保障者，法官办案时，在证据取舍、事实判断、法律适用和判决执行上都有一定程度的自由裁量空间，这为法官腐败提供了潜在机会。可以说，"正义之船能否顺利穿过自由裁量这趟危险之水"很大程度上取决于法官之清廉操守。[2]如果法官受贿了，办人情案了，案件就不能得到正确处理，甚至会徇私枉法，出入人罪，摧毁被称为"神圣殿堂"的司法体系，因此更谈不上赢得社会公众对判决的信从，对司法机关的尊崇。保持司法廉洁如此重要，而我国司法的廉洁状况却令人担忧。

与如何遏制官员腐败一样，如何防治司法腐败是一项艰巨的系统工程，并非一朝一夕就能得到根本扭转，但又必须痛下决心，加大防治力度，本文着重谈以下三点：

第一，强化司法监督机制。"一切有权力的人都容易滥用权力，这是一条万古不易的经验，有权力的人们使用权力一直到遇有界限的地方才休止。"[3]由于法官在司法过程中客观上存在着滥用裁判权的机会，因而要防止司法腐败，对法官的裁判行为进行有力的监督和制约尤为重要。司法监督机制包括外部监督机制和内部监督机制，两者相互发挥作用。在我国，司法外部监督机制包括党的领导（包括党纪检部门的监督）、国家权力机关的监督、检察院专门的法律监督、当事人监督以及社会监督（包括新闻舆论监督和人民群众监督）等。其中特别要加强社会监督。"阳光是最好的防腐剂"，必须进一步公开司法活动，增加案件审判的透明度，保障人民群众的知情权，鼓励群众通过各种手段监督法官。

---

〔1〕（清）李煜：《冰言》。

〔2〕 Stratos Pahis, "Corruption in Our Courts: What It Looks Like and Where It Is Hidden", *Yale Law Journal*, 2009, p. 1903.

〔3〕［法］孟德斯鸠：《论法的精神》（上），张雁深译，商务印书馆1982年版，第154页。

第二，进一步改革反腐败机构。反腐败机构的设置直接关系到反腐败的力度。目前，我国反腐败的机构分为两套班子：其一是纪检、监察部门，从党的纪律和行政纪律的角度对干部的腐败行为进行防治；其二是人民检察院，是负责侦查贪污、腐败等职务犯罪的法定机关，同时也是法律监督机关。对这两套班子的格局作大的调整目前不太现实，但可作两方面的改革：一是加强垂直领导，尽量摆脱地方制约。因为不论党纪监察部门还是检察反贪部门都不同程度地受制于地方党政部门，削弱了反腐败的力度。在垂直领导方面，我国海关反走私犯罪机构的垂直领导已取得了成功。清廉国家新加坡贪污调查局（Corrupt Practices Investigation Bureau, CPIB）的成熟经验也值得我们研究和借鉴。该机构由总理直接领导，局长由总统任命，能够排除各方面的干扰，保证有效开展反腐败斗争。新加坡这种反腐败机制卓有成效。新加坡近些年的"腐败感受指数"一直名列前茅，2009 年得分 9.2，在被评估的 180 个国家/地区中排名第三，是亚洲最廉洁的国家。[1]二是扩大法定的特殊侦查手段。这是有效开展反腐败斗争的需要，也是我国遵守联合国公约的一项重要要求。《联合国反腐败公约》第 50 条第 1 款规定："为有效地打击腐败，各缔约国应当在其本国法律制度基本原则许可的范围内并根据本国法律规定的条件在其力所能及的情况下采取必要措施，允许主管机关在其领域内酌情使用控制下交付和在其认为适当时使用诸如电子或者其他监视形式和特工行动等其他特殊侦查手段，并允许法庭采信由这些手段产生的证据。"我国刑事诉讼法规定了讯问犯罪嫌疑人、询问证人、勘验检查、搜查、扣押物证书证、鉴定和通缉等一系列侦查手段，但对各种特殊侦查措施没有涉及。国家安全法、警察法等虽有规定，但是过于原则，缺乏具体规范。为了加大打击腐败犯罪的力度，并做到有法可依，我国刑事诉讼法再修改时，应当在侦查程序中加以具体规定。

第三，适当提高法官的薪酬与待遇水平。有学者曾把同一部门的员工的工资分成保留工资、高于保留工资的工资以及低于保留工资的工资三种进行实验，以此分析员工的薪酬水平与腐败之间的关系。实验证明，员工的工资水平与腐败有密切联系。工资越高，员工就越想保留原来的工作，因此也降低了腐败的可能性。[2]一项针对法官薪酬与司法腐败关系的调查进一步证实了以上实验。薪酬越高，司法腐败越低。[3]如果薪酬不足以支持法官养家，那么法官就容易利用手中的审判权寻租，以贪污受贿的方式弥补他们收入上的不足。目前我国法官的工资标准实行行政

〔1〕 *Corruption Perceptions Index 2009*，载透明国际官方网，http://www. transparency. org/policy-research/surveys-indices/cpi/2009/cpi-2009-table，最后访问时间：2010 年 10 月 8 日。

〔2〕 Timothy Besley&John McLaren，"Taxes and Bribery, The Role of Wage Incentives"，*Economic Journal*，1993，pp. 119~141。

〔3〕 Stefan Voigi，"When Are Judges Likely to Be Corrupt？"，*Global Corruption Report 2007：Corruption in Judicial Systems*，Cambridge University Press，2007，p. 299。

机关公务员的工资标准，薪酬一直处于相对较低的水平。尽管近年来法官与公务员一样经历了多次加薪，但较之国内其他阶层的工资仍属较低水平。这不仅不利于法官增强责任感和荣誉感，稳定法官队伍，更难以引入高素质的法律人才，而且增加了遏制法官腐败的难度。当代各法治国家法官的待遇都比较优厚，[1] 法官成为一种令人羡慕、敬重的职业。因此，我国应当适度提高法官的薪酬与待遇水平，原则上应当略高于相同等级的公务员，以增加法官的职业认同感和荣誉感，加强法官身上的防腐元素。虽然提高薪酬对降低司法腐败可能性的作用有限，[2] 但是不能因此而停止向前发展的脚步。

当然，防治腐败，尤其是司法腐败是一项系统工程。防治司法腐败还需要配套措施的跟进。为促进领导干部廉洁从政，中共中央办公厅、国务院办公厅在 2010年 7 月 11 日印发了《关于领导干部报告个人有关事项的规定》。根据该规定，审判机关、检察机关中县处级副职以上（含县处级副职）的干部必须报告住房、投资、配偶子女从业等个人有关事项的情况。[3] 这可对反腐倡廉建设发挥一定的作用，但愿其得到认真执行。在此建议并进一步将"报告"改为"公布"，以便于民众监督，切实防治腐败。

（三）加强民众参与和监督

民众参与和监督司法是司法民主的标志性表现。通过让民众参与到审判活动中来并对司法活动进行监督，有利于最大限度地实现司法公正，有利于降低法官的责任风险，也有利于提高司法公信力。

---

〔1〕 如在美国，2005 年联邦最高法院首席大法官的工资与副总统相等，均为 20.81 万美元（参见盛立中："国外公务员每年能够赚多少钱"，载《世界新闻报》2005 年 3 月 24 日）。另据统计，2002 年联邦地区法院法官的税前收入为 15 万美元，上诉法院的法官收入为 159 900 美元，最高法院大法官的年收入为 184 400 美元。破产法官和审裁法官的年收入比地区法院的法官要少 10%左右，远远超过 2004 年美国公务员人均薪酬约 7 万美元的水平（See *Survey of Judicial Salaries*，Vol. 27，No. 1，published by the National Center for State Courts，available at www. ncsconline. org）。而英国高级法官的工资高于政府大臣。据报道，2003 年英国上议院议长兼大法官欧文勋爵的年薪高达 18 万英镑，竟然比同期首相年薪高出 0.9 万英镑（首相同年的年薪为 17.1 万英镑）（参见许安结："议长拿高薪住免费豪宅，士兵挣小钱赴危险海湾，英加薪计划遭批评"，载《环球时报》2003 年 2 月 12 日）。又如在日本，1999 年，最高法院的院长月工资为 230.4 万日元，最高法院法官的月工资为 168.2 万日元，东京高等法院院长的月工资为 161 万日元。高等法院的法官及地方法院院长、地方法院的法官、家庭法院的院长、家庭法院的法官的月工资标准分为八等，最低等为 93.7 万日元（参见日本国最高法院事务总局编：《日本的裁判》，法学书院 1999 年版，第 117 页，转引自冷罗生：《日本现代审判制度》，中国政法大学出版社 2003 年版，第 230~233 页）。而据日本国家人事院公布的 2003 年公务员工资标准，处长级月薪约为 95.83 万日元（参见盛立中："国外公务员每年能够赚多少钱"，载《世界新闻报》2005 年 3 月 24 日）。可见，日本收入最低的法官相当于处长级公务员的待遇。

〔2〕 Stefan Voigt，"When Are Judges Likely to Be Corrupt？"，*Global Corruption Report 2007：Corruption in Judicial Systems*，Cambridge University Press，2007，p. 299.

〔3〕 "关于领导干部报告个人有关事项的规定"，载《检察日报》2010 年 7 月 12 日。

在西方国家的刑事诉讼中，民众参与司法的形式在英美法系国家普遍实行"陪审制"，在大陆法系国家普遍实行"参审制"，而日本在2009年6月正式实行裁判员制度。无论是"陪审制"还是"参审制"，抑或是日本的裁判员制度，都能让普通公民直接参与司法，把公众良知灌注于司法活动中，使司法能够有效地反映社会的价值倾向，增强司法的公众认同。在我国，民众参与审判的最重要途径是人民陪审员制度。现行的人民陪审员制度尽管有法律和相关司法解释的规定，[1]但因种种原因导致在实践中往往出现陪而不审、合而不议等现象，不能充分发挥其作用。为此，应进一步通过改革加以健全和完善：其一，扩大重罪陪审范围。无论是《关于完善人民陪审员制度的决定》，还是《关于人民陪审员参加审判活动若干问题的规定》，都把人民陪审员参与审理案件的范围限制在社会影响较大的案件，对于可能判处死刑的案件，虽然当事人可以申请由人民陪审员参加合议庭审判，[2]但这种申请具有选择性，所以死刑案件实际上并非一定要采用人民陪审员的审判方式。我们认为，社会影响较大的案件固然需要由人民陪审员参加审判，但是可能判处死刑的案件因为涉及对人的生命权的剥夺，不论当事人是否申请，除法定情况外都应当由人民陪审员参加第一审审判。这体现了对死刑案件定罪的谨慎态度，同时也符合国际社会只在重罪案件中适用陪审制度的惯例。西方没有废除死刑的国家，死刑案件一般是采用陪审制的。如美国宪法第六修正案规定了刑事被告人有接受陪审团公正审判的权利。虽然被告人可以放弃该权利，但是对于死刑案件，不仅由陪审团决定刑事被告人被控罪名是否成立，而且必须由陪审团裁定是否

---

〔1〕 我国《刑事诉讼法》第147条规定："基层人民法院、中级人民法院审判第一审案件，应当由审判员三人或者由审判员和人民陪审员共三人组成合议庭进行，……高级人民法院、最高人民法院审判第一审案件，应当由审判员三人至七人或者由审判员和人民陪审员共三人至七人组成合议庭进行。"2004年8月28日第十届全国人民代表大会常务委员会第十一次会议通过了《关于完善人民陪审员制度的决定》（2005年5月1日生效），对人民陪审员的任职条件、任免程序、审理案件的范围、权利和义务、任职保障等各方面都作出了比较明确的规定。2009年11月23日最高人民法院审判委员会第1477次会议通过了《关于人民陪审员参加审判活动若干问题的规定》，对人民陪审员参加审判活动作了进一步规定。

〔2〕《关于完善人民陪审员制度的决定》第2条规定："人民法院审判下列第一审案件，由人民陪审员和法官组成合议庭进行，适用简易程序审理的案件和法律另有规定的案件除外：（一）社会影响较大的刑事、民事、行政案件；（二）刑事案件被告人、民事案件原告或者被告、行政案件原告申请由人民陪审员参加合议庭审判的案件。"《关于人民陪审员参加审判活动若干问题的规定》第1条规定："人民法院审判第一审刑事、民事、行政案件，属于下列情形之一的，由人民陪审员和法官共同组成合议庭进行，适用简易程序审理的案件和法律另有规定的案件除外：（一）涉及群体利益的；（二）涉及公共利益的；（三）人民群众广泛关注的；（四）其他社会影响较大的。"第2条规定："第一审刑事案件被告人、民事案件原告或者被告、行政案件原告申请由人民陪审员参加合议庭审判的，由人民陪审员和法官共同组成合议庭进行。人民法院征得前款规定的当事人同意由人民陪审员和法官共同组成合议庭审判案件的，视为申请。"

适用死刑。〔1〕日本从 2009 年 6 月 1 日起开始施行裁判员制度，对可能判处死刑、无期徒刑的特别严重的犯罪案件和因故意犯罪致被害人死亡的案件由职业法官和裁判员组成合议庭进行审判。〔2〕为确保死刑案件的审判质量，还应当对死刑案件与其他刑事案件的合议庭组成作区别性规定，将死刑案件第一审的合议庭组成人数提高到 5~7 人。〔3〕其二，必须坚持人民陪审员与合议庭其他组成人员的权利平等，人民陪审员有权对事实认定、法律适用行使独立的评议表决权。合议庭评议案件时，实行少数服从多数的原则。这点在《刑事诉讼法》和《关于完善人民陪审员制度的决定》中都有明确规定，〔4〕而最新出台的《关于人民陪审员参加审判活动若干问题的规定》却回避了该原则，〔5〕导致人们产生了疑虑。我们认为，合议庭评议表决案件实行少数服从多数的原则，这既是司法民主原则，也是保障人民陪审员权利的原则，必须毫不动摇地坚持。我们深信，通过民众对案件的深度参与，能够增加司法的透明度和开放度，促进司法民主，这样不仅不会削弱司法的公信力，反而会提升司法的权威性。

要加强民众对司法活动的监督，还必须真正贯彻落实审判公开原则。审判公开原则要求法院对案件的审理及判决的宣告应一律公开进行，包括向当事人公开和向社会公众公开两方面的内容。这不仅是现代诉讼民主的重要标志，而且是联合国最低限度的司法准则之一。联合国《公民权利和政治权利国际公约》第 14 条第 1 款

〔1〕 2002 年以前，美国各州对死刑案件的判决适用的是所谓的"凌驾陪审团"（Jury Override）制度，即由法官而不是由陪审团决定对被告最终是处以终身监禁或是死刑。陪审团对被定罪的被告只有建议判处其终身监禁或死刑的权力，而法官具有凌驾于陪审团建议之上的最终权力。2002 年 6 月，美国联邦最高法院以 7:2 的多数票推翻了亚利桑那州的死刑法律。［See RING V. ARIZONA（01-488）536 US 584（2002）］以此为标志，美国所有的州都逐渐将具体案件中被告人是否应当处以死刑的问题交给民众去判断。

〔2〕《日本关于裁判员参加的刑事审判的法律》于 2004 年 5 月 28 日公布，已于 2009 年 6 月 1 日施行。根据该法律第 1 条规定，裁判员从国民中选任，与法官共同参与刑事诉讼程序；第 2 条第 1 款规定，由裁判员参加的合议庭审理的案件包括"相当于死刑、无期徒刑的犯罪案件"以及"因故意犯罪行为导致被害人死亡的案件"。裁判员制度是日本探索如何使公民参加审判活动，增加司法民主的重要举措。

〔3〕 关于在死刑案件中人民陪审员参加审判的案件范围与人数设置，可参见陈光中主编：《中华人民共和国刑事诉讼法再修改专家建议稿与论证》，中国法制出版社 2006 年版，第 142~144 页。

〔4〕 我国《刑事诉讼法》第 148 条规定："合议庭进行评议的时候，如果意见分歧，应当按多数人的意见作出决定，但是少数人的意见应当写入笔录。"《关于完善人民陪审员制度的决定》第 11 条也规定："合议庭评议案件时，实行少数服从多数的原则。人民陪审员同合议庭的其他组成人员意见分歧的，应当将其意见写入笔录，必要时，人民陪审员可以要求合议庭将案件提请院长决定是否提交审判委员会讨论决定。"

〔5〕《关于人民陪审员参加审判活动若干问题的规定》第 9 条规定："人民陪审员同合议庭其他组成人员意见分歧的，要求合议庭将案件提请院长决定是否提交审判委员会讨论决定的，应当说明理由；人民陪审员提出的要求及理由应当写入评议笔录。"

规定："……在判定对任何人提出的任何刑事指控或确定他在一件诉讼案中的权利和义务时，人人有资格由一个依法设立的合格的、独立的和无偏倚的法庭进行公正的和公开的审讯……"正因为审判公开，才使得当事人能够更有效地参与司法，社会公众更加知情，媒体更好地了解和监督司法。在我国，宪法和三大诉讼法对审判公开原则都作了规定，但是该原则的落实，在实践中往往打了折扣，特别是对一些具有重大社会影响的案件、敏感案件、涉及国家公权力的案件等，往往以各种方式变相不公开审判。如发生在 2008 年的"杨佳袭警案"，不涉及法定的不公开审判的情况，但是上海一审法院却谢绝媒体旁听，也不对外发放旁听证，想旁听该案的公民也不得其门而入〔1〕。这种做法不仅违背我国公开审判的宪法原则，而且使社会民众疑窦丛生，严重不满。为拓宽司法公开的渠道，我国最高人民法院在 2009 年 12 月 8 日公布了《关于司法公开的六项规定》和《关于人民法院接受新闻媒体舆论监督的若干规定》，明确要求各级人民法院依照规定对立案、庭审、执行、听证等工作向社会公开，同时裁判文书和法院审判管理、案件进展情况、工作方针政策、法院活动部署、司法统计数据、重要研究成果等，也都要向当事人和社会公开。这对于保障人民群众对人民法院工作的知情权、参与权、表达权和监督权，提高司法民主水平，无疑大有裨益。但愿这些规定能在实践中得到认真贯彻。

（四）最大限度地防止冤案错案的发生

司法权威必须建立在司法公正的基础上，特别是必须保证无罪的人不受刑事追究。近些年，见诸报端的一些冤案错案震惊国内外。冤案错案的屡屡发生，严重侵犯了公民的人权，玷污了司法公正的源泉，使司法权威受到沉重打击。

应当指出，这些冤案错案几乎全部是由刑讯逼供造成的。因此，必须采取有效措施遏制刑讯逼供：其一，应当保证讯问犯罪嫌疑人在法定的羁押场所（看守所）进行并由羁押场所中立地进行全程同步录音录像。同时在讯问重罪案件犯罪嫌疑人时允许律师在看得见、听不着的场所对讯问情况进行监督。其二，要确立非法证据排除规则。非法证据排除规则是遏制刑讯逼供和其他非法取证的重要手段。过去，相关司法解释的规定已初步建立了非法言词证据排除规则，但由于规定过于粗疏，不切实际，且没有涉及非法实物证据排除问题，遏制刑讯逼供的功能微乎其微。最近，"两个证据规定"的出台，在我国正式确立了非法证据排除规则，并对排除范围、排除程序、举证责任、证明标准等作了详细规定。我们期望，这两个规定能得到切实执行，并在实施中进一步完善非法证据排除规则。

防止发生冤案错案，更应当严格证明标准，认真贯彻疑罪从无原则。西方国家刑事案件的有罪证明标准采用"排除合理怀疑"。西方法律界对"排除合理怀疑"没有准确的界定，通常认为是"接近真实"但尚未达到"确定性"的地步，如说

---

〔1〕 叶锋："杨佳袭警案开审未宣判"，载《新京报》2008 年 8 月 27 日。

"这是指每个陪审员必须95%或99%确信被告人有罪"[1]。而我国规定的是"案件事实清楚，证据确实充分"。根据《死刑案件证据规定》第5条第5项的规定，要求"根据证据认定案件事实的过程符合逻辑和经验规则，由证据得出的结论为惟一结论"。所谓"结论惟一"，我们认为是指对案件有关定罪量刑事实的证明要达到结论惟一，排除其他可能性。运用证据证明案件事实，能否达到结论惟一，学界认识有明显分歧。如今第一次正式规定在重要司法解释中，其意义非同一般。联合国关于死刑的证据证明采用的是"没有其他解释余地"的标准，[2]这与我们的"惟一性"标准基本上是一致的。现在有的西方学者也开始总结错案教训，认为死刑案件适用排除合理怀疑的证明标准容易造成错案，主张将死刑案件的证明标准改为"应当排除一切怀疑"（beyond any doubt）。[3]因此，为了防止错杀错判，我们应当坚持刑事诉讼法规定的"案件事实清楚，证据确实充分"的标准和"结论惟一"的解释。当然，"惟一性"并不意味着所有案件细节都查证到惟一的程度，每个案件有很多情节，即使犯罪嫌疑人真诚回忆作案过程也不一定都准确。因此不能要求所有情节都查清楚，实际上，任何案件查清全部案件事实细节都是不可能的。只要有关定罪和量刑的主要或关键事实达到"惟一"即可。

如果一个案件对主要事实的证明达不到结论惟一，实际上就会成为证据不足的疑案。我国《刑事诉讼法》第162条明文规定疑罪从无原则："……（三）证据不足，不能认定被告人有罪的，应当作出证据不足、指控的犯罪不能成立的无罪判决。"但实践中，贯彻疑罪从无原则困难重重，往往为"留有余地"的疑罪从轻潜规则所取代。正是这种"留有余地"的做法导致了冤案错案的发生，杜培武案、佘祥林案、赵作海案就是这种做法所形成的样板冤案。司法实践证明"留有余地"的做法只能防止错杀，却不能防止错判。因此，有必要厘清"留有余地"的界限。刑事案件在定罪证据存疑的情况下，不能留有余地，而应当作出无罪判决；留有余地只能在量刑时因证据存疑而作较轻的处罚。也就是说，我们要遵循的关于定罪量刑的事实证据判断原则是：有罪无罪存疑作无罪处理；量刑轻重存疑作轻罪处理。司法实践中，"留有余地"造成的一些冤案错案只是在偶然情况下发现才不得不平反，而多数的冤案错案的判决继续在维持着。这种情况不仅使蒙冤者不能昭雪，而且使真凶逍遥法外。为此，我们认为，人民法院应当主动对那些当时采取"留有余地"而被判刑，后来又申诉不断的案件作重新审查，坚决按疑罪从无原则纠错

〔1〕 ［美］爱伦·豪切斯泰勒·斯黛丽、南希·弗兰克：《美国刑事法院诉讼程序》，陈卫东、徐美君译，中国人民大学出版社2002年版，第72页。

〔2〕 1984年联合国《关于保护死刑犯权利的保障措施》第4条规定："只有在对被告的罪行根据明确和令人信服的证据而对事实没有其他解释余地的情况下，才能判处死刑。"

〔3〕 ［美］布莱恩·福斯特：《司法错误论——性质、来源和救济》，刘静坤译，中国人民公安大学出版社2007年版，第277页。

改判。不要等到那些"被害人"活着回来或真凶落网，再给这些蒙冤者平反。必须承认，要对所有案件做到"不枉不纵"是不可能的，但"不枉不纵"能引导我们认真查明事实真相，努力做到既不冤枉无辜又不放纵犯罪，但这只是一个目标，不可能每个案件都可以实现这一目标。实际上，诉讼中案件主要事实不能查明时，就面临着不枉与不纵之间的价值冲突问题。二者不得兼顾时，只能选择宁纵毋枉，坚持保障和维护人权。

（五）加强民事调解与刑事和解

寻求社会纠纷的现实、合理解决，恢复平和秩序，这是司法的根本目的所在。美国法学家埃尔曼将在司法中解决纠纷的主要方式归为两类："一是冲突的当事人通过协商自行确定后果，这并不排除作为调解人的第三人可能在协商中协助他们；二是将冲突交付裁决，这意味着以理想的不偏不倚的第三人来决定争论者的哪方优胜。"〔1〕换言之，通过司法解决纠纷有诉讼调解、和解和司法裁判两种方式。我国拥有司法调解、和解的优良传统，在新民主主义革命时期更创造了以调解、便民为标志的马锡五审判方式。在我国现阶段，社会纠纷的及时合理解决尤显重要。这种情况下，诉讼调解、和解方式应当成为案件处理的重要方式。因为诉讼调解、和解使纠纷双方在司法程序中参与纠纷的解决过程，有利于纠纷的真正解决，增加当事人对纠纷解决结果的接受程度，减少上诉、申诉和上访现象，有效实现案结事了，加强司法的公信力，树立司法权威。

目前，我国的民事调解与刑事和解在实践中存在诸多问题，难以正常发挥其作用。一项关于民事调解的调查显示，一方面，人民法院"重调"传统观念尚未改变；另一方面，片面追求调解率的倾向开始显露。〔2〕而刑事和解作为一项新型的案件处理机制，不仅法律依据匮乏，而且实践中因缺乏规范而出现了失范的现象，从而损害了司法的公信力和权威性。为此，笔者认为，为了进一步稳妥加强民事调解和刑事和解，应当在理念上坚持两个底线：一是程序公正的底线，即坚持自愿原则。确保案件当事人及其相关主体依法充分行使选择权，不受"内在压迫环境"或"外在压迫环境"的影响。美国律师协会刑事司法部曾就当事人自愿参与刑事和解建议提供以下程序保障：（1）参与刑事和解程序的加害人与被害人必须完全自愿；（2）对加害人与被害人的程序性目的必须以书面的方式予以确认，并通过适当的程序实现这些目的；（3）拒绝参与刑事和解绝不会对加害人产生任何不利影响。〔3〕强调纠纷当事人自愿原则，并不意味着法官只能采取消极被动的态度，相

---

〔1〕［美］H. W. 埃尔曼：《比较法律文化》，贺卫方、高鸿钧译，清华大学出版社2002年版，第133页。

〔2〕"化解社会矛盾调解将作为法院处理案件首要选择"，载新华网 http://www. procedurallaw. cn/fzrd/201006/t20100628_ 379586. html. 最后访问时间：2010年10月8日。

〔3〕Jan Bellard, "Victim of Offender Mediation", The Newsletter of the National Association for Community Mediation, Fall, 2000, pp. 1022~1045.

反，法院应当主动做说服当事人的工作，促使当事人自愿以诉讼调解、和解方式结案。二是实体公正的底线，即坚持合法原则。诉讼调解、和解不能违反实体法的规定，必须在合法的范围内进行调解、和解。这是法治原则的根本要求，也是树立司法权威的必要前提。为坚持上述两项原则，应当在立法上加强规范。当务之急就是要加强刑事和解的立法规范。我们主张把刑事和解作为基本原则在刑事诉讼法中加以增订；同时，要对刑事和解的案件类型范围与不同阶段的诉讼程序如何运用刑事和解加以具体规定。[1]

（六）改革再审制度

司法裁判的终局性是司法权威的关键性标志，只有司法裁判具有终局性，社会公众才能把诉讼作为维护自己合法权益的有效手段和最后途径，才能信从于司法的权威。司法裁判的终局性是由诉讼中的既判力理论所决定的，对此日本学者就曾言："如果说诉权论是关于诉讼的出发点的话，那么，既判力可以说是关于诉讼终点的理论。"[2]既判力理论是法治国家普遍确认的基本理念，对于维护法院裁判的权威性和稳定性具有非常重要的意义。当然，司法裁判的终局性也是相对的，在实体公正遭受严重的损害时，应当允许根据一定的条件启动再审程序，推翻先前显失公正的判决。过去，受传统的"实事求是，有错必纠"思想的片面影响，我国三大诉讼法在再审程序的启动上偏重于纠错，而对既判力重视不够，导致了司法实践中申诉不断、抗诉不断、再审不断等现象，司法的终局性受到很大冲击。之后，实践中又出现另一种倾向，一些地方的出台文件过强调终局性与案件的既判力，在裁判明显错误的情形下为了维持裁判的既判力而不对案件进行改判，导致严重的实体不公。为树立司法权威，在改革和完善我国再审制度时，应当秉承实体公正与程序公正并重的理念，坚持纠错与维持裁判的既判力相结合的方针。

以刑事诉讼而论，我们认为应当对再审程序采取以下改革措施：其一，在提起再审理由上确立有限一事不再理原则（禁止双重危险规则），区分有利于被判决人和不利于被判决人的两种情况，严格控制不利于被判决人再审的启动。只有在重罪错判无罪，或重罪判刑畸轻的情况下，才允许启动再审。至于5年以下轻罪，即使错判无罪，也不再追究其刑事责任了。其二，改革申诉的期限和次数制度。对于有利于被判决人的申诉再审，包括可能改判无罪或者减轻处罚的情况，其申诉期限不受限制；对于不利于被判决人的再审申诉，应当限制在判决生效后2年内提起申诉，否则不予受理。向地方各级法院的申诉，以一次为限，向最高人民法院的申

---

[1] 犯罪嫌疑人、被告人与被害人及其近亲属达成和解，人民法院、人民检察院和公安机关应当考虑当事人的和解意愿，并根据案件情况依法不追究犯罪嫌疑人的刑事责任，对被告人从轻、减轻或者免除处罚。（参见陈光中：《中华人民共和国刑事诉讼法再修改专家建议稿与论证》，中国法制出版社2006年版，第8页。）

[2] ［日］兼子一、竹下守夫：《民事诉讼法》，白绿铉译，法律出版社1995年版，第156页。

诉，以两次为限。但对重罪冤判发现重要的新证据、新事实的，不受此限。其三，把法院依职权主动启动再审限制在有利于被判决人的情况。根据中国的实际情况，有必要在特定情况下保留法院主动提起再审的权力。因为法院在审判中发现的新情况、新事实，当事人可能无法知道，检察机关也不一定知道，或者即使知道也不一定提出抗诉。把法院依职权主动启动再审限制在有利于被判决人的情况，可以让被判决人切实感受到司法的公正，这样，被判决人自然对司法由衷地信服并加以尊重。其四，改变现有各级法院都有再审管辖权的做法，规定再审案件由原生效裁判的上一级法院管辖，即只有中级以上的法院才有权管辖再审案件，从而避免因再审本级法院生效裁判而形成的裁判不公问题。当然，最高人民法院有权管辖自己作出生效裁判的案件的再审。但考虑到最高人民法院再审负担过重，可规定最高人民法院对省级人民法院作出生效裁判的案件的再审可以指定由其他省级人民法院管辖。

把握立法契机，推进我国检察事业新发展[1]

过去的 2010 年，我国各级检察机关积极改革创新，加强法律监督工作，取得了可喜的成绩。2011 年是"十二五"开局之年。根据"十二五"规划中科学发展的精神实质，跨越式发展的核心内涵，刑事法律领域的改革将进一步深入，检察机关在这项工作中的重要地位也将得到进一步巩固和强化。为更好地谋划"十二五"时期的检察工作，作为国家法定监督机关的检察机关理应在"十二五"期间积极把握立法契机，顺应民主法治发展潮流，深化检察制度改革，推动我国检察事业不断取得新的发展。

一、加强检察机关反腐败的力度

腐败问题是我国当前面临的一个最严峻的社会问题，关系到党和国家的兴衰存亡，应下最大决心加强反腐败斗争。作为负责侦查腐败犯罪的专门机关，检察机关肩负着反腐败的重任，站在反腐败斗争的最前线，必须进一步加强反腐败的力度。首先，应当加强上下级检察机关反腐败机构的垂直领导，以摆脱地方保护及相关势力的干扰，使检察机关能够更有效地开展反腐败斗争。在垂直领导方面，清廉国家新加坡贪污调查局的成熟经验值得我们研究和借鉴。该机构由总理直接领导，局长由总统任命，从而使该机构能够排除各方面的干扰，保证有效开展反腐败斗争。其次，在《刑事诉讼法》修改时，应当明确赋予检察机关反腐败犯罪侦查部门技术侦查权。这不仅是保证检察机关有效开展反腐败斗争的需要，也是我国已批准加入的《联合国反腐败公约》的明确要求和规定："为有效地打击腐败，各缔约国应当在其本国法律制度基本原则许可的范围内并根据本国法律规定的条件在其力所能及的情况下采取必要措施，允许主管机关在其领域内酌情使用控制下交付和在其认为适当时使用诸如电子或者其他监视形式和特工行动等其他特殊侦查手段，并允许法庭采信由这些手段产生的证据。"只有明确规定检察机关反腐败犯罪侦查部门有权直接实施技术侦查措施并加以严格规范，才能有效解决反腐败斗争中取证难的问题，有助于摆脱反腐败犯罪案件主要依靠口供定案的困境，从而准确有力地打击腐败犯罪。最后，建议《刑事诉讼法》修改时规定不定罪的没收财产程序，即贪污贿赂犯罪分子潜逃长期不能归案或者死亡的案件，对其查证属实的违法所得财产，

---

〔1〕 原载《人民检察》2011 年第 3 期。

通过法定程序由法院作出判决予以没收，使腐败犯罪分子在经济上得不到任何好处。这也是《联合国反腐败公约》所要求的。

二、认真有效执行非法证据排除规则

非法证据排除规则作为程序正义的标志性规则，已被世界大多数国家和联合国公约所确认。我国前不久公布的司法解释"两个证据规定"也正式确立了非法证据排除规则，并富有特色地规定了检察机关在审查批捕阶段和审查起诉阶段有权力与职责排除非法取得的证据。这些内容也应当会在《刑事诉讼法》修改时加以正式规定。但据了解，非法证据排除规则在司法实践中的执行情况并不乐观。我认为，为了使非法证据排除规则在检察工作中能落到实处，首先，应当统一思想认识，充分认识到非法证据排除规则在防止刑讯逼供和冤假错案，实现司法公正和体现民主法治方面的价值，克服不愿排除、不敢排除的情绪，下决心加强在审查批捕、审查起诉阶段排除非法证据的力度，以典型案例推动该项规则的有效实施。其次，应当完善检察机关排除非法证据的程序。具体而言，在审查批捕阶段，由于期限短促，检察机关只对具有明显根据表明证据为非法取得的，才要求公安机关补充材料证明该证据的合法性，否则对该证据予以排除或不予批准逮捕；在审查起诉阶段，可参照法院排除非法证据的程序，检察机关有权要求犯罪嫌疑人提供相关线索或证据，当检察机关对证据的合法性有疑问时，则要求公安机关对证据的合法性证明到至少具有较大优势的程度才能作为有罪证据提交给法庭。当然，检察机关也有权直接调查核实证据是否为非法取得。最后，对自侦案件，检察机关的批捕和起诉部门同样应严格审查移送来的证据材料是否合法，一视同仁地认定其是否应予排除。

三、创建当事人和解制度

刑事诉讼中的当事人和解，即刑事和解，是指在刑事诉讼中适合和解的案件的加害人（即被告人或犯罪嫌疑人）与被害人以认罪、赔偿、道歉等方式达成谅解与协议以后，国家专门机关不再追究加害人刑事责任或者对其从轻处罚的一种案件处理方式。当事人和解作为一种尊重被害人与犯罪嫌疑人、被告人自主意愿的刑事案件处理方式已被世界大多数国家所确认。我国 1996 年修改后的《刑事诉讼法》虽然赋予了被害人当事人的主体地位，但是被害人不能与犯罪嫌疑人、被告人就刑事案件有关事项进行协商或和解。近年来，在构建和谐社会的背景下，学界对当事人和解的理论研究越来越深入，检察机关的试点工作也逐步开展，并取得了初步经验，理论界和实务界大多数人认为当事人和解制度有利于体现宽严相济的刑事政策，有利于实现案结事了，减少上诉、上访，促进社会和谐安定。因此期望通过《刑事诉讼法》的修改创建当事人和解程序，检察机关应当为此做出自己的贡献。具体而言，首先应当创建附条件不起诉制度。即对于符合和解条件、可能判处一年以下有期徒刑刑罚的轻罪案件，或者可能判处三年以下有期徒刑刑罚的较轻犯罪案件，其犯罪主体为未成年人的，检察机关可以实行附条件不起诉。[1]为避免检察机关滥用权力，应当让人民监督员参与监督当事人和解程序。笔者还认为，对于重罪乃至可能判处死刑的案件，如果被害人与犯罪嫌疑人在审查起诉阶段达成和解，检察机关对被告人提起公诉时应当作为从轻处罚的量刑情节在量刑建议书中予以明示；如果被害人与被告人在审判阶段达成和解，检察机关应当主动支持与配合。只有这样才能使当事人和解制度的作用得到充分发挥。

四、全面推行量刑建议制度

量刑建议是指检察机关在提起公诉时，对被告人就其适用的刑罚种类、幅度及执行方式等依法向人民法院提出具体建议。在中央积极推进各项司法体制改革的大背景下，相对独立的量刑程序和量刑建议制度应运而生，并在近年卓有成效地开展了试点工作。这既促进了法院的公正量刑，也有利于保障被告人和被害人的权利。笔者认为，这项制度将会载入新修改的《刑事诉讼法》。因此，检察机关应当认真贯彻落实中央政法部门制定的有关量刑程序的司法解释和文件，全面推进量刑建议工作，为量刑程序和量刑建议的立法化提供比较成熟的经验。

---

〔1〕 关于附条件不起诉制度的详细论述和具体设计，请参考笔者和张建伟合著："附条件不起诉：检察裁量权的新发展"，载《人民检察》2006 年第 7 期。

刑事诉讼中公安机关定位问题之探讨

—— 对《刑事诉讼法修正案（草案）》中"司法机关"规定之商榷[1]

一、问题的提出

2011 年 8 月 30 日，提交给第十一届全国人大常委会第二十二次会议初审的《刑事诉讼法修正案（草案）》（以下简称《修正案（草案）》）向社会公布征求意见，引起了全社会特别是法律界的高度关注和热议。多数人士既基本肯定《修正案（草案）》的进步，又对其提出了许多修改建议。其中，公安机关是否为刑事诉讼中的司法机关是热议问题之一。因为 1979 年 7 月 1 日第五届全国人民代表大会第二次会议通过的《刑事诉讼法》全部条文中没有出现"司法机关"一词；1996 年 3 月 17 日第八届全国人民代表大会第四次会议修正的《刑事诉讼法》中有两个新增的条文即第 17 条、第 38 条出现了包括公安机关在内的"司法机关"一词的规定。如第 38 条规定："辩护律师和其他辩护人，不得帮助犯罪嫌疑人、被告人隐匿、毁灭、伪造证据或者串供，不得威胁、引诱证人改变证言或者作伪证以及进行其他干扰司法机关诉讼活动的行为。"此条中的"司法机关"显然包括公安机关及其他进行刑事诉讼的国家专门机关。此次《修正案（草案）》则进一步扩大"司法机关"一词的使用，现共有 9 条规定中有"司法机关"一词，即第 17 条、第 38 条、第 42 条、第 46 条、第 51 条、第 61 条、第 62 条、第 114 条、第 272 条。其中除第 17 条、第 38 条为原有规定外，新增加了 7 条，这 7 条中的"司法机关"都包括了公安机关。如第 51 条第 2 款规定："行政机关在行政执法过程中收集的物证、书证等证据材料，经过司法机关核实，可以作为证据使用。"此款的规定显然指工商、税务、环保等行政管理机关在执法过程中发现有犯罪行为并收集到相关的物证、书证后，移送给公安机关要求立案侦查时，公安机关认为该物证、书证审查属实的可以作为犯罪证据使用，并在移送审查起诉、提起公诉时将其移送给检察机关和法院使用。这里的公、检、法被概括称为"司法机关"。又如，《修正案（草

---

[1] 原载《法学》2011 年第 11 期。本文针对 2012 年《刑事诉讼法修正案（草案）》中将公安机关界定为司法机关提出了异议，认为公安机关根据宪法规定是行政机关。本文的观点最后未被《刑事诉讼法修正案》所采纳，但党的十八大以后中央的权威文件与法律文件均不将公安机关归于司法机关之列，提到司法机关，则将其限定为法院与检察院。如十八届四中全会决定提出："改革司法机关人财物管理体制，探索实行法院、检察院司法行政事务管理权和审判权、检察权相分离。"

案）》第 114 条规定："当事人和辩护人、诉讼代理人、利害关系人认为司法机关及其工作人员有下列行为之一，侵犯其合法权益的，有权向该司法机关申诉或者控告：（一）采取强制措施法定期限届满，不依法予以释放、解除或者变更强制措施的；（二）应当退还取保候审保证金不依法退还的；（三）违法采取搜查、查封、扣押、冻结等侦查措施的；（四）应当解除查封、扣押、冻结不依法解除的；（五）阻碍辩护人、诉讼代理人依法履行职责的。受理申诉或者控告的机关应当及时处理。对处理不服的，可以向同级或者上一级人民检察院申诉。人民检察院对申诉应当及时进行审查，必要时可以对有关情况进行调查核实；对于情况属实的，依法予以纠正。"此条所规定的存在侵权行为的司法机关显然首先指公安机关等侦查机关。另外，全国人大常委会法工委负责人所作《修正案（草案）》说明中两次提及的司法机关均明确包含法院、检察院和公安机关等国家专门机关，如说："起草工作秉持中国特色社会主义法治理念……坚持分工负责、互相配合、互相制约的原则，完善刑事诉讼中各司法机关的权力配置，更好地适应诉讼活动的需要。"以上《修正案（草案）》的相关条文和立法部门的说明明确地认为，在刑事诉讼中公安机关等国家专门机关与人民法院、人民检察院一样，其性质都是司法机关。

但笔者认为，《修正案（草案）》把公安机关定性为司法机关的规定，是有问题的，至少是不成熟、不慎重的。它不仅与国际通例相左，而且不符合我国宪法规定的中国特色政治体制与司法体制的内涵。

二、比较法视野下刑事诉讼中公安机关的定位

西方现代法治国家的政治体制均以三权分立为其思想基础，司法权由法院行使，检察机关大多被认为是行政机关，警察机关无论是行使治安管理权还是行使刑事诉讼中的侦查权，都被认为是行政机关。但英美法系与大陆法系在对待三机关性质的界定上还存在某些差异。

（一）英美法系

英国是世界上最早确立权力分立与制衡的国家，美国是当今世界上实行三权分立最典型的国家，它们都坚持立法权属于议会，司法权属于法院，行政权属于政府机构。按照《美国宪法》的规定，"立法权，全属合众国的国会"；"行政权力赋予美利坚合众国总统"；"合众国的司法权属于最高法院以及由国会随时下令设立的低级法院"。[1]

英国是现代意义上警察制度的诞生地，1829 年国会授权内政大臣罗伯特·皮尔组建了大伦敦警察厅，标志着世界上现代警察制度的建立。当今英国的警察系统由内务部领导，内政大臣是英国警察的最高首长。英国警察最重要的职责之一是犯罪侦查，绝大多数刑事案件的侦查是由警察负责进行的。"警察机关拥有侦查犯罪、

---

〔1〕《美国宪法》第 1 条第 1 款、第 2 条第 1 款、第 3 条第 1 款。

逮捕罪犯以及收集定罪所必需的证据等一系列权力，是英国现代刑事司法体系的重要组成部分。"[1]警察过去还承担着向法院提起公诉的职责，直到1985年《英国犯罪起诉法》颁布后，才由新建立的皇家检察机构承担公诉职能。虽然行使侦查以至起诉职权，警察仍然是行政机关，并不因为其从事刑事司法活动而成为司法机关。

在美国，联邦政府各重要部门都设有自己的执法机构以承担不同案件的侦查任务，如司法部下属的联邦调查局是主要的侦查机构，毒品管理局负责毒品犯罪的侦查；内政部下属的国家公园警察局、总督察署，国防部下属的国防调查署、海军部调查局等诸多机构也都承担与本部门职责直接相关的犯罪侦查任务。在州一级，州内政部负责领导州的警察机构。以上这些机构在侦查犯罪时都以警察身份进行，与检察机关是平行的分工协作关系。警察的侦查行为一方面是行政行为，另一方面是刑事诉讼程序的第一阶段，具有一定的司法属性。"'刑事诉讼程序'通常分为两部分：侦查阶段与审判阶段。""当警察根据其本人的观察和线人以及线人提供的信息或者仅仅根据线人提供的信息，相信犯罪活动已经开始着手实施或者已经发生时，刑事侦查活动就开始了。"[2]

（二）大陆法系

大陆法系国家的法院、检察机关、警察机关的性质、相互关系与英美法系国家大同小异。多数国家的宪法规定司法机关仅指法院，如《德国基本法》第9章第92条规定："司法权赋予法官，由联邦宪法法院、本基本法规定的联邦法院和各州法院行使。"但有的国家的宪法规定，司法机关包括法院和检察机关，根据《法国宪法》第65条规定，设立最高司法委员会，由总统担任主席，司法部长为当然副主席。根据《司法组织法典》的规定，法官和检察官都是司法官，由最高司法委员会管理。[3]《意大利宪法》第104条规定："司法机关为独立于任何其他权力机关的自主体制。最高司法委员会由共和国总统担任主席。最高法院的首席院长和检察长为最高司法委员会的当然成员……"

至于大陆法系国家的警察，其在国家机构中的地位是行政机关，归行政长官领导，这是没有例外的。德国的警察机构由两部分组成，联邦警察隶属于联邦内务部，州的警察机构由州内务部长领导。《法国国家警察职业道德准则法令》第4条规定："国家警察按一定的等级制度而组成，归属内政部长管辖。"[4]日本警察机

---

[1] 麦高伟、[英]杰弗里·威尔逊主编：《英国刑事司法程序》，姚永吉等译，何家弘审校，法律出版社2003年版，第38页。

[2] [美]约书亚·德雷斯勒、艾伦·C.迈克尔斯：《美国刑事诉讼法精解》，吴宏耀译，北京大学出版社2009年版，第5~6页。

[3] 参见甄贞主编：《检察制度比较研究》，法律出版社2010年版，第26页。

[4] 《法国国家警察职业道德准则法令》，井致远译，载刘伯祥主编：《外国警察法》，中国法制出版社2007年版，第660页。

构分为国家警察机构和地方警察机构。《日本警察法》规定，在内阁总理大臣辖下设置国家公安委员会，作为中央警察机构最高权力机关，其下设警察厅。地方警察机构是在都道府县知事领导下的公安委员会，负责管理地方警察。在刑事诉讼领域，与英美法系不同，大陆法系国家的警察在从事刑事侦查工作时受检察官的领导和监督，甚至作为检察机关的辅助人员在其直接指挥下开展侦查工作。由于警察的侦查活动具有一定的司法性质，因此大陆法系国家一般把从事侦查的警察称为司法警察，把侦查机关称为刑事司法警察机关。《法国刑事诉讼法典》第 14 条规定了司法警察的职责："只要没有开始侦查程序，司法警察依本编所定区分，负责查证违反刑事法律之犯罪行为，搜集犯罪证据，查找犯罪行为人。在已经开始侦查程序的情况下，司法警察执行预审法庭的委派，按照预审法庭的要求办案。"[1]该法第15 条、第 16 条、第 20 条规定的司法警察的人员组成主要包括两类：一是国家警察，由内政部长领导；二是国家宪兵，由国防部长领导。司法警察属于行政机关序列，在刑事诉讼中是与司法机关并列的机关。[2]

意大利和日本对司法警察人员职责的规定与法国大体相同。《意大利刑事诉讼法》第 55 条规定了司法警察的职能："1. 司法警察应当侦查包括主动侦查犯罪，阻止犯罪造成严重的后果，搜寻作案者，为保护证据而采取一切必要的措施，并且收集其他可能有助于刑事法律适用的材料。2. 执行由司法机关决定或者委托的一切调查活动和其他活动。3. 第 1 款和第 2 款中列举的职能由司法警察机构的警官和官员执行。"根据该法第 57 条的规定，司法警察组织的警官包括国家警察组织的领导人员、警长、宪兵部队等，司法警察组织的警员包括根据公共安全管理制度被承认具有此种身份的国家警察机构的人员等。《日本刑事诉讼法》第 189 条规定了一般司法警察职员的侦查权："警察官依照其他法律或者国家公安委员会或都道府县公安委员会的规定，执行司法警察职员的职务。司法警察职员在知悉有犯罪发生时，应即侦查犯人及证据。"

以上所述的西方两大法系国家的三权分立政治体制虽然与我国的政治体制性质不同，但其警察机构在刑事诉讼中的行政机关定位，对我国刑事诉讼中公安机关如何定位的问题，仍有参考意义。

三、我国刑事诉讼中公安机关的定位问题

对我国刑事诉讼中公安机关性质的界定，需要根据《宪法》所确定的中国特色社会主义政治体制进行两个方面的分析，一是公安机关在国家机构中的一般属性，二是公安机关在刑事诉讼中的定位。对这两个有机联系的问题可以从以下几个方面进行考量。

---

〔1〕 罗结珍译：《法国刑事诉讼法典》，中国法制出版社 2006 年版，第 17 页。

〔2〕 参见〔法〕卡斯东·斯特法尼等：《法国刑事诉讼法精义》，罗结珍译，中国政法大学出版社1999 年版，第 300 页。

（一）从《宪法》及有关法律的规定来考量

我国《宪法》规定的政治体制是人民代表大会制度，其特点是各级人民代表大会是人民行使权力的机关，各级政府和各级人民法院、人民检察院是行使国家行政权、审判权、检察权的机关，它们都由同级人民代表大会产生、对它负责、受它监督，并被简称为"一府两院"，公安机关则属于国家行政机关中的一个组成部分。《宪法》第85条规定："中华人民共和国国务院，即中央人民政府，是最高国家权力机关的执行机关，是最高国家行政机关。"第89条规定："国务院行使下列职权：……（八）领导和管理民政、公安、司法行政和监察等工作……"根据《宪法》所制定的《地方各级人民代表大会和地方各级人民政府组织法》第59条规定："县级以上的地方各级人民政府行使下列职权：……（五）执行国民经济和社会发展计划、预算，管理本行政区域内的经济、教育、科学、文化、卫生、体育事业、环境和资源保护、城乡建设事业和财政、民政、公安、民族事务、司法行政、监察、计划生育等行政工作……"另外国务院制定的《公安机关组织管理条例》第19条明确规定："公安机关人民警察使用的国家行政编制，实行专项管理。"根据《宪法》和以上两个法律、法规及其他有关规定，我国的公安机关和公安工作无疑是具有行政性质的，其领导机构在中央为国务院下属的公安部，在地方为各级人民政府中设立的公安厅、局。

我国公安机关的工作大多是与维护社会治安有关的行政管理工作，同时又承担大部分刑事案件的侦查任务，公安机关的侦查活动与检察院的追诉、诉讼监督活动、法院的审判活动以及有关部门的相关执行活动[1]形成了刑事诉讼的全部活动体系。正因如此，《宪法》第135条明文规定："人民法院、人民检察院和公安机关办理刑事案件，应当分工负责，互相配合，互相制约，以保证准确有效地执行法律。"《刑事诉讼法》不仅把该条作为基本原则加以规定，同时也明确了公安机关在刑事诉讼中的职责分工。根据《刑事诉讼法》第3条的规定，公安机关负责对刑事案件的侦查、拘留、执行逮捕、预审（笔者注：实际上是侦查阶段的最后程序），这就意味着我国公安机关在刑事诉讼中承担以侦查为主的重要诉讼任务。根据《刑事诉讼法》第4条以及其他有关规定，承担侦查任务的还有检察机关、国家安全机关、军队保卫部门、海关缉私部门以及监狱中的侦查组织。在中国的语境下，把诉讼理解为司法活动是合理的，因为侦查不仅是刑事诉讼中的重要组成部分，而且是按《刑事诉讼法》规定的法定程序来进行的，把它与一般行政机关的行为一样定位为行政性质是不合适的。当然，侦查活动不同于审判，也有别于起诉，虽然是诉讼活动，但是明显带有某些行政活动的特征（如要求迅速及时、基本上不公开及受行政首长领导等）。但总体而言，侦查活动还是属于诉讼活动即司

---

〔1〕刑事执行工作，大部分具有司法行政性质，如监狱和社区矫正管理；某些工作具有司法性质，如决定监外执行、减刑等。

法活动的范畴。然而绝不能由此做出这样的推论：凡是在刑事诉讼中从事侦查或者其他诉讼活动的机关都是司法机关。《公安机关组织条例》第 2 条规定："公安机关是人民民主专政的重要工具，人民警察是武装性质的国家治安行政力量和刑事司法力量，承担依法预防、制止和惩治违法犯罪活动，保护人民，服务经济社会发展，维护国家安全，维护社会治安秩序的职责。"在这个条例中，也只是把人民警察规定为武装性质的国家治安行政力量和刑事司法力量，而没有定位为司法机关。也就是说，把刑事诉讼中的司法机关与行使一定司法权的机关的性质加以区别，而没有混为一谈。同样，我们也不能把司法工作人员与其所在的单位混为一谈。我国《刑法》第 94 条规定："本法所称司法工作人员，是指有侦查、检察、审判、监管职责的工作人员。"其中监管人员包括公安机关、国家安全机关以及在司法行政部门所属的有关机关（监狱和看守所）中担任监管犯罪嫌疑人、被告人、罪犯职责的人员，还包括在劳动教养场所中担任监管劳教人员职责的人员。[1]如果上述各种司法工作人员所在单位都是司法机关，那么不仅公安机关，甚至司法行政机关不都成了司法机关了吗？

（二）从中央有关重要文件来考量

再来看一下中央有关重要文件是如何对法院、检察院、公安机关定性的。中国共产党第十五次代表大会报告指出："推进司法改革，从制度上保证司法机关依法独立公正地行使审判权和检察权，建立冤案、错案责任追究制度。"党的十六大报告指出："从制度上保证审判机关和检察机关依法独立公正地行使审判权和检察权。完善诉讼程序，保障公民和法人的合法权益，切实解决执行难问题。改革司法机关的工作机制和人财物管理体制，逐步实现司法审判和检察同司法行政事务相分离。"这两个极为权威的文件十分明确地把司法机关定位为审判机关和检察机关，还要求逐步实现司法审判和检察同司法行政事务的分离。党的十七大报告中没有明确提到司法机关，但强调指出要"保证审判机关、检察机关依法独立公正地行使审判权、检察权"。党的十六大以后，党中央先后作出两个关于加强公安工作和法院、检察院工作的决定。《中共中央关于进一步加强和改进公安工作的决定》（中发〔2003〕13 号）指出："公安机关是人民民主专政的重要工具，是武装性质的国家治安行政力量和刑事司法力量，肩负着打击敌人、保护人民、惩治犯罪、服务群众、维护国家安全和社会稳定的重要使命。"《中共中央关于进一步加强人民法院、人民检察院工作的决定》（中发〔2006〕11 号）指出："人民法院和人民检察院是国家司法机关，是人民民主专政的国家机器的重要组成部分，肩负着贯彻依法治国基本方略的重要使命。"从以上一系列党中央的权威文件中可以清晰地看出，我国的人民法院、人民检察院是司法机关，公安机关既是行政机关又是重要的刑事司法力量。另外，国务院新闻办公室发布的有关文件中也有关于三机关性质的表述。

---

〔1〕 朗胜主编：《中华人民共和国刑法释义》，法律出版社 2011 年版，第 116 页。

《中国人权发展50年（1949~1999年）》指出："公安、司法机关依法打击犯罪，保护公民的合法权利不受侵犯。"《保护知识产权行动纲要（2006~2007年）》中提出："公安、司法机关要进一步加大打击力度，加强知识产权刑事司法保护。"这里的司法机关指的是法院和检察院，这是不言而喻的。这两个文件不仅面向国内，而且面向国际社会，其文字表述是经过认真斟酌、把握分寸的，它们都用"公安、司法机关"来表述公、检、法，这是很值得我们注意的。

（三）从法学界的学术观点来考量

关于我国法院、检察院、公安机关三机关是否定性为司法机关的问题，法学界的学术观点主要分为三种。第一种是"一机关说"，认为司法机关仅指法院，这是一种传统的观点，现在仍有学者主张此说。如陈瑞华教授认为，"司法是与裁判有关的国家活动，司法权也就是裁判权"，检察机关只是"带有一定的准司法机构的性质"。[1]还有学者明确指出："在我们国家，司法机关就应当是人民法院。"[2]第二种是"两机关说"，认为在我国司法机关为法院和检察院，公安机关是行政机关，持这种观点的学者比较多。如张文显教授认为："在我国，按照现行法律体制和司法体制……人民法院和人民检察院便是我国的司法机关，即我国的司法主体……一些人甚至一些领导人将公安机关甚至包括司法行政机关也称为司法机关，所谓'公、检、法、司'，实际上不符合我国现行法律法制和司法体制，是对司法机关的一种不正确的理解。因为它们属于国家行政机关的组成部分，称之为广义上的'政法机关'尚可。"[3]王利明教授认为："依据我国宪法的规定，各级人民法院和人民检察院属于国家司法机关。"[4]徐静村教授认为："在我国，严格意义上的司法机关是人民法院和人民检察院，公安机关虽然行使部分司法职能，但就其性质而言，仍属于维护社会治安的行政机关。"[5]笔者一直主张我国的司法机关为法院、检察院，公安机关是行政机关，并把刑事诉讼中的国家专门机关简称为"公安司法机关"。[6]第三种观点是"三机关说"，认为司法机关包括法院、检察院、公安机关。如程荣斌教授认为："侦查是特定的司法机关为证实犯罪和查获犯罪人而依法采取的专门调查工作和采取的有关强制性措施。"[7]此外，有的学者的观点与前三种有所不同，如陈卫东教授认为检察机关是国家法律监督机关，公安机关是国家行政机关。"公安机关是我国各级人民政府，即国家行政部门的组成部分，受

〔1〕陈瑞华："司法权的性质——以刑事司法为范例的分析"，载《法学研究》2000年第5期。
〔2〕陈界融：《证据法学概论》，中国人民大学出版社2007年版，第5页。
〔3〕张文显主编：《法理学》，法律出版社2007年版，第237页。
〔4〕王利明：《司法改革研究》，法律出版社2000年版，第6页。
〔5〕徐静村主编：《刑事诉讼法学》，法律出版社2011年版，第60页。
〔6〕参见陈光中主编：《中国司法制度的基础理论问题研究》，经济科学出版社2010年版，第14页；陈光中主编：《刑事诉讼法学》，北京大学出版社、高等教育出版社2009年版，第42页。
〔7〕程荣斌主编：《刑事诉讼法》，中国人民大学出版社2005年版，第285页。

各级人民政府的领导。因此，在我国，从性质上来讲，公安机关属于行政机关，而不是司法机关，这是由其功能、活动程序和组织方式所决定的。"[1]

　　笔者之所以坚持主张上述第二种观点，即刑事诉讼中的人民法院、人民检察院是司法机关而公安机关是行政机关，是基于以下几点理由：一是根据上述我国《宪法》所规定的政治体制特色和中共中央一系列重要文件对人民法院、人民检察院和公安机关的性质的明确表述。二是认为作为司法机关应当具有独立性、中立性、裁判性、权威性等基本属性。我国的人民法院明显具有以上基本属性，是典型的司法机关。检察机关作为《宪法》规定的国家专门的法律监督机关，在刑事诉讼中，首先具备依法独立行使职权的属性，即《宪法》第131条明文规定了检察院依法独立行使检察权，不受行政机关、社会团体和个人的干涉。其次，检察机关在法庭上代表控方，但在审查批捕、审查起诉中对于侦查部门与犯罪嫌疑人两方而言是持客观、中立态度的。再次，检察院对案件的处理决定虽不具备终局裁判的属性，但由于其对刑事诉讼全过程实行法律监督，具有与法院同等的权威性。可见，检察机关在我国可以与法院一样被视为司法机关。刑事诉讼中的公安机关的情况却有所不同。它实施侦查和其他诉讼行为受行政机关首长的直接领导，不具有独立性；其担负的追诉犯罪的职责也使其在刑事诉讼中无法保持中立。虽然公安机关在刑事诉讼中的作用很重要，但主要是为后面的起诉、审判做准备，不可能具有权威性。三是从刑事诉讼的各个阶段来说，不仅起诉与审判活动具有司法性，侦查也具有司法性，这里的司法性是从其属于诉讼活动范畴的意义上来说的，也就是说，诉讼活动受诉讼规则的规范，与行政机关的行政活动具有质的区别。但是不能因此认为在刑事诉讼中行使侦查权的主体就是司法机关。如上所述，在刑事诉讼中有权进行侦查的国家机关是多元的，不仅有公安机关、检察机关，还有国家安全机关、军队保卫部门、海关缉私部门、监狱中的侦查组织等。如果行使侦查权的机关都是司法机关，那么以上这些部门都成为司法机关了，这未免使司法机关过于多元化，并必然使司法机关丧失高位性、权威性，从而损害法治精神。四是要正确理解《宪法》第135条关于"人民法院、人民检察院和公安机关办理刑事案件，应当分工负责，互相配合，互相制约"规定的精神。这个规定固然在一定意义上体现了三机关在刑事诉讼中的同等地位，但是要看到，这个条文是在《宪法》规定人民法院、人民检察院的专节中规定的，应该与宪法中有关法院、检察院以及公安机关在国家机构中的地位、职责的规定结合起来才能准确把握。还要看到，在现代法治国家，无论是西方国家还是中国，其刑事诉讼结构都是或者都应该是以审判为中心的，只有在非法治国家，才搞侦查中心主义，侦查的结果决定审判的结果。在我国，侦查固然重要，但法院在刑事诉讼中扮演着决定诉讼终局的角色；检察院在审判中起到支持公诉和审判监督的重要作用。我国尽管存在一定的侦查中心主义的现

---

　　[1]　陈卫东主编：《刑事诉讼法学原理与案例教程》，中国人民大学出版社2008年版，第80页。

象，但我们必须要改变这种现象，从侦查中心主义走向审判中心主义。这次《修正案（草案）》的某些内容（如提高证人、鉴定人出庭率，一定情况下要求警察出庭等）也进一步强化了审判中心主义的构造。因而，我国刑事诉讼中的主要国家专门机关可以客观地列为人民法院、人民检察院、公安机关或者简称为公安、司法机关，但不能概括称为司法机关。五是为了保证公安机关完成其维护国家安全和社会治安秩序、保护公民的合法权益的重要任务，我们党和政府采取了一系列强警措施，如加强公安队伍力量、后勤装备、技术手段等，这是完全有必要的；对公安机关领导人的职务进行高配〔1〕也是可以理解的。但是，强警不应当改变公安机关在国家机构体制中的固有定位，不能把公安机关升格为司法机关，否则就破坏了我国《宪法》所规定的国家机构的有机统一体制，也有违社会主义法治理念。

四、结语与建议

历史的经验值得借鉴。在古代的封建专制主义时代，司法与行政是不分的，专职办案的司法官吏从属于行政长官。近代资产阶级革命以后，在法治理念的指导下，国家机构中建立了独立的司法机关，同时也创建了从属于行政系统的警察力量。警察尽管承担主要的侦查任务，但不是司法机关本体。在我国社会主义政治体制下，公安机关总体而言属于行政机关，其在刑事诉讼中所进行的侦查活动属于司法活动，从这个意义上说，警察是一种重要的刑事司法力量，但不能因此把负责侦查任务的警察机关定位为司法机关。我国正在建设中国特色社会主义法治国家，司法体制改革的方向应当是使法院和检察院这两个司法机关越来越能依法独立、公正地行使审判权、检察权，而不是让公安机关与司法机关渐行渐近，乃至于三者合为一体都成为司法机关。果真如此，这种司法体制的改革是进步的体现还是倒退的不祥之兆，就非常值得我们深思并令人担忧了。至少在中国现实的政治体制下，刑事诉讼中公安机关的定位是一个存在着重大争议且十分敏感的复杂问题，因此，不宜在这次《刑事诉讼法》的修改中贸然将其确认为司法机关。

为此，笔者建议，将《修正案（草案）》中新增加的7个条文按照《宪法》的规定改为人民法院、人民检察院、公安机关，同样对1996年《刑事诉讼法》中增加的两条有"司法机关"的规定也作回归性修改。譬如，《修正案（草案）》第62条规定："证人因履行作证义务而支出的交通、住宿、就餐等费用及误工损失，应当给予补助。对证人作证的补助，列入司法机关业务经费，由同级政府财政予以保障。"其中的"司法机关"可以改为"人民法院、人民检察院、公安机关"。当然，其中有的条文把司法机关改为法院、检察院、公安机关可能在文字上不太确切、妥帖，那可以另作灵活处理。例如，《修正案（草案）》第51条第2款规定：

---

〔1〕 如公安局局长又担任所属政府机关的副职或者担任当地党委的常委。但不宜兼任政法委书记，否则，就可能造成公安局局长实际上领导至少是干预法院、检察院办案的消极后果。

"行政机关在行政执法过程中收集的物证、书证等证据材料，经过司法机关核实，可以作为证据使用。"其中"经过司法机关核实"可以改为"经过公安机关、人民检察院或者人民法院核实"。

为了使《刑事诉讼法修正案（草案）》在征求意见后得到更好的修改完善，更符合社会主义法治理念，特撰此文直陈己见，求教于法界同仁并供立法部门参考。

刑事诉讼法法制建设的重大进步[1]

一、《刑事诉讼法》修改的必要性

法律必须保持稳定，才能保证社会关系和社会秩序的稳定，但法律又不能静止不变，必须根据社会发展变化作出相应的调整。诚如美国著名法社会学家庞德所言："一般安全中的社会利益促使人们去探寻某种据以彻底规则人之行动的确定基础，进而使一种坚实而稳定的社会秩序得到保障。但是，社会生活情势的不断变化却要求法律根据其他社会利益的压力和种种危及安全的新形式不断作出新的调整。"[2]现代社会的变化和发展对法律提出了挑战，法律必须紧跟时代潮流，与时俱进，否则就有可能阻碍社会的发展。1979年制定的《刑事诉讼法》自1996年修正以来，迄今已16年。其间，国情世情发生了深刻变化，《刑事诉讼法》越来越难以适应社会发展和司法实践的需要，迫切需要进行再次修改。

（一）适应我国民主法制发展的需要

1996年以来，我国社会主义民主法制建设取得了长足进步。1997年，党的十五大报告明确提出了"依法治国，建设社会主义法治国家"方略。1999年3月15日，第九届全国人民代表大会第二次会议通过了《中华人民共和国宪法修正案》，将"实行依法治国，建设社会主义法治国家"庄严载入《宪法》第5条的第1款。自此，"依法治国"由一个政治规范提升为宪法规范。与"依法治国"方略入宪具有同等重要意义的是"国家尊重和保障人权"入宪。党的十五大报告和十六大报告就曾明确提出"尊重和保障人权"。2004年3月14日，第十届全国人大第二次会议通过了《中华人民共和国宪法修正案》，在《宪法》第33条增加第3款规定："国家尊重和保障人权"。这是将"尊重和保障人权"由执政党的意志上升为国家意志，是当代中国民主宪政和政治文明的新发展。

"依法治国"和"国家尊重和保障人权"入宪对于所有法律的制定和修改都具

---

〔1〕 原载《清华法学》2012年第3期，与曾新华、刘林呐合著。

本文结合作者的亲历，对2012年《刑事诉讼法》修改进行了系统的回顾和总结，其中既肯定了《刑事诉讼法》的重大进步，也指出修改中的某些不足，如人权保障写在第2条"任务"中而非写在"宗旨"中；对于证人出庭问题，规定法院认为有必要时证人才应当出庭，导致实践中证人出庭率低的现象不能得到改进。修改中存在的问题，有的在党的十八大之后已有所改观，有的有待今后努力解决。

〔2〕 ［美］罗斯科·庞德：《法制史解释》，邓正来译，中国法制出版社2002年版，第2页。

有重要的意义，对素有"小宪法"之称的《刑事诉讼法》的修改更具有直接的现实指导意义。推进民主法治、尊重保障人权，在刑事诉讼中就应当纠正"重打击、轻保障""重实体、轻程序"的传统观念及其在立法司法中的表现。这就需要通过修改《刑事诉讼法》来体现惩罚犯罪与保障人权平衡、实体公正与程序公正并重的理念。

（二）解决司法实践中突出问题的需要

1996年修正后的《刑事诉讼法》实施以来，司法实践中人民群众反映强烈的弊端和痼疾并未得到根本遏制，有的甚至有愈演愈烈的趋势。首先，刑讯逼供和变相刑讯逼供屡禁不绝。刑讯逼供不仅严重侵害被讯问人的人权，破坏程序公正和法治文明，还造成了一些令人民群众强烈不满的冤假错案。其次，辩护难没有得到解决，我国辩护律师会见难、阅卷难、调查取证难以及执业风险大导致刑事辩护呈萎缩状态。据统计，刑事案件中的辩护率仅为20%左右。新修改的《律师法》试图破解律师辩护难的问题，但由于《刑事诉讼法》没有同步修改，产生了与《刑事诉讼法》"冲突"的问题，致使其在实践中近乎失灵。再次，超期羁押现象仍然存在，成为刑事司法的痼疾。如2003年广西的谢洪武案超期羁押长达28年。尽管中央政法机关多次下发通知要求清理和纠正超期羁押问题，并开展了执法、司法大检查，但是在清理旧的超期羁押案的同时，又产生了新的超期羁押案，存在"边清边超"的怪现象。此外，逮捕率过高、证人不出庭作证、二审程序不开庭审理、变相规避上诉不加刑原则、未成年人诉讼程序不完备等也是实践中比较突出的问题。以上所有问题只有通过《刑事诉讼法》的再次修改才能从制度上得到解决。

（三）适应犯罪活动新变化和加强惩罚犯罪能力的需要

自20世纪90年代中期以来，我国的犯罪活动呈现出新特点和新趋势，需要加强打击犯罪的能力和改进惩罚犯罪的程序。这也亟待通过修改《刑事诉讼法》来实现。

近十多年来，以美国"9·11"事件为标志，恐怖活动犯罪在全世界极为猖獗。由于我国目前正处于社会矛盾多发、利益冲突加剧的转型时期，也面临着恐怖犯罪的压力。为打击恐怖活动犯罪、加强与国际社会的合作，我国于2001年加入了《制止恐怖主义爆炸的国际公约》和签署了《打击恐怖主义、分裂主义和极端主义上海公约》。1997年修订的《刑法》第120条新增了"组织、领导、参加恐怖活动组织罪"；2001年通过的《刑法修正案（三）》，增设了一系列的专门反恐内容；2011年10月29日全国人大常委会通过了《关于加强反恐怖工作有关问题的决定》。上述立法主要是从实体法的层面界定了恐怖活动犯罪，要从程序上提高打击和惩治恐怖活动犯罪的侦查能力就必须修改《刑事诉讼法》。

腐败问题是目前全球广泛关注的热点问题之一，也是中国面临的最大政治污染。近些年来，我国的腐败犯罪特别是大案、要案呈持续上升趋势。2011年全国检察机关立案侦查各类职务犯罪案件共32 909件涉及44 085人，同比分别增长

1.4%和6.1%。其中，立案侦查贪污贿赂大案共18 224件，同比增长0.2%；查办涉嫌犯罪的县处级以上国家工作人员2723人（含厅局级188人、省部级6人），同比增长2%。[1]而且，贪污贿赂犯罪和渎职侵权犯罪相互交织、职务犯罪和其他刑事犯罪相互牵连。腐败犯罪手段具有较大的隐蔽性和欺骗性。腐败犯罪分子大都具有一定甚至较高的职务，他们总是变换作案手段，想方设法利用职权隐瞒罪行，逃避法律制裁。此外，腐败分子转移赃款外逃也是新时期腐败犯罪的重要特征。现有的刑事诉讼法对于打击腐败犯罪的程序明显滞后，难以适应惩治腐败犯罪的需要，有待通过修法予以完善。

　　未成年人犯罪在世界范围内被称为继吸毒贩毒、环境污染之后的第三大公害。近些年来，我国未成年人犯罪有明显上升趋势，呈现出低龄化、成人化、智能化、暴力化、残忍化、团伙化等特征。为减少和预防青少年犯罪，我国《刑法》《未成年人保护法》《预防未成年人犯罪法》以及有关司法解释对未成年人犯罪的实体规范和程序规范作了明确规定。但是就未成年人刑事案件诉讼程序而言，现有的规定不够系统，也不够全面，甚至存在相互之间冲突的情况。为贯彻"教育、感化和挽救"的方针以及"教育为主、惩罚为辅"的原则，亟须通过《刑事诉讼法》的修改对未成年人刑事案件诉讼程序作出专门的系统规定。

二、《刑事诉讼法》修改的过程

　　早在2003年，按照党的十六大提出的"推进司法体制改革"战略决策的要求，《刑事诉讼法》再次修订被纳入第十届全国人大常委会立法规划。2004年年底，中共中央转发了《中央司法体制改革领导小组关于司法体制和工作机制改革的初步意见》，提出了改革和完善诉讼制度等10个方面的35项改革任务，其中许多任务涉及《刑事诉讼法》的修改。全国人大常委会法制工作委员会（以下简称"法工委"）经过初步准备后，于2006年下半年至2007年上半年间几次召开有司法实务部门和专家学者参加的《刑事诉讼法》修改座谈会。但是，与会人员对一些重大的问题存在明显分歧，如非法实物证据是否应当排除、律师在侦查阶段的地位问题等，表明《刑事诉讼法》修改的时机尚未成熟。但是，司法改革并没有停止，如2007年1月1日起所有死刑案件核准权收归最高人民法院统一行使。在理论界，《刑事诉讼法》修改一直是专家学者关注和研讨的焦点和热点问题。在此期间，一些学者还主持出版了若干部《刑事诉讼法》修改的专家建议稿。[2]这些建

---

　　〔1〕　参见"最高人民检察院工作报告——二〇一一年三月十一日在第十一届全国人民代表大会第四次会议上"，载《人民日报》2011年3月20日，第2版。
　　〔2〕　如陈光中主编：《中华人民共和国刑事诉讼法再修改专家建议稿与论证》，中国法制出版社2006年版；徐静村主编：《中国刑事诉讼法（第二修正案）学者拟制稿及立法理由》，法律出版社2005年版；陈卫东主编：《模范刑事诉讼法典》，中国人民大学出版社2005年版；田文昌、陈瑞华主编：《〈中华人民共和国刑事诉讼法〉再修改律师建议稿与论证》，法律出版社2007年版。

议稿为《刑事诉讼法》的再修改提供了参考。

2008 年，按照党的十七大作出的"深化司法体制改革"的重大决策要求，中共中央转发《中央政法委员会关于深化司法体制和工作机制改革若干问题的意见》。该意见提出了 60 项改革任务，相当一部分涉及《刑事诉讼法》的修改。此外，2008 年 6 月 1 日正式生效实施的《律师法》关于辩护律师权利的规定突破了《刑事诉讼法》，如何解决两法之间的冲突成为立法部门面临的重要议题。2009 年，第十一届全国人大常委会再次将《刑事诉讼法》修订列入立法规划。与此同时，中央政法机关开始单独或者联合出台司法解释或者规范性文件以推进刑事司法改革。比较重要的有：《关于办理死刑案件审查判断证据若干问题的规定》和《关于办理刑事案件排除非法证据若干问题的规定》〔1〕、《关于规范量刑程序若干问题的意见（试行）》〔2〕、《关于进一步建立和完善办理未成年人刑事案件配套工作体系的若干意见》〔3〕、《关于充分发挥刑事审判职能作用深入推进社会矛盾化解的若干意见》〔4〕、《关于办理当事人达成和解的轻微刑事案件的若干意见》〔5〕。这些司法解释为完善刑事诉讼制度作了某些初步改革，为《刑事诉讼法》修改创造了良好的条件。

法工委在对《刑事诉讼法》修改进行认真充分的准备工作后，于 2010 年 12 月至 2011 年 5 月期间，连续召开 4 次《刑事诉讼法》修改座谈会，征求实务部门、专家学者和律师的意见。此间，法工委还分别召开会议听取实务部门的意见。2011 年 6 月 10 日，法工委就《刑事诉讼法修正案（草案）》在中央政法委全体会议暨司法体制机制改革第九次专题汇报会上作了专题汇报。

2011 年 8 月 24 日，《中华人民共和国刑事诉讼法修正案（草案）》（以下简称《修正案（草案）》）正式提请第十一届全国人大常委会第二十二次会议进行初次审议。此稿《修正案（草案）》共计 99 条，将《刑事诉讼法》从原来的 225 条增加到 285 条，主要涉及完善证据制度、强制措施、辩护制度、侦查措施、审判程序、执行程序和特别程序等七个方面。2011 年 8 月 30 日，中国人大网全文公布了《修正案（草案）》，并向社会公开征集意见。草案公布后，全社会对此予以了高度关注，截至 2011 年 9 月 30 日，共收到 80 953 条意见。2011 年 11 月 18 日，全国人大法律委员会、法制工作委员会召开座谈会，就《修正案（草案）》的修改完善与中央政法机关和有关学者交换意见，为进一步修改《修正案（草案）》做准备。

---

〔1〕 2010 年 6 月 13 日，由最高人民法院、最高人民检察院、公安部、国家安全部和司法部联合发布。

〔2〕 2010 年 9 月 13 日，由最高人民法院、最高人民检察院、公安部、国家安全部和司法部联合颁布。

〔3〕 2010 年 10 月，由中央综治委预防青少年违法犯罪工作领导小组、最高人民法院、最高人民检察院、公安部、司法部、共青团中央联合发布。

〔4〕 2010 年 12 月 31 日，由最高人民法院发布。

〔5〕 2011 年 1 月 29 日，由最高人民检察院发布。

2011 年 12 月 26 日，第十一届全国人大常委会第二十四次会议再次对《修正案（草案）》进行了审议，并决定将草案提请第十一届全国人大五次会议审议。此次审议的《修正案（草案）》共计 106 条，比一审稿增加了 7 条。全国人大常委会对此次审议稿并未再次向社会全文公布，只是通过新闻媒体的报道间接公开了修改的重点内容。2012 年 1 月 20 日，全国人大法工委在中央司法体制改革领导小组第四次全体会议暨司法体制机制改革第十一次专题汇报会上汇报了《刑事诉讼法》的修改情况。会议充分肯定了《修正案（草案）》，认为该草案坚持从我国国情和实际出发，反复听取各方面意见，统筹考虑惩治犯罪与保障人权、公正与效率、法律效果和社会效果等因素，将为维护国家安全和社会和谐稳定提供有力的法律保障。

2012 年 3 月 5 日，第十一届全国人民代表大会第五次会议开幕，审议《修正案（草案）》是此次会议的重要议程之一。8 日，第十一届全国人大五次会议举行第二次全体会议，听取全国人大常委会副委员长王兆国《关于〈中华人民共和国刑事诉讼法修正案（草案）〉的说明》。提请大会审议的《修正案（草案）》共计 110 条。8 日至 9 日，各代表团全体会议、小组会议审议了《修正案（草案）》，并对草案提出了一些修改意见。9 日，全国人大法律委员会（以下简称"法律委员会"）召开会议，对草案进行了审议，并建议对草案作 8 处主要修改。10 日，第十一届全国人大五次会议主席团举行第二次会议，法律委员会主任委员胡康生作了《关于〈刑事诉讼法修正案（草案）〉审议结果的报告》，并表决通过决定将《关于修改〈刑事诉讼法〉的决定（草案）》提请各代表团审议。11 日，各代表团审议了全国人大《关于修改〈刑事诉讼法〉的决定（草案）》，并提出一些修改意见。12 日，法律委员会再次召开会议，对《关于修改〈刑事诉讼法〉的决定（草案）》进行了审议，又提出了 5 点修改意见。13 日，第十一届全国人大五次会议主席团第三次会议听取和审议了法律委员会《关于修改〈刑事诉讼法〉的决定（草案）修改意见的报告》，通过了《全国人民代表大会关于修改〈中华人民共和国刑事诉讼法〉的决定（草案）》。

2012 年 3 月 14 日上午，第十一届全国人民代表大会第五次会议以 91.88% 的赞成票通过了《全国人民代表大会关于修改〈中华人民共和国刑事诉讼法〉的决定》。当日，中华人民共和国主席胡锦涛发布了第五十五号主席令："《全国人民代表大会关于修改〈中华人民共和国刑事诉讼法〉的决定》已由中华人民共和国第十一届全国人民代表大会第五次会议于 2012 年 3 月 14 日通过，现予公布，自 2013 年 1 月 1 日起施行。"至此，《刑事诉讼法》第二次修改工作圆满完成。

三、《刑事诉讼法》修改的主要内容

此次修正《刑事诉讼法》增、删、改共计 149 条，其中增加 66 条，修改 82 条，删除 1 条。主要内容如下：

（一）增加"尊重和保障人权"的规定

"国家尊重和保障人权"2004年载入《宪法》，成为我国《宪法》的一项重要原则，体现了社会主义民主的本质要求。新《刑事诉讼法》在坚持惩罚犯罪与保障人权并重的指导思想下，着力加强了人权保障，在第2条任务中增加规定"尊重和保障人权"，对整部《刑事诉讼法》的基本原则、制度和程序起到提纲挈领的指导作用。新《刑事诉讼法》将人权保障的理念贯穿于刑事诉讼的具体制度设置中，在辩护制度、证据制度、强制措施、侦查程序、审判程序和特别程序中都有鲜明体现。刑事诉讼领域内的人权保障重点在于保障犯罪嫌疑人、被告人的权利，首先体现为保障其辩护权，为此将第14条第1款修改为"人民法院、人民检察院和公安机关应当保障犯罪嫌疑人、被告人和其他诉讼参与人依法享有的辩护权和其他诉讼权利。"

（二）改革完善辩护制度

辩护制度是刑事诉讼程序中保障犯罪嫌疑人、被告人权利的核心制度，本次修法在这方面取得了重大进步。包括：①侦查阶段律师的"辩护人"地位得到确认。原《刑事诉讼法》虽然规定犯罪嫌疑人在侦查阶段可以聘请律师，但没有赋予律师辩护人地位。新《刑事诉讼法》明确规定在侦查期间接受委托的律师作为辩护人参与诉讼活动。②辩护人的责任发生变化，强调实体辩护与程序辩护并重，体现为新《刑事诉讼法》规定的辩护人责任增加了维护犯罪嫌疑人、被告人"诉讼权利"的内容。③改善辩护律师会见程序。为有效解决律师会见难问题，新《刑事诉讼法》吸收了《律师法》的内容，并作了务实性的变更，规定：辩护律师持律师执业证书、律师事务所证明和委托书或者法律援助公函要求会见在押的犯罪嫌疑人、被告人的，看守所应当及时安排会见，至迟不得超过48小时。危害国家安全犯罪、恐怖活动犯罪、特别重大贿赂犯罪案件，在侦查期间辩护律师会见在押的犯罪嫌疑人，应当经侦查机关许可。④扩大辩护人的阅卷权，新规定自案件审查起诉之日起，辩护人有权查阅、摘抄、复制全部案卷材料。⑤对追究辩护人刑事责任作出管辖权调整，辩护人在执业活动中涉嫌犯罪的，由办理辩护人所承办案件的侦查机关以外的侦查机关办理。⑥对辩护律师的涉案信息保密权作出规定。辩护律师对在执业活动中知悉的委托人的有关情况和信息，有权予以保密。但是，辩护律师在执业活动中知悉委托人或者其他人，准备或者正在实施危害国家安全、公共安全以及严重危害他人人身安全的犯罪的，应当及时告知司法机关。⑦扩大法律援助适用的阶段和案件范围，新法将法律援助的适用阶段从原来的审判阶段延伸到侦查、审查起诉阶段。同时，在原法规定的应当指定辩护的范围的基础上又增加两种案件，一是犯罪嫌疑人、被告人为尚未完全丧失辨认或控制自己行为能力的精神病人的案件，二是犯罪嫌疑人、被告人可能被判处无期徒刑的案件。

（三）完善证据制度，确立非法证据排除规则

证据制度在刑事诉讼制度中占据非常重要的地位，新《刑事诉讼法》对证据

制度作了改革完善。

首先，增加规定"不得强迫任何人证实自己有罪"，此原则是国际刑事司法准则的重要内容之一，对于弱化侦查中对于口供的依赖心理和进一步遏制非法取证行为具有原则性指导意义。

其次，确立非法证据排除规则。新《刑事诉讼法》规定非法证据的排除有两类：一类是非法言词证据的排除，即对采用刑讯逼供等非法方法收集的犯罪嫌疑人、被告人供述和采用暴力、威胁等非法方法收集的证人证言、被害人陈述，应当予以排除；另一类是非法实物证据，即收集物证、书证不符合法定程序，可能严重影响司法公正的，在一定条件下，对该证据应当予以排除。为了保证非法证据得以排除，新《刑事诉讼法》设置了法庭审理过程中具有可操作性的排除程序，包括非法证据排除程序的启动模式和条件，人民检察院对证据收集的合法性承担证明责任和非法证据排除的证明标准等。

最后，新《刑事诉讼法》规定证明标准中的"证据确实、充分"应该同时满足三个条件：定罪量刑的事实都有证据证明；据以定案的证据均经法定程序查证属实；综合全案证据，对所认定事实已排除合理怀疑。其中，"排除合理怀疑"是国际通行的对证明标准的表述，如果对此能正确理解和运用，将有助于最大限度地防止冤假错案的发生。

（四）完善强制措施制度，严格限制不通知家属的情形

为了保障刑事诉讼顺利进行，实现惩罚犯罪与保障人权的并重，新《刑事诉讼法》对强制措施制度进行了较大修改。

首先，对监视居住规定有别于取保候审的独立的适用条件，增加对特定案件适用指定居所监视居住。对于符合逮捕条件的案件，有特殊情形的可以适用监视居住，特殊情形包括患有严重疾病、生活不能自理的；怀孕或者正在哺乳自己婴儿的妇女；系生活不能自理的人的唯一扶养人等。指定居所监视居住不限于无固定住处的人，对于涉嫌危害国家安全犯罪、恐怖活动犯罪、特别重大贿赂犯罪的人，也可以适用，而且指定居所监视居住的期限应当折抵刑期。

其次，修改逮捕条件、限制逮捕范围。新《刑事诉讼法》规定三类应当逮捕的情形：①可能判处有期徒刑以上刑罚，采取取保候审尚不足以防止发生下列社会危险性，即可能实施新的犯罪的；有危害国家安全、公共安全或者社会秩序的现实危险的；可能毁灭、伪造证据，干扰证人作证或者串供的；可能对被害人、举报人、控告人实施打击报复的；企图自杀或者逃跑的。②可能判处10年有期徒刑以上刑罚的，或者可能判处有期徒刑以上刑罚，曾经故意犯罪或者身份不明的，应当予以逮捕。③被取保候审、监视居住的犯罪嫌疑人、被告人违反取保候审、监视居住规定，情节严重的，可以予以逮捕。

最后，新《刑事诉讼法》严格限制采取强制措施后不通知家属的情形，明确规定，采取拘留、逮捕和指定居所监视居住的，除无法通知的以外，应当在执行后

24 小时以内通知家属；同时，将拘留后因有碍侦查不通知家属的情形，仅限于涉嫌危害国家安全犯罪、恐怖活动犯罪两种案件。这些规定，一方面可以避免家属因其下落不明而担惊受怕，另一方面可以保障其及时聘请辩护人介入诉讼。这是一个在现实条件下取得的较大进步。

（五）改革完善侦查阶段讯问犯罪嫌疑人程序

侦查人员讯问犯罪嫌疑人时，权力与权利激烈博弈，最容易发生刑讯逼供。为了加强对公权力的制约，有效遏制侵权现象，新《刑事诉讼法》规定，犯罪嫌疑人被拘留后应当在 24 小时内送看守所羁押；侦查人员讯问犯罪嫌疑人，应当在看守所内进行。侦查人员在讯问犯罪嫌疑人的时候，可以对讯问过程进行录音或者录像；对于可能判处无期徒刑、死刑的案件或者其他重大犯罪案件，应当对讯问过程进行录音或者录像。录音或者录像应当全程进行，保持完整性。

（六）增加采取特殊侦查手段的规定

原《刑事诉讼法》对于技术侦查等特殊侦查手段没有作出规定，但司法实践中却经常采用。新《刑事诉讼法》将技术侦查等特殊侦查手段纳入法治轨道，明确了公安机关和检察机关有权采取技术侦查手段的案件范围，限制技术侦查的期限，严格规定技术侦查获取的信息和事实材料保密、销毁以及使用范围。新《刑事诉讼法》还对公安机关的秘密侦查和控制下交付程序作出规定。同时，确认通过技术侦查、秘密侦查和控制下交付收集的材料具有证据能力。

（七）完善第一审程序中证人、鉴定人出庭制度

证人出庭接受控辩双方的询问、质证，对于公平质证、核实证言、查明案情具有重要意义。原《刑事诉讼法》虽然规定了凡是知道案件情况的人都有作证的义务，但对落实证人出庭作证义务却没有作出具体规定。新《刑事诉讼法》明确规定了证人应当依法出庭作证的条件。经人民法院通知，证人没有正当理由不出庭作证的，人民法院可以强制其到庭，但是被告人的配偶、父母、子女除外。证人没有正当理由拒绝出庭或者出庭后拒绝作证的，予以训诫，情节严重的，经院长批准，处以 10 日以下的拘留。为了提高证人出庭作证的积极性，新《刑事诉讼法》还规定证人作证经济补偿制度，规定对证人因履行作证义务而支出的交通、住宿、就餐等费用，应当给予补助。有工作单位的证人作证，所在单位不得克扣或者变相克扣其工资、奖金及其他福利待遇。人民警察就其执行职务时目击的犯罪情况以证人身份作证。新《刑事诉讼法》还规定，控辩双方对鉴定意见有异议且法院认为有必要的，鉴定人也应当出庭；鉴定人经人民法院通知拒不出庭作证的，鉴定意见不能作为定案的根据。

我国司法实践中，证人、鉴定人、被害人遭受打击报复的情况时有发生。为进一步加强对证人、鉴定人、被害人的保护，新《刑事诉讼法》规定对于危害国家安全犯罪、恐怖活动犯罪、黑社会性质的组织犯罪、毒品犯罪等案件，证人、鉴定人、被害人因在诉讼中作证，本人或者其近亲属的人身安全面临危险的，人民法

院、人民检察院和公安机关应当采取必要的保护措施，包括不公开真实姓名、住址和工作单位等个人信息；采取不暴露外貌、真实声音等出庭作证措施；禁止特定的人员接触证人、被害人及其近亲属；对人身和住宅采取专门性保护措施。证人、鉴定人、被害人认为因在诉讼中作证，本人或者近亲属面临危险的，可以请求予以保护。

（八）扩大适用简易程序的案件范围

为实行案件的繁简分流及提高诉讼效率，新《刑事诉讼法》扩大了简易程序的适用范围。新《刑事诉讼法》整合了原《刑事诉讼法》和已有的司法解释中关于"简易程序"和"普通程序简化审"的有关规定，将二者统一规定在简易程序中，扩大了可以适用简易程序的案件范围。根据新《刑事诉讼法》，基层人民法院管辖的案件，符合下列条件的，可以适用简易程序审判：①案件事实清楚、证据充分的；②被告人承认自己所犯罪行，对起诉书指控的犯罪事实没有异议的；③被告人对适用简易程序没有异议的。与此同时，新《刑事诉讼法》还明确规定了不得适用简易程序的四种情形：①被告人是盲、聋、哑人的，或者尚未完全丧失辨认或者控制自己行为能力的精神病人的；②有重大社会影响的；③共同犯罪案件中部分被告人不认罪或者对适用简易程序有异议的；④其他不宜适用简易程序审理的。

（九）改进第二审程序

为进一步发挥第二审程序在权利救济和保障公正方面的功能，新《刑事诉讼法》对第二审程序作了重要的修改完善。

首先，修改开庭审理的案件范围。原《刑事诉讼法》规定，第二审程序以开庭审理为原则、不开庭审理为例外。但是，在实践中，该原则异化为以不开庭审理为原则、开庭审理为例外。为改变司法现状，除原《刑事诉讼法》规定人民检察院抗诉的案件以外，新《刑事诉讼法》也明确规定必须开庭审理的案件范围。同时，进一步完善了不开庭审理的程序，即第二审人民法院决定不开庭审理的，应当讯问被告人，听取其他当事人、辩护人、诉讼代理人的意见。

其次，完善二审程序中因原判决事实不清或证据不足的发回重审制度和上诉不加刑原则。原《刑事诉讼法》规定，原判决事实不清或者证据不足的，可以在查清事实后改判；也可以裁定撤销原判，发回原审人民法院重新审判。但是，在司法实践中，此种发回重审被滥用，影响了司法公正的实现。为此，新《刑事诉讼法》增加规定，原审人民法院对于以原判决事实不清或者证据不足而发回重新审判的案件判决后，被告人提出上诉或者人民检察院提出抗诉的，第二审人民法院应当依法作出判决或者裁定，不得再发回原审人民法院重新审判。同时，为防止规避上诉不加刑原则，新《刑事诉讼法》增加规定，第二审人民法院发回原审人民法院重新审判的只有被告一方上诉的案件，除有新的犯罪事实，人民检察院补充起诉的以外，原审人民法院也不得加重被告人的刑罚。

（十）改革死刑复核程序

为慎重适用死刑的政策，保证死刑复核案件质量，使之从原来行政化的内部审核转向适度诉讼化，新《刑事诉讼法》对死刑复核程序进行了改革。

首先，增加规定最高人民法院复核死刑案件的裁判方式。最高人民法院复核死刑案件，应当作出核准或者不核准死刑的裁定。对于不核准死刑的，最高人民法院可以发回重新审判或者予以改判。

其次，增加规定最高人民法院复核死刑案件的程序。最高人民法院复核死刑案件，应当讯问被告人，辩护律师提出要求的，应当听取辩护律师的意见。在复核死刑案件过程中，最高人民检察院可以向最高人民法院提出意见。最高人民法院应当将死刑复核结果通报最高人民检察院。

（十一）创立社区矫正制度

社区矫正通常是指将罪犯置于社区内，由专门的国家机关在相关社会团体和民间组织以及社会志愿者的协助下，在判决、裁定或决定确定的期限内，矫正其犯罪心理和行为恶习，并促进其顺利回归社会的非监禁刑罚执行活动。这一执行方式因其矫正方式的轻缓化、人性化及其成本的经济性等特征受到各国的广泛重视，成为各国普遍实行的一种罪犯处遇制度。近些年来，我国司法实务部门也积极开展试点和探索工作。2011年《刑法修正案（八）》明确规定"依法实行社区矫正"。在此基础上，新《刑事诉讼法》第258条规定："对被判处管制、宣告缓刑、假释或者暂予监外执行的罪犯，依法实行社区矫正，由社区矫正机构负责执行。"据此，我国社区矫正的对象包括被判处管制、宣告缓刑、假释以及暂予监外执行的四种罪犯；执行主体是社区矫正机构。这是我国刑事执行制度的一项创新，有利于宽严相济刑事政策的有效贯彻。

（十二）增设未成年人刑事案件诉讼程序

原《刑事诉讼法》等相关法律以及相关司法解释对未成年人刑事案件诉讼程序已有若干规定，但不完善也不系统。为更好地保障未成年人的诉讼权利和其他合法权益，新《刑事诉讼法》在总结实践经验的基础上，针对未成年人刑事案件的特点，对办案方针、原则、诉讼环节的特别程序作出规定。包括：①明确规定了未成年人刑事案件的办案方针和原则，实行教育、感化、挽救的方针，坚持教育为主、惩罚为辅的原则。②完善了未成年人案件的法律援助制度。未成年犯罪嫌疑人、被告人没有委托辩护人的，公安司法机关应当通知法律援助机构指派律师为其提供辩护。③增加规定了未成年人社会调查制度。公安机关、人民检察院、人民法院办理未成年人刑事案件，根据情况可以对未成年犯罪嫌疑人、被告人的成长经历、犯罪原因、监护教育等情况进行调查。④增加规定对未成年人严格限制适用逮捕措施、完善审查批准和决定逮捕的程序以及分案处理、分别关押、分别管理、分别教育的制度。⑤规定了未成年人法定代理人或者其他人员到场制度。到场的法定代理人可以代为行使犯罪嫌疑人、被告人的诉讼权利。到场的法定代理人或者其他人员认为办案人员在讯问、审判中侵犯未成年人合法权益的，可以提出意见。审判未成年人刑事案件，未成年被告人最后陈述后，其法定代理人可以进行补充陈述。⑥增加规定了未成年人附条件不起诉制度，包括：适用未成年人附条件不起诉的条件；附条件不起诉的考验期；在考验期内，由人民检察院对未成年犯罪嫌疑人进行监督考察。⑦增加规定了未成年人犯罪记录封存制度。犯罪的时候不满18周岁，被判处5年有期徒刑以下刑罚的，应当对相关犯罪记录予以封存。犯罪记录被封存的，不得向任何单位和个人提供，但司法机关为办案需要或者有关单位根据国家规定进行查询的除外。

（十三）增设当事人和解的公诉案件诉讼程序

为更加有效地化解矛盾纠纷，需要适当扩大当事人和解程序的适用范围，新《刑事诉讼法》在吸收司法实践试点经验的基础上将部分公诉案件纳入和解程序。

首先，明确规定了当事人和解的公诉案件诉讼程序的适用条件和案件范围。对于如下公诉案件，犯罪嫌疑人、被告人真诚悔罪，通过向被害人赔偿损失、赔礼道歉等方式获得被害人谅解，被害人自愿和解的，双方当事人可以和解：因民间纠纷引起，涉嫌刑法分则第四章（侵犯公民人身权利、民主权利罪）、第五章（侵犯财产罪）规定的犯罪案件，可能判处3年有期徒刑以下刑罚的；除渎职犯罪以外的可能判处7年有期徒刑以下刑罚的过失犯罪案件。

其次，明确规定了当事人和解的审查和确认程序。双方当事人和解的，公安机关、人民检察院、人民法院应当听取当事人和其他有关人员的意见，对和解的自愿性、合法性进行审查，并主持制作和解协议书。

最后，明确规定了对当事人和解的案件可以从宽处理。

（十四）增设犯罪嫌疑人、被告人逃匿、死亡案件违法所得的没收程序

为有效惩治腐败犯罪、恐怖活动犯罪，并与我国已加入的《联合国反腐败公约》及有关反恐怖问题的决议的要求相衔接，新《刑事诉讼法》增设了犯罪嫌疑人、被告人逃匿、死亡案件违法所得的没收程序。

首先，明确规定了犯罪嫌疑人、被告人逃匿、死亡案件违法所得的没收程序的适用条件和提起条件。对于贪污贿赂犯罪、恐怖活动犯罪等重大犯罪案件，犯罪嫌疑人、被告人逃匿，在通缉1年后不能到案，或者犯罪嫌疑人、被告人死亡，依照刑法规定应当追缴其违法所得及其他涉案财产的，人民检察院可以向人民法院提出没收违法所得的申请。

其次，明确规定了犯罪嫌疑人、被告人逃匿、死亡案件违法所得的没收案件的管辖、公告程序以及审理方式。

最后，明确规定了犯罪嫌疑人、被告人逃匿、死亡案件违法所得的没收案件的审理结果以及救济程序。人民法院经审理，对经查证属于违法所得及其他涉案财产，除依法返还被害人的以外，应当裁定予以没收；对不属于应当追缴的财产的，应当裁定驳回申请，解除查封、扣押、冻结措施。对于人民法院作出的裁定，犯罪

嫌疑人、被告人的近亲属和其他利害关系人或者人民检察院可以提出上诉、抗诉。

（十五）增设依法不负刑事责任的精神病人的强制医疗程序

为保障公众安全、维护社会和谐有序，新《刑事诉讼法》增加规定了依法不负刑事责任的精神病人的强制医疗程序，包括：①规定了强制医疗程序的适用条件，即实施暴力行为，危害公共安全或者严重危害公民人身安全，经法定程序鉴定依法不负刑事责任的精神病人，有继续危害社会可能的，可以予以强制医疗。②规定了强制医疗程序的申请机关、决定机关以及有权采取临时保护性措施的机关。公安机关发现精神病人符合强制医疗条件的，应当写出强制医疗意见书，移送人民检察院。对于公安机关移送的或者在审查起诉过程中发现的精神病人符合强制医疗条件的，人民检察院应当向人民法院提出强制医疗的申请。人民法院在审理案件过程中发现被告人符合强制医疗条件的，可以作出强制医疗的决定。对实施暴力行为的精神病人，在人民法院决定强制医疗前，公安机关可以采取临时的保护性约束措施。③规定了强制医疗案件的审判组织以及此类案件的代理与法律援助制度。④规定了强制医疗案件的审理期限以及对决定不服的申请复议权。被决定强制医疗的人、被害人及其法定代理人、近亲属有权申请复议。⑤规定了强制医疗的复查制度。强制医疗机构应当定期对被强制医疗的人进行诊断评估。对于已不具有人身危险性，不需要继续强制医疗的，应当及时提出解除意见，报决定强制医疗的人民法院批准。⑥规定了检察机关对强制医疗决定和执行的监督。

四、《刑事诉讼法》修改的评价

此次《刑事诉讼法》修改坚持稳中求进的指导思想，坚持立足中国、借鉴外国，坚持惩罚犯罪与保障人权并重、实体公正与程序公正并重，进一步协调了国家权力与公民权利的关系和法、检、公之间的权力配置关系，着力解决司法实践中存在的突出问题，使刑事诉讼法制建设取得了重大进步。具体说来，主要表现在以下方面。

（一）着力体现了"国家尊重和保障人权"的宪法原则

此次修改最大的亮点在于新《刑事诉讼法》第2条中增加规定"尊重和保障人权"。尽管未将其规定于第1条立法宗旨中，略有缺憾，但是毕竟实现了从"人权入宪"到"人权入法"的突破，明显提升了保障人权在刑事诉讼法中的价值。为保证该宪法原则的贯彻，此次《刑事诉讼法》修改还增加或者完善了许多程序和制度。例如，参照联合国刑事司法准则规定了"不得强迫任何人证实自己有罪"；增设了非法证据排除规则；完善了辩护制度，努力破解律师辩护难和辩护率低下的难题；严格限制采取强制措施后不通知家属的情形，保证被采取强制措施的人及其家属的合法权益；改革死刑复核程序，提高死刑案件的办理质量，更好地贯彻"严格控制和慎重适用死刑"的政策，有力地保障被判处死刑的被告人的权利；专章规定未成年人刑事案件诉讼程序，有效保障未成年犯罪嫌疑人、被告人的合法权益，保证其顺利回归社会，等等。这些新的规定将使我国刑事司法保障人权的力度提升至一个新的高度。

（二）力图解决司法实践中存在的突出问题

举其要者，例如，为了有效防止刑讯逼供的发生，增加规定在拘留逮捕后应当立即将被拘留逮捕人送看守所羁押、讯问犯罪嫌疑人必须在看守所内进行以及建立讯问录音录像制度；为了防止错捕、多捕和超期羁押的发生，进一步细化逮捕条件中"社会危险性"的具体情形，增加规定检察机关应对羁押的必要性进行审查以及案件在法定期限内无法办结的应当立即释放被羁押的犯罪嫌疑人、被告人；为了解决司法实践中证人出庭作证率极低的现象，明确规定了证人应当出庭作证的条件以及强制证人出庭作证制度、证人人身保护和经济补偿制度；为了克服二审程序在实践中发生的各种不公现象，允分发挥二审程序的救济功能，明确规定了应当开庭审理的案件范围，以事实不清、证据不足为由的发回重审仅限一次以及发回重审除有新的犯罪事实外不得加重被告人刑罚。

（三）在法治框架内加强了惩罚犯罪的能力

为适应我国犯罪活动的新变化和新形势，新《刑事诉讼法》赋予了侦查机关使用技术侦查措施、秘密侦查以及控制下交付等特殊侦查手段的权力。侦查机关依法使用这些特殊侦查手段将有力加强对危害国家安全犯罪、恐怖活动犯罪、黑社会性质的组织犯罪、重大毒品犯罪以及重大职务犯罪等严重犯罪的打击能力。新《刑事诉讼法》增设的犯罪嫌疑人、被告人逃匿、死亡案件违法所得的没收程序将有助于严惩腐败犯罪和恐怖活动犯罪，维护国家和利害关系人的合法利益。

（四）进一步衔接联合国刑事司法准则

目前，我国已经签署了25项国际人权公约，其中绝大部分在我国已经生效。对这些已经或将要在我国生效的国际公约，除保留的条款外，对于那些要求缔约国必须做到的刚性条款，我国必须适用；对于那些柔性条款，我国也应该尽量参照适用。此次修改使得我国《刑事诉讼法》与联合国刑事司法准则进一步对接。

首先，进一步衔接联合国人权公约。就联合国"两权公约"而言，我国政府已签署该公约，尽管全国人大常委会尚未正式批准，但我国正在创造条件适时批准。[1]该公约对刑事司法公正的基本准则以及被追诉人的一些基本权利作了系统的明确规定。此次修改将"国家尊重和保障人权"写入《刑事诉讼法》，进一步完

---

〔1〕 2008年3月，温家宝总理在第十一届全国人大第一次会议闭幕后的中外记者见面会上回答记者提问时表示："正在协调各方，努力地解决国内法与国际法相衔接的问题，尽快批准《公民权利和政治权利国际公约》。"2009年4月，国务院新闻办公室发表的《国家人权行动计划（2009~2010年）》提出："中国已签署《公民权利和政治权利国际公约》，将继续进行立法和司法、行政改革，使国内法更好地与公约规定相衔接，为尽早批约创造条件。"

善辩护制度，增加"不得强迫任何人证实自己有罪"的规定等，都是联合国"两权公约"的要求和体现。就《联合国禁止酷刑公约》而言，我国早已批准该公约。[1]此次修改首次明确规定非法证据排除规则，规定诸多举措严防刑讯逼供等酷刑的发生。此外，此次《刑事诉讼法》修改增设专章规定未成年人刑事案件诉讼程序，进一步对接了我国政府签署和批准的《联合国少年司法最低限度标准准则》等联合国少年刑事司法准则。

其次，进一步对接我国签署并批准生效的《联合国打击跨国有组织犯罪公约》和《联合国反腐败公约》。[2]此次《刑事诉讼法》修改参照这两个公约，增加规定技术侦查措施、秘密侦查、控制下交付等特殊侦查手段，增设犯罪嫌疑人、被告人逃匿、死亡案件违法所得的没收程序等新规定，显然有助于加强我国在刑事司法领域的国际交流和合作中的话语权和主动性。

（五）立法技术得到进一步完善

立法技术通常是指在立法活动过程中所应体现和遵循的有关法律的制定、修改、废止和补充的技能、技巧规则的总称，核心内容包括立法结构技术和立法语言技术。立法技术的完善是立法科学性和合理性的重要标志，更是保证司法实务部门准确适用法律的基本前提。此次《刑事诉讼法》修改在立法技术特别是立法语言技术方面得到了进一步的完善和提高，如删除了中级人民法院管辖的第一审刑事案件中的"反革命案件"；将证据的概念界定为"可以用于证明案件事实的材料"，并将物证和书证分列，分别单独作为一种证据类型；将"鉴定结论"改为"鉴定意见"；将对于二次补充侦查的案件"可以"作出不起诉的决定修改为"应当"作出不起诉决定；增加规定了法定不起诉的理由"没有犯罪事实"，等等。

此次《刑事诉讼法》修改取得重大成就的同时，也存在某些不足与问题，主要有以下几点。

第一，对实务部门的权力制约不足，甚至出现不适当的扩权。刑事诉讼法既要赋予公安司法机关必要的权力以追究和惩罚犯罪，又要限制国家公权力以防止公民个人权利受到侵害。而新《刑事诉讼法》却存在着对实务部门的裁量权制约不够的情况。例如，新《刑事诉讼法》规定："公诉人、当事人或者辩护人、诉讼代理人对证人证言有异议，且该证人证言对案件定罪量刑有重大影响，人民法院认为证人有必要出庭作证的，证人应当出庭作证。"此规定的问题在于：即使控辩双方对其有异议且证人证言对定罪量刑有重大影响，也得由法院决定证人是否出庭。这可能导致证人必须出庭的情形被化解，造成证人出庭率无法有效提高，使被告人与证人当庭质证的权利得不到保障，证人基本不出庭的现实得不到改观。新《刑事诉

[1] 我国政府于1986年12月12日签署了该公约，并于1988年10月4日批准了该公约。

[2] 2003年8月27日，全国人大常委会批准了《联合国打击跨国有组织犯罪公约》；2005年10月27日，全国人大常委会批准了《联合国反腐败公约》。

讼法》个别条文修改甚至出现了实务部门过分扩权的现象。如关于人民法院适用普通程序审理第一审、第二审公诉案件的审理期限，增加规定"因特殊情况还需延长的，报请最高人民法院批准"。按照此规定，只要出现"特殊情况"，最高人民法院就有权决定延长审理期限。也就是说，从合法性上讲，最高人民法院在审理期限上的权力不受任何约束，可以无限期地延长审理期限。司法实践中，审理期限往往等同于羁押期限，这项规定可能会使被告人长期处于被羁押的未决状态，严重侵犯被告人的合法权益。

第二，程序性制裁机制仍显不足，难以保障实现程序正义。刑事诉讼法如果要在实践中得到严格贯彻，就必须建立有效的程序性制裁机制，使得违反法定程序的诉讼行为，特别是情节严重的应被宣告无效。原《刑事诉讼法》所确立的程序性制裁措施非常有限，此次修法新增非法证据排除规则，鉴定人依法应出庭而未出庭的，鉴定意见不得作为定案根据以及在关于启动再审程序的申诉理由中增加"违反法律规定的诉讼程序，可能影响公正审判的"的规定等，这些都是可喜的进步。但是，程序性制裁机制仍显不足。例如，关于非法实物证据排除，新《刑事诉讼法》第54条规定"收集物证、书证不符合法定程序，可能严重影响司法公正的，应当予以补正或者作出合理解释；不能补正或者作出合理解释的，对该证据应当予以排除"。这一规定门槛过高，使排除非法实物证据几乎不能实现。又如第240条规定最高人民法院复核死刑案件，应当讯问被告人，辩护律师提出要求的，应当听取辩护律师的意见。如果司法实践中法官未讯问被告人，依法应听取而未听取辩护律师意见，则所作出的裁定是否具有法律效力，本条未作出明确规定。

第三，某些法律规定过于原则化、可操作性不强，或者个别问题在条文之间的规定缺乏协调性。为了强化检察机关在人权保障中的作用，增加了一些检察机关法律监督的条款。如辩护人、诉讼代理人认为公安机关、人民检察院、人民法院及其工作人员阻碍其依法行使诉讼权利的，有权向同级或者上一级人民检察院申诉或者控告。人民检察院对申诉或者控告应当及时进行审查，情况属实的，通知有关机关予以纠正。增加法律监督的内容，其立法初衷是好的。但是由于立法上缺乏不接受法律监督后果的规定，使得法律监督条款刚性不足，实践中难以达到预期的效果。又如未成年人刑事案件诉讼程序规定对未成年犯罪嫌疑人、被告人应当严格限制适用逮捕措施。但是立法并未进一步对如何严格限制适用逮捕措施的条件作出具体规定，导致此项法律规定有可能达不到预期的效果。

至于个别条文之间协调性不够的问题，例如，新《刑事诉讼法》第37条规定：辩护律师持"三证"要求会见在押的犯罪嫌疑人、被告人的，看守所应当及时安排会见，至迟不得超过48小时。但根据新《刑事诉讼法》第83条、第91条的规定，对被拘留、逮捕人的家属的通知内容删除了原《刑事诉讼法》规定的被拘留、逮捕的原因和羁押的处所。这就发生了一个明显矛盾的问题，被羁押的犯罪嫌疑人、被告人的家属如果聘请了辩护律师去会见犯罪嫌疑人、被告人，辩护律师因不知晓羁押处所而无法凭"三证"直接到看守所会见。倒过头来，辩护律师能否会见犯罪嫌疑人、被告人取决于公安司法机关是否把羁押的处所告知其家属及辩护律师。

以上不足与问题，有的可能暂时难以弥补，但是多数问题通过制定司法解释或规范性文件是可以得到解决的。我们期望中央政法机关本着惩罚犯罪与保障人权并重的指导思想认真做好这一工作。

我国是社会主义法治国家，法律一旦制定就应当受到尊重和敬畏，就应当不折不扣地加以贯彻实施，做到"有法必依、执法必严"。我们相信，经过中央和地方政法机关认真、充分的准备并在各方面的支持下，明年1月1日生效的新《刑事诉讼法》必能得到良性运作和有效实施，推动我国刑事司法登上更加民主化、法治化、科学化的新台阶。

刑事诉讼法修改的最大亮点：
"尊重和保障人权"[1]

2012 年 3 月 14 日全国人大高票通过了修改《刑事诉讼法》的决定后，海内外几乎公认，此次《刑事诉讼法》修改最大的亮点在于"尊重和保障人权"。

《布莱克维尔政治思想百科全书》对人权的定义为："人，因其为人而应享有的权利。"1948 年 12 月 10 日联合国通过的《世界人权宣言》首次阐明了人类大家庭所有成员的固有尊严和普遍人权，作为所有人民和所有国家努力实现的共同标准。人权被认为是获得当代国际社会普遍承认的价值和政治道德观念，是否尊重和保障人权已经成为评判一个国家民主法治的标杆。2004 年"国家尊重和保障人权"载入《宪法》，成为我国《宪法》的一项重要原则，体现了我国社会主义民主的本质要求。

在刑事诉讼领域，国家专门机关在追究、惩罚犯罪的过程中，往往自觉或不自觉地超越权限、甚至滥用权力，从而侵犯了诉讼参与人，特别是犯罪嫌疑人、被告人的权利，严重损害了司法公正。因此，素有"小宪法"之称的刑事诉讼法，应当特别强调人权保障。刑事诉讼领域内的保障人权，可以从三个层面去理解：第一个层面是保障犯罪嫌疑人、被告人和罪犯的权利；第二个层面是保障所有诉讼参与人，特别是被害人的权利；第三个层面是通过对犯罪的惩罚保护广大人民群众的权利不受犯罪侵害。其中，保障被追诉人的权利是保障人权的重心所在。当然，我们强调刑事诉讼法保障人权的重要性，并非忽视其惩罚犯罪的价值和目的。惩罚犯罪与保障人权是两种不同的价值取向，是一对矛盾的两个方面，两者既相互区别，又相互联系、相互转化，当两者处于并重的平衡关系时，就能更好地实现法律效果和社会效果的统一；有利于维护社会秩序的稳定和国家的长治久安。

我国长期以来存在重打击犯罪、轻人权保障的传统。1979 年《刑事诉讼法》和 1996 年《刑事诉讼法》在第 1 条的立法宗旨中都载有"惩罚犯罪，保护人民"的内容，这种表述强调通过打击犯罪，保护人民群众不受犯罪分子的侵害，并没有包括保护被追究刑事责任的犯罪嫌疑人、被告人以及犯罪分子的合法权利的内容，明显缺乏"人权保障"的因素。这种重犯罪打击、轻人权保障的立法理念也体现在具体制度、程序的建构中，并导致了司法实践中产生司法不公的消极后果。有鉴

---

[1]　原载《中国法律》2012 年第 2 期。

于此,新修订的《刑事诉讼法》在坚持惩罚犯罪与保障人权并重的指导思想下,着力加强了人权保障,在第2条的任务中增加了"尊重和保障人权"7个大字。这是我国第一次在部门法律中载入"尊重和保障人权"的规定,属于突破性的创新,意义深远、重大。首先,"尊重和保障人权"载入第2条作为《刑事诉讼法》的一项重要任务来规定,对整部《刑事诉讼法》的基本原则、制度和程序起到提纲挈领的指导作用。其次,这样规定必然会带动其他某些部门法在制定或修改时更加重视贯彻"尊重与保障人权"这一重要宪法原则。

新《刑事诉讼法》在加强人权保障的指导思想下,在辩护制度、证据制度、强制措施、侦查程序、审判程序等方面进一步完善了对犯罪嫌疑人、被告人的权利保障措施,择其要点如下:

第一,改革完善辩护制度,扩大法律援助范围。辩护制度是刑事诉讼程序中保障犯罪嫌疑人、被告人权利的核心制度,本次修法在这方面取得了重大进步。一是侦查阶段的律师"辩护人"地位得到确认。新《刑事诉讼法》规定,犯罪嫌疑人在被侦查机关第一次讯问或者采取强制措施之日起,就有权委托辩护人。从此结束了侦查阶段辩护人身份不明的尴尬局面,并为侦查阶段辩护人的权利行使提供了前提条件。二是完善律师会见程序。辩护律师持"三证"要求会见在押的犯罪嫌疑人、被告人的,看守所应当及时安排会见,且会见时不被监听。但是,危害国家安全、恐怖活动、特别重大贿赂案件中的律师会见,须经侦查机关许可。三是扩大辩护律师的阅卷权。自审查起诉之日起辩护律师可查阅、摘抄、复制全部案卷材料。四是修改追究辩护人刑事责任的规定。辩护人涉嫌执业犯罪的,应当由办理辩护人所承办案件的侦查机关以外的侦查机关办理,使辩护人的职业安全性得到提高。五是确立辩护律师对委托人涉案信息的保密权。六是大力扩展法律援助的范围。首先,被告人因经济困难或者其他原因没有委托辩护人的,经申请符合条件的,应当提供法律援助,新规定将原法的"可以"改为"应当",只要符合条件的申请者都能够得到国家的法律援助。其次,增加两种指定辩护的案件,一是尚未完全丧失辨认或控制自己行为能力的精神病人的案件,二是当事人可能被判处无期徒刑的案件。最后,将法律援助的适用范围一律从原来的审判阶段延伸到侦查、审查起诉阶段,从而扩大了法律援助的案件范围和适用范围。

第二,规定不得强迫自证其罪,确立非法证据排除规则。为从制度上进一步遏制刑讯逼供和其他非法取证的行为,保障诉讼参与人的合法权利,彰显程序正义,新《刑事诉讼法》明确规定不得强迫任何人证实自己有罪原则,并确立了非法证据排除规则。非法证据的排除包括两类:一类是非法言词证据的排除,即采用刑讯逼供等非法方法收集的犯罪嫌疑人、被告人供述和采用暴力、威胁等非法方法收集的证人证言、被害人陈述,应当予以排除;另一类是非法实物证据的排除,即收集物证、书证不符合法定程序,可能严重影响司法公正的,应当予以补正或者作出合理解释,不能补正或者作出合理解释的,对该证据应当予以排除。另外,设置了具有可操作性的非法证据排除程序。

第三，严格限制采取强制措施后不通知家属的情形。原《刑事诉讼法》规定，所有案件的犯罪嫌疑人、被告人，被采取拘留和逮捕措施后，在有碍侦查的情况下，都可以不通知家属；对指定居所监视居住通知家属的问题，原《刑事诉讼法》则未作规定。新《刑事诉讼法》对此加以修改，严格限制采取强制措施后不通知家属的情形。采取逮捕和指定居所监视居住的，应当在执行后24小时以内通知家属；同时，将拘留后因有碍侦查不通知家属的情形，仅限于涉嫌危害国家安全犯罪、恐怖活动犯罪两种案件。这是一个现实条件下的很大进步。

第四，完善侦查阶段讯问犯罪嫌疑人的程序。侦查阶段讯问犯罪嫌疑人，最容易发生刑讯逼供等侵犯被追诉人人权的情形。为此新《刑事诉讼法》进一步规范了侦查阶段讯问犯罪嫌疑人的程序。犯罪嫌疑人被拘留后应当在24小时内送看守所羁押；侦查人员讯问犯罪嫌疑人，应当在看守所内进行。侦查人员在讯问犯罪嫌疑人的时候，可以对讯问过程进行录音或者录像。对于可能判处无期徒刑、死刑的案件或者其他重大犯罪案件，应当对讯问过程进行录音或者录像。录音或者录像应当全程进行，保持完整性。

第五，进一步保障被告人获得公正审判的权利。对此新《刑事诉讼法》主要从以下三个方面改革和完善了审判程序。一是强化证人出庭作证制度。在一审程序中控辩双方对证人证言有异议，且该证人证言对案件定罪量刑有重大影响，人民法院认为有必要的，证人应当出庭作证。必要的时候，人民法院可强制其到庭，甚至可以采取训诫或拘留措施。同时规定公安司法机关有义务采取必要的措施保护证人及其近亲属的人身安全。证人因出庭作证而支出的必要费用，也应当给予补助。二是完善第二审程序，限制发回重审的次数，保障上诉不加刑原则的有效实施。因原判决事实不清或者证据不足发回重审，案件作出判决后，被告人提出上诉或者人民检察院提出抗诉的，第二审人民法院应当依法作出判决或者裁定，不得再发回原审人民法院重新审判。同时，为防止法院通过发回重审规避上诉不加刑原则，对第二审人民法院发回原审人民法院重新审判的案件，除有新的犯罪事实，人民检察院补充起诉的以外，原审人民法院也不得加重被告人的刑罚。三是改革死刑复核程序，由行政化的内部审核转向适度诉讼化。新《刑事诉讼法》规定，最高人民法院复核死刑案件，应当讯问被告人，辩护律师提出要求的，应当听取辩护律师的意见。

第六，强化检察机关保障人权的法律监督职能。检察机关作为宪法规定的法律监督机关，对刑事诉讼进行全过程的法律监督。新《刑事诉讼法》为进一步发挥其在人权保障中的法律监督作用，增加了一系列的法律监督权，如对公安司法机关及其工作人员阻碍辩护人、诉讼代理人依法履行职责情况的法律监督权；对指定居所监视居住的法律监督权；对侦查人员非法取证的法律监督权以及对死刑复核案件的法律监督权等。

当然，新《刑事诉讼法》在人权保障方面仍存在某些缺陷和问题，例如，一方面确立了不得强迫自证其罪原则，另一方面又保留了犯罪嫌疑人受讯问时"应当如实回答"义务的规定。这些缺陷和问题有待在今后我国民主法治事业的进一步发展中加以弥补和解决。

关于修改后的《刑事诉讼法》司法解释
若干问题的思考[1]

2012 年 3 月 14 日，第十一届全国人大第五次会议通过了《全国人民代表大会关于修改〈中华人民共和国刑事诉讼法〉的决定》。修改后的《刑事诉讼法》的颁布是我国民主法治建设中的一件大事，在改革与完善我国刑事诉讼制度上取得了重大成就。修改后的《刑事诉讼法》将于 2013 年 1 月 1 日起实施，现在全国政法部门正在掀起学习和准备实施《刑事诉讼法》的高潮。

法律的生命在于实施。只有将修改后的《刑事诉讼法》认真实施好，它的进步性才能体现出来。《刑事诉讼法》施行的准备工作是一项系统工程，涉及方方面面，其中一个非常重要的问题就是要做好司法解释的修改工作。本文拟就此问题略抒己见，供有关实务部门参考，并与理论界同仁共同探讨。

一、司法解释的功能

法律具有概括性和稳定性，通常不能完全适应复杂多变的司法实践，必须通过一定的辅助形式加以细化、完善，才能取得实施效果的最大化。以刑事诉讼法而论，英美法系国家的主要法律渊源是判例法，传统上在成文法制定后通过大量的判例解释细化法律，消除法律的滞后性与理解上的分歧。大陆法系国家实行成文法，重视立法工作，但在刑事诉讼法之外，大多也通过判例加以补充、落实。日本在刑事诉讼法之外，由最高法院制定的《刑事诉讼规则》加以补充，其位阶低于刑事诉讼法。

在我国，为保证《刑事诉讼法》的顺利实施，习惯于采取司法解释的方式。1981 年《全国人民代表大会常务委员会关于加强法律解释工作的决议》将司法解释权赋予最高人民法院、最高人民检察院，以保证制定司法解释的及时性和法律效力。1996 年《刑事诉讼法》修改后，实务部门作了一系列配套的司法解释，比较重要的有最高人民法院等六机关联合颁布的《关于〈中华人民共和国刑事诉讼法〉实施中若干问题的规定》（以下简称"六机关刑诉法规定"）共计 48 条，最高人民法院颁布的《关于执行〈中华人民共和国刑事诉讼法〉若干问题的解释》（以下简称《解释》）共计 367 条，最高人民检察院颁布的《人民检察院刑事诉讼规则》（以下简称《规则》）共计 468 条。另外，公安部制定了《公安机关办理刑事案件

---

[1] 原载《法学》2012 年第 11 期，与于增尊合著。

程序规定》〔1〕（以下简称《规定》）共计 355 条。这一千多条规定大大细化、丰富了《刑事诉讼法》，总体来说有利于保证《刑事诉讼法》的正确实施。现在，中央有关部门正在对原司法解释作修改，笔者认为这是非常有必要的，因为司法解释在《刑事诉讼法》实施中具有不可或缺的功能。

（一）具体化

我国刑事诉讼法典的条文数量比较少，1979 年制定的《刑事诉讼法》只有 164 条，1996 年修改后增至 225 条，新通过的《刑事诉讼法》又增加了 65 条达 290 条。即便如此，其中一些条文也规定得比较原则，缺乏可操作性，有必要通过司法解释将其具体化。如原《刑事诉讼法》第 190 条规定了上诉不加刑原则："第二审人民法院审判被告人或者他的法定代理人、辩护人、近亲属上诉的案件，不得加重被告人的刑罚。"但"不得加重被告人刑罚"的内涵究竟如何，法律没有具体的界定。最高人民法院《解释》第 257 条对"不加刑"的情形作了列举性的规定，包括：共同犯罪案件，只有部分被告人提出上诉的，既不能加重提出上诉的被告人的刑罚，也不能加重其他同案被告的刑罚；对原判认定事实清楚、证据充分，只是认定的罪名不当的，在不加重原判刑罚的情况下，可以改变罪名，等等。以上这样的具体解释尽管也有不足之处，但总体来说使上诉不加刑原则能够得到较好的贯彻。

（二）清晰化

《刑事诉讼法》中有的条文表述含糊，可以作多种解释，导致在具体的司法实践中出现理解和适用上的分歧。通过司法解释可以将这些模糊之处加以明确，使之清晰化，便于统一适用。如关于取保候审、监视居住的期限问题，原《刑事诉讼法》第 58 条规定："人民法院、人民检察院和公安机关对犯罪嫌疑人、被告人取保候审最长不得超过 12 个月，监视居住最长不得超过 6 个月。"这一规定的模糊之处在于，12 个月、6 个月是指法、检、公三机关在整个刑事诉讼过程中对犯罪嫌疑人、被告人采取取保候审、监视居住的期限，还是指三机关分别采取取保候审、监视居住的期限？对此，三机关在各自的司法解释中作出了明确的规定。公安部《规定》第 92 条规定取保候审最长不得超过 12 个月，第 103 条规定监视居住最长不得超过 6 个月。最高人民检察院《规则》第 55 条、第 69 条作出了类似规定。最高人民法院《解释》第 75 条规定："人民检察院、公安机关已对犯罪嫌疑人取保候审、监视居住，案件起诉到人民法院后，人民法院对于符合取保候审、监视居住条件的，应当依法对被告人重新办理取保候审、监视居住手续。取保候审、监视居住的期限重新计算。人民法院不得对同一被告人重复采取取保候审、监视居住措施。"根据这些司法解释，可以发现原《刑事诉讼法》第 58 条规定的 12 个月、6 个月是三机关分别采取取保候审、监视居住的期限。

---

〔1〕 按照《立法法》，公安机关的解释属于规章而不是司法解释，本文为简便起见暂统称为司法解释。

（三）弥补性

刑事诉讼司法解释的弥补性是指《刑事诉讼法》条文在惩罚犯罪、保障人权方面存在缺陷，需要通过司法解释加以弥补。弥补性主要表现在两个方面，一是补漏，二是补缺。"补漏"是指《刑事诉讼法》本来应该规定某一内容但未规定，存在漏洞，由司法解释加以弥补。如刑事案件的中止审理制度完全是刑事诉讼的实践需要，大陆法系国家立法中也都有明确规定，我国原《刑事诉讼法》却没有规定法院可以中止审理的情形，最高人民法院《解释》则弥补了这一法律漏洞。根据该《解释》第181条的规定，在审判过程中，自诉人或者被告人患精神病或者其他严重疾病，以及案件起诉到人民法院后被告人脱逃，致使案件在较长时间内无法继续审理的，人民法院应当裁定中止审理；由于其他不能抗拒的原因使案件无法继续审理的，可以裁定中止审理。此条规定经过调整，被修改后的《刑事诉讼法》第200条吸收。"补缺"是指《刑事诉讼法》对于某一项制度或内容有所体现，但规定不完善，存在缺陷，由司法解释进行弥补，使之更符合社会主义民主法治的要求。对此，本文将在第三部分作具体论述。

二、司法解释应当遵循的原则

对《刑事诉讼法》进行司法解释必须遵循一定的原则，才能使其更加科学化、法治化，才能保证更好地贯彻实施《刑事诉讼法》。笔者认为应遵循以下三个原则。

（一）忠于法律本意

我国古代学者在如何注解经书上有所谓"六经注我""我注六经"之说[1]，但在《刑事诉讼法》的司法解释工作上只能是"我注法律"，而非"法律注我"，因为制定司法解释的目的就是使法律得到更好的实施，为此就必须以法律本身的原意为出发点和依据。有专家正确指出："司法机关制定的司法解释只能坚守法律、明确法律、丰富法律，而不能改变法律，更不能用司法解释替代法律，司法机关在理解、适用司法解释时也必须忠于法律原则，弘扬法律精神。"[2]另外，司法解释不同于《刑事诉讼法》本身，前者是由政法部门自行制定，后者则由全国人大通过，从法律位阶来看，前者显然低于后者，因此作为下位法的司法解释不能与作为上位法的《刑事诉讼法》冲突，否则应视为无效。当然，对于法律原意的理解可能存在分歧，但主观上忠于法律本意是必须加以坚守的。就《刑事诉讼法》的司法解释而言，以往的司法解释中违背《刑事诉讼法》规定本意的情况并不罕见，存在着"司法僭越立法"的问题。如原《刑事诉讼法》第162条规定，合议庭经过评议后，对证据不足、不能认定被告人有罪的，应当作出证据不足、指控的犯罪

---

[1]《陆九渊集·语录》。

[2] 刘敏："司法解释的权威解读——访最高人民法院研究室主任胡云腾"，载《中国审判》2010年第9期。

不能成立的无罪判决。按照原《刑事诉讼法》第 205 条关于提起审判监督程序的规定，如果此类判决生效以后发现新证据、确有错误的，只能按照审判监督程序加以纠正。而最高人民法院《解释》第 117 条第 3 款却规定："对于根据《刑事诉讼法》第 162 条第 3 项规定宣告被告人无罪，人民检察院依据新的事实、证据材料重新起诉的，人民法院应当依法受理。"此条司法解释规定在原无罪判决未撤销情况下直接重新起诉，既违背法理，更违反了原《刑事诉讼法》第 205 条、第 208 条关于对已生效裁判的改判适用审判监督程序的规定。在新的司法解释制定过程中，应当防止出现类似与《刑事诉讼法》相抵触的规定，严格忠实于法律原意。

（二）坚持"两个并重"

坚持惩罚犯罪与保障人权并重（或相结合）、程序公正与实体公正并重不仅应当是《刑事诉讼法》的立法指导原则，也应当是制定司法解释的指导原则，在过去的司法解释中，有的已明文规定要坚持"两个并重"原则。如最高人民法院、最高人民检察院、公安部、司法部《关于进一步严格依法办案确保办理死刑案件质量的意见》规定，办理死刑案件时应当遵循"惩罚犯罪与保障人权相结合""程序公正与实体公正并重"的原则。但是，在过去的司法解释中也存在违背"两个并重"原则的问题。如前述最高人民法院《解释》第 117 条第 3 款的规定不仅不符合《刑事诉讼法》关于审判监督程序的规定，也由于强调惩罚犯罪而侵犯了被宣告无罪人的权利。本次《刑事诉讼法》修改鉴于过去在立法、司法上存在着重打击轻保护、重实体轻程序的倾向，更加着力于尊重、保障人权，提升程序公正的价值，这种精神也应当反映在司法解释中。在法律条文存在模糊、矛盾或空白，司法解释需要予以具体化、清晰化时，应当朝着保障人权、程序公正的方向倾斜。

（三）防止部门扩权

司法解释不同于立法，立法机关是中立的、开放的，在立法的过程中要听取各方面的意见，最后经全国人大常委会或全体人大代表审议、表决通过；而司法解释由各部门自己制定、通过，听取意见的范围有限，其中有意无意地会带有部门利益的烙印，带有部门扩权的倾向。例如，原《刑事诉讼法》第 69 条规定："公安机关对被拘留的人，认为需要逮捕的，应当在拘留后的 3 日以内，提请人民检察院审查批准。在特殊情况下，提请审查批准的时间可以延长 1 日至 4 日。对于流窜作案、多次作案、结伙作案的重大嫌疑分子，提请审查批准的时间可以延长至 30日。"按照该条规定，拘留后提请逮捕的期限是确定的，最长可达 30 日。但公安部《规定》第 112 条规定，犯罪嫌疑人不讲真实姓名、住址，身份不明，在 30 日内不能查清提请批准逮捕的，经县级以上公安机关负责人批准，拘留期限自查清其身份之日起计算。"查清身份之日"带有很大的随意性，不仅取决于案件复杂程度，而且取决于公安机关的主动性，如果公安机关不积极调查犯罪嫌疑人的身份，拘留期限就会不定期延长。笔者注意到，"自查清其身份之日起计算"的内容规定在原《刑事诉讼法》第 128 条中，即"犯罪嫌疑人不讲真实姓名、住址，身份不明的，侦查羁押期限自查清其身份之日起计算"。原《刑事诉讼法》第124条规定："对犯罪嫌疑人逮捕后的侦查羁押期限不得超过2个月。案情复杂、期限届满不能终结的案件，可以经上一级人民检察院批准延长1个月。"可见，原《刑事诉讼法》第128条规定的"侦查羁押期限"是指逮捕后的羁押期限，"自查清其身份之日起计算"是指犯罪嫌疑人被逮捕后不讲真实姓名、住址，身份不明的情况，而且"身份不明"并不影响批准逮捕。而公安部《规定》第112条却将其改变成适用于拘留期间的羁押期限延长，相比于《刑事诉讼法》的规定，公安机关显然扩大了自身的权力。部门扩权会造成许多不良后果，法院、检察院、公安机关是公权力机关，它们各自的权力扩大，不仅会造成彼此之间权力的此长彼消，更会侵犯诉讼参与人的权利。《刑事诉讼法》是授权与限权的统一，对于公权力机关而言，根据"公共权力法无明文授予即禁止"的现代法治精神，法律没有明文规定的权力就不得行使。从节制公权、保障人权的角度出发，必须防止在司法解释中出现违背法治精神的自我授权、部门扩权。

三、司法解释中的若干具体问题

修改后的《刑事诉讼法》司法解释需要明确和处理的问题很多，本文仅选择其中几个法律界关注的热点、疑点问题予以论述。

（一）指定居所监视居住问题

自《刑事诉讼法（草案）》发布之日起，第73条有关指定居所监视居住的规定就受到了学界乃至全社会的关注。笔者认为，对于指定居所的监视居住应当严格控制，理由主要有三：一是监视居住的期限较长，可达6个月，这对被监视居住人的人身自由等权利影响很大。二是采取指定居所监视居住不同于正式逮捕由法院决定、检察院决定或批准，而是由作出指定居所监视居住决定的公安机关或检察院的上一级机关批准，考虑到二者的垂直领导体制及追诉倾向，其公正性难以得到保证。三是指定居所监视居住的执行场所是羁押场所、专门的办案场所之外的其他居所，这种居所的设备条件及执行情况远不如看守所完善、规范，容易导致执行上的混乱和违法行为的发生。有鉴于此，对指定居所监视居住问题的司法解释建议应注意以下两个问题。

1. 从严控制指定居所监视居住的适用对象

《刑事诉讼法》第73条规定，指定居所监视居住的适用对象被限定为两大类：一是无固定住处的犯罪嫌疑人。这一类问题主要是把外来户籍的人混同为无固定住处的人，因而使指定居所监视居住的适用扩大化。应通过司法解释将其对象限定为真正无固定住所的人，只要有保证其正常工作、生活的稳定居所，就不能视为无固定住所。二是虽有固定住处，但因涉嫌危害国家安全犯罪、恐怖活动犯罪、特别重大贿赂犯罪，在住处执行可能有碍侦查的犯罪嫌疑人。笔者认为，对特别重大贿赂犯罪应进行严格解释。所谓"特别重大贿赂犯罪案件"，无论在犯罪性质、社会危害程度上，还是在侦查破案、打击犯罪的紧迫性上，都不能与前两类案件相提并论；[1]而且条文中明确用"特别重大"这一措辞，本身就要求进行缩小解释。就案件数额而言，《刑法》第383条将情节严重的标准定为10万元，因此"特别重大"的数额标准必须要明显高于10万元，例如初步核实为50万元以上；此外，还要结合考虑其他情节，例如为集体贿赂、案情复杂、有逃逸可能等，而后决定是否采取这种强制措施，而非涉案金额达到50万元以上就一律适用此种强制措施。

2. 对指定居所监视居住的执行加强规范

在原《刑事诉讼法》施行过程中，存在办案机关较长时间将犯罪嫌疑人关押在办案场所的现象，由于缺乏必要的程序控制和外部监督，大大增加了刑讯逼供的可能性。为此，《刑事诉讼法》第83条及第91条分别规定，拘留、逮捕后应当立即将被拘留人、被逮捕人送交看守所羁押。其第116条第2款进一步规定，犯罪嫌疑人被送交看守所以后，侦查人员对其进行讯问，应当在看守所内进行；第121条则规定了讯问录音、录像制度。这一系列规定，旨在遏制司法实践中屡禁不止的刑讯逼供现象。但《刑事诉讼法》第73条关于指定居所监视居住的规定，使得指定的居所成为看守所之外的准羁押场所，然而，对于这种场所内的执行却规范得很不够。在此情况下，在这种居所内进行的讯问活动必然隐藏着刑讯逼供的重大风险。因此，笔者建议，司法解释应当明确规定，对指定居所监视居住应当按照法律规定由公安机关统一执行；在指定居所内对犯罪嫌疑人的讯问应当参照上述看守所有关规定进行，如讯问必须在指定的居所内进行、依法进行录音或者录像等。

（二）辩护律师会见问题

1. 辩护律师凭"三证"会见问题

为进一步落实会见权，《刑事诉讼法》第37条第2款规定辩护律师持律师执业证书等"三证"可以直接到看守所会见在押的犯罪嫌疑人、被告人，该条第3款还规定了凭"三证"会见的三种例外情形。既然法律已明确规定了例外情形，那么在这三种情形之外，辩护律师有权凭"三证"畅通地行使会见权。问题在于《刑事诉讼法》的有关规定，可能导致律师会见权无法顺利实现。原《刑事诉讼法》规定，拘留、逮捕之后，除有碍侦查或者无法通知的情形外，应当把拘留、逮捕的原因和羁押的处所通知被拘留人、被逮捕人的家属或其所在单位。而修改后的《刑事诉讼法》第83条、第91条只规定拘留、逮捕后应通知其家属，删除了原法规定的通知中包括拘留、逮捕的原因和羁押处所的内容。律师会见犯罪嫌疑人、被告人的地点是看守所，原来由侦查机关安排会见，现在则规定由看守所安排。但在拘留、逮捕后不告知羁押场所的情况下，律师根本不知道其会见人关押在何处，回过头来只得向侦查机关了解羁押场所，而侦查机关则可以法律无规定为借口而加

---

[1] 参见陈光中主编：《〈中华人民共和国刑事诉讼法〉修改条文释义与点评》，人民法院出版社2012年版，第34页。所引内容为顾永忠教授对《刑事诉讼法》第37条的点评。

以推脱。可见，《刑事诉讼法》第 83 条、第 91 条的规定与第 37 条规定存在着不衔接、不协调之处，导致会见权难以顺利实现。因此，需要在司法解释中规定拘留、逮捕后通知家属可以写明羁押的处所；没有写明的，辩护律师向侦查机关了解时，侦查机关应当告知羁押处所。

律师无法会见犯罪嫌疑人、被告人的问题同样存在于指定居所监视居住中。依《刑事诉讼法》第 73 条规定，执行指定居所监视居住后对家属的通知也没有居所所在地的内容，律师有权同被指定居所监视居住的犯罪嫌疑人、被告人会见、通信的规定也势必流为具文，需要通过司法解释加以解决。

2. 看守所及时安排会见的理解问题

《刑事诉讼法》第 37 条第 2 款规定，辩护律师持"三证"或者法律援助公函要求会见在押的犯罪嫌疑人、被告人的，"看守所应当及时安排会见，至迟不得超过 48 小时"。对于这一条款，有实务部门理解为看守所应当在 48 小时之内就律师会见时间等事宜作出安排，但具体会见时间不受 48 小时的限制，可以是在作出安排后的几天之内，也可以是在半个月之后。笔者认为，这样的理解是不正确的。按照《刑事诉讼法》第 37 条第 2 款的规定，在律师提出会见要求之后的 48 小时内，看守所应当通过安排保证律师会见到犯罪嫌疑人、被告人。否则律师"会见难"的问题将继续存在，被追诉人的辩护权将受到严重侵犯。

3. 会见不被监听问题

为了保障律师辩护权的有效行使，修改后的《刑事诉讼法》第 37 条第 4 款规定"辩护律师会见犯罪嫌疑人、被告人时不被监听"。但在"不被监听"的含义理解上存在分歧。一说认为"不被监听"包括会见不受人员和技术两方面的监听，一说则将其限定为仅不受技术设备的监听。我们认为，"不被监听"既包括不能利用技术设备对律师和犯罪嫌疑人会见时的谈话进行监控，也包括侦查人员不应在场的情形。原《刑事诉讼法》第 96 条规定："律师会见在押的犯罪嫌疑人，侦查机关根据案件情况和需要可以派员在场。"修改后的《刑事诉讼法》删除了这一内容，表明侦查机关无权派员在场。

（三）侦查阶段辩护人是否享有取证权问题

按照修改后的《刑事诉讼法》的规定，在侦查阶段，律师具有辩护人地位，权利也有所扩大，但对其是否有主动收集证据的权利，法律规定得比较模糊。《刑事诉讼法》第 36 条规定："辩护律师在侦查期间可以为犯罪嫌疑人提供法律帮助；代理申诉、控告；申请变更强制措施；向侦查机关了解犯罪嫌疑人涉嫌的罪名和案件有关情况，提出意见。"这是对侦查阶段辩护律师权利的列举式规定，其中没有明确规定有取证的权利。但是如果对"法律帮助"作广义的解释，也可以包含收集证据的内容。另外《刑事诉讼法》第 40 条规定："辩护人收集的有关犯罪嫌疑人不在犯罪现场、未达到刑事责任年龄、属于依法不负刑事责任的精神病人的证据，应当及时告知公安机关、人民检察院。"如果律师在侦查阶段不能取证，显然不可能获得这三种证据并告知公、检机关。第41条规定："辩护律师经证人或其他有关单位和个人同意，可以向他们收集与本案有关的材料，也可以申请人民检察院、人民法院收集、调取证据……"如果按照第41条的前面规定来看，辩护律师在侦查阶段当然可以收集证据，但结合后面规定"也可以申请人民检察院、人民法院收集、调取证据"而未提及向公安机关申请，这又似乎只限于审查起诉阶段和审判阶段。如何解释以上这些模棱两可、存在矛盾的规定，在学界和实务界存在一些不同的看法。

笔者认为，按国际惯例，侦查阶段的律师是有取证权的。无论在英美法系或大陆法系国家，律师在侦查阶段都有此权利。如在德国，辩护人有权自行调查，只不过他们没有强制取证权，只能以公民身份收集信息。在法国，虽然法律没有明确规定在侦查阶段律师是否有调查取证权，但是在实践中律师可以行使此权利。[1]应当看到，侦查阶段是侦查人员收集证据、证明犯罪嫌疑人是否实施犯罪的关键时段，辩护律师如果随意取证，确实会对侦查人员带来一定的干扰。本着惩罚犯罪与保障人权并重的理念，应在司法解释中明确，一方面辩护律师在侦查阶段有主动收集证据的权利，另一方面侦查阶段的律师取证权应该与审查起诉阶段、审判阶段有所不同，要有所限制。考虑到侦查阶段的特殊性，律师收集证据的权利可设定在其会见犯罪嫌疑人之后。因为在会见过程中犯罪嫌疑人会向辩护律师提供一些对其有利的证据线索，如果律师不及时收集，会丧失有利时机，影响其辩护活动的开展；同时，规定律师在会见之后才能开始收集证据，也留给侦查机关一个短期的时间单独开展证据调查、收集工作。

（四）证人出庭作证问题

刑事诉讼中证人出庭率极低的问题由来已久，修改后的《刑事诉讼法》有针对性地作了一些规定，试图对此加以解决，但问题依然存在，目前来看至少有以下两个问题需要通过司法解释加以解决。

1. 证人出庭的条件

《刑事诉讼法》第187条规定了通知证人出庭需要同时具备三个条件：一是公诉人、当事人或者辩护人、诉讼代理人对证人证言有异议；二是该证人证言对案件定罪量刑有重大影响；三是人民法院认为证人有必要出庭作证。这一规定缩小了证人出庭的范围，实际上是将证人出庭与否的决定权委诸法院自由裁量。只要法院认为证人没有出庭的必要，那么即使控辩双方存在异议且证人证言对案件定罪量刑有重大影响也无法使证人出庭，这不仅影响查明案件事实真相，而且是对被告人程序权利（特别是辩护权）的严重侵犯。联合国《公民权利和政治权利国际公约》第14条第3款（戊）明确规定："受到刑事指控的人有权询问或业已询问对他不利的

---

[1] 参见陈光中、汪海燕："侦查阶段律师辩护问题研究——兼论修订后的《律师法》实施问题"，载《中国法学》2010年第1期。

证人，并使对他有利的证人在与对他不利的证人相同的条件下出庭和受询问。"本着"两个并重"的指导理念，应当对法院在证人出庭问题上的裁量权加以限制。可以考虑在司法解释中明确规定，只要符合前两个条件，原则上法院就应通知证人出庭作证；只有在少数情形下，法院认为确无必要的才可以不通知证人出庭。

2. 证人出庭的补助

对证人因作证而支付的费用补助问题，过去没有规定，修改后的《刑事诉讼法》第63条第1款则规定："证人因履行作证义务而支出的交通、住宿、就餐等费用，应当给予补助。证人作证的补助列入司法机关业务经费，由同级政府财政予以保障。"这种由同级财政保障证人出庭补助的新举措较之以往有所进步，但问题是规定仍有含混之处，没有明确在哪一个阶段由哪一个具体机关发给证人补助。按照《刑事诉讼法》的规定，证人作证贯穿于侦查、起诉、审判的各个环节，在侦查阶段和审查起诉阶段，办案的机关只有一家，因而不存在这一问题；但在审判阶段，是由作为控方的检察机关还是由作为庭审组织者的法院支付费用则存在争议。在1996年《刑事诉讼法》修改时也曾试图规定证人出庭补助问题，但因法、检两家争执不下最后不了了之，此次修法虽规定了证人有权获得补偿，但对具体的义务机关仍未明确。笔者认为，由公诉方对其提出的证人提供补助有偏颇之嫌。公诉人毕竟有追诉犯罪的倾向，可能对有利于指控犯罪的证人提供补助有积极性，对不利于追究犯罪的证人能否一视同仁地给予补助则令人担忧。由自诉人提供证人出庭补助费，明显更不合理、不现实。对被告人一方提出的证人由其自身支付费用也不合适，因为一些案件的被告人经济困难，根本无力支付；有钱的被告人可以支付较高的补助费，颇有收买之嫌。有鉴于此，在司法解释中应当明确在审判阶段由中立的法庭负责对证人支付补助，以保证审判的公正进行。

（五）非法证据排除问题

此番《刑事诉讼法》修改的一大亮点是规定了比较完善的非法证据排除规则，不仅明确了排除非法证据的范围，而且规定了排除非法证据的程序。在肯定这一规定的进步意义的前提下，我们也看到有些问题仍需进一步释明和推敲。

1. 非法言词证据标准的把握问题

按照《刑事诉讼法》第54条的规定，非法言词证据包括两类：一是采用刑讯逼供等非法方法收集的犯罪嫌疑人、被告人供述；二是采用暴力、威胁等非法方法收集的证人证言、被害人陈述。对于非法言词证据标准如何进行司法解释，主要涉及以下三个问题：一是"刑讯逼供"的理解问题。按照《联合国禁止酷刑公约》第1条的规定，"'酷刑'是指……蓄意使某人在肉体或精神上遭受剧烈疼痛或痛苦的任何行为……"但依我们的传统理解，刑讯仅指针对肉体的拷打，不包括精神上的痛苦。二是"刑讯逼供等"中"等"字的理解问题。笔者认为，针对犯罪嫌疑人、被告人的"刑讯逼供等非法方法"中的"等"是指与在肉体上造成的痛苦相当或近似于刑讯的讯问方法，是一种变相的刑讯，其典型表现如冻、饿、晒、长久蹲站、服用药物、疲劳讯问等。对前几项比较容易认定，难以界定的是何为疲劳讯问。修改后的《刑事诉讼法》第117条规定，传唤、拘传持续的时间不得超过12小时；案情特别重大、复杂，需要采取拘留、逮捕措施的，传唤、拘传持续的时间不得超过24小时。据此笔者认为在司法解释中应明确，在任何案件中连续讯问超过24小时即可认定为疲劳讯问。三是对证人、被害人采用"暴力、威胁"等方法取证的理解问题。笔者认为，暴力是指"一种激烈而强制性的力量"，其与"刑讯"近似，而"威胁"是指对被询问人在心理上造成很大压力和痛苦。威胁方法不被包括在对犯罪嫌疑人、被告人讯问的非法排除范围之内，说明这是从中国实际出发所采取的一种现实主义的非法证据排除方法。

2. 证明证据非法须达到的标准问题

在法庭启动非法证据排除调查程序之后，控方即承担证明其取证手段合法的责任。修改后的《刑事诉讼法》第58条规定："对于经过法庭审理，确认或者不能排除存在本法第54条规定的以非法方法收集证据情形的，对有关证据应当予以排除。"据此，排除非法证据的证明标准有两种，一是"确认"，二是不能排除存在以非法方法收集证据情形。前者比较容易理解，即已有确实、充分的证据证明有关证据系非法所得。但到底何为不能排除存在非法取证情形，实践中很难把握，这必然会成为非法证据能否排除的一个难题。"不能排除"这一标准弹性很大，在概率上已经证明到百分之二三十的当然明显属于不能排除，但证明到百分之八九十的是否仍然属于不能排除？在这个问题上，一些国家或地区采用了低于有罪判决的证明标准。如美国联邦最高法院曾在一个判例中作出解释，"在排除聆讯的证明中，不应施加大于优势证据的负担"。[1]换言之，采用的是优势证据证明标准。日本对此也不采取适用于实体事实的严格证明标准，而采取低于严格证明的适用于程序事实的自由证明标准。[2]笔者认为，采用优势证据标准客观上难以把握，也不利于维护控辩平等。司法解释应将证明证据合法取得的标准定为明显证据优势即约为百分之七八十，这样既有利于实现发现案件真实与坚持程序正义之间的平衡，又有利于实务部门具体操作。

（六）因特殊情况延长审理期限的问题

原《刑事诉讼法》第168条第1款规定："人民法院审理公诉案件，应当在受理后一个月以内宣判，至迟不得超过一个半月。有本法第126条规定情形之一的，经省、自治区、直辖市高级人民法院批准或者决定，可以再延长一个月。"这是人民法院适用普通程序审理第一审公诉案件的期限。原《刑事诉讼法》第196条对二审程序的审理期限作了大致相同的规定。规范刑事案件审理期限，既是维护诉讼效率的要求，也有利于保障被告人的诉讼权利。但随着犯罪活动的日益复杂化、有

---

〔1〕 *United States v. Matlock*, 415 U. S. 164, 94 S. Ct. 988, 39 L. Ed. 2d 242（1974）.

〔2〕 参见［日］田口守一：《刑事诉讼法》，刘迪等译，法律出版社2000年版，第220～221页。

组织化，以及对审判公正质量要求的提高，这一规定已无法适应司法实践的需求。在实践中，不仅一审审理期限的延长成为常态，二审程序中的审限不够也已成为首要问题。为此，修改后的《刑事诉讼法》延长了一审、二审程序的审理期限。其第 202 条第 1 款规定："人民法院审理公诉案件，应当在受理后 2 个月以内宣判，至迟不得超过 3 个月。对于可能判处死刑的案件或者附带民事诉讼的案件，以及有本法第 156 条规定情形之一的，经上一级人民法院批准，可以延长 3 个月；因特殊情况还需要延长的，报请最高人民法院批准。"第 232 条第 1 款规定："第二审人民法院受理上诉、抗诉案件，应当在 2 个月以内审结。对于可能判处死刑的案件或者附带民事诉讼的案件，以及有本法第 156 条规定情形之一的，经省、自治区、直辖市高级人民法院批准或者决定，可以延长 2 个月；因特殊情况还需要延长的，报请最高人民法院批准。"这两条关于一审、二审期限的规定被学界公式化为"3+3+N"和"2+2+N"。

笔者认为，允许一审、二审审理期限在一定情况下分别延长 3 个月、2 个月是有必要的，既符合我国的司法实际，也有利于保证审判质量。但"因特殊情况还需要延长的，报请最高人民法院批准"的规定存在明显问题。其一，与检察机关办案期限的延长不协调。《刑事诉讼法》第 155 条规定："因为特殊原因，在较长时间内不宜交付审判的特别重大复杂的案件，由最高人民检察院报请全国人民代表大会常务委员会批准延期审理。"据此规定，人民检察院对个别重大、复杂案件，因为特殊原因在侦查、审查起诉的法定期限内不宜交付审判的，可以延长。这种审前程序中的期限延长，大大减少了审判中同样因案件情况特殊而不定期延长的必要性。何况，人民检察院的特殊情况延长，由最高人民检察院报请全国人大常委会批准，其审批程序严于最高人民法院对同类案件的审批，这与宪法规定最高人民法院、最高人民检察院的同等地位不适应。其二，对于法庭审判中出现需要调取、收集新证据，需要补充侦查或者因其他情况而无法在规定期限内审结的案件，修改后的《刑事诉讼法》第 198 条、第 200 条已规定有延期审理、中止审理的缓解办法。其三，我国羁押期限依附于办案期限，审判时间的延长也就意味着被告人被羁押状态的延续，这种审限延长方式极其可能带来审限无限延长的后果，不仅严重侵犯被告人的诉讼权利，也不利于及时打击犯罪。其四，特殊情况下报请最高人民法院批准延长审限的规定过于原则，没有规定延长的确定期限，这就为无限延长审理期限开了绿灯。全国人大常委会法工委刑法室认为："对于这类案件，法律并未对最高人民法院批准延长的期限作出规定，主要是考虑这种案件的数量极少，实践中的情况比较复杂，由最高人民法院依案件具体情况处理更为有利。"[1]但问题在于"特殊情况"的表述措辞模糊、可宽可窄，如果从严把握尚可限定在极个别情况下，

---

〔1〕 王尚新、李寿伟主编，全国人大常委会法制工作委员会刑法室编著：《〈关于修改刑事诉讼法的决定〉释解与适用》，人民法院出版社 2012 年版，第 228 页。

倘若从宽解释就可能导致这一"特殊情况"的非特殊适用。

环视域外，许多国家的刑事诉讼法虽未规定具体审理期限，但明确规定了羁押期限以及集中审理原则、迅速审判原则，速审权作为被追诉人的一项诉讼权利得以确立。《公民权利和政治权利国际公约》第9条第3款规定被拘禁的刑事被告人"有权在合理的时间内受审判"；第14条第3款（丙）规定受刑事控告者的"受审时间不被无故拖延"，无论是否处于羁押之中。《美国宪法第六修正案》规定："被告人应当享有……迅速和公开审判的权利。"美国1974年制定的《联邦迅速审判法案》对联邦法院审判刑事案件的时间做出限制。[1]在日本，"第一审诉讼程序应当在2年以内的近短期间做出终局决定"。[2]

鉴于《刑事诉讼法》已明文规定了这一特殊的审理期限延长方式，我们只能通过司法解释加以弥补。笔者认为需要在司法解释中明确以下几点：其一，应当对"特殊情况"进行严格界定。全国人大常委会法工委刑法室解释称："'因特殊情况'是指案情特别重大、复杂或者涉及国家安全、重大利益需格外慎重等情况。"[3]笔者基本同意这种解释。其二，需要在司法解释中明确规定，最高人民法院审批延长的时间不得超过两年，并应规定同一案件只能批准一次。其三，人民检察院有权对人民法院延长审限的情形进行监督。《刑事诉讼法》第203条规定："人民检察院发现人民法院审理案件违反法律规定的诉讼程序，有权向人民法院提出纠正意见。"据此规定，各级人民检察院，特别是最高人民检察院发现各级人民法院特别是最高人民法院作出的违法或显然不公的审限延长情形，应当提出纠正意见。其四，鉴于羁押状态对被告人人身自由等权利的严重限制，最高人民法院在作出延长审限决定时，应当对羁押必要性单独进行审查；对羁押必要性不太迫切的被告人，应解除其羁押状态。

（七）加强检察法律监督问题

按照《刑事诉讼法》的规定，我国检察机关在刑事诉讼中的职能包括追诉职能和诉讼监督职能。前者主要体现在侦查（职务犯罪案件）、提起公诉和支持公诉等具体诉讼职能上，明显具有刚性的法律效果特征；而后者除了审查批准逮捕、提起抗诉等少数具体职能具有刚性法律效果外，大多数职能具有纠错式的建议性质，只具备柔性法律效果。

此次《刑事诉讼法》修改的一个重要特点是强化了检察机关的诉讼监督职能，以加强人权保障，促进司法公正。在修改的条文中，涉及强化诉讼监督的多达十几

---

[1] 参见［美］伟恩·R.拉费弗、杰罗德·H.伊斯雷尔、南西·J.金：《刑事诉讼法》，卞建林、沙丽金等译，中国政法大学出版社2003年版，第936页。

[2] ［日］田口守一：《刑事诉讼法》，张凌、于秀峰译，中国政法大学出版社2010年版，第197页。

[3] 王尚新、李寿伟主编，全国人大常委会法制工作委员会刑法室编著：《〈关于修改刑事诉讼法的决定〉释解与适用》，人民法院出版社2012年版，第228页。

处，其中多数是"有权"或"可以"向侦查机关、人民法院提出"意见"或"纠正意见"，不具有刚性法律效果；而有的监督效力则非常强，如根据修改后的《刑事诉讼法》第54条、第55条的规定，对于发现侦查人员以非法方法收集证据情形的，一是应当提出纠正意见，二是构成犯罪的依法追究刑事责任，三是对非法证据应当予以排除。

但是修改后的《刑事诉讼法》中有的规定，既非"提出纠正意见"又非"应当纠正"，其措辞模棱两可，引人关注，又颇难透解。修改后的《刑事诉讼法》第47条、第115条就是这样的条文。第47条规定："辩护人、诉讼代理人认为公安机关、人民检察院、人民法院及其工作人员阻碍其依法行使诉讼权利的，有权向同级或者上一级人民检察院申诉或控告。人民检察院对申诉或控告应当及时进行审查，情况属实的，通知有关机关予以纠正。"第115条规定："当事人和辩护人、诉讼代理人、利害关系人对于司法机关及其工作人员有下列行为之一的，有权向该机关申诉或者控告：（一）采取强制措施法定期限届满，不予以释放、解除或者变更的；（二）应当退还取保候审保证金不退还的；（三）对与案件无关的财物采取查封、扣押、冻结措施的；（四）应当解除查封、扣押、冻结不解除的；（五）贪污、挪用、私分、调换、违反规定使用查封、扣押、冻结的财物的。受理申诉或者控告的机关应当及时处理。对处理不服的，可以向同级人民检察院申诉；人民检察院直接受理的案件，可以向上一级人民检察院申诉。人民检察院对申诉应当及时进行审查，情况属实的，通知有关机关予以纠正。"这两个条文都是对辩护人、诉讼代理人或当事人因公、检、法机关侵犯其诉讼权利或其他合法权利向人民检察院提出申诉，而检察院经审查后"情况属实的，通知有关机关予以纠正"的规定。这里的措辞是在情况审查属实后"通知予以纠正"，明显有别于"提出意见"或"提出纠正意见"。那么受法律监督的单位收到"予以纠正"的通知后，如果在事实认定或法律适用上与通知意见相左，当然可以与监督机关交流意见，协商合理解决。问题是最终谁服从谁？"通知予以纠正"是否有强制效力？笔者认为，不论从立法措辞的本意、加强人权保障的需要，抑或从维护法律监督的权威性来考量，都应当把"通知予以纠正"定格为"应当纠正"为宜，引申言之，通过司法解释可明确为被监督单位应当予以纠正，如果坚持不纠正，有关机关应当直接予以纠正。

论不被强迫自证其罪原则[1]

不被强迫自证其罪，是一项国际通行的刑事司法原则和证据法基本原则，不仅为当代法治国家的国内法和地区法广泛确认，而且被一系列国际公约认可，现已经成为最低限度的国际刑事司法准则之一。联合国《公民权利和政治权利国际公约》联合国《儿童权利公约》[2]等文件，均将"不被强迫作不利于他自己（被追诉人）的证言或强迫承认犯罪"列为被追诉人应享有的"最低限度的保证"之一。2012年修改的《中华人民共和国刑事诉讼法》（本文以下简称"修改后的《刑事诉讼法》"）第50条规定了"不得强迫任何人证实自己有罪"，虽然在文字表述上与国际通行的不被强迫自证其罪原则有一定差异，但是所彰显的价值追求是一致的，即在刑事诉讼中应当"尊重和保障人权"。

一、不被强迫自证其罪原则的起源和发展

不被强迫自证其罪原则，其精神来源于"任何人无义务控告自己"的古老格言，历经人们数百年的斗争，才作为一项重要的国际公约人权准则和刑事司法原则最终确立。关于不被强迫自证其罪原则的起源和发展，在世界许多国家的国内法和地区的区域法中均可以寻找到其嬗变的轨迹。

（一）英美法系典型国家

不被强迫自证其罪原则最早起源于英国。在13世纪早期，教会法院的审判采用的是神明裁判或者当事人及其助誓者（oath helper）所进行的保证宣誓决讼法（compurgation oath）。在这种审问性的宣誓中，除了被告人宣誓外，法官还通过对被告人的积极讯问来查明案件事实。大约100年后，特设宗教案件高等法院（the Court of the High Commission Causes Ecclesiastical）也被授权适用这种程序。这些具有浓厚政治色彩的宗教法院在审问程序上滥用权力，施行刑讯，激起了人们的强烈反对。1639年，英国王室特设法庭——星座法院在审理指控约翰·李尔本印刷出版煽动性书刊的案件中，强迫李尔本宣誓作证，被李尔本拒绝。李尔本在法庭上说："任何人都不得发誓折磨自己的良心，来回答那些将使自己陷入刑事追诉的提

---

〔1〕 原载《澳门研究》2013年第1期，与张佳华合著。

〔2〕 联合国《儿童权利公约》第40条第2项（B）："……（四）不得被强迫提供证词或认罪；……"，其英文表述为"… (iv) Not to be compelled to give testimony or to confess guilt; … "

问，哪怕是装模作样也不行。"星座法院遂对其施以鞭笞和枷刑。1640 年，李尔本在英国国会呼吁通过法律确立不被强迫自证其罪原则，得到国会的支持，1641 年以后普通法院开始在其诉讼程序中限制使用宣誓。到了 18 世纪，不被强迫自证其罪原则在涉及刑事或者没收财产的程序中被普遍适用，在这些程序中强迫回答都被认为是不适当的。[1]

在美国，不被强迫自证其罪原则被《美国宪法第五修正案》所吸收，由此上升为宪法性保障。1789 年，《美国宪法第五修正案》规定："在任何刑事案件中，任何人不得被强迫做不利于他自己的证人。"[2]最初这一规则只适用于审判阶段，在 20 世纪 30 年代，美国刑事侦查当中刑讯的现象屡有发生，刑讯被称为"第三级（The Third Degree）审讯方法"。1966 年，在米兰达诉亚利桑那州一案中，最高法院为这一规则在侦查活动中的适用提供了进一步的保障。在 1984 年和 1985 年，美国联邦最高法院（时任首席大法官为沃伦·伯格）重申了米兰达案件判决所确立的原则，在 1984 年纽约诉奎勒斯（*New York v. Quarles*）案件[3]中，威廉·伦奎斯特起草了多数派意见，法院为米兰达规则附加了一个"公共安全"例外。在 1985 年奥里根诉艾德（*Oregon v. Elstad*）案件中，法官 S. D. 奥康纳代表多数派法官起草判决书，宣称被告人在没有被首先告知他的权利的情况下向警察提供的自证其罪的陈述并不妨碍采纳其后来在被告知米兰达警告之后所作的陈述。[4]

在同属于英美法系的加拿大，也确立了不被强迫自证其罪原则。加拿大在 1982 年通过的《权利与自由宪章》第 11 条规定，任何被指控犯罪的人应享有"在诉讼中不得被强迫作为证人指控本人犯罪"的权利。[5]加拿大最高法院的判例认为，在警察拘捕后的讯问过程中被指控犯罪的人具有保持沉默的权利，是《权利

---

〔1〕　参见陈光中、〔加〕丹尼尔·普瑞方廷主编：《联合国刑事司法准则与中国刑事法制》，法律出版社 1998 年版，第 213 页。

〔2〕　《美国宪法第五修正案》规定："任何人……在任何刑事案件中，不得被强迫做不利于他自己的证人，未经正当法律程序，不得剥夺任何人的生命、自由或财产；……"（原文为"No person shall be …nor shall be compelled in any criminal case to be a witness against himself, nor be deprived of life, liberty, or property, without due process of law…"）。

〔3〕　Fred R. Harris, *Readings on the Body Politic*, Scott, Foresman and Company, 1987, pp. 99~100.

〔4〕　Fred R. Harris, *Readings on the Body Politic*, Scott, Foresman and Company, 1987, p. 93.

〔5〕　加拿大《权利与自由宪章》第 11 条规定："任何被指控犯罪的人应享有的权利是……（3）在诉讼中不得被强迫作为证人指控本人犯罪；……"原文表述为："Any person charged with an offence has the right…（c）not to be compelled to be a witness in proceedings against that person in respect of the offence；（d）to be presumed innocent until proven guilty according to law in a fair and public hearing by an independent and impartial tribunal；…"

与自由宪章》所规定的"基本正义"原则（principles of fundamental justice）[1]之一，并指出："刑事诉讼中或许唯一最重要的组织原则是被追诉者不得被强制协助对自己的指控。"[2]

（二）大陆法系典型国家

在法国，不被强迫自证其罪原则的确立也经历了一番曲折。法国传统上奉行的是一种纠问主义的诉讼模式，它要求被讯问人在受审时必须履行"如实陈述"的义务，否则法院可判以"虚言罚"或者"不服从罚"，并且当时明确赋予司法机关为了获取受审人的口供而对其进行拷问的权力。虽然，法国1789年公布的法律效仿英国，废除了对被告人要求宣誓后进行讯问的规定，但是1808年通过的《治罪法》又规定，法院可以为发现真实而采取一切方法，并以此为根据实行预审及法庭审判中讯问被告人的做法。直到1897年，法国才通过新的法律，要求在预审法官讯问时必须明确告知受讯当事人"有权选择沉默"。《法国刑事诉讼法》第116条第3款规定："……当事人被告知有权选择沉默、作出声明或者接受讯问。这一通知应当记入笔录。即使当事人同意接受讯问，也只有在其律师在场时才能作出此项表示，律师可以提出辩解意见。"[3]《法国刑事诉讼法》关于被审查讯问人享有沉默权和审查讯问时律师在场权的规定，昭示了法国已经确立不被强迫自证其罪的原则。

在德国，不被强迫自证其罪原则在德国文献中常以拉丁文的形式被引用（nemo tenetur se ipsum prodere），即"任何人没有义务把自己交出去"，但在德国的法律中没有明确表述此项原则。1973年德国批准联合国《公民权利和政治权利国际公约》并将其转变为国内法，该公约第14条第3款关于不被强迫自证其罪原则的规定在德国刑事诉讼程序中被适用。同时，德国联邦宪法法院宣称：刑事诉讼程序中拒绝积极合作的权利，是从《德国基本法》的第1条和第2条所保障的人的尊严和自由引申而来的，并且是法治国家概念的组成部分。[4]由此看来，不被强迫自证其罪原则是宪法性权利，在刑事司法程序中应当贯彻适用。从《德国刑事诉讼法》的规定来看，尽管没有不被强迫自证其罪原则的完整表述，但是规定了被指控人享有

---

[1] 加拿大《权利与自由宪章》第7条规定：每个人都有生存、人身自由和安全的权利，除非依据"基本正义的原则"，不得剥夺。（原文表述为"Everyone has the right to life, liberty and security of the person and the right not to be deprived thereof except in accordance with the principles of fundamental justice."）

[2] 孙长永："沉默权制度的基本内容研究"，载陈光中、江伟主编：《诉讼法论丛》（第4卷），法律出版社2000年版。

[3] 参见［法］贝尔纳·布洛克：《法国刑事诉讼法》（原书第21版），罗结珍译，中国政法大学出版社2009年版，第374页。

[4] BverfGE 38, 105; 56, 37. 全面的研究，见 Rogall, Der Beschuldigte als Beweisnuttel gegen sich selbst, 1977. 转引自［德］托马斯·魏根特：《德国刑事诉讼程序》，岳礼玲、温小洁译，中国政法大学出版社2004年版，第79页。

沉默权，亦是不被强迫自证其罪原则之精神体现。《德国刑事诉讼法》第 136 条第 1 款规定，"初次讯问被指控人时，要告知被指控人所被指控的行为和可能适用的处罚规定。告知被指控人依法享有就所指控的犯罪事实进行陈述或者不予陈述的权利，并有权在任何诉讼阶段，甚至包括在讯问之前，与由他自己选任的辩护律师商议"。该条款确立了讯问人员在初次讯问被指控人时应当履行的告知义务，即被指控人享有"对所有指控不予陈述"的权利，即被指控人的沉默权。除了侦查讯问程序，在法庭审判阶段被告人也享有沉默权。在法庭审判阶段，审判长在审查被告人的个人情况之后，应当告知其在接下来的庭审中法庭将就所控犯罪事实进行审问，被告人可以拒绝回答每个具体问题，法庭不得就这种拒绝回答作出不利于被告人的推论。[1]可见，《德国基本法》、判例和《德国刑事诉讼法》都体现了不被强迫自证其罪原则。

在日本，不被强迫自证其罪原则的确立也并非一蹴而就。1890 年的《明治刑事诉讼法》，一方面禁止以恐吓或者欺骗的方法获得口供，同时又规定了"讯问被告人"的程序；1922 年的《大正刑事诉讼法》，虽然规定必须给予被告人陈述有利事实的机会，但也没有明确规定不被强迫自证其罪原则。直到 1946 年，第二次世界大战后在美国法律的影响下，《日本宪法》才确立了不被强迫自证其罪原则。《日本宪法》第 38 条第 1 款规定："任何人均不被强制作出不利于本人的供述"，并进一步规定"以强迫、刑讯或威胁所取得的自白，又或经过非法的长期羁押或拘留之后的自白，均不得将其作为证据"。[2]同时，《日本刑事诉讼法》也贯彻了不被强迫自证其罪原则，规定"检察官、检察事务官或司法警察官，在侦查犯罪必要时，得要求犯罪嫌疑人到场接受调查……应事先告知犯罪嫌疑人，毋庸违反自己意思而陈述"，[3]在庭审中，"审判长……应告知被告人有权始终保持沉默，对于各种讯问有权拒绝陈述"。[4]

此外，荷兰[5]、意大利[6]、葡萄牙[7]等国的《刑事诉讼法》也有关于不

---

[1]《德国刑事诉讼法》第 243 条。

[2] 参见《日本宪法》第 38 条第 2 款。

[3] 参见《日本刑事诉讼法》第 198 条。

[4] 参见《日本刑事诉讼法》第 291 条。

[5]《荷兰刑事诉讼法》第 29 条规定，犯罪嫌疑人和被告人没有义务回答警察、检察官和法官的提问，警察在有合理的理由怀疑某个人有罪时，在讯问之前必须告知他"没有义务回答问题"；如果因为警察未能提出警告而使嫌疑人的权益受到损害，或者嫌疑人受到来自警方的任何不当压力，那么由此获得的口供不得作为证据使用。

[6]《意大利刑事诉讼法》第 64 条规定："在开始讯问前，除第 66 条第 1 款的规定外，还应当告知被讯问者，他有权不回答提问。"

[7]《葡萄牙刑事诉讼法》第 61 条也规定，被追诉者在刑事诉讼的任何阶段，都有权不回答有关指控他的犯罪事实或者对于这些事实的陈述内容的问题，关于受到指控的犯罪事实方面的提问，嫌疑人可以拒绝回答或者作虚假的回答，不得从其沉默中作出不利推论，也不得因其作虚假陈述而追究其刑事责任。

被强迫自证其罪原则的相关规定。

（三）我国台湾、澳门、香港地区

我国台湾地区的"刑事诉讼法"和澳门地区的刑事诉讼法以及香港地区的刑事程序法，均以规定沉默权的方式体现不被强迫自证其罪原则。我国台湾地区"刑事诉讼法"第95条第2款规定，讯问被告应先告知其"得保持缄默，无需违背自己之意思而为陈述"。据此，被指控人对于被指控的嫌疑，并无陈述之义务，而是享有陈述之自由，被告可以从对己最为有利的防御角度自行决定是否陈述。澳门地区《刑事诉讼法》第50条规定："除法律规定之例外情况外，嫌犯在诉讼程序中任何阶段内特别享有下列权利：……c）不回答由任何实体就对其归责之事实所提出之问题，以及就其所作、与该等事实有关之声明之内容所提出之问题……"，第324条规定"告知嫌犯无义务作出该等声明，且不会因沉默而受不利之后果"，第326条规定在法官发问关于事实问题时"嫌犯得自发或应辩护人之建议拒绝回答部分或全部问题，但不会因此而受不利之后果"。这一系列规定确立了不被强迫自证其罪原则。

我国香港特区实行普通法制度，没有一部完整的刑事诉讼法典。在香港特区的刑事程序法中，被告人没有义务提出证据来证明自己无罪，被告人有权保持沉默，如果被告人行使这一基本权利，法庭不能以此推断被告人有罪；在刑事诉讼过程中，被告人享有告知权，司法人员不得对被告人施以残酷的、不人道的或侮辱性的待遇或刑罚。[1]

从上述不被强迫自证其罪原则的起源及其在两大法系主要国家和地区的发展历程可以看出，该原则在英美法系国家多以宪法性原则予以规定，并通过判例在刑事司法领域进行具体确认。而在大陆法系国家，对不被强迫自证其罪原则的规定呈现出以成文法为核心的模式与特点，有些国家在法典中没有明确表述不被强迫自证其罪原则，但确立了沉默权、拒绝作证权等内容以体现这一原则，如法国、德国。也有以日本为代表的一些国家在宪法或者刑事诉讼法中明确规定了不被强迫自证其罪原则。我国香港地区、澳门地区和台湾地区对不被强迫自证其罪原则的确认方式分别与英美法系、大陆法系国家大体相同。可见，无论是在法律规范中明确表述还是以具体诉讼权利实质贯彻不被强迫自证其罪原则，都昭示着该原则已经成为国际通行的刑事司法原则和人权保障准则。

二、不被强迫自证其罪原则的法理基础

笔者认为不被强迫自证其罪原则的法理基础主要有以下几点：

第一，源于人道主义和自由主义精神。在现代社会，人在自由精神和权利观念的支配下确立了主体性格，注重恢复人性、维护人的尊严、保障人的权利、提高人

---

〔1〕　参见我国香港地区《证据条例》第10条，以及《查问疑犯及录取口供的规则及指示》的规定。

的自由度和恢复新的公平观。法律被认为是权利的保障力量，从人道主义观点看，公权力强迫被告承认犯罪，无异于强迫被告在自己头上戴枷锁，诚属过于残酷而不人道之行为。为尊重人的价值、天性，保障人格尊严和自由，有必要禁止公权力强迫一个人发表思想、良心、信仰、隐私等个人内心想法和个人情况的权利，在刑事诉讼中则表现为不被强迫自证其罪原则，这是强调尊重个人价值，实现人道主义和自由主义精神的必然结果。

第二，基于司法公正的根本要求。"司法公正，是司法的灵魂和生命线"[1]，包括实体公正（诉讼结果的公正）和程序公正（诉讼过程的公正）两个方面的内容。不被强迫自证其罪原则既是实体公正的保障又是程序公正的基本内容，是司法公正的根本要求。"一切有权力的人都容易滥用权力，这是万古不易的一条经验。有权力的人们使用权力一直到遇有界限的地方才休止。"[2]刑事程序公正的首要要求就是刑事司法主体严格遵守刑事诉讼法的规定，否则，国家权力就可能脱离法律的限定而出现滥用的情况[3]，其最低限度标准是保证无辜者不受定罪，然而，古今中外的司法实践表明，绝大部分刑事冤案错案都是由于刑讯逼供等严重的程序不公正所引起的，这严重影响了刑事司法的公正和司法的权威。更何况即使口供是真实的，也比被指控人的犯罪所造成的恶果更加严重，因为审讯者本身便违反了法律，破坏了法治原则。因此，只有以不被强迫自证其罪原则作为刑事司法原则和刑事证据法原则，规范刑事侦查讯问程序，遏制刑讯逼供等司法权力滥用的现象，才能实现司法公正，树立司法权威。

第三，是对抗制诉讼的基本要求。对抗制诉讼模式以当事人举证、当事人推动诉讼进程和实行变更原则为基本特征。对抗制庭审中注重发挥控辩双方的作用，刑事诉讼被视为政府与个人的争讼，两者遵循"武器平等"原则进行攻击与防御，其机理是通过控辩双方作用与反作用，达到制约政府权力、揭示案件事实真相的目的。现代刑事诉讼中，早期的私力救济形式已被公诉取代，诉讼两造中的一方是拥有雄厚物力、财力、人力、技术力量以及国家赋予强制力的国家专门机关（公安机关和检察机关），另一方则在通常情况下是处于被限制人身自由状态下的孤独的个人或者分别被隔离开来的小规模群体中的成员，双方在诉讼中的实际行为能力的力量对比悬殊。现代世界各国本着公正诉讼的理念，一方面对诉讼中国家专门机关的权限和行为方式加以严格限制和规范，防止滥权不轨；另一方面提高被追诉人的诉讼地位并赋予其相应的诉讼权利，平衡诉讼两造的诉讼能力，使他们形成作用与反作用的对抗，从而，通过此种诉讼机制起到保障公民的人身和财产权利不受来自国家权力非法侵害的作用。不被强迫自证其罪原则便是基于这一目的而设立的刑事

---

〔1〕 陈光中等：《中国司法制度的基础理论问题研究》，经济科学出版社 2010 年版，第 376 页。

〔2〕 ［法］孟德斯鸠：《论法的精神》（上册），张雁深译，商务印书馆 1961 年版，第 154 页。

〔3〕 陈光中等：《中国司法制度的基础理论问题研究》，经济科学出版社 2010 年版，第 402 页。

诉讼原则。

第四，与刑事证明责任原理相契合。在刑事诉讼中，证明责任分配原则是控诉方承担证明责任，即控诉方负有证明被追诉人有罪的责任。被追诉人在未经法院依法定程序判决有罪之前，应当被推定为无罪，其没有证明自己无罪的义务，也没有协助控诉方证明自己有罪的义务。"诉讼的起点由被告人无罪开始，证明的天平首先向有利被告人一侧倾斜，控方的责任是逐一搬出证明被告人有罪的砝码堆放在对被告人不利的一侧，直至天平完全向被告人有罪一侧倾斜达到法律要求的定罪标准。"〔1〕刑事证明责任原理即已禁止政府要求一个人非自愿地作为证人指控自己有罪或者提供自己有罪的证据，提出控告并承担证明责任乃是政府的责任，被指控人不能被强迫协助政府履行这一责任，即不被强迫自证其罪。

三、不被强迫自证其罪原则在中国的本土化问题

（一）确立的背景

我国修改后的《刑事诉讼法》第 50 条规定："审判人员、检察人员、侦查人员必须依照法定程序，收集能够证实犯罪嫌疑人、被告人有罪或者无罪、犯罪情节轻重的各种证据。严禁刑讯逼供和以威胁、引诱、欺骗以及其他非法方法收集证据，不得强迫任何人证实自己有罪。必须保证一切与案件有关或者了解案情的公民，有客观地充分地提供证据的条件，除特殊情况外，可以吸收他们协助调查。"其中新增加的"不得强迫任何人证实自己有罪"则是不被强迫自证其罪原则的中国化规定，这对中国刑事证据制度的发展具有重要的意义。

修改后的《刑事诉讼法》确立不被强迫自证其罪原则实乃社会发展和司法现状之必然选择。究其缘由，主要有三：其一，是联合国公约原则中国化的重要体现。不被强迫自证其罪原则是联合国《公民权利和政治权利国际公约》〔2〕等多项国际人权公约所确认的重要原则，具有普适性价值，以修改《刑事诉讼法》为契机确立该原则，有利于中国国内刑事立法与联合国公约顺利衔接。其二，是国家强化"尊重和保障人权"的要求。"尊重和保障人权"是当代国际社会普遍承认的价值和政治道德观念，是评判一个国家民主法治文明度的标杆，是刑事司法的基本原则和根本任务。在国家"尊重和保障人权"的要求之下，应当将不被强迫自证其罪这一人权保障的最低限度标准载入刑事诉讼立法。其三，是遏制刑讯逼供现象的必由之路，是完善中国刑事证据法的重要内容。刑讯逼供被称为刑事诉讼程序中三大痼疾之一，不仅对犯罪嫌疑人、被告人的人身权利和民主权利造成侵害，也导致了许多冤案错案的发生，破坏了司法公正和司法权威。为了遏制刑讯逼供现象，就需要对办案人员侦查讯问和调查取证活动加以规范，需要完善刑事证据立法，需要

---

〔1〕 ［加］阿兰·W. 麦威特：《外国刑事诉讼制度探微》，法律出版社 2000 年版，第 153~154 页。

〔2〕 中国政府已经于 1998 年签署了联合国《公民权利和政治权利国际公约》，正待批准通过。

确立不被强迫自证其罪原则为刑事证据法的基本原则。

（二）语义辨析

不被强迫自证其罪，又称不得自我归罪特权（the privilege against self-incrimination），《布莱克法律词典》对不被强迫自证其罪原则的定义是，"在刑事诉讼过程中被追诉人享有的宪法性权利；刑事被追诉人有权不被法官或者检察官讯问任何问题，除非他选择供述"，"根据该规则，无论是法官还是检察官，在任何诉讼阶段都无权质讯被指控人，除非他选择提供证据"〔1〕。联合国《公民权利和政治权利国际公约》第14条第3款规定："在判定对他提出任何刑事指控时，人人完全平等地有资格享受以下的最低限度的保证：……（庚）不被强迫作不利于他自己的证言或强迫承认犯罪。"（"In the determination of any criminal charge against him, everyone shall be entitled to the following minimum guarantees, in full equality：… (g) Not to be compelled to testify against himself or to confess guilt. "）可见，不得强迫自证其罪在联合国法律文本中的表述是："在判定对他提出任何刑事指控时，人人不被强迫作不利于他自己的证言或强迫承认犯罪。"

在修改后的《刑事诉讼法》中，"不得强迫任何人证实自己有罪"之表述，并非完全等同于上述联合国法律文本中的表述。具体有如下三点差别：其一，关于该原则适用对象的范围，联合国表述为"任何受刑事指控的人"；中国立法表述为"任何人"。可见，在中国立法中该原则适用对象的范围更为广泛，既包括犯罪嫌疑人、被告人，也包括证人、被害人、鉴定人等其他诉讼参与人，更有利于人权保障。其二，关于拒绝作证范围，联合国表述为"不利"证据（包括不利于自己的证言和认罪），中国立法表述中不是"不利"，而只限于"有罪"证据。从这一点来说，中国立法规定不得强迫作证的范围相对窄些，这出于适应中国基本国情、符合目前打击犯罪的需要。但从社会发展和法律完善的趋势来看，中国不被强迫自证其罪原则的立法在未来应当将拒绝作证的范围扩展为"不利"证据。其三，在证明活动的表述上也存在差异，联合国表述为"作证或供认"（testify or confess），而中国立法表述为"证实"。作证或供认近乎于证明（prove），"证明"是"用可靠的

---

〔1〕《布莱克法律词典》关于"Privilege against self-incrimination"的解释："1. Right Against Self-incrimination. 2. A criminal defendant's right not to be asked any questions by the judge or prosecution unless the defendant chooses to testify. Also termed right not to be questioned. 'According to the rule, neither the Judge nor the prosecution is entitled at any stage to question the accused unless he chooses to give evidence…. This rule may be called the accused's right not to be questioned; in America it is termed the privilege against self-incrimination… The person charged with crime has not merely the liberty to refuse to answer a question incriminating himself; he is freed even from the embarrassment of being asked the question. ' Glanville Williams, The Proof of Guilt 37~38 (3d ed. 1963)."见《布莱克法律词典》，West Publishing Co. 2009年第9版，第1319页。

材料来表明或断定人或事物的真实性"〔1〕，是证明一种存在的可能性，强调"证的过程"；而"证实"是"证明达到确实"，强调"证的结果"。从不被强迫自证其罪原则的表述演进来看，该原则经历了从英文表述到中文表述为一个"证"字，进而又演变为"不得强迫任何人证实自己有罪"的"证实"。笔者认为，"证实"之表述并不恰当，是对不被强迫自证其罪原则的误读，易造成该原则适用上的混乱。例如，被追诉人被强迫作出证明自己有罪的供述，该供述显然不可能已被"证实"，但是，该强迫行为亦应被不被强迫自证其罪原则所禁止。所以，中国立法表述将"证实"改为"证明"更为准确。

（三）"不得强迫任何人证实自己有罪"与沉默权

中国刑事诉讼程序在适用"不得强迫任何人证实自己有罪"时，应当首先厘清"不得强迫任何人证实自己有罪"与沉默权的关系。按照国际通例，不被强迫自证其罪原则包含如下具体要求：其一，被追诉人享有保持沉默的权利，有权拒绝回答对自己不利的问题或提供证明自己有罪的证据，不得以暴力、胁迫等方法强行违背被追诉人自由意志获取有罪供述和其他证据，也无供述义务；其二，证明被追诉人有罪的责任由公诉机关承担；其三，不被强迫自证其罪的被追诉人不会因沉默、拒绝提供陈述和其他证据而遭受惩罚或者法律上的不利后果；其四，被追诉人有权就案件事实作出陈述且陈述应出于其自愿，自愿陈述是被追诉人的一项权利，而非自愿的陈述应作为非法证据予以排除，不能作为定案根据。

沉默权（Right to Silence），是指被追诉人在接受警察讯问或出庭受审时，有保持沉默而拒不回答的权利。根据美国学者的解释，沉默权包括以下三项特定含义：一是被追诉人没有义务向追诉一方或法庭提供任何可能使自己陷入不利境地的陈述或其他证据，追诉一方不得采取任何非人道或有损被追诉人人格尊严的方法强迫其就某一案件事实作出供述或提供证据；二是被追诉人有权拒绝回答追诉官员的讯问，有权在讯问中始终保持沉默，司法警察、检察官、法官应及时告知被追诉人享有这一权利，并不得因被追诉人行使这一权利而作出对其不利的推论；三是被追诉人有权就案件事实作出有利或不利于自己的陈述，但是这种陈述必须是在意识到自己行为后果的情况下作出的出于其真实意愿的陈述，法庭不得将被追诉人非出于自愿而是迫于外部强制或压力所作出的陈述作为定案的根据。〔2〕通过本文前面对不被强迫自证其罪原则在两大法系发展的考察，我们已经知道，许多国家既确立了不被强迫自证其罪原则，同时又规定了被追诉人享有沉默权；另外一些国家没有明确规定不被强迫自证其罪原则，但规定了"沉默权"或"拒绝作证权"，以此贯彻不

〔1〕 中国社会科学院语言研究所词典编辑室编：《现代汉语词典》（第五版），商务印书馆2005年版，第1741页。

〔2〕 Christopher Osakwe, *the Bill of Rights for the Criminal Defendant in American Law*, *in Human Rights and in Criminal Procedure*, 1982, by Martinus Nijoff Publishers, pp. 274~275.

被强迫自证其罪这一国际刑事司法原则。

那么，在中国，是否规定了"不得强迫任何人证实自己有罪"就意味着确立了沉默权呢？对此，学者和实务部门存有"肯定说""否定说""默示沉默权说"〔1〕等多种主张。笔者认为，修改后的《刑事诉讼法》既没有规定明示沉默权，也没有规定默示沉默权，而是采取了把"不得强迫任何人证实自己有罪"与沉默权相分离的做法。

修改后的《刑事诉讼法》在确立"不得强迫任何人证实自己有罪"原则的同时，在第108条规定了"犯罪嫌疑人对侦查人员的提问，应当如实回答"，两者在同一法律中并存引来社会各界颇多争议和不同见解。有人认为，"在规定'不得强迫任何人证实自己有罪'的同时，保留'应当如实回答'的规定，反映出此次修法在打击与保护、现代与传统间的折中与摇摆"。〔2〕立法部门有关负责人认为，"不得强迫任何人证实自己有罪，这是我们刑事诉讼法一贯坚持的精神"，"如实回答是从另外一个层面，从另外一个角度规定"，与"不得强迫任何人证实自己有罪"并不矛盾。〔3〕

应当指出，"坦白从宽"一贯是中国刑事司法的基本政策，具有悠久的历史传统，为了及时侦破案件，惩处犯罪，司法实践中鼓励犯罪嫌疑人、被告人供述。世界上许多国家在规定不被强迫自证其罪原则的同时，某些情况下也通过一些措施鼓励被追诉人认罪和供述，如英国的减刑措施和美国的辩诉交易制度等。中国2011年通过的《刑法修正案（八）》增加规定："犯罪嫌疑人虽不具有前两款规定的自首情节，但是如实供述自己罪行的，可以从轻处罚；因其如实供述自己罪行，避免特别严重后果发生的，可以减轻处罚。"修改后的《刑事诉讼法》第118条第2款也增加规定："侦查人员在讯问犯罪嫌疑人的时候，应当告知犯罪嫌疑人如实供述自己罪行可以从宽处理的法律规定"，这是非常必要和正确的。

但笔者认为，"不得强迫任何人证实自己有罪"与"应当如实回答"是存在一定矛盾的。"应当如实回答"要求犯罪嫌疑人、被告人在被讯问时不仅应当"回答"，而且应当"如实回答"，该义务作为办案人员的办案武器，对犯罪嫌疑人、被告人产生了一定压力，虽未达到"强迫"的程度，然而有违背不被强迫自证其罪原则之嫌，而当代法治国家只确认有"沉默权"，而没有类似这种规定。从中国民主法治的发展趋势来看，删除"应当如实回答"之规定是必然趋势。

（四）"不得强迫任何人证实自己有罪"与非法证据排除规则

确立一项原则，就要同时确立违反该原则的救济途径，才能保障原则的遵守和

---

〔1〕 参见何家弘："中国已确立沉默权制度"，载《人民法院报》2012年8月1日。

〔2〕 参见 http://tech. ifeng. com/it/detail_ 2011_ 09/01/8842604_ 0. shtml，最后访问时间：2012年10月13日。

〔3〕 郎胜："'不得强迫任何人证实自己有罪'与'应当如实回答'不矛盾"，载人民网，http:// legal. people. com. cn/GB/17332533. html，最后访问时间：2012年10月13日。

权利的实现。对不被强迫自证其罪原则最有力的保障就是确立非法证据排除规则，将违反该原则所收集的证据加以排除。修改后的《刑事诉讼法》在规定"不得强迫任何人证实自己有罪"的同时，增加了非法证据排除规则的规定，即第 54 条规定："采用刑讯逼供等非法方法收集的犯罪嫌疑人、被告人供述和采用暴力、威胁等非法方法收集的证人证言、被害人陈述，应当予以排除。收集物证、书证不符合法定程序，可能严重影响司法公正的，应当予以补正或者作出合理解释；不能补正或者作出合理解释的，对该证据应当予以排除。"〔1〕同时，进一步规定了人民法院、人民检察院和公安机关都有排除非法证据的义务，以及法庭审理过程中对非法证据排除的调查程序。〔2〕然而，对于"非法证据"和"排除"范围的限定是司法实践需要研究和解决的又一个疑难问题。

笔者认为，"非法证据"和"排除"范围的限定与"不得强迫任何人证实自己有罪"原则之"强迫"一词的界定是直接相关联的。不被强迫自证其罪并不意味着反对一个人自证其罪，其重点在于"强迫"二字，如果犯罪嫌疑人、被告人的陈述是自愿作出的，则该言词证据是可以被采用的。因此，是否具有"强迫"行为是衡量言词证据是否可以作为裁判依据的标准。关于如何界定"强迫自证其罪"，目前并没有统一精确的表述。"强迫"（compel），在《布莱克法律词典》第六版中被解释为采取"暴力、恐惧、恐怖、引诱、欺骗或其他身体上或心理上的威胁；赤裸裸的或微妙的；强迫的特点是存在某种产生非自愿反应的措施"。〔3〕有学者认为，"强迫自证其罪"是指使用各种直接或间接的身体或心理压力的形式，包括刑讯逼供、敲诈、威胁以及以强加司法制裁等方式，迫使被追诉人招供。〔4〕《公民权利和政治权利国际公约》第 7 条规定："任何人均不得加以酷刑或施以残忍、不人道或侮辱性的待遇或惩罚，特别是对任何人均不得未经其自由同意而施以医药或科学实验。"〔5〕《公民权利和政治权利国际公约》第 10 条第 1 款规定："所有被剥

〔1〕 参见 2012 年《刑事诉讼法》第 54 条第 1 款的规定。

〔2〕 参见 2012 年《刑事诉讼法》第 54 条第 2 款的规定。

〔3〕 《布莱克法律词典》关于 compel 的解释是："To urge forcefully; under extreme pressure. Word 'compel' as used in constitutional right to be free from being compelled in a criminal case to be a witness against one's self means to be subjected to some coercion, fear, terror, inducement, trickery or threat–either physically or psychologically; blatantly or subtly; the hallmark of compulsion is the presence of some operative force producing an involuntary response. U. S. v. Escandar, C. A. Fla. , 465 F. 2d 438, 442. " 见《布莱克法律词典》，West Publishing Co. 1990 年第 6 版，第 282 页。

〔4〕 杨宇冠："论不强迫自证其罪原则"，载《中国法学》2003 年第 1 期。

〔5〕 《公民权利和政治权利国际公约》第 7 条英文表述："No one shall be subjected to torture or to cruel, inhuman or degrading treatment or punishment. In particular, no one shall be subjected without his free consent to medical or scientific experimentation. "

夺自由的人应给予人道及尊重其固有的人格尊严的待遇。"[1]据此，有学者将强迫自证其罪的方式总结为："酷刑；其他残忍、不人道或侮辱性的待遇或惩罚；医药或科学实验；其他强迫自证其罪的方式。"[2]陈光中教授主编的《〈中华人民共和国刑事诉讼法〉再修改专家建议稿与论证》第 77 条更加详细地列举了强迫的方式，即"禁止以下列方法收集犯罪嫌疑人、被告人供述，被害人陈述和证人证言：（一）刑讯或其他使人在肉体上剧烈疼痛的方法；（二）威胁、诱骗；（三）使人疲劳、饥渴；（四）服用药物、催眠；（五）其他残忍、不人道或有辱人格的方法。以上述非法方法收集的证据不得作为本案提起公诉、判决有罪的证据。"[3]按照中国 2012 年《刑事诉讼法》的规定，"非法言词证据"是指第 50 条所规定的违反"任何人不被强迫证实自己有罪"而采用"刑讯逼供和以威胁、引诱、欺骗以及其他非法方法"所收集的言词证据，而根据第 53 条关于非法证据排除规则的规定，所排除的"非法言词证据"是指"采用刑讯逼供等非法方法收集的犯罪嫌疑人、被告人供述和采用暴力、威胁等非法方法收集的证人证言、被害人陈述"，可见言词证据的非法范围与排除范围是有差异的，后者略窄于前者。例如，"引诱""欺骗"属于被禁止的非法收集言词证据的方法，但是以"引诱""欺骗"方法收集的言词证据是否应当排除，立法上没有加以明确，司法实践中可能不予以排除。

"探究是为了找寻一个普适性的原则，不论其植根于历史还是哲学，不论其植根于对实然的研究，还是对应然的纯理论努力。"[4]不被强迫自证其罪原则在中国刑事立法中得以确立，有利于遏制刑讯逼供现象，使刑事案件证据的调查和收集更加准确和科学，不仅完善了刑事证据制度，也昭示了国家"尊重和保障人权"的重大进步，为维护人权和司法公正提供了有力保障。

---

[1] 联合国《公民权利和政治权利国际公约》第 10 条第 1 款的英文表述："All persons deprived of their liberty shall be treated with humanity and with respect for the inherent dignity of the human person."

[2] 杨宇冠："论不强迫自证其罪原则"，载《中国法学》2003 年第 1 期。

[3] 陈光中主编：《〈中华人民共和国刑事诉讼法〉再修改专家建议稿与论证》，中国法制出版社 2006 年版，第 331~332 页。

[4] [美] 本杰明·N. 卡多佐：《法律的成长：法律科学的悖论》，董炯、彭冰译，中国法制出版社 2002 年版，第 158~159 页。

论无罪推定原则及其在中国的适用[1]

　　无罪推定（Presumption of Innocence）是现代法治国家的一项重要刑事司法原则，被称为刑事法治领域的一颗王冠明珠。我国 2012 年《刑事诉讼法》虽然吸收了无罪推定原则的基本精神，但对该原则没有明确加以规定。对于无罪推定原则，无论理论上还是实践上都存在较多争议，有待深入研究，本文仅就以下几个问题进行探讨。

一、无罪推定原则的起源与发展

　　欲探究无罪推定的真谛必须以对其历史发展的考察作为起点。无罪推定原则的起源可追溯至古代罗马法的"有疑，为被告人的利益"和"一切主张在未证明前推定其不成立"这两项著名原则。在 8 世纪，法兰克法律也有体现无罪推定原则的表述：并非起诉本身，而是有罪判决使之成为真正的罪犯。[2] 1764 年，贝卡里亚在其不朽的著作《论犯罪与刑罚》中写道："在法官判决之前，一个人是不能被称为罪犯的。只要还不能断定他已经侵犯了给予他公共保护的契约，社会就不能取消对他的公共保护。"[3]贝氏这一思想的提出，是在"天赋人权""自由平等"等近代启蒙思想的引导下，向中世纪纠问式诉讼制度盛行的有罪推定原则提出的挑战，反映了新兴市民阶级废除封建专横司法制度的时代要求，体现了刑事司法走向民主法治的发展方向。

　　无罪推定原则被纳入立法，最早是法国《人权宣言》。1789 年法国《人权宣言》第 9 条规定："任何人在宣判有罪之前应当视为无罪。"[4]在美国，1895 年联

---

　　〔1〕　原载《法学杂志》2013 年第 10 期，与张佳华、肖沛权合著。

　　〔2〕　See Richard M. Fraher，"'Ut nullus describatur reus prius quam convincatur'：Presumption of innocence in medieaval Canon law?"，Proceedings of the Sixth International Congress of Medieval Canon Law，Berkeley，California，28 July-2 August1980，at 493（1985）[cited in Francois Quintard-Morénas，The Presumption of Inocence in the French and Anglo-American Legal Traditions，58 Am. J. Comp. L. 107，113-14（2010）].

　　〔3〕　[意] 贝卡里亚：《论犯罪与刑罚》，黄风译，中国法制出版社 2005 年版，第 37 页。

　　〔4〕　法国《人权宣言》第 9 条法文原文为 "Article 9-Tout homme etant presume innocent jusqu'a ce qu'il ait ete declarecoupable，s'il est juge indispensable de l'arreter，toute rigueur qui ne serait pas necessaire pour s'assurer de sa personne doit etreseverement reprimee par la loi."

邦最高法院通过案例明确宣布了在刑事司法中实行无罪推定的原则，该判例写道："一项指控不应被宣判有罪，除非有排除合理怀疑的证据证明有罪，……无罪推定，是在刑事审判时，如果被告人不能被证明有罪，按照法律作出有利于公民的结论。"〔1〕

第二次世界大战以后，在联合国及其所属组织的推动下，无罪推定被载入国际人权公约，成为一项重要的国际刑事司法准则。1948 年 12 月 10 日，联合国大会通过的《世界人权宣言》第 11 条第 1 款规定："凡受刑事控告者，在未经依法公开审判证实有罪前，应视为无罪，审判时必须予以行使辩护权所需之一切保障。"〔2〕1966 年通过并于 1976 年生效的联合国《公民权利和政治权利国际公约》第 14 条第 2 款规定："凡受刑事控告者，在未依法证实有罪之前，应有权被视为无罪。"〔3〕

随着人权保障理念的不断发展，无罪推定原则不仅在美、英、法、加等西方法治发达国家得以确立，也成为亚、非、拉诸多国家和地区的一项重要的宪法性原则。考察各国宪法规定，可以发现，无罪推定原则在各国宪法条文的具体表述上主要采纳与联合国公约相一致的表达方式，明确规定任何人凡在未依法证实有罪之前，应有权被推定为无罪。如英国 1998 年颁布的《人权法》附表 1 第 6 条关于"接受公平审判的权利"规定："二、被控告刑事犯罪的每个人均应被假定无罪，直到依据法律证明其为有罪。"〔4〕1982 年《加拿大宪法》第 11 条关于"刑事与刑罚程序"第（四）项规定："任何被指控为犯罪的人有权：……在由一个独立的、公正的法庭举行公平和公开的审判，并按照法律证明其有罪之前，应推定其为无罪。"《葡萄牙共和国宪法》第 32 条第 2 款规定："任何被告人在证明其有罪以前应被推定为无罪。"《大韩民国宪法》第 27 条规定："……（4）刑事被告人在被判为有罪之前，应推定为无罪。"《俄罗斯联邦宪法》第 49 条第 1 款规定："每个被指控犯罪的人，在其罪行未经联邦法律规定的程序所证实，未被法院作出的已经发生法律效力的判决确认之前，均被视为无罪。"1982 年《土耳其共和国宪法》第 38 条规定："任何人在法院证明其有罪前推定无罪。"当然，也有个别国家采取区别于联

〔1〕 在 *Coffin v. U. S.* 一案的判决中，涉及无罪推定的原文表述为 "A charge that there cannot be a conviction unless the proof shows guilt beyond a reasonable doubt does not so entirely embody the statement of presumption of innocence as to justify the court in refusing, when requested, to instruct the jury concerning such presumption, which is a conclusion drawn by the law in favor of the citizen by virtue whereof, when brought to trial upon a criminal charge, he must be acquitted unless he is proven to be guilty." 参见 *Coffin v. U. S.*, 156 U. S. 432 (1895).

〔2〕《世界人权宣言》第 11 条第 1 款（英文版）："Everyone charged with a penal offence has the right to be presumed innocent until proved guilty according to law in a public trial at which he has had all the guarantees necessary for his defence."

〔3〕《公民权利和政治权利国际公约》第 14 条第 2 款（英文版）："Everyone charged with a criminal offence shall have the right to be presumed innocent until proved guilty according to law."

〔4〕 本文所引用的现行宪法条文均出自《世界各国宪法》，中国检察出版社 2012 年版。

合国公约表述的模式。如《意大利共和国宪法》第 27 条第 2 款规定："在终局性判决作出之前，被告不得被认为有罪。"

颇堪玩味的是，虽然无罪推定原则作为刑事司法的一项重要原则在世界各国均得到普遍承认，并被写入各国宪法，但是该原则并没有同时规定于各国的刑事诉讼法中，相反，从各国立法来看，无罪推定原则写入刑事诉讼法典的时间通常晚于宪法规定。以法国为例，法国早在 1789 年的宪法性法律文件《人权宣言》第 9 条即规定了无罪推定原则（条文内容见上文），但法国 1808 年制定的世界上第一部刑事诉讼法典却没有规定无罪推定原则，直到 2000 年该原则才被正式写入刑事诉讼法典的序言，即序言第 3 项规定："每个犯罪嫌疑人或被告人在其被确定为有罪之前均推定为无罪。禁止侵犯其无罪推定的权利，否则，依据法律应当予以赔偿并处罚。"又如，俄罗斯早在 1993 年生效的《俄罗斯联邦宪法》中明确规定无罪推定原则（条文内容见上文），但该原则进入刑事诉讼法典则是 8 年后的事情。俄罗斯于 2001 年 11 月通过新的《俄罗斯联邦刑事诉讼法典》，在第 14 条规定了与宪法相同的无罪推定原则及其相关内容，即 "1. 刑事被告人在未依照本法典规定的程序被证明有罪并由已经发生法律效力的刑事判决确定其有罪以前，应被认为无罪。2. 被告人没有证实自己无罪的义务。3. 难以排除对一个人的有罪怀疑，则应当作出对被告人有利的解释"。其他一些大陆法系国家和地区也逐渐把无罪推定原则写入刑事诉讼法典，开启了无罪推定原则的刑事诉讼法典化时代，如我国台湾地区"刑事诉讼法"第 154 条规定："被告未经审判证明有罪确定前，推定其为无罪。"

二、无罪推定原则的内涵与意义

（一）无罪推定原则的内涵

关于无罪推定原则内涵的认识，两大法系的观点不尽相同。英美法系一般认为无罪推定原则仅为一项证据规则，用以分配证明责任，即被告人有罪的事实需要由控方举证加以证明，而被告人无罪的事实不需要加以证明；只要控方没有证据证明被告人有罪或者证明被告人有罪的证据不充分，就应推定被告人无罪。这种观点的代表性学者有塞耶和威格摩尔。塞耶在《论刑事案件中的无罪推定》一文中明确指出，无罪推定除了将证明责任分配给控方以外，并没有其他更多意义。[1]而大陆法系国家则认为，无罪推定原则既包括证明责任分配意义上的内涵，也是正当程序的构成要素，是保护犯罪嫌疑人、被告人自由的壁垒。[2]法国正是持这种观点

---

〔1〕 James Bradley Thayer, "The Presumption of Innocence in Criminal Cases", *6 Yale L. J. 185*, 186 (1897).

〔2〕 Francois Quintard-Morénas, "The Presumption of Innocence in the French and Anglo-American Legal Traditions 58Am", *J. Comp. L. 107*, 125-33 (2010).

的典型国家。[1]

尽管两大法系在无罪推定原则的内涵上有不同的理解，但是两大法系对认定犯罪的证明责任由代表国家的控方承担是一致认可的，这是无罪推定原则的应有之义。控方只能通过确实充分的证据来推翻无罪之推定，从而实现追究犯罪的目的。有学者指出："当面对刑事指控的被告人应当被推定无罪时，它的真实内涵是控方应当承担证明被告人有罪的责任。"[2]作为无罪推定的基本内容之一，"证明被告人有罪的责任由控诉一方承担"意味着"诉讼的起点由被告人无罪开始，证明的天平首先向有利被告人一侧倾斜，控方的责任是逐一搬出证明被告人有罪的砝码堆放在对被告人不利的一侧，直至天平完全向被告人有罪一侧倾斜达到法律要求的定罪标准。"[3]

需要指出的是，联合国人权组织认为，证明责任分配只是无罪推定原则的基本内容之一，并非无罪推定原则之全部内容。联合国人权事务委员会在 2007 年通过的第 32 号一般性规定就明确规定："无罪推定是保护人权的基本要素，要求检方提供控诉的证据，保证在排除所有合理怀疑证实有罪之前，应被视为无罪，确保对被告适用无罪推定原则，并要求根据这一原则对待受刑事罪行指控者。所有公共当局均有责任不对审判结果作出预断，如不得发表公开声明指称被告有罪。"[4]根据联合国人权事务委员会的上述规定，结合法国、俄罗斯等国关于无罪推定原则的具体规定，可以看出无罪推定原则除了具有证明责任分配的内容以外，还具有以下三项基本内容。

第一，达到排除合理怀疑的证明标准。无罪推定原则要求"有罪证明"应当达到法律规定的证明标准，如果不能达到法定的证明标准，不能确定任何人有罪。根据联合国的相关文件，这一法定的证明标准就是"排除合理怀疑"（beyond a reasonable doubt）。所谓排除合理怀疑，是指要求事实裁判者对被告人有罪不存在任何符合常理的怀疑，即有一种坚定的信念（abiding conviction）。按照这一要求，对被告人作出有罪判决必须建立在确凿、充分的证据基础之上，在有罪证明未能"排除合理怀疑"的情况下，不得认定被告人有罪。其实，根据联合国相关文件的表述，无罪推定对有罪的证明，质言之，就是要"证实"。"排除合理怀疑""内心

---

〔1〕　See, e. g., Jean-Francois Chassaing, Jalons pour une histoire de la presumption d'innocence, in Juger les juges: DuMoyen Age au Conseil superieur de la magistrature 232（2000）, cited in Francois Quintard-Morénas, The Presumption of Innocence in the French and Anglo-American Legal Traditions, 58 *Am. J. Comp. L.* 107, 125（2010）.

〔2〕　Glanville Williams, *The Proof of Guilt: A Study of the English Criminal Trial*, 2d ed., Stevens & Sons, 152（1958）.

〔3〕　[加] 阿兰·W. 麦威特：《外国刑事诉讼制度探微》，法律出版社 2000 年版，第 153~154 页。

〔4〕　参见《联合国人权事务委员会第 13 号一般性意见》第 14 条，载 http://www1.umn.edu/humanrts/chinese/CHgen-comm / CHhrcom13.htm，最后访问时间：2013 年 6 月 5 日。

确信"只是证实的具体表述而已。

第二，被刑事指控者被证实有罪之前应被"推定"无罪。这是无罪推定原则的关键内容。所谓推定，即"根据已知的或已证的某个事实或一组事实，得出一个事实存在的法律推理或假设"。[1]"大多数推定作为证据规则，在某个案件中用以得出确定的结论，除非反对的一方提出其他证据推翻该结论。推定将举证责任或者说服责任转移给反对的一方，然后由他来设法推翻该推定。"[2]由此可以看出，受刑事指控者被推定无罪并不意味着其在实际上无罪，而只是在刑事诉讼过程中使其处于无罪的地位，要求控方通过提供证据等推翻该推定。

第三，存疑案件的处理应有利于被指控人。在无罪推定原则的要求下，存疑有利于被指控人包含两层意思：一是案件在有罪无罪存疑时，应当作出无罪判决，亦即"疑罪从无"。具体而言，如果控方提出的证据不足以排除合理怀疑地认定被告人有罪时，应当作无罪处理。二是在案件定罪确定的前提下，罪重罪轻存疑时，应当作出罪轻判决，此即"罪重罪轻存疑时从轻"。具体而言，如果控方提出的证据确定足以认定被告人有罪，但是无法确定罪重罪轻时，应当作出罪轻判决。总而言之，"疑罪从无""罪重罪轻存疑时从轻"是现代法治理念中无罪推定所应当包含的基本内容。

（二）无罪推定原则的意义

无罪推定原则是现代民主法治下刑事诉讼的基础性原则，其重大意义有以下几个方面。

第一，无罪推定原则赋予被追诉人刑事诉讼的主体地位，是现代国家司法程序法治文明的首要标志。在封建专制时期，刑事诉讼奉行"有罪推定"，被追诉人只是受拷问、被追究的客体，不是刑事诉讼活动的主体，被追诉人在法庭审理过程中不享有与控诉一方对等的诉讼地位，无平等对抗之可能。无罪推定原则赋予了被追诉人在刑事诉讼中的主体地位，被追诉人在被判为有罪之前被推定为无罪，只有这样才能充分实现控辩平等对抗，法院居中判定案件事实，实现刑事诉讼的价值和具体任务。

第二，确立无罪推定原则，有利于保障被追诉人的诉讼权利。犯罪是对社会秩序的破坏，既侵犯了国家和社会利益，也使公民的权益受到直接的严重侵犯，因此，国家就必须对犯罪进行追究和惩罚。在追究、惩罚犯罪的过程中，国家专门机

---

〔1〕"presumption"的词条解释为"A legal inference or assumption that a fact exists, based on the known or proven existence of some other fact or group of facts."参见《布莱克法律词典》，2009 年第 9 版，第 1304 页。

〔2〕"Most presumptions are rules of evidence calling for a certain result in a given case unless the adversely affected party overcomes it with other evidence. A presumption shifts the burden of productionor persuasion to the opposing party, who can then attempt to overcome the presumption."参见《布莱克法律词典》，2009 年第 9 版，第 1304 页。（大多数推定是在特定案件中用以得出某个结论的证据规则，除非对方用其他证据推翻了该推定。推定将举证责任或者说服责任转移给对方承担，由对方尝试推翻该推定。）

关容易出现主观臆断、有罪推定、超越权力乃至滥用权力的现象。如在侦查过程中为获得认罪口供而进行刑讯逼供等，这严重侵犯了被追诉人的诉讼权利，并有错捕错判、损害司法公正之虞。确立无罪推定原则，要求在刑事诉讼过程中应以无罪的地位来对待被追诉人，并为其提供一系列的程序性保障措施，如赋予其不被强迫自证其罪权，充分的辩护权、申诉权以及获得公正审判等诉讼权利，这显然有利于被追诉人的人权保障，使刑事司法程序民主化、正当化。

第三，从方法论意义上讲，无罪推定原则开启了法治思维的典范。法治思维是人们特别是执法司法人员按照法律的原理和规律来思考、分析和解决社会矛盾和司法纠纷的思考模式，体现了法律特质和适用法律的规律。众所周知，刑事诉讼是国家追究犯罪、打击犯罪的过程。既追究犯罪，又推定被追诉人无罪，二者从普通思维或从认识论上来说是存在矛盾的。试想：一个公民被立案、侦查，进而被拘捕、起诉，通常是基于所收集的证据对其产生重大怀疑，无罪推定却视其为无罪，而且在罪疑的情况下，不是"实事求是"地作出疑罪判决，而是作出无罪判决。这种处理方式说明无罪推定是典型的法治思维方法。推定本身只有在法治思维下才能产生，无罪推定只不过是一种先假定、再证明的法治思维方法，这种思维方法要求先假定被追诉人无罪，然后通过收集证据并根据证据断定案件事实，这显然与一般思维逻辑不同，较之通常对待问题、解决问题的方式有独特之处。

三、无罪推定原则在我国刑事诉讼中的曲折发展

无罪推定已经成为衡量刑事诉讼制度民主和文明的一项重要标准，遵循这一原则已经成为现代法治国家的理性选择。在我国，伴随着刑事诉讼立法和司法改革的曲折发展，对无罪推定原则的确立问题却一直争论不休。至今，我国的《宪法》和《刑事诉讼法》尚未确立无罪推定原则，但是，该原则的精神在刑事司法中逐步得以彰显和加强。

（一）无罪推定原则在新中国的发展历程

无罪推定原则在新中国的发展过程可以分为四个阶段：

第一阶段是 20 世纪 50 年代《刑事诉讼法》的草拟阶段。1954 年，我国第一部《宪法》经第一届全国人民代表大会第一次会议全票通过，[1]标志着我国进入社会主义社会法制建设的启动阶段。1956 年，中国共产党第八次全国代表大会在京召开，会议明确提出"要逐步系统地制定完备的法律，健全社会主义法制"。董必武在中共八大的发言中也强调了健全社会主义法制的重要性，他指出："工人阶级领导的国家必须建立健全的法制，才能更有效地发挥国家的职能和保障人民的权利。"[2]在"五四宪法"和中共八大社会主义法制建设的背景下，理论界基本上肯

---

〔1〕 因我国第一部宪法在 1954 年颁布，故被称为"五四宪法"。

〔2〕 参见"中国共产党第八次全国代表大会"，载 http：//www.chinamil.com.cn/item/new16 /txt/qgdbdh/08.htm，最后访问时间：2013 年 7 月 6 日。

定无罪推定原则。1957 年草拟的《中华人民共和国刑事诉讼法（草案）》第 5 条规定："被告人在有罪判决发生法律效力以前，应当假定为无罪的人。"这是新中国迄今在立法草案中明确规定无罪推定原则的惟一草案。但可惜只是昙花一现，其后进行的整风"反右"运动将该原则定性为"资产阶级反动原则"而进行批判并将其废弃。

第二阶段是 1979 年《刑事诉讼法》颁布实施时期。当时在"解放思想、实事求是"方针的指导下，我国学者纷纷对如何对待无罪推定原则进行反思和探讨，但是，由于观念上存在分歧而未能被刑事诉讼立法采纳。

第三阶段是 1996 年第一次修正《刑事诉讼法》前后。在这段时期，学术界就是否应该吸收无罪推定原则进行了激烈的讨论，大多数学者对无罪推定原则持肯定态度。最终在 1996 年《刑事诉讼法》第 12 条中规定："未经人民法院依法判决，对任何人都不得确定有罪。"[1]

第四阶段是第二次修正《刑事诉讼法》过程中的讨论。随着经济、社会的发展及人权和法治观念的提升，学者对无罪推定原则立法化的呼声越来越高，[2]在 2012 年修正的《刑事诉讼法》中，无罪推定原则的精神得到进一步贯彻和彰显，但是，仍然没有正式确立无罪推定原则。

（二）无罪推定原则精神的彰显与进一步完善

无罪推定原则之精神在修改后的《刑事诉讼法》中得到了彰显，但仍未真正到位，有待进一步完善。对此主要有以下几个方面：

第一，修改后的《刑事诉讼法》第 12 条继续保留原规定的问题。原法"未经人民法院依法判决，对任何人都不得确定有罪"的规定，尽管体现了无罪推定原则的基本精神，但并非是国际惯用的无罪推定原则的规范表述。从国际惯用之无罪推定原则的表述来看，强调的是被指控人在刑事诉讼过程中所处于的被推定为无罪的地位，因此，无罪推定原则要求在刑事诉讼中赋予被指控人推定无罪所应享有的诉讼权利；而我国《刑事诉讼法》第 12 条之规定所强调的是人民法院的定罪权，即强调只有法院有权对被告人进行定罪，侧重点并不在于强调被指控人在刑事诉讼中的境遇问题。这种侧重点的差异，表明了我国只是吸收了无罪推定的核心内容，

---

〔1〕 对该法条，我国学者将其称为"无罪推定原则""近似无罪推定原则"或者无罪推定原则精神的集中体现。

〔2〕 陈光中教授主持的《〈中华人民共和国刑事诉讼法〉再修改专家建议稿与论证》第 10 条规定了两款内容，其中第 1 款规定："在人民法院依法作出生效裁判确定有罪以前，任何人应当被推定为无罪。"第 2 款规定："不能认定犯罪嫌疑人、被告人有罪或无罪的，按无罪处理；不能认定犯罪嫌疑人、被告人罪重或罪轻的，按罪轻处理。"参见陈光中主编：《〈中华人民共和国刑事诉讼法〉再修改专家建议稿与论证》，中国法制出版社 2006 年版，第 4 页。另外，其他相关论著中也主张将无罪推定原则载入刑事诉讼法典，例如陈卫东主编：《模范刑事诉讼法典》，中国人民大学出版社 2011 年版；田文昌、陈瑞华主编：《〈中华人民共和国刑事诉讼法〉再修改律师建议稿与论证》，法律出版社 2007 年版。

并未完全确立无罪推定原则，也反映了我国立法在被追诉人的人权保障问题上仍然有待完善和发展。

第二，证明责任的分配问题。修改后的《刑事诉讼法》增加了举证责任分配的规定，即"公诉案件中被告人有罪的举证责任由人民检察院承担，自诉案件中被告人有罪的举证责任由自诉人承担"。[1]由此明确了犯罪嫌疑人、被告人有罪的证明责任由控诉一方承担，被指控人在被证实有罪之前处于无罪的地位，不承担证明自己无罪的证明责任。这一举证责任分配方式的确立符合无罪推定原则之要求，是此次《刑事诉讼法》修改的一个进步。

第三，证明标准问题。证明标准是指法律规定的运用证据证明待证事实所要达到的程度要求。在无罪推定原则之下，刑事程序法应当规定达到最高的标准才能认定为有罪。在我国《刑事诉讼法》中，认定被告人有罪的证明标准是"案件事实清楚，证据确实、充分"。[2]该证明标准在原《刑事诉讼法》中即有规定，但是，由于缺乏更加具体明确的条件，在司法实践中难以准确把握。修改后的《刑事诉讼法》对于"证据确实、充分"的证明标准进行了细化，即"（一）定罪量刑的事实都有证据证明；（二）据以定案的证据均经法定程序查证属实；（三）综合全案证据，对所认定事实已排除合理怀疑。"[3]该条款增强了证明标准的可操作性。对"证据确实、充分"证明标准的补充是刑事立法意在贯彻证据裁判原则精神的重要体现，有利于体现无罪推定原则的精神。然而，需要指出的是，不能将我国"排除合理怀疑"的规定简单地理解成西方国家法律界占主流地位的"高度盖然性"标准，即达到95%左右即可。排除合理怀疑在我国的理解，应当与结论惟一结合适用，要求对于关键事实的证明需要达到结论惟一的地步。只有这样，才能符合认识论与司法实际的要求，才能保证最大限度地不发生冤假错案。

第四，"存疑有利于被指控人"的问题。如上文所述，存疑有利于被指控人是无罪推定原则的重要内容之一，其要求做到"疑罪从无"和"罪重罪轻存疑时从轻"两个方面。也就是说，如果现有证据既不能证实被追诉的被告人的犯罪行为，也不能完全排除被追诉被告人实施了被追诉犯罪行为的嫌疑，根据无罪推定原则，应当作出无罪判决；如果控方提出的证据确定足以证实被告人有罪，但是无法确定罪重罪轻时，应当作出罪轻判决。

---

[1] 详见2012年《刑事诉讼法》第49条。

[2] 参见2012年《刑事诉讼法》第195条第1款："案件事实清楚，证据确实、充分，依据法律认定被告人有罪的，应当作出有罪判决。"

[3] 参见2012年《刑事诉讼法》第53条。该条之规定吸收了2010年"两院三部"联合颁布的《办理死刑案件的证据规定》第5条第2款的规定："证据确实、充分是指：（一）定罪量刑的事实都有证据证明；（二）每一个定案的证据均已经法定程序查证属实；（三）证据与证据之间、证据与案件事实之间不存在矛盾或者矛盾得以合理排除；（四）共同犯罪案件中，被告人的地位、作用均已查清；（五）根据证据认定案件事实的过程符合逻辑和经验规则，由证据得出的结论为唯一结论。"

回视我国修改后的《刑事诉讼法》，第 195 条规定："……证据不足，不能认定被告人有罪的，应当作出证据不足、指控的犯罪不能成立的无罪判决。"这种对"证据不足"的"疑案"的处理方式，就是无罪推定原则的具体适用，体现了无罪推定原则的精神。但是，我国的"存疑有利于被指控人"原则之贯彻并不彻底。这种不彻底性主要表现在以下几个方面：

一是"证据不足"的"疑案"的无罪判决是"有所保留"的结果。根据无罪推定原则的要求，当证据不足不能认定被告人有罪时，所作出的无罪判决与证明达到清白程度时所作出的无罪判决应被同等看待。

但是，根据我国《刑事诉讼法》要求作出的却是被另眼看待的判决，请看第 162 条规定："……（二）依据法律认定被告人无罪的，应当作出无罪判决；（三）证据不足，不能认定被告人有罪的，应当作出证据不足、指控的犯罪不能成立的无罪判决。"此条第 3 项规定的判决就是实务部门通称的"存疑无罪判决"。司法解释更是明确规定对于这类无罪判决，即便已经生效，如果出现"新的证据"证明被告人有罪，在不撤销原有无罪判决的情况下也可以重新对其提起诉讼。《最高人民法院关于适用〈中华人民共和国刑事诉讼法〉的解释》第 181 条规定："依照《刑事诉讼法》第 195 条第 3 项规定宣告被告人无罪后，人民检察院根据新的事实、证据重新起诉的，应当依法受理。"第 244 条规定："对依照本解释第 181 条第 1 款第 4 项规定受理的案件，人民法院应当在判决中写明被告人曾被人民检察院提起公诉，因证据不足，指控的犯罪不能成立，被人民法院依法判决宣告无罪的情况；前案依照《刑事诉讼法》第 195 条第 3 项规定作出的判决不予撤销。"也就是说，根据上述第 3 项规定所作出的证据不足的无罪判决，明明已经生效，却不按已生效裁判的纠错机制——审判监督程序办理，而可以不撤销判决直接起诉，这显然既不符合无罪推定原则的要求，也违背了《刑事诉讼法》关于审判监督程序的规定。《刑事诉讼法》第 195 条有缺陷的规定目前不可能被修改，但是不符合无罪推定精神和法治原则的司法解释是完全可以被修改的。

二是修改后的《刑事诉讼法》只体现了"疑罪从无"的要求，并没有规定"罪重罪轻存疑时从轻"的相关内容，这不能不说是一种缺漏。更需指出的是，即便是规定了疑罪从无原则，司法实践中也难以彻底贯彻实施。事实上，对于有罪无罪存疑的案件，司法实践中往往采取"疑罪从轻"的做法，尤其是对于重罪案件更是如此。在一些死刑案件中，如果出现有罪无罪存疑的情况，司法机关有时会放弃"疑罪从无"原则，仍然判决被告人有罪，但又不判处死刑，而是留有余地地判死缓、无期徒刑或有期徒刑。正是这种"疑罪从轻""留有余地"的做法导致了冤案错案的发生，佘祥林案、赵作海案、浙江叔侄案、萧山冤案等就是这种做法所形成的典型冤案。因此，当务之急是要摒弃疑罪从轻、留有余地的做法，坚决贯彻存疑有利于被告的规则。

无罪推定原则被世界上众多国家刑事诉讼和刑事证据立法所采用，对尊重和保障人权发挥了重要作用，其科学性和可行性也经受住了许多国家司法实践的检验。尽管如此，我国的《刑事诉讼法》仍然没有完全确立该原则，其中，除了我国刑事司法资源等客观条件限制之外，法律观念滞后是一个主要原因。党的十八大提出，我国要"加快建设社会主义法治国家"，要提高"运用法治思维和法治方式深化改革、推动发展、化解矛盾、维护稳定的能力"，为此，在刑事立法和司法实践中应当进一步确立无罪推定原则，将刑事司法中的人权保障提升到更高的水平。

关于深化司法改革若干问题的思考[1]

从 2008 年开始，我国根据党的十七大精神，启动了一轮司法体制与司法工作机制的改革，取得了较大成就，并在 2012 年全国人大通过的《刑事诉讼法修正案》等成果中得到了明显的体现。目前，根据党的十八大提出的"加快社会主义法治建设"和"深化司法体制改革"的精神，新一轮的司法改革正在酝酿，即将启动。而且，根据第十二届全国人民代表大会的立法规划，《人民法院组织法》《人民检察院组织法》的修改将启动，这也将成为深化司法体制改革的重要契机。在此情况下，我们就如何遵循司法规律，积极而稳妥地继续推进司法体制和司法权力运作机制改革，从理论上进行探讨并提出一些具体的建议，以期对深化司法改革有所裨益。

一、深化司法改革必须遵循司法规律

司法规律，是由司法的特性所决定的体现司法活动和司法建设客观要求的法则。遵循司法规律的基本意义，就在于有效发挥司法的功能，以保障实现社会公正、践行国家法治、化解社会矛盾、维护社会秩序。因而，遵循司法规律是司法改革取得成功的关键。

司法规律具有相互联系性和整体性，又具体体现在司法活动与司法建设的各个方面。立足于法治中国的语境，并参考世界法治国家的经验，我们认为我国司法体制和权力运行机制的改革和完善，应当遵循以下的基本司法规律。

第一，严格适用法律，维护法制权威。我国正在加快建设社会主义法治国家。法治就是指国家权力和社会关系都按照法律规定的制度和程序运行；制定良法，尊

---

〔1〕 原载《中国法学》2013 年第 4 期，与龙宗智合著。这篇文章中肯地指出现实司法制度中的缺陷，并提出一系列完善的建议，对时隔一年多后十八届四中全会公布的《中共中央关于全面推进依法治国若干重大问题的决定》起到直接影响作用。该决定中不少改革与完善司法制度的主张均已在本文中提及，甚至有些具体提法都很相似，例如，推进以审判为中心的诉讼制度改革；完善证人出庭制度；探索实行法院、检察院司法行政事务管理权和审判权、检察权相分离，完善确保依法独立公正行使审判权和检察权的制度；健全落实非法证据排除规则，等等。本文在教育部第七届高等学校科学研究优秀成果奖中荣获二等奖（该次评奖法学类的论文中无一等奖）。

崇法律，[1] 严格施法，全民守法是法治社会的基本要求。正如西方先哲亚里士多德所说的："法治应包含两个重要意义：已成立的法律获得普遍的服从，而大家普遍服从的法律本身又应该是良好的法律。"[2] "司法"顾名思义就是实施法律，严格和正确地适用法律是司法的直接目的。在西方一些普通法系国家如美国，法院不仅可以通过判例创造法律（make laws），而且在一定情况下有权修改国会所制定的法律。与之不同的是，我国的政治体制是人民代表大会制度，法院只能严格执行法律，而不允许修改法律。当然，司法官对法律的适用有一定的自由裁量空间，但绝不能在形式上和精神上违背法律。司法官办理案件应当努力做到法律效果与社会效果的统一。[3] 由于法律效果与社会效果的侧重点有所不同，法律效果侧重于司法行为所产生的维护法律权威的作用，而社会效果侧重于司法行为所获得的民众和媒体等的社会评价，因此两者在大多数情况下是统一的，但有时也会发生矛盾。在两者发生矛盾时，不能以违背法律为代价去追求社会效果，也不宜在法律效果与社会效果之外增提"政治效果"的口号。因为，法律是党和人民意志的集中体现，推进法治是国家和民众根本利益之所在，从这个意义上讲，严格依法办事就是最好的"讲政治"。质言之，尊重和维护法制的权威，坚持宪法、法律至上的法治原则，是司法的神圣使命；应当为司法机关严格依法办案创造保障条件，必须坚定地执行《宪法》第5条所规定的"任何组织或者个人都不得有超越宪法和法律的特权"。

第二，公正司法，维护社会公平正义。公平正义是任何社会，特别是社会主义社会追求的首要价值目标。司法以公正为灵魂，是实现公平正义的最后一道防线。司法公正从实体上说，就是要根据证据准确认定案件事实，正确适用法律，公正处理案件的实体关系。在刑事司法中，就是要做到犯罪事实清楚、证据确实充分，定罪准确、量刑适度，特别是不能发生冤案错案。一旦发生冤案错案，如最近的浙江张高平、张辉叔侄冤案，[4] 不但严重侵犯人权，而且会引起社会的强烈反响。许多冤案错案的发生，究其原因，往往源于刑讯逼供，而后在定案时没有坚决贯彻疑罪从无的无罪推定原则的精神。在司法实践中，有的法院顾虑放纵犯罪，或者担心

---

[1] 关于法治国家对待法律的态度，我国流行"信仰法律"的提法。此提法源于美国法学家伯尔曼的著名论断："法律必须被信仰，否则它将形同虚设。"参见［美］伯尔曼：《法律与宗教》，梁治平译，中国政法大学出版社2003年版，导言第3页。本文不采用"信仰法律"，而采用"尊崇法律"的提法。

[2] ［古希腊］亚里士多德：《政治学》，吴寿彭译，商务印书馆1995年版，第169页。

[3] 关于法律效果、社会效果的内涵，参见《人民法院报》编辑部："把公正司法的壮丽和声奏得更响"，载《人民法院报》2013年4月17日。

[4] 据媒体报道，2003年5月，张高平、张辉叔侄在杭州涉嫌"强奸致死案"。2004年10月19日，浙江省高级人民法院终审判处张辉死缓、张高平有期徒刑15年。2013年3月26日，经浙江省高级人民法院再审公开宣判，认定原判定罪、适用法律错误，宣告张辉、张高平无罪。参见《南方周末》："浙江调查张辉、张高平叔侄蒙冤事件"，载《南方周末》官网，http://www.infzm.com/content/89541，最后访问时间：2013年4月30日。

对被害人和社会公众不好交代，便对疑案采取留有余地、从轻处罚的变通做法。司法实践证明"疑罪从轻"的做法为错判无辜开了一个口子。因此，司法改革要进一步采取新举措，革弊堵漏，特别是要以法律思维和法治方式坚决贯彻疑罪从无原则，为公正司法提供更有力的制度保障，让人民群众感受到司法公正就在身边、眼前。

第三，严格遵守法定正当程序。在民主法治国家，国家机关行使权力都必须遵守程序，程序正义是防止国家权力滥用的笼子，但行政权力的运用，由于更需要讲求效率，有时还要处理紧急突发事件，对程序严格性与正当性的要求不宜过高。而司法以追求公正为主要目标，必须严格遵循法定的司法程序，以程序公正来保证实体公正，并体现程序公正的独立价值。程序公正要求主要包括：司法独立、司法公开、当事人充分参与和当事人权利的有效保障，以及刑事司法中控辩平等对抗、法官居中裁判等基本要求。在程序公正与实体公正的关系上，我国长期存在着"重实体、轻程序"的传统滞后思想，必须予以纠正。但我们认为，英美法系流行的程序优先主张也不符合中国的国情，因为当事人参加诉讼固然重视程序上是否公正，但更关注实体结果是否对其有利。实际上，当事人上诉、申诉的主要动因是实体不公。因此，我国的司法应当坚持程序公正与实体公正并重的理念。[1] 这在中央政法机关发布的相关文件中也得到确认。如 2010 年 6 月 13 日最高人民法院、最高人民检察院、公安部、国家安全部和司法部印发的《〈关于办理死刑案件审查判断证据若干问题的规定〉和〈关于办理刑事案件排除非法证据若干问题的规定〉的通知》中明确指出，必须"牢固树立惩罚犯罪与保障人权并重的观念、实体法与程序法并重的观念"。另外，司法在追求程序公正时也要追求效率。在某种意义上来说，案件的长期拖延不决也是程序不公的一种表现。西方谚语说"迟到的正义为非正义"，就是这个意思。但也不能为了追求效率而损害公正，导致错案增加，上诉率和申诉率上升，案结事未了，最终反而更浪费了司法资源。因此我们认为，公正高效可以并提，但不能并重，应当是公正优先，兼顾效率。

第四，司法的亲历性与判断性。这是司法之重要法则。司法不同于军事行动，可以"运筹帷幄，决胜于千里之外"，也不同于行政工作在一定情况下可以听取汇报，商议决策于办公室。法官对个案的处理必须亲历其境，直接审查证据和事实，从感性认识上升到理性认识，形成对案件事实的内心确信。正因为如此，排除传闻证据规则或直接言词原则，成为现代法治国家普遍适用的诉讼原则。如果不直接审理案件，仅凭听汇报认定事实并决定个案处理，显然不符合认识规律，难免出现错误，而且是违法的。

第五，维护司法的公信力和权威性。司法公信力是指社会公众和当事人对司法的认同程度与信服程度，包括他们对司法判断准确性的信任、对司法裁决公正性的

---

〔1〕 参见陈光中主编：《刑事诉讼法》，北京大学出版社、高等教育出版社 2012 年版，第 14 页。

认同，以及对司法执行包括强制执行的支持等。司法权威是司法的外在强制力与人们内在服从的统一。按照马克斯·韦伯对权威的理论分类，司法权威是一种法律理性权威。[1] 这意味着：其一，司法权威以法律为基础。法律具有至上性，适用法律、维护法制的司法机关及其裁决才具有权威性。其二，司法权威以理性为内在本质。即通过准确认定事实，正确适用法律，实现司法公正，而使当事人及社会公众心悦诚服，从而将权威建立于社会认同之上，植根于民众心中。离开司法公正，司法权威就失去了赖以建立的根基。司法权威还与司法另一重要属性即司法的终局性密切相关。司法应能"定分止争"，否则裁而不断、缠讼不止，矛盾纠纷不能解决，社会关系不能稳定，司法的权威也无从建立。当前，司法的公信力和权威缺失，是值得重视并应当在深化司法改革中加以解决的问题。提高司法的公信力和权威性，除了首先让民众在身边感受到公正以外，还需要维护司法的终局性，包括正确处理司法既判力与信访制度的关系，涉诉信访应当被诉讼程序所规制，对生效裁判的信访应纳入申诉复查程序进行依法处理。同时，在刑事司法的再审程序中，应当结合中国国情，借鉴吸收国际刑事司法准则中的"一事不再理"原则，避免公民遭受"双重危险"。只有在出现冤枉无辜或者发生放纵严重犯罪的某些特定情况下，才不受程序终局的限制。

我国司法改革的基本目标，是贯彻依法治国方略，建立公正高效权威的社会主义司法制度。时下我们亟须研究在上一轮改革取得成就的基础上，如何遵循司法规律，深化司法体制和司法权力运行机制的改革。

二、确保依法独立行使审判权、检察权

我国《宪法》确立了依法独立行使审判权、检察权的原则，《宪法》第126条、第131条分别规定：人民法院、人民检察院依照法律独立行使审判权、检察权，不受行政机关、社会团体和个人的干涉。党的重要文献也一再强调保障此原则的实现。党的十八大文件强调指出"确保审判机关、检察机关依法独立公正行使审判权、检察权"。这是因为，独立而不受干涉的司法，是实现司法公正的前提，是生成司法权威的保障，是法官职业化和司法理性化的题中应有之义。[2] 马克思说"法官除了法律就没有别的上司"。[3] 但在实践中，此项原则贯彻得不尽如人意，存在着司法受外部干涉以及司法地方化的现象。针对这种情况，我们提出以下几点看法：

---

〔1〕 法律理性（Rational-Legal）权威是德国著名社会学家和哲学家马克斯·韦伯根据权威来源的不同对权威所作的三种分类之一。参见［德］马克斯·韦伯：《经济与社会》，林荣远译，商务印书馆1998年版，第241页。

〔2〕 比较研究及学理论证详见陈光中："比较法视野下的中国特色司法独立原则"，载《比较法研究》2013年第2期。

〔3〕《马克思恩格斯选集》（第1卷），人民出版社1972年版，第76页。

第一，应当坚持和改善党对司法工作的领导。党的领导是司法工作沿着中国特色社会主义法治方向不断前进的根本保证，必须毫不动摇地加以坚持。但是党对司法工作的领导，应当注意司法的特点，遵循司法运行的规律。党组织（包括党委和政法委）对司法工作的领导主要是方针、政策的领导和组织领导，原则上不宜具体参与办案工作。我们认为：省以下政法委不宜进行个案协调；案件协调的范围限于事关大局、社会影响重大的个别案件，而且原则上不协调案件事实和证据的评判。还应当实行案件协调责任制，以加强案件协调工作的责任心，避免权责不清，出现错误也无法追责。党委如何领导司法工作事关公正司法乃至国家法治的大局，应当下决心积极稳妥地推进改革，以确保审判权、检察权依法独立行使。

第二，改进党对司法工作的领导，还应当进一步理顺纪委与司法机关的关系。反腐败工作由党委领导，纪委组织协调；检察机关作为查处腐败案件的司法机关，应当服从党委领导，尊重、配合纪委工作。这种反腐败体制，符合当前国情，不宜轻易改变。但是，应当明确纪委与司法机关的关系，不是领导与被领导的关系，而是协调与配合的关系。纪委立案调查，检察机关一般不宜提前介入，个别大要案至多单独以初查方式进行外围取证配合，而不能与纪委办案混成一锅粥。一旦纪委调查结束认为构成犯罪移送检察机关以后，检察机关就应当按刑事诉讼法规定独立、自主地进行侦查起诉；法院应当独立、公正地进行审判。《刑事诉讼法》第 52 条第 2 款规定："行政机关在行政执法和查办案件过程中收集的物证、书证、视听资料、电子数据等证据材料，在刑事诉讼中可以作为证据使用。" 此条规定中的行政机关理应包括监察机关，而监察机关与纪委 "两个牌子一套人马"，实际上是一家，因此纪委调查案件所收集的言词证据材料，如受调查人的供认笔录和证人证言笔录等，不得在刑事诉讼中使用，而应当由检察机关反腐败侦查部门重新依法收集。只有纪委移送的物证、书证、视听资料、电子数据等实物证据材料，由于其具有不可取代性，才可以依法审查后作为证据使用。在司法实践中，有的公诉人在法庭上直接宣读纪委询问被调查人的笔录，我们认为这是违反程序法的做法。

纪委办案，也应当严守纪律和正当程序，尊重人权，严禁刑讯逼供和以其他非法方法获取证据，应当总结纪委办案的经验教训，特别是办案中发生被调查人死亡的教训，[1] 完善办案机制，把纪委办案的权力也关在正当程序的 "笼子" 里。在案件移送给司法机关以后应当尊重和支持司法机关独立办案。目前司法机关对纪委办理的职务犯罪案件，在定罪量刑上，往往顺从纪委查处的意见，司法公正受到一定影响，这与有的纪检部门对检察院、法院办案加以干涉有关。可见，只有进一步理顺纪、检、法关系，才能有效维护司法的独立和权威以及法律的统一、正确实施。

第三，应当进一步理顺权力机关监督与司法机关独立行使职权的关系。根据我

---

[1] 参见怀若谷："温州一官员双规期间猝死"，载《京华时报》2013 年 4 月 10 日。

国《宪法》的规定，法院、检察院由各级人民代表大会产生，向后者负责，受后者监督。根据《各级人民代表大会常务委员会监督法》的规定，人大及其常委会监督法院、检察院工作的方式，主要是听取和审议法院、检察院的专项工作报告、执法检查报告等，而不包括监督具体案件的审判工作。然而，实践中部分人大代表在开会时常常就具体案件提出监督意见，有的案件甚至与人大代表本人有直接利害关系。这种做法不仅缺乏法律依据，而且在一定程度上干扰了法院、检察院依法独立办案，弊大利小。因此，我们认为不应当允许人大代表以个人名义或联名就具体案件提出监督意见的做法。但是人大代表在参与社会活动中发现已生效的刑事裁判可能造成冤案错案或者严重司法不公造成恶劣社会影响的，出于对社会、对人民负责而提出的书面反映意见，人大常委会可以指定某一机构（如内务司法委员会）作形式审查后转交给相关司法机关处理。对于这种反映意见司法机关应当认真对待，由司法机关以事实为根据，以法律为准绳独立作出处理。只有这样才能真正理顺权力机关与司法机关之间的关系，确保法院、检察院依法独立行使职权。

第四，为保障司法机关依法独立行使职权，在人事上，司法机关领导的提名和任免，应当适度强化上级党委和上级司法机关的作用，降低同级党委的作用。在财政上，在保证现有财政保障水平不降低的情况下，司法财政由现在的同级行政部门财政拨款为主改为由中央和省级统一拨款或为主拨款，减少地方各级法院、检察院对同级行政机关的依赖，否则，司法机关难以独立，无法克服地方保护主义。党的十六大报告曾经指出"改革司法机关的工作机制和人财物管理体制"，可惜10年来由于此项改革要求认识不统一，现实困难较多，而未得到落实。时值改革进入深水区，此项符合时代潮流的改革，理应开始启动了。

三、正确认识、理性对待三机关的关系

分工负责、互相配合、互相制约，是在我国刑事司法中，配置公、检、法三机关的权力并处理相互关系的基本原则。该原则被规定在1979年颁布的我国第一部《刑事诉讼法》中，后为1982年制定的现行《宪法》所确认。该原则肯定了三机关在诉讼中的不同职责及其配合制约关系，是对"文革"时期那种不区分诉讼职能，缺乏程序制约的一元化政法体制的否定，具有重要的历史进步意义；而且，对于保障刑事案件的办案质量，也发挥了积极作用。然而，此项原则体现的三机关关系，与法治国家对司法的功能和使命的要求有不协调之处，应当在司法体制深化改革的过程中予以完善和弥补。

此项原则的主要问题，是用国家权力平行互动的单面关系，取代刑事诉讼中控、辩、审"三方组合"的构造与功能。具体而言，存在以下几个问题：

第一，要求法院与追诉机关讲"配合"，损害了审判机关的中立性。《礼记·中庸》云："中立而不倚。"中立是指第三方对争议双方不偏不倚。所谓审判中立是指法庭在原告、被告之间持不偏不倚的态度，这是实现审判公正的前提条件。在

刑事诉讼中，公安和检察机关，分别执行侦查和公诉职能，属于追诉犯罪的机关。虽然根据我国《刑事诉讼法》的规定，公诉人不是诉讼当事人，但检察机关是代表国家提起公诉、支持公诉的控诉一方代表，是与辩方相对应的一方。"当事人"一词是 20 世纪初中国学者从日本法学中直接引进的，英文为"party"，原意就是诉讼的一方。在外国刑事诉讼法中，都把公诉人视为当事人。[1] 现在我国要求法院与公安、检察机关互相"配合、制约"，使审判程序中控、辩、审三角诉讼构造的合理关系发生矛盾，使法院的中立性被削弱瓦解。这也是在司法实践中，法院往往自觉不自觉地配合控诉方，以致混淆自己诉讼角色的重要原因。

第二，彼此"互相配合、互相制约"、不分主次的互涉关系，有碍于审判权威的建立。法院是最终认定案件事实并适用法律进行裁决的裁判机关，诉讼以审判为中心，是诉讼规律的必然要求。因此，任何一个科学化、法治化的司法体制，都必须维护审判的权威。但是在三机关"互相制约、互相配合"的关系中，法院对刑事程序的控制能力和对案件实体的裁断能力被弱化，难以形成以法院为标志的司法权威。

第三，忽略了涉案公民的主体地位以及辩护人的能动作用。现代刑事诉讼理论在诉讼主体上尽管观点不尽一致，但均承认国家专门机关和当事人及其受委托的辩护人、诉讼代理人在诉讼中都具有主体地位。而三机关关系的原则和机制仅确认公、检、法三机关的功能及配合制约作用，而辩护的功能在其中未获确认，导致国家权力与公民权利的关系失衡，人权保障难以完全到位。

不过，虽有上述缺陷，近期的司法改革只能面对现实，在《宪法》的框架内通过某些符合司法规律的改革措施，弥补法、检、公三机关之间关系的缺陷，促进司法权力更为良性地运作。具体而言，有以下几点：

第一，维护控辩平等，加强审判的中立性。目前部分检察机关正在探索的将其诉讼职能与监督职能适当分离，也正是为了在加强监督的同时尊重诉讼的规律。但这种内部的小改革力度不足，需在法律制度层面作进一步的改革。如《人民法院组织法》规定的检察长列席法院审判委员会的制度是否合理就很值得研究。[2] 因检察长所列席的审委会会议，大多是讨论检察机关起诉（有的包括侦查）个案的审判活动，检察长既为法律监督机关的代表，又是未结案件中公诉乃至侦查机关的首长，其在辩方代表缺席的情况下出席审委会对案件处理发表意见，单方面影响对法院的审判活动，打破了诉讼结构的控辩平衡，损害了法院的中立性，其弊端显而易见，因此，建议在修改《人民法院组织法》时予以革除。

---

[1] 英美法系国家以及法国、俄罗斯等大陆法系国家，确认检察机关为控诉方当事人。某些国家，如德国，因检察官负有客观义务而在法律上使其区别于普通当事人，但在法理上仍承认其属于控诉方当事人。

[2] 《人民法院组织法》第 10 条第 3 款规定："各级人民法院审判委员会会议由院长主持，本级人民检察院检察长可以列席。"后来有关文件又进一步规定，副检察长可以代表检察长列席审判委员会。

第二，加强律师权利保障机制。上一轮司法改革，通过修改《刑事诉讼法》，完善刑事辩护制度，使律师"阅卷难""会见难"等问题在制度层面获得了基本解决，对律师伪证问题的法律条款也作了合理调整。目前的主要问题是法律规定如何保证有效实施，特别是有些问题的法律规定比较模糊，更难以落实。例如，辩护律师在侦查阶段是否有收集证据的权利，由于修改后的《刑事诉讼法》规定得不明确，不同的条文在表述上不一致，[1] 而且新出台的法律解释文件对此又加以回避，从而使律师在侦查中的取证权难以得到保障。又如，修改后的《刑事诉讼法》将检察机关设定为诉讼权利的救济机关，第47条规定，辩护人、诉讼代理人认为公、检、法三机关及其工作人员阻碍其依法行使诉讼权利的，有权向同级或者上一级人民检察院申诉或者控告。"人民检察院对申诉或者控告应当及时进行审查，情况属实的，通知有关机关予以纠正。"且不论检察机关承担侦查、控诉职能而具有追诉倾向，难以客观公正地提出纠正意见，即便认为"情况属实的，通知有关机关予以纠正"，有关机关如置之不理又将承担何种后果？法律对此没有明确规定，导致此项规定难以充分发挥实际效用。为此，我们建议在此次司法改革中，通过有关部门修改司法解释，进一步明确，辩护律师在侦查中有取证权或有限取证权；赋予检察机关在一定情况下的强制救济权，同时赋予检察机关的司法救济权一定的强制执行力，以利于加强对律师诉讼权利的保障。

第三，防止互相配合侵犯当事人权利。法、检、公三机关互相配合最容易发生的问题就是共同对付当事人，造成对当事人权利保障的程序失灵。例如，刑事诉讼的运作常态是依次向前推进直至案件终结；只有在特定情况下可以倒流运作，如二审程序中法院依法发回原审法院重新审理等。如果经常倒流运作，不仅影响诉讼效率，更影响人权保障。而司法实践中法院在开庭审理后依法应当作出无罪判决的情况下，为了"配合"检察机关和公安机关"下台阶"或业绩考评，通常事先向检察机关通报，检察机关便作出撤案处理，尔后或作出不起诉决定或退回公安机关撤销案件，甚至有的案件被挂起来长期不处理。类似这种不合理、不公正的司法权力运作现象，应当在此次司法改革中设规立制加以纠正。

当然，从长远来看，还应当建立当事人权利的司法审查救济机制。目前我国全部侦查行为，包括对人和对物的强制侦查措施，如羁押、搜查、扣押、冻结、电子监听等，均由侦查机关自行实施，仅仅是长期羁押，即逮捕措施，报检察机关审查批准。而检察机关本身又是侦查和控诉机关，并不符司法审查的中立性要求。而

---

〔1〕 修改后的《刑事诉讼法》第36条规定："辩护律师在侦查期间可以为犯罪嫌疑人提供法律帮助；代理申诉、控告；申请变更强制措施；向侦查机关了解犯罪嫌疑人涉嫌的罪名和案件有关情况，提出意见。"第40条规定："辩护人收集的有关犯罪嫌疑人不在犯罪现场、未达到刑事责任年龄、属于依法不负刑事责任的精神病人的证据，应当及时告知公安机关、人民检察院。"这两条规定对辩护律师在侦查阶段是否有取证权显然有模糊与矛盾之处。

且，由于侦查行为不可诉，强制性侦查措施对公民权益形成的损害，无法在事后诉诸法院寻求司法救济。我们认为，对强制性侦查措施的司法审查，是各刑事程序法制的基本内容，也是联合国刑事司法准则的要求，是保障公民和社会组织在刑事程序中合法权利的必要、必需的制度安排。目前我国刑事司法在这方面的制度建设和实践已经滞后。但考虑到《刑事诉讼法》刚通过，当前的重点任务是保证《刑事诉讼法》的正确有效实施，因此，建立当事人权利保障司法审查机制可从长计议，而不纳入当前的司法权力运作机制改革内容之中。

四、规范大要案办案程序

大案是指案件重大，社会影响重大的案件；要案通常是指县、处级以上干部的职务犯罪案件。大案、要案是刑事司法打击的重点，同时大案、要案的办理质量，直接反映国家法治的水平，最能影响民众对法治的信任和信心。近年来，由于各级重视、民众关注，政法单位及相关部门能够集中资源办理职务犯罪及普通刑事犯罪大要案件，取得了显著成绩。但是，大要案因其重要性，常常采取"特事特办"的方式，法律准绳执行不严格、办案活动操作不规范的情况经常发生。社会上流传的"大案讲政治，小案讲法律"的说法，反映了大要案件依法办案存在着一定的问题。推进司法权力运行机制改革，其中一个重点问题应当是注重在大要案件办理上完善办案程序制度，提高依法办案的水平。

第一，应当加强规范专案组的组织和活动。大要案件办理，以组织专案组的形式实施，是我国刑事司法中的传统做法。这种做法在"文革"中较为普遍和极端，专案组具有侦查、起诉、审判的综合功能，取代了多元主体的职能区分及程序制约，由此产生严重的负面效应，造成大量的冤假错案。"文革"后，"专案组"办案模式因其违反法制，导致冤假错案而曾受到批判，但不同形式的专案组办案并未被废止，而且近年来似有扩大趋势，不过通常情况下，与"文革模式"已经有了一定区别。我们认为，如以成立专案组的方式体现对重要案件的专人专办和高度重视，尚无可厚非，问题在于专案组的组成和办案方式应当符合法治要求，不能以便宜行事的行政程序代替严格的司法程序。首先，根据刑事诉讼的职权原则，负责侦查案件的专案组只能由侦查人员及侦查技术人员、侦查辅助人员组成，不应当将负责侦查监督和公诉的检察官作为侦查专案组的成员，否则就会形成角色混同，检察官会丧失对侦查活动实行法律监督和公诉审查的功能。但是《人民检察院刑事诉讼规则（试行）》第567条规定："人民检察院根据需要可以派员参加公安机关对于重大案件的讨论和其他侦查活动。"据此规定，检察官对重大案件不仅可以参加讨论，而且可以直接参加侦查。虽然侦、检在控诉方面有其一致性，但该规定使侦查监督者与侦查者的角色有所混同。专案组更不应当将审判人员纳入，否则，侦、审合一，法官中立完全丧失，诉讼程序形同虚设。其次，专案组办案应当严格遵循法律程序。如强制侦查的展开，嫌疑人诉讼权利的保障，起诉、审判等诉讼活动的进行，都应当严格遵循法定程序，除法律有明确规定的特别程序以外，不应当以"特事特办"为由违法操作。因此建议此次司法改革，可将专案组办案的规范化作为一个内容。

第二，建议取消设在各级公安机关内统一协调打黑活动的"打黑办公室"，使打黑活动按法定司法程序进行。改革开放以后，有组织犯罪活动确有上升趋势，但因党和政府实施较为有力的社会管理并拥有较为强大的国家权力与资源，总的来看，黑社会性质的组织的发展程度，不宜估计得过于严重。但近年来的"打黑"工作，因常常采用特殊的组织形式和办案方式，对法律程序遵循不够，甚至有"下指标"之类不适当的做法，加上这类犯罪在要件把握和涉黑性质的司法认定上主观性较突出，个别地方出现了一定程度的扩大化现象，产生了不良的办案效应和后遗症，不利于民营企业的发展与和谐社会的构建。因此，要求严格依照法定程序办案，依照法定犯罪构成要件确认此类案件性质和被追诉人员，也是推进司法权力运作机制改革中需要注意解决的一个问题。

第三，大要案件的审理和裁判更应当注意严格依法办案。证据审查、事实认定、法律适用以及作出裁决，均应严格依法定程序运行。即使"特事特办"，要先搞点内部研究和请示，也不能搞先定后审，使庭审成为一个程序演示，成了"走过场"。办理大要案件切不可迎合一时之政治功利，损害了司法公正、社会公正甚至对国家的法治建设造成长远的负面影响。

五、遏制司法行政化倾向

尊重司法规律，还要求审判机关尊重案件的审判及其管理的规律，特别是要遵循司法的亲历性、判断性和程序约束性，并在程序上保障司法的可救济性等。司法管理，则应注意司法的复杂性和多元性，防止以简单化的行政管理代替司法管理。结合司法权力实际运行的情况，有两个方面的问题尤其值得关注，应当采取相应的改革完善措施。

（一）法院审判机制的调整以及内部管理行政化倾向的遏制

第一，合议庭与审委会的关系仍然没有被理顺。我国宪法和有关法律规定的司法独立是指人民法院、人民检察院依法独立行使职权，法院的审判组织以合议庭为基础，同时又赋予审判委员会对重大疑难案件的最终讨论决定权。但是，审委会审理案件，审理与裁判脱离而不符合司法规律；逐步缩小审委会审理裁判案件的范围，最终革除这一不符合审判规律的审判组织和审判方式，在学界已形成共识。然而近年来审委会裁决案件的范围并未随着司法改革的推进而缩小，有的法院甚至有扩大趋势。由于审委会出席人员并不具体审理案件，其业务能力、责任心参差不齐，实践中容易被主持人的意见左右，或受案件承办与汇报人员的意见引导，审委会讨论决定案件常常成为合议庭和案件承办人员推托和转移责任的一种机制。因此，在时下司法改革中，应当进一步限制审委会讨论案件的范围和数量，改革审委会讨论案件的方式（如对案件的裁判采取无记名投票方式决定等），扩大合议庭独立审判权的行使，并为最终取消审委会的个案审判功能创造条件。

第二，合议庭与院长、庭长的关系需要调整。调研可见，司法行政化，最为突出的表现是院长、庭长使用其行政管理权对个案审决施加影响。例如，院长、庭长利用司法文书审查批准权、重点案件把关权，以及其他行政层级管理权等，直接、间接地决定案件如何处理。这种做法，有时虽可产生监督案件质量的作用，但总体上讲不符合司法规律，可能损害主审法官判案的独立性，压制其工作责任心和积极性，不仅拖延了办案时间，也未必真正能起到把关作用，而且没有任何法律依据。此次司法改革有必要研究如何防止管理权的越权行使，保障合议庭独立负责地审理、裁决案件。在这方面有的法院已经开始进行探索，如广东省深圳市福田区法院和佛山市中院试行"审判长负责制"，强化合议庭独立负责办案，取消庭长审批权力。[1] 我们认为此类改革尽管具体做法有待进一步观察，改革经验有待进一步总结，取消院长、庭长审批案件的做法还要与保证清廉司法、公正司法、防止枉法裁判等其他的配套措施相结合，不宜操之过急。但深圳、佛山等地法院加强合议庭办案独立性的改革方向应当予以肯定。

第三，上下级法院关系仍有待规范。按照我国宪法和有关法律的规定，法院上下级之间的关系是监督关系，而不是领导关系，各级法院依法独立行使审判权。疑难案件请示及报请"内审"，是中国法院的传统做法。案件请示方式具有内部性、多样性和不规范的特征，它以行政性的汇报答复代替案件审理和裁决，以下级法院审理期间对上级法院的内部沟通消解审级监督（包括两审制和死刑复核程序），其违法性和弊端显而易见。最高人民法院早已意识到此问题并试图加以解决。2010年12月，最高人民法院颁布了《关于规范上下级人民法院审判业务关系的若干意见》，该文件试图以疑难和新类型案件的送审和提审制度代替上下级的内部请示制度，用以维护审级独立和救济审制度。但该文件没有明文禁止下级请示上级的做法，导致案件内部请示状况没有明显得到改变。究其原因主要是配套制度改革没有跟上，如审判管理中的绩效考核制度等。特别是在司法体制包括人、财、物管理体制没有根本变化的情况下，地方性干扰在当地还常常难以抵制。因而为了避免案件处理受同级外部干涉的不良效果，在法律适用、政策把握方面，对个别案件事先内部请示上级的做法可以说是"无可奈何的违法"。但我们还是认为内部请示毕竟违背司法规律和法定程序，绝非长久之计，应当在推进全面司法改革中尽快加以

---

[1] 深圳福田区人民法院试行"审判长负责制"。庭长仅保留行政待遇而取消其干预审判的权力。打破合议庭的建制，取而代之的是 35 个独立、固定的合议庭。对审判长实行公选，将法官精英任用为真正意义上的法官。参见林劲标等："深圳福田审判长负责制上路"，载《人民法院报》2013 年 2 月 25 日，第 3 版。佛山中院也试行"审判长负责制"，由审判长带领两名法官组成的合议庭，成为名副其实的审判单元，从收案、开庭、写判决到签发判决，审判长全部亲力亲为，并且最终负责，不审者不能定案。参见陈霄："佛山中院对'审判分离'开刀"，载《法治周末》2013 年 4 月 4 日。

废除。

（二）司法绩效考评制度亟待改革

建立绩效考评制度对保证案件的质量与数量的统一，是有必要的，但必须科学合理，以免发生副作用，有碍司法公正。目前法院和检察机关的绩效考评制度普遍推行指标考核，即所谓"数目字上管理"。考评单位和个人的工作绩效，主要依靠各种数据。这种管理方式简单清晰，可比性强，对下级单位和个人的激励与约束效能也较为明显。但问题在于简单的数字化管理，不符合案件的复杂性和多样性，以及司法受社会时空条件影响的现实情况，容易扭曲诉讼行为，以致产生"好事变坏事"效应，即办案不以司法公正为标准而以符合考核指标体系为导向，采取种种不当举措，功利化地追求指标排名。检察机关为避免无罪判决，将心中无数的案件事先与法院沟通后再决定是否起诉；或将已起诉法院拟判无罪的案件撤回改为不起诉，如此等等，导致程序不公正乃至实体不公正的现象时有发生。这一问题的实质是违背司法规律，违背实事求是精神。为保证实现司法公正，对绩效考评制度应当作两方面的改革。一是考虑司法的复杂性和多样化，降低数字化指标在绩效考评中的作用。注意党委、人大、政府、纪检部门以及社会各界的综合性评价，注意发挥能够考量多种因素尤其是质量影响因素的定性分析与综合评价在考评中的作用。数字化指标体系的检测，首先用于司法态势、发展趋势与问题的把握，而不应当机械用于单位与个人的工作业绩评价。二是调整、完善目前的数字化指标体系，使其更加符合司法的现实和规律。应当注意不同的诉讼阶段，不同的诉讼主体在案件认识上的正常区别。如上级法院与下级法院不同的裁判观点可能导致不同的判决结果，常常不一定反映谁对谁错；检察机关起诉审查具有相对封闭、单方面审查和中间程序的特征，因此，起诉指控不同于法院判决，甚至案件中出现无罪判决也是正常现象，不能简单化地对起诉作负面评价，除非贪赃枉法或者明显不负责任。总之，检察官或法官是人而不是神，长期办案出现个别案件的瑕疵甚至于错误，是难以避免的；业绩考评制度是必要的，但必须符合司法规律。

六、塑造高素质、有权威的司法官

要让司法在法治社会中担当其使命，首先需要按照司法建设的规律塑造司法主体。各国司法体制现代化，首先要解决的问题就是有"法律帝国诸侯"之称的法官之塑造及其地位问题。由于裁决各种案件是一个需要高智力、高技能和高道德水准的作业，因此法官既应廉洁清明，富有能力和经验，又需要位高权重、德高望重。我国香港地区的法官，几十年没有一人犯刑事罪；即使对重大敏感社会分歧很大的案件作出裁判，无论当事人和社会是否赞同，都很少质疑法官本身的公正廉洁，挑战裁判的权威。香港是普通法地区，司法的作用尤其突出，而通过司法所建立的法治，成为香港繁荣稳定的基本保证。其司法建设的基本经验之一，就是遵循司法建设的规律，塑造高素质、有权威的法官。在我国内地，法官与检察官同属于司法官，对其地位应该同等视之。

应当看到，对司法权的运行加强监督制约固然非常有必要，但并不能从根本上解决司法的廉洁与公正问题。可以说，相比其他国家，我国目前对司法的监督的形式和手段并不少，但司法的监督仍然是问题不少，缺乏公信力。[1]因为司法的基础是司法官的素质。司法的前沿是司法官的办案活动，如果没有高素质的司法官，只是依靠加强监督，不仅难以达到提高办案质量的效果，相反会导致司法行政化，削弱一线司法官公正有效办理案件的积极性与责任感。

目前的司法官队伍建设面临的困境，主要还不是局部贫困地区的人员匮乏，而是带有普遍性、整体性的问题，即司法机关难以引进和留住法律英才；法院办案一线还呈现一定的"逃逸现象"。即由于一方面工作繁、责任重、压力大，另一方面却地位低、待遇薄、升迁难，一些骨干法官要求调离法院，办案一线的司法官素质总体而言达不到要求，这直接影响司法的质量，导致司法公信力的下降。

强调司法官队伍建设，应当首先确立并努力实现司法职业化的目标。法律规范体系的日益复杂，各种社会关系的日益纷繁，要求司法官具有高素质和高技能，司法职业化是实现这一要求的必由之路。当然，司法官的职业应当与司法官的大众化（如陪审制等）相结合。但现代法治国家的司法，应当以司法官职业化为前提。没有司法官职业化建设，就没有现代化、法治化的司法改革。

上一轮司法改革，政法经费保障有了较大的进步，在此基础上，可以考虑此次改革，重点解决司法官的待遇和各种保障条件问题。首先，我们认为，司法官员是特殊公务员，其待遇应当高于一般公务员。[2]在条件具备时，应当按照各国惯例，实行司法官工资待遇单列。目前可采取提高法官、检察官津贴的方式作为过渡办法。其次，应适当提高法官、检察官的行政级别。目前体制下，行政级别是地位、待遇的主要依据，过低的行政级别，适应不了塑造高素质、有权威的司法官员的要求。再次，应当实行那些各国普遍适用的司法保障制度。如法官、检察官无法定事由不得调职和免职；保障司法官薪俸待遇，且不得因领导的好恶增减。获得丰富司法经验与司法官的德高望重，与资历有关，因此应当适当延长司法工作年限，而且实行任期保障。我们建议司法官的退休年龄可按其级别延长 3～5 年。司法官非因丧失工作能力或违法犯罪等法定事由，都有权续任至退休。

---

〔1〕有时出现司法腐败的窝案、串案，甚至大法官犯罪；在人大即国家权力机构和民意代表机构的司法年度报告的信任票通常难以得到高票通过。这在一定程度上反映了司法的公信力下降。

〔2〕在 2013 年 3 月召开的第十二届全国人大第一次会议上，人大代表、广东省高级法院院长郑鄂提出："考虑法官职业的特殊性，探索实行高于普通公务员的薪酬制度。"人大代表袁志敏甚至提出建议，将律师收入的 50%转给法官。因为目前法官工资普遍很低，缺乏一个激励机制，而且也为造成腐败埋下危险。（参见卢文杰等："朝'法官职业化'推进改革"，载《广州日报》2013 年 3 月 12 日，第 4 版）袁先生的建议引起社会热议，虽然普遍认为其建议不属合理可行，但认为目前法官待遇过低，不利于廉洁公正，应当说已成社会共识。

在提高司法官待遇的同时，还要进行司法官制度的适当调整。目前对于法官、检察官的资格授予把关不严，司法机关中部分行政人员也享受司法官待遇。这种情况下，无论国家财政还是干部体制都难以承受待遇的普遍性调高。因此，法官、检察官应当实行分类管理，逐步减少员额，增加辅助人员。各级法院、检察院目前部门林立，尤其是非办案部门过多，应当进行内部机构调整撤裁，减少非办案人员。[1]此外，对司法官员包括司法领导干部的遴选应当设置更为规范的条件，要严格按照《法官法》和《检察官法》把好进人关，尤其要注意把握司法领导干部的任用条件，由于法院院长、检察长必须对案件质量负责，应当避免将完全不懂行的干部任用为法院院长和检察长。《法官法》第12条规定，初任法官必须通过国家统一的司法考试，而各级人民法院院长、副院长则"应当从法官或其他具备法官条件的人员中择优挑出人选"。《检察官法》第13条也有类似的规定，其中，"其他具备法官条件的人员"含义模糊，限制条件不明确，为将不懂法的干部调到法院、检察院任领导开了方便之门。在修改"两法"时，建议对该规定进行适当修改。

---

[1]　检察机关内的院领导、中层干部等管理人员与普通工作人员之比约为1：2。检察机关恢复重建以来，检察机关内设部门增加了近一倍。

比较法视野下的中国特色司法独立原则[1]

司法独立（judicial independence），是国际通行的法律术语，为国际法律文件所惯用，其含义一般是指法院和法官的审判独立。司法独立是近代西方资产阶级革命的产物，是司法制度发展到一定阶段的进步成果，也是现代国家的一项重要法治原则。本文拟以比较法为视角，对中国特色的司法独立原则作初步的探讨。

一、司法独立的域外考察

作为国家权力运行的重要原则，司法独立之理念源于权力分立与制衡的思想。古希腊先哲柏拉图、亚里士多德都在其著作中阐释了权力制衡的观点；作为西方法治主义奠基人之一的洛克则率先较为详细地阐述了分权理论，他认为政治权力应划分为立法权、行政权和外交权，并由不同的部门执掌。第一次明确提出三权分立主张的是法国启蒙思想家孟德斯鸠，他主张在国家权力中应当赋予司法权一席重要之地，并明确指出："如果司法权不同立法权和行政权分立，自由也就不存在了。如果司法权同立法权合而为一，则将对公民的生命和自由施行专断的权力，因为法官就是立法者。如果司法权同行政权合而为一，法官便将握有压迫者的力量。"[2]

随着资产阶级革命的胜利和现代法治理念的发展，司法独立原则不仅在美、英、法、德、日等西方法治发达国家得以确立，也成为亚、非、拉诸多国家的一项重要的宪法性原则。考察各国宪法规定，可以发现，司法独立原则在各国宪法条文的具体表述上存在着较大差异。概括起来主要有如下几种不同的表达方式：

第一，宪法中未对"司法独立"进行明文规定，仅以三权分立为国家权力框架，规定司法权属于法院，此类型主要存在于英美法系国家的宪法之中，包括美国、英国、加拿大、澳大利亚等国家。以美国为例，1787 年《美利坚合众国宪法》第 3 条第 1 款规定："合众国的司法权属于最高法院以及由国会随时下令设立的低级法院。"[3]虽然在宪法文本上没有明确规定"司法独立"，但司法权与立法权、行政权的分立本身就意味着司法权独立于立法权与行政权而存在，并在不受二者干预的情况下运行。可以说，司法独立实质上是三权分立理论的应有之义。然而，正

---

[1] 原载《比较法研究》2013 年第 2 期。

[2] ［法］孟德斯鸠：《论法的精神》（上册），张雁深译，商务印书馆 1997 年版，第 156 页。

[3] 本文所引用的现行宪法条文均出自《世界各国宪法》，中国检察出版社 2012 年版。

如任何制度的形成都不是一蹴而就的，美国的司法独立也经历了从法律规定到实际确立的曲折历程。在这一过程中，有两个判例对司法独立的确立是极为重要的，即马伯里诉麦迪逊案〔1〕和蔡斯弹劾案〔2〕。马伯里诉麦迪逊一案开启了美国联邦最高法院对联邦法律进行合宪性审查的先例，赋予了法院对立法及行政机关的制衡权，在实质上确立了法院的司法独立地位。其意义正如学者所言："司法上拒绝适用法律以及这种权威的程度和范围可视为司法独立程度的指示器……美国在历史经验的基础上，有时假设，没有司法审查，就无真正的司法独立。"〔3〕蔡斯弹劾案之所以在司法独立层面上具有重要意义，不仅仅是因为蔡斯是美国历史上惟一一位遭到弹劾的联邦最高法院法官，而且在于此案宣告了杰斐逊党人"试图利用弹劾这一武器来使司法部门屈从于他们的意愿"。〔4〕这一政治权力干预司法独立计划的破产，保障了法官任期，巩固了法官的独立地位。对此，首席大法官威廉·伦奎斯特指出，"不能说蔡斯审判的意义是夸大其词"。〔5〕要是蔡斯大法官被撤职的话，整个宪法结构所依赖的司法机关的独立将不可能实现。作为一个历史问题，蔡斯的无罪判决宣告了基于政治理由被撤销法官职务的危险已经结束。〔6〕历史学家们经常指出参议院对蔡斯免职的失败是司法独立的胜利，并创设了法官不能因其在法官

---

〔1〕 1801年，时任美国总统的亚当斯在卸任前紧急任命了一批"午夜法官"（Midnight Judges），但由于前国务卿马歇尔的疏忽，导致包括马伯里在内的一部分人的任命状未能及时发出，继任的总统杰斐逊命令国务卿麦迪逊扣押这批委任状。马伯里依据《1789年司法条例》第13条（该条规定联邦最高法院具有针对联邦官员提出的执行令案件的初审管辖权）将麦迪逊诉至联邦最高法院，要求法院命令其发出委任状。审理此案的最高法院大法官马歇尔裁定马伯里应该获得委任状，但同时首次运用司法审查权，以该案中所援引的《1789年司法条例》第13条违反了联邦宪法关于最高法院初审管辖权的规定无效为由将案件撤销。

〔2〕 塞缪尔·蔡斯于1796~1811年间任美国联邦最高法院大法官，是马歇尔法院的成员，因其政治立场与当时掌权的杰斐逊党人不合，1805年遭到了杰斐逊党人的弹劾，试图通过弹劾来免除蔡斯的职务。对塞缪尔·蔡斯进行指控的根据是他担任大法官时的行为，而远不是宪法所规定的"严重犯罪和不当行为"。实际上，人们普遍认为这次弹劾是有政治目的的。蔡斯审判本身以无罪宣判告终，因为杰斐逊党派中有足够多的参议院为被告的论辩所说服，从而使得定罪的投票没有达到宪法规定的多数。参见 ［美］伯纳德·施瓦茨：《美国最高法院史》，毕洪海等译，中国政法大学出版社2005年版，第61页。

〔3〕 ［美］H. W. 埃尔曼：《比较法律文化》，贺卫方、高鸿钧译，清华大学出版社2002年版，第225~226页。

〔4〕 ［美］伯纳德·施瓦茨：《美国最高法院史》，毕洪海等译，中国政法大学出版社2005年版，第61页。

〔5〕 ［美］伯纳德·施瓦茨：《美国最高法院史》，毕洪海等译，中国政法大学出版社2005年版，第61页。

〔6〕 ［美］伯纳德·施瓦茨：《美国最高法院史》，毕洪海等译，中国政法大学出版社2005年版，第61~62页。

席上陈述了政治观点就被免职的先例。[1]

具有不成文法传统的英国原来没有类似美国式的宪法，1998 年英国《人权法案》附表 1 第 6 条第 1 款中仅规定，裁决个人的公民权利和责任或对其提起的任何刑事控诉时，每个人均有权在合理的时间内接受由一个依法成立的、独立的、中立的法庭公平、公开地审理。

第二，在宪法中明确规定司法权独立，主要规定法院独立或法官独立。这是世界各国宪法中采用的主流方式，包括德国、日本在内的大陆法系国家普遍采用此种形式。如《德国基本法》第 97 条第 1 款规定："法官独立行使职权，只服从法律。"《日本国宪法》（昭和宪法）第 76 条规定："一切司法权属于最高法院及按照法律规定设置的下级法院。所有法官依良心独立行使职权，只受本宪法及法律的约束。"《俄罗斯联邦宪法》第 118 条第 1 款和第 120 条第 1 款分别规定："俄罗斯联邦的司法权只能由法院行使。""法官独立，只服从俄罗斯联邦宪法和联邦法律。"《韩国宪法》第 101 条第 1 款规定："司法权属于由法官组成的法院。"第 103 条规定："法官根据宪法、法律和良心独立审判。"《卡塔尔国永久宪法》第 130 条规定："司法权独立。司法权由不同种类与等级的法院行使，法院根据法律作出判决。"第 131 条规定："法官独立。除了法律，任何权力都不得凌驾于法官的判决之上。任何主体均不得干预司法程序。"《沙特阿拉伯王国治国基本法》第 46 条规定："司法机关是独立机关。判决时，除了伊斯兰教法，没有其他机关可以凌驾于法官之上。"《南非共和国宪法》第 165 条"司法权"规定："共和国的司法权赋予法院。法院是独立的并且只受宪法及法律的限制，其必须公正无惧地、不偏不倚地、无偏见地适用宪法和法律。任何个人或国家机构不得干涉法院的运作。国家机构必须通过立法以及其他措施协助及保护法院以确保法院的独立、公正、尊严、开放及效率。法院发出的命令或决定拘束其所适用的所有人及国家机构。"

值得注意的是，一些社会主义国家宪法关于司法独立原则的规定也极为鲜明，如《古巴共和国宪法》第 122 条规定："法官独立行使审判权，只服从于法律。"《越南共和国宪法》第 130 条规定："法官和陪审员独立审判，只服从法律。"这些社会主义国家并非实行三权分立的政治体制，说明司法独立可以"姓社"，并非只"姓资"；也并非必然与三权分立挂钩。

第三，部分国家在强调法院、法官独立的同时，也涉及检察机关及其他相关司法主体的独立。如《意大利共和国宪法》第 104 条第 1 款规定："司法部门构成独立自治的体系，不从属于其他任何权力。"第 108 条规定："法律规定有关司法组织和法官的规则。法律保障特别法院法官的独立性，同时也保障检察官及参与司法审判的非司法机关人员的独立性。"《南非共和国宪法》第 179 条第 2 款规定："国

---

〔1〕〔美〕克米特·L. 霍尔主编：《牛津美国联邦最高法院指南》，许明月等译，北京大学出版社 2009 年版，第 150 页。

家立法应当确保检察系统在行使权力时无私无惧、不偏不倚或没有歧视。"

在确立司法独立原则的同时，一些国家在宪法中建立了相应的保障机制。一是规定法官任期固定。对此，汉密尔顿曾指出："除使司法人员任职固定以外，别无他法以增强其坚定性与独立性；故可将此项规定视为宪法的不可或缺的条款，在很大程度上并可视为人民维护公正与安全的支柱。"[1]1958年《法国宪法》第64条第4款规定："法官终身任职。"《德国基本法》第97条第2款规定："专职法官和按照计划最终任用的法官在任职期届满前，只能在依据法律规定的理由和方式作出司法裁判后，方可违背其本人意愿予以免职，或予以长期或暂时停职、调职或令其退职。可通过立法规定终身制法官的退休年龄。法院机构或法院辖区发生变更时，法官可被调至其他法院任职，或退职，但应保留其全部薪酬。"《阿根廷国家宪法》第110条规定："国家最高法院大法官和地方法院法官，凡秉公执法的，均可一直任职……"二是规定法官薪金及法院经费的保证。正如汉密尔顿所言："最有助于维护法官独立者，除使法官职务固定外，莫过于使其薪俸固定。就人类天性之一般情况而言，对某人的生活有控制权，等于对其意志有控制权。在任何置司法人员的财源于立法机关的不时施舍之下的制度中，司法权与立法权的分立将永远无从实现。"[2]《俄罗斯联邦宪法》第124条明确规定："法院的经费只能来自联邦预算。联邦预算对法院的拨款，应当能够保障法院依照联邦法律的规定，充分和独立地行使司法权。"《阿根廷国家宪法》第110条规定："……法官依法律领取薪金，且在职期间其薪金不得降低。"《美国宪法》第3条第1款规定："……最高法院和低级法院的法官，如果尽忠职守得继续任职，并应在规定的时间获得服务报酬，此项报酬在其继续任职期间不得减少。"三是规定法官不得任意罢免。《日本国宪法》（昭和宪法）第78条规定："法官除经法院认定为因身心的障碍不适合执行职务的情形外，非经正式弹劾不得被罢免。对法官的惩戒处分不得由行政机关作出。"《韩国宪法》第106条第1款："非因弹劾或被判处监禁以上的刑事处罚，法官不得被罢免；非因惩戒处分，不被处以停职、减薪及其他不利的处分。"

在成为现代法治国家公认的宪法性原则的基础上，司法独立原则进一步成为国际性条约、文件中的重要内容。1948年12月10日通过的《世界人权宣言》第10条规定："人人完全平等地有权由一个独立而无偏倚的法庭进行公正的和公开的审讯，以确定他的权利和义务并判定对他提出的任何刑事指控。"1966年12月通过的《公民权利和政治权利国际公约》第14条作了大致相同的规定。进入20世纪80年代以来，国际社会对司法独立问题给予了更大的关注，并相继通过了一系列

[1] ［美］汉密尔顿、杰伊、麦迪逊：《联邦党人文集》，程逢如、在汉、舒逊译，商务印书馆1980年版，第392页。

[2] ［美］汉密尔顿、杰伊、麦迪逊：《联邦党人文集》，程逢如、在汉、舒逊译，商务印书馆1980年版，第396页。

有关司法独立的专门性文件：1982 年国际律师协会第十九届年会通过了《司法独立最低标准》；1983 年在加拿大魁北克蒙特利尔举行的司法独立第一次世界会议通过了《司法独立世界宣言》；1985 年意大利米兰举行的第七届联合预防犯罪和罪犯待遇大会通过了《关于司法机关独立的基本原则》；联合国经济及社会理事会于 1989 年通过了《关于司法独立的基本原则：实施程序》。这些文件对司法独立的内涵，对司法机关与其他国家机关、执政党及新闻媒体的关系，对法官的资格、任免、任期、权利与义务，以及对司法机关内部的关系作了系统、全面的规定。例如，《关于司法机关独立的基本原则》第 2 条对司法独立的内涵规定为："司法机关应不偏不倚、以事实为根据并依法律规定来裁决其所受理的案件，而不应有任何约束，也不应为任何直接间接不当影响、怂恿、压力、威胁或干涉所左右，不论其来自何方或出于何种理由。"所有上述这些国际文件对世界各国确立与健全司法独立的原则和制度，具有重要的指导意义与参考价值。而且这些文件中的一部分对联合国成员国具有约束力。[1]至此，司法独立作为一项国际司法准则得到了正式牢固的确立。

二、司法独立是司法规律的必然要求

司法独立原则确立为现代法治和宪政的一项重要原则，乃是司法规律的必然要求，具体言之，可从以下三个方面来分析：

（一）司法独立是实现司法公正的首要保障

公正是人类社会追求的首要价值目标，司法公正是实现社会公正的重要体现和重要保障。司法公正包含程序公正和实体公正两个维度，前者指办理案件过程中所体现的公正，后者指案件实体的结果处理符合公正要求。司法公正是司法追求的核心价值目标，是司法的灵魂和生命线。

司法独立之所以是司法公正的首要保障，从程序上说，它是程序公正的一项主要内容。早在古罗马时代产生的自然正义理念，对审判程序提出了两项基本要求，即"任何人不得在涉及自己的案件中担任法官"和"必须听取双方当事人的陈述"。[2]中国古代司法也有"两造具备，师听五辞"[3]的要求。在当代，"法官负有对公民的生命、自由、权利、义务和财产作出最后判决的责任"，更必须保证法官站在中立、独立的立场上处理案件，这样才能使得作为"法律帝国王侯"的法官在司法中真正发挥保障实现社会正义的重大作用。

从实体上说，法官独立是准确认定案件事实，正确适用法律的必要保证。众所周知，案件事实发生在过去，只有借助于证据才能全部或部分地还原案件事实真相。对证据的审查判断贯穿于刑事诉讼全过程，其中最重要的是法庭审理阶段。我

---

〔1〕 参见李步云、柳志伟："司法独立的几个问题"，载《法学研究》2002 年第 3 期。

〔2〕 ［美］伊·A. 马丁：《牛津法律辞典》，上海翻译出版公司 1991 年版，第 328 页。

〔3〕 《尚书·吕刑》。

国《刑事诉讼法》第 193 条第 1 款规定："法庭审理过程中，对与定罪、量刑有关的事实、证据都应当进行调查、辩论。"从认识论的层面来看，证据的审查判断程序是审判人员对案件事实的认识逐渐深化，从感性认识上升到理性认识的过程。法庭审理过程中，难免存在着当事人的虚假陈述以及证人的虚假证言，只有通过法庭审理过程中的举证、质证、交叉询问、辩论，法官才能对其陈述的真实性得出更加可靠的判断。这也就是刑事诉讼中直接原则的意义所在。"直接原则乃指法官以从对被告人之讯问及证据调查中所得之结果、印象，才得作为其裁判之基础。"[1] 法官对各个证据的真伪的判断以及综合全案证据对案件事实的认定，只能依靠法官内心的独立、自由的分析、判断，而不能由上级或其他人员越俎代庖。

（二）司法独立是树立司法权威的必要条件

司法权威作为一种特殊的权威类型，是指司法在社会生活中所拥有的令人信从的地位和力量。司法权威源于法律权威，是衡量一个国家法治建设程度的重要尺度。在法治社会，法律具有至上性和权威性，但法律的至上性和权威性需要法官在法律实施过程中加以体现和维护。而法官的独立性对于司法权威的维护显得极为重要。其原因主要有二：

第一，法官作为法律的实施者，只有保持自身独立和中立才能够不屈服于外界的干扰和压力，做到如马克思所讲的"法官除了法律就没有别的上司"，[2] 从而有能力、有勇气、有信心执法如山，正确地适用法律，实现司法公正，进而维护法律的统一性和权威性。

第二，我们应该承认，法官是人而不是神，在适用法律的过程中不可能做到"万无一失"，难免会出现这样那样的错误和瑕疵。对于较为严重的错误，需要通过法定程序加以纠正，以此来维护司法的权威性。因为司法的权威从根本上来说是建立在司法公正的基础之上的，如果案件审判经常发生错误，司法的公信力、权威性就无法树立。但是对于一些较小的瑕疵，反复的纠错改正也不利于维护司法的稳定性以及司法裁判的公信力。此时如果法官在审判中保持独立和中立，即使在实体裁判上存在一些小的瑕疵，不改判也能够获得当事人和社会大众的理解和谅解，从而达到维护司法权威的效果。

（三）司法独立是法官职业化的题中之意

法律作为一种国家制定、认可的行为规范，是由一系列专门的规则体系组成的，知识性、专业性很强。在商品经济形成之前，社会生活比较简单、纠纷性质比较单一，对法律职业人员的专业性要求不高。而在商品社会，对他们的专业性、技术性要求越来越高，正如有西方法学家所说的："早期法律秩序通常能够在没有通过适当训练而获得实体法规与诉讼程序知识的专家们的情况下得以维持。但是，当

---

〔1〕［德］克劳思·罗科信：《刑事诉讼法》，吴丽琪译，法律出版社 2003 年版，第 117 页。
〔2〕《马克思恩格斯选集》（第 1 卷），人民出版社 1972 年版，第 76 页。

社会变得越来越复杂时，法律规范也变得愈来愈具有抽象性和普遍性，因为只有这样它们才能协调组成社会的各种集团的利益与价值。由于同样的原因解决纠纷或对其可能的解决方式提出建议的工作变得更为困难，更需要专门的训练。这时，几乎在所有社会中都出现了一个界限明确并形成独立阶层的集团，即法律专家。"〔1〕可见，伴随着人类社会的逐步发展，社会分工日益细化，人类知识的"无限化"趋势与个体认识能力的有限性现实之间矛盾的持续扩大客观上要求一种专门研习法律知识的群体的存在，法律职业化应运而生。法律职业化的内涵十分丰富，包括专业的法律知识、法律思维、法律职业道德等诸多方面。法律职业者（法律共同体）包含了法官、检察官、律师、法学家诸多职业群体，法官是其中最具有代表性的。司法活动职业化的关键在于法官职业化，司法独立则是法官职业化的题中之意。

法官之所以需要独立，不仅是由于法官必须具有丰富的专业法律知识，而且需要在长期的司法实践中形成一种有别于社会大众的法律思维方式。所谓法律思维就是"依循法律逻辑，以价值取向的思考、合理的论证，解释适用法律"。〔2〕英国上诉法院首席大法官爱德华·科克认为："法官具有的是技术理性，而普通人具有的是自然理性，对法律的认识有赖于在长年的研究和积累的经验中才得以获得的技术。"〔3〕以刑事案件审判为例，职业法官在审判过程中，应当秉承着无罪推定与疑罪从无的司法理念，而社会公众更可能被仇视犯罪的情绪所支配而期望作出不利于被告人的判决。当然，我们也不能把法官的法律思维绝对化、神秘化，而应当把法律思维与大众（普通）思维结合起来。正因为如此，司法应当把职业法官与陪审法官加以结合，两方面取长补短、互相补充。

三、中国特色司法独立的特点与改革展望

我国司法制度的建设既要借鉴吸收西方法治国家的经验，又不能照搬西方，而应当立足中国实际形成与中国政治体制相适应的司法制度，司法独立原则也是如此。我国《宪法》第126条规定："人民法院依照法律规定独立行使审判权，不受行政机关、社会团体和个人的干涉。"第127条规定："人民检察院依照法律规定独立行使检察权，不受行政机关、社会团体和个人的干涉。"我国《人民法院组织法》《人民检察院组织法》以及《刑事诉讼法》等法律都有着与《宪法》同样的规定，这些规定形成了中国特色社会主义的司法独立原则。

（一）中国特色司法独立原则的主要特点

根据我国宪法及法律规定，中国特色司法独立原则与西方国家相比具有如下主

---

〔1〕 ［美］H.W. 埃尔曼：《比较法律文化》，贺卫方、高鸿钧译，清华大学出版社2002年版，第86~87页。

〔2〕 王泽鉴：《法律思维与民法实例：请求权基础理论体系》，中国政法大学出版社2001年版，第1页。

〔3〕 季卫东：《法治秩序的建构》，中国政法大学出版社1999年版，第200页。

要特点。

第一，司法独立的主体不同。西方国家所讲的司法独立是法官个人的独立，即"法官独立行使职权，只服从法律"，[1]并通过一系列制度保障法官独立裁判。我国的司法独立是法院、检察院作为整体的独立，而不是作为个体的法官、检察官的独立。法院和检察院内部分别设审判委员会和检察委员会，前者作为审判组织对重大案件的处理具有决定权，后者在检察长的主持下讨论决定重大案件。根据我国法律规定，独立审判的主体有三种法定的审判组织，即独任法官、合议庭和审判委员会，其中合议庭是主要审判组织。而且少数疑难、复杂、重大的案件根据法律是由合议庭主动提请审判委员会讨论的，《刑事诉讼法》第 180 条规定："对疑难、复杂、重大的案件，合议庭认为难以作出决定的，由合议庭提请院长决定提交审判委员会讨论决定。"[2]可见，在我国，合议庭是主要审判组织。

第二，司法机关的上下级关系不同。西方国家的司法机关一般仅指法院，各级法院是独立的，互相之间是审级上的上下级关系。在我国，上下级法院之间也是相对独立的，是监督指导关系。检察院上下级之间是领导关系。根据《人民检察院组织法》第 10 条第 2 款规定，最高人民检察院领导地方各级人民检察院和专门人民检察院的工作，上级人民检察院领导下级人民检察院的工作。

第三，司法独立的程度不同。考察域外各国宪法文本及司法实践可以发现，域外之司法独立较少受外界制约，即法官独立审判，只服从宪法和法律，其他任何权力不得干预法官的审判。我国法院和检察院依法独立行使审判权和检察权，不受其他行政机关、团体和个人的干涉，但其独立性是相对的。首先，司法机关要接受党的领导。党领导社会主义各项事业建设是我国的一项宪法原则，司法机关也必须接受党的领导。其次，司法机关要接受权力机关的监督。根据《宪法》第 128 条和第 133 条的规定，人民法院和人民检察院由各级人民代表大会产生，向同级人民代表大会负责并报告工作，接受人民代表大会的监督。

（二）确保中国特色司法独立的几点思考

我国 1954 年《宪法》规定了人民法院、人民检察院独立行使职权只服从法律的司法独立原则，后来经过多次政治运动，特别是经历了"文化大革命"的 10 年浩劫，该原则遭到了批判和完全否定。"文革"之后的 1982 年《宪法》重新恢复了司法机关依法独立行使职权的规定，虽然在实施过程中存在着一定的困难和阻力，但总的来说还是在曲折中得到了维护。

---

〔1〕《德国基本法》第 97 条。

〔2〕 最高人民法院《关于适用〈中华人民共和国刑事诉讼法〉的解释》第 178 条规定："合议庭审理、评议后，应当及时作出判决、裁定。拟判处死刑的案件、人民检察院抗诉的案件，合议庭应当提请院长决定提交审判委员会讨论决定。对合议庭成员意见有重大分歧的案件、新类型案件、社会影响重大的案件以及其他疑难、复杂、重大的案件，合议庭认为难以作出决定的，可以提请院长决定提交审判委员会讨论决定。"

党的十八大报告中强调要"进一步深化司法体制改革，坚持和完善中国特色社会主义司法制度，确保审判机关、检察机关依法独立公正行使审判权、检察权"。结合现阶段司法独立原则实施存在的实际问题及党的十八大报告中深化司法体制改革的精神，笔者认为应当通过改革进一步理顺以下几方面的关系以确保司法机关依法独立行使职权。

1. 司法机关与党的领导的关系

在我国，司法机关必须坚持党的领导，这是毋庸置疑的。但党的领导主要应当是政治上和组织上的领导以及方针、路线的领导，原则上不能干预对具体案件的审理。早在1979年《中共中央关于坚决保证刑法、刑事诉讼法切实实施的指示》中党中央就明确指出："加强党对司法工作的领导，最重要的一条，就是切实保证法律的实施，充分发挥司法机关的作用，切实保证人民检察院独立行使检察权，人民法院独立行使审判权，使之不受其他行政机关、团体和个人的干涉"，并明确宣布"中央决定取消各级党委审批案件的制度"。1986年《中共中央关于全党必须坚决维护社会主义法制的通知》进一步明确："司法机关党组提请党委讨论研究的重大、疑难案件，党委可以依照法律和政策充分发表意见。司法机关应该认真听取和严肃对待党委的意见。但是，这种党内讨论，绝不意味着党委可以代替司法机关的职能，直接审批案件。对案件的具体处理，必须分别由人民检察院和人民法院依法作出决定。"然而时至今日，地方党委特别是地方政法委仍然在搞协调办案。由政法委协调办案、拍板定案，显然存在着严重弊端。一是违背了《宪法》规定的法、检、公三机关办理刑事案件"分工负责、互相配合、互相制约"的原则，通过协调使三家实际上变成了一家。二是违背了司法的亲历性，造成"审者不判、判者不审"的不合理现象，加大了出现冤案错案的风险。如佘祥林、赵作海等冤案错案的酿成，都与当地政法委直接干预有关。三是政法委对因其插手发生的错案不承担任何法律责任，违背了权责相结合的原则。何况现在一些地方的政法委书记或副书记是由公安机关负责人兼任，由政法委协调案件并决定处理结果，无异于将公安机关置于法院、检察院之上。基上，笔者认为应当取消地方政法委协调案件的做法，但对于全国性的大案要案或社会影响重大的个别案件，党中央与中央政法委有权直接或者委托省级政法委进行协调处理，以使这类案件的办理最大程度地符合司法公正与国家大局利益的统一。[1]

2. 司法机关与权力机关的关系

根据我国《宪法》规定，人民法院、人民检察院由各级人民代表大会产生，向同级人民代表大会负责并报告工作，接受人民代表大会的监督。根据2006年制定的《各级人民代表大会常务委员会监督法》第二章"听取和审议人民政府、人

---

[1] 关于政法委原则上不宜协调决定案件的看法，参见陈光中："关于司法权威问题之探讨"，载《政法论坛》2011年第1期。

民法院和人民检察院的专项工作报告"的规定，人大常委会对法院、检察院的工作监督，主要是采取听取和审议两院的专项工作报告、执法检查报告和视察等形式，没有规定对具体案件的审判可以进行直接干预。实践中，人大常委会委员或人大代表个人对具体案件的处理有意见的可以向"两院"反映，"两院"应认真对待、秉公处理，但不是必须接受。应当说，目前权力机关与司法机关的监督与被监督的关系，从立法和司法两个层面来看都是比较正常的，应当予以坚持。

3. 司法机关与行政机关的关系

行政权力干预司法权力根源于行政权的扩张本性。沃尔夫甘·许茨尝言："行政侵犯司法，特别是侵犯法官的独立，在任何时代都是一个问题！"[1]在我国，虽然《宪法》第 126 条明确规定人民法院依法独立行使审判权，不受行政机关之干涉，但司法实践中法院和法官根本无法抵制来自行政机关的干预，行政干预司法的案例屡见不鲜。例如，重庆市就出现过"史上最牛公函"：重庆市一工业园区管委会就当地养殖户与爆破公司的诉讼，给一审法院发出措辞强硬的公函，要求"一审（法院）不应采信（西南大学司法鉴定所的）错误鉴定结论，应作出驳回原告诉讼请求的判决"，并公然警告法院不要"一意孤行"。原以为胜券在握的养殖场业主等来的却是与公函要求相符的判决。[2]由此可见行政权对司法权的干预已达到何种猖狂的地步，而造成这种不正常局面的根源在于司法保障体制的严重缺陷。在我国，地方法院经费基本上由同级地方财政拨付，法院的财政预算是同级政府财政预算的组成部分；地方法院法官的职位也要受到同级政府编制的约束。这种人事、财政上的受制使得法院根本无法摆脱同级行政机关的强势干预。为此，党的十六大报告曾强调要"改革司法机关的工作机制和人、财、物三者管理体制，逐步实现司法审判和检察同司法行政事务相分离"。笔者认为，应当回过头来参考党的十六大报告的精神，改革现行的法院、检察院财政保障机制，改由中央和省两级划拨，同时逐步将地方法院、检察院的人事管理权从同级地方党委和政府所有改为上级党委和政府管理。

4. 上下级法院之间的关系

在我国，人民法院上下级之间是监督关系。《宪法》第 127 条第 2 款规定："最高人民法院监督地方各级人民法院和专门人民法院的审判工作，上级人民法院监督下级人民法院的审判工作。"上级人民法院对下级人民法院的监督不是通过对具体案件的直接指示实现的，下级人民法院对其正在审理的案件有权独立作出裁判。上级法院应当只能通过二审程序、审判监督程序、死刑复核程序维持下级法院正确的判决和裁定，纠正下级法院错误的判决和裁定来实现监督。实践中，上级法院有时

---

〔1〕［德］沃尔夫甘·许茨："司法独立——一个过去和现在的问题"，李士彤译，载《环球法律评论》1981 年第 4 期。

〔2〕杨万国："法院判决前接到政府'警告函'"，载《新京报》2010 年 6 月 28 日。

对下级法院正在审理的案件作出指示，下级法院更经常在作出裁判前向上级法院请示。这种指示或请示汇报现象明显违背了《宪法》、法律的规定。最高人民法院曾多次发出通知，禁止这些不正常现象，例如，2007 年最高人民法院《关于完善审判工作监督机制促进公正司法情况的报告》中指出："最高人民法院严格禁止下级法院就个案的事实认定和如何处理进行请示，确保诉讼当事人有效行使上诉权利，确保下级法院的审级独立和二审的审级监督功能。"但因涉及业绩考核等种种情况，改革效果不甚理想，下级法院的法官为了避免上诉案件被改判，往往先请示上级法院的法官，而后再作出判决。这种做法实际上架空了二审程序的职能。因此，必须重新制定科学合理的业绩考核办法，以杜绝一审法官请示二审法官的违法做法。

5. 法院内部合议庭与院长、庭长的关系

在我国，对合议庭独立审判的阻碍不仅来自法院外部，也存在于法院内部，也即具有浓厚行政色彩的院长、庭长审批案件以及庭务会议讨论决定案件制度。

按照法律规定，合议庭是我国法院审理各类案件的基本组织形式。法院院长、各业务庭庭长作为法院内的领导除履行一定的行政管理职责，也参与对具体案件的审理。《法官法》第 6 条规定："院长、副院长、审判委员会委员、庭长、副庭长除履行审判职责外，还应当履行与其职务相适应的职责。"但是，"现实中，庭长、院长对审判工作的组织、协调、指导、监督的职责往往被浓缩或异化为对案件的把关权和对裁判文书的审核签发权"。[1] 这就是所谓院长、庭长审批案件制度。这种做法，事实上将庭长、院长的管理、监督权变成了不具有法律依据的审批权，削弱乃至架空了合议庭的审判职权。为此，最高人民法院在 1999 年制定的第一个"五年改革纲要"中指出要建立符合审判工作方式规律的审判组织形式，"在审判长选任制度全面推行的基础上，做到除合议庭依法提请院长提交审判委员会讨论决定的重大、疑难案件外，其他案件一律由合议庭审理并作出裁判，院长、庭长不得个人改变合议庭的决定。"2002 年 7 月通过的最高人民法院《关于人民法院合议庭工作的若干规定》第 16 条规定："院长、庭长可以对合议庭的评议意见和制作的裁判文书进行审核，但是不得改变合议庭的评议结论。"后续的《人民法院第二个五年改革纲要（2004~2008）》和《人民法院第三个五年改革纲要（2009~2013）》都继续强调要"加强合议庭和主审法官的职责"。令人遗憾的是，这些文件未能消除实践中习以为常的院长、庭长审批案件的现象，法律所欲达到的扩大合议庭权力的目的也未能得到真正落实，个别法院甚至出台专门的文件肯定这种没有法律依据的做法。如江苏省盱眙县人民法院出台了《关于明确院、庭长审批审核案件权限的若干规定》，指在加强以院长、庭长为主体的微观个案管理，明确分管院长、庭长在直接指导办案、直接指导法官等方面的管理职责，以制度形式将院长、庭长在定

〔1〕 江必新："论合议庭职能的强化"，载《法律适用》2000 年第 1 期。

案把关、裁判文书签发等方面的管理职责固定下来，督促其履行对个案的微观管理。[1]其他地方的法院也有类似的规定。

所谓庭务会议决定案件制度，是指对于合议庭无法作出裁决的案件或某些重大案件，由庭长召集副庭长、审判员组成庭务会议，讨论决定案件结果；对于庭务会议的决定，合议庭原则上应当执行。这种做法也大量存在于司法实践中，个别法院、法庭甚至要求所有案件都必须经过庭务会议讨论决定。[2]为纠正这种损害合议庭独立审判的错误做法，2009年12月制定的最高人民法院《关于进一步加强合议庭职责的若干规定》明确了可以由审判长提请院长或者庭长决定组织相关审判人员共同讨论的案件范围，同时强调这些案件的"讨论意见供合议庭参考，不影响合议庭依法作出裁判"。

院长、庭长审批案件和庭务会议讨论决定案件的制度违背了司法的亲历性，是对合议庭独立审判的严重阻碍，而且没有任何法律依据，因而，必须加以废除。但就现实而言，立即废除这两项制度存在一定难度。一是我国法官整体职业素养不够高，而且不平衡，完全由合议庭独立办案难以保证案件质量。二是合议庭完全独立，难以抵制种种法外因素的干扰。因此，笔者认为院长、庭长审批案件和庭务会议决定案件制度的取消难能一步到位，应当有一个准备条件的过程，而且应当与司法机关健全防腐败防外界干扰的机制工作同步进行。

6. 司法独立与法官职业稳定性的关系

要确立中国特色司法独立，还应当保障法官职业的稳定性。法官办案，需要坚守法律，维护正义，难免得罪当事人、得罪领导，或者受到社会舆论的指责。因此，只有保障职业稳定性，才能顶住压力，坚持秉公办案。如果案件未办完，法官帽便丢了，独立办案就会沦为一句空话。结合中国国情和国际经验，必须考虑以下两个问题：

第一，强化法官的身份保障，尽量摆脱有关权力单位和领导人对法官任意调动或撤职的可能性。放眼域外，罢免法官须有法定事由并经严格法定程序是诸多法治国家和地区保障司法独立性的重要途径。如在美国，要弹劾一名联邦法官，除因叛国罪、贿赂罪或者其他重罪和轻罪，或者法官未忠于职守（如职务上的故意妄为，故意并且坚持不尽职责等习惯性的品行不端，以及其他破坏司法行政，使司法机关声名狼藉等）的事由外，还须经严格的弹劾程序并经参、众两院通过，才能剥夺

---

〔1〕 刘瑞祥、刘志超："提升审判质量的探索与实践——以审判管理为视角"，载淮安市中级人民法院网站，http://fy.huaian.gov.cn/web/fy/2011/11/23/2532164.html，最后访问时间：2012年12月12日。

〔2〕 "重机制严管理提质效 互助法院民一庭七项措施助力审判管理"，据该文介绍，青海省互助土族自治县人民法院民一庭规定对所有判决的案件全部经过庭务会议讨论，严把案件事实、法律适用、证据关，同时，有利于廉政监督，杜绝案件不廉、不公问题。载青海平安网，http://www.qh.xinhuanet.com/qhpeace/2011-03-29/content_22400301.htm，最后访问时间：2012年12月12日。

其法官资格。〔1〕又如在日本，法官只有在渎职、玩忽职守或犯有严重损害法官威望的过错的情况下，才能被弹劾。一般情况下，法官的判决不妥，是不能成为被罢免的理由的。其实，在法官的身份保障方面，我国香港地区已取得了成功的经验。按照《香港基本法》的规定，香港地区法院的法官除了因身体或精神等原因而无力履行职责，或者因为行为不检等事由而不宜继续担任法官外，不被免职。而且，免职须依法定程序进行。〔2〕我国香港地区这种做法对司法独立的保障卓有成效。根据 2010 年世界经济论坛的报告，就司法独立而言，我国香港地区在 139 个国家和地区中排行第 15，是亚洲最优秀的地区之一。〔3〕笔者认为，我国应该通过立法对法官的身份保障作出规定。具体而言，应当明确规定法官一经人民代表大会及其常委会选举和任命，不得被任意免职、撤职、调离或降低工资待遇。只有在法官因身体或精神原因不能履行职责，或因触犯国家法律或其他行为不检造成影响而不宜担任法官的情况下，且须经严格法律程序，才能对法官进行调离、免职、撤职或降低工资待遇。当然，对担任领导职务的法官因工作需要调动的情况另当别论。

第二，进一步提高法官的薪酬与待遇水平，这是保障法官职业稳定性的重要途径。从国外经验来看，给予法官相对较高的薪酬与待遇水平是诸多现代法治国家的通行做法。例如，在美国，据一项调研结果显示，2002 年联邦地区法院法官的税前收入为 15 万美元，上诉法院的法官收入为 159 900 美元，最高法院大法官的年收入为 184 400 美元，破产法官和审裁法官的年收入比地区法院的法官要少 10% 左右，远远超过 2004 年美国公务员人均薪酬约 7 万美元的水平。〔4〕又如在日本，法官的月工资最低标准为 93.7 万日元〔5〕，与处长级公务员之工资水平相当。〔6〕回视我国，我国法官的工资标准实行行政机关公务员的工资标准，薪酬一直处于相对

〔1〕 参见 ［美］卡尔威因·帕尔德森：《美国宪法释义》，徐卫东、吴新平译，华夏出版社 1989 年版，第 138~140 页。

〔2〕《香港基本法》第 89 条规定："香港特别行政区法院的法官只有在无力履行职责或行为不检的情况下，行政长官才可根据终审法院首席法官任命不少于三名当地法官组成的审议庭的建议，予以免职。香港特别行政区终审法院的首席法官在无力履行职责或行为不检的情况下，行政长官才可任命不少于五名当地法官组成的审议庭进行审议，并可根据其建议，依照本法规定的程序，予以免职。"

〔3〕 康殷："香港司法独立世界排第十五"，载凤凰网，http://news.ifeng.com/hongkong/detail-011_10/06/9656694_0.shtml，最后访问时间：2013 年 1 月 7 日。

〔4〕 See *Survey of Judicial Salaries*，Vol. 27，No. 1，published by the National Center for State Courts，available at www.nc-sconline.org.

〔5〕 据统计，在 1999 年，最高法院的院长月工资为 230.4 万日元，最高法院法官的月工资为 168.2 万日元，东京高等法院院长的工资为 161 万日元。高等法院的法官及地方法院院长、地方法院的法官、家庭法院的院长、家庭法院的法官的月工资标准分为八等，最低等为 93.7 万日元。参见日本国最高法院事务总局编：《日本的裁判》，法学书院 1999 年版，第 117 页。转引自冷罗生：《日本现代审判制度》，中国政法大学出版社 2003 年版，第 230~233 页。

〔6〕 按照日本国家人事院公布的 2003 年公务员工资标准，处长级公务员月薪约为 95.83 万日元。参见盛立中："国外公务员每年能够赚多少钱"，载《世界新闻报》2005 年 3 月 24 日。

较低的水平。尽管近年来法官与公务员一样经历了多次加薪，但较之国内其他阶层的工资仍属较低水平。这很难留住优秀法官人才，使部分法官流失，影响法官的职业稳定性。因此，我国应当适度提高法官的薪酬与待遇水平，原则上略高于相同等级的公务员，以增加法官的职业认同感和荣誉感，保障法官职业的稳定性。

刑事诉讼法学研究的回顾与展望

——为庆祝中国法学会恢复重建 30 周年而作[1]

2012 年 7 月，我们迎来了中国法学会恢复重建 30 周年的喜庆日子。中国法学会恢复重建以来的 30 年，是我们国家解放思想、改革开放，建设中国特色社会主义取得辉煌成绩的 30 年，是我国社会主义法治建设和法学研究取得显著成绩的 30 年，也是我国刑事诉讼法学研究和刑事诉讼法制建设在互动中取得令人鼓舞的成就的 30 年。

现就 1982 年中国法学会恢复重建以来刑事诉讼法学研究所取得的成就作一概括性的回顾。

一、刑事诉讼法学研究成果丰硕

30 年来，刑事诉讼法学领域出版了一大批框架比较定型、内容比较成熟的教材。据粗略统计，中国法学会恢复重建以来公开出版的中国刑事诉讼法学教材近 250 个版本，其中影响较大的有张子培主编的《刑事诉讼法教程》、严端主编的《刑事诉讼法教程》、王国枢主编的《刑事诉讼法学》、程荣斌主编的《中国刑事诉讼法教程》、徐静村主编的《刑事诉讼法学》、陈光中主编的《刑事诉讼法》、樊崇义主编的《刑事诉讼法学》、崔敏主编的《刑事诉讼法教程》、张建伟著的《刑事诉讼法通义》、陈卫东主编的《刑事诉讼法》等。[2]除了中国刑事诉讼法学教材以外，外国刑事诉讼法教材也多有问世，其中王以真主编的《外国刑事诉讼法学》、程味秋主编的《外国刑事诉讼法概论》、卞建林和刘玫所著的《外国刑事诉讼法》

---

〔1〕 原载《诉讼法学研究》（第 18 卷）2013 年 9 月，与罗海敏合著，本文系在陈光中、罗海敏合著的《改革开放三十年来的刑事诉讼法学》（载《现代法学》2009 年第 7 期）一文基础上修改而成。刑事诉讼法学研究会会长卞建林教授、副会长兼秘书长顾永忠教授参加了本文的讨论。

〔2〕 所列教材按出版时间顺序排列，张子培：《刑事诉讼法教程》，群众出版社 1982 年版；严端：《刑事诉讼法教程》，中国政法大学出版社 1986 年版；王国枢：《刑事诉讼法学》，北京大学出版社 1989 年版；程荣斌：《中国刑事诉讼法教程》，中国人民大学出版社 1993 年版；徐静村：《刑事诉讼法学》（上、下册），法律出版社 1997 年版；陈光中：《刑事诉讼法》，北京大学出版社、高等教育出版社 2002 年版；樊崇义：《刑事诉讼法学》，中国政法大学出版社 2002 年版；崔敏：《刑事诉讼法教程》，中国人民公安大学出版社 2002 年版；张建伟：《刑事诉讼法通义》，清华大学出版社 2007 年版；陈卫东：《刑事诉讼法》，中国人民大学出版社 2008 年版。

以及宋英辉、孙长永、刘新魁等著的《外国刑事诉讼法》较具代表性。[1]在证据法学教材方面，先后出版逾60部。其中较有代表性的有巫宇甦主编的《证据学》、陈一云主编的《证据学》、卞建林主编的《证据法学》、樊崇义主编的《证据法学》、裴苍龄所著的《新证据学论纲》、刘金友主编的《证据法学新编》、何家弘和刘品新所著的《证据法学》、张保生主编的《证据法学》、陈光中主编的《证据法学》等。[2]从内容上来看，刑事诉讼法学教材经历了从单一性到多元化，从偏重法条注释到强调学理阐述的逐步发展过程。在形式上，刑事诉讼、证据法学方面的教材版本众多、风格各异，既有集体合作完成的，也有个人独立完成的；既有结合实际案例的，也有图文并茂的。这些教材不仅很好地满足了高等院校的教学之需，而且对理论及司法实务部门的研究工作具有相当重要的参考价值。

在专著方面，30年来出版的刑事诉讼法学专著呈逐年递增之势，从一开始的每年出版几部、十几部逐渐发展到现在每年出版几十部专著，其中不乏具有一定质量、一定深度的学术精品。据粗略统计，2005年以后每年出版的刑事诉讼法学专著数量均接近或超过100部。从内容来看，这些专著题材丰富、涉猎广泛，其中代表性专著包括：张子培等著的《刑事证据理论》，陈光中、沈国峰著的《中国古代司法制度》，程荣斌主编的《检察制度的理论与实践》，王桂五著的《中华人民共和国检察制度研究》，李建明著的《冤假错案》，崔敏、张文清主编的《刑事证据的理论与实践》，李心鉴著的《刑事诉讼构造论》，卞建林著的《刑事起诉制度的理论与实践》，左卫民著的《价值与结构——刑事程序的双重分析》，宋英辉著的《刑事诉讼目的论》，陈瑞华著的《刑事审判原理论》，熊秋红著的《刑事辩护论》，张憨、蒋惠玲著的《法院独立审判问题研究》，龙宗智著的《相对合理主义》，王敏远著的《刑事司法理论与实践检讨》，孙长永著的《侦查程序与人权——比较法考察》，孙谦著的《逮捕论》，谢佑平、万毅著的《刑事诉讼法原则——程序正义的基石》，陈光中主编的《〈公民权利和政治权利国际公约〉批准与实施问题研究》，锁正杰著的《刑事程序的法哲学原理》，杨宇冠著的《非法证据排除规则研究》，徐静村著的《21世纪中国刑事诉讼程序改革研

---

〔1〕 按出版时间顺序排列，王以真：《外国刑事诉讼法学》，北京大学出版社1994年版；程味秋：《外国刑事诉讼法概论》，中国政法大学出版社1994年版；卞建林、刘玫：《外国刑事诉讼法》，人民法院出版社、中国社会科学出版社2002年版；宋英辉、孙长永、刘新魁：《外国刑事诉讼法》，法律出版社2006年版。

〔2〕 按出版时间顺序排列，巫宇甦：《证据学》，群众出版社1983年版；陈一云：《证据学》，中国人民大学出版社1991年版；卞建林：《证据法学》，中国政法大学出版社2000年版；樊崇义：《证据法学》，法律出版社2001年版；裴苍龄：《新证据学论纲》，中国法制出版社2002年版；何家弘、刘品新：《证据法学》，法律出版社2004年版；张保生：《证据法学》，中国政法大学出版社2009年版；陈光中：《证据法学》，法律出版社2011年版；刘金友：《证据法学新编》，中国政法大学出版社2003年版。

究》，樊崇义主编的《诉讼原理》，谭世贵著的《中国司法原理》，顾永忠著的《刑事上诉程序研究》，叶青著的《刑事诉讼证据问题研究》，卞建林主编的《刑事证明理论》，朱孝清著的《职务犯罪侦查学》，陈瑞华著的《程序性制裁理论》，杨宇冠、吴高庆主编的《〈联合国反腐败公约〉解读》，汪海燕著的《刑事诉讼模式的演进》，张毅著的《刑事诉讼中的禁止双重危险规则论》，陈卫东著的《程序正义之路》，张建伟著的《司法竞技主义》，姚莉著的《反思与重构——中国法制现代化进程中的审判组织改革研究》，宋世杰著的《刑事审判制度研究》，汪建成著的《理想与现实——刑事证据理论的新探索》，崔敏、陈存仪主编的《毒品犯罪证据研究》，冀祥德著的《控辩平等论》，沈德咏著的《中国特色社会主义司法制度论纲》，陈光中等著的《中国司法制度的基础理论问题研究》等。[1]在论文方面，发表数量也呈逐年增加的趋势。

据不完全统计，《中国社会科学》《法学研究》《中国法学》等近 40 种有代表

---

〔1〕 所列专著按出版时间顺序排列，张子培、陈光中、张玲元等：《刑事证据理论》，群众出版社1982 年版；陈光中、沈国峰：《中国古代司法制度》，群众出版社 1984 年版；程荣斌：《检察制度的理论与实践》，中国人民大学出版社 1990 年版；王桂五：《中华人民共和国检察制度研究》，法律出版社1991 年版；李建明：《冤假错案》，法律出版社 1991 年版；崔敏、张文清：《刑事证据的理论与实践》，中国人民公安大学出版社 1992 年版；李心鉴：《刑事诉讼构造论》，中国政法大学出版社 1992 年版；卞建林：《刑事起诉制度的理论与实践》，中国检察出版社 1993 年版；左卫民：《价值与结构——刑事程序的双重分析》，四川大学出版社 1994 年版；宋英辉：《刑事诉讼目的论》，中国人民公安大学出版社 1995年版；陈瑞华：《刑事审判原理论》，北京大学出版社 1997 年版；熊秋红：《刑事辩护论》，法律出版社1998 年版；张憨、蒋惠玲：《法院独立审判问题研究》，人民法院出版社 1998 年版；龙宗智：《相对合理主义》，中国政法大学出版社 1999 年版；王敏远：《刑事司法理论与实践检讨》，中国政法大学出版社1999 年版；孙长永：《侦查程序与人权——比较法考察》，中国方正出版社 2000 年版；孙谦：《逮捕论》，法律出版社 2001 年版；谢佑平、万毅：《刑事诉讼法原则——程序正义的基石》，法律出版社 2002年版；陈光中：《〈公民权利和政治权利国际公约〉批准与实施问题研究》，中国法制出版社 2002 年版；锁正杰：《刑事程序的法哲学原理》，中国人民公安大学出版社 2002 年版；杨宇冠：《非法证据排除规则研究》，中国人民公安大学出版社 2002 年版；徐静村：《21 世纪中国刑事诉讼程序改革研究》，法律出版社 2003 年版；樊崇义：《诉讼原理》，法律出版社 2003 年版；谭世贵：《中国司法原理》，高等教育出版社 2004 年版；顾永忠：《刑事上诉程序研究》，中国人民公安大学出版社 2003 年版；叶青：《刑事诉讼证据问题研究》，中国法制出版社 2003 年版；卞建林：《刑事证明理论》，中国人民公安大学出版社2004 年版；朱孝清：《职务犯罪侦查学》，中国检察出版社 2004 年版；陈瑞华：《程序性制裁理论》，中国法制出版社 2004 年版；杨宇冠、吴高庆：《〈联合国反腐败公约〉解读》，中国人民公安大学出版社2004 年版；汪海燕：《刑事诉讼模式的演进》，中国人民公安大学出版社 2004 年版；张毅：《刑事诉讼中的禁止双重危险规则论》，中国人民公安大学出版社 2004 年版；陈卫东：《程序正义之路》，法律出版社 2005 年版；张建伟：《司法竞技主义》，北京大学出版社 2005 年版；姚莉：《反思与重构——中国法制现代化进程中的审判组织改革研究》，中国政法大学出版社 2005 年版；宋世杰：《刑事审判制度研究》，中国法制出版社 2005 年版；汪建成：《理想与现实——刑事证据理论的新探索》，北京大学出版社2006 年版；崔敏、陈存仪：《毒品犯罪证据研究》，中国人民公安大学出版社 2007 年版；冀祥德：《控辩平等论》，法律出版社 2008 年版；沈德咏：《中国特色社会主义司法制度论纲》，人民法院出版社 2009年版；陈光中等：《中国司法制度的基础理论问题研究》，经济科学出版社 2010 年版。

性的学术刊物在 1982~1991 年共刊载刑事诉讼法学论文近 1000 篇；1982~2001 年共刊载刑事诉讼法学论文 3500 余篇；2002~2011 年共刊载刑事诉讼法学论文逾 5000 篇。[1]在内容上，这些论文既有专门论述刑事诉讼法学、证据法学主题的，也有涉及检察学、律师学等其他学科的交叉研究成果的。在形式上，除了公开发行的法学期刊外，一些学术单位还定期出版"以书代刊"的刊物，用以专门登载诉讼法学乃至刑事诉讼法学、证据制度方面的研究成果，如《诉讼法论丛》《诉讼法学研究》《证据学论坛》等，这些刊物为刑事诉讼法学者交流学术观点、展示最新研究成果提供了更为广阔的平台。

二、刑事诉讼法学研究理论成就突出

（一）刑事诉讼法学基础理论研究不断突破创新

20 世纪 80 年代以来，刑事诉讼法学基础理论研究逐渐得到恢复，并不断取得突破和创新。学界对刑事诉讼法学诸多基本理论范畴进行了大胆而富有成效的研究，视野不断扩展，探索日益深入，理念不断更新，对立法、司法实务界的影响也日益彰显。30 年来，刑事诉讼法学基础理论研究集中于目的论、构造论、公正论、真实论、效率论以及刑事和解理论等范畴。

关于刑事诉讼目的，学界最初根据《刑事诉讼法》"惩罚犯罪，保护人民"的规定，认为刑事诉讼的目的就是准确、及时地查明案件事实，打击罪犯。随着人权保障意识的不断提高，一些学者提出了刑事诉讼应具有"惩罚犯罪"和"保障人权"双重目的的新论断，并在如何阐释"人权保障"的内涵方面进行了探索，也有学者主张刑事诉讼目的就是或主要是保障人权。总体而言，刑事诉讼双重目的理论被学界和实务界多数人接受，单纯的犯罪惩治论已经无人主张。不过，对于人权保障的对象主要指被追诉人，抑或被追诉人与被害人并重，认识并不一致。

关于刑事诉讼构造，多数学者对我国过去采用所谓"超职权主义"的诉讼构造进行了反思与批判，认为应当同时吸收职权主义和对抗主义的合理因素，在此基础上才能建筑适合我国国情的刑事诉讼构造。学者们还认为，在完善我国刑事诉讼构造的过程中既要传承历史积淀下来的精华，例如马锡五审判方式，也要积极引进国外的有益经验，这样才能形成既具中国特色又符合世界潮流的刑事诉讼构造。

---

[1] 刊物范围包括《中国社会科学》《法学研究》《中国法学》《政法论坛》《人民司法》《人民检察》《中外法学》《中国司法》《比较法研究》《法制与社会发展》《法学》《法学评论》《法学家》《法律科学》《法律适用》《法商研究》《现代法学》《政治与法律》《环球法律评论》《法学杂志》《河北法学》《当代法学》《中国刑事法杂志》《金陵法律评论》《北京大学学报》《中国人民大学学报》《华东政法学院学报》《中国人民公安大学学报》《国家检察官学院学报》《甘肃政法学院学报》《政法论丛》《法学论坛》《刑事法评论》《诉讼法学研究》《证据学论坛》《诉讼法论丛》《刑事诉讼法与证据运用》《刑事诉讼前沿研究》等。

司法公正，是刑事诉讼法学界持续关注的重要议题之一。通过不断的探索、反思、争鸣，过去"重实体、轻程序"的主张在理论上已不复存在，取而代之的是"实体公正与程序公正并重""程序优先""程序本位"等不同学说，其中"实体公正与程序公正并重"已被政法领导机关的文件所确认。通过对公正问题的讨论，"程序公正的价值不仅仅限于保障实体公正、为实体公正服务，同时还具有独立的价值"以及"根据我国的实际情况，应当在观念上更加重视程序公正"等观点，已经成为学界共识。同时，为了确保诉讼程序公正，学界进一步开展了对程序性违法、程序性裁判和程序性制裁等新课题的研究，从而加深了正当程序理论的研究深度。

围绕诉讼真实问题，刑事诉讼法学界掀起了参与人数众多、各派观点林立的热烈争鸣。传统的"客观真实论"受到了广泛质疑和挑战，形成了"客观真实论""实质真实论""法律真实论""客观真实与法律真实结合论""相对真实论"等多家学说。随着讨论的深入，在理论上逐步深入到了本体论、认识论、价值论等基础理论范畴，在制度规则上直接涉及证明标准的改革。在争鸣中，刑事证明标准具有层次性的观点得到较多学者认同。

关于"诉讼效率"，多数观点认为诉讼效率是诉讼中投入的司法资源与所取得成效之间的比例，而有别于"诉讼效益"（包括对诉讼结果的社会效益的追求）。在司法公正与诉讼效率的关系上，则形成了"公正优先说"和"两者并重说"等不同观点，在如何提高诉讼效率的问题上，学者们就刑事简易程序、辩诉交易、普通程序简化审等程序完善与建构问题进行了广泛探索。虽然在具体问题上观点不一，但通过讨论，当代刑事诉讼要重视效率价值的追求已经成为学界的共识。

在构建和谐社会背景下，刑事和解理论近年来受到学界的高度关注并开展了广泛的学术研讨，在多个地区进行了刑事和解的实证性试点研究工作。学者们一致认为，对于符合一定条件的刑事案件进行和解是实现宽严相济刑事司法政策的具体体现，有利于平衡刑事诉讼多元价值，也反映了和谐社会的内在要求，并主张从立法上将刑事和解作为一项刑事诉讼制度或程序予以明确规定。

刑事诉讼法学者们围绕"目的论""构造论""公正论""真实论""效率论"以及"刑事和解理论"等范畴展开的深入研究，很大程度上丰富、发展了我国刑事诉讼法学基础理论，同时对立法和司法实践产生了积极影响，有助于提高人权保障、司法公正特别是程序公正的意识，有助于促进在刑事司法改革和《刑事诉讼法》修改中进一步合理改革诉讼构造，正确处理"客观事实"与"法律事实"、公正与效率的关系，也积极顺应了使我国刑事诉讼法制朝更加符合和谐社会构建目标推进的时代要求。

（二）刑事诉讼制度民主化、法治化研究日益深入

改革和完善符合我国国情的刑事诉讼制度，使之进一步民主化、法治化，一直

是学界研究的主要内容之一。其中，侦查程序、起诉程序、审判程序、辩护制度、证据制度等是研究较为深入、成果较为集中的几个领域。

在我国，侦查程序不仅对案件终局的形成起着基础性的作用，其中追究犯罪与人权保障的关系也体现得最集中、最尖锐，而且我国侦查实践中存在的问题比较突出，因而，侦查程序中的授权与限权问题成为学界讨论的热点。学者们普遍认为，一方面，应当通过立法授权的方式进一步完善侦查机关的侦查手段，如明确规定技术侦查等特殊侦查手段的适用；另一方面，更应当强调对侦查权行使的规范与制约，特别是对刑讯逼供等非法取证的遏制。

起诉方式和起诉裁量权是起诉程序研究中的重要内容。学界多数观点认为应当对我国1996年《刑事诉讼法》修改后采用的移送有限证据资料的起诉方式予以改革，并提出了实行起诉书一本主义、卷宗移送等诸多改革路径。在起诉裁量问题上，多数学者主张扩大检察机关的起诉裁量权，提出了建立附条件起诉制度等建议。此外，学者们也围绕公诉审查方式、警检关系等其他有关起诉程序完善的热点问题展开了广泛探讨。这些研究，不仅为立法完善提供了理论支持，也直接推动了宽严相济刑事司法政策在起诉实践中的贯彻与落实。

刑事审判程序在整个刑事诉讼程序中居于中心地位，刑事审判程序的改革与完善是刑事诉讼法学界长期关注的焦点，刑事一审程序与死刑复核程序是其中研究较为深入、成果较为突出的重要领域。其中，证人出庭难这一实践中存在的突出问题成为学界研究热点，学者们通过深入研究，提出了完善我国证人作证制度的许多具体主张。在有关死刑复核程序的研究中，如何通过程序来控制死刑以落实我国"慎杀"和宽严相济的刑事政策，是广大刑事诉讼法学者研究的重点，由此形成的诸多研究成果，为我国死刑复核程序的完善提供了理论导向。

刑事辩护制度的发达与完善程度往往是衡量一个国家民主与法治程度的重要标志。与国际标准相比，我国刑事辩护制度仍然存在一定差距。针对刑事辩护实践中存在的各种问题，学者们通过著书立说、研讨交流等多种形式展开了深入研究，并形成了"必须强化对犯罪嫌疑人、被告人辩护权的保障"的共识。在理论研究的指导、推动下，我国1996年《刑事诉讼法》修改以及2007年《律师法》修改都对刑事辩护制度进行了一定程度的完善，而刑事辩护制度的进一步改革、完善也成为2012年3月通过的《关于修改〈中华人民共和国刑事诉讼法〉的决定》（以下简称《刑事诉讼法修正案》）的重要内容之一，并取得了重大进步。

证据规则对于规范刑事诉讼证明活动、准确认定案件事实具有十分重要的作用，对证据规则的研究是学界有关证据制度研究的重点。面对我国现有证据规则在数量和质量上都难以满足司法实践需要的状况，应当构建中国特色的，包括关联性规则、非法证据排除规则、传闻证据规则、自白规则和推定规则等在内的刑事证据规则体系成为学界的共识。有关证据规则问题的研究，不仅有助于深化我国证据理论，也对立法、司法实践部门近年来确立证据规则的努力与成就起了重要的推动作用。在证据立法模式上，尽管坚持现行证据法统一于诉讼法典的大陆法模式占主流地位，但美国式的统一证据法典模式的学术主张也发出强音，并推出几部统一证据法典草案。

此外，刑事立案程序、执行程序等诉讼程序与制度的改革与完善，也是刑事诉讼法学者积极探讨、不断深入研究的重要内容。

（三）刑事诉讼法学研究方法不断创新

长期以来，我国学者在刑事诉讼法学研究方法的运用上偏重于采用概念推理、理论辨析等传统方法，缺乏实践调查与数据分析，以致产生理论设想与实践操作之间的偏离与脱节。基于对传统研究方法的反思，近年来，多位刑事诉讼法学者结合课题研究内容，不仅采用阅卷分析等定性定量相结合的方式，而且通过直接进行试点实验的方式来回答和检验理论研究中的特定问题，其中樊崇义教授主持的"建立讯问犯罪嫌疑人时律师在场、录音、录像制度试验项目"，宋英辉教授在河北、江苏等地开展的未成年人取保候审、刑事和解试点研究，以及陈卫东教授开展的遏制刑讯逼供等实证性研究的影响较为显著。实证研究方法的运用，不仅是对过去"座谈会"式调研方式的革新，也增加了学者理论主张对立法、司法界的说服力。

（四）外国刑事诉讼法学、联合国刑事司法准则研究成绩卓著

30 年来，刑事诉讼法学界在研究、探索外国刑事诉讼法学理论、司法实践经验以及联合国刑事司法准则等方面开拓进取、不懈努力，取得了卓越成绩。

在外国法典翻译方面，陈光中教授组织、翻译出版了法国、意大利、德国、美国、加拿大、俄罗斯、日本、英国、韩国等多个国家的刑事诉讼法典、诉讼规则和证据规则，为我国立法司法部门和理论界了解外国刑事诉讼法制提供了丰富的资料。[1]同时，学界也翻译出版了多部外国刑事诉讼法、证据法、执行法等方面的法典、规则；[2]翻译出版了近 20 部外国刑事诉讼法、证据法方面的经典著作。

---

〔1〕 主要有：《法国刑事诉讼法典》，方蔼如译，法律出版社 1987 年版；《意大利刑事诉讼法典》，黄风译，中国政法大学出版社 1994 年版；《德国刑事诉讼法典》，李昌珂译，中国政法大学出版社 1995 年版；《美国联邦刑事诉讼规则和证据规则》，卞建林译，中国政法大学出版社 1996 年版；《法国刑事诉讼法典》，谢朝华、余叔通译，中国政法大学出版社 1997 年版；《俄罗斯联邦刑事执行法典》，黄道秀、李国强译，中国政法大学出版社 1999 年版；《加拿大刑事法典》，卞建林等译，中国政法大学出版社 1999 年版；《俄罗斯联邦刑事诉讼法典》，苏方遒、徐鹤喃、白俊华译，中国政法大学出版社 1999 年版；《日本刑事诉讼法》，宋英辉译，中国政法大学出版社 2000 年版；《英国刑事诉讼法》，中国政法大学刑事法律研究中心编译，中国政法大学出版社 2001 年版；《俄罗斯联邦刑事诉讼法典》，黄道秀译，中国政法大学出版社 2003 年版；《韩国刑事诉讼法》，马相哲译，中国政法大学出版社 2004 年版。

〔2〕 主要包括：《法国刑事诉讼法典》，罗结珍译，中国法制出版社 2006 年版；《俄罗斯联邦刑事诉讼法典》（新版），黄道秀译，中国人民公安大学出版社 2006 年版；孙长永：《英国 2003 年〈刑事审判法〉及其释义》，法律出版社 2005 年版；陈界融：《〈美国联邦证据规则（2004）〉译析》，中国人民大学出版社 2005 年版等。

严防冤案若干问题思考[1]

公正是司法的核心价值，但并非所有案件都能实现公正。冤案就是最大的司法不公。最近在媒体上曝光的若干冤案，如浙江省张氏叔侄冤案、萧山冤案，引起了社会关注，也引起了高层领导的关注。防止冤案是当前司法机关的重要任务之一，也是保障司法人权的标志性要求。本文就冤案若干问题略抒己见。

一、如何对待冤案的发生

（一）冤案的界定问题

对冤案的界定存在不同标准。一些国家和国际组织从赔偿角度来定义冤案，比如新西兰法律委员会的一份报告指出："在这个国家发生的下列情况将作为冤案而得到赔偿：遭逮捕、羁押却未受指控而释放……"[2]美国哥伦比亚大学法学院詹姆斯·S. 利布曼（James S. Liebman）教授就全美 1973 年 1 月 1 日至 1995 年 10 月 2 日这 23 年间死刑的适用情况开展研究，在其研究报告中，死刑错判的认定标准是，死刑判决因为错误被推翻并经重新审理之后改判轻罪或无罪的案件。[3]联合国《公民权利和政治权利国际公约》第 14 条第 6 款规定："在一人按照最后决定已被判定犯刑事罪而其后根据新的或新发现的事实确实表明发生误审，他的定罪被推翻或被赦免的情况下，因这种定罪而受刑罚的人应依法得到赔偿，除非经证明当时不知道的事实的未被及时揭露完全是或部分是由于他自己的缘故。"[4]根据联合国的上述规定，结合中国实际，我们认为冤案是指已生效的裁判对无罪者判定为有罪的案件，即"无过而受罪，世谓之冤"。[5]因为刑事诉讼是一个过程，从立案、侦查到起诉，从起诉到审判，后面的环节总是在审查、纠正前面的环节，程序尚未结束，就不能说是冤案。因此通常所说的错捕、错诉乃至一审的错判均非严格意义上的冤案。只有如佘祥林案、杜培武案、李化伟案，以及近期发生的赵作海案、张氏

---

[1] 原载《法学家》2014 年第 1 期，与于增尊合著。

[2] 转引自赵琳琳：《刑事冤案问题研究》，中国法制出版社 2012 年版，第 5 页。

[3] See James S. Liebman, *"The Overproduction of Death"*, 100 Colum. I. Rev. 2000, p.2030.

[4] 《公民权利和政治权利国际公约》，载联合国人权网，littp://www.ohehr.org/CH/Issues/ Documents/International_Bill/3.pdf，最后访问时间：2014 年 2 月 14 日。

[5] （汉）王充：《论衡》。

叔侄案等，才是已生效裁判认定其为有罪而后平反的典型冤案。

司法实务中还存在这样一个问题，有的案件程序进行得过于缓慢，甚至是在证据不充分、无法认定犯罪嫌疑人、被告人有罪时将案件先挂起来，尽管最后可能宣告被告人无罪，但作出判决的时间却非常之久。在全国人大常委会于 2000 年组织的"刑事诉讼法执法大检查"中，发现了大量久拖不决、超期羁押的案件，这一问题仍然存在。如河北杨志杰涉嫌爆炸罪一案，被超期羁押 7 年后才被起诉，进入审判程序后又被关押了 5 年之久，最后检察机关以证据不足为由作出了不起诉的决定。[1]河南李怀亮案也是被关押了近 12 年才宣告其无罪。此类案件，即便被告人最终未被法院定罪，但长达十几年的关押已经与有期徒刑的执行类似，公众对他的社会评价也是负面的，他们也因"无罪而受过"，因此这种案件不叫冤案也近似冤案。

（二）冤案多错在事实认定上

司法实践证明，冤案多错在事实认定上。所谓事实认定上的错误，是指已生效裁判根据证据认定的案件事实与案件的客观事实不一致或完全背离。或者是犯罪事实没有发生，但判决认定发生了，如佘祥林案；或者是犯罪事实客观上发生了，但行为主体不是判决认定的被告人，如杜培武案。

在中外的认识理论中，论者对"事实"大多持客观存在说，认为事实是"事情的实际情况，实有的事情"。但也有一些学者不承认事实包括案件事实（案件本原事实）的客观存在，认为事实总是与人的主观认识相联系的，其典型表述如："事实是认识主体——人所获得的一种认识，也就是人所把握的一种知识形式……事实乃是对呈现于感官之前的事物的一种断定。"[2]这种观点把人的主观认识与事实的客观存在混为一谈，显然是一种主观主义的理论。就刑事诉讼而言，犯罪事实是否已经发生，是谁实施的犯罪，如何实施犯罪等，是不以办案人员的主观意志为转移的，办案人员不能否认它、改变它，而只能发现它、认识它。办案人员发现、认识案件本原事实的过程，就是证明的过程，或查明案件事实真相的过程，而证明的惟一媒介就是证据。因为案件对办案人员来说永远发生在过去，只能通过证据来再现过去的案件事实。当然对再现的案件事实需要用法律来衡量，例如发现了一具死尸首先要判明是他杀还是自杀，根据法律只有在他杀的情况下才可能存在犯罪，需要进一步立案侦查。侦查的结果可能是发现了真凶，也可能长期破不了案，在后一种情况下并不是客观上没有真凶，只是办案人员主观上还没有发现真凶。办案人员主观上已经认定的真凶也可能是假"真凶"，如果这种认定成为已生效裁判的结

---

〔1〕 参见晏耀斌、刘宪明："超期羁押：有罪无罪关十年"，载《法律与生活》2003 年第 15 期，第 2~6 页。

〔2〕 彭漪涟："论事实——关于事实的一般涵义和特性的探讨"，载《学术月刊》1991 年第 11 期，第 13~42 页。

论，就是冤案。冤案就是在收集、运用证据证明案件事实的过程中发生了背离案件客观事实的错误。如果像有的学者所说的，案件事实必然要与办案人员的主观相结合，那就没有案件事实真相，也没有冤案可言了。然而，从司法实践来看，诸多悲惨的冤案昭示了查明案件事实真相的必要性和重要性。美国一名冤案受害者曾经创作了一首感人至深的名为"你好，真相"的诗，其中写道："你好，真相！你一直在那里，却有人对你视而不见……你好，真相！他们在你与证据之间玩起捉迷藏的把戏，你已被谎言和欺骗所包围，以致耗费漫长的时间才能找到你。"〔1〕可见，蒙冤人的内心是多么渴望真相大白！

（三）应当严防冤案的发生

冤案，特别是判处死刑的冤案，一方面是对无辜者权利的残酷侵犯，另一方面放纵了真正的罪犯，而且对司法公信力造成巨大的伤害。从理想的角度来说，我们希望一起冤案都不要发生，但处在现实的世界中，冤案又难以避免。古今中外，没有哪个国家、哪个历史时期从未发生过冤案，只是有数量上的区别。一般而言，制度越民主、科学、法治，冤案就越少；反之，冤案就越多。冤案发生的多少与诉讼程序保障直接相关，但程序再完善，也难以完全避免冤案发生。

但是，承认冤案的客观存在，并不意味着可以用时下学术界流行的所谓"可错性""难免论"作为借口来推脱办案者的责任，而不主动严防冤案的发生。相反，我们的任务是要通过制度的完善、办案人员素质的提高和观念的转变等举措，千方百计地防止冤案错案的发生。两大法系主要国家也不断发生冤案，但他们大多会面对现实，将其视为改进本国司法制度的重要契机。例如，日本"世纪冤案"〔2〕的发生推动了侦查制度等多项制度的变革，包括在全国 10 966 个审讯室内安装单向可视观察镜，并由新设立的审讯监督部门的人员在审讯室外监督审讯过程等；〔3〕加拿大"亨利案"的纠正推动了 DNA 认证操作制度、法律援助制度等多项防错机制的构

---

〔1〕 ［美］特蕾莎·马丁内斯-莫尔韦恩主编：《你好，真相！蒙冤者的告白和他们的故事》，陈效、苑尔宁等译，北京大学出版社 2013 年版，第 130 页。

〔2〕 1990 年 5 月 12 日晚，日本栃木县足利市一位父亲玩弹子机时，4 岁的女孩真美在停车场失踪。次日，真美的尸体在离弹子机房 500 米的河边被人发现，衣服散乱在周围，还有被猥亵的痕迹。1991 年 12 月 2 日，住在该市的幼儿园巴士司机菅家利以 "猥亵绑架目的杀人"的嫌疑被逮捕，主要根据是真美内衣上残留的体液和在菅家利和家的垃圾中找到的纸巾上的体液 DNA 一致。1993 年 7 月，法院依照控方求刑，判处菅家利和无期徒刑，二审维持原判。在上诉至最高法院之后，日本最高法院于 2000 年 7 月作出维持原判的判决。2008 年 2 月，菅家利和向东京高等法院提出再审请求，东京高等法院于 2008 年底决定重新进行 DNA 鉴定。鉴定结果显示菅家利和与凶手的 DNA 不相符，2009 年 6 月初菅家利和被宣布无罪。由于该起案件是日本首例因 DNA 鉴定引发的错案，因此在日本引起了广泛关注，甚至有媒体称该案为日本的"世纪冤案"。参见 "DNA 鉴定引发的日本'世纪冤案'"，载《晚报文萃》2010 年第 8 期，第 42~45 页。

〔3〕 参见周舟："日本：'世纪冤案'促进制度变革"，载《法制日报》2013 年 5 月 7 日。

建。[1]事实上，近年来我国一些冤错案件曝光后，从中央到地方的公安司法机关是能够积极面对的，也注意从中汲取经验教训以完善法律的规定，特别是修改后的《刑事诉讼法》从多方面完善制度，以期防止冤案的发生。

理性对待冤案，还涉及对冤案中司法人员的责任追究问题。应当承认，冤案的发生，往往与司法人员不同程度的过错有关，但也不能一概而论，要根据不同情况分别对待。因此，并非所有涉及冤案的司法人员都要承担法律责任，只有在司法人员具有主观过错的情况下才能追究其责任。具体包括两种情形：一是故意徇私枉法造成冤案；二是疏忽大意、没有尽到谨慎义务，即因为渎职导致冤案。至于在办案过程中的认识问题，不应作为追究司法人员责任的理由，因为只要是事实与法律的评价者、裁判者，都拥有一定的自由裁量权，只要其根据法律和案件证据确信被追诉人有罪就是依法履行职责的表现，而不应该追究其责任。至于有的案件的司法人员曾主张无罪处理，只是迫于压力服从领导决定，办了冤案、错案，则更不应由其负责。

二、如何严防冤案发生

导致冤案的因素是错综复杂的，如何预防冤案，实难全面论述。但我们认为，转变理念，切实贯彻"尊重和保障人权"的宪法原则，司法人员真正树立被称为刑事诉讼中"皇冠之珠"的无罪推定意识，是有效防止冤案的前提条件。对此作者已著文论述，此处不赘。[2]本文主要结合我国冤案发生的实际情况，从以下几方面谈谈冤案的预防问题。

（一）杜绝刑讯逼供

刑讯逼供，是人类司法文明的一大毒瘤。两大法系的刑事诉讼制度史，都绕不开刑讯逼供这一重要问题。早在200多年前，贝卡里亚就指出，"这种方法能保证使强壮的罪犯获得释放，并使软弱的无辜者被定罪处罚……刑讯必然造成这样一种奇怪的后果：无辜者处于比罪犯更坏的境地"。[3]美国加州伯克利警察局的一名前副队长 W. R. 基德也承认，"在三级审讯之下，对犯罪嫌疑人而言只会发生三件事：1. 告诉你你想要的一切。2. 在暴烈的三级审讯之下发疯。3. 死亡"。[4]美国在近期的反恐活动中，对恐怖分子"合法"使用水刑之类的刑讯手段，也是举世皆知的。但是总体而言，随着美国刑事法制的进步，刑讯逼供特别是肉体逼供已经不再是导致错案的重要因素。根据美国学者安耶·拉特勒教授的一项针对205起错

---

〔1〕 参见李振林："加拿大：'亨利案'构建防错五机制"，载《法制日报》2013年5月14日。

〔2〕 参见陈光中、张佳华、肖沛权："论无罪推定原则及其在中国的适用"，载《法学杂志》2013年第10期，第1~8页。

〔3〕 ［意］贝卡里亚：《论犯罪与刑罚》，黄风译，中国法制出版社2005年版，第39~40页。

〔4〕 ［美］理查德·A. 利奥：《警察审讯与美国刑事司法》，刘方权、朱奎彬译，中国政法大学出版社2012年版，第37页。

案的分析，只有 6.8% 的案件涉及检察官与警察的不当行为。[1]

我国过去发生的冤案中，几乎都有刑讯逼供的影子，可谓"有冤案必有刑讯"。这与我国的案件侦破方式有很大关系。侦查机关总是习惯于走"破案捷径"，从口供入手，然后以其他证据来印证犯罪嫌疑人的口供，进而得出有罪的结论；但无罪的人极少会承认自己有罪（除非是故意顶罪等例外情况），即便是真正的犯罪分子也会为自己开脱，于是侦查讯问人员就采用各种方法逼取口供。这是我国刑讯逼供屡禁不止的根源所在。

对于遏制刑讯逼供问题，公安部于 1992 年制定了《关于坚决制止公安干警刑讯逼供的决定》；最高人民检察院于 2001 年发布了《关于严禁将刑讯逼供获取的犯罪嫌疑人供述作为定案依据的通知》；"两院三部"于 2010 年联合出台了《非法证据排除规定》和《办理死刑案件证据规定》。上述文件对防止刑讯逼供起到了较大作用。2012 年《刑事诉讼法》则用多个条文构成"组合拳"，形成有力预防刑讯逼供的措施体系，包括：拘留、逮捕后应当立即将被拘留人、被逮捕人送交看守所羁押；犯罪嫌疑人被送交看守所以后，侦查人员对其进行讯问，应当在看守所内进行；对严重案件的讯问采取全程同步录音录像以及确立非法证据排除规则等。这些措施体现了立法机关杜绝刑讯逼供的决心和努力，客观上也确实在遏制刑讯逼供方面起到了显著作用，目前刑讯特别是表现为肉刑的刑讯现象已经明显减少。但是也要看到，刑讯逼供仍未绝迹，特别是变相的刑讯逼供时有出现，因而不能放松警惕。特别需要指出，现行法律规定仍然存在漏洞，让办案人员有空子可钻，举其要者如，在犯罪嫌疑人进入看守所之前仍有实施刑讯逼供的可能；在指定居所监视居住期间的讯问如何合法进行、是否必须在指定居所内进行、是否需要同步录音录像等，刑事诉讼法和相关司法解释均缺乏明确规定；对于取保候审和在住处执行监视居住的犯罪嫌疑人，侦查机关有权传唤其到所在市、县内的指定地点进行讯问，在讯问中也可能发生刑讯逼供行为。这些程序漏洞如不及时修补，很可能削弱立法遏制刑讯逼供的效果。

（二）辩护权的充分行使

辩护权是被追诉人的核心权利，是实现司法公正、避免冤假错案的有力保证。2012 年我国《刑事诉讼法》修改在辩护制度上作了很大的改进，如确认侦查阶段律师的"辩护人"地位，完善会见程序，扩大阅卷权限，扩大法律援助适用的阶段和案件范围等。当前的问题在于，一方面要落实《刑事诉讼法》关于辩护制度的新规定，另一方面要弥补现有制度的某些不足。

1. 保证法定辩护权真正到位

新《刑事诉讼法》生效实施后，各地公安司法机关对律师辩护活动更加重视，

---

〔1〕 参见刘品新："当代英美刑事错案的实证研究"，载《国家检察官学院学报》2007 年第 1 期，第 17 页。

也给予了更大的理解和支持，如为律师阅卷、会见等活动提供更多便利、[1]在审查批捕等环节更加注重听取律师的意见等，[2]使辩护律师在刑事诉讼中能更好地发挥保障被追诉人人权、实现司法公正的作用。但从司法实践来看，律师辩护质量仍然有待提高，辩护权的落实尚需不懈努力。

首先，辩护质量不高。罗伯特·奥尔逊在分析"正义流产"的原因时认为，其中一项就是辩护不力。"如果律师懒惰或者水平有限，就很难发现控方证据的漏洞，无法阻止冤案的发生。"[3]我国的律师数量仍不能满足实际需要，但更主要的问题是律师专业素质参差不齐，有的律师职业能力有限，无法提供有质量的辩护服务。在法律援助案件中，律师责任心不强、怠于履行辩护职责，也是一个亟待解决的问题。

其次，律师权利实际上受到一定限制，有时难以有效开展辩护活动。例如，由于侦查阶段律师取证权的法律规定模棱两可、相互矛盾[4]，使侦查阶段律师的取证权遇到困难。又如，法律规定辩护律师有权申请启动非法证据排除程序，但在符合条件的情况下，启动程序不易，成功排除的更为少见。

更重要的是，公安司法机关的少数办案人员对辩护制度的重要性认识不足，对辩护人警惕有余、信任不足，对合理的辩护意见不仅不采纳，反而认为其影响惩罚犯罪而打击辩护人，如此等等。近期发生的广西北海四律师案就比较典型。[5]修改后的《刑事诉讼法》刚刚实施，又发生在法庭审理中辩护律师被强行带出法庭[6]或被处以司法拘留[7]，导致法庭上出现的不是控辩对抗而是审辩对抗的不正常现象。尽管律师队伍中确有个别律师素质不高、自律不严，应当加强教育，但律师队伍总体上来说是值得信任的。不正确地对待律师辩护，是造成司法不公乃至铸成冤案的一个重要原因。正因为如此，最高人民法院院长指出，"公正司法是人民法院工作永恒的主题、任务和价值追求。这需要全社会形成合力，紧紧依靠法律界包括法学专家

---

[1] 参见刘艳、高伟、朱建军："电子案卷方便律师查阅复制"，载《检察日报》2013年3月6日。

[2] 参见傅鉴、青剑、王雪莲："批捕环节注意听取律师意见"，载《检察日报》2013年3月23日；贾富彬、李红、于晓东："重视听取律师意见"，载《检察日报》2013年2月7日。

[3] 转引自邓子滨："使刑事冤案得以昭雪的制度空间"，载《环球法律评论》2003年夏季号，第204页。

[4] 根据2012年《刑事诉讼法》第41条第2款，似乎应理解为只有在审查起诉和审判阶段，辩护律师才享有调查取证权；但2012年《刑事诉讼法》第40条要求律师将收集到的三类证据及时告知公安机关，显然这是建立在侦查阶段律师有权调查取证基础上的。

[5] 2010年八、九月份，杨在新等4名律师接受广西壮族自治区北海市"11·17杀人抛尸案"被告人委托代理该案，后因4名被告人当庭翻供，2011年6月13日北海市公安局以涉嫌"妨碍作证"为由将杨在新等4名律师予以刑事拘留或监视居住。

[6] 吉林船营法院审理王刚涉黑一案中，律师王兴被审判长逐出法庭。

[7] 江苏省靖江市法院审理被告人朱某某利用邪教组织破坏法律实施一案中，对辩护人王全璋予以司法拘留。

和律师，齐心协力，共同推进公正司法，落实依法治国的要求"。[1] 一位常务副院长也撰文称，律师"是实现公正审判、有效防范冤假错案的无可替代的重要力量"。[2]

2. 辩护律师的介入范围需要扩大

顺应辩护制度发展的时代潮流，修改后的《刑事诉讼法》将辩护律师介入时间提前到了侦查阶段，并将法律援助的范围扩展至犯罪嫌疑人、被告人是尚未完全丧失辨认或者控制自己行为能力的精神病人的案件和犯罪嫌疑人、被告人可能被判处无期徒刑的案件，这是值得肯定的。但从防范冤错案件的角度看，律师的介入范围仍需扩展。一是要逐步扩大适用法律援助的案件范围。从案件性质上，强制辩护只适用于可能判处无期徒刑、死刑的极其严重的犯罪案件，这是受制于目前社会条件作出的限定。但随着法律援助经费的增加，应当进一步扩大适用的案件范围，使更多的犯罪嫌疑人、被告人享受到免费的法律服务，减少这些案件错判的可能。二是明确将死刑二审案件和死刑复核案件纳入法律援助的范围。笔者一直认为，案情越重，辩护律师介入的必要性就越大。因此只要是死刑案件，从侦查阶段一直到死刑复核阶段都应当有律师参与，而且要有好的律师。根据《刑事诉讼法》规定，被告人可能被判处死刑的案件，如果被告人没有委托辩护人，法院应当为其指定法律援助律师。但对死刑二审程序和死刑复核程序是否属于"可能判处死刑"的情况，存在歧义。1997年，最高人民法院在一个批复中明确指出：《刑事诉讼法》中规定的"可能被判处死刑"的情况也应当适用于二审程序，[3] 但最高人民法院的新司法解释中却未重申此批复的内容。至于死刑复核程序中的法律援助问题，司法解释从未作出规定。鉴于死刑判决后果的严重性乃至不可逆转性，应当在法律文件中明确，在死刑二审案件和死刑复核案件中，如果被告人没有辩护人的，法院应当为其指定法律援助律师。

（三）运用证据准确认定案件事实

正确运用证据是刑事诉讼的核心问题。依法定程序收集、审查判断证据，准确认定案件事实，是实现司法公正、防止出现冤假错案的关键性保证。

1. 要全面、合法地收集证据

为保证实现司法公正，《刑事诉讼法》第50条要求审判人员、检察人员、侦查人员必须依照法定程序，收集能够证实犯罪嫌疑人、被告人有罪或者无罪、犯罪

---

〔1〕 "全社会共同努力推进公正司法提升司法公信力"，载《人民法院报》2013年4月27日。

〔2〕 沈德咏："我们应当如何防范冤假错案"，载《人民法院报》，2013年5月6日。

〔3〕 1997年11月6日最高人民法院审判委员会第943次会议通过的《最高人民法院关于第二审人民法院审理死刑上诉案件被告人没有委托辩护人的是否应为其指定辩护人问题的批复》指出："《中华人民共和国刑事诉讼法》第34条第3款关于被告人可能被判处死刑而没有委托辩护人的，人民法院应当指定承担法律援助义务的律师为其提供辩护的规定，也应当适用于第二审死刑案件。即第一审人民法院已判处死刑的被告人提出上诉或者人民检察院提出抗诉，被告人没有委托辩护人的，第二审人民法院应当为其指定辩护人。"该批复由最高人民法院于1997年11月12日公告，并于1997年11月20日起施行。

情节轻重的各种证据。但在办案实践中，有的公安司法机关及其办案人员往往重打击、轻保护，更重视收集不利于被追诉人的证据，而忽视有利于被追诉人的证据，甚至伪造犯罪嫌疑人、被告人有罪的证据。例如，在李化伟杀妻案中，由于作案凶器上留下的指纹和现场足迹均与李化伟对不上号，办案人员于是将案发现场提取的属于重大破案线索的指纹、足迹全部隐匿起来；为解决犯罪嫌疑人没有作案时间的问题，将原来的法医现场勘验结论推倒重来，作案时间被大幅度提前到中午12时许；以"给犯罪分子作证，是包庇罪"为由威胁欲为李化伟作证的人，迫使其改变证言。[1]又如在杜培武案件开庭阶段，"杜培武把被刑讯逼供时的血衣穿在外衣里面，当庭出示了这件刑讯逼供的物证……然而，这件物证交给法庭后就再也没有出现过，就此消失了……"[2]应当说，如果侦查人员、检察人员、审判人员能够客观全面地收集、对待有利于犯罪嫌疑人、被告人的证据，那么很多错误就会及时暴露，冤案也就不会发生。

2. 证据应当在法庭上展示、质证

现代法治国家根据证据裁判原则的精神，为保证事实裁判者正确评价证据、准确认定案件事实，均要求在法庭上出示证据并经过控辩双方的质证、辩论，这也就是所谓传闻证据排除规则或直接言词原则。

我国1996年修改《刑事诉讼法》时将庭审制度改革作为一大重点，改革措施之一就是强化控辩双方在庭审阶段针对证据的质证和对抗。此后多年来实物证据一般都能在法庭上出示，但是由于立法的缺陷，证人出庭率一直在低水平徘徊，检察机关主要采取宣读证言的方式，导致针对言词证据特别是证人证言的当庭质证很难开展。为解决这一问题，修改后的《刑事诉讼法》增加多个条文对证人应当出庭作证的情形、证人保护、作证补助等方面作了规定，相关解释又作了细化。但目前来看，修改后的《刑事诉讼法》实施以来证人出庭比例并无明显提高。[3]其中的原因是多方面的，但关键原因还是该法第187条对证人出庭三个条件的规定。按照此条规定，公诉人、当事人或者辩护人、诉讼代理人对证人证言有异议，且该证人证言对案件定罪量刑有重大影响，人民法院认为证人有必要出庭作证的，证人应当出庭作证。这一规定实际上赋予了法官决定是否通知证人出庭的裁量权。如果法官轻信证人询问笔录，而控方又对通知证人出庭不积极，哪怕辩方强烈要求，法官也可以拒绝通知证人出庭。

为切实减少乃至杜绝冤案的发生，必须明确，控辩双方对于言词证据有分歧并且影响定罪量刑，而辩方要求证人出庭的，一般应当让证人本人出庭接受询问。这

---

[1]　参见郭国松："一起离奇杀妻案的真相"，载《南方周末》2001年2月23日。

[2]　王达人、曾粤兴：《正义的诉求：美国辛普森案与中国杜培武案的比较》，北京大学出版社2012年版，第79页。

[3]　参见张丽："给证人配'保镖'防止报复"，载《法制晚报》2013年6月14日。

样做有利于向审判者揭示案件事实真相，防止无辜者被错误定罪。实际上，证人不出庭是有利于控方而不利于辩方的，因为公诉人在开庭之前对有利、不利辩方的证人都有权进行询问，而辩方在庭审前对部分证人没有当面询问、对质的机会，只能依靠在法庭上的询问对证人不真实的证言进行辩驳。正因为如此，联合国《公民权利和政治权利国际公约》第 14 条第 3 款（戊）项规定，在判定对他提出的任何刑事指控时，人人完全平等的有资格"讯问或业已讯问对他不利的证人，并使对他有利的证人在与对他不利的证人相同的条件下出庭和接受讯问"。[1]

如果说防止冤案的最后一道防线是审判，那么防止事实错误的最重要程序就是将定案证据在法庭上出示并接受质证。越是重要的证据、越是控辩双方有分歧的证据就越需要经过质证，越是言词证据就越需要其提供者接受当庭质询。也只有这样，才能把我国的刑事诉讼结构从侦查中心主义真正转变为审判中心主义。值得称道的是，2013 年 10 月 14~15 日召开的全国第六次刑事审判工作会议强调，要逐步实行直接言词原则，应当通知当事人有异议的重要证人、鉴定人到庭，从而弥补《刑事诉讼法》在此问题上的缺陷。

3. 正确把握证明标准，坚持疑罪从无

第一，证明标准的把握问题。这次《刑事诉讼法》修改，在保留"案件事实清楚，证据确实、充分"的有罪证明标准的同时，对"证据确实、充分"作了三点解释：一是定罪量刑的事实都有证据证明；二是据以定案的证据均经法定程序查证属实；三是综合全案证据，对所认定事实已排除合理怀疑。证明标准的细化有利于实务部门在办案过程中的具体把握，但如何理解运用"排除合理怀疑"是保证案件质量的关键和司法实践的一大难题。

有人有意无意地认为，采用排除合理怀疑的标准就是允许法官追求法律真实，不必将案件证明到确定的程度。这是对法律的一种误读。首先，从逻辑关系上讲，《刑事诉讼法》修改对"证据确实、充分"的细化是为了增加证明标准的可操作性，"排除合理怀疑"虽是"证据确实、充分"的一项十分重要的内容，但并非否定原有的"案件事实清楚，证据确实、充分"的证明标准。其次，不能一提排除合理怀疑就简单地按照西方 95% 的标准来把握，并据此套用西方理论否定达到确定性、惟一性的要求。况且在英美法系国家，对排除合理怀疑的具体标准也存在很大争议。特别是对死刑案，很多学者主张不能适用排除合理怀疑的标准。其中的代表人物仙德（Sand）教授建议："陪审团在决定是否对被告人适用死刑前应当重新衡量有罪判决的正确性。如果陪审团排除所有可能怀疑（beyond all possible doubt）地认定被告人有罪，那么判处被告人死刑。否则，应当对被告人判处死刑以外的其他刑罚。""排除所有可能怀疑要求陪审团在死刑案件进入量刑程序前对

---

〔1〕《公民权利和政治权利国际公约》，载联合国人权网，littp://www. ohehr. org/CH/Issues/ Documents/International_ Bill/3. pdf，最后访问时间：2014 年 2 月 14 日。

案件事实的认定必须达到绝对确定（absolutely certain）的程度。"[1] 我们认为，我国《刑事诉讼法》中规定的"排除合理怀疑"是指排除符合常理的、有根据的怀疑，不仅包括"最大程度的盖然性"，而且包括结论之"确定性""惟一性"。通俗地说就是办成"铁案""零差错"。一些重罪案件特别是死刑案件，只有对于犯罪事实已经发生、犯罪分子是谁等主要事实的证明达到确定无疑的程度，才能严防冤错案件的发生。至于被告人实施犯罪的主观动机以及其他与定罪量刑关系不大的情节则另当别论，因为主观方面事实要证明到确定无疑的程度确实很难。一些次要的情节要求都达到确实充分，实际上不可能，而且与诉讼效率价值相左。

就办案实际情况而言，许多案件中对于主要事实、关键事实的证明达到确定性、惟一性是可以做到的，最高人民法院《关于适用〈中华人民共和国刑事诉讼法〉的解释》第105条第4项也指出："根据证据认定案件事实足以排除合理怀疑，结论具有唯一性。"联合国《关于保护死刑犯权利的保障措施》第4条规定："只有在对被告的罪行根据明确和令人信服的证据、对事实没有其他解释余地的情况下，才能判处死刑。"[2] 所谓"对事实没有其他解释余地"与结论惟一的标准是一致的。问题的关键不是无法证明到惟一性，而是在何种严格程度上把握这一标准。因为证明标准降低，就容易产生误判，使得无辜者被定罪，进而影响司法公信力；反之，证明标准越高，疑案的数量就越多，就可能放纵真正的罪犯，而且放纵犯罪过多也会影响社会秩序的维护。不放纵罪犯与不冤枉无辜是一对永恒的矛盾，关键要看愿意付出何种代价，这确实是一个两难的选择。但总体而言，民主法治国家采取宁可放纵犯罪、不可冤枉无辜的价值取向。

第二，坚持疑罪从无而不是疑罪从轻。疑罪，包括因证据不足导致的事实疑罪和对法条适用存在疑问的法律疑罪。这里讨论的疑罪仅指因证据不足导致对犯罪嫌疑人、被告人是否犯罪存在疑问的情况。如李怀亮涉嫌故意杀人案件，既有有罪证据，也有无罪证据，是典型意义上的疑案。根据无罪推定原则的要求，基于已有证据不能证实被告人有罪的，应当推定其无罪。我国古代就有"与其杀不辜，宁失不经"[3] 的训诫，《刑事诉讼法》第195条也规定，根据已经查明的事实，如果合议庭认为证据不足，不能认定被告人有罪的，应当作出证据不足、指控的犯罪不能成立的无罪判决。但在司法实践中，特别是故意杀人案件中，受种种因素制约，在罪与非罪存疑时法院往往不敢直接作出"从无"的认定，而是选择疑罪从轻，采取一种降格处理、留有余地的判决。如赵作海案件，"对于杀人碎尸这类恶性案件，一般应该判死刑立即执行。但是当时合议庭合议后认为，这起案件尚存疑点，

---

〔1〕 转引自肖沛权："排除合理怀疑研究"，中国政法大学2013年博士学位论文，第150页。
〔2〕 "关于保护面对死刑的人的权利的保障措施"，载联合国人权网，http://www.ohchr.org/CH/Issues Documents/other-instra-ments/43.PDF，最后访问时间：2014年2月14日。
〔3〕《尚书》。

本着'疑罪从轻'的原则，并没有判决死刑，而是判了死刑缓期执行"。[1]疑罪从轻的做法与现代司法理念是背道而驰的，因为疑罪从轻建立在定罪的基础上，只是在量刑时降格处理，实质上仍然是疑罪从有、有罪推定。而且现在看来，留有余地的判决中确实有一部分属于冤错案件，某些案件之所以没有发现错误可能是由于"死者未复活"或真凶尚未落网。

显而易见，在疑案问题上采取疑罪从无还是疑罪从轻，乃是产生冤案与否的关键所在。必须承认，不是每一个案件都能侦破。"命案必破"的要求不仅违背诉讼规律，而且强压之下必然增加刑讯逼供和冤案的概率。面对不能侦破、不能查明事实真相的案件，只能在宁枉不纵或宁纵勿枉两种相对立的价值取向中选择其一。要充分认识到冤枉无辜的危害要比放纵罪犯大得多，不仅严重侵犯人权，而且损害司法公正，破坏司法公信力。因此，在不枉不纵不能兼得的时候，应当选择宁纵勿枉，对"疑案"坚决作出"从无"的裁判。只有这样，才能有效防止冤案的发生。

（四）正确处理三机关关系，确保独立行使审判权、检察权

《宪法》第135条规定："人民法院、人民检察院和公安机关办理刑事案件，应当分工负责，互相配合，互相制约，以保证准确有效地执行法律。"此项宪法原则是总结我国司法经验，特别是"文化大革命"期间"三家合一家"造成许多冤案的惨痛教训而确定的。三机关的关系中，分工负责是前提；互相配合、互相制约并重，是辩证的对立统一。但在实践中出现的偏向是重配合、轻制约；三机关各自把关不严，对其他机关的办案质量瑕疵又不能坚持原则地加以纠正，导致侦查中的错误无法在起诉、审判程序中得到纠正。这是冤案、错案的一个重要成因。

还应指出，三机关的关系不限于《宪法》第135条的规定，更重要的是《宪法》第126条、第131条的规定：人民法院、人民检察院依照法律规定独立行使审判权、检察权，不受行政机关、社会团体和个人的干涉。之所以将审判独立、检察独立作为宪法性原则加以规定，是由司法不同于行政的特点以及司法运行的规律所决定的，是保证法律严格实施的需要，公正司法的需要，维护司法公信力和权威性的需要。其中审判独立更是全世界法治国家通行的重要原则。如果法院不能独立行使职权，就无法在控辩双方之间维持中立，无中立就无公正，就不可能严防冤案、错案的发生。

但在司法实践中，不仅法、检、公三机关的关系往往不能正常展开，司法机关依法独立行使职权更难以得到确保。为此，应着重解决以下三个问题：

1. 党委政法委领导司法工作的方式需要改进

近些年发生的一些冤案，或多或少都与党委政法委的不当介入有关。特别是政法委召集公、检、法三家开会协调办案、拍板定案，办案效果往往适得其反。例

---

[1] 邓红阳："赵作海案再曝'留有余地'潜规则"，载《法制日报》2010年5月13日。

如，在佘祥林案件中，在湖北省高级人民法院以事实不清、证据不足为由发回重审之后，荆门市委政法委召开了由荆门市法院和检察院、京山县政法委和有关单位负责人参加的协调会议，决定对佘祥林判处 15 年有期徒刑，从而导致了"亡者归来"冤案戏剧性地发生。在案件纠正后召开的"湖北省政法工作座谈会"上，荆门市委政法委认为佘祥林"杀妻"冤案的教训是十分深刻的，其中第一项就是"要深刻汲取党对政法工作的领导主要是指导、协调、督促政法部门开展工作，支持、监督政法部门依法独立行使职权"。[1]

坚持党对政法工作的领导是完全必要的，但具体的领导方式有待改进，特别是政法委协调办案、拍板定案，原则上应当取消。中央政法委书记也指出，"要进一步理顺党委政法委与政法各单位的关系，支持审判机关、检察机关依法独立公正行使审判权、检察权，支持政法各单位依照宪法和法律独立负责、协调一致地开展工作，履行好党和人民赋予的职责使命。"[2]

2. 正确处理被害人及其家属的诉求

在刑事案件特别是故意杀人等严重刑事案件发生后，被害人及其家属遭受犯罪行为侵害，具有强烈的追诉欲望。如果公安司法机关不能理性对待、正确处理这种诉求和压力，就可能酿成冤案。如佘祥林案，政法委之所以出面协调，就与"死者"张在玉亲属上访要求严惩杀人凶手的压力有关。河南李怀亮案中，法院甚至为被害人亲属出具了"死刑保证书"。正确处理被害人及其家属的诉求，一方面要求公安司法机关必须顶住压力依法办案，特别是法院的有罪裁判必须严把事实关、证据关；另一方面公安司法机关必须做好相应的安抚救济工作，向被害人及其家属宣传疑罪从无的道理，防止出现"冤平而事不了"的局面。另外应当尽快制定刑事被害人救助法，帮助被害人及其家属摆脱因遭受犯罪侵害而陷入的生活困境。

3. 理性对待社会舆论

与来自被害人家属的压力类似，可能导致司法机关无法独立作出正确处理的还有来自社会舆论的压力，也就是俗称的"民愤"。特别是当今社会进入自媒体时代，借助网络与新闻媒体的宣传，社会舆论的影响日益巨大，党政机关和司法人员的压力空前增加，使得司法人员对某些疑案不敢下决心作无罪处理。曾任德国联邦最高法院院长的汉斯-约尔根·帕皮尔也承认："现在的媒体公共报道和评论产生一种压力，不仅政治家在决策时无法避免它，它也会对法官和法院产生影响。政治

---

〔1〕 张先国："荆门市政法委总结佘祥林案教训有罪推定是首因"，载《光明日报》2005 年 7 月 29 日。

〔2〕 孟建柱："深入学习贯彻党的十八大精神 在新的历史起点上开创政法工作新局面"，载人民网，http://cpc. people. com. cn/n/2013/0216/c64094-20494071-2. html，最后访问时间：2013 年 6 月 10 日。

家为了迎合民意，有时也会向法院提出他们的期待，从而给法官造成更大的压力。"[1]

应当清醒地看到，涉及刑事案件的社会舆论存在诸多问题，主要表现为：一是非理性。作为舆论参与者的个人往往不是根据案件事实与法律规定表达自己的观点，而是结合自己的经历、感情表达观点。二是偏颇性。自媒体时代公众对案情的了解主要基于各种报道和网络爆料，获取信息的完整度、可信度存在很大问题，作出的评论难免偏颇。三是易变性。随着网络爆料和新闻报道的进一步展开，舆论可能会在被追诉人和被害人之间来回倾斜。

为保证公正司法，必须理性对待社会舆论。一方面，要看到社会舆论的形成是公民行使言论自由权的结果，也是其道德情感的一种宣泄，应当予以尊重并择其善者而纳之。另一方面，要加强法制宣传教育，努力培养全社会的法治思维，对社会舆论予以正确引导，提高其法律理性成分。现在强调办理案件要实现法律效果和社会效果相统一，其中社会效果的重要标志就是舆论。但如果法律效果与社会效果无法兼顾，则必须坚持法律效果优先，不能为迁就社会效果而违反法律底线作出疑罪从有的处理。

总之，要通过各种措施确保司法独立、公正司法，使法院、检察机关敢于直面各种压力，以"天大地大不如法大"的信念依法独立行使司法权。这才是严防出现冤案的正道。

---

[1] 周遵友："德国是如何纠正错判的？——以沃尔茨案为例：证据与判决"，载《证据学论坛》（第16卷），第269页。

应当如何完善人权刑事司法保障[1]

中共十八届三中全会审议通过了《中共中央关于全面深化改革若干重大问题的决定》（以下简称《决定》）。《决定》绘制了新时期全面深化改革的宏伟蓝图。司法改革作为中国特色社会主义制度自我完善的组成部分，在此次全面深化改革中占有重要的地位。其中，"完善人权司法保障制度"是司法改革一个十分耀眼的亮点。我国《刑事诉讼法》2012年修改后在刑事司法人权保障方面有较大的改善，但存在的问题仍然不少，离彻底实现司法公正尚有相当差距。我们应当为进一步完善我国人权刑事司法保障作出不懈的努力。对此，本文重点谈以下几个问题。

一、确立无罪推定原则，坚决贯彻疑罪从无的规定

人权通说指一个人在应然和实然两个层面上所享有的权利。对于刑事司法中的人权保障，笔者认为应当包括三个层次：一是保障被追诉人即犯罪嫌疑人、被告人和罪犯的权利；二是保障所有诉讼参与人，特别是被害人的权利；三是通过惩罚犯罪保护广大人民群众的权利不受犯罪侵害。这三个层面既相互区别又紧密联系，其中，保障被追诉人的权利是刑事司法人权保障的重心所在，因为国家专门机关以国家强制力为后盾，在追究和惩罚犯罪的过程中，往往自觉或不自觉地超越权限，甚至滥用权力，进而侵犯被追诉者的权利。如果不加强被追诉人权利的保障，就无法有效对抗国家公权力对其权利的侵犯。

在刑事诉讼中，保障被追诉人的人权关键在于确立无罪推定原则。根据无罪推定原则，被追诉犯罪的人在最后确定有罪以前应被假定为无罪的人，是诉讼的主体，不得强迫其自证其罪。而且公诉机关要承担举证责任，法院要根据确实充分的证据达到排除合理怀疑的程度才能定罪，不能证实有罪的，就应作无罪处理。无罪推定要求"罪疑刑疑"时作有利于被告人的处理。也就是说，定罪有疑作无罪处理，量刑轻重有疑作轻刑处理。我国《刑事诉讼法》尚未明文规定无罪推定原则，但该原则的内容在《刑事诉讼法》中已有较充分体现。如我国《刑事诉讼法》不仅确立了"未经人民法院依法判决，对任何人都不得确定有罪"的基本原则，还规定了"不得强迫任何人证实自己有罪"，"公诉案件中被告人有罪的举证责任由

---

〔1〕 原载《法制与社会发展》2014年第1期，独著（《光明日报》于2013年12月5日刊发此文）。

人民检察院承担"，以及证据不足不起诉、证据不足指控犯罪不能成立的疑罪从无原则等。为了完善人权刑事司法保障，我国应当在立法、司法解释中确立无罪推定原则，并落实有关无罪推定原则的相关内容，尤其是对于达不到有罪证明标准的疑罪案件，司法人员应当宁纵勿枉，坚决依法贯彻疑罪从无的规定。应当吸取过去冤案、错案发生的教训，不容许做出疑罪从轻、留有余地的裁判。对于过去已经疑罪从轻处理的案件，被判刑人不断申诉的，应当主动审查，确属证据不足的，应当予以改判纠正。惟有如此，才能真正最大限度地防止冤案、错案的发生。

二、杜绝刑讯逼供，严格实施非法证据排除规则

刑讯逼供不仅是最大的程序不公，也是造成刑事冤案最重要的原因。实践表明，绝大多数冤案是由于刑讯（包括变相刑讯）造成的。每一起冤案、错案，不仅严重侵犯了被错判者的人权，而且造成了恶劣的社会影响。为了有效遏制刑讯逼供，修改后的《刑事诉讼法》在原有制度的基础上，用多个条文构成"组合拳"来预防冤案的发生，如规定了犯罪嫌疑人在拘留、逮捕后应及时送交看守所并在看守所讯问，建立了讯问全程录音录像制度等。修改后的《刑事诉讼法》实施以来，刑讯逼供现象已进一步得到有效遏制，但仍未绝迹，特别是变相的刑讯逼供时有发生。要杜绝刑讯逼供，应当进一步堵塞法制上的漏洞，如防止犯罪嫌疑人在进入看守所之前、在看守所讯问中、监视居住期间，尤其是指定居所监视居住期间可能出现的刑讯逼供，防止侦查人员使用法律上没有规定的变相肉刑，如晒、冻、烤、饿和疲劳讯问等来取得供述。

为了全面杜绝刑讯逼供，还必须严格实施非法证据排除规则。作为刑事司法领域中一项重要的人权保障制度，非法证据排除规则是指采用非法手段取得的证据依法不得作为证明不利于犯罪嫌疑人、被告人的事实的根据。非法证据排除规则对于保证定案证据的合法性和真实性，实现个案公正具有重要意义。该规则在修改后的《刑事诉讼法》和司法解释中已有明确规定，但从修改后的《刑事诉讼法》近一年的实施来看，能够真正排除非法证据的情形并不多见。十八届三中全会在《决定》"推进法治中国"部分明确指出要"严格实行非法证据排除规则"，因此，必须下定决心排除阻力，加强规制，在"严格实行"上做好文章。严格实施非法证据排除规则首先要妥善解决刑讯逼供等方法造成肉体上剧烈疼痛以及精神上痛苦的范围和程度在实践中如何把握的问题，特别是侦查人员惯用的疲劳讯问、威胁等非法取证的排除范围如何把握。其次要正确把握非法证据排除的证明标准，按修改后的《刑事诉讼法》第58条规定不能排除非法取证可能性的，就应当予以排除。

三、加强指定居所监视居住的规范

根据修改后的《刑事诉讼法》第73条的规定，指定居所监视居住的适用对象包括两大类：一是无固定住处的犯罪嫌疑人、被告人；二是虽有固定住处，但因涉嫌危害国家安全犯罪、恐怖活动犯罪、特别重大贿赂犯罪，在住处执行可能有碍侦查的犯罪嫌疑人、被告人。应当承认，为没有固定住处的犯罪嫌疑人、被告人指定居所，使其免受逮捕羁押，有利于保障人权、降低羁押率。然而，指定居所监视居住的实施仍然存在着较多问题。

首先是执行主体问题。根据修改后的《刑事诉讼法》第72条的规定，监视居住由公安机关执行。但是，最高人民检察院发布的《人民检察院刑事诉讼规则（试行）》（以下简称《规则（试行）》）第115条对此予以补充规定，"必要时人民检察院可以协助公安机关执行"。在司法实践中，指定居所监视居住的执行主体实际上在绝大多数地方变成了人民检察院。其次是执行地点问题。修改后的《刑事诉讼法》并无明确规定监视居住的执行地点，只是规定了"不得在羁押场所、专门的办案场所执行"。《规则（试行）》则规定，"不得在看守所、拘留所、监狱等羁押、监管场所以及留置室、讯问室等专门的办案场所、办公区域执行"，这就导致了在实践中执行场所的不统一、不集中，许多执行场所不具备基本的生活、休息条件，也难以保证办案安全，不利于保障犯罪嫌疑人的权利。再次是讯问犯罪嫌疑人问题。对于可以讯问多长时间，如何保证饮食、休息，如何保证全程录音录像等均缺乏统一的规范，这为刑讯逼供的发生留下很大的漏洞，如有的地方先在监视居住地讯问，施加变相刑讯逼供，把犯罪嫌疑人制服后带到别的地方搞录音录像。最后，按照修改后的《刑事诉讼法》的规定，检察机关对指定居所监视居住负有法律监督责任，但检察机关自己管理指定居所监视居住的场所，又如何进行自我法律监督呢？因此，笔者强烈呼吁，要关注这个问题，严格执行法律规定，由公安机关统一管理指定居所监视居住的场所，并参考看守所的管理规则进一步规范指定居所监视居住的相关问题，重点关注如何讯问等问题，以完善这个制度实施上的人权保障。

四、进一步完善辩护制度

辩护制度是否发达是衡量一个国家民主法治与人权保障程度的重要标志。修改后的《刑事诉讼法》对辩护制度作了较大完善，但从完善人权保障的角度来看，仍存在较大空间。比较突出的问题有二：

第一，侦查阶段辩护律师是否享有取证权的问题。从辩护律师在侦查阶段介入诉讼的目的来看，辩护律师是为犯罪嫌疑人、被告人提供法律帮助并为审查起诉阶段和审判阶段的辩护做准备。而辩护律师享有调查取证权，是全面收集证据、了解案情的前提，是提供有效辩护的重要保障。遗憾的是，修改后的《刑事诉讼法》尽管规定了律师在侦查阶段具有辩护人地位，且辩护律师的权利也有所扩大，但对其是否有主动收集证据的权利，法律规定得比较模糊，而且存在矛盾。一方面，修改后的《刑事诉讼法》第36条规定："辩护律师在侦查期间可以为犯罪嫌疑人提供法律帮助；代理申诉、控告；申请变更强制措施；向侦查机关了解犯罪嫌疑人涉嫌的罪名和案件有关情况，提出意见。"这是对侦查阶段辩护律师权利的列举式规定，似乎没有明确规定其有取证的权利。另一方面，修改后的《刑事诉讼法》第40条规定："辩护人收集的有关犯罪嫌疑人不在犯罪现场、未达到刑事责任年龄、属于依法不负刑事责任的精神病人的证据，应当及时告知公安机关、人民检察院。"如果律师在侦查阶段不能取证，显然不可能获得这三种证据并告知公安、检察机关。如何解释以上这些模棱两可的规定，学界和实务界对此存在不同看法。2012年底出台的相关司法解释对此问题也没有明确规定，实际上这个问题至今没有得到解决。其实，在侦查阶段赋予律师调查取证权是国际上的通行做法。英美法系国家实行双轨制侦查，律师在侦查阶段有调查取证的权利自不待言。即使在传统的大陆法系国家，律师在侦查阶段也有此权利。如在德国，辩护人就有权自行调查，只不过没有强制取证权，只能以公民身份收集信息。[1]为了保证辩护律师能够提供有效辩护，笔者认为，下一步，我国应当总结司法经验并吸收外国的有益做法，以立法、司法解释的形式明确侦查阶段律师有权收集证据。当然，考虑到侦查阶段的特殊性，律师收集证据的权利可设定在其会见犯罪嫌疑人之后，以此减少此项制度所可能产生的负面影响。

第二，无期徒刑、死刑案件的法律援助问题。顺应辩护制度发展的时代潮流，修改后的《刑事诉讼法》将法律援助的适用阶段提前到了侦查、审查起诉阶段，并将范围扩展至犯罪嫌疑人、被告人是尚未完全丧失辨认或者控制自己行为能力的精神病人的案件，以及犯罪嫌疑人、被告人可能被判处无期徒刑的案件，这是值得肯定的。但从保障犯罪嫌疑人、被告人合法权益的角度来看，辩护律师的介入范围仍需扩展。笔者一直认为，罪行越严重，辩护律师介入的必要性就越大，尤其是对于可能被判处死刑、无期徒刑的案件，由于关系到剥夺犯罪嫌疑人、被告人的终身人身自由乃至生命，如果犯罪嫌疑人、被告人没有辩护人，应当全程为其提供法律援助。而我国法律没有明确规定在二审程序中是否应当为这两类案件的被告人提供法律援助，[2]特别是死刑案件，法律尚未涉及死刑复核阶段的法律援助问题，这是必须尽快加以解决的重要人权保障问题。联合国经社理事会1984年5月25日批准的《关于保护死刑犯权利的保障措施》第5条规定："只有在经过法律程序提供确保审判公正的各种可能的保障，至少相当于《公民权利和政治权利国际公约》第14条所载的各项措施，包括任何被怀疑或被控告犯了可判死刑之罪的人有权在诉讼过程的每一阶段取得适当法律协助后，才可根据主管法庭的终审执行死刑。"可见，解决我国死刑复核程序中的法律援助问题，不仅能从程序上保障我国慎重适用、严格控制死刑，而且能使我国人权刑事司法保障更加符合国际刑事司法准则的要求。

---

〔1〕 参见〔德〕托马斯·魏根特：《德国刑事诉讼程序》，岳礼玲等译，中国政法大学出版社2004年版，第66页。据德国学者介绍，德国的辩护人传统上并不愿意进行调查，一方面害怕造成毁坏证据的印象，另一方面则基于经济原因，参见该书同页。

〔2〕 死刑案件在二审中实际上已经普遍实行了法律援助。

国家治理现代化标准之我见 [1]

党的十八届三中全会通过的《中共中央关于全面深化改革若干重大问题的决定》（以下简称《改革决定》）指出："全面深化改革的总目标是完善和发展中国特色社会主义制度，推进国家治理体系和治理能力现代化"，明确把推进国家治理现代化作为实现我国全面深化改革总目标的有机组成部分，进而使党的领导更加成熟，社会主义制度更加完善，国家的长治久安更有保障。这具有深远的理论和实践意义。

在讨论国家治理现代化的衡量标准之前，首先需要讨论如何理解国家治理体系的问题。笔者认为，国家治理体系是指实现国家治理的道路、理论、制度、政策、方法的综合体现，国家治理体系是一个历史的、结构性的概念，对于国家治理体系应结合时代的背景和要求加以理解。立足于当今中国之现实，国家治理体系可以从如下两个维度加以表述：

第一，国家治理体系应当包括党的体系、国家（机构）体系和社会体系。国家与社会的分离在理念上是一种进步，社会具有相对独立性，社会群体、社会组织独立于国家机构而存在。国家治理体系之所以包含党的体系，原因在于中国共产党是我国的执政党，是领导全国人民进行国家治理的核心，国家治理的成败与成就大小取决于共产党如何执政，因此党的执政问题是国家治理体系与治理能力现代化的关键所在。

第二，国家治理体系的领域包括经济治理、政治治理、文化治理、环境治理、军事治理等领域。

那么，如何理解和衡量国家治理体系和国家治理能力现代化的标准？笔者认为，国家治理现代化的衡量标准应当符合时代的内涵和要求，符合国家治理与时俱进的价值追求。现代化的标准既要从纵向方面考量我国历史的进步方向，又要从横向方面考量世界潮流的总体走向。我国正处于社会主义初级阶段和社会的转型期，其走向现代化的标准，应当包括如下几点：

第一，民主治理。民主治理是现代化的首要要求。邓小平说："没有民主，就

---

〔1〕 原载《法治与社会发展》2014 年第 4 期，个别地方有删节。

没有社会主义，就没有社会主义的现代化。"〔1〕现代化与民主化分不开，不讲民主的治理不可能是现代化的治理。民主治理必须贯彻主权在民的理念，各级领导握有的权力都是人民赋予的，都必须为人民服务。必须充分保障人民当家做主的权利，全面落实人民群众的选举权、参与权、知情权、表达权、监督权。

领导人的决策必须民主化，重要的问题不能由主要领导一个人说了算，而是要建立在真正民主的基础上。必须对民主集中制进行制度性改革，用制度来防止民主集中制在实施中发生民主不足、集中有余、甚至变质为个人独断专权的现象。只有民主化的决策机制才能保证决策的科学性，保证最大限度地避免决策错误，更有助于及时发现、纠正错误，防止错误扩大化，给党和国家的事业造成重大甚至是无法弥补的损失。

民主应当具有包容性。有容乃大，对于没有触犯法律的多元言行予以包容，这不仅是《宪法》规定的公民享有自由表达的权利，也有助于领导人听到不同的声音。只有具有包容性的社会制度才能经得起风吹雨打的考验，更加体现其自信、成熟和坚不可摧。

第二，法治治理。法治意味着制度之治、规范之治和程序之治，无论是国家政权的执政者、管理者还是利益相关者参与国家治理的行为，都应纳入法治的轨道进行，在宪法和法律的制度框架内，依照法定的规则和程序进行，实现以法治代替人治。古语云："奉法者强则国强，奉法者弱则国弱。"〔2〕美国法学家庞德也指出："在今日，法律秩序已经成为一种最重要的、最有效的社会控制形式。其他所有的社会控制方式，都从属于法律方式，并在后者的审察之下运作。"〔3〕但是，应当明确，法治的前提是民主之治，法治之法应当是良好之法。应当进一步完善我国的社会主义法律体系，抓紧制定民法典。民法典居宪法之下诸法之首，没有制定民法典很难讲社会主义法律体系已经形成。还应当清理评估现有法律，不断加以完善，对其中个别过时的法律法规加以废止。例如，国务院1993年制定的《卖淫嫖娼人员收容教育办法》，规定由公安机关决定，将卖淫嫖娼人员的人身自由限制剥夺半年甚至两年之久。这偏离了民主法治精神，违背了《立法法》，应当加以废止。

第三，公正治理。社会的公平正义是人类追求的首要价值目标，任何妨碍社会公平正义实现的制度、程序都应当加以改革，社会主义更应是如此。现代化的国家治理必须为社会公平正义的实现创造有利的条件和保障。因此党和政府在国家治理的过程中应当努力创造公平正义的社会局面，特别是要着力解决当前社会上普遍存在的贫富差距过大，医疗、就业、社会保障等领域依然存在的社会不公等问题。公正司法是促进社会公平正义的重要手段，司法独立是公正司法的重要保障，一定要

---

〔1〕 "坚持四项基本原则"，载《邓小平文选》（第2卷），人民出版社1994年版，第168页。

〔2〕 《韩非子·有度》。

〔3〕 ［美］罗斯科·庞德：《法律与道德》，陈林林译，中国政法大学出版社2003年版。

认真落实《改革决定》中关于"推动省以下地方法院、检察院人财物统一管理"等有力保障司法机关独立行使职权的措施。冤假错案是司法的最大不公，应当采取更加得力的措施严防冤案的发生；并且应当更主动、更有效地纠错冤案，改变发现真凶才加以改判的被动局面。

第四，文明治理。文明是野蛮、愚昧、落后的对称词，是一种社会进步的体现。文明治理要求治理的方式更加理性化、人性化、平和化。文明治理反对专横、慎用暴力，特别是要在治理过程中尊重和保障人权，防止和避免侵犯人权现象的发生。文明司法要求在刑事司法中认真贯彻宽严相济政策，对于暴力恐怖犯罪，应当严字当头，辅之以宽。但是总体而言，我们应当在刑事司法中实行谦抑理念，少杀慎杀，逐步减少判处死刑罪犯的数量。

第五，清廉治理。清廉治理是推进国家治理现代化的重要标志。如果国家治理过程中出现腐败现象，甚至有较严重的腐败，那么就会丧失民心，甚至直接摧毁国家治理体系，更遑论国家治理现代化了。但是，我国现实中腐败现象确实比较严重，从透明国际（Transparency International）公布的全球"清廉指数"（CPI）数据来看，我国内地的清廉指数排名偏后（2013年在177个国家和地区中列第80名），明显落后于我国香港地区（第15名）、台湾地区（第36名）和澳门地区（2011年排名第46名）地区。

因此，要继续加大防腐、反腐的力度，更要通过推进民主法治治理从根本上防止腐败，包括建立官员财产和其他重要事项申报制度，并逐步走向公开化，因为阳光是最好的防腐剂。经过努力，使我国真正实现清廉治理的目标，而且在指数上进入清廉国家的行列，也只有这样，才能体现中国特色社会主义制度的优越性。

当前，反腐深入发展，贪官纷纷落马，官场震惊，虎蝇慌乱，引发社会各种议论，大多拍手称快，也有担忧"官不聊生"而主张特赦之论。笔者对此论大不以为然。请问，特赦贪官，小偷是否要特赦？金融犯罪是否也要特赦？法律面前人人平等的法治原则是否还管用？当然，反腐败也要贯彻宽严相济的政策，对于那些贪贿数额较小的，坦白交代退回赃款的可以不追究刑事责任，只作违反党纪政纪处理。数额大、态度好或有检举立功表现的也可以从轻处理。至于数额特别巨大，情节特别严重的特大老虎，必须严惩不贷。只有以壮士断腕、刮骨疗毒之决心继续保持反腐败的高压势态，并采取打防结合的政策，才能尽快取得政治清明的效果。

第六，高效治理。当今世界日新月异，国力增长的竞争十分激烈，效率就必然成为现代化国家治理追求的一项重要价值目标。国家治理不能不计治理成本，特别是在行政领域中，必须做到高效治理，促进经济保持一定速度的发展，尽快解决社会矛盾，迅速应对突发事件。当然我们这里所说的高效治理，是治理成本的投入与治理效果产出（质量）的最优结合，既要最大减少投入，又要追求最好效果的产出。我们不能片面追求GDP，而不顾环境保护或者损害社会公平正义，等等。还需指出在司法中公正与效率的关系不同于行政，司法以公正为灵魂和生命线，效率服从公正，也就是说，在司法中应当奉行公正优先、兼顾效率的原则。

论我国司法体制的现代化改革[1]

司法制度改革（司法改革）通常包括两个层面，即司法体制改革和司法运行机制改革。前者主要涉及司法机关之设置、职能、地位、人员及内外关系等宏观结构方面的内容，后者主要涉及司法运行的规则、具体程序、制度等微观技术方面的内容。2008年党的十七大以来我国司法改革所取得的成就主要限于运行机制层面；而在党的十八大以后，以十八届三中和四中全会通过的改革决定为标志，开启了司法改革两个层面齐头并进、深入发展的新局面。本文就司法体制之现代化改革问题略抒己见，以期对落实三中全会和四中全会的决定，推进当前的司法改革有所裨益。

一、我国司法体制现代化改革的进路

（一）近代我国司法体制西化改革的中断

现代化一词很难简单定义，但是可以肯定地说，它与传统、落后、野蛮相反，主要包含革新、进步、文明等内涵；而且对现代化应作历史性、比较性的理解。在这个意义上，我国司法体制的现代化改革可以上溯至晚清变法。秦汉以降，我国实行两千多年的封建中央集权专制主义统治，其司法体制的特点是皇权至上、司法从属行政、侦控审不分等。及至晚清，列强入侵，西法东渐，开始搞君主立宪及相应的司法体制改革。1906年，清廷宣布官制改革方案，"刑部著改为法部，专任司法，大理寺著改为大理院，专掌审判"。[2]作为最高审判机关的大理院和作为最高司法行政机关的法部分别的建立，标志着近代司法体制改革的开始。尔后的南京临时政府、北洋政府和国民政府时期，主要仿照德国、日本的大陆法系司法体制，形成了以审判机关独立建制为核心、以四级三审为基本架构的法院、检察机关体制和相应的法官、检察官选任、保障、惩戒制度。

然而，当代中国的司法体制与这段历史基本上不存在传承关系。在新中国成立前夕，1949年2月，中共中央发布了《关于废除国民党〈六法全书〉与确定解放区司法原则的指示》，全面废除了国民政府法律，否定了资本主义国家的法律制

---

〔1〕 原载《中国法学》2015年第1期，与魏晓娜合著。

〔2〕 故宫博物院明清档案部编：《清末筹备立宪档案史料》，第471页。转引自张从容：《部院之争：晚清司法改革的交叉路口》，北京大学出版社2007年版，第32页。

度，也全部摒弃了这一时期的法院制度和检察制度。[1]作为废除六法全书的延伸，1952年6月到1953年3月，全国司法系统又开展了一场以批判旧法观点和旧司法作风、清理旧司法人员为内容的司法改革运动。在这场运动中，各级法院彻底进行了组织整顿，将旧法观点和旧司法作风严重、不适宜做人民司法工作的人调出人民法院。因此，民国时期司法制度与中国大陆当代司法制度之间的历史传承关系，整体而言是中断的。

（二）我国现行司法体制的形成

新中国司法体制是在传承革命根据地司法制度传统的基础上，同时在苏联的直接影响下形成的。

中国共产党领导的新民主主义革命时期，在第一次国内战争、抗日战争和解放战争中，相继在许多革命根据地建立了人民革命政权，并设立了为革命战争服务的审判机关、检察机关及相应的制度。例如，1931年中华苏维埃共和国临时中央政府成立后，在中央设最高法院，在省、市、县、区设裁判部，在各级审判机关内设检察机构。抗日战争时期，为适应国共合作形势，苏维埃政府改称中华民国边区政府，边区的司法制度也遵从《中华民国法院组织法》改制，实际上，自成体系，另具特色。1943年《陕甘宁边区政府政纪总则草案》规定："司法机关为政权工作的一部分应受政府统一领导，边区审判委员会及高等法院受边区政府的领导，各下级司法机关应受各该级政府的领导。"[2]总体而言，根据地时期在司法理念和司法体制上均形成了自己鲜明的特色，这些特点成为形成新中国社会主义司法制度的重要渊源。

中华人民共和国成立后，苏联司法模式也对我国司法体制的形成产生了直接影响。当时，国民党政府的旧的司法制度和司法机关已经被彻底否定和废除，新政权在建立司法制度方面尚缺少经验，而党和国家又确立了"向苏联老大哥学习"的大政方针，在这种情况下，借鉴和移植苏联社会主义司法体制模式，势在必行。所谓苏联司法体制模式就是1936年制定的《苏联宪法》及相关法律所规定的法院体制和检察院体制。[3]

我国现行司法体制奠基于1954年，确立于1982年。1954年9月制定了新中国

---

〔1〕《关于废除国民党〈六法全书〉与确定解放区司法原则的指示》第（五）条："在无产阶级领导的工农联盟为主体的人民民主专政政权下，国民党的《六法全书》应该废除。人民的司法工作，不能再以国民党的《六法全书》为依据，而应该以人民的新的法律作依据……司法机关应该经常以蔑视和批判《六法全书》及国民党其他一切反动的法律法令的精神，以蔑视和批判欧美日本资本主义国家一切反人民法律、法令的精神……来教育和改造司法干部……"

〔2〕参见汪世荣：《新中国司法制度的基石——陕甘宁边区高等法院（1937～1949）》，商务印书馆2011年版，第71页。

〔3〕参见1936年《苏维埃社会主义共和国联盟宪法》第102条、第105～109条、第112条、第113～117条。

第一部《宪法》（以下简称"五四宪法"），同时制定了《人民法院组织法》和《人民检察院组织法》。这部《宪法》的"国家机构"一章用专节规定"人民法院和人民检察院"，其内容结合国情参考苏联宪法之处相当多。如第 78 条规定："人民法院独立进行审判，只服从法律。"此条至今仍是广受称赞的亮点。第 81 条规定："中华人民共和国最高人民检察院对于国务院所属各部门、地方各级国家机关、国家机关工作人员和公民是否遵守法律，行使检察权。"第 83 条规定："地方各级人民检察院独立行使职权，不受地方国家机关的干涉。""五四宪法"的颁布为新中国司法制度的发展构建了一个基本框架，具有重要的奠基意义。

然而，随着我国政治风云的变幻和"反右"斗争的开展，"五四宪法"确立的司法体制逐渐受到破坏。"审判独立"成为受到批判的"右派观点"，1958 年召开的第四届全国司法工作会议强调，"人民法院必须绝对服从党的领导……法院工作服从党的领导，不仅要坚决服从党中央的领导，而且要坚决服从地方党委的领导；不仅要坚决服从党的方针、政策的领导，而且要坚决服从党对审判具体案件以及其他一切方面的指示和监督"。[1]此次会议之后，党委审批案件的做法开始成为常态。1960 年，中央发出《关于中央政法机关精简机构和改变管理体制的批复》，决定中央公安部、最高人民法院、最高人民检察院合署办公。根据这一决定，中央公、检、法三机关实际上合并为一个机关，并且明确规定"由公安部党组统率"。这就将"两高"直接置于公安部的领导之下，开创了公安统领法院和检察院的体制，对后来三机关的关系产生了重大负面影响。文化大革命更使社会主义法制和司法体制破坏殆尽，并在《宪法》中公开取消了人民检察院。

"文革"之后，党中央开始拨乱反正，恢复法制建设。1979 年制定颁布了《刑法》和《刑事诉讼法》，并修改了 1954 年制定的《人民法院组织法》和《人民检察院组织法》。1982 年底，第五届全国人大五次会议通过了第四部《宪法》，这部《宪法》继承发展了"五四宪法"，在司法体制上也是如此。它恢复了司法机关依法独立行使审判权、检察权原则，但具体表述与"五四宪法"有差别，明确规定人民检察院"是国家的法律监督机关"；但根据《人民检察院组织法》，缩小了法律监督范围，取消了一般监督，除追诉犯罪外主要进行诉讼监督。[2]可见，到 1982 年《宪法》颁布后，我国已基本确立了现行的司法体制。

（三）我国现行司法体制的特点与不足

我国现行司法体制，具有以下几个显著特点：

第一，人民法院、人民检察院并列为司法机关。法院作为司法机关是世界各国

---

〔1〕崔敏："第四届全国司法工作会议的回顾与反思"，载《刑事司法论坛》（第 4 辑）。

〔2〕根据《中华人民共和国人民检察院组织法》第 5 条的规定，人民检察院的法律监督仅限于对公安机关侦查活动、法院审判活动以及刑事裁判执行和监狱、看守所、劳改机构活动是否合法进行监督。

通例。至于检察机关之性质，西方发达国家大体分为两种类型：一类是检察机关和检察官属性一致，均为行政序列，不具有司法属性，英、美皆然；另一类是检察机关和检察官属性相对分离，检察官具有司法官性质，属"立席法官"，而检察机关则仍归行政序列，以司法部长为最高首脑，代表性国家有法、德、意。而无论上述何种类型，均不认为检察机关属于司法机关。中国将检察机关定性为专门的法律监督机关，负有维护法律尊严、保障法律统一实施的责任，因此不同于一般意义上的追诉机关，属于司法机关。

第二，审判权、检察权依法独立行使。《宪法》及法律规定，人民法院依法独立行使审判权，人民检察院依法独立行使检察权，"不受行政机关、社会团体和个人的干涉"。这表明，所谓的"独立"，一是指人民法院、人民检察院整体独立，而非法官、检察官独立，有些案件要经过审判委员会或检察委员会讨论决定；二是指只独立于各级行政机关、社会团体和个人，而不独立于执政党和民意代表机关。在当代法治国家，审判层面上的"司法独立"均最终落实为法官个体独立。我国司法机关则实行民主集中制，注重发挥司法人员的集体作用，强调领导审批把关，因而是整体独立。

第三，人民法院、人民检察院、公安机关办理刑事案件，应当分工负责、互相配合、互相制约。这是1979年制定《刑事诉讼法》时确立的基本原则之一，1982年又规定于现行《宪法》第135条之中。《宪法》之所以如此规定，很大程度上是出于对历史教训的沉痛反思和弥补。在中华人民共和国成立后相当长的一段时期，在"左倾"思潮的影响下，三机关之间缺少合乎制度逻辑的制约关系，相互关系的紊乱使得司法成为"阶级斗争为纲"的政治运动的工具和牺牲品，并造成冤狱遍于域中。而这也成为此后《宪法》修改所要总结的沉痛教训，成为在《宪法》中写入三机关关系条款的历史背景与重要原因。[1]

第四，现行司法体制强调坚持党的领导。在中国，共产党是执政党，是领导中国特色社会主义事业的核心力量，司法机关应当毫不动摇地坚持党的领导。问题的关键在于如何按照司法规律处理好依法独立行使审判权、检察权与党的领导的关系。

第五，司法机关对权力机关负责。我国的政体是人民代表大会制度，《宪法》第2条规定，"人民行使国家权力的机关是全国人民代表大会和地方各级人民代表大会。"第3条规定："国家行政机关、审判机关、检察机关都由人民代表大会产生，对它负责，受它监督。"据此制定的《人民法院组织法》《人民检察院组织法》规定，各级司法机关由各级权力机关产生，对它负责，受它监督。这与西方国家"三权分立"政治体制下司法权与立法权、行政权的"分权与制衡"关系，有着根

---

〔1〕 参见韩大元、于文豪："法院、检察院和公安机关的宪法关系"，载《法学研究》2011年第3期。

本的区别。但是要明确，我国权力机关不是实行"议行合一"制，[1]权力机关与行政机关、司法机关的关系不是领导与被领导的关系。

我国现行的司法体制基本符合我国的国情。但这一司法体制也存在明显的不足，特别是一旦进入操作层面，在司法机关的对外和对内关系两个方面都凸显不少问题，成为阻碍司法公正实现的瓶颈。

对外关系上主要表现为地方化倾向。我国是单一制国家，司法权属于中央事权，人民法院和人民检察院均是"国家"的法院和"国家"的检察院。但是，根据我国现行《人民法院组织法》和《人民检察院组织法》，地方各级人民法院院长和地方各级人民检察院检察长由地方各级人民代表大会选举产生，副院长、庭长、副庭长、审判员、副检察长、检察委员会委员、检察员由地方各级人民代表大会常务委员会任免。地方各级人民法院和地方各级人民检察院的经费均由同级人民政府预算，同级人民代表大会审议，由政府部门划拨。在人、财、物均受制于地方的情况下，各级司法机关就不可能摆脱地方党政对司法工作的干预，最终无法保证其独立行使权力。

对内关系则主要表现为行政化倾向。这一点在法院表现得尤为尖锐。由于"审判独立"被解释为法院整体的独立，并没有落实为审判人员的独立，因此在人民法院内部审判人员的人事管理和业务办理方面，行政化倾向十分突出。前者表现为将法官与一般公务员相等同，套用行政级别决定法官的薪酬、业务职称；后者表现为法院内部业务办理方面形成的各种行政式"审批""请示"制度，以及审判委员会与合议庭之间"决定"与"执行"的关系。法院内部的行政化倾向不仅压抑了法官个体的积极性和职业荣誉感，也违背了诉讼规律，是一种非法治化的内部结构关系。

二、对我国司法体制现代化改革若干问题的思考

十八届三中全会决定指出，"全面深化改革的总目标是完善和发展中国特色社会主义制度，推进国家治理体系和治理能力现代化"。我国司法体制改革的未来方向，是以现有制度为基础，实现司法体制的进一步现代化，这是实现国家治理体系和治理能力现代化的重要一环。

（一）正确处理党委、纪委与司法机关的关系

在司法工作中如何坚持和改善党的领导始终是司法改革中的核心问题，党的十八大以后这一问题更是引起了广泛的关注。为了支持司法机关依法独立行使职权，四中全会决定指出，"各级党政机关和领导干部要支持法院、检察院依法独立公正行使职权，任何党政机关和领导干部都不得让司法机关做违反法定职责、有碍司法公正的事情，任何司法机关都不得执行党政机关和领导干部违法干预司法活动的要

---

[1] 参见陈光中等：《中国司法制度的基础理论问题研究》，经济科学出版社2010年版，第50页。

求。"如果确有领导干部干预司法活动，插手具体案件的，则实行"全程留痕"式的"记录、通报和责任追究制度"，并明确其党纪、政纪及法律后果："对干预司法机关办案的，给予党纪、政纪处分；造成冤假错案或者其他严重后果的，依法追究刑事责任。"上述要求是完全符合司法特点和司法规律的，必将对公正司法起到重要的保障作用。因为司法工作，尤其是审判工作，涉及证据的审查和事实的认定，强调审查主体对于证据调查的亲历性、直接性和判断性，只有如此，才能对证据作出正确的取舍，对案件事实作出符合客观真相的认定；在法律适用问题上，随着我国法制建设的发展，法律的复杂性、技术性和专业化程度大幅度提高，非司法工作专业人士很难就法律适用问题作出较为正确的处理。在大力推进依法治国的今天，我们更应当下决心早日结束"审者不判，判者不审"的不科学做法。当然，四中全会决定并没有涉及政法委协调个案的问题，对此，我们认为，政法委协调案件应当注意以下几点：①政法委协调案件应仅限于个别具有重大社会影响或者极为重要的案件；②协调的内容仅限于法律适用，不应当对事实和证据问题进行协调；③如果经政法委协调的案件日后出现司法不公或者冤错后果，那么案件协调的参与者应当承担责任，为此，政法委协调案件应当有书面记录，由参与者签字，并归入案卷。

改善党对司法工作的领导，还应当进一步理顺纪委与司法机关的关系。我国时下的反腐败体制有其现实合理性，纪委在反腐败斗争中的重大作用不容否认。检察机关作为查处腐败案件的司法机关，应当尊重、配合纪委工作。但是，纪委的办案方式也应该进行法治化改革。目前纪委办案存在无监督、无救济、不透明的问题，因而"双规"期间存在一定程度的肉刑和变相肉刑现象。在此情况下，纪委应当在内部建立、健全自我监督的机构与机制，不仅防止反腐者腐败，而且要让各级纪委谨守程序正义之底线。在与检察机关的关系上，当务之急是要解决两家联合办案问题。实践中的通常做法一是纪委从检察机关抽调检察人员以纪委干部名义参与办案；二是检察机关以外围取证名义配合"双规"办案，这两种做法都是提前介入案件，显然不合适。更有甚者，个别检察机关对自己发现的腐败案件颠倒程序，先立案，而后送纪委讯问被调查人（实际上已是犯罪嫌疑人），以利用纪委"双规"手段规避《刑事诉讼法》规定的讯问应当全程录音录像的要求，这种做法更是严重违反程序。为此，四中全会决定指出"明确纪检监察和刑事司法办案标准和程序衔接，依法严格查办职务犯罪案件"，这就是要进一步明确纪委办案与检察机关办案在程序上的次序、差别与界限。纪委对违纪事项先进行调查，检察机关不得以任何方式提前介入。纪委调查结束认为构成犯罪的移送检察机关，移交之后检察机关就应当按照《刑事诉讼法》的规定独立、自主地进行侦查起诉。对于纪委在调查过程中获取的证据，司法机关在诉讼程序中应当根据具体情况区别对待并依法使用。根据《刑事诉讼法》及其他有关法律的规定，物证、书证、视听资料、电子数据等实物类证据材料，在刑事诉讼中可以作为证据使用。但受调查人的供认笔录

（包括书面的交代材料）和证人证言笔录等言词类证据材料，不得在刑事诉讼中使用，应当由检察机关反腐败侦查部门重新依法收集。在审判阶段，如果被告人提供材料或线索证明，"双规"期间被强迫供认犯罪并影响到侦查中的犯罪供述，应当考虑按照"重复供述"的情况进行处理，排除侦查中收集的犯罪嫌疑人供述。[1]

（二）以审判为中心，理顺法院、检察院、公安机关的关系

如上所述，我国《宪法》和《刑事诉讼法》规定的法院、检察院和公安机关"分工负责、互相配合、互相制约"的原则，对于保证案件质量起到了积极作用。但是，在实践运作中，这一原则也产生了一些明显的问题，主要表现在两个方面：其一，公安机关在三机关中处于强势地位。从《宪法》和法律层面来看，我国实行"一府两院"制，人民政府、人民法院和人民检察院由同级人民代表大会产生，对它负责，受它监督。公安机关只是政府的一个职能部门，因此在法律位阶上与法院、检察院不在同一个层面上。但是，由于"公安统率司法"体制的历史影响，而且"公安局长进常委""政法委书记或副书记兼任公安局长"等现象曾经是或者仍然是中国的政治现实，造成了公安机关在三机关中实际上处于强势的地位。公安机关的侦查权在司法实践中未能得到有效监督和有力制约。其二，三机关之间配合有余，制约不足。法、检、公在办案过程中经常为搞好关系而互相"照顾"，不仅导致检察机关对公安侦查的案件，在批准逮捕和审查起诉中未能严格把关，而且在审判阶段没有发挥好庭审应有的关键性作用，少数案件特别是经有关领导机关协调过的案件，庭审虚化，证据没有在庭审中得到实质性的审查，判决则成为侦查结论的复制版。而这正是过去一些冤假错案产生的最重要成因。

为此，十八届三中全会决定要求"优化司法职权配置，健全司法权力分工负责、互相配合、互相制约机制"，四中全会决定则提出，"推进以审判为中心的诉讼制度改革，确保侦查、审查起诉的案件事实经得起法律的检验"。此项符合司法规律的重大改革，对三机关关系的完善发展具有理论上和实践上的指导意义。

"以审判为中心"，诉讼理论界称之为审判中心主义，是与以侦查为重心的侦查中心主义相对而言的。其意所指，我们认为有三个方面：①刑事公诉案件的办理，除撤销案件、不起诉等情况外，都要经过侦查、起诉、审判和执行等程序。但其中审判居于中心地位。因为只有经过审判才能对被追诉人定罪量刑，《刑事诉讼法》第12条规定，"未经人民法院依法判决，对任何人都不得确定有罪"。可见审判在实现刑事诉讼的惩罚犯罪任务方面具有最终性的关键作用。强调"以审判为

---

[1] "重复供述"（repeated confession）又称"二次供述"，是指某次供述（即有罪供述）涉嫌违法取得，但与该口供内容相同而未涉嫌采用非法手段的后续口供。"重复供述"是否可以采用，我国刑事诉讼法及相关司法解释虽然没有明确规定，但学界和实务界态度较为一致，基本上持否定立场。参见龙宗智："我国非法口供排除的'痛苦规则'及相关问题"，载《政法论坛》2013年第5期；张颖："重复自白的证据能力"，载《中国刑事法杂志》2012年第7期；李儒彬、蒋宇："对'重复自白'的效力还需规范"，载《检察日报》2012年10月31日。

中心"构建三机关关系，并非不重视侦查、审查起诉程序。公安机关侦查和检察机关审查起诉为审判之准备程序，其收集运用证据和适用法律之质量关乎公正审判之实现，关乎从源头上保证案件质量、防止冤假错案的发生。从这个意义上来说，以审判为中心是对侦查起诉提出了更为严格的要求。②庭审是审判中的决定性环节。在庭审中，刑事诉讼各项基本原则得到最为充分地体现，当事人的诉讼权利也得到最为充分的行使。庭审要真正成为审判的决定性环节，就必须防范"庭审以前"以及"庭审以外"的活动架空庭审，使庭审流于形式。为此，必须解决好下面三个问题：其一，2012年《刑事诉讼法》再修正时，恢复了原来取消的案卷移送制度。在这种情况下，为避免法官在开庭之前受到案卷的影响，形成"预断"，必须在法庭上出示原始实物和直接询问重要证人。其二，《刑事诉讼法》并未完全禁止法官的庭外调查活动，但是，庭外调查活动应仅限于对庭上调查活动的进一步核实。其三，《刑事诉讼法》第182条规定了庭前会议程序，但是，与被告人的定罪、量刑密切相关的实质性问题，不宜放在庭前会议中讨论，以防止架空正式庭审，损害被告人的诉讼利益。总之，在庭审中，一定要做到控辩双方平等对抗，法庭居中审理裁判。双方举证在法庭，质证在法庭，非法证据排除在法庭，辩论说理在法庭，进而使案件的公正裁判形成于法庭。当然，以审判为中心重在第一审的法庭审理，因为根据我国《刑事诉讼法》的规定，第一审法庭审理一律应当开庭，第二审是部分案件开庭审理，[1] 死刑复核则是不开庭审理。与第一审相比，第二审和死刑复核均距离案发时间和空间更远一些。因此，第一审法庭审理应当成为各审级的重心，尤其是在事实认定问题上。③庭审应当努力实现集中审理。集中审理原则是指审判程序应尽可能地一气呵成，直到辩论终结均不中断。[2] 即使复杂案件也应每日连续审理，直至审理完毕。[3] 法庭集中审理使得所有的事实、证据和法律观点能够在庭审中一并提出，以求保证法庭依据当庭审理所获得的新鲜材料形成内心确信，进而作出公正的裁判。正如四中全会决定指出的，要"保证庭审在查明事实、认定证据、保证诉权、公正裁判中发挥决定性作用"。

如何以审判为中心进行诉讼制度改革，涉及的问题相当多，这里仅谈两个无法

---

〔1〕 2012年《刑事诉讼法》第223条规定，第二审人民法院对于下列案件，应当组成合议庭，开庭审理：（一）被告人、自诉人及其法定代理人对第一审认定的事实、证据提出异议，可能影响定罪量刑的上诉案件；（二）被告人被判处死刑的上诉案件；（三）人民检察院抗诉的案件；（四）其他应当开庭审理的案件。

〔2〕 参见林钰雄：《刑事诉讼法》（下），中国人民大学出版社2005年版，第150页。

〔3〕 例如，德国规定，正在进行的审判最多中断10日，只有当审判进行至少10日时，才允许一次中断30日。如果法院没有遵守这一时间规定，审判必须重新开始。参见《德国刑事诉讼法典》，李昌珂译，中国政法大学出版社1995年版，第95页。又如，日本规定，"法院对于需要审理2日以上的案件，应当尽可能连日开庭，连续审理"。参见《日本刑事诉讼法》，宋英辉译，中国政法大学出版社2000年版，第170页。

绕开的问题。

第一，完善辩护制度。对于被告人而言，在面临着被定罪处刑的关键性审判阶段，其辩护权应当得到充分和有效的保障。尽管 2012 年《刑事诉讼法》的修改使辩护制度取得较大进步。然而毋庸讳言，我国刑事庭审中律师辩护率仍然比较低，大约在 30%，发达地区一般不超过 50%。我国《刑事诉讼法》将应当提供法律援助的情形限于"可能被判处无期徒刑、死刑"的案件，范围明显过窄。四中全会决定提出，"完善法律援助制度，扩大援助范围"，在司法实践中，已有一些地方为扩大法律援助范围进行了积极的探索，例如浙江省人民法院一年前就将应当为被告人指派法律援助律师的案件范围扩大到"被告人可能被判处 3 年以上有期徒刑刑罚的"，以及"被告人作无罪辩护的"情形，使得全省律师出庭辩护率达到 80% 左右，[1] 这是值得各地结合本地实际加以推广的。还须强调指出，按《刑事诉讼法》关于死刑复核程序的规定，在该程序中允许被告人聘请辩护律师，但是对被告人没有聘请律师的案件未规定提供法律援助。1984 年联合国通过的《关于保证面临死刑的人的权利的保障措施》第 5 条规定："只有在经过法律程序提供确保审判公正的各种可能的保障，至少相当于《公民权利和政治权利国际公约》第 14 条所载的各项措施，包括任何被怀疑或被控告犯了可判死刑之罪的人有权在诉讼过程的每一阶段取得适当法律协助后，才可根据主管法院的终审执行死刑。"我们认为在生命攸关的最后审判程序中，不实行法律援助不仅不符合程序公正的要求，也有违国际人权公约。

第二，探索贯彻直接言词原则，完善证人、鉴定人出庭作证制度。直接言词原则是大陆法系国家刑事诉讼的一项基本原则，1821 年德国学者费尔巴哈首次在理论上提出，1877 年确立于《德意志帝国刑事诉讼法》。直接言词原则是直接审理原则和言词审理原则的合称。直接原则的要求有二：一是法官（包括陪审法官）必须始终在法庭上亲自接触证据材料、直接感受证据材料，即法官对证据调查的亲历性。二是法官应当尽可能接触原始证据材料，而不是第二手或者更远离原始的材料。因为在诉讼中，法官对于案件事实的认定是以证据为中介的，形成"法官——证据——事实"的认识结构。只有要求法官对于证据具有亲历性，要求证据尽可能具有原始性，才能使法官更准确地判断证据和案件事实。

言词审理原则，又称口头（审理）原则，"要求以言词陈述或问答形式而显现于审判庭之诉讼材料，法院始得采为裁判之基础"。[2] 换言之，作为证据来源的被告人、被害人、证人和鉴定人等，尽可能到庭用口头方式陈述对案件有关事实的感知情况和判断性意见。直接审理原则和言词审理原则的综合作用，就是通过公正审

---

〔1〕 参见于伟在 2014 年 12 月 23 日司法文明协同创新中心主办的"审判中心与直接言词原则研讨会"上的发言（书面稿）。

〔2〕 参见林钰雄：《刑事诉讼法》（下），中国人民大学出版社 2005 年版，第 145~148 页。

判程序保障实现实体审判公正，特别是通过庭审查明案件事实客观真相。英美法系虽然没有直接言词原则，但传闻证据规则担当了类似的功能，只不过在英美法系当事人主义的诉讼背景下，传闻证据规则更强调保障被告人的对质权。[1]

目前我国证人出庭率非常低，证人基本上不出庭，直接言词原则远没有得到贯彻，被告人的质证权无从保障。这是没有正确处理审判和侦查、起诉的关系造成的后果。贯彻"以审判为中心"，应当将审判和侦查、起诉的关系改造成一定程度上割裂的诉讼模式，对侦查案卷进入法庭加以必要限制，重要证人证言应当在法庭上当面口头对质，实物证据原则上应当在法庭上出示原始实物。只有这样才能在庭审中鉴别证据的真实性，保证庭审中认定的事实"符合案件发生时的客观真相"，"绝不容许脱离案件的客观真相满足于所谓的法律真实"。[2]

还有必要指出，立法在证人出庭的规定上是有欠缺的，《刑事诉讼法》第 187 条规定："公诉人、当事人或者辩护人、诉讼代理人对证人证言有异议，且该证人证言对案件定罪量刑有重大影响，人民法院认为证人有必要出庭作证的，证人应当出庭作证。"第 190 条规定："公诉人、辩护人应当向法庭出示物证，让当事人辨认，对未到庭的证人的证言笔录、鉴定人的鉴定意见、勘验笔录和其他作为证据的文书，应当当庭宣读。"这无异于是说证人是否出庭完全由法庭决定，且承认了未到庭的证人的证言笔录的证据能力，这是导致当前证人出庭率难以提高的致命伤所在。相比之下，同条中对鉴定人出庭的规定就比较合理："公诉人、当事人或者辩护人、诉讼代理人对鉴定意见有异议，人民法院认为鉴定人有必要出庭的，鉴定人应当出庭作证。经人民法院通知，鉴定人拒不出庭作证的，鉴定意见不得作为定案的根据。"不足的是，鉴定人是否出庭仍完全由法院决定，对被告人的质证权强调不够。因此，必须遵照四中全会决定中提出的"完善证人、鉴定人出庭作证制度"的要求，修改法律和司法解释，大力提高证人、鉴定人出庭率，使被告人的对质权获得有效保障，进而使四中全会提出的"推进严格司法"，"健全事实认定符合客观真相，办案结果符合实体公正，办案过程符合程序公正的法律制度"的重大部署落到实处。

（三）推进司法体制去地方化影响的改革

我国是单一制国家，司法职权是中央事权。地方各级法院不是地方的法院，而是国家设在地方代表国家行使审判权的法院。地方各级人民检察院亦然。为革除司法地方化的积弊，三中全会决定和四中全会决定提出两个方面的重大新举措：

---

〔1〕 美国联邦最高法院在 2004 年的 *Crawford v. Washington* 案〔541 U. S. 36, 42 （2004）〕中指出，只要一项庭外陈述属于"证言性陈述"，那么根据对质条款，禁止采纳该陈述为证据，除非作出陈述的人曾经接受过交叉询问。See Joshua Dressler & Alan C. Michaels, *Understanding Criminal Procedure*, 4th ed. , Vol. 2, Matthew Bender & Company, Inc. , 2006, pp. 243~244.

〔2〕 周强："推进严格司法"，载《〈中共中央关于全面推进依法治国若干重大问题的决定〉辅导读本》，人民出版社 2014 年版，第 108 页。

第一，推动司法管辖制度改革。首先，最高人民法院设立巡回法庭，审理跨行政区域重大行政和民商事案件，旨在有力排除地方主义干扰并减轻最高人民法院逐年上升的上诉申诉案件压力，维护首都社会秩序安定。其次，探索设立跨行政区划的人民法院和人民检察院，办理跨地市一级的重大案件。北京市第四中级人民法院已经成立，该院跨行政区划审理重大刑事、民事、行政案件。这是落实四中全会决定的一项举措。

第二，"推动省以下地方法院、检察院人财物统一管理"。既然司法权是中央事权，其人财物理应由中央统一管理。司法经费由中央财政单独列支，统一保障，也是世界上绝大多数发达国家的通行做法。在西方单一制国家，法院经费均由中央统一列支，国会批准即生效力。如法国司法部负责全国普通法院系统的经费预算编制和管理。各基层法院向上诉法院提出每年所需经费预算，上诉法院汇总后报司法部，司法部对最高法院和上诉法院的经费预算进行审查，并商财政部综合平衡，最后报议会批准。日本 1947 年的《裁判所法》规定："裁判所的经费是独立的，应计入国家预算内。"美国于 1939 年设立了联邦法院司法行政管理局，专门负责联邦司法系统的行政管理，由它制定并向国会提出联邦法院预算，审核并分配各联邦法院的经费。美国联邦各级法院的经费都由联邦政府拨给，由联邦最高法院统一分配使用。俄罗斯为了保障法官独立审判只服从法律，改变了法院的财政管理体制，将过去的财政分级管理改为联邦政府一级财政管理。可以说，司法权能否独立公正行使，关键之一在于能否摆脱地方财政的控制。借鉴外国的有益经验，针对我国的司法经费财政管理体制中的弊端，我们应该建立独立的中央司法预算体制。

但是，三中全会决定考虑到我国的基本国情，将司法机关的人财物完全由中央统一管理，当前尚有一定困难，本着循序渐进的原则，先将省以下地方人民法院、人民检察院人财物由省一级统一管理。当然，推进此项改革必须解决好一些重要的具体问题。比如，人财物归省级统管以后，经费从何而来？我们认为比较妥善的解决办法是，原来由市、县级财政承担的司法预算份额仍由各地方上缴省级财政，由省级财政统一支配。同时，省级财政也应加大投入，保证一些落后地区的经费有较大提高，同时也保证高收入、高消费的城市不低于改革前的实际水平。此外，中央财政除承担最高人民法院、最高人民检察院的司法经费外，也应该以这次改革为契机，逐步加大对全国司法机关的投入比例，为日后的中央统一管理创造条件。

（四）探索法官、检察官依法独立办案

司法权力健康运行，不仅要排除司法机关的外部干扰，同时也要理顺法院、检察院的内部关系，提高法官、检察官的办案主体地位，法院内部要"去行政化"，逐步实现合议庭与法官独立办案。很多西方国家都将"法官独立"明文规定于宪法，如《德国基本法》第 97 条第 1 款规定："法官独立行使职权，只服从法律。"《日本宪法》第 76 条规定："所有法官依良心独立行使职权，只受本宪法及法律的约束。"在国际法层面，"法官独立"或者"法庭独立"也已经成为司法公正的最低限度标准。例如，《公民权利和政治权利国际公约》第 14 条规定："在判定对任何人提出的任何刑事指控或确定他在一件诉讼案中的权利和义务时，人人有资格由一个依法设立的、合格的、独立的和无偏倚的法庭进行公正的和公开的审讯。"《关于司法机关独立的基本原则》第 11 条规定："法官的任期、法官的独立性、保障、充分的报酬、服务条件、退休金和退休年龄应当受到法律保障。"

要实现合议庭与法官的内部独立，首先必须理顺合议庭与审判委员会的关系，改革审判委员会制度。但现阶段在无法彻底取消审判委员会讨论重大案件职责的情况下，审判委员会的改革应当从以下几个方面着手：调整审判委员会的成员结构，减少行政领导的比例，增加资深、业务能力强的法官的比例；缩小审委会讨论案件的范围，减少审委会讨论案件的数量；改变审委会的讨论和表决规则，将目前的公开表态改变为无记名投票。我们认为，审判组织合议或讨论决定案件应当严格按照平等讨论、民主表决、少数服从多数的机制形成裁判结果。另外应当废止检察长、副检察长参加案件讨论制度。在辩护一方代表没有在场的情况下，同级人民检察院检察长列席审委会会议，不仅违反了现代刑事诉讼中控辩平等对抗原则，也触犯了现代司法中另外一项"禁止单方接触"的重要原则。[1]

还须指出，检察官与法官在办案时的"独立"程度与责任承担方面均有所不同。我国检察机关内部实行一体化体制，因此检察官个体的"独立"办案权受到更多的限制。检察官办案不仅要服从检察委员会的决定，而且应当接受检察长的直接领导。

在强化法官、检察官独立办案的同时，也要强化办案人员的责任制，健全司法权力的监督机制。对此，三中全会决定提出要"完善主审法官、合议庭办案责任制，让审理者裁判、由裁判者负责"。中央全面深化改革领导小组第三次会议审议通过的《关于司法体制改革试点若干问题的框架意见》和《上海市司法改革试点工作方案》，也将司法责任制作为改革试点的重点内容之一，完善主审法官责任制、合议庭办案责任制和检察官办案责任制，明确法官、检察官办案的权力和责任，严格错案责任追究。同时健全对司法权力的监督机制，运用信息化手段，加强对司法活动的监督；加大司法公开力度，全面推进生效裁判文书上网；充分发挥律师在诉讼中的作用，以确保司法权依法公正行使。

（五）推进法官、检察官的分类管理

改革我国目前的法官、检察官管理体制，主要是解决两个问题：

第一，改变目前法院、检察院的单一行政管理模式。法官、检察官职业素质要求高，任职条件要求严，但入职门槛、工资福利及职务保障却实行与公务员统一的

---

〔1〕 所谓"单方接触"（Ex Parte Communications），是指一方当事人在另一方当事人不在场的情况下与法官单独接触。"禁止单方接触"是现代司法和行政程序中的一项重要原则，是法官公正的重要指标之一。See Michael D. Bayles, *Procedural Justice*, Boston：Kluwer Academic Publishers, 1990, p. 35.

标准，高要求与低保障形成了明显的反差；法官、检察官缺少职业荣誉感，难以吸引和留住优秀司法人才；很多地方采取"一刀切"的退休政策，致使一大批优秀法官、检察官在50岁左右的黄金年龄提前离岗或变相退休，浪费司法人才。因此，对法官、检察官应当实行不同于公务员的职业准入制度、考核制度和职务职级晋升办法，尊重司法工作的规律和法律职业的特点，实行权责明确、管理规范、保障到位的管理制度。

第二，实行法官、检察官及辅助人员分类管理制度。在单一行政管理模式下，法官、检察官职业准入门槛偏低，导致大量占据法官、检察官资格的人员并不从事办案工作。结果，法官、检察官人数日益庞大，"案多人少"的矛盾却十分突出。法官、检察官的业务职称又与行政级别挂钩，一线的法官、检察官为了解决行政级别又希望到行政管理部门任职，而行政职数有限，形成"众人抢占窄通道"的局面，法官、检察官成长空间有限。对此，最近发布的《人民法院第四个五年改革纲要（2014～2018）》提出，推进法院人员分类管理制度改革，将法院人员分为法官、审判辅助人员和司法行政人员，实行分类管理。对法官实行统一的员额管理，提高法官入职门槛，延长法官任职年限，确保法官主要集中在审判一线。最高人民检察院也采取类似改革措施。与之配套的，则是拓宽司法辅助人员的来源渠道，建立司法辅助人员的正常增补机制，减少法官、检察官事务性工作负担。此次经中央批准的司法人员分类管理制度试点方案中，法官助理、检察官助理（原称助理审判员、助理检察员）被列为司法辅助人员，这个问题要妥善处理。因为这类人员拥有正规学历、已通过司法考试和公务员考试、年纪轻而业务能力较强，是办案的重要辅助力量，也是法官、检察官的后备军。在司法人员分类管理改革中不能挫伤而应调动他们的积极性，这是顺利推进分类管理改革的重要一环。上海的试点工作已充分注意到这个问题并采取了相应的措施，[1]这是十分妥当的做法。

在实行司法人员分类管理的基础上，应当强化法官、检察官的职业保障。司法官员职业保障包括以下几个方面的内容：一是身份保障，即法官、检察官一经任命，除非有法律明确规定的事由并经过法定程序，不受免职、降职、调离，不得减少工资待遇，以此保障司法官员不会因为正当履行职责而受到不当对待。联合国《关于司法机关独立的基本原则》第12条规定："无论是任命的还是选出的法官，其任期都应当得到保证，直到法定退休年龄或者在有任期情况下直到其任期届满。"在强化法官、检察官的职业保障方面，四中全会决定明确提出："建立健全司法人员履行法定职责保护机制。非因法定事由，非经法定程序，不得将法官、检

---

〔1〕 据《法制日报》报道，上海正式任命我国首批法官助理、检察官助理，改革后新招录的通过司法考试的司法人员见习期满后，直接任命为法官、检察官助理。法官、检察官助理根据工作年限设置五个等级，五级至一级助理均实行按期晋升。助理任满5年，择优选为法官、检察官。参见"我国首批法官助理、检察官助理接受任命"，载《法制日报》2014年9月6日。

察官调离、辞退或者作出免职、降级等处分。"二是薪俸保障。美国开国元勋、联邦党人汉密尔顿曾言："最有助于维护法官独立者，除使法官职务固定外，莫过于使其薪俸固定……就人类天性之一般情况而言，对某人的生活有控制权，等于对其意志有控制权。"[1]薪俸保障是身份保障之外最有助于维护法官独立的手段。西方国家普遍实行法官的高薪制，法官享有优厚的待遇。按照 1987 年英国议会批准的标准，巡回法官年薪 43 000 英镑，高等法院法官年薪为 65 000 英镑，上诉法院法官年薪为 71 500 英镑，而大法官年薪 180 045 英镑，高于首相的年薪。[2]根据 2013 年的最新统计，美国 874 名联邦法官中，最高法院首席大法官年薪为 22.35 万美元，其他大法官年薪则是 21.39 万美元，巡回上诉法院法官年薪为 18.45 万美元，地区法院法官年薪为 17.4 万美元。而联邦参议员和众议员年薪均为 17.4 万美元，只与地区法院法官持平。[3]检察官的薪俸略低于法官。三是职业行为豁免权，即司法官员依法履行职务的行为免受法律追诉、免除法律责任的特权，包括司法官员在依法履行职务期间实施的行为和发表的言论不受法律追究的权利，以及就与履行司法职能有关的事务免予出庭作证的特权。对此，联合国《关于司法机关独立的基本原则》第 16 条也规定："在不损害任何纪律惩戒程序或者根据国家法律上诉或要求国家补偿的权利的情况下，法官个人应免于因其在履行司法职责时的不当行为或不行为而受到要求赔偿金钱损失的民事诉讼。"

（六）统一刑罚执行体制

刑罚执行是刑事诉讼的最后一个程序，也是实施刑事法显现实效的关键环节。刑罚执行的一部分属于诉讼活动，包括刑罚执行机关将已经发生法律效力的判决、裁定所确定的内容依法付诸实施，以及处理刑罚实施过程中出现的变更执行等问题而进行的活动。例如，被判处死刑缓期执行、无期徒刑、有期徒刑、拘役的罪犯，交付执行时在押的，第一审人民法院应当在判决、裁定生效后 10 日内，将判决书、裁定书、起诉书副本、自诉状复印件、执行通知书、结案登记表等文书送达看守所，由公安机关将罪犯交付执行。[4]又如，被判处管制、拘役、有期徒刑或者无期徒刑的罪犯，在执行期间确有悔改或者立功表现，应当依法予以减刑、假释的时候，由执行机关提出建议书，报请人民法院审核裁定。[5]这一部分的刑事执行活动由于具有诉讼性质，涉及交付执行机关、变更执行机关和执行监督机关，目前的执行体制基本上是合理的，没有必要进行重大改革。

---

〔1〕 ［美］汉密尔顿、杰伊、麦迪逊：《联邦党人文集》，程逢如、在汉、舒逊译，商务印书馆 1997 年版，第 396 页。

〔2〕 "欧盟国家政要薪水一瞥　英国大法官年薪最高"，载 http://www.southcn.com/news/international/gjkd/200208211451.htm，最后访问时间：2014 年 8 月 19 日。

〔3〕 参见何帆："法官高薪的前提是什么"，载《人民法院报》2013 年 5 月 24 日。

〔4〕 参见最高人民法院《关于适用〈中华人民共和国刑事诉讼法〉的解释》第 429 条。

〔5〕 参见 1996 年《刑事诉讼法》第 221 条。

　　刑罚执行的另一部分重要内容是与受刑人的处遇、监管、教育、改造等事项密切相连的具体行刑活动，这类活动不具有诉讼性质，而是司法行政活动。本文所谓的统一刑罚执行体制，就是针对这一部分执行活动而言的。根据我国《刑法》《刑事诉讼法》和《监狱法》的规定，我国的刑事执行工作由多个机关分担。具体说来，人民法院负责无罪、免予刑事处罚、罚金、没收财产和死刑立即执行的执行；公安机关负责剥夺政治权利、拘役的执行，其中，拘役由拘役所负责执行；监狱负责死缓、无期徒刑、有期徒刑的执行；未成年犯管教所负责被判处无期徒刑、有期徒刑的未成年犯的执行工作；社区矫正机构负责对被判处管制、宣告缓刑、假释或者暂予监外执行的罪犯的执行。看守所不是刑罚执行机关，但是，为了减少押解负担、节省资源，《刑事诉讼法》第253条规定，"剩余刑期3个月以下的，由看守所代为执行"。

　　这种多元化的刑罚执行体制，随着国家机构职能的调整和社会结构的变迁，逐渐暴露出一些明显的缺陷和问题。其一，现有执行体制的执行机关设置与其主要职能不相符，分工不尽合理，不符合分工负责原则。人民法院属于国家的审判机关，公安机关在刑事诉讼中的主要职能是侦查，而刑罚执行属于司法行政活动。而在目前的刑罚执行体制下，由负责审判和侦查的机关兼管执行，不仅存在职能不清的问题，而且使得法院、公安机关不能集中力量做好审判、侦查工作。其二，现有执行体制缺乏必要的制约机制。例如，中级人民法院既负责死刑案件的第一审，又负责对死刑生效判决的执行。这种既由法院自己审理，又由法院自己执行的体制，容易造成先入为主，在执行阶段难以纠正可能出现的冤案、错案。公安机关在刑事诉讼中负责侦查，如果再负责执行工作，容易造成执行与侦查职能制约不足，即使在执行阶段发现错误也很难期待错误得到纠正。

　　鉴于我国刑事执行体制存在的问题，四中全会决定提出，"健全公安机关、检察机关、审判机关、司法行政机关各司其职，侦查权、检察权、审判权、执行权相互配合、相互制约的体制机制"。这是对《宪法》《刑事诉讼法》所规定的法院、检察院、公安机关"分工负责、互相配合、互相制约"原则的重大新发展。同时，四中全会决定进一步提出，"完善刑罚执行制度，统一刑罚执行体制"。这有利于"实现不同种类刑罚执行之间的协调一致、相互衔接，以更好地发挥刑罚教育人、改造人的功能，保障罪犯的合法权益，实现刑罚惩罚、预防犯罪的目的"。[1]

　　为落实以上要求，我们的基本设想是，积极创造条件，逐步将刑罚执行权统一到司法行政机关。具体而言：

　　第一，在现有的刑罚执行体制中已经归司法行政机关管理的监狱、未成年犯管

　　[1]《党的十八届四中全会〈决定〉学习辅导百问》，党建读物出版社、学习出版社2014年版，第82页。

教所、社区矫正机构继续保持不变。

第二，死刑的执行权应由目前的人民法院转移到司法行政机关。就当今保留死刑的美国、日本和我国台湾地区来看，死刑亦均由司法行政部门或者监狱负责执行。目前由人民法院负责的财产刑，包括罚金、没收财产判决的执行，也应转移到司法行政机关。但是，现有体制下由人民法院负责执行的无罪、免予刑事处罚判决因不涉及刑罚执行问题，可保持不变。

第三，目前由公安机关负责执行的拘役、剥夺政治权利判决和剩余刑期在3个月以下有期徒刑的执行，可以分情况作出处理，以利于司法行政机关统一执行：首先，规定拘役所归司法行政机关管理，这个问题的解决并不复杂。其次，剥夺政治权利判决可考虑交予社区矫正机构执行。最高人民法院、最高人民检察院、公安部、司法部在2003年曾经联合下发《关于开展社区矫正试点工作的通知》，[1]规定了五种适用对象，即在上述四种适用对象的基础上增加了被剥夺政治权利的罪犯。这种做法之所以没有被后来的《刑法》和《刑事诉讼法》所吸收，很大程度上是因为当时矫正手段有限，不适合剥夺政治权利判决的执行工作。随着社区矫正制度日益完善，矫正手段不断丰富，完全可以将剥夺政治权利判决交给社区矫正机构执行。最后，对于剩余刑期在3个月以下，在现有体制下由看守所执行的有期徒刑，可以有两种处理方案：一是变更为社区矫正，交当地社区矫正机构执行；二是建议人民法院今后量刑时不再作出服刑3个月以下就刑满的判决。少判3个月对惩罚犯罪的力度以及贯彻罪责刑相当原则的影响非常有限。

需要指出的是，原来由人民法院负责部分刑罚的执行，由于人民法院依法独立行使职权，可以在一定程度上减少地方干扰。今后统一由司法行政机关负责刑罚执行，而司法行政机关隶属于各级人民政府，缺乏人民法院所具有的独立性，难以避免地方干预和行政干预。为此可以考虑在司法部设置执行总局，增强实力，统一负责各类全国性重大案件裁判的执行工作，地方各级司法行政机关设专门的执行局、处、科，同时强化司法部执行总局对地方各级司法行政机关执行部门的垂直领导，这样可以比较有效地抵制地方干预问题。此外，司法行政机关统一负责刑罚执行工作之后，人民检察院在现有基础上强化对执行的全面法律监督，以防范和发现刑罚执行过程中可能出现的违法现象。

我们期待并相信，经过新一轮的现代化司法改革，中国特色社会主义司法体系将更加完善，更有助于保障公正司法，促进社会公平正义。

---

〔1〕 参见最高人民法院、最高人民检察院、公安部、司法部：《关于开展社区矫正试点工作的通知》（司发〔2003〕12号）。

在司法过程中保障人权的五大举措[1]

要加强对刑讯逼供和其他非法取证的源头预防；要健全有效防范、及时纠正冤假错案的机制；要实行庭审实质化改革，完善证人、鉴定人出庭作证制度；要完善法律援助制度，扩大法律援助范围；要健全国家司法救助制度。

人权和民主法治密不可分。我国改革开放以来，民主法治建设逐步推进，人权保障日益加强。2004年修改的《宪法》第33条规定："尊重和保障人权。"三中全会决定和四中全会决定均提出"加强人权司法保障"，这正是全面推进依法治国，落实宪法人权保障的重要举措。司法包括刑事、民事和行政三大方面，可以从很多方面对人权司法保障进行解读。其中，在司法过程中保障人权是重要的维度，主要可以从以下五个方面着手。

一、加强对刑讯逼供和其他非法取证的源头预防

非法取证（特别是刑讯逼供）是司法程序上的最大不公，也是冤假错案产生的首要成因。2012年修改的《刑事诉讼法》对此采取了"组合拳"式的系列措施，取得了显著效果。但是问题并未得到完全解决，赤裸裸的肉刑虽已鲜见使用，变相的刑讯在实践中却并未被完全杜绝。如何对此从源头上有效预防？

笔者认为，要创建讯问犯罪嫌疑人、被告人时的直接见证监督制度，即除了全面推行讯问必须进行录音录像的制度外，还应当探索创建讯问时第三人监督见证制度和律师在场制度，例如由司法行政机关负责在看守所驻守值班律师或法律工作者。另外，应当进一步具体明确界定非法证据排除的范围。目前，现行法律或司法解释的规定并不具体。比如，《刑事诉讼法》第54条规定，采取刑讯逼供等方法取得的犯罪嫌疑人、被告人供述应当予以排除；最高人民法院、最高人民检察院的司法解释也只是原则性的规定，使犯罪嫌疑人、被告人在肉体上、精神上遭受剧烈疼痛或痛苦的方法取得的供述应当予以排除。然而，实际上在侦查实践中疲劳讯问、威胁等讯问方法在某些机关却成为"破案"的手段。例如，福建的念斌投毒冤案，开始对其采取刑讯而未能奏效，转而威胁要将其妻子抓来，念斌便"招供"了。因此必须通过修改法律规定，明确规定采用疲劳讯问（可界定连续讯问超过24小时）、威胁等非法方法取得之供述应当予以排除。

---

[1] 原载《中国党政干部论坛》2015年第4期，独著。

二、健全有效防范、及时纠正冤假错案的机制

党的十八大以来，中央强调要努力让人民群众在每一个司法案件中都感受到公平正义，把严防冤假错案作为底线。而且，在实践中相关部门确实排除阻力纠正了一批冤案，产生了振奋人心的正面社会效果。

如何有效防范冤假错案，笔者认为除了经常讲到的努力杜绝非法取证和司法机关依法独立办案以外，应当坚决贯彻四中全会决定指出的以下两个原则：一方面是案件事实认定符合客观真相。要遵循辩证唯物主义认识论原理，承认案件发生时的客观真相是可能被司法人员运用证据准确查明的，必须以此为出发点来正确适用法定有罪证明标准，强调对案件犯罪事实至少是主要事实的认定达到证据确实充分，即确定性、惟一性的程度，而不是西方国家一些学者或法官所说的接近确定性或者95%。另一方面是疑罪从无原则。该原则虽然早已明定于《刑事诉讼法》中，但实践中司法人员遇到有罪证据未达到确实充分的疑难案件时，往往左顾右盼，不敢决断，原因主要是怕放纵犯罪，怕负责任。因此，要真正贯彻疑罪从无原则，就必须建立司法人员在办案中不追究放纵犯罪责任的制度，但故意枉法情形除外。

如果我们对过去平反的冤案加以分析，就不难发现其存在以下三类情形：不存在犯罪事实的所谓"亡者归来"案件，如佘祥林案、赵作海案等；发现了真凶案件，如杜培武案、呼格吉勒图案等；证据有疑点矛盾而被判罪的案件，如佘祥林案、李怀亮案、张氏叔侄案等。应当说，由于前两类案件属于铁定冤案，不得不改判，关键在于"及时"。第三类案件的改判则由于真凶未查获而阻力最大。可以肯定地说，目前实际上属于这类冤案而未予平反的案件尚有一定存量。

为及时纠正错案，应当直面现实，健全纠错机制：首先要放宽再审立案的标准，只要案件申诉有相当合理的根据，均应重新审查，从而创造及时纠正的机会。其次要在中央和省建立纠错社会组织，由人大、政协、律师、教授专家及其他社会人士参加，形成国家专门机关与社会力量相结合的有效纠错机制。最后要制定合理合法的错案追责制。错案的办案人员因故意违法或者因渎职而造成错案的才应当追究其责任，因认识问题造成错案的则应当予以免责。如果苛刻追责，不仅挫伤司法人员办案的积极性，而且增加平反纠错的阻力。

三、实行庭审实质化改革，完善证人、鉴定人出庭制度

在刑事、民事、行政三大诉讼中，庭审是人权司法保障的决定性环节。因为在庭审中，如果诉讼的各项基本原则和制度，如公开、辩护和代理、平等适用法律等得到最充分的实现，那么当事人的诉讼权利就可以得到最有效的行使。但是要使庭审真正成为司法的决定性环节，必须使其实质化而不能流于形式。为此，一定要防止法官在庭前由于阅卷或主持庭前会议而形成预断，一定要做到在庭审中推动原被告或控辩双方平等对抗，法庭居中公正独立地审理裁判。双方举证在法庭，质证在法庭，辩论说理也在法庭，法官判断最终形成于法庭。正如党的十八届四中全会决

定指出的，要"保证庭审在查明事实、认定证据、保证诉权、公正裁判中发挥决定性作用。"

庭审实质化必然导致探索贯彻直接言词原则。该原则是大陆法系国家法庭审理的一项基本原则，是直接审理原则和言词审理原则的合称。直接审理原则的要求有两个：法官（包括陪审法官）必须始终在法庭上亲自接触证据材料、直接感受证据材料；法官应当尽可能接触原始证据材料，而不是第二手或者更远离原始的材料。言词审理原则，又称口头（审理）原则，"要求以言词陈述或问答形式而显现于审判庭之诉讼材料，法院始得采为裁判之基础"。直接审理原则和言词审理原则的综合作用，就是通过公正审判程序保障实现实体审判公正，特别是通过庭审查明案件事实真相。

我国三大诉讼法虽然没有明文规定直接言词原则，但是其中有的规定特别是司法解释的规定在一定程度上体现了直接言词原则的精神。《人民法院第四个五年改革纲要（2014~2018）》则明确提出"落实直接言词原则，严格落实证人、鉴定人出庭制度"。不过目前证人、特别是刑事案件证人出庭率非常低，辩护方的质证权无法得到保障，对于这个问题必须认真给予解决。直率地说，我国《刑事诉讼法》在证人出庭的规定上是有缺陷的，其第187条规定："公诉人、当事人或者辩护人、诉讼代理人对证人证言有异议，且该证人证言对案件定罪量刑有重大影响，人民法院认为证人有必要出庭作证的，证人应当出庭作证。"第190条规定："公诉人、辩护人……对未到庭的证人的证言笔录、鉴定人的鉴定意见、勘验笔录和其他作为证据的文书，应当当庭宣读。"这无异于是说证人是否出庭完全由法庭说了算，且承认了未到庭证人的证言笔录具有证据能力，这是导致当前证人出庭率难以提高的致命伤。

因此，必须遵照四中全会决定中提出的要求，修改法律和司法解释，大力提高证人出庭率，使辩护方的对质权获得有效保障。当然有人担心，证人出庭多，证人可能改变证言，公诉人当庭陷于被动，并且拖延开庭时间，法院人力、财力难以承受。但是，公正是司法的生命线，证人是否需要出庭应当以是否能实现庭审查明事实真相、保障诉讼当事人权利、实现司法公正为主要考量标准，而不能把诉讼效率放在第一位。何况，我们并非要求所有案件的一切证人都出庭，而是从我国实际出发对此加以规制。

具体而言，笔者建议，在一审庭审中以下三种情况下证人应当出庭作证：在被告人不认罪的非简易程序案件（此类案件在基层法院审理案件中约占1/3）中，控辩双方对重要证人证言有异议的证人；被告人可能被判死刑、无期徒刑的案件的重要证人，此类重刑案件，即便辩方无异议，也有必要让重要证人出庭接受质证，以示慎重，以防证言失真；法庭在其他情况下认为有必要出庭的证人。以上三种情况下法庭通知证人到庭，证人没有正当理由不到庭的，法庭可以强制其到庭作证，否则其书面证言不能作为认定案件事实的根据。

证人出庭中的另一个重要问题是警察出庭作证。尽管《刑事诉讼法》第 187 条仅规定了警察就其执行职务时目击的犯罪情况出庭作证，但这并不足够，因为在有些情形中警察出庭作证很有必要。例如，警察询问被害人、证人后，后者已死亡或者难以出庭作证的；辩方对警察取证方法的合法性提出质疑而没有录音录像等加以证明的。对此，控辩双方申请或者人民法院认为有必要让其出庭作证时，警察应当放下"身段"出庭作证，配合法庭查明案件事实真相。

四、完善法律援助制度，扩大法律援助范围

法律援助是指在司法中国家通过法律援助机构指派律师或法律工作者为当事人提供辩护或者诉讼代理的活动。从 2003 年国务院颁布《法律援助条例》以来，我国法律援助事业已得到一定发展，但是问题仍相当多。概言之，就是资金缺、范围窄、质量低。

一方面，从民事诉讼和行政诉讼的角度来看，虽然《法律援助条例》第 10 条规定了公民对需要代理的若干事项，因经济困难没有委托代理人的，可以向法律援助机构申请法律援助，如依法请求国家赔偿的，请求给予社会保险待遇或者最低生活保障待遇的，请求发给抚恤金、救济金、赡养费、抚养费、扶养费的；请求支付劳动报酬的，主张因见义勇为行为产生的民事权益的，等等。但是民事、行政诉讼中基本上未付诸实行，因为条例只规定"可以"，不具有刚性要求，因而应当根据四中全会扩大法律援助范围的要求，对条例上述规定的援助事项经过深入调研，将其中若干事项改为应当强制实行的法律援助。另外，还应当将申诉上访案件列入强制法律援助的范围。

另一方面，法律援助的重点仍应放在刑事诉讼中，应当将《刑事诉讼法》规定的法律援助范围进一步扩大，从可能判处死刑、无期徒刑的案件扩大到可能判处 5 年有期徒刑以上的案件以及犯罪嫌疑人、被告人不认罪的案件；还有死刑复核程序，现行法律虽然允许辩护律师参加，但是未规定法律援助，由于人命关天，必须给予法律援助。

五、健全国家司法救助制度

2009 年，中央政法委、最高人民法院、最高人民检察院、公安部、司法部、财政部、人力资源和社会保障部联合发布了《关于开展刑事被害人救助工作的若干意见》使得救助制度开始在全国推行。2013 年三中全会决定提出了"健全国家司法救助制度"的要求，据此，2014 年中央政法委、最高人民法院、最高人民检察院、公安部、司法部又出台了《关于建立完善国家司法救助制度的意见（试行）》（以下简称《意见（试行）》），修改和取代了 2009 年颁行的《关于开展刑事被害人救助工作的若干意见》。

对于《意见（试行）》，笔者认为有的问题似有待商榷。首先是救助范围的问题，《意见（试行）》第 2 条规定了 8 项国家司法救助的范围，其中前 6 项，笔者

认为是符合司法救助合理范围的。但是该条第 7 项规定的是"对于道路交通事故等民事侵权行为造成人身伤害，无法经过诉讼获得赔偿，造成生活困难的"。该项规定的救助对象与司法没有直接关系，可以说是属于社会福利范畴，不宜列为司法救助对象。第 8 项规定"党委政法委和政法各单位根据实际情况，认为需要救助的其他人员"。该项规定的救助对象属于任意性对象，党委政法委等单位有权自由决断，决定给谁都可以。而且把党委政法委与国家政法机关并列为救助主体，导致救助对象有权利直接找党的组织和领导人申请，这显然不太合理。何况我们应当知道，司法救助属于司法范围，应当按照司法规律办事，应当对司法救助的主体、对象、救助标准以及救助程序等严格地加以规范和实施，用法治思维和法治方式来化解社会矛盾，维护社会安定，而不能用非法治方式去维稳。其次笔者还认为，制定《司法救助法》，已酝酿多年，现在已经到了列入立法议程的时候了。

略谈司法公信力问题 [1]

一、提高司法公信力的重大意义

司法通常指诉讼，司法公信力则主要指法院审判的公信力。也就是说，司法公信力是指社会公众及当事人对法院审判的信服和认同的程度，司法公信力是当事人和社会公众内心深处对司法的感触和体验，属于道德范畴和心理状态，不能用强制手段来构建，这与具有一定公权力强制因素的司法权威性有所区别。当然，司法权威本身也应当包含司法公信力，只有具备公信力的司法权力才能构成真正的司法权威。

我国司法公信力不高是公认的事实。提高司法公信力是党的十八届三中全会和四中全会决定中提出的推进司法改革的基本目标之一。习近平总书记强调指出，深化司法体制改革，"要坚持以提高司法公信力为根本尺度。司法体制改革成效如何，说一千道一万，要由人民来评判，归根到底要看司法公信力是不是提高了"。

二、评判司法公信力的具体标准

对任何事物价值尺度的评判都需要运用科学合理的方法设定，具体的标准包含指数等数量标准。由于司法公信力属于社会公众内在心悦诚服之度，不像司法效率那样可用法官平均办案数等数据来显示，因此需要研究如何设置外化的具体标准，比较客观地评估司法公信力的提高或下降尺度。我个人认为，可以将以下三个指数作为司法公信力的主要评判标准。

一是民意调查满意率。现代社会中广泛运用的民意调查制度是评价公共政策实施结果的有效工具。民意调查采用实证分析的方法进行定量研究，以样本推断总体，具有更强的科学性、可靠性、可比性。特别是近年来，计算机技术的应用，使得民意调查的质量更加规范。民意调查率作为司法公信力的一种评判标准，是对法院审判案件的司法公信力的评价。反映的是总体民意对司法裁判的社会评价。民意调查的引入有助于推动司法公信力的评价更加民主化和科学化。开展民意调查是当前许多国家和国际组织采用的方法，符合当前时代趋势和国际潮流。例如，反腐败国际组织"透明国际"发布的清廉指数（CPI）正是因为采用了以民意调查制度为

---

〔1〕 原载《法制与社会发展》2015 年第 5 期，独著。

基础的研究报告，才具有广泛的影响力。司法公信力的民意调查应当坚持以第三方民意调查为主。应当坚持中立、客观的立场，树立良好的"公信力"。由于司法机关同司法公信力的民意调查结果有直接利害关系，不宜作为民意调查的主体。司法机关可以同具有良好知名度的现有第三方机构合作，以合作的方式委托他们完成交予的民意调查任务。以中国政法大学为牵头高校的四校"司法文明协同创新中心"，从去年开始进行的"中国司法文明指数评估"项目应当说是十分值得肯定的重要探索。此外，还须指出：司法公信力民意调查的对象应当具有广泛的代表性，以社会民众为主并包括司法人员、律师和诉讼当事人等。不同的调查群体应当分别作出统计，因为法官等司法人员往往自我感觉良好，而当事人往往是胜诉兴喜败诉怨，难能令双方满意。

二是执行成功率和支持率。尽管影响执行成功率和执行支持率高低的原因比较复杂，但相当程度上反映了当事人和社会公众是否相信司法的过程及最后结论的公正性。较高的执行成功率和支持率，表明当事人和社会公众不仅相信司法的过程并且接受这种裁判，进而自觉执行或协助执行裁判，此时的司法具有较高的公信力，有助于树立良好的司法形象。当然，败诉的一方当事人往往懈怠履行甚至抗拒执行，因此应当加强执行的强制力度。但是拒绝或者阻碍执行的比例过高时的，此时裁判司法公信力如何就需要认真审视了。我们注意到，十八届三中、四中全会以来，执行成功率有所提高，据最高人民法院的统计，2014年全国执结案件同比上升7%，这说明司法改革在提高司法公信力、增强司法权威性方面初显成效。

三是申诉率和上访率。申诉和上访代表了案件当事人对最终裁判结果的不认可态度，是对司法公信力的最直观的评价。或者说，申诉率、上访率之高低与司法公信力之高低是成反比例的。应当说，我国大多数裁判是符合法律规定和案件事实的，但也有部分裁判难以令当事人和社会公众信服。申诉率和上访率的居高不下是当下司法公信力较低的直接体现，也是当下司法改革有待破解的司法困局之一。

三、司法公信力植根于司法公正

提高司法公信力最关键的就是案件是否实现了司法公正。公正既是人类社会所追求的首要价值目标，也是司法的灵魂与生命线。

首先，司法公信力取决于实体公正。实体公正是当事人参与诉讼所追求的最终目标，也是社会公众关注的焦点所在。公正的处理结果通常能使当事人与社会公众对司法裁判真诚信服，从而尊重司法、信赖司法。如果处理结果不公正，即使是个别案件的错误，也会造成严重的负面社会影响，进而破坏司法公信力赖以生成的基础。实体公正中非常重要的一点，就是必须保证无罪的人不受刑事追究。近些年见诸报端的一些冤案、错案，玷污了司法公正的源泉，使司法公信力受到沉重打击。正如英国哲学家培根所说的，"一次不公正的审判，其恶果甚至超过十次犯罪。因为犯罪虽是无视法律——好比污染了水流，而不公正的审判则毁坏法律——好比污染了水源"。冤案、错案不仅是不公正的审判，而且严重侵犯了公民的人权，对司法公信力造成了极为恶劣的影响，必须严防冤案、错案的发生。

其次，司法公信力还取决于程序公正。程序公正是实体公正的保障，如果程序公开透明，当事人权利得到充分保障，审判中立、独立，多数案件的最终处理是会公正的。反之，实体不公的案件大多是程序不公所导致的，绝大多数冤案是由于刑讯逼供等严重违反法定程序行为所铸成的。而且如果当事人在诉讼过程中得不到公正、合理的对待，即使结果公正，有时当事人也会质疑案件的处理；相反，如果程序公正，即使实体处理略有瑕疵，也有可能使当事人谅解并接受对案件处理的实体结果，有助于强化对司法的信从和尊重。

推进 "以审判为中心" 改革的几个问题〔1〕

党的十八届四中全会决定，为保证公正司法、提高司法公信力，提出了一系列司法改革新举措，其中 "推进以审判为中心的诉讼制度改革" 特别引人瞩目。

一、"以审判为中心" 的内涵解读

"以审判为中心"，诉讼理论界前几年已有此提法，也有人称之为审判中心主义，是针对刑事司法实践中存在的过分看重案卷移送的侦查中心主义倾向而提出来的。四中全会决定提出的 "以审判为中心"，笔者认为其内涵主要有两个方面：

首先，是指审判在公诉案件刑事诉讼程序中居于中心地位。因为公诉案件的刑事诉讼分为互相联系、先后衔接的侦查、起诉、审判和执行四大阶段。其中，只有经过审判才能对被告人定罪量刑，《刑事诉讼法》第 12 条规定，"未经人民法院依法判决，对任何人都不得确定有罪。" 说明审判在实现刑事诉讼的惩罚犯罪任务方面具有结局性的作用。当然，立案和侦查为刑事诉讼之开局，其收集运用证据之质量关系到从源头上保证案件审判质量，防止冤假错案的发生。审查起诉是把守案件审判质量的重要闸门，而且根据不告不理的现代司法原则和我国《刑事诉讼法》的规定，检察机关不提起公诉，法院是不得自行受理公诉案件进行开庭审理的。尽管如此，侦查、起诉毕竟都是为审判做准备的诉讼活动。而执行则是对法院审判结果——判决的兑现。可见侦查、起诉和执行都是围绕着审判这个中心而展开的。

其次，是指在审判中，庭审（开庭审理）成为决定性环节。在庭审中，刑事诉讼各项基本原则，如公开审理原则、保障辩护权原则等都得到最充分的体现，当事人的诉讼权利也得到最有效的行使。庭审要真正成为审判的决定性环节，必须使庭审实质化而不能流于形式。为此，既应当防止法官在开庭之前受到检察机关移送至法院的案卷材料的影响，形成 "预断"；又应当防止在庭前会议上提前研究与被告人定罪量刑有关的实质性问题，以及强行解决非法证据排除问题，导致庭审功能前置；还应当注意规范法官的庭外调查活动范围，防止庭审功能外移。总之，在庭审中，一定要做到控辩双方平等对抗，法庭居中公正独立地审理裁判。双方举证在法庭，质证在法庭，非法证据排除在法庭（必要时程序可相对独立），辩论说理在法庭，进而使案件的公正裁判形成于法庭。正如决定指出的，要 "保证庭审在查

〔1〕 原载《人民法院报》2015 年 1 月 21 日（《新华文摘》2015 年第 5 期转载）。

明事实、认定证据、保证诉权、公正裁判中发挥决定性作用"。当然，以审判为中心重在第一审的法庭审理，因为根据我国《刑事诉讼法》的规定，第一审应当全部开庭审理（有的依法不公开），第二审只是部分案件依法应当开庭审理，而且发展的趋势是第二审重在解决控辩双方争议的问题；死刑复核则不开庭审理。

基上可见，审判中心体现了刑事司法规律，是公正司法的必然要求，是严格司法的题中之意，是对《宪法》《刑事诉讼法》规定的人民法院、人民检察院、公安机关"分工负责、互相配合、互相制约"原则的完善和发展。这里，需要强调指出，严格司法是此次四中全会决定提出的富有本土特色的新概念，意指对司法各个环节都应当严格规范、严格要求，保证做到以事实为根据、以法律为准绳，通过健全制度实现三符合，即"事实认定符合客观真相、办案结果符合实体公正、办案过程符合程序公正"，从而努力让人民群众在每一个司法案件中都感受到公平正义。

二、探索贯彻直接言词原则

"以审判为中心"必然导致探索贯彻直接言词原则。该原则是大陆法系国家刑事诉讼的一项基本原则，是直接审理原则和言词审理原则的合称。直接审理原则的要求有二：一是法官（包括陪审法官）必须始终在法庭上亲自接触证据材料、直接感受证据材料。二是法官应当尽可能接触原始证据材料，而不是第二手或者更远离原始的材料。因为在诉讼中，法官对于案件事实的认定是以证据为根据的，惟有要求法官对于证据调查具有亲历性，要求证据尽可能具有原始性，才能使法官更准确地判断证据和案件事实。言词审理原则，又称口头（审理）原则，"要求以言词陈述或问答形式而显现于审判庭之诉讼材料，法院始得采为裁判之基础"。直接审理原则和言词审理原则的综合作用，就是通过公正审判程序保障实现实体审判公正，特别是通过庭审查明案件事实真相。

我国《刑事诉讼法》虽然没有明文规定直接言词原则，但是其中有的规定特别是司法解释关于庭审的规定在一定程度上体现了直接言词原则的精神。不过目前证人出庭率非常低，辩护方的质证权无法保障，必须高度重视这个问题。坦诚地说，我国《刑事诉讼法》在证人出庭的规定上是有缺陷的，其第187条规定："公诉人、当事人或者辩护人、诉讼代理人对证人证言有异议，且该证人证言对案件定罪量刑有重大影响，人民法院认为证人有必要出庭作证的，证人应当出庭作证。"第190条规定："公诉人、辩护人应当向法庭出示物证，让当事人辨认，对未到庭的证人的证言笔录、鉴定人的鉴定意见、勘验笔录和其他作为证据的文书，应当当庭宣读。"这无异于是说证人是否出庭完全由法庭说了算，且承认了未到庭证人的证言笔录具有证据能力，这是导致当前证人出庭率难以提高的致命伤。因此，必须遵照四中全会决定中提出的"完善证人、鉴定人出庭制度"的要求，修改法律和司法解释，大力提高证人出庭率，使被告人的对质权获得有效保障。当然有人担心，证人出庭多，证人可能改变证言，公诉人当庭陷于被动，并且拖延开庭时间，法院人力财力难以承受。但是我们切莫忘记，公正是司法的生命线，证人是否需要出庭应当以是否能实现庭审查明事实真相，保障诉讼当事人权利、实现司法公正为主要考量标准，而不能把诉讼效率放在第一位。公正和效率可以并提但不能并重。何况，我们并非要求所有案件的一切证人都出庭，而是从我国实际出发对此加以规制和贯彻。具体而言，笔者建议，在第一审庭审中以下三种情况下证人应当出庭作证：其一，在非简易程序案件（此类案件在基层法院约占1/3）中，控辩双方对重要证人证言有异议的证人；其二，被告人可能被判死刑、无期徒刑的案件的重要证人，此类重刑案件，即便辩方无异议，也有必要让重要证人出庭接受质证，以示慎重，以防证言失真；其三，法庭在其他情况下认为有必要出庭的证人。以上三种情况下法庭通知证人到庭，证人没有正当理由不到庭的，法庭可以强制其到庭作证，否则，其书面证言不能作为认定案件事实的根据。

证人出庭作证还有一个问题需要研究，那就是近亲属出庭作证问题。根据《刑事诉讼法》第60条的规定，犯罪嫌疑人、被告人的近亲属和其他公民一样，只要知道案件情况，"都有作证的义务"；而第188条规定，在法庭审理时，被告人的配偶、父母、子女享有不被强制到庭作证的特权。这样的规定看似出于人道考虑，实际上是对被告人对质权的剥夺和人权司法保障的损害。修改之路不外两条，要么在第60条规定近亲属没有作证义务；要么在第188条取消近亲属可以不出庭的规定。从走向现代化的趋势来说应当作出第一方案的选择，但对恐怖犯罪等个别犯罪案件可作例外规定。

三、完善辩护制度

对于被告人而言，在面临被定罪处刑的关键性审判阶段，其辩护权应当得到充分和有效的保障。尽管2012年《刑事诉讼法》的修改使辩护制度取得较大进步，然而我国刑事庭审中律师出庭辩护率仍然比较低，大约在30%，发达地区略高一些。试想，在法庭上公诉人对被告人进行强有力的犯罪指控，而辩护席上空荡荡的，没有辩护律师与公诉人进行针锋相对的抗争，庭审中的程序公正和实体公正能够实现吗？我国《刑事诉讼法》将应当提供法律援助的情形限于"可能被判处无期徒刑、死刑"的案件，范围明显过窄。四中全会决定提出，"完善法律援助制度，扩大援助范围"，在司法实践中，已有一些地方为扩大法律援助范围进行了积极的探索，例如浙江省人民法院一年前已将应当为被告人指派法律援助律师的案件范围扩大到"被告人可能被判处3年以上有期徒刑刑罚的"，以及"被告人作无罪辩护的"情形，从而大大提高了该省的律师出庭辩护率，这是值得称赞和推广的。我们应当通过立法和司法解释修改尽快扩大法律援助的范围。还须强调指出，按《刑事诉讼法》关于死刑复核程序的规定，在该程序中允许被告人聘请辩护律师，但是没有提供法律援助。我们认为被告人被指控的罪行越严重越迫切需要法律援助。在生命攸关的最后审判程序——死刑复核程序中，必须实行法律援助的理由是不言而喻的，而且对死刑案件的被追诉人提供全诉讼过程的法律援助是国际通行做法。我国已批准加入的联合国《关于保护死刑犯权利的保障措施》第 5 条规定："任何被怀疑或被控告犯了可判死刑之罪的人有权在诉讼过程的每一阶段取得适当法律协助后，才可根据主管法院的终审执行死刑。"

四、事实认定符合客观真相

推进"以审判为中心"改革主要是为了公正司法，严防冤假错案发生，提高司法公信力。这就必须努力做到庭审所作出的"事实认定符合客观真相"。案件事实客观真相或者称案件本源事实是指客观存在的案件发生时的事实情况。它不以办案人员的意志为转移，办案人员不能否认、改变案件的客观真相，而只能对其加以发现、查明和认定。但是案件本原事实是过去发生的，办案人员只能以证据作为惟一手段来认定案件事实、还原案件事实真相。依据证据准确认定案件事实，这就是证据裁判原则之要义。这里需要明确的是，在刑事司法中事实认定符合客观真相这一要求实际上仅指对被告人有罪事实的认定而言，即在证明标准上达到了事实清楚、证据确实充分的程度才能认定被告人有罪。至于无罪的事实认定，能达到符合客观真相固然理想，但是一部分案件的事实认定，属于事实不清、证据不足的情形，无法达到符合客观真相，只能按照疑罪从无原则作无罪处理，以免冤枉无辜。冤假错案绝大多数错在司法机关认定的案件犯罪事实不符合客观真相；或者案件犯罪事实客观上没有发生，却误被认定为存在犯罪事实，如佘祥林、赵作海"亡者归来"的冤案；或者案件犯罪事实确实发生了，但错误认定了犯罪人，如张氏叔侄、呼格吉勒图等冤案。可以这样说，冤假错案的具体情况是各种各样的，而司法机关对案件事实的认定背离客观真相则都是一样的。美国一名冤案受害者曾经创作了一首感人至深的名为《你好，真相》的诗，其中写道："你好，真相！你一直在那里，却有人对你视而不见，……你好，真相！他们在你与证据之间玩起捉迷藏的游戏，你已被谎言和欺骗所包围，以致耗费漫长的时间才能找到你。"可见，蒙冤人的内心是多么渴望真相大白！

行文至此不禁要提及法律界多年争论的客观真实与法律真实的问题。两派的争论虽论点纷呈，其焦点则在于公安司法机关认定案件事实是否有必要以及是否有可能符合客观真相。由于诉讼证明的复杂性以及诉讼价值追求的多元性，笔者认为，在司法中法律真实应当有其适用空间，如特定情况下需要适用推定以解决争议事实等；但客观真实更不容否定，否则难以实现实体公正，严防冤假错案的发生。

审判中心与相关诉讼制度改革初探 [1]

十八届四中全会通过的《中共中央关于全面推进依法治国若干重大问题的决定》（以下简称《决定》）提出："公正是法治的生命线。司法公正对社会公正具有重要引领作用，司法不公对社会公正具有致命破坏作用。"将司法公正提升到了前所未有的重要地位。为了实现司法公正，《决定》提出了一系列新举措，其中以推进以审判为中心的诉讼制度改革最为引人注目。但是，何为审判中心，法律界的认识和解读未必一致；如何以审判为中心推进相关诉讼制度的改革更是一个有待于我们深入探究的新课题。基于此，本文拟对审判中心的内涵、意义以及如何推进诉讼制度的改革作初步探讨，以期有助于贯彻《决定》的相关精神，努力让人民群众在每一个司法案件中感受到公平正义。

一、审判中心的内涵和意义

（一）审判中心的内涵

"审判中心"这一概念并非舶来品，我们在西方法治国家的法律规范中无处可寻，英文表述中也没有审判中心的专门术语。[2]究其原因在于在西方法治国家的刑事诉讼中，追究犯罪嫌疑人、被告人刑事责任的诉讼活动本身就是围绕着审判这个中心展开的，审判前阶段只是为审判阶段做准备，法院对侦查、起诉有权实行司法审查，审判前阶段权力主体的诉讼行为对审判阶段没有预决的法律效力，审判在刑事立法和司法现实中是毫无争议的核心阶段，因此没有必要提出这样的一个概念。大陆法系国家都围绕审判建构自己的刑事诉讼法典的篇章结构，如德国刑事诉讼法典在分则程序部分没有单列侦查、起诉程序，而是将其包含在第一审程序中。[3]英美法系国家如美国，其联邦刑事诉讼规则和联邦证据规则明确只适用于审判阶段。[4]

审判中心是我国法律界针对司法实践状况所提出来的术语，是对应侦查中心而

---

〔1〕 原载《政法论坛》2015 年第 2 期，与步洋洋合著。

〔2〕 我国媒体和期刊多将"审判中心"翻译为 trial-centered；将"审判中心主义"翻译为 trial-centralism，这是一种直译的方法，并非来源于西方的专有术语，《元照英美法词典》中没有这一词汇。

〔3〕 李昌珂译：《德国刑事诉讼法典》，中国政法大学出版社 1995 年版。

〔4〕 卞建林译：《美国联邦刑事诉讼规则和证据规则》，中国政法大学出版社 1998 年版。

使用的，〔1〕但是过去没有任何党内、中央政法机关的文件或法律解释采用过审判中心的提法。《决定》首次以党中央权威文件的形式提出"以审判为中心"，这必然引起社会和法律界对此术语内涵的关注。

显而易见，审判中心属于刑事诉讼的范畴。在民事诉讼和行政诉讼中，诉讼即审判，不存在审判中心的问题。但刑事诉讼则有所不同，刑事诉讼是实现国家刑罚权的活动，刑事公诉案件情况复杂，需要有专门机关在审前阶段搜集、审查证据，以期为审判阶段做充分准备。正因为如此，我国《刑事诉讼法》在审判之前规定了独立的侦查和起诉阶段，同时我国《宪法》和《刑事诉讼法》又明确规定了公、检、法三机关关系为"分工负责、互相配合、互相制约"。审判中心正是基于公、检、法三机关关系在立法和司法运行上的不足而提出的，是对三机关关系的完善和发展。由于历史和现实的原因，〔2〕公安机关在三机关的关系中处于"龙头老大"的地位，侦查阶段的结论往往决定了审查起诉甚至审判的结果。三机关的关系在实践中产生了一定程度的分工混淆，制约不足，配合有余的现象，导致刑事诉讼的重心前移至侦查阶段，审判虚化，一定程度上流于形式。这种现象被通俗地表达为："公安机关是做饭的，检察机关是端饭的，审判机关是吃饭的。"正如有些学者说的那样，"在一定意义上来说，真正决定中国犯罪嫌疑人和被告人命运的程序不是审判程序，而是侦查程序"。在这样的现实背景下，《决定》提出推进以审判为中心的诉讼制度改革，以期对这种分段包干的流水作业式的线性关系进行重新审视和重新定位。

我们认为，对审判中心的内涵应当从如下三个维度来进行解读。

首先，审判中心是从最终认定被告人是否有罪这一权力由人民法院行使的角度来讲的。在由侦查、起诉、审判等阶段组成的整个刑事程序中，虽然各种诉讼活动都是围绕被追诉人的刑事责任问题而展开的，但是侦查和起诉程序属于预备程序，在侦查、起诉程序中，办案机关对犯罪嫌疑人罪责的认定仅具有初步意义，不产生有罪的法律效果〔3〕，只有在审判阶段才能最终决定被告人的刑事责任问题。我国《刑事诉讼法》第12条亦明确规定："未经人民法院依法判决，对任何人都不能确

---

〔1〕 使用"以审判为中心"的代表作品有：陈光中等：《中国司法制度的基础理论研究》，经济科学出版社2010年版，第9页；陈光中、龙宗智："关于深化司法改革若干问题的思考"，载《中国法学》2013年第4期；孙长永："审判中心主义及其对刑事程序的影响"，载《现代法学》1999年第4期。

〔2〕 早在"文革"之前，根据中央1960年发出的《关于中央政法机关精简机构和改变管理体制的批复》决定，我国的司法体制实际是公安机关领导法院、检察院，党组甚至设在公安机关。"文革"时期，社会主义法制和司法体制破坏殆尽，在宪法中公开取消了人民检察院，此时的法院也只是一块牌子，实际上依然是公安机关主导的侦查中心。"文革"之后，党中央总结经验教训，进行拨乱反正，意识到三机关的关系要正常化，因此1979年《刑事诉讼法》和1982年《宪法》中均规定三机关的关系为"分工负责、互相配合、互相制约"。

〔3〕 孙长永："审判中心主义及其对刑事程序的影响"，载《现代法学》1999年第4期。

定有罪。"诚然，有些案件可能通过侦查、起诉程序实现审前的分流，如公安机关可以撤销案件，检察机关可以作出不起诉决定，但惟有进入审判阶段才可对被告人进行定罪量刑。

其次，审判中心要求庭审实质化并起决定性作用。审判阶段本身是一个复杂的过程，其活动是多样的，既包括庭前的准备，法庭的审判，还包括各种庭下的审判活动。审判中心强调把开庭审判（庭审）作为审判流程中的决定性环节，实现庭审对于审前、审后程序的统领作用，我们可以说，庭审是审判中心的中心，也可以表述为庭审中心。

庭审中心是进一步落实审判中心的关键性环节，审判中心是通过庭审中心加以实现的。庭审中心要求与定罪量刑相关的各类证据，无论是言词证据还是实物证据，都要在庭审的聚光灯下充分展现，保证诉讼双方在法庭上充分举证、质证、互相辩驳、发表意见，进而使法官辨明证据真伪，独立地形成心证，作出事实认定准确，法律适用正确的公正裁判。正如《决定》指出的："保证庭审在查明事实、认定证据、保护诉权、公正裁判中发挥决定性作用。"

再次，审判中心意味着侦查、起诉阶段为审判做准备，其对于事实认定和法律适用的标准应当参照适用审判阶段的标准。

尽管整个诉讼活动以审判为中心，但审前程序不可或缺，它既为后面的审判程序做准备，又有相对独立的阶段性，是诉讼活动的有机组成部分。在司法实践中，侦查程序的质量对整个刑事诉讼程序的功能发挥起着十分重要的作用。这是因为：侦查程序是整个刑事诉讼活动的起点，只有经过侦查程序收集、运用证据的活动认为犯罪嫌疑人的行为构成犯罪的，才会有以后的审查起诉和审判程序。而审查起诉阶段则是连接侦查和审判程序的纽带，一方面对侦查工作成果进行质量检验和把关，另一方面则实现了审前程序的分流，在保障公民合法权益的同时节约了诉讼资源。

然而，在我国的刑事司法实践中，由于侦查、起诉阶段的某些办案人员对法庭审判的重视不够，为法庭审判服务的意识不强，常常会出现这样的一种现象，即刑事审判所需的一些重要证据没有收集或者没有依法收集，进入庭审的案件没有达到"案件事实清楚、证据确实充分"的证明标准，使得审判无法顺利进行。以审判为中心的诉讼制度改革，不仅要求增强侦查、起诉阶段办案人员的责任意识，同时要求侦查、起诉阶段对于事实认定和法律适用的标准应当参照适用审判阶段的标准，满足高质量审判的要求，确保侦查、审查起诉的案件在事实证据层面经得起法律的检验，即经得起法庭上质证、认证的检验，经得起非法证据排除规则的检验，从源头上防范冤假错案。

（二）审判中心的意义

为何要提出以审判为中心？质言之，就在于其是保证司法公正的需要，是提升司法公信力的必由之路，也是对司法规律的尊重和体现。

首先，审判所具有的三方组合的诉讼构造是司法公正的最佳程序保证。在民主法治国家的刑事诉讼中，控审分离，控辩对抗，法庭中立裁判的三角形构造是诉讼程序的典型样态。正是这种最科学、最合理的三角形诉讼构造使得审判在《刑事司法》中处于确认控辩争议事实并作出案件裁决的中心地位。我国 1996 年《刑事诉讼法》修改时也适当引入了对抗制的审判方式，加强了控辩双方的平等对抗和法官的居中裁判，使审判程序具有了"三方组合"的诉讼化格局，在一定程度上打破了原有的"流水作业式"的诉讼结构，摆脱了线性结构的局限。然而，受"重打击，轻保障"的惯性思维影响，司法实践中的案卷笔录中心或侦查中心的阴影依然挥之不去。2012 年的《刑事诉讼法》修改尽管取得了相当大的进步，但是在这一问题上并未有所推进，全案移送的卷宗移送方式反而加重了案卷笔录中心的阴霾。因此，越来越多的学者提出应当以审判中心代替侦查中心，《决定》亦是在这样的背景下提出了以审判为中心的诉讼制度改革的要求。

其次，刑事诉讼中的民主原则和重要制度在庭审中体现得最为集中、充分，为增强司法公信力提供了保障。我国的《刑事诉讼法》规定了一系列体现司法民主性的原则和重要制度，如一切公民在适用法律上一律平等、保障辩护权原则、公开原则和陪审制度等。这些原则和制度在侦查、审查起诉阶段有些也得到了贯彻，然而只有在庭审中才得以最为集中、充分的体现和贯彻。例如，在侦查、审查起诉阶段同样应当贯彻阳光司法的精神，如警务公开、检务公开制度等。然而受侦查、起诉阶段的任务和特点所制约，这两个阶段的公开并非完全公开，只能限定在一定的范围之内。只有审判阶段的公开才是全方位的，不仅对当事人公开，也对媒体公开，对社会公开，从而将裁判作出的过程和结果置于广泛的民众参与和监督之下，避免了"暗箱操作"，保证了裁判结果的公正性，提高了裁判结果的可接受性。可见，只有实行审判为中心，才能真正地实现司法民主和司法人权保障，才能有效地保证司法公正，提高司法公信力并增强司法权威。

再次，审判中心是尊重司法规律，革除传统运作机制弊端的现实需要。在我国的刑事审判中实际存在着一种以侦查为中心的传统运作机制，即侦查机关在侦查程序中所取得的证据和侦查阶段形成的结论，通常会成为审判的依据和结论。[1] 正如德国的舒乃曼教授所描绘的那样："侦查程序成为刑事诉讼的核心和顶点阶段。""公开审理早已不是刑事程序真正的判断中枢了，它无非指望花了费用走个过场，对侦查程序中产生的结果再加渲染而已。"[2] 以侦查为中心不仅容易导致庭审的虚化，造成对犯罪嫌疑人合法权利之侵犯，更使得侦查程序中出现的违法行为和错误结论无法被弥补和纠正，从而引发诸多弊端，甚至铸成冤假错案。审判中心强调法

---

〔1〕 鲶越等译："日本刑事法律援助的现状和问题点"，载《外国法译评》1998 年第 2 期。

〔2〕 ［德］勃朗特·舒乃曼等："警察机关在现代刑事程序中的地位"，载《研究生法学》2000 年第 2 期。

庭不能简单地接受侦查、起诉机关所移送来的证据材料及其作出的结论，而是用更加民主、公正的程序对审前阶段所取得的成果作出独立的审查和自己的判断，从而有效防止审前程序权力的滥用，使审判真正成为维护社会公平正义的最后一道防线。

二、如何推进以审判为中心的诉讼制度改革

以审判为中心的诉讼制度改革虽然是对我国现行三机关关系的完善和发展，但绝不是技术层面的小修小补，而是要对我国现行刑事诉讼制度作一系列的重大改革。我国目前的诉讼制度在诸多方面还不符合审判中心的要求，如影响审判独立性的内外因素依然存在；庭审中书面证言被广泛使用，庭审流于形式；辩护率偏低，控辩力量失衡；侦查、起诉质量不高等问题，都极大地制约着审判中心的推行。因此，要真正实现审判中心，从我国当前司法实践的问题出发，我们认为至少有如下几个问题要认真加以考量：

（一）保证司法机关依法独立行使职权，特别是要保障审判权的独立行使

审判独立是一项为现代法治国家普遍承认和确立的基本法律原则，其核心精神在于法官在进行司法裁判过程中，只服从法律的要求和良心的驱使，客观判断证据、事实，公正裁决案件，不受来自法院内部和外部的干预和控制，即马克思所讲的"法官除了法律就没有别的上司"。[1]可见，审判独立是实现审判中心的前提，没有审判独立，就没有审判中心。我国《宪法》第126条规定："人民法院依照法律规定独立行使审判权，不受行政机关、社会团体和个人的干涉。"这是审判独立的宪法性依据，并在党的文件中一再得以强调和重申。为保证司法机关独立行使职权，《决定》又推出了如下举措：

1. 建立严防党政机关和领导干部违法干预司法活动的制度

《决定》总结过去由党政机关和领导干部协调、过问具体案件的经验教训，明确提出"各级党政机关和领导干部要支持法院、检察院依法独立公正行使职权。建立领导干部干预司法活动、插手具体案件处理的记录、通报和责任追究制度。任何党政机关和领导干部都不得让司法机关做违反法定职责、有碍司法公正的事情，任何司法机关都不得执行党政机关和领导干部违法干预司法活动的要求。对干预司法机关办案的，给予党纪、政纪处分；造成冤假错案或者其他严重后果的，依法追究刑事责任。"我们对上述内容的理解和体会如下：

首先，根据我国《宪法》和相关法律的规定，行政机关不得干预审判活动，对于政府机关及其领导干部而言，其以任何方式干预具体案件都是没有法律根据的违法行为。其次，对于党委、政法委及其领导干部而言，其对具体案件的干预是否违法取决于这种干预是否违反司法机关法定职责、有碍司法公正。对此如何界定是

---

〔1〕《马克思恩格斯选集》（第1卷），人民出版社1972年版，第76页。

一个难题。我们认为，党对司法机关的领导主要是方针、政策的领导和组织上的领导；对于各级党委、政法委及其领导干部如何过问具体案件，如何承担相应的责任，应当根据司法特点和规律制定具体的规则加以规范，以利于落实《决定》的上述内容。具体而言，制定的规则应当体现如下精神：一是各级党委、政法委及其领导干部原则上不应当对具体的案件进行协调、干预，省级以下党委、政法委不宜进行个案协调；二是协调案件范围只限于个别的全国性大案、要案或有重大社会影响的案件；三是协调内容只限于法律层面，对于事实、证据问题不应当加以协调；四是因党委、政法委及其领导干部的协调、干预而造成司法不公、甚至冤假错案的，协调、干预案件的领导干部应当承担相应的责任，情节严重的，依法追究其刑事责任。为此，协调案件的会议应当制作书面记录，由与会人员签名并归档保存。

2. 完善主审法官、合议庭相对独立办案制度

我国《法官法》第 6 条规定："院长、副院长、审判委员会委员、庭长、副庭长除履行审判职责外，还应当履行与其职务相适应的职责。"即法院院长、各业务庭庭长除了参与对具体案件的审理，其作为法院内的领导还履行一定的行政管理职责。然而在现实中，庭长、院长对审判工作的组织、协调、指导、监督的职责常常被异化为对案件的把关权和对裁判文书的审核签发权。这就是所谓的院长、庭长审批案件制度。这种做法，削弱乃至架空了合议庭的审判职权，严重违背了审判中心对于"让审判者裁判，由审判者负责"的要求。在审判中心的理念之下，"法官负有对公民的生命、自由、权利、义务和财产作出最后判决的责任"，因此必须保证法官站在中立、独立的立场上处理案件，这样才能使得作为"法律帝国王侯"的法官在司法中真正发挥保障实现社会正义的重大作用。[1]为此，我们认为，应当逐步废除这种没有法律依据的院长、庭长审批案件制度并改革审判委员会的运行机制。目前我国各级法院都在积极探索扩大主审法官和合议庭的独立审判权，取得了较好的改革成效。如重庆市第四中级人民法院在实行审判权力运行机制的改革中就明确要求：院长、庭长不得审批、签发未参加审理案件的裁判文书，推行院长、庭长参加合议庭审理案件制度，大幅度限缩审判委员会讨论案件的范围，实现从会议制向审理制的过渡。[2]

3. 探索设立跨行政区划的人民法院和人民检察院

随着社会主义市场经济的深入发展，跨行政区划乃至跨境案件逐渐增多，涉案

〔1〕 陈光中："比较法视野下的中国特色司法独立原则"，载《比较法研究》2013 年第 2 期。

〔2〕 根据审判权力运行机制改革的重庆实践统计的结果显示，今年 1 月至 10 月，重庆市第四中级人民法院副院长办理案件 40 余件，庭长、副庭长承办案件 436 件，院长、庭长担任审判长参加合议庭审理案件 939 件，占已结案件总数 91.6%，审委会讨论决定案件数量同比下降 80%。同时根据实践调查问卷的结果显示，86.5%的当事人对院长、庭长不再过问案件，不再审签裁判文书，案件处理结果由合议庭说了算表示放心。详见"审判权力运行机制改革的重庆实践"，载《法制日报》2014 年 11 月 20 日，第 5 版。

金额也逐渐增大，由此产生了司法地方化的现象，即审理法院所在地的相关部门和相关领导不仅关注案件处理进程，甚至利用职权和关系插手案件处理，进而造成审判出现"主客场"的现象，这不仅不利于平等保护本区域外的当事人的合法权益，更不利于人民法院独立行使审判权，损害了司法的公正性和权威性。

为了解决司法地方化的问题，使地方司法机关在人事、财政方面摆脱同级政府人事编制和财政预算的束缚，《决定》一方面重申了三中全会关于改革司法机关人财物管理体制的内容，另一方面又提出探索设立跨行政区划的人民法院和人民检察院的新举措，构建普通案件在行政区划法院审理、特殊案件在跨行政区划法院审理的新诉讼格局。

（二）完善辩护制度，特别是法律援助制度

刑事诉讼被视为是一场国家与个人之间的斗争。由于追诉犯罪的权力掌握在国家的手中，公诉方较之被追诉方具有天然的强势地位，因此在限制和规范控方权力的同时，必须有效地强化和保障被追诉方的诉讼权利，特别是起关键作用的辩护权，从而保证处于弱势地位的被追诉方与处于强势地位的控诉方实现实质意义上的控辩平等。孟德斯鸠在《论法的精神》一书中就曾指出，"一个人，即使最卑微的人的生命也应受到尊重，国家在控诉他的时候，也必定要给他一切可能的手段为自己辩护。"[1]然而在刑事诉讼中，由于被追诉人往往不具备与法律相关的知识和素养，加之其本身身陷囹圄，人身自由受限，不便或难以进行辩护所需的相关工作，这减损甚至消除了被追诉人自我辩护的基础，因此辩护权的有效行使就只能依靠律师辩护制度。可以说，审判中心只有在有律师辩护的刑事案件中才能真正得以实现。

2012年《刑事诉讼法》对辩护制度作了较大范围的修改，充实了辩护权的内容，强化了辩护权的保障体系。然而，当前的问题在于，制约辩护权有效开展的因素依然存在，如辩护质量不高，侦查阶段律师是否享有调查取证权界定不明等，最为突出的问题则表现为刑事辩护率不高，特别是法律援助辩护的范围太窄。

法律援助制度确保了公民在司法程序中平等地行使权利，有力地维护了诉讼参与人特别是被追诉犯罪人的合法权益，彰显了良法中"善"的本质，体现了社会的文明进步，正因为如此，有人将法律援助视为"自第二次世界大战以来法律方面最重要的革命"。[2]然而，我国现行法律援助的适用案件范围有限，根据《刑事诉讼法》第34条的规定，对犯罪嫌疑人、被告人必须提供法律援助辩护的只限于其是盲、聋、哑人，或者是尚未完全丧失辨认或者控制自己行为能力的精神病人以及可能被判处无期徒刑、死刑的人。为落实《决定》中"完善法律援助制度，扩大援助范围"的要求，我们可以考虑将法律援助范围扩大至可能判处3年以上有期

---

〔1〕〔法〕孟德斯鸠：《论法的精神》（上册），商务印书馆1982年版，第75页。
〔2〕〔英〕丹宁：《法律的未来》，刘庸安、张文镇译，法律出版社1999年版，第1页。

徒刑的案件。实际上浙江省高级人民法院3年前已经发函要求：对可能判处3年以上有期徒刑的刑事案件或者可能判处3年以下有期徒刑、但被告人不认罪的案件，被告人没有委托辩护人的，均应当为其无偿提供法律援助辩护。特别要指出的是，鉴于死刑判决后果的严重性乃至不可逆转性，立法上应当明确对于死刑案件的法律援助，从侦查阶段一直到死刑复核阶段都应当有律师参与。从以往的司法实践来看，在死刑（死缓）复核阶段甚至是二审程序中，如果被告人没有委托辩护人，法院并不指定律师为其提供法律帮助，这种做法显然有违人权保障的思想，更不符合联合国《关于保护死刑犯权利的保障措施》中关于"任何被怀疑或被控告犯了可判死刑罪的人"无一例外地都应得到法律援助的规定。

（三）完善证人出庭制度，探索贯彻直接言词原则

证人是否出庭是审判能否成为中心的决定性因素之一。证人不出庭，举证质证在法庭，事实调查在法庭、控辩争论在法庭就无法得到落实。因此，推进以审判为中心的诉讼制度改革，必须着力解决当前证人不出庭的困境，探索贯彻直接言词原则。

证人出庭在我国的刑事司法实践中经历了一个变化的过程。由于1979年《刑事诉讼法》规定了庭前实质审查的程序，先定后审是常态的运作机制，证人出庭与否已经不再重要；1996年《刑事诉讼法》修改时，将卷宗材料的全案移送改为部分移送，适当引入了对抗制的审判方式，一定程度上提高了审理当中的证人出庭比率，然而随着"严打"的进行，侦查中心重新抬头，证人出庭率明显降低，长期徘徊在1%左右；[1]2012年《刑事诉讼法》修改时将提高证人出庭率视为亟待解决的核心议题之一，并采取了多种措施，如证人出庭作证的经济补助、证人及其近亲属的人身特别保护以及证人的强制出庭制度等。遗憾的是，此次修改未能达到预期目标，我们认为，其根本原因就在于立法上的缺陷，主要表现为以下两点：

第一，修改后的《刑事诉讼法》第187条第1款规定："公诉人、当事人或者辩护人、诉讼代理人对证人证言有异议，且该证人证言对案件定罪量刑有重大影响，人民法院认为证人有必要出庭作证的，证人应当出庭作证。"即必须在有异议、有重大影响、法院认为有必要这三个条件同时具备的情形下，证人才应当出庭。实际上就是证人是否应当出庭由法院说了算。立法上此种规定不可能使得实践中证人出庭率低的司法困境有所改观。

第二，《刑事诉讼法》第190条又对证人不出庭作出了相应规定："公诉人、辩护人应当向法庭出示物证，让当事人辨认，对未到庭的证人的证言笔录、鉴定人的鉴定意见、勘验笔录和其他作为证据的文书，应当当庭宣读。"这使得法庭审理中证人不出庭成为常态，而证人出庭成为例外。

---

〔1〕 关于刑事证人出庭率，可参见左卫民、马静华："刑事证人出庭率：一种基于实证研究的理论阐述"，载《中国法学》2005年第6期。

之所以这样规定，就是因为立法迁就了法院、检察院的不适当要求：一方面，检察院不愿意证人出庭是出于巩固证言、防止当庭翻证、争取庭审顺利的效果考虑；另一方面，人民法院出于与检察机关的互相配合关系及诉讼效率的考虑，也不愿意证人出庭作证。如此的立法规定与司法现实做法不仅不利于被告人辩护权的行使，更不利于查明事实真相，甚至可能导致冤假错案的发生。2013年举世瞩目的薄熙来案之所以能够取得良好的法律效果和社会效果，显然得益于关键证人徐明、王立军、王正刚等人的出庭作证。

针对上述问题，十八届四中全会《决定》提出"完善证人、鉴定人出庭制度"，在最高人民法院第六次全国刑事审判工作会议中，相关领导也提出要贯彻直接言词原则。[1]直接言词原则是大陆法系国家普遍奉行的一项证据规则，在英美法系国家被表述为传闻证据规则。直接言词原则由两部分构成：一是直接原则，即法官要亲自接触和审查证据，强调法官的亲历性，同时法官应当尽可能接触原始证据，不得假借证据的代用品代替原始证据，强调证据的原始性；二是言词原则，即法庭审理当中的全部言词证据都要以口头的方式提出，庭前形成的各种书面笔录原则上不具有证据能力。直接言词原则要求法官的心证建立在其亲自审理，以口头方式进行证据调查的基础之上，目的在于限制侦查卷宗等书面证据材料的大量使用，提高证人在审判阶段的出庭比率，切实地保障被告人的对质权和辩护权。我们认为，要真正实现审判中心，就必须贯彻直接言词原则。然而，立足于我国的司法实际，全面落实直接言词原则仍存在困难，因此只能逐步推进，在当下贯彻相对的直接言词原则，即在保证关键证人出庭作证的同时，允许法庭在一定情形下采用经过当庭质证的书面证言。为此，我们认为，法律应当明确在以下几种情形下证人必须出庭：①公诉人、当事人或者辩护人、诉讼代理人对证人证言有异议，且该证人证言对案件定罪量刑有重大影响，辩方申请证人出庭的，法院就应当通知证人出庭，并在必要时采取强制措施保证证人及时到庭；②对可能判处死刑案件的审理，即使辩方并未对控方提交的书面证言提出异议，法院也应当通知证人到庭，以有利于辨别证人证言的真伪；③法院认为证人有必要出庭的其他案件，如社会影响重大或涉外案件等。只有真正完善证人出庭制度，贯彻直接言词原则，才能达到《决定》提出的"事实认定符合客观真相、办案结果符合实体公正、办案过程符合程序公正"的要求。

（四）保证侦查、审查起诉质量，为公正审判奠定坚实基础

侦查、审查起诉是为审判做准备的，审前阶段的质量直接影响审判的质量。审

---

[1] 2013年10月，第六次全国刑事审判工作会议文件提出："审判案件以庭审为中心，事实证据调查在法庭，定罪量刑辩论在法庭，裁判结果形成于法庭，全面落实直接言词原则，严格执行非法证据排除制度。"最高人民法院院长周强在《推进严格司法》一文中也明确提出"确保直接言词原则体现在法庭"。

前程序收集的证据合法且确实充分，就可以保证审判工作的顺利进行；如果审前程序的工作有疏漏或偏差，就会给审判工作带来困难。有些案件不得不退回补充侦查或审查起诉，有些案件不得不作出无罪处理，有些案件可能由于把关不严，造成冤假错案的严重后果。因此，必须采取切实有效的措施保证侦查和审查起诉的质量，从而为高质量的审判提供前提和保障。我们认为，为了确保侦查、审查起诉的案件事实认定和法律适用经得起审判的检验，应当在如下几个方面着力进行改革和完善。

第一，严防刑讯逼供，完善严格实行非法证据排除的诉讼制度。刑讯逼供（包括变相刑讯），严重践踏被追诉人的人权，是程序上的最大不公，是造成冤假错案的最重要原因。司法实践证明，绝大多数冤错案件是由于侦查阶段的刑讯造成的。为规范司法行为，有效遏制刑讯逼供，2012年《刑事诉讼法》在原有制度的基础上，用多个条文构成"组合拳"来加以防范。如增加"不得强迫任何人证实自己有罪"的规定；规定公安机关执行拘留后，应当立即将被拘留人送看守所羁押；犯罪嫌疑人被送交看守所羁押后，侦查人员对其进行讯问，应当在看守所内进行；并规定对讯问过程实行录音录像的制度。同时，用5个条文着力规定了非法证据排除规则的新内容。上述规定的制定实施在一定程度上减少了司法实践中刑讯逼供的发生，提高了侦查活动的文明水平。然而，我们认为，为切实保证审前程序证据收集的真实性和合法性，应当进一步采取措施严格防范刑讯逼供现象的发生，特别是要完善严格实行非法证据排除的诉讼制度。

为此，一方面应当努力转变司法人员的传统观念，打破固有的"重惩罚犯罪、轻保障人权""重证据真实性、轻证据合法性"等观念的藩篱，使办案人员在思想上时刻保持高度警惕，自觉规范取证行为，从而在源头上预防非法证据的产生；另一方面，当务之急是需要通过司法解释规范非法证据排除的范围，特别是言词证据的范围。例如，应当将常见的烤、晒、冻、饿、使用药物、疲劳讯问等造成肉体剧烈痛苦的手段纳入"刑讯逼供等非法方法"的范围，并规定排除以这些方法取得的供述。又如，鉴于威胁一般会引起恐惧，而恐惧本身就是一种精神痛苦，法律亦应当明确以威胁方法取得的供述应当予以排除。

与此同时，为保障犯罪嫌疑人在侦查程序中的合法权益，应当着力解决侦查阶段法律援助的比率过低的问题。根据关于刑事法律援助实施情况的调查结果显示，16个被调查地区2013年在侦查阶段、审查起诉阶段和审判阶段的办理案件数量及其所占比例分别是523件、17.53%，553件、18.54%和1907件、63.93%，其中侦查阶段最低，审查起诉阶段次之，审判阶段最高。[1]我们认为，应当考虑在法律援助制度中创建程序性制裁制度，即对于那些符合法律援助条件，而侦查、起诉机关未予实现法律援助的案件，规定其所进行的诉讼活动及其结果无效。还应当探索

---

〔1〕 参见顾永忠：《刑事法律援助实施情况总结研讨会——会议文件》，第23页。

建立看守所内的值班律师制度和讯问犯罪嫌疑人时的律师在场制度。西方谚语云："有律师的地方最安全"，此两项制度的建立，可以更有效地监督侦查人员的讯问行为，保证文明取证，杜绝刑讯逼供等现象的发生，保障嫌疑人口供的自愿性和真实性。

第二，恢复侦查程序中移送检察院审查起诉前的预审审查制度。1997 年 6 月，在石家庄召开的全国刑侦工作会议决定对侦查、预审分设的工作体制进行改革，实行侦审一体化。随后，公安机关的专门预审机构在全国范围内基本被取消，原预审职能划入刑侦、法制或监管部门。应该说，侦审合一的改革无疑提高了侦查效率，是对当时刑事案件高发态势的应对措施。然而，也带来了侦查工作粗糙、把关不严、质量下滑等明显弊端。

侦查作为整个刑事诉讼活动的起点，最接近案件发生的时间，是查明案件事实，发现、收集、固定、补充证据的黄金阶段。同时，侦查阶段也是最容易和最集中发生程序违法、侵害诉讼参与人权利的时间段。因此，抓紧抓实侦查阶段的取证把关、程序审查和人权保障工作，无疑能为后续的起诉、审判工作奠定坚实的证据基础。当前，对于侦查工作的把关主要来自人民检察院的外部监督（包括检察院的提前介入），这种注重外部监督的运行机制本身就存在弊端，一旦检察监督不及时、不到位，绝大多数的案件瑕疵和缺陷就要延续到审查起诉乃至审判阶段，从而给起诉和审判埋下先天的质量缺陷和程序瑕疵。

我们认为，为了切实地保障侦查质量，应当恢复预审部门，恢复侦查程序中移送检察院审查起诉前的预审审查制度，尤其是那些案情重大、复杂且侦查机关内部对证据合法性、真实性有争议的案件，侦查机关在移送检察院审查起诉前，应当由预审部门对证据的真实性和合法性进行审查把关。《刑事诉讼法》第 114 条规定："公安机关经过侦查，对有证据证明有犯罪事实的案件，应当进行预审，对收集、调取的证据材料予以核实。"这表明恢复预审制度有法律根据。不仅如此，即便目前大多数省市已经取消了预审部门，但北京依然保留了专门的预审部门，广西在取消预审部门后于 2006 年又全面恢复。预审工作旨在为审查起诉质量以及人民法院的正确审判提供制度性的机制保障，如果说检察机关对于侦查活动的监督是一种外部监督，那么，预审则是侦查机关内部的一种自我监督纠偏机制。正是这种内外部相结合的监督制约机制，为侦查质量提供了双重保证，为侦查中种种瑕疵的纠正提供了双重补救机会，从而在制度层面上人为缩小了案件质量风险，减少了程序救济代价。

第三，加强审查起诉阶段的公开和社会监督。对于侦查机关移送审查起诉的案件，检察机关往往通过审阅案卷材料的方式作出决定，只在必要的时候询问侦查人员、鉴定人员及相关证人。审查程序的相对封闭，不仅使得犯罪嫌疑人及其辩护人无法有效地参与到程序进程当中，在其权利受到侵害时无法得到有效的救济，而且导致审查起诉的质量难以经受审判的检验。阳光是最好的防腐剂，解决这一问题的有效途径就在于增强审查起诉阶段的公开性，加强对审查起诉程序的社会监督。

一方面，应当加强审查起诉阶段的公开性，积极推进《决定》所要求的检务公开制度。根据最高人民检察院关于检务公开的要求，结合当前的司法实践，我们认为，加强审查起诉阶段的公开性应当从如下两方面入手：其一，利用网络平台，最大限度地公开审查起诉几个关键节点的有关信息，如侦查机关移送审查起诉的信息、退回补充侦查的信息及审查后的处理决定信息等。其二，探索创建审查起诉的听证程序。对事实和证据问题，在辩方提出意见、检察院认为有必要时，可以在主诉检察官的主持、侦查人员、犯罪嫌疑人及其辩护人的参与下，必要时被害人、证人和鉴定人也可以参加，依法进行对外不公开的听证程序。在实践中，有些地方的检察院在实施非法证据排除规则时，已经开始探索建立听证制度。[1]此种听证程序不仅是对事实、证据的严格审查，同时也大大提高了审查起诉的透明度，使利益相关人可以真正地参与到决定程序当中，进而实现对其知情权、陈述权、辩护辩论权等权利的保障。

另一方面，应当加强对审查起诉程序的社会监督，完善人民监督员制度。任何权力都存在滥用的可能，单纯依靠检察机关内部的自我监督显然是不够的。为此，十八届三中全会《决定》要求"广泛实行人民监督员制度"，十八届四中全会《决定》提出"完善人民监督员制度"。作为一项我国独创的，旨在实现检察机关办理案件接受外部监督的重要改革举措，人民监督员制度体现了人民群众参与司法、监督司法的要求，有利于实现司法民主和司法公正。然而，这一制度在实际运行中依然存在着不少问题。如在人民监督员选任程序上，"被监督者挑选监督者"的做法难以确保人民监督员的中立性；现行的"报告式"监督方式使得人民监督员仅依靠承办检察官单方提交的材料作出监督结论，无法与当事人和其他诉讼参与人直接接触；检察委员会对人民监督员评议和表决意见的最终决定权，削弱了该项制度的有效性。为此，我们认为，首先应当将人民监督员制度纳入即将修改的《人民检察院组织法》当中，实现人民监督员制度法治化；其次，把人民监督员的选任权从检察机关剥离出来，改为由其他机关，如司法行政机关进行选任管理；再次，应当赋予人民监督员主动性监督权，即人民监督员在必要的情况下，可以主动询问犯罪嫌疑人及其委托人或相关证人；最后，应当赋予人民监督员在检察委员会不同意其监督意见时，依法向上一级检察院申请复议的权利。

总之，推进以审判为中心的诉讼制度改革，是破除侦查中心、实现庭审实质化、重振司法权威的需要，也是保障司法公正，促进社会公平正义的必由之路。我们应当转变观念，统一思想，切实贯彻《决定》提出的此项重大改革的要求，把我国的司法制度推向进一步现代化的新台阶。

---

〔1〕 陈光中、郭志媛："非法证据排除规则实施若干问题研究——以实证调查为视角"，载《法学杂志》2014年第9期，第1页。

修正案方式：《刑事诉讼法》新修改的现实途径[1]

党的十八届三中全会和四中全会的《决定》高度重视司法公正和司法改革。三中全会《决定》要求："深化司法体制改革，加快建设公正高效权威的社会主义司法制度。"四中全会《决定》进一步指出："司法公正对社会公正具有重要引领作用，司法不公对社会公正具有致命破坏作用。"为此，两个《决定》推出了一系列重要司法改革新举措以保证实现司法公正、提高司法公信力、增强司法权威性。

这些司法改革的新举措现在正在逐步逐项贯彻落实之中。当前的落实途径首先是中共中央全面深化改革领导小组公布了若干司法改革专题性指导意见文件，以及中共中央办公厅、国务院办公厅联合公布了有关文件；其次是中央政法委员会制定了一些有关文件；再次是最高人民法院、最高人民检察院、公安部、司法部等中央政法机关联合或单独制定了若干法律解释文件。这些文件有力地推进了司法改革。但是我们要看到，按照依法治国的要求，党组织的文件只是指导性的意见而非司法活动之直接准绳。中央政法机关的法律解释文件固然具有法律效力，但一则不能违背法律的原则精神，二则其权威性不如法律。因此，三中全会、四中全会《决定》中一些司法改革的重要内容必须通过制定或修改法律以保证改革于法有据，并进一步丰富和完善我国社会主义法律体系。目前，《人民法院组织法》《人民检察院组织法》《法官法》《检察官法》已列入全国人大常委会的立法议程；但是司法改革相当多的内容涉及刑事诉讼制度，《刑事诉讼法》的新修改实际上已步入准备阶段。鉴于该法于 2012 年刚刚进行了较大修改，近期再通过全国人大作大修改显然不太现实（前两次修改分别相隔 17 年、16 年），因此，最为可行的路径是借鉴《刑法》的成功经验，采取全国人大常委会通过修正案的方式，在下一届人大期间修改《刑事诉讼法》。

初步梳理三中全会、四中全会《决定》的内容，笔者认为，《刑事诉讼法》应当修改的内容，择其要者，有如下几点，现略予陈述。

第一，确保依法独立行使审判权、检察权。司法公正的实现，有赖于独立审判、独立检察的实现。鉴于立法不够完善，以及实践中审判权检察权受到各种内外干预而影响其独立行使，三中全会、四中全会《决定》明确提出"推动省以下地

---

〔1〕 原载于《中国司法》2016 年第 1 期，独著。

方法院、检察院人财物统一管理""最高人民法院设立巡回法庭""探索设立跨行政区划的人民法院和人民检察院，办理跨地区案件""让审理者裁判，由裁判者负责""建立领导干部干预司法活动、插手具体案件处理的纪录、通报和责任追究制度"等要求。据此，要实现审判独立和检察独立，特别是要实现法官独立，可能涉及《法院组织法》《检察院组织法》与《法官法》《检察官法》等多部法律的修改。就《刑事诉讼法》而言，修改之处至少涉及三项：一要修改管辖制度，对管辖有争议或者可能受非法干扰影响公正审判的案件，应当移送跨行政区划人民法院或者上级人民法院指定的人民法院审理。刑事申诉、刑事再审及延长审限等问题，则涉及最高人民法院巡回法庭。二要赋予独任法官和合议庭以独立审判权，独任法官或者合议庭在开庭审理后一般有权独立作出判决，并应具体规定合议庭不能直接独立裁判的例外情形。为保证合议庭办案质量，合议庭人数可适当扩大，有的案件可由经验丰富的审判委员会委员或者庭长、法院领导担任审判长。三要改革审判委员会，规定审判委员会只对个别疑难、复杂、重大案件的法律适用问题进行讨论决定，不得对案件的证据、事实问题进行讨论并作出判断。实践中审判委员会讨论案件的数量已明显减少，但只讨论法律适用问题而不涉及证据事实问题，还有待探索和总结经验。

第二，完善分工负责、互相配合、互相制约原则。人民法院、人民检察院和公安机关进行刑事诉讼，应当分工负责、互相配合、互相制约。这是我国《刑事诉讼法》规定的一项基本原则。此项原则是在总结新中国成立以来三机关办理刑事案件经验教训的基础上制定的，一定程度上体现了国家机关分工制衡的科学原理，但在立法和实践层面上均存在着缺陷和问题，影响到办案机关正常运作和司法公正的实现，冤假错案的产生与此也不无关联。为此，三中全会《决定》明确指出要"优化司法职权配置，健全司法权力分工负责、互相配合、互相制约机制"。

（1）分工负责、互相配合、互相制约原则的适用范围只限于人民法院、人民检察院和公安机关，并没有包括司法行政机关。这显然不符合刑事诉讼阶段的实际情况，因为《刑事诉讼法》规定的程序包括立案、侦查、审查起诉、审判和执行（仅指交付执行和执行中涉及的诉讼事项）五个阶段，司法行政机关作为刑事判决的主要执行机关，理所当然地属于分工负责、互相配合、互相制约的主体。为此，四中全会《决定》明确要求"健全公安机关、检察机关、审判机关、司法行政机关各司其职、侦查权、检察权、审判权、执行权相互配合、相互制约的体制机制"。

（2）在过去，由于公安机关具有强势地位，导致刑事诉讼活动存在一定程度的中心前移倾向，即侦查阶段成为认定案件事实的实际决定性阶段，即所谓"侦查中心主义"。这不符合刑事司法的职能分工和司法规律。按照司法的特点，审判是认定事实、适用法律、定罪处刑的中心环节，而侦查、起诉是审判的准备阶段，执行则是将审判作出的生效裁判予以实现的落实阶段。为准确体现司法规律并纠正过去的中心前移倾向，应当根据四中全会《决定》提出的"推进以审判为中心的有关诉讼制度改革"的要求，在《刑事诉讼法》中明确规定：进行刑事诉讼应当以审判为中心。基于以上两点理由，可以考虑将《刑事诉讼法》第7条修改为"人民法院、人民检察院、公安机关和司法行政机关进行刑事诉讼，应当分工负责，互相配合，互相制约，并应当以审判为中心，以保证准确有效地执行法律"。

第三，庭审实质化与完善证人、鉴定人出庭作证制度。四中全会《决定》指出："保证庭审在查明事实、认定证据、保护诉权、公正裁判中发挥决定性作用。"实现庭审实质化需要具备多方面的条件，结合实践来看，最重要的是要有效解决证人、鉴定人出庭难的问题。证人、鉴定人不出庭，使得审判仍然要沿袭以往的"案卷裁判主义"，这就破坏了以审判为中心改革的根基。因此，必须着力解决当前证人不出庭的难题，探索贯彻直接言词原则。司法实践中证人出庭率极低是不容争议的事实，其根源在于《刑事诉讼法》在这方面的规定有明显的缺陷：其一，第187条第1款规定，公诉人、当事人或者辩护人、诉讼代理人对证人证言有异议，且该证人证言对案件定罪量刑有重大影响，人民法院认为证人有必要出庭作证的，证人应当出庭作证。由于证人必须在三个条件同时具备时才应当出庭，这实际上把证人是否出庭完全交由法院自由裁量。其二，第190条规定，公诉人、辩护人应当向法庭出示物证，让当事人辨认，对未到庭的证人的证言笔录、鉴定人的鉴定意见、勘验笔录和其他作为证据的文书，应当当庭宣读。这条规定表明，证人不出庭可以宣读证言笔录。《刑事诉讼法》第187条和第190条相配合，这必然使得法庭审理中证人不出庭成为常态，而证人出庭成为例外。

要真正使庭审实质化，就必须结合国情探索贯彻直接言词原则。在我国要求证人全部出庭显然不切实际，比较可行的方案是，通过刑事诉讼法修正案，规定证人应当出庭的两种情形：一是公诉人、当事人或者辩护人、诉讼代理人对证人证言有异议，且该证人证言对案件定罪量刑有重大影响的，特别是辩护方要求证人出庭的；二是可能判死刑或者有重大社会影响案件中的重要证人，这类证人即使当事人没有申请，法院也应当主动通知证人出庭，切实防止证人证言失真。符合证人出庭要求的，法庭应当通知证人出庭，必要时法庭应当强制证人到庭。如果通知证人出庭而不出庭，原来询问证人的证言笔录不得在法庭上宣读，不得作为定案的根据。这样才符合司法亲历性规律的要求，也只有这样才能达到四中全会《决定》提出的"事实认定符合客观真相、办案结果符合实体公正、办案过程符合程序公正"的要求，才能形成一个真正经得起社会检验和法律检验的判决。

第四，严格实行非法证据排除规则。非法证据排除规则是世界法治国家通行的证据规则。我国《刑事诉讼法》也规定了该规则，但在实施上遇到不少困难，效果不甚理想。因此，三中全会《决定》明确指出要"严禁刑讯逼供、体罚虐待，严格实行非法证据排除规则"。四中全会《决定》也要求健全落实非法证据排除规则。

《刑事诉讼法》关于非法证据排除规则不够完善的规定直接影响到实施效果。

（1）第 54 条规定的"采用刑讯逼供等非法方法"收集的犯罪嫌疑人、被告人供述应当予以排除，用词模糊，在适用上难以准确把握。目前在侦查中对犯罪嫌疑人的讯问采用赤裸裸的暴力手段已不多见，更多是采用变相的刑讯手段，如疲劳讯问、烤、晒、冻、饿以及服用某些药品等，这些手段是否属于"等"的范围亟须明确解释，而且也和第 50 条"严禁刑讯逼供和以威胁、引诱、欺骗以及其他非法方法收集证据，不得强迫任何人证实自己有罪"规定的尺度不一致，容易发生误解，认为采取威胁、引诱、欺骗等非法方法收集的证据可以不排除。为加强非法证据排除规则规定的适用性，最高人民法院《关于适用〈中华人民共和国刑事诉讼法〉的解释》第 95 条、最高人民检察院关于《人民检察院刑事诉讼规则（试行）》第 65 条作了进一步的解释：使用肉刑或者变相肉刑，或者采用其他使犯罪嫌疑人、被告人在肉体上或者精神上遭受剧烈疼痛或者痛苦的方法，迫使犯罪嫌疑人、被告人违背意愿供述的，应当认定为《刑事诉讼法》第 54 条规定的"刑讯逼供等方法"。这样的规定虽然前进了一大步，但仍缺少刚性，难以抑制花样繁多的变相刑讯逼供现象。因此，修改《刑事诉讼法》时首先应当对应规定：凡是采取刑讯逼供以及威胁、引诱、欺骗和其他非法方法收集的证据，应当予以排除，情节轻微的可以不排除。同时，最高人民法院等中央政法机关在联合制定的司法解释中，应当在吸收现有研究成果的基础上，针对实际问题进一步加以具体化，例如疲劳讯问的时间度等，以有利于严格实施非法证据排除规则，并根绝非法证据产生的土壤。

（2）立法中非法证据排除的证明标准表述存在问题。《刑事诉讼法》第 58 条对非法证据排除标准作了二元化规定，即法院"确认"存在非法取证的情形和检察院"不能排除"非法取证的情形。法院"确认"无非是法院自行调查取证以达到确认的标准，或者是要求辩护人提出证据以证明非法取证确实存在。此时提出证据证明取证行为违法的责任实际上就会转嫁给法院甚至是辩方。至于第二类由检察院举证所达到的"不能排除"标准，虽然要求十分严格，但这是检察机关应当承担的举证责任。因此，为了正确适用非法证据排除规则，有效保障被追诉人人权，应当把非法证据排除证明标准修改为一元化规定，即由检察院举证达到排除非法取证的情形。

第五，完善法律援助制度。法律援助制度是人权司法保障的重要组成部分，确保了公民在司法中平等行使权利，彰显了良法中"善"的本质，体现了社会的文明进步。我国的法律援助制度起步比较晚，尽管取得了较大的成绩，但是与刑事司法中的人权保障的要求还有较大的差距。因此，四中全会《决定》明确提出"完善法律援助制度，扩大援助范围"的要求。

现行《刑事诉讼法》将法律援助适用的范围限于盲、聋、哑人，或者是尚未完全丧失辨认或者控制自己行为能力的精神病人以及可能判处无期徒刑、死刑的人。中共中央办公厅、国务院办公厅印发的《关于完善法律援助制度的意见》（以下简称《意见》）则规定："建立法律援助参与刑事和解、死刑复核案件办理工作机制，依法为更多的刑事诉讼当事人提供法律援助。"该《意见》将法律援助扩展至死刑复核程序中，这是保证死刑案件质量的需要，也契合了联合国《关于保护死刑犯权利的保障措施》中"任何被怀疑或被控告犯了可判死刑罪的人"无一例外地都应得到法律援助的规定。因此，应当通过修法将法律援助范围扩大至《意见》提出的刑事和解、死刑复核程序的案件。

另外，考虑到实践中辩护律师参加案件的比例相当低，《意见》所要求的法律援助范围仍然不能满足人民群众特别是困难群众日益增长的法律援助需求。因此，笔者建议将法律援助的范围在《意见》的基础上，进一步扩大至可能被判处 5 年以上有期徒刑的案件（刑法中 5 年徒刑是一个衡量犯罪情节严重程度的档次性标准），如果犯罪嫌疑人、被告人没有辩护人的，应当为其提供法律援助。实际上浙江省高级人民法院和司法厅三年前已经发函要求：可能判处 3 年以下有期徒刑、被告人不认罪的案件，被告人没有委托辩护人的，均应当为其无偿提供法律援助辩护。从比较法的角度考察，当代的法治国家对于判处徒刑以上的案件都提供法律援助。

第六，进一步改革人民陪审员制度，完善人民监督员制度。我国人民陪审员制度体现了社会主义的司法民主，具体的模式近似于大陆法系的"参审制"，专业法官和普通公民一起参与审判，二者有同等权力，共同决定案件的事实和法律问题。四中全会《决定》高度重视人民陪审员制度，提出"保障人民群众参与司法。完善人民陪审员制度，保障公民陪审权利，扩大参审范围，完善随机抽选方式，提高人民陪审制度公信度。逐步实行人民陪审员不再审理法律适用问题，只参与审理事实认定问题"。为了贯彻上述决定，最高人民法院、司法部联合颁发的《人民陪审员制度改革试点方案》规定，涉及群体利益、社会公共利益的，人民群众广泛关注或者其他社会影响较大的第一审刑事案件，以及可能判处 10 年以上有期徒刑、无期徒刑的第一审刑事案件，原则上实行人民陪审制审理；逐步探索实行人民陪审员不再审理法律适用问题，只参与审理事实认定问题，人民陪审员在案件评议过程中独立就案件事实认定问题发表意见，不再对法律适用问题发表意见。上述改革意见在总结试点经验基础上，必须在刑事诉讼法的层面上加以规定。

四中全会《决定》还提出要"完善人民监督员制度"。人民监督员制度虽然没有人民陪审员制度成熟，但它属于我国独创的体现检察民主的制度，也应当在进一步总结经验、完善制度的基础上规定在《刑事诉讼法》之中。

第七，完善审级制度。对于我国的审级制度改革，四中全会《决定》指出："完善审级制度，一审重在解决事实认定和法律适用，二审重在解决事实法律争议、实现二审终审，再审重在解决依法纠错、维护裁判权威"。这里涉及以下两项审级制度的改革：

（1）改革二审全面审理的原则。全面审理原则是指《刑事诉讼法》第 222 条规定的第二审人民法院对第一审判决认定的事实和适用的法律进行全面审查，不受上诉或者抗诉范围的限制。全面审查原则固然有其优势，但是过分追求实体公正，对检察机关和当事人双方的诉求有所忽视，不利于实现诉讼和谐和提高诉讼效率。因此，应当根据四中全会《决定》精神，将二审的审理范围由全面审查调整为"重点审理事实法律争议"。但是，需要指出的是，重点审查争议问题并不是简单地绝对放弃全面审理，如果涉及严重司法不公情况，而上诉状中并未提及，特别是涉及冤案、错案的情形等，就应当主动审查，这样才能更好地达到使人民群众感受正义和息讼宁人的愿景。

（2）再审制度的改革。我国现行再审程序秉持"实事求是，有错必纠"的基本理念，对于已生效的"确有错误"的判决，不区分错误的种类（错案包括冤枉无辜错误、放纵犯罪错误及量刑轻重错误三种）一律改判，使裁判处于不稳定的状态，损害了司法的公信力、权威性。因此，现行"确有错误"必须纠正的规定应当改为实行"依法纠错"，这实际上也借鉴吸收了国际司法中一事不再理原则（英美法系称"禁止双重危险规则"）的有益经验，符合国际司法改革的潮流。

第八，统一刑罚执行体制。刑罚执行是刑事诉讼的最后一个程序，也是实施刑事法显现实效的关键环节。根据我国《刑法》《刑事诉讼法》和《监狱法》的规定，我国的刑事执行工作由多个机关分担。具体说来，人民法院负责无罪、免予刑事处罚、罚金、没收财产和死刑立即执行的执行；公安机关负责剥夺政治权利、拘役的执行，其中，拘役由拘役所负责执行；司法行政机关所属监狱负责死缓、无期徒刑、有期徒刑的执行，未成年犯管教所负责被判处无期徒刑、有期徒刑的未成年犯的执行工作，社区矫正机构负责对判处管制、宣告缓刑、假释或者暂予监外执行的罪犯的执行。公安机关所属看守所不是刑罚执行机关，但是为了减少押解负担、节省资源，《刑事诉讼法》第253条规定，"剩余刑期三个月以下的，由看守所代为执行"。这种多元化的刑罚执行体制，随着国家机构职能的调整和社会结构的变迁，逐渐暴露出一些明显的缺陷和问题。如目前的刑罚执行体制下，由负责审判和侦查的机关兼管执行，不仅存在职能不清的问题，而且使得法院、公安机关不能集中力量做好审判、侦查工作；又如，中级人民法院既负责死刑案件的第一审，又负责对死刑生效判决的执行，这种既由法院自己审理，又由法院自己执行的体制，容易造成先入为主，在执行阶段难以发现和纠正可能出现的冤案、错案。鉴于我国刑事执行体制存在上述问题，四中全会《决定》提出，"完善刑罚执行制度，统一刑罚执行体制"。这有利于实现不同种类刑罚执行之间的协调一致、相互衔接，以更好地发挥刑罚教育人、改造人的功能，保障罪犯的合法权益，实现刑罚惩罚、预防犯罪的目的。

为此，笔者主张，通过修法将刑罚执行权统一到司法行政机关。具体措施如下：（1）现有的刑罚执行体制中已经归司法行政机关管理的监狱、未成年犯管教所、社区矫正机构继续保持不变。（2）死刑的执行权应由目前的人民法院转交司法行政机关执行。目前由人民法院负责的财产刑，包括罚金、没收财产判决的执行，也应转交司法行政机关。但是，现有体制下由人民法院负责执行的无罪、免予刑事处罚判决因不涉及刑罚执行问题，可保持不变。（3）目前由公安机关负责执行的拘役、剥夺政治权利判决也应该统一归口到司法行政机关。至于剩余刑期3个月以下在看守所执行的可改为在社区矫正机构执行。以上修改《刑事诉讼法》的建议，自感不够成熟，敬请法律界同仁批评指正。

司法责任制若干问题之探讨[1]

　　建立和完善司法责任制是司法改革的关键环节。党的十八届三中全会决定指出，要"完善主审法官、合议庭办案责任制，让审理者裁判，由裁判者负责"。党的十八届四中全会决定进一步强调，"完善主审法官、合议庭、主任检察官、主办侦查员办案责任制，落实谁办案谁负责"，"实行办案质量终身负责制和错案责任倒查问责制"。2015 年 8 月 19 日，中共中央全面深化改革领导小组第十五次会议审议通过了《关于完善人民法院司法责任制的若干意见》《关于完善人民检察院司法责任制的若干意见》。2015 年 9 月 22 日和 9 月 28 日，根据全面深化改革领导小组的决议，最高人民法院和最高人民检察院分别发布了《关于完善人民法院司法责任制的若干意见》（以下简称《最高法意见》）和《关于完善人民检察院司法责任制的若干意见》（以下简称《最高检意见》），具体规定了如何牵住法院系统与检察院系统内司法责任制这个"牛鼻子"[2]。中央在一系列司法改革文件中明确将完善司法责任制、完善司法人员分类管理制度、健全司法人员职业保障制度、推动省以下地方法院、检察院人财物统一管理四项内容作为司法改革的主要内容进行试点。[3]

　　司法责任是指司法责任主体基于其所承担的司法职责，因在履行职责时存在违法违纪的行为而应承担的法律上的不利后果。司法责任是一种法律责任，不同于道义责任、伦理责任、政治责任等，在具体责任承担形式上表现为刑事责任、纪律责任及民事责任，下文会详细论述。在试点改革如火如荼进展的同时，对于司法责任制的理论研究应当同时跟进，为实践提供理论支持和指导。为此，本文拟对司法责任制的若干问题进行研究与探讨，希冀对于司法责任制度的改革和完善有所裨益。

---

〔1〕　原载《中国政法大学学报》2016 年 3 月 10 日，与王迎龙合著。

〔2〕　习近平总书记在中共中央政治局第二十一次集体学习时强调，要紧紧牵住司法责任制这个"牛鼻子"。参见"以提高司法公信力为根本尺度，坚定不移深化司法体制改革"，载《人民日报》2015 年 3 月 26 日，第 1 版。

〔3〕　孟建柱同志在中央政法工作会议上指出，2015 年是司法体制改革全面深入推进的一年，完善司法责任制等四项改革在司法体制改革中居于基础性地位。参见孟建柱："切实提高政法机关服务大局的能力和水平"，载新华网，http://news.xinhuanet.com/politics/2015-01/21/c_ 1114078733.htm，最后访问时间：2016 年 1 月 23 日。

一、构建与完善司法责任制的必要性

（一）司法责任制是司法公正的重要保障

古今中外，司法公正自有司法以来就是一个永恒主题，一个至高的价值追求。我国古代历来强调司法的公正性，可上推至我国古时的"灋"字。据《说文解字》，古"法"作"灋"，释曰："法，刑也，平之如水，从水。廌（zhì），所以触不直者去之，从去。"[1]"灋"字由三要素构成：水——冰冷无情，至平无颇，公平无私；廌——传说中善于断案的独角神兽，其性知善恶，古者决讼令触不直者；去——神兽廌断狱，谓不直者离去，即败诉的结果。"灋"字的构造体现出我国古代对司法公平与正义的追求。对于公正、公平价值的追求也见于古代政治家、思想家的诸多文献中。荀子认为公平、公正是司法审判的标准。在他看来，"公平者，职之衡也；中和者，听之绳也"。[2]为实现严格执法，法家的商鞅提出"壹刑"的主张，创制统一刑罚的标准，适用刑罚时不分贵贱亲疏。在西方国家，公正也早就被视为法律所追求的终极目标。据察，所有西方关于法的定义均来自于"Jus"。古罗马法学家乌尔比安论述法与正义的关系时曾说："当一个人将其注意力集中于法（Jus）的时候，他应该知道'Jus'这个术语的来龙去脉。所谓'Jus'来自正义（Justitia）；事实上，根据杰尔苏的绝妙定义，'Jus'是善与公正之艺术。"[3]国外法官的称谓皆与"正义"或者"公正"同名，即"Justice"。如美国联邦最高法院的首席大法官被称为"Chief Justice"，其他八位大法官一律被称为"Associated Justice"，至于联邦下级法院的所有法官则被称为"Judge"。再如，以西方法模式建立的国际法院也被称为"the International Court of Justice"。

司法公正在内容上包括程序公正和实体公正两个方面，两者互相依存，并重结合，构成司法公正之整体。程序公正，即过程公正，指诉讼程序方面体现的公正；实体公正，即结果公正，指案件实体的结局处理所体现的公正。[4]程序公正涉及诉讼当事人的一系列诉讼权利，诸如辩护权、对质权、救济权、诉讼中的人身自由权利等，实体公正更是直接涉及当事人的人身自由、财产权利，甚至生命权利的剥夺与否。因此，司法公正的实现对于公民权益保障具有极其重要的意义。正如十八届四中全会决定强调指出的："公正是法治的生命线。司法公正对社会公正具有重要引领作用，司法不公对社会公正具有致命破坏作用。"

实现司法公正的途径有多种，比如提高法官和检察官职业素养、加强法律监

---

[1] （汉）许慎：《说文解字》，上海古籍出版社 1981 年版，第 182 页。

[2] 《荀子·王制》。

[3] Alan Watson, *The Digest of Justinian*, translated by Chacles Henry Monro, Volume I, Cambridge University Press, 1904, p. 3.

[4] 参见陈光中："坚持程序公正与实体公正并重之我见——以刑事司法为视角"，载《国家检察官学院学报》2007 年第 2 期。

督、完善法律救济，等等，而构建和完善司法责任制是其中一条重要的途径。司法责任制在本质上是一种司法惩戒制度，通过规定法官、检察官在违法违纪时承担的不利后果，来促使其正确行使司法权。其对司法公正的保障作用至少体现在两个方面：首先，法官、检察官作为行使司法权的主体，本身是国家公权力的代表，被誉为"正义的守护神"，具有强烈的身份认同感、职业荣誉感和国家使命感。如果法官、检察官勤勉尽责，正确行使法律赋予的司法职权，就能够得到单位的嘉奖、人民的赞誉与社会的认可。可是，正如一个硬币的两面，如果法官、检察官不遵循法律行使权力，滥用职权、徇私枉法，被追究了司法责任，其办案能力、职业素养甚至人品道德会受到来自司法机关以及社会的否定评价。在此意义上，为了维护个人名誉，增强司法职业荣誉感，司法责任制会促使法官、检察官依法履职、公正行权。其次，从边沁所主张的功利主义角度出发，作为个体的人都有趋利避害的本性，作为行使司法权的个体，法官、检察官在司法活动过程中也会追求自身利益最大化。司法责任制所规定的应当承担司法责任的情形，意味着如果法官、检察官踏入违反司法责任的"雷区"，就要承担法律上的不利后果，受到惩罚或制裁。正如凯尔逊所指出的："当我们说某人在法律上负责于某个行为时，或者某人承担该行为的法律责任，我们的意思是说，如果他作相反的行为，他就有被制裁的可能。"[1]规定司法责任制，能够在司法活动过程中倒逼法官、检察官正确行使手中权力，不能触犯责任底线，否则就会招致不利后果。

在全面推进依法治国的新形势下，应当更加强调司法公正在社会中的作用。党的十八届四中全会《决定》提出要"严格司法"，"健全事实认定符合客观真相、办案结果符合实体公正、办案过程符合程序公正的法律制度"，从而对司法公正提出了更高的要求。"严格司法"，一方面强调司法不公对社会公正的致命破坏作用，从而建立更加公正、公平的司法制度，另一方面，当司法不公尤其是冤假错案出现时，要贯彻严格的司法责任追究制度，杜绝违法违纪行为的产生。唯有如此，才能限制权力行使的任意性，才能保障司法公正的实现，努力让人民群众在每一个司法案件中感受到公平正义。

（二）司法责任制是权责统一原则的必然要求

在现代民主法治国家，国家公权力是人民赋予的，在运行时需要遵循三个原则：权力法定原则、权力受监督原则以及权责统一（有权必有责）原则。在此三原则的统摄下，国家公权力才能在制度的笼子里良好地运行，与私权利并行不悖，并对公民合法权利起到保障作用。其中，权责统一理论首先是在行政法领域建立发展起来的，权责统一是政府行使公共权力应当遵循的基本原则之一。现代政府理论认为，任何公共权力都应当处于责任状态，任何公共权力的行使者都应当是责任的承担者，没有不承担责任的权力行使者。权责统一理论的逻辑起点肇始于公共权力

---

〔1〕 ［奥地利］汉斯·凯尔逊：《法律和国家》，雷崧松译，台湾正中书局1976年版，第80页。

的矛盾性：一方面，公民让渡私权利形成了公共权力，由国家行使公共权力来管理社会，形成良好的社会秩序，这是公民对于公共权力的需要和期待，是权力与社会的统一状态。另一方面，公共权力由政府私掌又有可能使其失去控制，而异化为危害社会的强权力量，这是权力与社会的对立状态。这一对矛盾始终存在于公共权力的运行领域，因此必须严格遵循权责统一原则，防止公权力被滥用。

司法责任制的构建与完善，是权责统一原则在司法权运行领域的重要体现和必然要求，是公权力运行共有原则与司法权运行具体特点所共同决定的。一方面，司法权作为公共权力的重要组成部分，应当遵守"有权必有责""权责相统一"的法治原则。权力的行使始终伴随着责任的承担。在现代法治国家不存在没有责任的权力，就我国而言，没有伴随责任的权力只有古代封建社会的皇权。在司法领域，司法工作者在司法案件中行使着由人民（通过立法的形式）赋予的侦查、公诉、审判、执行等司法权力，这些权力的行使直接关系着公民的自由、财产，甚至是生命安全等重要的公民权利。因此，司法权的行使必须接受人民的监督，当权力脱离法律轨道运行时必须承担司法责任；另一方面，司法权本质上属于判断权，有其独特的运行规律。作为一种判断权，司法官员在行使司法权力时享有自由裁量的权力，即对某特定行为是否构成犯罪，除了依据法律规定外，能够按照自己内心确信来进行认定。为了保障自由裁量权的正确行使，司法官员不得受到外在力量的干扰，这也是我们通常所讲的司法独立。在建构司法责任制时，要充分考虑司法权运行的自身特点，确保司法责任的追究不会损害司法独立性。但是，需要注意的是，司法权首先是作为一种公权力而存在的，这种公权力的共性决定了其必须遵循权责相统一的原则，而不能以特性否定共性，以司法必须独立而主张一种责任虚无论，即强调司法责任完全豁免。我们认为，司法权强调司法独立这一特性是在具体建构司法责任制时需要在追责范围以及免责情形之间考量的一个重要因素，而不能以此为根据来否定责任的承担。

（三）司法责任制是中西方司法文明共同的经验汇集

我国古代司法制度中很早就存在对审判中法官的不法行为追究责任的制度。[1]古代最典型的追究司法官责任的规定是在西周时期《尚书·吕刑》所记载的"五过之疵"，即"五过之疵，惟官、惟反、惟内、惟货、惟来，其罪惟均"[2]。意思是说，法官审判案件，如因依仗权势、私报恩怨、暗中牵制、敲诈勒索、贪赃枉法，而影响案件正确处理的，要处以与所断罪相同的刑罚。到唐朝，司法责任制度趋于

---

[1] 参见陈光中："中国古代的法庭审判"，载《陈光中法学文集》，中国法制出版社2000年版，第172页。

[2] 马志冰：《中国法制史》，北京大学出版社2004年版，第50页。

成熟，明确规定了司法官员的"出入人罪"[1]，根据司法官员的行为后果来确立刑事处罚的标准。《唐律疏议·名例》规定："诸断罪而无正条，其应出罪者，则举重以明轻，其应入罪者，则举轻以明重。"唐律还将"盗"和"赃"并列，并把受财枉法列在常赦所不原之列。"有枉法受财者，必无赦免。"[2]唐朝不仅规定了"出入人罪"，还规定了官员连署情况下发生错案的刑事责任。案件如由官府中几个官吏连署文案而发生错误的，都要负刑事责任。但要根据其职位和错判是否由他开始产生等情况，分成四个等级，每等递减刑罚一等。[3]此后宋、元、明、清时期的司法责任制度皆以唐律为蓝本，只是在内容上更为详尽，并有所突破。如明律中关于"辨明冤枉"的规定，即由监察御史、按察使负责冤假错案的查处，若发现司法官违法，则要给予严厉处罚，但若司法官非故意判错仅是因为事实不清而导致错误，则惩罚要稍轻。若监察御史、按察使事先知情，也要受到同样的追究。这是对于司法官"出入人罪"责任的一个重要补充。中国传统司法责任制度是中华司法文明的一大特色，从西周开始建立，唐朝臻于完备，明清时期进一步完善，就其内容的丰富性、体系的完整性和规则的详细性来看，在当时是领先于世界各国的。

域外法治国家大多建构了以弹劾、惩戒为主要机制的司法责任追究制度。在美国联邦系统，首先，法官会依据《美国宪法》第2条第4款、第3条第1款受到"弹劾"程序的威胁[4]，如果法官的行为不良，国会会通过弹劾程序宣告该法官受到弹劾，不再担任法官。其次，1973年美国司法会议正式地将《美国律师协会司法行为法典》适用于全体联邦法官，由"巡回区所有积极的上诉法院法官组成的"地区司法理事会被赋予对联邦法官的惩戒权[5]；在美国州系统，州宪法规定了由议会实施的法官弹劾制度，以及宪法或其他法律规定的由司法委员会一类机构（各州名称不尽相同）实施的司法惩戒制度。[6]在德国，法官弹劾制度由《德国基本法》第98条规定：如果联邦法官在执行职务或在职务以外违反基本法的原则或州的宪法时，联邦宪法法院得根据联邦议院的请求，以2/3的票数通过决议，将该法官派任其他职务或令其退休。在故意违法的情况下，它可以作出撤职的决定。在

---

[1] 所谓"出入人罪"，可以分为"出罪"和"入罪"两种错案责任，前者是指法官对有罪的人作无罪判决或者对罪重的人作轻罪判决，后者是指法官对无罪的人作有罪判决或者对罪轻的人作重罪判决。参见巩富文："唐代法官出入人罪的责任制度探析"，载《政治与法律》1993年第1期。

[2] 吴兢：《贞观政要·政体》。

[3] 陈光中、沈国锋：《中国古代司法制度》，群众出版社1984年版，第116页。

[4] 《美国宪法》第2条第4款规定了弹劾的对象和条件："总统、副总统及所有的文职官员若犯叛国罪、贿赂罪、重罪、轻罪，必须依弹劾而使之去职。"第3条第1款规定："法官在职时必须行为良好。"

[5] 徐静村、潘金贵："法官惩戒制度研究——兼论我国司法弹劾制度的建构"，载《公法研究》2004年（第2辑），第346页。

[6] 严仁群："美国法官惩戒制度论要——兼析中美惩戒理念之差异"，载《法学评论》2004年第6期。

法官惩戒方面，《德国刑法典》禁止法官实施严重挫伤公众对法院作为伸张正义机构的信心的司法行为，这些禁令包括：接受金钱或者其他贿赂、胁迫取证、伪造文件以及通过起诉对清白者进行迫害或者判刑。法官在故意实施上述行为或者存在重大过失而导致错判的情形下需要承担责任。德国早在 1851 年就已经建立了法官纪律法院（Dienstgericht）。[1]目前，德国联邦最高法院设立职务法庭，各州亦设立职务法庭，就法官纪律、惩戒和其他事项进行裁判。[2]惩戒的理由包括：法官故意不履行或者长期不履行自己的职责；在任职期间故意从事不法行为；有酗酒恶习；因自己的行为给所在机构的声誉造成不良影响；道德败坏等。惩戒的方式有：免职、强制退休、中止职务。[3]在日本，根据《审判官弹劾法》的规定，审判官弹劾裁判所和起诉委员会为处理弹劾案件的专设机构，任何人认为裁判官有受弹劾罢免事由时，都可向起诉委员会请求罢免诉追。如果法官的不良行为达不到弹劾的严重程度，按照《审判官身份法》的规定，根据审判官级别的不同可由不同级别的裁判所（最高裁判所和高等裁判所）进行裁判。

虽然司法责任制度在中西方表现为不同的形式，内容亦有所差别，但是其建立的逻辑起点以及价值追求是一致的，即通过规定对司法责任主体存在不当行为时所应承担的不利后果来保障司法权力的正当行使。中西方司法文明的历史和现实经验可以表明，司法责任制度在我国具有深厚的历史文化背景，其构建和完善符合司法发展的规律，对于实现司法公正具有重要意义。

二、司法责任制的基本原则、适用范围及时效

虽然"寻找在独立与责任之间恰当平衡的困境是真实存在的"，[4]而且在实践中很难把握这一恰当平衡。但在我国，必须遵循司法规律，结合中国实际，既防止怠于惩戒，又防止惩戒过严，正确把握司法责任制的基本原则、适用范围以及时效，达到独立与责任的适当平衡。

（一）司法责任制的基本原则

司法责任制的基本原则是指在适用司法责任制时起指导性作用的准则，《最高法意见》和《最高检意见》对各自推行司法责任制的基本原则都作了具体规定，

---

[1] 参见最高人民法院司法改革小组编，韩苏琳编译：《美英德法四国司法制度概况》，人民法院出版社 2002 年版，第 469 页。

[2] 蒋惠岭："论法官惩戒程序之司法性"，载《法律适用》2003 年第 9 期。

[3] 参见周道鸾主编：《法官法讲义》，人民法院出版社 1995 年版，第 196 页。

[4] 葛维宝："法院的独立与责任"，葛明珍译，载《环球法律评论》2002 年第 1 期。

内容也大致相同。[1]其中有两条基本原则需要重点把握：一是遵循司法权运行规律原则；二是坚持主观过错和客观行为相一致原则。遵循司法权运行规律原则，是指在适用司法责任制时，既要严格对法官、检察官违法违纪行为进行责任追究，同时又要充分注意到司法权具有相对独立性的判断权的权力属性，司法责任的追究不能影响司法权的独立行使。司法权的这个特点前文已经涉及，目前学界亦多有论述，不再深入展开。坚持主观过错和客观行为相一致的原则，意在限制司法责任制的追究范围，确保法官、检察官司法责任的追究不被任意化和扩大化，符合司法规律和中国实际。"主观过错"本是刑法中的概念，指在实施不当行为时具有故意或者过失，在适用于司法责任制时是指法官、检察官在实施违法违纪行为时主观上存在故意或者过失。"客观行为"是指实施的客观存在的行为，在适用于司法责任制时是指法官、检察官实施的违法违纪的行为。总体来讲，这种主、客观相结合的原则是科学合理的，因为没有行为即没有责任，有行为还要考虑行为人的主观状态，即主观过错和客观行为相结合才能认定责任。结合两个意见来看，法官、检察官在故意违法违纪的情况下，适用主、客观原则进行追责是没有问题的，但是在法官、检察官存在过失的情况下，除了法官、检察官必须实施违法违纪行为以外，还必须要求造成了严重的后果，如果没有造成后果，或者造成的后果不严重，那么就不需要追究其司法责任。在这种情况下，一般意义上的客观行为涵盖不了客观结果的范畴。因此，在法官、检察官主观上存在过失的情况下，对于主观过错与客观行为相结合原则中的"客观行为"应当作扩大理解，即不仅意味着实施了违法违纪的行为，还包含了造成严重后果的内容。

（二）司法责任制的适用范围

基于主观过错和客观行为相结合的归责原则，结合《最高法意见》第25条、第26条和《最高检意见》第34条、第35条的具体规定，我们认为，司法责任制的适用范围应当限定于下列情形：

1. 故意违法的行为

（1）徇私枉法行为。法官、检察官接受当事人、律师贿赂以及亲朋好友请托而徇私枉法是典型的故意违法行为。最高人民法院和最高人民检察院都对此作了明确规定：《最高法意见》规定为审判人员在审理案件时有贪污贿赂、徇私舞弊、枉法裁判行为的，《最高检意见》从客观行为角度规定了检察人员包庇、放

---

[1]《最高法意见》第2条规定，推进审判责任制改革，人民法院应当坚持以下基本原则：①坚持党的领导，坚持走中国特色社会主义法治道路；②依照宪法和法律独立行使审判权；③遵循司法权运行规律，体现审判权的判断权和裁判权属性，突出法官办案主体地位；④以审判权为核心，以审判监督权和审判管理权为保障；⑤权责明晰、权责统一、监督有序、制约有效；⑥主观过错与客观行为相结合，责任与保障相结合。《最高检意见》第2条规定，完善人民检察院司法责任制的基本原则是：坚持遵循司法规律，符合检察职业特点；坚持突出检察官办案主体地位与加强监督制约相结合；坚持权责明晰，权责相当；坚持主观过错与客观行为相一致，责任与处罚相适应。

纵被举报人、犯罪嫌疑人、被告人，或使无罪的人受到刑事追究的，应当追究其司法责任。

（2）刑讯逼供、暴力取证行为。刑讯逼供行为不仅会对犯罪嫌疑人、被告人的合法权益造成侵害，往往也是造成冤假错案的最主要原因。因此，只要侦查人员在司法活动中存在刑讯逼供行为，即故意违法，就应当追究其司法责任。如果刑讯逼供还造成了冤假错案等其他严重后果，应当加重处罚。《最高检意见》将刑讯逼供、暴力取证或以其他非法方法获取证据的行为列为应当追责的情形之一。

（3）毁灭、伪造、变造或隐匿证据的行为。证据作为诉讼中重要的认定案件事实的手段与工具，易被毁损、隐匿或者造假，从而达到扭曲事实的目的。因此，《最高法意见》和《最高检意见》均规定涂改、隐匿、伪造、偷换和故意损毁证据材料的行为，需要追究相关人员的司法责任。

（4）非法搜查、非法拘禁行为。在侦查活动中，侦查人员如果有非法搜查或者非法拘禁行为，也应当承担相应的司法责任。《最高检意见》规定检察人员非法搜查或损毁当事人财物的，违反规定剥夺、限制当事人、证人人身自由的，应当承担司法责任。

（5）违反法律规定程序办案的行为。法官、检察官如果不遵守法律规定程序办理诉讼案件，应当追究其司法责任。比如《最高法意见》规定的法官违反规定私自办案或者制造虚假案件的；违反法律规定，对不符合减刑、假释条件的罪犯裁定减刑、假释的行为等。《最高检意见》规定的检察官超越刑事案件管辖范围初查、立案的，违法违规查封、扣押、冻结、保管、处理涉案财物的，对已经决定给予刑事赔偿的案件拒不赔偿或拖延赔偿的，违法违规使用武器、警械的行为等。

2. 重大过失行为，且造成了错案等严重后果

根据主、客观相结合的基本原则，在法官、检察官主观上存在重大过失的情况下，只有客观上造成了错案等严重后果才承担司法责任。所谓"严重后果"，根据《最高法意见》和《最高检意见》的相关规定，主要包括：法官、检察官因为工作上明显的过失行为而导致错误裁判、错误或者超期羁押，遗漏重要犯罪嫌疑人或重大罪行，涉案人员自杀、自伤、行凶，犯罪嫌疑人、被告人串供、毁证、逃跑，案件材料、扣押财物遗失、严重损毁，案件材料或者秘密泄露以及其他严重后果或者不良影响。因此，我们可以归纳，法官、检察官在主观过失的情况下承担司法责任需要具备两个条件：一是必须存在重大过失；二是其重大主管过失必须导致了错案等严重后果。需要指出的是，这里的"错案"是一种既判状态，即产生错案是在裁判发生法律效力后所发现的事实状态。如果裁判尚未生效，没有产生既判力，裁判错误通过后续的法律程序得以纠正，那么就要适用业绩考评体系进行评价，而不

宜适用司法责任程序追责。[1]

在明确了司法责任适用范围的同时，还应当明确哪些行为不属于司法责任追究的范围：

（1）一般过失与工作瑕疵。前已论及，对于法官、检察官在司法活动中的一般过失，在没有造成严重后果的情况下不追究司法责任。此外，对于法官、检察官的一些工作瑕疵，例如忘记在笔录上签名、遗漏日期等，也不应当追究司法责任。根据《最高检意见》第33条的规定，"检察人员在事实认定、证据采信、法律适用、办案程序、文书制作以及司法作风等方面不符合法律和有关规定，但不影响案件结论的正确性和效力的，属司法瑕疵，依照相关纪律规定处理。"法官、检察官一般过失和工作瑕疵，危害性很小，不需要追究司法责任，属于司法责任豁免的范围。

（2）事实与法律认识差异。法官、检察官对于案件事实、法律适用因认识上存在差异而导致处理结果的不同，更不应当以此来追究司法责任。因为，检察官、法官有一定自由裁量的权力，在事实、法律认识上可以根据自己的学识和经验作出判断，法律给予法官、检察官作出不同判断的空间，这是司法权运行的特点。而且，法官、检察官在能力、素质上往往有较大差异，并且"最审慎的法官也可能把案子搞错"[2]。如果法官、检察官谨慎地认定事实、适用法律，严格遵守法律程序，在行为方式上没有不妥或违纪，即便案件认定结果与上级机关不一致、或者客观上确有错误，也不应当承担责任。事实和法律认识差异是司法权运行中出现的正常现象，虽然法官、检察官按照内心确信作出的裁判发生了结果错误，但是其主观并没有过错，因此不需要追究其司法责任。这不属于司法责任豁免的情形，因为豁免是本来应承担责任但是可以不予追究，而在这种情况下法官、检察官根本就没有责任，所以谈不上豁免的问题。

（3）其他情形。根据《最高法意见》第28条、《人民法院审判人员违法审判责任追究办法（试行）》第22条以及《人民检察院错案责任追究条例（试行）》第9条的规定，法官、检察官不承担责任的其他情形还包括：法律、政策发生变化的；因出现新的证据而改变裁判的；因当事人过错或者客观原因使案件事实认定出现偏差的；经其他有关部门协调、决定的案件，等等。

---

〔1〕　最高人民法院司法改革领导小组办公室主任贺小荣根据《最高法意见》将因过失导致的违法审判责任应当具备的条件归纳为三种情况：一是"重大过失"，二是"导致裁判错误"，三是"造成严重后果"，从而将裁判错误和造成严重后果进行了区分，而没有笼统地称为"导致错案等严重后果"，意义在于划分审判司法责任体系和法官业绩评价体系的不同功能。如果因过失导致的错误裁判在后续法律程序中得以纠正，可以适用业绩评价体系，而不再适用司法责任体系进行追责。在检察系统也同样如此，在存在重大过失情形下，需要追究检察人员司法责任的情形要严格限定于已经产生错案等严重后果，如果案件错误在法律程序中及时得以纠正，没有产生严重后果，就不必再适用司法责任程序。参见贺小荣："如何牵住司法责任制这个'牛鼻子'"，载《人民法院报》2015年9月23日，第5版。

〔2〕　［法］勒内·弗洛里奥：《错案》，赵淑美、张洪竹译，法律出版社2013年版，第4页。

另外需要指出的是，司法责任的认定与追究还要结合当时的社会背景和刑事政策，比如在严打时期，犯罪多发、社会治安状况较差，为了抑制犯罪率，维护社会秩序稳定，对于司法责任制的适用应当相对宽松；又比如"疑罪从无"原则是在1996年《刑事诉讼法》修改时明确规定的，在此前，法官、检察官没有依照这一原则作出处理的案件就不应当被追究责任。

（三）司法责任制的适用时效

党的十八届四中全会决定中指出："实行办案质量终身负责制和错案责任倒查问责制，确保案件处理经得起法律和历史检验。"《最高法意见》第25条第1款规定："法官应当对其履行审判职责的行为承担责任，在职责范围内对办案质量终身负责。"《最高检意见》第3条也规定："检察官必须在司法一线办案，并对办案质量终身负责。"我们认为，实行案件的终身负责制是具有合理性与必要性的：近期冤假错案屡屡被媒体曝光，其中很大一部分是由于侦查机关刑讯逼供导致的，在公诉、审判阶段也没有得到及时有效的纠正。由司法不公导致的冤假错案对社会的公平正义具有致命破坏性，正如培根所指出的，"一次不公正的审判，其恶果甚至超过十次犯罪。因为犯罪虽是无视法律——好比污染了水流，而不公正的审判则毁坏法律——好比污染了水源。"[1]实践当中，产生了许多冤假错案，但是相关责任人员却得不到追究，有些案件因有关组织协调办案，责任主体不甚明确，结果是责任追究不了了之，或者相关责任人员退休了，也就不追究了，这样做不仅不能起到惩前毖后的作用，也引起了社会群众的不满。实行办案质量终身负责制可以倒逼法官、检察官在司法活动中严格遵守法律规定进行诉讼活动，有效保障当事人的合法权益。

但是，办案质量终身负责制的"终身"是相对意义上的，必须受到法律中关于时效规定的限制。具体而言，法官、检察官在司法活动中涉嫌犯罪的，应受到《刑法》中关于犯罪追诉时效规定的限制，[2]如果其涉嫌犯罪已经过了犯罪的追诉时效，就不应当再追究其刑事责任。虽然法官、检察官是作为国家工作人员行使司法权力，但是从实施违法行为这一角度来讲，法官、检察官同普通公民不存在区别，不能因为其身份特殊而区别对待，应当遵循法律适用的公平性原则。

三、司法责任制的适用程序

（一）责任承担形式

目前对于应当承担司法责任的法官、检察官的处罚，根据《法官法》《检察官

---

〔1〕 Francis Bacon, Of Judicature, 载 http://ebooks. adelaide. edu. au/b/bacon/francis/b12e/essay 56. html, 最后访问时间：2016年1月23日。

〔2〕 我国《刑法》第87条规定："犯罪经过下列期限不再追诉：（一）法定最高刑为不满5年有期徒刑的，经过5年；（二）法定最高刑为5年以上不满10年有期徒刑的，经过10年；（三）法定最高刑为10年以上有期徒刑的，经过15年；（四）法定最高刑为无期徒刑、死刑的，经过20年。如果20年以后认为必须追诉的，须报请最高人民法院核准。"

法》《最高法意见》第 37 条以及《最高检意见》第 44 条等规定，一是刑事处罚，如果法官、检察官的违法行为构成犯罪的，司法机关的纪检监察机构会将违法犯罪线索移送给司法机关处理，依法追究其刑事责任；二是行政纪律处罚，主要是根据《法官法》和《检察官法》所作的处罚，类似于《公务员法》中规定的处罚办法；三是党纪处罚，是根据纪律规章对党员的违纪行为进行的纪律处分。

我们认为，法官、检察官等司法官员作为行使司法权的主体，同国家行政工作人员应予以区分，表现在司法责任的承担形式上，应与《公务员法》中的行政处分予以区别。因此，根据《最高法意见》《最高检意见》对应当承担司法责任的人给予停职、延期晋升、调离工作岗位或者免职、责令辞职、辞退以及纪律处分等处罚，可以统称为"纪律责任"，以代替"行政责任"，区别于国家行政工作人员的行政处分。

另外，我们认为，司法责任主体在国家赔偿中所承担的民事责任，也应当是司法责任的具体责任承担形式之一。《国家赔偿法》在"刑事赔偿"一章中规定：因刑讯逼供或者以殴打、虐待等行为或者唆使、放纵他人以殴打、虐待等行为造成公民身体伤害或者死亡，违法使用武器、警械造成公民身体伤害或者死亡的或者在处理案件中有贪污受贿、徇私舞弊、枉法裁判行为的，赔偿义务机关在履行赔偿义务后，应当向相关责任人员追偿部分或者全部赔偿费用。[1]根据此规定，法官、检察官存在某些违法行为时，在司法机关履行国家赔偿义务后，相关责任人员应当承担相应的民事责任，这也应当是司法责任的具体责任承担形式之一。综上，我们认为，司法责任的责任承担形式可以分为三类：一是刑事责任，二是纪律责任，三是民事责任。一般情况下，对法官、检察官追究司法责任主要表现为追究其纪律责任，刑事责任只是适用于少数实施了犯罪行为的法官、检察官，民事责任主要是在国家赔偿程序中承担，但是实践中国家赔偿完以后当事人再向法官、检察官进行追偿的案例很少。

（二）责任追究主体

目前，我国司法系统内责任的追究主体是司法机关的纪检监察机构。应当说，纪检监察机构在进行司法责任追究方面取得了一定的成效，对于维护司法公正、树立司法权威发挥了积极的作用，但是这种追责属于法院内部的同体追责，缺乏应有的中立性和权威性。

对于司法责任的追究主体，现在学界多数人的观点是建立一个相对独立于法院、检察院的专门的司法惩戒委员会。[2]这也是当今世界域外法治国家的普遍做

---

[1] 具体参见《国家赔偿法》第 17 条、第 31 条。

[2] 参见陈卫东："合法性、民主性与受制性：司法改革应当关注的三个'关键词'"，载《法学杂志》2014 年第 10 期；谭世贵、骆梅英："法院司法问责若干问题研究"，载《浙江工商大学学报》2015 年第 2 期。

法。例如，1980 年，美国国会颁布施行了《司法理事会改革和司法行为与丧失司法资格法案》，授权由上诉法官和初审法官组成、受联邦巡回上诉法院首席法官领导的各联邦巡回区司法理事会（亦称法官惩戒委员会），负责对联邦法官的违法犯罪行为进行惩戒。[1]在英国为法官投诉委员会。"法官投诉委员会为司法大臣和首席大法官履行其处理投诉和纪律惩戒方面的职责提供支持服务，从而确保法官惩戒工作能够统一、公正、高效进行。"[2]日本审判官弹劾裁判所是处理法官弹劾案件的专门机构，裁判所由国会两院议员选举出的共 14 名议员组成。[3]

我国《最高法意见》第 36 条规定，在人民法院监察部门调查后，认为应当追究法官违法审判责任的，应当报请院长决定，并报送省（区、市）法官惩戒委员会审议。《最高检意见》第 43 条也规定，将故意违反法律法规责任或重大过失责任的检察官移送省、自治区、直辖市检察官惩戒委员会审议。但是目前，只有少数试点地区的法院、检察院，如上海，建立了法官、检察官惩戒委员会。所以，两个文件都明确规定，司法责任制目前只适用于中央确定的司法体制改革试点地区的法院和检察院。

随着中央全面深化改革领导小组关于法院、检察院人财物由省级统管改革路径的确定，对人的统一管理，主要是建立法官、检察官统一由省提名、管理并按法定程序任免的机制，包括在省一级设立法官、检察官遴选委员会。我们认为，与此相对应，可以分两级在各省（自治区、直辖市）和中央设立专门、统一的司法惩戒委员会，由法院、检察院及其纪检部门各自组建，其成员不限于法院、检察院内部成员，应当包括人大代表、政协委员、专家学者、律师等。司法惩戒委员会必须与法院、检察院不存在利害关系，能够独立行使惩戒职权，组成具有广泛性和中立性，防止单位保护主义，保证其作出的决定具有更高的公信力。

（三）责任追究程序

前已论及，对法官、检察官违法违纪行为的责任追究主要通过司法机关内部纪检监察机构进行，并且《法官法》《检察官法》规定了警告、记过、记大过、降级、撤职、开除等六种处分方式，致使司法责任追究带有浓厚的行政色彩。联合国《关于司法机关独立的基本原则》中规定，对法官作为司法和专业人员提出的指控或控诉应按照适当的程序迅速而公平地处理。法官应有权利获得公正的申诉机会。有关纪律处分、停职或撤职的程序的决定必须接受独立的审查。[4]我们认为，司

---

〔1〕 李贤华："域外法官惩戒组织的设置及其运行"，载《人民法院报》2015 年 7 月 3 日，第 8 版。

〔2〕 蒋惠岭、杨奕："英国法官遴选委员会是如何运行的"，载《人民法院报》2014 年 7 月 4 日，第 8 版。

〔3〕 参见陶珂宝："日本和法国的法官惩戒制度简介"，载《法律适用》2003 年第 9 期。

〔4〕 "关于司法机关独立的基本原则"，载 http://www.66law.cn/laws/130500.aspx，最后访问时间：2016 年 1 月 23 日。

法惩戒委员会对于法官、检察官的审查应当遵循程序正当原则，减少行政色彩，从司法责任审查的受理，到对相关法官、检察官的审查，再到司法责任决定作出后的救济，都应当贯彻程序参与原则，体现司法性。关键是，对于司法责任主体，应当赋予申请回避、听证、申辩的权利（必要时允许其聘请律师为其辩护）以及申请救济的权利等。《最高法意见》第35条规定当事法官享有知情、辩解和举证的权利，第36条规定当事法官有权进行陈述、举证、辩解、申请复议和申诉，《最高检意见》第43条规定当事检察官有权进行陈述、辩解、申请复议，这些规定体现了正当程序原则的精神，但是具体程序还需要进一步的完善以保障权利的行使。

四、构建和完善司法责任制的前提和保障

（一）司法责任制以司法独立为前提

党的十八届三中全会决定指出，"让审理者裁判，让裁判者负责"，这是构建司法责任的价值目标。其中包含两层含义：首先是让审理者裁判，即审理者能独立、公正地行使裁判权；其次是让裁判者对自己的职责行为负责，存在违法违纪行为要负司法责任。第一层次的含义强调司法独立，第二层次的含义强调司法责任，司法独立是实现司法责任的重要前提。如果法官、检察官不能够独立行使司法权，那么责任主体就不明确，权责就不明晰，司法责任制就无法得到具体落实。目前，在法院系统存在的层级管理和呈报审批制度导致司法裁判责任不清、效率不高的问题一直存在，院长、庭长、审判委员会权力过大，法官审而不判、判而不审等问题比较突出，这些问题直接制约着司法独立的实现，影响司法责任的具体落实。因此，构建与完善司法责任制，必须以保障司法独立为前提，实现"让审理者裁判"这一价值目标。

如何实现审判独立，学界和实务界的讨论颇多，成果丰厚。《最高法意见》也提出了诸多改革措施，包括改革裁判文书签署机制、推行院长和庭长办案常态化、改革审判委员会制度、划分各类审判人员责任清单，等等。我们认为，为了实现审判独立，要大力推行审判权运行机制的改革：首先，改革合议庭和独任庭运行机制。建议明确合议庭和独任庭对自己作出的判决负责，取消案件呈报审批机制。其次，改革审判委员会运行机制。建议明确审判委员会讨论案件的范围应当限于个别重大、疑难、复杂案件的法律适用问题，一般案件不得提交审判委员会讨论。最后，取消不合理的考评指标。建议取消一审上诉改判率、一审上诉发回重审率、生效案件改判率、生效案件发回重审率等对于法官责任的认定与追究产生不利影响的考核指标，代之以是否存在违反法定程序行为、违反职业伦理行为、渎职犯罪行为等行为的考核指标。

（二）司法责任制以提高司法职业待遇为保障

英国丹宁勋爵曾指出："当法官依法行事时，每位法官均应受到保护，以免负赔偿损害的责任。所有法官都应该能够完全独立地完成自己的工作，而不需担惊受

怕。决不能弄得法官一边用颤抖的手指翻动法书，一边自问：'假如我这样做，我要负赔偿损害的责任吗？'"[1]在当前司法改革的浪潮中，发生少数法官、检察官流失现象，这十分值得我们关注。因此，构建和完善司法责任制，应当以提高司法职业待遇为重要保障，能够使法官、检察官在行使司法权时没有后顾之忧，不会因司法责任制的存在影响其敢于担当的责任感。为此，《最高法意见》和《最高检意见》提出了一系列完善法官、检察官职业保障的机制。

首先，对于法官、检察官应当坚持"不可更换制"，即法官一经任用，不得随意更换、免职或转职，只有依照法定条件，才能予以惩戒，而且法官的任期应当稳定，时间较长。实行法官终身制（例如英美）的国家和地区自不必说，即便是实行任期制的国家和地区，其法官的任职年限也一般长于任命法官的总统或国会议员，这就有效避免了行政权和立法权对法官职位的干涉。其次，提高法官、检察官待遇。为使法官从经济上得到保障，许多国家法律规定给予法官高薪待遇。如日本最高裁判所所长的工资与内阁总理、国会两院议长相等，最高裁判所大法官的工资与内阁部长相等；美国联邦法院首席大法官的年薪与副总统相同，其他法官的年薪也高于部长等。《司法独立最低标准》第 14 条也规定："法官薪金及退休金必须足够，并根据物价上升而定期调整。"[2]因此，应当适当提高法官、检察官薪酬待遇，使法官难以产生枉法裁判的动机，保障其客观公正地处理案件。目前，中央全面深化改革领导小组已经审议通过了《法官、检察官单独职务序列改革试点方案》《法官、检察官工资制度改革试点方案》，决定要突出法官、检察官职业特点，对法官、检察官队伍给予特殊政策，实行全国统一的法官、检察官工资制度。最后，改革法官、检察官任用机制。目前，普通法官、检察官的准入机制同公务员类似，要参加全国统一的公务员考试，这种选拔方式不符合法官、检察官作为司法工作人员的职业特点。可以考虑在今后的法官、检察官选拔中，不必参加公务员考试，只要求通过司法考试并且符合相关工作岗位具体要求即可。

总之，司法责任制在价值追求上不仅包括对法官、检察官司法责任的追究，还包括独立办案、司法职业保障等重要内容。在新一轮司法改革全面开展的背景下，我们一定要正确认识和理解司法责任制，其既是对法官、检察官违法违纪行为责任追究的制度，也是为法官、检察官独立行使司法权提供重要保障的制度，司法保障的重要地位并不亚于司法责任本身。在构建与完善司法责任制时，应当坚持责任与处罚相当、责任与保障并重的原则，在价值目标上追求多元化，正确处理好司法独立与司法责任之间的关系。

---

[1]　[英]丹宁：《法律的正当程序》，李克强等译，群众出版社 1984 年版，第 56 页。

[2]　参见 http://icj. wpengine. netdna-cdn. com/wp-content/uploads/2014/06/IBA_ Resolutions_ Minimum_ Standards_ of_ Judicial-Independence_ 1982. pdf，最后访问时间：2016 年 1 月 23 日。

中国法治建设面临的三个问题[1]

　　全面推进依法治国的总目标是建设社会主义法治国家。党的十八届三中、四中全会对如何建设法治国家作出了总体部署和具体安排，目前正处于具体贯彻落实阶段。置身于法治建设大潮之中，我正在思考着下面几个有关问题。

　　第一，法治与民主的关系。法治是国家治理现代化的一个基本标志。但当代国家的法治是以民主为前提的。无论在中国还是西方，自古以来就有先哲提倡法治，而且我国古代法家讲法治是相当经典到位的。如韩非说，"奉法者强则国强，奉法者弱则国弱"。把奉行法律与否作为决定国家强弱的关键所在。司马迁把法家思想主张准确概括为"一断于法"。现代法治与古代法治的本质区别就在于要不要民主。中国古代的法治是为君主专制服务的，而我们的法治是以人民当家做主为前提，是为人民服务的，这是一个根本性的区别。中国的民主与西方的民主有共性，也有个性，我们是社会主义民主，必须坚持党的领导，这是关键特色所在。关于社会主义制度与民主的关系，邓小平讲得非常深刻，他说，"没有民主就没有社会主义，就没有社会主义的现代化"。他将民主视为社会主义的命脉所在，社会主义现代化的根本要求。党的十八届四中全会决定指出，依法治国的一个核心内容是人民的主体地位，也就是民主问题。由于中国共产党是执政党，党内民主对国家民主起引领作用，完善民主制度就必须先完善党内民主集中制。实事求是地说，中国共产党党内的民主集中制是不够完善的，不足以防止党的各级各部门领导人个人独断专行，自行其是，这是出现周永康、薄熙来、徐才厚、令计划等高层腐败分子的一个重要原因，也是我们党过去曾经犯严重错误而又不能及时纠正的制度性原因。因此应当从党章党规和宪法法律两个层面完善共产党和国家机关的民主集中制，以实现广泛民主和高度集中的有机统一。

　　民主的一个重要内涵就是人民表达自己意见的权利得到保障。我国《宪法》第35条明确规定了公民的言论自由。保障言论自由就是要有包容性。所谓包容性说到底就是倡导主旋律的同时允许非主旋律观点的存在和表达。当代社会是斑斓多彩的社会，是多维创新的社会，存在不同的声音是必然现象。不容许不同意见的发声显然是不现实也是不明智的。当然讲言论自由是有边界的，这个边界就是宪法、法

〔1〕　原载《中华智库》2016年3月。

律。在宪法、法律框架之内充分保障言论自由，这是人民当家做主的底线要求。也只有这样，才能使我们各级领导听到不同的声音，防止武断决策、错误决策，进而使我们的中国特色社会主义制度经得起风雨考验，能防患于未然，保障国家能够长治久安。

第二，要进一步完善我国的法律体系。我国的社会主义法律体系已经宣布建成，但这是相对的。从发展的眼光来看，我们的法律体系有待进一步完善，如我国还没有制定民法典。当前一个重要的问题是立法如何引领改革，巩固和发展改革成果。就司法改革而言，为了保证司法公正，促进司法文明，提高司法公信力，维护司法权威，党的十八届三中、四中全会决定，提出了一系列重要的司法改革举措。这些新举措有的正在被依法授权试点，有的已经通过制定或修改法律解释得到一定实现。但是司法改革的深入发展必然呼唤有关法律的制定和修改。这是因为党中央文件中的司法改革意见只有通过立法转化为法律，司法改革措施才能于法有据地得到有效的贯彻实施；至于中央政法机关的法律解释虽然也具有法律效力，但是法律解释毕竟是对法律的演绎，空间有限，权威不足，难以代替法律的制定和修改。以刑事司法制度改革而言，从司法体制到司法运行机制，党的十八届三中、四中全会提出的主张，内容非常丰富、系统，举其要者有：地方法院、检察院人财物要归省级统一管理，最高人民法院设立巡回法庭，设立跨行政区划的法院、检察院，加强人权司法保障，推进以审判为中心的改革，改革审判委员会，完善人民陪审员制度和人民监督员制度，全面贯彻证据裁判原则，严格实行非法证据排除规则，落实疑罪从无原则，健全冤假错案有效防范、及时纠正机制，完善审级制度，推行认罪服判从宽机制，实行刑事执行体制一体化，等等。落实上述重要举措，不仅需要修改《人民法院组织法》和《人民检察院组织法》，还需要修改《刑事诉讼法》。鉴于《刑事诉讼法》2012年刚刚作了大修改，我认为现实可行的路径就是借鉴"刑法修正案"的方式，分几次来修改《刑事诉讼法》，建议争取把修改《刑事诉讼法》列入第十三届人大立法日程。

第三，要实行严格司法，加大平反冤假错案的力度。依法治国在司法中要着力实行十八届四中全会首次提出的"严格司法"。其内容主要是要求完善制度保证，做到"三符合"：事实认定符合客观真相，办案结果符合实体公正，办案过程符合程序公正。"三符合"是高标准要求，在司法实践中虽不易达到，但要努力追求。

当前我国的司法工作总体上是比较好的，但也存在不少问题。譬如刑讯逼供、特别是变相刑讯仍然存在，非法证据难以排除，证人出庭率极低，不少案件的庭审无法展开言词质证，陷于走过场之困局。程序缺陷往往导致实体不公，有的案件在证明标准未达到事实清楚、证据确实充分时，不遵循疑罪从无原则而判定被告人有罪，这在办理某些腐败犯罪案件中较为明显。我们持续开展深入的反腐败斗争无疑极有必要，"老虎""苍蝇"一齐打也完全正确，问题是"老虎"块大显眼（地位高、数额大），不容易打错；而基层"打苍蝇"，非法取证现象时有发生，庭审时被告人翻供，行贿人一般不出庭，加上此类案件有关部门要协调处理，检察院和法院独立处理权有所削弱，这就很难避免发生冤假错案。如果我们想努力让人民群众在每一个司法案件中感受到公平正义，那就必须注意在办理一切刑事案件包括反腐案件中，要做到"准"字当头，力求运用证据认定的犯罪事实符合客观真相，最大限度地防止冤假错案的发生。

当前司法工作中一方面要严防冤假错案的发生，另一方面要加大纠错平反的力度。因为党的在十八大以前，《刑事诉讼法》虽然已经明文规定了疑罪从无的原则，即办理案件没有达到证据确实充分的程度，应当对犯罪嫌疑人、被告人作出无罪的处理。但是囿于"重打击、轻保障"的传统思维，在司法实践中普遍实行着"疑罪留有余地"的做法，也就是采取疑罪从轻处理的做法。这种做法对被告人未判死刑立即执行，而是判死缓或无期徒刑，虽然保住了他的性命，却很可能是个冤案，而导致他被长期无辜禁于狱中，最近平反的陈满案就是其中的典型案例。当前申诉案件日益增多，纠错平反却阻力重重，奏效甚少，长此以往，既不能有力的保障申诉人之人权，更不能满足社会的期待。因此，我认为，法院、检察院和公安机关应当本着对人民高度负责的精神对申诉案件作全面的审查，发现属于冤案或疑案的坚决加以纠正平反。鉴于公安司法机关对冤案自我纠错、自我否定的局限性，应当让包括律师组织在内的社会组织积极参与此项工作，以期更有力地推动蒙冤者昭雪活动的进行。

深化司法改革与刑事诉讼法修改
若干重点问题探讨 [1]

党的十八届三中全会作出的《中共中央关于全面深化改革若干重大问题的决定》（以下简称"三中全会《决定》"）和四中全会作出的《中共中央关于全面推进依法治国若干重大问题的决定》（以下简称"四中全会《决定》"）对本次司法改革提出了明确的目标、指导思想和一系列重要举措，其中相当多的内容与刑事诉讼制度有关，必须通过制定或修改法律才能保证改革于法有据。因此，我国现行的《刑事诉讼法》尽管在 2012 年刚进行了修改，而且也取得了较大的进步，却又不得不再次被提上修法的日程。本文从司法改革的发展趋势着眼，结合对《刑事诉讼法》新修改的展望，着重谈以下几个方面的问题。

一、加强人权司法保障

人权保障是国家民主法治发达程度的根本性标志之一。自 2004 年《宪法》第 33 条明确作出"国家尊重和保障人权"的规定以来，我国法律制度对人权的保障力度逐步提高。四中全会《决定》进一步提出了"加强人权司法保障"的要求，这必然要成为当下司法改革，特别是《刑事诉讼法》修改内容中的重中之重。针对现行《刑事诉讼法》在人权保障方面的某些不足和人民群众的新期待，笔者就《刑事诉讼法》新修改如何进一步加大人权司法保障提出以下几点意见。

（一）坚持惩罚犯罪与保障人权并重的立法指导思想

惩罚犯罪与保障人权是刑事诉讼的两大目的。前者体现了《刑事诉讼法》追诉与惩罚犯罪的功能；后者不仅包括保障无罪的人不受刑事追究，还体现为案件当事人、其他诉讼参与人，特别是被追诉人，在诉讼程序中行使的诉讼权利能够得到充分保障。[2] 目前，惩罚犯罪与保障人权相结合的思想已经被许多官方文件正式确认，如《中央政法委关于切实防止冤假错案的规定》开篇第 1 条便提出该规定设立的目的为："依法惩罚犯罪，尊重和保障人权，提高司法公信力，维护社会公平正义"；最高人民法院印发的《关于充分发挥刑事审判职能作用深入推进社会矛盾化解的若干意见》第 3 条明确规定要惩罚犯罪与保障人权并重；最高人民检察院印发的《关于办理当事人达成和解的轻微刑事案件的若干意见》第 1 条也明确提

---

〔1〕 原载《比较法研究》2016 年第 6 期，与唐彬彬合著。

〔2〕 参见陈光中："刑事诉讼法再修改若干问题之展望"，载《法学》2008 年第 6 期，第 5 页。

出了惩罚犯罪与保障人权并重的基本原则。

我国《刑事诉讼法》第1条和第2条规定了立法目的和任务。《刑事诉讼法》第1条规定本法制定的目的是"为了保证刑法的正确实施,惩罚犯罪,保护人民,保障国家安全和社会公共安全,维护社会主义社会秩序,根据宪法,制定本法"。该条存在的问题主要是:首先,"惩罚犯罪,保护人民"潜在的内涵是通过惩罚犯罪来保障人民的权利,所体现的仍是打击、惩罚犯罪的目的,并未涉及人权司法保障的宗旨,尤其是犯罪嫌疑人、被告人的人权保障;其次,单纯从"人民"二字而言,人民是一个政治范畴,是与"敌人"相对应的概念。在外延上,并不包括犯罪分子,犯罪嫌疑人、被告人中有相当一部分也可能不属于"人民"的范畴。[1]保护人民并不能涵盖所有案件参与人,特别是被追诉人。因此,笔者建议将第1条中的"保护人民"改为"保障人权",以此来表明《刑事诉讼法》所需要保障的是一切人的权利,自然应该重点保护犯罪嫌疑人、被告人的权利,这更加符合刑事司法规律。同时,《刑事诉讼法》第2条规定,刑事诉讼的基本任务是"保证准确、及时地查明犯罪事实,正确应用法律,惩罚犯罪分子,保障无罪的人不受刑事追究,教育公民自觉遵守法律,积极同犯罪行为作斗争,以维护社会主义法制,尊重和保障人权,保护公民的人身权利、财产权利、民主权利和其他权利,保障社会主义建设事业的顺利进行"。从文字逻辑来看,该规定是通过"保证准确、及时地查明犯罪事实,正确应用法律,惩罚犯罪分子,保障无罪的人不受刑事追究……",以实现"维护社会主义法制,尊重和保障人权……",前后呈现出一定的行为与结果的关系,这不仅存在明显的逻辑缺陷和文字弊病,更把"人权保障"淹没在诸多并列的任务之中,贬低了它的价值地位。

在寻求如何完善我国《刑事诉讼法》第1条和第2条的最佳路径上,笔者认为可以先参考其他法治国家的立法经验。如《日本刑事诉讼法》在开篇第1条就提出"本法的目的"是:"在刑事案件上,于维护公共福利和保障个人基本人权的同时,明确案件的事实真相,正当而迅速地适用刑罚法令为目的",将保障人权与惩罚犯罪并列,并且未将立法的目的与任务进行区分;《俄罗斯刑事诉讼法》第6条"刑事诉讼的目的"规定:"(1)刑事诉讼具有以下目的:①维护受到犯罪侵害的人和组织的权利和合法利益。②维护个人免受非法的和没有根据的指控、判刑以及权利和自由限制。(2)对犯罪人进行刑事追究和判处公正的刑罚,与不对无辜者进行刑事追究、免除其刑罚、对每个没有根据地受到刑事追究的人进行平反,同样符合刑事诉讼的目的"。该条文也体现出惩罚犯罪与保障人权并重的思想,也未将刑事诉讼的任务与目的进行分别规定。

参考国外立法经验,出于对我国《刑事诉讼法》整体格局的考虑,笔者认为

---

〔1〕 参见陈光中:"中国刑事诉讼法典第一编第一章'任务和基本原则'的修改建议稿和理由",载《诉讼法论丛》2006年(第11卷),第14页。

在修改时可以将第 1 条和第 2 条合并为一条，具体规定可表述为："为了保证刑法的正确实施，惩罚犯罪，保障人权，维护社会主义法制，保障国家安全和社会公共安全，维护社会秩序，保障社会主义现代化建设事业的顺利进行。根据宪法，制定本法。"

（二）确立无罪推定原则

无罪推定是刑事诉讼中保障被追诉人人权的基础性、关键性原则。1789 年，法国《人权宣言》首次确立了无罪推定原则，该宣言第 9 条明确规定："任何人在宣判有罪之前应当视为无罪。"第二次世界大战以后，联合国大会在 1966 年通过的《公民权利和政治权利国际公约》再次强调了无罪推定原则，该公约第 14 条第 3 款规定："凡受刑事控告者，在未依法证实有罪之前，应有权被视为无罪"，为该原则在世界范围内的实施提供了依据。随着人权保障理念的不断发展，各法治国家也逐步接受了无罪推定的理念，并将其作为一项重要的宪法性原则予以确立。如《葡萄牙共和国宪法》第 32 条第 2 款规定："任何被告人在被判为有罪之前应被推定为无罪……"；《韩国宪法》第 27 条规定："……（4）刑事被告人在被判为有罪之前，应推定为无罪"；《俄罗斯联邦宪法》第 49 条第 1 款规定："每个被指控犯罪的人，在其罪行未经联邦法律规定的程序所证实，未被法院作出的已经发生法律效力的判决确认之前，均被视为无罪。"

根据联合国公约以及各国相关法律的规定，无罪推定的内涵应该包括：首先，刑事案件被追诉人在被证实有罪之前，都应该被假定为无罪；其次，公诉机关或自诉人承担举证责任，在达到证据确实充分，综合全案排除合理怀疑的证明标准时，法院才能判定被追诉人有罪；最后，案件存疑时应该作有利于被追诉人的处理。该原则是一种典型的法治思维方式，要求国家专门机关在诉讼中以无罪的地位来对待被追诉人，为其提供相应的程序保障，禁止对其实施刑讯逼供。无罪推定原则有利于保障被追诉人的诉讼权利，能保障最大限度地防止冤假错案的发生。

我国《刑事诉讼法》没有明文规定无罪推定原则，但是该法第 12 条、第 49 条和第 195 条所规定的，"未经人民法院依法判决，对任何人都不得确定有罪"；"公诉案件中被告人有罪的举证责任由人民检察院承担"；"证据不足，不能认定被告人有罪的，应当作出证据不足、指控的犯罪不能成立的无罪判决"等内容已经体现了我国无罪推定原则的基本精神。然而，第 12 条的规定与无罪推定的原则尚有一定的距离。从文字上看，该规定所表述的意思是只有人民法院有权依照法定程序确定被追诉人有罪，可以将其理解为在最终判决作出之前，犯罪嫌疑人、被告人不能被认为是有罪的人，但其表述重在强调法院拥有唯一的定罪权。从这个意义上来看，我国《刑事诉讼法》并没有作出真正到位的无罪推定原则的规定，所以不能认为我们国家已经确立了无罪推定原则。

基于上述，在我国《刑事诉讼法》的修改中，应该明确规定无罪推定原则，笔者建议参照国际人权公约的通例，将第 12 条修改为："任何人在人民法院依法确定其有罪之前，都应该被推定为无罪。"

（三）贯彻不得强迫自证其罪原则

不得强迫自证其罪原则的基本内容为：在刑事诉讼中，国家专门机关不得强迫任何人作证明自己有罪的陈述。作为一项被国际社会普遍认可的基本原则，不得强迫自证其罪原则在若干国际人权公约中均有明确规定，如联合国《公民权利与政治权利国际公约》第14条第3款（庚）项明确规定："不被强迫作不利于他自己的证言或强迫承认犯罪"，这是被追诉者在被追诉的过程中最低的权利保障。欧洲人权法院更将其誉为普遍承认的国际标准，属于公平审判（fair trail）的核心内涵。[1]我国《刑事诉讼法》在2012年修改时，将不得强迫自证其罪原则在第50条进行了明确的规定，即"审判人员、检察人员、侦查人员……不得强迫任何人证实自己有罪"。该原则的确立能够有效地预防刑讯逼供，更好地保护被追诉人的合法权利，是《刑事诉讼法》在人权保障上的新的进步。

然而，《刑事诉讼法》第118条又继续沿用了1996年《刑事诉讼法》第93条的规定，即"犯罪嫌疑人对侦查人员的提问，应当如实回答"。也就是说，对于侦查人员的讯问，被告人负有如实回答的义务，无论是否为证明其有罪或者无罪的问题，都应该如实提供信息。在第50条赋予了被追诉人享有不被强迫证实自己有罪的权利之后，又规定其对侦查人员的提问必须如实回答，对此，学界主要有三种不同看法：其一，有论者认为，不得强迫自证其罪原则要与沉默权相配套才能实现，因此，必须在《刑事诉讼法》中确立沉默权；其二，有论者认为，不得强迫自证其罪与沉默权没有必然联系，而且为了查明事实真相还要继续保留第93条如实供述的规定；其三，还有论者认为，根据中国的现实情况，暂时不具备规定沉默权的条件，但是如实回答还是与不得强迫自证其罪原则相冲突，应当予以删除。笔者持第三种态度，认为如实回答的规定在客观上无法杜绝侦查机关滥用该项规定，容易将其演化为刑讯逼供的借口，从而使得犯罪嫌疑人违背自己意愿作出供述。因此，应该将第118条中"犯罪嫌疑人对侦查人员的提问，应当如实回答"的内容修改为："侦查人员不得强迫犯罪嫌疑人违背自己的意愿进行陈述"，以此来保障犯罪嫌疑人不被强迫自证其罪的权利的实现。

（四）调整指定居所监视居住的适用范围

我国2012年修改后的《刑事诉讼法》在第73条扩大了指定居所监视居住的范围。现行指定居所监视居住的适用范围包括两大类：其一，符合监视居住条件的、无固定住处的犯罪嫌疑人。此类犯罪嫌疑人一旦脱离控制，极有可能外逃，从而导致诉讼程序难以继续进行。其二，符合监视居住条件，但是在住处执行可能有碍侦查的，涉嫌危害国家安全犯罪、恐怖活动犯罪、特别重大贿赂犯罪的犯罪嫌疑人。根据实践中指定居所监视居住的实施情况，指定的居所俨然成了看守所之外的准羁

〔1〕 参见林钰雄：《刑事诉讼法》（上册），元照出版有限公司2013年版，第162页。

押场所。其主要原因在于：

第一，指定居所监视居住制度本身规范不足。对犯罪嫌疑人进行指定居所监视居住时，讯问犯罪嫌疑人的时间、时长等均缺乏规定，并且对于执行地点也没有任何的限制。实践中，大部分指定的居所为宾馆、招待所等。此类地方均不能满足同步录音录像的条件，其监管措施也不如看守所完善。

第二，在指定居所监视居住中，律师会见权、犯罪嫌疑人的辩护权很难得到保障，尤其是在特别重大的贿赂案件中。虽然在2012年修改的《刑事诉讼法》、"两院三部"印发的《关于依法保障律师执业权利的规定》实施之后，律师在指定居所监视居住案件中的会见权得到了进一步的保障：如律师在侦查阶段要求会见危害国家安全犯罪、恐怖活动犯罪、特别重大贿赂犯罪案件在押的犯罪嫌疑人的，侦查机关应该在3日内予以答复，并且在特别重大贿赂案件侦查终结前，侦查机关应当许可辩护律师至少会见一次犯罪嫌疑人。然而，这种规定并没有真正缓解律师会见难的问题。根据《人民检察院刑事诉讼规则（试行）》第45条的规定，"特别重大贿赂案件"的范围是：涉嫌贿赂犯罪数额在50万元以上，犯罪情节恶劣的；有重大社会影响的；涉及国家重大利益的。在这样的规定下，检察机关对具体案件是否适用指定居所监视居住具有很大的自由裁量空间。其一，检察机关可以对"特别重大贿赂案件"进行扩大解释。人民检察院在侦办涉嫌受贿案件时常把未经查实的带水分的涉嫌数额作为"涉嫌受贿50万元"，进而采取指定居所监视居住以限制律师的会见权。[1]其二，检察机关直接以案件有重大社会影响或者涉及国家重大利益为借口，拒绝律师会见。

第三，从我国已经处理的贿赂犯罪案件来看，犯罪金额涉及50万元的并不是特别大的数额，也并非罕见。同时，即便是受贿几百万元甚至上千万元的案件，涉嫌贿赂犯罪的嫌疑人本身也不具有暴力性，对社会安全、社会秩序并不构成直接威胁。检察机关完全可以通过拘留程序将其羁押，认为有必要逮捕的，再作出逮捕的决定。更何况，对于数额特别大的受贿犯罪，一般都预先采取了双规的措施，没有必要使用指定居所监视居住剥夺犯罪嫌疑人的人身自由。

第四，在特别重大贿赂案件中，对指定居所监视居住的监督不足。根据《刑事诉讼法》第72条和第73条的规定，监视居住由公安机关负责执行，人民检察院对指定居所监视居住的决定和执行是否合法实行监督，即公安机关为执行机关，检察机关负责对公安机关的执行进行监督。在实践中，对涉嫌恐怖活动犯罪、危害国家安全犯罪的犯罪嫌疑人指定居所监视居住，是按照法律的规定，由公安机关、国家安全机关执行，并由检察院进行监督。但是在对涉嫌特别重大的贿赂案件的犯罪嫌疑人指定居所监视居住时，是由检察机关直接对其进行执行、管理。同时，检察

---

〔1〕 参见魏东："对腐败犯罪'老虎苍蝇一起打'的刑事政策考量——兼议'特别重大贿赂犯罪案件'的政策性限缩解释"，载《甘肃政法学院学报》2014年第2期，第5页。

机关又是监督指定居所监视居住执行的机关，因此检察机关自己执行、自己监督，实际上必然形成执行缺乏监督的局面，从而导致犯罪嫌疑人权利无法得到保障。

综上，笔者认为，立法除了对指定居所监视居住实施的具体程序予以进一步规范以外，取消对"特别重大的贿赂案件"实施指定居所监视居住是现阶段合法反腐的当务之急。因此，笔者建议将《刑事诉讼法》第73条第1款修改为："监视居住应当在犯罪嫌疑人、被告人的住处执行；无固定住处的，可以在指定的居所执行。对于涉嫌危害国家安全犯罪、恐怖活动犯罪，在住处执行可能有碍侦查的，经公安机关批准，也可以在指定的居所执行。但是，不得在羁押场所、专门的办案场所执行。"

二、保障独立公正审判问题

公正是司法的核心价值，只有通过公正的司法解决社会纠纷与矛盾，才能保障社会公平正义的实现。司法是维护社会公平正义的最后一道防线。本次司法改革更是首次把司法公正提升到前所未有的新高度。四中全会《决定》明确提出应该"保证公正司法，提高司法公信力"，认为"公正是法治的生命线。司法公正对社会公正具有重要引领作用，司法不公对社会公正具有致命破坏作用"。四中全会《决定》第一次提出了"引领"一词；采用的是"致命破坏作用"，而不是"严重破坏"等其他形容词。这些表述都体现了司法公正在"依法治国"框架内具有非常重要的地位。同时，四中全会《决定》还对司法提出了"努力让人民群众在每一个司法案件中感受到公平正义"的新要求。笔者认为更加重视司法公正是深化司法改革的灵魂，只有公正司法才能实现司法为民，提高司法公信力，增强司法权威性。

然而，司法公正的实现，在很大程度上取决于独立审判的实现。没有审判独立就没有司法中立，就没有司法公正。实践中，沉重的体制化障碍使司法难以摆脱地方化、行政化的羁绊，导致法院无法实现独立、公正的审判。为了实现司法去地方化与去行政化，三中全会《决定》明确提出，"确保依法独立公正行使审判权。改革司法管理体制，推动省以下地方法院人财物统一管理，探索建立与行政区划适当分离的司法管辖制度，保证国家法律统一正确实施"；四中全会《决定》也提出："完善确保依法独立公正行使审判权的制度……建立领导干部干预司法活动、插手具体案件处理的记录、通报和责任追究制度……对干预司法机关办案的，给予党纪政纪处分；造成冤假错案或者其他严重后果的，依法追究刑事责任"和"司法机关内部人员不得违反规定干预其他人员正在办理的案件，建立司法机关内部人员过问案件的记录制度和责任追究制度"。截至目前，司法改革一方面在人财物统管、司法辖区与行政辖区分离的改革试点中取得了一定的成果；另一方面也加强了党政机关、领导干部干预司法行为的惩处，中央政法委首次向社会通报了两起查处领导干部干预司法的案件，分别为：最高人民法院咨询委员会原秘书长刘涌涉嫌受贿案〔1〕与湖北省高级人民法院刑事审判三庭原庭长张军违纪案，〔2〕这些案件的查处体现了中央有关部门为保障审判独立而进行的努力。

结合司法改革的新要求，笔者认为要保障独立公正审判，我国《刑事诉讼法》的修改应该主要从以下几个方面入手：

（一）明确规定人民法院依照法律规定独立公正行使审判权

我国《宪法》第126条规定："人民法院依照法律规定独立行使审判权，不受行政机关、社会团体和个人的干涉。"从《宪法》的这一条文内容的发展来看，1954年我国颁布了第一部《宪法》，其中第78条对审判独立规定为："人民法院独立进行审判，只服从法律。"1975年和1978年《宪法》由于受到政治运动，特别是"文化大革命"的影响，将该条款删除，取消了对独立审判的相关规定。直至1982年《宪法》才将该条款予以恢复，增加了第126条的规定，并沿用至今。从文义解释来看，1982年《宪法》对1954年《宪法》第78条进行了限缩，从只服从法律到仅仅明确禁止行政机关、社会团体与个人对审判进行干涉，其言外之意就是党委和人大有权对案件的审判进行干预。

在我国，司法机关必须坚持党的领导是毋庸置疑的。但是，党的领导应该主要为政治与组织上的领导以及方针、路线的领导，原则上不能干预具体案件的处理。然而，地方党委、政法委直接干预、协调案件处理的情况，在我国由来已久。我们必须清晰地认识到该行为存在的严重弊端，不仅妨碍了《宪法》要求三机关"分工负责、相互配合、相互制约"原则的实现，还明显加大了冤假错案产生的风险。赵作海案就是典型的在政法委干预司法之下造成的冤案。在侦查该案的公安机关不同意放人、检察院不同意起诉的情况下，当地政法委通过协调公、检、法三机关，作出了"20天内起诉"的决定。最终，赵作海被法院判处死缓，在被关押了11年后，由于"亡者归来"，才被无罪释放。

因此，按照四中全会《决定》提出的要求以及现行《宪法》条文的规定，笔者认为，我国《刑事诉讼法》对该部分的修改可以参考四中全会的具体描述方法，将第5条修改为："人民法院依照法律规定独立公正行使审判权。"直接删除原条文后半部分规定即可，以弹性的方式对限制各级党委、政法委及其领导干预司法的行为作出回应。这样的规定方式既是根据四中全会的表述作出的，也没有超越现行《宪法》的规定。

---

〔1〕 最高人民法院咨询委员会原秘书长刘涌涉嫌受贿案。2008年以来，刘涌接受多名案件当事人的请托，为案件审理说情打招呼，涉嫌收受贿赂共计200余万元。目前，刘涌已被依法移送司法机关处理，有关部门已决定开除其公职。

〔2〕 湖北省高级人民法院刑事审判三庭原庭长张军违纪案。2010年以来，张军多次与律师王某发生不正当两性关系，多次收受下级法院所送礼金共计1.5万元，向该省两位律师借款50万元用于个人购房（已于案发前偿还）。目前，张军已被开除党籍、开除公职。

（二）完善刑事诉讼的管辖制度

由于我国法院的设立与行政区划相同，各级法院分别与相应级别的行政对应，并且法院在整个人财物的管理方面都受制于地方政府。长此以往，法院、法官肯定与当地的政府、领导形成千丝万缕的联系，从而导致审判难以独立。因此，去除司法地方化是实现审判独立的前提。三中全会提出的法院人财物统一管理的改革主要涉及《法院组织法》的修改，并不需要在《刑事诉讼法》中予以规定。因此，《刑事诉讼法》的修改在去地方化的努力上，应该着重对刑事诉讼的管辖制度进行完善。

为实现法院的审判辖区与行政辖区相分离，四中全会《决定》首次正式提出设立巡回法庭、跨行政区划法院的构想，要求："最高人民法院设立巡回法庭，审理跨行政区域重大行政和民商事案件。探索设立跨行政区划的人民法院，办理跨地区案件。"随即，最高人民法院在深圳、沈阳分别设立了第一、第二巡回法庭，审理跨行政区域重大案件，并将审理范围限制于重大的行政、民商案件。随后，最高人民法院颁布《最高人民法院关于巡回法庭审理案件若干问题的规定》（以下简称《巡回法庭规定》），进一步将巡回法庭的管辖范围从重大行政、民商案件，扩张至刑事申诉案件、依法定职权提起的再审案件、高级人民法院因管辖权问题报请最高人民法院裁定或者决定的案件、高级人民法院报请批准延长审限的案件，以及巡回区内向最高人民法院提出的来信来访事项。同时《巡回法庭规定》第 3 条第 11 项规定巡回区法院的管辖还包括："最高人民法院认为应当由巡回法庭受理的其他案件"，若最高人民法院认为应当由巡回法庭审理的案件，即便不在巡回区范围之内，也可以由巡回法庭进行管辖。以聂树斌案再审为例，最高人民法院已于 6 月 20 日决定由最高人民法院第二巡回法庭负责对聂树斌故意杀人、强奸一案进行再审。而该案原终审判决为河北省高级人民法院作出，后最高人民法院指令山东省高级人民法院对该案进行复查，这两地均不属于第二巡回区法院的管辖区。

在巡回法庭设立的同时，按照司法改革的要求，北京、上海率先设立跨行政区划的北京市第四中级人民法院和上海市第三中级人民法院，负责对跨行政区划案件进行审理，以确保实现独立、公正审判。在 2016 年，仅这两个跨行政区划法院就审结案件 2961 件，并且息诉率达到 100%。[1]就实践的发展来看，跨行政区划法院的管辖权不应当只局限于跨行政区划的案件，还可以扩展至一些疑难、复杂，且案发地法院不适宜审理、可能受非法干扰影响公正审判的案件。与跨行政区划的北京市第四中级人民法院对管辖权的规定相对应，北京市人民检察院第四分院规定其管辖范围除跨行政区划的案件外，还包括"北京市人民检察院指定管辖的其他重大案件"。以雷洋案为例，本应由昌平区人民检察院对涉嫌玩忽职守罪的警员进行立案侦查，但根据办案的实际需要，北京市人民检察院决定将该案交由北京市人民

---

〔1〕 参见《2016 年最高人民法院工作报告》。

检察院第四分院进行立案侦查，以此来保障案件得到公正的处理。因此，在实践探索中，也可以尝试将该类案件交由跨行政区划法院进行审理，进一步扩大跨行政区划法院的管辖范围。

综上，根据已有的巡回法庭、跨行政区划法院运行的经验，我国《刑事诉讼法》应该增加对巡回法庭、跨行政区划法院管辖的规定，可以在第二章"管辖"中明确规定："巡回法庭的管辖范围包括：巡回区内的刑事申诉案件；依法定职权提起的刑事再审案件；高级人民法院报请批准延长审限的刑事案件；高级人民法院对管辖权有争议的刑事案件；向最高人民法院提出的涉诉信访案件；以及最高人民法院认为应当由巡回区法庭管辖的其他案件"；"跨行政区划人民法院的管辖范围包括：基层法院对管辖有争议的案件，可能受非法干扰影响公正审判的案件，以及上级人民法院指定管辖的其他重大案件"。

（三）改革审判委员会制度，赋予合议庭独立审判权

由合议庭对案件独立进行审判是刑事诉讼的基本要求，也是以审判为中心诉讼制度改革的应有之义。然而，《刑事诉讼法》第180条规定："合议庭开庭审理并且评议后，应当作出判决。对于疑难、复杂、重大的案件，合议庭认为难以作出决定的，由合议庭提请院长决定提交审判委员会讨论决定。审判委员会的决定，合议庭应当执行"，即在赋予合议庭独立裁判权的同时，还赋予了审判委员会对重大疑难案件的最终决定权。在实践中，合议庭最终裁判的形成往往需要经过审判委员会对案件的讨论，其范围并不仅限于疑难、重大、复杂的案件。审判委员会的存在固然是我国传统司法经验的体现，有其一定的现实必要性。但是，审判委员会过多地介入案件，造成"审者不判，判者不审"的不合理现象，不仅违反了直接言词原则，还容易使主审法官怠于对案件进行认真审理，完全依赖审判委员会作出决定。而且，一旦案件处理出了问题，审判委员会和合议庭又会相互推卸责任，导致案件结果"无人负责"的局面。因此，只有改革审判委员会的工作运行机制，限制其权力行使，逐步缩小其讨论决定案件的范围，并最终革除这一不符合审判规律的审判组织和审判方式，才能保障法官独立行使审判权。[1]

2014年，我国为了实施审判权力运行机制改革，落实法官独立裁判制度，在全国9个法院设立了相应的试点。作为试点法院之一的上海市第二中级人民法院，在2014年4月至11月期间，受理并审结案件7893件，其中，由合议庭评议并直接作出判决的案件有7711件，占97.69%。2015年，上海市各级法院直接由独任法官、合议庭作出裁判的案件比例达到99.9%。[2]在没有进行试点的地区，以西

---

〔1〕参见陈光中、龙宗智："关于深化司法改革若干问题的思考"，载《中国法学》2013年第4期，第12页。

〔2〕参见"最高人民法院发布《中国法院的司法改革》白皮书"，载最高人民法院网，http://www.court.gov.cn/zixun-xiangqing-16695.html，最后访问时间：2016年6月22日。

部 Y 省 C 县基层法院为例，2014 年受理并审结案件近 13 000 件，由审判委员会参与审判的案件仅仅只有 120 件，仅占案件总数的 0.92%。可见，在本轮司法改革中，合议庭独立审判制度的改革已经初见成效，绝大多数案件可以由合议庭独立进行审判。这样的审理模式不仅可以保障法官独立公正审判的实现，落实"审者负责"的司法责任追究制度，还能保证审判委员会完成自己的本职工作，更好地总结审判经验，指导法官对具体法律的适用。随着司法改革的深入，2015 年最高人民法院颁布了《最高人民法院关于完善人民法院司法责任制的若干意见》，为进一步确保人民法院依法独立公正行使审判权，对审判委员会能够参与审理的案件范围进行了明确限制，即"审判委员会只讨论涉及国家外交、安全和社会稳定的重大复杂案件，以及重大、疑难、复杂案件的法律适用问题"，强调审判委员会的作用应该是"总结审判经验、讨论决定审判工作重大事项的宏观指导职能"。

综上，在《刑事诉讼法》修改中，应该将第 180 条修改为："合议庭开庭审理并且评议后，应当独立作出判决。对于疑难、复杂、重大的案件，合议庭认为难以作出决定的，确有必要时，由合议庭提请院长决定提交审判委员会讨论决定。审判委员原则上只讨论适用法律问题，不讨论证据和事实问题。审判委员会的决定，合议庭应当执行。"虽然实践中审判委员会讨论案件的数量已明显减少，但只讨论法律适用问题而不涉及证据、事实问题，还有待探索和总结经验。人民检察院和人民法院同属司法机关，其独立公正行使检察权的规定同于人民法院。

三、践行庭审实质化问题

庭审实质化是以审判为中心的诉讼制度改革的关键性内容，其本质是要求通过法庭审理发现疑点、理清事实、查明真相，最后作出公正的裁判。四中全会《决定》明确要求，充分发挥审判特别是庭审的作用，是确保案件处理质量和司法公正的重要环节。该制度的实施对我国司法改革意义重大。

（一）庭审实质化是以审判为中心的必然要求

第一，刑事诉讼必须以审判为中心。在长期以来的司法实践中，公安机关在三机关中处于强势地位，刑事诉讼程序以侦查为中心，侦查权在司法实践中不能得到有效监督、有力制约。三机关之间配合有余，制约不足的工作机制直接导致了冤假错案的发生、对司法公正与司法权威产生了消极的影响。推进以审判为中心的诉讼改革就是要纠正过去的办案模式，要求在审判中确保侦查、起诉的案件事实证据经得起法律的检验，保证案件质量，使证据的合法性、真实性经得起审判程序的检验，[1]使审判成为保证案件质量的最后关口。

第二，以审判为中心的核心在于庭审实质化。庭审实质化就是为了解决我国长

---

〔1〕 参见龙宗智："影响司法公正及司法公信力的现实因素及其对策"，载《当代法学》2015 年第 3 期。

期以来"庭审虚化"的问题，要求庭审在刑事诉讼过程中发挥决定性的作用，与定罪量刑有关的证据都要在法庭上进行充分的举证、质证、辩论，充分保障被告人的诉讼权利。从而使得法官能依据庭审内容查明案件事实，独立形成心证，正确裁判案件。同时，从刑事诉讼程序的价值来看，无论是为了实现实体公正还是保障程序公正，被告人有罪与否以及如何承担刑事责任的认定必须在审判阶段通过庭审的方式解决（不包括法定不起诉、附条件不起诉等不需要经过庭审的案件）。这是刑事庭审实质化的要义，也是"以审判为中心的诉讼制度改革"的落脚点。[1]

（二）庭审实质化要求探索贯彻直接言词原则

按照《关于建立健全防范刑事冤假错案工作机制的意见》第11条的规定，庭审实质化的要义在于"事实证据调查在法庭，定罪量刑辩论在法庭，裁判结果形成于法庭"。根据四中全会《决定》的要求，庭审实质化要求"完善证人、鉴定人出庭制度，保证庭审在查明事实、认定证据、保护诉权、公正裁判中发挥决定性作用"。为此，必须在庭审中探索贯彻直接言词原则，强调司法的亲历性。该原则要求：首先，法官必须在法庭上亲自接触证据材料、直接感受证据材料，并且应当尽可能接触原始材料，而不是第二手或者更远离原始的材料；其次，法官必须亲身审理案件，直接审查证据与事实，形成对案件事实的内心确信，只有这样，才能作出正确的判决；[2]最后，只有以言词陈述或者问答形式而显现于审判庭的诉讼材料，法院才能将其作为裁判的基础。庭前形成的各种书面材料原则上都不具有证据效力。因此，落实直接言词原则必须强化证人、鉴定人出庭制度。对此，鉴定人出庭质证的相关规定已在《刑事诉讼法》以及《全国人大常委会关于司法鉴定管理问题的决定》中有清晰的列明，其相关制度设计也比较科学。现行《刑事诉讼法》存在的缺陷主要在证人出庭的相关规定上，因此，在修改时应该着重考虑以下几个问题：

1. 强化证人出庭制度

要实现庭审实质化，必须要求审判从"审材料"变为"审人"，只有证人出庭，接受控辩双方的询问，才能满足直接言词原则的要求。让事实调查发生在法庭，法官作出裁判的依据来源于法庭。因此，证人能否出庭直接关系到直接言词原则能否得到落实以及庭审能否实质化。然而，在司法实践中，证人出庭率极低是不容争议的事实。根据笔者在B市X区法院试点项目所作的调研，在2012年《刑事诉讼法》修改后，有证人出庭的案件数占普通程序案件数比例仅有1.04%（2013年）、0.79%（2014）、3.92%（2015年）。笔者认为，现阶段证人出庭率低的根源主要是《刑事诉讼法》对证人出庭的规定有明显的缺陷：其一，《刑事诉讼法》第

[1] 参见汪海燕："论刑事庭审实质化"，载《中国社会科学》2015年第2期，第103页。
[2] 参见陈光中、龙宗智："关于深化司法改革若干问题的思考"，载《中国法学》2013年第4期，第7页。

187 条第 1 款规定，公诉人、当事人或者辩护人、诉讼代理人对证人证言有异议，且该证人证言对案件定罪量刑有重大影响，人民法院认为证人有必要出庭作证的，证人应当出庭作证。由于证人必须在三个条件同时具备时才应当出庭，这实际上把证人是否出庭完全交由法院自由裁量。其二，《刑事诉讼法》第 190 条规定，公诉人、辩护人应当向法庭出示物证，让当事人辨认，对未到庭证人的证言笔录、鉴定人的鉴定意见、勘验笔录和其他作为证据的文书，应当当庭宣读。这条规定表明，证人不出庭时可以直接宣读证言笔录。《刑事诉讼法》第 187 条和第 190 条相配合，就必然使得在法庭审理的过程中证人不出庭成为常态，而证人出庭成为例外。

正是由于现行法律所规定的证人出庭的条件过于灵活、宽松，最后导致的结果就是法院可以任意决定证人是否出庭。因此，在《刑事诉讼法》对证人出庭制度进行修改时，首先，应该对证人出庭的条件进行修改，笔者认为在被告人不认罪的非简易程序案件（此类案件占基层法院案件数 1/3 左右）中，应该限制法院对证人是否出庭的自由裁量权，明确规定证人应当出庭的两种情形：一是公诉人、当事人或者辩护人、诉讼代理人对证人证言有异议，且该证人证言对案件定罪量刑有重大影响的，特别是辩护方要求证人出庭的；二是可能判处死刑或者有重大社会影响案件中的重要证人，这类证人即使当事人没有申请，法院也应当主动通知证人出庭，切实防止证人证言失真。其次，符合证人出庭要求的，法庭应当通知证人出庭，必要时法庭应当强制证人到庭。并且参照《刑事诉讼法》第 187 条的规定，如果经人民法院通知证人应该出庭而不出庭的，原来询问证人的证言笔录不得在法庭上宣读，并且不得作为定案的根据。以此来保障法院贯彻证人出庭制度，也可以激励控辩双方积极参与到庭审中证人询问、辩驳的过程中去。

综上，笔者建议将《刑事诉讼法》第 187 条第 1 款修改为："公诉人、当事人或者辩护人、诉讼代理人对证人证言有异议，且该证人证言对案件定罪量刑有重大影响；或者可能判处死刑或者有重大社会影响案件中的重要证人，法院应当通知其出庭作证。经人民法院通知，证人拒不出庭作证时，其庭前所提供的证人证言不得作为定案依据。"

2. 应当确立犯罪嫌疑人、被告人近亲属的拒绝作证权

我国《刑事诉讼法》第 188 条规定："经人民法院通知，证人没有正当理由不出庭作证的，人民法院可以强制其到庭，但是被告人的配偶、父母、子女除外。"也就是说，即便证人是人民法院认为必须出庭作证的，若证人为被告人的配偶、父母、子女，且不愿出庭作证的，即使证人没有正当理由，法院也不得强制其到庭。根据全国人大法工委主编的《中华人民共和国刑事诉讼法释义》中对该条款的说明：《刑事诉讼法》第 188 条规定的免予强制出庭并不是拒证权，本款规定并没有免除其作证的义务，仅仅只是在庭审阶段可以免予强制到庭；同时，即便他们不能被强制出庭作证，但其仍有庭外作证的义务，不宜将该条款解读为我国确立了被告

人近亲属的免证特权。[1] 也就是说，此类证人虽不能被强制出庭，其证言也能够作为法官裁判的依据，即便是不利于被告人的证言。在众所周知的"薄熙来贪污、受贿、滥用职权"一案的审判中，其妻子薄谷开来在庭前作出了不利于被告人的证言。庭审中，薄熙来强烈要求薄谷开来出庭与其对质，但薄谷开来以我国《刑事诉讼法》第 188 条的规定为由拒绝出庭作证，并获得了法庭的允许。在薄谷开来没有出庭接受被告人及其辩护律师询问的情况下，法院在裁判时也采纳了薄谷开来的证言。正是由于我国法律规定语焉不详，法院在薄谷开来是否应该出庭作证的问题上不仅侵犯了被告人质证的权利，还可能造成案件事实无法查清的后果。虽然该瑕疵并未对薄熙来案的判决结果产生实质性影响，但该条款的正当性仍然值得我们思考。

笔者认为，我国《刑事诉讼法》第 188 条的规定自身就存在一定的矛盾。该条款的规范目的不仅仅是由于亲情等人类基本情感的原因，也是出于维系人与人之间的基本信任的考量。从比较法的视野看，法治国家的通行做法均规定配偶、近亲属之间享有拒绝作证的权利。但是，此项拒绝作证权的基本内容是拒绝提供证言，部分国家还在该基础上赋予了此类证人拒绝出庭的权利。如《德国刑事诉讼法》第 52 条明确赋予了被追诉人配偶、直系血亲等证人的拒证权，不仅包括侦查阶段拒绝提供证言的内容若法官传唤此类证人出庭，证人还可以援引《德国刑事诉讼法》第 55 条、第 56 条赋予的证人拒绝回答权，拒绝提供与被追诉人有关的证言；在美国，依据《联邦证据规则》第 502 条的规定，联邦最高法院在 *Trammel v. United State* 案[2] 中确立了配偶证人的拒证权，即不得强迫证人作证，也不得阻止其作证。并且其拒证权不仅包括可以拒绝提供证言，还包括拒绝出庭作证。与之相反，我国《刑事诉讼法》第 60 条明确规定："凡是知道案件情况的人，都有作证的义务。"该条并未赋予任何证人拒绝提供证言的权利，即配偶、父母、子女也无法拒绝提供证言。然而，配偶、父母、子女在提供证言后可以援引我国《刑事诉讼法》第 188 条拒绝出庭进行质证。一旦发生类似薄熙来案的情况，不仅不能体现出"亲亲相隐"之情，反而会侵害被告人与不利证人对质的权利，阻碍法官发现事实真相。该条款在实践中实施的情况早已与其设立的初衷相违背。

因此，笔者建议在我国《刑事诉讼法》中直接确立证人的拒证权，并将该权利贯彻至整个刑事诉讼的程序中。具体而言，可对我国《刑事诉讼法》第 188 条进行如下修改："犯罪嫌疑人、被告人的配偶、父母、子女有权拒绝作证。如果上述人员选择作证，不论其所提供的证言是发生在侦查、起诉或者审判阶段，不论其证言有利或者不利于被告人，经法院通知，均应该出庭接受控辩双方的询问，否则其证言不得作为定案依据。"

---

〔1〕 参见郎胜主编：《中华人民共和国刑事诉讼法释义》，法律出版社 2012 年版，第 409 页。

〔2〕 See *Trammel v. United State*, 445 U. S. 40（1980）.

四、完善辩护制度问题

辩护制度是刑事诉讼中的标志性制度，完善辩护制度是我国走向民主、法治发达的必然要求。就辩护制度存在的价值来看：首先，辩护律师参与诉讼有利于法官发现案件事实真相，及时提出有利于被告人、犯罪嫌疑人的证据，纠正侦查机关、检察机关与审判机关对案件事实可能产生的片面认识；其次，辩护制度是否完善不仅关系犯罪嫌疑人、被告人的人权保障能否得到落实，还影响着控辩平等对抗的格局以及刑事诉讼中"等腰三角形"的诉讼构造的实现；最后，辩护制度是否完善还关系着能否实现严防冤假错案的要求。不可忽视的是，大部分冤假错案的形成都有一个共同的原因——辩护力量薄弱，律师意见不受重视。如被告人已被执行枪决的滕兴善案件，在审查起诉阶段，辩护律师曾经指出：被害人的尸体是在河流上游被发现的，滕兴善指认的实施杀人行为的地点却为河流下游，尸体不可能从河流下游漂浮至上游。然而，公安机关、司法机关对辩护律师的意见置若罔闻，执意提起公诉，导致被告人被错误定罪。同时，在冤假错案的平反中，律师也可发挥重大作用。再如福建念斌案，其辩护律师在经过细致的调查与收集证据之后，指出了起诉书与原判决有罪证据所构建的证明体系的缺陷，最终促使福建省高级人民法院作出了指控犯罪证据不足的无罪裁判。

2012年《刑事诉讼法》修改之后，我国辩护制度又取得了新的进步，如聘请律师的时间从案件移送审查起诉之日起，提前到犯罪嫌疑人被侦查机关第一次讯问或者采取强制措施之日；进一步保障律师的会见权与阅卷权；扩大了法律援助的范围等。然而，在实践中，我国的辩护制度还存在一些问题，党的十八届三中全会《决定》明确要求"完善律师执业权利保障机制"，确保辩护律师在刑事诉讼中各项正当权利的充分行使。因此，下文将根据党的十八届三中、四中全会对辩护制度提出的新要求，结合我国的实践情况，对《刑事诉讼法》中辩护制度完善的主要方面提出建议。

（一）赋予辩护律师在侦查阶段的调查取证权

从辩护律师在侦查阶段介入诉讼的目的来看，辩护律师是为犯罪嫌疑人、被告人提供法律帮助并为审查起诉阶段和审判阶段的辩护作准备。而辩护律师享有调查取证权，是全面收集证据、了解案情的前提，是提供有效辩护的重要保障。遗憾的是，2012年修改的《刑事诉讼法》尽管规定了律师在侦查阶段具有辩护人地位，且辩护律师的权利也有所扩大，但对辩护律师是否有主动收集证据的权利，法律的规定却比较模糊，而且存在矛盾。一方面，《刑事诉讼法》第36条规定："辩护律师在侦查期间可以为犯罪嫌疑人提供法律帮助；代理申诉、控告；申请变更强制措施；向侦查机关了解犯罪嫌疑人涉嫌的罪名和案件有关情况，提出意见。"这是对侦查阶段辩护律师权利的列举式规定，其中并没有提及任何辩护律师享有调查取证权的规定。另一方面，《刑事诉讼法》第40条规定："辩护人收集的有关犯罪嫌人不在犯罪现场、未达到刑事责任年龄、属于依法不负刑事责任的精神病人的证据，应当及时告知公安机关、人民检察院。"如果律师在侦查阶段不能取证，显然不可能获得这三种证据并告知公安机关、检察机关。同时，《刑事诉讼法》第41条又规定："辩护律师经证人或者其他有关单位和个人同意，可以向他们收集与本案有关的材料"，该条所规定的律师收集证据的行为能否是在侦查阶段呢？从该条款的发展来看，该条在2012年《刑事诉讼法》修改时并未进行任何改动，直接由1996年《刑事诉讼法》第37条改为新《刑事诉讼法》第41条。然而在1996年规定之时，犯罪嫌疑人聘请律师的时间为"案件移送审查起诉之日起"。因此，以辩护律师的身份进行证据收集自然应该不包括侦查阶段。但是在2012年《刑事诉讼法》修改之后，犯罪嫌疑人聘请律师的时间已经提前至"被侦查机关第一次讯问或者采取强制措施之日起"，此时，在侦查阶段律师就已经拥有了辩护律师的身份。如果按照其身份变化的时间来计算，那么在侦查阶段律师也可以进行调查取证。如何解释以上这些模棱两可的规定，学界和实务界对此存在不同看法。2012年底出台的相关司法解释对此问题也没有明确规定，实际上这个问题至今没有得到解决。其实，在侦查阶段赋予律师调查取证权是国际上的通行做法。英美法系国家实行双轨制侦查，基于控辩平等原则，律师在侦查阶段享有调查取证的权利自不待言。如美国，在侦查或审判阶段，被告人或律师拥有主动收集有利证据的权利，可以访谈证人，对谈话内容可以录音或者制作笔记等；[1]还可以聘请专门人员协助自己调查案情和收集证据，包括勘察现场、询问证人和检验物证等。在大陆法系的德国，律师在侦查阶段也有此项权利。由于《德国刑事诉讼法》没有对律师调查取证的禁止性规定，律师在侦查阶段调查取证可以任意为之。律师不仅可以自行调查收集证据，还能够聘请私家侦探进行。但是，律师并不享有强制取证权，只能以公民身份收集信息。

综上，为了保证辩护律师能够提供有效辩护，笔者认为，《刑事诉讼法》修改中应当总结司法经验并吸收外国的有益做法，以立法的形式明确侦查阶段律师有权收集证据。当然，考虑到侦查阶段的特殊性，律师收集证据的权利可设定在其第一次会见犯罪嫌疑人之后，以此来减少此项制度所可能产生的负面影响。[2]因此，可将《刑事诉讼法》第41条修改为："辩护律师自第一次会见犯罪嫌疑人之后，经证人或者其他有关单位和个人同意，可以向他们收集与本案有关的材料，也可以申请人民检察院、人民法院收集、调取证据，或者申请人民法院通知证人出庭作证。"

---

〔1〕 参见王兆鹏：《美国刑事诉讼法》，北京大学出版社2005年版，第444页。
〔2〕 参见陈光中："应当如何完善人权刑事司法保障"，载《法制与社会发展》2014年第1期，第48页。

（二）进一步完善法律援助制度

法律援助是指在司法中国家通过法律援助机构指派律师或者法律工作者为当事人提供辩护或者诉讼代理活动。[1]该制度是人权司法保障的重要组成部分，确保了公民在司法中平等行使权利，彰显了良法中"善"的本质，体现了社会的文明进步。联合国通过的《关于在刑事司法系统中获得法律援助机会的原则和准则》的"序言"部分更是直接指出："法律援助是以法治为依据的公平、人道和高效的刑事司法系统的一个基本要件。法律援助是享有《世界人权宣言》第 11 条第 1 款所规定的其他权利包括公平审判的基石。"因此，健全、成熟的刑事法律援助体系对完成刑事司法改革起着重要作用。

依据《刑事诉讼法》第 34 条的规定，我国现行法律援助制度适用的范围包括：经济困难的人，盲、聋、哑人，尚未完全丧失辨认或者控制自己行为能力的精神病人，未成年人和可能判处无期徒刑、死刑的人。2015 年，根据中共中央办公厅、国务院办公厅印发的《关于完善法律援助制度的意见》（以下简称《意见》）第四项的要求："开展试点，逐步开展为不服司法机关生效刑事裁判、决定的经济困难申诉人提供法律援助的工作……健全法律援助参与刑事案件速裁程序试点工作机制。建立法律援助参与刑事和解、死刑复核案件办理工作机制，依法为更多的刑事诉讼当事人提供法律援助。"该项规定进一步将我国法律援助的范围扩展至刑事申诉案件、和解案件、死刑复核程序以及刑事速裁程序，这无疑是我国法律援助制度取得的突破性进展。另外，考虑到实践中辩护律师参加案件、出庭辩护的比例相当低，据统计有律师参与的刑事案件比例仅占所有刑事案件总数的 1/3 左右。所以《意见》提出的法律援助扩大的范围仍然不能满足人民群众，特别是困难群众日益增长的法律援助需求。在此背景下，四中全会《决定》明确提出了"完善法律援助制度，扩大援助范围"的要求。因此，对法律援助范围的进一步扩大是《刑事诉讼法》修改的当务之急。

综上，笔者认为法律援助的范围在《意见》的基础上，可以进一步扩大至其他严重犯罪。在我国，一般认为严重犯罪指的是可能被判处 5 年有期徒刑以上刑罚的案件。在此类案件中，如果犯罪嫌疑人、被告人没有辩护人的，应当为其提供法律援助。因此，可将《刑事诉讼法》第 34 条第 3 款修改为："犯罪嫌疑人、被告人可能被判处 5 年有期徒刑以上刑罚，没有委托辩护人的，人民法院、人民检察院和公安机关应当通知法律援助机构指派律师为其提供辩护。"

五、完善认罪认罚从宽制度问题

认罪认罚从宽制度，是指在犯罪嫌疑人、被告人自愿承认被追诉的罪行，自愿

---

〔1〕 参见陈光中："在司法过程中保障人权的五大举措"，载《中国党政干部论坛》2015 年第 4 期，第 27 页。

接受应得的处罚、积极退赃退赔时，可以对其进行从宽处理的制度。从宏观层面而言，我国司法改革提出完善认罪认罚从宽制度的改革举措，旨在进一步推进和缓宽容、繁简分流的刑事司法制度建设。该制度体现了宽严相济的刑事政策，是对公正与效率、惩罚与教育、打击与保护的统筹兼顾；也是对犯罪嫌疑人、被告人决心向善的积极回应。这样做还可以提升诉讼效率，节约司法资源，是缓解我国公安机关、司法机关，特别是法院系统"案多人少"尴尬局面的一剂良药。

在四中全会提出"完善认罪认罚从宽制度"之前，我国的刑事法律和法律解释已经从不同角度规定了体现认罪认罚从宽理念的内容。如《刑法》第 67 条规定："犯罪后自动投案，如实供述自己的罪行的，是自首。对于自首的犯罪分子，可以从轻或者减轻处罚。其中，犯罪较轻的，可以免除处罚……犯罪嫌疑人虽不具有前两款规定的自首情节，但是如实供述自己罪行的，可以从轻处罚……"最高人民法院颁布的《关于常见犯罪的量刑指导意见》第 7 条也提出："对于当庭自愿认罪的，根据犯罪的性质、罪行的轻重、认罪程度以及悔罪表现等情况，可以减少基准刑的 10% 以下。"同时，《刑事诉讼法》第 279 条所规定的"当事人和解的公诉案件诉讼程序"的处理方式也体现出对认罪认罚的犯罪嫌疑人、被告人进行从宽处理的思想。因此，我国早已开始实施认罪认罚从宽制度，只是立法上还不够完善，司法实践还不够得力。因而四中全会《决定》才进一步提出"完善刑事诉讼中认罪认罚从宽制度"，让该制度更具有活力和实际操作力度。随后，人民法院与人民检察院分别制定的《关于全面深化人民法院改革的意见——人民法院第四个五年改革纲要（2014~2018 年）》（以下简称《法院改革意见》）、《关于深化检察改革的意见（2013~2017 年工作规划）》（2015 年修订版），对完善认罪认罚从宽制度提出了明确的要求。2016 年 7 月 22 日，中央全面深化改革领导小组第二十六次会议审议通过了《关于认罪认罚从宽制度改革试点方案》，使完善认罪认罚从宽制度正式付诸实施。

可见，我国现在要求完善的认罪认罚从宽制度虽然对美国的辩诉交易和西方的恢复性司法有所借鉴，但该制度的中国特色也比较明显。该制度是结合中国宽严相济的刑事政策以及长期与犯罪作斗争的经验累积所提出的一种中国方案。就时下而言，认罪认罚从宽制度尽管得到了广泛的关注，但是相关法律、法规并没有对该制度的实施进行比较全面系统的规定，学者对该制度的认识也存在着差异。[1]笔者对如何完善该制度，谈以下几点认识：

（一）认罪认罚从宽制度原则上适用于所有刑事案件，特殊情况除外

对于认罪认罚从宽制度的适用范围目前仍然存在争论，根据笔者对实务部门的调研，有的认为应该将其范围限制在 3 年有期徒刑以下的案件，有的认为该制度适

---

[1] 参见陈卫东："认罪认罚从宽制度研究"，载《中国法学》2016 年第 2 期，第 55 页；刘静坤："被告人认罪认罚可探索适用速裁程序"，载《人民法院报》2015 年 1 月 21 日，第 6 版。

用范围等同于简易程序，还有的认为可以将该制度扩展到所有刑事案件。笔者基本认同第三种观点，理由是：首先，如上所述，认罪认罚从宽是依据我国宽严相济的刑事政策，和《刑法》中关于自首从宽与坦白从宽的精神建立的。而宽严相济的刑事政策和《刑法》的相关规定是适用于所有刑事案件的。其次，《法院改革意见》第13条规定："完善刑事诉讼中的认罪认罚从宽制度。明确被告人自愿认罪、自愿接受处罚、积极退赔退赃的诉讼程序、处罚标准和处理方式，构建被告人认罪案件和不认罪案件的分流机制，优化配置司法资源。"这里所规定的分流认罪与不认罪案件显然是包括所有刑事案件的。因此，笔者认为认罪认罚从宽制度应该适用于所有类型的刑事案件。其中，例外情况主要包括：其一，若案件没有从宽余地，即便认罪认罚也无法从宽的除外。如以极其残忍的手段杀害4名同学的马加爵，杀死、杀伤近50人的湖南悍匪张君，抢劫、强奸女性20余人并杀害女性10余人的赵志红等罪行极其严重的人，就算犯罪嫌疑人、被告人认罪认罚，也不应该对其从宽处理。其二，根据最高人民法院院长周强在第十二届全国人民代表大会常务委员会第二十二次会议上对《关于授权在部分地区开展刑事案件认罪认罚从宽制度试点工作的决定（草案）》作出的说明，对于犯罪嫌疑人、刑事被告人属于尚未完全丧失辨认或者控制自己行为能力的精神病人的，未成年犯罪嫌疑人、刑事被告人的法定代理人对未成年人认罪认罚有异议的，可能不构成犯罪的，由于案件情况复杂，不宜适用认罪认罚从宽程序。

（二）认罪认罚从宽程序可适用于侦查、起诉、审判与执行整个过程

有学者认为认罪认罚从宽制度在侦查阶段并不适用，其原因在于可能引起侦查机关消极侦办案件，过于依赖口供，容易导致冤假错案。[1]但笔者认为，出于该制度设立目的之考量，它可以适用于刑事诉讼的整个过程。自侦查阶段开始，无论犯罪嫌疑人是通过自首还是坦白的方式认罪，侦查机关都应该对其自愿性进行审查，并在相关文书中对其认罪情况予以载明；还可以考虑对其从宽适用强制措施，如对犯罪嫌疑人拘留之后，可以改为采取取保候审的措施。在审查起诉过程中，检察机关应该首先对犯罪嫌疑人认罪、认罚的自愿性进行审查，若已认罪的犯罪嫌疑人符合酌定不起诉、附条件不起诉的条件时，应该作出相应的选择；如果不符合上述条件的，也应该在起诉书中予以载明，并建议法院使用较简易的程序、判处较轻的刑罚。在审判阶段，法官应该对被告人认罪认罚的自愿性进行全面审查，如果符合条件的，应当作出从宽处理；反之，不符合条件的，应当立即改为普通程序进行审理。在执行阶段，若被执行人服罪、服判，积极配合执行机关，继续退赃退赔、积极改造的也可以对其适用依法减刑等从宽处理。在整个刑事诉讼期间，如果有律师参与，办案机关在各个阶段都需要认真听取辩护律师的意见。

---

〔1〕 参见陈卫东："认罪认罚从宽制度研究"，载《中国法学》2016年第2期，第55页；刘静坤："被告人认罪认罚可探索适用速裁程序"，载《人民法院报》2015年1月21日，第6版。

（三）坚持案件事实清楚，证据确实充分的证明标准

对于认罪认罚从宽的案件，必须坚持案件事实清楚、证据确实充分的证明标准，不能因为其程序从简而降低证明标准。其理据主要在于：公正是刑事诉讼的首要价值追求，效率应当服从公正。适用被告人认罪认罚从宽制度，要严防出现冤假错案。因此，其证明标准不能降低。如果在侦查、起诉、审判中发现案件不能达到证明标准的，即便被告人认罪，也必须按照法律规定作出撤销案件、不予起诉的决定或者作出无罪的判决。

（四）正确处理被害人参与认罪认罚从宽程序

被害人在我国刑事诉讼中享有当事人的地位，依法享有参与刑事诉讼的广泛权利。但是，由于我国认罪认罚从宽制度本身的特殊性，决定了被害人参与该项制度的有限性。首先，从认罪认罚从宽制度的特征来看，该制度体现出国家公权力主导的特征。只要公安机关、司法机关认为犯罪嫌疑人、被告人符合认罪认罚从宽的要求，就应当对犯罪嫌疑人、被告人作出从宽处理。在这个过程中，公安机关、司法机关及其办案人员应当听取被害人的意见，采纳其合理的要求，但不受被害人意见的左右和限制。在这一点上，该制度与西方的辩诉交易有近似之处。我们必须认识到，刑事和解程序作为认罪认罚从宽的特殊模式，根据我国《刑事诉讼法》第277条的规定，其适用的前提是"获得被害人谅解"。除此之外的认罪认罚从宽制度在实践中并不要求得到被害人的谅解或同意。其次，在认罪认罚从宽程序中，控辩双方并不是普通案件上的对抗关系，而更贴近于合作协商。在此程序中，对被害人的意见征求主要是犯罪嫌疑人、被告人一方的赔礼道歉、物质赔偿方面的内容，若双方没有达成协议，公安机关、司法机关仍然可以实施该程序，并不需要过多考虑被害人的意见。最后，被害人过多地参与认罪认罚从宽程序可能会影响宽严相济的刑事政策以及提升诉讼效率的制度目的的实现。

总之，在认罪认罚从宽程序中，公安机关、司法机关应当征求被害人的意见，作为从宽处罚的参考，但不受被害人意见的限制。

（五）如何应对审判阶段被告人反悔认罪认罚

在实践调研中，部分法官指出有被告人在一审庭审中撤回认罪认罚的供述或在一审阶段由于认罪认罚被从宽处理之后，又反悔提出上诉。不可否认的是，部分案件确实是冤假错案，但是也存在被告人利用认罪认罚从宽和上诉不加刑制度来挑战司法的权威，这样很可能造成犯罪嫌疑人、被告人假意认罪，以求获得从宽处理的尴尬局面。这种问题该如何解决？

在美国，若被告人在辩诉交易后试图撤回有罪答辩，根据《美国联邦刑事诉讼规则》第32条（e）款的规定："在法官量刑前，只有在被告人能够证明存在公平且有充分根据的理由的情况下，法院才有可能允许被告人撤回有罪答辩或者既不

辩护也不承认有罪的答辩。"〔1〕且被告人对基于有罪答辩的有罪判决一般也没有权利上诉，但有罪答辩不自愿或者初审法院对本案没有管辖权的除外。〔2〕也就是说，对辩诉交易结果一般不得上诉。然而，根据我国的实践情况以及认罪认罚从宽制度的指导思想，笔者认为，在一审阶段，被告人可以撤回之前认罪认罚的供述，但法庭应该立即将审理程序转为被告人不认罪的普通程序。若在一审程序结束之后，被告人提起上诉的，二审法院应该简化案件审理程序，在书面审查后，除发现事实确有重大错误外，应当立即作出维持原判、驳回上诉的裁定，理由叙述也可从简。

综上，认罪认罚从宽作为一项我国刑事诉讼的基本制度，其内容涉及刑事诉讼的各个方面。为保证其得到贯彻实施，笔者建议在我国《刑事诉讼法》修改时，可以直接将其作为一项基本制度，放入第一章"任务和基本原则"中，具体条文可表述为："人民法院、人民检察院和公安机关对于真诚承认犯罪、真诚接受惩罚并且积极退回赃物赃款的犯罪嫌疑人、被告人，应当依法从宽处罚。对认罪认罚从宽的案件，在程序上依法适当简化。犯罪嫌疑人、被告人罪行极其严重不具备从宽处罚条件的，以及犯罪嫌疑人、被告人是未成年人、精神病人的案件，情况复杂，不宜适用认罪认罚从宽程序的，不适用认罪认罚从宽制度。"

---

〔1〕 "Federal Rules of Criminal Procedure" 32（e）：If a motion to withdraw a plea of guilty or nolo contendere is made before sentence is imposed, the court may permit the plea to be withdrawn if the defendant shows any fair and just reason.

〔2〕 宋英辉等：《外国刑事诉讼法》，法律出版社 2006 年版，第 199 页。

公正和真相是现代刑事诉讼的核心价值观[1]

中国的当事人对一审提起上诉或对已生效的判决提出再审申诉，绝大多数是因为实体不公。对于真相问题，案件基本的事实特别是被告人是否实施了犯罪必须达到确定性、排除其他可能性的程度。关于公正和效率的冲突，有时公正不得不向效率让步，但是如果牺牲公正，就需要纠正和赔偿，其实是损害了效率。

一、坚持程序公正和实体公正动态并重

根据哲学上价值的主客观关系的定义，以及司法为民的指导思想，刑事诉讼核心价值大体上是指刑事诉讼对人民最基本需求的满足。这个问题事关用什么价值观和基本理念来审视我国的刑事诉讼制度、指导中国特色社会主义司法制度的改革和完善。刑事诉讼的核心价值一是公正，二是真相。

公平正义是人类社会所追求的首要价值目标，是法治的生命线，更是司法的灵魂，我们应当努力让人民群众在每一个司法案件中都感受到公平正义。诉讼公正包括程序公正和实体公正两方面，对此我们应当坚持程序公正和实体公正动态并重的理念。

程序公正，即过程公正，其要求主要是：严格遵守《刑事诉讼法》的规定；司法机关依法独立行使审判权、检察权；认真保障当事人和其他诉讼参与人的诉讼权利，特别是犯罪嫌疑人、被告人的诉讼权利；不得强迫自证其罪，严禁刑讯逼供和以其他非法手段取证；审前程序尽量透明，审判程序公开；在审判程序中，一审庭审实质化，控辩双方平等对抗，法庭居中裁判；按法定期限办案、结案。当前中国的司法实践表明，司法独立不够和刑讯逼供非法取证是最常见的程序不公。

实体公正，即结果公正，是指案件实体的结局处理所体现的公正。其要求主要是：认定犯罪事实应当做到事实清楚、证据确实充分；正确适用刑法认定犯罪嫌疑人、被告人是否有罪及其罪名；对犯罪或刑罚有疑问，应当从有利于被追诉人方面作出处理；按照罪责刑相适应原则及其他法定情况，依法适度判处刑罚；已生效的裁判得到合理有效的执行，使结果公正得以真正实现；对于错误处理的案件，特别

---

〔1〕 原载《社会科学报》2016 年 9 月 1 日，本文系陈光中在由中国法学会主办的第 14 期 "中国法学创新论坛" 上的演讲整理而成，资料由 "凤凰网大学问" 提供；原标题为 "公正和真相才是现代刑事诉讼的核心价值观"。

是无罪错作有罪处理的案件，依法采取救济方法及时纠正、及时补偿。在实体公正上严防发生冤案是其底线，包括反腐败的刑事案件。

可见，程序公正与实体公正是互相联系但又各自独立、属于有不同要求与标准的不同范畴。

程序公正与实体公正犹如鸟之两翼、车之两轮，互相依存，互相联系，总体来说不能有主次、轻重之分。其一，程序的价值在于保障实体价值的体现，也就是工具价值。如果程序的设计和实施是公正的，那么大多数情况下得出的实体结论也会是公正的。反之，程序不公往往导致实体不公。我国已发现和纠正的冤案几乎都是由于刑讯逼供所造成的。而且，实体公正以看得见的方式实现更能为社会民众所接受。其二，程序具有内在的独立价值，也即程序公正本身直接体现出来的民主、法治、人权和文明的精神。它不依附于实现实体公正而存在，本身就是社会正义的重要组成部分。程序的独立价值也包含在程序的终局性上。这种终局性在一定程度上是不考虑结果是否公正的。

程序价值与实体价值的"动态"并重，是指这种并重可能会因时、因事、因国而异，是一种动态过程中的并重。例如，我国过去长期存在"重实体、轻程序"的情况，今天全面推进依法治国就要更加重视法治思维方式，更加重视程序公正的构建。

二、程序公正应该以实现实体公正为目标

在程序与实体关系的理论上，从世界视野来看，有一个发展的过程。肇始于美国 20 世纪五六十年代的正当程序革命，伴随着沉默权、非法证据排除等正当程序规则的创建，改变了传统重实体的观念，使程序价值提高到空前的地位，形成程序优先的主流观念。美国一位著名的大法官曾这样说："只要程序适用公平，不偏不倚，严厉的实体法也可以忍受。"美国这种理论和规则产生了全球性的影响。但也有美国学者继续坚持强调程序的工具价值，例如，"尽管程序也促进了一些独立于实体法目标的价值，但是庞德归纳出了一切程序性体系以实现实体法为存在的理由这一特征，在这一点上他无疑是正确的"。

大陆法系国家的学者大多坚持两者并重，如德国的一本权威教科书中指出："在法治国家的刑事诉讼程序中，对司法程序之合法与否，被视为与对有罪之被告、有罪之判决及法和平之恢复，具有同等之重要性。"令人注目的是，美国著名的伦理学家、《正义论》的作者罗尔斯后来由程序优先论转为程序依赖论："一种程序的正义总是依赖（赌博这种特殊情况之外）于其可能性结果的正义，或依赖于实质性正义。因此程序正义与实质正义是相互联系而非相互分离的。"[1]

关于实体公正和程序公正的关系，马克思曾指出："诉讼和法二者之间的联系

---

〔1〕 参见［美］罗尔斯：《政治自由主义》，万俊人译，译林出版社 2000 年版，第 449 页。

如此密切，就像植物外形和植物本身、动物外形和动物血肉的联系一样。"在马克思看来，实体与程序的关系是内容与形式的关系，两者是统一的。这对我们正确理解和处理实体与程序的关系具有重要指导意义。

我认为，并重说在理论上能够站得住脚，至少更符合中国的国情。在我国，当事人启动诉权、参与诉讼，其主要目的不是追求过程的公正，而是为了在结果上有一个有利于自己的公正裁决。在司法实践中，当事人不服一审判决提起上诉或者对已生效裁判提出再审申诉，其理由绝大多数是实体不公。因此，不能仅仅强调过程的公正而忽视了结果的公正。实体目标不存，程序过程何往？

我国的一些重要司法文件，如《关于办理死刑案件审查判断证据若干问题的规定》和《关于办理刑事案件排除非法证据若干问题的规定》明确指出："牢固树立惩罚犯罪与保障人权并重的观念、实体法与程序法并重的观念。"

三、有真相才有正义

真相，或者称为真实，同公正紧密联系，难以分割。正如国际刑法协会前主席巴西奥尼先生所说的，"有了真相，才会有正义，有了正义，才会有公平。"在诉讼中，对于真相问题应当坚持客观真实与法律真实相结合。追求客观真实要坚决摒弃刑讯逼供的手段。

诉讼中的客观真实是指司法人员对案件事实的依法认定与案件客观的本源事实相符合。客观真实在内涵上大致与大陆法系国家诉讼中的"实质真实"术语近似，但客观真实是辩证唯物主义认识论指导下主观符合客观的哲学原理的体现。在我国语境中，"客观真实"被广泛地应用于政治生活、社会生活的语言表达之中，例如，5月12日新华社网关于雷洋事件的一则评论说，"如果出警执法过程中存在不规范的地方，很难保证他们发布的信息是客观真实的"。而且，现行刑事裁判文书也常用此术语。因此，保持客观真实的术语更符合社会语言与诉讼用语的衔接，更契合我国现实的语境。

查明真相，追求客观真实也是中国古代司法文明的优良传统。《周礼·秋官·司刺》曰"专欲以成，恐不获实，众人共证，乃可得真"，"实"和"真"是对事实认定所欲达到的程度。唐律规定的"赃状露验、理不可疑"就是要求证据真实、结论的不可怀疑性。明清律规定"确有证据、毫无疑义"或者"供证确凿、赃迹显明"等，已经相当接近今天中国式证明标准的表达。当然，古代查明真相往往离不开刑讯逼供的手段，我们要坚决予以摒弃，而将优良传统的传承与现代化的司法文明融为一体。

根据唯物主义认识论的可知性原理及司法实践中的办案经验，诉讼中的客观真实在一定条件、一定范围内是可能达到的。这首先源于案件的本源事实所具有的，不以办案人员、诉讼参与人意志为转移的客观性、确定性。这意味着无论时光如何流逝，已经发生的案件事实总是固定不变的。其次，证据裁判主义是现代诉讼制度的基石，办案人员对案件事实的认识是通过证据这个桥梁来实现的，而证据只有在依法取得并经过查证属实的情况下才能作为定案的根据，这为办案人员的主观认识与案件客观事实相符合提供了可能。最后，科学技术的发展和在诉讼证明中的应用为实现客观真实提供了更宽广的前景。DNA 的发现与使用，就有力地证明了这一点。当然，从总体上来说，办案人员能够查明的案件真实并不是任何情况下的完全认识，也不是案件中所有情节、细节都能达到完全认识，这只是相对的认识。但在具体案件中，对基本的案件事实特别是被告人是否实施了犯罪的认定，必须达到确定性、排除其他可能性的程度。

因此，坚持追求案件的客观真实不仅仅是理念问题，更是实践问题，是关乎刑事司法人权保障的重大问题。一个冤假错案的发生就是一个不符合客观真实的场景。美国一名冤案受害者曾经创作了一首感人至深的名为"你好，真相"的诗，其中写道："你好，真相！你一直在那里，却有人对你视而不见……你好，真相！他们在你与证据之间玩起捉迷藏的游戏，你已被谎言和欺骗所包围，以致耗费漫长的时间才能找到你。"可见，蒙冤人的内心是多么渴望真相大白！为最大限度地避免冤假错案，就必须坚持客观真实的立场，切实做到党的十八届四中全会决定要求的"事实认定符合客观真相"。

在我国，法律真实是相对于客观真实提出来的，法律真实是指司法人员运用证据认定案件事实达到法律所规定的真实程度。从这个意义上来讲，法律真实也可称为形式真实。在诉讼中，之所以需要法律真实，原因在于：其一，司法程序的目标不仅在于发现真实，而且还必须实现诉讼的价值目标，如程序正义、尊重人权、诉讼效率等。这些诉讼价值的实现与发现真实在很大程度上是一致的，但有时会发生矛盾和冲突，需要进行平衡，法律真实在一定意义上起着平衡器的作用。其二，司法实践中对案件事实的证明十分复杂，不仅受到个案具体情况的制约，更受到程序规则与证据规则的规制。因此，在诉讼中适用一个统一的证明标准很难满足司法实践的实际需要，所以必须确立起层次性的证明标准，即在一般证明标准之外，建立事实推定等降低的证明标准；在民事诉讼中更是要较多地适用证据明显优势的证明标准，这就要求必须适用法律真实。

但是，应当强调：法律真实论者否定客观真实，认为对案件事实的认定不能达到符合客观真相，排除合理怀疑只能达到接近真实而不具有确定性、排他性，这必然导致不能最大限度的准确认定犯罪事实，准确惩罚犯罪，保障无罪的人不受错误追究，因而必然导致冤假错案概率的增加。所以，我们必须在公正程序的框架下尽力查明事实真相，努力达到客观真实。我们不能照搬西方司法竞技主义的套路，而应当走客观真实与法律真实相结合的中国特色诉讼真实观之路。公正优先不是绝对的，但必须坚持"公正第一，效率第二"。

四、公正优先不是绝对的，但必须坚持"公正第一，效率第二"

公正是现代刑事诉讼的核心价值，而效率则是重要价值，两者的关系应当定位为"公正第一，效率第二"。

诉讼效率是指诉讼中所投入的司法资源与所取得成果的比例。讲求诉讼效率要求投入的司法资源取得尽可能多的诉讼成果，即降低诉讼成本，提高工作效率，加速诉讼运作，减少案件拖延和积压。更为重要的是，提高诉讼效率可以使犯罪分子及时得到惩罚，无罪的人早日免受刑事追究，被害人也可以及时得到精神上和物质上的补偿。正如贝卡利亚在论述刑罚的及时性时指出："犯罪与刑罚之间的时间间隔得越短，在人们的心中，犯罪与刑罚这两个概念的联系就越突出、越持续，因而，人们就很自然地把犯罪看做起因，把刑罚看做不可缺少的必然结果。"

我国《刑事诉讼法》第 2 条规定了"准确、及时地查明犯罪事实"的内容，而且还从诉讼期限、简易程序等方面体现诉讼效率的理念。十八届四中全会以来速裁程序的试点主要为了实现高效价值，认罪认罚从宽制度试点也含有效率因素。

公正和效率作为诉讼程序追求的两个价值取向，一方面两者具有内在的一致性：有时诉讼高效是实现诉讼公正的必要条件；另一方面两者也存在冲突性：对于诉讼公正的高度追求必然带来诉讼效率的降低，而对诉讼效率的过度注重必然有损诉讼公正的实现。

因此当诉讼公正与诉讼效率发生冲突时必须作出选择或者平衡。由于司法天生是与公正相联系的，没有公正就没有司法，在两者发生冲突的情形下，一般来说应当坚持"公正第一，效率第二"的原则，不能为了效率而牺牲公正、真相。我国刑事诉讼中的简易程序、和解程序以及试点中的认罪认罚从宽制度在证明标准上都坚持事实清楚、证据确实充分，正说明了这一点。欲速则不达，如果一味图快求多，草率办案而损害程序公正和实体公正，甚至发生错案，必然导致上诉、申诉的增加，有的案件还必须加以纠正和赔偿，反而损害了效率。当然，公正优先不是绝对的，有时为了效率，难免需要在程序公正上作出必要的让步。

动态平衡诉讼观之要义

一、哲学意义上的"动态平衡"

"平衡"字面上的意义一般是指对立的两个方面、相关的几个方面在数量或质量上均等或大致均等。

中国古代就有"阴阳五行"的朴素平衡哲学观。《周易·系辞上》有云:"易有太极,是生两仪,两仪生四象,四象生八卦。""两仪"是指"阴阳"。"阴阳"指事物的两面,如日月、天地、男女等,内含平衡的意思。"五行"包括金木水火土,指构成万物的元素,五行之间相生相克。这种朴素哲学观念认为万物处于动态平衡的运行状态。中国儒家所倡导的"中庸"之道实为平衡之道。《礼记·中庸》提到:"致中和,天地位焉,万物育焉",意指一切事物,只有在平衡和谐环境下才能得以生存发展。孔子还说:"过犹不及"(《论语·先进》),这也典型地代表平衡处事的理念。

西方哲学理念中对平衡论亦有精辟论述。如古希腊哲学家亚里士多德系统论述"中道至善"(Golden Mean):"凡行为共有三种倾向,其中两种是恶,即过度和不及,另一种是德性,即遵守中道。"[1]美国法学家罗斯科·庞德提出:"一个法律制度之所以成功,乃是因为它成功地在专断权力之一端与受限权力之另一端间达到了平衡并维持了这种平衡。这种平衡不可能永远维持下去。文明的进步会不断地使法律制度失去平衡;而通过把理性适用于经验之上,这种平衡又会得到恢复,而且也只有凭靠这种方式,政治组织社会才能使自己得以永远地存在下去。"[2]

马克思主义哲学也体现了平衡观念。对立统一规律是马克思主义辩证法三大基本规律之一,是指一切存在的事物都由既相互对立,又相互统一的矛盾组合而成。事物的多种矛盾在一定的时空条件下有主要矛盾和次要矛盾之分。矛盾既对立又统一,从而推动着事物的发展。矛盾的对立统一是事物发展的源泉和动力。

矛盾的对立状态就是不平衡,矛盾的统一状态就是平衡。事物在矛盾的对立、统一循环反复中不断发展,就意味着事物发展就是一个动态平衡的过程。

---

[1] [古希腊]亚里士多德:《尼各马可伦理学》,廖申白译注,商务印书馆2017年版。

[2] Roscoe Pound:Individualization of Justice, 7 Fordham L. Rev (1938). p. 166.

二、刑事诉讼法学上的"动态平衡"

"动态平衡诉讼观"可以说是我一生学术研究心得的哲理性概括，是我一以贯之的基本理念和思想标志，并具有一定的创新精神。从刑事诉讼法角度而言，"动态平衡"，归纳起来，重点体现在以下几个方面。

（一）刑事实体法和刑事程序法相平衡

一方面，刑事诉讼法保障刑法的实施，程序法对于实体法而言具有工具价值。另一方面，刑事诉讼法自身具有独立的价值，即程序法本身直接体现出来的民主、法治、人权的精神，它不依附于实体法而存在。

司法公正是实体公正和程序公正的有机统一，要保证实体公正和程序公正动态并重。既要承认程序法的工具价值，又不能陷入唯工具论，既要承认程序法的独立价值，又不能过度夸大，陷入程序优先论。

（二）惩罚犯罪与保障人权相平衡

惩罚犯罪和保障人权，是刑事诉讼法目的的两个方面。一是刑事诉讼法必须对犯罪进行追究和惩罚，以保障公民的生命、财产和其他合法权利不受侵犯，保障国家安全和维护社会秩序稳定。二是刑事诉讼法尊重和保障人权，这是评价一个国家民主法治文明程度的标杆。刑事诉讼领域的人权保障的重心在于犯罪嫌疑人、被告人的权利，并注意保障被害人权利。惩罚犯罪和保障人权对立统一，不可偏废。两者必须妥善地加以协调，相互平衡地结合在一起。

（三）客观真实与法律真实相结合

客观真实是指司法人员通过证明活动对案件事实的认定与案件客观事实相一致。法律真实是指司法人员通过证明活动对案件事实的认定达到法律所规定的真实程度。

中国定罪的证明标准是"犯罪事实清楚，证据确实、充分"，要求定罪证明达到主客观相统一，根据证据所认定的犯罪事实（主要指犯罪人）结论达到唯一性，这明显是以客观真实为理念基础。党的十八届四中全会决定提出："健全事实认定符合客观真相、办案结果符合实体公正、办案过程符合程序公正的法律制度"，这与客观真实理念相一致。科技证据的日益扩大适用，增强了事实认定符合客观真相的能力。但是，司法活动不是以发现真实为唯一价值，还包含人权保障的程序价值，当价值间存在矛盾和冲突时，法律真实起到了平衡器的作用。巨额财产来源不明罪中的推定、疑罪从无都是典型的法律真实的体现。

（四）诉讼结构上，控辩对抗和控辩和合相统一

在现代民主法治国家中，刑事诉讼控诉、辩护和审判三者的关系可以概括为：控审分离、控辩对抗和审判中立。其中，由于行使控诉权的国家专门机关在权力、手段和物质条件上远超于被追诉人，因而国家必须刻意构建控辩双方平等对抗的程序，保证辩护权的有效行使。

随着被追诉人的权利保障加强和诉讼地位的提升，以及诉讼效率的追求，英美法系辩诉交易制度、大陆法系认罪协商制度在全球范围内兴起，中国也相应建立了认罪认罚从宽制度。控辩之间的合意起到了越来越大的作用。因而刑事诉讼结构在坚持控辩平等对抗的同时，逐步增加了诉讼和合的因子。

（五）诉讼公正与诉讼效率之间的合理平衡

提高诉讼效率不仅能够节约司法成本，更重要的是让犯罪分子及时得到惩罚，无罪的人早日免受刑事追究，被害人及时得到精神上和物质上的补偿，从而更有效地实现刑事诉讼法的任务。

诉讼公正与诉讼效率的合理平衡，要以公正为优先，公正是司法的灵魂和生命线。离开了司法公正，司法效率必将是反效率、高成本的，因为图快求多容易造成冤案错案，不仅损害了公正，而且需要花费更多的司法成本加以纠正和补偿。

以上五点内容应该说是符合刑事司法一般规律的。之所以要提"动态"，说明刑事诉讼制度不仅要考虑时空等因素，如不同历史条件、不同国度的区别，而且必须具有现代化的多元诉讼理念。繁简分流，对抗和合结合，形成多元诉讼程序，这是当今司法改革潮流。我们要不断探索惩罚犯罪与保障人权、实体公正与程序公正以及公正与效率等诸多价值之间如何在刑事诉讼中科学合理地实现平衡。

三、动态平衡诉讼观之下刑事司法改革若干问题思考

中国的刑事诉讼法治的立法和司法，总体而言，是按照动态平衡规律向前发展的，但存在一定缺陷有待完善。

（一）惩治犯罪和保障人权平衡问题

惩治犯罪和保障人权有失平衡，主要表现在对当事人权利保障不足，存在着一定程度的刑讯逼供现象，非法证据排除困难和防错纠错问题未得到根本解决。我们应该根据依法治国的精神，坚决贯彻人权司法保障理念、证据裁判原则、疑罪从无规则；严格实行非法证据排除规则；有效防范和及时纠正冤案错案。

（二）控辩平等问题

控辩之间相当程度的不平等，典型表现在出庭辩护率低，其重要原因在于法律援助不到位。目前政府正在完善法律援助制度，扩大援助范围。建议可能判处三年徒刑以上的案件一律提供法律辩护，而不是只提供值班律师[1]的法律帮助；死刑复核程序事关人的生命的剥夺，必须要有辩护律师参与。[2]

---

〔1〕 值班律师，是指法律援助机构通过在人民法院、看守所派驻值班律师，为没有辩护人的犯罪嫌疑人、被告人提供法律帮助。

〔2〕 死刑复核程序，是指根据我国《刑事诉讼法》规定，人民法院对判处死刑的案件进行复审核准的特别审判程序。程序包括判处死刑立即执行的案件由最高人民法院复核，判处死刑缓期二年执行的案件由高级人民法院复核。经核准的死刑案件才能执行。

（三）刑事办案机关权力平衡问题

刑事办案机关权力不平衡，典型表现为正在推进的"以审判为中心"的刑事诉讼制度改革贯彻不到位、证人出庭率低、庭审难以实质化。建议通过修改《刑事诉讼法》及司法解释，着重提高证人出庭率。随着新的监察制度开始在全国确立和运行，监察委员会的办案也要按照《监察法》的规定，体现"以审判为中心"的精神，保持好监察委员会与公安机关、检察院、法院之间新的权力平衡关系。

信息时代刑事司法的发展与思考[1]

当今世界，科技进步日新月异，信息发展之迅猛更超乎想象。但是事物充满辩证法，信息技术带有负能量。诚如美国信息学大师詹姆斯·格雷克所言："新的信息技术在改造现有世界景观的同时，也带来了混乱。在这场混乱中，希望与恐惧相互交织。"[2]本文拟就信息时代刑事司法的发展问题，结合中国实际，略抒己见，就教方家。

一、信息时代刑事司法实践出现的新变化

我们当下生活在信息时代。这并不是说此前人类社会中没有信息，铁器时代和蒸汽机时代也存在着各种形态的信息。"世界上几乎任何事物都可以用信息的方式量化。"[3]信息一直存在，但第三次工业革命通过数字技术、个人电脑、互联网使得信息急速增长和迅速传播成为可能，于是出现了信息爆炸，数字化信息遍布人类社会各个角落，人类强烈地认识到信息的存在及其强大的能量，是谓信息时代。而今，以无人驾驶、人工智能、新型材料、3D 打印、5G 通信等为标志的第四次工业革命即将席卷全球，深度影响人类社会生产生活的各个角落。[4]数字化、智能化革命不但在宏观上深刻撼动着生产组织方式和世界经济格局，微观上也改变着每一个人的生存状态和生活方式。人类社会各个领域都面临着从观念到模式到具体制度的新一轮转型。我们已经逐渐习惯了屏读，习惯了利用网络搜索来获取所需，习惯了周围越来越多的生活用品装有传感设备，习惯了现金甚至银行卡的逐渐退出，代之以二维码实现支付。

改变同样发生在刑事司法领域。若干年前，人们对信息技术影响刑事司法的理解还主要停留在技术侦查、远程视频作证、电子证据等领域；近年来，"大数据司法""电子卷宗""远程庭审指挥""多媒体示证""智慧法院""数字法庭""智能

---

〔1〕 原载《北航法学》2016 年第 2 卷；与初殿清合著。

〔2〕 ［美］詹姆斯·格雷克：《信息简史》，高博译，人民邮电出版社 2013 年版，第 405 页。

〔3〕 ［美］詹姆斯·格雷克：《信息简史》，高博译，人民邮电出版社 2013 年版，第 vii 页。

〔4〕 Larry Elliott, Fourth Industrial Revolution Brings Promise and Peril for Humanity, at https://www. theguardian. com/business/econmics-blog/2016/jan/24/4th-industrial-revolution-brings-promise-and-peril-for-humanity-davos, last visited on June 20, 2016.

导诉""智能书记员""虚拟现实"等新概念在不断更新着我们的认知。刑事司法在信息时代（尤其是近年来大数据技术兴起后）的新变化可以主要概括为以下方面：

（一）数据共享与深度应用

大数据、云计算日渐成为各行业辅助决策的关键词。在司法领域，数据共享及其深度应用主要体现为两种方式：一是办案机关内部数据、办案机关之间相关数据、办案机关与其他国家机关之间相关数据的深度挖掘与分析研判；二是办案机关与掌握大量数据的互联网企业联合，共享用户数据和技术资源，对社会信息资源深度挖掘与应用。

这两种方式在当前各地大力推进的"智慧法院"建设中均有体现。前者如重庆、福建等地，具体做法包括通过"云中心"汇集该省级区域内各法院的海量数据，将审判、政务、队伍、社会环境等关联信息归类整理纳入信息资源库，通过大数据技术分析研判审判态势，例如，重庆法院系统的专项分析模块中包括了对醉驾、毒品、知识产权等案件的分析模块。[1]后者的典型做法如浙江高院，2015年11月，浙江高院与阿里巴巴集团签订战略合作框架协议，借助阿里互联网的云计算能力和用户数据，建立"审务云"平台，实现当事人协查信息共享、文书送达、电子商务纠纷网上化解、金融犯罪预测预防等"互联网+"功能。[2]

（二）信息交互平台大量出现

近年来，刑事司法领域的信息交互平台建设发展迅速。根据信息接收方的不同，可大体分为两类：

第一类，公安司法机关之间的信息交互平台。相关平台使得刑事案件的办理可通过电子化、信息化的网络平台推进，有助于提高办案效率。例如全国检察机关统一业务应用系统；又如部分地区通过建立诉讼数据信息共享平台，实现所办理案件信息在公、检、法之间流转。与此同步的配套举措是电子卷宗制度。电子信息平台的有效运转需以信息的电子化为前提，最高人民检察院基于各地多年来的探索，已于2016年初印发了《人民检察院制作使用电子卷宗工作规定（试行）》。由于其处于刑事诉讼中间环节，检察机关的电子卷宗建设又间接推动了公安机关与法院的相关改革。

第二类，公民与办案机关的信息交互平台。具体又包括诉讼参与人与办案机关的交互平台以及司法信息向一般公民公开的平台。前者使诉讼参与人参与案件更为便捷，例如网上报案、网上立案、律师网上阅卷等，[3]有的地区在刑事案件领域

---

〔1〕 吴晓锋："探访重庆法院数据'云中心'：'智慧法院'如何'智慧'审判"，载《法制日报》2015年6月30日，第4版；何晓慧："福建解码打造'智慧法院'路线图"，载《人民法院报》2015年8月17日，第1版。

〔2〕 孔令泉、张兴平："'智慧法院'之浙江实践"，载《民主与法制时报》2015年12月5日，第4版。

〔3〕 如果律师申请阅卷，检察机关案管部门在审核认证后，将电子卷宗调入独立终端供查阅。

也开始尝试电子送达。[1]后者有助于增进司法公开的透明度。例如，最高人民法院已建成四大司法公开平台。其中，中国裁判文书网、中国庭审公开网便是一般公民了解刑事司法办案情况的网络平台。根据 2015 年底之前相关数据的统计，法院公开文书数量与办结案件的比例大约在 50%[2]，文书公开的要求有待进一步落实。2016 年 7 月，最高人民法院修订发布了《关于人民法院在互联网公布裁判文书的规定》，以全面、及时原则，加强了对公开裁判文书的规范。

（三）信息化、数字化的办案方法与证据形态

20 世纪后期，信息技术对刑事司法的影响还主要体现为技术侦查中的监听。进入 21 世纪，尤其是 2010 年之后，信息技术、数字技术的迅速发展，使得刑事司法侦查、起诉、审判等各个环节都出现了若干新变化，主要体现于证据形态和办案方法两方面。

证据形态上，电子信息技术渗透到社会生活的各个方面，也被许多犯罪人用于作案过程之中，越来越多的证据（甚至是案件的关键证据）以电子化、数字化的形态展现，许多案件的办案人员在相关技术层面遭遇挑战，如引起社会关注的"快播"案。相应地，证据形态的这种趋势性改变也在法律和司法解释的制定领域日益呈现出来：2012 年《刑事诉讼法》《民事诉讼法》两大法律的修改，在证据种类中均增加了"电子数据"；2015 年最高人民法院《关于适用〈中华人民共和国民事诉讼法〉的解释》第 116 条对电子数据的内涵作了初步解释；2016 年最高人民法院、最高人民检察院、公安部印发《关于办理刑事案件收集提取和审查判断电子数据若干问题的规定》，专门对刑事案件中电子数据的收集提取、审查判断作出规范。数字化证据近年来对刑事司法的影响可见一斑。

办案方法上，也出现了许多借助信息技术、数字技术的新方式。信息化侦查近年来已经成为侦查机关的重要办案理念，并具化为互联网取证、智能终端取证、GPS 定位追踪、银行账户信息追踪等诸多以数字化信息为收集对象的具体侦查措施，同时逐渐形成了基于数据的案件研判方法。公诉领域出现了出庭公诉远程指挥系统、多媒体示证等信息化办案方式。各地法院探索电子法院建设，继远程视频作证之后，远程视频庭审的新闻也日渐见诸报端，目前较多适用于刑事再审案件[3]、

---

[1] 例如，广东法院受理的民事、刑事、行政、执行、再审案件，需要向诉讼参与人送达诉讼文书的，均可使用电子送达方式，但按照法律规定的判决书、裁定书、调解书除外。参见陈捷生："广东法院率先推行诉讼文书电子送达"，载人民网，http://legal. people. Cn/n/2015/0105/c42510-26323853. html，最后访问时间：2016 年 8 月 3 日。

[2] 马超等："大数据分析：中国司法裁判文书上网公开报告"，载《中国法律评论》2016 年第 4 期。

[3] 刑事再审案件的被告人多数身处监狱之中，通常地处偏远，有法官指出前往审判时"在途往返需要 3 天，而审理可能不足半小时"。参见徐微："法院视频开庭'隔空审案'长春实现首例远程视频开庭"，载网易新闻，http://news. 163. com/15/1230/10/BC30M0IL00014SEH. html，最后访问时间：2016 年 5 月 21 日。

被告人认罪案件〔1〕之中。在远程庭审过程中，法官位于法院、公诉人位于检察院、被告人不押解出羁押场所，借助视频监控画面，在虚拟空间进行"面对面"审讯。此外，近期国外法庭科学的相关研究已经开始延伸至虚拟现实技术的使用探索。美国、英国、瑞士等国家均已启动将虚拟现实面罩用于帮助陪审团身临其境般感知和了解犯罪现场的相关研究。〔2〕

（四）人工智能的探索与尝试

继 IBM 于 2016 年 5 月宣布其研发的世界首位人工智能律师"Ross"诞生后，〔3〕我国天同律师事务所也在 10 月宣布国内首款法律机器人"法小淘"诞生，并已在无讼法务产品中使用，目前已能够基于法律大数据实现智能案情分析和老师遴选。〔4〕人工智能在司法领域中的应用并不仅仅出现于律师行业，法院也开始尝试使用人工智能协助办案。比如，2016 年 6 月，杭州市西湖法院审理的宣某危险驾驶案被认为是国内首例由人工智能程序代替书记员完成庭审笔录的案件，这款程序来自阿里云，被称为"小 Ai"。随后，西湖法院又对一起盗窃案试用了"小 Ai"。〔5〕再如，2016 年 5 月，安徽省马鞍山市雨山区法院诉讼服务大厅开始使用智能导诉机器人"小雨"，能够就立案、开庭公告等事项熟练地向当事人提供方便快捷的导诉服务，是该法院根据最高人民法院"法院信息化 3.0"改革在"人工智能+法律"领域进行的探索。〔6〕

二、新变化与刑事司法基本理念的碰撞

信息社会中司法实践出现的变化，给刑事诉讼法学研究带来了许多需要思考的

〔1〕　例如，许婷婷："武汉中院首次利用远程视频开庭审理刑事案件"，载中国法院网，http://www. chinacourt. org/article/detail/2014/11/id/1480082. shtml，最后访问时间：2014 年 11 月 22 日；周晶晶："武汉江汉：远程视频庭审系统首秀公诉人开庭'足不出院'"，载正义网，http://www. jcrb. com/procuratorate/jcpd/201610/t20161024_ 1664771. html，最后访问时间：2016 年 10 月 21 日；陈璋："被告人不在场远程视频庭审"，载中国江西网，http://www. jxnews. com. cn/jxrb/system/2015/11/27/014487095. shtml，最后访问时间：2015 年 11 月 28 日。

〔2〕　See Laura Bliss, the "Oculus Rift" and the Courtroom, at http://www. citylab. com/crime/2015/03/the-oculus-rift-and-the-courtroom/385351, visited on 2015-3-17. Also see G. Clay Whittaker, British Jurors Can Now Visit Crime Scenes in Virtual Reality, http://www. popsci. com/uk-using-vr-headsets-for-jurors, visited on 2016-5-30.

〔3〕　该智能律师目前就职于纽约 Baker&Hostetler 律师事务所。参见刘思瑶："IBM 研发出世界第一位人工智能律师——Ross"，载环球网，http://tech. huanqiu. com/original/2016-05/8935344. html，最后访问时间：2016 年 5 月 17 日。

〔4〕　谢珊娟："中国首个法律机器人来了，'法小淘'现场'秒算'律师震惊全场"，载 https://yq. aliyun. com/articles/61731，最后访问时间：2016 年 10 月 18 日。

〔5〕　参见陈瑜艳："浙江高院庭审引入人工智能做笔录准确率达 96%"，载网易新闻，http://news. 163. com/16/0609/11/BP480EP400014JB5. html，最后访问时间：2016 年 6 月 9 日。

〔6〕　汪再荣、李玥："智能导诉机器人亮相马鞍山"，载《人民法院报》2016 年 5 月 25 日，第 4 版。

新方面，下面仅结合刑事司法基本理念谈两个问题。

（一）控制犯罪与保障人权的平衡点

个人数据与隐私之间的天然联系，使得隐私权问题成为信息社会语境下研讨控制犯罪与保障人权两大价值目标之间平衡点的重要课题。

伴随犯罪手段信息化、智能化程度的加深，信息数据尤其是作案痕迹数据（留存于计算机、手机、网络、电信记录、金融机构记录中的数据等）、踪迹线索数据（GPS信息、取款地信息、支付地信息等）在刑事案件中的重要性日益凸显，各国刑事办案机关对数据的需求比以往更加迫切。其中，一部分数据可以由办案机关在严格遵守程序的前提下依靠自身力量获取，但也有相当一部分数据处于第三方（金融、电信、网络运营单位等）的掌握之中，需要从后者处获得，具体方式又包括两种：一种是通过第三方单位的个案协助义务来实现，另一种是办案机关与第三方单位的数据平台实现互通。[1]此外，有时办案机关向第三方提出的协助要求并不直接指向数据获取，尽管以获取数据为最终目的。比如要求产品商或网络运营商提供解码技术支持，以获取某一特定设备中或信息交互过程中的数据。出现这一情况的主要原因是科技的迅速发展使得办案机关仅依靠自身的技术力量无法破解案件中的技术问题，在办案中遭遇了重大障碍，于是寄希望于产品或服务的提供者予以技术支持，典型案件比如美国的苹果案[2]和WhatsApp案[3]。

与此同时，人们感到了来自隐私保护领域的压力和担忧。关于解决问题的方案，相关领域研究者发起过诸多讨论，提出过若干观点：有观点主张个人在提供信

---

〔1〕 比如美国目前的70多个融合决策中心，通过政府与私营行业的合作，在各地收集并分享与"威胁"相关的政府和私人信息。融合决策中心以信息共享名义让政府能够从私营行业收集信息，从而绕过宪法对于信息采集行为的限制。参见 ［美］弗兰克·帕斯奎尔：《黑箱社会》，赵亚男译，中信出版集团2015年版，第64~65页。

〔2〕 苹果公司与美国FBI"iPhone解锁"事件：2015年12月美国加州发生一起枪击案，造成了14人遇害、17人受伤的严重后果，两名枪手被当场击毙，嫌疑人遗留下的加密iPhone成为案件突破口。由于在输入一定数量错误密码后手机就会失效，FBI寻找苹果公司协助解码，但却遭到拒绝。2016年2月，联邦地方法院要求苹果帮助FBI解锁嫌疑人的苹果iPhone5c手机。苹果首席执行官对法院命令作出公开回应，表示不会执行法庭命令，因为这是"FBI要求苹果在iPhone构建一个后门，我们担心这种需求会破坏自由"。一些支持公众隐私权的示威者举行集会，抗议FBI的做法；随后，包括Facebook、Twitter以及谷歌在内的科技公司也表示支持苹果提起的诉讼，同时宣布该提供帮助的公司所使用的方法被证实是可行的。

〔3〕 WhatsApp加密事件：隶属于Facebook的WhatsApp是全球最大的手机聊天工具，继苹果公司与美国FBI手机数据破解风波之后，2016年4月，WhatsApp宣布将对全球10亿用户启动端到端默认加密聊天。当用户在发送一条聊天信息时，能看到这则信息的只有他的聊天对象，无论网络犯罪集团还是政府机构，甚至是WhatsApp公司本身，都看不到聊天内容。WhatsApp因其加密已成为多国司法部门的"眼中钉"。巴西执法部门逮捕了Facebook负责南美业务的负责人，理由是在一起贩毒案件中，WhatsApp公司不愿意配合巴西警方提供部分用户的聊天信息。美国在调查一宗案件时，也需要获取WhatsApp用户的聊天信息，但是其加密特性妨碍了数据获取，导致警方获得的通信监听令毫无用处。

息时进行数字化节制，然而，分享个人信息能为用户提供价值，人们或许并不想放弃新兴科技带来的诸多便利而成为数字时代的隐士[1]；有观点建议，根据信息社会的特点，重构隐私的内涵，将一部分信息数据从隐私中释放出来，然而，有时一项数据是否涉及隐私并不容易判断[2]；又有观点建议，只有经个人同意方能使用其隐私信息，使个人对该信息在每一阶段的用途都有知情权和控制权，相应地，政府与企业有收集和使用数据的告知义务[3]；还有观点提出，通过确立"被遗忘权"[4]来保护个人隐私，即在符合一定条件的情况下，数据控制单位应将该信息删除（比如个人基于某一目的将数据提供给网络服务商，目的达成后，个人便有权要求对方删除该数据）。

实际上，上述问题涉及三方利益：公共安全利益、商家的商业利益、个人的隐私利益。一般认为，隐私利益在商业利益面前有其明显的优势地位，但隐私利益在公共安全利益面前却并不具有这样的绝对优势。与其他研究领域有所不同，在刑事司法这一特殊领域，与个人隐私相关的信息数据并非不可获取，[5]而是应当以遵循以下原则为前提：①必须在法定正当程序中合理获取；②在使用数据过程中应注意保密，且不得滥用，为此应当设置有效的监督部门与程序；③被追诉者有权在适当程序环节中了解自己被使用的信息内容及该内容如何影响了判决结果，并有机会对该信息数据的可靠性、关联性、如何被使用（包括通过何种算法对海量数据进行研判）等问题提出质疑，而且在此过程中能够获得有效的帮助（来自律师和有专门知识的人）。相应地，刑事司法领域需要认真思考的是如何设计制度以使上述三项原则有效实现，而刑事司法领域对隐私边界等问题的研究也应当服务于这一中心而展开。

结合我国的立法与司法实践，以下问题值得关注：

第一，办案机关要求第三方提供数据的办案环节缺少经过严格设计的具体程序。目前我国相关法律和司法解释对刑事办案机关与掌握数据的第三方之间的关系主要通过两类条文加以规范：一类规定于侦查行为之中，主要体现为查询。查询这一侦查行为在《刑事诉讼法》中并未如同其他侦查行为那样得到强调，只是与冻结同时出现在相关条文之中。而在公安部《公安机关办理刑事案件程序规定》和

---

[1] [英] 维克托·舍恩伯格：《删除：大数据取舍之道》，袁杰译，浙江人民出版社 2013 年版，第 166~167 页。

[2] 美国若干相关案例将问题集中于相关内容是否属于隐私的探讨。

[3] [英] 维克托·舍恩伯格：《删除：大数据取舍之道》，袁杰译，浙江人民出版社 2013 年版，第 169~171 页。

[4] 欧盟 1995 年《个人数据保护指令》第 12 条对"被遗忘权"的相关理念有所体现，今年 4 月发布的欧盟《一般数据保护条例》第 17 条正式确立了"被遗忘权"（right to erasure）。

[5] 所以，被遗忘权目前在相当程度上并非刑事司法研究领域中的主要内容，而是集中体现为民商事司法领域中商业利益与公民隐私利益之间的对抗。

最高人民检察院发布的《人民检察院刑事诉讼规则（试行）》中，查询更是被规定为在初查阶段可以采用的调查方法之一。可见查询被划定在任意侦（调）查手段的领域，并没有严格设计其审查批准程序。但在信息数据技术日益发展的未来，查询所获得的信息数据将成为一种重要的办案资源，多方查询的数据综合结果与被查询人隐私的关联程度也将提升。查询将渐渐在传统含义的基础上嬗变，成为一种功能强大且对个人隐私更具透视性的侦查方法，其程度将来甚至可能不低于技术侦查。另一类规定体现为第三方配合义务。除了《刑事诉讼法》中所规定的"任何单位有义务按照检察机关和公安机关的要求交出证据"的义务外，2015年年底通过的《反恐怖主义法》和2016年11月通过的《网络安全法》进一步提出了相关单位的技术支持义务，[1]包括技术接口和解码等，但对于办案机关在要求第三方履行上述义务时应当遵循怎样的程序并无具体规定。应当加强该领域的制度完善和理论思考，前述有关2016年初美国大热的苹果案和WhatsApp案讨论便是这一问题的现实个案，相关问题也会出现于我国将来的案件之中。

第二，在个人信息数据使用的环节上如何落实检察机关的监督权？作为国家法律监督机关，检察机关无异于刑事司法全程中一双时刻警醒的眼睛，监督各个程序环节依法进行；而且这双眼睛应当能够敏锐地察觉到伴随时代发展而发生的新变化，不断调整其监督重点。当信息数据技术越来越多地成为重要的办案方法之一时，检察机关便应当开始预见和关注该领域可能发生的问题。为了防止违法获取数据、滥用数据、在关涉隐私的数据上未尽保密义务等情况的发生，有学者已经提出，"需要有人来监测他们如何监测他人"。在刑事诉讼中，后一监测指的是办案者对嫌疑人的调查，前一监测则指程序监督者对办案行为的监督。在当前刑事诉讼权力分配结构下，检察机关应当承担起这一职责；检察机关的监督权在个人信息数据使用的问题上如何落实，将是规则制定者未来需要认真思考的问题。

第三，尽管法律已明确规定通过技术侦查所获取的材料可以作为证据使用，但实践中，其在法庭上作为证据出现的情况却很少，如何保障被追诉人的个人信息使用知情权以及有效质证权呢？在刑事诉讼中，就信息数据的使用而言，相当程度上，一方是透明的公民，另一方是不透明的办案机关和第三方单位。技术侦查所获取的数据材料尤其如此。除了作为一般办案规律的侦查阶段不透明性以及技术侦查秘密性以外，实践中该材料作为证据在法庭上接受质证的情况并不常见。尽管《刑事诉讼法》规定了此类材料可以作为证据使用，但由于并未要求必须接受质证，以及法律同时规定了可以由审判人员在庭外对之进行核实，实践中，许多使用了技术侦查材料的案件中，对该证据的调查是由公、检、法三家采用庭外核实的方式进行的，被告人及其辩护人对此并不知情。而技术侦查活动通常采用的是记录监

---

〔1〕《反恐怖主义法》第18条要求提供"技术接口和解密等技术支持和协助"，《网络安全法》第28条要求提供"技术支持和协助"。

控、行踪监控、通信监控、场所监控等措施，所得数据材料与侦查对象的个人隐私关系甚大。基于侦查阶段特殊性以及技术侦查方式特殊性的考虑，在侦查过程中难以满足被侦查个体对办案机关获取哪些数据以及如何分析使用该数据的知情权和质疑权，但至少应在审判阶段使这些权利得到满足，应给其机会质疑这些用于影响审判的数据的可靠性、完整性、关联性以及具体如何被分析使用等情况。并且，考虑到某些涉及具体技术的问题，获得有经验的辩护律师和有专门知识的人的帮助也是其有效行使权利的必要前提。否则，随着将来信息数据对案件结果产生的影响越来越大，被追诉人可能会在并不了解自己案件的情况下被定罪量刑。

（二）刑事诉讼构造视角下的再检视

现代刑事诉讼构造的基本内涵可以通过控审分离、裁判者中立、控辩平等三句话来描述。其中，控审分离是现代刑事诉讼构造得以初具形态的基本条件，而在裁判者中立与控辩平等两者之间，裁判者中立是保障控辩平等的基本前提。当前刑事司法实践中出现的许多新做法，使人们在为司法能力日益现代化而欣喜的同时，也在一定程度上为新实践给刑事诉讼构造带来的潜在影响而担忧。这里结合裁判者中立和控辩平等两方面稍作分析。

第一，关于裁判者中立。"十三五"期间，建成以大数据分析为核心的人民法院信息化3.0版是我国法院系统着力发展的目标之一，[1]"智慧法院"已成为各地各级法院建设的新关键词。但应当如何理解法院信息化过程中的"跨界融合"？在上文谈到的实践中的两种建设方法之中，有一种是法院与商业第三方平台联手共建，代表性做法如浙江高院2015年末与阿里巴巴集团签订战略合作框架协议，借助阿里互联网平台的云计算能力和用户数据，建立"审务云"平台，实现协查信息共享等功能。然而，法院作为国家审判机关，中立性被认为是实现其公正与权威的基本保障，因而法院通常需要保持一种超然的地位，不宜与商业运营主体轻言"联姻"。商业主体随时可能成为某具体个案中的当事人，在这样的案件中，即使法官秉公裁判，也会在公众心中留下许多质疑。

当前处在社会转型初期，互联网企业作为该时期的先锋力量，因其技术和数据掌握情况在整个社会中展现出极大优势，各个领域的话语交流平台上都可以看到互联网企业的身影，而相对应的是刑事司法机关自身的技术和数据开发尚处于起步阶段，因此，对于部分法院借助互联网企业的技术力量和数据资源发展自身审判能力的做法，在社会转型初期可以得到理解，但这种选择值得认真思考，法院信息化的过程不能失去了司法活动的基本价值立场，切莫让法院有了智慧，失了超然。

智慧法院的建设，应当自上而下，国家统筹；审判机关的智慧化过程，应当尽可能依靠国家自由的技术力量。近日，最高人民法院发布消息成立天平司法大数据

---

〔1〕《中国审判》编辑部："人民法院信息化建设五年发展规划（2016～2020年）"，载《中国审判》2016年第5期。

有限公司，由最高人民法院信息技术服务中心和中国电子科技集团公司等单位共同成立，致力于司法大数据的研究应用，全面参与"智慧法院"建设，使司法大数据更好地服务于司法审判执行。[1]我们认为，这是法院信息化过程中跨界融合的较好方式。

实际上，不仅是司法机关，任何公权力部门与商业运营实体结成长期合作关系时均应三思而后行，因为这层关系的存在会使人们质疑公权力是否值得信任。美国有研究者曾分析了谷歌当前在美国"大到不能倒"的地位，"当谷歌在网络监测方面与国土安全部门和美国国家安全局并肩作战时，它还用得着担心可能会违反反垄断条款吗？谷歌公司在监测方面的地位太重要了以至于政府要对其维护到底"。[2]"当我们进入信息时代后，政府与主流商界之间的旋转门关系越来越明显，越来越令人不安。"[3]而英国的做法值得借鉴，英国政府成立了一个专门的解密部门，用来协助警方破译加密密码。[4]

第二，关于控辩平等。建设"数字法庭"是各国刑事司法改革发展的大趋势，比如，电子档案、电子卷宗的推广使用，通过视频技术的开发实现远程讯问、远程询问，法庭之上的多媒体示证，等等。我国近年来也在这一领域进行了大量探索，本文中已有谈及。但在将科技元素用于司法活动的探索和尝试中，对有些做法的正当性可能需要进一步思考。

举一个越来越频繁地出现在各地司法之中的新型实践事例：近年来，若干地区的检察院出庭公诉远程指挥系统开始应用于刑事案件庭审。出庭公诉远程指挥系统运用网络专线视频双向联通法庭内外，实时同步传输庭审场景，实现检察院对出庭公诉的远程指挥、协助和观摩功能。[5]该系统目前在内蒙古、河北、山东、江苏、浙江、广东、海南等省均有实践，其主要功能是对公诉人进行即时后方支援：一方面，检察院可以集中多位经验丰富的检察官对庭审进行同步观察，并指导现场的公诉人如何应变，集检察机关集体智慧，帮助出庭公诉人准确应对庭审中可能出现的复杂情况；另一方面，检察院信息指挥中心的示证系统往往与法庭多媒体示证系统连接，可以在后方补充示证，将某些急需的材料迅速传给公诉人。

这种新型实践无疑会增进指控一方行使控诉职能的效果，提升有效控制和惩罚犯罪的效果。然而，这一目标却并非刑事诉讼目的的全部，而只是其中一翼。反观被告人及辩护人一方，却并无可能在庭审过程中求助于自己的智囊团。根据我国法

〔1〕 李万祥："天平司法大数据有限公司成立助力'智慧法院'建设"，载凤凰网，http://finance.ifeng.com/a/20161110/14999780_0.shtml，最后访问时间：2016年11月11日。

〔2〕 ［美］弗兰克·帕斯奎尔：《黑箱社会》，赵亚男译，中信出版集团2015年版，第71页。

〔3〕 ［美］弗兰克·帕斯奎尔：《黑箱社会》，赵亚男译，中信出版集团2015年版，第280页。

〔4〕 ［英］约翰·帕克：《全民监控：大数据时代的安全与隐私困境》，关立深译，金城出版社2015年版，第257页。

〔5〕 刘品新：《网络时代刑事司法理念与制度的创新》，清华大学出版社2013年版，第88页。

庭的相关规则，法庭中的全体人员均不能"拨打或接听电话"，也不能"对庭审活动进行录音、录像、拍照或使用移动通信工具等传播庭审活动"，自 2016 年 5 月 1 日起施行的《人民法院法庭规则》亦如此规定。这意味着法庭之上的人员就庭审内容与外界即时联系的做法并没有相关依据的支持。刑事诉讼构造中的控辩平等，在审判环节应当得到最佳体现。之所以将"审判"作为刑事诉讼的"中心"，是因为这是一个控辩双方能够在中立第三方面前进行平等对抗的阶段，是公开度、透明度最大的阶段，也是最能饱满地体现刑事诉讼等腰三角形构造的阶段。对于控辩双方而言，法庭是一个相对封闭的对抗空间。在法庭之外，控方因是国家机关而具有力量上的天然优势，这种力量优势不宜在法庭之上得以继续延伸，否则便可能妨害控辩平等的实现。

值得大家注意的是，许多国家在其法庭技术化改造改革指南性文件中，强调了法庭技术受益方的普遍性，而并非法庭通过提供便利使某一方获益。比如，《2015 年美国联邦司法战略计划》谈到运用科技助力法庭建设的目的在于识别并满足当事人及公众的需求，为其获取信息、服务和接近司法提供帮助，增进当事人对司法的信任；[1]再如，《2016 年英格兰及威尔士大法官司法报告》中提到在所有刑事法庭中安装无线网络以便当事人、辩护人及其他诉讼参与人就电子案卷等证据材料与法庭交流。[2]实际上，早在 20 世纪末互联网科技较多适用于司法界之初，便有相关研究者就类似问题表达了关切。例如，美国司法部司法项目办公室 1999 年发布的一项实证调研结果表明，公设辩护人的技术装备和技术操作水平远低于公诉人、警察、缓刑官等，该报告建议给公设辩护人配备必要的技术工具，以便其能够更好地服务于被告人。[3]

三、信息时代刑事司法制度之未来展望

我们的许多不安与不适，源自当前所处的这种状态——信息数字技术升级带来的生存环境急速变化，知识更迭的速度难以想象，以至于我们的认知以及知识结构尚未来得及跟进与适应。当这种不同步状态达到一定程度时，人们便会陷入不确定性带来的惶恐。凯文·凯利在其新作《必然》中对此作出了估算：我们发明新事物的速度已经超出了我们"教化"这些新事物的速度。今天，一项科技问世之后，我们需要大约十年的时间才能对其意义和用途建立起社会共识。[4]在社会宏伟转型的前夜，不可避免地会有各种观点的激烈碰撞与交锋，也会更加经常地看见不同领域的学者和专家共聚一堂，各抒己见。我们认为：

---

〔1〕 See Issue 4, Strategic Plan for the Federal Judiciary, September 2015.

〔2〕 See Judiciary of England and Wales, *The Lord Chief Justice's Report 2016*, p. 15.

〔3〕 Office of Justice Programs, US Department of Justice, Indigent Defense and Technology: A Progress Report, November 1999, p. 15.

〔4〕 ［美］凯文·凯利：《必然》，电子工业出版社 2016 年版，第Ⅶ页。

第一，信息时代的到来是人类社会的进步，应当顺势而为，拥抱新科技带给人类的便利和进步，不必畏首不前或对数字科技表示否定，但也不必过度夸大新科技力量的影响力边界和神秘性。自然科学的迅猛发展的确给人类社会带来了许多意想不到的改变，但人类自身却并非只能消极无为，恰恰相反，作为社会生活的主体，我们可以通过制度设计来缓冲和应变，并使自然科学的发展更好地服务于我们的生活，这正是社会科学的重要功能。作为程序法学者，我们尤其认为，信息时代呼吁决策者重新思考和发掘程序的意义与价值，在解决问题的过程中，注意发挥程序的功能，运用好程序的缓冲作用，将尚处于人类逐渐了解与认知中的新问题纳入个案决定范围，而非简单地通过普遍性规范直接加以规定。一方面，可以通过程序来限定权力的范围，使其不会恣意扩张。比如，用于裁判个案的数据（而非进行犯罪预防等社会政策研判）宜根据取证程序进行个案获取，而非通过刑事司法机关与商业运营主体的"一揽子"合作协议任意获取。另一方面，也可以通过进入个案程序来审慎地观察新型权利在运用中的合理边界，使其不会绝对化或过于偏激。例如，在谷歌诉西班牙数据保护局和马里奥·格斯蒂亚·冈萨雷案中，欧洲法院认为，被遗忘权并非一项绝对权利，其实施应当坚持个案判断原则，由法官在网络运营者的合法利益与公民个人利益之间作出权衡和选择。[1]

第二，在刑事司法制度理论与实践领域，要注意分析刑事司法领域与其他领域的共性与特性，坚守刑事司法基本理念和价值目标，以此作为研究与分析问题的基本标准。一方面，控制犯罪是刑事司法的基本目标之一，公共安全与秩序是刑事司法价值立场的重要组成部分，所以，其他领域所讨论的有关个人信息控制权、被遗忘权等理论不能直接套用于刑事司法领域，而应结合刑事司法特性进行一定的理论重塑。这一点在司法实践中已经得到认可，比如欧盟在解释被遗忘权时表示，该权利的设计并非旨在使罪犯能够逃脱惩罚。[2]另一方面，与其他领域一样，保障人权也是刑事司法活动的基本目标之一，要通过合理提升刑事司法的透明度并通过制度设计来增进透明度质量，防止刑事司法过程在信息时代成为帕斯奎尔笔下的"黑箱"（black box），因为黑箱里的人们处于一种一无所知的情形状态，而这种状态正是刑事诉讼基本理念所反对和致力于改变的。刑事司法活动并不是要把我们的社会变成"数字圆形监狱"。[3]

第三，数据分析技术包括大数据分析与小数据分析，两者解决问题的对象不同，应注意界分两类数据分析方法在刑事司法中的不同领域，避免"泛大数据化"

---

〔1〕 European Commission, Factsheet on the "Right to be Forgotten" Ruling（C-131/12），p. 4.

〔2〕 European Commission, Factsheet on the "Right to be Forgotten" Ruling（C-131/12），p. 4.

〔3〕 "圆形监狱"是边沁提出的建筑学构想，在这样的监狱建筑中，囚徒不知是否被监视以及何时被监视，因而不敢轻举妄动，从心理上感觉到自己始终处于被监视的状态，时时刻刻迫使自己循规蹈矩。当代学者在讨论无所不在的数字监控时，往往会将之喻为"数字圆形监狱"。

的应用倾向。有研究者认为，在司法统计基础上发展起来的大数据分析更有可能加强各级法院整体上的能动性，而非在个案中提供指引。[1]的确，大数据不是万能的，这主要体现于两方面：一是大数据的运行基础是海量数据，往往优劣掺杂，数据量的大幅增加会造成结果的不准确，因此大数据在一定程度上允许放弃结果的准确性，"大数据不仅让我们不再期待精确性，也让我们无法实现精确性"[2]；二是大数据的分析结果所体现的"仅仅是相关关系，而非因果关系"，[3]有研究表明，"在很多问题中，大数据无法确切地建立变量之间的因果关系，有时候甚至会导致虚假的因果关系"。[4]因此，大数据的应用领域主要是预测事物发展方向和态势分析等宏观方面。在刑事司法与执法相关活动中主要体现为犯罪发展态势研判、司法统计分析、审判动态研究等。至于具体个案的刑事诉讼活动，要求达到排除合理怀疑的证明标准，对事实认定的准确性有很高要求，因而通常不宜将大数据分析获得的结果直接适用于个案裁判。当前许多被认为是用大数据分析侦破的具体案件，实际上是在大数据时代背景下运用小数据分析的方法来侦破的。小数据分析是以具体个体为对象进行的全方位数据挖掘，有学者认为它是我们"每个个体的数字化信息"。[5]作为小数据分析基础的数据量未必小，"小"指的是数据分析所选择的范围集中于案件潜在关系人，其分析强调精准和因果关系。[6]在刑事个案这一微观层面，小数据可以为具体案情的认定提供帮助。

第四，应当看到，科技进步有助于加强刑事司法活动发现真相的能力。DNA检测技术便是典型例证，"包含细胞核 DNA 的人类生物学证据特别具有价值，因为它们有可能在刑事司法活动可接受的可靠性程度基础上将特定的个人和此类证据联系起来"。[7]承载着生命个体核心编码的 DNA 是重要的人体生物信息，DNA 数据库是许多国家刑事司法办案数据平台的组成部分。近年来，该领域的新发展进一步增强了刑事办案机关发现真相的能力，例如 2016 年夏天破获白银连环奸杀案的关

---

〔1〕 胡凌："用好大数据提升法院工作能力"，载《人民法院报》2016 年 4 月 14 日，第 5 版。

〔2〕 ［英］维克托·舍恩伯格、肯尼思·库克耶：《大数据时代：生活、工作与思维的大变革》，盛杨燕、周涛译，浙江人民出版社 2013 年版，第 56 页。

〔3〕 ［英］维克托·舍恩伯格、肯尼思·库克耶：《大数据时代：生活、工作与思维的大变革》，盛杨燕、周涛译，浙江人民出版社 2013 年版，第 81 页。

〔4〕 唐文方："大数据与小数据：社会科学研究方法的探讨"，载《中山大学学报（社会科学版）》2015 年第 6 期。

〔5〕 闵应骅、李斐然："大数据时代聊聊小数据"，载《中国青年报》2014 年 4 月 16 日，第 11 版。

〔6〕 沈小根："大数据正在改变你我"，载《人民日报》2014 年 6 月 6 日，第 12 版。

〔7〕 美国国家科学院国家研究委员会：《美国法庭科学的加强之路》，王进喜译，中国人民大学出版社 2012 年版，第 132 页。

键技术便是 DNA 的 Y-STR 检测技术，[1]使得 28 年的悬案终得尘埃落定。情况同样发生于当前信息数据科技飞速发展的若干其他领域之中，各种电子数据在占据犯罪总量比例日渐攀升的网络犯罪等新型犯罪中的关键作用自不待言，即使在传统犯罪中，网页搜索记录、各类在线通信记录、GPS 定位信息、基站位置查询信息等数据也开始发挥重要的线索和证据功能。[2]一系列新型证据的涌现使得刑事司法活动发现真相的能力大为提升，并至少会在两个层面产生效果：效果之一是有助于降低"疑案"的数量。不枉不纵才是刑事司法的理想境界，放纵犯罪绝不是刑事司法的初衷。疑罪从无的制度设计，一方面体现出人权保障的力度，宁可错放、不可错罚；但另一个方面，一定程度上也是人类在发现真相能力不足的情况下，在制度设计层面上作出的次优选择。效果之二是推进刑事司法文明的不断进步。在人类历史的漫漫长河中，刑讯逼供等暴力取证方式经历了从合法手段到非法手段的发展过程，刑事司法从早期的野蛮粗暴不断走向文明进步。期间产生巨大助推作用的，除了人权意识的逐渐觉醒之外，还有科技发展所带来的人类认知事物能力的提高。发现真相能力的增强，使得被追诉人可以不再是办案者获知案情的主要来源，办案者的关注点逐渐从言词证据转向实物证据，各种可靠性获得验证的物证科技在法定正当程序的规范之下日渐广泛地应用于刑事司法，对被追诉人口供的依赖可望降低。

---

〔1〕 白银连环奸杀案，又称甘蒙"8.05"系列强奸杀人残害女性案，犯罪人高承勇从 1994 年到 2002 年在甘肃白银和内蒙古包头共实施了 11 起强奸杀人犯罪，但警方一直未能排查出此人。2016 年高承勇远房堂叔涉嫌犯罪，警方获取其 DNA 并使用 Y-STR 检测技术，把高承勇所在的家族与 20 余年悬而未破的连环杀人案联系到了一起，找到了隐匿 28 年的高承勇。

〔2〕 以典型的传统犯罪行为"故意杀人"为例，在"北大法宝司法案例数据库"收录的万余份故意杀人案判决中，提取各类在线聊天记录（包括微信、微博、QQ、语音等）作为证据的有 145 个案件，提取手机短信作为证据的有 205 个案件，另外还有 30 个案件使用了基站位置数据、28 个案件使用了 GPS 数据、3 个案件使用了电脑调取的网页搜索记录。这些是将数据信息用作证据的情况，实践中将数据信息用作办案线索的案件量更大。

刑事诉讼法修正草案:完善刑事诉讼制度的新成就和新期待[1]

2018年5月9日,中国人大网公布了《中华人民共和国刑事诉讼法(修正草案)》(以下简称修正草案),正式向社会公众征求意见。全国人大常委会以修正案的方式对刑事诉讼法进行修改,顺应了近期国家监察体制改革和党的十八大以来司法改革的需要。最近通过的《宪法修正案》和《监察法》确立了新的国家监察制度,其中许多重大问题涉及与《刑事诉讼法》的衔接;党的十八大以来反腐败工作的强有力开展(包括境外追逃追赃工作的开展)需要《刑事诉讼法》作出相应的调整尤其是建立缺席审判制度。此外,新一轮的司法改革深入发展并已经取得重大成果,例如认罪认罚从宽制度和速裁程序的试点工作取得了明显的成绩,这些成果也需要通过《刑事诉讼法》的修改加以确认。在这种背景下,及时对《刑事诉讼法》进行修改显得十分必要。

需要指出的是,此次《刑事诉讼法》的修改工作由全国人大常委会进行。根据《立法法》第7条的规定,全国人大常委会虽然有权对《刑事诉讼法》进行补充和修改,但只能进行部分补充和修改,且不得同《刑事诉讼法》的基本原则相抵触。[2]因此,此次修改《刑事诉讼法》不能涉及过多的内容。从修正草案的内容来看,此次修改主要涉及三大问题,即《监察法》所确定的新型监察制度与刑事诉讼制度的衔接机制问题、刑事缺席审判制度的构建问题以及认罪认罚从宽制度和速裁程序的立法问题。我们拟对上述三个问题进行逐一论述,以期对推进《刑事诉讼法》的修改有所裨益。

一、关于《刑事诉讼法》与《监察法》的衔接问题

此次修正草案共24条,其中涉及与监察法衔接的规定共7条(即第2条、第5条、第6条、第8条、第10条、第12条、第13条),主要涉及检察机关侦查权与监察机关调查权的衔接;《刑事诉讼法》关于侦查期间辩护律师会见经许可、指定

---

〔1〕 原载《中国刑事法杂志》2018年第3期,与肖沛权合著。

〔2〕《立法法》第7条规定:"全国人民代表大会和全国人民代表大会常务委员会行使国家立法权。全国人民代表大会制定和修改刑事、民事、国家机构的和其他的基本法律。全国人民代表大会常务委员会制定和修改除应当由全国人民代表大会制定的法律以外的其他法律;在全国人民代表大会闭会期间,对全国人民代表大会制定的法律进行部分补充和修改,但是不得同该法律的基本原则相抵触。"

居所监视居住、采取技术侦查措施的规定中有关贪污贿赂犯罪内容的修改，关于"侦查"定义表述的修改；有关检察机关对监察机关移送的案件的审查起诉；留置措施与刑事强制措施之间的衔接机制等。以下就上述内容有重点地加以论述。

（一）检察机关侦查权与监察机关调查权的衔接

我国现行《刑事诉讼法》第18条第2款规定："贪污贿赂犯罪，国家工作人员的渎职犯罪，国家机关工作人员利用职权实施的非法拘禁、刑讯逼供、报复陷害、非法搜查的侵犯公民人身权利以及侵犯公民民主权利的犯罪，由人民检察院立案侦查。对于国家机关工作人员利用职权实施的其他重大的犯罪案件，需要由人民检察院直接受理的时候，经省级以上人民检察院决定，可以由人民检察院立案侦查。"由此可见，按照现行《刑事诉讼法》的规定，职务犯罪由检察机关行使侦查权，这也就是我们通称的自侦案件。但是，《监察法》改变了《刑事诉讼法》的规定，明确将所有行使公权力的公职人员的职务犯罪的调查权归于监察委员会，[1]即《监察法》第11条规定："监察委员会依照本法和有关法律规定履行监督、调查、处置职责：……（二）对涉嫌贪污贿赂、滥用职权、玩忽职守、权力寻租、利益输送、徇私舞弊以及浪费国家资财等职务违法和职务犯罪进行调查；……"为保证监察工作的顺利开展，《监察法》还赋予监察机关十四项具体的调查职权，即谈话、讯问、询问、查询、冻结、调取、查封、扣押、搜查、勘验检查、鉴定、留置、技术调查与通缉等，此外还包括限制出境等措施。这意味着检察机关的职务犯罪侦查权已经转隶至监察机关，而且侦查措施也转为调查措施。职务犯罪的侦查权从检察机关转隶至监察机关后，必然要求《刑事诉讼法》修改与之相适应。

为了使《刑事诉讼法》与《监察法》进行有效的衔接，此次修正草案及时对人民检察院的侦查案件范围作出调整，即第2条规定："将第十八条改为第十九条，第2款修改为：'人民检察院在对诉讼活动实行法律监督中发现司法工作人员利用职权实施的非法拘禁、刑讯逼供、非法搜查等侵犯公民权利、损害司法公正的犯罪，可以由人民检察院立案侦查。对于公安机关管辖的国家机关工作人员利用职权实施的其他重大的犯罪案件，需要由人民检察院直接受理的时候，经省级以上人民检察院决定，可以由人民检察院立案侦查。'"这解决了《刑事诉讼法》与《监察法》的冲突，确保职务犯罪调查工作在法治框架内开展，保障国家监察体制改革顺利进行，保证社会主义法制的统一性和权威性。

需要指出的是，此次刑事诉讼法修改作出调整时，规定了检察院在诉讼活动法律监督中发现司法工作人员利用职权实施的非法拘禁、刑讯逼供、非法搜查等侵犯公民权利、损害司法公正的犯罪的侦查权，亦即将上述犯罪案件的侦查权返还给检

---

〔1〕 笔者认为，监察委员会对涉嫌职务犯罪者的调查采取措施的力度与《刑事诉讼法》规定的侦查基本一致，有的甚至加强了。

察机关。这样规定有利于国家机关权力的合理配置，有利于检察机关、监察机关之间的配合与制约，也符合检察机关作为《宪法》规定的国家法律监督机关的定位。

（二）留置措施与刑事强制措施之间的衔接机制

按照现行《刑事诉讼法》规定，人民检察院对自侦案件中的犯罪嫌疑人可采取的强制措施有五种（拘传、取保候审、监视居住、拘留、逮捕）。但是按照《监察法》的规定，监察委员会在对职务犯罪进行调查期间限制人身自由的措施只是单一的留置。在留置的案件中，移送检察院后就涉及留置与刑事强制措施的接轨问题。修正草案对留置措施与刑事强制措施之间的衔接机制作出了规定，即第 12 条规定："对于监察机关采取留置措施的案件，人民检察院应当对犯罪嫌疑人先行拘留，留置措施自动解除。人民检察院应当在拘留后的 10 日以内作出是否逮捕、取保候审或者监视居住的决定。在特殊情况下，决定的时间可以延长 1 日至 4 日。"对于本条规定，我们表示赞同。第一，既然在调查阶段已经被留置，移送检察院之后应当先行拘留以利于审查，审查期限严格限制在 10~14 日，这是合适的。第二，审查之后，由人民检察院独立作出是否采取逮捕、取保候审或者监视居住的决定，这保证了人民检察院根据《刑事诉讼法》的规定独立决定是否采取强制措施、采取何种强制措施的权力，不受《监察法》的约束。

二、关于刑事缺席审判制度

（一）确立刑事缺席审判制度的意义

为了加强境外追逃工作的力度和手段，《刑事诉讼法修正草案》正式建立了刑事缺席审判制度。刑事缺席审判制度是指即使在被告人本人不到庭的情况下，司法机关也可以照样按照程序，依法起诉、审判，并在证据确凿的情况下，依法判决其有罪。[1]有学者早在 2006 年就提出应当建立刑事缺席审判制度，并就具体的制度安排提出了自己的见解。[2]此次修正草案适时确立刑事缺席审判制度，对打击重大腐败犯罪、追回外逃赃款具有重大现实意义。这是刑事诉讼法修改的创新之举。

第一，确立刑事缺席审判制度有助于补强违法所得没收程序。针对时下腐败犯罪分子为逃避法律制裁而将赃款转移外逃的现象，为了有效惩治腐败犯罪，2012 年《刑事诉讼法》增设了犯罪嫌疑人、被告人逃匿、死亡案件违法所得的没收程序。这在一定程度上弥补了《刑事诉讼法》在打击腐败犯罪程序滞后的缺陷。但是，违法所得没收程序只是针对违法所得等涉案财产所进行的裁定，而不对缺席的犯罪嫌疑人、被告人的人身刑进行判处，因此关于违法所得的裁定在犯罪嫌疑人、被告人归案后有可能被推翻。因此，有必要对犯罪嫌疑人、被告人的人身刑进行判处，建立刑事缺席审判制度就有其必要性。

---

〔1〕 陈光中、胡铭："《联合国反腐败公约》与刑事诉讼法再修改"，载《政法论坛》2006 年第 1 期；王新清、卢文海："论刑事缺席审判"，载《中国司法》2006 年第 3 期。

〔2〕 陈光中、胡铭："《联合国反腐败公约》与刑事诉讼法再修改"，载《政法论坛》2006 年第 1 期。

第二，确立刑事缺席审判制度也能使我国与联合国反腐败公约的规定相融合与衔接。我国早在 2005 年批准了《联合国反腐败公约》。《联合国反腐败公约》第 57 条第 3 款第（2）项规定："对于本公约所涵盖的其他任何犯罪的所得，被请求缔约国应当在依照本公约第五十五条实行没收后，基于请求缔约国的生效判决，在请求缔约国向被请求缔约国合理证明其原对没收的财产拥有所有权时，或者当被请求缔约国承认请求缔约国受到的损害是返还所没收财产的依据时，将没收的财产返还请求缔约国，被请求缔约国也可以放弃对生效判决的要求"。由此可见，对于外逃资产的追回，原则上要求有对犯罪人定罪的生效裁判。虽然按照上述规定被请求缔约国也可以放弃对生效判决的要求，但是如果被请求国坚持此要求才予以合作，那么我国如果不满足这一要求，在追回外逃资产上就会非常被动。事实上，司法实践中不少西方国家就是以没有"已经生效的裁判"为由拒绝我国追回外逃资产的合理请求。[1]尽管 2012 年《刑事诉讼法》增设了违法所得的没收程序，但由于违法所得没收程序的裁定只针对违法所得本身，而不涉及被告人的定罪问题，从裁判权威性的角度来看，其权威性必然不如法院对被告人所作的定罪判决，被请求国仍然很有可能以没有"已经生效的有罪判决"为由拒绝配合我国的合理请求。由此可见，确立刑事缺席审判制度是扫除追回外逃资产的障碍的需要，使我国向被请求国提出的追回外逃资产要求有了真正的权威依据，有助于更好地打击腐败犯罪，加强追回外逃资产的国际合作。

（二）关于三种类型刑事缺席审判的立法技术处理问题

明确刑事缺席审判制度的适用范围是正确适用刑事缺席审判制度的基础前提。过去，学界针对刑事缺席审判的适用范围存在较大分歧。有学者认为刑事缺席审判制度既可以适用于轻微刑事案件，也可以适用于被告人经合法传唤无正当理由拒不到庭的或者已经潜逃的刑事案件。[2]毫无疑问，作为对席审判制度的重要补充，刑事缺席审判制度应当设置在合理的适用范围内，以降低因缺席审判对司法公正所带来的克减。此次修正草案第 24 条明确规定了缺席审判的三种情况。第一种是，"第二百九十一条对于贪污贿赂等犯罪案件，犯罪嫌疑人、被告人潜逃境外，监察机关移送起诉，人民检察院认为犯罪事实已经查清，证据确实、充分，依法应当追究刑事责任的，可以向人民法院提起公诉。人民法院进行审查后，对于起诉书中有明确的指控犯罪事实的，应当决定开庭审判。"尔后规定了完善的权利保障机制（详述见下文）。最后再将后两种缺席审判类型规定在第 296 条、第 297 条："由于被告人患有严重疾病，无法出庭的原因中止审理超过 6 个月，被告人仍无法出庭，被告人及其法定代理人申请或者同意继续审理的，人民法院可以在被告人不出庭的

---

〔1〕 张毅："论《打击跨国有组织犯罪公约》和《反腐败公约》与我国刑事诉讼制度改革"，载《21 世纪域外刑事诉讼立法最新发展》，中国政法大学出版社 2004 年版，第 70 页。

〔2〕 王新清、卢文海："论刑事缺席审判"，载《中国司法》2006 年第 3 期。

情况下缺席审理，依法作出判决"；"被告人死亡的，人民法院应当裁定终止审理；但有证据证明被告人无罪，人民法院经缺席审理确认无罪的，依法作出判决。人民法院按照审判监督程序重新审判的案件，被告人死亡的，人民法院可以缺席审理，依法作出判决"。

从立法技术来看，修正草案采取的立法模式是"类型（一）——权利保障机制——类型（二）、（三）"。毋庸讳言，此种立法技术难免让人产生权利保障机制是适用于第一种缺席审判类型还是适用于所有缺席审判类型的疑问。更甚的是，在规定了贪腐案件犯罪嫌疑人、被告人潜逃境外案件缺席审判及权利保障机制之后，再规定其他类型的缺席审判，前后逻辑欠之缜密，有突兀之感。因此，我们认为应当对不同缺席审判类型的顺序进行调整。具体而言，建议新增的第五编第三章缺席审判中可以只规定第一种缺席审判。第 296 条中止后缺席审判的，可以写到《刑事诉讼法》第一审程序第 200 条关于中止审理的规定之后。第 297 条第 1 款规定有证据证明被告人无罪的缺席审判，应当纳入现行《刑事诉讼法》第 15 条，同时"有证据证明被告人无罪"的表达有欠缺，缺乏疑罪从无的精神，应当改为"证明被告人有罪缺乏确实、充分证据的，应当缺席审判，作出无罪判决"。因此，将第 15 条第 5 项改为"犯罪嫌疑人、被告人死亡的；但是如果证明被告人有罪缺乏确实、充分证据的，应当缺席审判，作出无罪判决"。第 297 条第 2 款规定被告人死亡后的缺席审判，应该放在《刑事诉讼法》审判监督程序中，并建议将其修改为"人民法院按照审判监督程序重新审判的案件，被告人死亡的，对于有利于被告人的案件，人民法院应当缺席审理，依法作出判决"。惟有如此，才能使三种缺席审判的情形规定得更加合理。

（三）关于刑事缺席审判中的权利保障问题

刑事缺席审判涉及被告人的程序参与性权利的剥夺问题。我们知道，刑事诉讼涉及对被告人人身权利、财产权利的限制乃至剥夺。对被告人而言，出席庭审是其一项重要的诉讼权利。被告人只有出席法庭，才能有效行使自己的辩护权、与不利于自己的证人对质权、最后陈述权等诉讼权利。这些诉讼权利正是正当程序的基本要求。一旦缺席审判，被告人将无法行使上述权利。这正是刑事缺席审判制度在我国长期以来没有被建立的原因。然而，"根据联合国人权事务委员会在'审理'有关'案件'中所发表的'意见'，在被告人已经被给予一切必要的通知，包括告知审判时间和地点等，以及被要求出席法庭审判，但被告人自己却决定不出席审判的情况下，进行刑事缺席审判并不违背公民权利与政治权利国际公约第 14 条第 3 款丁项关于出席法庭审判权的规定"。[1]因此，建立刑事缺席审判制度具有理论基础，但必须坚持惩罚腐败犯罪与保障被告人人权相平衡的原则。

应当看到，修正草案在构建缺席审判制度时已经相当重视被告人权利的保障问

---

〔1〕 陈光中、胡铭："《联合国反腐败公约》与刑事诉讼法再修改"，载《政法论坛》2006 年第 1 期。

题，不仅明确规定了犯罪嫌疑人、被告人潜逃境外缺席审判的具体程序，如规定由犯罪地或者被告人居住地的中级人民法院组成合议庭进行审理、人民法院通过司法协助方式或者受送达人所在地法律允许的其他方式，将传票和起诉书副本送达被告人以及对违法所得及其他涉案财产作出处理等（修正草案第 24 条），[1] 而且从多方面对被告人的诉讼权利进行充分保障。具体来说，主要体现在以下三个方面：第一，对刑事缺席审判的案件实行强制法律援助辩护制度。根据修正草案第 24 条的规定，对于缺席审判的案件，被告人及其近亲属没有委托辩护人的，人民法院应当通知法律援助机构指派律师为其提供辩护。换言之，尽管被告人缺席审判，但是其辩护人一定在法庭上为其提供辩护。第二，赋予了被告人异议权。为了有效保障被告人的诉讼权利，修正草案第 24 条明确规定："罪犯在判决、裁定发生法律效力后归案的，人民法院应当将罪犯交付执行刑罚。交付执行刑罚前，人民法院应当告知罪犯有权对判决、裁定提出异议。罪犯对判决、裁定提出异议的，人民法院应当重新审理。"第三，赋予了被告人及其近亲属独立的上诉权。为了最大限度地维护被告人的合法权益，保障公正的缺席判决能够形成，修正草案第 24 条规定："……人民法院应当将判决书送达被告人及其近亲属、辩护人。被告人或者其近亲属不服判决的，有权向上一级人民法院上诉。辩护人经被告人或者其近亲属同意，可以提出上诉。"

需要指出的是，从修正草案第 24 条的内容来看，对被告人及其近亲属独立的上诉权规定得过于笼统，不利于准确执行。实践中可能造成不管被告人本人是否能够正常表达，也不管其是否有明确表示不上诉，其近亲属都有权独立提起上诉的情况，这显然不符合常理。我们知道，缺席审判旨在追究被告人的刑事责任。试想，如果被告人是正常的成年人，且其已经明确表示不上诉，这表明被告人愿意接受惩罚，这种情况下还允许其亲属有权独立提起上诉，则明显违背被告人的意愿，也不利于诉讼效率的提高。因此，我们建议，在赋予被告人近亲属独立上诉权的同时，对其行使独立上诉权作出限制，即将被告人近亲属独立上诉权的行使限制在"被告人无法正常表达上诉意愿或者没有表示是否上诉"的情况。具体而言，将"被告人或者其近亲属不服判决的，有权向上一级人民法院上诉"改为"被告人不服判决，或者其近亲属不服判决且被告人无法正常表达或者没有表示的，有权向上一级人民法院上诉"。

---

〔1〕《中华人民共和国刑事诉讼法（修正草案）》第 24 条规定："前款案件，由犯罪地或者被告人居住地的中级人民法院组成合议庭进行审理。第二百九十二条人民法院应当通过有关国际条约中规定的司法协助方式或者受送达人所在地法律允许的其他方式，将传票和人民检察院的起诉书副本送达被告人。被告人收到传票和起诉书副本后未按要求归案的，人民法院应当开庭审理，依法作出判决，并对违法所得及其他涉案财产作出处理。"

三、关于完善刑事案件认罪认罚从宽制度

修正草案在总结认罪认罚从宽制度试点经验的基础上，创新性地将认罪认罚从宽制度作为刑事诉讼基本原则写入法典，使认罪认罚从宽制度成为贯穿刑事诉讼全过程的指导性准则，是我国刑事诉讼制度进一步现代化、高效化的重要标志。关于认罪认罚从宽制度问题，我们仅就认罪认罚从宽制度的适用范围、辩护权的保障以及证明标准等问题作探讨。

（一）关于认罪认罚从宽制度的适用范围问题

在认罪认罚从宽制度的适用范围上，修正草案与《关于在部分地区开展刑事案件认罪认罚从宽制度试点工作的办法》（以下简称《试点办法》）的规定保持一致，即第 1 条规定："犯罪嫌疑人、被告人自愿如实供述自己的罪行，对指控的犯罪事实没有异议，同意量刑建议，签署具结书的，可以依法从宽处理。"从条文内容来看，认罪认罚从宽制度并没有限制适用的案件范围。换言之，轻罪案件和重罪案件甚至是可能被判处死刑的案件都可以适用认罪认罚从宽制度。

需要指出的是，过去的试点工作中，实务部门往往采取较为保守的做法，把适用范围限于轻罪案件。这种限制显然与该制度鼓励犯罪嫌疑人、被告人认罪认罚的价值目标不相符。此次修正草案保持与《试点办法》一致的规定，实施中也存在实践部门将范围限于轻罪案件之虞。因此，我们认为，实践部门要有更宽广的思路，将认罪认罚从宽制度同时适用于轻罪案件和重罪案件乃至可能被判处死刑的案件。过去，有学者担心重罪案件协商从宽会损害司法的公正。[1]这种担心有一定的合理性，但失之偏颇。我们知道，认罪认罚从宽制度旨在鼓励犯罪嫌疑人、被告人真诚悔罪、认罪。原则上在所有案件，包括可能被判处无期徒刑、死刑在内的重罪案件中，犯罪嫌疑人、被告人都可以真诚悔罪、认罪。如果不鼓励重罪案件认罪认罚，那么更容易激化犯罪嫌疑人、被告人与公权力机关之间的矛盾，不利于重罪案件的及时合理处理，也不利于贯彻"严格控制和慎重适用死刑"的刑事政策。当然，我们并非主张所有可能被判处死刑的案件都一律适用，相反，可能判处死刑的案件要适用认罪认罚从宽制度，必须具有可以不杀的因素，例如，案件是因婚姻家庭、邻里纠纷等民间矛盾激化所引发的，等等。

（二）关于认罪认罚从宽制度辩护权保障问题

认罪认罚从宽制度以犯罪嫌疑人、被告人自愿如实供述自己的罪行，对指控的犯罪事实没有异议，愿意接受处罚为基础，故而必须采取有效措施保障犯罪嫌疑人、被告人认罪认罚的自愿性。为此，修正草案明确规定了包括认罪认罚案件在内的所有案件实行值班律师制度，即第 4 条规定："法律援助机构可以在人民法院、人民检察院、看守所派驻值班律师。犯罪嫌疑人、被告人没有委托辩护人，法律援

---

〔1〕 唐亚南："司法改革背景下刑事诉讼制度的完善"，载《人民法院报》2017 年 11 月 29 日。

助机构没有指派律师为其提供辩护的，由值班律师为犯罪嫌疑人、被告人提供法律咨询，程序选择建议，代理申诉、控告，申请变更强制措施，对案件处理提出意见等辩护。"

较之以前的《试点办法》[1]，修正草案虽然增加列举了两项帮助（即"代理申诉、控告"和"对案件处理提出意见"），但是把值班律师在认罪认罚案件中提供的上述法律帮助界定为"辩护"是不恰当的，其充其量只具有某些辩护的因素，不能将之完全等同于真正的辩护。这是因为：从内容来看，刑事辩护有着三项核心权利，即阅卷权、会见权和出庭辩护权。但是，值班律师在认罪认罚案件中并不享有上述权利，倘若将不享有上述三项权利的值班律师在认罪认罚案件中提供的帮助看作辩护行为，则会降低辩护的标准，显然不符合刑事辩护的基本要求。因此，不能将值班律师提供的上述帮助界定为"辩护"行为。基于不降低法律辩护的内涵和标准的需要，应当将修正草案第 4 条中的"辩护"回归为"法律帮助"的表述。

如前所述，认罪认罚从宽制度的适用范围包括轻罪案件和重罪案件乃至是可能判处死刑的案件，因而认罪认罚案件除了适用速裁程序审理的以外，其他通常都是三年以上的，这些案件仅有值班律师提供的"法律帮助"，很难满足维护被追诉人合法权益的需要。在司法实践中，犯罪嫌疑人通常缺乏法律知识，其在与检察机关进行量刑协商时往往很难判断量刑建议的合理性，倘若值班律师只提供上述法律帮助而缺乏阅卷等重要权利，其法律帮助只会大打折扣，不仅难以达到较好效果，而且容易导致值班律师沦为只是签署认罪认罚具结书时的见证人地位。因此，在可能判处三年以上有期徒刑的认罪认罚案件中，应当有正式的刑事法律援助辩护律师的介入（不是值班律师）。惟有如此，才能真正实现刑事法律援助辩护全覆盖，切实维护犯罪嫌疑人、被告人的合法权益。

我们认为，"对可能判处三年有期徒刑以上刑罚的认罪认罚案件应当提供刑事辩护法律援助全覆盖"具有现实达到的可能性。据有关统计数据显示，"我国刑事案件判处 3 年有期徒刑以下的占 80% 左右。而在约 20% 的比例中，还有一部分是自行委托辩护人的。实际上需要予以提供刑事辩护法律援助的仅有百分之十几"。[2] 随着我国国家财政实力的不断增强，加之律师队伍逐年壮大，国家的财政完全具有负担上述案件刑事辩护法律援助的能力。求证司法实践，已有省份对可能判处 3 年

---

〔1〕《关于在部分地区开展刑事案件认罪认罚从宽制度试点工作的办法》第 5 条第 3 款规定："犯罪嫌疑人、被告人自愿认罪认罚，没有辩护人的，人民法院、人民检察院、公安机关应当通知值班律师为其提供法律咨询、程序选择、申请变更强制措施等法律帮助。"

〔2〕 陈光中、张益南："推进刑事辩护法律援助全覆盖问题之探讨"，载《法学杂志》2018 年第 3 期。

有期徒刑以上刑罚的案件实行刑事辩护法律援助，并取得较好效果。[1]由此可见，"对可能判处 3 年有期徒刑以上刑罚的认罪认罚案件应当提供刑事辩护法律援助全覆盖"并非脱离现实的要求。

同时，对可能判处 3 年有期徒刑以上刑罚的认罪认罚案件应当提供刑事辩护法律援助全覆盖也符合世界法治国家的通行做法。放眼域外，可能判处 3 年以上有期徒刑的被追诉人有权获得法律援助辩护是世界法治国家刑事司法的底线要求。如在美国，任何人只要出不起律师费都可得到刑事法律援助辩护。[2]又如在德国，一般对最低刑为 1 年或 1 年以上自由刑的重罪案件必须有辩护人参加诉讼为其提供法律援助。[3]再如，韩国规定了法院依职权选任辩护人的情况，其中就有"属于以辩护为公审前提之必要条件的案件，即死刑、无期或者最低刑期 3 年以上惩役或监禁的案件"。[4]在"可能判处 3 年有期徒刑以上刑罚的案件"适用辩护法律援助已经成为世界法治国家底线要求的背景下，我国参照此种辩护法律援助的标准，有利于我国刑事立法、司法与世界通行做法相融合与衔接。

因此，我们认为，要确保认罪认罚案件中犯罪嫌疑人、被告人认罪认罚自愿性的重要保障，防止冤案错案发生，乃至防止错杀，建议认罪认罚的案件中，为可能判处 3 年以上有期徒刑且没有委托律师的被告人指派律师为其提供辩护。

（三）关于认罪认罚从宽制度的证明标准问题

认罪认罚从宽制度的证明标准是指在犯罪嫌疑人、被告人认罪认罚的刑事案件中，法院运用证据认定被告人有罪所要达到的程度。修正草案把认罪认罚从宽制度作为基本原则规定时并没有涉及证明标准的规定（修正草案第 1 条，条文内容见上文）；在关于法院采纳检察院量刑建议的规定中也没有明确对证明标准作出规定，

---

[1] 浙江省高级人民法院、浙江省人民检察院、浙江省公安厅、浙江省司法厅颁布的《关于加强和规范刑事法律援助工作的意见》第 5 点："具有下列情形之一，犯罪嫌疑人、被告人没有委托辩护人，本人又提出法律援助申请的，人民法院、人民检察院可以商请法律援助机构指派律师为其提供辩护：（一）有证据证明犯罪嫌疑人、被告人认知能力较差的；（二）共同犯罪案件中，其他犯罪嫌疑人、被告人已委托辩护人的；（三）案件有重大社会影响或者社会公众高度关注的；（四）犯罪嫌疑人、被告人作无罪辩解或其行为可能不构成犯罪的；（五）人民法院认为起诉意见和移送的案件证据材料可能影响正确定罪量刑的；（六）基层人民法院审理的一审刑事案件，被告人经济困难且可能被判处 3 年以上有期徒刑的；（七）中级人民法院审理的一审刑事案件；（八）人民检察院抗诉的案件；（九）其他需要商请法律援助机构指派律师提供辩护的情形。"
[2] 宫晓冰："美国法律援助制度简介"，载《中国司法》2005 年第 10 期。
[3] 《德国刑事诉讼法》第 140 条规定："1. 符合下列情形的，须有辩护人参加诉讼：……（2）犯罪嫌疑人被指控重罪的；……"参见《世界各国刑事诉讼法》编辑委员会：《世界各国刑事诉讼法》（欧洲卷·上），中国检察出版社 2016 年版，第 282 页。而对于犯罪嫌疑人被指控重罪的情形，按其刑法理论可以认为是一年有期徒刑。参见 ClausRoxin：《德国刑事诉讼法》，吴丽琪译，三民书局 1998 年版，第 175 页。
[4] 宋英辉、孙长永等：《外国刑事诉讼法》，北京大学出版社 2011 年版，第 519 页。

即修正草案第 20 条规定："增加一条，作为第二百零一条：'对于认罪认罚案件，人民法院依法作出判决时，一般应当采纳人民检察院指控的罪名和量刑建议，但有下列情形的除外：（一）被告人不构成犯罪或者不应当追究刑事责任的；（二）被告人违背意愿认罪认罚的；（三）被告人否认指控的犯罪事实的；（四）起诉指控的罪名与审理认定的罪名不一致的；（五）量刑建议明显不当的；（六）其他可能影响公正审判的情形。在审判过程中，人民检察院可以调整量刑建议。人民法院经审理认为量刑建议明显不当或者被告人、辩护人对量刑建议提出异议的，应当依法作出判决。'"这种回避证明标准的做法，客观上起到了降低证明标准的作用，这虽然在某种程度上可以提高诉讼效率，但是认罪认罚案件的处理不能只强调效率，而必须以公正为前提。证明标准问题关系到认罪认罚案件的定案质量，涉及如何保障准确定罪、防止冤案错案的关键性问题。

理论界与实务界在认罪认罚从宽制度应当坚持怎样的证明标准这个问题上存在较大争议。如有观点认为认罪认罚案件应当降低证明标准，适用英美法系的"压倒性证据"标准。这是实务界讨论认罪认罚从宽制度中一种较有代表性的观点。[1]在我们看来，英美法系辩诉交易制度解除了控方的举证责任，根本不存在证明标准，正因为如此，过去的辩诉交易产生了一定的冤案错案，许多冤案错案在嗣后根据 DNA 证据才得以纠正。[2]这很大程度上是因为辩诉交易被视为一种契约行为，被追诉人一旦自愿、合法地进行有罪答辩就意味着其放弃"无罪推定"的保护，且可视为事实真相被发现。

我们认为，英美法系的辩诉交易制度应当借鉴，但要有分析地吸收。在我国的认罪认罚从宽制度中，我们建议采取客观真实与法律真实相统一的理念。无论适用何种诉讼程序，法官都有职责对案件基本事实进行"实质审查"，努力做到使"事实认定符合客观真相"。[3]因此，不能因为认罪认罚案件的庭审程序从简而降低此类案件证明标准，而应坚持"案件事实清楚，证据确实、充分"的证明标准。一方面，这是防止冤案错案发生，实现司法公正目的的需要，只有坚持"案件事实清楚，证据确实、充分"的证明标准，才能有效防止出现"顶包"的现象，严防冤案错案的发生，尤其是可能判处死刑案件也可以适用认罪认罚从宽制度，只有这样才能有效防止错杀。诚如有学者指出，坚持"事实清楚，证据确实、充分"证明标准"是公正司法的内在要求"，离开此标准，"公正司法的目标就不可能得到

---

〔1〕 苗生明："认罪认罚案件对公诉人举证、质证等工作的新要求"，载《人民检察》2016 年第 2 期。另外，笔者在 2016 年 9 月至 10 月在广州、福州两地四个基层法院的调研中了解到，实务部门大多数认为应当适用"压倒性证据"标准。

〔2〕 孙长永："认罪认罚案件的证明标准"，载《法学研究》2018 年第 1 期。

〔3〕 十八届四中全会通过的《关于全面推进依法治国若干重大问题的决定》明确指出，要"健全事实认定符合客观真相、办案结果符合实体公正、办案过程符合程序公正的法律制度"。

实现"。〔1〕

另一方面，这也是与简易程序及速裁程序规定相协调的需要。现行《刑事诉讼法》第 208 条规定："基层人民法院管辖的案件，符合下列条件的，可以适用简易程序审判：（1）案件事实清楚、证据充分的；（2）被告人承认自己所犯罪行，对指控的犯罪事实没有异议的；（3）被告人对适用简易程序没有异议的。人民检察院在提起公诉的时候，可以建议人民法院适用简易程序。"由此可见，我国简易程序适用"事实清楚，证据确实、充分"的证明标准。与此同时，修正草案新增的速裁程序也规定了"事实清楚，证据确实、充分"的证明标准，即第 21 条规定："第二百二十二条基层人民法院管辖的可能判处三年有期徒刑以下刑罚的案件，案件事实清楚，证据确实、充分，被告人认罪认罚并同意适用速裁程序的，可以适用速裁程序，由审判员一人独任审判。"质言之，简易程序及速裁程序作为认罪认罚从宽制度的重要组成部分，均适用"事实清楚，证据确实、充分"的证明标准。这必然要求认罪认罚从宽制度的证明标准与上述两种程序的证明标准相协调，因为相同的制度必然要求证明标准具有同一性。

因此，我们认为，认罪认罚从宽制度应当在强调提高诉讼效率的同时不能过度降低司法公正的目的追求，建议明确规定认罪认罚从宽案件适用案件事实清楚，证据确实、充分的证明标准。当然，在认罪认罚案件证明标准的司法适用上，轻罪案件可以有所变通。至于如何变通有待在总结司法实践经验上作出具体规定。

我们期待《刑事诉讼法修正草案》的通过，会使我国刑事诉讼制度更加完善，更加符合现代化、法治化要求！

---

〔1〕 孙长永："认罪认罚案件的证明标准"，载《法学研究》2018 年第 1 期。

中国刑事诉讼法立法四十年[1]

1976 年 10 月，中央粉碎"四人帮"，结束了十年文化大革命。1978 年 12 月，以十一届三中全会为标志，中国开启了改革开放的历史征程。全会作出了把工作重点转移到社会主义现代化建设上来的战略决策，社会主义法制建设也随之走进新的发展时期。从 1979 年 7 月第一部《刑事诉讼法》诞生，历经两次大的修改，再到2018 年 5 月公布《刑事诉讼法修正草案》，期间尽管有曲折，但总体而言，展现了我国刑事程序法治的重大发展和完善，是中国特色社会主义法治建设成就的重要组成部分。回顾与总结这段历史，展望未来，对于推动刑事诉讼进一步民主化、法治化和科学化具有重要价值和深远意义。

一、转折与发展：1978~1996 年

（一）第一部《刑事诉讼法》的诞生

1979 年 2 月 23 日召开的第五届全国人大常委会第六次会议决定设立全国人大常委会法制委员会，作为全国人大常委会专门负责立法的机构。该委员会由彭真担任主任，在全国人大法制委员会的主持下，在 1963 年《刑事诉讼法草案（初稿）》的基础上先后拟出《刑事诉讼法修正一稿》和《刑事诉讼法修正二稿》。随后将《刑事诉讼法修正二稿》呈交党中央和全国人大常委会审议修订。1979 年6 月 12 日第五届全国人大常委会第八次会议通过了全国人大常委会工作报告和将提请第五届全国人民代表大会第二次会议审议的《中华人民共和国刑事诉讼法（草案）》。1979 年 7 月 1 日，第五届全国人民代表大会第二次会议通过第一部《中华人民共和国刑事诉讼法》，并于 1980 年 1 月 1 日起施行。同时通过的还有《刑法》《人民法院组织法》《人民检察院组织法》等重要法律。该刑事诉讼法典共 4 编 164 条，主要内容包括：

（1）基本原则与基本制度。基本原则主要规定了：侦查权、检察权、审判权由专门机关依法行使；以事实为根据，以法律为准绳；对一切公民在适用法律上一律平等；分工负责，互相配合，互相制约；审判公开，被告人有辩护权；依照法定

---

〔1〕 原载《法学》2018 年第 7 期，与曾新华合著。

情形不予追究刑事责任〔1〕等。基本制度主要有两审终审制、人民陪审员制度等。

（2）管辖制度。包括立案管辖和审判管辖。告诉才处理和其他不需要进行侦查的轻微的刑事案件，由人民法院直接受理，并可以进行调解。贪污罪、侵犯公民民主权利罪、渎职罪以及人民检察院认为需要自己直接受理的其他案件，由人民检察院立案侦查和决定是否提起公诉。其他案件的侦查，都由公安机关进行。中级人民法院管辖下列第一审刑事案件：①反革命案件；②判处无期徒刑、死刑的普通刑事案件；③外国人犯罪或者我国公民侵犯外国人合法权利的刑事案件。高级人民法院管辖的第一审刑事案件，是全省（直辖市、自治区）性的重大刑事案件。最高人民法院管辖的第一审刑事案件，是全国性的重大刑事案件。基层人民法院管辖其他第一审普通刑事案件。刑事案件由犯罪地的人民法院管辖。如果由被告人居住地的人民法院审判更为适宜的，可以由被告人居住地的人民法院管辖。

（3）辩护制度。辩护包括自行辩护、委托辩护和指定辩护三种。被告人可以委托律师，人民团体或者被告人所在单位推荐的或者经人民法院许可的公民，被告人的近亲属、监护人担任辩护人。被告人是聋、哑或者未成年人而没有委托辩护人的，人民法院应当为他指定辩护人。辩护律师的权利包括：查阅本案材料，了解案情，同在押的被告人会见和通信；其他辩护人经过人民法院许可，也可以了解案情，与被告人会见和通信。

（4）证据制度。证明案件真实情况的一切事实，都是证据。证据有下列六种：①物证、书证；②证人证言；③被害人陈述；④被告人供述和辩解；⑤鉴定结论；⑥勘验、检查笔录。严禁刑讯逼供和以威胁、引诱、欺骗以及其他非法的方法收集证据。对一切案件的判处都要重证据，重调查研究，不轻信口供。只有被告人供述，没有其他证据的，不能认定被告人有罪和处以刑罚；没有被告人供述，证据充分确实的，可以认定被告人有罪和处以刑罚。

（5）强制措施。规定了拘传、取保候审、监视居住、拘留和逮捕五种强制措施。逮捕人犯，必须经过人民检察院批准或者人民法院决定，由公安机关执行。公安机关拘留人犯后，除有碍侦查或者无法通知的情形以外，应当把拘留的原因和羁押的处所，在24小时以内，通知被拘留人的家属或者他所在的单位。

（6）附带民事诉讼。被害人由于被告人的犯罪行为而遭受物质损失的，在刑事诉讼过程中，有权提起附带民事诉讼。

（7）立案程序。有犯罪事实需要追究刑事责任的时候，应当立案。

（8）侦查程序。被告人对侦查人员的提问，应当如实回答。但是对与本案无关的问题，有拒绝回答的权利。规定的侦查措施包括讯问被告人；询问证人；勘

〔1〕 即情节显著轻微、危害不大，不认为是犯罪的；犯罪已过追诉时效期限的；经特赦令免除刑罚的；依照刑法告诉才处理的犯罪、没有告诉或者撤回告诉的；被告人死亡的以及其他法律、法令规定免予追究刑事责任的。

验、检查；搜查；扣押物证、书证；鉴定；通缉。

（9）起诉。凡需要提起公诉或者免予起诉的案件，一律由人民检察院审查决定。人民检察院审查案件，应当讯问被告人。人民检察院认为被告人的犯罪事实已经查清，证据确实、充分，依法应当追究刑事责任的，应当作出起诉决定，按照审判管辖的规定，向人民法院提起公诉。依照刑法规定不需要判处刑罚或者免除刑罚的，人民检察院可以免予起诉。被告人如果属于依法不追究刑事责任情形的，人民检察院应当作出不起诉决定。

（10）一审程序。人民法院对提起公诉的案件进行审查后，对于犯罪事实清楚、证据充分的，应当决定开庭审判。开庭审理程序包括开庭、法庭调查、法庭辩论、被告人最后陈述、评议和宣判。法庭调查的顺序包括：公诉人宣读起诉书；审判人员审问被告人；公诉人讯问被告人；被害人、附带民事诉讼的原告人和辩护人向被告人发问；审判人员、公诉人询问证人；当事人和辩护人可以申请审判长对证人、鉴定人发问，或者请求审判长许可直接发问；审判人员应当向被告人出示物证，让他辨认；对未到庭的证人的证言笔录、鉴定人的鉴定结论、勘验笔录和其他作为证据的文书，应当当庭宣读，并且听取当事人和辩护人的意见。法庭辩论的顺序是公诉人发言，被害人发言，然后由被告人陈述和辩护，辩护人进行辩护，并且可以互相辩论。

（11）第二审程序。被告人的辩护人和近亲属，经被告人同意，可以提出上诉。第二审人民法院应当就第一审判决认定的事实和适用法律进行全面审查，不受上诉或者抗诉范围的限制。第二审人民法院审判被告人或者他的法定代理人、辩护人、近亲属上诉的案件，不得加重被告人的刑罚，但检察院提出抗诉或者自诉人提出上诉的除外。

（12）死刑复核程序。死刑由最高人民法院核准。中级人民法院判处死刑缓期2年执行的案件，由高级人民法院核准。最高人民法院复核死刑案件，高级人民法院复核死刑缓期执行的案件，应当由审判员三人组成合议庭进行。

（13）审判监督程序。当事人、被害人及其家属或者其他公民，对已经发生法律效力的判决、裁定，可以向人民法院或者人民检察院提出申诉，但不能停止判决、裁定的执行。各级人民法院院长对本院已经发生法律效力的判决和裁定，如果发现在认定事实上或者在适用法律上确有错误，必须提交审判委员会处理。最高人民法院对各级人民法院已经发生法律效力的判决和裁定，上级人民法院对下级人民法院已经发生法律效力的判决和裁定，如果发现确有错误，有权提审或者指令下级人民法院再审。最高人民检察院对各级人民法院已经发生法律效力的判决和裁定，上级人民检察院对下级人民法院已经发生法律效力的判决和裁定，如果发现确有错误，有权按照审判监督程序提出抗诉。

（14）执行程序。规定了被告人无罪以及免除刑事处罚、死刑立即执行、死刑缓期2年执行、无期徒刑、有期徒刑、拘役、管制、缓刑、罚金、没收财产等刑罚的执行方式和监督程序。对于死刑立即执行的判决，应当由最高人民法院院长签发执行死刑的命令。下级人民法院接到最高人民法院执行死刑的命令后，应当在七日以内交付执行。但是在执行前发现判决可能有错误的，或者罪犯正在怀孕，应当停止执行，并且立即报告最高人民法院，由最高人民法院作出裁定。人民法院在交付执行死刑前，应当通知同级人民检察院派员临场监督。执行死刑应当公布，不应示众。执行死刑后，交付执行的人民法院应当通知罪犯家属。

1979 年《刑事诉讼法》是新中国第一部刑事诉讼法，也是三大诉讼法中颁布最早的一部诉讼法典。尽管在此之前，曾拟定了多稿刑事诉讼法草案，但这些草案都受当时历史条件的影响，并没有真正颁布实施。该法颁布标志着我国开始通过正当程序惩罚犯罪以及保障诉讼参与人特别是被告人的合法权益。在当时历史条件下，该法难免有所不足，但是对指导思想、任务、基本原则、基本制度以及程序都做了规定，为刑事诉讼的进行提供了法律根据，也为刑事诉讼立法的进一步发展打下了坚实的基础。因此，该部《刑事诉讼法》在中华人民共和国诉讼法史上具有开创性的重要地位。

（二）1979 年中共中央第 64 号文件

为保证《刑法》《刑事诉讼法》的切实实施，使国家尽快走上法制轨道，中共中央于 1979 年 9 月 9 日颁布了新中国社会主义法治建设史上具有深远意义的文件——《中共中央关于坚决保证刑法、刑事诉讼法切实实施的指示》，这就是著名的"64 号文件"。该文件是在中国共产党全面吸取新中国成立以来特别是"文革"期间的经验教训，全党全社会"人心思法""人心思治"的背景下制定的，也是为了保证新《刑法》和《刑事诉讼法》切实贯彻落实，开始实行社会主义法治所作的宣言。该文件主要内容包括：

首先，党内文件中首次提出了"社会主义法治"。文件开宗明义指出，"刑法、刑事诉讼法……能否严格执行，是衡量我国是否实施社会主义法治的重要标志"。这是中国共产党十一届三中全会后党的文件首次提出"社会主义法治"，为党的十五大报告提出"依法治国，建设社会主义法治国家"的治国方略打下了基础。

其次，理顺党与法律、司法之间的关系，取消党委审批案件制度。文件指出："我们党内，由于新中国成立以来对建立和健全社会主义法制长期没有重视，否定法律，轻视法律，以党代政，以言代法，有法不依，在很多同志身上已经成为习惯；认为法律可有可无，法律束手束脚，政策就是法律，有了政策可以不要法律等思想，在党员干部中相当流行。"为了维护党的威信和法律、司法的权威，文件进一步明确指出："加强党对司法工作的领导，最重要的一条，就是切实保证法律的实施，充分发挥司法机关的作用，切实保证人民检察院独立行使检察权，人民法院独立行使审判权，使之不受其他行政机关、团体和个人的干涉。国家法律是党领导制定的，司法机关是党领导建立的，任何人不尊重法律和司法机关的职权，这首先就是损害党的领导和党的威信。党委与司法机关各有专责，不能互相代替，不应互相混淆。为此，中央决定取消各级党委审批案件的制度。对县级以上干部和知名人士等违法犯罪案件，除极少数特殊重大情况必须向上级请示者外，都由所在地的司法机关独立依法审理。对于司法机关依法作出的判决和裁定，有关单位和个人都必须坚决执行；如有不服，应按照司法程序提出上诉，由有关司法机关负责审理。各级公安机关必须坚决服从党的领导，但在执行法律所赋予的职责时，又必须严格遵守法律规定，这两者毫不矛盾，认为服从党的领导就可以违背法律规定的想法是极端错误的，必须坚决纠正。党对司法工作的领导，主要是方针、政策的领导。各级党委要坚决改变过去那种以党代政、以言代法，不按法律规定办事，包揽司法行政事务的习惯和做法。"从这段指示可以看出，一是确立了法大于权、法律至上的法治观念；二是确立了司法机关独立行使职权原则；三是取消了党委审批案件制度。

此外，文件还要求必须广泛深入地宣传《刑法》和《刑事诉讼法》。党的各级党组织、领导干部和全体党员应当作为模范，带头遵守法律。从党中央委员会到基层组织，从党中央主席到每个党员，都必须一体遵行。绝不允许有不受法律约束的特殊公民，绝不允许有凌驾于法律之上的特权。

（三）复查和纠正"文革"期间的冤假错案

"文革"结束后，复查和纠正"文革"期间由于林彪、江青反革命集团造成的冤假错案成为全国各级司法机关的一项紧迫而又繁重的任务。

在中国共产党十一届三中全会召开之前的1978年下半年，全国各级人民法院就已开始逐步纠正冤假错案的工作。1978年4月召开的第八次全国司法工作会议提出了按照"全错的全平、部分错的部分平、不错的不平"的原则，纠正"文革"期间的冤假错案。但是由于当时法院工作人员的思想不够解放，措施不够得力，复查工作进展缓慢。中国共产党十一届三中全会对复查纠正"文化大革命"期间的冤假错案作了重要决定。公报指出："解决历史遗留问题必须遵循毛泽东同志一贯倡导的实事求是、有错必纠的原则。只有坚决地平反假案，纠正错案，昭雪冤案，才能够巩固党和人民的团结，维护党和毛泽东同志的崇高威信。"之后，司法干部逐步解放了思想，复查工作普遍开展起来了。截至1981年底，全国各级人民法院复查了"文革"期间判处的120余万件刑事案件；按照中共中央的有关政策，改判纠正了冤假错案30.1万余件，涉及当事人32.6万余人。各地人民法院还主动复查了1977年和1978年两年中判处的反革命案件3.3万件，从中改判纠正了错案2.1万件。到1983年，复查纠正"文革"期间和1977年、1978年判处的冤假错案的工作已经基本完成。[1]根据复查的结果，冤假错案主要有两种情况：一种是因反对林彪、"四人帮"和为刘少奇、邓小平等党和国家的领导人遭诬陷鸣不平，被定为反革命罪判了刑的案件。据截至1980年底的不完全统计，这类案件在被改判纠正的反革命案件中占21.9%。另一种是按《公安六条》判处的所谓"恶毒攻击"

---

〔1〕 参见何兰阶、鲁明健主编：《当代中国的审判工作》，当代中国出版社1993年版，第148页。

案件，一般占被改判纠正案件的 50% 左右。

全国各级司法机关的平反和纠正冤假错案工作使成千上万遭受林彪、"四人帮"迫害的干部和人民群众得以平冤昭雪，重见天日，使受害人及其家属得到了妥善的安置和抚恤。这些工作深得民心，对于医治创伤、稳定政治局面、恢复党的威望以及促进现代化建设都起到了重要的作用。

（四）"严打"与部分死刑案件核准权的下放

"文革"结束以后，社会治安形势严峻，暴力犯罪活动和恶性案件频发。1983年 8 月 25 日，中共中央发布了《关于严惩严重危害治安的犯罪分子的决定》，为"严打"拉开了序幕。该决定指出，"中央决定以三年为期，组织一次、两次、三次战役，按照依法'从重从快，一网打尽'的精神，对刑事犯罪分子予以坚决打击"。同年 9 月 2 日，第六届全国人大常委会第二次会议通过了《关于严惩严重危害社会治安的犯罪分子的决定》和《关于迅速审判严重危害社会治安的犯罪分子的程序的决定》。后者指出："为了迅速严惩严重危害社会治安的犯罪分子，保护国家和人民的利益，决定：一、对杀人、强奸、抢劫、爆炸和其他严重危害公共安全应当判处死刑的犯罪分子，主要犯罪事实清楚，证据确凿，民愤极大的，应当迅速及时审判，可以不受刑事诉讼法第一百一十条规定的关于起诉书副本送达被告人期限以及各项传票、通知书送达期限的限制。二、前条所列犯罪分子的上诉期限和人民检察院的抗诉期限，由刑事诉讼法第一百三十一条规定的十日改为三日。"

应当承认，全国人大常委会这一决定在当时犯罪活动猖獗、恶性犯罪频发的后"文革"时期，对于打击严重刑事犯罪、维护社会秩序、保护公民生命财产安全发挥了积极作用。但是，从依法治国的角度来考量，该决定存在一些值得反思之处。例如，《刑事诉讼法》刚通过不久，该决定就修改了有关期限的规定，使其大为缩短，削弱了被告人的辩护权和上诉权。

为配合"严打"，1981 年 6 月 10 日第五届全国人大常委会第十九次会议通过了《关于死刑案件核准问题的决定》，修改了 1979 年《刑事诉讼法》关于最高人民法院核准死刑立即执行案件的规定。该决定规定："一、在 1981 年至 1983 年内，对犯有杀人、抢劫、强奸、爆炸、放火、投毒、决水和破坏交通、电力等设备的罪行，由省、自治区、直辖市高级人民法院终审判决死刑的，或者中级人民法院一审判决死刑，被告人不上诉，经高级人民法院核准的，以及高级人民法院一审判决死刑，被告人不上诉的，都不必报最高人民法院核准。二、对反革命犯和贪污犯等判处死刑，仍然按照'刑事诉讼法'关于'死刑复核程序'的规定，由最高人民法院核准。"因此，除反革命犯和贪污犯等判处死刑的由最高人民法院核准外，在 1981 年至 1983 年期间因杀人、抢劫、强奸、爆炸、放火、投毒、决水和破坏交通、电力等设备的罪行判处死刑的，由高级人民法院核准。

1983 年 9 月 2 日第六届全国人大常委会第二次会议通过了《关于修改〈中华人民共和国人民法院组织法〉的决定》，将第 13 条修改为："死刑案件除由最高人民法院判决的以外，应当报请最高人民法院核准。杀人、强奸、抢劫、爆炸以及其他严重危害公共安全和社会治安判处死刑的案件的核准权，最高人民法院在必要的时候，得授权省、自治区、直辖市的高级人民法院行使。"据此，1983 年 9 月 7 日最高人民法院发布了《关于授权高级人民法院核准部分死刑案件的通知》。此外，1991 年至 1997 年期间，最高人民法院还以通知的形式将毒品犯罪死刑案件的核准权授予云南、广东、广西、甘肃、四川和贵州六省、自治区高级人民法院行使。

部分死刑案件核准权授权高级人民法院行使，在特定的历史时期对于打击犯罪、保护人民群众生命财产安全发挥了现实作用。但是，与此同时，也暴露了一些严重的问题。将死刑核准权下放高级人民法院，不仅与《刑法》和《刑事诉讼法》的规定直接冲突，还使部分高级人民法院的死刑复核程序与二审程序合二为一，使得死刑复核程序名存实亡，同时也增加了司法实践中发生冤假错案的风险。

二、深化与进步：1996～2012 年

（一）《刑事诉讼法》第一次修改（1996 年）

进入 20 世纪 90 年代中期，刑事诉讼法治重大发展的标志性成就是 1996 年《刑事诉讼法》的修改。

1991 年 1 月，全国人大法工委就召开了关于《刑事诉讼法》修改的座谈会，征求与会专家学者的意见和建议，并委托专家提出《刑事诉讼法》修改建议稿供立法部门参考。[1]1995 年 6 月，全国人大法工委进一步召集实务部门对《刑事诉讼法》修改中的重大问题进行了充分的讨论，并于 1995 年 10 月提出了《中华人民共和国刑事诉讼法〈修改草案〉（征求意见稿）》，下发全国及相关部门征求意见。1995 年 12 月，全国人大法工委正式提出了《中华人民共和国刑事诉讼法修正案（草案）》，提交全国人大常委会第十七次会议进行初步审议。尔后，全国人大法工委又根据会议意见对草案进行了修改。1996 年 2 月，第八届全国人大常委会第十八次会议再次审议了《中华人民共和国刑事诉讼法修正案（草案）》，决定提请全国人民代表大会审议。1996 年 3 月 17 日，第八届全国人民代表大会第四次会议通过了《全国人民代表大会关于修改〈中华人民共和国刑事诉讼法〉的决定》，自1997 年 1 月 1 日起施行。至此，第一次《刑事诉讼法》修改正式完成。

该修改决定共计 110 条，对 1979 年《刑事诉讼法》作了全面的修改，主要包括以下十大方面：

（1）增加司法机关依法独立行使职权的规定。为了协调宪法和人民法院组织

---

[1] 1993 年 10 月，受全国人大法工委的委托，中国政法大学陈光中教授组织了一些刑事诉讼法学专家学者成立了"刑事诉讼法修改研究小组"，就刑事诉讼法的修改问题进行研究并提出具体的改革方案，供立法机关参考。该修改小组在国外考察和国内调研的基础上，于 1994 年 7 月提出了《中华人民共和国刑事诉讼法修改建议稿》（该建议稿于 1995 年正式出版，书名为《中华人民共和国刑事诉讼法修改建议稿与论证》，中国方正出版社 1999 年版），并提交给全国人大法工委。

法，增加规定："人民法院依照法律规定独立行使审判权，人民检察院依照法律规定独立行使检察权，不受行政机关、社会团体和个人的干涉。"

（2）取消免予起诉制度，增加了人民法院统一定罪原则和疑罪从无原则。根据我国宪法和刑事诉讼法规定，公民有罪应当经过人民法院审判加以确定。但是原《刑事诉讼法》第101条规定了免予起诉制度，即"依照刑法规定不需要判处刑罚或者免除刑罚的，人民检察院可以免予起诉"。被免诉的公民在法律上定为有罪，与法院判决有罪有同等效力。修改后的刑事诉讼法不仅取消了免予起诉制度，还增加规定第12条："未经人民法院依法判决，对任何人不得确定有罪。"

同时首次确立了疑罪从无原则，即对于事实不清证据不足的案件，在审查起诉时可以作出不起诉的决定，在法庭审理时则应当作出证据不足、指控的犯罪不能成立的无罪判决。该原则否定了"疑罪从轻""疑罪从有"，其与前述第12条的规定，集中体现了无罪推定原则的基本精神，是此次刑事诉讼法修改的最大亮点之一。

（3）加强人民检察院的法律监督。一是在总则中增加规定，人民检察院依法对刑事诉讼实行法律监督；二是在立案一章中增加规定人民检察院对立案的监督；三是规定人民检察院发现人民法院的审判违反法定程序，有权向人民法院提出纠正意见等。

（4）调整侦查管辖与自诉案件的范围。一方面缩小了检察院自侦案件的范围。1979年刑事诉讼法规定的人民检察院自行侦查的案件除职务犯罪、危害公民民主权利的犯罪外，还有一部分妨害经济管理秩序的犯罪。如果继续由检察机关管辖不利于检察机关集中力量加强反腐败斗争。因此，这次修改刑事诉讼法，将人民检察院自侦案件的范围，限于国家工作人员利用职务的犯罪，明确规定为："贪污贿赂犯罪，国家工作人员的渎职犯罪，国家机关工作人员利用职权实施的非法拘禁、刑讯逼供、报复陷害、非法搜查的侵犯公民人身权利的犯罪以及侵犯公民民主权利的犯罪，由人民检察院立案侦查。"另一方面扩大了法院自诉案件范围。增加规定自诉案件包括三类案件：①告诉才处理的案件；②被害人有证据证明的轻微刑事案件；③被害人有证据证明对被告人侵犯自己人身、财产权利的行为应当依法追究刑事责任，而公安机关或者人民检察院不予追究被告人刑事责任的案件。

（5）律师提前参加诉讼，加强犯罪嫌疑人、被告人的辩护权保障。修改后的刑事诉讼法改变过去被告人在法庭审理时才可以委托辩护人的做法，允许在侦查时就可以委托律师为其提供法律援助。在审查起诉和法庭审理时，则可正式聘请辩护人。还增加规定，公诉人出庭公诉的案件，被告人因经济困难或者其他原因没有委托辩护人的，被告人是盲、聋、哑或者未成年人以及可能被判死刑而没有委托辩护人的，人民法院应当指定承担法律援助义务的律师为其提供辩护。

（6）加强了对被害人权利的保障。被害人与犯罪嫌疑人、被告人在刑事诉讼中的利害关系是对立的，双方的诉讼权利保障构成了刑事诉讼中人权保障的基本内容，忽视双方中的任何一方都是片面的和不适当的。主要作了如下修改：一是在诉讼地位上将被害人从一般诉讼参与人升格为当事人，赋予他及其法定代理人申请回避权；二是一审法庭审理时，公诉人宣读起诉书后，被害人和被告人一样可以就案件事实进行陈述，经审判长同意，被害人可以向被告人讯问，对证人、鉴定人发问；对一审判决不服，有权请求人民检察院提出抗诉；三是在二审程序中如果不开庭，合议庭也必须事先听取包括被害人在内的当事人的意见。

（7）完善强制措施，取消收容审查。原《刑事诉讼法》规定了五种强制措施：拘传、取保候审、监视居住、拘留和逮捕。这是科学的和可行的。但是在司法实践中，公安机关根据国务院法规采用行政强制措施——收容审查来对付身份不明的流窜嫌疑犯时，往往扩大收审对象，延长收审时间，导致以收审代替拘留、逮捕，侵犯了公民的人身自由。此次修改刑事诉讼法，决定取消收审制度，并将原收审的对象列为刑事拘留的对象。另外，为防止监视居住成为变相长期拘押，增加规定，被监视居住的人"未经批准不得离开住处，无固定住处的，未经执行机关批准不得离开指定的居所"，并规定监视居住最长不得超过 6 个月。

（8）改革一审庭审方式。为防止开庭审判流于形式和先定后审，此次刑事诉讼法修改适当吸收英美法系的当事人主义模式。主要规定：一是规定人民法院对提起公诉的案件进行审查后，对于起诉书中有明确的指控犯罪事实并且附有证据目录、证人名单和主要证据复印件或者照片的，应当决定开庭审判；二是规定凡是公诉案件，除依法适用简易程序审判的以外，检察机关都必须派人出庭支持公诉；三是规定由公诉人首先讯问被告人，由公诉人、辩护人向法庭出示证据；四是规定合议庭开庭审理并且评议后，应当作出判决。对于疑难、复杂、重大的案件，合议庭认为难以作出决定的，由合议庭提请院长决定提交审判委员会讨论决定。

（9）增设简易审判程序。为了实现案件分流，提高审判效率，简化诉讼程序，这次修改刑事诉讼法还增加了简易程序。法院对于下列案件，可以适用简易程序，由审判员一人独任审判：对依法可能判处 3 年以下有期徒刑、拘役、管制、单处罚金的公诉案件，事实清楚、证据充分，人民检察院建议或者同意适用简易程序的；告诉才处理的案件；被害人起诉的有证据证明的轻微刑事案件。

（10）改革死刑执行方法。我国过去对执行死刑的方式只规定了枪决一种。此次刑事诉讼法修改时，基于对注射执行死刑较之枪决更能减轻死刑犯痛苦的认识，以及考虑到注射执行死刑能够更好地保全死刑犯的尸体、防止出现枪决所导致的残忍场面等人道主义因素，规定"死刑采用枪决或者注射等方法执行"。

1996 年《刑事诉讼法》修改对我国几十年来形成的刑事诉讼制度进行了重大改革，是加强依法治国、建设社会主义法治国家的一个重要成果。此次修改进一步完善了惩罚犯罪的机制和加强了当事人特别是犯罪嫌疑人、被告人和被害人诉讼权利的保障；进一步理顺了公安机关、检察机关和人民法院之间的关系；将超职权主义的诉讼模式改革为控辩式诉讼模式，强化了控辩双方的举证和辩论等。当然，此次《刑事诉讼法》修改仍有许多问题没有解决，特别是在犯罪嫌疑人、被告人的权利保障以及被害人利益保护方面仍然有很大的差距，这有待于进一步完善。

（二）死刑核准权的收回

20 世纪 90 年代中期以来，随着党中央依法治国、建设社会主义法治国家治国方略的提出，"尊重和保障人权"入宪以及司法实践中冤假错案的不断出现，中央决定收回已经下放了二十多年的部分死刑案件核准权。

2004 年底，中共中央转发了《中央司法体制改革领导小组关于司法体制和工作机制改革的初步意见》。该意见提出改革目前授权高级人民法院行使部分死刑案件核准权的做法，将死刑案件核准权统一收归最高人民法院行使。2006 年 8 月，中共中央办公厅向全党发出通知，明确了最高人民法院统一行使死刑案件核准权的目标、原则、要求以及时间安排，重申了党和国家在死刑问题上的一贯政策。为积极稳妥地收回死刑案件核准权，最高人民法院在党中央和国务院的领导下，从法律、组织、物质等方面做了大量的准备工作。为保证死刑案件的二审审判质量，2006 年 9 月 25 日，最高人民法院、最高人民检察院发布了《关于死刑第二审案件开庭审理程序若干问题的规定（试行）》，要求死刑第二审案件必须开庭审理。

2006 年 10 月 31 日，第十届全国人大常委会第二十四次会议通过了《全国人大常委会关于修改〈中华人民共和国人民法院组织法〉的决定》，自 2007 年 1 月 1 日起，死刑除依法由最高人民法院判决的以外，应当报请最高人民法院核准。2006 年 12 月 28 日，最高人民法院颁布了《关于统一行使死刑案件核准权有关问题的决定》。2007 年 1 月 1 日，最高人民法院正式统一行使死刑案件的核准权。

最高人民法院统一行使死刑案件核准权，是中央从构建社会主义和谐社会、实现国家长治久安的战略全局出发作出的重大决策，是从司法制度上落实"国家尊重和保障人权"宪法原则的重要措施，是履行死刑相关的国际公约的一项重要内容。

（三）"两个证据规定"的颁布

根据中共十七大的精神，中共中央于 2008 年提出进一步推进司法改革的要求，其中重要的成果之一就是在 2010 年 5 月 30 日由最高人民法院、最高人民检察院、公安部、国家安全部、司法部（以下简称"两高三部"）联合制定的《关于办理死刑案件审查判断证据若干问题的规定》（以下简称《死刑案件证据规定》）和《关于办理刑事案件排除非法证据若干问题的规定》（以下简称《非法证据排除规定》）。"两高三部"在印发"两个证据规定"的通知中明确提出，牢固树立惩罚犯罪与保障人权并重的观念、实体法与程序法并重的观念，依法、全面、客观地收集、审查、判断证据，严把事实关、证据关，切实提高刑事案件审判质量，确保将"两个证据规定"落到实处，把每一起刑事案件都办成铁案。这"两个证据规定"是我国深入推进司法改革的重要举措，是刑事诉讼制度建设的一项重要成就，为2012 年《刑事诉讼法》中证据制度的完善作了重要的准备。

《非法证据排除规定》共计 15 条。其明确规定了非法言词证据的内涵、外延和法律效力；规定了人民检察院对非法证据有权予以排除；规定了非法言词证据在法庭审理中的排除程序；规定了非法物证、书证排除规则。

《死刑案件证据规定》共计 41 条，分为三个部分，主要规定了如下三个方面内容：（1）一般规定。确立了证据裁判原则、程序法定原则和未经质证不得认证原则，细化了死刑案件的证明标准和证明对象等。（2）证据的分类审查与认定。该部分主要根据不同的证据种类分别规定了审查与认定的内容，确立了原始证据优先规则、意见证据规则和有限的直接言词证据规则等。（3）证据的综合审查和运用。该部分主要规定了对证据的综合认证，包括如何对证据的证明力进行认定、如何依靠间接证据定案、如何确认采用特殊侦查措施收集证据材料的证据能力、如何审查被告人是否已满十八周岁、严格把握死刑案件中证明量刑事实的证据等内容。

需要注意的是，《死刑案件证据规定》的适用案件范围虽然是针对死刑案件，但是在其他非死刑的刑事案件中，也应当参照适用。"两高三部"印发"两个证据规定"的通知中明确指出："办理其他刑事案件，参照《关于办理死刑案件审查判断证据若干问题的规定》执行。"

（四）《刑事诉讼法》第二次修改（2012 年）

《刑事诉讼法》自 1996 年第一次被修正后的 16 年间，国情世情发生了深刻变化，这使得《刑事诉讼法》越来越难以适应社会发展和司法实践的需求，因此迫切需要进行再次修改。

早在 2003 年，按照党的十六大提出的"推进司法体制改革"战略决策要求，再次修订《刑事诉讼法》的计划被纳入第十届全国人大常委会立法规划。2004 年底，中共中央转发了《中央司法体制改革领导小组关于司法体制和工作机制改革的初步意见》，提出了改革和完善诉讼制度等 10 个方面的 35 项改革任务，其中许多任务涉及《刑事诉讼法》的修改。2008 年，按照党的十七大作出的"深化司法体制改革"的重大决策要求，中共中央转发了《中央政法委员会关于深化司法体制和工作机制改革若干问题的意见》。该意见提出了 60 项改革任务，其中相当部分涉及《刑事诉讼法》的修改。之后全国人大常委会法工委加快了《刑事诉讼法修正案》的起草工作，并连续召开了座谈会议，征求实务部门和专家学者的意见。

2012 年 3 月 14 日，第十一届全国人民代表大会第五次会议通过了《全国人民代表大会关于修改〈中华人民共和国刑事诉讼法〉的决定》。至此，《刑事诉讼法》第二次修改工作圆满完成，此次修正《刑事诉讼法》增、删、改共计 149 条，其中增加 66 条，修改 82 条，删除 1 条。主要内容如下：

1. 增加"尊重和保障人权"的规定

2012 年《刑事诉讼法》第 2 条"刑事诉讼法的任务"中增加规定"尊重和保障人权"，对整个刑事诉讼的基本原则、制度和程序起到提纲挈领的指导作用，也是"国家尊重和保障人权"原则 2004 年载入《宪法》后第一次规定在部门法中。

2. 改革完善辩护制度

第一，侦查阶段律师的"辩护人"地位得到确认。原《刑事诉讼法》第96条虽然规定犯罪嫌疑人在侦查阶段可以聘请律师，但没有赋予其辩护人地位，而2012年《刑事诉讼法》则明确规定在侦查期间接受委托的律师是作为"辩护人"参与诉讼活动。第二，辩护人的责任发生变化，强调实体辩护与程序辩护并重，具体体现为规定了辩护人责任，增加维护犯罪嫌疑人、被告人"诉讼权利"的内容。第三，改善辩护律师会见程序。为有效解决律师会见难问题，本次修改作出了务实性的变更和规定：辩护律师持律师执业证书、律师事务所证明和委托书或者法律援助公函要求会见在押的犯罪嫌疑人、被告人的，看守所应当及时安排会见，至迟不得超过48小时。危害国家安全犯罪、恐怖活动犯罪、特别重大贿赂犯罪案件，在侦查期间辩护律师会见在押的犯罪嫌疑人，应当经侦查机关许可。第四，扩大辩护人的阅卷权。规定了自案件审查起诉之日起，辩护人有权查阅、摘抄、复制全部案卷材料。第五，对追究辩护人刑事责任的管辖权作出调整。辩护人在执业活动中涉嫌犯罪的，由办理辩护人所承办案件的侦查机关以外的侦查机关办理。第六，扩大法律援助适用的阶段和案件范围。将法律援助的适用阶段从原来的审判阶段延伸到侦查、审查起诉阶段。同时，将原《刑事诉讼法》规定的应当指定辩护的范围增加两种案件，一是犯罪嫌疑人、被告人为尚未完全丧失辨认或控制自己行为能力的精神病人的案件，二是犯罪嫌疑人、被告人可能被判处无期徒刑的案件。

3. 完善证据制度，确立非法证据排除规则

首先，增加规定"不得强迫任何人证实自己有罪"。此原则是国际刑事司法准则的重要内容之一，对于弱化侦查中对于口供的依赖心理和进一步遏制非法取证行为具有原则性的指导意义。其次，确立非法证据排除规则。规定非法证据的排除有两类：一类是非法言词证据的排除，即采用刑讯逼供等非法方法收集的犯罪嫌疑人、被告人供述和采用暴力、威胁等非法方法收集的证人证言、被害人陈述，应当予以排除；另一类是非法实物证据的排除，即收集物证、书证不符合法定程序，可能严重影响司法公正的，不能作出补正或者合理解释的，对该证据应当予以排除。为了保证非法证据得以排除，设置了法庭审理过程中具有可操作性的排除程序，包括确立非法证据排除程序的启动模式和条件，规定人民检察院对证据收集的合法性承担证明责任，确立我国侦查人员出庭作证制度，确立非法证据排除的证明标准等。最后，增加规定证明标准"证据确实、充分"要满足三个条件：定罪量刑的事实都有证据证明；据以定案的证据均经法定程序查证属实；综合全案证据，对所认定事实已排除合理怀疑。其中，"排除合理怀疑"是国际通行的对证明标准的表述。尽管学界和实务界在如何理解和适用此标准尚存在争议，但这是我国立法中第一次采用此表述，其有利于我国刑事证明标准的国际化。

4. 完善强制措施制度，严格限制不通知家属的情形

首先，完善监视居住的适用条件。对监视居住规定有别于取保候审的独立的适

用条件。指定居所监视居住不限于无固定住处的人，对于涉嫌危害国家安全犯罪、恐怖活动犯罪、特别重大贿赂犯罪，在住处执行有碍侦查的，也可以适用，而且指定居所监视居住的期限应当折抵刑期。其次，修改逮捕条件、限制逮捕范围。规定三类逮捕的情形：（1）可能判处徒刑以上刑罚，采取取保候审尚不足以防止发生下列社会危险性，即可能实施新的犯罪的；有危害国家安全、公共安全或者社会秩序的现实危险的；可能毁灭、伪造证据，干扰证人作证或者串供的；可能对被害人、举报人、控告人实施打击报复的；企图自杀或者逃跑的。（2）可能判处 10 年有期徒刑以上刑罚的，或者可能判处徒刑以上刑罚，曾经故意犯罪或者身份不明的，应当予以逮捕。（3）被取保候审、监视居住的犯罪嫌疑人、被告人违反取保候审、监视居住规定，情节严重的，可以予以逮捕。〔1〕最后，严格限制采取强制措施后不通知家属的情形。明确规定，采取拘留、逮捕和指定居所监视居住的，除无法通知的以外，应当在执行后 24 小时以内通知家属。同时，将拘留后因有碍侦查不通知家属的情形，仅限于涉嫌危害国家安全犯罪、恐怖活动犯罪两种案件。上述限制通知家属的规定，尽管比原来的法律规定有所进步，但仍然存在争议。

5. 完善侦查程序

为了加强对公权力的制约，有效遏制刑讯逼供，保障讯问程序的正当性，增加规定：犯罪嫌疑人被拘留后应当在 24 小时内送看守所羁押；侦查人员讯问犯罪嫌疑人，应当在看守所内进行；侦查人员在讯问犯罪嫌疑人的时候，可以对讯问过程进行录音或者录像；对于可能判处无期徒刑、死刑的案件或者其他重大犯罪案件，应当对讯问过程进行录音或者录像，录音或者录像应当全程进行，保持完整性。同时，为了有力惩罚严重犯罪，适度强化侦查措施，增加规定了技术侦查、秘密侦查、控制下交付三种特殊侦查手段，其中技术侦查手段检察机关也有权决定适用。

6. 改革第一审程序

明确规定了证人应当依法出庭作证的条件，"公诉人、当事人或者辩护人、诉讼代理人对证人证言有异议，且该证人证言对案件定罪量刑有重大影响，人民法院认为证人有必要出庭作证的，证人应当出庭作证"。但是此规定有很大的问题：即使控辩双方对其有异议且证人证言对定罪量刑有重大影响，也得由法院决定证人是否出庭。这会导致证人必须出庭的情形被化解，造成了司法实践中证人出庭率无法有效提高，又恢复了证人基本上不出庭作证的现实。同时，还增加规定了"对于没有正当理由不出庭作证的证人，法院可以强制其到庭，但是被告人的配偶、父

---

〔1〕 2014 年 4 月 24 日，全国人民代表大会常务委员会通过的《关于〈中华人民共和国刑事诉讼法〉第七十九条第三款的解释》对此作出补充修改："根据刑事诉讼法第七十九条第三款的规定，对于被取保候审、监视居住的可能判处徒刑以下刑罚的犯罪嫌疑人、被告人，违反取保候审、监视居住规定，严重影响诉讼活动正常进行的，可以予以逮捕。"

母、子女除外；证人没有正当理由拒绝出庭或者出庭后拒绝作证的，予以训诫，情节严重的，经院长批准，处以十日以下的拘留"。其中不得强制被告人的配偶、父母、子女到庭作证的例外借鉴了国外亲属拒绝作证特权的立法，旨在维护家庭伦理和人性的基本价值。但是这规定并不是真正意义上的亲属拒绝作证特权，而只是在庭审阶段免予强制出庭，在其他诉讼阶段还有作证的义务。同时，该规定还以法律的名义剥夺了被告人最重要的诉讼权利之一——对质权。此外，还规定了控辩双方对鉴定意见有异议且法院认为有必要，鉴定人也应当出庭；鉴定人经人民法院通知拒不出庭作证的，鉴定意见不能作为定案的根据。为实现案件的繁简分流及提高诉讼效率，新法扩大了简易程序的适用范围。基层人民法院对于案件事实清楚、证据充分的，被告人承认自己所犯罪行，对起诉书指控的犯罪事实没有异议，且被告人对适用简易程序没有异议的案件，可以适用简易程序。

7. 改进第二审程序

首先，修改开庭审理的案件范围。为改变二审程序"以不开庭审理为原则、开庭审理为例外"的司法现状，增加了必须开庭审理的案件范围，即被告人、自诉人及其法定代理人对第一审判决认定的事实、证据提出异议，可能影响定罪量刑的上诉案件；被告人被判处死刑的上诉案件。其次，完善发回重审制度和上诉不加刑原则。为了防止基于原判决事实不清楚或证据不足的发回重审制度被滥用，规定此类发回重审仅限一次。同时，为防止规避上诉不加刑原则，增加规定第二审人民法院发回原审人民法院重新审判的只有被告一方上诉的案件，除有新的犯罪事实，人民检察院补充起诉的以外，原审人民法院也不得加重被告人的刑罚。

8. 改革死刑复核程序

为体现慎重适用死刑，保证死刑复核案件质量，使之从原来行政化的内部审核转向适度诉讼化，对死刑复核程序进行了改革，具体包括：首先，增加规定最高人民法院复核死刑案件的裁判方式。最高人民法院应当作出核准或者不核准死刑的裁定；对于不核准死刑的，可以发回重新审判或者予以改判。其次，规定复核时应当讯问被告人，辩护律师提出要求的，应当听取辩护律师的意见；在复核死刑案件过程中，最高人民检察院可以向最高人民法院提出意见，最高人民法院应当将死刑复核结果通报最高人民检察院。

9. 增设四种特别程序

一是未成年人刑事案件诉讼程序。确立了办案方针和原则、法律援助制度、社会调查制度、严格限制适用逮捕措施制度、未成年人法定代理人或者其他人员到场制度、附条件不起诉制度、犯罪记录封存制度等。二是当事人和解的公诉案件诉讼程序。对于因民间纠纷引起，涉嫌刑法分则第4章、第5章规定的犯罪案件，可能判处3年有期徒刑以下刑罚的，以及除渎职犯罪以外的可能判处7年有期徒刑以下刑罚的过失犯罪案件，犯罪嫌疑人、被告人真诚悔罪，通过向被害人赔偿损失、赔礼道歉等方式获得被害人谅解，被害人自愿和解的，双方当事人可以和解，公安司法机关可以从宽处理。三是犯罪嫌疑人、被告人逃匿、死亡案件违法所得的没收程序。对于贪污贿赂犯罪、恐怖活动犯罪等重大犯罪案件，犯罪嫌疑人、被告人逃匿，在通缉1年后不能到案，或者犯罪嫌疑人、被告人死亡，依照刑法规定应当追缴其违法所得及其他涉案财产的，人民检察院可以向人民法院提出没收违法所得的申请。四是依法不负刑事责任的暴力型精神病人的强制医疗程序。实施暴力行为，危害公共安全或者严重危害公民人身安全，经法定程序鉴定依法不负刑事责任的精神病人，有继续危害社会可能的，可以予以强制医疗。

此次《刑事诉讼法》修改是我国民主法制发展的需要，是解决司法实践中突出问题的需要，也是适应我国犯罪活动新变化和加强惩罚犯罪能力的需要。此次修改坚持稳中求进的指导思想，坚持惩罚犯罪与保障人权并重、实体公正与程序公正并重的理念，使刑事诉讼制度进一步民主化、法治化和科学化，取得了重大的进步；但也存在权力制约不足、可操作性不强等问题，有待通过制定司法解释或规范性文件予以弥补和解决，以保证新法得到良性操作和有效实施。

三、新征程与新成就：2012~2018 年（6 月）

2012 年 11 月，中国共产党第十八次代表大会的召开标志着我国进入了全面深化改革和全面推进依法治国的新时代，也由此开启了司法体制改革和司法机制改革两个层面齐头并进的新局面。[1]党的十八大报告明确提出，进一步深化司法体制改革。2013 年 11 月，十八届三中全会召开，通过了《中共中央关于全面深化改革若干重大问题的决定》，提出确保依法独立公正行使审判权、检察权，健全司法权力运行机制，完善人权司法保障制度。2013 年 12 月，中央全面深化改革领导小组（以下简称中央深改小组）成立，该小组直接负责本次司法改革的总体设计、统筹协调、整体推进、督促落实等。2014 年 10 月，十八届四中全会召开，首次专题讨论依法治国问题，并审议通过了《中共中央关于全面推进依法治国若干重大问题的决定》。该决定提出，完善确保依法独立公正行使审判权和检察权的制度，优化司法职权配置，推进严格司法，保障人民群众参与司法，加强人权司法保障，健全司法人员履行法定职责保护机制。2017 年 10 月，中国共产党第十九次代表大会要求，深化司法体制综合配套改革，着力推进反腐败体制改革。下文仅就党的十八大以来刑事司法改革的重点内容进行阐述。

（一）保障司法机关依法独立行使职权

党的十八大及十八届三中、四中全会中都强调要"确保审判机关、检察机关依法独立公正行使审判权、检察权"。审判机关、检察机关是我国的司法机关，司法机关依法独立行使职权是实现司法公正的首要保障，是树立司法权威的必要条

---

〔1〕 参见陈光中、魏晓娜："论我国司法体制的现代化改革"，载《中国法学》2015 年第 1 期。

件，是法官职业化的题中之意，[1]亦是追究司法责任的前提。为此，十八大以来中央重点从体制和机制两个层面保障司法机关依法独立行使职权。

1. 推动省以下地方法院、检察院人财物统一管理

十八届三中全会决定首先提出"改革司法管理体制，推动省以下地方法院、地方检察院人财物统一管理"。2014 年 6 月中央深改小组会议审议通过的《关于司法体制改革试点若干问题的框架意见》将其列为四项基础性改革举措之一，规定对人事"省级统一提名，地方分级任免"的方案，提名权在省级，任免权依照法律的规定，依然在各级人大及其常委会；对财物的统一管理，主要是建立省以下地方法院、检察院经费由省级政府财政部门统一管理实施。

该项改革举措如若实现将有力保障司法机关依法独立行使职权，但因其涉及我国政体、宪法以及党管干部原则等根本性问题，涉及面广，改革难度很大，目前仍处于摸索阶段。

2. 设立巡回法庭以及跨行政区划的人民法院和人民检察院

为了更好发挥最高人民法院监督指导地方法院工作的职能及方便当事人诉讼等目的，2014 年 12 月 2 日中央深改小组会议审议通过《最高人民法院设立巡回法庭试点方案》，同意最高人民法院设立两个巡回法庭，[2]并于 2016 年 11 月 1 日通过了《关于最高人民法院增设巡回法庭的请示》，增设四个巡回法庭。[3]根据最高人民法院 2015 年 2 月 1 日起施行的《最高人民法院关于巡回法庭审理案件若干问题的规定》，巡回法庭是最高人民法院派出的常设审判机构。

与此同时，2014 年，北京和上海率先设立跨行政区划的北京市第四中级人民法院和上海市第三中级人民法院，办理跨地区重大刑事、民事、行政案件，解决当事人争管辖和诉讼"主客场"问题。同年，上海市检察院第三分院、北京市检察院第四分院挂牌成立，着力探索跨行政区划管辖范围和办案机制。跨行政区划的检察院重点办理的刑事案件是重大职务犯罪案件、重大环境资源保护和重大食品药品安全刑事案件。

3. 建立防止干预司法活动的工作机制

2015 年 2 月 27 日，中央深改小组第十次会议通过，中共中央办公厅、国务院办公厅印发并决定于同年 3 月 18 日起实施的《关于领导干部干预司法活动、插手具体案件处理的记录、通报和责任追究规定》，为领导干部干预司法划出"红线"，

---

〔1〕 参见陈光中："比较法视野下的中国特色司法独立原则"，载《比较法研究》2013 年第 2 期。

〔2〕 第一巡回法庭设在深圳，分管广东、广西、海南、湖南；第二巡回法庭位于沈阳，分管辽宁、吉林、黑龙江。

〔3〕 第三巡回法庭设在南京，分管江苏、上海、浙江、福建、江西；第四巡回法庭设在郑州，分管河南、山西、湖北、安徽；第五巡回法庭设在重庆，分管四川、贵州、云南、西藏；第六巡回法庭设在西安，分管陕西、甘肃、青海、宁夏、新疆。

建立防止司法干预的"防火墙"和"隔离带",从而为司法机关依法独立行使职权创造良好的环境。此后,2015 年 8 月 19 日,最高人民法院印发了《人民法院落实〈领导干部干预司法活动、插手具体案件处理的记录、通报和责任追究规定〉的实施办法》及《司法机关内部人员过问案件的记录和责任追究规定》。依照上述文件,对司法机关负有领导职责的机关因履职需要,可以依照工作程序了解案件情况,组织研究司法政策,统筹协调依法处理工作,督促司法机关依法履行职责,但不得对案件的证据采信、事实认定、司法裁判等作出具体决定。为使领导干部干预司法的行为全程留痕、有据可查,要求司法人员对领导干部干预司法活动、插手具体案件的情况应当如实记录,否则视情况予以警告、通报批评、纪律处分。

（二）完善司法责任制

司法责任制被称为司法体制改革的"牛鼻子"。司法责任制改革的逻辑是要放权给法官检察官,让法官检察官成为真正的办案主体,对其履行职责的行为承担责任,在职责范围内对办案质量终身负责,以落实责任来促使法官检察官谨慎行使权力,从而实现司法公正。2015 年 8 月,中央深改小组分别通过最高人民法院、最高人民检察院的《关于完善人民法院司法责任制的若干意见》（以下简称《法院司法责任制意见》）、《关于完善人民检察院司法责任制的若干意见》（以下简称《检察院司法责任制意见》）。

保障司法机关独立行使职权和加强专业化司法机关办案人员队伍建设都是完善司法责任制的重要前提。2014 年 6 月 6 日中央深改小组第三次会议通过的《关于司法体制改革试点若干问题的框架意见》中,将完善司法人员分类管理与健全司法人员职业保障作为司法体制改革的基础性、制度性措施,决定成立法官（检察官）遴选委员会,负责对法官（检察官）进行遴选。司法机关建立符合职业特点的人员分类管理制度旨在提高司法队伍的专业化和职业化水平,这是确保案件公正处理的重要基础。司法机关将司法人员分为三类:法官检察官、司法辅助人员和司法行政人员。按照 85%以上的人力资源配置到办案一线的要求,司法行政人员数目不得超过中央政法专项编制的 15%。各省市先后按照"统一提名、党委审批、分级任免"的流程开始了法官、检察官的遴选工作。到 2017 年 11 月,全国法院从原来 211 990 名法官中遴选产生了 120 138 名员额法官,占中央政法专项编制的32.9%。[1]全国检察机关遴选出员额内检察官 84 444 名,占中央政法专项编制的32.78%。[2]以此为前提,司法责任制改革才能顺利进行。

---

〔1〕 参见徐隽:"坚持司法改革不停步——访最高人民法院党组成员、政治部主任徐家新",载《人民日报》2018 年 3 月 21 日第 18 版。

〔2〕 参见曹建明:《最高人民检察院关于人民检察院全面深化司法改革情况的报告——2017 年 11月 1 日在第十二届全国人民代表大会常务委员会第三十次会议上》,http://www.spp.gov.cn/zdgz/201711/t20171102_ 204013. shtml,最后访问时间:2018 年 6 月 1 日。

1. 改革司法权力运行机制

在法院权力运行机制上，首先，改革独任制与合议庭运行机制，改革裁判文书签署机制，裁判文书由审理案件的法官直接签署后即可印发。独任制审理的案件，由独任法官对案件事实的认定和法律适用承担全部责任；合议庭审理的案件，合议庭成员对案件的事实认定和法律适用共同承担责任。领导干部干预导致裁判错误，法官不记录或者不如实记录，应当排除干预而没有排除的，承担违法审判责任。其次，明确将审判委员会讨论案件的范围限定为"涉及国家外交、安全和社会稳定的重大复杂案件，以及重大、疑难、复杂案件的法律适用问题"，并指出要强化审判委员会总结审判经验、讨论决定审判工作重大事项的宏观指导职能。审判委员会评议实行全程留痕，审判委员会改变合议庭意见导致裁判错误的，由持多数意见的委员共同承担责任，合议庭不承担责任。审判委员会维持合议庭意见导致错误裁判的，由合议庭和持多数意见的委员共同承担责任。最后，规范审判管理和监督制度——该意见提出建立符合司法规律的案件质量评估体系、评价机制及在各级人民法院成立法官考评委员会，以此对法官业绩进行评价，并作为法官任职、评先评优和晋职晋级的依据。院长、副院长、庭长的审判管理和监督活动应当控制在职责和权限范围内，并应当在办公平台上全程留痕。外部监督上，建立健全审判流程公开、裁判文书公开和执行信息公开三大平台，构建开放动态、透明、便民的阳光司法机制，广泛接受社会监督。

在检察院权力运行机制上，健全司法办案组织及运行机制、健全检察委员会运行机制。检察一体化是检察司法责任制区别于法院的关键原因，检察权由检察官独立行使需要检察长的委托。为此，独任检察官、主任检察官对检察长（分管副检察长）负责并在职权范围内对办案事项作出决定，独任检察官承办并作出决定的案件，由独任检察官承担责任；检察官办案组承办的案件，由其负责人和其他检察官共同承担责任，办案组负责人对职权范围内决定的事项承担责任，其他检察官对自己的行为承担责任。检察长除承担监督管理责任外，对在职权范围内作出的有关办案事项决定承担完全责任。但是该意见却没有对检察官对哪些事项有决定权作出具体的规定，交由各省检察院制定权力清单。依照《检察院司法责任制意见》的规定，对于检察官在权力清单所规定的职权范围内作出决定的事项，检察长（副检察长）都不因签发法律文书承担司法责任。但是，检察长（分管副检察长）有权对独任检察官、检察官办案组承办的案件进行审核。

2. 司法责任制的改革

司法责任则是指司法责任主体基于其所承担的司法职责，因在履行职责时存在违法违纪行为而应承担的法律上的不利后果。依照《法院司法责任制意见》和《检察院司法责任制意见》，司法责任包括故意违反法律法规的；因重大过失造成严重后果的。此外，还包括检察系统的监督管理责任。同时明确了下列行为不属于司法责任的范围：（1）司法人员违反职业道德准则和纪律规定，接受案件当事人及相关人员请客送礼、与律师进行不正当交往等违纪违法行为，依照法律及有关纪律规定另行处理。（2）一般工作瑕疵。依照当前的规定，司法人员在认定事实、证据采信、法律适用、办案程序、文书制作以及司法作风方面不符合法律有关规定，但不影响案件结论的正确性和效力的，属司法瑕疵，依照相关纪律规定处理。司法办案过程中虽有错案发生，但是司法人员尽到注意义务，没有故意或者重大过失的，不承担司法责任。（3）其他情形。如不得作为错案进行责任追究的情形：法律修订或者政策调整的；因出现新证据而改变裁判的等。

司法责任的追责主体是法官、检察官惩戒委员会。首先由法院、检察院的纪检监察机构受理司法人员在司法办案工作中违纪违法行为和司法过错行为的检举控告，并进行调查核实。认为应当追究法官、检察官故意违反法律法规或重大过失责任的，应当报请院长、检察长决定后，移送省、自治区、直辖市法官、检察官惩戒委员会审议，并就其故意违反法律法规或重大过失承担举证责任，当事法官、检察官有权进行陈述、辩解、申请复议。法官、检察官惩戒委员会根据查明的事实和法律规定作出无责、免责或给予惩戒处分的建议。

（三）以审判为中心的诉讼制度改革

"以审判为中心"是基于司法规律，针对公、检、法三机关关系在立法和司法运行上的不足而提出的，是对三机关关系的完善和发展，使审判最有利于查明案件事实真相，实现司法公正。十八届四中全会提出"推进以审判为中心的诉讼制度改革"，"全面贯彻证据裁判规则，严格依法收集、固定、保存、审查、运用证据，完善证人、鉴定人出庭制度，保证庭审在查明事实、认定证据、保护诉权、公正裁判中发挥决定性作用"。2016 年 10 月 11 日，最高人民法院、最高人民检察院、司法部、公安部、国家安全部印发了《关于推进以审判为中心的刑事诉讼制度改革的意见》。该意见再次重申了未经人民法院依法判决，对任何人都不得确定有罪；证据裁判原则；侦查机关应当全面客观收集证据；防止刑讯逼供，不得强迫任何人证实自己有罪等基本原则和制度。随着改革的推进，以审判为中心的诉讼制度改革逐渐明确为庭审实质化改革。2017 年 12 月 27 日，为了深入推进庭审实质化，最高人民法院发布了"三项规程"（即《人民法院办理刑事案件庭前会议规程（试行）》《人民法院办理刑事案件排除非法证据规程（试行）》和《人民法院办理刑事案件第一审普通程序法庭调查规程（试行）》），并于 2018 年 1 月 1 日起全面推行"三个规程"，以推进以审判为中心的刑事诉讼制度改革成果在刑事审判活动中的贯彻落实。

（四）加强司法民主与人权保障

1. 改革完善人民陪审员制度

十八届四中全会提出，"完善人民陪审员制度，保障公民陪审权利，扩大参审范围，完善随机抽选方式，提高人民陪审制度公信度。逐步实行人民陪审员不再审理法律适用问题，只参与审理事实认定问题"。2015 年，中央深改小组通过了《人民陪审员制度试点改革方案》，全国人大常委会通过了《关于授权在部分地区开展人民陪审员制度改革试点工作的决定》，最高人民法院和司法部颁布了《人民陪审员制度改革试点工作实施办法》。2018 年 4 月全国人大常委会通过了《中华人民共和国人民陪审员法》。

该法对 2004 年全国人大常委会《关于完善人民陪审员制度的决定》进行了重大修改，主要包括：（1）在选任条件上，年龄要求从年满 23 周岁升为年满 28 周岁，学历要求从"一般应当具有大学专科以上文化程度"降为"一般应当具有高中以上文化程度"。（2）在选任程序上，将个人申请和组织推荐改为以随机抽选为主、个人申请和组织推荐为辅，并明确规定了通过个人申请和组织推荐产生的人民陪审员名额数不得超过 1/5。（3）在参审范围上，区分 3 人合议庭和 7 人合议庭的适用范围，并对 7 人合议庭审理的案件类型予以明确和具体化。人民法院审判下列第一审案件，由人民陪审员和法官组成 7 人合议庭进行：可能判处 10 年以上有期徒刑、无期徒刑、死刑，社会影响重大的刑事案件；根据民事诉讼法、行政诉讼法提起的公益诉讼案件；涉及征地拆迁、生态环境保护、食品药品安全，社会影响重大的案件；其他社会影响重大的案件。（4）在参审程序上，3 人合议庭中陪审员和法官仍共同对事实认定和法律适用行使表决权，但在 7 人合议庭中陪审员仅就事实认定与法官共同表决，而对法律适用虽然可以发表意见但不再参加表决。

2. 严格排除非法证据

十八届三中全会《决定》明确指出要"严禁刑讯逼供、体罚虐待，严格实行非法证据排除规则"。2017 年 6 月"两高三部"联合发布了《关于办理刑事案件严格排除非法证据若干问题的规定》。相较于过去相关的法律规定和司法解释，该规定主要有如下创新之处：（1）扩大了非法言词证据排除的范围。将"威胁""非法拘禁"列为排除供述的事由，并且此范围也适用于被害人陈述与证人证言，从而统一了非法证据排除的范围。（2）首次涉及了重复性供述的排除问题。对重复性供述既不是一排到底，也不是完全采纳，而是采取"主体更换说"，[1]并列有例外情形，实现了保障人权与惩罚犯罪的动态平衡。（3）重申、细化排除非法证据的规程。对非法证据坚持早发现、早核查、早排除，强调尽早发现并排除非法证据。同时，细化规定了提讯登记、体检记录的制作，指引有关机关留存证据。（4）将申请非法证据排除纳入法律援助的范围，并保障律师调查取证权。（5）之前在法院依法作出排除决定前可否在对申请排除的证据的庭审中进行调查这一问题没有统一规定。明确规定：在法庭作出是否排除有关证据的决定前，不得对有关证据宣读、质证。（6）将"对于一审法院对被告方有关排除非法证据的申请没有审查，可能影响公正审判的"作为二审发回重审的原因。

---

〔1〕 参见陈光中、郭志媛："非法证据排除规则实施若干问题研究——以实证调查为视角"，载《法学杂志》2014 年第 9 期。

3. 保障辩护权和完善法律援助制度

在保障律师依法行使辩护权方面，2015 年 9 月中央深改小组会议通过《关于深化律师改革制度的意见》，同月 "两高三部" 联合印发了《关于依法保障律师执业权利的规定》。与此同时，2015 年 5 月中央深改小组会议通过了《关于完善法律援助制度的意见》。2017 年 8 月 "两高三部" 公布了《关于开展法律援助值班律师工作的意见》（以下简称《值班律师意见》），2017 年 10 月，最高人民法院、司法部联合出台《关于开展刑事案件律师辩护全覆盖试点工作的办法》（以下简称《全覆盖办法》）。

上述文件的主要制度创新包括：（1）构建值班律师制度。《值班律师意见》提出，法律援助机构在人民法院、看守所派驻值班律师，为没有辩护人的犯罪嫌疑人、刑事被告人提供法律帮助。法律援助值班律师的职责包括：①解答法律咨询；②引导和帮助犯罪嫌疑人、刑事被告人及其近亲属申请法律援助，转交申请材料；③在认罪认罚从宽制度改革试点中，为自愿认罪认罚的犯罪嫌疑人、刑事被告人提供法律咨询、程序选择、申请变更强制措施等法律帮助，对检察机关定罪量刑建议提出意见，犯罪嫌疑人签署认罪认罚具结书应当有值班律师在场；④对刑讯逼供、非法取证情形代理申诉、控告；⑤承办法律援助机构交办的其他任务。法律援助值班律师不提供出庭辩护服务。（2）扩大法律援助范围。《全覆盖办法》规定，在北京、上海、浙江、安徽、河南、广东、四川、陕西省的全部或部分地区开展刑事案件律师辩护全覆盖试点工作。在之前法律援助范围的基础上，其他适用普通程序审理的一审案件、二审案件、按照审判监督程序审理的案件，被告人没有委托辩护人的，人民法院应当通知法律援助机构指派律师为其提供辩护。适用简易程序、速裁程序审理的案件，被告人没有辩护人的，人民法院应当通知法律援助机构派驻的值班律师为其提供法律帮助。

4. 纠正和防范冤假错案

党的十八大以来，司法机关依法纠正了呼格吉勒图案、聂树斌案、陈满案等重大冤错案件 37 件 61 人。[1] 2013 年 8 月中央政法委出台了《关于切实防范冤假错案的指导意见》，重申了疑罪从无、证明标准、保障律师权利等规定。2014 年最高人民法院出台《关于建立健全防范刑事冤假错案工作机制的意见》要求办案应当坚持尊重和保障人权原则、程序公正原则、证据裁判原则等。对于定罪证据不足的案件，应当依法宣告被告人无罪，不得降格作出 "留有余地" 的判决。2013 年 9 月最高人民检察院制定《关于切实履行检察职能防止和纠正冤假错案的若干意见》，建立重大冤错案件发现报告、指导办理、异地审查、监督纠正、依法赔偿工

---

[1] 参见周强：《最高人民法院关于人民法院全面深化司法改革情况的报告——2017 年 11 月 1 日在第十二届全国人民代表大会常务委员会第三十次会议上》，http://www.court.gov.cn/zixun-xiangqing-66802.html，最后访问时间：2018 年 6 月 1 日。

作机制。

（五）《刑事诉讼法》第三次修改（2018年）

为了协调国家监察体制改革和十八大以来司法改革，全国人大常委会以修正案的方式对刑事诉讼法进行修改，并于2018年5月9日公布了《中华人民共和国刑事诉讼法（修正草案）》（以下简称《修正草案》）。这次修法主要包括三个方面：一是完善监察法与刑事诉讼法的衔接机制；二是为加强境外追逃工作力度和手段，设立缺席审判制度；三是将认罪认罚从宽制度和速裁程序的试点工作中成功的经验上升为法律规范。

首先，监察体制改革是对中国政治体制、政治权力、政治关系的重大调整，是事关全局的重大政治体制改革。2016年10月十八届六中全会指出，"各级党委应当支持和保证同级人大、政府、监察机关、司法机关等对国家机关及公职人员依法进行监督，人民政协依章程进行民主监督，审计机关依法进行审计监督。"由此拉开了监察体制改革的序幕。2016年11月，中共中央办公厅印发《关于在北京市、山西省、浙江省开展国家监察体制改革试点方案》，在三省市设立各级监察委员会。2017年11月，全国人大常委会通过在全国各地推开国家监察体制改革试点工作的决定。2018年3月11日，全国人大通过了《中华人民共和国宪法修正案》。修正案修改了相关条文，并增写了监察委员会一节，明确规定各级监察委员会是国家的监察机关。随后审议通过了《中华人民共和国监察法》，将监察厅（局）、预防腐败局及人民检察院查处贪污贿赂、失职渎职以及预防职务犯罪等部门的相关职能整合至监察委员会。《修正草案》根据宪法和监察法的规定删去了检察院贪污贿赂犯罪侦查权，但保留了一部分自侦权，即"人民检察院在对诉讼活动实行法律监督中发现司法工作人员利用职权实施的非法拘禁、刑讯逼供、非法搜查等侵犯公民权利、损害司法公正的犯罪，可以由人民检察院立案侦查。对于公安机关管辖的国家机关工作人员利用职权实施的其他重大的犯罪案件，需要由人民检察院直接受理的时候，经省级以上人民检察院决定，可以由人民检察院立案侦查"。此外，还从强制措施、案件移送等方面完善了监察法与刑事诉讼法的衔接。

其次，建立刑事缺席审判制度，加大境外追逃工作的力度。对于贪污贿赂犯罪案件，犯罪嫌疑人、被告人潜逃境外，监察机关移送起诉，检察院认为犯罪事实已经查清，证据确实、充分，依法应当追究刑事责任的，可以向法院提起公诉。同时规定了该类案件的管辖、送达、审理方式、被告人权利保障、上诉权等。此外，还规定了中止和审判监督程序中的缺席审判。

最后，将试点的认罪认罚从宽制度和速裁程序上升为法律。自2014年、2016年开始在部分地区分别试点速裁程序和认罪认罚从宽制度。《修正草案》将认罪认罚从宽作为一项刑事诉讼法的基本原则规定在第一章中，即犯罪嫌疑人、被告人自愿如实供述自己的罪行，对指控的犯罪事实没有异议，愿意接受处罚的，可以依法从宽处理。对于基层人民法院管辖的可能判处3年有期徒刑以下刑罚的案件，案件事实清楚，证据确实、充分，被告人认罪认罚并同意适用速裁程序的，可以适用速裁程序。

《修正草案》旨在着力解决实践中紧迫性的问题，但是十八大以来刑事司法改革取得的重要成就没有在本次修正草案中得以体现，例如，加强司法机关依法独立行使职权、推进以审判为中心的诉讼制度改革、严格实施非法证据排除规则、扩大法律援助范围等问题。我们期待在以后的《刑事诉讼法》修改中对上述问题加以规定。

四、经验与启示

改革开放 40 年以来，以刑事诉讼法制定和三次修改为主线的刑事诉讼法治虽然历经挫折和徘徊，但取得了巨大成就，为中国特色社会主义法治建设提供了宝贵的经验和启示。

（一）改革开放与刑事诉讼法治相伴而生、相辅相成

我国刑事诉讼法治是社会主义法治的重要组成部分，而一国法治的发展状况与当时的政治环境密不可分，法治都是在一定历史时期背景下的产物，这一关系在改革开放后体现得非常明显。"文革"后，1978 年十一届三中全会实现了思想路线、政治路线、组织路线的拨乱反正，作出了实行改革开放的新决策；之后党和国家进一步明确了坚持中国特色社会主义建设的方向。在这样的背景下，我国第一部《刑事诉讼法》才得以诞生并适时予以修改完善。经验证明，只有改革开放，也只有坚持改革开放，我国的社会主义法治和刑事诉讼法治才能得到创建和不断发展，进而保障我国社会主义国家的安稳和谐及经济建设的顺利进行。

（二）刑事司法改革必须尊重司法规律

司法规律是由司法的特性所决定的，体现为对司法活动和司法建设客观要求的法则。遵循司法规律是刑事司法改革取得成功的关键。同时要把遵循司法规律同符合国情科学地结合起来。首先，司法必须以公正为最高价值目标。公正是人类社会所追求的首要价值目标，司法公正则是维护社会公平的最后一道防线，是司法机关的灵魂和生命线。失去了对公正的追求，司法没有任何存在意义。其次，应当遵循司法机关依法独立行使审判权和检察权的基本司法规律。依法不受干涉的司法审判是实现司法公正的前提，是生成司法权威的保障，是法官职业化和司法理性化的题中应有之义。最后，必须遵循保障控辩平等的刑事诉讼模式。由于行使控诉权的国家专门机关在权力、手段和物质条件上远超于被追诉人，因而国家必须着力构建控辩双方平等对抗的程序，保证辩护权的有效行使。当前最为紧要的任务是完善法律援助制度，对于犯罪嫌疑人、被告人可能被判处 3 年以上有期徒刑，没有委托辩护人的，公安司法机关都应当通知法律援助机构指派律师为其提供辩护。同时，法律援助全覆盖应当覆盖包括死刑复核程序在内的所有审判程序。

（三）刑事诉讼应坚持动态平衡理念

刑事诉讼法治40 年的实践要求坚持动态平衡的诉讼观。首先，刑事实体法和

刑事程序法相平衡。既要承认程序法的工具价值，又不能陷入唯工具论；既要承认程序法的独立价值，又不能过度夸大，陷入程序优先论。其次，惩罚犯罪与保障人权相平衡。惩罚犯罪和人权保障，是刑事诉讼法目的的两个方面。两者对立统一，不可偏废。最后，诉讼公正与诉讼效率之间的合理平衡。要公正为优先，兼顾效率，不计成本、不考虑效率在刑事诉讼中也是行不通的。

（四）刑事诉讼法律的稳定性与变化性相协调

法律必须保持稳定，才能保证社会关系和社会秩序的稳定。刑事诉讼立法四十年也是稳定性与变化性相协调的历史。稳定性要求刑事诉讼法律应保持其严肃性，不得任意变动和修改。如果朝令夕改，《刑事诉讼法》将"法不成法"，立法就会失信于民，"严打"中就出现过这方面的教训。但是法律又不能静止不变，必须根据社会发展变化做出相应的调整。现代社会的变化和发展对法律提出了挑战，法律必须紧跟时代潮流，与时俱进，否则就有可能阻碍社会的发展。因此，对不适应时代要求的刑事诉讼法律，应当及时修改或废止，不能让其成为刑事法治建设的"绊马索"；对于实践证明比较成熟的改革经验和行之有效的改革举措，则应当尽快上升为刑事诉讼法律。我国刑事诉讼法治建设从制定法典到后面的两次修改再到当前《修正草案》的公布总体来说是应当肯定的，但也有些方面跟不上时代的潮流和社会的需求。

陈光中法学文选（第四卷）

司法改革与刑事诉讼法修改

第二部分　证据制度

刑事证据制度改革若干理论与实践问题之探讨

——以"两院三部""两个证据规定"之公布为视角[1]

证据是司法公正的基石,证据制度是司法制度的重要组成部分。证据制度是否科学、先进、完备是体现一个国家民主法治程度的重要标志。我国现行《刑事诉讼法》及司法解释对证据规则的规定比较粗疏,《刑事诉讼法》除侦查中有关于证据收集的规定外,"证据"一章只有8条,内容过于原则,可操作性不强;最高人民法院和最高人民检察院的有关司法解释对此虽有所弥补,但也明显不适应刑事诉讼中复杂的证据运用于实践活动的需要。司法实践中存在着令人焦虑的刑讯逼供和冤案错案情况,凸显了我国证据法制的滞后和不足。在这种背景下,最高人民法院、最高人民检察院、公安部、国家安全部和司法部(以下简称"两院三部")按照中央关于深化司法体制和工作机制改革的统一部署和任务要求,秉持惩罚犯罪与保障人权并重、实体公正与程序公正并重的指导思想,于2010年6月13日联合颁布了《关于办理死刑案件审查判断证据若干问题的规定》(以下简称《死刑案件证据规定》)和《关于办理刑事案件排除非法证据若干问题的规定》(以下简称《非法证据排除规定》,与上一规定合称"两个证据规定")并于7月1日起施行。"两个证据规定"以现有法律为根据,在总结司法工作实际经验,借鉴外国有益做法和吸收法学界研究成果的基础上,对我国刑事证据制度作出了有一定力度的改革完善。"两院三部"在印发这"两个证据规定"的通知中还特地指出:"办理其他刑事案件,参照《关于办理死刑案件审查判断证据若干问题的规定》执行。"可见"两个证据规定"虽属于司法解释,但其公布确实算得上是我国刑事司法制度改革中的一件大事,并为即将启动的《刑事诉讼法》修改奠定了良好的基础。在理论上如何认识、实践中如何运用"两个证据规定"正是当前亟须解决的问题。对此笔者着重对以下几个问题进行探讨。

一、证据裁判原则问题

(一)证据裁判原则的产生与发展

《死刑案件证据规定》确立了三个原则,即证据裁判原则、法定程序原则以及质证原则。其中证据裁判原则是最重要也最具标志性的原则。所谓证据裁判原则,也称证据裁判主义,是指司法机关和司法人员对于案件事实的认定,必须依据

---

〔1〕 原载《中国法学》2010年第6期。

证据。

证据裁判原则不是自古有之，而是司法制度发展到一定历史阶段的产物。自从人类社会产生了解决纠纷的诉讼活动以后，裁判者就力求发现案件真实，而且随着社会的进步，发现真实的模式、原则和制度也呈现阶段性的演进。我国诉讼法学者通常将其概括为三个阶段，即神明裁判、法定证据和自由心证阶段。笔者认为，如不限于欧洲大陆而从世界范围来看，后面两个阶段改称为口供裁判、证据裁判似更符合实际情况。现概述如下：

第一阶段：神明裁判。在古代奴隶社会和封建社会前期，由于生产力落后、人类处于愚昧状态，在司法证明上盛行"神明裁判"制度。在当时的诉讼中，如果双方当事人对案件事实的主张有争议，就根据神的示意来判断，将神的示意作为认定案件事实的唯一依据。因为当时人们相信只有神能明辨是非、知道案件事实真相。神判方式多式多样，通行的有水审、火审等。例如《汉穆拉比法典》第132条规定：在通奸案中，妇女不承认，将其投入河中，如未被淹死，就证明她是清白的。中国古代的神判制度尽管消失得比较早，但根据有关史料记载也确实存在过。如法的古字是"灋"，《说文解字》解释"灋"字道："灋，刑也。平之如水，从水。廌，所以触不直者去之，从去。"又解"廌"字道："兽也。似山牛，一角。古者决讼令触不直。"[1]王充在《论衡》中也说："皋陶治狱，其罪疑者，令羊触之，有罪则触。"[2]

第二阶段：口供裁判。随着社会的发展和人类认识能力的提高，证据制度从神判走向人判，证据在诉讼中得到一定程度的重视。但当时实行口供主义，以采用合法的刑讯手段取得的被告人口供作为定罪的主要根据，口供被称为"证据之王"。欧洲中世纪后期实行法定证据制度的代表性法典《加洛林纳刑法典》规定：被告人在法庭上的供认被认为是完全证据中的最好证据，足以认定犯罪。[3]中国古代漫长的封建专制主义时期基本上不实行法定证据制度，但同样实行"罪从供定"的口供主义和合法刑讯制度。在封建统治者的心目中，被告人认罪的口供是最诚实可靠的，"狱辞之出于囚口者为款。款，诚也，言所吐者皆诚实也"。[4]尽管这时期司法裁判者也采用证人证言和物证等证据，但是由于基本依靠刑讯获得的口供定罪，因而不能认为已经产生了证据裁判原则。

第三阶段：证据裁判。证据裁判原则发轫于资产阶级革命时期，在18世纪的欧洲大陆，资产阶级革命胜利夺取政权以后，在民主、自由、人权的思想指导下，废除了刑讯逼供和法定证据制度，确立了自由心证原则。1808年《法国刑事诉讼

---

〔1〕 转引自《陈光中法学文选》（第1卷），中国政法大学出版社2010年版，第52~53页。

〔2〕 转引自《陈光中法学文选》（第1卷），中国政法大学出版社2010年版，第52~53页。

〔3〕 参见《中国大百科全书·法学》（修订版），中国大百科全书出版社2006年版，第68页。

〔4〕 《资治通鉴》，则天后天授二年九月，乙亥，"杀岐州刺史云弘嗣"注。

法典》第 342 条规定，法律仅要求陪审员深思细察，并本诸良心诚实推求已经提出的对于被告不利和有利的证据在他们的理智上产生了何种印象。只向他们提出这样的问题："你们已经形成内心的确信否？"现行《法国刑事诉讼法典》第 353 条保留了上述条文原意，只是在文字上略有简化。这一条著名的规定自由心证原则的条文，强调的是事实裁决者对证据审查判断的自由裁量，但它又体现出内心确信的根据是提交给法庭的对被告人有利和不利的证据，也就是说它包含着证据裁判原则的内涵。后来德国在 1877 年制定的《德国刑事诉讼法典》中也参考法国上述条文确立了内心确信原则，即第 261 条规定："对证据调查的结果，由法庭根据它在审理的全过程中建立起来的内心确信而决定。"法、德两国的刑事诉讼法典至今只规定自由心证原则而未另专门规定证据裁判原则。意大利、俄罗斯的刑事诉讼法典也是如此。日本则不同。日本在法国影响下于 1876 年制定的《断罪依证律》将《改定律例》原规定的"凡断罪，依口供结案"，修改为"凡断罪，依证据"；并规定"依证据断罪，完全由法官确定"。这样就把法国的自由心证原则在日本分别规定为证据裁判原则和自由心证原则。[1]"凡断罪，依证据"这应该说是世界最早正式规定证据裁判原则的条文。这一条文被日本现行的刑事诉讼法典所继承，该法第 317 条规定："认定事实，应当依据证据。"如今许多大陆法系国家和地区规定了这一内容。如《韩国刑事诉讼法典》第 307 条规定："认定事实，应当根据证据。"我国台湾地区"刑事诉讼法"第 154 条也规定："犯罪事实应依证据认定之，无证据不得认定犯罪事实。"英美法系的国家和地区在理念上是认同证据裁判原则的，但是它们根据自己的法制特色不用法律明文规定该原则而用一系列的证据规则如关联性规则、可采性规则等加以体现。

我国刑事诉讼法虽然没有明文规定证据裁判原则，但是从相关条文来看，已经基本体现了证据裁判原则的精神。如《刑事诉讼法》第 46 条规定："对一切案件的判处都要重证据，重调查研究，不轻信口供。只有被告人供述，没有其他证据的，不能认定被告人有罪和处以刑罚；没有被告人供述，证据确实充分的，可以认定被告人有罪和处以刑罚。"第 162 条规定，案件事实清楚，证据确实充分，依据法律认定被告人有罪的，应当作出有罪判决。如今《办理死刑案件证据规定》第 2条正式明确规定："认定案件事实，必须以证据为依据。"这就宣布了证据裁判原则在我国的正式确立，这对于增强司法人员证据意识、完善证据规则、反对口供主义，都具有重要意义。

（二）正确对待案件事实与证据的关系

如何贯彻执行好证据裁判原则，关键在于要正确理解和处理案件事实和证据的关系。

什么是案件事实？这似乎是一个并不复杂的问题，但在诉讼法理论界却存在着

---

〔1〕 ［日］松尾浩也：《日本刑事诉讼法》（下卷），中国人民大学出版社 2005 年版，第 4 页。

各式各样的理解。笔者认为，根据唯物主义认识论，事实是指"不依赖于主体主观意识的客观存在状态。事实的根本特征是它的客观存在性"。[1]笔者认为诉讼中的案件事实应该从三个层面理解：一是案件客观事实即案件本源事实，它是不依司法人员和任何其他诉讼主体的意志而独立存在的事实。这种案件事实具有客观性、确定性、过去性的特点，也就是说，它是发生于过去的、客观存在的而且不依时间的流逝而改变的事实。例如，在杀人案件发生后，尽管犯罪现场可能被伪装、凶器可能被处理、凶手可能逃跑，侦查人员暂时未侦破此案，但是杀人的案件事实本身却是确定不变的，真凶也不会因为其未被查明、捕获就变成了其他人。二是双方当事人主张的事实，这种事实在诉讼的过程中是可能发生变化的，如犯罪嫌疑人、被告人的口供所提供的案件事实，因为种种因素的影响在侦查中与在庭审中可能大不相同。三是公安司法机关及其司法人员根据证据所认定的案件事实，这种事实在学界称为法律事实。包括侦查机关的移送起诉意见书、检察机关的起诉书和人民法院的判决裁定书所认定的案件事实。可见案件本源事实与当事人主张事实、法律事实的根本区别是在于前者是客观存在的事实，属于客观范畴；后两者则是特定诉讼主体所主张或所认定的事实，属于主观范畴。司法人员在诉讼中的首要任务就是要通过收集、判断和审查证据将案件客观事实正确转化为法律事实，最大限度地实现案件客观事实与法律事实的统一。这是司法人员在诉讼中正确适用法律、实现实体公正的前提。

证据之所以能成为认定案件事实的唯一根据，是由于真实的证据必定由案件的本源事实所派生，与它有内在的联系。因为犯罪客观事实总是在一定的时、空下发生的，并与一定的人、物的外界环境发生作用，必然留下相应的印象、痕迹等。这些痕迹和印象有可能在诉讼中以不同方式转化成为能够证明案件事实的证据。如犯罪事实发生时被人感知就可能会转化为证人证言，在现场留下物品、血迹、指纹就可能会转化为物证，并经过鉴定成为鉴定意见。证据的客观性和关联性使证据产生了证明力，从而使案件本源事实（包括不在司法人员面前发生的过去事实），通过对证据的收集、审查和判断的证明活动将其基本再现在自己的面前，使司法人员可能依据证据准确认定案件事实。这正是证据裁判原则的真谛所在。

这里还必然涉及《刑事诉讼法》第6条规定的"以事实为根据，以法律为准绳"的问题。有论者认为证据裁判原则与"以事实为根据"是互相矛盾的，既然规定"认定事实必须以证据为根据"，就不必规定司法人员办理案件"必须以事实为根据"。笔者却认为两者的规定从根本上是一致的，但存在着角度的差异。参与刑事诉讼立法的有关人员解释道："'事实'是指人民法院、人民检察院、公安机关进行刑事诉讼，追究犯罪，必须以客观存在的、经过调查属实、有证据证明的事

---

〔1〕 陈光中等：《中国司法制度的基础理论问题研究》，经济科学出版社2010年版，第426页。

实为根据，而不是靠主观想象、推测、怀疑的所谓'事实'。"[1]由此可见，证据裁判原则强调的是以证据为根据的证据意识，而以事实为根据强调的是证据认定案件事实的客观性。我们在解读证据裁判原则时不能只讲以证据认定案件事实而不管事实是否客观真实。"以事实为根据"原则也是联合国国际公约确立的重要司法原则之一。联合国《关于司法机关独立的基本原则》第2条明确规定："司法机关应不偏不倚、以事实为根据并依法律规定来裁决其所受理的案件，而不应有任何约束……"我国司法实务部门经常强调要"严格把好案件事实关、证据关、程序关和法律适用关，确保办案质量"。[2]这也表明了事实和证据之间互相区别和互相联系的关系。基上，《刑事诉讼法》修改时应当保留"以事实为根据，以法律为准绳"这一广大群众熟知的基本原则，同时，又应当在第五章"证据"中增加规定证据裁判原则。

二、证明标准问题

（一）"结论唯一"的刑事证明标准

刑事证明标准是指刑事诉讼中司法人员运用证据认定犯罪嫌疑人、被告人犯罪所要达到的程度。在当代刑事诉讼中，世界各国对审判中有罪裁判的证明标准有不同的表述，大陆法系国家表述为"内心确信"，英美法系国家表述为"排除合理怀疑"，我国的证明标准根据传统司法文化和辩证唯物认识论，立法上规定为"犯罪事实清楚，证据确实充分"。但对这个证明标准学界认识不一致，实务界也缺乏可操作性规定。实际上，几乎所有的案件，包括那些后来被证明是冤假错案的案件，只要是有罪判决，都会在判决书上写明证据已经达到这个标准。此次《死刑案件证据规定》本着对死刑案件采取最高最严格的证明标准的要求，在总结实践经验基础上进一步细化了该证明标准。即第5条规定："办理死刑案件，对被告人犯罪事实的认定，必须达到证据确实、充分。证据确实、充分是指：（一）定罪量刑的事实都有证据证明；（二）每一个定案的证据均已经法定程序查证属实；（三）证据与证据之间、证据与案件事实之间不存在矛盾或者矛盾得以合理排除；（四）共同犯罪案件中，被告人的地位、作用均已查清；（五）根据证据认定案件事实的过程符合逻辑和经验规则，由证据得出的结论为唯一结论。"基上可见，"证据确实充分"就是要求运用确实的证据构成一个完整的证据链，对犯罪事实的证明达到唯一性的程度。其中，"确实"体现了证据的质量，指每个证据的质量都是真实的，而不是虚假的；"充分"指证据的数量达到了足以准确认定案件事实的程度。如果证据只有一个或两个，即便证据是真实的，也难以得出可靠的案件事实结论。只有证据既确实又充分，才足以得出案件事实的唯一性结论。

---

〔1〕 胡康生、李福成主编：《中华人民共和国刑事诉讼法释义》，法律出版社1996年版，第8页。
〔2〕 转引自罗书臻："王胜俊在最高人民法院党组会议上要求：以全国政法工作电视电话会议精神为指导，加大审判管理力度，努力提高办案质量效率效果"，载《人民法院报》2010年1月7日。

值得指出的是，过去，"唯一性"的表述只出现在学者论著和有关领导的讲话中，[1]司法解释文件明确规定"结论唯一"尚属首次。所谓"唯一"，从词义上解释，即为只有一个，独一无二。就证明标准而言，"唯一性"即为"排除其他可能性"。刑事诉讼中对有关定罪量刑的事实的证明都达到唯一性固然是最理想的状态，但实际上，对任何案件的全部案件事实细节都证明到唯一的程度是不可能的。每个案件有很多情节，即使犯罪嫌疑人真诚回忆作案过程也不一定都准确。特别是犯罪的主观方面等情节，更因为涉及被告人的内心世界而难以查证。因此，笔者认为，"唯一性"是指对有关定罪和量刑的主要事实的证明达到"唯一性"。具体而言，主要事实包括以下三项内容：①犯罪事实是否已经发生；②实施犯罪的主体是谁；③加重量刑的情节，特别是足以判处死刑的从重情节。至于其他情节，如犯罪的主观方面等，则可以适度降低证明标准。这也符合联合国法律文件的相关要求。《联合国反腐败公约》第28条规定："根据本公约确立的犯罪所需具备的明知、故意或者目的等要素，可以根据客观实际情况予以推定。"

学术界和实务界均有人认为"唯一性"标准在现实中无法达到，但是笔者认为，"唯一性"不仅有必要，而且有可能达到。

首先，只有对主要事实的证明达到"唯一性"，才能保证裁判认定的案件事实与客观事实相符，使案件"经得起法律和历史的检验"，最大限度地避免出现冤案错案。对死刑案件更要坚持"唯一性"，以避免错杀。有一位分管死刑复核的退休二级大法官曾对笔者说过这样一句寓意深沉的话："我签字核准的死刑案件，绝不允许有一个冤鬼跟在我的后面。"如果不坚持"唯一性"，不把案件办成铁案，就难免有冤鬼跟在裁判法官的后面。

其次，"唯一性"是有可能达到的。辩证唯物主义认识论认为，对具体事物的认识应当是绝对真实与相对真实的辩证统一。诉讼中对案件事实的认定在一定范围和条件下能够做到确定性和"唯一性"，这就体现了绝对的因素。否定对案件主要事实认定的绝对性因素，对具体事物的认识就没有了正确与错误之分。此外，从司法实证角度来看，具体案件主要事实的认定达到"唯一性"也是完全可能的，而且在有的案件中，一开始就可能达到"唯一性"程度。那些认为囿于证据规则、办案期限等情况导致在诉讼中结论"唯一性"无法达到的观点不仅在实践中经不

---

[1] 如笔者主编的教材中曾指出"在是否存在犯罪事实和被告人是否实施了犯罪行为的关键问题上，必须做到确定性、唯一性，否则就可能发生冤案、错案。"（陈光中主编：《刑事诉讼法》，北京大学出版社、高等教育出版社2009年版，第174页。）最高人民法院原院长肖扬在第五次全国刑事审判工作会议上的讲话中指出，"如果认定犯罪的事实不清、证据不足，特别是影响定罪的关键证据存在疑问，不能排除合理怀疑得出唯一结论的，就应当坚决按照'事实清楚，证据确实充分'的裁判标准，果断作出证据不足、指控的犯罪不能成立的无罪判决。"（转引自陈永辉："肖扬在第五次全国刑事审判工作会议上强调加强刑事审判工作组织领导不断提高刑事审判队伍素质"，载《人民法院报》2006年11月9日。）

起检验，而且在理论上也是站不住脚的。

《死刑案件证据规定》的规定还指出，"结论唯一"应当是办案人员在运用证据认定案件事实时根据逻辑和经验规则所达到的。所谓根据逻辑规则，就是要求证明及所得出的结论必须遵循逻辑思维规律。例如，有证人证明杀人案件发生时被告人不在现场而正在外地出差，又有证人作证说他看见杀人案件发生时被告人在现场。按照逻辑的矛盾律，这两个相互矛盾的证据不可能都是真的。如果查明案件发生时被告人确实在外地（如有登机记录及外地相关人员作证），就应当按照逻辑的矛盾律排除被告人在现场实施犯罪的可能性。再如，证据充分，实际上是逻辑学中的充分理由律在证据证明中的运用。而所谓根据经验法则，则要求事实裁判者，特别是法官根据日常生活的经验常识，特别是办案经验所得出的结论是唯一的。众所周知，法律不可能对各种具体案件怎样才能达到"唯一性"——列明，而只能通过对相似类型案件的审判经验进行总结与积累，然后运用于办案中。正如美国联邦大法官本杰明·卡多佐所指出的："当我决定一个案件时，……我用了什么样的信息资源来作为指导？我允许这些信息在多大比重上对结果起了作用？……日复一日，以不同的比例，所有这些成分被投入法院的锅炉中，酿造出这种奇怪的化合物。"[1]

（二）"唯一性"与"排除合理怀疑"的关系

关于"唯一性"与西方的"排除合理怀疑"的关系问题，理论界与实务界存在着意见分歧。有论者只承认"排除合理怀疑"而否定"唯一性"；有论者则是把二者结合运用，不作区分。笔者认为，"唯一性"与"排除合理怀疑"存在着程度上的差异，不能混为一谈。

"排除合理怀疑"英文为"beyond reasonable doubt"，在汉语中直译为"超越合理怀疑"，对排除合理怀疑的理解，西方法律界主流观点否定了刑事证明达到确定性、"唯一性"的可能，只承认最大限度地接近确定性，即"接近真实"尚未达到"确定性"的地步。如说："在 1 到 10 分的评分表上，超出合理怀疑的证明需要 9 分，而优势证明只需要 6 分。"[2]"宣判一个人有罪的证据标准更严格：超出合理怀疑的证明。超出合理怀疑的证明没有准确的定义。一些法学家认为这是指每个陪审员必须 95%或 99%确信被告人有罪……"[3]"超越合理怀疑的证据：法律寻找的是最大可能性，而不是确定性……证据不一定要达到确定的地步，但它必须

---

〔1〕 ［美］本杰明·卡多佐：《司法过程的性质》，苏力译，商务印书馆 2000 年版，第 2 页。

〔2〕 ［美］乔恩·华尔兹：《刑事证据大全》，何家弘译，中国人民公安大学出版社 2004 年版，第 394～395 页。

〔3〕 ［美］爱伦·豪切斯泰勒·斯黛丽、南希·弗兰克：《美国刑事法院诉讼程序》，陈卫东、徐美君译，中国人民大学出版社 2002 年版，第 72 页。

达到极大可能性的程度。超越怀疑的证据，不是达到没有一丝怀疑的程度。"〔1〕有的西方学者曾将"排除合理怀疑"解释为"道德上的确定性"，〔2〕但在维克多诉内布拉斯加案（Victor v. Nebraska）中，联邦最高法院表达了它的担忧："'道德上的确定性'已经失去其历史含义，现在陪审团可能把它理解为允许根据没有达到排除合理怀疑标准的证明定罪。"〔3〕而且，笔者认为这种"道德上的确定性"实际上是一种主观上的确定性，这与主客观相统一的确定性是有着重大区别的。我国的"唯一性"标准指的是没有其他可能性，这显然高于"排除合理怀疑"标准。

从联合国法律文件来看，"排除合理怀疑"不是死刑案件的证明标准。1984年联合国《关于保护死刑犯权利的保障措施》第4条规定："只有在对被告的罪行根据明确和令人信服的证据而对事实没有其他解释余地的情况下，才能判处死刑。"所谓"对事实没有其他解释余地"（leaving no room for alternative explanation of the fact），实际上与我们主张的唯一性、排除其他可能性的标准是一致的，显然高于"排除合理怀疑"。值得注意的是，近年来美国高达约5%的死刑错判率已开始引起美国学者的反思，有美国学者认为"排除合理怀疑"作为死刑案件的证明标准不足以防止错判，因此主张提高死刑案件的证明标准，例如有论者指出："死刑案件的证明标准应当高于排除合理怀疑的证明标准，具体而言，该标准应当排除一切怀疑（beyond any doubt）。"〔4〕因此，笔者认为，为了防止错杀错判，我们应当坚持《刑事诉讼法》规定的"案件事实清楚、证据确实充分"的证明标准和"结论唯一性"的解释。

令人困惑的是，此次《死刑案件证据规定》一方面坚持"唯一性"标准，要求"由证据得出的结论为唯一结论"（第5条），另一方面却规定"依据间接证据认定的案件事实，结论是唯一的，足以排除一切合理怀疑"，"可以认定被告人有罪"（第33条）。"排除一切合理怀疑"与"排除合理怀疑"实际上是同一标准，与"结论唯一"是有区别的。对定死罪先后规定两种不同表述的证明标准，这在逻辑上是有矛盾的。而且文件强调"根据间接证据定案的，判处死刑应当特别慎重"，这就更不应当采取低于"唯一性"的"排除一切合理怀疑"表述。因此，笔者认为，应当修正第33条的规定，取消"排除一切合理怀疑"的提法，以保持文件关于死刑证明标准最高最严格要求的前后表述一致性。

〔1〕［英］理查德·梅：《刑事证据》，王丽、李贵方等译，法律出版社2007年版，第77～78页。
〔2〕如《布莱克法律词典》对"排除合理怀疑"的解释是："'排除合理怀疑'的证明是达到'道德上的确定性'的证明，是符合陪审团的判断和确信的证明。作为理性的人，陪审团成员在根据有关指控犯罪是由被告人实施的证据进行推理时，如此确信以致不可能作出其他合理的结论。"参见Bryan A. Garner ed. , Black's Law Dictionary, 8th Edition, West Publishing Co. , 2004, p. 1294.
〔3〕Victor v. Nebraska, 114 S. Ct. 1239, 1243（1994）.
〔4〕［美］布莱恩·福斯特：《司法错误论——性质、来源和救济》，刘静坤译，中国人民公安大学出版社2007年版，第277页。

（三）对"留有余地"的质疑

如前所述，"唯一性"标准要求对案件关键事实的证明必须达到结论唯一的地步。如果对主要事实的证明达不到结论唯一，实际上就成为证据不足的疑案。我国《刑事诉讼法》第162条第3项对疑案的处理规定了疑罪从无原则："证据不足，不能认定被告人有罪的，应当作出证据不足、指控的犯罪不能成立的无罪判决。"然而，实践中却存在"留有余地"这一处理疑案的潜规则。所谓"留有余地"，是指法官为了防止放纵犯罪，并迫于被害人和社会舆论的压力，在明知有的案件有疑点未能排除的情况下放弃"疑罪从无"原则，仍然判决被告人有罪，但又不判死刑，而留有余地地判死缓、无期或有期徒刑。正是这种"留有余地"的做法导致了冤案错案的发生，杜培武案、佘祥林案、赵作海案就是因这种做法所形成的冤案。司法实践证明"留有余地"的做法只能防止错杀，却不能防止错判。因此，有必要厘清"留有余地"的界限。刑事案件在定罪证据存疑的情况下，不能留有余地，而应当作出无罪判决；留有余地只能在量刑时因证据存疑而作较轻的处罚。也就是说，我们要遵循的定罪量刑的事实证据判断原则应当是：有罪无罪存疑作无罪处理；量刑轻重存疑作轻罪处理。

事实上，"留有余地"造成的一些冤案错案只是在偶然情况下发现才得以平反，而多数的冤案错案的判决继续在维持着。这种情况不仅使蒙冤者不能昭雪，而且使真凶逍遥法外。为此，笔者认为，人民法院应当对那些当时采取"留有余地"而被判刑而后来又申诉不断的案件主动重新审查，坚决按疑罪从无原则纠错改判，不要等到那些"被害人"活着回来或真凶落网，再被动地给这些蒙冤者平反。应当承认，"不枉不纵"只是我们办案中争取实现的一个目标，实际上并不是每个案件都能做到。当主要事实在法定办案期限内不能查明时，就面临着不枉与不纵之间的价值冲突问题。二者不得而兼时，只能按照疑罪从无原则处理，最大限度地防止案件错判，以保障和维护人权。

三、非法证据排除规则问题

（一）非法证据排除规则的确立和价值

非法证据排除规则，是指采用非法手段所取得的证据不得作为证明不利于犯罪嫌疑人、被告人的事实的根据。非法证据排除规则作为一项证据法治的重要规则，开端于美国1914年 *Weeks v. U. S* 一案的裁判，发展于1966年 *Miranda v. Arizona* 一案的裁判。并在此过程中逐步为英国及大陆法系国家所仿效，进而形成了不同的非法证据排除模式。这些概况，国内论著多有详述，本文不赘。[1] 联合国1984年通

---

[1] 参见陈光中、张小玲："论非法证据排除规则在我国的适用"，载《政治与法律》2005年第1期；杨宇冠：《非法证据排除规则研究》，中国人民公安大学出版社2002年版；张智辉主编：《刑事非法证据排除规则研究》，北京大学出版社2006年版；郑旭：《非法证据排除规则》，中国法制出版社2009年版。

过的《禁止酷刑和其他残忍、不人道或有辱人格的待遇或处罚公约》第 15 条也规定："每一缔约国应确保在任何诉讼程序中，不得援引任何确属酷刑逼供作出的陈述为根据。但这类陈述可以引作对被控施用酷刑逼供者起诉的证据。"可见，非法证据排除规则已作为程序正义的标志性规则为全世界所确认。

在我国，《刑事诉讼法》只规定了"严禁刑讯逼供和以威胁、引诱、欺骗以及其他非法的方法收集证据"，而未规定非法证据排除规则。在最高人民法院、最高人民检察院的有关司法解释中虽然有非法言词证据排除的规定，[1]但由于其缺乏可操作性，特别是要求"查证确实属于"非法取证才能予以排除，致使在司法实践中无法得到贯彻执行。如今《非法证据排除规定》将非法证据排除规则作为一个单独的司法解释文件加以专门规定，其内容不仅规定了言词证据排除，即第 1 条规定："采用刑讯逼供等非法手段取得的犯罪嫌疑人、被告人供述和采用暴力、威胁等非法手段取得的证人证言、被害人陈述，属于非法言词证据。"第 2 条规定："经依法确认的非法言词证据，应当予以排除，不能作为定案的根据。"而且第 14 条规定了非法实物证据的排除（条文内容见下），并详细规定了非法言词证据的排除程序、举证责任、证明标准等配套制度，以保证其得到有效实施。这无疑是我国证据制度的一项突破性的改革举措。

我国之所以要确立非法证据排除规则，不仅是为了适应世界潮流，更由于该规则具有保障实现司法公正的重要价值。

第一，程序价值，即保障程序人权的价值。保障人权是我国实行民主、法治的应有之义，并在 2004 年把"国家尊重和保障人权"载入《宪法》（第 33 条第 3 款），为我国刑事司法的人权保障提供了宪法依据。在刑事诉讼中，人权保障主要是指诉讼参与人的权利保障，其中重中之重是犯罪嫌疑人、被告人的程序人权保障。因为他们在刑事诉讼中是被公安司法机关追究刑事责任的对象，处于弱势的地位，其合法权利最容易被公安司法机关所侵犯，这就要求公安司法机关按照无罪推定原则的精神，充分尊重和保障他们的程序人权，应严禁刑讯逼供、非法搜查扣押和其他以侵犯人权的方式取证。非法证据排除规则正是对非法取证行为的鲜明否定和有力制裁措施。通过对非法证据的排除，可以有效地遏制侦查违法取证现象的发生，使犯罪嫌疑人、被告人的合法权益免受侵害，从而加强诉讼人权保障，彰显正当程序的正义价值。

第二，实体价值，即有利于查明案件事实真相。在中外诉讼法学界，不少学者认为非法证据排除规则不利于发现案件事实真相。这种观点仅看到有罪的被告人因

---

〔1〕 最高人民法院《关于执行〈中华人民共和国刑事诉讼法〉若干问题的解释》第 61 条规定："严禁以非法的方法收集证据。凡经查证确实属于采用刑讯逼供或者威胁、引诱、欺骗等非法的方法取得的证人证言、被害人陈述、被告人供述，不能作为定案的根据。"（已失效）最高人民检察院 1999 年《人民检察院刑事诉讼规则》第 265 条也作了类似的规定。

非法证据排除而被宣告无罪的事实，而没有看到无罪的被告人因非法证据未加排除而被宣告有罪的严酷事实。实际上，近些年见诸报端的杜培武案、佘祥林案、赵作海案等许多冤案错案几乎全部都是刑讯逼供造成的。实践证明，通过刑讯或其他非法手段获得的犯罪嫌疑人、被告人认罪供述有可能是真实的，但更多的是犯罪嫌疑人无法承受刑讯折磨之苦，被迫假招供、乱攀供，导致混淆真假、颠倒是非，造成冤案。正如意大利著名刑法学者贝卡利亚所指出的，刑讯"保证使强壮的罪犯获得释放，并使软弱的无辜者被定罪和处罚"。[1]非法证据排除规则把非法取得的证据排除在诉讼之外，在很大程度上避免了根据虚假的证据对案件事实作出错误的认定，有利于最大限度地防止、减少冤案错案的发生。

（二）"非法证据"的界定与排除范围

非法证据仅限于采用非法手段取得的证据，"非法"专指取证违反法定程序而言。至于证据其他方面的不合法不属于此范围。例如心理测试（测谎）检查结果，虽不属于法定证据种类，但只要不是被强迫测试，就不属于非法证据排除的范围，虽不能作为定罪根据，但可提供给检察官、法官作为审查判断证据的参考材料。

在西方，"非法"通常指侵犯了宪法所规定的权利。而在我国，笔者认为"非法"应当指违反了宪法和其他一切法律（特别是刑事诉讼法），因为我国宪法对公民的权利规定得不够具体，与非法证据排除有关的只有人身权、住宅权、通信自由权等，不像美国宪法第四修正案、第五修正案规定了公民的人身、住宅、文件和财产不受无理搜查和扣押、不得强迫自证其罪等多种具体的权利。因此，在我国如以侵犯宪法权利作为衡量非法取证的标准必多有遗漏并很难具体操作。

需要特别指出的是，并非所有的非法手段获得的证据都要排除。《非法证据排除规定》第1条仅把非法言词证据排除的范围限于"采用刑讯逼供等非法手段取得的犯罪嫌疑人、被告人供述和采用暴力、威胁等非法手段取得的证人证言、被害人陈述"。而《刑事诉讼法》第43条规定："严禁刑讯逼供和以威胁、引诱、欺骗以及其他非法的方法收集证据。"两相比较，显然可见《刑事诉讼法》规定的非法取证的手段并未都在排除之列。笔者认为第1条所规定的"采用刑讯逼供等非法手段"，用词欠明确性，在适用上难以准确把握。目前在侦查中对犯罪嫌疑人的讯问采用赤裸裸的暴力手段已不多见，更多是采用变相的刑讯手段，如使用电棒触打、疲劳讯问，让被讯问人受酷热、冷冻和饥渴煎熬以及服某些药品等，这些手段是否属于"等"的范围亟须明确解释。同样，对证人、被害人取证采用规定"暴力、威胁等非法手段"，其中"等"字也难准确适用。而且从立法语言规范化方面来说，法律和司法解释条文应尽量避免使用"等"之类含糊用语。联合国《禁止酷刑和其他残忍、不人道或有辱人格的待遇或处罚公约》对非法的取证方法采取了较宽的解释。该公约第1条规定："'酷刑'系指为了向某人或第三者取得情报或

---

〔1〕 ［意］贝卡利亚：《论犯罪与刑罚》，黄风译，中国大百科全书出版社1993年版，第32~33页。

供状，为了他或第三者所作或被怀疑所作的行为对他加以处罚，或为了恐吓或威胁他或第三者，或为了基于任何一种歧视的理由，蓄意使某人在肉体或精神上遭受剧烈疼痛或痛苦的任何行为。"因此，笔者认为，应当参考有关国际条约的规定，借鉴其他国家和地区的做法，并结合我国司法实践中存在的问题，对言词证据非法取得的手段作适当扩大的明确规定。具体而言，在修改《刑事诉讼法》时应当对本文件第1条略作修改，具体建议改为："非法言词证据是指采用刑讯或其他残酷、非常不人道的方法取得的犯罪嫌疑人、被告人供述和采用暴力、威胁及其他不人道的方法取得的证人证言、被害人陈述。"

（三）证据是否为非法取得的证明问题

非法证据排除规则的真正确立，有赖于建立一整套制度体系，以保证其具有可操作性，特别是要解决对证据是否为"非法"取得的证明问题。这主要包括非法取证的证明程序、证明责任与证明标准三个问题。关于证明程序，文件第5条明确规定："被告人及其辩护人在开庭审理前或者庭审中，提出被告人审判前供述是非法取得的，法庭在公诉人宣读起诉书之后，应当先行当庭调查。"根据这个规定，非法证据的排除程序形成了相对独立的审判程序，这既提升了程序价值，更保证非法证据在审判中可以得到有效排除。本文对此不拟展开论述，而着重就证明责任与证明标准问题予以探讨。

1. 关于非法证据的证明责任问题

关于非法证据的证明责任，最高人民法院、最高人民检察院的相关司法解释并没有具体涉及。《非法证据排除规定》第一次对该问题进行了具体规定。首先，被告人及其辩护人如果提出被告人审判前供述是非法取得的，"法庭应当要求其提供涉嫌非法取证的人员、时间、地点、方式、内容等相关线索或者证据"（第6条）。对于被告人方提供线索或证据的性质，理论界存在不同理解。一种观点认为是被告人的权利，被告人可以选择提供或放弃提供；另一种观点认为是被告人方需要承担的举证责任。[1]笔者赞同后一种观点。因为被告人只有提供被非法取证的线索或证据，法庭才可能启动审查程序；如果被告人及其律师只笼统说："被刑讯了!"而不提供刑讯的具体场景作为线索，法官无法对其"被刑讯"的可能性作出初步判断，也无法着手进行具体审查。也就是说，被告人只空讲被非法取证，而不提供有关线索，则会产生法庭不启动非法取证的审查程序之后果。这说明被告方提供线索或证据的行为是一种举证责任，其性质属于推进或行为责任，而非最终的结果责任。[2]中央政法机关负责人就两个"证据规定"答记者问时也明确表示辩护方承担启动证据非法性调查程序的初步责任，指出"启动这一程序的初步责任应由被

---

〔1〕 参见《中国法学会刑事诉讼法学研究会2010年年会论文集》有关论文。
〔2〕 参见陈光中等：《中国司法制度的基础理论问题研究》，经济科学出版社2010年版，第455~458页。

告人及其辩护人承担，以避免不负责任地随意启动对证据合法性的'审理'程序的情况"。〔1〕而且条文用语是"应当"而非"可以"，表明了这是一种义务。由于考虑到被告方提供证据难以做到，才规定了被告方承担举证责任的最低要求，即提供讯问人员、手段、时间、内容和地点等线索即可。这不仅是应当的，而且是能够做到的。

其次，控方承担对被告人审判前供述合法性的举证责任。这种举证责任倒置的做法是一项国际通例。《非法证据排除规定》也规定只要被告方提供刑讯线索或证据，经法院审查，认为存在刑讯可能性时，控方就必须对证据收集的合法性进行证明，即第7条规定："经审查，法庭对被告人审判前供述取得的合法性有疑问的，公诉人应当向法庭提供讯问笔录、原始的讯问过程录音录像或者其他证据，提请法庭通知讯问时其他在场人员或者其他证人出庭作证，仍不能排除刑讯逼供嫌疑的，提请法庭通知讯问人员出庭作证，对该供述取得的合法性予以证明。"如果公诉人不按此规定举证，就要承担被告人庭前供述被排除的后果。明确规定控方承担举证责任，大大提高了非法证据的排除可能性，这是该规定的一大亮点。

最后，法院对非法证据有主动调查核实的职责。第8条规定："法庭对于控辩双方提供的证据有疑问的，可以宣布休庭，对证据进行调查核实。必要时，可以通知检察人员、辩护人到场。"赋予法院主动调查核实的职责，这是由法院基于职务上的勤勉义务所决定的，不仅有利于对犯罪嫌疑人、被告人的特殊保护，而且符合我国刑事诉讼法的规定。我国《刑事诉讼法》第158条就明确规定："法庭审理过程中，合议庭对证据有疑问的，可以宣布休庭，对证据进行调查核实。"这同样适用于证据是否为非法取得的情形。

2. 关于非法证据的证明标准问题

《非法证据排除规定》第11条规定："对被告人审判前供述的合法性，公诉人不提供证据加以证明，或者已提供的证据不够确实、充分的，该供述不能作为定案的根据。"据此，一旦启动非法证据排除的法庭调查程序，控方对证据合法性的证明就必须达到"确实、充分"的程度。〔2〕这与我国刑事诉讼中有罪判决所采取的证明标准相同，是最高层次的证明标准。从理论上来说，此证明标准是有可能达到的，但是，从司法实践来看，该标准要求苛刻，多数案件中难以达到。因为我国侦查程序比较封闭，导致控方提供的证据多为侦查机关单方面的材料，其证明力不强；即便有录音、录像，实践中进行全程同步录音录像的也不太多。另外，《非法证据排除规定》既然规定控方要证明到"确实、充分"的程度，同时又规定法院

〔1〕 参见"中央政法机关负责人就两个'证据规定'答记者问"，载http://news.xinhuanet.com/legal/2010-05/30/c_12157696.htm，最后访问时间：2010年10月16日。
〔2〕 笔者过去所出版的著作中，也曾主张控方对证据合法收集的举证，要达到"证据确实充分"的程度，但笔者现在改变了观点。

在"对证据有疑问"时有调查核实权，这本身就有矛盾。试想：如果控方对证据合法性的证明已经达到了确实、充分的程度，那么法庭的调查核实就是多余的了。如果达不到确实、充分的程度，那么法庭根据第 11 条规定径直把该证据加以排除即可，亦无须调查核实。

与我国如此高的证明标准不同，一些国家或地区采用了低于有罪判决的证明标准。如美国联邦最高法院曾在一个判例中作出解释，"在排除聆讯的证明中，不应施加大于优势证据的负担"[1]换言之，采用的是优势证据证明标准。日本对此也不采取适用于实体事实的严格证明标准，而采取低于严格证明的适用于程序事实的自由证明标准。[2]笔者认为，为了能够真正实行非法证据排除规则，应当适度降低对证据合法性证明要达到的程度。笔者认为宜采用"较大证据优势"或"明显证据优势"的标准。用概率表示，则大约为 60% 以上或 80% 以上。因为较大或明显证据优势比证据优势容易衡量，从而既有利于实现发现案件真实与程序正义之间的平衡，又有利于实务部门具体操作。

（四）排除的机关和诉讼阶段

在西方国家，非法证据是在审判阶段被排除的。如美国作为确立非法证据排除规则的代表性国家，非法证据是根据利害关系人的申请，由法官通过听证程序进行审查决定排除的。在听审中，起诉机关只是充当应诉者的角色。

与西方国家的通行做法不同，我国《非法证据排除规定》第 3 条规定："人民检察院在审查批准逮捕、审查起诉中，对于非法言词证据应当依法予以排除，不能作为批准逮捕、提起公诉的根据。"明确规定非法证据排除规则不仅适用于审判阶段，而且还适用于审查批准逮捕和审查起诉阶段，这是极具中国特色的制度，是由我国检察机关的法律监督性质和客观公正义务所决定的。与国外的公诉机关只承担起诉职能不同，我国检察机关不仅是公诉机关，而且是专门的法律监督机关，它负有发现、纠正侦查机关违法行为的职责。人民检察院不能把追求胜诉作为其唯一的目标，而应当以实现司法公正为其基本目标。人民检察院基于履行诉讼监督的职责，在审查批捕和审查起诉过程中排除侦查机关违法获取的证据，能有效地纠正违法侦查行为，保障侦查活动依法进行，并维护侦查阶段犯罪嫌疑人的合法权利不受侵犯。这就要求在审查批准逮捕、审查起诉阶段，当发现有关证据为非法取得的证据时，人民检察院应当本着客观、公正的立场，果断地依法予以排除。

赋予检察机关排除非法证据的职权和义务还可以把非法证据直接挡在法庭审判之外，避免其进入审判程序，影响法官评判证据认定案件事实之心证。这与西方国家通过阻断陪审团接触非法证据有异曲同工之效。西方国家负责裁定案件事实问题的陪审团是不参加非法证据听审过程的。如《美国联邦证据规则》第 104 条（C）

---

〔1〕 *United States v. Matlock*，415 U. S. 164，94 S. Ct. 988，39 L. Ed. 2d 242（1974）.

〔2〕 参见 ［日］田口守一：《刑事诉讼法》，刘迪等译，法律出版社 2000 年版，第 220~221 页。

就明确规定："在所有案件中，有关（被告人）自白的可采性的审理，应在陪审团审理范围之外进行。"我国不采用西方的陪审团制度，在法庭上审查非法证据的法官与审理案件的审判人员为同一人或同一合议庭，导致法官在判案前就已经了解了非法证据的内容，先入为主地影响到他们在评判证据、认定案件事实时的客观性，使非法证据排除的效果大打折扣。检察机关在庭审前的审查批准逮捕环节和审查起诉阶段提前排除了非法证据，尽量避免了法官与非法证据的接触，可以更好地达到排除非法证据的预期效果。

检察机关审查批捕和起诉中排除非法证据的程序如何设计，文件没有规定，笔者认为可以参照审判中的程序施行。即，如果犯罪嫌疑人或其辩护律师提出被非法取证之主张，并提供了线索或证据，检察机关的有关部门就应进行审查；审查后如认为有非法取证之疑，应当要求侦查机关提供证明合法取证的证据，检察机关必要时可主动调查核实，最后决定是否予以排除。

（五）非法实物证据的排除问题

我国过去的相关司法解释对非法言词证据的排除作出了规定，但对非法实物证据的排除问题并未涉及，理论界和实务界对此也长期争论不休。此次《非法证据排除规定》第 14 条规定："物证、书证的取得明显违反法律规定，可能影响公正审判的，应当予以补正或者作出合理解释，否则，该物证、书证不能作为定案的根据。"这是我国第一次明确规定非法实物证据的排除，无疑是证据法治的一个进步。

从上面所引《非法证据排除规定》第 14 条的规定来看，首先，我国没有涉及"毒树之果"的排除问题，对此，笔者认为是符合我国国情的。因为"毒树之果"虽然是根据非法证据所提供的线索而获得的证据，但它本身取得的手段是合法的。考虑到查明事实真相的需要，对它不予排除具有现实合理性，而且这也是目前世界多数国家的做法。

其次，我国对非法实物证据的排除设置了很高的门槛。根据第 14 条的规定，物证、书证的取得只有同时满足"明显违反法律规定"和"可能影响公正审判"两个条件，才不能作为定案的根据。"明显违反法律规定"比较容易理解和把握，例如，搜查时没有出示搜查证等就属于明显违反《刑事诉讼法》规定的情况。"可能影响公正审判"的表述则令人难以揣摩。笔者认为这可能是参照《刑事诉讼法》第 191 条而规定的。该条规定："第二审人民法院发现第一审人民法院的审理有下列违反法律规定的诉讼程序的情形之一的，应当裁定撤销原判，发回原审人民法院重新审判……（三）剥夺或者限制了当事人的法定诉讼权利，可能影响公正审判的。"这里的"影响公正审判"显然是指影响实体上的公正审判。据此，明显违反法律规定所取得的物证、书证"可能影响公正审判"，也应当是指影响实体公正审判。具体而言，不外两种情况：一种是非法取得的实物证据是假的，但这种情况司法实践中鲜能出现；另一种情况是非法取得的实物证据是真的，如果排除掉确实会影响实体公正审判。如果笔者的上述分析是正确的话，那么实物证据既要取证"明显违反法律规定"又要其后果"可能影响公正审判"的才能予以排除，实际上实物证据极难得到排除。要知道非法实物证据排除的功能主要在于把严重违反程序所取得的真实实物证据加以排除，以牺牲个案公正为代价起到对侦查人员的普遍警戒和震动作用，从而强有力地促进他们在侦查工作中严格依法取证。再者，对收集实物证据"明显违反法律规定"的，还规定允许"补正或作出合理解释"，这更有待进一步推敲。如果收集物证、书证，在程序上存在一般瑕疵，如扣押笔录上没有见证人签名（见证人确实在场）等情况，"允许补正"尚可理解；如果明显违反《刑事诉讼法》第111条的规定，[1]没有搜查证且不属于拘留、逮捕的情况，岂能用补办搜查证加以弥补？可见"明显违反法律规定"而允许"补正"，似乎有藐视法定程序之嫌。但可以用确实存在某种特殊情况之类原因加以"合理解释"。

诚然，由于实物证据具有较大客观性和不可替代性等特点，世界多数国家对实物证据的排除赋予法官一定的自由裁量权。如在英国，法官具有自由裁量权并规定其标准是"保证被告人获得公正的审判，并排除所有严重妨碍被告人获得公正审判的证据"。[2]但是与西方国家相比，我国的规定使法官对非法实物证据的排除拥有更大的自由裁量权。在当前我国仍然存在"重惩罚轻保障、重实体轻程序"的现实背景下，非法实物证据排除规则几乎注定不可能得到有效执行。

基上所述，笔者认为，在修改《刑事诉讼法》时，应当对实物证据排除的条件加以修改。建议删除"可能影响公正审判"和"予以补正"这两个条件，改为"物证、书证的取得明显违反法律规定，又不能作出合理解释的，该物证、书证不能作为定案的根据"，以使实物证据排除的条件更加清晰，难度适当降低，更符合惩治犯罪和保障人权相平衡的要求。

---

〔1〕 1997 年《刑事诉讼法》第111条规定："进行搜查，必须向被搜查人出示搜查证。在执行逮捕、拘留的时候，遇到紧急情况，不另用搜查证也可以进行搜查。"

〔2〕 参见赵朝、李忠诚、岳礼玲、陈瑞华、中国政法大学刑事法律研究中心："英国刑事诉讼制度的新发展——赴英考察报告"，载《诉讼法论丛》1998 年第 2 期，第 364 页。

论刑事诉讼中的证据裁判原则

——兼论《刑事诉讼法》修改中的若干问题[1]

作为现代法治国家证据制度基石的证据裁判原则，是指诉讼中司法人员认定案件事实必须以证据为依据。我国《刑事诉讼法》《民事诉讼法》和《行政诉讼法》虽然都体现了证据裁判原则的基本精神，但对该原则都没有明确加以规定。2010年最高人民法院、最高人民检察院、公安部、国家安全部和司法部（以下简称"两院三部"）联合颁布的《关于办理死刑案件审查判断证据若干问题的规定》（以下简称《死刑案件证据规定》）第2条明确规定："认定案件事实，必须以证据为根据"，正式确立了刑事诉讼中的证据裁判原则。对于证据裁判原则，无论理论上的认识还是实践中的运用都存在较多争议，有待深入研究，本文仅就以下几个问题进行探讨。

一、证据裁判原则的历史发展考察

欲探究证据裁判原则的真谛必须以对其历史发展的考察作为起点。从人类社会诞生之时起，纠纷的解决就成为人类生活的重要内容，而要合理解决纠纷，裁判者就要力求发现真实。随着社会的进步，发现真实的模式、原则和制度也呈现阶段性的演进。我国诉讼法学者对于证据制度沿革的传统观点往往以欧洲大陆为视角，认为证明方式的演进主要经历过三个阶段：神判证据制度阶段、法定证据制度阶段和自由心证证据制度阶段。笔者认为，这种以欧洲大陆国家证明方式的演进作为人类社会证据制度历史阶段划分的观点有一定局限性。如果突破欧洲大陆的地域限制，将视野扩展至世界范围，将三个阶段分为神明裁判、口供裁判和证据裁判阶段则更为准确，这三个阶段也是人类对诉讼的认识由非理性走向理性的过程。

（一）神明裁判阶段

神明裁判即以神示证据作为裁判的依据。在生产力落后和人类认识水平较低的历史阶段，人们发现案件真实的能力较弱，因此往往借助于神的力量进行裁判。在当时的社会条件下，神意影响着社会生活的方方面面，诉讼活动也不例外。诉讼中如果双方当事人对案件事实存在争议，而又无法证明各自的主张，就将"神的指示"作为裁断的最终依据或唯一依据。神明裁判是一种非理性的证明方式，但又是在当时历史条件下的必然选择。世界各国古代社会均存在神明裁判，但其方式繁

---

[1] 原载《法学》2011年第9期，与郑曦合著。

多，各不相同。较为常见的是火审和水审：火审通常以烈火或烙铁是否导致灼伤以及伤口愈合方式判断是非；水审则包括冷水审判法、沸水审判法；等。欧洲大陆曾经盛行过水审和火审，如在古代日耳曼地区，冷水审判是将嫌疑人投入水中，若其身体漂于水面上，则证明其罪恶的身体无法为水所接受，故而应被判有罪；而热水审判则是让嫌疑人将裸露的胳膊或腿放入沸水中，若其能够不受伤地拿出来，则证明其无罪。法兰克王国的《萨利克法典》第53条规定："如果有人被判处（把手放入）沸水锅的考验，那么，双方可以达成协议，使被判决者可赎回自己的手，并须提出共同宣誓的证人。"〔1〕而火的审判之典型可见于公元9世纪法兰克人的《麦玛威法》中："凡犯盗窃罪必须交付审判。如在审判中为火所灼伤，即认为不能经受火的考验，处以死刑。反之，不为火所灼伤，则可允许其主人代付罚金，免处死刑。"中世纪的欧洲盛行"热铁审"，即牧师先给烧红的铁块洒上圣水并说道："上帝保佑，圣父、圣子和圣灵请降临这块铁上，显示上帝的正确裁判吧！"再让被告人手持热铁走过9英寸的距离，最后被告人的手被包扎起来，3天后进行检查，若有溃烂的脓血则视为有罪。古代欧洲大陆还存在宣誓裁判、决斗裁判、食物吞咽裁判、卜筮裁判和十字架证明等多种神明裁判方式。〔2〕在欧洲大陆之外，英国王室法院也盛行神明裁判方式，这一古老的方式直到1215年才由拉特兰咨议会废除，但在此之后的几个世纪里，人民依然"会把一个巫婆扔到水里接受上帝的裁判"。〔3〕

古代巴比伦的《汉穆拉比法典》包含大量神明裁判的内容，如第2条规定："无故以符咒蛊惑他人时，受蛊人应至圣河；投入河中。受蛊人溺毙圣河中时，加蛊人取其房屋。圣河若以其无辜而不加伤害时，加蛊人处死刑。跳入圣河者取加蛊人之房屋。"〔4〕第227条规定："以诈术使烙印者烙不可让与之奴之印者，处死刑，埋于己屋中。烙印者应宣誓'余非有意烙之'无罪。"〔5〕《苏美尔法典》第7条规定："引诱自由民之女离家外出，而女之父母知之者，则引诱此女之人应对神发誓云：'彼实知情，过应在彼'。"《中亚述法典》第8条规定："如果有人破坏他的同伴间的大片田界，有人以誓言揭发他并证明他有罪，那么，他应加倍交还他破坏而取得的田地；他应斫掉一指，受一百杖责，并应服王家劳役一整月。"〔6〕

中国虽然史籍上没有神明裁判的确切记载，但在最古老的传说中还可以看到神

〔1〕《世界著名法典汉译丛书》编委会：《萨利克法典》，法律出版社2000年版，第34页。
〔2〕参见〔英〕萨达卡特·卡德里：《审判的历史——从苏格拉底到辛普森》，杨雄译，当代中国出版社2009年版，第17~20页。
〔3〕参见〔英〕梅兰特：《普通法的诉讼形式》，王云霞、马海峰、彭蕾译，商务印书馆2010年版，第38页。
〔4〕〔英〕爱德华滋：《汉穆拉比法典》，沈大銈译，中国政法大学出版社2005年版，第26页。
〔5〕〔英〕爱德华滋：《汉穆拉比法典》，沈大銈译，中国政法大学出版社2005年版，第59页。
〔6〕转引自陈光中：《陈光中法学文选》（第1卷），中国政法大学出版社2010年版，第51~52页。

判法的痕迹，例如，《说文》云："古者决讼令触不直"，《论衡》中亦有皋陶治狱，其罪疑者令羊触之的记载。[1]《墨子》中记载了这样一个故事：齐庄公有两个臣子王里国和中里徼，打了三年官司，案件无法判决，齐庄公想把他们都杀了，却怕冤枉了无辜者，想把他们都放了，又怕放纵了有罪者，于是他让这两个人准备一头羊，到齐国的神社去宣誓，宣誓时，刺羊出血，洒之于社，同时让他们两人读誓词，王里国顺利地读完了自己的誓词，而中里徼的誓词还没有读完一半，羊就起而触之，先触断其脚，最后把他触死了。[2]这些文献记载说明中国古代曾经存在着神明裁判的方式，只是由于消失得比较早，因而在古代法典上没有找到明确的规定。由此可见，神明裁判制度是各个民族共同经历过的证明方式，具有世界范围内的普遍性。

（二）口供裁判阶段

口供裁判是指以被告人的口供作为定案的主要依据的证据制度，口供裁判是一种半理性的证明方式，从神明裁判走向口供裁判是伴随着人类生产力水平和认识能力的提高而实现的，这一制度之典型可见于中世纪欧洲大陆和封建专制主义时代的中国。欧洲大陆的法定证据制度可以被划归入口供裁判阶段中。法定证据制度主要盛行于中世纪的欧洲大陆国家，主要代表性的法典有1532年神圣罗马帝国查理五世制定的《加洛林纳刑法典》、1853年《奥地利刑事诉讼法》和1857年《俄罗斯帝国法规全书》。法定证据制度的基本特点在于：其一，法律预先对各种证据的证明力大小以及其取舍运用作出详细而机械的规定，根据证明力的大小，证据被分为完善的和不完善（或完全或不完全）的证据。例如，1857年《俄罗斯帝国法规全书》中规定受审人的自白、书面的证据、亲自的勘验、具有专门知识的人的证明、与案件无关的人的证明等证据被认为是完善的证据，而共犯的攀供、询问四邻所得知的关于被告人的个人情况和表白自己的宣誓等被认为是不完善的证据。其二，口供被认为是最有价值的证据，《加洛林纳刑法典》是规定口供至上的代表性法律，其规定被告人在法庭上的供认是完全证据中的最好证据，被告人的口供被看作"证据之王"。[3]其三，采用合法的刑讯手段以得到口供，例如，在日耳曼的刑事诉讼中，刑讯是刑事诉讼"整个大厦的中心"，《加洛林纳刑法典》和法国1670年颁布的刑事诉讼敕令都规定，调查官为查明"事实真相"可以采取一切手段，包括对嫌疑人和证人实施秘密的或公开的刑讯逼供；在14世纪法国逮捕和审判圣殿骑士团的过程中也大量授权官员对圣殿骑士团成员使用刑讯。[4]

---

〔1〕（东汉）王充：《论衡·是应》。

〔2〕参见《墨子·明鬼》。

〔3〕参见《中国大百科全书·法学》（修订版），中国大百科全书出版社2006年版，第68页。

〔4〕对圣殿骑士团的审判，参见郭建淮："圣殿骑士团兴衰论"，东北师范大学2009年博士学位论文。

在欧洲大陆之外的英国，当时没有形成法定证据制度，但却出现过口供裁判方式。根据西方学者的考察，在 1640 年资产阶级革命之前，刑事案件中的被告人"通常在审理之前被关进严密的禁闭之中。他受到治安法官或者其他地方官员的盘问，而且他的回答都被写下来而且供在审理时起诉之用，但是不给他任何机会来准备自己的辩护。"[1] 此外，在英国也同样盛行刑讯，例如，16 世纪英国曾发生过大规模迫害女巫的运动，许多人受到诬陷被作为女巫受到审判和定罪，女巫审判的依据往往主要是被告人供认自己有罪的忏悔书，而该忏悔书通常是通过恐吓诱骗的方式和刑讯的办法获得的。[2] 可见，在封建时代的英国，以刑讯逼供为重要内容的口供裁判也是其重要的证明方式。

中国古代不存在典型的法定证据制度，只有某些法定证据的因素，例如，《唐律疏议·断狱》"八议请减老小"条规定，在不允许拷问被告人迫使其招供的情况下，"皆据众证定罪"，而"称众者，三人以上明证其事，始合定罪"。[3] 而口供主义始终盛行于古代封建专制主义司法之中，明清两代尤甚，明律"吏典代写招草"条王肯堂笺释说："鞫问刑名等项，必据犯人之招草，以定其情。"[4] 清律同条夹注也指出："必据犯者招草以定其罪"；《清史稿·刑法志》指出："断罪必取输服供词。律虽有众证明白即同狱成之文，然非共犯有逃亡，并罪在军流以下，不轻用也。"[5] 在古代中国，口供裁判又总是与合法的刑讯制度结合在一起，秦简《封诊式》"讯狱"即规定："凡讯狱……诘之极而数訑，更言不服，其律当治（笞）谅（掠）者，乃治（笞）谅（掠）。"[6] 唐律规定："事须讯问者，立案同判，然后拷讯，违者杖六十。"[7]《清律》规定："强盗、人命及情罪重大案件，正犯及干连有罪人犯，或证据已明，再三详究，不吐实情，或先已招认明白，后竟改供，准夹讯外，其别项小事，概不许滥用夹棍。"[8] 口供为主的证明方式加上合法的刑讯构成了口供裁判阶段的基本证明形态，尽管不排斥物证、书证和证人证言等其他证据，但口供是定案的主要依据。

（三）证据裁判阶段

证据裁判制度是一种理性的证明方式，证据裁判与口供裁判的分野不在于口供

---

[1] ［美］哈罗德·J.伯尔曼：《法律与革命（第二卷）：新教改革对西方法律传统的影响》，袁瑜玲、苗文龙译，法律出版社 2008 年版，第 302 页。

[2] 参见［英］克里斯蒂纳·拉娜：《巫术与宗教：公众信仰的政治学》，刘靖华、周晓慧译，今日中国出版社 1991 年版，第 36~37 页。

[3] 《唐律疏议·断狱》"八议请减老小"条。

[4] （清）薛允升：《唐明律合编》（五），商务印书馆发行《万有文库》第二集七百种之 134，第 699 页。

[5] 《清史稿·刑法志》卷一百四十四志一百十九刑法三。

[6] 睡虎地秦墓竹简整理小组编：《睡虎地秦墓竹简》，文物出版社 1978 年版，第 246~247 页。

[7] 《唐律·断狱》"讯囚察辞理"条。

[8] 《清律·刑律·断狱》"故禁故勘平人"条。

是否作为定案的证据，而在于是否以口供作为主要证据。证据裁判是在资产阶级追求民主、自由、人权和对口供裁判制度的激烈批判及深刻反思的基础上，伴随着自由心证制度的确立而建立起来的。自由心证起源于资产阶级大革命后的法国。1790年12月26日，杜波耳向法国宪法会议提出革新草案，建议废除书面程序及其形式证据，只把法官的内心确信作为诉讼的基础，用自由心证制度取代法定证据制度。[1]资产阶级革命后的1808年拿破仑《法国刑事诉讼法典》第342条规定："法律对于陪审员通过何种方法而认定事实，并不计较；法律也不为陪审员规定任何规则，使他们判断已否齐备及是否充分；法律仅要求陪审员深思细察，并本诸良心，诚实推求已经提出的对于被告不利和有利的证据在他们的理智上产生了何种印象。法律未曾对陪审员说，'经若干名证人证明的事实即为真实的事实'；法律也未说：'未经某种记录、某种证件、若干证人、若干凭证证明的事实，即不得视为已有充分证明'；法律仅对陪审员提出这样的问题：'你们已经形成内心的确信否？'此即陪审员职责之所在。"这是大陆法系自由心证的经典表述，现行的《法国刑事诉讼法典》第353条基本沿袭了这一规定的主要内容。[2]随后自由心证制度在整个大陆法系得到了广泛的采纳，成为大陆法的基本诉讼原则。《德国刑事诉讼法典》第261条规定："对证据调查的结果，由法庭根据它在审理的全过程中建立起来的内心确信而决定。"[3]1892年《俄国刑事诉讼条例》第119条规定了内心确信原则，苏联《苏俄刑事诉讼法典》沿袭了这一原则，以"社会主义的法律意识"置换了西方自由心证证据制度所要求的"良心""良知"，现行《俄罗斯联邦刑事诉讼法典》第17条规定："法官、陪审员以及检察长、侦查员、调查人员根据自己基于刑事案件中已有全部证据的总和而形成的内心确信，同时遵循法律和良知对证据进行评价。任何证据均不具有事先确定的效力。"[4]在此顺便说明一下：我国目前常用的"自由心证"一词沿自民国，源于日本，其实"心证"即是苏联和俄罗斯所用的"内心确信"，此为翻译问题，不要误以为"自由心证"和"内心确信"是两种制度。

由此可见，证据裁判原则正是在从口供裁判阶段转向证据裁判阶段的过程中诞生的。一个值得注意的现象是：从欧洲大陆各国的法律条文看，现行的《法国刑事诉讼法典》《德国刑事诉讼法典》《俄罗斯联邦刑事诉讼法典》以及《意大利刑事诉讼法》，均仅规定了自由心证原则及其相关内容，并未将证据裁判作为独立的原则规定于条文之中。当然，这些大陆法系国家的法律中有一些与证据裁判原则直接相关的条文，例如《法国刑事诉讼法典》第427条规定："除法律另有规定外，犯

〔1〕 陈光中主编：《证据法学》，法律出版社2011年版，第30页。
〔2〕 《法国刑事诉讼法典》，罗结珍译，中国法制出版社2006年版，第248页。
〔3〕 《德国刑事诉讼法典》，李昌珂译，中国政法大学出版社1995年版，第106页。
〔4〕 《俄罗斯联邦刑事诉讼法典》，黄道秀译，中国人民公安大学出版社2006年版，第16页。

罪得以任何证据形式认定，并且法官得依其内心确信做出判决。法官只能以在审理过程中向其提出的、并在其当面经对席辩论的证据为其做出裁判决定的依据。"〔1〕《德国刑事诉讼法典》第244条第2款规定："为了调查事实真相，法院应当依职权将证据调查延伸到所有的对于裁判具有意义的事实、证据上。"〔2〕而法国卡斯东·斯特法尼等人所著的《法国刑事诉讼法精义》和德国罗科信教授所著的《德国刑事诉讼法》教科书均未将证据裁判原则作为证据法的一个基本原则加以明确阐述。以罗科信的《德国刑事诉讼法》教科书为例，作者在"证据原则"一章中称证据原则乃指调查原则、直接原则、自由心证原则及罪疑从轻原则，〔3〕而未曾提及证据裁判原则，这表明欧洲大陆国家学者并不认为证据裁判原则是其法律明确规定的证据法原则。

证据裁判原则固然可以逐本溯源于欧洲大陆国家，但其在法律条文上的真正确立始于日本。日本于1876年制定的《断罪依证律》把《改定律例》规定的"凡断罪，依口供结案"修改为"凡断罪，依证据"，并规定"依证据断罪，完全由法官确定"。〔4〕根据笔者所掌握的资料，这是法律文件对证据裁判原则的最早规定，将欧洲大陆的自由心证原则一分为二，区分了证据裁判原则和自由心证原则，也标志着证据裁判原则正式在法律上的确立。证据裁判原则的确立实际上也是对法官自由心证的一种限制。这一条文为现行的《日本刑事诉讼法》所继承，该法第317条规定："认定事实，应当依据证据。"此外，这一规定也影响了亚洲其他国家或地区的立法，例如韩国与我国台湾地区。

而在英美法系国家，不但法律中没有证据裁判原则的直接规定，甚至英语中也没有"证据裁判原则"这样一个成型的词组。美国不但《联邦证据规则》没有关于证据裁判原则的规定，而且作为州证据立法典型的加州《证据法典》也没有此种规定；加拿大《证据法》、澳大利亚联邦《1995年证据法》、新西兰《1908年证据法》及其13个修正法案均没有规定证据裁判原则。〔5〕著名的证据法学专著或教材，如《麦考密克论证据》《墨菲论证据》、摩根教授所著《证据法之基本问题》，以及近年来被大陆学者译成中文的乔恩·R. 华尔兹所著《刑事证据大全》、理查德·梅所著《刑事证据》和罗纳德·J. 艾伦所著《证据法：文本、问题和案例》等均没有论及证据裁判原则。英美法系国家没有明确规定证据裁判原则并非是对该

---

〔1〕《法国刑事诉讼法典》，罗结珍译，中国法制出版社2006年版，第292页。

〔2〕《德国刑事诉讼法典》，李昌珂译，中国政法大学出版社1995年版，第101页。

〔3〕［德］Claus Roxin：《德国刑事诉讼法》，吴丽琪译，三民书局1998年版，第129页。

〔4〕参见［日］松尾浩也：《日本刑事诉讼法》（下卷），中国人民大学出版社2005年版，第4页。亦可参见［日］土本武司：《日本刑事诉讼法要义》，董璠舆、宋英辉译，五南图书出版公司1994年版，第310~311页。

〔5〕这些法律的具体条文可参见何家弘、张卫平主编：《外国证据法选译》，人民法院出版社2000年版。

原则的否认，而是认为证据裁判原则是不言自明的。英美法系国家的证据制度中有大量关于证据关联性和可采性的规则，这些规则与证据裁判原则的基本精神完全一致，事实上表明这些国家非常强调案件事实的认定必须依靠证据。当然，这一原则在英美法系并非绝对，例如陪审团有不顾事实和证据作出裁判的权利，但证据裁判作为其证据制度实际上的基本原则是毋庸置疑的。

由此可见，尽管大多数国家没有在法律中明确规定证据裁判原则，但通过对其法律的分析，可知证据裁判原则的精神已为民主法治国家所公认。随着我国司法体制改革的深入，证据裁判原则也漂洋过海来到了中国。民事和行政诉讼中早有证据裁判原则的相关规定：最高人民法院《关于民事诉讼证据的若干规定》第 63 条规定："人民法院应当以证据能够证明的案件事实为依据依法作出裁判"；最高人民法院《关于行政诉讼证据若干问题的规定》第 53 条规定："人民法院裁判行政案件，应当以证据证明的案件事实为依据。"但是我国现行的《刑事诉讼法》无证据裁判原则的条文规定，其规定仅体现了证据裁判原则的一些精神。2007 年最高人民法院、最高人民检察院、公安部、司法部联合出台的《关于进一步严格依法办案确保办理死刑案件质量的意见》提出："坚持证据裁判原则，重证据、不轻信口供。"2010 年《死刑案件证据规定》规定："认定案件事实，必须以证据为根据"，表明中国刑事诉讼证据裁判原则的正式确立，这对于反对口供至上主义和刑讯逼供、追求司法真实、保障人权都具有重大的意义。

另外有学者认为历史上的证明方式曾经有过两次重大的转化：第一次是从以神证为主的证明方法向以人证为主的证明方法的转化，第二次是从以人证为主的证明方法向以物证为主的证明方法的转化。相应地，司法证明的历史可以分为三个阶段：第一个阶段以神誓和神判为证明的主要形式；第二个阶段以当事人和证人的陈述为证明的主要方法；第三个阶段以物证或科学证据为证明的主要手段。[1]笔者认为其所述的第一次转化和对应的第一、第二阶段当无疑义，但关于第二次转化"物证为主"和第三个阶段"主要手段"的表述值得斟酌。随着司法文明的发展和人类发现真实能力的提高，物证或科学证据在诉讼中扮演越来越重要的角色，科学与司法的良性互动正改变着诉讼方式。但是物证或科学证据地位的提升并不意味着当事人和证人陈述作用的逐渐消失，实际上人证（包括证人证言、当事人陈述等）对案件事实具体的描述是物证或科学证据所无法取代的：交叉询问在英美法系国家仍被认为是发现真实最重要和最有效的途径，即使案件中运用了色谱分析、质谱分析或 DNA 检测等科学取证方法，法庭科学家也需要作为专家证人在法庭上以言词方式接受交叉询问。因而，从人证到物证的分期有待思量。

---

〔1〕 参见何家弘："神证·人证·物证——试论司法证明方法的进化"，载《中国刑事法杂志》1999 年第 4 期。

二、证据裁判原则的含义和要求

（一）证据裁判原则的含义

就刑事、民事和行政三种诉讼通用的定义而言，证据裁判原则是指认定案件事实必须依据证据。但在刑事诉讼中，就实体方面而言，证据裁判原则是指认定犯罪事实必须依据证据。刑事诉讼奉行无罪推定原则，联合国《公民权利和政治权利国际公约》第 14 条第 2 项规定："凡受刑事控告者，在未依法证实有罪之前，应有权被视为无罪。"根据这一原则，被告人有罪的事实需要控方举证加以证明，而被告人无罪的事实不需要加以证明，只要控方没有证据证明被告人有罪或者证明被告人有罪的证据不充分，就应推定被告人无罪。如果认为刑事诉讼中的证据裁判原则是指认定案件事实必须依据证据，其隐含之义即为被告人有罪或无罪的事实之认定均需通过证据加以证明，这显然是不符合无罪推定原则的，因此刑事诉讼中的证据裁判原则实际上是指认定犯罪事实必须依照证据。

关于刑事诉讼中的证据裁判原则内涵的认识，日本立法的演化就表明两种不同的观点。日本 1876 年《断罪依证律》"凡断罪，依证据"表达的是刑事诉讼中证据裁判原则的基本内涵为犯罪事实的认定必须以证据为依据的观点，而现行《日本刑事诉讼法》"认定事实，应当依据证据"表达的是认为案件事实（应包括有罪事实和无罪事实）的认定必须依据证据的观点。这两种观点也影响了其他国家和地区的立法，如《韩国刑事诉讼法》第 307 条即采"案件事实说"，规定"认定事实，应当根据证据"，而我国台湾地区"刑事诉讼法"第 154 条则采"犯罪事实说"，规定"犯罪事实应依证据认定之，无证据不得认定犯罪事实"。

基上，在刑事诉讼中将证据裁判原则表述为"认定犯罪事实，必须依据证据"更合理，在刑事诉讼法修改或制定司法解释明确规定证据裁判原则之时，可采用"认定犯罪事实，必须以证据为依据"之表述。

（二）证据裁判原则的基本要求

现代法治意义下的证据裁判原则主要有以下几个方面的要求：

1. 作为认定犯罪事实和作出裁判依据的证据必须具有客观性、关联性和可采性

大陆法系要求证据具备证据能力和证明力。英美法系通常强调证据的关联性和可采性，要求证据不但在实质上与案件有关联，而且在形式上必须符合法律的要求。我国学界曾长期主张证据需有客观性、关联性和合法性，笔者赞成"三性说"，但将其修正为客观性、关联性和可采性。证据必须同时具备这三方面的属性，也即证据必须具有证据能力和证明力，否则就不能作为定案的依据。

在可采性问题上，应当明确的是，凡不具备可采性要件的证据应通过非法证据排除规则予以排除。非法证据排除规则针对的是非法取得的证据，要求将非法取得的证据排除于诉讼程序之外，这也是证据裁判原则的题中之意。2010 年"两院三

部"联合颁布的《关于办理刑事案件排除非法证据若干问题的规定》（以下简称《非法证据排除规定》）正式以单独司法解释文件的形式规定了这一规则。非法证据排除规则能够强化公安司法人员的证据意识和程序意识，有效遏制刑讯逼供，提高案件质量，防止冤假错案的发生。正是由于非法证据排除规则的确立，使得按照证据裁判原则的要求保证证据的可采性成为现实的可能。因此非法证据排除规则也必将为正在进行修改的刑事诉讼法所正式规定。

我国的非法证据排除规则主要有以下三方面的特点：一是，可以进行非法证据排除的诉讼阶段包括审查批捕、审查起诉阶段和审判阶段，排除主体包括检察院和法院。之所以这样规定，是因为：其一，我国的检察机关不是当事人化的诉讼一方，而是主要承担公诉职能的专门法律监督机关，它有权监督侦查机关，排除以非法手段获得的证据是其职责所在。其二，在审查批捕和审查起诉阶段由检察院实施非法证据排除具有有效的隔断作用，由检察机关提前将非法证据排除，可以隔断法官与非法证据之间的接触，以排除非法证据对定案裁判的影响，实现实体正义。目前有一种观点认为刑事诉讼法修改应当将侦查机关也作为排除非法证据的主体，笔者对此不敢苟同。无论外国还是中国，非法证据排除规则最基本的意义都在于制约侦查权力和监督侦查行为，正如美国最高法院常言的"震慑警察"的效力。非法证据本身往往即"产自"侦查机关，侦查机关固然可以主动放弃使用非法证据，但这与排除规则所含的外部监督的意义不同，因此将侦查机关列为排除主体不符合非法证据排除规则的一般原理。二是，对非法实物证据的排除持审慎态度。我国对排除非法实物证据设置了极高的门槛：实物证据只有同时满足"明显违反法律规定"和"可能影响公正审判"，而且无法进行"补正"或"作出合理解释"的，才会被排除，这表明我国对排除非法实物证据持极谨慎的态度。笔者认为，由于实物证据的不可替代性及其在证明案件事实方面的重要作用，世界上大多数国家均持自由裁量排除原则，但我国司法解释对实物证据的排除标准过高，实际上使得任何非法实物证据均难以被排除，这在修改《刑事诉讼法》时必须加以纠正。有论者认为应当修改为实物证据"严重违反法律规定，严重影响司法公正"的应当予以排除，笔者对此表示赞同。三是，被告人一方需要承担初步的举证责任。《非法证据排除规定》第6条规定："被告人及其辩护人提出被告人审判前供述是非法取得的，法庭应当要求其提供涉嫌非法取证的人员、时间、地点、方式、内容等相关线索或者证据。"这是为了防止犯罪嫌疑人、被告人滥用非法证据排除申请权，并为司法机关审查是否需要启动非法证据排除程序提供条件，这应当在《刑事诉讼法》修改时加以确认。

2. 作为定案依据的证据必须按法定程序进行审查判断

证据审查判断的过程贯穿于整个诉讼活动，但最为重要的是法庭上依法进行的审查判断活动。作为作出裁判依据的证据必须在公开的法庭上出示，并经过控辩双方的充分质证，由裁判者作出最终是否采纳的决定。凡是未经依法审查判断的证据不得作为定案依据，这主要是因为：其一，从发现案件真实的角度看，证据的审查判断程序是一个去伪存真的过程，也是一个司法人员对案件事实的认识逐渐深化的过程。诉讼中难免会出现证明力不强甚至完全伪造的证据，通过审查判断程序，尤其是法庭上的举证质证程序，司法人员能够更好地判断各个证据的真伪以及证明力的大小，逐步地加深对案件事实的认识，从而最大限度地使其对案件的认识与客观事实相符合。其二，从诉讼权利保障的角度看，证据经过法定审查判断程序也是诉讼参与人诉讼权利的重要内容。正因为如此，我国《刑事诉讼法》第47条规定："证人证言必须在法庭上经过公诉人、被害人和被告人、辩护人双方讯问、质证，听取各方证人的证言并且经过查实以后，才能作为定案的根据。"《最高人民法院关于执行〈刑事诉讼法〉若干问题的解释》第58条进一步规定："证据必须经过当庭出示、辨认、质证等法庭调查程序查证属实，否则不能作为定案的根据。"

3. 作为裁判依据的所有证据经过综合审查判断必须达到法定的证明标准

也就是说不但没有任何证据不得认定犯罪事实或作出有罪裁判，证据因内容或形式不符合法定要求而被排除的等同于没有该证据，而且证据不充分也不得认定犯罪事实或作出有罪裁判。对此下文将予以详细阐述。

（三）证据裁判原则与口供

证据裁判原则要求的认定犯罪事实必须依据的证据，当然是指《刑事诉讼法》第42条所规定的全部七种证据，包括犯罪嫌疑人、被告人供述和辩解，即口供。但笔者认为，据以认定犯罪事实的证据主要不是指口供，而是指口供以外的各种证据。理由如下：

第一，从历史渊源和立法目的的角度来看，如前文所述，证据裁判原则是反对口供裁判主义的产物。确立证据裁判原则旨在降低口供在刑事诉讼中的证明地位，提升其他证据在诉讼中的作用。无论在国外还是在中国，证据裁判原则的重要意义不是为了取代神判，而在于防止口供至上和刑讯逼供现象。刑讯不仅可能导致错案的发生，其运用本身也是对人的权利和尊严的严重侵害，证据裁判原则力图削弱口供在定案中的意义，从而遏制刑讯逼供的发生。在当代中国，刑讯逼供现象屡禁不绝，在这种情况下，将证据裁判原则中所指的证据理解为主要指口供之外的证据，是极为重要的。

第二，从我国的立法情况看，在中国语境下，证据裁判原则中的证据也应当主要指口供之外的证据。我国《刑事诉讼法》第46条规定："对一切案件的判处都要重证据，重调查研究，不轻信口供。只有被告人供述，没有其他证据的，不能认定被告人有罪和处以刑罚；没有被告人供述，证据充分确实的，可以认定被告人有罪和处以刑罚。"这一规定将"证据"与"口供"作了一定剥离，其中"证据"主要指除了口供之外的其他证据。

与上述观点相联系，对口供补强规则在中国的运用应当有自己的理解。西方的口供补强规则通常仅以增强证据证明力为目标，例如，在美国"各司法区信奉这样一种要求，就是欲支持一项供认为基础的有罪认定，该供认必须为审理中提出的其他证据所佐证"。[1]《日本宪法》第38条第3款规定："任何人在对自己不利的唯一证据是本人的自白时，不得被定罪判刑。"而中国的口供补强规则是指要判定被告人有罪，不能仅凭被告人的口供，尚需其他证据加以补强，并且补强的程度要达到法定的证明标准。当然西方也有学者对补强的理解与我国非常接近，例如，墨菲就认为："所谓'补强'即要求某类证据以其他的独立证据加以印证或支持，以使该证据反映的事实诸如对犯罪行为的定罪等是足够充分的。"[2]根据口供补强规则的一般定义和原理，其他证据对口供进行印证或支持，以补充口供本身对某一事实的证明，即口供为主、以其他证据补强之。但我国的法律并非如此对待口供与补强证据的关系，从我国《刑事诉讼法》第46条规定来看，口供与补强证据已不是主次关系了；相反地，补强证据已经超越口供成为定案的主要依据。目前法律对共犯口供是否可以作为其他共犯口供的补强证据这一问题尚未作出明确规定，我们认为共犯的口供仍然是"被告人供述"，如果可以仅凭共犯的供述定案，无疑有"轻信口供"之嫌。因此，不能仅仅以共犯的口供作为补强证据，即使共犯的口供相互一致，也应当寻求其他证据来补强。

三、证据裁判原则与证明标准

证据裁判原则要求对全部可采纳的证据的综合审查判断所认定的事实需达到法定的证明标准。证明标准是事实裁判者根据证据认定案件事实所应达到的法定程度。从哲学的角度看，证明标准实际上是法律规定的裁判者主观认识与客观事实相符合的程度。裁判者的结论永远是主观的认识，而证明标准的设立即通过法律要求主观认识尽可能地符合客观事实。对此，首先有两个问题需要作出回答：其一，案件是否有客观存在的本源事实？对此笔者的回答是肯定的。案件是否发生、如何发生，都是客观存在的事实，不以裁判者的意志为转移，案件事实一旦发生，始终独立于办案人员而客观存在，永远只存在一个客观存在的、具有确定性和过去性的特征的案件本源事实。其二，能否通过证明达到主观认识与客观事实相符？笔者对此的回答也是肯定的。根据辩证唯物主义哲学认识论原理和诉讼证明实践，办案人员对案件事实的认定在一定条件下和一定范围内可以达到与客观存在的案件事实相一致。

笔者认为根据客观真实与法律真实相结合、惩罚犯罪与保障人权相平衡的理念，在设立证明标准时，要满足以下两个方面的要求：其一，刑事诉讼的定罪标准要达到所能够达到的最高标准，以最大限度地防止和减少错案的发生；其二，在必要情况下要适度降低定罪标准，以适当满足司法的现实需要。在这两方面要求的关系上，应当以最高标准为基本要求，以适度降低标准为必要补充。

---

〔1〕［美］约翰·W. 斯特龙等：《麦考密克论证据》，汤维建等译，中国政法大学出版社2004年版，第274页。

〔2〕See Peter Murphy, *Murphy on Evidence*, Blackstone Press Limited, 6th ed., 1997, p.505.

（一）关于我国刑事证明标准"案件事实清楚，证据确实充分"的解读

在刑事诉讼中如何设立证明标准事关重大。从国际上看，目前主要有两种刑事证明标准，第一种为大陆法系的"内心确信（自由心证）"标准，第二种为英美法系的"排除合理怀疑"标准，两者均为主观证明标准。而我国的刑事证明标准根据《刑事诉讼法》第162条的规定为"案件事实清楚，证据确实充分"，这是一个主客观相结合的证明标准：其中"案件事实清楚"是主观标准，是指事实裁判者在认识上、心理上对事实已经"清楚""明白"；"证据确实充分"是客观标准，要求证据客观上在质和量两方面达到"确实"和"充分"的程度。

我国"事实清楚，证据确实充分"定罪标准的确立是历史的产物和司法经验的总结。新中国成立前在革命根据地颁布的各个涉及刑事案件处理的法令文件就常包含有"事实足信""证据确凿"之类的措辞，而1956年最高人民法院颁布的《各级人民法院刑、民事案件审判程序总结》指出，在法庭调查阶段，必须把案件彻底查清，取得确凿的证据，被告人的供词，必须经过调查研究，查明确与客观事实相符的，才能采用。[1]1979年《刑事诉讼法》明确确立了"案件事实清楚，证据确实充分"的刑事证明标准，这一标准也得到了1996年《刑事诉讼法》的沿用以及一系列相关司法解释和法律文件的认同。

然而学界对此标准仍然存在着争论与质疑，形成了多种观点，具有代表性的有排他性（唯一性）标准、确信无疑标准和排除合理怀疑标准等。[2]在司法实践过程中，相关机关曾多次就刑事诉讼的定罪标准作出具体说明和解释。在2006年11月举行的第五次全国刑事审判工作会议上，时任最高人民法院院长的肖扬在解释"事实清楚，证据确实充分"的证明标准时指出："特别是影响定罪的关键证据存在疑问，不能排除合理怀疑得出唯一结论的，就应当坚决按照'事实清楚，证据确实充分'的裁判标准，果断作出证据不足、指控的犯罪不能成立的无罪判决。"[3]这里他把"结论唯一"与"排除合理怀疑"加以结合。2007年最高人民法院、最高人民检察院、公安部、司法部联合出台的《关于进一步严格依法办案确保办理死刑案件质量的意见》对"证据不足"作出解释："（1）据以定罪的证据存在疑问，无法查证属实的；（2）犯罪构成要件事实缺乏必要的证据予以证明的；（3）据以定罪的证据之间的矛盾不能合理排除的；（4）根据证据得出的结论具有其他可能性的。"其中从第四点可反面推导出，"证据确实充分"是指根据证据得出的结论没有其他可能，即要求结论是唯一的。2010年"两院三部"在《死刑案件证据

---

[1] 参见李玉华：《刑事证明标准研究》，中国人民公安大学出版社2008年版，第43页。

[2] 关于定罪标准的各种观点，具体可参见宋英辉、汤维建主编：《证据法学研究述评》，中国人民公安大学出版社2006年版，第365~368页。

[3] 王斗斗："'六个坚持'指导刑事审判 访最高人民法院院长肖扬"，载《法制日报》2006年11月12日。

规定》中明确了认定被告人犯罪事实应采用"结论唯一"的标准，其第 5 条规定："办理死刑案件，对被告人犯罪事实的认定，必须达到证据确实、充分。证据确实、充分是指：（一）定罪量刑的事实都有证据证明；（二）每一个定案的证据均已经法定程序查证属实；（三）证据与证据之间、证据与案件事实之间不存在矛盾或者矛盾得以合理排除；（四）共同犯罪案件中，被告人的地位、作用均已查清；（五）根据证据认定案件事实的过程符合逻辑和经验规则，由证据得出的结论为唯一结论。"这是"结论唯一"首次出现在司法解释文件之中。

（二）关于"结论唯一"标准问题

笔者赞同将定罪的最高证明标准确定为"结论唯一"，认为将"结论唯一"标准作为刑事定罪的最高证明标准是合理的，不仅可能达到而且有必要达到。首先，从认识论的角度看，如前文所述，司法人员的认识与案件客观事实在一定条件下和一定范围内能够达到一致。其次，从价值取向的角度看，刑事诉讼涉及人的生命权、自由权这些人类最宝贵的权利，一旦出现冤案错案，则可能对公民权利造成巨大损害，而"结论唯一"的证明标准体现出对这些权利的极端重视，能够避免冤枉无辜，保证实体公正，有效维护人权。最后，"结论唯一"的证明标准也与联合国《关于保护死刑犯权利的保障措施》关于死刑证明应该达到"明确和令人信服"以及"对事实没有其他解释余地"标准的表述一致。[1]

坚持"结论唯一"标准已经在司法实践中凸显其自身价值。最高人民法院于 2007 年 1 月 1 日收回死刑核准权以来，在审核死刑案件中特别强调坚持"结论唯一"的最高证明标准，因而在 4 年半的死刑复核过程中，至今尚未出现一起事实认定错误的冤案。相反，在一些地方法院，由于没有坚持"结论唯一"，导致出现了多起错案，其中最有代表性的如杜培武、佘祥林、赵作海等案件，均与没有坚持"结论唯一"标准有关。从这一正一反两方面的司法实践事实可见，刑事案件的定罪标准应以可能达到的最高证明标准即"结论唯一"为标准。

但必须指出，坚持"结论唯一"标准，并不意味着要求所有案件事实的细节都必须完全查明且其结论都必须是唯一的。"结论唯一"是指对案件主要事实的证明达到唯一的程度，具体而言"主要事实"指：①犯罪事实是否已经发生；②实施犯罪的主体是否为被告人；③从重量刑的情节，特别是据以判处死刑的从重情节。至于案件的某些细枝末节，则不必也不可能按照"唯一性"的标准全部查明。

（三）"结论唯一"与"排除合理怀疑"的立法抉择

《死刑案件证据规定》第 5 条规定了"结论唯一"标准，第 33 条规定"依据间接证据认定的案件事实，结论是唯一的，足以排除一切合理怀疑"，就可以认定被告人有罪。但"结论唯一"和"排除一切合理怀疑"即"排除合理怀疑"是两

---

〔1〕 联合国《关于保护死刑犯权利的保障措施》第 4 条规定："只有在对被告的罪行根据明确和令人信服的证据而对事实没有其他解释余地的情况下，才能判处死刑。"

个层面的证明标准，两者要求的严格程度是有区别的。

关于"排除合理怀疑"，根据美国联邦最高法院判决的解释，是指要求"达到接近对有罪确定无疑的主观状态"。[1]尽管美国联邦最高法院一直不愿意对"排除合理怀疑"作出量化，但根据对美国联邦法官的调查问卷显示，171个法官中有126人认为"排除合理怀疑"需等于或高于90%的确定。[2]美英的学者认为："如果我是事实裁定者，我会考虑我自己关于被告人有罪的确信程度，范围是从0到100，除非我确信的程度超过95%的范围，否则我不会赞同裁定有罪。"[3]"超出合理怀疑的证明没有准确的定义。一些法学家认为这是指每个陪审员必须95%或99%相信被告人有罪；另一种意见认为若没有其他对证据的解释是合理的，而起诉方已经完成了证明被告人有罪的举证责任。"[4]"超越合理怀疑的证据：法律寻找的是最大可能性，而不是确定性……证据不一定要达到确定的地步，但它必须达到极大可能性的程度。超越怀疑的证据，不是达到没有一丝怀疑的程度。"[5]

由此可见，"排除合理怀疑"与"结论唯一"标准不同，"结论唯一"即确定无疑、无任何其他可能，量化言之，其确定性为100%，至少应是99.99%。笔者认为，对于主要犯罪事实的认定必须坚持达到"结论唯一"的程度，只有这样，才能保证刑事判决，特别是死刑判决不发生冤判错杀。这里还有必要指出，如前文所述"案件事实清楚"是一种主观的心理状态，和"排除合理怀疑"同属主观标准，如果像有论者所认为的那样将"证据确实充分"解释为"排除合理怀疑"，那么"案件事实清楚，证据确实充分，排除合理怀疑"就成了一个从主观——客观——主观的标准，存在着逻辑上的矛盾和理念上的混乱。

当然，由于英美法在世界范围内的广泛影响，"排除合理怀疑"标准为许多国家所接受，一些联合国文件也承认了这一标准。例如，联合国人权事务委员会在1984年通过的关于《公民权利和政治权利国际公约》第14条的一般性意见中指出："有罪不能被推定，除非指控得到排除合理怀疑的证明。"另外，"排除合理怀疑"与"结论唯一"标准虽有不同，但也存在一定的互补性。毕竟要求每个案件的主要犯罪事实证明均达到"结论唯一"的最高标准并不现实，将"排除合理怀疑"与"结论唯一"标准在实践中互补适用，这也许体现了应然和实然、原则性和灵活性的统一。但证明标准涉及认识论与价值论的复杂理论问题，也涉及惩治犯罪和保障人权如何平衡的困难问题，无论这次《刑事诉讼法》修改对我国现行规

---

[1] *Jackson v. Virginia*, 443 U. S. 307, 315（1979）.

[2] Lawrence M. Solan, "Refocusing the Burden of Proof in Criminal Cases: Some Doubt about Reasonable Doubt", 78 *Tex. L. Rev.* 105, 110（1999）.

[3] Jon O. Newman, "Beyond 'Reasonable Doubt'", 68 *N. Y. U. L. Rev.* 979（1993）.

[4] ［美］爱伦·豪切斯泰勒·斯黛丽、南希、弗兰克：《美国刑事法院诉讼程序》，陈卫东、徐美君译，中国人民大学出版社2002年版，第72页。

[5] ［英］理查德·梅：《刑事证据》，王丽、李贵方等译，法律出版社2007年版，第77~78页。

定的证明标准"案件事实清楚，证据确实充分"是否修改、怎样修改，这个问题在理论上的争论和实践中的困惑将继续存在，它像迷宫一般让我们不断探索下去。但我们要牢牢记住一条根本的原则，那就是：保证无辜者不受惩罚的价值远远高于有罪者必须受到惩罚的价值。

我国刑事司法鉴定制度的新发展与新展望[1]

一、引 言

刑事司法鉴定作为刑事诉讼活动中解决专门性问题的活动，因其专业性和科学性而备受关注。1979 年颁布的中华人民共和国成立以来的第一部刑事诉讼法典中就确立了"鉴定结论"的证据地位，并对鉴定的指派与聘请、鉴定结论的制作、被告人申请补充鉴定与重新鉴定等鉴定程序问题，以及未到庭的鉴定人的鉴定结论当庭宣读等问题作了规定。1996 年修订的《刑事诉讼法》对刑事司法鉴定的规定略有增补，主要体现在增加了省级人民政府指定医院鉴定的情形、鉴定人的法律责任、被害人申请补充鉴定、重新鉴定、精神病鉴定期间的计算等规定，从而使得我国刑事司法鉴定制度的内容略有完善。然而，时隔不久，司法实践的新情况就对立法提出了新要求。一方面刑事司法鉴定的需求越来越大。因为随着我国刑事司法科学化、文明化的发展，刑事司法鉴定在司法活动中的地位日益凸显。特别是随着犯罪的高科技化、智能化的发展，司法鉴定的必要性尤其显著，越来越多的刑事案件需要通过司法鉴定来确认案件事实。另一方面因鉴定问题而引发的错案、裁判不公与民意冲突现象也越来越多。例如，黄静裸死案、邱氏鼠药案等，就是因为此类问题引起了广泛的社会关注。因此而导致的法院裁判与民意的冲突在有的地方甚至上升为群体性事件，直接危及司法权威与社会稳定。在此背景下，司法鉴定制度的改革成为 20 世纪以来司法改革的重心之一。2005 年全国人大常委会颁布的《关于司法鉴定管理问题的决定》（以下简称《决定》）、司法部 2005 年颁布的《司法鉴定机构登记管理办法》、2007 年颁布的《司法鉴定程序通则》（以下简称《通则》）等法律法规和规章对鉴定机构统一管理、鉴定活动程序、鉴定意见采信等方面作出了规定。2012 年《刑事诉讼法修正案》在总体有力推进我国刑事诉讼制度巨大进步的同时，对刑事司法鉴定制度也进行了改革和完善，推动了我国刑事司法鉴定制度的进一步发展。在《刑事诉讼法修正案》颁布之际，本文拟对其中关于刑事司法鉴定制度的新修改进行梳理与评析，并对其未来的改革、完善进行展望。

---

[1] 原载《中国司法鉴定》2012 年第 2 期，与吕泽华合著。

二、我国刑事司法鉴定制度的新发展与积极意义

（一）新发展与原因解读

1. 确立了"鉴定意见"的称谓——回归鉴定活动的科学属性

1997 年《刑事诉讼法》将"鉴定结论"规定为法定证据种类之一。新《刑事诉讼法》第 48 条将"鉴定结论"改称为"鉴定意见"。事实上，早在《决定》中，就有了"鉴定意见"这一提法，《刑事诉讼法修正案》是对既有改革成果的确认。

"鉴定意见"称谓的确立，主要是针对刑事司法实践中存在鉴定权侵犯司法权，司法权盲目崇信"鉴定结论"，视鉴定结论为"科学的判决"的现象。产生这一现象的根本原因是对鉴定活动的本质属性存在认识偏差，混淆了鉴定意见与事实裁判的相互关系。从办案人员角度而言，认为"鉴定结论"系由专家运用专门知识、科技手段所得，非常人所能认知，因而盲目轻信"专家"的结论。

鉴定意见是鉴定人运用科学知识与专业经验对诉讼中的专门性问题进行分析、判断的活动。鉴定过程和结果既具有科学的属性，也有鉴定主体的主观判断成分，体现鉴定主体的技术能力水平。另外，鉴定活动会因鉴定原理的缺陷、鉴定技术的偏差、鉴定检材和样本的质量、鉴定过程的污染以及人为主客观因素的影响等而导致鉴定结果出现偏差和错误，因此，鉴定意见并不具有"千真万确"的"结论"性的特征。还有，鉴定活动有别于事实的审查判断活动，鉴定活动的意见仅是事实裁判的依据，而并不能代替法官对事实和证据的综合认定。从更严格的意义上说，鉴定活动只解决专门性问题，司法活动才解决事实和法律问题，两者不能相互混淆。视鉴定意见具有"结论"的属性，根本原因在于普通民众对鉴定人运用科学理论、技术手段和专业知识作出的"鉴定结论"无法进行科学的认识和正确的评判。对鉴定意见的审查判断程序的不规范以及相关鉴定制度的缺失与疏漏，导致"科学"由"非科学家"来评判，"非科学家"不得不让渡"科学"的"结论"。因此，鉴定制度的改革中，首先应将"鉴定结论"改为"鉴定意见"，恢复鉴定活动的本质属性，明晰司法与鉴定活动的关系，以求正本清源，破除对于鉴定结果的错误理解与模糊认识，摆正鉴定意见的证据地位，进而完善司法鉴定制度。

2. 鉴定人作证特定保护制度的建立——打消鉴定人作证顾虑

司法实践中，鉴定人因作证而遭受打击报复者时有发生，而立法上却没有确立鉴定人保护制度，这是鉴定人不愿作证的重要原因之一。为此，《刑事诉讼法修正案》确立了鉴定人作证的保护制度：其一，规定了采取保护措施的案件范围。对于鉴定人采取保护措施的案件限于危害国家安全犯罪、恐怖活动犯罪、黑社会性质的组织犯罪、毒品犯罪等案件。其二，确立了采取保护措施的前提。采取保护措施的前提是鉴定人因在诉讼中作证，本人或者其近亲属的人身安全面临危险的。其三，明确了需要保护的对象。保护的对象限于本人或者其近亲属。其四，设定了保护措施的内容。人民法院、人民检察院和公安机关应当采取以下一项或者多项保护

措施：①不公开真实姓名、住址和工作单位等个人信息；②采取不暴露外貌、真实声音等出庭作证措施；③禁止特定的人员接触证人、被害人及其近亲属；④对人身和住宅采取专门性保护措施；⑤其他必要的保护措施。其五，规范了保护措施的程序。采取保护措施的程序包括两个方面：①鉴定人或其近亲属人身安全面临危险的可以向人民法院、人民检察院、公安机关提出予以保护的请求，然后上述机关依法采取保护措施，有关单位和个人应当配合。②鉴定人在诉讼中作证是对国家的义务，是为帮助公安司法机关查明案件事实，其本人与案件利益无涉，国家作为受益者，理应承担对鉴定人的保护责任。然而，由于司法资源所限，对所有案件的鉴定人与相关人员提供保护是不现实的，因而《刑事诉讼法修正案》确立了针对特定案件、特定对象、特定情形的鉴定人特定保护制度，而非一般保护制度，从而保证在这些特定条件下，鉴定人愿意在诉讼中作证。

3. 鉴定人出庭作证制度的完善——保障鉴定意见的证据属性

1997 年《刑事诉讼法》未对鉴定人出庭作证作强制性规定，立法允许当庭宣读未到庭的鉴定人的鉴定结论。这一立法状况导致我国鉴定人出庭作证的比率极低。有学者近年在上海市、青岛市和呼和浩特市中级人民法院随机调阅的所有法院案卷中，没有一起案件有鉴定人出庭接受质证的记录[1]。针对鉴定活动科学性和专业性特点，鉴定意见应接受科学性的审查；鉴定活动出错的可能性，鉴定技术原理与技术认知能力的有限性，需要对鉴定意见进行真实性审查；鉴定活动的诉讼性质，以维护当事人的对质权为目的，需要对鉴定意见进行质证、认证的合法性审查。为此，提高鉴定人出庭率成为司法鉴定改革的重要内容。其实，1997 年《刑事诉讼法》及其相关司法解释对鉴定人出庭接受质证的程序已经进行了规范。《决定》第 11 条规定："在诉讼中，当事人对鉴定意见有异议的，经人民法院依法通知，鉴定人应当出庭。"《通则》第 7 条规定："司法鉴定人经人民法院依法通知，应当出庭作证，回答与鉴定事项有关的问题。" 在上述司法改革的基础上，《刑事诉讼法修正案》新增第 187 条，从两个方面对鉴定人出庭作证制度进行了补充，为鉴定人出庭作证提供了立法依据与保障：

（1）明确了鉴定人应当出庭作证的具体情形。根据《刑事诉讼法修正案》的规定，当同时符合以下两项条件时，鉴定人应当出庭作证：①公诉人、当事人或者辩护人、诉讼代理人对鉴定意见有异议；②人民法院认为证人有必要出庭作证的。1997 年《刑事诉讼法》缺少鉴定人应当出庭作证的规定，是鉴定人出庭作证比率不高的原因之一。《刑事诉讼法修正案》明确了鉴定人必须出庭作证的具体情形，有助于确保在这些情形下鉴定人能够出庭作证。

（2）明确了鉴定人不出庭作证的法律后果。《刑事诉讼法修正案》在规定鉴定

[1] 汪建成："中国刑事司法鉴定制度实证调研报告"，载《中外法学》2010 年第 2 期，第 286~319 页。

人出庭作证的同时，又明确规定应当出庭作证的鉴定人不出庭作证的法律后果，即"鉴定意见不得作为定案的根据"。以一种程序性制裁的方式，迫使鉴定意见的提出方督促与保证鉴定人出庭作证。这样，就将鉴定活动与诉讼活动统一起来，鉴定不仅仅是技术性工作，更是诉讼证明活动，两者相辅相成，不可偏废。鉴定人不仅对鉴定活动本身的科学性负责，还要对鉴定意见的证据属性负责，因而出庭作证是其法律义务，不能逃避。

如前所述，受主客观因素的影响，鉴定意见有出错的可能性，而且实践表明，因鉴定意见问题导致错案的不在少数，因而必须重视对鉴定意见的审查判断，而鉴定人出庭接受控辩双方的质证，接受法官的询问，无论是从程序上，还是从实体上而言，都是符合公正要求的最佳方式。因为，在程序上，鉴定人出庭作证，既保障了当事人的质证权，又使得现代刑事诉讼法所要求的直接言词原则得以贯彻；在实体上，鉴定人出庭作证有助于发现鉴定意见中的问题，确保发现案件真相。

4. 取消省级政府指定医院的鉴定权 —— 统一鉴定管理体制

1997 年《刑事诉讼法》第 120 条规定："对人身伤害的医学鉴定有争议需要重新鉴定或者对精神病的医学鉴定，由省级人民政府指定的医院进行。"《刑事诉讼法修正案》删除了这一规定，这是本次修正案在司法鉴定立法上的重大进步。其原因主要体现在以下三个方面：

（1）恢复了司法鉴定的本质属性。根据该条规定，人体伤害鉴定和精神病鉴定由省级人民政府指定的医院进行，实际上将司法鉴定等同于医疗活动。但司法鉴定与医疗活动二者在主体、依据、活动性质、工作内容、结论性质等方面均具有重大差别。比如从活动性质上看，人体伤害鉴定和精神病鉴定是法医类鉴定，属于司法鉴定的范畴，是由具有法医或者精神病鉴定资格的人依据人体伤害鉴定标准和精神病鉴定标准，对人体伤害情况和精神生理状况作出的专业性评断，属于法律问题。而医疗活动是通过对伤病患者的病理检查，确定其伤病情况，进行医学治疗的活动，属于医学问题。因此，有必要恢复人体伤害鉴定和精神病鉴定的法医类司法鉴定的属性。

（2）适应了司法鉴定管理体制改革的要求。针对司法实践中出现的管理体制混乱、鉴定机构设置无序的状况，《决定》第 3 条确立了司法鉴定统一管理的体制，即"国务院司法行政部门主管全国鉴定人和鉴定机构的登记管理工作，省级人民政府司法行政部门依照本决定的规定，负责对鉴定人和鉴定机构的登记、名册编制和公告"。同时，为确保司法鉴定的中立性、公益服务属性、社会性，取消了法院和司法行政机关自设的司法鉴定机构。《刑事诉讼法修正案》进一步取消了省级人民政府指定医院鉴定资格，恢复了法医鉴定的属性，消除了省级人民政府设置和管理鉴定机构的权力，适应了统一司法鉴定管理的需要。

（3）确保了鉴定的中立性和客观性。由省级人民政府指定的医院进行鉴定，会因医患关系的存在，影响到鉴定的中立性和客观性。同时，省级人民政府指定的医院性质上是医疗单位，并非鉴定机构，因此，有必要取消其鉴定权力，恢复司法鉴定机构的专业性与独立性。

5. 创设专家辅助人制度

《刑事诉讼法修正案》在我国首创专家辅助人制度，这是我国司法鉴定立法的重大进步。根据《刑事诉讼法修正案》的规定，我国专家辅助人制度包括以下基本内容：①有权申请专家辅助人出庭的主体：包括公诉人、当事人和辩护人、诉讼代理人。②专家辅助人的资格：具有专门知识的人。③专家辅助人的工作内容：就鉴定人作出的鉴定意见提出意见。④出庭的方式与决定机关：公诉人、当事人和辩护人、诉讼代理人向法庭提出申请，由法庭决定是否同意。

鉴定意见的科学性、专业性超越了司法人员以及诉讼参与人员的知识范围和理解能力，阻碍了对鉴定意见的准确认知，而司法活动又需要科技鉴定活动支持。两者的矛盾必然会导致"科学不得不呈现给非科学家，并被非科学家评价"〔1〕的尴尬局面——或者鉴定意见成为不可辩驳的权威性"结论"，"科学"成为法官的"主人"；或者由"平民法官"利用生活经验常识任意宰割"科学"的命运。因此，为避免鉴定意见司法适用上的盲目性和无序性，构建鉴定意见的"科学审查"程序与机制势在必行。专家参与是国外许多立法事例所具有的，如《德国刑事诉讼法典》第85条规定的"专家证人"，《意大利刑事诉讼法典》第225条、第230条规定的"技术顾问"，《俄罗斯联邦刑事诉讼法典》第58条和第270条也有类似规定。我国的刑事诉讼法专家在其修改建议稿中也已经提出专家辅助人的建议。〔2〕

专家辅助人制度的确立，使得具有专门知识的人能够参与到诉讼中来，就鉴定人作出的鉴定意见的科学性和合法性进行质证审查，有助于发现鉴定中的差错与问题，确保其真实性和合法性；有助于帮助司法人员和诉讼参与人等澄清误解，正确理解与认识鉴定活动，更全面地认知鉴定意见，做好证据的认证活动。并且，专家辅助人制度的确立，在保证法庭质证、审查、判断证据活动顺利进行的同时，也确保了鉴定人出庭作证制度的实效性得以真正实现。

（二）积极意义

《刑事诉讼法修正案》中有关司法鉴定制度的改革对于公安司法机关、当事人、刑事司法鉴定制度本身乃至证据法制方面都具有积极意义。

1. 有助于确保鉴定结果的真实性与合法性

《刑事诉讼法修正案》有关刑事司法鉴定制度的改革，通过改变称谓而澄清鉴定意见的普通证据之性质，使之与其他证据一样接受审查判断，维护了证据地位的

---

〔1〕［英］麦高伟、杰弗里·威尔逊：《英国刑事司法程序》，姚永吉译，法律出版社2003年版，第240页。

〔2〕陈光中：《中华人民共和国刑事诉讼法再修改专家建议稿与论证》，中国法制出版社2006年版，第48页、第320页、第449~452页、第540页、第554页。

平等性；通过确立鉴定人出庭作证制度，保证鉴定意见经受法庭质证、辩论等审查程序，保障了当事人的对质权；专家辅助人制度的确立，使得有关鉴定意见的法庭审查程序具有实效性，确保鉴定的科学性和真实性。

2. 有助于保障鉴定人、当事人等的合法权益

《刑事诉讼法修正案》有关刑事司法鉴定制度的改革，从实体与程序两个方面体现出在人权保障方面的进展。在实体方面，鉴定结果的真实性与合法性，确保了实体公正，进而维护了当事人的实体权益。同时，鉴定人出庭作证保护制度的确立，使得符合法定条件的鉴定人及其近亲属的人身安全不因出庭作证而遭受侵犯，从而维护了鉴定人及其近亲属的人身权利。在程序方面，主要是鉴定人出庭作证制度与专家辅助人制度的确立，有助于保障当事人及其代理人、辩护人的质证权的实现。

3. 有助于促进刑事司法鉴定制度乃至证据法制的现代化发展

历史经验表明，证据法制的现代化发展是以科学化、文明化、规范化为主要标志的。《刑事诉讼法修正案》中有关司法鉴定制度的改革促进了我国证据法制朝科学化、文明化、规范化方向发展。首先，"鉴定意见"称谓的确立、将医疗鉴定恢复为法医鉴定等体现了立法者对于司法鉴定、鉴定意见属性的科学认识；其次，如上所述，此次刑事司法鉴定制度改革在人权保障方面的促进，大大提升了司法鉴定制度的文明化程度；最后，鉴定人出庭作证制度、专家辅助人制度等具体制度的确立，丰富与完善了刑事司法鉴定程序规则的内容，对于我国刑事司法鉴定制度的规范化发展具有积极的促进作用。司法鉴定制度是证据法制的重要组成部分，司法鉴定制度本身的现代化发展就是证据法制的现代化发展，并且由于证据法制内部的关联性，司法鉴定制度的发展也有助于带动证据法制其他部分，乃至促进证据法制整体的现代化发展。

三、问题与展望

《刑事诉讼法修正案》在刑事司法鉴定制度上的进步意义不容置疑，既巩固了既有改革成果，又有一定的立法突破。但是，我们也必须看到仍存在的问题和进一步发展的必要性。

（一）改革内容的缺憾集中体现在鉴定人出庭作证制度中，应加以弥补，这也是立法模式的技术问题

《刑事诉讼法修正案》有关鉴定问题基本上采取了总分式的立法模式，即在"证据"一章中规定有关刑事司法鉴定的一般问题，包括鉴定意见的法定证据形式与鉴定人的保护制度两项内容。而在其他诉讼阶段规定特别性问题，包括：①在侦查阶段规定了鉴定人的指派、聘请、鉴定意见的出具、鉴定人的法律责任、鉴定意见的告知、重新鉴定与补充鉴定、精神病鉴定期间的特别规定等；②在审判阶段规定鉴定人出庭作证、具有专门知识的人出庭提出意见等。总体而言，鉴定制度规范

实行总分式立法模式是合理的。

然而，《刑事诉讼法修正案》中的上述规定还不尽完善。一方面表现在总则、分则中的规定界限不清，比如在"侦查"章中规定的"鉴定人的指派、聘请、鉴定意见的出具、鉴定人的法律责任"等并非鉴定活动在侦查阶段的特殊内容，这些规定也同样适用于审查起诉、审判阶段；另一方面表现在分则中的规定还有欠缺，分则中仅规定了侦查、审判阶段的鉴定规范，未提及审查起诉阶段的鉴定规范，并且既有侦查、审判阶段的鉴定规范也还有待完善。为此，建议未来改革时在坚持目前总分式立法模式的框架下对总则与分则的内容进行调整。在总则部分规定鉴定意见的法定证据种类归属、委托鉴定权、鉴定人资格、鉴定意见的制作、鉴定人的法律责任、鉴定意见的审查判断、专家辅助人等各诉讼阶段刑事司法鉴定活动的共性内容。在分则部分确立适应于各诉讼阶段特点的鉴定规范：在侦查阶段，规定侦查机关为鉴定所应提供的便利条件、侦查鉴定意见的告知与重新鉴定、精神病鉴定的告知等内容；在审查起诉阶段规定检察机关对鉴定意见的审查判断规则；在审判阶段规定鉴定人回避申请权的告知、鉴定人出庭作证、鉴定人以及专家辅助人的法庭询问规则等[1]。

（二）当事人的司法鉴定程序启动参与权问题

根据1997年《刑事诉讼法》的规定，司法鉴定启动具有"职权启动"的特点，集中体现在公、检、法各自拥有独立的、全部的初次鉴定和再鉴定的启动决定权，而犯罪嫌疑人、被告人、被害人、辩护人、诉讼代理人等仅享有补充鉴定和重新鉴定的申请权，显然有违控辩平等的现代刑事诉讼理念的要求，也不利于制约公安司法机关的权力与维护当事人的合法权益。

《刑事诉讼法修正案》对此没有增补，不能不说是一个较大遗憾。在英美法系国家当事人主义诉讼模式下，是否需要鉴定以及如何实施鉴定一般都要由控辩双方自行决定。即使在大陆法系国家，尽管控辩双方还不能直接决定实施鉴定，但控辩双方若认为案件需要由专家鉴定时，可以向法官提出请求，促使法官启动司法鉴定程序。如果法官拒绝了这一请求，他们还可以向上级法院申请司法救济。为此，需要重构我国司法鉴定启动模式，除紧急情形外，应充分保障当事人在司法鉴定活动中的参与性，在鉴定事项的确定、鉴定人的选任、鉴定标准的选择等方面有广泛的参与性和平等权利。另外，也要反思职权启动模式的不足，思考建立司法启动为主，当事人启动为辅的模式，也就是说在一定情况下，当事人有直接启动司法鉴定的权利。

（三）强制鉴定问题

除了鉴定裁量启动外，有些情形需要法定强制鉴定，以对鉴定启动的裁量权予

---

[1] 陈光中：《中华人民共和国刑事诉讼法再修改专家建议稿与论证》，中国法制出版社2006年版，第48页、第320页、第449~452页、第540页、第554页。

以一定的规范与限制，维护司法的公正。在司法鉴定职权启动模式下，尤其需要注重法定强制鉴定的情形。一方面可以避免公、检、法机关鉴定启动决定权的不作为之滥用，另一方面也可以使犯罪嫌疑人、被害人及其辩护人、诉讼代理人申请公、检、法机关启动鉴定的权利得到维护，充分保护当事人的诉讼权利。为此，我国刑事诉讼法不仅需要重构司法鉴定启动模式，切实维护当事人的程序参与权，还应该对法定强制鉴定的情形予以充分的重视，发挥鉴定在司法证明中的重要作用。对此，初步建议对人身伤害鉴定、死亡原因鉴定、精神病鉴定、严重犯罪中 DNA 检材鉴定以及其他必须借助特殊专门知识的情形予以强制鉴定。

（四）鉴定人出庭作证问题

《刑事诉讼法修正案》确立了鉴定人出庭作证制度，明确了鉴定人必须出庭作证的情形。但是，仍然存在需要解决的问题：鉴定人出庭作证的条件限制过严。如前所述，根据《刑事诉讼法修正案》的规定，只有符合公诉人、当事人或者辩护人、诉讼代理人对鉴定意见有异议和人民法院认为鉴定人有必要出庭作证的这两项条件时，鉴定人才应当出庭作证。虽然这一规定比 1997 年《刑事诉讼法》略有进步，但如此严格的限定条件难以显著提高鉴定人出庭作证的比率。并且，鉴定人出庭接受质证是当事人的法定权利，因而在当事人对鉴定意见有异议要求鉴定人出庭接受质证时，在多数情况下法院应当满足当事人的合理诉求。至于鉴定人不能出庭或在特殊情况下没有必要出庭，可以作出例外的规定。

（五）鉴定期间问题

1997 年《刑事诉讼法》除规定司法精神病鉴定不计入办案期限外，未对司法鉴定期间作出其他规定。《刑事诉讼法修正案》对此没有涉及。我们认为，应当对司法鉴定期间作出更详细的规定。这是因为，一方面"迟来的正义非正义"，依据现行《刑事诉讼法》的规定，司法精神病鉴定不计入办案期限，但其他鉴定都要计入办案期限，司法鉴定活动的拖延将直接影响诉讼期间。另一方面司法鉴定活动的过分延迟，会影响检材的保管、新鲜，从而影响到司法鉴定的准确性。因此，应当设定司法鉴定期间，保证诉讼的及时性与案件事实认定的准确性。在设定司法鉴定期间时，主要应明确以下两项重要期间：一是规定鉴定机构在接受委托后，提交鉴定意见的期间；二是申请重新鉴定的期间。

非法证据排除规则实施若干问题研究

——以实证调查为视角[1]

一、前　言

非法证据排除规则是指在刑事诉讼中，以非法方法取得的证据依法不具有证据能力，不得被采纳作为认定案件事实的根据。这是世界各国通行的一项重要证据规则。2013 年 11 月 12 日中国共产党第十八届中央委员会第三次全体会议通过的《中共中央关于全面深化改革若干重大问题的决定》中明确指出要"严禁刑讯逼供、体罚虐待，严格实行非法证据排除规则"。这说明实行非法证据排除规则在法治中国建设中占有重要地位。

早在 1998 年，最高人民法院、最高人民检察院为实施 1996 年《刑事诉讼法》所出台的配套司法解释就开始规定采用刑讯逼供或者威胁、引诱、欺骗等非法的方法取得的证人证言、被害人陈述、犯罪嫌疑人、被告人供述不得作为指控犯罪的证据或定案根据，[2]但是这些司法解释将非法证据排除的标准规定为"查证确实"显然过高，难以达到，从而使得非法证据排除规则在司法实践中基本上没得到真正实施。2010 年最高人民法院、最高人民检察院、公安部、国家安全部、司法部《关于办理刑事案件排除非法证据若干问题的规定》（以下简称《非法证据排除规定》）首次对非法证据排除规则进行了具体、明确的规定。2012 年修改的《刑事诉讼法》在"证据"一章中一方面增加了不得强迫自证其罪的原则，另一方面用 5 个条文首次在法律层面规定了非法证据排除规则。[3]非法证据排除规则的确立对于我国刑事司法制度的完善具有相当重大的意义，它通过取消非法证据的准入资格明确表达了法律对非法取证手段的否定性评价和国家确保司法公正的决心。这不仅提升了程序正当性的价值，也有效地保证了证据的真实性，有助于实现实体公正，严防冤假错案的发生。

---

〔1〕　原载《法学杂志》2014 年第 9 期，与郭志媛合著。

〔2〕　最高人民法院《关于执行〈中华人民共和国刑事诉讼法〉若干问题的解释》第 61 条规定："严禁以非法的方法收集证据。凡经查证确实属于采用刑讯逼供或者威胁、引诱、欺骗等非法的方法取得的证人证言、被害人陈述、被告人供述，不能作为定案的根据。"（已失效）1999 年《人民检察院刑事诉讼规则（试行）》第 265 条规定："严禁以非法的方法收集证据。以刑讯逼供或者威胁、引诱、欺骗等非法的方法收集的犯罪嫌疑人供述、被害人陈述、证人证言，不能作为指控犯罪的证据。"

〔3〕　2012 年修改后的《刑事诉讼法》"证据"一章共增加了 8 个条文，其中有 5 个条文是规定非法证据排除规则的内容。

自《非法证据排除规定》出台以来，我国的非法证据排除规则已经实施了4年有余。该规则作为修改后的《刑事诉讼法》的一部分付诸实施也已一年半。在这期间，非法证据排除规则是否得到了切实贯彻？现有规定能否满足实践的需要？实施中亟待解决的问题是什么？下一步如何严格地实施非法证据排除规则？针对上述问题，中国政法大学刑事法律研究中心课题组于2012年10月起历时1年多在全国7个省份共10个城市召开了17次专题座谈会。[1]参与座谈的人员包括侦查人员、检察人员、审判人员以及辩护律师，还包括少数专家学者；从地域来看，调研既涉及经济发达地区，也涉及经济中等发达地区和较落后地区，乃至少数民族地区；从调研单位的级别来看，既有省一级的法院、检察院，也有地市级和基层的法院、检察院；这些座谈会既有法官、检察官或者律师的专场座谈会，也有公、检、法及律师均参与的综合座谈会。除了召开座谈会以外，课题组还在山东省、黑龙江省和国家检察官学院针对检察官做了样本量较大的问卷调查，专门了解了检察机关实行该规则的有关情况。课题组在调研中还尽可能地收集相关的统计数据、典型案例以及地方性实施细则。此外，还通过其他渠道搜集了一些材料和案例。本文在汇总上述全部资料的基础上，对非法证据排除在全国的实施情况作出初步的分析和评价，归纳实施中取得的成功经验和存在的主要问题，提出如何严格实行该规则的建议。

根据调研所了解到的情况，目前实践中非法证据的排除主要发生在审查起诉阶段和审判阶段，故本文以这两个阶段的非法证据排除为重点。另外，由于实践中主要以非法取得的犯罪嫌疑人、被告人供述为排除对象，排除非法取得的证人证言、被害人陈述的极少，更未收集到排除非法取得的实物证据的案例，因此，本文集中于论述非法取得的犯罪嫌疑人、被告人供述的排除问题。

二、非法取得的犯罪嫌疑人、被告人供述的排除范围

《刑事诉讼法》第54条规定，采用刑讯逼供等非法方法收集的犯罪嫌疑人、被告人供述是应当排除的非法证据。但是对"刑讯逼供等方法"应当如何理解？学术界和实务界均有不同意见。为了厘清这一问题，最高人民法院《关于适用〈中华人民共和国刑事诉讼法〉的解释》（以下简称最高法《解释》）第95条、《人民检察院刑事诉讼规则（试行）》（以下简称最高检《规则》）第65条参考联合国《禁止酷刑和其他残忍、不人道或有辱人格的待遇或处罚公约》的相关规定，作了进一步的解释：使用肉刑或者变相肉刑，或者采用其他使犯罪嫌疑人、被告人在肉体上或者精神上遭受剧烈疼痛或者痛苦的方法，迫使犯罪嫌疑人、被告人违背意愿供述的，应当认定为《刑事诉讼法》第54条规定的"刑讯逼供等方法"。据此有学者认为，凡是一切足以给犯罪嫌疑人、被告人的肉体或精神造成难以忍受的痛苦，

使其失去意志表达自由而不得不进行供述的方法，都属于刑讯逼供或者相当于刑讯逼供，包括：其一，使人身体产生剧烈疼痛的肉刑；其二，使人疲劳、饥渴的变相肉刑；其三，使人意志力和判断力丧失的服用药物和催眠术；其四，其他残忍、不人道或有辱人格的方法。[1]实务人员则普遍认为，司法解释虽然将排除范围扩大了，但其解释比较抽象，在实践中很难把握。通过调研，我们发现，司法人员认为对肉刑（暴力取证、典型的刑讯逼供）比较容易认定，实践中比较困难的是变相肉刑的认定问题。实务部门迫切希望近期能够出台帮助其认定变相肉刑的指导性细则，进一步明确"刑讯逼供""肉刑""变相肉刑""体罚""变相体罚""威胁""引诱""欺骗"等取证方法的内涵，并对上述手段与正常的侦查技巧、侦查策略、审讯方法加以区别，以增强对适用相关条文的可操作性。以下我们针对调研中发现的与非法取得犯罪嫌疑人、被告人供述范围相关的若干突出问题分别进行探讨。

（一）变相肉刑的认定

按照两高司法解释，变相肉刑应当包括造成肉体剧烈疼痛和精神痛苦两种类型。

1. 造成肉体剧烈疼痛的变相肉刑

由于严禁刑讯逼供的政策已在我国推行多年，遏制刑讯逼供的措施也不断出台，因此司法实践中采用暴力殴打留下伤痕的典型刑讯逼供已经越来越少。但是与此同时，非法取证并未禁绝，且花样翻新、形式多样，实践中或者采用疲劳审讯或者采用冻、饿、晒、烤等方式令被讯问者倍感痛苦，或者让被讯问者长期保持某种姿势而变相折磨。这些讯问方式虽然不在身上留下伤痕，但是效果不亚于以暴力殴打为特征的刑讯逼供，其往往挑战被讯问人的生理承受极限，是对其肉体和精神的双重折磨，被讯问人为了缓解痛苦并早日脱离这种身心俱疲的状态，只得作出真真假假的供述。可见凡采取造成被讯问人肉体剧烈疼痛的变相肉刑获取的供述，都应当排除。最高人民法院《关于建立健全防范刑事冤假错案工作机制的意见》（以下简称《防范冤假错案意见》）第8条已经明确规定："采用刑讯逼供或者冻、饿、晒、烤、疲劳审讯等非法方法收集的被告人供述，应当排除。"

在变相肉刑中，长时间、连续不断的疲劳审讯是一种常见方式，实践中对疲劳审讯构成非法取证方法这一点已经基本达成共识，但是难点在于如何认定疲劳审讯，即讯问持续多长时间才能认定为疲劳审讯？《刑事诉讼法》并未规定羁押状态下讯问的时间限制，只规定了非羁押状态下讯问的时间限制。根据《刑事诉讼法》第117条的规定，一般情况下传唤、拘传不得超过12小时；案件重大、复杂需要采取拘留、逮捕措施的不得超过24小时；而且必须保证犯罪嫌疑人的饮食及必要的休息时间。根据这一规定，非羁押状态下的讯问最多可以持续24小时，且中间还需要给被讯问人提供必要的休息时间。但对于"必要的休息时间"为多长时间，

---

[1] 汪建成："刑事证据制度的重大变革及其展开"，载《中国法学》2011年第6期。

如何保障必要的休息时间等问题，立法和司法解释均没有明确、细致的规定，[1] 导致实践操作缺乏统一、清晰的标准。羁押状态下的讯问可否比照非羁押状态下讯问的时间限制？我们在调研中发现各方对于这一问题的理解存在较大差异。辩护律师认为连续讯问超过 24 小时就应当属于疲劳讯问，有人甚至提出连续讯问应当遵守更短的时间限制。侦查机关则普遍认为，讯问需要持续到一定时间点才有可能突破犯罪嫌疑人的心理防线，连续讯问的时间过短则不利于拿下供述。法官在认定疲劳讯问这一问题时也颇感困难。当然，在某些疲劳讯问情节比较明显的案件中，法官认定起来并不困难。而对于不太极端的情形，如何认定疲劳审讯则是一个难题。

案例一：某投毒杀人案的被告人在侦查阶段曾被连续讯问了 4 天，在这 4 天中，被告人吃饭、睡觉的时间一共只有半个小时，法院认为该案已经构成疲劳审讯，加之案件其他证据也存有疑点，因此改判被告人无罪。

笔者认为，当前《刑事诉讼法》及两高的司法解释对于羁押期间连续讯问的时间限制没有明确规定，这是一个漏洞，给侦查人员通过疲劳审讯这种变相肉刑非法获取供述留下了空间，必须堵塞。为了给司法实践中的审讯提供更明确的指导，根据我国司法经验，参照非羁押期间讯问的时间限制并参考外国做法，[2] 笔者建议进一步明确规定羁押期间一次讯问持续的时间最长不应超过 24 小时，其间至少应休息 6 小时，而且两次讯问之间的时间间隔也不得少于 24 小时。由于被讯问人

---

〔1〕《公安机关办理刑事案件程序规定》第 196 条规定，传唤、拘传、讯问犯罪嫌疑人，应当保证犯罪嫌疑人的饮食和必要的休息时间，并记录在案。这一条规定的记录制度如能贯彻执行，有可能对保证讯问期间犯罪嫌疑人的饮食和休息起到一定作用，但是仍然需要更详细的规定。

〔2〕 一、英国：在警察局进行的监禁讯问中，每 24 小时内必须保证被讯问人有至少 8 个小时的连续休息时间，在此期间，不得对其进行讯问，也不得为侦查之目的对其进行打扰，除非有特定情况发生，诸如出现伤害他人或自身的情况，等等。（《警察与刑事证据法》执行守则 C 第 12.2 条）二、美国：（1）一般根据案件整体情况判断，以 "整体情况（totality of circumstances）" 标准进行个案审查。（2）1944 年，联邦最高法院就曾判决长达 36 小时无休止的讯问导致 "强迫供述"。 （Ashcraft v. Tennessee 案）。（3）1959 年的 Spano v. New York 案中，最高法院认为对于一名教育程度不高、无犯罪记录、情绪容易激动的人进行的连续 8~10 小时的夜间讯问即已导致供述非自愿。（4）1961 年的 Rogers v. Richmond 案中，警察连续讯问 6 小时并威胁逮捕其妻，最高法院认定为非自愿供述。（5）1968 年国会立法规定犯罪嫌疑人从被逮捕后到送至法官面前这段时间内，警察可以进行 6 小时讯问。[1968 年的《综合犯罪控制与街道安全法》，参见《美国法典》82 Stat. 210, 18 U. S. C. Sec. 3501（c）] 三、德国：《德国刑事诉讼法》第 136 条 a 规定讯问中强制方式的采取必须遵循法律的规定，在侦查讯问中，不能侵犯被讯问人的自由意志，不得使用虐待、疲劳战术、伤害身体、服用药物、折磨、欺诈或者催眠等非法讯问方式，不得以法律不予准许的措施威胁被讯问人或以法律未加规定的利益许诺于被讯问人。

的个体差异，毫无例外地适用单一的标准也不符合实际。[1]对于老弱病残的犯罪嫌疑人，应根据入所体检报告或者犯罪嫌疑人的要求，确定更短的一次最长持续讯问时间、更长的休息时间和更长的两次讯问时间间隔。对于违反该规定超期限审讯获得的供述一律视为非法证据予以排除。在我国的司法实践中，已经有将讯问时间超过24小时获得的被告人供述作为非法证据予以排除的做法。譬如笔者在调研中了解到的某市国土局局长涉嫌犯罪，其中有一份被告人供述是在讯问时间超过24小时后作出的，法院在判决时排除了这份证据。

2. 以威胁、引诱、欺骗及其他非法方法获取供述的排除问题

威胁是指以对被讯问人采用威逼胁迫的手段迫使其违背意愿作出供述的一种非法取证方法。常见的方式有对被讯问人以对其使用暴力为由进行恐吓，揭露其个人隐私或痛苦往事，对其亲属采取强制措施，对其配偶、子女追究相应责任或者影响子女前途，对有病的犯罪嫌疑人、被告人以对其不予治疗为由进行恐吓。[2]笔者认为，威胁一般会引起恐惧，产生精神痛苦，所获证据应当予以排除。

> 案例二：2012年9月13日，某市中院公开审理一起涉毒案件，法官在审理前排除了对被告人不利的一份供述。该份认罪供述被指是侦查员威胁"不说的话就见不到孩子"后，犯罪嫌疑人才配合作出的。经审查，法庭认为，这份证据因"可能非法取得"被排除，检方不得在审理中宣读该供述。

问题在于，是否只要属于威胁，由此收集的证据就必须加以排除？抑或只有威胁达到一定程度才需予以排除？笔者在调查中发现相当多的实务人员认为，法律已经严厉禁止明显的刑讯逼供，如果连威胁也不能采用的话，讯问将无法开展，因此他们只认可较严重程度上的威胁。有的甚至认为威胁不属于排除之列。笔者认为威胁是一种典型的造成被追诉人精神痛苦的取证方法，一般应当属于排除的范围。但是，威胁情节轻微的，可以作为瑕疵证据对待，不予排除。判断的标准在于威胁是否造成被追诉人精神痛苦并违背意志进行了供述。

在司法实践中，以某种利益进行引诱、欺骗，诱使犯罪嫌疑人、被告人作出供述的情况也不少见。而且引诱和欺骗经常是交织在一起的，往往是以欺骗相引诱。最常见的欺骗是在共同犯罪案件中利用同案犯相互推诿责任的心理，谎称同案犯已经招供，以骗取被讯问人的供述。另一种比较常见的引诱是将交代犯罪作为为其办

---

[1] 我们在调研中了解到一些案例，犯罪嫌疑人、被告人被持续讯问的时间并不长，但是由于他们本身患有严重的疾病，几个小时的连续讯问就足以令其感受到极度痛苦，从而被迫作出供述。如辩护律师提出侦查机关对肺结核犯罪嫌疑人进行了8小时讯问属于刑讯逼供，但是这期间休息了15分钟，公诉部门认为这就不属于刑讯逼供了。

[2] 与外省协同抓捕过程中，发现某省抓捕的同案嫌疑人体表有典型刑讯逼供留下的伤痕，侦查人员采用"如果不交代就把你交给某省"的威胁性讯问语言，致使嫌疑人因恐惧心理而作出供述。

理取保候审的条件（在明知根本没有可能性的情况下则构成欺骗）。还有一种情况，就是利用犯罪嫌疑人、被告人对法律的无知，告诉他们供述没有后果，比如告诉犯罪嫌疑人"反正也不以你说的为准，还要调查核实呢"。结果犯罪嫌疑人一旦供述，在法庭上就可能据以定罪。我们认为，引诱、欺骗有时候与审讯策略很难区分，而且引诱、欺骗同精神上的痛苦也很难挂钩。引诱、欺骗一般在当时并不会造成精神上的痛苦，其痛苦往往是在后来发现讯问人员的许诺纯属欺骗时才会显现出来。鉴于以上原因，在我国当前司法实践中通过引诱、欺骗获得的供述一般情况下可不予排除，但是情况严重的例外。例如以下案例中的情况就应当予以排除。

> 案例三：某受贿案犯罪嫌疑人的妻子对案件未作任何供述，但侦查人员在讯问中谎称其妻子已供述了受贿案件的某一情节事实，犯罪嫌疑人说"我记不清了，我妻子怎么说你们就怎么写吧"，侦查人员就在笔录中记载其承认了这一受贿事实。检察机关提审时得知这一情况，认为是欺骗，排除了这一事实。

除了威胁、引诱和欺骗以外，司法实践中还有一类违反《刑事诉讼法》关于讯问的有关程序性规定获取供述的情况，其中主要是在不当地点关押期间取得供述。例如法律规定了三种传唤地点，[1]但实践中出于种种考虑，有时会将犯罪嫌疑人带至偏远地方关押讯问，或者直接在侦查机关办案区域讯问。又如，《刑事诉讼法》第83条要求拘留后24小时内送到看守所；之后讯问必须在看守所进行。但实际上有一些犯罪嫌疑人在被刑事拘留后并未被及时送到看守所。犯罪嫌疑人的有罪供述不是在看守所作出的，而是在办案场所作出的。实践中还有侦查人员为规避在看守所中讯问的规则，便以到现场辨认为由将犯罪嫌疑人外提到派出所进行讯问。案卷中没有辨认笔录，却有犯罪嫌疑人在派出所作的有罪供述。对这样的案件，虽然没有明显证据证明存在刑讯逼供，但这种可能性不能排除，故相关供述应予排除。在看守所以外的程序由于缺乏录音录像的监督，很难确保讯问的合法性。目前我国司法实践中对违反法定程序取得的证据大部分情况下只审查其证明力而不审查其证据能力，只有当争议证据与其他证据不一致时，才会排除。笔者认为对于违反法定程序取得的证据，除非是轻微违反程序规定，否则，无论其真实性如何，均应予以排除，以真正杜绝形形色色侵犯人权的违反程序的现象发生。《防范冤假错案意见》第8条第2款规定，除情况紧急必须现场讯问以外，在规定的办案场所外讯问取得的供述，未依法对讯问进行全程录音录像取得的供述，以及不能排除以

---

〔1〕 2012年《刑事诉讼法》第117条第1款规定："对不需要逮捕、拘留的犯罪嫌疑人，可以传唤到犯罪嫌疑人所在市、县内的指定地点或者到他的住处进行讯问，但是应当出示人民检察院或者公安机关的证明文件。对在现场发现的犯罪嫌疑人，经出示工作证件，可以口头传唤，但应当在讯问笔录中注明。"根据该规定，传唤地点有三类：一是犯罪嫌疑人所在市、县内的指定地点；二是犯罪嫌疑人的住处；三是现场。

非法方法取得的供述，应当排除。该条肯定了违反《刑事诉讼法》关于讯问地点、讯问期间录音录像规定所取得的供述即构成应予排除的非法证据。

（二）重复自白的可采性问题

在我国刑事诉讼的审前程序中，一般都对犯罪嫌疑人进行不止一次的讯问，从而产生多次审前供述。在实践中，犯罪嫌疑人在第一次讯问中一旦作出供述，在随后进行的讯问中大多就不再抗拒而继续作出供述。如果查明第一次供述系侦查人员采用刑讯逼供等非法方法取得，那么后面的多个重复自白是一并排除还是仍然可以采用？对此，公、检、法部门普遍认为，以暴力手段获取犯罪嫌疑人供述的，应当排除，但此后没有再刑讯逼供而犯罪嫌疑人继续供述的，出于打击犯罪的目的，对后续的这些供述可以不排除。而辩护律师则普遍认为，如果仅仅排除第一次讯问取得的供述，而后在刑讯压力没有消除的情况下重复供述的内容如果不排除，则非法供述的排除毫无意义。例如，在一个贩毒案中，被告人有 5 次供述，经过辩方努力排除了其中 1 次供述，但是照样采用其他 4 次供述，最后对被告人判处了无期徒刑。在该案中，非法证据的排除只是取得了表面上的成功，对实体结果没有任何影响。对于重复自白的排除，外国的做法不尽相同。[1]我国目前主要有三种观点：第

---

〔1〕 一、美国：一般认为若前面的供述仅是违反米兰达警告而取得的，则后面的供述无须排除。因为米兰达规则不是一项宪法权利而是落实宪法性权利的保障措施，排除违反米兰达警告获取的供述是因为它间接违反了宪法第五修正案中不得强迫自证其罪的权利，而以这种口供为线索获取的其他证据则是间接又间接地违反了第五修正案规定的权利，根据"毒素逐渐减弱原则"，这种间接又间接的证据不应当视为"毒树之果"，因而不予排除。但如果前面的供述是以侵犯律师帮助权或者以暴力、胁迫等强迫方式获取的，由于这直接侵犯了嫌疑人的宪法性权利，该供述的毒性被认为很强，以其为线索取得的其他证据应当适用"毒树之果"原则予以排除。参见杨宇冠：《非法证据排除规则研究》，中国人民公安大学出版社 2002 年版，第 71~72 页。二、英国：英国普通法并不承认"毒树之果"理论。在成文法上，1984 年《警察与刑事证据法》第 76 条（4）规定，供述被全部或部分排除这一事实不应影响以下事实作为证据的可采性——（a）从被告人供述中发现的任何事实。可见，尽管供述本身被排除了，由其派生的其他证据原则上仍具有可采性。但 1984 年《警察与刑事证据法》第 76 条（2）规定如果供述是通过"压迫"或者其他导致供述"不可靠的"方法获得的，应当被排除；第 78 条（1）规定如果采纳证据将对程序的公正性产生不利影响，证据可以被排除，因而实践中也不乏据此排除重复自白的案例，如 1990 年的 Ismail 判例。该案中前五次讯问都存在违法行为，只有第六次和最后一次讯问是正确进行的。审理法官根据第 76 条的"压迫"排除了第三次讯问。上诉法院根据第 78 条判定最后三次供述也应当被排除，理由是采纳该证据将会给被告人的公正审理带来不利影响。参见郑旭：《非法证据排除规则》，中国法制出版社 2009 年版，第 77 页，第 142~144 页。三、德国：《德国刑事诉讼法》第 136 条 a 规定了针对非法讯问所得证据的排除规则，按照德国联邦最高法院的解释，被告人陈述只要受法律所禁止的讯问行为影响的，即不得作为证据使用，且该条款确立的证据使用禁止具有继续性效力，就是说即便被告人在后来程序中接受合法讯问，但只要其陈述仍受先前非法讯问行为的影响，该陈述即不得作为证据使用。参见陈瑞华：《比较刑事诉讼法》，中国人民大学出版社 2010 年版，第 184~185 页。

一种观点认为应当一排到底，即只要前面存在非法取证，则后面的重复供述就全部排除；第二种观点认为应"单个排除"，即哪一次是非法取证就排除哪一次的证据，其他的供述不排除；第三种观点认为应"同一主体排除"，即侦查机关有一次刑讯逼供行为，侦查机关取得的所有供述就都排除，到审查起诉阶段，因为消除了被告人的心理影响，检察机关的供述笔录可以采用。笔者基于惩治犯罪与保障人权平衡之考虑，倾向赞同"同一主体排除"说，即如果讯问主体不是同一的，则后一主体取得的供述不受前一主体非法取证的影响。但条件是讯问时必须要有正式告知程序或者被讯问人在侦查阶段就有辩护律师的帮助，因为很多犯罪嫌疑人搞不清楚讯问人的身份是否发生了变化及该变化对犯罪嫌疑人自身的影响。

三、非法证据排除的证明责任与证明标准

证明责任与证明标准历来是刑事诉讼中非常重要的制度，只有在合理分配证明责任的基础上设定科学的证明标准并加以有效地实施，才能达到预期的法律效果。在定罪问题上是如此，在非法证据排除问题上亦是如此。现就非法证据排除的证明责任与证明标准进行实证分析。

（一）证明责任

根据《刑事诉讼法》的规定，申请排除以非法方法收集的证据的，需要提供相关线索或者材料；非法证据排除程序启动后，控方对证据收集的合法性承担举证责任。这种证明责任的分配模式既是国际通行的做法，也符合非法证据排除证明的特点，对于保障犯罪嫌疑人、被告人权利和促进公权力机关依法取证均能起到一定的作用。

1. 辩方申请启动程序提供"线索或者材料"的责任

根据修改后的《刑事诉讼法》的有关规定，非法证据排除的启动主要有两种路径[1]：一种是公安司法机关依职权对可能存在非法取证情形的案件主动启动调调查程序；另一种是根据有关诉讼主体提出排除非法证据的申请而启动程序。对于后者，《刑事诉讼法》第 56 条第 2 款规定"当事人及其辩护人、诉讼代理人有权申请人民法院对以非法方法收集的证据依法予以排除。申请排除以非法方法收集的证据的，应当提供相关线索或者材料"。实践中主要是辩方申请启动排除程序。对

---

[1] 2012 年《刑事诉讼法》第 54 条第 2 款规定，"在侦查、审查起诉、审判时发现有应当排除的证据的，应当依法予以排除，不得作为起诉意见、起诉决定和判决的依据"，据此可知非法证据排除可存在于侦查、起诉、审判三个阶段，而进行排除的主体相应包括公安机关、检察机关以及人民法院。2012 年《刑事诉讼法》第 55 条、第 56 条进一步明确了人民检察院、人民法院发现侦查人员可能有以非法方法收集证据的情形时应主动进行调查核实的法律义务。同时《刑事诉讼法》也赋予了"当事人及其辩护人、诉讼代理人"向人民检察院、人民法院申请对非法证据进行排除的权利。

检察机关的问卷调查显示，[1]对于"非法证据排除申请一般由谁提起"这一问题，12%的人选择"犯罪嫌疑人、被告人本人"；10%的人选择"犯罪嫌疑人、被告人家属或非律师辩护人"；44%的人选择"犯罪嫌疑人、被告人的辩护律师"；15%的人选择"公、检、法机关主动排除"；其他人选择"以上情况都有"。可见，由辩方提起的占70%以上。

对于"相关线索或者材料"的理解问题，最高法《解释》第96条规定："当事人及其辩护人、诉讼代理人申请人民法院排除以非法方法收集的证据的，应当提供涉嫌非法取证的人员、时间、地点、方式、内容等相关线索或者材料。"根据全国人大法工委的解读，"线索"是指可说明存在非法取证情形，指引调查进行的信息，如曾在何时、何地、被何人用何种方式刑讯逼供的回忆等。"材料"是可用于证明非法取证行为存在的材料，如血衣、伤痕、同监房人员的证言等。[2]

司法实践中，在非法证据调查程序的启动标准上各地把握不一致，对于被告人提供的相同或大致类似的线索，某一法院可能认为是提供了线索和材料，另一法院可能就认为不构成线索。以下案例在一定程度上说明了非法证据排除程序在启动上存在的现实困难。

案例四：以王某为首的组织、领导黑社会性质组织案。该案被告人及其辩护人在一审过程中曾多次提出在侦查阶段遭到刑讯逼供，但一审法院对此未予理会。一审作出有罪判决后，被告人王某等人提出上诉，认为本案在侦查阶段存在严重的刑讯逼供和公安人员违背事实编写笔录的问题，对王某定罪所依据的主要证据都是同案被告人和王某本人在刑讯逼供下所作的不实供述。二审期间，辩护人提出的证据主要有：①王某等人亲笔书写的刑讯逼供材料，里面描述了非常具体的非法取证时间、地点、人员、方式以及逼供的内容等信息。②侦查人员李某的亲笔证言，证明包括他本人在内的侦查人员在办案时对王某等人进行残酷刑讯逼供，编写不实讯问笔录，威逼诱骗其他被告人把责任往王某身上推，并将许多犯罪嫌疑人没有讲的话都写到了笔录上面。③在看守所和王某关在一个房间的证人证明王某被提外审14天后才送回，腿、脚肿大近3倍，回来站不稳要靠人扶。在提出以上证据后，省高院曾准备启动证据合法性调查程序，但囿于外部压力，最终没有启动合法性调查程序，二审维持原判。

此案中，辩方已提出了充分的证据，足以证明被告人被刑讯逼供。特别是侦查人员承认刑讯逼供并"自证其罪"的情况在实践中是极为罕见的。在这种情况下，由于外界阻力，法院最终仍未能启动排除程序，尽管此案发生在两个证据规定之

---

[1] 课题组在某省境内的9个检察院进行了非法证据排除规则问卷调查，发放调查问卷共337份，回收有效问卷337份。

[2] 郎胜主编：《中华人民共和国刑事诉讼法释义》，法律出版社2012年版，第122~123页。

后、《刑事诉讼法》修改之前，但仍不能不令人深思感叹。

当然，通过调研，我们发现大多数法官、检察官对申请排除非法证据的辩护方所承担的"提供线索或材料的责任"理解是正确的，认为被告方只要能提供非法取证的相关线索或材料，语言表述明确，描述比较具体，符合常理，能引起非法取证怀疑，就可以考虑启动排除程序。但是也有法官、检察官对于启动非法证据调查程序的证明标准掌握偏严，有些应当启动非法证据调查程序的也没有启动。如有检察官认为法律规定有线索或材料才可以启动非法证据调查程序，但有的被告人就是无理取闹，所以不能轻易启动，必须是法庭确有怀疑时才启动调查程序。笔者认为，从统筹兼顾惩罚犯罪和诉讼效率的角度考虑，让辩方承担"提供线索或者材料"的初步责任是有必要的，但要求不宜过高，犯罪嫌疑人、被告人只要能够大致说出非法取证的时间、地点、行为人、方式、内容等情况，形成非法取证的合理怀疑，就应当启动对非法证据的调查程序，控方就应该对侦查行为的合法性承担证明责任。[1]

2. 控方的证明责任

《刑事诉讼法》第 57 条第 1 款明确规定"在对证据收集的合法性进行法庭调查的过程中，人民检察院应当对证据收集的合法性加以证明"，即在公诉案件中，对控方证据合法性的证明责任由人民检察院承担。事实上，这也是法治国家的通行做法，作为代表国家行使公诉权的检察机关，有责任证明其提供的用作指控被告人的证据具有合法性。还需指出的是，由于刑讯逼供等非法取证行为大多发生在秘密性、封闭性很强的侦查程序中，由辩方对取证行为的违法性进行举证难度非常高，因而由检察机关对证据收集的合法性加以证明具有现实合理性。在调研过程中，检察机关在证据收集合法性的证明责任归属问题上是认同的，但不少检察机关工作人员提出，由于证明手段的不足，控方证明责任的履行存在困难。

调研中检察机关普遍反映由控方证明取证行为合法性具有一定难度，其中最重要的原因即控方缺乏证明证据合法性的有效方式。《非法证据排除规定》中规定了侦查人员出庭作证、侦查人员提供情况说明以及出示讯问时的录音录像三种证明方

---

[1] 值得注意的是，一些检察机关关于非法证据排除工作的内部指导规则中对此问题有进一步的细化规定，便于司法实践的具体操作。如《南昌市人民检察院非法证据排除规则实施细则（试行）》第 83 条规定："辩方申请排除以非法方法收集的证据的，公诉人应当审查其是否同时提供以下相关线索或者材料：（一）非法取证的大致时间或清晨、傍晚、深夜等大致时间段；（二）非法取证的地点或场所环境和特征；（三）非法取证人员的姓名或体貌特征；（四）非法取证的方式。"又如《浙江省检察机关公诉环节非法证据排除工作规则（试行）》第 28 条规定："被告人及其辩护人在庭前会议或庭审中首次提出非法证据排除请求，不能提出非法取证的时间、地点、人员、方式、内容等具体线索或证据的，或公诉人有充分证据证明取证合法性的，应予以反驳，并建议不启动非法证据排除程序。被告人及其辩护人提出非法证据排除请求，且有具体线索或证据，能达到合理怀疑程度的，公诉人应建议延期审理，申请侦查人员、相关证人出庭作证，也可以要求侦查机关（部门）提供相关证明，必要时可以自行调查核实。"

式；修改后的《刑事诉讼法》第 57 条、第 121 条分别规定了有关侦查人员或者其他人员出庭说明情况以及公安机关侦查的重大犯罪案件必须进行全程同步录音录像的配套制度；最高法《解释》第 101 条第 1 款规定："法庭决定对证据收集的合法性进行调查的，可以由公诉人通过出示、宣读讯问笔录或者其他证据，有针对性地播放讯问过程的录音录像，提请法庭通知有关侦查人员或者其他人员出庭说明情况等方式，证明证据收集的合法性。"因此，目前实践中控方提供的证明没有非法取证情形的证据主要包括侦查人员签名的关于讯问情况的书面说明、侦查人员出庭作证、入所体检表、讯问同步录音录像等。[1]尽管手段不足、举证有难度，这是实践中需要改进或加强的，但检察机关负有举证责任的原则是不容动摇的。

（二）证明标准

《刑事诉讼法》第 58 条从人民法院认定的角度对排除非法证据的证明标准作了规定，[2]即"经过法庭审理，确认或者不能排除存在本法第 54 条规定的以非法方法收集证据的情形的，对有关证据应当予以排除"。根据该条规定，排除非法证据的证明标准有两个：其一，"确认"存在非法取证的情形；其二，"不能排除"非法取证情形。

关于第一个标准，"确认"的主体为人民法院，"确认"的事项为存在法定的非法取证情形，这一标准要求法院在"确实认为"存在非法取证情形时应对该非法证据进行排除。法院"确认"存在非法取证情形通常不可能从检察机关举证合法的证据中得到确认，因而法院"确认"的方式只能有两种：一是法院主动对非法证据进行调查核实后得出"确认"存在非法取证情形的结论，但这是与法院居中裁判的中立地位相违背的。根据审判中立的要求，虽然法院有权就证据合法性主动进行法庭调查，但其形成"确认"的依据应当主要来源于控辩双方提出的证据。二是辩方提供了强有力的证据，使得法院能够"确认"非法取证行为的存在。《刑事诉讼法》第 57 条规定人民检察院对证据合法性承担举证责任，司法实践中检察院为了支持公诉必然是想方设法来证明取证行为的合法性，此时提出证据证明取证行为违法的责任实际上就会转嫁给法院甚至是辩方。在对基层检察院检察长所做的

---

[1] 课题组在某省境内的 9 个检察院进行的非法证据排除规则问卷调查（发放问卷 337 份，回收有效问卷 337 份）显示，对于"在审判阶段，人民检察院一般依靠哪些证据来证明侦查机关取证程序合法（可多选）"这一问题，41% 的人选择了"侦查机关出具的书面证明"；73% 的人选择了"侦查机关的同步录音录像"；18.4% 的人选择了"讯问人员出庭作证"；20.4% 的人选择了"看守所的身体检查报告"；0.6% 的人选择其他但未列明。

[2] 根据全国人大法工委的解读，"本条是关于对证据收集的合法性进行法庭调查后如何处理的规定"。参见郎胜主编：《中华人民共和国刑事诉讼法释义》，法律出版社 2012 年版，第 127 页。由于我国《刑事诉讼法》并未对排除非法证据的证明标准作出进一步的明确规定，因此法院对取证行为合法性的认定标准就是控方证明证据合法性所应达到的标准，从这个意义上来讲，本条从人民法院认定的角度对排除非法证据的证明标准作了规定。

问卷调查中，我们的一个问题是"刑事诉讼法规定法院要排除非法证据的第一种情形是'确认'被告人供述为非法取得的，这种规定是否有可能导致把控方的证明责任转移至辩护方承担?"，对此选择"有可能"的有 39 人（60.94%），选择"没可能"的有 20 人（31.25%），选择"不清楚"的有 5 人（7.81%）。

选择"不清楚"的有 5 人，占 7.81%

选择"没可能"的有 20 人，占 31.25%

选择"有可能"的有 39 人，占 60.94%

又如本次调研过程中了解到的一个案例：

案例五：某地中级人民法院对被告人陈某故意杀人一案非法供述进行调查排除时，法院认定，从公诉机关、公安机关三次非法证据排查的情况来看，未发现办案民警对被告人实施过刑讯逼供，被告人没有证据证明自己被刑讯逼供。该案中法院以"被告人没有证据证明自己被刑讯逼供"作为不排除非法证据的理由，实际上就是认为被告人有证明自己遭到刑讯逼供的责任。由此看来，《刑事诉讼法》关于非法证据排除的证明标准的表述容易被理解为由辩方承担取证行为违法性的证明责任，这对辩方是很不利的，也不符合证明责任分配的基本规则。

关于第二个标准，根据全国人大法工委的解读，不能排除存在非法取证情形是指，"检察机关对证据收集的合法性证明不能排除存在非法取证的可能，审判人员对是否存在法定的以非法方法收集证据情形仍有疑问的情况"。[1]这一证明标准是从检察院对非法证据的证明责任的角度进行规定的，是真正意义上针对控方举证责任所设定的证明标准。根据该标准，检察院对被告人供述要向法院证明至排除非法取证可能性的程度，实际上这一标准的要求是非常高的。考察非法证据排除规则较为发达的英美法系国家的证明标准可以发现，在被告人供述自愿性的问题上，较为普遍采用的是排除合理怀疑或优势证据标准，[2]而我国现行《刑事诉讼法》规定

---

〔1〕 郎胜主编：《中华人民共和国刑事诉讼法释义》，法律出版社 2012 年版，第 127 页。

〔2〕 如 1984 年英国《警察与刑事证据法》第 76 条（2）规定："在任何公诉方计划将被告供述作为本方证据提出的诉讼中，如果有证据证明供述是或者可能是通过以下方式取得的——（a）对被告人采取压迫的手段；或者（b）实施在当时情况下可能导致被告人的供述不可靠的任何语言或行为，则法庭不得将该供述作为对被告不利的证据被提出，除非检察官能向法庭证明该供述（尽管它可能是真实的）并非以上述方式取得，并且要证明到排除合理怀疑的程度。"美国联邦最高法院在 1972 年的莱戈案中判定"对被告人口供的自愿性的证明不需要达到排除合理怀疑的程度，只需要优势证据即可"，参见杨宇冠：《非法证据排除规则研究》，中国人民公安大学出版社 2002 年版，第 121 页。

的非法证据排除的证明标准远远高于优势证据标准。当然在实践中确实存在着适用该标准排除非法证据的案例。

> 案例六：某法院审理的潘某、赵某贩卖毒品、容留他人吸毒一案。针对二被告人在庭审中的"受到刑讯逼供"的辩解，公诉人及时要求公安机关补充侦查。公安机关向公诉机关提交补充侦查的证据有参与讯问二被告人的所有侦查人员出具的说明以及羁押潘某的看守所管教出具的说明。公诉机关认为，公安机关补充侦查提交的证据不能够完全排除二被告人在侦查阶段遭受刑讯逼供的可能，故不宜将第二起事实定性为贩卖毒品。最后认定二被告人构成非法持有毒品罪、容留他人吸毒罪。

但在调研过程中一些实务部门工作人员对于这一证明标准也表示出一定的担忧，如有法官认为用这么高的证明标准要求公诉机关，不利于实务中具体案件的办理，而且检察官、法官面临绩效考核，压力很大。而司法实践中很多法院也并没有贯彻这一很高的证明标准，导致许多依照法律应当排除的案件没能得到排除。不少律师认为启动非法证据排除程序相对容易，但最终被法院作为非法证据排除的则非常少，造成这种情况的一个重要原因就是法院对非法证据排除的控方的证明标准的理解和运用存在不准确的问题。

笔者认为，我国关于非法证据排除的证明标准在立法技术上是存在缺陷的。无论是国内还是国外，证明标准在立法上的表述都是单一的，也即对某一事项的证明标准只有一个，不能同时规定多个证明标准。如我国《刑事诉讼法》中关于起诉、定罪等的证明标准都是单一的。法律从两个不同的角度对非法证据排除的证明标准进行双重表述，不仅造成了理论界对于该问题理解的困惑，而且直接导致了司法实践中对于非法证据排除证明标准理解和适用的混乱，不利于非法证据排除规则的落实和被追诉人人权的保障。

综上，笔者认为应当仅保留后一证明标准，同时根据我国的实际情况对该标准的适用适当予以变通。特别是在暴力恐怖活动犯罪以及特别重大贿赂犯罪案件中可以对排除可能性的标准略予降低。

四、排除非法证据的程序

《刑事诉讼法》第54条第2款规定："在侦查、审查起诉、审判时发现有应当排除的证据的，应当依法予以排除，不得作为起诉意见、起诉决定和判决的依据。"据此我国公、检、法机关在侦查、审查起诉和审判阶段都有权排除非法证据。由于我们的调研活动重点在检察机关和法院，因此对侦查阶段非法证据排除的情况掌握得不多。下文将重点探讨审查批捕、审查起诉以及审判阶段排除非法证据的程序问题。

（一）审查批捕、审查起诉阶段排除非法证据的程序问题

根据《刑事诉讼法》第54条、第55条的规定，人民检察院对非法证据负有

调查核实和排除的职责。这也是我国区别于西方非法证据排除制度的一大特色。因为我国主持非法证据排除的法官与认定案件事实的法官是同一的，若非法证据在检察院的批捕、起诉阶段就得到排除，有利于防止非法证据污染法官心证，能够最大限度地实现司法公正和效率的统一。

1. 审查批捕中的非法证据排除

审查批捕是检察机关对侦查阶段可能存在的非法证据进行把关的第一个环节。根据调研情况，审查批捕环节发现非法证据的途径主要有以下几个：一是通过书面审查，把握言词证据的合法性。如讯问人的身份、讯问的地点、时间等是否存在问题、是否存在"车轮战"（疲劳审讯）、是否有提外审期间获得的口供。二是讯问犯罪嫌疑人是否存在非法取证情形。如果犯罪嫌疑人提出存在非法取证的，要求其提供相应线索或材料。三是听取辩护人提出的意见及线索。犯罪嫌疑人如果受到侵害，一般都会跟律师讲，所以检察院应当重视与律师的沟通。四是审查同步录音录像。值得注意的是，有的地方为了在批捕阶段更好地发现非法证据，还专门设置了审查批捕阶段的权利告知程序，如《南昌市人民检察院非法证据排除规则实施细则（试行）》第 44 条规定，检察机关侦查监督部门在收到移送审查逮捕案件材料后应按照《刑事诉讼法》第 86 条和最高检《规则》第 305 条的规定讯问犯罪嫌疑人，并告知其有提出非法证据排除申请的权利。第 45 条规定，在审查逮捕中对被拘留的犯罪嫌疑人不予讯问的，应当送达听取犯罪嫌疑人意见书，由犯罪嫌疑人填写后及时收回审查并附卷。意见书中应告知犯罪嫌疑人有提出非法证据排除申请的权利。笔者认为这种做法值得肯定和推广。审查批捕阶段由于时间短、调查难，非法证据排除的实施难度很大，司法实践中有些地方还没有出现在此环节中排除非法证据的案例。但是有的地方检察院在审查批捕环节积极实施非法证据排除规则并取得了一定的成效。如郑州市两级检察机关在办理审查逮捕案件中，共调查涉及非法证据案件 85 件，占同期受理提请批捕案件总数 4860 件的 1.75%。其中，经侦查监督检察官进行证据调查后，排除非法证据 36 件，要求公安机关作出合理解释或对非法证据予以补正的 49 件。有 23 名犯罪嫌疑人因非法证据排除后，又无其他直接证据证明涉嫌犯罪而未被逮捕。以下是审查批捕阶段成功排除非法证据的案例之一[1]：

> 案例七：张某、王某涉嫌贩卖毒品案。在审查逮捕阶段，两名犯罪嫌疑人在分别接受侦查监督检察官提审时，均称其没有贩卖毒品。检察机关要求公安机关对证据收集的合法性进行说明，并要求提供讯问时的同步录音录像资料。但公安机关未能作出合理解释，也没有出示同步录音录像等相关资料。检察机

---

[1] 以上数据及案例七参见："郑州检察机关力推非法证据排除规则——23 名嫌疑人因'非法证据排除'未被批捕"，载 http://www.legaldaily.com.cn/bm/content/2013 - 10/08/content_ 4905772. htm? node=20736，最后访问时间：2014 年 7 月 22 日。

关以此案犯罪嫌疑人有罪供述系非法证据而予以排除后，作出不予批准逮捕的决定。

2. 审查起诉中的非法证据排除

审查起诉是检察机关排除非法证据的关键环节。检察机关通常通过以下几种途径发现非法证据：①讯问犯罪嫌疑人。②听取辩护律师的意见。③书面审查时，看证据材料之间、前后口供之间是否存在矛盾；审查录音录像与笔录记载的内容是否明显矛盾；审查提押证、提审证与讯问笔录在时间、地点、次数、内容上是否吻合。④犯罪嫌疑人在审查批捕阶段是否提出过被刑讯逼供的说法。⑤向同监室的人了解情况。

检察官在审查起诉环节对非法证据的调查核实主要根据案情复杂程度而定，对于相对不复杂的案件，一般只进行书面审查，通过书面证据的相关性来确认；而对于复杂的案件，有的地方则要举行听证程序，把相关的人员召集起来开一个庭，通过公开质证的方式进行调查核实。《浙江省检察机关公诉环节非法证据排除工作规则（试行）》第20条规定，公诉部门对于需要排除非法证据的重大疑难案件，非法证据排除后对定罪量刑有重大影响的案件，或者侦查、检察、辩护三方对非法证据排除存有重大争议的案件，可以组织听证程序。第22条规定，侦查人员应在听证会中提出取证合法性相关的证据和不排除的理由。同时，辩护人、犯罪嫌疑人及其近亲属可以提出证据，并进行申辩和质证。笔者认为检察机关在审查起诉环节就非法证据排除问题必要时举行听证会是一个值得提倡的创新制度，应当认真总结经验，充实到司法解释之中。

司法实践中审查起诉阶段实施非法证据排除取得了较大的成绩，有一些成功的案例，如：

> 案例八：李某、刘某涉嫌抢夺案。犯罪嫌疑人李某、刘某因涉嫌抢夺，于2010年9月被公安机关刑事拘留，同年10月被依法逮捕。在审查起诉阶段，李某、刘某都反映了被公安机关刑讯逼供，之前的有罪供述系逼供的结果，并称在外提后驻所检察室的人听说他们身上有伤势主动给他们拍了照片。承办检察官向该市驻所检察室了解情况，检察人员提供了两犯罪嫌疑人的伤势照片，并反映他们在羁押期间外提后均有比较严重的伤势。另一方面承办人向该市看守所调取了两犯罪嫌疑人的档案资料，发现二人在入所健康检查时身上均具有一定外伤，同时李某在9月13日以出所辨认为名被外提，回来后经体检有新的伤势。检察机关经审查认为，现有证据可以证实犯罪嫌疑人李某、刘某在入看守所之前均受到刑讯逼供，李某被外提时也受到刑讯逼供。本案由于刑讯逼供的存在，犯罪嫌疑人在侦查阶段的有罪供述和辨认笔录均无法作为定罪量刑的依据，应当予以排除。加之本案没有其他可以证明两犯罪嫌疑人实施抢夺的

直接证据，因此现有证据无法排除另有其人对被害人实施抢夺。经提交检委会讨论，认为本案不符合起诉标准，依法对刘某、李某作存疑不起诉。

综合分析调研情况，笔者认为检察机关审查起诉阶段落实非法证据排除规则应着重注意以下几点：首先，应完善权利告知程序，在第一次讯问犯罪嫌疑人时要明确告知其有权提出排除非法证据的申请。其次，在对证据收集合法性有疑问时，应要求侦查机关举证，必要时可通过听证程序来调查核实，然后决定是否予以排除。再次，检察机关对调查属实的或者不能排除非法取证可能性的非法言词证据，特别是犯罪嫌疑人的供述，应当坚决予以排除，不能存有由法院排除的推诿态度，或者可能得到法院采纳的侥幸心理。最后，被检察机关排除的非法证据，不宜再随卷移送，但可以将其收入检察机关内卷。

（二）审判阶段排除非法证据的程序问题

《刑事诉讼法》第56条规定："法庭审理过程中，审判人员认为可能存在本法第54条规定的以非法方法收集证据情形的，应当对证据收集的合法性进行法庭调查。"第182条规定："在开庭以前，审判人员可以召集公诉人、当事人和辩护人、诉讼代理人，对回避、出庭证人名单、非法证据排除等与审判相关的问题，了解情况，听取意见。"根据上述规定，审判阶段的非法证据排除涉及庭前会议和法庭审理两个程序。

1. 庭前会议

最高法《解释》第99条规定："开庭审理前，当事人及其辩护人、诉讼代理人申请排除非法证据，人民法院经审查，对证据收集的合法性有疑问的，应当依照《刑事诉讼法》第182条第2款的规定召开庭前会议，就非法证据排除等问题了解情况，听取意见。人民检察院可以通过出示有关证据材料等方式，对证据收集的合法性加以说明。"最高检《规则》第431条规定："在庭前会议中，公诉人可以对案件管辖、回避、出庭证人、鉴定人、有专门知识的人的名单、辩护人提供的无罪证据、非法证据排除、不公开审理、延期审理、适用简易程序、庭审方案等与审判相关的问题提出和交换意见，了解辩护人收集的证据等情况。"第432条规定："当事人、辩护人、诉讼代理人在庭前会议中提出证据系非法取得，人民法院认为可能存在以非法方法收集证据情形的，人民检察院可以对证据收集的合法性进行证明。需要调查核实的，在开庭审理前进行。"

上述相关法律规定和司法解释明确了庭前会议只是就非法证据排除问题了解情况、听取意见，其目的主要是保证庭审的顺利进行、提高庭审效率，非法证据排除仍应以法庭审理阶段为主。然而实践中，对于庭前会议解决非法证据排除问题，控审两家比较积极，律师却持审慎态度。

笔者在调查中发现，检察院更倾向于在庭前会议中解决非法证据的排除问题。课题组对两个省的检察系统所做的问卷调查结果显示，对于非法证据排除模式的倾向性调查中，分别有 57.4% 和 51% 的检察官选择"同意增加庭前排除模式并倾向于非法证据的排除尽可能在庭前完成"。他们积极探索通过庭前会议程序发现或排除非法证据的途径和方式，目的是提高诉讼效率，减少法庭上陷于被动的风险。法院对庭前会议中排除非法证据也持比较积极的态度。法院在收到起诉书后，在权利义务告知书中会特别告知当事人可以对非法证据提出排除，如果当事人在规定期限内提出刑讯逼供的线索和材料，法院就会尽量通过庭前会议解决。

但是，《刑事诉讼法》以及相关司法解释对于庭前会议的具体程序与操作规范并没有明确的规定，因此实践中各地在庭前会议中排除非法证据的做法也不尽一致。例如某市专门出台了检审两家关于非法证据排除规则的对接办法，强调在庭前会议中召集多方主体解决证据的合法性问题。

律师对于庭前会议排除非法证据持审慎态度的原因，主要是司法实践中当律师在庭前会议中提交线索或相关材料申请排除非法证据时，控方不是去证明其取证行为的合法性，而是把律师提意见的那份证据删除掉，重新去做一份形式、内容都合法的证据来代替，导致律师提出非法证据排除的申请变成了帮助控方完善证据形式的方法，这种表面形式合法的证据往往最后都被法院采纳作为定罪的根据。律师因此认为自己在庭前提出的非法证据排除申请没有任何意义，更愿意在庭审中把他们收集的材料作为反驳控方证据之证据能力的手段。

根据笔者的调研，关于庭前会议与非法证据排除的关系，在实践中有以下几个问题需要加以探讨和解决。

第一，庭前会议是否可以解决非法证据排除问题。根据《刑事诉讼法》和司法解释的规定，庭前会议的功能主要是解决程序性问题，保障庭审顺利有效地进行，并不是要把非法证据排除移到庭前解决，否则与庭审中心主义的原则不符。[1]但是我们也不能绝对化地认为庭前会议完全不能协调解决非法证据的排除。如果辩方在庭前会议中提出排除非法证据的申请，控方可以进行解释，如果解释确实比较合理，辩方也同意，辩方可以撤回排除非法证据的申请。再者，如果控方发现确系非法证据，可以将争议证据撤回，并承诺不在法庭审判阶段提出该证据，而辩方可以同意法庭审判阶段不再提出排除非法证据的申请。但是，如果不管辩方是否同意，法院以"做工作"的方式不允许其在法庭审判阶段提出非法证据排除的申请，这是侵犯被告人诉讼权利的非法行为，是不能容许的。只要辩护人坚持在法庭上提出非法证据排除的申请，法院就不得加以阻挠，而应当在法庭审理中依法予以解决。

第二，非法证据排除的申请是否必须在庭前会议上提出。对此，有些地方目前的做法是，辩方有非法证据排除申请的，必须在庭前会议中提出，如果庭前会议的

---

〔1〕《防范冤假错案意见》第 11 条规定："审判案件应当以庭审为中心。事实证据调查在法庭，定罪量刑辩论在法庭，裁判结果形成于法庭。"这说明我国越来越重视和强调庭审中心的原则。

决定是不排除，则不允许辩方在庭审阶段再提出非法证据排除的问题。笔者认为这种做法过于绝对，有悖于法律规定的本意。例如，有的案件被告人没有请律师，或者律师有失误，导致其未在庭前提出非法证据排除的申请，而申请排除的非法证据对案件的定罪量刑有重要意义，此种情况下显然应当允许辩方在法庭审理过程中提出非法证据排除申请。因此笔者认为非法证据排除的申请一般应在庭前提出，但应当容许有例外。

第三，关于被告人是否需要参与庭前会议的问题。笔者认为，尽管庭前会议解决的主要是程序性问题，但是当在庭前会议中试图解决非法证据排除问题时，被告人应当在场。因为被告人是被非法取证的当事人，被告人在场既是他的诉讼权利，也能够帮助法院就非法证据排除问题了解情况和听取意见。

第四，关于庭前会议是否应当公开的问题。笔者认为，法律所规定的审判公开原则是指法庭审理除法定情况外应当公开，但庭前会议是为庭审做准备的，某种意义上是属于内部的会议，所以，即便涉及非法证据排除，庭前会议的公开也并非法定要求。在司法实践中，庭前会议也是不公开举行的。因此，要求庭前会议公开是缺乏法律根据的；与此相适应，庭会议自然也不允许旁听和报道。

2. 庭审排除

第一，庭审排除的程序模式。我国法庭上的非法证据排除程序，目前还没有形成一个成熟的模式，但根据法律规定，我国所采取的模式与美国的明显不同之处首先在于排除非法证据的法官与事实裁判的法官（或者陪审团）不是两套班子，而是合二为一的模式。在具体程序安排上，也不像美国那样以独立排除程序为主，而是以融合在法庭调查中的"审中审"模式为主。

根据笔者的调研，实践中几乎没有采取独立的非法证据调查程序，而普遍采取与法庭调查相结合但又具有相对独立性的"审中审"程序。笔者认为，非法证据的庭审排除应以"审中审"模式为主，若争议证据对于定罪量刑非常重要且情况比较复杂，则应当通过非法证据排除的独立程序加以审查。这种独立程序与不独立程序（审中之审）相结合的模式比较符合我国的实际情况。独立审查程序有必要存在的原因在于：实践中庭审时间比较短，当被告人提出非法证据排除申请时，通过法庭调查之前的独立程序进行调查，时间更有保证，问题更为集中，更有利于严格实行非法证据排除规则。

在调研中，笔者还发现，有些地方对非法证据排除并不开展庭内调查，而是搞庭外调查。如有些地方在开庭过程中如果遇到非法证据排除申请，一般还是将庭审程序走完，然后认为应该启动排除非法证据程序的，让公诉人就证据合法性问题提供证明。笔者认为这种庭外调查的程序在法律上是没有根据的，即便按照最高法《解释》第100条的规定，排除非法证据的调查程序也应当在法庭调查结束前一并进行，也就是应当结合庭审中的质证程序来进行。更何况，一般来说，法庭调查过程中如果证据的合法性受到质疑，应当先解决证据的合法性，再解决证据的真实性。因此，实践中对非法证据排除搞庭外调查的做法应当彻底予以摒弃。

非法证据排除的法庭审理的主要程序是控方举证、辩方反驳的法庭调查程序。如前所述，公诉人举证的手段在实践中通常有出示录音录像、通知侦查人员出庭、提交看守所的入所体检表等。这里要强调指出，侦查人员到庭作证虽然有较大困难但还是非常有必要的。在侦查人员不出庭作证的情况下，辩护方由于得不到同侦查人员当庭质证的机会，有时很难揭露并证实侦查人员的非法取证行为，法庭所作出的不排除相关证据的决定也更不容易被辩方接受。相反，如果侦查人员出庭作证，通过法庭上的调查能够更好地查明被告人供述是否为非法取得，使非法证据排除的争议得到更好的解决。但是，侦查人员出庭作证的条件规定尚不明确。《刑事诉讼法》第57条规定，"现有证据材料不能证明证据收集的合法性的，侦查人员可以出庭说明情况。"这种具有柔性的规定，使得法院很难强制侦查人员出庭。笔者认为，当辩方要求侦查人员出庭对质时，法院应当尽量满足这一要求。在调研中，笔者发现，有的地方如深圳，侦查人员出庭作证制度执行得非常好，只要法院通知侦查人员出庭，侦查人员没有特殊理由都能到庭。

第二，非法证据排除情况在判决书中是否应当表述的问题。关于非法证据排除情况在判决书中是否应当表述，法律上没有明确的规定，实务部门与学者对此问题也有不同的看法。一种意见认为非法证据排除的情况包括是否启动，是否成功排除，是一种程序问题，没有必要在判决上载明。如有的法官认为在法庭上直接宣布这份证据予以排除就可以了，判决书就不必再予以体现。但也有些地方在判决书上写明：辩护人提出非法证据排除申请，法庭启动了调查程序，经审查，认为该证据系合法取得。笔者认为，非法证据排除的情况既是重要的程序问题，又涉及当事人的实体利益，是法庭审理内容的重要组成部分，毫无疑义地应当在判决书中加以体现，同时，这样做也为当事人对裁判是否上诉、申诉提供了理由依据。

五、结　语

总结四年来非法证据排除的实施经验，笔者认为，只有转变观念、排除阻力、加强规制，才能做到严格实行此项重要规则。

（一）转变观念

当前司法实践中主要存在以下三种不利于严格实行非法证据排除规则的观念：一是重惩罚犯罪、轻保障人权。非法证据排除是一项以保障人权为主旨的制度，在一定意义上对惩罚犯罪的力度有所削弱。因此，不改变观念，就无法理解此规则的价值所在，因而不可能使其得到真正贯彻。但我们在设计和实施非法证据排除规则时，应当注意惩罚犯罪与保障人权之间的平衡。二是重实现实体价值、轻维护程序公正。重实体而轻程序是我国刑事司法的一个拂之不去的传统观念，近年来，尽管一再强调程序公正与实体公正并重的理念，但是当二者发生冲突时，实体优先的观念仍然占据上风，这在非法证据排除规则的实施过程中体现得较为明显。三是重证据真实性、轻证据合法性。我国在实施非法证据排除规则过程中，对证据真实性往往比对证据合法性更为关注。一般只有当证据合法性存在瑕疵达到可能影响其真实性的程度时才会排除相应的非法证据。例如，只有当排除非法证据不会影响案件定罪时，法官才敢于排除相应的非法证据。实际上非法证据排除的真正魅力就在于因排除了非法证据而使被告人得到无罪或者罪轻的处理。因此，不转变观念，非法证据排除规则就无法得到严格的实施。

（二）排除阻力

目前实践中切实贯彻非法证据排除规则的阻力较大，其中既有来自公、检、法内部的阻力，特别是侦查机关方面的阻力，也有来自外部的阻力。自 2010 年两个证据规定〔1〕出台以来，辩护律师及被告人提出非法证据排除申请的数量陡增，对公、检、法机关造成了较大压力，因为非法证据的排除往往伴随着被告人的翻供、侦查人员责任的追究乃至检察机关的起诉失败，等等，这使得非法证据排除程序在实践中变得有些敏感，使公、检、法机关一遇到非法证据排除的申请就提高警惕，甚至联手抵制。这一阻力的根源在于公、检、法三机关之间互相配合的关系模式属于有待改革的体制问题。另外，非法证据不能得到有效排除，还有来自于外部的党政机关干涉的阻力，这个问题也需要在推进法治中国建设中理顺关系，妥善解决。

（三）加强规制

除了观念偏差以及人为的阻力以外，非法证据排除规则的实施在实践中还遇到了立法和法律解释粗疏所带来的障碍。现行立法和司法解释对非法证据排除规则的有关规定不完善，导致此规则的实施很难达到预期效果。本文列举了一些当前实践中亟待解决的主要问题，并提出了应对建议。例如，对非法取得的犯罪嫌疑人、被告人供述的排除范围问题、证明标准问题、庭前会议和庭审模式等都有待进一步作出规制和完善。据笔者所知，公、检、法三家正在根据中央改革决定中严格实行非法证据排除规则的精神起草文件加强规范，我们期望此文件早日成功出台，以完善和发展我国的非法证据排除制度。

总之，只有转变观念、排除阻力、加强规制，才能够实现严格实行非法证据排除规则的目标，在促进司法文明、司法公正方面取得新的进步，进而有力地推进法治中国的建设。

---

〔1〕 指前文提到的《非法证据排除规定》和《关于办理死刑案件审查判断证据若干问题的规定》。

刑事诉讼法研究的一个重要问题[1]

完善刑事诉讼证据制度，是深化司法体制改革的一项重要内容，是进一步提高我国刑事诉讼制度民主化、法治化水平的重要举措。党的十八届三中全会决定提出的严格实行非法证据排除规则，就是完善这一制度的重要内容，也是用程序公正保证司法公正的具体体现。所谓非法证据排除规则，是指在刑事司法中采取刑讯逼供等非法方法所收集的证据，不得作为认定案件事实的根据。

在我国，非法证据排除规则的确立经历了从无到有、逐步推进的过程。党和国家历来实行"重证据不轻信口供，严禁逼供"的政策。1979 年制定的《刑事诉讼法》就明确规定：司法人员必须依法定程序收集证据，"严禁刑讯逼供和以威胁、引诱、欺骗以及其他非法的方法收集证据"。1998 年的司法解释对此规则已有所规定。2010 年 5 月，《关于办理刑事案件排除非法证据若干问题的规定》将这一规则作为单独的司法解释文件加以专门规定。2012 年修改的《刑事诉讼法》用 5 个条文对非法证据排除规则作出明确规定，实现了从司法解释到入法的重要转变。

非法证据排除规则是实现司法公正的重要手段。一方面，该规则是对非法取证行为的鲜明否定和有力制裁，它向侦查人员发出明确信号，非法取证不仅可能要负法律责任，而且取得的证据也没有法律效力，从而有效遏制违法取证，彰显程序公正价值；另一方面，该规则有助于准确认定案件事实，实现刑事诉讼的实体公正价值。实践早已证明，棰楚之下，何求而不得！根据刑讯口供来定罪，往往是铸成冤案的重要原因。这一规则把非法取得的证据排除在诉讼之外，最大限度地避免了根据虚假的证据错误认定案件事实，严防冤假错案发生。

非法证据排除规则是司法纯洁性理念的具体体现。司法是实施法律、定分止争的庄严的国家职能活动，是维护社会公平正义的最后一道防线，其本身应当具有崇尚法律、不染尘埃的纯洁性。倘若法院的审判采用非法证据，也就成为非法行为的容忍者、包庇者。君子不重则不威，司法不洁更不威。施行或容忍刑讯取证行为而丧失纯洁性的司法，不可能取信于民，更不可能具有权威性。当然，司法纯洁性也不宜过于理想化，对于违法程度较轻的瑕疵证据不一定完全加以排除，以求用多元价值满足广大民众对司法的诉求。

---

〔1〕 原载《人民日报》2014 年 8 月 3 日，理论版。

　　由于不同的文化背景和制度背景，我国实行的非法证据排除规则有其自身特点：非法证据排除规则不仅适用于审判阶段，而且适用于侦查、审查批准逮捕和审查起诉阶段。这与国外一些国家非法证据主要是在审判阶段由法官加以排除有所区别。法律的生命在于实施。如何将纸面上的法转化为实际行动的法，严格实行非法证据排除规则，还需要不断探索，如进一步明确"刑讯逼供等非法方法"的范围，完善法定程序保障非法证据排除规则的有效运行等。

证据裁判原则若干问题之探讨[1]

　　证据裁判原则是指诉讼中司法人员认定案件事实必须以证据为依据，它是现代刑事诉讼中认定案件事实应当遵循的核心原则。本文对该原则之历史源流及其在我国的适用问题略作探讨。

一、证据裁判原则的历史源流

　　证据裁判原则不是自古有之，而是司法制度发展到一定历史阶段的产物。自从人类社会产生了解决纠纷的诉讼活动以后，裁判者就力求发现案件真实，而且随着社会的进步，发现真实的模式、原则和制度也呈现阶段性的演进。国内外诉讼法学者通常以欧洲大陆为视角将其概括为三个阶段，即神明裁判阶段、法定证据阶段和自由心证阶段。也有学者把历史上的证明方式划分为两次重大转化，即第一次是从神证到人证为主的转化；第二次是从人证到物证为主的转化，进而把发现真实的方式分为三个阶段：第一阶段是神誓和神判阶段；第二阶段是以当事人和证人的陈述为证明主要方式的阶段；第三阶段是以物证或科学证据为证明的主要手段。[2]笔者认为，这种观点所述的从神证到人证以及与之相对应的神判阶段和以当事人和证人的陈述为证明的主要方式的阶段划分当无疑义，但是第二次转化认为人证向物证为主的转化以及认为第三阶段的"物证或科学证据为证明主要手段"的表述值得斟酌。随着司法文明的发展和人类发现真实能力的提高，物证或科学证据在诉讼中扮演了越来越重要的角色，但这并不意味着当事人和证人陈述的作用就逐渐消失，实际上人证（包括证人证言、当事人陈述等）对案件事实具体生动的描述是物证或科学证据所无法取代的。只是以人证为主的证明方式发展到一定阶段后，实物证据的作用也逐渐加强，最终与人证一起成为认定案件事实的重要方式。因此，从人证到物证的划分值得思量，至少现在尚未达到此阶段。笔者认为，从世界范围看，证明方式进程划分为神明裁判、口供裁判和证据裁判三个阶段更为准确。这三个阶段也是人类对诉讼的认识由非理性走向理性的过程。

---

〔1〕　原载《中共浙江省委党校学报》2014 年 11 月 15 日，独著。
〔2〕　参见何家弘："神证·人证·物证——试论司法证明方法的进化"，载《中国刑事法杂志》1999年第 4 期。

（一）神明裁判阶段

在古代奴隶社会和封建社会前期，由于生产力落后、人类处于愚昧状态，在司法证明上盛行"神明裁判"制度。在当时的诉讼中，如果双方当事人对案件事实的主张有争议，就根据神的示意来判断，将神的示意作为认定案件事实的唯一依据。因为当时人们相信只有神能明辨是非、知道案件事实真相。神判方式多式多样，通行的有水审、火审等。水审包括冷水审判法、沸水审判法，等等；火审则通常以烈火或烙铁是否导致灼伤以及伤口愈合方式判断是非。法兰克王国的《萨利克法典》第53条明确规定了沸水审："如果有人被判处（把手放入）沸水锅的考验，那么，双方可以达成协议，使被判决者可赎回自己的手，并须提出共同宣誓的证人。"[1]公元9世纪法兰克人的《麦玛威法》则规定了火审制度："凡犯盗窃罪必须交付审判。如在审判中为火所灼伤，即认为不能经受火的考验，处以死刑。反之，不为火所灼伤，则可允许其主人代付罚金，免处死刑。"古巴比伦的《汉穆拉比法典》包含大量神明裁判的内容，如第132条明确规定了冷水审："因他男性而以手指人妻，如无事实证明女与人同寝时，女应为夫故而跳入圣河。"[2]又如，第227条规定了火审制度："以诈术使烙印者烙不可让与之奴之印者，处死刑，埋于己屋中。烙印者应宣誓'余非有意烙之'无罪。"[3]

（二）口供裁判阶段

随着社会的发展，人类认识能力的提高，证据制度从神判走向人判，证据在诉讼中得到一定程度的重视。但当时实行口供主义，以采用合法的刑讯手段取得的被告人口供作为定罪的主要根据。口供被称为"证据之王"，被视为最有价值的证据。如欧洲中世纪后期实行法定证据制度的代表性法典《加洛林纳刑法典》规定：被告人在法庭上的供认被认为是完全证据中的最好证据，足以认定犯罪。[4]在口供裁判阶段，刑讯是刑事诉讼"整个大厦的中心"，是获取被告人口供的合法手段。如《加洛林纳刑法典》和法国1670年颁布的刑事诉讼敕令都规定，调查官为查明"事实真相"可以采取一切手段，包括对嫌疑人和证人实施秘密的或公开的刑讯逼供。尽管这一时期司法裁判者也采用证人证言、物证和书证等其他证据，但是由于主要依靠刑讯获得的口供定罪，因而不能认为已经产生了证据裁判原则。

（三）证据裁判阶段

证据裁判原则发轫于资产阶级革命时期，在18世纪的欧洲大陆，资产阶级革命胜利夺取政权以后，在民主、自由、人权的思想指导下，废除了刑讯逼供和法定证据制度，确立了自由心证原则。1808年《法国刑事诉讼法典》第342条规定，

---

〔1〕《世界著名法典汉译丛书》编委会：《萨利克法典》，法律出版社2000年版，第34页。

〔2〕［英］爱德华滋：《汉穆拉比法典》，沈大銈译，中国政法大学出版社2005年版，第44页。

〔3〕［英］爱德华滋：《汉穆拉比法典》，沈大銈译，中国政法大学出版社2005年版，第59页。

〔4〕参见《中国大百科全书·法学》（修订版），中国大百科全书出版社2006年版，第68页。

法律仅要求陪审员深思细察，并本诸良心诚实推求已经提出的对于被告不利和有利的证据在他们的理智上产生了何种印象。只向他们提出这样的问题："你们已经形成内心的确信否？"现行《法国刑事诉讼法典》第353条保留了上述条文原意，只是在文字上略有简化。[1]这一条著名的规定自由心证原则条文，强调的是事实裁决者对证据审查判断的自由裁量，但它又体现出内心确信的根据是提交给法庭的对被告人有利和不利的证据，也就是说它包含着证据裁判原则的内涵。后来德国在1877年制定的《德国刑事诉讼法典》参考法国上述条文确立了内心确信原则，即现行《德国刑事诉讼法典》第261条规定："对证据调查的结果，由法庭根据它在审理的全过程中建立起来的内心确信而决定"。法、德两国的刑事诉讼法典至今只规定自由心证原则而未另专门规定证据裁判原则。意大利、俄罗斯的刑事诉讼法典也是如此。日本则不同。日本在法国影响下于1876年制定的《断罪依证律》将《改定律例》原规定的"凡断罪，依口供结案"的典型的口供主义表述，修改为"凡断罪，依证据"，并规定"依证据断罪，完全由法官确定"。这样就把法国的自由心证原则在日本分别规定为证据裁判原则和自由心证原则。[2]"凡断罪依证据"可以说是世界上最早正式规定证据裁判原则的条文。这一条文被日本现行的刑事诉讼法典所继承，该法第317条规定："认定事实，应当依据证据。"如今许多大陆法系国家和地区规定了这一原则。如《韩国刑事诉讼法典》第307条规定："认定事实，应当根据证据"。我国台湾地区"刑事诉讼法"第154条也规定："犯罪事实应依证据认定之，无证据不得认定犯罪事实。"

英美法系国家的法律并没有证据裁判原则的条文规定，但这并不表示英美法系国家否认该原则，相反，英美法系国家认为在刑事诉讼中坚持证据裁判原则是不言而喻的。英美法系国家的证据制度中有大量关于证据可采性和关联性的规则，这些规则与证据裁判原则的基本精神完全一致。事实表明，这些国家非常强调认定案件事实必须依靠证据。

二、证据裁判原则在我国刑事诉讼中的确立

在我国古代社会，刑事诉讼中虽然曾出现过以神示证据作为认定案件事实主要依据的做法，但这种做法消失得较早，并未在我国古代社会占据统治地位。从总体上来说，我国古代定罪的根据以口供为主并采纳其他证据。在古代统治者看来，被

---

〔1〕 现行《法国刑事诉讼法典》第353条规定："在重罪法庭休庭前，审判长应责令宣读下列训示，并将内容大字书写成布告，张贴在评议室最显眼处：法律并不考虑法官通过何种途径达成内心确信；法律并不要求他们必须追求充分和足够的证据；法律只要求他们心平气和、精神集中，凭自己的诚实和良心，依靠自己的理智，根据有罪证据和辩护理由，形成印象，作出判断。法律只向他们提出一个问题：你是否已形成内心确信？这是他们的全部职责所在。"参见余叔通、谢朝华译：《法国刑事诉讼法典》，中国政法大学出版社1997年版，第131~132页。

〔2〕 〔日〕松尾浩也：《日本刑事诉讼法》（下卷），中国人民大学出版社2005年版，第4页。

告人认罪的口供是最重要的证据，没有被告人的供认，一般是不能定罪的。明律"吏典代写招草"条王肯堂笺释说："鞫问刑名等项，必据犯人之招草，以定其情。"〔1〕清律同条夹注也指出："必据犯者招草以定其罪。"明律、清律中虽规定对不应拷讯的被告人"皆据众证定罪"，但实际上被告人无口供是很难定罪的，正如《清史稿·刑法志》所指出的："断罪必取输服供词。律虽有众证明白即同狱成之文，然非共犯有逃亡，并罪在军流以下，不轻用也。"〔2〕为了获得被告人口供，刑讯是被普遍采用的合法手段。尽管这时期司法裁判者也采用证人证言和物证等证据，但并不重视口供以外的其他证据，查明案件事实真相基本依靠合法刑讯获得的口供，因而并没有产生证据裁判原则。在清朝末年，《大清刑事、民事诉讼法草案》于1906年正式编成。该草案承袭日本、德国等大陆法系国家的刑事诉讼制度，有关规定体现了证据裁判的精神。该草案第74条规定："承审官确查所得证据已足证明被告所犯之罪，然后将被告按律定拟。"第75条也规定："被告如无自认供证而众证明白、确凿无疑即将被告按律定拟。"〔3〕这是中国第一部体现证据裁判精神的诉讼法典草案。可惜由于遭受各省保守力量的反对而使该草案被搁置而未予以颁行。

在新民主主义革命时期，包括中央苏区、抗日革命根据地和解放区，中国共产党领导在革命政权探索中形成了实事求是的作风和路线，表现在司法裁判上则强调应当依据充分证据查明案件事实真相。1931年12月13日中央执行委员会非常会议通过的《中华苏维埃共和国中央执行委员会训令》（第六号）就规定："在审讯方法上……，必须坚决废除肉刑，而采用搜集确实证据及各种有效方法。"〔4〕1940年8月13日公布的《晋察冀边区目前施政纲领》第17条也规定："对汉奸审判须依确实证据。"毛泽东在《论政策》中也强调应以口供以外的证据作为定案根据，他指出："对任何犯人，应坚决废止肉刑，重证据而不轻信口供。"1942年公布的《陕甘宁边区保障人权财权条例》更明确规定了证据裁判原则，即第10条规定："逮捕人犯不准施以侮辱殴打及刑讯逼供，强迫自首，审判采取证据主义，不重口供。"〔5〕

新中国成立后，中央继承司法工作的革命传统，在相关的法律文件中继承了证据裁判精神，继续强调应当以口供以外的证据作为认定案件事实的主要依据。最高

---

〔1〕《唐明律合编》（五），第699页。

〔2〕参见陈光中：《陈光中法学文选》（第一卷），中国政法大学出版社2010年版，第60页。

〔3〕《大清法规大全·法律部》卷十一"法典草案一"，《修订法律大臣沈家本等奏进呈诉讼法拟请先行试办章程折并清单》，总第1860页。

〔4〕武延平、刘根菊等编：《刑事诉讼法学参考资料汇编》（上），北京大学出版社2005年版，第10页。

〔5〕武延平、刘根菊等编：《刑事诉讼法学参考资料汇编》（上），北京大学出版社2005年版，第119页。

人民法院在 1956 年 10 月写出的《各级人民法院刑、民事案件审判程序总结》中指出："在法庭调查阶段，必须把案情彻底查清，取得确凿的证据；……被告人的供词，必须经过调查研究，查明确实与客观事实相符的，方可采用。"[1]

自 20 世纪 50 年代末到 70 年代末，我们的国家经历了一连串的政治运动，法制受到极大破坏。由于刚刚从整风"反右"、文化大革命等政治运动中走出来，大量的冤假错案引发我们进行沉痛的反思。[2]为了保证历史的悲剧不再重演，文化大革命结束以后制定的 1979 年《中华人民共和国刑事诉讼法》第 35 条规定："对一切案件的判处都要重证据，重调查研究，不轻信口供"，要求定罪要达到"事实清楚，证据确实充分"的证明标准。虽然立法上没有证据裁判原则的条文规定，但是上述规定本身就是证据裁判精神的具体体现。随后在 1996 年修改《刑事诉讼法》时又增加规定了疑罪从无的规定，但仍未确立证据裁判原则。

中华人民共和国成立后的刑事诉讼直至 2007 年才在司法解释中首次正式明确规定证据裁判原则。2007 年最高人民法院、最高人民检察院、公安部、司法部联合出台的《关于进一步严格依法办案确保办理死刑案件质量的意见》提出："坚持证据裁判原则，重证据、不轻信口供。"2010 年《死刑案件证据规定》重申了这一重要原则，明确规定"认定案件事实，必须以证据为根据"。

需要指出的是，证据裁判原则只在刑事司法解释中得到确立，但是却没有得到《刑事诉讼法》的正式确认。2012 年《刑事诉讼法》修改，证据裁判原则并没有写入现行《刑事诉讼法》，但是证据裁判精神在《刑事诉讼法》中得到了进一步体现，更加注重证据的证据资格和证明力问题；而且随后出台的《最高人民法院关于适用〈中华人民共和国刑事诉讼法〉的解释》第 61 条再次规定："认定案件事实，必须以证据为根据。"

由上可知，我国刑事诉讼中证据裁判原则的确立并不是一蹴而就的，而是经历了口供裁判——证据裁判精神体现——证据裁判原则确立的漫长发展之路。这种发展路径根植于我国的特定环境，符合我国的诉讼文化和诉讼制度发展。

三、我国贯彻证据裁判原则若干问题之思考

（一）案件事实的理解问题

在刑事诉讼中，需要运用证据加以证明的对象是案件事实。如何正确理解案件

---

〔1〕 韩延龙主编：《中华人民共和国法制通史》（下），中共中央党校出版社 1998 年版，第 60~61 页。

〔2〕 1978 年下半年到 1981 年底，全国各级人民法院集中力量对"文革"期间判处的 120 余万件刑事案件进行复查，按照"全错全平，部分错部分平，不错不平"的原则，纠正冤假错案 30.1 万件，改判率为 25%，涉及当事人 32.6 万余人，使一大批人沉冤昭雪。1983 年到 1987 年底，全国各级人民法院对"文革"前判处的涉及起义投诚人员、台胞台属、侨胞侨属、少数民族、知识分子等方面的案件和提出申诉的其他政治性案件进行复查，共复查案件 78.9 万余件，其中改判了 28.6 万多件，占 36.31%。参见赵震江主编：《中国法制四十年》（1949~1989 年），北京大学出版社 1990 年版，第 369 页。

事实是贯彻执行好证据裁判原则的关键所在。为了进一步明确对案件事实的证明，修改后的《刑事诉讼法》增加了对量刑事实进行证明的条款，即第193条第1款规定："法庭审理过程中，对与定罪、量刑有关的事实、证据都应当进行调查、辩论。"强调对量刑事实的证明，是对司法实践中"同案不同判""量刑不公导致涉诉上访""量刑辩护难"等问题的回应，也是证据裁判原则的要求，无疑是可喜的进步。但是，这只是解决了需要运用证据加以证明的案件事实的范围，并没有真正厘清何为"案件事实"本身，因此需要进一步明确。

笔者认为，刑事诉讼中的案件事实至少包括三个层面的内容：一是案件客观事实即案件本源事实，它是不依司法人员和任何其他诉讼主体的意志而独立存在的事实。这种案件事实具有客观性、确定性、过去性的特点。二是当事人主张的事实，这种事实在诉讼的过程中有可能发生变化，如犯罪嫌疑人、被告人的口供所提供的案件事实，因为种种因素的影响在侦查中与在庭审中可能大不相同。三是公安司法机关及其司法人员根据证据所认定的案件事实，这种事实学界称为法律事实。包括侦查机关的移送起诉意见书、检察机关的起诉书和人民法院的判决裁定书所认定的案件事实。[1]证据裁判原则要求必须以证据对案件事实进行认定，就是要求司法人员在刑事诉讼中通过收集、审查和判断证据将案件客观事实正确转化为法律事实，最大限度地实现案件客观事实与法律事实的统一。这是贯彻执行证据裁判原则的关键所在，也是司法人员在诉讼中实现实体公正的前提。

（二）证人出庭作证问题

贯彻执行证据裁判原则既要保证裁判所依据的证据具有证据资格，又要确保证据经过法庭的审查判断，接受控辩双方的充分质证。证人出庭作证制度正是保证证人证言接受控辩双方充分质证的重要制度。原《刑事诉讼法》对证人出庭作证制度的规定过于原则，且存在矛盾，[2]这为司法实践中证人不出庭作证打开了方便之门，导致我国刑事审判中证人不出庭作证的情况非常普遍。据统计，全国范围内看，刑事案件中证人出庭率仅为1%左右。[3]这既侵犯了被告人的质证权，又不

---

〔1〕 关于刑事诉讼中案件事实的理解，可参见陈光中："刑事证据制度改革若干理论与实践问题之探讨——以'两院三部'《两个证据规定》之公布为视角"，载《中国法学》2010年第6期。

〔2〕 1996年《刑事诉讼法》第47条规定："证人证言必须在法庭上经过公诉人、被害人和被告人、辩护人双方讯问、质证，听取各方证人的证言并且经过查实以后，才能作为定案的根据。法庭查明证人有意作伪证或者隐匿罪证的时候，应当依法处理。"根据此规定，证人必须在法庭上经过双方询问、质证，其证言才能作为定案的根据。但是，该法第157条又规定："公诉人、辩护人应当向法庭出示物证，让当事人辨认，对未到庭的证人的证言笔录、鉴定人的鉴定结论、勘验检查笔录和其他作为证据的文书，应当当庭宣读。审判人员应当听取公诉人、当事人和辩护人、诉讼代理人的意见。"也就是说，在证人未出庭作证的情况下，法庭允许宣读庭前证言，并且一旦查证属实，同样可以作为定案的根据。显然，在证人是否必须出庭作证的问题上，1996年《刑事诉讼法》第47条和第157条之间存在着矛盾。

〔3〕 参见左卫民、马静华："刑事证人出庭率：一种基于实证研究的理论阐述"，载《中国法学》2005年第6期。

利于证据裁判原则的贯彻执行，而且还不利于查明案件事实真相。修改后的《刑事诉讼法》进一步完善了证人出庭作证制度，不仅明确了证人出庭范围，增加规定了证人强制出庭制度，而且还对证人出庭作证费用的负担方式以及对证人的保护等作了详细规定。[1]这无疑为保障证人出庭作证提供了良好条件。然而，现行规定仍有不足与隐忧。例如，修改后的《刑事诉讼法》第187条规定："公诉人、当事人或者辩护人、诉讼代理人对证人证言有异议，且该证人证言对案件定罪量刑有重大影响，人民法院认为证人有必要出庭作证的，证人应当出庭作证。"这一规定把证人是否出庭的最终决定权赋予法院，在控辩双方对其有异议且证人证言对定罪量刑有重大影响的情况下，证人是否出庭还必须由法院决定。这可能导致证人必须出庭的情形被化解，无法有效提高证人出庭率。又如，虽然修改后的《刑事诉讼法》规定了证人保护制度，并对特定案件的保护措施作了详细规定，但是并没有进一步规定证人保护的程序，对于应向哪个机关申请保护，公、检、法三机关具体职责如何等尚未规定，这有可能导致三机关互相推诿。因此，在深化司法体制改革的过程中，应当进一步完善证人出庭作证的条件，并对证人保护制度的适用程序作进一步细化。

（三）口供补强规则问题

口供补强规则，是指只有被告人的口供不足以认定被告人有罪，必须有补强口供的证据。[2]仅凭被告人口供不能定案，而要求对口供以其他证据加以支持或印证正是证据裁判原则的要义所在。我国原《刑事诉讼法》第46条是关于口供补强规则的规定："对一切案件的判处都要重证据，重调查研究，不轻信口供。只有被告人供述，没有其他证据的，不能认定被告人有罪和处以刑罚；没有被告人供述，证据充分确实的，可以认定被告人有罪和处以刑罚。"修改后的《刑事诉讼法》第53条第1款保留了这些规定，且随后出台的最高人民法院《关于适用〈中华人民共和国刑事诉讼法〉的解释》第83条对此作了进一步细化规定："审查被告人供述和辩解，应当结合控辩双方提供的所有证据以及被告人的全部供述和辩解进行。被告人庭审中翻供，但不能合理说明翻供原因或者其辩解与全案证据矛盾，而其庭前供述与其他证据相互印证的，可采信其庭前供述。被告人庭前供述和辩解存在反复，但庭审中供认，且与其他证据相互印证的，可采信其庭审供述；被告人庭前供述和辩解存在反复，庭审中不供认，且无其他证据与庭前供述印证的，不得采信其庭前供述。"这无疑为贯彻执行证据裁判原则提供了较好的保障。

然而，我国修改后的《刑事诉讼法》关于口供补强规则的相关规定尚不完善，尤其是对于共犯口供能否作为其他共犯口供的补强证据的问题仍没有明确规定，需要进一步明确。笔者认为，应当进一步明确规定仅有共犯的口供作为其他共犯口供

[1] 参见2012年修改后的《刑事诉讼法》第59条、第62条、第63条、第187条、第188条。
[2] 陈光中主编：《证据法学》，法律出版社2013年版，第275页。

的补强证据不能认定被告人有罪。这是证据裁判原则的应然要求，也是由共犯口供的性质所决定的。从本质上来说，共犯的口供仍然属于"被告人供述"，如果允许仅凭共犯之间的口供来印证案件事实就定案，那么就是允许仅凭被告人供述进行定案，这显然不符合证据裁判原则关于应当以口供以外的其他证据作为定案主要依据的应然要求，不利于证据裁判原则的贯彻执行。鉴于此，应当明确规定不能仅仅以共犯的口供作为补强证据，即使共犯的口供相互印证，也应当需要其他证据补强，才能认定被告人有罪。

（四）证明标准问题

证据裁判原则要求事实裁定者根据全部具有证据资格的证据综合审查判断所认定的案件事实必须达到法定的证明标准。这个标准在我国为"案件事实清楚，证据确实充分"。为了进一步细化该证明标准，使其更具可操作性，更好地贯彻证据裁判原则，修改后的《刑事诉讼法》对何为"证据确实充分"作了进一步解释，即第 53 条第 2 款规定："证据确实、充分，应当符合以下条件：（一）定罪量刑的事实都有证据证明；（二）据以定案的证据均经法定程序查证属实；（三）综合全案证据，对所认定事实已排除合理怀疑。"尽管这只是对"证据确实充分"的进一步解释，我国刑事诉讼中有罪证明标准并没有改变，但是因为首次引进源于英美法系的排除合理怀疑标准，引起了法律界的高度关注。同时，对排除合理怀疑在理论上如何解读、实践中如何准确运用也存在歧义。按照英美法系主流观点，对排除合理怀疑的理解只承认高度盖然性，即最大限度地接近确定性，尚未达到"确定性"的程度，用概率来表示就是 95% 以上确定即可。但是笔者认为我国不能照搬英美法系的理解来适用。从辩证唯物主义认识论原理和我国实践经验来看，对排除合理怀疑的解释可以采取全国人大常委会法制工作委员会的说法，即"'排除合理怀疑'是指对认定的事实，已没有符合常理的、有根据的怀疑，实际上达到确信的程度"。[1]在笔者看来，我国刑事诉讼有罪证明标准应当把高度盖然性与"确定性""唯一性"结合适用。最高人民法院实际上也认同唯一性标准。最高人民法院《关于适用〈中华人民共和国刑事诉讼法〉的解释》第 105 条第 4 项明确规定："根据证据认定案件事实足以排除合理怀疑，结论具有唯一性。"[2]具体而言，应当对有关定罪和量刑的主要事实的证明达到"唯一性"。其中，主要事实包括以下三项内容：①犯罪事实是否已经发生；②犯罪的主体是谁；③加重量刑的情节，特

〔1〕 全国人大常委会法制工作委员会编：《〈关于修改中华人民共和国刑事诉讼法的决定〉条文说明、立法理由及相关规定》，北京大学出版社 2012 年版，第 53 页。

〔2〕 最高人民法院《关于适用〈中华人民共和国刑事诉讼法〉的解释》第 105 条规定："没有直接证据，但间接证据同时符合下列条件的，可以认定被告人有罪：（一）证据已经查证属实；（二）证据之间相互印证，不存在无法排除的矛盾和无法解释的疑问；（三）全案证据已经形成完整的证明体系；（四）根据证据认定案件事实足以排除合理怀疑，结论具有唯一性；（五）运用证据进行的推理符合逻辑和经验。"

别是足以判处死刑的从重情节。至于其他情节，如犯罪的主观方面等，因为涉及被告人的内心世界而难以查证，因此可以适度降低证明标准。

值得注意的是，作为适用排除合理怀疑标准典型国的美国，因为司法实践中出现高达约5%的死刑错判率也开始反思排除合理怀疑标准作为死刑案件证明标准的正当性。有学者指出"排除合理怀疑"作为死刑案件的证明标准不足以防止错判，应当适用比排除合理怀疑更高的证明标准。其中的代表人物仙德（Sand）教授建议："陪审团在决定是否对被告人适用死刑前应当重新衡量有罪判决的正确性。如果陪审团排除所有可能怀疑认定被告人有罪，那么判处被告人死刑。否则，应当由法官对被告人判处死刑以外的其他刑罚。"有学者指出，"排除所有可能怀疑要求陪审团在死刑案件进入量刑程序前对案件事实的认定必须达到绝对确定的程度"[1]也有论者指出："死刑案件的证明标准应当高于排除合理怀疑的证明标准，具体而言，该标准应当是排除一切怀疑。"[2]显然，这些学者均未把"排除合理怀疑"作为最高、最严格的证明标准。因此，笔者认为，我们应当坚持"排除合理怀疑"标准包括结论之唯一性和确定性之解释，特别是在死刑案件中对主要事实坚定适用结论唯一标准。只有这样，才能严防冤假错案的发生，严防错杀错判，保证实现司法公正。

---

[1] Leonard B. Sand, Danielle L. Rose, "Proof Beyond All Possible Doubt: Is There a Need For a Higher Burden of Proof When the Sentence May be Death?", 78 *Chi-Kent L. Rev.* 1367, 1368 (2003). 转引自肖沛权："排除合理怀疑研究"，中国政法大学2013年博士学位论文，第150页。

[2] [美] 布莱恩·福斯特：《司法错误论——性质、来源和救济》，刘静坤译，中国人民公安大学出版社2007年版，第277页。

中国古代诉讼证明问题探讨[1]

"证明"一词，在社会日常生活中是指用可靠材料来表明或判断一定事物的真实性。古代文献中证明一词已屡有所见，如《汉书·儒林传》载："同门梁丘贺疏通证明之，曰：'田生绝于施雠手中，时喜归东海，安得此事？'"师古注曰："证明，明其伪也。"[2]但在我国古代法制中证明没有成为专有名词。在现代诉讼法、证据法中证明是一个极为重要的专门术语，其含义虽有争议，在我国通说是指行使司法权的国家专门机关、当事人和辩护人、诉讼代理人运用证据认定案件事实的活动。证明贯穿于诉讼的全过程，在证据制度中居核心地位。

中国古代法律对于证明问题缺少系统的规定。但是，凡有诉讼，总需要凭借某些材料来判定发生在过去的事件的真实性，也必然存在着证明。通过散见于历代法典、判例和司法文献中的材料，我们可以勾勒出中国古代诉讼证明问题的基本样态。

本文将对中国古代诉讼证明中的证明责任、证明标准以及疑罪处理这三个基本问题进行初步探讨。

一、古代的证明责任

当代诉讼中的证明责任，又称举证责任，是指审判中控辩双方或双方当事人提出证据证明自己主张的责任。在中国古代，收集、提供证据主要是审判官员的职责，现代意义上主要从当事人举证的角度建构的证明责任或举证责任概念，至少在清末修律以前并不存在。但是，当事人向审判机关告诉或者在法庭上陈述自己的主张，总是要依据一定证据的，不能无凭无据地说事。

（一）审判官员的证明职责

中国古代在专制主义的历史背景下，实行典型的纠问式诉讼，审判官员集控诉职能与审判职能于一身，没有专门负责侦查、起诉的机关，而由审判机关兼掌侦控职权。自秦汉确立了郡县制后，一般是由地方行政长官兼理司法，尽管不同的官员之间存在一定的分工，但从机构的角度说，侦查、起诉、审判的职能是没有区分的。例如，唐代的州长官为刺史，下设有司法参军事掌管司法，《唐六典》记载："法曹、

---

〔1〕 原载《现代法学》2016 年 9 月 15 日，与朱卿合著。

〔2〕 （汉）班固：《汉书·儒林传》，中华书局 1962 年版，第 3599 页。

司法参军事，掌律、令、格、式，鞠狱定刑，督捕盗贼，纠逖奸非之事。"〔1〕《明史·职官四》记载："知县，掌一县之政……严缉捕、听狱讼，皆躬亲厥职而勤慎焉……县丞、主簿分掌粮马、巡捕之事。"〔2〕在这种制度背景下，特别是在刑事案件中，收集、提供证据主要是审判官员的职责。下面这则案例清晰地反映了中国古代侦、控、审职能不分以及审判官员主动收集、提供证据的情况。

> "关东董质生文煜，任湖北当阳令，精于吏事。邑有侄婶同居者。侄甫十二龄，被人杀于岭下。婶报官诣验。董验毕，将返，已行三十里，忽挥从者趋婶家。入门，见婶妙年丽质，心疑之，注目怒视。婶神色皇遽。复至室中，偏察踪迹，见木柜上有血点痕，诘之，婶曰：'此杀鸡所污。'董曰：'杀鸡自在厨下，何至在卧榻前？'并以指爪刮而餂之，曰：'鸡血淡，人血咸。此必系人血也。'婶面色如土。严鞠之，始吐实。盖婶有外遇，为侄所见，恐其播扬，杀以灭口，而移尸岭下也。"〔3〕

从这则案例可以看出，受理报案、现场勘查、尸体检验、调查取证、审讯、断案都是县令的职责范围。此类案件在中国古代屡见不鲜。

（二）原告〔4〕的举证责任

在中国古代，诉讼的启动方式即开始审理案件的缘由大致可以分为以下几种：被害人或一般人向官府告发；犯罪人自首；无审判职能的官吏举发；审判机关主动发现并审问。在被害人控告并且有明确的被控告人的情形下，形式上就具备了原告与被告的外观，此时原告实施控告至少应该有一定的依据；即使原告告诉时没有明确的被告，也需有一定的证据证明确有案件发生、有待审判机关处理。

《周礼·秋官·朝士》就有关于原告起诉时应具备一定证据的记载："凡有责者，有判书以治则听。"〔5〕判书即傅别，是借贷契约，这句话的意思是有借贷债务纠纷来告诉，必须有借贷契约才受理。古代法律对告诉人起诉的证据要求是有所规定的。例如《唐律·斗讼》"告人罪须明注年月"条规定："诸告人罪，皆须明注年月，指陈实事，不得称疑。违者，笞五十。"疏议曰："告人罪，皆注前人犯罪年月，指陈所犯实状，不得称疑。"〔6〕此条规定的是告诉人告诉时必须指明犯罪行

---

〔1〕（唐）李林甫等：《唐六典·卷三十·三府督护州县官吏》，陈仲夫点校，中华书局2014年版，第749页。

〔2〕张廷玉：《明史·职官四》，中华书局1974年版，第1850页。

〔3〕胡文炳：《折狱龟鉴补》，陈重业：《折狱龟鉴补译注》，北京大学出版社2006年版，第277页。

〔4〕本文用"原告"一词来指称实施告诉的人。

〔5〕《周礼·秋官》，李学勤：《十三经注疏·周礼注疏》（下），北京大学出版社1999年版，第940页。

〔6〕《唐律疏议·斗讼》，刘俊文点校，法律出版社1999年版，第478页。

为的发生时间和真实情况，不得以疑似发生犯罪为由实施告诉。虽未明言证据问题，但是不难推测，告诉人要证明自己所告诉的行为是"实事"，显然必须提供一些基本的证据，使审判官员相信所告犯罪确有其事。《宋刑统》《元典章》中都有这条规定。另外《宋会要》记载，真宗天禧元年（公元1017年）诏曰："今后所诉事，并须干己，证佐明白，官司乃得受理，违者坐之。"[1]同样也是规定告诉人实施告诉只有具备明白的证据才能获得受理。

在古代司法文献中也能看到一些与证明责任相关的记载。典型的如："事无情理无确据，或系不干己事，或仅口角负气等情，一批而不准，再渎而亦不准者，必须将不准缘由批驳透彻，指摘恰当。庶民心畏服，如梦方醒，可免上控。"[2]从中可以看出告诉人所告应具有确切证据。司法文献中所载规定对某些类型案件的证明责任的要求更为具体。

例如，在户婚、田土、钱债这类案件中，原告必须提供证据。清康熙年间曾任县令的黄六鸿总结审判经验说："告婚姻者，必以媒妁聘定为凭；告田土者，必以契券地邻为据"，[3]反之，"告婚姻，无媒妁者，不准……告田土，无地邻，债负，无中保，及不抄粘契券者，不准"。[4]清同治年间台州府黄岩县的《状式条例》中也有类似规定："告婚姻，无媒妁、聘书；田土无粮号、印串、契券；钱债无票约、中证者，不准。"[5]这些规定中的聘书、契券、票约都属于书证，原告起诉时不能提供这类书证的，官府有权作"不准"处理。另据《折狱龟鉴补》载："有以讨欠被殴喊禀者，审判官员登堂，验之无伤，索其券弗得，遂批曰：'告债无据，告殴无伤，不准，杖之'。"[6]可见在实践中，对于无法提供证据的告诉，原告要承担审判机关"不准"的后果，甚至要受到一定的惩罚。所谓"不准"，不应理解为今天意义上的不予受理。《大清律例》"告状不受理"条规定，对于不同类型的案件（包括反逆犯罪、恶逆犯罪、杀人强盗犯罪、斗殴、婚姻、田宅等纠纷），审判官员不受理的话要被处以不同等级的刑罚。条例中规定的例外情况主要是在农忙期间不受理户婚田土等细事。可见，对于告诉，原则上是必须受理的。有研究者指

---

〔1〕《宋会要辑稿·刑法》，马泓波点校，河南大学出版社2011年版，第391页。

〔2〕王又槐：《办案要略·论批呈词》，华东政法学院语文教研室注译，群众出版社1987年版，第70页。

〔3〕（清）黄六鸿：《福惠全书·卷十一·刑名》，杨一凡：《历代珍稀司法文献》（第3册），社会科学文献出版社2012年版，第802页。

〔4〕（清）黄六鸿：《福惠全书·卷十一·刑名》，杨一凡：《历代珍稀司法文献》（第3册），社会科学文献出版社2012年版，第804页。

〔5〕田涛、许传玺、王宏治：《黄岩诉讼档案及调查报告》（上卷），法律出版社2004年版，第234页。

〔6〕（清）胡文炳：《折狱龟鉴补》，陈重业：《折狱龟鉴补译注》，北京大学出版社2006年版，第884页。

出，"不准"实际上是不进行审判的意思。[1]也就是审判官员接受了告诉人的词状，但是不启动审判。本文赞同此种观点。

在刑事案件中，如前所述，如果是审判机关主动发现并纠问的案件，由审判机关承担证明的责任；如果是被害人控告所引发的案件，被害人控告时也需提供一定的证据，否则审判机关也不予开庭审理。例如，清乾隆年间徽州黟县《状式条例》规定："告斗殴，不开明伤状实据，报窃盗，不开明年月失单者不准。告犯奸，非奸所现获，及首赌非当场获有赌具者不准。"[2]黄六鸿在批词不准时指明："告强盗，无地邻见证，窃盗无出入行迹，空粘失单者，不准；告娄赃，无过付见证者，不准……告人命，粘单内不填尸伤、凶器、下手凶犯，及不花押者，不准。"[3]有些案件证明责任的要求会更加严格，缺乏证据而实施告诉会以诬告论处，"控告人命，务须开明启衅情由、致死伤痕、时日、处所、的确见证，如虚，以诬告治罪；告诈赃，不开明过付见证、赃数、月日者，不准。如虚，以诬告治罪"[4]。

原告的告诉是启动诉讼的方式之一，法律要求其在实施告诉时提供一定的证据来证明自己的主张，这是符合诉讼规律的。中国古代自宋元以后，特别是明清时期，民间兴起了"健讼"之风，一方面百姓热衷词讼会影响到日常农业生产，另一方面案件数量大增也超出了官府的承受能力。因此出现了一些抑制民间滥诉的举措，对于原告举证责任的制度规定越加具体和详细，也是希望通过更加严格的告诉条件来限制原告启动诉讼。[5]

（三）被告人[6]的举证责任

中国古代在有罪推定、重供定案的理念指导下，刑事案件的被告人实际上承担着一定的证明自己有罪的责任。尽管不同朝代的法律在被告人口供是否作为定罪必要条件这一问题上规定不尽一致（详见下文），但是总体来说，在中国古代的诉讼中，被告人口供是最有分量的证据，没有被告人的供认，一般是不能定罪的。而为了取得被告人的口供，法律明文规定允许采取刑讯的手段，只不过法律对采取刑讯的条件和程序作出了限制性规定，防止滥施刑讯。

---

〔1〕 这种观点参见里赞：《晚清州县诉讼中的审断问题：侧重四川南部县的实践》，法律出版社2010年版，第60~66页。

〔2〕 田涛、许传玺、王宏治：《黄岩诉讼档案及调查报告》（上卷），法律出版社2004年版，第17页。

〔3〕 （清）黄六鸿：《福惠全书·卷十一·刑名》，参见杨一凡：《历代珍稀司法文献》（第3册），社会科学文献出版社2012年版，第804页。

〔4〕 田涛、许传玺、王宏治：《黄岩诉讼档案及调查报告》（上卷），法律出版社2004年版，第234页。

〔5〕 关于清代健讼社会以及通过民事证据规则的设计来抑制民间滥诉的研究，可参见邓建鹏："清代健讼社会与民事证据规则"，载《中外法学》2006年第5期。

〔6〕 在中国古代，被告（人）的称谓并不统一，例如囚、罪人、人犯等，都是对今天意义上的犯罪嫌疑人、被告人的称谓，为行文之便，本文中即使用"被告人"一词。

例如,《睡虎地秦墓竹简·封诊式》"讯狱"篇载:"凡讯狱,必先尽听其言而书之,各展其辞,虽智(知)其诈,勿庸辄诘。其辞已尽书而毋(无)解,乃以诘者诘之。诘之有(又)尽听书其解辞,有(又)视其他毋(无)解者以复诘之。诘之极而数诈,更言不服,其律当治(笞)谅(掠)者,乃治(笞)谅(掠)。"〔1〕这条规定体现了秦代的审讯活动是以获取供词为中心展开的:讯问要持续进行直到被告人作出有罪供述为止,如果被告人拒不服罪就有可能受到刑讯。同时也说明在秦代刑讯并非随意使用的。

又如《唐律疏议·断狱》"讯囚察辞理"条载:"诸应讯囚者,必先以情,审察辞理,反复参验;犹未能决,事须讯问者,立案同判,然后拷讯,违者,杖六十。"疏议曰:"依《狱官令》:'察狱之官,先备五听,又验诸证信,事状疑似,犹不首实者,然后拷掠。'〔2〕故拷囚之义,先察其情,审其辞理,反复案状,参验是非。'犹未能决',谓事不明辨,未能断决,事须讯问者,立案,取见在长官同判,然后拷讯。"〔3〕根据以上规定,首先,"必先以情,审察辞理,反复参验"是法律对实施刑讯作出的程序性限制,就是要通过其他证据的佐证来验明被告人供述的可信性,也即"验诸证信";其次,只有在"犹未能决"的情况下,才能实施刑讯,"犹未能决"意味着案件的事实尚不清楚,处于真伪不明的状态,也就是《狱官令》中所谓"事状疑似",这时如果被告人仍不如实供述,就应对其实施刑讯。显然,由于在这种情形下案件事实是不清楚的,口供就成了确定案件事实的必要证据,刑讯成了获取口供的必要手段,而被告人因为承担了如实供述的义务,实际上也就承担了证明自己有罪的责任。当然,唐律对于刑讯还作出了其他一些限制,对拷囚次数、拷打总数、两次拷囚之间的时间间隔、拷打使用的刑具和行刑中不得换人等问题都作出了规定。

需要说明的是,如果已经依法实施了刑讯,而被告人依然没有如实供述的话,案件事实就仍处于真伪不明的状况,对此《唐律疏议·断狱》"拷囚不得过三度"条规定:"拷满不承,取保放之";〔4〕"拷囚限满不首"条规定:"诸拷囚限满而不首者,反拷告人。其被杀、被盗家人及亲属告者,不反拷。(被水火损败者,亦同)拷满不首,取保并放。违者,以故失论。疏议曰:囚拷经三度,杖数满二百而不首,'反拷告人',谓还准前人拷数,反拷告人。拷满复不首,取保释放。其

---

〔1〕 《睡虎地秦墓竹简·封诊式》,睡虎地秦墓竹简整理小组,文物出版社1978年版,第246页。
〔2〕 北魏《狱官令》中已有类似规定:诸察狱,先备五听之理,尽求情之意,又验诸证信,事多疑似,犹不首实者,然后加以拷掠。见《魏书·刑罚志》。《魏书·刑罚志》中还记载:"时法官及州郡县不能以情折狱。乃为重枷,大几围;复以缒石悬于囚颈,伤内至骨;更使壮卒迭搏之。囚率不堪,因以诬服。吏持此以为能。帝闻而伤之,乃制非大逆有明证而不款辟者,不得大枷。"这说明在当时除非是犯大逆罪、有明显的证据却不服罪的人,否则不得使用"大枷"这种刑讯方式。
〔3〕 《唐律疏议·断狱》,刘俊文点校,法律出版社1999年版,第592页。
〔4〕 《唐律疏议·断狱》,刘俊文点校,法律出版社1999年版,第593页。

被杀、被盗之家，若家人及亲属告者，所诉盗、杀之人被拷满不首者，各不反拷告人。以杀、盗事重，例多隐匿，反拷告者，或不敢言。若被人决水入家，放火烧宅之类，家人及亲属言告者，亦不反拷告人。拷满不首，取保并放。"〔1〕也就是先对被告人实施刑讯，拷满后若其拒不作出有罪供述，则将其取保释放，再对告诉人实施同样的刑讯，若其坚称自己的告诉是真实的，则同样将其取保释放，此时案件事实无法确定，只能以这种方式了结。〔2〕

《宋刑统》虽然继承了唐律关于拷讯的规定，但同时明确准用建隆三年（公元962年）十二月六日敕节文的规定："……或即支证分明，及赃验见在，公然抗拒，不招情款者，方得依法拷掠。"〔3〕《宋史·刑法一》记载太祖时诏曰："令诸州获盗，非状验明白，未得掠治。"〔4〕太宗太平兴国六年（公元981年）诏曰："今系囚，如证左明白而拒捍不伏，合讯掠者，集官属同讯问之，勿令胥吏拷决。"〔5〕真宗大中祥符九年（公元1016年）诏曰："自今获贼，如赃伏露验，事实显白，而拒抗不即承引及隐蔽徒伴者，许量拷讯，数勿过二十。"〔6〕明清法律有类似的规定，《大明律·刑律·断狱》"故禁故勘平人"条规定："罪人赃仗证佐明白，不服招承，明立文案，依法拷讯。"〔7〕《大清律例》中也有此条，并附条例进一步解释："强、窃盗、人命及情罪重大案件，正犯及干连有罪人犯，或证据已明，再三详究，不吐实情，或先已招认明白，后竟改供者，准夹讯外，其别项小事，概不许滥用夹棍。"〔8〕此外，《大清律例·刑律·断狱》"吏典代写招草"条中还规定："凡诸衙门鞫问刑名等项，（必据犯者招草以定其罪）。"〔9〕《清史稿·刑法三》载："断罪必取输服供词，律虽有'众证明白，即同狱成'之文，然非共犯有逃亡，并罪在军、流以下，不轻用也。"〔10〕这些规定显然与唐代的规定有所差异，意味着即使其他证据足以证明案件事实，依然需要获取被告人有罪供述。有研究者认为，此时刑讯的目的就是为了取得认罪口供而不是确定案件事实。〔11〕同时需要指出，在这种案件事实已经清楚，口供并非认定案件事实必要证据（但却是定案的必要证

---

〔1〕《唐律疏议·断狱》，刘俊文点校，法律出版社1999年版，第595页。

〔2〕如果其他证据已经足够认定案件事实，根据唐律的规定，也可以定罪，对这个问题本文将在下一部分详述。

〔3〕《宋刑统·断狱》，薛梅卿点校，法律出版社1999年版，第542页。

〔4〕（元）脱脱：《宋史·刑法一》，中华书局1977年版，第4968页。

〔5〕（宋元）马端临：《文献通考·刑五》，新兴书局1965年版，第1444页。

〔6〕《宋会要辑稿·兵一一》，中华书局1957年版，第6941页。

〔7〕《大明律·刑律·断狱》，怀效锋点校，法律出版社1999年版，第212页。

〔8〕《大清律例·刑律·断狱》，田涛、郑秦点校，法律出版社1999年版，第561页。

〔9〕《大清律例·刑律·断狱》，田涛、郑秦点校，法律出版社1999年版，第602页。

〔10〕（清）赵尔巽：《清史稿·刑法三》，中华书局1976年版，第4214页。

〔11〕这种观点参见蒋铁初："中国古代刑讯的目的与代价分析"，载《法制与社会发展》2014年第3期。

据）的情况下，被告人依然承担着证明自己有罪的责任。

被告人的举证责任在唐代和唐以后存在明显差异，《唐律》规定只有在犯罪事实无法确定的情况下才能实施刑讯获取口供，一定程度上限制了刑讯的使用；明清律则规定即使其他证据足以证明案件事实也需要获取被告人的口供，从而有可能导致刑讯的滥用，这体现了唐律和明清律立法原则的差异：《唐律》奉行"德礼为政教之本，刑罚为政教之用"[1]的原则，刑罚宽而有制，"以刑杀之书，而慈祥恺恻之意，时时流于言外"，[2]彰显了统治者的开明；到了封建社会末期，法律则相对严苛，统治者更加重视法律镇压人民、打击犯罪的功能。

综上可见：在中国古代纠问式诉讼模式和侦、控、审职能不分的诉讼结构下，主要由审判官员承担证明的职责。原告被告双方当事人也要承担一定的证明责任，由于古代缺少人权保障、特别是被告人权利保障的理念和制度，原告如果不提供一定的证明案件事实发生的证据，不仅可能承担案件不被审理的后果，甚至可能受到拷讯，被告人如果不作有罪供述会受到法定的刑讯。

二、中国古代的证明标准

当代意义上的证明标准指的是证明主体运用证据对案件事实的证明所应达到的程度，也称证明要求。严格来说，中国古代法律中不存在制度化的证明标准。但是在审判官员审判案件时，对案件事实的认定一定需要达到某种标准，否则就意味着裁判活动的无限恣意，即使在中国古代也是不容许的。中国人常说的"铁证如山""人证物证俱在"，实际上就反映出一种朴素的证明标准的意涵。需要说明的是，现代意义上的证明标准在刑事诉讼与民事诉讼中有所不同，但在中国古代制度上并未作出这样的区分。根据文献的记载，本文将分以下三个阶段阐述古代的证明标准。

（一）唐代以前的证明标准

中国古代很早就有了证明案件事实所应达到的要求。《周礼·秋官·司刺》载："司刺掌三刺、三宥、三赦之法，以赞司寇听狱讼。一刺曰讯群臣，二刺曰讯群吏，三刺曰讯万民。""云'赞司寇听狱讼者'，专欲以成，恐不获实，众人共证，乃可得真，故谓赞之也。"[3]三刺本身并非证明标准，而是要通过听取群臣、群吏、民众的意见——"众人共证"来决定最终的判决。所谓"实"和"真"，才是对事实认定所欲达到的程度。可见，古代诉讼证明所追求的是案件的事实真相。

在《睡虎地秦墓竹简·封诊式》中也能看到关于证明程度的表述，"治狱"篇载："治狱，能以书从迹其言，毋治（笞）谅（掠）而得人请（情）为上，治（笞）谅（掠）为下，有恐为败。"其后注曰："情，真情，《周礼·小宰》注：

〔1〕《唐律疏议·名例》，刘俊文点校，法律出版社1999年版，第3页。
〔2〕（清）薛允升：《唐明律合编·例言》，怀效锋、李鸣点校，法律出版社1999年版，第1页。
〔3〕《周礼·秋官》，李学勤：《十三经注疏·周礼注疏》（下），北京大学出版社1999年版，第946页。

'情，争讼之辞。' 疏：情，谓情实。"〔1〕从中同样能看出证明的目标是发现案件的真实情况。

在张家山汉简《奏谳书》中记载了春秋至西汉初年的22个案例，在其中许多案例中都能看到"审""皆审"的表述。例如：

"醴阳令恢盗县官米"条记载了一桩盗卖公米的案子〔2〕："鞠：恢，吏，盗过六百六十钱，审。"〔3〕

"淮阳守行县掾新郪狱"条记载了一桩杀人案："鞠之：苍贼杀人，信与谋，丙、赘捕苍而纵之，审。"〔4〕

"四月丙辰黥城旦讲乞鞠"条记载了一桩诬告他人盗牛的案件："鞠之：讲不与毛谋盗牛，吏笞掠毛，毛不能支疾痛而诬指讲，昭、铫、敢、赐论失之，皆审。"〔5〕

"审"或"皆审"的表述均出现在"鞠"之后，"鞠"在古汉语中通常理解为审讯，也有"穷"的意思。这里的"鞠"，李学勤认为"即审讯的结果"，〔6〕张建国指出："鞠是审判人员对案件调查的结果，也就是对审理得出的犯罪的过程与事实加以简明的归纳总结。"〔7〕在"鞠"的最后注明"审"或"皆审"的字样，张建国认为："大概是表示'鞠'的事实都已调查清楚属实或已被审判者所确认。"〔8〕"审"在古文字中写作"宷"，《说文解字》曰："宷，悉也；知宷谛也"，是"详尽、了解得详尽周密"之意。"审"字在古汉语中也有"真实"之意。〔9〕据此，本文认为"审"可以理解为"真实、属实"。从诉讼法的角度讲，"审"与"皆审"的表述不仅表明案件事实已经查清，也意味着对案件事实的证明已经达到了要求，蕴含了证明标准的内涵。

总之，"审"反映出审判者对于案件真实情况的重视，这与西周以三刺之法求

---

〔1〕 《睡虎地秦墓竹简·封诊式》，睡虎地秦墓竹简整理小组，文物出版社1978年版，第245~246页。

〔2〕 为行文之便，文中所引仅是案例的部分内容。以下同。

〔3〕 彭浩、陈伟、〔日〕工藤元男：《二年律令与奏谳书——张家山二四七号汉墓出土法律文献释读》，上海古籍出版社2007年版，第353页。

〔4〕 彭浩、陈伟、〔日〕工藤元男：《二年律令与奏谳书——张家山二四七号汉墓出土法律文献释读》，上海古籍出版社2007年版，第355页。

〔5〕 彭浩、陈伟、〔日〕工藤元男：《二年律令与奏谳书——张家山二四七号汉墓出土法律文献释读》，上海古籍出版社2007年版，第360页。

〔6〕 李学勤："《奏谳书》解说"（上），载《文物》1993年第8期，第27页。

〔7〕 张建国："汉简《奏谳书》和秦汉刑事诉讼程序初探"，载《中外法学》1997年第2期，第55页。

〔8〕 张建国："汉简《奏谳书》和秦汉刑事诉讼程序初探"，载《中外法学》1997年第2期，第56页。

〔9〕 例如《战国策·秦策一》载："为人臣不忠当死，言不审亦当死。"此处"审"意为"真实、详实"。

真实、秦代治狱求情实所体现的理念是一脉相承的。

（二）唐宋元时期的证明标准

从唐代起，律典当中出现了更加明确、具体的关于证明标准的规定。如上文所述，唐律中规定了对被告人实施刑讯以获取口供的程序，同时唐律规定了某些情况下无需口供也可以定案。《断狱》"讯囚察辞理"条规定："若赃状露验，理不可疑，[1]虽不承引，即据状断之。"疏议曰："谓计赃者见获真赃，杀人者检得实状，赃状明白，理不可疑，问虽不承，听据状科断。"[2]《宋刑统·断狱》沿袭了《唐律》"赃状露验、理无可疑"的律文，还规定："诸犯罪事发，有赃状露验者，虽徒伴未尽，见获者，先依状断之，自后从后追究。"[3]又准唐长兴二年（公元930年）八月十一日敕节文："今后凡有刑狱，宜据所犯罪名，须具引律、令、格、式，逐色有无正文……事实无疑，方得定罪。"[4]《宋史·刑法一》记载，景德四年（公元1007年），"知审刑院朱巽上言：'官吏因公事受财，证左明白，望论以枉法，其罪至死者，加役流。'"[5]《宋史·刑法三》记载："夫情理巨蠹，罪状明白，奏裁以幸宽贷，固在所戒。"[6]以上两则史料表明，当证据达到"明白"的程度之时，就可以认定犯罪事实了。元代法律中也有"理无可疑"的规定，据《元史·刑法三》载："诸杖罪以下，府州追勘明白，即听断决。徒罪，总管府决配，仍申合干上司照验。流罪以上，须牒廉访司官，审覆无冤，方得结案，依例待报。其徒伴有未获，追会有不完者，如复审既定，赃验明白，理无可疑，亦听依上归结。"[7]而在赌博犯罪中，则规定："因事发露，追到摊场，赌具赃证明白者，即以本法科论。"[8]

本文认为，"赃状露验，理不可疑""事实无疑""赃验明白，理无可疑"等都具有证明标准的内涵，其中唐律规定的"赃状露验，理不可疑"最具有代表性。所谓"赃状露验"，唐律的疏文解释为"计赃者见获真赃，杀人者检得实状，赃状明白"。"赃"相当于财产犯罪中物证，而"状"基本相当于对有关的场所、物品、人身、尸体进行勘验、检查得出的犯罪事实情况结论。可见，"赃状露验"就是要求证据真实，案情明白。有研究者提出中国古代存在"据赃状断案"的证据规则，

---

〔1〕《魏书·刑罚志》中已有"赃状露验"一语以及类似的表达："且货赇小愆，寇盗微戾，赃状露验者，会赦犹除其名"；"寺谓犯罪迳弹后，使覆检鞫证定刑，罪状彰露，案署分晰，狱理是成。"《隋书·刑法志》中也有："小大之狱，理无疑舛"的记载。

〔2〕《唐律疏议·断狱》，刘俊文点校，法律出版社1999年版，第593页。

〔3〕《宋刑统·断狱》，薛梅卿点校，法律出版社1999年版，第550页。

〔4〕《宋刑统·断狱》，薛梅卿点校，法律出版社1999年版，第551页。

〔5〕（元）脱脱：《宋史·刑法一》，中华书局1977年版，第4973页。

〔6〕（元）脱脱：《宋史·刑法三》，中华书局1977年版，第5013页。

〔7〕（元）宋濂：《元史·刑法三》，中华书局1976年版，第2657页

〔8〕（元）宋濂：《元史·刑法四》，中华书局1976年版，第2685页。

其中"赃"包括金钱和其他赃物，"状"包括作案工具、受害人伤或死的形状等。而适用"据状断之"的特定前提之一就是"真赃、实状"，[1]这是言之有据的论断。对于"理不可疑"的理解学界存在争议。有研究者将这句话简单地解释为"案无异议"，[2]还有研究者指出，"理不可疑"要求审判官员首先对事实和证据进行"查验"，然后根据经验和推"理"，排除合理的怀疑，但更强调"无可疑"。[3]本文认为，"理不可疑"的确表明了结论的不可怀疑性，但是不应简单地同排除合理怀疑相对应，二者毕竟产生于不同的历史条件下；基于中国传统上对于案件事实真相的重视与追求，本文倾向于将其理解为根据常理或推理，案件事实不存在任何的疑问。[4]

对于唐律"赃状露验，理不可疑"规定，还有以下几点需要注意：

第一，这只是在不需要口供的情况下定罪的一种证明标准，而不是一种概括性的、适用于一切案件的证明标准。

第二，这一证明标准本身并没有排除通过刑讯获取被告人供述的做法。"虽不承引"意味着没有获取被告人的有罪供述，但并没有说不能通过刑讯获取口供。律文原意，是允许审判官员在满足了"赃状露验，理不可疑"的标准的情况下，即使缺少口供也可定罪。[5]

第三，"赃状露验，理不可疑"是一个主客观相结合的证明标准。"赃状露验"是其客观上的表现，"理不可疑"终究要靠审判官员通过内心感受的程度来判断，是审判官员主观上的认识，主客观相结合，表明审判官员相信已有证据证明的案件事实是客观、无可怀疑的事实。

（三）明清时期的证明标准

明清时期的律典中没有出现"赃状露验，理不可疑"的条文。《大明律·刑律·

---

〔1〕 参见祖伟、蒋景坤："中国古代'据状断之'证据规则论析"，载《法制与社会发展》2011年第4期。

〔2〕 参见郭成伟：《中国证据制度的传统与近代化》，中国检察出版社2013年版，第147页。

〔3〕 参见祖伟："中国古代证据制度及其理据研究"，吉林大学2009年博士学位论文。

〔4〕 对于"理不可疑"的理解，关键在于对"理"字的解释上。按照本文的理解，"理不可疑"强调的是对案件事实的证明所应达到的程度，因此具有了证明标准的意义。文中所引唐代敕文中的"事实无疑"以及后代律典中的类似表述可以佐证这一点。但是，有研究者对此有不同见解，刘晓林细致地考证了《唐律疏议》中"理"的含义，他指出，很多情况下，"理"在唐律中表达的都是司法审判的根据或理由，在"理不可疑"中"理"是法定的根据或理由的意思，也就是"法律"的意思。（参见刘晓林："《唐律疏议》中的'理'考辨"，载《法律科学（西北政法大学学报）》2015年第4期）照此理解，"理不可疑"因此应解释为"在适用法律方面没有疑问"。真正具有证明标准意义的是"赃状露验"，其含义类似于物证确实充分。当然，无论采取何种解释，将"理不可疑"简单地同排除合理怀疑对应起来都是不恰当的。

〔5〕 《魏书·刑罚志》中有"拷不承引，依证而科"的记载，意思与"虽不承引，即据状断之"相似，只是明确指出是在刑讯后不认罪的可以依据证据定罪。《唐律》的规定与之有细微的差异，但并非规定不能使用刑讯。

断狱》"故禁故勘平人"条规定:"罪人赃仗证佐明白,不服招承,明立文案,依法拷讯。"〔1〕可见,当"赃仗证佐明白"、案件事实已经得到证明时,依然需要进行刑讯获取被告人的有罪供述。

此外,明律中也出现了"赃证明白"这类表述,对不同类型的犯罪,法律规定了在认定犯罪事实时要达到的程度。

例如,《问刑条例·刑律·贼盗》"强盗"条规定:"响马强盗,执有弓矢军器,白日邀劫道路,赃证明白,俱不分人数多寡,曾否伤人,依律处决。于行劫去处,枭首示众。"〔2〕

《大明律·刑律·杂犯》"放火故烧人房屋"条规定:"若放火故烧官民房屋及公廨仓库,系官积聚之物者,皆斩(须于放火处捕获、有显迹证验明白者,乃坐)。"〔3〕

清律沿袭了明律"故禁故勘平人"条的规定,此外,《大清律例·刑律·断狱》"吏典代写招草"条规定:"凡诸衙门鞫问刑名等项,必据犯者招草以定其罪。"〔4〕这更加明确了口供是定案的必要证据。还有不少律、例文中出现了"明白""无疑"这类的表述,例如:

《名例律》"处决叛军"条规定:"凡边境(重地)城池,若有军人谋叛,守御官捕获到官,显迹证佐明白,鞫问招承……随即依律处治。"〔5〕

《名例律》"犯罪事发在逃"条中条例规定:"若现获之犯,称逃者为首,如现获多于逸犯,供证确凿……即依律先决从罪,毋庸监候待质。"〔6〕

《刑律·贼盗》"强盗"条中条例规定:"凡问刑衙门鞫审强盗,必须赃证明确者照例即决。如赃亦未明,招扳续缉,涉于疑似者,不妨再审。或有续获强盗,无自认口供,赃亦未明,伙盗已决无证者,俱引监候处决。"〔7〕

《刑律·贼盗》"窃盗"条中条例规定:"拿获窃盗,承审官即行严讯……拟遣者其供出邻省、邻邑之案,承审官即行备文,专差关查。若赃证俱属相符,毫无疑义,即令拿获地方迅速办结……"〔8〕

《刑律·斗殴》"殴祖父母父母"条中条例规定:"子妇拒奸殴毙伊翁之案,如

---

〔1〕《大明律·刑律·断狱》,怀效锋点校,法律出版社1999年版,第212页。

〔2〕《大明律·问刑条例·刑律·贼盗》,怀效锋点校,法律出版社1999年版,第409页。

〔3〕《大明律·刑律·杂犯》,怀效锋点校,法律出版社1999年版,第204页。

〔4〕《大清律例·刑律·断狱》,田涛、郑秦点校,法律出版社1999年版,第602页。

〔5〕《大清律例·名例》,田涛、郑秦点校,法律出版社1999年版,第121页。

〔6〕(清)薛允升:《读例存疑·名例》,参见胡星桥、邓又天:《读例存疑点注》,中国人民公安大学出版社1994年版,第82页。

〔7〕《大清律例·刑律·贼盗》,田涛、郑秦点校,法律出版社1999年版,第382页。

〔8〕(清)薛允升:《读例存疑·刑律·贼盗》,参见胡星桥、邓又天:《读例存疑点注》,中国人民公安大学出版社1994年版,第463页。

果实系猝遭强暴，情急势危，仓猝捍拒，确有证据，毫无疑义者，仍照殴夫之父母本律定拟。"[1]

《刑律·捕亡》"盗贼捕限"条中条例规定："盗案获犯到官，无论首盗伙盗缉获几名，如供证确凿、赃迹显明者，一经获犯，限四个月完结……"[2]

《刑律·断狱》"鞫狱停囚待对"条中条例规定："各省军流等犯，臬司审解之日，将人犯暂停发回，听候督抚查核。如有应行复讯者即行提讯，其或情罪本轻，供证明确，毫无疑窦者，亦不必概行解送致滋稽延拖累。"[3]

《刑律·断狱》"有司决囚等第"条中条例规定："五城及步军统领衙门审理案件……至查拿要犯，必须赃证确凿，方可分别奏咨交部审鞫……"[4]

《刑律·断狱》"妇人犯罪"条中条例规定："犯妇怀孕，律应凌迟斩决者……若初审证据已明，供认确凿者，于产后一月起限审解，其罪应凌迟处死者产后一月期满，即按律正法。"[5]

综上，明清律、例规定了"证佐明白""明白、无疑"或者"毫无疑义"的证据加上被告人的供述方可确认案件事实，这可以视为是对于证明标准的法定表述。中国古代的诉讼证明标准在唐代以前较为原则、概括，到唐宋时期有了比较具体的规定，再到明清时期则更加明确、通俗，已经相当接近今天"事实清楚""证据确凿"证明标准的表述，[6]并体现了查明案件事实真相的追求。

（四）据众证定罪——一种特殊的证明标准

在中国古代，还有一种具有证明标准意涵的制度：据众证定罪。以唐律的规定为例，《断狱》"据众证定罪"条规定："诸应议、请、减，若年七十以上，十五以下及废疾者，并不合拷讯，皆据众证定罪，违者以故失论。若证不足，告者不反坐。"疏议曰："'应议'，谓在《名例》八议人；'请'，谓应议者期以上亲及孙，若官爵五品以上者；'减'，谓七品以上之官及五品以上之祖父母、父母、兄弟、姊妹、妻、子孙者；'若年七十以上，十五以下及废疾'，依令'一支废，腰脊折，

---

〔1〕（清）薛允升：《读例存疑·刑律·斗殴》，参见胡星桥、邓又天：《读例存疑点注》，中国人民公安大学出版社 1994 年版，第 663 页。

〔2〕（清）薛允升：《读例存疑·刑律·捕亡》，参见胡星桥、邓又天：《读例存疑点注》，中国人民公安大学出版社 1994 年版，第 812 页

〔3〕（清）薛允升：《读例存疑·刑律·断狱》，参见胡星桥、邓又天：《读例存疑点注》，中国人民公安大学出版社 1994 年版，第 835 页。

〔4〕（清）薛允升：《读例存疑·刑律·断狱》，参见胡星桥、邓又天：《读例存疑点注》，中国人民公安大学出版社 1994 年版，第 855 页。

〔5〕（清）薛允升：《读例存疑·刑律·断狱》，参见胡星桥、邓又天：《读例存疑点注》，中国人民公安大学出版社 1994 年版，第 873 页。

〔6〕古代司法文献中也有这类表述，如王又槐《办案要略·论命案》载："谋杀之故，不外奸、盗、仇三项。若因奸而谋……须审认有奸，证据确凿，方足征信。"（王又槐：《办案要略·论命案》，华东政法学院语文教研室注译，群众出版社 1987 年版，第 3 页）

痴痖，侏儒'等：并不合拷讯，皆据众证定罪。称'众'者，三人以上，明证其事，始合定罪……"〔1〕

由此可见，唐律的"据众证定罪"实际上就是指，案件的当事人由于具备了某些特殊的身份，不能通过拷讯获取口供，而只能依据三名以上的证人提供的证言来证明案件的事实。后代法律继承了对不合拷讯者"据众证定罪"的规定，但在适用的范围上与唐宋时期有所不同。如《大明律·刑律·断狱》"老幼不拷讯"条规定："凡应八议之人及年七十以上、十五以下，若废疾者，并不合拷讯，皆据众证定罪。违者，以故失入人罪论。"〔2〕《大清律例》中也有同样的规定。

"据众证定罪"具有证明标准的意涵：三名以上证人证明被告人有罪是作出有罪判决应达到的要求。因其对证人人数作出了明确的规定，从而具备了一定的形式主义色彩。从其适用的六类人可以看出，这条规定维护了官僚贵族的司法特权，也体现了儒家"恤刑"的理念，可以说是儒家思想法律化的一种具体表现。需要指出的是，在整部法典当中，"据众证定罪"是一种特殊的或者说例外情况下的证明标准，只适用在被告人具有法定特殊身份的案件中，目的是解决不能通过刑讯获取口供的问题；同时，它又是"独立适用的证明标准，不依赖于其他规则而存在"〔3〕，只要是符合法定条件的，就一定要予以适用。

三、中国古代的疑罪处理原则

疑难案件的出现在任何社会任何时期的司法活动中都是不可避免的。就刑事案件而言，疑难案件就是定罪有一定根据、不定罪也有一定理由的案件。疑罪包括认定事实和适用法律存疑两种情况，但更多的疑难案件是在事实认定方面存在疑问。对于疑罪，不同历史背景下的司法制度有不同的处理原则和方式。

中国古代最早采取神判的方式来解决疑罪，例如东汉王充所说："皋陶治狱，其罪疑者，令羊触之，有罪则触，无罪则不触。"〔4〕但中国的神判消失得比较早，正式的疑罪处理原则始见于夏商周三代。《尚书·大禹谟》载："罪疑惟轻，功疑惟重。与其杀不辜，宁失不经。"〔5〕疏曰："罪有疑者，虽重，从轻罪之。功有疑者，虽轻，从重赏之。与其杀不辜非罪之人，宁失不经不常之罪。以等枉杀无罪，

---

〔1〕《唐律疏议·断狱》，刘俊文点校，法律出版社1999年版，第590页。

〔2〕《大明律·刑律·断狱》，怀效锋点校，法律出版社1999年版，第215页。

〔3〕 参见祖伟："中国古代'据众证定罪'证据规则论"，载《当代法学》2012年第1期。

〔4〕（汉）王充：《论衡·是应》，陈蒲清点校，岳麓书社2006年版，第228页。

〔5〕《大禹谟》经过考证，被认为是晋人伪作，这在学界已达成共识。《左传·襄公二十六年》中有"故《夏书》曰：'与其杀不辜，宁失不经'"的记载，但没有"罪疑惟轻"的表述。据研究者考证，"罪疑惟轻"应该是作伪者自行编造，置于"与其杀不辜，宁失不经"之前。参见蒋铁初："中国古代的罪疑惟轻"，载《法学研究》2010年第2期。

宁妄免有罪也。"〔1〕这里的"宁失不经"应理解为对疑罪被告人不予处罚。"与其杀不辜，宁失不经"是中国最早的关于疑罪处理的原则，为整个古代社会的疑罪处理问题奠定了基调，也是古代司法文明的宝贵遗产。

"疑罪从轻""疑罪从赎"的原则在《尚书·吕刑》中得到了具体化："五刑不简，正于五罚。五罚不服，正于五过"；"五刑之疑有赦，五罚之疑有赦，其审克之"。孔安国解释为："刑疑赦从罚，罚疑赦从免，其当清察，能得其理。"〔2〕"五刑之疑有赦，五罚之疑有赦"一般理解为，用五刑去处罚犯罪有疑问的，可以减等按照五罚的规定处理；如果按照五罚去处理仍有疑问的，便减等按照五过的规定来处理。具体的处理方式是"从赎"，每一种拟判处的刑罚都与一定数量的财货相对应，按照《尚书·吕刑》的规定，"墨辟疑赦，其罚百锾，阅实其罪。劓辟疑赦，其罚惟倍，阅实其罪。剕辟疑赦，其罚倍差，阅实其罪。宫辟疑赦，其罚六百锾，阅实其罪。大辟疑赦，其罚千锾，阅实其罪"。〔3〕西周以铜作为赎罪财物，锾是一种重量单位。

后世也有人主张"疑罪从无"，例如汉代的贾谊提出："诛赏之慎焉，故与其杀不辜也，宁失于有罪也。故夫罪也者，疑则附之去已；夫功也者，疑则附之与已……疑罪从去，仁也；疑功从予，信也。"〔4〕

古代中国虽然有"疑罪从无"的思想，但是在法律规定的层面上，对疑罪的实体处理方式主要还是"疑罪从轻""疑罪从赎"。到了唐代，法律将这一原则明文规定了下来，《断狱》"疑罪"条载："诸疑罪，各依所犯以赎论。"〔5〕这是古代法制史中体现疑罪处理原则的著名规定。

对于唐律的"疑罪"这一条文，可以从两个层面来解读：首先，何为疑罪？其次，疑罪是如何处理的？

唐律具体解释了何为疑罪。《断狱》"疑罪"条曰："疑，谓虚实之证等，是非之理均；或事涉疑似，傍无证见；或傍有闻证，事非疑似之类。"疏议曰："'疑罪'，谓事有疑似，处断难明。……注云'疑，谓虚实之证等'，谓八品以下及庶人，一人证虚，一人证实，二人以上虚实之证其数各等；或七品以上，各据众证定罪，亦各虚实之数等。'是非之理均'，谓有是处，亦有非处，其理各均。'或事涉疑似'，谓赃状涉于疑似，傍无证见之人；或傍有闻见之人，其事全非疑似。称'之类'者，或行迹是，状验非；或闻证同，情理异。疑状既广，不可备论，故云

〔1〕《尚书·大禹谟》，参见李学勤：《十三经注疏·尚书正义》，北京大学出版社 1999 年版，第 91 页。

〔2〕《尚书·吕刑》，李学勤：《十三经注疏·尚书正义》，北京大学出版社 1999 年版，第 545 页。

〔3〕《尚书·吕刑》，李学勤：《十三经注疏·尚书正义》，北京大学出版社 1999 年版，第 545～546 页。

〔4〕《贾谊·新书·大政》，方向东译注，中华书局 2012 年版，第 278 页。

〔5〕《唐律疏议·断狱》，刘俊文点校，法律出版社 1999 年版，第 617 页。

'之类'。"〔1〕概括地讲疑罪即"事有疑似，处断难明"，也就是事实无法确定、难以作出判断的案件。具体又可以分为以下几种情形：

第一类是"虚实之证等、是非之理均"的案件。根据疏议的解释，"虚实之证等"又包括两种情况，一是当犯罪主体是八品以下官员或者庶人时，只要证明有罪和证明无罪的证人人数相等（无论证人人数有多少），就构成疑罪；当犯罪主体是七品以上官员时，则应适用"据众证定罪"的规则，若提供有罪证言的人数超过三人且恰好提供无罪证言的人数与之相等，则构成疑罪。〔2〕"是非之理均"是指有罪与无罪的理由相当，既有对的地方，也有错的地方。

第二类是"事涉疑似"的案件。包括两种情况：一是赃物和案件情状似乎涉及犯罪，又无见证之人；二是虽然有旁人见证，但是事情本身又没有可以怀疑为犯罪的地方，这种情况也只能认为是疑罪。

第三类是"之类"的情形，相当于今天法典中常用的"其他"条款。包括：形迹可疑但经查验又没有真情实状；见证人的说法一致但从情理上推断又有差异；疑罪的情况很多，不能够全部列举。〔3〕

质言之，疑罪就是既有证据证明被告人实施了犯罪行为，也有证据证明被告人没有实施犯罪行为，审判官员无法确定案件事实真相究竟是什么样。而且在法典中，此条与"理不可疑并列，自属允当"，〔4〕更可说明，罪疑是与"理不可疑"相对应而言的，即罪疑指对犯罪事实的证明没有达到"理不可疑"的程度。

其次，被认定为疑罪的案件，应当从赎处理，薛允升认为此"即罪疑惟轻之意也"。〔5〕说得透彻些，就是罪疑作有罪处理，只是从轻处罚而已，因此，其实质上是实行有罪推定和疑罪从有的处理。〔6〕

至于具体如何赎罪，唐代也以铜作为赎罪财产。《名例》中详细规定了答、杖、徒、流、死每种刑种及其刑期所对应的赎铜数量；其中，答刑五等，从十到五十，

---

〔1〕 《唐律疏议·断狱》，刘俊文点校，法律出版社 1999 年版，第 617 页。

〔2〕 《断狱》"据众证定罪"条也涉及七品以上官员这类"不合拷讯者"的疑罪问题。这类特殊主体犯罪，应"据众证定罪"，若三人证实，三人证虚，是名"疑罪"，也就是提供有罪证言的证人人数超过三人且恰好提供无罪证言的证人人数与之相等时会构成疑罪。

〔3〕 关于《唐律》"疑罪"条的理解，可参见曹漫之：《唐律疏议译注》，吉林人民出版社 1989 年版，第 1024 页；钱大群：《唐律疏义新注》，南京师范大学出版社 2007 年版，第 1011 页。

〔4〕 （清）薛允升：《唐明律合编》卷三十，怀效锋、李鸣点校，法律出版社 1999 年版，第 818 页。

〔5〕 （清）薛允升：《唐明律合编》卷三十，怀效锋、李鸣点校，法律出版社 1999 年版，第 818 页。

〔6〕 根据考证，尽管"疑罪从无"在中国古代在理念和制度上都有所体现，但在司法实践中一案难求（参见蒋铁初："中国古代的罪疑惟轻"，载《法学研究》2010 年第 2 期）；此外，尽管史料中存在"疑罪从赦"的记载，例如《元史·刑法四》载："诸疑狱，在禁五年之上不能明者，遇赦释免"，《元史·泰定帝二》载："疑狱系三岁不决者咸释之"，但是这种处理不同于"疑罪从无"，在中国古代侦、控、审职能不分的体制下，即使是疑罪，审判官员也并不是径行将被告人宣判无罪并释放，如下文所述，实践中往往将案件暂缓处理，继续收集证据，直到真相大白，才将原犯释放。

对应的赎铜为一斤到五斤；杖刑五等，从六十到一百，对应的赎铜为六斤到十斤；徒刑五等，从一年到三年，对应的赎铜为二十斤到六十斤；流刑三等，从两千里到三千里，对应的赎铜为八十斤到一百斤；死刑有斩、绞两种执行方式，赎铜一百二十斤。

《宋刑统》继承了《唐律》关于疑罪的规定。在司法实践中，审判官员面对罪疑的情况，往往首先查实案情，然后再作处理。下面这则宋代案例清晰地反映了这种处理方式：

> "宋朝钱若水为同州推官，有富民家养一小女奴，逃亡不知所之。奴父母讼于州，州命录事参军鞫之。录事尝与富民贷钱不获，乃劾富民父子数人共杀奴，弃尸水中，因失其尸。或为元谋，或从而加功，皆应死。富民不胜榜楚，遂诬服。具上，州官审覆无翻异，皆以为得实，若水独疑之。留其狱数日不决……"[1]

此案中，推官钱若水认为判处富民父子谋杀乃是疑罪，理由是并未发现被害人尸体。派人四处寻找被害人下落，最终女奴出现，证明富民父子确属冤枉。

元、明、清时期法律对疑罪的规定方式与唐宋时期不同：在正式的刑律中均不见"疑罪"条目，只是在个别律、例条文中有所规定。例如《皇明条法事类纂·刑部类》载："查照各衙门见监重囚，中间果有强盗，追无赃状，久不结正，人命无尸检验，累诉冤枉者，务要从公审究是实。"[2]对于强盗、斗殴、人命等案件，赃状、尸体、证佐明白的，才能定罪处刑；反之，"及系三年之上，如前赃状身尸之类不明者，终是疑狱，合无罪拟惟轻……发边远充军"。[3]可见，"无尸、无赃"这类证据不够确实明白、事实存疑的案件会被视为疑罪，虽然"合无罪"，但依然只是"从轻"处理；又如，清乾隆初年定例："续获强盗既无自认口供，赃迹亦未明晰，伙盗又已处决，无从待质，若即行拟结，诚恐冤滥，故引监候处决，以明罪疑惟轻之义。"[4]可见法律是将这类既缺少自认，物证也不充分，又没有同案犯做证人的案件作为疑罪处理，并且依然遵循"从轻"的原则。此外，后世律法在赎罪财物的种类上有所变化，如明清时期以银钱收赎，但是究其原理历代大抵相同。

从历史发展的角度讲，唐代法律对于"罪疑以赎论"的规定是比较开明的。疑罪条是唐律的最后一条，薛允升认为，唐律"终之以疑狱，其所以矜恤罪因而

---

〔1〕 周尔吉：《历朝折狱纂要》卷四，全国图书馆文献缩微复制中心1993年版，第285页。

〔2〕《皇明条法事类纂》卷三十七《刑部类》，参见杨一凡：《中国珍稀法律典籍集成乙编》（第5册），科学出版社1994年版，第484页。

〔3〕《皇明条法事类纂》卷三十七《刑部类》，参见杨一凡：《中国珍稀法律典籍集成乙编》（第5册），科学出版社1994年版，第485页。

〔4〕（清）祝庆祺等：《刑案汇览三编（一）》，北京古籍出版社2004年版，第523页。

唯恐稍有错失者，可谓无微不至矣"，而明律"删去疑狱一条，均失唐律之意"。[1]这种变化不是偶然的，也不仅是立法技术的差异，而且体现了不同历史时期统治者的立法宗旨的转变。唐代中国封建制度处于鼎盛时期，在德本刑用理念指导下制定的唐律较为宽仁，而到了明清封建社会末期，随着社会矛盾的加剧和专制制度的加强，法律变得更加严苛和极端，删除"罪疑从赎"正是其标志之一。

四、结语——鉴古观今的启示

中国古代自产生国家开始，特别是秦汉以降迄于明清一直实行君主专制主义的政治体制，司法制度作为政治制度的有机组成部分，必然体现这种政治体制的特征。君主专制的主要特征是君权至上，司法依附于行政，酷刑统治，无视人权，正如马克思所说："专制制度的唯一原则就是轻视人类，使人不成其为人。"[2]这就决定了中国古代的司法和诉讼证明为纠问主义的模式且始终延续不变，只是在不同的时期呈现出某些非根本性的演变和调整。我们应该辩证地看到，中国古代的司法制度，本质上是专制主义的，但又闪耀着某些中华古代法制文明的光辉，这种精华与糟粕交集的情况鲜明地体现在诉讼证明制度中，很值得我们考察、研究与总结。

首先，如上所言，中国古代司法是典型的纠问主义诉讼模式，不存在侦、控、审职能的分工，证明案件事实主要是审判机关的职责。当代中国司法进行了现代化改革，控审分离，由控诉方承担被告人有罪的举证责任，审判者客观中立，古今之间是有根本差别的。而今天司法实践中的侦查中心、联合办案，一定程度上可以说是古代侦、控、审不分的残留。

其次，在中国古代有罪推定的背景下，被告人被称为"囚""罪人""人犯"，承担着"自证其罪"的重荷，审判机关为了获取被告人的有罪口供，往往会采取法定的刑讯手段。刑讯在古代的历史条件下有其存在的必然性，但这种传统对今天中国的司法实践仍有着或隐或现的负面影响，许多冤案是由刑讯逼供直接造成的，这是我们应该深刻反思之处。

再次，中国古代的证明标准，随着统治者司法经验的积累和社会上语言习惯的变化，从早期的"实""真""审"，发展到后来的"赃状露验，理不可疑"，再到后来的"证佐明白，鞫问招承"，尽管在法律上没有统一的表述，但在理念上是一以贯之的：强调查明案件事实真相，注意收集客观证据，体现了一定的证据观念，这些是值得今人传承、发扬的。而且现在我国《刑事诉讼法》规定的"事实清楚、证据确实充分"这一证明标准的表述，正可以从古代法制中找到渊源。但是，古代社会特别是到了封建社会后期，定案更加强调口供的作用，即使证据足以证明案件事实，也必须获得被告人的有罪供述，否则不能定案。在强调重证据、重调查研

---

〔1〕 （清）薛允升：《唐明律合编》卷三十，怀效锋、李鸣点校，法律出版社 1999 年版，第 820 页。

〔2〕 马克思：《摘自"德法年鉴"的书信》，载《马克思恩格斯全集》（第 1 卷），人民出版社 1956 年版，第 411 页。

究、不轻信口供和贯彻证据裁判主义的今天，只有深刻批判、彻底肃清口供主义的流毒，才能认真贯彻执行证据裁判主义，最大限度地避免冤案、错案的发生。

最后，在中国古代曾存在着疑罪从无的宝贵思想，但在法律层面上只规定采取"从轻""从赎"的方法处理疑罪。尽管如此，这在古代的专制统治历史条件下，无疑具有进步性，其发端于先秦三代之时尤显我国司法文明之悠久，弥足珍贵。但是历史在进步，在西方伴随着资产阶级革命和人权保障理念的兴起，产生了无罪推定原则和疑罪从无制度，这与中国古代将疑罪视为有罪的一种情况而从轻处理的做法有质的跃进性区别。中国当今《刑事诉讼法》在 1996 年修改时就借鉴外国经验确立了疑罪从无的制度，但是在实践中仍然存在疑罪"从轻"处理的做法，特别是对死刑案件往往作出"留有余地"的判决，导致这类案件存在很大的错判隐患，这里面依然有传统的疑罪从轻思维在无形作祟。

总之，鉴古观今，我们可以从古代诉讼证明中获得许多有益的启示。我们要珍惜这一份法律文化遗产，古为今用，为当今的法治中国建设和深化司法改革发挥积极作用。

完善证人出庭制度的若干问题探析

——基于实证试点和调研的研究[1]

证人出庭作证是当今世界法治国家刑事审判的基本要求，2012 年《刑事诉讼法》修改的一项重要内容就是采取若干措施提高证人出庭率。然而新法实施以来，证人出庭率的提高收效甚微，直接影响了庭审实质化的实现。2014 年 10 月 23 日，中国共产党第十八届四中全会通过的《中共中央关于全面推进依法治国若干重大问题的决定》（以下简称《依法治国重大问题决定》）明确指出："推进以审判为中心的诉讼制度改革……完善证人、鉴定人出庭制度，保证庭审在查明事实、认定证据、保护诉权、公正裁判中发挥决定性作用。"这标志着以探索贯彻直接言词原则、完善证人出庭制度为重要内容的庭审实质化改革已成为全面推进依法治国的一项重要任务。在此背景下，本文第一作者负责的教育部 2011 司法文明协同创新中心团队项目"庭审实质化与证人出庭作证实证研究"开始启动，为期两年。

一、试点和调研的基本情况

本次试点和调研工作，从 2014 年 10 月启动，2016 年 6 月完成，内容包括在浙江省温州市法院（包括瑞安、平阳两个基层法院和市中院）和北京市西城区法院的试点及在黑龙江省和广西壮族自治区法院系统的面上调查。

试点工作分为三个阶段。第一阶段为试点准备阶段，包括前期的调查和摸底、试点的动员，从而明确了各试点部门的具体职责要求。第二阶段为试点实施阶段，试点法院会同同级检察院、公安、司法行政部门等出台《试点工作实施办法》，并以此为依据全面开展试点工作，尽可能提高证人出庭率。第三阶段为试点总结阶段，根据试点情况，通过数据统计等手段，对试点中取得的成绩和发现的问题进行分析，提出改革完善的意见。本试点项目取得了一定的成果，尤其是温州市中院的工作得到了最高人民法院肯定，并被最高人民法院向全国推广。

除了试点工作之外，课题组还在黑龙江省和广西壮族自治区法院系统开展了面上调研。通过发放调查问卷、召开论证会和座谈会等方式收集数据资料、了解实践中证人出庭作证制度存在的问题。

（一）当前证人出庭率低及其负面影响

通过课题组的试点、调研工作，我们发现我国证人出庭制度的主要问题在于证

---

〔1〕 原载《政法论坛》2017 年第 4 期，与郑曦、谢丽珍合著。

人出庭率低。

《刑事诉讼法》第 59 条规定："证人证言必须在法庭上经过公诉人、被害人和被告人、辩护人双方质证并且查实以后，才能作为定案根据。"但在我国的司法实践中，由于各种原因，证人实际出庭率非常低。对此，试点法院的统计表格可予说明。

表1 瑞安市法院 2009~2014 年刑事审判庭证人出庭情况统计

	2009 年	2010 年	2011 年	2012 年	2013 年	2014 年
全年审结刑事案件数量	1470	1456	1742	2458	2374	1497
有证人出庭案件数量	1	0	1	6	3	3
证人出庭率	0.068%	0	0.057%	0.24%	0.12%	0.20%

表2 温州市中级人民法院 2014 年刑事审判庭证人出庭情况统计

	刑初	刑终
审结案件总数	222	122
有证人证言数量	191	113
有证人出庭数量	3	9
证人出庭率	1.35%	7.38%

表3 北京市西城区法院 2012~2014 年证人出庭情况统计

	2012 年	2013 年	2014 年
实际证人出庭人数	20	8	3
有效案件总数证人出庭率	1.98%	0.99%	0.32%
普通案件总数证人出庭率	4.59%	2.77%	0.79%
有证言案件数证人出庭率	2.3%	1.05%	0.33%

从以上表格的统计数据可以看出，在试点工作开始以前，各个试点法院司法实践中证人实际出庭率非常低，一审法院有证人证言的案件中证人出庭率最高不超过 2.3%，最低仅为 0.33%；二审法院有证人证言案件中证人出庭率最高也仅有 7.38%，最低仅有 1.35%。作为课题项目面上调研对象的黑龙江省各基层法院，哈尔滨南岗区法院 2013 年证人出庭率不到 5%；龙江县法院 2012~2014 年审结刑事案件 750 多件，证人出庭的案件仅 1 件；讷河市法院 2013~2015 年审结刑事案件 816 件，证人出庭的也仅 3 件；龙沙区法院 2012~2015 年审结刑事案件近 1500 件，

证人出庭作证的只有 1 件；齐齐哈尔市 2013～2015 年审理刑事案件 7900 件，证人出庭共 21 件，出庭率为 6.66%；大部分案件都是书面证人证言代替证人出庭。

试点和调研的情况表明，证人不出庭将给刑事审判造成很大的负面影响，最主要的影响是程序的不公和实体上的错误风险：

1. 程序的不公

证人不出庭之所以会导致程序不公，主要源于证人不出庭就剥夺了被告人"与证人对质"的权利，而这项权利是公正审判的国际准则的基本要求和正当法律程序的基本体现。证人不出庭，法庭依据控方提交的书面证言对事实予以认定，辩方丧失了对证人当庭质疑和反驳的机会与可能，不仅侵犯了被告人与证人质证的合法权利，而且使整个诉讼程序成为"走过场"，控辩双方的平等对抗沦为形式，程序公正亦难以体现。例如我们在试点和调研中发现，实践中控方申请证人出庭的情形极少，主要是辩方申请证人出庭。如 2015 年温州市中院有 7 件案件辩方共申请 16 名证人出庭，在两家基层试点法院有 15 件案件辩方申请了 15 名证人出庭，辩方申请证人出庭的案件占总案件数比率为 14%；而在温州市三家试点法院通知出庭的 157 件案件中，检察机关仅在中院审理的 1 件案件中申请 1 人出庭作证，在两家基层试点法院审理的 3 件案件中申请 3 人出庭，控方申请出庭的比率为 2.5%。证人出庭作证本是保障辩护权的重要内容，但控方在证人出庭作证问题上的消极态度进一步加剧了证人出庭率的降低，严重地损害了辩护权的行使，从而对程序公正的实现造成了影响。

2. 实体上的错误风险

证人不出庭，证人所作书面证言的真实性无法保障，部分案件事实就无法得以查明，最终可能导致案件实体错误的风险，而证人出庭则可使这种风险大大降低。如黑龙江省某受贿案件，证人书面证言称经他手给被告人送 5 万元人民币，但被告人坚称自己未收钱，一审法庭未通知该证人出庭，最后认定被告人受贿罪成立，被告人不服上诉到二审并申请证人出庭作证，二审通过当庭询问证人证实被告人受贿行为不存在，纠正了一审的错误判决。又如温州中院王某某故意伤害上诉一案，法院依法通知目击案发现场的两名关键证人出庭，经当庭询问证人，法官发现该两名证人隐瞒与被告人、被害人的关系，对于案发经过的细节陈述不清，关于双方互殴时所处方位的证言与在案其他证据不符，由此认定两名证人指证王某某的证言存在疑点且无法得到其他证据印证，据此将该案发回重审，之后公诉机关对该案撤回起诉，避免了错误裁判。

(二) 试点后证人出庭制度的变化及效果

1. 证人出庭人数显著增加、类型不断丰富

2015 年全年，温州市的三家试点法院共在 157 起刑事案件中通知 333 人出庭，占全部非简易程序开庭案件的 11.92%；实际有 72 起案件 107 人出庭作证，实际出庭率为 32.13%。其中温州中院共在 35 起案件中通知了 56 人出庭作证，实际到庭

55 人，证人实际到庭率达 98.21%。而在 2014 年全年，三家试点法院仅有 2 起案件 2 名证人出庭作证。相比未进行改革试点的本市其他九家法院，三家试点法院通知出庭的案件与人数分别为其 4.02 倍和 4.44 倍，实际出庭的证人数是其 2.27 倍。三家试点法院出庭作证的 87 名证人中，包括 65 名普通证人、10 名侦查人员、4 名专家证人和 8 名被害人，涵盖了现行法律框架下刑事案件出庭人员的全部类型，其中，侦查人员、专家证人的通知到庭率均为 100%。尤其是侦查人员出庭作证的数量明显提升，例如乐清市法院在 12 起刑事案件中通知 22 名警察出庭作证，而侦查人员自身出庭作证的意愿和能力也有了较大提高。

表 4　温州市试点法院 2015 年证人出庭情况统计

法院	普通证人	侦查人员	专家	被害人
平阳	8	4	0	2
瑞安	20	0	0	3
中院	37	6	4	3
合计	65	10	4	8

表 5　2015 年温州市试点法院刑事案件出庭作证统计

法院	普通程序开庭案件数	通知出庭案件数	通知出庭人数	实际出庭案件数	实际到庭人数	实际到庭率	通知到庭率
平阳	296	34	67	18	34	50.75%	11.49%
瑞安	699	88	210	20	28	13.33%	12.59%
中院	322	35	56	34	55	98.21%	10.87%
合计	1317	157	333	72	107	32.13%	11.92%

同样，试点中北京市西城区法院证人出庭案件的数量也明显上升，该院 2015 年全年审结普通程序刑事案件 357 件，证人出庭案件数总计 14 件，证人人数 63 人，其中被害人 38 人，普通证人 25 人，证人出庭的案件数量占 3.92%。截至 2016 年 3 月 31 日审结普通程序刑事案件 67 件，证人出庭案件数总计 1 件，证人人数 3 人，其中被害人 1 人，一般证人 2 人，证人出庭的案件数量占 1.49%。

2. 探索证人出庭作证新方式

试点法院试行了视频作证、遮蔽容貌或不披露身份作证等证人出庭的全新方式。对于有必要保护其真实身份信息的证人，采用庭前法庭预先核实身份，庭审远程视频作证、使用隔离装置遮蔽其容貌以及在判决书中不披露其真实身份的措施，既能鼓励证人出庭作证，又能加强对证人的保护。例如，温州市中院在审理张某某贩卖毒品案中，通知四名侦查人员出庭说明其搜查、扣押毒品的经过，为保护侦查人员的个人身份信息，四人均在远程作证室用视频方式出庭作证；在审理胡某某强奸上诉一案中，通过采用视频作证和遮蔽面部的方式，使得身为被告人朋友的一名关键证人同意出庭作证，并指认被告人曾承认强奸被害人的事实。瑞安市法院在审理原县主要领导人陈某受贿案中，采用远程视频作证的方式让身患重病在医院医治的行贿人出庭作证，对认定被告人的犯罪事实起到了关键作用。

3. 明显提升案件审理质量

证人出庭，在补强指控证据、强化法官内心确信以及防范冤假错案方面，均发挥了相当明显的作用。

（1）有效帮助法庭认定争议事实。在部分客观证据缺乏的刑事案件中，通过控辩审三方当庭询问出庭证人，对法官建立内心确信、认定争议事实有极大帮助。例如，在温州中院林某某故意杀人、强奸（未遂）一案中，被告人当庭对强奸的主观意图翻供，公诉人申请在场的两名证人出庭作证，证实案发前被告人曾多次欲与被害人发生性关系且被证人阻止的事实，使法庭确认了被告人构成强奸罪的主观要件，最终帮助认定案件事实。在温州中院罗某某贩卖毒品一案中，被告人始终否认贩卖毒品的事实，法庭通知证人丁某某出庭作证，证实罗某某将一毒品样品交给丁某某的事实，协助法庭认定罗某某贩卖毒品的行为确实存在。在西城区法院审理康某强奸案中，被告人康某自抓捕到开庭始终对指控的强奸事实予以否认，其辩护人当庭也对被害人陈述中的多项细节描述提出质疑，为被告人作无罪辩护。由于被害人在预审阶段只做过一次笔录，其中情节叙述比较简单，无法对案件事实进行详细描述，合议庭决定安排被害人出庭作证，但当时被害人已经离开北京回到甘肃老家，经承办法官多次联系、反复做被害人工作，并承诺负担其来往路费、住宿费，最终被害人同意出庭作证。出庭时，被害人对事发经过进行了陈述，并接受了控辩双方的询问。经过审理，合议庭认为被害人当庭陈述与在案证据相吻合，且与其此前的书面陈述一致，最终作出了有罪判决。在一起警察滥用职权的案件中，控方申请关键证人出庭，辩方通过对此证人的发问、质证发现证人证言存疑，后证人承认审前证言为受控方误导，重新陈述案件发生经过，最终法庭根据此证据认定滥用职权行为不存在。这些案件的顺利审结，充分显示了出庭证人在查明案件事实、增强法官内心确信方面的重要作用。

（2）有效补正瑕疵证据。在刑事审判过程中，由于部分证据在证据来源、取证程序上有一定的瑕疵，且通过其他方式无法补正，往往导致案件"定放两难"。有的案件虽然确认了犯罪事实，却总感觉不够踏实，作了轻判处理。实践中，通过证人出庭作证，可以有效补正部分案件中的证据瑕疵。如在温州中院金某某污染环境上诉一案中，由于侦查人员在对金某某的电镀加工厂废水进行取样时，所取水样系排水槽废水和滚筒废水的混合物，与《电镀污染物排放标准》的规定不符，被告人上诉提出该水样的检测结果不能作为定案依据。经法庭通知，目击证人罗某某出庭作证，证实滚筒废水不含镍，因此用于检测水样中的重金属镍实际上均来自排水槽，且浓度已被稀释，其当庭证言有效补正了公安机关在取样中存在的瑕疵，使得定案的关键证据水样检测报告得以被采信。

（3）有效防范冤假错案。证人出庭作证符合直接言词原则的要求，证人出庭直接接受各方询问，能清晰地暴露案件取证的诸多疑点和证据方面的各种瑕疵，增强控辩双方的对抗性，对防范冤假错案有极大帮助。乐清法院在审理何某某盗窃一案中，辩护人提出派出所民警抓获何某某后有殴打行为，四份讯问笔录系遭殴打后所作，申请排除该非法证据。庭审中法官依法通知侦查人员出庭对讯问笔录合法性进行说明，接受控辩双方的询问。因侦查人员无法说明案件中的重大疑点，致使被告人何某某的供述被作为非法证据排除，公诉机关随之撤回起诉。

（4）实现社会效果和法律效果的统一。在刑事诉讼过程中，通过证人出庭作证，让控辩双方对法庭的定罪量刑心服口服，减少上诉率和申诉率，并向社会公众树立了司法公开、公平、公正的良好形象。如温州中院过某某非法采矿案、林某某强奸案、胡某某妨害作证案等，因一审基层法院未同意辩方证人的出庭申请，被告人均对一审判决表示强烈不满。上诉后温州中院依法通知辩方申请的证人出庭作证并接受质证、询问，使辩方真实感受法庭认定此证人证言的正当理由，并据此维持原审判决，被告人对此并未再表示不满，明确服判息讼。在温州中院姚某某因家暴而故意杀人一案中，三位普通证人出庭作证，证实被告人姚某某长期遭受被害人的家庭暴力，研究家暴问题的专家出庭接受控辩双方和法庭的询问，解释说明了被告人作为受暴人在杀害施暴人时的主观心理、杀人手段与家庭暴力的关系及其特点和规律，被害人家属以及社会公众因此接受了长期家庭暴力对此故意杀人案中被告人主观心理的影响，认可了法庭从轻判处被告人姚某某五年有期徒刑的判决。瑞安法院在审理被告人陈某受贿一案中，通知行贿人出庭作证，使行贿人与受贿人当庭对质，对被告人的辩解进行了有力的驳斥，旁听的人民群众与社会媒体因此对司法公开、公正表现出更大的信心，对判决结果的接受程度更大。

（5）倒逼提升法官的职业素养。试点工作开展以前，法官更加重视侦查机关调查取得的书面证人证言，对证据的审查也倾向于书面审查，对有疑问的证据往往通过侦查机关出具补充说明的方式予以核实。试点以后，法官对控辩双方存疑的证人证言，开始倾向于通过通知证人、侦查人员出庭接受质证的方式予以核实，庭审实质化的意识也得到很大的加强。正如前文所述，在试点工作开展以前证人出庭的案件非常少见，庭审情况比较稳定，证人出庭无疑增加了庭审的变数，可能带来一些突发状况，使法官无法掌控庭审过程，因此一开始部分法官对证人出庭心存疑虑，甚至持有抵触情绪。随着证人出庭人数与案件数的不断增长，法官经过多次证人出庭的实践锻炼，并不断从中总结经验教训，面对有证人出庭的案件的庭审控制能力得到提高，除此以外，随着证人出庭改革试点工作的开展，刑事法官对相关出庭意见的审查、评析能力也得到了锻炼。例如，在温州中院胡某某等二人帮助伪造证据一案中，辩护人申请四名证人出庭，试图证明二被告人之间存在真实的借贷关系，法庭经审查发现，其中三名证人的证言与该案案情没有关联性，另一人的证言则明显与在案的其他证据矛盾，且四人均为被告人的亲属，最后法庭对上述证人证言均不予采信。

二、证人出庭制度的改革与完善

根据课题组通过试点和调研工作掌握的情况、经验和发现的问题，按照中共中央十八届四中全会提出的庭审实质化和完善证人出庭制度的要求，参考国际刑事司法准则的基本内容和外国的相关有益经验，我们着重从以下六个方面进行论述并提出相关建议。

（一）证人应当出庭的情形

我国证人出庭率低，其中一个原因在于《刑事诉讼法》本身的规定存在缺陷。《刑事诉讼法》第 187 条第 1 款规定："公诉人、当事人或者辩护人、诉讼代理人对证人证言有异议，且该证人证言对案件定罪量刑有重大影响，人民法院认为证人有必要出庭作证的，证人应当出庭作证。"根据这一规定，应当出庭的证人需符合三方面条件：①法律规定的关键诉讼参与人对该证人证言有异议；②该证人证言对定罪量刑有重大影响；③法院认为其必须出庭的。只有同时符合这三项条件的证人才应当出庭。这样的规定无疑在立法层面增加了证人出庭的难度，从而使得我国的证人出庭制度具有"先天缺陷"。尤其是在前两项条件之外同时还要满足"法院认为其必须出庭的"这一主观性极强的要求，显然过于苛刻。第 187 条的规定一方面赋予法院大而模糊的裁量权，只要法院认为证人没有必要出庭，则证人就无需出庭。这种授权性规定一方面留给法院过大的裁量空间，另一方面在当前我国以审判为中心尚未得到贯彻落实的流线型诉讼模式下也给法院出了难题。

此外，立法的缺陷进一步体现在第 187 条与第 190 条的结合上。《刑事诉讼法》第 190 条规定："公诉人、辩护人应当向法庭出示物证，让当事人辨认，对未到庭的证人的证言笔录、鉴定人的鉴定意见、勘验笔录和其他作为证据的文书，应当当庭宣读。审判人员应当听取公诉人、当事人和辩护人、诉讼代理人的意见。"该条关于当庭宣读不出庭证人的证言笔录的规定与第 187 条相结合，一方面使得证人出庭的难度很高，另一方面即便证人不出庭其证言也能得到采纳，实际上进一步架空了证人出庭作证制度，使得证人出庭制度沦为"证人出庭难"＋"证人不出庭亦可"的畸形状态，在立法层面上即已决定了实践中证人出庭率低的必然结果。

面对此种现状，2016 年 10 月最高人民法院、最高人民检察院、公安部、国家安全部、司法部联合发布的《关于推进以审判为中心的刑事诉讼制度改革的意见》对之作出了改进，其第 12 条规定："公诉人、当事人或者辩护人、诉讼代理人对证人证言有异议，人民法院认为该证人证言对案件定罪量刑有重大影响的，证人应当出庭作证。"这一改进值得肯定，但从发展的角度，还有待进一步提高。将证人出庭的最终决定权仍交由法院自由裁量，可能与辩方诉求有较大差距，也与联合国《公民权利和政治权利国际公约》第 14 条（戊）"被追诉人有权与不利于自己的证人对质"的规定不符。

基于上述分析，宜对法律规定的证人应当出庭的情形进行改革，建议修改现行《刑事诉讼法》第 187 条第 1 款和第 190 条之规定，重新确定必须出庭证人的范围。

首先，规定公诉人、当事人或者辩护人、诉讼代理人对证人证言有异议，且该证人证言对案件定罪量刑有重大影响的，则该证人应当出庭。相较于两院三部意见第 12 条的规定，这样的规定放弃了原有第 187 条第 1 款中三方面要件中主观性极强而难以把握的"法院认为其必须出庭的"要求，仅要求满足前两项客观要件，为证人出庭制度落实提供了保障。其中尤其应强调重视辩护方要求证人出庭的情形，辩方坚持该证人出庭的，法院应当予以保障，不能以"法院认为"为由加以拒绝，从而保障被告人的对质权。

其次，规定可能判处死刑或者有重大社会影响案件中的重要证人应当出庭。尤其是死刑案件，涉及被告人生命权这一重大法益，"人命关天"而不得不审慎为之。在此种情况下，即便控辩双方没有申请该证人出庭，只要该证人证言对案件事实的认定和法律的适用有重大影响，法院也应主动通知证人出庭作证，甚至在必要时强制其到庭，以确保该证人证言经过双方质证，保证其真实性，同时提升案件程序公正的效果。

再次，删去现行《刑事诉讼法》第 190 条中关于允许当庭宣读不出庭证人证言笔录的规定。目前最高人民法院《关于适用〈中华人民共和国刑事诉讼法〉的解释》（以下简称《刑事诉讼法解释》）第 78 条第 3 款虽规定"经人民法院通知，证人没有正当理由拒绝出庭或者出庭后拒绝作证，法庭对其证言的真实性无法确认的，该证人证言不得作为定案的根据"，但在力度上仍有不足。建议参照第 187 条第 3 款在鉴定人出庭问题上"经人民法院通知，鉴定人拒不出庭作证的，鉴定意见不得作为定案的根据"的规定，明确规定经人民法院通知，证人拒不出庭作证的，不得在法庭上宣读其证言笔录，该证人证言不得作为定案的根据。这样的规定严于最高人民法院《刑事诉讼法解释》第 78 条第 3 款，能够保证对证人证言的质证在法庭上进行，保障审判中心主义和直接言词原则的落实。

最后，在上述要求证人出庭作证的规定基础上确立某些必要合理之例外，允许有正当理由无法出庭的证人以其他方式作证，从而实现原则性与灵活性的统一。根据最高人民法院《刑事诉讼法解释》第 206 条的规定，这些正当理由应当包括证人身患严重疾病或者行动极为不便、居所远离开庭地点且交通极为不便、身处国外短期无法回国等，在这些情形下，可以允许证人以同步视频等方式作证。例如在试点中，温州市三家法院就多次使用视频作证等作证方式，取得了很好的效果。

（二）证人无需出庭的案件类型

如前文所述，要求案件的所有证人出庭不但不符合效率原则，也难以实现，故而应对案件中必须出庭的证人作出条件上的限定。同样地，要求所有类型的案件均有证人出庭也不合理，刑事案件"轻其所轻，重其所重"，在程序上也有繁简分流之需求，未必要求所有类型的案件均需有证人出庭。

在简易程序中，根据《刑事诉讼法》的规定，"适用简易程序审理案件，不受本章第一节关于送达期限、讯问被告人、询问证人、鉴定人、出示证据、法庭辩论程序规定的限制"。最高人民法院《刑事诉讼法解释》第295条也规定"适用简易程序审理案件，可以对庭审作如下简化：……（三）对控辩双方无异议的证据，可以仅就证据的名称及所证明的事项作出说明；对控辩双方有异议，或者法庭认为有必要调查核实的证据，应当出示，并进行质证，……"也就意味着在简易程序中证人未必需要出庭作证，尤其是对其证言控辩双方均无异议的证人无需出庭。

除了简易程序之外，2014年6月第十二届全国人民代表大会常务委员会第九次会议通过了《关于授权最高人民法院、最高人民检察院在部分地区开展刑事案件速裁程序试点工作的决定》，正式开展了刑事速裁程序的试点；[1]同年10月，中共中央十八届四中全会又通过《依法治国重大问题决定》，要求"完善刑事诉讼中认罪认罚从宽制度"。根据中央"合理配置司法资源，提高审理刑事案件的质量与效率"的精神，笔者认为，应当规定被告人认罪认罚从宽的案件和刑事速裁程序中证人可以无须出庭作证而经法定程序采纳其庭外证言。这是因为无论认罪认罚案件还是刑事速裁程序，其前提均是被告人自愿认罪。《最高人民法院关于全面深化人民法院改革的意见》要求认罪认罚案件需"被告人自愿认罪、自愿接受处罚、积极退赃退赔"，人大常委会决定中要求刑事速裁程序需"事实清楚，证据充分，被告人自愿认罪，当事人对适用法律没有争议"。在被告人自愿认罪的前提下，控辩双方出现异议的情形将大大减少，出现错案裁判的风险也将大大降低，则证人出庭作证的必要性也就不如普通案件那么明显了。

在被告人认罪认罚从宽的案件和刑事速裁程序中原则上证人无需出庭作证，但应当有所例外，即严重犯罪案件中关键证人仍需出庭。2016年9月《全国人民代表大会常务委员会关于授权最高人民法院、最高人民检察院在部分地区开展刑事案件认罪认罚从宽制度试点工作的决定》规定认罪认罚制度的适用案件类型为"对犯罪嫌疑人、刑事被告人自愿如实供述自己的罪行，对指控的犯罪事实没有异议，同意人民检察院量刑建议并签署具结书的案件，可以依法从宽处理"。这一规定允许严重犯罪案件适用认罪认罚制度。在这些案件中，关键证人的出庭在保障被追诉人权利和确保定罪量刑准确性方面均有重要意义，不宜一概否定。

因此，明确规定证人无需出庭作证的案件类型，具体而言应从两方面着手规定。一是在《刑事诉讼法》中明确规定被告人认罪认罚从宽的案件和刑事速裁程

---

〔1〕 根据该决定，刑事速裁程序试点期限为两年，即从2014年6月底至2016年6月底，但从当前试点的情况来看，该制度很有可能以纳入认罪认罚制度或其他方式继续实施甚至在全国范围内推行。

序中证人原则上可以无需出庭作证，但被追诉罪名在从宽之前可能被判处十年以上有期徒刑、无期徒刑、死刑案件的关键证人除外；二是在《刑事诉讼法》或最高人民法院《刑事诉讼法解释》中规定此类案件中不出庭证人庭外证言的采纳方式，即便此类案件证人无须出庭，但其证言在被采纳之前仍需保障被告人的质证权，例如规定需向辩方提供对质的机会、允许辩方提出意见等，以在向诉讼效率价值作适度倾斜之时仍兼顾程序公正和被告人权利保障，从而实现刑事诉讼制度的多元价值平衡。

（三）强制证人出庭问题

我国《刑事诉讼法》第 60 条规定："凡是知道案件情况的人，都有作证的义务。"既然法律将作证规定为公民的义务，则意味着不履行此种义务将导致不利的后果，国家也将通过国家机器的强力后盾促使公民履行此种义务。基于此种逻辑，2012 年修法时，为保障证人出庭作证，《刑事诉讼法》第 188 条进一步建立了强制证人出庭制度，成为当时修法的一大亮点，也令从实务界到学界对此项制度提高证人出庭率、破解证人出庭难的作用寄予了很高的期望。

然而此项制度自修改后的《刑事诉讼法》于 2013 年 1 月 1 日实施之时起至今，几乎处于"沉睡"状态。据课题组了解，至今全国范围内极少有运用《刑事诉讼法》第 188 条之规定而强制证人到庭的案例。有时候即便法院希望采取强制证人出庭措施也往往无疾而终。例如在试点过程中，温州市中院曾试图对一名证人采取强制出庭措施，但因种种原因最终也未能实现。

强制证人出庭制度之所以被弃之不用，使得"文本上的法"与"行动中的法"之间产生巨大的鸿沟，究其根源主要有两方面的原因。

一方面的原因是法院实施强制证人出庭措施的努力不够，没有有效行使《刑事诉讼法》第 188 条赋予的强制证人到庭权。尽管受案件数量多、审判任务重、人手有限等客观因素的制约，但最根本的原因仍是法院主观努力不足。法院在证人出庭的问题上本身态度不够积极，担心影响诉讼效率，对于强制证人到庭更无积极性，这进一步导致强制证人到庭制度的闲置。

另一方面，社会环境和传统观念给强制证人出庭制度造成了障碍。我国仍保有"厌讼"的乡土社会特征，证人尤其是刑事诉讼的证人普遍不愿意出庭作证，其中固然有现有法律制度不完善而导致对证人保护不周全等原因，也因为在"抬头不见低头见"的熟人社会中，证人担心出庭作证得罪人而违反乡土社会"多一事不如少一事"的潜规则。在试点中，我们曾了解到，一些案件中出现证人远走他乡逃避作证、同乡帮助藏匿证人等情形，令法院束手无策，给强制证人出庭制度造成了巨大的障碍。

为完善强制证人出庭作证制度，贯彻审判中心主义精神和直接言词原则，针对上述两方面原因，我们提出如下三点建议。

第一，删去现行《刑事诉讼法》第 190 条中关于允许当庭宣读不出庭证人证言笔录的规定，明确规定经人民法院通知证人拒不出庭作证的，不得在法庭上宣读其证言笔录，该证人证言不得作为定案的根据。这不但是完善强制证人出庭作证制度的需要，也是前文所述完善证人出庭范围的要求。

第二，加强法院依法强制证人出庭的主动性。可以通过试点的方式取得强制证人出庭的成功经验，而后通过典型案件的宣传提高法院依法行使强制证人出庭职权的意识和积极性。

第三，加强法治宣传，逐步提高公民的作证意识。提高公民作证意识应以正面引导和强制驱动相结合的方式进行：一方面加强对作证履行公民义务、有效打击犯罪、保障社会良好治安的宣传，使得证人主观上想来作证；另一方面通过对经人民法院通知而拒不出庭的证人采取强制性手段而产生反面教育的效果，尤其对经人民法院通知而藏匿逃避的，应依法给予训诫、拘留等处罚，从而使得证人接到法院通知后不敢不来作证。

（四）亲属拒绝作证问题

《刑事诉讼法》第188条除规定强制证人出庭制度外，也规定了强制证人出庭的例外，即不得对被告人的配偶、父母、子女采取强制出庭措施。强制证人出庭的例外，其立法初衷在于维护家庭关系、保护亲情人伦，[1]因此许多学者认为，这项规定有条件地确立了我国的亲属免证特权。然而这项制度在运用时却遭遇了一些尴尬。例如在举国瞩目的薄熙来贪污、受贿、滥用职权一案的审判中，薄熙来的妻子薄谷开来在庭外作出了不利于薄熙来的证言，却援引强制证人到庭例外规定而拒绝出庭与被告人对质，引发了人们关于强制证人到庭例外和对质权冲突的关注。

事实上，发生强制证人到庭例外和对质权的冲突，除了前文所述的我国允许采纳未出庭证人的庭外证言之原因外，另一个原因在于对亲属免证特权的规定不完整。以英美法的规定为例，《美国联邦证据规定》第505条（c）款规定："刑事诉讼程序中，被指控者的配偶享有拒绝提供对被指控配偶不利证言的特权。"1898年《英国刑事证据法》也规定："被告人的配偶在刑事诉讼过程中只能担任被告人的辩方证人，不能参与对被告人犯罪行为的指控而为控诉方提供证据。"相比而言，我国《刑事诉讼法》第188条的规定，只限定亲属证人在审判阶段无需被强制出庭作证，而没有规定其在整个刑事诉讼中拒绝作证或拒绝作不利于被告人证言的权利。这样一来，如果该亲属证人在审前程序中作出了不利于被告人的证言，而审判阶段又援引免证特权拒绝出庭作证，则被告人无法与其对质，其辩护权利将受到损害。

针对上述问题，我们提出如下建议：

---

〔1〕 全国人大会常委会副委员长王兆国在第十一届全国人民代表大会第五次会议上做的关于《中华人民共和国刑事诉讼法修正案（草案）》的说明指出："考虑到强制配偶、父母、子女在法庭上对被告人进行指证，不利于家庭关系的维系，规定被告人的配偶、父母、子女除外。"

第一，规定完整的亲属免证特权，将亲属证人免于作证的权利扩展到整个刑事诉讼程序，这样的规定可以避免该权利与被告人对质权的冲突。我们认为，宜规定除了某些特殊的案件，如严重危害国家安全、社会公共利益的案件外，其他案件在整个刑事诉讼程序中，亲属证人均应享有拒绝作证的权利。

第二，明确亲属免证是指免受强迫作证，既不排斥其自愿作证，也不排斥其作有利于被告人的证言。权利的本质特征是可放弃性，因此如果亲属证人放弃此种权利而自愿作证，则出于犯罪控制和保障人权的价值平衡考虑，可以允许其作证。此外，亲属证人免证权从不排斥其作有利于被告人的证言，这点应当加以明确。

综上，可以考虑在《刑事诉讼法》再次修改时作出如下规定："除严重危害国家安全、社会公共利益的案件外，其他案件犯罪嫌疑人、被告人的近亲属在刑事诉讼各个阶段均有拒绝作证的权利，但自愿作证或担任辩方证人的除外；享有拒绝作证权的近亲属包括配偶、父母、子女。"

（五）证人作证的保障制度

为提高证人出庭作证率、实现审判中心主义精神，需有相应的配套机制对证人出庭制度形成支撑，其中最为重要的当属证人保护机制和证人经济补偿机制。

1. 证人保护机制

证人保护机制是实现证人出庭的重要保障。在实践中，许多证人不愿出庭的根本原因在于担心遭到打击报复，只有建立完善的证人保护机制才能够排除证人的此种心理恐惧，促使其放心大胆地履行作证义务。从另一个角度来看，代表国家的公安司法机关也应有效履行保护证人的义务，才能要求证人履行作证义务。我国证人出庭率长期处于极低的状态，其中一个重要的原因即在于证人保护机制不完善。

2012年修改《刑事诉讼法》时立法者曾注意到这一问题，在沿袭原第61条"人民法院、人民检察院与公安机关应当保障证人及其近亲属的安全。对证人及其近亲属进行威胁、侮辱、殴打或者打击报复，构成犯罪的，依法追究刑事责任；尚不够刑事处罚的，依法给予治安管理处罚"的规定之外，又增加了第62条："对于危害国家安全犯罪、恐怖活动犯罪、黑社会性质的组织犯罪、毒品犯罪等案件，证人、鉴定人、被害人因在诉讼中作证，本人或者其近亲属的人身安全面临危险的，人民法院、人民检察院和公安机关应当采取以下一项或者多项保护措施：（一）不公开真实姓名、住址和工作单位等个人信息；（二）采取不暴露外貌、真实声音等出庭作证措施；（三）禁止特定的人员接触证人、鉴定人、被害人及其近亲属；（四）对人身和住宅采取专门性保护措施；（五）其他必要的保护措施。证人、鉴定人、被害人认为因在诉讼中作证，本人或者其近亲属的人身安全面临危险的，可以向人民法院、人民检察院、公安机关请求予以保护。人民法院、人民检察院、公安机关依法采取保护措施，有关单位和个人应当配合。"

然而，目前法律的规定主要存在两方面的问题。

一是证人保护的义务主体不清。《刑事诉讼法》规定公安机关、检察机关、法院三家均是证人保护的义务主体，却对各个机关各自承担义务的诉讼阶段、保护方式、具体职责、交接途径等缺乏细化规定，以至于在实践中三机关时有互相推卸保护证人责任的情况，看似有许多机关来保护证人，而实际上证人处在无人保护的危险境地。

二是证人保护具有滞后性，事前保护不足。《刑事诉讼法》第 61 条的规定实际上是事后惩罚；只有证人遭受了威胁、侮辱、殴打或者打击报复之后，相关机关才能对该违法犯罪人追究刑事责任或给予治安管理处罚。而在这些威胁、侮辱、殴打或者打击报复实际发生之前，证人难以得到有效的保护，即便公、检、法机关明知存在证人保护的现实需要也因法律没有规定而难以施行。

针对上述问题，我们提出以下两点完善证人保护机制的建议。一是规定证人保护措施的采取可以由法院决定，但控方证人交由公安机关执行、辩方证人交由法院执行。通过明确证人保护的主体，避免互相推诿现象的出现。二是加强对证人的事前保护。应当允许证人在面临威胁、侮辱、殴打或者打击报复的危险之时即向公、检、法机关寻求保护，公、检、法机关认为存在此种危险的，即可以决定采取相应的证人保护措施，改变当前必须等待证人实际受到伤害后才能采取惩罚措施的被动局面。

2. 证人经济补偿机制

除了证人保护机制外，另一项证人出庭作证的重要保障是证人经济补偿机制。由于作证在我国被规定为一项义务，其目的在于帮助公、检、法机关查明案件事实、依法打击犯罪，因此从证人的视角看是一种"利他"的行为，即便由此能够带来良好的社会秩序，这也是一种公共利益。要求证人出于公共利益在经济方面作出牺牲，在当前的社会条件下仍属过高要求。如果作证的经济补偿不到位，许多证人会认为其因作证付出过高的成本而不愿作证，这也是当前证人出庭率低的其中一项原因。

《刑事诉讼法》修改时立法者意识到证人经济补偿机制的重要性，特增加了第 63 条："证人因履行作证义务而支出的交通、住宿、就餐等费用，应当给予补助。证人作证的补助列入司法机关业务经费，由同级政府财政予以保障。有工作单位的证人作证，所在单位不得克扣或者变相克扣其工资、奖金及其他福利待遇"，改变了以往只讲义务不讲权利和补偿的规定方式。但目前由于仅有《刑事诉讼法》作出原则性的规定，缺少更为具体的实施细则，使得现有的证人经济补偿机制出现了一些问题，其中最主要的是两点。一是补偿的标准和方式不够明确。第 63 条简单地规定"给予补助"，但"补多少"和"怎么补"不明确。目前在这个问题上各地做法不一，实践中主要有两种做法，一种是采取实报实销的方式，另一种则是当地根据统一标准给予固定数额的补助。二是证人经济补偿经费支出缺少明确的支出途径。目前法院从同级政府财政处尚无专门的证人补助经费之名目，使得法院往往不得不从其他经费中"拆东墙补西墙"，有时甚至被迫违反财务纪律，使得法院通知证人出庭的积极性也受到挫伤。

从经济分析的角度看，有效的经济补偿激励机制能够刺激证人更积极地出庭作证。出于此种考虑，我们建议制定专门的证人经济补偿实施细则，完善证人经济补偿机制。针对前文所述的现实问题，我们认为应作出两方面细化规定。

第一，我们认为在证人经济补偿的标准和方式方面，宜采取固定标准的方式。这是因为实报实销的方式固然能够更好地覆盖证人作证成本，但在当前发票制度不完善的现实下，一些证人可能会故意提高其为出庭而进行的支出水准，甚至可能会出现弄虚作假、通过出庭谋取不正当利益的情况[1]。而采取固定标准的方式，具体而言可以由国家在实施细则中制定指导性标准，再由各地根据当地经济水平制定本地区标准。例如在试点中，温州市中院根据《浙江省机关工作人员差旅费管理规定》以及浙江省司法厅的相关规定，确定省内普通证人出庭的补助标准为130元/天/人，省外为180元/天/人，住宿费、交通费按照《浙江省机关工作人员差旅费管理规定》的标准执行，取得了很好的效果。

第二，在地方财政预算法院办案经费中应单列出专项经费，专门用于证人出庭作证的经济补偿之用，一方面提高证人作证的积极性，另一方面也使得法院在支出此笔经费时有据可依，杜绝财务制度中的违规甚至违法现象。对此"两院三部"《关于推进以审判为中心的刑事诉讼制度改革的意见》第12条已提出要求，下一步问题在具体落实。

（六）伪证罪问题

《刑法》第305条规定："在刑事诉讼中，证人、鉴定人、记录人、翻译人对与案件有重要关系的情节，故意作虚假证明、鉴定、记录、翻译，意图陷害他人或者隐匿罪证的，处三年以下有期徒刑或者拘役；情节严重的，处三年以上七年以下有期徒刑。"此条即规定了我国的伪证罪。然而目前针对证人的伪证罪在实践中出现了一些问题，其中最重要的一点即为该罪名的主要适用对象和适用目的发生了异化。实践中，伪证罪的主要适用情形即为证人当庭推翻庭前证言而由不利于被告人之证人变为有利于被告人之证人时；而该罪名的适用目的也变成公安机关或检察院惩罚、打击甚至报复翻证证人的某种手段[2]。

事实上，证人在法庭上推翻先前之证言无非三种情形：一是先前证言为伪而庭上证言为真，二是先前证言为真而庭上证言为伪，三是先前证言与庭上证言均为伪。而刑法关于伪证罪的规定贯穿于整个刑事诉讼程序，证人在任何一个刑事诉讼阶段提供虚假证言，均可以构成伪证罪。于是《刑法》第305条伪证罪的规定在

---

〔1〕 叶青："构建刑事诉讼证人、鉴定人出庭作证保障机制的思考"，载《中国司法鉴定》2015年第2期。

〔2〕 方勇、南凌志："建立以审判为中心的伪证规制机制——基于伪证罪适用的实证分析"，载《人民司法》2015年第21期。

刑事诉讼中成为证人头顶高悬的达摩克利斯之剑，一旦证人在庭审中有推翻先前证言之作证，则公安机关和检察院往往以此项伪证罪之罪名追诉该证人，这样一来造成某些在先前阶段迫于公检压力而被迫作出虚假证言的证人丧失了在法庭上纠正其错误证言的机会，使得证人陷入要么任由先前虚假证言误导审判、要么在庭上翻证而承担受到伪证罪追诉之风险的两难境地，也使得证人往往不愿意出庭作证。

从域外法的经验看，伪证罪往往是在法庭上宣誓后作出不实证言的后果，即往往与"宣誓""法庭"两个要素密切相关。例如美国在联邦层面上，尽管《美国法典》第18编第1621条对伪证罪在适用范围上作了较为宽泛的规定，[1]但在绝大多数案件中法院系根据《美国法典》第18编第1623条判断是否构成伪证罪的。[2]根据该条的规定，判断是否构成伪证罪，主要考虑五方面条件：明知地、作出实质陈述、陈述为虚假、宣誓后、在法庭或大陪审团程序或其辅助程序。[3]在大陆法系国家，《德国刑法典》第154条规定："在法院或接受宣誓的主管机关作虚假宣誓的，处1年以上自由刑。情节较轻的，处6个月以上5年以下自由刑。"[4]《荷兰刑法典》第207条第2款规定："在刑事案件中，不论在平民法庭还是在军事法庭的审理中，作出不利于被告人的虚假证言的，处9年以下监禁，或处五级罚金。"[5]《瑞典刑法典》第15章第1条规定："依法宣誓的人提供不真实的信息或隐瞒真相的，以伪证罪处4年以下监禁；犯罪轻微的，处罚金或6个月以下监禁。犯罪严重的，处2年以上8年以下监禁。"[6]将伪证罪的适用与"宣誓""法庭"两个要素相联系，其基本意义在于确认庭上证言优于庭前证言的可信性，进而强化审判程序在整个刑事诉讼中的核心地位。

分析我国当前伪证罪在适用对象和适用目的方面的异化现实，参考域外立法经验，宜对伪证罪之规定做一番改造。一方面，伪证罪需与庭前证言脱钩。根据直接言词的原则以及中央关于"事实证据调查在法庭"的要求，对证人证言的审查和判断应在庭审阶段，证人在庭审阶段提供的虚假证言对于案件的裁判有直接的影响，因此应当将伪证罪用于规制和惩罚法庭上虚假证言。这样一来，通过强调法庭

---

〔1〕 18 U. S. C. §1621，参见美国政府出版局网站，https://www.gpo.gov / fdsys /pkg /USCODE-2011-title18 /html /USCODE-2011-title18-partI-chap79-sec1621. htm，最后访问时间：2016年10月7日。

〔2〕 Charles Doyle，Prejury Under Federal Law：A Brief Overview，CogressionalResearch Service，p. 3.

〔3〕 18 U. S. C. §1623，参见美国政府出版局网站，https://www.gpo.gov / fdsys /pkg /USCODE-2011-title18 /html /USCODE-2011-title18-partI-chap79-sec1623. htm，最后访问时间：2016年10月7日。

〔4〕《德国刑法典》，徐久生、庄敬华译，中国方正出版社2004年版，第86页。《德国刑法典》第154条所指的"主管机关"既不包括检察机关，也不包括警察。参见 Rudolf Rengier：Strafrecht Besonderer Teil II，17 Aufl，C. H. BECK，2016，S. 463.

〔5〕《荷兰刑法典》，颜九红、戈玉和译，北京大学出版社2008年版，第110页。

〔6〕《瑞典刑法典》，陈琴译，北京大学出版社2005年版，第25页。

在调查事实证据的权威地位，能够鼓励证人出庭作证，符合直接言词原则和审判中心主义的要求，有利于庭审实质化的实现，至于法庭上被确认为伪的庭前证言，不予采信即可。另一方面，用于规制和惩罚虚假庭上证言伪证罪应当以故意为前提。对于这一点，现行《刑法》第305条已有规定，应当再予以强调。凡是迫于公安机关或检察院的暴力、危险、引诱、欺骗以及其他非法方法之压力作出虚假证言，或者因感知、认识、表达等方面之缺陷而致证言有误的，不得以伪证罪加以追究。其中迫于控方非法取证之压力作出的虚假庭前证言，宜作为非法证据加以排除。综合上述两方面的要求，可以对伪证罪提出两点必要条件，即"故意+庭上伪证"，从而使我国的伪证罪限于对庭上故意作出虚假证言的惩罚，而不用于规制庭前证言。

陈光中法学文选（第四卷）

司法改革与刑事诉讼法修改

第三部分　辩护制度

新《刑事诉讼法》中辩护制度规定之实施问题[1]

　　辩护制度是现代刑事诉讼制度的重要组成部分，是保障司法人权和维护司法公正的重要手段，也是此次《刑事诉讼法》修改的重点问题之一。通过修改，辩护制度得到了较大程度的改革和完善，主要体现在：①侦查阶段律师的"辩护人"地位得到确认；②辩护人的责任体现实体辩护与程序辩护并重；③改善辩护律师会见程序；④完善辩护人的阅卷权；⑤对追究辩护人刑事责任的侦查管辖权作出有利于对其人身安全保障的调整；⑥对辩护律师的涉案信息保密权作出了规定；⑦扩大法律援助适用的阶段和案件范围。但是，其中有些规定过于原则、模棱两可、存在矛盾，亟待通过司法解释予以明确和弥补，以有利于有关辩护制度规定的正确理解和实施。

一、凭"三证"会见问题

　　会见犯罪嫌疑人是律师在侦查阶段的一项非常重要的权利。通过会见在押犯罪嫌疑人，律师才能向其了解与案件有关的情况，才能为其开展有效辩护。为进一步落实会见权，新《刑事诉讼法》第37条第2款、第3款规定："辩护律师持律师执业证书、律师事务所证明和委托书或者法律援助公函要求会见在押的犯罪嫌疑人、被告人的，看守所应当及时安排会见，至迟不得超过48小时。危害国家安全犯罪、恐怖活动犯罪、特别重大贿赂犯罪案件，在侦查期间辩护律师会见在押的犯罪嫌疑人，应当经侦查机关许可。"据此，除特别规定的三类案件外，辩护律师持"三证"可以直接到看守所会见在押的犯罪嫌疑人、被告人。问题在于，新《刑事诉讼法》的有关规定，可能导致律师会见权无法顺利实现。根据原《刑事诉讼法》的规定，拘留、逮捕犯罪嫌疑人、被告人后，除有碍侦查或者无法通知的情形外，应当把拘留、逮捕的原因和羁押的处所通知被拘留人、被逮捕人的家属或其所在单位。而新《刑事诉讼法》第83条、第91条只规定拘留、逮捕后应通知其家属，删除了原法规定的通知中包括拘留、逮捕的原因和羁押的处所的内容。但在拘留、逮捕后不告知羁押场所的情况下，律师根本不知道其会见人关押在何处，只得向侦查机关了解羁押场所，而侦查机关则可以法律无规定为由加以推脱。可见，新《刑事诉讼法》第83条、第91条规定与第37条规定存在着不衔接、不协调之处，导

---

〔1〕　原载《人民法院报》2012年7月18日，与曾新华合著，标题有改动。

致会见权难以保证实现。因此，需要在司法解释中明确规定一般情况下拘留、逮捕后通知家属应当写明羁押的处所。律师无法会见犯罪嫌疑人、被告人的问题同样存在于指定居所的监视居住中，也需要通过司法解释加以解决。

二、会见时不被监听问题

为进一步保障辩护律师会见权，新《刑事诉讼法》第37条第4款规定："辩护律师会见犯罪嫌疑人、被告人时不被监听。"这一规定也是联合国刑事司法准则的要求。联合国《关于律师作用的基本原则》第8条规定："遭逮捕、拘留或监禁的所有的人应有充分机会、时间和便利条件，毫不迟延地、在不被窃听、不经检查和完全保密情况下接受律师来访和与律师联系协商。这种协商可在执法人员能看得见但听不见的范围内进行。"

但是，对于"不被监听"的解读，意见不尽一致。有论者认为"不被监听"仅指不得利用技术手段对辩护律师与犯罪嫌疑人、被告人的谈话进行监听。笔者认为，"不被监听"既包括不得利用技术手段进行监听，也包括侦查人员不得在场。首先，新《刑事诉讼法》删除了原《刑事诉讼法》第96条"律师会见在押的犯罪嫌疑人，侦查机关根据案件情况和需要可以派员在场"的规定，换言之，取消了侦查机关派员在场的权力。其次，将"不被监听"仅限于不得通过技术手段监听谈话的解读不符合这一规定的立法精神。因为规定"不被监听"是为了保障辩护律师与犯罪嫌疑人、被告人会见的单独性和秘密性，有利于他们建立相互信任的关系，有利于排除外来因素对他们会见的干扰。如果对会见不允许监听却可以派员在场，那么"不被监听"又有何意义？为了保证此项规定得到切实执行，相关司法解释除了要明确"不被监听"的含义外，还要明确规定违反"不被监听"的消极性后果，即以监听方式获得的证据材料应当根据非法证据排除规则依法予以排除。

三、侦查阶段辩护人是否享有取证权问题

新《刑事诉讼法》尽管赋予侦查阶段律师辩护人地位，权利也有所扩大，但对其是否有主动收集证据的权利，法律规定比较模糊。新《刑事诉讼法》第36条规定："辩护律师在侦查期间可以为犯罪嫌疑人提供法律帮助；代理申诉、控告；申请变更强制措施；向侦查机关了解犯罪嫌疑人涉嫌的罪名和案件有关情况，提出意见。"这是对侦查阶段辩护律师权利的列举式规定，其中没有明确规定有取证的权利。但是如果对"法律帮助"作广义的解释，也可以包含收集证据。另外，新《刑事诉讼法》第40条规定："辩护人收集的有关犯罪嫌疑人不在犯罪现场、未达到刑事责任年龄、属于依法不负刑事责任的精神病人的证据，应当及时告知公安机关、人民检察院。"如果律师在侦查阶段不能取证，显然不可能获得这三种证据并告知公、检机关。全国人大常委会法工委刑法室编著的《〈关于修改刑事诉讼法的决定〉释解与适用》（以下简称《释解与适用》）将"辩护人收集"解释为"包括犯罪嫌疑人及其近亲属或者其他人向辩护人提供的有关证据材料，以及辩护人依

照本法第 41 条规定向有关单位和个人收集的证据材料"。新《刑事诉讼法》第 41 条规定："辩护律师经证人或者其他有关单位和个人同意，可以向他们收集与本案有关的材料，也可以申请人民检察院、人民法院收集、调取证据……"如果按照该条的前半句规定，辩护律师在侦查阶段是可以收集证据的；但结合后半句规定"也可以申请人民检察院、人民法院收集、调取证据"而未提及向公安机关申请，这又似乎只限于审查起诉阶段和审判阶段。如何解释以上这些模棱两可的规定，在学界和实务界存在一些不同的看法。

笔者认为，按国际惯例，侦查阶段的律师是有取证权的。无论在英美法系或大陆法系国家，律师在侦查阶段都有此权利。如在德国，辩护人有权自行调查，只不过他们没有强制取证权，只能以公民身份收集信息。应当看到，侦查阶段是侦查人员收集证据证明犯罪嫌疑人是否实施犯罪的关键时刻，辩护律师如果随意取证，确实会对侦查人员带来一定的干扰。本着惩罚犯罪与保障人权相结合的理念，应在司法解释中明确，一方面辩护律师在侦查阶段有主动收集证据的权利，另一方面对侦查阶段的律师取证权应该与审查起诉、审判阶段有所不同，要有所限制。考虑到侦查阶段的特殊性，律师收集证据的权利可设定在其会见犯罪嫌疑人之后。因为在会见过程中犯罪嫌疑人可能会向辩护律师提供一些对其有利的证据线索，如果律师不及时收集，会丧失有利时机，影响其辩护活动的开展；同时，规定律师在会见之后才能开始收集证据，也留给侦查机关一个短期的时间单独开展证据调查、收集工作。

四、法律援助的适用阶段问题

新《刑事诉讼法》对刑事法律援助制度进行了重大的修改和完善。该法第 34 条规定："犯罪嫌疑人、被告人因经济困难或者其他原因没有委托辩护人的，本人及其近亲属可以向法律援助机构提出申请。对符合法律援助条件的，法律援助机构应当指派律师为其提供辩护。犯罪嫌疑人、被告人是盲、聋、哑，或者是尚未完全丧失辨认或者控制自己行为能力的精神病人，没有委托辩护人的，人民法院、人民检察院和公安机关应当通知法律援助机构指派律师为其提供辩护。犯罪嫌疑人、被告人可能被判处无期徒刑、死刑，没有委托辩护人的，人民法院、人民检察院和公安机关应当通知法律援助机构指派律师为其提供辩护。"第 267 条规定："未成年犯罪嫌疑人、被告人没有委托辩护人的，人民法院、人民检察院、公安机关应当通知法律援助机构指派律师为其提供辩护。"据此，新《刑事诉讼法》不仅扩大了法律援助的范围，而且还将法律援助的适用阶段延伸至侦查、审查起诉阶段。这些改革将有利于进一步保障犯罪嫌疑人、被告人人权以及司法公正的实现。但是，从《刑事诉讼法》实施的角度来看，有的规定仍然不够具体明确。其中，最突出的问题就是法定法律援助的适用阶段是否包括第二审程序、死刑复核程序以及审判监督程序。

对此，《释解与适用》将其适用的诉讼阶段解释为"侦查、审查起诉和审判阶段"。但是，对于其中"审判阶段"是仅指一审，还是也包括第二审程序、死刑复核程序以及审判监督程序也同样没有明确。笔者认为，这里的"审判阶段"应当包括一审、二审、死刑复核程序以及审判监督程序在内的全部审判程序。首先，从《刑事诉讼法》的法典结构上看，新《刑事诉讼法》第三编是"审判"，包括"第一审程序""第二审程序""死刑复核程序"以及"审判监督程序"等章。其次，由于第二审程序、死刑复核程序以及审判监督程序都属于救济程序，更需要为被告人提供法律援助。

就未成年人案件而言，由于不适用死刑，法定法律援助适用的审判阶段包括一审、二审和审判监督程序；对于犯罪嫌疑人、被告人是盲、聋、哑人或者尚未完全丧失辨认或者控制自己行为能力的精神病人的案件，其适用的审判阶段包括一审、二审、死刑复核程序和审判监督程序。上述案件应该不会有争议。

但是，对于可能判处无期徒刑、死刑的案件，法定法律援助是否适用于二审以及死刑复核程序，就可能存在异议。笔者认为，就可能判处无期徒刑的案件，一审程序毫无疑问应当适用法定法律援助，而且二审也应适用法定法律援助，因为二审的裁判结果既可能改判，但也可能维持无期徒刑的判决。对于死刑案件，不仅一审和二审适用法定法律援助，死刑复核程序阶段也应当适用法定法律援助，因为在该阶段既可能不予核准死刑，也可能核准死刑。而且，新《刑事诉讼法》第 240 条增加规定："最高人民法院复核死刑案件，应当讯问被告人，辩护律师提出要求的，应当听取辩护律师的意见。"因此，如果死刑复核阶段的被告人没有聘请辩护律师，人民法院又没有为其提供法律援助，那么谈何辩护律师提出要求和意见。死刑案件人命关天，程序上的人权保障应该达到最高的程度。根据联合国《公民权利和政治权利国际公约》以及有关的国际公约，在刑事案件特别是死刑案件的任何阶段，被告人都有权获得法律援助。因此，笔者认为，司法解释中应当明确规定死刑复核程序适用法律援助制度。

我国刑事辩护制度的改革[1]

　　辩护制度是否发达是衡量一个国家民主法治与人权保障程度的重要标志。在我国，刑事辩护制度作为刑事诉讼的重要组成部分，其相关内容主要规定在《刑事诉讼法》中。2012 年《刑事诉讼法》修改把辩护制度作为重点改革的领域，使我国辩护制度向民主化、科学化、法治化迈进了一步。十八届三中全会作出的《中共中央关于全面深化改革若干重大问题的决定》中关于司法改革部分也涉及辩护制度的改革完善。

一、我国刑事辩护制度的新进展

　　通过 2012 年《刑事诉讼法》修改，我国刑事辩护制度有了较大的改革与完善。在条文数量上，由原《刑事诉讼法》的 10 个条文增加至 16 个条文；在内容上，对于立法上和司法实践中辩护制度存在的突出问题基本上都涉及了，较之于原《刑事诉讼法》而言有新的突破与发展。具体表现在以下几个方面：

　　第一，侦查阶段律师的"辩护人"地位得到确认。原《刑事诉讼法》虽然规定犯罪嫌疑人在侦查阶段可以聘请律师，但没有赋予其辩护人地位。[2]这导致了律师在侦查阶段陷入一种尴尬的境地。修改后的《刑事诉讼法》明确规定在侦查期间接受委托的律师作为辩护人参与诉讼活动。即第 33 条规定："犯罪嫌疑人自被侦查机关第一次讯问或者采取强制措施之日起，有权委托辩护人；在侦查期间，只能委托律师作为辩护人。被告人有权随时委托辩护人。"这无疑有利于保障律师切实为犯罪嫌疑人提供有效法律帮助。

　　第二，强调辩护人的职责应当包括实体辩护与程序辩护两个方面。从辩护的内容上来看，辩护包括实体辩护和程序辩护两个方面。前者要求辩护人从实体上提出犯罪嫌疑人、被告人无罪、罪轻或者减轻、免除其刑事责任的材料；后者要求辩护

---

　　〔1〕　原载《中国司法》2014 年第 1 期。
　　〔2〕　1996 年《刑事诉讼法》第 96 条规定："犯罪嫌疑人在被侦查机关第一次讯问后或者采取强制措施之日起，可以聘请律师为其提供法律咨询、代理申诉、控告。犯罪嫌疑人被逮捕的，聘请的律师可以为其申请取保候审。涉及国家秘密的案件，犯罪嫌疑人聘请律师，应当经侦查机关批准。受委托的律师有权向侦查机关了解犯罪嫌疑人涉嫌的罪名，可以会见在押的犯罪嫌疑人，向犯罪嫌疑人了解有关案件情况……"这种规定对于在侦查中发挥律师的作用，保护犯罪嫌疑人的合法权利无疑具有重要意义。然而，此规定并没有明确侦查阶段犯罪嫌疑人委托的律师的地位和身份。

人就侦查、起诉、审判活动程序违法或者侵犯被指控人的程序权益为其提出辩护。随着民主法治的不断进步，程序辩护成为当下刑事司法领域中一种重要的辩护形态。然而，原《刑事诉讼法》第 35 条规定："辩护人的责任是根据事实和法律，提出证明犯罪嫌疑人、被告人无罪、罪轻或者减轻、免除其刑事责任的材料和意见，维护犯罪嫌疑人、被告人的合法权益。"此处辩护人的职责仅仅涉及实体辩护，而没有包括程序辩护，导致司法实践中程序辩护没有得到应有的重视。修改后《刑事诉讼法》强调实体辩护与程序辩护并重，在原有规定基础上增加规定了"维护犯罪嫌疑人、被告人的诉讼权利和其他合法权益"的内容[1]。

第三，改善辩护律师会见程序。辩护律师与犯罪嫌疑人、被告人进行全面、及时、有效沟通是切实维护犯罪嫌疑人、被告人合法权益的有力保障。原《刑事诉讼法》第 96 条第 2 款对律师会见权作了如下规定："受委托的律师有权向侦查机关了解犯罪嫌疑人涉嫌的罪名，可以会见在押的犯罪嫌疑人，向犯罪嫌疑人了解有关案件情况。律师会见在押的犯罪嫌疑人，侦查机关根据案件情况和需要可以派员在场。涉及国家秘密的案件，律师会见在押的犯罪嫌疑人，应当经侦查机关批准。"据此，受委托的律师有权会见在押的犯罪嫌疑人，但会见权受到以下条件的制约或限制：①对于涉及国家秘密的案件，律师会见在押犯罪嫌疑人，应当经侦查机关批准；②律师会见在押犯罪嫌疑人，侦查机关根据案情和需要可以派员在场。自原《刑事诉讼法》实施以来，律师会见难成为律师辩护中的首要难题。为了有效解决律师会见难问题，修改后的《刑事诉讼法》对辩护律师会见权的规定有重大突破性规定，即第 37 条第 2 款、第 3 款规定："辩护律师持律师执业证书、律师事务所证明和委托书或者法律援助公函要求会见在押的犯罪嫌疑人、被告人的，看守所应当及时安排会见，至迟不得超过四十八小时。危害国家安全犯罪、恐怖活动犯罪、特别重大贿赂犯罪案件，在侦查期间辩护律师会见在押的犯罪嫌疑人，应当经侦查机关许可。"由此可见，除"危害国家安全犯罪、恐怖活动犯罪、特别重大贿赂犯罪案件"仍需经侦查机关许可外，其他案件中辩护律师凭"律师执业证书、律师事务所证明和委托书或者法律援助公函"等三证就有权会见犯罪嫌疑人、被告人。这就是我国学界所称的"凭三证"会见权。为了进一步保障辩护律师与犯罪嫌疑人、被告人进行全面、自由的沟通，修改后的《刑事诉讼法》还明确了辩护律师会见时不被监听的权利，即第 37 条第 4 款规定："辩护律师会见犯罪嫌疑人、被告人时不被监听。"对于"不被监听"的范围，2013 年 1 月 1 日正式施行的《公安机关办理刑事案件程序规定》进一步明确规定了"不被监听"既包括不得利用技术

---

[1] 2012 年《刑事诉讼法》第 35 条规定："辩护人的责任是根据事实和法律，提出犯罪嫌疑人、被告人无罪、罪轻或者减轻、免除其刑事责任的材料和意见，维护犯罪嫌疑人、被告人的诉讼权利和其他合法权益。"

手段进行监听，也包括侦查人员不得在场〔1〕。这为确保此法律规定得以正确实施提供了重要保障。

第四，完善辩护人的阅卷权。阅卷权是辩护人进行有效辩护的坚实保障。通过阅卷，辩护人能够了解和掌握侦诉方证明主要案件事实的证据，并能对其指控的事实和所依据的证据进行针对性辩护。原《刑事诉讼法》不但严格区分不同诉讼阶段的阅卷范围，〔2〕而且缺乏相关配套制度的支持，致使在司法实践中辩护人往往难以查阅到有辩护价值的案件材料。修改后的《刑事诉讼法》第38条明确规定："辩护律师自人民检察院对案件审查起诉之日起，可以查阅、摘抄、复制本案的案卷材料。其他辩护人经人民法院、人民检察院许可，也可以查阅、摘抄、复制上述材料。"据此，自案件审查起诉之日起，辩护律师有权查阅、摘抄、复制全部案卷材料，这是对原《刑事诉讼法》的重要发展和突破，为辩护人充分行使阅卷权提供了法律依据。

第五，对追究辩护人刑事责任作出管辖权调整。刑事案件应由与案件没有利害关系或特殊关系的人进行办理，是确保案件得到客观公正处理，实现司法公正，形成司法公信力的重要保障。过去，由于缺乏法律的明确规定，我国司法实践中，针对辩护人在执业活动中涉嫌犯罪的行为，往往由办理辩护人所承办案件的侦查机关进行侦查，导致当事人产生侦查机关能否客观公正、杜绝预断、偏见的疑虑，不利于司法公信力的形成。修改后的《刑事诉讼法》明确规定了追究辩护人刑事责任的管辖权问题，即第42条第2款规定："违反前款规定的，应当依法追究法律责任，辩护人涉嫌犯罪的，应当由办理辩护人所承办案件的侦查机关以外的侦查机关办理。辩护人是律师的，应当及时通知其所在的律师事务所或者所属的律师协会。"

第六，对辩护律师的涉案信息保密权作出规定。这是修改后的《刑事诉讼法》的新增条款，原《刑事诉讼法》并没有涉及辩护律师对涉案信息保密权的相关规定。修改后的《刑事诉讼法》第46条规定："辩护律师对在执业活动中知悉的委托人的有关情况和信息，有权予以保密。但是，辩护律师在执业活动中知悉委托人或者其他人，准备或者正在实施危害国家安全、公共安全以及严重危害他人人身安

---

〔1〕 公安部《公安机关办理刑事案件程序规定》（2012年修订）第52条规定："辩护律师会见在押或者被监视居住的犯罪嫌疑人时，看守所或者监视居住执行机关应当采取必要的管理措施，保障会见顺利进行，并告知其遵守会见的有关规定。辩护律师会见犯罪嫌疑人时，公安机关不得监听，不得派员在场。"

〔2〕 1996年《刑事诉讼法》第36条规定："辩护律师自人民检察院对案件审查起诉之日起，可以查阅、摘抄、复制本案的诉讼文书、技术性鉴定材料，可以同在押的犯罪嫌疑人会见和通信。其他辩护人经人民检察院许可，也可以查阅、摘抄、复制上述材料，同在押的犯罪嫌疑人会见和通信。辩护律师自人民法院受理案件之日起，可以查阅、摘抄、复制本案所指控的犯罪事实的材料，可以同在押的被告人会见和通信。其他辩护人经人民法院许可，也可以查阅、摘抄、复制上述材料，同在押的被告人会见和通信。"

全的犯罪的，应当及时告知司法机关。"据此，辩护律师对涉案信息享有保密权。辩护律师的保密权同时也是律师的拒绝作证权，这可以说是我国第一次通过立法赋予辩护律师以拒绝作证的权利，是立法上的一大进步。

第七，扩大法律援助适用的阶段和案件范围。按照原《刑事诉讼法》的规定，刑事诉讼中法律援助仅仅适用于审判阶段，且应当指定辩护的范围限于被告人是盲、聋、哑、未成年人或者可能被判处死刑而没有委托辩护人的案件。[1]修改后的《刑事诉讼法》将法律援助的适用阶段从原来的审判阶段延伸到侦查、审查起诉阶段。同时，在原《刑事诉讼法》规定的应当指定辩护的范围的基础上增加了两种案件，一是犯罪嫌疑人、被告人为尚未完全丧失辨认或控制自己行为能力的精神病人的案件；二是犯罪嫌疑人、被告人可能被判处无期徒刑的案件。[2]

二、我国刑事辩护制度存在的问题及改革展望

总的来说，修改后的《刑事诉讼法》对辩护制度作了重大的改革与完善。这将在破解辩护难问题、进一步维护犯罪嫌疑人、被告人的人权以及实现司法公正等方面发挥更加积极有效的作用。但同时，修改后的《刑事诉讼法》关于辩护制度的个别规定仍然过于原则、模棱两可，以至于难以执行，亟待通过司法解释予以明确。

（一）会见问题

修改后的《刑事诉讼法》的有关规定可能导致律师会见权无法顺利实现。按照修改后的《刑事诉讼法》第 37 条第 2 款、第 3 款的规定（条文内容见上文），除危害国家安全犯罪、恐怖活动犯罪、特别重大贿赂犯罪案件外，辩护律师持律师执业证书等"三证"就可以直接到看守所会见在押的犯罪嫌疑人、被告人。换言之，除三种例外情形外，辩护律师有权凭"三证"畅通地行使会见权。而畅通会见的前提是辩护律师必须知道其要会见的犯罪嫌疑人、被告人被关押在何处。然而，修改后的《刑事诉讼法》第 83 条第 2 款规定："拘留后，应当立即将被拘留人送看守所羁押，至迟不得超过二十四小时。除无法通知或者涉嫌危害国家安全犯罪、恐怖活动犯罪通知可能有碍侦查的情形以外，应当在拘留后二十四小时以内，通知被拘

---

〔1〕 1996 年《刑事诉讼法》第 34 条规定："公诉人出庭公诉的案件，被告人因经济困难或者其他原因没有委托辩护人的，人民法院可以指定承担法律援助义务的律师为其提供辩护。被告人是盲、聋、哑或者未成年人而没有委托辩护人的，人民法院应当指定承担法律援助义务的律师为其提供辩护。被告人可能被判处死刑而没有委托辩护人的，人民法院应当指定承担法律援助义务的律师为其提供辩护。"

〔2〕 2012 年《刑事诉讼法》第 34 条第 2 款、第 3 款规定："犯罪嫌疑人、被告人是盲、聋、哑人，或者是尚未完全丧失辨认或者控制自己行为能力的精神病人，没有委托辩护人的，人民法院、人民检察院和公安机关应当通知法律援助机构指派律师为其提供辩护。犯罪嫌疑人、被告人可能被判处无期徒刑、死刑，没有委托辩护人的，人民法院、人民检察院和公安机关应当通知法律援助机构指派律师为其提供辩护。"

留人的家属。有碍侦查的情形消失以后，应当立即通知被拘留人的家属。"第91条第2款规定："逮捕后，应当立即将被逮捕人送看守所羁押。除无法通知的以外，应当在逮捕后二十四小时以内，通知被逮捕人的家属。"据此，侦查机关没有义务把拘留、逮捕的原因和羁押的场所通知被逮捕人的家属，而只需通知其拘留、逮捕的事实即可。在拘留、逮捕后不告知羁押场所的情况下，律师根本不知道其会见人关押在何处，而只得向侦查机关了解羁押场所，而侦查机关则可借口法律无规定而加以推脱。可见，修改后的《刑事诉讼法》第83条、第91条规定与第37条规定存在着不衔接、不协调之处，导致会见权难以保障实现。因此，需要在法律解释中明确规定一般情况下拘留、逮捕后通知家属应当写明羁押的处所。值得注意的是，关于羁押场所的通知问题，公安部与最高人民法院于2012年底出台的法律解释已经予以解决，[1]但最高人民检察院的司法解释却仍未解决，需要进一步加以规定。

律师无法会见犯罪嫌疑人、被告人的问题同样存在于指定居所监视居住中。依修改后的《刑事诉讼法》第73条规定[2]，执行指定居所监视居住后对家属的通知也没有居所所在地的内容，律师有权同被指定居所监视居住的犯罪嫌疑人、被告人会见、通信的规定也势必流为具文，需要通过司法解释加以解决。

必须指出，尽管修改后的《刑事诉讼法》明确规定了辩护律师会见时不被监听，但由于缺乏违反此项规定的消极性后果的相关规定，[3]此项规定在实践中有被滥用之虞。为了切实保证此项规定的有效执行，建议法律及相关司法解释增加规定违反此项制度的消极性后果，即以监听方式获得的证据材料以及以此为线索获得的材料不具有可采性；而且对于滥用职权安排非法秘密监听的相关人员，应当追究其法律责任。只有这样，"不被监听"才不会成为侦查机关取证的"陷阱"，进一步得到有效执行。

（二）侦查阶段辩护律师是否享有取证权问题

从辩护律师在侦查阶段介入诉讼的目的来看，辩护律师是为犯罪嫌疑人、被告人提供法律帮助并为审查起诉阶段和审判阶段的辩护做准备的。而辩护律师享有调

---

〔1〕 公安部《公安机关办理刑事案件程序规定》（2012年修订）第141条第1款规定："对犯罪嫌疑人执行逮捕后，除无法通知的情形以外，应当在逮捕后二十四小时以内，制作逮捕通知书，通知被逮捕人的家属。逮捕通知书应当写明逮捕原因和羁押处所。"《最高人民法院关于适用〈中华人民共和国刑事诉讼法〉的解释》第131条规定："人民法院作出逮捕决定后，应当将逮捕决定书等相关材料送交同级公安机关执行，并将逮捕决定书抄送人民检察院。逮捕被告人后，人民法院应当将逮捕的原因和羁押的处所，在24小时内通知其家属；确实无法通知的，应当记录在案。"

〔2〕 2012年《刑事诉讼法》第73条第2款规定："指定居所监视居住的，除无法通知的以外，应当在执行监视居住后24小时以内，通知被监视居住人的家属。"

〔3〕 需要指出的是，最高人民检察院于2012年底发布的《人民检察院刑事诉讼规则（试行）》第630条规定："人民检察院发现看守所有下列违法情形之一的，应当提出纠正意见：……（10）辩护律师会见犯罪嫌疑人、被告人时予以监听的；……"此条尽管规定了对于辩护律师会见时予以监听的应当提出纠正意见，但纠正后仍然存在再次监听的可能性，这对于保证此条有效执行的力度显然不足。

查取证权，是全面收集证据、了解案情的前提，是提供有效辩护的重要保障。遗憾的是，修改后的《刑事诉讼法》尽管规定侦查阶段律师具有辩护人地位，且辩护律师的权利也有所扩大，但对其是否有主动收集证据的权利，法律规定得比较模糊。一方面，修改后的《刑事诉讼法》第 36 条对侦查阶段辩护律师权利的列举式规定，[1]似乎没有明确规定有取证的权利；另一方面，修改后的《刑事诉讼法》第 41 条规定："辩护律师经证人或其他有关单位和个人同意，可以向他们收集与本案有关的材料，也可以申请人民检察院、人民法院收集、调取证据……"据此，按照这一条的前半句规定来看，辩护律师在侦查阶段似乎可以收集证据；但结合后半句规定"也可以申请人民检察院、人民法院收集、调取证据"而未提及向公安机关申请，这又似乎只限于审查起诉阶段和审判阶段。如何解释以上这些模棱两可的规定，在学界和实务界存在一些不同的看法。2012 年底修改后出台的法律解释对此问题也没有明确规定，实际上这个问题至今没有得到解决。

其实，在侦查阶段赋予律师调查取证权是国际上的通行做法。在英美法系实行双轨制侦查，律师在侦查阶段有调查取证的权利自不待言。即使在传统的大陆法系国家，律师在侦查阶段也有此权利。例如，在德国，辩护人就有权自行调查，只不过他们没有强制取证权，只能以公民身份收集信息。[2]为了保证辩护律师能够提供有效辩护，笔者认为，下一步我国应当吸收外国的经验，以法律解释的形式明确侦查阶段律师有权收集证据。当然，考虑到侦查阶段的特殊性，律师收集证据的权利可设定在其会见犯罪嫌疑人之后，以此减少此项制度所产生的负面影响。

（三）无期徒刑、死刑案件的法律援助问题

顺应辩护制度发展的时代潮流，修改后的《刑事诉讼法》将法律援助的适用阶段提前到了侦查、审查起诉阶段，并将范围扩展至犯罪嫌疑人、被告人是尚未完全丧失辨认或者控制自己行为能力的精神病人的案件和犯罪嫌疑人、被告人可能被判处无期徒刑的案件，这是值得肯定的。但从保障犯罪嫌疑人、被告人合法权益的角度来看，辩护律师的介入范围仍需扩展。笔者一直认为，罪行越严重，辩护律师介入的程度就应当越全面，尤其是对于可能被判处无期徒刑、死刑的案件，由于关系到剥夺犯罪嫌疑人、被告人的终身人身自由乃至生命，如果犯罪嫌疑人、被告人没有辩护人的，应当全程为其提供法律援助。就可能被判处无期徒刑的案件而言，二审程序是否应当为被告人提供法律援助规定不明确；就可能被判处死刑的案件而言，最高人民法院在 1997 年的一个批复中就二审程序应否对被告人提供法律援助

---

〔1〕 2012 年《刑事诉讼法》第 36 条规定："辩护律师在侦查期间可以为犯罪嫌疑人提供法律帮助；代理申诉、控告；申请变更强制措施；向侦查机关了解犯罪嫌疑人涉嫌的罪名和案件有关情况，提出意见。"

〔2〕 ［德］托马斯·魏根特：《德国刑事诉讼法》，岳礼玲等译，中国政法大学出版社 2004 年版，第 66 页。据德国学者介绍，德国的辩护人传统上并不愿意进行调查，一方面害怕造成毁坏证据的印象，另一方面则基于经济原因。见本书同页。

问题曾明确指出：《刑事诉讼法》中规定的"可能被判处死刑"的情况也应当适用于第二审，[1]遗憾的是，最高人民法院的司法解释中却未重申此批复内容。至于死刑复核程序中的法律援助辩护问题，司法解释则从未作出规定。

为了进一步把好无期徒刑、死刑案件的证据关、法律关，笔者认为，应当通过司法解释明确，在无期徒刑二审案件、死刑二审案件和死刑复核案件中，如果被告人没有辩护人的，法院应当为其指定法律援助律师。这是保证无期徒刑、死刑案件质量的需要，也是贯彻执行《中共中央关于全面深化改革若干重大问题的决定》中关于"完善法律援助制度"的要求，同时也符合联合国人权公约的要求。联合国经社理事会于 1984 年 5 月 25 日批准的《关于保护死刑犯权利的保障措施》第 5 条规定："只有在经过法律程序提供确保审判公正的各种可能的保障，至少相当于《公民权利和政治权利国际公约》第 14 条所载的各项措施，包括任何被怀疑或被控告犯了可判死刑罪的人有权在诉讼过程的每一阶段取得适当法律协助后，才可根据主管法庭的终审执行死刑。"可见，解决我国死刑复核程序中的法律援助问题不仅能从程序上保障我国慎重适用、严格控制死刑，而且能使我国人权刑事司法保障更加符合国际刑事司法准则的要求。

---

[1] 1997 年 11 月 6 日最高人民法院审判委员会第 943 次会议通过的《最高人民法院关于第二审人民法院审理死刑上诉案件被告人没有委托辩护人的是否应为其指定辩护人问题的批复》指出："《中华人民共和国刑事诉讼法》第 34 条第 3 款关于被告人可能被判处死刑而没有委托辩护人的，人民法院应当指定承担法律援助义务的律师为其提供辩护的规定，也应当适用于第二审死刑案件。即第一审人民法院已判处死刑的被告人提出上诉或者人民检察院提出抗诉，被告人没有委托辩护人的，第二审人民法院应当为其指定辩护人。"该批复由最高人民法院于 1997 年 11 月 12 日公告公布，并于 1997 年 11 月 20 日起施行。

完善的辩护制度是国家民主法治发达的重要标志[1]

《刑事诉讼法》素有"小宪法""法治测震仪"之称，刑事司法制度是现代国家民主与法治的标杆性制度。而辩护制度又是刑事诉讼中的一个标志性制度。因为犯罪嫌疑人、被告人的辩护权在其诉讼权利体系中居于核心的地位，直接涉及惩罚犯罪与保障人权相结合的基本理念。惩罚犯罪固然是刑事诉讼的基本任务，但是在此过程中必须高度重视保障被追诉人的人权。在这个意义上说，完善的辩护制度是国家民主法治发达的重要标志。

在古代专制统治社会，没有民主、法治、文明，司法中实行纠问式诉讼，被告人是受拷问的客体，而不是享有诉讼权利的主体，因而不可能有辩护制度。辩护制度是人类社会和司法走向文明的产物。在当今中国，辩护制度的价值何在？

首先，在于它是实现司法公正不可或缺的保障手段。十八届四中全会通过的《中共中央关于全面推进依法治国若干重大问题的决定》（以下简称《决定》）明确指出：公正是法治的生命线，司法公正对社会公正具有重要引领作用。司法公正包括程序公正和实体公正。实体公正是当事人参与诉讼的归宿性追求，但它有赖于程序公正即诉讼过程的公正得以保证实现。程序公正的精髓就在于人权保障。在刑事诉讼中，公安机关重在破案，检察机关虽然具有法律监督的宪法定位，同时负有客观公正的法律义务，但在司法实践中更倾向于证实有罪。因而，如果没有辩护制度的保障，司法公正是很难实现的。在整个刑事诉讼中，表面上看是辩护律师不断在"找茬""挑刺"，其实正是辩护方从事实和法律上提出有利于犯罪嫌疑人、被告人的意见，才能使侦查机关、起诉机关特别是审判机关能及时纠正对案件的片面认识，使案件得到公正处理。古语云："兼听则明，偏听则暗。"从唯物辩证法的角度来说，要求对立统一就是要求在刑事诉讼的过程中需要不同意见的充分表达，最后统一于司法的公正。因此，在刑事诉讼过程中，只有辩方的充分参与，才能够使刑事司法不偏离公正之航线。诚然，辩护人的职责就是要为当事人服务，具有一定的片面性。但这不能等同于"胡编""伪造"，律师本身也要自觉遵守律师的职业道德，也要尊重法官、公诉人、侦查人员，使控、辩、审在诉讼中形成不同角色的合力，共同构建司法公正之大厦。

---

〔1〕 原载《中国法律评论》第 2 期"卷首语"，独著。

其次，辩护制度是权力制衡的必然要求。《刑事诉讼法》赋予了国家专门机关强大的权力以保障诉讼的顺利进行，如采取强制措施限制或者剥夺人身自由，采取搜查、扣押、监听等侦查行为。因此，也必须赋予犯罪嫌疑人、被告人防御性的权利，以对抗国家的追诉权力。防御性权利就是以辩护权为核心的权利体系，辩护权的行使包括自己行使，但主要是请律师来帮助辩护。民主法治国家必须赋予被追诉人以辩护权，而且辩护权要得到有效、充分的行使，这样才能够较大程度上遏制公权力的滥用，特别是刑讯逼供之类严重侵犯人权的行为。在一定程度上刑事诉讼过程也是权力与权利的博弈，而辩护权在博弈的过程中扮演了维护被追诉人合法权利的重要角色。

再次，辩护制度是诉讼构造的必然取向。整个刑事诉讼过程应当遵循现代文明的诉讼规律，以审判为中心，而审判应当实现"等腰三角形"的诉讼构造。法庭恪守中立、独立，居于顶端，控辩双方分居两边平等对抗。但必须客观地承认，在整个刑事诉讼过程中，被追诉人属于天然的弱者，如果没有辩护人帮助其行使辩护权，被追诉人根本无力与强大的控方形成对抗。所以，必须要有辩护制度，并应该重点加以保护，使它能够真正地成为一个对抗的力量，才能够形成一个比较合理的、科学化的诉讼构造。

最后，辩护制度是防止冤假错案的有力保证。司法实践中，绝大多数的冤假错案都错在事实认定，如佘祥林案、赵作海案以及呼格吉勒图案等。错误的产生往往是由于辩护力量薄弱、辩护不到位或者是辩护意见没有引起司法机关足够的重视而未被采纳，从而造成不可挽回的错误。反过来说，辩护人从有利于犯罪嫌疑人、被告人的角度去收集证据，分析问题，这样与控诉意见对立互补，进而提高了事实认定的准确性。例如，福建的念斌案几经周折最后终于作出了无罪认定，其中辩护律师功不可没。正是律师细致地调查、收集证据，在法庭上发表有理有据的辩护意见，针锋相对地指出了起诉书和原判决有罪证据所构建的证明体系的缺陷，最后促使福建省高级人民法院作出了指控犯罪证据不足的无罪裁判。

改革开放之后，我国的辩护制度逐步走向完善。1979 年制定的《刑事诉讼法》规定了被告人不仅有自我辩护权，而且有聘请律师的权利。随后，《刑事诉讼法》历经两次修改以及《律师法》的修订，使我国的辩护制度得到了长足的进步。特别是 2012 年《刑事诉讼法》的修改不仅将辩护制度作为重点内容加以完善，而且还将"尊重和保障人权"作为刑事诉讼的重要任务加以明确规定。但是从司法实践以及同当代法治国家的比较来看，我国的辩护制度在某些环节上仍有待完善。

第一，应当赋予律师在侦查中有一定的取证权。在司法实践中，曾经困扰辩护律师的三大难题——会见难、阅卷难和取证难，2012 年《刑事诉讼法》的修改已经基本解决了会见难和阅卷难的问题。当下，"取证难"成了一个突出的问题。囿于取证的阻力，现在大多数律师都会回避亲为的调查取证工作，而转为以阅卷为中心，从阅卷中找问题。这虽不失为一种辩护策略，但是显然存在不足。因为在司法实践中，侦查机关收集、固定证据侧重于对控方有利的证据；如果辩护律师不积极取证，有些有利于辩方的证据往往会损毁灭失。所以，对律师来说，取证既是权利，在一定程度上也是义务。在立法层面上，因为条文规定本身不明确而且有矛盾，对于辩护律师在侦查阶段是否有取证权的界定不甚明晰。根据《刑事诉讼法》第 36 条的规定："辩护律师在侦查期间可以为犯罪嫌疑人提供法律帮助；代理申诉、控告；申请变更强制措施；向侦查机关了解犯罪嫌疑人涉嫌的罪名和案件有关情况，提出意见。"在这个列举式的条文中并没有包括辩护律师侦查阶段的调查取证权。但《刑事诉讼法》第 40 条规定："辩护人收集的有关犯罪嫌疑人不在犯罪现场、未达到刑事责任年龄、属于依法不负刑事责任的精神病人的证据，应当及时告知公安机关、人民检察院。"条文中提到了告知"公安机关"，即表示允许律师侦查阶段有取证权利。但是，从立法技术来说，还是语焉不详。

立足于中国的具体情况而言，在侦查阶段，公安机关等刚开始证据的收集工作，就允许辩护律师介入取证，很可能会演变为互相"抢证据"的乱局，在某种程度上不利于侦查工作的顺利完成。因此我建议赋予辩护律师在侦查阶段"有限制的取证权"。所谓"有限制"，就是指侦查进行到一定程度时允许律师介入取证，如犯罪嫌疑人被侦查机关采取强制措施并进行了第一次讯问之后起可以允许律师介入取证。因为在这个时候，侦查机关已经初步收集了证据，大体掌握了案情，律师介入对侦查的干扰也会小一点。

取证的问题中还涉及鉴定的申请和启动问题。根据《刑事诉讼法》规定，鉴定的启动权掌握在公安机关手中，当事人及其辩护律师只有申请权而没有启动权。这样就容易造成鉴定的片面性。按照西方国家的经验，控辩双方的诉讼地位是平等的，控辩双方都有权聘请专家证人出具证言。应当说，为了维护控辩双方的平等对抗，保证鉴定意见的真实性，应当赋予辩护律师启动鉴定的权利，但对鉴定意见证明力的判断权仍然归属于法庭。

第二，扩大法律援助范围以提高律师的参与率。目前辩护律师参与诉讼的比率太低。即便在审判阶段，一些不发达地区辩护律师介入诉讼仅 30% 左右，发达地区超过 50%；总体而言，有一半以上的刑事案件并没有得到律师的帮助。在普通的刑事案件中，如盗窃、抢劫、伤害、杀人等，有相当大比例的犯罪嫌疑人、被告人的经济状况无力负担律师费用。这样导致审判实践中，相当多的被告人面对控方的指控，孤立无援，根本无法形成对抗。造成这种局面的主要原因是法律援助制度跟不上。2012 年《刑事诉讼法》的修改已经扩大了法律援助的范围，但总的来说还是偏窄，与国际标准相比更是差距很大。《决定》提出要完善法律援助制度，扩大法律援助范围。结合中国的实际，我认为可考虑将法律援助范围从原来可能判处死刑、无期徒刑的案件扩大为可能判处 5 年以上有期徒刑的案件。

还须指出，死刑复核中法律援助的缺位问题亟待解决。死刑复核是审判程序中的一种特殊程序，过去死刑复核程序是行政化的，实行内部审查、书面审查。2012

年《刑事诉讼法》的修改对死刑复核程序作了一定的诉讼化改造，第240条规定："最高人民法院复核死刑案件，应当讯问被告人，辩护律师提出要求的，应当听取辩护律师的意见。"但是在这个规定中，辩护律师仅限于当事人自己聘请的律师，而并不包括法律援助的律师。我认为，人命关天，死刑复核是最后把关程序，决不能缺失律师援助，不仅要有律师参加，而且律师要有一定执业经验才能担任。

第三，提高证人出庭率，保证辩护权的充分行使。根据《刑事诉讼法》第187条的规定，证人出庭应当同时具备三个条件：控辩双方有异议、对定罪量刑有重大影响以及法院认为有必要。这样的条件设定实际上就是赋予了法院独断的裁量权，导致第一个、第二个条件的虚化。归结到底，证人出庭的条件就只有一个：法院是否认为必要。再根据《刑事诉讼法》第190条的规定，公诉人、辩护人应当向法庭出示物证，让当事人辨认，对未到庭的证人的证言笔录、鉴定人的鉴定意见、勘验笔录和其他作为证据的文书，应当当庭宣读。这一条与前述第187条相呼应，就是说证人可以不出庭，代之以宣读证言笔录即可。这样就导致与被告人对质的权利被架空而无法实现，控辩双方的质证实际上就是对着书面材料进行的。

目前我国证人、鉴定人的出庭率太低，尤其是证人出庭率。根据我的实证调查研究，2012年《刑事诉讼法》施行两年多以来，基层法院非简易的审判程序中，证人出庭率仍然只有1%左右，并没有显著的提高。可以说，这样的困境为律师实现有效辩护带来了很大的障碍。《决定》明确提出：保证庭审在查明事实、认定证据、保护诉权、公正裁判中发挥决定性作用。这已直接涉及庭审的"直接言词"原则。所谓"直接言词"原则，就是法官亲自直接接触证据，审查证据，听取对证据的双方的质证的意见，证据基本上也要保持原始的状态，言词证据主体如被告人、证人、被害人等一般来说应当用口头方式陈述案情。直接言词原则是庭审化实质的必要条件，也是辩护权在法庭上充分行使的重要保障。

一般说来，证人出庭是辩方的一个重要权利。辩方询问证人，是辩护权行使的直接表现。对此，联合国《公民权利和政治权利国际公约》第14条第3款（戊）项明确规定："在判定对他提出的任何刑事指控时，人人完全平等地有资格享受以下的最低限度的保证：讯问或业已讯问对他不利的证人，并使对他有利的证人在与对他不利的证人相同的条件下出庭和受讯问，是被告人一项基本权利。"这项权利实质上就是当庭对质询问证人的基本要求。从查明事实真相、防止冤假错案这个角度来看，证人不出庭，往往导致事实真相不明。所以在这个问题上要通过《刑事诉讼法》的修改完善证人、鉴定人出庭制度，应结合国情探索实行直接言词原则。

第四，尊重律师，保障律师执业安全。为了保障律师有效参与诉讼应当保证律师执业的安全环境。过去，公安机关有时利用权力妨碍律师正常执业，甚至有当庭强迫律师离开法庭不许参与庭审的情形。这样做无疑挫伤了律师辩护的积极性，影响辩护制度的健康发展。特别是《刑法》第306条规定的"辩护人、诉讼代理人毁灭证据、伪造证据、妨碍作证罪"，被视为悬在辩护律师头上的一把利剑。对于这条规定应当正确理解，严格掌握。该条文第 2 款规定："辩护人、诉讼代理人提供、出示、引用的证人证言或者其他证据失实，不是有意伪造的，不属于伪造证据。"也就是说，只要辩护律师不是故意包庇犯罪，他提供、出示、引用的证人证言或者其他证据即便不真实，都不构成伪证犯罪。

总之，正如中央政法委书记孟建柱所指出的："律师制度是中国特色社会主义司法制度的重要组成部分，是社会文明进步的标志。尊重和保障律师的权利，就是尊重和保障当事人和公民的权利，也是实现司法公正的重要保证。要尊重和保障律师依法履职的权利，认真听取律师的辩护和代理意见，充分发挥律师在依法认定事实、正确适用法律、准确定罪量刑等方面的重要作用。"

只有完善的法律援助制度才有
"法律面前人人平等"〔1〕

党的十八届三中、四中全会明确提出"完善法律援助制度，扩大援助范围"。这项事关民生、事关社会公平正义的重要法律制度如何完善一直备受关注。

2015年6月29日，中办、国办公布《关于完善法律援助制度的意见》，提出扩大法律援助范围、明确重点援助对象、建立多项机制、拓展法律援助咨询手段，切实保障经济困难公民和特殊案件当事人的合法权益，其中五大亮点引人关注。

亮点一：多项民生事项被纳入法律援助事项范围

[规定] 扩大民事、行政法律援助覆盖面。逐步将涉及劳动保障、婚姻家庭、食品药品、教育医疗等与民生紧密相关的事项纳入法律援助补充事项范围，帮助困难群众运用法律手段解决基本生产生活方面的问题。

[解读] 中国政法大学终身教授陈光中先生表示，在民事、行政法律援助方面，《法律援助条例》中涉及的比较少。民事诉讼法和行政诉讼法中，也都没有涉及法律援助问题。"意见不仅扩大了民事、行政法律援助的范围，还提出要加强特定群体的法律援助工作，重点做好农民工、下岗失业人员、妇女、未成年人、老年人、残疾人和军人军属等重点人群的法律援助工作，深度和广度的拓展都超出我的预期"，陈光中说。

针对具体哪些情况可以被纳入法律援助范围，陈光中讲到，据了解，有些省份已就意见中提出的事项先行进行探索，如交通事故、医疗事故引发的侵权赔偿，未成年人教育权保护，食品药品中假药和劣质食品引起的侵权诉讼，婚姻家庭中离婚、虐待、不履行赡养抚养义务等，受援人可以就这些事项提出申请得到援助。

亮点二：建立值班律师制度，法援参与刑事和解、死刑复核程序

[规定] 建立法律援助值班律师制度，法律援助机构在法院、看守所派驻法律援助值班律师。建立法律援助参与刑事和解、死刑复核案件办理工作机制，依法为更多的刑事诉讼当事人提供法律援助。

[解读] "建立值班律师制度是学者一直呼吁和提倡的。"陈光中表示，建立法律援助值班律师制度，在法院、看守所里，值班律师可以直接解答当事人的咨询，

---

〔1〕 原载《新华网》2015年6月29日，记者徐硙。

帮助当事人申请法律援助，可以在侦查起诉阶段更好地保障当事人的权益。

"死刑复核是死刑案件的最后一道关口，关乎人的生命。"陈光中表示，过去死刑案件从侦查阶段开始到二审都有法律援助。但是死刑复核一直是内部审核。2012年《刑事诉讼法》修改后，允许律师参加死刑复核，但没说可以申请法律援助。此次将法律援助明确列入死刑复核，是非常重要的。同时，陈光中表示，现在刑事和解当中也非常需要法律援助，此次意见也纳入进来了。

亮点三：建立法律援助参与申诉案件代理

[规定] 探索建立法律援助参与申诉案件代理制度，开展试点，逐步将不服司法机关生效民事和行政裁判、决定，聘不起律师的申诉人纳入法律援助范围。

[解读] 北京大学法学院党委书记潘剑锋教授表示，申诉和上访已属于社会问题，各方面特别关注。申诉有没有道理，不同的人会有不同的看法。在申诉人员中，相当一部分经济比较困难，意见将这一群体的申诉列入法律援助范围，对维持社会秩序的稳定具有积极意义。

"申诉有没有道理、是否合法、请求是否正当、能否得到法律支持，这些当事人可能不清楚。"潘剑锋表示，法律援助人员对当事人提出的合理合法请求给予支持，对提出不合理请求的当事人可以解释、讲道理，在一定程上可以息诉息访，对当事人和相关管理机构是双赢。

亮点四：法律援助咨询服务全覆盖

[规定] 建立健全法律援助便民服务窗口，安排专业人员免费为来访群众提供法律咨询。拓展基层服务网络，推进法律援助工作点向城乡社区延伸。加强"12348"法律服务热线建设。创新咨询服务方式，运用网络平台和新兴传播工具，提高法律援助咨询服务的可及性。

[解读] 法律咨询是法律援助机构为公民提供法律帮助的基本形式，一直是法律援助的重点。2014年，我国共批准办理法律援助案件124万余件，同比增长7.3%。民事案件为法律援助案件总量增长的主要因素，其中数量最多的是请求支付劳动报酬案件，其次是婚姻家庭案件和交通事故案件。

潘剑锋表示，过去法律援助很难覆盖到偏远的基层地区和一些农村贫困地方。此次意见提出法律咨询服务全覆盖，依托多种手段，特别是依托互联网、新媒体等形式，使法律援助面更宽，咨询方式更快捷，效果更好，切实保障"法律面前人人平等"。

亮点五：市、县级财政将法援经费全部纳入同级财政预算

[规定] 完善法律援助经费保障体制，明确经费使用范围和保障标准，确保经费保障水平适应办案工作需要。市、县级财政要将法律援助经费全部纳入同级财政预算，根据地方财力和办案量合理安排经费。

[解读] 据司法部提供的数据，2014年全国法律援助经费总额为17亿元，比

2013 年增长 4.8%。与去年办理案件数量同比增长 7.3% 相比，经费增长速度相对落后。同时，全国仍有 9% 的区县没有将法律援助经费纳入同级财政预算。没有充足的经费保障，对法律援助案件的办理质量产生了一定制约，可喜的是意见有了突破。

司法部副部长赵大程表示，意见当中提出中央财政要引导地方特别是中西部地区加大对法律援助经费的投入力度，省级财政要为法律援助提供经费支持，特别是市、县级财政将法律援助经费全部纳入同级财政预算，提高办案补贴标准，拓宽资金来源渠道，这对提高法律援助保障能力起着非常重要的作用。

推进刑事辩护法律援助全覆盖的建议[1]

　　在刑事诉讼中，推进刑事辩护法律援助对加强犯罪嫌疑人、被告人的人权保障，彰显司法公正具有重大意义。新时代全面提升刑事辩护法律援助制度，可以考虑从以下两个方面推进刑事辩护法律援助全覆盖。

一、对可能判处三年有期徒刑以上刑罚的案件应提供刑事辩护法律援助

　　我国的刑事法律辩护率一直处于"总量少、比例低"的状态。《关于开展刑事案件律师辩护全覆盖试点工作的办法》将刑事辩护推进至全部适用普通程序审理的案件，在一定程度上提高了辩护率。但是，在全部刑事案件中，适用简易程序审理的案件大约占三分之二，且对适用简易程序审理的案件仅仅是提供"法律帮助"，仍然有所不足。一是对适用简易程序的案件刑期最高可达有期徒刑十五年，数罪并罚情况下可达二十年，对于可能判处如此严重刑罚的案件，即使被告人认罪且同意适用简易程序，仍有必要提供刑事辩护法律援助。二是在犯罪嫌疑人、被告人不享有阅卷权的情况下，对于适用简易程序需满足的"案件事实清楚、证据确实充分"条件，以及对检察院起诉的罪名、量刑建议都无法把握，只有在辩护律师的协助下才能进行正确的判断。三是对于简易程序审理的公诉案件检察院应当派员出庭，据此也必须有辩护人出庭以实现控辩平等。

　　从应然角度而言，对于刑事辩护的法律援助应当推进适用于全部简易程序审理的案件。但是，刑事辩护法律援助的发展要与社会政治经济发展条件相适应，因此从我国现实出发，建议刑事辩护法律援助的推进采取"两步走"的方式：第一步，对于可能判处三年有期徒刑以上刑罚的案件，应当对其提供刑事辩护法律援助。从刑法理论来说，一般认为将法定最低刑为三年以上有期徒刑的犯罪视为重罪，其他犯罪为轻罪。对于重罪来说，应该有辩护律师的介入。现阶段，规定"可能判处三年有期徒刑以上刑罚的案件应当提供刑事辩护法律援助"尽管跨度比较大，但并非可望而不可即。一方面，从客观情况来说，有关统计数据表明，我国判处三年有期徒刑以下的刑事案件占80%左右，而在余下约20%的比例中，还有一部分是自行委托辩护人，实际上仅有百分之十几的需要予以提供刑事辩护法律援助。在这

　　[1]　原载《教育部简报（高校智库专刊）》2018年第18期，与张益南合著。更详细的论述见"推进刑事辩护法律援助全覆盖问题之探讨"，载《法学杂志》2018年第3期，与张益南合著。

方面，2015 年浙江省就已推行"基层人民法院审理的一审刑事案件，被告人经济困难且可能被判处三年以上有期徒刑"的案件，可以为其提供刑事辩护的法律援助。不难预见，我国在三五年后，随着国家财政实力不断增强，律师队伍逐年壮大，更足以承担这样的改革重任。另一方面，世界法治国家或地区的刑事法律援助以可能判处三年有期徒刑作为最低标准，如果我们不做这样的规定，就滞后于其他国家或地区刑事辩护法律援助的通例。第二步，在未来条件成熟时，将刑事辩护法律援助进一步推广至可能判处有期徒刑以上刑罚的案件，从而建立全覆盖的援助体系，全面提升人权保障的水平。

二、对全部死刑复核案件应当提供刑事辩护法律援助

死刑复核程序的刑事辩护法律援助全覆盖问题应该提到日程上来。死刑案件人命关天，因此我们建议：对全部死刑复核案件应当提供刑事辩护法律援助。这对于被告人的权利保障具有极大的必要性：一是实现死刑案件实体公正的客观需求。死刑案件的证明过程错综复杂，确保每个死刑复核案件都有律师参加，才能真正保证死刑复核质量。二是程序公正的必然选择。应该充分保障被告人的辩护权，使其感受到死刑的判决是以看得见的正义来实现的。此外，死刑复核究其实质而言仍然是审判程序，为被告人提供刑事辩护法律援助也是诉讼规律以及构造模式最基本的要求。三是国际刑事司法的大势所趋。世界上重要的国际公约都明确规定，对于涉嫌或被控可处以死刑的刑事犯罪者，"在刑事司法程序各阶段"需向其提供刑事辩护法律援助。

死刑复核程序中不仅必须要有法律援助，而且必须保证援助律师高质量的有效介入，对此我们建议：

第一，加强对援助律师执业经历的把控。《关于刑事诉讼法律援助工作的规定》第十三条规定，"对于可能被判处无期徒刑、死刑的案件，法律援助机构应当指派具有一定年限刑事辩护执业经历的律师担任辩护人"。对于其中的"一定年限"，可以限定为执业五年以上的律师，这样才能真正达到援助的效果。

第二，完善对律师权利的保障。一是会见权的保障。律师的会见权是律师最基本的权利，允许律师介入辩护都应该得到切实的保障。我国《刑事诉讼法》第三十七条明确规定："辩护律师可以同在押的犯罪嫌疑人、被告人会见和通信。"这就包括了死刑复核程序中对被告人的会见。因此，针对死刑复核案件实践操作中看守所不配合，导致会见权无法完全得到落实的情况，公安机关应当高度重视，指令看守所切实予以纠正。二是听取意见权的保障。最高人民法院《关于办理死刑复核案件听取辩护律师意见的办法》对有效听取意见明确了一系列保障措施，这对死刑复核案件律师的听取意见权的保障大有改善。同时，死刑复核裁判文书应当列明法律援助辩护律师的身份，在裁判理由中列举辩护人的辩护意见，并具体说明采纳或不采纳的理由。三是阅卷权的保障。2012 年《刑事诉讼法》中对于死刑复核

阶段的律师阅卷权未予明确规定。对此，最高人民法院《关于办理死刑复核案件听取辩护律师意见的办法》明确提出，"辩护律师可以到最高人民法院办公场所查阅、摘抄、复制案卷材料。但依法不公开的材料不得查阅、摘抄、复制"。我们认为此规定切合我国司法实际，应予认真贯彻执行，而且在今后的《刑事诉讼法》修改中进一步加以明确。

第三，设立一定的保障制度与奖励机制，确保刑事辩护法律援助的质量。首先，适度加强政府财政资金保障。对于法律援助的财政支持既需要量力而行，又应当尽力而为。其次，加大对刑事法律援助律师的奖励力度。在规范律师执业行为的同时，应当提高对优秀刑事法律援助律师精神和物质上的奖励。而且，司法行政部门和律师协会应当制定相关具体的司法性规范，并予以有效贯彻，使律师奖励机制规范化、常态化、标准化，以此提高援助律师的工作责任心和荣誉感，保障法律援助质量。

陈光中法学文选（第四卷）

司法改革与刑事诉讼法修改

第四部分　刑事诉讼程序

刑事和解再探[1]

刑事和解是一项新型的刑事案件处理机制。在构建和谐社会的背景下，刑事和解的理论研究越来越深入，实务部门的试点工作也逐步开展，并取得了初步经验，刑事和解正向制度化、立法化推进。同时，质疑的声音亦时有所闻。笔者几年前曾撰文倡导刑事和解，[2]现就此问题再谈一些看法，并对质疑之论略作回应。

一、刑事和解是一项具有中国特色的刑事司法制度

刑事和解，是指在刑事诉讼程序运行过程中，加害人（即被告人或犯罪嫌疑人）与被害人及其亲属以认罪、赔偿、道歉等方式达成谅解与协议以后，国家专门机关不再追究加害人刑事责任或者对其从轻处罚的一种案件处理方式。这种通过加害人与被害人及其亲属达成谅解与协议，促使国家专门机关不再追究刑事责任或者从轻处罚的做法，弥补了常规的刑事案件处理方式忽视被害人意愿的不足，丰富了我国刑事案件的解决机制。需要强调的是，刑事和解的主体必须是加害人与被害人及其亲属。只有加害人与被害人和解，才能切实减少申诉、上访现象，有效解决诉讼纠纷，促进社会和谐。另外，刑事和解的主体之所以不限于加害人与被害人，是因为加害人的亲属也有可能因为加害人没有赔偿能力而愿意为其赔偿而成为和解的主体，被害人亲属也有可能在被害人未成年或死亡的情况下成为和解的主体。当然，刑事和解必须由国家专门机关主持，且由国家专门机关根据加害人与被害人双方达成的谅解与协议作出程序或实体上的最后处理。一方面，刑事和解协议必须在国家专门机关的主持与直接指导下达成，那种脱离国家专门机关的民间调解并非本文意义上的刑事和解；另一方面，和解协议内容需要由国家专门机关在诉讼程序中作最后确认。

时下我国刑事和解的兴起，固然与借鉴西方的司法和解理念、制度如辩诉交易、恢复性司法等有关系，但笔者认为，刑事和解兴起的主要不是西方经验，而是

---

〔1〕《中国刑事法杂志》2010 年第 2 期。本文根据作者在最高人民检察院检察理论研究所主办的全国刑事和解制度与工作机制主题论坛上所作的学术报告整理、修改而成。

〔2〕 参见陈光中、张建伟："附条件不起诉：检察裁量权的新发展"，载《人民检察》2006 年第 7 期；陈光中："刑事和解的理论基础与司法适用"，载《人民检察》2006 年第 10 期；陈光中、葛琳："刑事和解初探"，载《中国法学》2006 年第 5 期。

东方经验。

　　"大多数的行为，尤其是社会行为，一定要发生在文化环境中。"[1]可以说，思想文化塑造着人们的行为方式。我国和谐文化也塑造着刑事和解的实践。从我国法律文化史上看，和解的思想可谓源远流长。孔子说："礼之用，和为贵。"[2]他在解释"致中和"时说"喜怒哀乐之未发，谓之中。发而皆中节，谓之和。中也者，天下之大本也。和也者，天下之达道也。致中和，天地位焉，万物育焉"。[3]孟子也说"天时不如地利，地利不如人和"，[4]指出"人和"对国家兴旺的重要性。老子云"天之道，不争而善胜"，"为无为，则无不治"。[5]墨子说"兼相爱则治，交相恶则乱"。[6]应当说，春秋战国时期诸子百家的思想虽然没有和解的字眼，但内容却鲜明地体现着和解的思想。值得指出的是，孔子一直憧憬"必也使无讼乎"[7]的社会，竭力主张避免打官司而在民间化解矛盾，对于亲属之间的刑事诉讼主张尽量以和解的方式处理。据载，孔子当鲁国司寇时，有一件父告子的案件，孔子把人拘押起来，但拖了三个月而不判决。当父亲请求撤销诉讼时，孔子马上把儿子赦免了。[8]

　　在儒家和解息讼思想的指导下，我国古代刑律有刑事和解的规定。如被称为"东亚刑律准则"的《唐律》第338条就规定："诸戏杀伤人者，减斗杀伤二等。"所谓"戏杀"，"谓以力共戏，至死和同者"。[9]就是说，双方嬉玩打斗，至死仍不伤和气的，可以从轻处罚。另据元朝《大元通制》规定："诸戏伤人命，自愿休和者听。"[10]此外，中国古代刑律还创立了颇具特色的保辜制度。保辜制度就是法律规定在伤害案件中给予加害人通过对被害人伤势在限期内有效治疗而得到从轻处罚的机会。如果加害人对被害人尽心尽力地治疗，使被害人在期限届满时保住了性命或者减轻、治愈了伤势，那么就可以对加害人减轻刑罚，具有和解的因素。《唐律》第307条规定："诸保辜者，手足殴伤人限十日，以他物殴伤人者限二十日，以刃及汤火伤人者三十日，折跌肢体及破骨者五十日。"[11]

　　封建社会的司法实践亦不乏刑事和解的判例。如唐朝开元年间，贵乡县令韦景

〔1〕[美]乌格朋："社会变迁"，载《费孝通译文集》（上册），群言出版社2002年版，第286页。
〔2〕《论语·学而第一》。
〔3〕《礼记·中庸》。
〔4〕《孟子·公孙丑下》。
〔5〕《道德经·七十三章》《道德经·三章》。
〔6〕《墨子·兼爱上》。
〔7〕《论语·颜渊》。
〔8〕《荀子·宥坐》。
〔9〕《唐律疏议》卷二十三。
〔10〕《元史·刑法志》。
〔11〕《唐律疏议》卷二十一。

骏在审一母子相讼的案件时，对当事人反复开导，并痛哭流涕地自责"教之不孚，令之罪也"，还送给他们《孝经》，于是"母子感悟，请自新，遂称慈孝"。[1]

当然，我国封建法律也规定了一些重罪以及不适用和解制度的其他某些案件。如《唐律》第260条规定："诸祖父母、父母及夫为人所杀，私和者，流二千里；期亲，徒二年半；大功以下，递减一等。受财重者，各准盗论。虽不私和，知杀期以上亲，经三十日不告者，各减二等。"[2]

和解的传统也为新民主主义革命时期革命根据地所继承和发扬。抗战时期陕甘宁边区就继承了调解的传统并大力推广各种形式的调解，制定了若干关于调解的条例。其中有些条例就明确规定了刑事案件的调解。如1943年6月11日公布的《陕甘宁边区民刑事件调解条例》第2条就规定了调解的案件范围，即凡刑事案件除内乱罪、外患罪、汉奸罪、故意杀人罪、盗匪罪、掳人勒赎罪、违反政府法令罪、破坏社会秩序罪、贪污渎职罪、妨害公务罪、妨害选举罪、逃脱罪、藏匿人犯及湮没证据罪、破坏货币及有价证券罪、伪造公文印信罪、公共危险罪、伪证罪、妨害水利罪、破坏交通罪、伪造度量衡罪、妨害农工政策罪、烟毒罪以及其他有习惯性之犯罪外，均得调解。[3]且该条例第3条规定了调解的方式包括赔礼、道歉或以书面认错、赔偿损失或抚慰金以及其他依习惯得以平气息争之方式，但以不违背善良风俗及涉及迷信者为限。[4]边区高等法院1943年12月20日发布的《注意调解诉讼纠纷》的指示信中说："纠纷之解决，尤以调解办法最为彻底，既可和解当事人的争执，复可使当事人恢复旧感，重归于好，无芥蒂横梗其胸，无十年不能忘却之仇恨，是调解纠纷办法，不仅减少人民讼累一端，且含有不少教育感化的意义在内。"[5]尽管这个调解条例实行的时间不长，后来改为把刑事案件的调解限制在因一时气愤，或过失引起的轻微伤害，且群众不反对的案件中，但是陕甘宁边区毕竟有刑事和解的传统。

由此可见，无论我国古代的思想文化、法律规定、司法实践，还是新民主主义革命时期革命根据地的刑事调解经验，都十分推崇和谐的观念，倡导人们化解冲突，和睦相处，我国存在刑事和解生发的浓郁历史文化环境与肥沃司法土壤。刑事和解是对我国固有法律文化在新的历史条件下的继承与发扬，属于中国特色社会主义司法制度的有机组成部分。刑事和解既是中西方文化相结合的产物，更是当代中国对和谐文化的优良传统的继承与发扬。

二、刑事和解的适用范围

由于刑事和解具有节省司法成本、提高刑罚效益、最大限度地保护加害人与被

---

[1]《续通志》循吏韦景骏传。
[2]《唐律疏议》卷十七。
[3]《陕甘宁边区高等法院司法会议提案》(1941年10月)。
[4]《陕甘宁边区高等法院司法会议提案》(1941年10月)。
[5]《陕甘宁边区高等法院指示信》(1943年12月20日)。

害人的合法利益、有效地接受犯罪人回归社会等长处，各地司法机关基于贯彻宽严相济的刑事政策和构建社会主义和谐社会的需要，结合本地区的实际情况开始就刑事和解制定了一些规则，尝试在特定刑事案件的处理中引入刑事和解的做法。[1]尽管发展的程度不一，具体的形式也是多种多样，但各种制度都体现了刑事和解的内涵，收到了很好的法律效果和实践效果。[2]根据一项针对检察机关适用刑事和解情况的调查发现，大多数刑事和解案件的社会效果都比较好，几乎不存在反悔或要求再起诉的情况。既抚慰了被害人，使被害人能够及时得到较为充分的赔偿，又有利于加害人从内心悔过，减少了加害人再犯罪比例，同时也减少了因上诉、申诉、重新犯罪等带来的成本支出。[3]另外，法院尝试刑事和解做法的成效也已经初见端倪。如北京市朝阳区人民法院在 2005 年 10 月 10 日至 2006 年 2 月 20 日期间就审结了属于刑事和解范围的案件 260 件。其中有 126 件案件实现了庭前和解，和解成功率达 48.5%。其中刑事自诉案件 2 件，涉及刑事附带民事赔偿案件 124 件，使被害人获得经济损失赔偿款 202 万余元，有效提高了刑事审判效率，缓解了双方的对立情绪，既做到"案结"，又实现了"事了"，对化解社会矛盾、构建社会主义和谐社会起到了有效的促进作用。[4]

需要指出的是，由于法律对公诉案件的刑事和解没有明文规定，实务部门不敢明显突破法律规定，目前刑事和解在实践中基本上仍然局限于轻罪。据一项对我国检察机关适用刑事和解的调查显示，适用刑事和解的案件主要是轻伤害案件、交通肇事案件以及其他轻罪案件。其中轻伤害案件，占所有刑事和解案件的 46%，另一类适用率较高的案件是交通肇事案件。这两类案件占所有刑事和解案件的 67%。而其他类型的案件主要有：未成年人刑事案件、在校学生（成年人）的轻微刑事犯罪案件；盗窃、销赃等轻微的侵财案件；过失犯罪案件；其他具有可宽恕情节的

---

[1] 如浙江省高级人民法院、浙江省人民检察院、浙江省公安厅在 2005 年 5 月 24 日联合下发了《关于当前办理轻伤害犯罪案件适用法律若干问题的意见》，其中规定：在侦查、审查起诉阶段，具备下列条件的轻伤犯罪案件，公安机关可以撤案，检察机关可以作相对不起诉处理；当事人双方自愿就民事赔偿问题达成一致，形成书面协议；当事人双方和解，被害人书面要求或者同意不追究犯罪嫌疑人刑事责任；犯罪嫌疑人本人确有悔罪表现，社会危害性已经消除，不需要判处刑罚。北京市政法委在 2003 年 7 月下发了《关于北京市政法机关办理轻伤害案件工作研讨会纪要》，其中明确规定：对确因民间纠纷引起的轻伤害案件，犯罪嫌疑人、被告人的犯罪情节轻微，有悔罪表现，已全部或部分承担被害人医疗、误工等合理赔偿费用，被害人不要求追究其刑事责任，自愿协商解决的，可由双方自行协商并达成书面赔偿协议。此类案件，在被害人向司法机关出具书面请求之后，可以按照规定作出撤销案件、不起诉、免予刑事处罚或判处非监禁刑等。

[2] 黄京平、甄贞、刘凤岭："和谐社会构建中的刑事和解探讨"，载黄京平、甄贞主编：《和谐社会语境下的刑事和解》，清华大学出版社 2007 年版，第 510 页。

[3] 宋英辉等："我国刑事和解实证分析"，载《中国法学》2008 年第 5 期。

[4] 北京市朝阳区人民法院："审判机关适用刑事和解的现状与经验"，载黄京平、甄贞主编：《和谐社会语境下的刑事和解》，清华大学出版社 2007 年版，第 430 页。

刑事案件。[1]这种局限性使刑事和解积极解决社会纠纷、化解社会矛盾，促进社会和谐的作用不能充分发挥出来。因此，刑事和解的适用应当有更为宽广的思路，在适用的案件种类上，既可以适用于不少轻罪案件，也可以有条件地适用于一些严重犯罪乃至可能判处死刑的案件；在适用的时间上，可以贯穿刑事诉讼的全过程。

首先，刑事和解不仅可以适用于轻罪案件，也可以有条件地适用于重罪乃至可能判处死刑的案件。我国司法实践中，已经出现重罪和死刑案件采用刑事和解的做法。如在一起故意伤害致人重伤案中，中学生吴某（未满16周岁）因帮助同学周某殴打池某，用水果刀刺伤池某右胸肋部、右大腿等处，致使池某肝脏破裂，经法医鉴定为重伤。吴某在司法机关的调解之下与池某及其家人达成了赔偿3.8万元的和解协议，池某的父亲还书面请求执法部门对吴某从轻处理。检察院以吴某犯罪时未满16周岁，具有自首情节，并主动给予被害方合理的经济赔偿得到谅解为依据，决定对其作不起诉处理。[2]另外，从最高人民法院最近公布的5起"依法不核准死刑典型案例"来看，[3]在死刑复核期间，对于具有可不杀因素的部分死刑案件，由司法机关主导，在被害人亲属与加害人及其亲属间进行调解，如果加害人及其亲属愿意赔偿被害人及其亲属适当物质损失并取得被害人及其亲属的谅解，那么可以不核准死刑。例如，在葛某故意杀人案中，葛某与被害人王某在打工期间确立恋爱关系，二人因父母反对而决定一起死。葛某用匕首刺向王某，致王某动脉破裂，失血性休克死亡，随后，葛某割颈、左腕等部位自杀未遂。最高人民法院鉴于葛某案犯罪情节、后果、手段等均属一般，且葛某认罪态度较好，虽然葛某的行为与一般故意杀人案性质上没有区别，但是社会危害程度和犯罪情节相对较轻，认为本案具有可不杀因素，因此通过做工作促成被害人家属对被告人的谅解，最终依法不核准葛某死刑。又如，在刘某（化名）故意杀人盗窃一案中，刘某因要求延期支付房租遭到拒绝而与房东任某发生争执，用刀捅刺任某左颈部两刀，致任某失血性休克死亡。刘某拿走了任某随身携带的现金5600元后，逃离现场。最高人民法院复核认为，本案系因民间矛盾激化，被告人事先无预谋，一时冲动杀人。被告人没有赔偿能力，但被害人家属表示谅解，依法不核准死刑。

需要强调的是，死刑案件适用刑事和解的前提是存在可不杀因素。所谓可不杀因素是指案件是因婚姻家庭、邻里纠纷等民间矛盾激化所引发的，被害人有过错，

---

〔1〕 宋英辉等："我国刑事和解实证分析"，载《中国法学》2008年第5期。

〔2〕 参见宋英辉、袁金彪主编：《我国刑事和解的理论与实践》，北京大学出版社2009年版，第393~394页。

〔3〕 参见蒋安杰、徐伟："法官跨三省调解马涛案起死回生"，载《法制日报》2009年7月28日；蒋安杰、徐伟："死刑复核如女人绣花般精细"，载《法制日报》2009年7月29日；蒋安杰、徐伟："死刑复核考验法官群众工作能力"，载《法制日报》2009年7月31日；蒋安杰、徐伟："冯福生死伴着死刑复核环节跌宕"，载《法制日报》2009年8月3日；蒋安杰、徐伟："如何保住一条命又不影响稳定"，载《法制日报》2009年8月4日。

犯罪情节不特别严重，加害人在案发后真诚悔罪，主观恶性与人身危险性相对较小，并且积极赔偿被害人家属经济损失，取得被害人家属谅解的情况。当然，由于民间对命案同态复仇的思想仍然根深蒂固，传统的"杀人偿命""以命偿命"的报复心态仍然有市场，并不是所有的死刑案件的加害人都能得到加害人亲属的谅解。假如经过多次努力，被害人亲属仍然不能谅解加害人，那么案件应当分情况处理。第一种情况是如果加害人的罪行较为严重，综合各种因素，应当核准死刑。第二种情况则是加害人的罪行相对不严重，在考虑加害人的平时表现、主观恶性大小后，可以不核准死刑。

尽管笔者主张轻罪重罪都可以适用刑事和解，但是并非主张任何案件都可以一律适用。事实上，无论是轻罪还是重罪，都应当根据刑事和解的特点决定适用的案件类型。当前刑事和解试点中熟人间犯罪案件、过失犯罪案件、未成年人犯罪案件、激情犯罪案件、自诉案件和有明确被害人的轻微刑事案件等是适用刑事和解的主要案件类型。显然，有些类型的案件是不应被列入刑事和解范围的。例如，危害国家安全案件与危害公共安全案件由于严重侵害了国家利益和公共利益而不能适用刑事和解；有组织暴力犯罪包括具有黑社会性质组织犯罪案件、累犯、惯犯案件、没有被害人的犯罪案件以及不具有侵权性质的职务犯罪如腐败犯罪也不能适用刑事和解。至于职务犯罪中的非法拘禁案件、刑讯逼供案件、报复陷害案件、虐待被监管人案件、暴力取证案件，虽然具有侵权性质，理论上似乎可以适用刑事和解，但是由于上述犯罪是基于履行职务违法造成的，实践中往往由加害人所在单位代为支付经济赔偿，容易导致加害人为逃避刑罚，即使不悔罪也极力与被害人和解。因此，一般情况下，上述案件也不宜适用刑事和解。

其次，刑事和解应当贯穿刑事诉讼的整个过程，不论刑事诉讼到了哪个阶段，只要有和解可能就应当促使其实现。关于刑事和解在侦查阶段、起诉阶段与审判阶段的适用，笔者在先前的著述中已作详细介绍，此处不赘。[1]本文仅就立案阶段与执行阶段适用刑事和解加以补充，并对审查起诉阶段通过附条件不起诉适用刑事和解作进一步说明。在立案阶段，符合自诉条件的轻微刑事案件，当事人双方达成和解的，立案机关可以根据和解协议不再立案。因为既然是自诉案件，根据《刑事诉讼法》第172条的规定，[2]自诉人在法院宣告判决前就可以同被告人自行和解或撤回自诉，那么这类案件如果在公安机关审查是否立案或者已立案正在侦查中，被害人和加害人和解了，自然可以不立案或撤销案件。在审查起诉阶段，对于可能判处3年徒刑以下的轻罪，犯罪主体为未成年人、70岁以上老年人、残疾人

---

〔1〕 参见陈光中："刑事和解的理论基础与司法适用"，载《人民检察》2006年第10期；陈光中、葛琳："刑事和解初探"，载《中国法学》2006年第5期。

〔2〕 1996年《刑事诉讼法》第172条规定："人民法院对自诉案件，可以进行调解；自诉人在宣告判决前，可以同被告人自行和解或者撤回自诉。"

以及有自首立功等特定情况的，可以试行附条件不起诉制度。尽管在基层法院可能判处 3 年以下的轻罪案件约占 1/3，但其中符合附条件不起诉的案件只是少数，不至于导致放纵犯罪。在执行阶段，服刑人员只要在服刑期间悔罪态度好，认真改造，通过对被害人及其亲属表示赔偿等方式争取被害人及其亲属的谅解，并达成刑事和解协议，就可以作为对服刑人员适用减刑、假释的参考条件。总之，包括立案阶段、侦查阶段、审查起诉阶段、审判阶段以及执行阶段的整个刑事诉讼过程均适用刑事和解。

三、对质疑声音的回应

目前，刑事和解制度已被法律界广泛认同，但也有一些专家学者不同程度地质疑刑事和解的合法性和合理性。笔者就质疑之论作以下回应。

（一）质疑一：刑事和解违反刑法的罪刑法定原则与罪责刑相适应原则

这是一些学者诘难刑事和解制度的主要理由。他们认为，刑事和解"存在着对刑法基本原则的突破即罪刑法定原则的突破、对罪责刑相适应原则的突破、对刑法适用平等原则的突破"。[1]那么，刑事和解是否就意味着对刑法基本原则的根本背弃呢？

笔者的回答是否定的。首先，有必要指出，我国现行刑事立法为刑事和解的实行提供了一定的法律依据。《刑事诉讼法》第 172 条规定："人民法院对自诉案件，可以进行调解；自诉人在宣告判决前，可以同被告人自行和解或者撤回自诉。"《刑事诉讼法》第 142 条第 2 款明确规定："对于犯罪情节轻微，依照刑法规定不需要判处刑罚或免除刑罚的，人民检察院可以作出不起诉决定。"最高人民法院《关于执行中华人民共和国刑事诉讼法若干问题的解释》第 200 条规定："调解应当在自愿、合法，不损害国家、集体和其他公民权益的前提下进行。"最高人民检察院《刑事诉讼规则》第 291 条规定："人民检察院决定不起诉的案件，可以根据案件的不同情况，对不起诉人予以训诫或者责令具结悔过、赔礼道歉、赔偿损失。"最高人民法院《关于刑事附带民事诉讼范围问题的规定》第 4 条规定："被告人已经赔偿被害人物质损失的，人民法院可以作为量刑情节予以考虑。"这无疑为刑事和解的实行提供了一定的法律根据。根据一项调研显示，目前的刑事和解试点均符合法律、司法解释和刑事政策的要求，并且是在法律规定的范围内进行探索的，没有违反法律的明文规定，也没有违反社会的公序良俗，更没有损害国家、集体和他人的利益。[2]可见，目前刑事和解实践基本上是在刑法、刑事诉讼法及相关司法解释允许范围内进行的，这种从宽处理并没有超越法律的规定。但也应当承认，目前我国关于刑事和解的法律依据散乱、匮乏，明显不适应刑事和解的发展需

---

〔1〕 李翔："刑事和解制度的实体法冲突"，载黄京平、甄贞主编：《和谐社会语境下的刑事和解》，清华大学出版社 2007 年版，第 385 页。

〔2〕 宋英辉、袁金彪主编：《我国刑事和解的理论及实践》，北京大学出版社 2009 年版，第 37 页。

要。因此，建议将来修改《刑事诉讼法》时可以明确规定刑事和解制度，甚至可以作为基本原则加以规定，笔者主持的《刑事诉讼法》再修改课题成果《中华人民共和国刑事诉讼法再修改专家建议稿与论证》第 20 条中就明确将"刑事和解"作为一项原则予以规定："犯罪嫌疑人、被告人与被害人及其近亲属达成和解的，人民法院、人民检察院和公安机关应当考虑当事人的和解意愿，并根据案件情况依法不追究犯罪嫌疑人刑事责任，对被告人从轻、减轻或者免除处罚。"[1]

需要指出的是，传统刑法观通常把罪刑法定原则与罪责刑相适应原则理解为不可逾越的铁律，强调追究犯罪的法定性以及刑罚的相当性。随着刑法理论的发展，尤其是减少和废除死刑、轻罪化以及刑罚个别化等新潮流的出现，标志着罪刑法定原则与罪责刑相适应原则开始从绝对走向相对，即处理刑事案件时既要遵循上述两大原则，又要充分考虑案件的其他因素，根据具体案件的不同情况在法律规定的范围内适当灵活处理。在建设和谐社会的今天，我国传统的刑法观念也发生了一定程度的转变。刑事司法中"宽严相济"的刑事政策就体现了这种转变。宽严相济之宽，要求刑罚轻缓化，不仅指对那些较为轻微的犯罪判处较轻之刑，也包括对较重之罪乃至严重犯罪实行重罪从轻，即根据犯罪情节及行为人犯罪后的态度及表现予以宽宥，在本应重判的情况下判处较轻之刑。重罪轻判体现了刑法中以人为本的精神，对于鼓励犯罪分子悔过自新具有重要意义。通过刑事和解允许加害人与被害人和解，在赔偿被害人损失的基础上减轻或免除加害人刑罚，不仅有利于加害人自身的身心发展，使他们充分体验社会的宽容和温暖，有利于改过自新、回归社会，而且有利于化解加害人与被害人之间的冲突，维护整个社会的和谐与安定，应当说是一种很好的轻缓化处理方式，符合我国和谐发展的趋势。在条件成熟时，也应当在《刑法》修改中体现刑事和解思想。当然，目前对加害人判处较轻之刑，应当是在《刑法》规定范围内的从宽处理。

（二）质疑二：经济赔偿是"花钱买命"，对富人有利，违反了公平原则

有学者指出，能够通过刑事和解达成协议的往往是那些家庭经济条件比较优越的加害人，他们在履行了经济赔偿责任后，容易得到被害人及其亲属的谅解，从而获得从轻或者减轻甚至于不受刑事追究的结果；而那些家庭条件差的加害人，因为没有能力赔偿，无法达成和解协议，则不能获得从宽处理，这样的和解必然造成不一样的结果，导致富裕的加害人能"花钱买刑"，但贫穷的加害人却因为缺乏赔偿能力而得不到从宽处理，明显违反了公平原则，助长了社会的不公正之风。[2]

笔者认为此论有一定的合理性，但失之偏颇。我们知道，刑事和解的前提条件是加害人认罪并真诚悔罪。如果加害人承认加害事实，并真诚悔罪，通过经济赔偿

〔1〕 陈光中主编：《中华人民共和国刑事诉讼法再修改专家建议稿与论证》，中国法制出版社 2006年版，第 8 页。

〔2〕 参见"质疑刑事和解"，载宜宾新闻网，最后访问时间：2008 年 4 月 15 日。

方式取得被害人的谅解，那么双方就可以在专门机关的主持下达成和解协议。反之，如果加害人拒不承认加害事实，毫无悔意，仅仅是想通过甩钱来换取从轻处罚，说明此人的人身危险性仍未消除，这是刑事和解所禁止的。正如有的实务部门领导所指出的："刑事和解与'花钱买刑'最根本的界限就在于加害人是否真诚悔罪、赔礼道歉，获得被害人的谅解。经济赔偿是真诚悔罪的应有之义，但是如果当事人以降低刑罚标准作为赔偿数额的条件，那么就证明其赔偿之意在于'买刑'，也就违背了刑事和解的前提条件，即使其达成了所谓的和解协议，也将不被允许。"[1]当然，由于难以透视人的内心，是否悔罪需要通过加害人的行为来衡量，比如加害人对自己的行为表示后悔、表示痛改前非等。

应当承认，在当今的市场经济时代，社会上客观存在贫富差距的现象，诉讼中一定程度上出现不平等的现象是不可避免的。消灭不平等现象是一个系统工程，需要长期的努力，应当采取现实的态度，遵循渐进的路径。具有赔偿能力的加害人在认真履行了经济赔偿责任后，得到被害人及其亲属的谅解，从而获得从轻处罚，这既能满足被害人及其亲属解决经济困难、维护自身利益的需求，也能妥善解决社会纠纷，对双方当事人有益，对国家社会有利，何乐而不为？但是，必须防止加害人在罪行极为严重或不悔罪的情况下"花钱买刑"，防止被害人及其亲属漫天开价，应当把经济赔偿规定在适度的范围内，根据加害人家庭的实际经济情况尽力赔偿。对于加害人确实没有经济赔偿能力的，加害人可以努力通过社区服务、照顾被害人家属等其他方式取得被害人及其亲属的谅解，达成刑事和解协议。

（三）质疑三：刑事和解混淆了附带民事部分的赔偿与刑事处罚两种责任

有论者认为，从法律关系来看，刑事和解的两个环节代表着两种截然不同的法律关系。其中，经济赔偿体现的是刑事加害人与被害人之间的民事权利义务关系；刑事责任则昭示着一种国家与犯罪人之间的刑事权利义务关系。前者与经济赔偿有关；后者与国家刑罚权相连。其中一种法律关系受阻，并不影响另一法律关系的继续存在。同样道理，积极履行自己应当履行的法律义务，似乎并不能足以成为减免另一法律责任的正当依据。[2]笔者认为此论差矣！首先，附带民事诉讼由加害人实施的犯罪行为给被害人造成了经济损失而产生，没有犯罪行为就不会产生附带民事赔偿的问题。也就是说，刑事责任与附带民事责任是由同一个犯罪行为引起的，二者的处理既有独立性，又必然相互影响。鉴于刑事案件中刑事责任与附带民事责任的不可分性，我国现行《刑事诉讼法》第78条规定二者一并审判，只有为了防止刑事案件审判的过分延迟，才可以分开审判。其次，与国外被害人的诉讼地位不

---

〔1〕 李松、黄洁："最高检首次公开表示刑事和解不是'花钱买刑'"，转引自最高人民检察院副检察长朱孝清的话，载《法制日报》2008年12月8日。

〔2〕 于志刚："刑事和解的正当性追问——中国政法大学首次'青年教师学术沙龙'观点综述"，载《政法论坛》2009年第5期。

同，我国被害人在刑事附带民事诉讼案件中充当三种角色：一是刑事案件的当事人，与公诉机关同为控方主体；二是附带民事诉讼的原告；三是证据的来源（被害人陈述）。被害人的前两种身份均与量刑有关。作为刑事案件的当事人以及附带民事诉讼案件原告，被害人为了争取自己合法利益的最大化，有权通过与加害人达成和解协议而提出不追究或从轻追究加害人的刑事责任的建议；反之，被害人也有权提出从重处罚的建议。这是尊重被害人与被告人主体地位的体现，也是案件公正而稳妥解决的一种途径。正因为如此，最高人民法院《关于刑事附带民事诉讼范围问题的规定》第4条规定："被告人已经赔偿被害人物质损失的，人民法院可以作为量刑情节予以考虑。"通过刑事和解维护被害人的利益，也让被告人获得一些实惠，这样能大大降低被害人的申诉率与被告人的上诉、申诉率，促进社会安定。

当然，刑事和解并非完美无缺，也存在着消极作用，如可能会削弱刑罚的一般预防功能，导致行为人因为能预计可以通过赔偿来逃避刑罚而主动实施犯罪，为具有赔偿能力的犯罪人提供了逃避刑事审判的可能性等。随着刑事和解试点的推进，刑事和解在实际操作中也难免出现一些失范案例和负面影响：如被害人及其亲属漫天要价；一些加害人犯罪后毫无悔意却以钱买刑；专门机关滥用权力逼迫和解，对不应属于刑事和解范围的案件适用刑事和解等。

应当强调指出，尽管实践中出现了失范的案例，普通民众一时也不适应刑事和解的理念，对刑事和解理念还存在抵触心理。但是，我们不能因噎废食，一方面应当加大对刑事和解制度与理念的宣传力度，进一步加强刑事和解试点的规范，另一方面要加快刑事和解的立法进程，使刑事和解进一步法治化，以取得更好的法律效果和社会效果。刑事和解一定要积极推动，刑事和解必须加强规范，这就是笔者的主张。

刑事诉讼法再修改视野下的二审程序改革[1]

上诉制度是一项古老的诉讼制度。早在公元前449年，古罗马的第一部成文法《十二铜表法》中就曾明确规定："对刑事判决不服的，有权上告。"纵观当今世界各国的刑事司法实践，虽然审级制度各异，但第二审程序都是各国刑事诉讼中十分重要的程序。刑事二审程序对于维护当事人的合法权益和保障司法公正发挥着不可或缺的作用。有美国学者认为，21世纪初美国司法制度的核心挑战在于重构上诉阶段。[2]

纵观世界各国二审程序构造模式，主要有复审制、续审制和事后审查制等三种模式。所谓复审制是指对案件完全重复审理，是"第二个第一审"。在此种模式下，二审必须开庭审理，所有的证据原则上要重新调查，在一审出庭作证的证人原则上仍要在二审阶段出庭作证。大陆法系国家通常采用此种模式。续审制是指继续一审的审判，一审程序中的诉讼行为在第二审仍然有效。此种模式多在各国民事诉讼中采用。事后审查制是指二审法院只根据初审记录、书证和法庭记录来审查原审法院在认定事实和适用法律方面有无错误，不再调查新的事实和证据。英美法系国家通常采取此种模式。

我国刑事二审程序是在总结实践经验和借鉴外国特别是苏联立法的基础上确立起来的，具有以下三个基本特征：一是实行二审终审制，除死刑判决须经复核程序外，二审裁判一经作出即发生法律效力；二是实行全面审查原则，即二审法院就一审判决的事实认定和法律适用进行全面审查，不受上诉或者抗诉范围的限制；三是在审判方式上以开庭审理为原则，这与实行全面审查原则相适应。根据上述特征，我国二审程序构造可概括为"以复审制为主，以续审制为辅"。

毋庸置疑，我国刑事二审程序在惩罚犯罪和保障人权方面发挥了重要作用。然而，也应当清醒地认识到，我国刑事二审程序尚存在不少缺陷，在权利救济和保障公正方面的功能尚未全面发挥出来。因此，改革和完善刑事二审程序，切实发挥二审程序的功能，增强司法的权威性和公信力，是我国司法改革的一个重大课题。本

---

[1] 原载《中国法学》2011年第5期，与曾新华合著。

[2] See Daniel J. Meador, *Appellate Courts in the United States*, 2nd Edition, Gale Cengage, 2006, pp. 95~97.

文根据实证调研和试点所获得的资料和数据以及其他公开的案例和司法统计数据，并借鉴外国刑事二审的立法和司法经验，对我国刑事二审程序中若干重点问题进行研究并提出改革建议，与法界同仁共同切磋，并供立法部门在审议《中华人民共和国刑事诉讼法修正案（草案）》（以下简称《修正案（草案）》）时参考。[1]

一、关于全面审查原则的问题

《刑事诉讼法》第 186 条规定："第二审人民法院应当就第一审判决认定的事实和适用法律进行全面审查，不受上诉或者抗诉范围的限制。共同犯罪的案件只有部分被告人上诉的，应当对全案进行审查，一并处理。"此规定被称为"全面审查原则"。该原则自 1979 年《刑事诉讼法》确立后的 20 年间，一直被认为是刑事二审程序中的重要原则。但进入 21 世纪后，随着审判方式改革的深入以及程序正义理念的弘扬，该原则开始受到质疑，甚至被认为应当废除。其主要理由有二：一是违背了司法审判被动性和中立性原则；二是不符合诉讼效率原则。[2]

但是，笔者所进行的实证调查却得出相反的结论。问卷调查显示，57.3% 的法官认为应当贯彻全面审查原则，只有 11.4% 的法官认为应以上诉或抗诉范围来确定二审审理范围。试点单位廊坊中院多年来也一直坚持全面审查原则。在项目试验过程中，共有 20 个作为试验对象的案件采取了全面审查的审判方式，所占比例为50%，其他试行有限审查的案件效果并不明显。承办法官认为，如果仅就上诉、抗诉范围内的案情进行审查，不能全面、客观地了解全部的案情，就可能会有不公平、不公正的裁判结果。法官们普遍认为，全面审查原则有利于充分发挥二审的功能、有利于实现司法公正，基本上能够适应我国目前刑事司法实践的需要和状况。

此次《修正案（草案）》对该原则未作修改，笔者对此也表示支持，主要理由如下：

第一，二审终审制决定了应当实行全面审查原则。《刑事诉讼法》第 10 条规定："人民法院审判案件，实行二审终审制。"在二审终审制下，经过第二审程序审判后，判决生效、交付执行、案件终结。在这种情况下，如果二审法院不对案件进行全面认真的审查，而是只审查上诉或者抗诉的范围，将难以全面发现一审裁判在事实认定或者法律适用上的错误，将妨碍二审程序救济功能的实现，难以保证案件的实体公正和程序公正。而且，这还会导致申诉的增加和审判监督程序的扩大。因此，可以说，二审终审制与全面审查原则相互依附，互相配合。二审终审制决定

---

[1]《中华人民共和国刑事诉讼法修正案（草案）》已提交于 2011 年 8 月 24~26 日举行的第十一届全国人大常委会第二十二次会议进行第一次审议。

[2] 参见陈卫东、李奋飞："刑事二审全面审查原则的理性反思"，载《中国人民大学学报》2001年第 2 期；张智辉、武小凤："二审全面审查制度应当废除"，载《现代法学》2006 年第 5 期。当然，也有论者支持全面审查原则，参见曾献文："刑事二审改革：在真相与权威间前进"，载《检察日报》2008年 7 月 23 日。

了全面审查原则的存在，全面审查原则保证了二审终审制的实现。

第二，全面审查原则有利于保障被告人的权益。由于法律的专业化，无论是在域外法治国家还是在我国，刑事被告人的法律素质总体较低。然而，在域外由于律师辩护制度和法律援助制度的发达，被告人大都有律师为其辩护。但是，在我国，不仅被告人文化水平较低并欠缺法律知识，律师辩护率也很低，而且呈逐年下降趋势。据统计，我国目前刑事案件的律师辩护率只有 20% ~ 25%。[1]实证调查显示，中级人民法院负责审理的刑事二审案件中近90%的被告人没有辩护律师（见表1）。

表1　2004 ~ 2007年某市二中院刑事二审案件辩护律师介入情况统计

年度	2004	2005	2006	2007
二审案件数量	857	844	846	784
律师介入案件	97	95	117	79
其中：指定辩护	2	1	5	4
律师介入案件比例	11.3%	11.3%	13.8%	10.1%

因此，在这种情况下，被告人难以发现二审裁判的问题，难以准确地提出上诉的理由。所以，二审法院对案件进行全面审查，有助于发现一审裁判在事实认定和法律适用上存在的问题，弥补当事人自我救济能力的不足。在实证调查中了解到的某些典型案例表明，如果二审不采取全面审查，而是受被告人上诉理由的限制，便无法保障被告人的利益（见案例一）。

案例一：某地中级人民法院二审法官经过阅卷和讯问，得知原审被告人在案发之际正在被劳动教养，根本没有作案时间，不可能实施检察机关所指控的犯罪。而此人由于过去曾经多次实施盗窃，根本记不清检察机关所指控的犯罪是否为自己所为，因此，没有提出相应的辩解。后来该案经过二审法院的全面审查，纠正了一审的错判。

此外，在共同犯罪案件中，有的被告人没有上诉并非因为服判，而是出于对司法机关的敬畏心理，或者为了表明自己的认罪态度，而不敢或不愿提出上诉。因此，如果二审对于上诉人的错判加以纠正，而对于未上诉的同案被告人的错判置之不理，便难以实现司法公正（见案例二）。

---

〔1〕　参见王亦君："全国律师协会建议：死刑复核案件应有辩护律师"，载《中国青年报》2007年4月19日；张有义："刑事辩护律师执业面临六大难题"，载《法制日报》2008年1月6日；石破："刑辩律师的困境"，载《南风窗》2010年第14期。

案例二：某地基层法院对刘某等五人涉嫌绑架犯罪一案进行审理后，分别对被告人刘某等四人判处 9 年至 12 年不等的有期徒刑，对瞿某判处 3 年有期徒刑缓期三年执行。一审宣判后，刘某等四人提出上诉，瞿某没有上诉。但在上诉案件的审理中，中级人民法院对于瞿某的定罪量刑问题也一并进行了审查。合议庭认为，原审对刘某等 4 名上诉人定罪正确、量刑适当，予以维持；但未上诉的瞿某的立功表现没有在原审的量刑上得以体现，从而对其依法改判为免予刑事处罚。

当然，上述案例都是二审法院全面审查后发现了有利于被告人的事实认定或者法律适用。在实践中，也有通过全面审查发现了不利于被告人的情况。但是，由于上诉不加刑原则的制约，即使出现了此种情况，二审法院也不得作出不利于被告人的判决。也就是说，全面审查原则结合上诉不加刑原则，前者总体上有利于维护被告人的利益，后者将在本文第三部分详加论述，此处不赘。

第三，违背司法审判被动性和中立性原则不能成为废除全面审查原则的理由。诚然，在现代刑事诉讼中，被动性和中立性原则是司法审判的基础性原则。被动性原则要求没有诉求就没有审判，诉求的范围决定了审判的范围，法官不得超过诉求的范围进行审判；中立性原则要求法官居中裁判、不偏不倚。这两个原则的目的都在于构建一个控辩双方平等、法官中立的"等腰三角形"诉讼结构，进而维护刑事被告人的利益，实现司法公正。但是，要实现这种理想的结构，一个重要的前提是辩方能够成为其中旗鼓相当的一"角"。换言之，不仅被告人要获得刑事诉讼的主体性地位，而且辩护人的诉讼权利也要得到充分的保障。而我国的实际情况恰恰是被告人的辩护权难以得到充分的行使和有效的保障。因此，要实现控辩双方实质上的平等，法官就应更加关注被告人权益的保护。这就需要赋予法官更多的职权，适当发挥司法能动性，而不是单纯消极中立地审判案件。而全面审查原则就是有效发挥法官的职权作用进而保障被告人利益的重要原则，有必要加以保留。

第四，不符合诉讼效率原则也不能成为废除全面审查原则的依据。在诉讼中提高诉讼效率有助于司法公正的实现，但是过分追求诉讼效率就有可能阻碍司法公正的实现。笔者始终认为，在公正与效率问题上，公正第一、效率第二。因为公正是司法的本质品格和灵魂，是社会首要的追求目标。正如美国学者罗尔斯所言："正义是社会制度的首要价值……某些法律和制度，不管它们如何有效率和有条理，只要它们不正义，就必须加以改造或者废除。"[1]在全面审查原则下，要求二审法官审查未上诉或者抗诉的内容确实会影响诉讼效率。但是，如前所述，我国的全面审查原则有利于保障被告人的权益和实现审判公正。因此，不能因为影响诉讼效率就将其废除。

〔1〕 ［美］约翰·罗尔斯：《正义论》，何怀宏等译，中国社会科学出版社 1988 年版，第 3 页。

综上所述，笔者认为，在此次《刑事诉讼法》再修改中，对第186条规定的全面审查原则不需要修改。同时，为兼顾诉讼效率，在司法实践中，二审法院可以重点审查上诉或者抗诉所涉及的内容，并全面审查案件材料特别是有利于被告人的事实和法律问题。最高人民法院可通过制定司法解释对此予以具体规范。

二、关于二审审判方式的问题

二审审判方式是二审程序改革的一个重点问题。审判方式所要解决的是二审法院是否开庭、是否重新调查原审证据、是否采纳新证据以及是否传唤证人、鉴定人（为了论述上的简便，以下统称"证人"）出庭作证等问题。二审审判方式并非只是形式问题，而是关系到当事人诉讼权利能否得到有效维护和案件能否得到公正处理的重大问题。

（一）实践中二审审判方式的异化及其原因

《刑事诉讼法》第187条规定："第二审人民法院对上诉案件，应当组成合议庭，开庭审理。合议庭经过阅卷，讯问被告人，听取其他当事人、辩护人、诉讼代理人的意见，对事实清楚的，可以不开庭审理。对人民检察院抗诉的案件，第二审人民法院应当开庭审理。"据此，对于上诉案件，二审的审理方式是以开庭审理为原则，以调查讯问的审理为补充；对于抗诉案件，二审法院必须开庭审理。此外，对于一审判处死刑的案件，根据2007年3月9日最高人民法院、最高人民检察院、公安部、司法部出台的《关于进一步严格依法办案确保办理死刑案件质量的意见》第37条的规定，二审法院"审理死刑第二审案件，应当依照法律和有关规定实行开庭审理"。可见，抗诉案件和死刑案件的第二审程序都必须开庭审理。

实证调查显示，抗诉案件开庭审理的规定在实践中得到了落实，而上诉案件"以开庭审理为原则，以不开庭审理为例外"的规定没有得到真正贯彻，以致"原则成了例外，例外成了原则"。即使在某些发达地区，上诉案件开庭率最高时也不过10%左右（见表2），而且呈下降趋势。

表2　2004~2007年某市中级人民法院二审案件开庭情况统计表

年度	2004	2005	2006	2007
上诉案件总数	845	835	840	767
开庭审理案件数	107	60	63	24
上诉案件开庭率	12.7%	7.2%	7.5%	3.1%

在调研中发现，就开庭审理的案件而言，目前全国各地二审案件的证人出庭率都很低。无论上诉案件，还是抗诉案件，在开庭审理的过程中都很少有证人出庭作证。问卷调查显示，92%的法官认为其所在法院二审案件证人出庭率在5%以下。因此，在二审开庭审理的过程中，绝大多数被告人所面对的是书面的证人证言，根

本无法与证人对质。这就使得二审庭审的效果受到很大的制约。

那么，上诉案件不开庭和证人不出庭的原因何在呢？笔者认为，主要原因在于以下几个方面。

1. 现行立法存在缺陷

如前所引，合议庭经过阅卷，讯问被告人，听取其他当事人、辩护人、诉讼代理人的意见，对事实清楚的，可以不开庭审理。这一规定存在的问题在于，"事实清楚"的判断权在二审法院，很可能导致法官主观臆断。那些怠于开庭的二审法官完全可以以事实清楚为借口而拒绝开庭审理。实证调查显示，有的法院对于某些主要事实存在争议的上诉案件也没有开庭审理。况且，一审法院的裁判文书很可能有意无意地掩饰某些事实不清之处，甚至对与裁判结论相左的证据避而不谈，仅凭承办法官阅卷和讯问后的主观感受来决定是否开庭审理，严重缺乏客观性。正是由于立法的缺陷导致了实践中上诉案件普遍不开庭审理。

2. 法官理念落后、职能错位

实证调查显示，受访法官普遍认为，上诉案件"开庭意义不大"，"开庭只是走形式"，"开庭根本不解决问题"。在这种"重实体、轻程序"的司法理念影响下，当事人的程序权利难以得到应有的尊重。在审判实践中，很多二审法官对开庭审理消极而对庭外调查积极，尤其是在认为一审有罪判决证据不足的情况下，二审法院一般不会直接作出无罪判决，而是直接与公安机关及其他有关单位联系调查取证。二审法官的这种职能的错位是导致上诉案件不开庭审理的重要原因。

3. 制度保障不到位

在证人出庭方面，目前不但缺乏强制证人出庭作证的规定，而且证人保护制度和证人补偿制度不够健全。有的法官指出，与经济补偿相比，目前更突出的是证人的人身安全问题。在一些涉黑案件中，证人作证后便暴露了身份，而法律上又欠缺关于保护证人人身安全的规定，导致很多证人不敢出庭作证。在廊坊中院开展试验的过程中发现，当地证人不出庭的主要因素包括案卷材料记载的证人住址和通信方式不明确、证人安全无保障、经济补偿不到位以及对证人社会关系可能产生有害影响等。

二审实践中大量上诉案件不开庭审理以及证人不出庭作证的现象，在很大程度上影响了二审程序功能的发挥，妨碍了合议制度、审判公开制度、有效辩护原则等制度和原则的实现，导致二审程序在一定程度上异化为审查程序，不能正常发挥它的救济功能，因而亟须加以改革和完善。

（二）完善我国二审审判方式的立法构想

针对我国实践中二审审判方式异化的现状，笔者认为应当从以下三个方面来改革和完善我国的二审审判方式。

1. 修改关于开庭审理的规定

为了改变二审原则上不开庭审理的情况，《修正案（草案）》已经作出了一定的修改，其第 222 条规定："第二审人民法院对下列案件，应当组成合议庭开庭审理：（一）被告人、自诉人及其法定代理人对第一审判决认定的事实、证据提出异议，第二审人民法院认为可能影响定罪量刑的上诉案件；（二）被告人被判处死刑的上诉案件；（三）人民检察院抗诉的案件；（四）第二审人民法院认为应当开庭审理的其他案件。第二审人民法院决定不开庭审理的，应当讯问被告人，听取其他当事人、辩护人、诉讼代理人的意见。"对比现行《刑事诉讼法》，上述规定有如下修改：一是取消了二审法院对上诉案件"应当组成合议庭开庭审理"的规定；二是明确了应当开庭审理的具体情形和不开庭审理的程序。笔者认为，上述规定明确列举了开庭审理的情形，有助于解决司法实践中二审法院原则上不开庭审理的问题。但是，存在以下两个明显缺陷：一是未规定对法律适用有重大异议的上诉案件如无罪判有罪、量刑畸重等也应当开庭审理；二是是否开庭审理，完全取决于法院的自由裁量，而无视被告人的意愿。

有鉴于此，对于《修正案（草案）》列举的应当开庭审理的上述第一种情形，笔者建议修改为"只要被告人、自诉人及其法定代理人对第一审判决认定的事实、证据或者法律适用提出异议的，第二审人民法院在听取上诉人意见后，认为可能影响定罪量刑的上诉案件"。也就是说，增加规定"法律适用"以及"在听取上诉人意见后"的条件。之所以作上述修改，有如下理由：首先，对于法律适用有重大争议的案件开庭审理，法官有机会直接听取被告人、自诉人、辩护人、被害人及其法定代理人和检察机关关于量刑的意见，有利于正确适用法律、有利于公正定罪量刑、有利于维护当事人的合法权益。其次，听取上诉人的意见能够有效防止法官主观决断、制约法官的自由裁量权，也能使上诉人服判、达到案结事了的效果。最后，开庭审理能够使案件更有效地接受社会监督，以公开防营私，以公开保公正。

2. 规范二审证人出庭

证人出庭作证是联合国刑事司法准则的重要内容。《公民权利和政治权利国际公约》第 14 条规定："任何人在判定对他提出的任何刑事指控时，有权询问对他不利的证人或者让对他不利的证人接受询问，并使对他有利的证人在与对他不利的证人相同的条件下出庭和接受询问。"可见，证人出庭作证是被告人询问权和对质权的重要保证，不论是一审程序还是上诉程序，证人都应当出庭。正是由于证人出庭作证的重要性，在二审程序构造上采用复审制的大陆法系国家通常都要求证人在二审阶段出庭作证。《德国刑事诉讼法》第 323 条第 2 项规定："对于一审询问过的证人、鉴定人，只有在对于查明案情认为没有必要再次询问的时候，才不必对他们传唤。"[1]

目前，《修正案（草案）》对于一审证人出庭作证问题作了较为具体的规定，但对二审证人出庭作证问题则付之阙如。笔者认为，对于在一审程序中已经出庭的

---

[1]《德国刑事诉讼法》，李昌珂译，中国政法大学出版社 1995 年版，第 123 页。

重要证人，在二审程序中原则上不需要再出庭。但是，如果在一审程序中对证人的质证程序违法或者不充分，而且辩方也要求该证人出庭的，该证人应当出庭。至于重要证人在一审程序中没有出庭的，笔者认为二审法院应当撤销原判、发回重审。以上内容在《修正案（草案）》中应当有所规定。

3. 二审审判方式改革的配套措施

上文提到，导致二审不开庭和证人不出庭的原因除了二审审判方式的立法缺陷外，还存在配套制度保障等方面的原因，因此，要从根本上实现二审审判方式的改革，还必须采取一些配套措施。

（1）确立证人出庭作证的相关制度。首先，赋予法院对不履行出庭作证义务的证人的司法处分权，即证人无正当理由拒绝到庭作证的，法院可以强制其到庭，必要时可以处以拘留。其次，规定亲属间的拒绝作证权，即证人有权拒绝提供被告人是其父母、配偶以及子女的证言，但是被告人准备或者正在实施的危害国家安全、公共安全以及其他严重危害他人人身、财产安全的犯罪事实除外。此种特权是维护亲属间信任关系、维护家庭和谐、维护社会稳定的需要，是世界各国立法的通例。最后，完善证人出庭作证的安全保护制度和经济补偿制度。可以对证人及其近亲属提供如下保护措施：签发书面命令禁止犯罪嫌疑人、被告人及其他对证人构成威胁的人接触该证人及其近亲属；派员对证人及其近亲属提供保护；为该证人及其近亲属提供安全的临时住所。证人因作证而支付的交通费、住宿费以及误工经济损失等，由法院给予补偿。

（2）应当合理配置二审法院的庭外调查权。二审审判方式改革的目标不仅是实现开庭审理的常态化，还要实现二审庭审的实质化，使裁判结论真正从庭审过程中产生，形成以庭审为中心的审判机制。为此，应当限制二审法院的庭外调查权。因为庭外调查的做法会妨碍控审分离、审判中立等现代诉讼原则的实现。不过，考虑到我国的现实情况，二审法院为被告人利益而开展的庭外调查有一定的现实必要性。实证调查显示，有的案件被告人有立功情节，但检察机关没有搜集这些有利于被告的证据，故而一审法院未予确认。一审宣判后，被告人以"事实不清、量刑过重"为由提起上诉。在二审过程中，经法院帮助调查取证，立功情节得到了确认，案件最终得以改判。这一做法是值得肯定的。此外，对二审法院开展庭外调查的方式可予以改革，逐步由法官的单方调查转变为控、辩、审三方共同参与的调查。即使是在法官单方调查的情况下，所有收集到的证据都应当交由控辩双方当庭质证。

三、关于上诉不加刑原则的问题

《刑事诉讼法》第190条规定："第二审人民法院审判被告人或者他的法定代理人、辩护人、近亲属上诉的案件，不得加重被告人的刑罚。人民检察院提出抗诉或者自诉人提出上诉的，不受前款规定的限制。"该条规定在学理上被称为"上诉不加刑原则"。自确立以来，此原则在保障被告人上诉权以及发挥二审程序的救济功能方面发挥了重要作用。但是实证调查显示，有近10%的法官甚至认为《刑事诉讼法》就不应当规定上诉不加刑原则，并认为"既然抗诉案件可以加刑，上诉案件为什么不能加刑"，"有些案件一审质量并不是很高，如主刑与附加刑不相协调、共同犯罪的各被告人主次认定不符合事实，有必要通过加刑的方式来予以纠正"。〔1〕由于司法理念的落后和法律规定的不完善，致使该原则在司法实践中经常被规避，变相加刑现象较为普遍。笔者认为，要纠正上述问题，必须修改上诉不加刑原则。但是，《修正案（草案）》对该原则未作任何修改，为此，特发表以下几点看法。

（一）是否适用抗诉案件

根据前引《刑事诉讼法》第190条的规定，被告人或者他的法定代理人、辩护人、近亲属上诉的案件适用上诉不加刑原则。如果检察机关为了被告人利益提出抗诉时是否适用上诉不加刑原则，《刑事诉讼法》对此没有作明确规定。笔者认为：首先，检察机关为了被告人利益提出抗诉的情形是合法存在的。从法律规定上看，我国的检察机关不同于域外居于当事人的地位，而是法律监督机关，肩负着维护法统一实施的重任，而且《刑事诉讼法》并没有禁止检察机关不得为了被告人利益提出抗诉，反而要求检察机关在刑事诉讼中全面、客观收集证明被告人有罪或者无罪的证据；在司法实践中，也确实存在这种情形，如浙江金华市、河南新郑市都出现过为被告人利益而抗诉的案件。〔2〕其次，此种情形也适用上诉不加刑原则。因为此原则的唯一宗旨在于保障被告人的利益，只要是为了被告人利益引起的上诉程序，不管是被告人及他的法定代理人、辩护人、近亲属一方提出的上诉，还是由检察机关为了被告人利益提出的抗诉，都适用上诉不加刑原则。而且，这也是世界不少国家和地区的共同做法，如《德国刑事诉讼法典》第331条规定："仅由被告人，或者为了他的利益由检察官或他的法定代理人提出了上诉的时候，对于判决在法律行为的处分种类、刑度方面，不得作出不利于被告人的变更。"我国澳门地区《刑事诉讼法》第399条规定："对于就终局裁判仅由嫌犯提起之上诉，或检察院专为嫌犯利益而提起之上诉，又或嫌犯及检察院专为前者利益而提起之上诉，接收上诉之法院不得在种类及分量上变更载于上诉所针对之裁判内之制裁，使任何嫌犯受损害，即使其非为上诉之嫌犯。"因此，笔者建议，在《刑事诉讼法》修改时，增加规定检察机关为了被告人利益提起抗诉时也适用上诉不加刑原则。

---

〔1〕 中国刑事二审程序的改革与完善课题组："关于我国刑事二审程序运行情况的调研报告"，载《刑事司法论坛》2010年（第3辑），第173~174页。

〔2〕 参见余东明、曹庆娟："检方抗诉并非'只抗轻不抗重'——金华检察院首次支持被告人上诉并获减刑"，载《法制日报》2008年4月29日；张胜利："河南新郑：检察院首提量刑过重抗诉"，载河南法学网，http://www.hafxw.cn/Article/zfsc/sfxx/200811/47370.html。

（二）"不加刑"的范围

《刑事诉讼法》第 190 条中的"不得加重被告人的刑罚"，从字面上理解似乎是仅限于不得加重被告人的主刑和附加刑，至于其他对被告人更为不利的后果（如变更重罪名）依然可以改判。1998 年最高人民法院颁布的《关于执行〈中华人民共和国刑事诉讼法〉若干问题的解释》（以下简称《刑诉解释》）就是持这种意见。该《刑诉解释》第 257 条第 2 项规定："对原判认定事实清楚、证据充分，只是认定的罪名不当的，在不加重原判刑罚的情况下，可以改变罪名。"

笔者认为，在上诉不加刑原则下，在刑种和刑期上固然不得作出不利于被告人的变更，在罪名、刑罚执行方式等方面也不能作出不利于被告人的变更。首先，罪名是对犯罪行为本质的概括，集中体现了犯罪行为的社会危害性。不同的罪名，所判刑罚可能相同，但所反映的犯罪行为的社会危害性却可能存在很大差异。比如，抢夺罪与抢劫罪，这两罪的法定刑除抢劫罪可以判处死刑外，两者都可以判处三年以上有期徒刑直至无期徒刑。但是很显然，抢劫罪比抢夺罪更为严重。而且，法院单独改变罪名也违背了控审分离和不告不理原则，并使被告方丧失了辩护的机会。对于刑罚执行方式，也不得变更为更严重的执行方式。比如，对于判处有期徒刑缓刑的，不得撤销缓刑执行实刑。其次，在只有被告人上诉的案件中禁止对被告人作任何不利的变更是世界各国立法的普遍规定。《德国刑事诉讼法典》第 331 条规定："仅由被告人，或者为了他的利益由检察官或他的法定代理人提出了上诉的时候，对于判决在法律行为的处分种类、刑度方面，不得作出不利于被告人的变更。"《日本刑事诉讼法典》第 402 条规定："对于由被告人提起控诉或为被告人的利益而提起控诉之案件，不得宣判重于原判决的刑罚。"我国台湾地区"刑事诉讼法"第 370 条规定："由被告上诉或为被告之利益而上诉者，第二审法院不得谕知较重于原审判决之刑。"

为此，笔者建议，将《刑事诉讼法》第 190 条的规定修改为"第二审人民法院审判仅由被告人或者其代理人、辩护人、近亲属提出的上诉案件，或者由人民检察院提出的对被告人有利的抗诉案件，不得在罪名、刑种、刑期及刑罚的执行方式等方面作出任何不利于被告人的变更"。[1]换言之，在立法上，将上诉不加刑原则相应地改为"禁止不利于被告人变更原则"。该原则的含义可表达为"只要为被告人利益提起的上诉或者抗诉，均不得作出不利于被告人的变更"。

（三）上诉不加刑原则与审判监督程序的关系

在实践中，如果二审法院认为一审判决量刑畸轻，但囿于上诉不加刑原则规定，不得不作出维持原判的裁定，但二审法院能否启动审判监督程序以加重刑罚呢？《刑诉解释》第 257 条第 5 项对此明确规定："必须依法改判的，应当在第二

---

〔1〕 陈光中主编：《中华人民共和国刑事诉讼法再修改专家建议稿与论证》，中国法制出版社 2006 年版，第 614 页。

审判决、裁定生效后，按照审判监督程序重新审判。"起草该司法解释的人员解释说："首先，这样做并不违反上诉不加刑原则。因为上诉不加刑原则的适用，仅是禁止第二审人民法院直接加重上诉人的刑罚，而不能禁止通过审判监督程序对发生法律效力的判决或者裁定在适用法律上存在的错误进行纠正；其次，上述二审维持原判刑罚的裁判，由于一审判决本身在适用刑罚上确有错误，……据此对其提起审判监督程序并予以纠正，是符合《刑事诉讼法》有关规定的。"[1]

然而，这一规定遭到了学术界不少人的批评，认为"这与直接加刑或发回重审变相加刑，除了增加司法资源的大量、重复消耗外又有什么区别？再进一步，这类案件如果被告人没有提出上诉，检察机关也没有提出抗诉，二审法院又何以发现，何以处理？"[2]"对量刑过轻的案件，先暂时维持原判，随后又立即通过审判监督程序重新加刑，同样会造成被告人对上诉的恐惧心理，使之不敢上诉。这同其他变相上诉加刑的做法一样，都不能使上诉不加刑原则的立法用意获得真正实现。更为重要的是这种做法貌似合法，其实是不合法的。"[3]

笔者认为，对于处罚畸轻、确实需要加刑的案件，可以启动审判监督程序加刑，但是不能由二审法院院长将案件提交审判委员会启动，只能由上级人民法院提起审判监督程序或者由上级人民检察院向同级人民法院提出抗诉启动。主要理由如下：

首先，程序公正与实体公正并重的程序理念要求对处罚畸轻的案件可以通过审判监督程序改判加刑。公正是司法的本质品格和灵魂，包括程序公正和实体公正，两者犹如车之两轮、鸟之双翼，同等重要，不可偏废。如果绝对禁止通过任何程序给被告人加刑，则忽视了案件实体公正的要求，容易引起被害人以及公众的不满，不符合我国社会民众的传统心理。

其次，通过上级司法机关启动审判监督程序改判加刑与由二审法院院长提交审判委员会启动审判监督程序等加刑方式之间存在重大区别。在启动主体上，前者只有上级法院提起或者上级检察院抗诉方能启动，而后者由二审法院院长提交审判委员会。在审判主体上，前者是高级人民法院和最高人民法院，后者一般是基层人民法院和中级人民法院。而且在后者的情况下，本法院作出的错误裁判又由自己提起审判监督程序加以纠正，这大有"尴尬人做尴尬事"之感。何况一个案件可以较轻易地通过后者的方式加重被告人的刑罚，却未必能通过前者的方式加刑。

笔者认为此次《修正案（草案）》应增加如下规定："对于处罚畸轻、确实需

---

〔1〕 熊选国主编：《刑事诉讼法司法解释释疑》，中国法制出版社 2002 年版，第 192~193 页。此外，2008 年 6 月 12 日最高人民法院颁布施行的《关于刑事第二审判决改变第一审判决认定的罪名后能否加重附加刑的批复》对此作了相同的规定。

〔2〕 顾永忠：《刑事上诉程序研究》，中国人民公安大学出版社 2003 年版，第 55 页。

〔3〕 柯葛壮："上诉不加刑原则新探"，载《政治与法律》1987 年第 4 期。

要加刑的上诉案件，在裁判生效后，由最高人民法院或者上级人民法院提起审判监督程序，或者由最高人民检察院、上级人民检察院向同级人民法院提出抗诉。"

四、关于二审发回重审的问题

发回重审是我国二审裁判结果的重要方式之一，包括事实不清或者证据不足的发回重审和程序违法的发回重审两种类型。这两类发回重审在查明案件事实、维护案件的实体公正和程序公正方面发挥了一定的作用。但是，随着刑事司法实践的发展，发回重审的弊端逐步显现，亟待修改。下文分别予以阐述。

（一）事实不清或者证据不足的发回重审

《刑事诉讼法》第189条规定："第二审人民法院对不服第一审判决的上诉、抗诉案件，经过审理后，应当按照下列情形分别处理：……（三）原判决事实不清楚或者证据不足的，可以在查清事实后改判；也可以裁定撤销原判，发回原审人民法院重新审判。"在立法者看来，此种发回重审主要是为了尽可能查明案件事实真相，维护案件的实体公正。但是，事与愿违，由于法律规定的不明确以及法律适用者对其功能的误读和曲解，致使在实践中被异化和扩大化。据最高人民法院的统计，在司法实践中，有7.8%的刑事二审案件被发回重审，其中绝大部分案件都是因为事实不清或者证据不足而发回重审的（见表3）。

表3　2008～2009年全国刑事二审案件情况统计表[1]

年度	收案	结案	其中						
			维持	改判	发回	比率[2]	撤诉	调解	其他
2008	95 842	95 831	67 294	12 764	7455	7.8%	7138	381	799
2009	100 547	100 398	70 850	13 424	7712	7.7%	7215	368	829

综观世界各国刑事诉讼法，不存在基于事实不清或者证据不足的发回重审，只有在一审法院程序违法时才能发回重审。在德国，第二审法院只有发现一审法院管辖有误时，才能撤销原判，发回有管辖权的法院处理。[3]在日本，控诉审法院撤销原判，发回重审或者移送其他第一审法院审理的理由包括：管辖错误；违法驳回公诉或者免诉；作出判决的法院在组成合议庭方面违法；法官参与判决时违法；判决遗漏；诉讼程序违反法律中应当否定原判决效力本身的；违反法律涉及原审诉讼程序的相当部分而不适合自判的。[4]

---

〔1〕　该表系根据最高人民法院公布的2008年和2009年《全国法院司法统计公报》整理而成。

〔2〕　这里的比率是指发回重审的比值。比率＝发回重审案件数÷结案数。

〔3〕　《德国刑事诉讼法》，李昌珂译，中国政法大学出版社1995年版，第130页。

〔4〕　参见［日］松尾浩也：《日本刑事诉讼法》（下卷），张凌译，中国人民大学出版社2005年版，第247～251页；《日本刑事诉讼法》，宋英辉译，中国政法大学出版社2000年版，第88页。

我国此种发回重审明显存在以下弊端：第一，违反了程序不倒流为常态的规则。诉讼程序通常是依次向前进展，直至结案，具有不可逆反性。也就是说，程序中的某一个环节或者是整个程序结束后，原则上就不能从头再来。只有在少数特殊情形下方可程序倒流。而发回重审却重新开始一审程序，导致程序倒流，损害了程序的权威和效率价值，使被告人面临着被国家公权力重复追诉的危险，并长期处于未决羁押的不稳定状态。第二，成为二审法院变相上诉加刑的惯用手段。在司法实践中，二审法院经常以事实不清或者证据不足为由撤销原判，发回重审，同时给一审法院发内部函，告知其适用法律错误，然后由其改判（见案例三）。第三，影响了二审终审制的实现。在实践中，原审法院或者对上级法院发回重审的理由并非完全心悦诚服，或者因发回重审率与法官的业绩考评等切身利益密切相关，往往会作出与原判决完全相同的判决，然后被告人又提起上诉，二审法院发回重审，导致案件陷入被反复发回重审的怪圈（见案例四）。

案例三：某地检察机关以金融凭证诈骗罪提起公诉，一审法院判决被告人构成票据诈骗罪。二审法院经过审查后认为，被告人应当构成金融凭证诈骗罪。根据法律规定，单纯改变罪名并不是发回重审的理由。但是，二审法院却以事实不清为由发回重审，同时内部函告一审法院说量刑太轻，两个被告人都应判处死刑，后来一审法院判处两被告人死刑。两被告人又都提出了上诉，二审法院维持原判。

案例四：王某某（原河南省新乡市金汇肉品有限公司董事长）于2007年1月24日被河南省获嘉县法院以挪用资金罪判处拘役5个月。3个月后，新乡市中级人民法院以"事实不清，证据不足"为由，裁定撤销原判，发回重审。同年10月10日，县法院再次以同罪判处王某某拘役5个月。当年12月13日，中院又一次裁定撤销原判，发回重审，理由依然是"事实不清，证据不足"。然而，在所有的事实均没有改变的情况下，县法院却在第三次重审时，以挪用资金罪判处其有期徒刑5年。王某某第三次提出上诉，中院裁定结果仍是撤销原判，发回重审。2008年7月25日，县法院对该案的第四次一审判决又回到了原点——以挪用资金罪判处王某某拘役5个月。面对王某某的第四次上诉，中院又裁定发回一审法院重审。2009年4月13日，县法院对该案作出第五次一审判决，以挪用资金罪判处王某某拘役9个月。王某某第五次提出上诉。但这次，中院于2009年6月11日作出裁定，驳回上诉，维持原判。随后，王某某向河南省高级人民法院申诉。2010年11月22日，河南省高院决定撤销一审、二审法院的判决，宣告王某某无罪。至此，该案在四年多时间里，历经一审法院五次判决，被新乡中院四次发回重审，最后经过河南省高院的再审，一共六次审判才最终结案。[1]

《修正案（草案）》也意识到了上述弊端，并作了一定的弥补性修正，即在现行《刑事诉讼法》第189条增加一款规定："原审人民法院对于依照前款第3项规定发回重新审判的案件判决后，被告人提出上诉或者人民检察院提出抗诉，第二审人民法院经过审理，仍然认为事实不清楚或者证据不足的，应当依法作出判决。"据此，以事实不清楚或者证据不足发回重审只限于一次。笔者认为，这一规定是值得肯定的，但是改革力度不足，还应作进一步的修改：

首先，上诉案件和为被告人利益的抗诉案件的发回重审不得加刑，即发回重审案件适用上诉不加刑原则。试想，如果二审法院可以以事实不清、证据不足为由发回重审，原审人民法院可以作出对被告人更为不利的判决，那么上诉不加刑原则岂非形同虚设？在外国，发回重审案件也适用上诉不加刑原则。如在日本刑事诉讼中，"对于只有被告人提起控诉的案件，所谓上诉不加刑也约束接受发回重审和移送的法院，因此不能宣告比旧第一审的刑罚更重的刑罚"。[2]

其次，当发现原审判决遗漏了罪行或者其他应当追究刑事责任的人时，应当发回重审，由原审检察院重新起诉。1993年4月16日最高人民法院《关于判决宣告后又发现被判刑的犯罪分子的同种漏罪是否实行数罪并罚问题的批复》规定，对于二审期间发现同种漏罪的，二审法院可依《刑事诉讼法》第189条第3项规定，裁定撤销原判，发回重审，且不实行数罪并罚。笔者认为，这个规定是妥当的，在《刑事诉讼法》修改中应当予以吸收。

（二）程序违法的发回重审

《刑事诉讼法》第191条规定："第二审人民法院发现第一审人民法院的审理有下列违反法律规定的诉讼程序的情形之一的，应当裁定撤销原判，发回原审人民法院重新审判：（一）违反本法有关公开审判的规定的；（二）违反回避制度的；（三）剥夺或者限制了当事人的法定诉讼权利，可能影响公正审判的；（四）审判组织的组成不合法的；（五）其他违反法律规定的诉讼程序，可能影响公正审判的。"此种发回重审是刑事诉讼中程序性制裁的重要方式，是保障被告人审级利益，维护程序公正的要求，也是世界各国的立法通例，应当予以坚持。同时，为了进一步发挥此种程序性制裁措施的作用，在《刑事诉讼法》再修改中还应当增设以下两种发回重审的理由：

第一，一审管辖错误时应当发回重审。管辖制度是确保案件实体公正和程序公

---

[1] 参见李秀卿、李恩树："豫一普通案件一审5次判决4次发回重审6次审判结案"，载《法治周末》2010年12月2日。

[2] 参见［日］松尾浩也：《日本刑事诉讼法》（下卷），张凌译，中国人民大学出版社2005年版，第247~251页；《日本刑事诉讼法》，宋英辉译，中国政法大学出版社2000年版，第253~254页。

正的重要保证，也是世界大多数国家明确规定的应当发回重审的情形之一，上文所引的德国和日本就是如此。因此，管辖错误属于重大的程序错误，为保证案件的公正审判，应当撤销原审判决，发回重审。

第二，对于依照法律规定应当出庭作证的证人未出庭的应当发回重审。如前所述，证人不出庭作证是我国刑事诉讼的"顽疾"，为了用刚性规则"医治"该"顽疾"，应当规定程序性制裁措施，即只要是法律明确规定应当出庭作证的证人未出庭的，不论是否影响到案件的审理结果，都应当发回原审法院重审。

五、关于二审刑事和解的问题

刑事和解或称刑事当事人和解是近年来才进入国内学者视线的崭新课题。一般认为，刑事和解是一种以协商合作形式恢复原有秩序的案件解决方式，它是指在刑事诉讼中，犯罪嫌疑人、被告人以认罪、赔偿、道歉等形式与被害人达成和解后，国家专门机关对加害人不追究刑事责任、免除处罚或者从轻处罚的一种制度。[1]刑事和解是我国司法机关在构建和谐社会的新形势下所开展的探索，代表了当代的刑事司法潮流和趋势。

但是，目前，无论是理论界还是司法实务界，均只关注一审中的刑事和解问题，对二审程序是否可以适用刑事和解的研究则付之阙如。笔者认为，刑事和解应贯穿刑事诉讼的全过程，不仅侦查、起诉、审判阶段可以适用，二审、再审乃至执行阶段也可以适用。当然，一审阶段无疑是开展刑事和解的重点阶段，但二审阶段开展刑事和解也有其必要性。从我国刑事和解的现实情况来看，一审阶段双方当事人及其亲属之间的对立情绪比较明显，随着时间的推移，到了二审阶段便有所缓和，更容易达成谅解。同时，还有些一审法院对刑事和解工作不够重视，未组织当事人展开协商，因而未达成和解，二审法院在此情况下便可以着手促成当事人之间的和解。在廊坊中院开展试验的过程中，先后有 40 个二审案件被作为试验对象，其中 11 个案件最终达成了刑事和解，所占比例为 27.5%。

（一）二审刑事和解的实证探索及其障碍

实证调查显示，不少地方法院在积极尝试和探索二审阶段的刑事和解，并取得了积极的效果。以廊坊中院为例，2007 年二审刑事和解案件占全部案件的比例为 7.2%。在和解的方式上，主要有以下三种模式：一是自行协商。实践中有不少被告人及其亲属在二审期间积极与被害人及其亲属沟通，协商赔偿事宜，在双方达成和解协议且被告方履行约定义务后，被害人或其亲属向司法机关提交关于减免被告人刑事责任的请求书，二审法院据此作出从宽处理。二是法院调解。二审法院在审理刑事附带民事部分时可依法组织调解，经调解双方达成一致的，被害方对被告人表示谅解的，可以依据刑事和解的有关规定处理。三是事后追认。在廊坊中院开展

---

〔1〕 参见陈光中、葛琳："刑事和解初探"，载《中国法学》2006 年第 5 期。

试验期间，二审法院对于某些案件当事人在一审阶段已经达成的赔偿协议予以认可，并改判了较轻的刑罚（见案例五）。

> 案例五：王某某被一审法院判处有期徒刑 3 年。王某某上诉提出其家属已经给被害人经济赔偿，希望对其从轻处罚。二审审理时发现案卷中确有被害人亲属与王某某亲属签订的一份协议，内容为王某某家人赔偿被害人 28 000 元，被害人同意对王某某从轻处罚，而一审法院在量刑时没有考虑双方达成该协议的情况。经找当事人亲属核实，证实此协议的确存在，并且王某某家人已将赔偿金给付对方。于是征得双方当事人及其亲属认同后，对王某某改判为有期徒刑 3 年，缓刑 5 年。

达成和解的，一般都会在量刑上有所体现。问卷调查显示，除 7% 的受访者没有明确表态外，93% 的受访法官表示，被告人与被害方达成和解的，会对量刑产生影响。归结起来，二审法院在量刑上的做法主要包括"积极从轻"和"消极从轻"两类。积极减刑是二审法院通常的做法，即对和解案件的被告人改判较轻的刑罚。在某些地方，二审法院对于邻里纠纷引起的刑事案件，在双方达成和解协议后，大多都适用了缓刑。积极从轻的做法主要适用于上诉案件，包括上诉兼有抗诉的案件。消极从轻主要适用于检察机关提起抗诉的案件。在调研过程中发现不少检察机关在当事人双方达成和解后，基于和解事实而申请撤回抗诉，法院裁定准许。

总体来看，二审刑事和解的实践开创了司法机关办理二审案件的新方式，丰富了二审程序的内涵。尤其是，在我国传统的公诉案件二审程序中，被害人不享有上诉权，其在二审程序中的参与受到各种主客观因素的限制，而赋予被害人与被告人通过对话和协商达成谅解并请求司法机关对被告人从轻处罚的权利，有效地弥补了传统办案方式关注被害人意愿的不足，进一步提升了被害人在刑事二审程序中的诉讼地位和参与程度。

不过，由于尚处于摸索阶段，现阶段的二审刑事和解不可避免地存在一些问题，在实践的过程中也遭遇了不少障碍。概括起来，主要表现为以下两个方面。

1. 适用程序和标准不够规范

目前实践中的二审刑事和解缺乏统一的规则可供遵循，从而导致了各地二审刑事和解适用范围和标准的不统一。实证调查显示，在某些中级人民法院，二审程序中极少适用刑事和解；而在某些中级人民法院，二审程序中经常适用刑事和解。各地在刑事和解的适用范围上也有一定的差异，有些中级人民法院的二审刑事和解只适用于轻伤害案件和交通肇事等过失犯罪案件，有的中级人民法院则将重伤害案件和各种未成年人犯罪案件也纳入二审刑事和解范围。各地二审刑事和解适用程序的不规范和适用标准的不统一可能在一定程度上导致地区之间的"同罪异罚"，这也是刑事和解工作遭到责难和非议的原因之一。

2. 自由裁量权缺乏有效规制

二审法院对于刑事和解后的从宽处理拥有较大的自由裁量权，目前实践中尚缺乏有效的规制。一方面，被害人在获得满意的赔偿后一般会向司法机关提出对被告人从轻处罚或者免除处罚的请求，二审法院一般不存在当事人申诉或者上访的后顾之忧；另一方面，目前检察机关在二审程序中的参与程度较低，上诉案件普遍不开庭审理使得检察机关难以对二审刑事和解实施有效的监督。

二审法院自由裁量权行使的随意性还表现在，实践中普遍存在的"事后追认"的做法可能侵犯一审法院的自由裁量权。目前鉴于量刑缺乏统一的标准，最高人民法院已经启动了量刑程序和量刑规范化改革，但是量刑规范化的真正实现还有待时日。在这一背景下，二审法院无从判断一审法院的量刑是否已经考虑了刑事和解的因素，况且，目前刑事和解只是酌定量刑情节，法院在考虑刑事和解因素后可以而非应当从宽处刑。

（二）构建二审刑事和解制度的立法构想

笔者认为应当从以下两个方面来构建我国的二审刑事和解制度。

1. 适当扩大《修正案（草案）》规定的刑事和解范围

笔者之一主持的《中华人民共和国刑事诉讼法再修改专家建议稿与论证》将刑事和解作为基本原则之一加以规定："犯罪嫌疑人、被告人与被害人及其近亲属达成和解的，人民法院、人民检察院和公安机关应当考虑当事人的和解意愿，并根据案件情况依法不追究犯罪嫌疑人的刑事责任，对被告人从轻、减轻或者免除处罚。"[1]令人高兴的是，《修正案（草案）》将刑事和解制度作为四种特别程序之一加以规定。该草案第274条规定："对于下列公诉案件，犯罪嫌疑人、被告人自愿真诚悔罪，通过向被害人赔偿损失、赔礼道歉等方式获得被害人谅解的，双方当事人可以达成和解协议：（一）因民间纠纷引起，涉嫌刑法分则第四章、第五章规定的犯罪案件，可能判处3年有期徒刑以下刑罚的；（二）除渎职犯罪以外的可能判处7年有期徒刑以下刑罚的过失犯罪案件。"此规定中"刑法分则第四章、第五章"分别是指"侵犯公民人身权利、民主权利罪"和"侵犯财产罪"。该草案还对和解的程序和效力作了明确规定。

应当说，上述规定既借鉴了域外立法和理论研究的成果，又吸收了司法实践试点的成功经验，是值得肯定的。但是，笔者认为，美中不足的是，其案件适用范围偏窄。根据《修正案（草案）》第274条第1项的规定，故意犯罪案件的和解必须限制在同时符合以下三个条件的案件范围：一是因民间纠纷引起的；二是《刑法》分则第四章、第五章规定的；三是可能判处3年有期徒刑以下刑罚的。据此，可能判处3年有期徒刑以上刑罚的一切案件如故意伤害致人重伤案件（法定刑为3

---

〔1〕 陈光中主编：《中华人民共和国刑事诉讼法再修改专家建议稿与论证》，中国法制出版社2006年版，第264页。

年以上），或者可能判处 3 年有期徒刑以下的但罪名不属于《刑法》分则第四章、第五章的案件，如寻衅滋事罪和聚众斗殴罪的案件因规定在《刑法》第六章也不适用于刑事和解。现举两案例以明之：其一，中学生吴某（未满 16 周岁）因帮助同学周某殴打池某，用水果刀刺伤池某，致使池某重伤。吴某在司法机关的主持之下与池某及其家人达成了认罪、道歉和赔偿的和解协议，司法机关对吴某予以从轻处理。[1]其二，在一起寻衅滋事案件中，赵某、宋某、刘某三人在酒吧因醉酒向李某、张某故意挑衅。赵某用水果刀捅对方，致使李某轻伤和张某轻微伤，刘某和宋某则用啤酒瓶砸了李某。事后，双方当事人达成了和解，得到从轻处理。显然，在上述两个案件中，双方进行和解有利于被告人悔罪自新，有利于被害人的权利救济，有利于实现案结事了和社会关系的恢复，并取得了良好的社会效果。但是，如果按以上"三限制"的规定，上述两个案件都不属于当事人和解的范围。再考察域外的情况，与当事人和解精神相似的美国辩诉交易的案件范围十分广泛。《美国联邦刑事诉讼规则》第 11 条第（e）项规定："检察官与辩护律师之间，或者与被告之间（当被告自行辩护时）可以进行讨论以达成协议，即被告人对被指控的犯罪，或者轻一点的犯罪或者其他相关犯罪作承认有罪的答辩或者不愿辩护也不承认有罪的答辩，检察官应做下列事项……"据此，包括谋杀在内的重大案件都可以适用辩诉交易。在德国，在审查起诉阶段，轻罪案件经法院同意，检察院均可以作暂缓起诉的处理。[2]在司法实践中，有的重罪案件在法庭审理阶段也可以实行辩诉交易。[3]在俄罗斯刑事诉讼中，也实行 5 年以下剥夺自由刑的和解程序，《俄罗斯联邦刑事诉讼法典》第 314 条规定："在刑事案件中，如果《俄罗斯联邦刑法典》对该犯罪规定的刑罚为不超过 5 年剥夺自由，而在国家公诉人或者自诉人同意的情况下，刑事被告人有权表示同意对他提出的指控并申请不经过法庭审理即对刑事案件作出判决。"对于上述域外的规定，笔者并非主张完全照搬，但是对比之下，《修正案（草案）》关于刑事和解案件范围的规定确实过窄。因此，笔者建议，可以考虑将适用范围适当扩大。具体来说，首先，在保留"因民间纠纷引起的"规定的前提下，取消"涉嫌刑法分则第四章、第五章规定的犯罪案件"的限制。其次，将"可能判处 3 年有期徒刑以下刑罚的"放宽至"可能判处 5 年有期徒刑以下刑罚的"。

---

〔1〕 参见宋英辉、袁金彪主编：《我国刑事和解的理论与实践》，北京大学出版社 2009 年版，第 393~394 页。

〔2〕《德国刑事诉讼法典》第 153 条 a 规定："（一）经负责开始审理程序的法院和被指控人同意，检察院可以对轻罪暂时不予提起公诉，同时要求被告人：1. 作出一定的给付，弥补行为造成的损害；2. 向某公益设施或者国库交付一笔款额；3. 作出其他公益给付；4. 承担一定数额的赡养义务……"参见 ［美］约翰·罗尔斯：《正义论》，何怀宏等译，中国社会科学出版社 1988 年版，第 73 页。

〔3〕 ［德］约阿希姆·赫尔曼："协商性司法——德国刑事程序中的辩诉交易?"，程雷译，载《中国刑事法杂志》2004 年第 2 期。

2. 加强对二审法院裁量权的规制

为了确保二审刑事和解实现应有的功能，有必要对二审法院的自由裁量权施加必要的规制，以防止司法权力的滥用。为此，应当加强检察机关对二审刑事和解的监督。无论是抗诉案件，还是上诉案件，凡是需要对刑事和解案件的被告人从宽处刑的，都应当开庭审理。二审法院应当庭审查双方刑事和解协议的真实性与合法性，被告方应当庭向被害人赔礼道歉，被害方应当庭表达希望法庭从宽处理被告人的意愿，检察机关应对上述情况进行临场监督，以保障刑事和解的程序合法以及当事人双方的意思表示真实，尤其是确保双方的和解不会侵害国家利益、公共利益和他人合法权益。

尽管从理论上讲，从宽处刑不应当是刑事和解的必然结果，但在实践中减轻处罚却是驱使被告人及其亲友积极谋求和解的重要动力。然而，从宽处刑涉及惩罚犯罪与保障人权等多方面的价值考量，二审法院在决定从宽处刑时应进行风险评估，即综合考虑犯罪事实、情节、危害后果以及被告人的罪后表现等情况，对被告人的主观恶性、人身危险性作出客观的判断，并在平衡当事人利益与社会公共利益的基础上，对从宽处刑的可行性和程度作出准确的评价。

为了防止二审裁量权的滥用，应当对"事后追认"式的刑事和解予以必要的限制。二审法院原则上只能将二审期间的刑事和解作为刑罚裁量的依据，因为一审期间的刑事和解属于一审法院自由裁量的范围，除非存在适用法律错误的情况，二审法院无权干预。对于和解时间的认定，应当以被害人明确表示谅解被告人的时间为准。如果赔偿发生在一审期间，谅解发生在二审期间，应当视为二审期间的刑事和解。

笔者期望并相信，通过此次《刑事诉讼法》再修改，我国的刑事诉讼制度包括二审程序在内必将更加民主化、法治化、科学化，必将更好地保障实现社会公平正义、保障社会和谐稳定、保障社会主义现代化建设事业的顺利进行。

我国公诉制度改革若干问题之探讨[1]

现代民主法治国家的刑事诉讼实行控审分离原则，公诉程序在刑事诉讼中占有重要的地位。从 2008 年开始，我国开展新一轮的涉及面比较广泛的司法体制和工作机制改革，并相继公布了一些反映改革成果的司法解释。与此相适应，全国人民代表大会常务委员会启动了《刑事诉讼法》的再修改工作，预计在近期完成。此次《刑事诉讼法》再修改势必会涉及公诉制度的改革，现仅就笔者观察、思考所及的三个热点问题，即非法证据排除、附条件不起诉、量刑建议进行探讨，略陈己见，以期对于《刑事诉讼法》的成功再修改和公诉制度的改革完善有所裨益。

一、关于公诉程序中的非法证据排除问题

（一）非法证据排除规则在我国的建立

非法证据排除规则是指以非法手段收集的证据不得作为认定犯罪事实和犯罪人的根据。此规则是西方现代国家司法中的通行规则，对于遏制侦查人员违法取证、侵犯公民合法权利、防止发生冤假错案、确保司法公正，具有重要意义。非法证据排除规则也是联合国的一项重要司法准则。联合国 1984 年 12 月制定的《禁止酷刑和其他残忍、不人道或有辱人格的待遇或处罚公约》第 15 条规定，每一缔约国应确保在任何诉讼程序中，不得援引任何业经确定系以酷刑取得的口供为证据，但这类口供可用作被控施以酷刑者刑讯逼供的证据。可见我国《刑事诉讼法》确立非法证据排除规则，不仅是完善刑事证据制度的内在要求，也是与刑事司法国际准则相协调的需要。但我国现行《刑事诉讼法》只对非法取证作了禁止性规定，即《刑事诉讼法》第 43 条规定："严禁刑讯逼供和以威胁、引诱、欺骗以及其他非法的方法收集证据"，而未作任何排除性规定。不过相关司法解释对非法证据的排除作了初步规定。1997 年《最高人民法院关于执行〈中华人民共和国刑事诉讼法〉若干问题的解释》第 61 条规定："严禁以非法的方法收集证据。凡经查证确实属于采用刑讯逼供或者威胁、引诱、欺骗等非法的方法取得的证人证言、被害人陈述、被告人口供，不能作为定案的根据。"最高人民检察院《人民检察院刑事诉讼规则》第 265 条也作了类似规定。上述司法解释在一定程度上弥补了《刑事诉讼

---

[1]　原载《法学研究》2011 年第 8 期，与彭新林合著。

446

法》之不足，表明我国刑事诉讼中开始设立了非法证据排除规则。但由于上述司法解释规定缺乏具体操作程序，取证非法性之审查要求达到"查证确实"又明显不切实际，以致司法实践中非法证据被排除的情况极为罕见。近年来，司法实践中刑讯逼供、冤假错案时有发生，造成了恶劣的社会影响。在此背景下，最高人民法院、最高人民检察院、公安部、国家安全部和司法部按照中央关于深化司法改革的总体部署和任务要求，秉持惩罚犯罪与保障人权并重、实体公正与程序公正并重的指导思想，于 2010 年 6 月联合颁布了"两个证据规定"，即《关于办理死刑案件审查判断证据若干问题的规定》和《关于办理刑事案件排除非法证据若干问题的规定》（以下简称《非法证据排除规定》）。

"两个证据规定"，特别是《非法证据排除规定》对非法证据的排除范围、审查和排除的程序、证明责任等问题均进行了具体的规范。不仅要求排除非法言词证据，即第 1 条规定："采用刑讯逼供等非法手段取得的犯罪嫌疑人、被告人供述和采用暴力、威胁等非法手段取得的证人证言、被害人陈述，属于非法言词证据"；第 2 条规定："经依法确认的非法言词证据，应当予以排除，不能作为定案的根据"；也规定了对非法实物证据的排除，即第 14 条规定："物证、书证的取得明显违反法律规定，可能影响公正审判的，应当予以补正或者作出合理解释，否则，该物证、书证不能作为定案的根据。"关于非法证据排除规则的规定虽然存在某些不足，如实物证据排除设定的条件过高使排除难以实现等，但仍不失为我国改革刑事证据制度的新成就，而且必然会为《刑事诉讼法》再修改所吸收而成为一项重要的刑事证据规则。

（二）检察机关在审查起诉中排除非法证据的必要性

《非法证据排除规定》第 3 条规定："人民检察院在审查批准逮捕、审查起诉中，对于非法言词证据应当依法予以排除，不能作为批准逮捕、提起公诉的根据。"据此，检察机关在审查起诉中具有排除非法证据的职责，这是我国公诉制度中的一项重要特色。众所周知，在国外以及我国港、澳、台地区，非法证据排除的主体是法院，证据是否具有可采性的裁决权属于法官。检察机关是公诉机关，不具有排除非法证据的职责。然而，在我国，不仅人民法院有权排除非法证据，人民检察院也具有排除非法证据的职责。

在公诉阶段，我国检察机关之所以必须在非法证据排除方面发挥重要作用，一是由于西方国家排除非法证据的听证在法院庭审前举行，即所谓"审判中的审判"（trial within trial），负责审理案件事实问题的陪审团或职业法官不参加，被排除的证据不会在陪审团成员或法官（事实裁判者）的脑海里留下烙印，从而能真正起到排除非法证据的效果。而我国不采用西方的陪审团制度，在现行的审判程序中，负责审查证据是否非法、是否应予排除的法官又是负责认定犯罪事实的法官。在法官一身两任的情况下，即使将非法证据排除了，仍不可能消除它对法官认定案件事实形成心证时的影响。非法证据与法官之间的阻隔很大程度上有赖于检察官去完成。二是我国检察机关作为国家专门的法律监督机关，在公诉阶段乃至在整个刑事诉讼过程中均负有客观义务，不是单纯地以追诉者的身份一味地追诉犯罪，而必须通过一系列的诉讼活动着力于维护法律尊严，实现司法公正。因而在刑事诉讼中，检察机关有责任对侦查机关取证行为的合法性进行监督和审查，有权力排除侦查机关通过非法手段取得的证据。检察机关在审查起诉时，只有对有关证据的合法性进行审查判断，坚决排除非法证据，才能保证起诉建立在真实合法的证据基础之上，才能保证提起公诉和出庭支持公诉活动的公正性。三是我国的检察机关与公安机关的关系也不同于大陆法系的检警关系。在大陆法系国家，大多实行检警一体化的模式，警察的侦查工作一般由检察官指挥或者直接参与。在这种情况下，如果侦查机关非法取证，检察机关也难以摆脱干系而不可能进行非法证据排除。而在我国，除贪污贿赂、渎职等自侦案件以外，检察机关对其他刑事案件既没有侦查的权力，也不领导或者指挥侦查机关进行侦查。对于侦查机关取证合法性的审查，检察机关完全有条件做到客观公正，排除侦查阶段取得的非法证据。实际上，我国的审查起诉阶段形成了一个"小三角"的诉讼结构，即侦查机关与犯罪嫌疑人处于两造、平等对抗，检察机关居中作出是否排除非法证据、是否提起公诉的裁断。当然，对于自侦案件来说，尽管检察机关内部自侦部门与公诉部门是分开的，也存在一定程度上的分工负责、互相配合和互相制约的关系，但由于受检察一体化体制的影响，对这部分案件的非法证据排除存在着一定的局限性。此外，非法证据排除工作提前到审查起诉阶段进行，比在法庭审判阶段进行，更能节约诉讼成本，符合诉讼经济原则。

现在法律界人士对上述非法证据排除主体模式有两种不同看法。一种主张检察机关在审查起诉阶段不搞非法证据排除而由法院在审前程序中进行。笔者认为这是简单移植西方的不妥看法，不符合中国国情。即使我国法院对非法证据排除程序作出进一步改革，改变"一身两任"的做法，检察机关仍然应当承担排除非法证据的职责，并应当在《刑事诉讼法》再修改时加以明确规定。另一种认为侦查机关也应与审判机关、检察机关同样列为非法证据排除主体，此种主张由于侦查机关的要求而可能影响立法。笔者却颇不以为然。因非法证据乃指侦查机关以非法手段收集之证据，自我排除违法所得的证据，不仅极为困难，而且违反了公、检、法三机关互相制约的原则。侦查机关自己放弃对非法证据之使用应该提倡，但侦查机关成为法定的排除主体，则有待商榷。

（三）检察机关在审查起诉中排除非法证据的运作

《非法证据排除规定》只规定了庭审阶段中非法证据的排除程序，而对检察机关在审查起诉阶段如何排除非法证据，则没有进行规范，《刑事诉讼法》再修改也不可能对此作出具体规定。这势必使检察机关难以操作，影响对该项规则的有效贯彻执行。有鉴于此，笔者试图参照《非法证据排除规定》中关于法庭排除非法证据程序的有关规定，[1] 对检察机关审查起诉中排除非法证据的具体程序作如下的设计，以供参考。

1. 当事人申请

根据《刑事诉讼法》第 139 条的规定，人民检察院审查案件，应当讯问犯罪嫌疑人，听取被害人和犯罪嫌疑人、被害人委托的人的意见。因而在审查起诉阶段，非法证据排除程序通常是从讯问犯罪嫌疑人，听取被害人和犯罪嫌疑人、被害人委托的人的意见等诉讼活动而开始启动的。检察人员讯问犯罪嫌疑人时，犯罪嫌疑人有权反映其在侦查阶段曾被非法取证并提出排除非法证据的申请（书面或口头）。对于犯罪嫌疑人的这一重要权利，检察机关应当在讯问犯罪嫌疑人时主动向其告知。因为非法证据排除是一项专业性极强的工作，公众对其知之甚少；在审查起诉阶段，检察机关进行权利告知则是犯罪嫌疑人充分了解这一权利的重要途径。告知权利后，如果犯罪嫌疑人提出其在侦查阶段所作供述是非法取得的并申请排除该证据，检察机关应当要求其提供涉嫌刑讯逼供等非法取证的人员、地点、时间、方式、内容等相关线索或者证据。在听取辩护人意见时，辩护人也可以提出非法证据排除的申请，检察机关亦应当要求其提供相关线索或者证据。被害人及其委托的人也有权提出被害人陈述是侦查机关以暴力、威胁等非法方法收集的意见并申请予以排除，检察机关同样应当要求其提供相关线索或者证据。

关于当事人及其委托人提出排除非法证据的意见时应当提供涉嫌非法取证的相关线索和证据，这究竟为权利抑或为义务，《刑事诉讼法》再修改应如何规定，法律界存在争论，笔者持义务说。因为非法证据排除的申请者如不提供任何线索和证据，检察机关和法院难以着手审查，并会导致当事人对此项申请权利的滥用。对此问题，笔者曾撰文详予论述，[2] 此处不赘。

2. 对申请的审查

在犯罪嫌疑人或者其辩护人、被害人或者其委托的人提出申请后，检察机关应对他们的申请进行审查。对于明显没有根据或者不可能存在非法取证的，检察机关应直接予以驳回；对于有线索或者证据表明存在刑讯逼供等非法取证可能的，则应当正式开展审查。另外，即使犯罪嫌疑人、被害人及其委托人都没有提出排除非法证据的要求，如果检察机关发现侦查机关所移送的证据材料的合法性存在疑问，也可以依职权主动进行审查。

---

〔1〕 根据《非法证据排除规定》第 4~11 条的规定，法庭审理中非法证据排除的程序大致是：①被告人及其辩护人提出审判前的被告人供述是非法取得的意见；②法庭要求被告人及其辩护人提供涉嫌非法取证的线索或者证据；③法庭经审查认为被告人审判前供述取得的合法性有疑问的，要求公诉人提供证据证明其取得的合法性；④对被告人审判前供述的合法性，公诉人不提供证据加以证明，或者已提供的证据不够确实、充分，该供述不能作为定案的根据。

〔2〕 参见陈光中："刑事证据制度改革若干理论与实践问题之探讨——以两院三部《两个证据规定》之公布为视角"，载《中国法学》2010 年第 6 期。

3. 对证据合法性的正式审查

首先，检察机关应当要求侦查机关提供证据证明其取证的合法性，例如，讯问笔录、原始的讯问过程录音录像、出入看守所的健康检查记录、看守人员的谈话记录和侦查机关、侦查人员对讯问过程合法性的说明等证据。必要时检察机关可通知讯问时其他在场人员或者其他证人作证；或者直接通知讯问人员对犯罪嫌疑人供述的合法性予以说明。至于对被害人陈述、证人证言的合法性提出质疑的，检察机关同样应要求侦查机关提供证据对取得的合法性予以证明。

其次，检察机关不仅要求侦查机关提供取证合法的证据，必要时还应当自己主动查证。因为根据《刑事诉讼法》第140条的规定："人民检察院在审查起诉时，对于需要补充侦查的，可以退回补充侦查，也可以自行侦查。"既然可自行侦查，补充收集证据，自然有权对侦查机关移送来的证据的合法性，自行调查核实，认定其是否为合法收集的证据。

4. 决定程序

检察机关经上述审查程序后，应当认定被审查的证据是否属于应予排除的非法证据，并作出相应决定。按照《非法证据排除规定》第11条的规定："对被告人审判前供述的合法性，公诉人不提供证据加以证明，或者已提供的证据不够确实、充分的，该供述不能作为定案的根据。"侦查机关向检察机关提供的证明证据合法的证据应达到确实充分的程度。但笔者认为此证明标准与有罪证据标准相同，要求过高，不太现实，建议在《刑事诉讼法》再修改时改为达到较大证据优势，即如果侦查机关对合法取证的证明达到了较大证据优势的程度，检察机关应认定该犯罪嫌疑人供述、被害人陈述、证人证言的合法性，并作出不予排除的决定；若侦查机关的证明没有达到较大优势的程度，检察机关就可以作出对该供述、陈述、证言予以排除的决定，这些被排除的证据不得作为提起公诉的根据。

在审查起诉中，涉嫌非法取得的证据被排除后，应当要求侦查机关另行指派侦查人员重新调查取证，必要时人民检察院也可以自行调查取证，或者依法退回侦查机关补充侦查。案件重新调查取证或退回补充侦查后，若检察机关仍然认为对犯罪嫌疑人提起公诉的证据不足，未达到确实、充分的程度，检察机关应当作出不起诉的决定。质言之，通过《刑事诉讼法》的再修改进一步确立了审查起诉阶段非法证据排除程序是一项富有中国特色的保障人权的重要举措，对于提高程序正义价值、防止非法证据进入审判程序、避免因采纳非法证据而导致冤假错案的发生都具有重要作用。在审查起诉中，检察机关理当承担起对于刑讯逼供等非法取证行为防范、控制和纠正的职责，认真做好非法证据排除工作，从而为保证提起公诉、支持公诉质量，实现审判公正提供有力保障。

二、关于附条件不起诉问题

所谓附条件不起诉，是指人民检察院对于特定案件的犯罪嫌疑人，附条件和附期限地暂时不予起诉，根据被暂不起诉人的表现来决定最后是否对其起诉。如果犯罪嫌疑人在检察机关规定的考察期内履行相应的法定义务，则检察机关可以作出不起诉决定；否则，就提起公诉。附条件不起诉是近年来我国逐渐兴起的一项司法改革新举措。

（一）附条件不起诉制度的比较考察

放眼域外，随着检察官不起诉裁量权适用范围的逐步扩大和追求的价值目标日益多元化，起诉法定主义的刻板和机械，越来越难以适应复杂的公诉实践，不同程度地适用起诉便宜主义成为众多国家和地区的选择。而附条件不起诉正是起诉便宜主义的重要法律表现形式，获得诸多国家和地区的青睐。比较典型的有德国、日本、美国、荷兰及我国台湾、澳门地区等，虽然其称谓不一定相同，如采用"附条件不起诉""暂时不予起诉""诉讼程序之暂时中止""犹豫起诉""缓起诉"等，但基本内容是一致的。

在德国，原本实行起诉法定主义，但在 20 世纪 60 年代以来，随着犯罪的大幅增长、案件负担过重，使得检察机关的职能发生了巨大的转变，促使起诉制度由起诉法定主义向起诉便宜主义转变。《德国刑事诉讼法》第 153 条（a）关于附条件不起诉的规定，就是起诉便宜主义的典型法律表现。根据该条的规定，如果追究刑事责任对于公共利益没有什么意义或者追究刑事责任的必要性可以通过采取其他惩罚性措施而消除时，检察机关有权决定暂予不起诉。检察机关依照该条规定暂不起诉，必须符合下列条件：①犯罪行为必须是轻微犯罪；②不能与犯罪嫌疑人所犯罪行的严重性发生冲突；③犯罪嫌疑人所要完成的条件和指令必须能够消除如果继续进行诉讼所带来的对公共利益的损害；④犯罪嫌疑人必须同意公诉人提出的条件；⑤对于绝大多数案件，检察机关作出不予起诉的决定前，必须征得对案件有管辖权的法院的同意，只有那些行为后果显著轻微尚未受到最低刑罚威胁的案件，检察机关才可以不经法院同意直接作出不起诉决定。[1]《日本刑事诉讼法》第 248 条规定："根据犯人的性格、年龄、境遇、犯罪的轻重及情节和犯罪后的情况，没有必要追究犯罪时，可以不提起公诉。"这种以法律的形式公开宣布把起诉便宜主义作为起诉的基本原则，检察官拥有相当大的起诉裁量权是日本公诉制度的一大特色。在美国，检察官也享有一定的不起诉裁量权。"经由立法机关或法院规则授权的一种正式程序，被告人被指控特定的刑事犯罪并符合先前确立的标准，可以暂缓起诉 3 个月至 1 年，被置于一个社区改造计划中，如果达到分流程序预设目的，案子就被撤销。"[2]

---

〔1〕 参见陈光中、〔德〕汉斯·阿尔布莱希特主编：《中德不起诉制度比较研究》，中国检察出版社 2002 年版，第 119 页以下。

〔2〕 〔美〕伟恩·R. 拉费弗、杰罗德·H. 伊斯雷尔、南西·J. 金：《刑事诉讼法》，卞建林、沙丽金等译，中国政法大学出版社 2003 年版，第 768 页以下。

值得注意的是，近二三十年来，随着刑事犯罪的激增，司法资源日趋紧张；同时，由于各国法律文化交流、融合的加强，两大法系国家的附条件不起诉制度呈现出共同发展的趋势。其一，检察官行使不起诉裁量权的独立性进一步增强。如德国作为起诉法定主义的典型代表，其检察官行使不起诉裁量权历来被严格限制，主要表现在法官控制和被害人申诉等方面。但近年来法官对检察官不起诉裁量权的控制逐渐减弱，相应地检察官独立决定的空间却在不断扩大。其二，检察官不起诉裁量权有逐渐扩大的趋势，不少国家都通过检察制度改革来赋予检察官较为广泛的不起诉裁量权。因而西方国家裁量不起诉率比较高，例如德国 1981～1996 年裁量不起诉率在 12.3%～19% 之间；[1] 日本 2002～2003 年裁量不起诉和犹豫不起诉率为 33.3%。[2]

我国台湾和澳门地区也实行附条件不起诉制度，并且各具特色。我国台湾地区 2002 年新修订的"刑事诉讼法"增设了缓起诉制度。该"法"第 253 条规定，缓起诉只能适用于犯罪嫌疑人所犯为死刑、无期徒刑或最轻本刑 3 年以上有期徒刑以外之罪。对犯罪嫌疑人适用缓起诉时，应综合考量犯罪人本身的事项、犯罪的事项及犯罪后情况，并考虑维护公共利益和适当性。缓起诉的期间为 1 年以上 3 年以下。检察官为缓起诉处分者，得命犯罪嫌疑人于一定期间内遵守或履行下列事项：①向被害人道歉；②立悔过书；③向被害人支付相当数额之财产或非财产上之损害赔偿；④向公库或指定之公益团体、地方自治团体支付一定之金额；⑤向指定之公益团体、地方自治团体或社区提供 40 小时以上 240 小时以下之义务劳务；⑥完成戒瘾治疗、精神治疗、心理辅导或其他适当之处遇措施；⑦保护被害人安全之必要命令；⑧预防再犯所为之必要命令。检察官命犯罪嫌疑人遵守或履行前述第 3 至第 6 事项，应征得其同意。在澳门地区，其《刑事诉讼法》第 263 条规定了"诉讼程序之暂时中止"：如有关犯罪可处以最高限度不超过 3 年之徒刑，即使可并科罚金，又或有关犯罪仅可科罚金，且一定前提条件成立者，则检察院得向预审法官建议，通过对嫌犯施加强制命令及行为规则，暂时中止诉讼程序。这些前提条件包括：被害人同意；嫌犯无前科；不能科处收容保安处分；罪过属轻微；可预见遵守强制命令及行为规则系足以回应有关案件中所需之预防犯罪要求等。

我国现行《刑事诉讼法》只规定了法定不起诉、酌定不起诉、证据不足不起诉三种不起诉类型，没有规定附条件不起诉制度。根据《刑事诉讼法》第 142 条第 2 款的规定，酌定不起诉只限于犯罪情节轻微，依照《刑法》规定不需要判处刑罚或者免除刑罚的案件，条件限制得相当严格，适用空间很有限，导致实践中包

---

〔1〕 参见陈光中、〔德〕汉斯·阿尔布莱希特主编：《中德不起诉制度比较研究》，中国检察出版社 2002 年版，第 168 页。

〔2〕 参见顾永忠等："日本近期刑事诉讼法的修改与刑事司法制度的改革——中国政法大学刑事法律中心赴日考察报告"，载《比较法研究》2005 年第 2 期。

括酌定不起诉在内的不起诉比例很低。例如，从 2006～2010 年全国刑事案件不起诉的情况看，近 5 年来全国检察机关刑事案件不起诉率还不到 3%（见表 1）。[1]

表 1　2006～2010 年全国检察机关不起诉案件情况表

年度	起诉总数（人数）	不起诉总数（人数）	不起诉率
2006	999 086	7204	0.72%
2007	1 082 211	27 995	2.59%
2008	1 143 897	29 871	2.54%
2009	1 134 380	33 048	2.83%
2010	1 148 409	29 898	2.54%

又如，从 2010 年北京市各区县检察院不起诉情况[2]看，除了个别区县检察院外，酌定不起诉率大约保持在 1% 左右（见表 2）。

表 2　2010 年北京市各区县检察院不起诉案件情况表

单位	酌定不起诉率	起诉总数	酌定不起诉情况（人）	单位	酌定不起诉率	起诉总数	酌定不起诉情况（人）
东城院	0.98%	606	6	房山院	0.52%	957	5
西城院	1.67%	998	17	通州院	1.34%	1250	17
崇文院	1.32%	375	5	顺义院	0.98%	1209	12
宣武院	1.20%	329	4	昌平院	1.43%	1925	28
朝阳院	0.92%	4396	41	大兴院	3.84%	1852	74
丰台院	1.59%	2962	48	怀柔院	1.56%	504	8
石景山院	2.14%	550	12	平谷院	0.94%	525	5
海淀院	1.71%	5395	94	密云院	0.54%	550	3
门头沟院	6.81%	219	16	延庆院	4.25%	293	13

为弥补酌定不起诉率过低之不足，近年来我国一些地方的基层检察院纷纷开展了对附条件不起诉制度的试点工作，探索该制度在我国适用的可行模式，取得了良

---

〔1〕　数据来源于 2007～2011 年最高人民检察院工作报告。
〔2〕　这是笔者工作中所了解到的第一手材料。

好的社会效果并积累了一定的经验。目前，包括山东省蓬莱市、浙江省宁波市北仑区、北京市海淀区、安徽省池州市、江苏省沭阳县、陕西省礼泉县等地的检察机关，均出台了类似的"附条件不起诉实施细则"。2008年附条件不起诉制度被纳入中央《关于深化司法体制和工作机制改革若干问题的意见》之中。

（二）建立附条件不起诉制度的理念、政策和现实根据

附条件不起诉制度在我国的兴起，并应为《刑事诉讼法》再修改所确认，这绝非偶然，而有其理念、政策和现实根据。

第一，体现刑法谦抑性的理念。刑法谦抑性是一种基本的刑法理念和刑事政策思想，指导着当代各国刑法改革运动的方向。德国著名法学家耶林曾言："刑罚如两刃之剑，用之不得其当，则国家与个人两受其害。"[1]刑罚的严厉性及其功能局限性决定了刑法应当保持谦抑性。刑法是保护法益的最后手段，只有在运用民事的、行政的法律手段和措施仍不足以抗制时，才能动用刑法手段解决社会冲突。运用刑法手段解决社会冲突，应当具备以下两个条件：其一，危害行为必须具备相当严重的社会危害性；其二，作为对危害行为的反应，刑罚应当具有无可避免性。[2]在西方发达国家，刑法谦抑性思想主要是通过非犯罪化、非刑罚化和轻刑化（非监禁化）的刑事政策体现出来的。而刑事诉讼中确立附条件不起诉制度，通过节制公诉权的行使而给予犯罪嫌疑人"再生"机会，把某些符合条件的特定案件在起诉环节消化掉，减少动用刑罚手段，避免刑罚带给加害人的标签效应，有利于对他们的教育改造，可以说契合了非犯罪化、非刑罚化和轻刑化的世界潮流，体现了刑法的谦抑性理念。

第二，贯彻宽严相济刑事政策的需要。宽严相济刑事政策是我国的一项基本刑事政策。贯彻宽严相济刑事政策，要根据犯罪的具体情况，实行区别对待，做到该宽则宽，当严则严，宽严相济，罚当其罪，打击和孤立极少数，教育、感化和挽救大多数，最大限度地减少社会对立面，促进社会和谐稳定，维护国家长治久安。最高人民检察院《关于在检察工作中贯彻宽严相济刑事司法政策的若干意见》明确要求："正确把握起诉和不起诉条件，依法适用不起诉。在审查起诉工作中，严格依法掌握起诉条件，充分考虑起诉的必要性，可诉可不诉的不诉。对于初犯、从犯、预备犯、中止犯、防卫过当、避险过当、未成年人犯罪、老年人犯罪以及亲友、邻里、同学同事等纠纷引发的案件，符合不起诉条件的，可以依法适用不起诉，并可以根据案件的不同情况，对被不起诉人予以训诫或者责令具结悔过、赔礼

---

[1] 转引自林山田：《刑罚学》，我国台湾地区"商务印书馆"1983年版，第127页。

[2] 一般来说，具有下列三种情况之一的，就说明不具备刑罚之无可避免性：①无效果。所谓无效果，就是指对某一危害行为来说，即使规定为犯罪，并且处以刑罚，也不能达到预防与抗制之效果。②可替代。所谓可替代，就是指对于某一危害行为来说，即使不运用刑罚手段，而运用其他社会的或者法律的手段，也足以预防和抗制。③太昂贵。所谓太昂贵，是指通过刑罚所得到的效益要小于其所产生的消极作用。参见陈兴良：《刑法哲学》，中国政法大学出版社2004年版，第7页。

道歉、赔偿损失。"实行附条件不起诉，可以说正是宽严相济刑事政策从宽一面的重要体现。

第三，符合诉讼经济原则。当前我国刑事司法面临的一个突出问题是刑事案件数量的大幅增长与司法机关人力、财力资源严重不足的矛盾，以及伴随而来的人民群众对司法公正、效率的强烈诉求与不尽理想的现实状况的矛盾。而要解决这些矛盾，以推动司法公正的实现和司法资源的优化配置，构建可对刑事案件进行繁简、难易分流的程序机制无疑是其中一个非常重要的办法。附条件不起诉制度，正可以实现审前分流案件，在起诉环节就最终处理了一部分案件，从而减少审判的负担，使人民法院可集中更多的力量放在重大复杂的刑事案件处理上，既有利于保障审判质量，又符合诉讼经济原则。

第四，有利于实现司法和谐。实行附条件不起诉制度，所附条件通常会考虑被害人需要精神抚慰和经济赔偿，如加害人通过书面悔过、向被害人道歉、作出赔偿或者给予被害人适当的补偿等方式，双方达成谅解或和解，有助于消除被害人和加害人之间的对立、紧张关系，使犯有轻罪的人能以自己的悔改态度和积极表现重返社会，这无疑有利于增强当事人之间对纠纷处理结果的认同，更好地修复被损害的社会关系，促进纠纷的彻底解决，减少不必要的上诉和申诉，从而增进社会和谐因素。例如，北京市海淀区人民检察院 2008 年试行附条件不起诉的 11 起案件，双方当事人都达成和解，被害人遭受的损害通过赔偿、道歉等方式得以弥补，被破坏的社会关系得到修复。[1]

第五，是公诉权与审判权的适度调整。附条件不起诉在我国基层检察机关甫一试点，就引发社会热议，质疑之声时有所闻。其中最主要的质疑就是：实行这种不起诉制度侵犯了"法院审判权"，即认为附条件不起诉实际上就是把原来该由法院处理的案件改由检察院不起诉。笔者认为，此论有一定道理，却并非尽然。实行附条件不起诉不是法律上的定罪，而是起诉裁量权的一种具体体现，只有起诉后才涉及法院定罪的问题。定罪权由法院行使，这是现代法治国家通行的原则，然而，对构成犯罪但依照法律规定不需要判处刑罚的案件不起诉，也是一种较普遍的做法。我国《刑事诉讼法》第 12 条规定："未经人民法院判决，对任何人都不得确定有罪。"这是对国家定罪权严肃性、法定性的表达，是定罪在程序上的根本性要求。而附条件不起诉对犯罪嫌疑人经考察后作出不起诉决定，其在法律上不认为是罪犯，这与上述第 12 条规定并不冲突。检察机关通过附条件不起诉的方式使一部分犯罪嫌疑人不再进入审判程序，实质上是起诉裁量权的合理拓展，有助于增强起诉的灵活性并减轻法院的讼累。而且附条件不起诉的适用对象虽然在实质上构成犯罪，但在法律上不予定罪，即使在某种意义上可以认为是审判权的有限分流和部分

---

〔1〕 参见北京市海淀区人民检察院公诉课题组："附条件不起诉制度实证研究"，载《国家检察官学院学报》2009 年第 6 期。

授权，但这对于实现刑事司法职权的优化配置，有效贯彻宽严相济政策，确保案件得到合理处理，都是具有重要意义的。因而从某种意义上说，附条件不起诉与其说是对审判权的分割，不如说是公诉权与审判权的适度调整。此外，尚需注意的是，附条件不起诉不同于 1979 年《刑事诉讼法》规定的免予起诉制度。免予起诉实际上是一种认定被告人有罪但免予向法院起诉的终止诉讼的处理决定，带有实体裁判性质，有违控审分离和法院定罪的原则，造成了一定的负面影响。也正是基于这个原因，1997 年《刑事诉讼法》修改时废除了免予起诉制度。

（三）附条件不起诉的立法设计及运作

1. 附条件不起诉的立法设计

关于附条件不起诉的立法设计，刑诉法学界不少学者进行了研究，并纷纷提出了立法建议稿；一些地方的检察机关在试点过程中也积极探索，陆续出台了"实施办法"或者"实施细则"等文件。这些立法建议稿和文件对附条件不起诉的概念、适用对象、适用条件、所附条件的内容、考验期限和操作程序等内容作了详细而具体的规定，为附条件不起诉制度的设立提供了重要的参考。

当此《刑事诉讼法》再修改之际，笔者参考国外附条件不起诉的立法例，并结合我国各地试点经验，本着积极稳妥推进改革的精神，试提出如下立法建议：附条件不起诉适用于犯罪嫌疑人涉嫌《刑法》第四章（侵犯公民人身权利、民主权利罪）、第五章（侵犯财产罪）所规定的犯罪，可能判处 1 年以下有期徒刑、拘役、管制或者单处罚金，犯罪情节轻微的案件；对于未成年人、75 岁以上老年人以及聋、哑、盲人和限制行为能力人，可放宽至可能判处 3 年以下有期徒刑的案件。关于附条件不起诉的考察期限，可以设计为 3 个月至 6 个月，考察期满，人民检察院正式作出不起诉的决定。人民检察院在作出附条件不起诉决定时，可以命令犯罪嫌疑人具结并履行如下义务：①书面悔过；②向被害人道歉；③对被害人的损失作出经济赔偿或者以其他方式给予被害人适当补偿；④不得侵扰被害人、证人、被害人家属；⑤向指定的公益团体支付一定数额的财物或者提供一定时间的公益劳动。人民检察院认为必要时，可以命令被不起诉人禁止出入特定场所。考察期间，犯罪嫌疑人的行为符合所附条件的，考察期满，就作出不起诉决定。如果违反以上命令，人民检察院可以视情节轻重给予警告处分或者撤销附条件不起诉决定并提起公诉。如果被不起诉人在考察期内故意犯罪，人民检察院应当撤销附条件不起诉决定，就旧罪新罪一并提起公诉。

2. 附条件不起诉运作应注意的问题

第一，一般要求案件事实清楚、证据确实充分。附条件不起诉本是应诉而裁量不诉，所以其前提是在事实和法律上已构成犯罪。对于案件事实不清，证据未达到确实、充分程度的案件，原则上不应适用附条件不起诉。要特别注意，不能用"和稀泥"或者"下台阶"的方式把不构成犯罪的情形作附条件不起诉来处理。从目前检察机关试点附条件不起诉的情况看，附条件不起诉大都是适用于案件事实清楚、证据确实充分的轻微刑事案件。如《福州市人民检察院关于开展附条件不起诉工作的指导意见（试行）》第 3 条明确规定："附条件不起诉，一般应在犯罪嫌疑人犯罪事实清楚，证据确实、充分，可能判处 3 年有期徒刑以下刑罚的案件中有选择地适用。"之所以用"一般"表述是由于有个别案件犯罪嫌疑人始终诚心认罪，证据稍欠充分，实行附条件不起诉，最后实际上是作无罪处理，不至于发生副作用。如在"熊某故意伤害案"中，犯罪嫌疑人熊某因家庭纠纷与其姑熊某某发生冲突，在拉扯过程中造成熊某某面部受伤。案发后，熊某真诚认罪并两度鞠躬向熊某某道歉，熊某某也表示不再追究熊某的法律责任。审查起诉时，公诉人发现本案存在 3 份不同的伤情鉴定意见（2 份鉴定为轻伤，1 份鉴定为轻微伤），认定熊某某轻伤的证据只能达到接近确实、充分。对这种案件作附条件不起诉处理，应当说不至于发生副作用，而且能更好地实现法律效果与社会效果的统一。

第二，应与当事人和解相结合。当事人和解应当贯穿于刑事诉讼的整个过程之中，如同联合国有关文件规定的恢复性司法可适用于刑事司法的任何阶段。[1] 在公诉阶段贯彻刑事和解精神的重要途径之一就是实行附条件不起诉制度。要把实行附条件不起诉制度与加强当事人和解结合起来。在加害人以赔偿、道歉等方式与被害人及其亲属达成谅解协议，且符合其他法定条件的情况下，检察机关就可作出附条件不起诉决定。这样做能弥补常规的刑事案件处理方式忽视被害人意愿的不足，有效解决诉讼纠纷，切实减少申诉、上访现象，促进社会和谐安定。

第三，应当与犯罪嫌疑人的社会调查制度相结合。我国目前的社会调查制度主要是针对未成年人的特殊社会调查制度，即以未成年人一贯表现情况为调查对象，着重对未成年犯罪嫌疑人、被告人的性格、特点、家庭环境、社会交往、成长经历等基本情况进行调查并形成报告，作为刑事诉讼中办理案件的重要参考。未成年人社会调查报告中所提供的未成年犯罪嫌疑人、被告人的一贯表现、犯罪行为特征等相关内容，能在一定程度上反映其人身危险性以及再社会化的有关情况。将未成年人社会调查报告作为刑事诉讼中办理案件的重要参考，对于更好地教育、感化和挽救失足的未成年人，保障其权利、实现量刑公正和促进社会和谐，都具有积极的意义。《联合国少年司法最低限度标准规则》第 16 条明确规定："所有案件除涉及轻微违法行为的案件外，在主管当局作出判决前的最后处理之前，应对少年生活的背景和环境或犯罪的条件进行适当的调查，以便主管当局对案件作出明智的判决。"笔者认为，目前主要针对未成年人的社会调查的适用范围应当扩大，宜放宽到所有可适用附条件不起诉的犯罪嫌疑人。换言之，检察机关在作出附条件不起诉决定之前，可事先对犯罪嫌疑人之性格特点、家庭情况、社会交往以及有无帮教条件等情

---

〔1〕 联合国预防犯罪和刑事司法委员会第 11 届会议于 2002 年通过的《关于在刑事事项中采用恢复性司法方案的基本原则》第 6 条规定："在不违反本国法律的情况下，恢复性司法方案可在刑事司法制度的任何阶段使用。"恢复性司法与当事人和解，尽管表现形式略有不同，但精神基本上是一致的。

况进行社会调查，再酌情考虑是否对其适用附条件不起诉。

第四，要建立附条件不起诉的监督机制。为了确保附条件不起诉制度的规范运行，做到附条件不起诉不被随意滥用，应建立附条件不起诉的监督机制。在这方面日本有值得借鉴的成功经验。日本的检察官有较大的不起诉裁量权，为防止检察官对此项权力的滥用，日本创立了检察审查会制度，审查会的成员来自于民间，审查会发现检察官作出不起诉处分（包括起诉暂缓）不当的情况，经审查可作出"不起诉处分不当"的决议，此种决议原来不具有强制性效力，后经改革赋予其法律强制力，案件必须决定起诉。[1]根据我国的现实情况，应当将附条件不起诉纳入人民监督员的监督范围并加强监督力度，通过公开听证监督、个案汇报监督、综合考察监督等多种监督形式，以达到充分听取民众意见，努力实现不起诉裁量合法性、合理性、合情性相统一的效果。例如，四川省简阳市检察院在探索开展附条件不起诉创新工作中，为了确保依法正确行使不起诉裁量权，提升执法办案公信力，引入了人民监督员制度，取得了良好效果。[2]

三、关于量刑建议问题

（一）我国全面开展量刑建议试点工作

近年来，随着我国公诉制度改革的稳步推进以及人民法院量刑程序规范化的试行，量刑建议制度开始进入人们的视野。量刑建议作为检察机关积极推进的一项重要改革举措，对于制约量刑裁量权，促进司法公正，完善刑事审判程序，提高诉讼效率以及提高公诉人员的素质，都具有重要的意义。对于量刑建议制度，我国检察机关从1999年开始就在司法实践中进行了积极的探索，积累了一定经验，取得了较好效果。2005年6月，最高人民检察院下发了《关于进一步加强公诉工作强化法律监督的意见》，明确要求各级检察机关"积极探索量刑建议制度"，"要在总结一些地方探索量刑建议经验的基础上，进一步积极稳妥地开展量刑建议试点工作"。之后，最高人民检察院指定上海市人民检察院等11个检察院在所辖区域内开展量刑建议试点工作。2010年2月23日，最高人民检察院又制定了《人民检察院开展量刑建议工作的指导意见（试行）》（以下简称《指导意见（试行）》），要求各级人民检察院"结合公诉工作实际，精心组织开展这项工作。各地推行量刑建议制度要坚持慎重稳妥、稳步推进的原则"。《指导意见（试行）》的颁布，标志着量刑建议制度作为检察改革的一项重要内容，开始走上了规范化的轨道。同年9月，根据中央关于司法体制和工作机制改革的意见，最高人民法院、最高人民检察院、公安部、国家安全部、司法部联合发布了《关于规范量刑程序若干问题的意见（试行）》（以下简称《意见（试行）》）。根据这个文件，最高人民检察院

---

〔1〕 关于检察审查会制度，详见甄贞等：《检察制度比较研究》，法律出版社2010年版，第402页。

〔2〕 参见刘竞宇、陈珍建、刘德华："四川简阳试行代表委员对拟不起诉案件听证制度化解社会矛盾"，载《检察日报》2010年4月19日。

进一步要求全国各级检察机关积极推进量刑规范化改革，全面开展量刑建议工作。

（二）量刑建议的价值蕴含

近年来，我国普遍开展的量刑建议试点工作及其取得的成效，有力地表明了确立这一制度的价值和现实意义。

1. 有利于实现量刑公正

公诉人提出量刑建议，引起被告人及其辩护人的量刑答辩，可以帮助法官全面了解案情，掌握影响量刑的各种法定和酌定情节，真正做到"兼听则明"，而且量刑建议是公诉机关向法庭提出的正式意见，成为合议庭量刑的一个重要参考因素，也是合议庭向审委会汇报时的一个具有法律效力的正式依据。这无疑有利于人民法院作出更加明确而公正的裁判，更好地实现量刑的实体公正，防止出现案情基本相同而量刑迥异的不公现象。此外，实行量刑建议制度，强化了对审判机关量刑活动的监督制约，制约法官在行使自由裁量权时的随意性，有助于提高案件质量。与此同时，相对独立的量刑程序的设置，使得量刑活动被纳入到法庭审理程序中，量刑程序的公开性增强，控辩双方以及其他与量刑有关的主体都能够参与量刑活动，发表量刑意见或建议，也有利于实现量刑程序的公开和公正。

2. 有利于实现有效辩护

保障被告人获得有效的辩护，不仅关系到其合法权益的维护，而且关系到司法公正的实现。其中，作为刑事辩护重要组成部分的量刑辩护，其能否有效实现对于维护被告人合法权益和实现量刑公正都具有重要意义。众所周知，量刑辩护是对控诉方量刑建议的回应，量刑辩护主要是针对量刑建议而存在的。辩方要实现有效的量刑辩护，公诉方提出明确的量刑建议则是重要的前提和基础。实现量刑建议制度，公诉人提出明确的量刑建议，在一定程度上拓展了被告人参与刑事诉讼的空间，特别是在被告人认罪的案件中，能让辩方尽早知悉公诉机关提出的量刑建议的主张和理由，有利于充分做好量刑辩护准备工作，并在法庭上就量刑问题发表辩护性意见与公诉机关进行辩论，这无疑是对被告人辩护权利的保障。

3. 有利于提高诉讼效率

在法庭审判中，公诉人提出量刑建议，从而引发控辩双方就量刑问题的辩论，法院在此基础上作出量刑裁判并进行充分的量刑说理，不仅能增强量刑的公开性、透明性和公正性，而且也能提高当事人对量刑裁判的接受度，更容易从心理上认同接受裁判结果，真正服判息诉，实现案结事了，减少不必要的抗诉、上诉或申诉，从而提高诉讼效率，节约司法资源。例如，浙江省宁波市北仑区人民检察院试行量刑建议6年来，取得了良好的效果，上诉率和翻供率都明显下降。据北仑区检察院统计，量刑建议实施后（2003年7月至2009年3月）和量刑建议实施前（2003年

1～6月）相比，上诉率由16.4%下降为5.3%，翻供率也由21.1%下降为7.4%。[1]再如，四川省彭山县检察院2008年全面开展量刑建议以后，判处实刑的比率上升了9%，上诉率反而下降了48%。[2]而且由于检察机关的量刑建议，审判人员事先有了量刑的参考，被告人、被害人也有心理准备，提高了当庭宣判率。

4. 有利于提高公诉能力和水平

公诉权的内容理应包括定罪请求权和量刑请求权两方面。在法庭审判中，公诉人提出确实充分的证据证明被告人的犯罪事实并要求法官根据指控定罪，这是定罪请求，而要求法官在认定犯罪的基础上对被告人公正处刑则是量刑建议。公诉人将二者都向法官明确提出才算完全履行了自己对案件的公诉职责。以前，由于公诉人不需要提出量刑建议，因此将注意力集中在定罪问题上，而对于相关的量刑情节没有给予足够的重视，完全交由法官去裁量。而实行量刑建议制度，检察机关当庭提出明确的量刑建议，进一步彰显了公诉机关的控诉职能，对检察机关的公诉能力和水平也提出了更高要求。正如有的量刑建议试点检察机关所感悟的"量刑建议对审查起诉工作提出了更高的要求，要求承办人在常规办案基础上更加突出了对案件的综合分析及说理能力，拓宽了把握案件全局的视野，同时量刑建议工作……进一步调动了承办人的工作责任心，案件审查质量得到明显提高，同时也促进了公诉职能的发挥"。[3]

（三）量刑建议的运行机制

量刑建议制度作为一项创新的改革举措，要使其在司法工作中发挥最大的功效，必须构建一个科学、可行的运行机制，具体来说，主要包括以下几个方面的内容。

1. 量刑建议的主体

量刑建议的主体问题，也即谁有权力和权利向法院提出量刑建议。笔者认为，量刑建议权是公诉权的重要组成部分，而公诉权又是由检察机关独家行使的，故而量刑建议的权力主体应当是提起公诉的检察机关，在法庭上发表量刑建议的主体只能是公诉人。当然，在法庭审理过程中，被害人（作为控方的当事人）及其诉讼代理人有权提出量刑主张，被告人及其辩护人针对公诉人的量刑建议和被害人及其诉讼代理人的量刑主张，也有权提出自己的量刑意见，但这与公诉人代表国家公诉机关提出量刑建议在性质上是不同的。

2. 量刑建议的案件范围

对于量刑建议的案件范围问题，当前法律界的认识很不一致。有的主张所有公

---

[1] 参见袁爽："宁波北仑检察院首试'求刑权'让量刑更透明"，载中国新闻网，http://www.chinanews.com/gn/news/2009/06_12/1732472.shtrnl，最后访问时间：2011年3月12日。

[2] 参见雷秀华、余春华："四川省检察机关量刑建议探索"，载《国家检察官学院学报》2009年第5期。

[3] 参见《石景山区人民检察院量刑建议试点工作报告》（2008年9月1日）。

诉案件都可以提出量刑建议；有的则主张应按照案件的不同情况分别处理，如控辩双方对定罪的事实、证据没有争议的案件应当提出量刑建议，反之则不宜提出量刑建议；对于被告人认罪的案件和适用简易程序的案件，应当充分行使量刑建议权；等等。

笔者认为，从理论上说，检察机关在提起公诉的所有案件中都可提出量刑建议，而不应局限于某一类或者按照某种程序审理的案件。因为量刑建议权作为公诉权的有机组成部分，原则上不应当放弃。但是，实行量刑建议制度目前尚处于探索阶段，涉及面广，情况较为复杂，从现实的角度考虑，检察机关开展量刑建议工作还是要坚持积极、慎重、稳妥推进原则，由易到难，边实践边总结边规范，可重点从适用简易程序案件、被告人认罪案件、未成年人犯罪案件以及有丰富实践经验的常见罪名（如盗窃、诈骗、抢劫等）案件入手，以提高量刑建议的质量和效果。对于认定事实、法律适用有重大分歧的案件以及缺乏司法经验的新类型案件，提出量刑建议应当采取慎重的态度，要在取得经验并经认真调研论证的基础上，逐步扩大适用范围，推动量刑建议全面开展。

3. 量刑建议的方式

从目前各地试点情况来看，量刑建议的方式主要有以下三种：一是概括的量刑建议，即在指明量刑应适用的刑法条款的基础上，仅提出从重、从轻或减轻处罚等原则性建议；二是相对确定的量刑建议，即在法定刑幅度内提出有一定幅度的量刑意见；三是绝对确定的量刑建议，即提出的量刑意见没有幅度，明确提出应判处的刑种及确定的刑罚，如提出判处无期徒刑、死刑的意见。

笔者认为，检察机关提出量刑建议的方式，宜以相对确定的量刑建议为主，绝对确定的量刑建议和概括的量刑建议为辅。也就是说，量刑建议在一般情况下应当具有一定幅度。因为概括性的量刑建议一般只能表达检察机关的原则性量刑意见，内容不明确、具体，不仅难以对量刑裁判权形成有效的监督制约，而且让辩护方的量刑答辩没有明确目标，难以发挥应有的作用。但在许多情况下，要提出绝对的量刑建议又存在不少困难，特别是在某些案件中，犯罪嫌疑人在检察机关认罪态度不好、避重就轻，而到审判阶段又表示认罪伏法，甚至积极赔偿等，这些酌定量刑情节的出现极易造成量刑建议与法院判决的不一致。故而提出绝对确定的量刑建议存在较大的局限性。尽管量刑建议与法院判决结果不一致是一种正常现象，但量刑建议采纳率往往被认为是衡量公诉人业务能力的一个重要标志，因而一旦量刑建议不被法院采纳，有可能会引发检察机关的抗诉。为尽力避免这种现象的出现，检察机关提出相对确定的量刑建议不失为一种较好的解决办法。当然，根据案件具体情况，如确有必要，也可以提出绝对确定的量刑建议，如对于罪行极其严重、非杀不可的犯罪分子，可以提出判处死刑的绝对确定的量刑建议。

还应当指出，不论哪一种量刑建议方式，量刑建议应尽量以书面方式提出并说明具体理由，以便于辩方据此提出量刑辩护意见，也有利于说服法官采纳量刑建议。

4. 量刑建议的时机

量刑建议的时机是指检察机关应在哪个诉讼环节提出量刑建议。当前主要有以下几种观点：第一种认为，量刑建议应当在检察机关审查起诉结束、向法院提起公诉时提出。第二种认为，量刑建议应当在法庭调查之后、法庭辩论之初提出。第三种认为，量刑建议应当区分不同情况作出规定，例如按照犯罪嫌疑人是否认罪来区分，犯罪嫌疑人认罪、事实比较清楚的，在起诉时提出；否则在法庭辩论阶段发表公诉词时提出。[1]最高人民检察院制定的《指导意见（试行）》第 14 条规定："公诉人应当在法庭辩论阶段提出量刑建议。"实际上是采纳了第二种观点。

笔者认为，提出量刑建议的时机应当区分情况而定。对于犯罪事实清楚、证据确实充分，被告人认罪的案件，为了保障被告人的辩护权、提高诉讼效率和节约司法资源，检察机关宜在提起公诉时提出量刑建议。这类案件在司法实践中占多数。对于被告人全部或部分不认罪的案件，量刑建议可以在法庭辩论阶段提出。因为这类案件，在证据事实认定和法律适用上，控辩双方肯定存在较大分歧，只有经过法庭调查，控辩双方对对方出示的证据进行了充分的质证，被告人的犯罪事实、量刑情节已经基本上显现出其本来面目，此时提出量刑建议，比较客观、准确，易为法官接受。同时，由于有接下来的法庭辩论阶段，辩方仍有机会对检察官的量刑建议提出异议，为己方的合法权益进行辩论。

5. 量刑建议的修正

案件的审理过程充满着变数，量刑建议决策于开庭之前，难免会有一部分不符合法庭调查后查明的事实，而需要加以修正。案件事实和相关证据发生了变化，量刑建议随之修正也是在所难免的。在法庭审理中，如果公诉人发现案件情况发生变化，需要变更量刑建议的，应如何操作？关于量刑建议的修正，《指导意见（试行）》第 17 条、第 18 条作了规定，即"在庭审过程中，公诉人发现拟定的量刑建议不当需要调整的，可以根据授权作出调整；需要报检察长决定调整的，应当依法建议法庭休庭后报检察长决定。出现新的事实、证据导致拟定的量刑建议不当需要调整的，可以依法建议法庭延期审理"。"对于人民检察院派员出席法庭的案件，一般应将量刑建议书与起诉书一并送达人民法院；对庭审中调整量刑建议的，可以在庭审后将修正后的量刑建议书向人民法院提交。"笔者认为，以上规定基本上是合理可行的。

最后，笔者还有必要指出，人民法院量刑程序和人民检察院量刑建议的试点表明：对中国如何实行量刑程序包括量刑建议的认识很不一致，经验也尚欠成熟。这种情况下，此次《刑事诉讼法》再修改估计难以对此作出具体规定。但笔者认为，

---

[1]　参见朱孝清："论量刑建议"，载《中国法学》2010 年第 3 期。

应当在一审审判程序中对量刑程序作出原则性的规定，如规定："人民法院审判第一审案件，公诉人可以提出量刑建议，法庭认为有必要时可以通过独立程序对有关被告人量刑的事实和法律问题进行调查和辩论。"以使目前法院、检察院量刑程序试点工作合法化，推进此项改革工作的进一步发展。

我国审判制度改革若干问题之探讨[1]

在刑事诉讼中，审判制度处于中心地位。尽管审前程序作用重要，但无论是侦查还是起诉等程序都是围绕审判进行的，均以审判为目标，服务于审判，以期通过审判公正地实现国家的刑罚权。如果离开审判，那么刑事诉讼即无从谈起。1996年修改后的《刑事诉讼法》对审判制度尤其是一审程序进行了较大力度的改革，适当吸收了当事人主义诉讼的一些因素，如交叉询问、对抗式辩论等，促进了审判制度的进步。但十五年的司法实践证明，现行《刑事诉讼法》中关于审判制度的不少规定存在缺陷，不能适应司法实践的需要，不尽符合民主法治之精神，亟待修改和补充。当前正在进行的《刑事诉讼法》再修改势必对审判制度进行重要改革，以使审判制度更加符合公正、高效、权威的社会主义司法制度的要求。在理念上，《刑事诉讼法》再修改应当秉承惩罚犯罪与保障人权相结合、程序公正与实体公正相平衡、程序与效率相协调的理念。结合这一背景，笔者拟对刑事审判制度改革的若干问题予以探讨，以期对《刑事诉讼法》的修改有所裨益。

一、刑事第一审简易程序范围的扩大问题

在刑事诉讼中，公正与效率是现代国家刑事诉讼追求的两大价值目标。近些年来，随着世界范围内传统类型犯罪居高不下和新型犯罪的不断增加，刑事案件大量积压，导致刑事司法审判的拖延问题日益突出。面对堆积如山的案件，如何实现案件的繁简分流、提高刑事诉讼效率成为世界各国和地区的改革重点。而扩大简易程序的适用范围作为缓解法院积案如山窘境、提高办案效率的重要途径，受到了众多国家的青睐。比较典型的有德国的特别程序和意大利的特殊审理程序。《德国刑事诉讼法》第六章专门规定了具有简单、即时、速决特征的特别程序，即处罚命令程序、保安处分程序、简易程序、没收、扣押财产程序和对法人、社会团体处以罚款程序。[2]《意大利刑事诉讼法典》中设立了有别于传统刑事简易程序的简易审判程序、依当事人的要求适用刑罚、快速审判案件程序、立即审判程序以及处罚令程序等五种特点鲜明的特殊审理程序。在日本，简易程序包括简易公审程序、略式程序和交通案件即决裁判程序。即决裁判程序创设于2004年，以使轻微且没有争

---

[1] 原载《法学杂志》2011年9月，与肖沛权、王迎龙合著。
[2] 卞建林、刘玫：《外国刑事诉讼法》，中国政法大学出版社2008年版，第220页。

议的案件得到迅速处理。

回视我国，现行《刑事诉讼法》只规定了一种简易审判程序类型，即第 174 条规定："人民法院对于下列案件，可以适用简易程序，由审判员一人独任审判：（一）对依法可能判处 3 年以下有期徒刑、拘役、管制、单处罚金的公诉案件，事实清楚、证据充分，人民检察院建议或者同意适用简易程序的；（二）告诉才处理的案件；（三）被害人起诉的有证据证明的轻微刑事案件。"由于简易程序规定的范围较窄，且公诉案件适用简易程序需经检察院建议或同意，在实践中适用简易程序的比例相当低。据统计，2002 年全国公诉案件适用简易程序审理率只占已起诉公诉案件的 8.27%。[1] 在这种背景下，最高人民法院、最高人民检察院、司法部在总结法院审判经验的基础上，于 2003 年共同制定了《关于适用普通程序审理"被告人认罪案件"的若干意见（试行）》（以下简称《意见（试行）》）。根据《意见（试行）》相关规定，对于被告人认罪但又不可适用简易程序审理的案件，适用普通程序进行审理，但鉴于被告人认罪的事实，可以在审理过程中简化一些程序环节及程序行为，因此俗称普通程序简化审。自推行普通程序简化审改革以来，实务部门进行了积极的探索和实践，积累了一定的经验，取得了较好效果，不仅能够及时保护当事人合法权益，而且能够有效节约司法资源，实现公正与效率的统一。

为提高诉讼效率，切实缓解法院面临的日益繁重的审判任务，笔者认为，《刑事诉讼法》再修改时应当吸收普通程序简化审的成功经验，将普通程序简化审程序与现行简易程序合并成新型的简易程序，即规定基层法院审理的可能判处无期徒刑以下的所有刑事案件，只要事实清楚，被告人供认犯罪事实的，就可以适用简易程序。新型的简易程序根据案件涉嫌犯罪的轻重情况可设计两种类型。对于涉嫌犯罪较轻的刑事案件，可适用现行《刑事诉讼法》规定的简易程序，由审判员一人独任审判。对于涉嫌犯罪较重的刑事案件，可以适用合议庭审判，而对审判程序进行简化。例如，被告人可以不再就起诉书指控的犯罪事实进行供述；对控辩双方无异议的证据，合议庭经确认可以当庭予以认证。

不过，有学者担心这种设计存在被告人替人顶罪等导致错判的风险。这种担心不无道理，但是我们知道，简易程序首先对案件事实是否清楚进行审查，只有事实清楚的案件才能适用简易程序，加之简易程序的适用以被告人自愿认罪并同意适用为条件，因此，笔者认为这种风险并不大。为了防止出现被告人代人顶罪的现象，尽量减少误判错判，检察机关与辩护人在适用简易程序的重罪案件庭审中应当出庭，而且应当扩大律师法律援助的范围。

---

〔1〕 中国法律年鉴编辑部：《中国法律年鉴》（2002 年），中国法律年鉴社 2003 年版，转引自顾永忠："刑事案件繁简分流的新视角：论附条件不起诉和被告人认罪案件程序的立法建构"，载《中外法学》2007 年第 6 期。

二、刑事审判中的证据问题

（一）证人出庭作证问题

《刑事诉讼法》第 47 条规定："证人证言必须在法庭上经过公诉人、被害人和被告人、辩护人双方讯问、质证，听取各方证人的证言并经过查实以后，才能作为定案的根据。"可见，证人出庭是证人证言作为定案根据的前提。但是，在目前的刑事审判实践中，证人不出庭作证的问题仍然相当严重。据实证调查显示，刑事一审中证人出庭作证率普遍在 3% 以下，有的地方甚至不足 1%。[1] 由于种种原因，大部分证人以宣读书面证言的形式代替出庭。这不仅不利于查明案件事实真相，而且侵犯了当事人的诉讼权利，特别是被告人的质证权，极大地影响了审判的程序公正。公正审判程序要求控辩双方在法庭上享有平等地、充分地表达自己意见的机会，包括对己方和对方证据的意见。在绝大部分证人均不出庭作证的情况下，是不可能真正实现司法公正的。正是基于此，英美法系国家实行传闻证据规则，大陆法系国家实行直接言词原则，均要求证人出庭作证。联合国《公民权利和政治权利国际公约》第 14 条也规定，任何人在判定对他提出的任何刑事指控时，有权询问对他不利的证人或者让对他不利的证人接受询问，并使对他有利的证人在与对他不利的证人相同的条件下出庭和接受询问。可见，证人出庭作证作为程序公正的底线已被世界各国所确认。为保障被告人的对质权和询问权，实现司法公正，必须对刑事证人出庭作证制度进行改革，较大增加证人出庭率。当然，一味地要求凡是证人都必须出庭作证是不切实际的，也不符合效率原则。在此问题上，笔者认为此次《刑事诉讼法》修改可以规定如果证人对案件事实认定有重要影响，且控辩双方对该证人的证言有分歧意见的，该证人应当出庭作证。

要完善证人出庭作证制度，还必须完善以下与证人出庭作证相关的配套制度：

1. 应当赋予法院强制证人出庭作证的权力

《刑事诉讼法》第 93 条规定，证人有作证的义务。然而，当证人经人民法院依法传唤后仍拒绝出庭作证时，现行立法并没有赋予法院强制证人出庭作证的手段。正是这一立法上的缺陷，为刑事审判中证人不出庭作证提供了方便之门。放眼域外，西方国家和我国台湾地区的刑事诉讼法通常赋予法院对无正当理由拒绝出庭作证的证人予以制裁的权力。《法国刑事诉讼法》第 110 条规定："如果证人没有到庭，预审法官可以对拒绝出庭的证人采取传讯措施，通过警察强制其到庭，以传讯通知书进行并处第五级违警罪的罚款。"[2] 我国台湾地区"刑事诉讼法"第 178 条第 1 项规定："证人经合法传唤，无正当理由而不到场者，得科以新台币 3 万元以

---

〔1〕 陈光中、陈学权："中国刑事证人出庭作证制度的改革"，载（香港）《中国法律》（我国香港地区）2007 年第 5 期。

〔2〕 《法国刑事诉讼法》，余叔通、谢朝华译，中国政法大学出版社 1997 年版。

下之罚援，并得拘提之；再传不到者，亦同。"〔1〕基于以上，笔者认为可在《刑事诉讼法》再修改时增加关于证人无正当理由拒绝到庭作证时人民法院可以拘传的规定。

2. 确立证人出庭作证的经济保障制度

缺乏经济保障是证人不出庭作证的重要原因之一。为了解决证人在经济上的后顾之忧，许多国家和地区确立了证人出庭作证的经济保障制度。如《日本刑事诉讼法》第 164 条规定："证人可以请求交通费、日津贴费及住宿费。"〔2〕笔者认为，此次《刑事诉讼法》再修改应当明确规定证人出庭作证的经济保障制度，证人出庭作证的补偿统一由法院承担，并且这笔费用应当纳入财政预算。

3. 进一步完善证人保护制度

保护证人不受打击报复，特别是不受有利害关系的当事人的打击报复，是证人出庭作证的重要保障措施。为了保障证人不会因出庭作证而遭受打击报复，我国台湾地区 "证人保护法"第 12 条明确规定："证人或与其有密切利害关系之人之生命、身体或自由有遭受立即危害之虞时，法院或检察官得命司法警察机关派员于一定期间内随身保护证人或与其有密切利害关系之人之人身安全。前项情形于必要时，并得禁止或限制特定之人接近证人或与其有密切利害关系之人之身体、住居所、工作之场所或为一定行为。"尽管我国大陆也有关于证人保护的相关规定，即现行《刑事诉讼法》第 49 条规定："人民法院、人民检察院和公安机关应当保护证人及其近亲属的安全。""对证人及其近亲属进行威胁、侮辱、殴打或者打击报复，构成犯罪的，依法追究刑事责任；尚不够刑事处罚的，依法给予治安管理处罚。"但这样的规定过于原则，特别是缺乏对某些特殊案件（如恐怖活动犯罪、有组织犯罪等）中证人出庭作证的明确规定，《刑事诉讼法》再修改时应当加以增补。

4. 建立初步的证人拒绝作证特权

随着现代刑事诉讼价值目标的日益多元化，不同程度地确立保障人权的制度已成为众多国家和地区的选择。证人拒绝作证特权作为一项旨在保护比事实真相的发现更为重要的利益的制度，已为世界各国和地区所普遍确认。如美国通过普通法和成文法确认的拒绝作证特权就包括律师与当事人之间的特权、夫妻之间的特权、医生与病人之间的特权、神职人员与忏悔者之间的特权、情报人员的身份保密特权、记者关于消息来源的特权、保守军事和政府秘密的特权、关于政府选举的特权等。〔3〕又如，在德国，法律允许部分人享有免于作证的特权，如被告人的亲属，包括被告人的配偶、直系亲属、姻亲以及订有婚约者，神职人员、医生、律师、税务咨询人

---

〔1〕 陈聪富主编：《月旦小六法》，元照出版有限公司 2010 年版。

〔2〕 《日本刑事诉讼法》，宋英辉译，中国政法大学出版社 2000 年版。

〔3〕 参见宋英辉、孙长永、刘新魁等：《外国刑事诉讼法》，法律出版社 2006 年版，第 205 页。

员、议会成员等享有拒绝作证的特权。〔1〕我国台湾地区"刑事诉讼法"第179条、第180条、第181条、第182条也规定了部分人基于是公务员、某种身份关系、身份与利害关系以及业务关系等享有拒绝作证的特权。〔2〕而我国现行《刑事诉讼法》只强调证人的作证义务，没有涉及拒绝作证特权的规定。从人性关怀和人文精神的角度来看，维护家庭内部的亲情比查明事实真相更为重要，因此，应当确立近亲属拒绝作证的特权，明确规定被告人的父母、配偶和子女享有拒绝作证的特权。另外，2007年新修订的《律师法》已明确规定律师的保密义务，《刑事诉讼法》再修改时应加以明确规定，但涉及危害国家安全、公共安全以及其他严重危害他人人身、财产安全的犯罪事实和信息除外。这不仅符合伦理人性，而且是对我国优秀司法传统的传承。早在春秋战国时期，儒家就提出了与拒绝作证特权相关的亲亲相隐主张。孔子曰："父为子隐，子为父隐，直在其中矣。"〔3〕《唐律》明确规定："诸同居，若大功以上亲及外祖父母、外孙，若孙之妇、夫之兄弟及兄弟妻，有罪相为隐；部曲、奴婢为主隐，皆勿论。即漏露其事及摘语消息，亦不坐。其小功以下相隐，减凡人三等。"〔4〕当然，我国封建法律也规定了一些重罪不适用亲亲相隐的原则，如唐律规定缘坐之罪（除谋叛以上罪外，有造蓄蛊毒、杀一家非死罪三人及肢解人等），不适用亲亲相隐。〔5〕

（二）非法证据排除问题

非法证据排除规则是指采用非法手段所取得的证据不得作为证明不利于犯罪嫌疑人、被告人的事实的根据。作为现代民主法治国家司法中一项通行的证据规则，非法证据排除规则对于遏制刑讯逼供和其他非法取证行为、保护公民合法权利，防止发生冤假错案、实现司法公正，增强司法公信力具有重要意义。尽管非法证据排除规则如此重要，但现行《刑事诉讼法》只对非法取证作了禁止性规定，即《刑事诉讼法》第43条规定："严禁刑讯逼供和以威胁、引诱、欺骗以及其他非法的方法收集证据。"而对非法证据排除规则未作具体规定。虽然随后相关司法解释有

---

〔1〕 参见卞建林、刘玫主编：《外国刑事诉讼法》，中国政法大学出版社2008年版，第226页。

〔2〕 如我国台湾地区"刑事诉讼法"第179条规定："以公务员或曾为公务员之人为证人，而就其职务上应守秘密之事项讯问者，应得该管监督机关或公务员之允许。"第180条规定："证人有下列情形之一者，得拒绝证言：一、现为或曾为被告或自诉人之配偶、直系血亲、三亲等内之旁系血亲、二亲等内之姻亲或家长、家属者。二、与被告或自诉人订有婚约者。三、现为或曾为被告或自诉人之法定代理人或现由或曾由被告人或自诉人为其法定代理人者。"第181条规定："证人恐因陈述致自己或与其有前条第1项关系之人受刑事追诉或处罚者，得拒绝证言。"第182条规定："证人为医师、药师、助产士、宗教师、律师、辩护人、公证人、会计师或其业务上佐理人或曾任此等职务之人，就其因业务所知悉有关他人秘密之事项受讯问者，除经本人允许者外，得拒绝证言。"

〔3〕 《论语·子路》。

〔4〕 《唐律》"同居相为隐"条。

〔5〕 转引自《陈光中法学文选》（第一卷），中国政法大学出版社2010年版，第126页。

非法言词证据排除的规定,[1] 在一定程度上弥补了《刑事诉讼法》之不足,但由于规定过于粗疏,不切实际,且没有涉及非法实物证据排除问题,遏制刑讯逼供的功能微乎其微。司法实践中刑讯逼供、冤假错案仍时有发生,造成了恶劣的社会影响。在这种背景下,最高人民法院、最高人民检察院、公安部、国家安全部和司法部于 2010 年 6 月联合颁布了"两个证据规定",即《关于办理死刑案件审查判断证据若干问题的规定》和《关于办理刑事案件排除非法证据若干问题的规定》,详细规定了非法证据的排除范围、审查和排除的程序、证明责任等问题,以司法解释的形式第一次正式确立了非法证据排除规则。这无疑是我国证据制度的一项突破性的改革举措。与此相适应,此次《刑事诉讼法》再修改必将参考"两个证据规定",明确规定非法证据排除规则。

当然,将非法证据排除规则写入《刑事诉讼法》时,应当根据中国国情,无需照搬西方国家排除非法证据的做法。在西方国家,非法证据排除的听证通常在法院庭审前进行,且负责审查证据是否非法取得并决定排除非法证据的法官与负责认定案件事实的裁判者并非同一人或组织。换言之,认定案件事实的裁判者不参与非法证据排除的听证程序,一旦非法证据被排除,即不能为案件事实的裁判者所接触,真正起到排除非法证据的效果。与西方国家的通行做法不同,"两个证据规定"不仅规定了审判阶段的非法证据排除程序,而且创造性地赋予了检察机关在审前程序排除非法证据的权力。这种做法不仅符合检察机关的法律监督性质和客观公正义务的要求,而且有利于有效排除非法证据。例如,当事人申请对非法证据排除但检察机关未予以排除时,还可以在审判阶段对非法证据加以排除。考虑到检察机关在审判程序前已实行排除非法证据,且审判程序不宜过于复杂,笔者认为在现阶段审判程序不必采取排除非法证据的法官和认定案件事实的法官相分离的做法,而采取由同一个审判组织既负责审查证据是否非法、是否予以排除,同时又认定犯罪事实的做法,将来条件成熟时,可以改变由一审法官"一身两任"的做法。

三、审判中的辩护问题

辩护制度是刑事诉讼法中的标志性制度,刑事诉讼法的民主法治程度首先体现在辩护制度上,也可以说,辩护制度是否完善是一个国家民主法治发展水平的重要标志。美国著名律师德肖微茨曾说:"一个国家是否有真正的自由,试金石之一是它对那些为有罪之人、为世人不齿之徒辩护的态度。"[2]刑事辩护贯穿刑事诉讼全过程,但是审判阶段是刑事诉讼的中心,审判阶段的刑事辩护对于被告人的定罪量

---

[1] 最高人民法院《关于执行〈中华人民共和国刑事诉讼法〉若干问题的解释》第 61 条规定:"严禁以非法的方法收集证据。凡经查证确实属于采用刑讯逼供或者威胁、引诱、欺骗等非法的方法取得的证人证言、被害人陈述、被告人供述,不能作为定案的根据。"最高人民检察院 1999 年《人民检察院刑事诉讼规则》第 265 条也作了类似的规定。

[2] [美] 德肖微茨:《最好的辩护》,唐交东译,法律出版社 1994 年版,第 482 页。

刑具有重大的作用。在现代法治国家的审判程序中，应当是控辩双方平等对抗，法官居中裁判，控、辩、审构成一个三角格局，这才符合诉讼的规律。而作为辩护方的被告人，由于和其对抗的是强大的国家追诉机关，如果没有辩护律师的法律帮助，则无法与控方平等对抗。根据"平等武装"原则，辩护方应当享有与控方大体相当的诉讼权利，但是公诉方拥有公权力，控辩双方实际上是很难达到"平等武装"的，因此，有必要强化辩护制度，使控辩双方尽量在诉讼中达到平衡。

我国《刑事诉讼法》所规定的辩护制度在实践中对被告人合法权益的维护起到了一定的作用，但是由于制度的不完善，辩护人的权利受到了很大的限制，不仅不能很好地维护被告人的合法权益，而且从司法实践中的种种现象来看，毫不夸张地说，我国的辩护制度存在严重的问题，这主要表现在三个方面：①"三难"问题，即律师阅卷难、会见难、调查取证难，这是律师执业活动中长期存在的问题。②辩护律师时有因《刑法》第306条被指控为辩护人妨害作证或作伪证，律师的人身安全得不到保证。《刑法》第306条这把悬在律师头上的"达摩克利斯之剑"对司法实践中律师的执业活动造成了巨大的影响，虽然《刑事诉讼法》和《律师法》都规定律师享有调查取证的权利，但是由于第306条的影响，刑辩律师为了自身安全着想，很少进行调查取证活动。甚至有些律师这样总结办案经验：尽量不接刑事案件，即使接了刑事案件，也不能在侦查阶段调查取证，只在审判阶段对控方收集的证据挑刺。《刑法》第306条对刑辩律师的影响可见一斑。最近发生的广西北海四律师被抓案，典型地说明了这个问题的严重性。[1]从近期出现的这些案件及趋势来看，现在刑事辩护律师是"四难"，即"三难"加上"自身难保"。③正因为"四难"问题一直得不到解决，刑事案件的律师辩护率不断下滑，现仅为25%左右。有资料显示，在北京，律师年均办理刑事案件数量已下降到不足1件。[2]

面对这些问题，笔者认为，我们必须从理念上纠正"重打击、轻保障"的倾向，并结合此次《刑事诉讼法》修改，从以下几个方面对辩护制度进行修改完善：

第一，对于"三难"问题，2007年出台的《律师法》已经规定了相关解决措施，比如该法第33条、第34条规定了律师只要凭"三证"即可会见犯罪嫌疑人，

---

〔1〕 广西杨在新等4名律师为北海市一起伤害致死抛尸案的4名被告人辩护。在庭审前，其中2名律师向3名证人进行了询问并做了笔录和录像，证明4名被告人当晚和他们在一起，并没有作案时间。4名被告人中有3人在侦查阶段向公安机关供述了自己的罪行，但是在庭审过程中又集体翻供，称是由于刑讯才被迫承认的。北海市人民检察院认为，被告人翻供、证人的证明，推翻了指控事实，致使案件审理工作陷入僵局，3名证人证言明显与查明的事实不符，有包庇犯罪的嫌疑。随后，北海市公安局对3名证人启动了追究刑事责任的程序。北海官方称：3名证人已经供述了包庇被告人的事实；被告人承认了翻供系受杨在新等律师的教唆所为。4名律师遂被指控触犯《刑法》第306条规定，涉嫌辩护人妨害作证罪。其中杨在新被逮捕，其他3名律师被取保候审。

〔2〕 张有义："伪证罪又陷四律师"，载《财经》2011年第15期，第108页。

并不被监听，律师有权查阅与案件有关的所有案卷等。但是由于《律师法》是由全国人大常委会通过的，而《刑事诉讼法》是由全国人民代表大会通过的，加上实务部门对《律师法》某些规定有一定抵触情绪，导致司法实践中《律师法》的相关规定没有得到有效的执行。笔者认为，此次《刑事诉讼法》修改应当将《律师法》中的有关内容加以吸收，比如律师可以凭"三证"会见当事人，律师会见当事人不被监听（既不受技术监听，侦查人员也不能在场）等内容，使其在效力上更具备正当性，以便在司法实践中得到有效的执行。但是，结合司法实践来看，极少数案件可作例外处理，比如涉及国家秘密案件、恐怖犯罪案件以及重大受贿案件等应当经过侦查机关批准才能会见。

第二，扩大法律援助的范围。《刑事诉讼法》第 34 条规定："公诉人出庭公诉的案件，被告人因经济困难或者其他原因没有委托辩护人的，人民法院可以指定承担法律援助义务的律师为其提供辩护。被告人是盲、聋、哑或者未成年人而没有委托辩护人的，人民法院应当指定承担法律援助义务的律师为其提供辩护。被告人可能被判处死刑而没有委托辩护人的，人民法院应当指定承担法律援助义务的律师为其提供辩护。"根据该条，应当提供法律援助的范围仅限于盲、聋、哑人，未成年人以及可能被判处死刑的被告人。在西方国家，法律援助的范围是相当广泛的，英国的法律援助覆盖所有案件，美国的法律援助也包括大部分案件。在我国台湾地区，"刑事诉讼法"第 31 条规定："最轻本刑为 3 年以上有期徒刑或高等法院管辖第一审案件或被告因智能障碍无法为完全之陈述，与审判中未经选任辩护人者，审判长应指定公设辩护人或律师为其辩护；其他审判案件，低收入之被告为选任辩护人而申请指定，或审判长认有必要者，亦同。"[1] 相比之下，我国大陆的法律援助的范围就显得比较狭窄了。笔者认为，此次《刑事诉讼法》修改应当将法律援助的范围扩大到可能被判处无期徒刑或者扩大到可能被判处 10 年以上有期徒刑的被告人，以及智障、精神病人等限制行为能力人，对于经济困难的被告人进行法律援助的条件也要放宽，同时国家应当加大法律援助的投入以保证法律援助范围的扩大。

第三，对《刑事诉讼法》第 38 条进行修改。《刑事诉讼法》第 38 条规定："辩护律师和其他辩护人，不得帮助犯罪嫌疑人、被告人隐匿、毁灭、伪造证据或者串供，不得威胁、引诱证人改变证言或者作伪证以及进行其他干扰司法机关诉讼活动的行为。违反前款规定的，应当依法追究法律责任。"相比之下，《刑事诉讼法》第 38 条的规定比《刑法》第 306 条的规定更为严苛和不合理，很容易使辩护律师陷于被追诉的境地。因此，笔者认为，此次《刑事诉讼法》修改有必要对第38 条从以下几个方面进行修改。

第一，要有确凿证据证明律师违背客观事实妨碍作证。判断律师违背客观事实

---

[1] 陈聪富主编：《月旦小六法》，元照出版有限公司 2010 年版。

妨碍作证应当以生效裁判认定的事实为依据，而不能以控方的指控事实为依据，因此，在案件尚未审结，案件事实尚未查清，法院尚未作出最后判决之前，公安机关不能仅仅因为辩护人有犯罪嫌疑就在审判阶段立刻对其采取强制措施，只能在案件审结作出最后判决之后，公安机关查明辩护人确实有妨害作证嫌疑的，才能对辩护人采取强制措施。

第二，要加上主观要件。律师构成妨害作证罪要有主观的故意，即律师明知被告人有犯罪事实，但违背客观事实，故意威胁、引诱证人改变证言或者作伪证。如果律师不是出于故意，而是由于不知情导致证言违背客观事实，是不应该承担刑事责任的。

第三，法律应当规定进入法庭审理程序之后，不论是证人出庭作证还是宣读证人证言笔录，控辩双方都不得再与证人有任何接触，既不能询问证人，也不能对证人施加任何压力，更不能对其采取强制措施。

四、二审程序的改革问题

我国实行两审终审制，第二审程序又称上诉审程序，是指第二审人民法院根据上诉人的上诉或者人民检察院的抗诉，就第一审人民法院尚未发生法律效力的判决或裁定认定的事实和法律的适用进行审理时所应当遵循的步骤和方式、方法。[1]从世界范围来看，二审根据审判方式的不同可以分为复审制、事后审查制和续审制三种模式。[2]我国的二审程序基本上属于复审制，二审程序对一审判决认定的事实、证据、适用法律、诉讼程序进行全面的审查。二审程序在我国刑事诉讼程序中发挥着重大的作用，一般案件只要经过了二审程序就告终结，二审裁判即为生效裁判。《刑事诉讼法》关于二审程序的规定总体来讲是比较可行的，但在司法实践当中也暴露出很多问题。此次《刑事诉讼法》修改应重点关注二审程序中的开庭问题和上诉不加刑问题，以便进一步完善二审程序，更好地发挥二审程序的功能。

（一）二审程序的开庭问题

《刑事诉讼法》第187条规定："第二审人民法院对上诉案件，应当组成合议庭，开庭审理。合议庭经过阅卷，讯问被告人，听取其他当事人、辩护人、诉讼代理人的意见，对事实清楚的，可以不开庭审理。对人民检察院抗诉的案件，第二审人民法院应当开庭审理。"可以看出，二审原则上应当开庭审理，而对于二审法院合议庭认为案件事实与一审认定的没有变化、证据充分的上诉案件，适用不开庭审理方式。但是在司法实践中，二审法院是原则上不开庭，少数情况下才开庭审理

---

〔1〕 陈光中主编：《刑事诉讼法》，北京大学出版社、高等教育出版社2009年版，第352页。

〔2〕 复审制是指完全重复第一审的审理程序，把第一审中审理过的事实和证据以及新的事实和证据，再重新进行审理，作出判决。德国的第二审采用复审制。事后审查制是指第二审法院审查一审判决在认定事实和适用法律上有无错误，一般不再对案件事实和证据进行调查。日本的第二审程序采用事后审查制。续审制是指在第一审审理的基础上继续进行审理。续审制多用于民事诉讼程序，刑事诉讼程序很少适用。详见陈光中主编：《外国刑事诉讼程序比较研究》，法律出版社1988年版，第262~263页。

的。而不开庭审理具有很大的弊端：控辩双方没有参与调查证据的机会，使二审程序成为带有行政化色彩的复查程序，甚至流于暗箱操作。因此，为了更好地发挥二审程序的纠错功能，必须对二审程序进行改革；但是，把二审程序改造成以开庭审理为原则，使二审法院不堪重负也是不现实的。因此笔者认为，对于二审程序的开庭问题要作出现实的改革，即明确规定以下案件应当开庭审理：其一，可能判处死刑的案件，相关司法解释对此已有所规定；[1] 其二，事实不清楚，控辩双方对事实有争议，二审法院不发回重审的案件；其三，案件事实清楚，但是控辩双方对于适用法律有争议，且该争议对于定罪量刑有较大影响的案件；其四，人民检察院提起抗诉的案件；其五，辩护方坚持主张开庭审理的案件。笔者认为，在二审是否开庭的问题上也要坚持控辩平等原则，如果二审法院经过审查认为本案事实清楚，适用法律没有错误，但是辩护方坚持认为存在不公正要求开庭的，除非辩方要求明显不合理，否则也应当开庭审理。

（二）上诉不加刑原则的改革问题

上诉不加刑原则，是指第二审人民法院审判被告人一方上诉的案件，不得以任何理由加重被告人刑罚的一项审判原则。[2] 上诉不加刑原则是二审程序中的一个非常重要的原则，旨在确保被告人不至于因怕上诉后可能承担更加不利的法律后果而放弃上诉权，从而导致上诉程序被虚置。它对于被告人积极行使上诉权和法院正确行使审判权实现司法公正具有重大的保障作用。但是在司法实践中，由于立法与制度上的不完善，二审法院在贯彻上诉不加刑原则上还存在种种问题，需要在此次《刑事诉讼法》修改中加以解决和完善：其一，在上诉不加刑的范围上，最高人民法院《关于执行〈中华人民共和国刑事诉讼法〉若干问题的解释》第257条规定了五种情形，其中第二种情形为："对原判认定事实清楚、证据充分，只是认定的罪名不当的，在不加重原判刑罚的情况下，可以改变罪名"，即上诉不加刑原则只适用于刑罚，而不适用于罪名，这在实践中可能会导致对被告人更加不利的后果，因此，笔者认为，应当吸收国外立法禁止不利益变更原则的合理内核，将上诉不加刑原则的内容修改为"在罪名、刑种、刑期及刑罚的执行方法方面均不得作出不利于被告人的变更"。[3] 其二，现行法律仅规定了被告人一方提出的上诉案件不

---

[1] 2006年最高人民法院、最高人民检察院《关于死刑第二审案件开庭审理程序若干问题的规定（试行）》第1条规定："第二审人民法院审理第一审判处死刑立即执行的被告人上诉、人民检察院抗诉的案件，应当依照法律和有关规定开庭审理。"第2条规定："第二审人民法院审理第一审判处死刑缓期二年执行的被告人上诉的案件，有下列情形之一的，应当开庭审理：（一）被告人或者辩护人提出影响定罪量刑的新证据，需要开庭审理的；（二）具有《刑事诉讼法》第187条规定的开庭审理情形的。人民检察院对第一审人民法院判处死刑缓期2年执行提出抗诉的案件，第二审人民法院应当开庭审理。"

[2] 陈光中主编：《刑事诉讼法》，北京大学出版社、高等教育出版社2009年版，第361页。

[3] 详见陈光中主编：《中华人民共和国刑事诉讼法再修改专家建议稿与论证》，中国法制出版社2006年版，第188页。

得加重刑罚，而没有顾及检察机关或者自诉人实际上也有可能为被告人利益提起抗诉或者上诉，因此，现行《刑事诉讼法》仅仅规定被告人一方提起上诉不得加重刑罚是不全面的。域外有的国家和地区就有这方面的规定，如《德国刑事诉讼法》第331条规定："仅由被告人，或者为了他的利益由检察官或他的法定代理人提出了上诉的时候，对于判决在法律行为的处分种类、刑度方面，不得作出不利于被告人的变更。"我国台湾地区"刑事诉讼法"第370条规定："由被告上诉或为被告之利益上诉者，第二审法院不得谕知较重于原审判决之刑。但因原审判决适用法条不当而撤销者，不在此限。"〔1〕结合相关国家和地区的立法经验，笔者认为，对于人民检察院提起的对被告人有利的抗诉案件，也应当适用上诉不加刑原则。其三，在司法实践中，存在"变相加刑"的问题，有的二审法院对于事实清楚或者证据虽然有些瑕疵但不影响定罪量刑的案件以事实不清、证据不足发回一审法院重新审判，变相加重了被告人的刑罚。此次《刑事诉讼法》修改要坚决杜绝这种上诉加刑的渠道。笔者认为，只有被告人一方上诉的，或者检察机关为被告人利益抗诉的案件，凡是以事实不清、证据不足发回重审的，除非发现被告人犯有新的罪行，检察院重新起诉，需要数罪并罚，否则一审法院一律不得加重被告人的刑罚。并且，发回重审的次数要受到限制，最多只能发回两次。其四，对于事实不清、证据不足的案件，法律规定二审法院可以在查清后改判，也可以发回重审，并没有赋予二审法院对于二审案件在事实不清、证据不足的情况下直接宣告无罪的权力。〔2〕笔者认为，对于事实不清、证据不足的案件，起诉阶段可以作出不起诉决定，一审阶段可以作出疑罪从无的无罪判决，但在二审时没有规定证据不足的无罪判决这一种类，这显然不符合无罪推定的要求。因此，笔者建议，《刑事诉讼法》第189条应当明确规定："对于事实不清、证据不足的案件，二审法院可以直接作出证据不足的无罪判决。"

五、死刑复核程序问题

我国当前对待死刑的政策是"保留死刑，严格控制和慎重适用死刑"。作为一项具有中国特色的制度，我国的死刑复核程序是死刑案件的最后一道把关程序，对死刑适用的程序控制起到了重大的作用，较好地贯彻了目前的死刑政策。但我们也不得不承认，死刑复核程序在立法上和具体运作当中还存在着明显的缺陷。究其原因，既有制度设计上的不足，也有观念上的错误。曾有观点认为死刑复核程序主要在"核"而不在"审"，故应当按照内部审批的模式来构建死刑复核程序。正是在这一观点的影响下，我国的死刑复核程序长期以来采用的是最高人民法院内部的书面审核程序，具有浓重的行政色彩，这在程序上显然是不够公正的。审判的结果公

---

〔1〕 陈聪富主编：《月旦小六法》，元照出版有限公司2010年版。

〔2〕 1996年《刑事诉讼法》第189条第3款规定，原判决事实不清楚或者证据不足的，可以在查清事实后改判；也可以裁定撤销原判，发回原审人民法院重新审判。

正是靠程序的公正来保证的，正如英国著名法官丹宁勋爵所说的："明智的立法者决不把法官当作抽象的或铁面无私的人物，因为法官作为私人的存在是与他们的社会存在完全混在一起的。"[1]

死刑复核程序是审判程序的一部分，但又不是死刑案件的第三审程序，它是一种介于正规的审判程序与行政性的核准程序之间的特殊程序，既有"核"又有"审"的因素，因此，现实的改革做法是适当提高死刑复核程序的诉讼化程度。早在 2007 年，最高人民法院、最高人民检察院、公安部、司法部联合出台了《关于进一步严格依法办案确保办理死刑案件质量的意见》，规定死刑复核应当遵守一系列的程序，使死刑复核程序具备了一定的诉讼化特征，比如，该意见第 42 条规定高级人民法院复核死刑案件，应当讯问被告人。最高人民法院复核死刑案件，原则上应当讯问被告人。第 40 条规定死刑案件复核期间，被告人委托的辩护人提出听取意见要求的，应当听取辩护人的意见，并制作笔录附卷等。但是笔者认为，有必要从以下几个方面进一步推行死刑复核程序的诉讼化改革。

第一，最高人民法院在进行死刑复核程序时，应当讯问被告人。死刑复核法官应当尽可能到现场直接讯问被告人，如果因路途遥远等原因难以当面讯问被告人，可以代之以远程视频讯问。

第二，保证辩护人参与死刑复核程序。死刑案件关系到对一个人生命权的剥夺，死刑一旦执行，生命就无法挽回了，因此，必须保证辩护人对死刑复核案件进行有效辩护，从而保证死刑适用的准确性。对于在死刑复核程序中没有聘请辩护人的被告人，应当提供法律援助，帮助其在死刑复核程序中维护自己的权益，这也是当代世界法治国家的通行做法。

第三，检察机关应当介入死刑复核程序，对其进行法律监督。《宪法》第 129 条规定："中华人民共和国人民检察院是国家的法律监督机关。"《刑事诉讼法》第 8 条规定："人民检察院依法对刑事诉讼实行法律监督。"死刑复核程序作为一种刑事诉讼程序，当然要受到检察机关的法律监督，而且检察机关的监督有助于提高死刑案件复核的质量，更好地贯彻少杀、慎杀的死刑改革。法院通过死刑复核程序可以做出三种处理：判决或者裁定核准；裁定不予核准，并撤销原判、发回重新审判；对案件进行改判。检察机关对于死刑复核案件有权在事前、事中提出自己的意见，该意见没有法律约束力，如何处理案件的最终决定权仍然属于法院，但是法院应当认真考虑检察机关的意见，如果法院没有采纳检察机关的意见，法院应当向检察机关解释没有采纳的理由。为了保证最高人民检察院对死刑复核程序进行有效法律监督，最高人民法院还应当为其介入提供相应的条件，如法院应当允许检察院调阅案卷等。

---

〔1〕 ［英］丹宁：《法律的正当程序》，刘庸安等译，法律出版社 1999 年版，第 86 页。

传统和谐法律文化与当事人和解[1]

　　中华民族的文化包括法律文化，源远流长，博大精深。尽管糟粕杂陈，仍难掩其精华之熠熠生辉。本文仅就传统和谐法律文化与刑事当事人和解问题略抒己见，以期对《中华人民共和国刑事诉讼法修正案（草案）》（以下简称《修正案（草案）》）中"当事人和解"特别程序提供理论支持并提出进一步完善之建议。

一、中华和谐法律文化与司法和解之传统

（一）"和谐"词义之起源演变

　　"和"字由来久远，在甲骨文和金文中已出现。甲骨文中的"和"字写为"𪛚"，[2]其右上部是连接在一起的竹管之形，下部的"口"是把能吹响的竹管汇集在一起，像笙的形状，左上部的"禾"表读音，所以"和"字本为形声字。金文中的"𪛚"[3]由甲骨文演变而来。"和"原是一种乐器名，与笙同时吹奏，即所谓"三人吹笙，一人吹和"。[4]而后"和"先由乐器转化为演奏乐器的协调配合，再转化为表示人与人之间的和谐状态。如《左传》载：晋候"八年之中，九合诸侯，如乐之和，无所不谐。"[5]《易经》"兑"卦中，"和"是大吉大利的征象。

　　在人与人的关系上，儒家首倡"人和"。孔子提出"和为贵"的著名治国箴言，说"礼之用，和为贵。先王之道，斯为美，小大由之。有所不行，知和而和，不以礼节之，亦不可行也"。[6]孔子主张的人际和谐是有原则的，不是简单地"和稀泥"，他说："君子和而不同，小人同而不和。"[7]在这里，孔子区别了"和"与"同"两个概念，"和"是多样性的统一，"同"是一味地附和，无视人与人之间的差异和矛盾。

　　孔子还提出了与"和"密切相关的核心思想——"仁"，"仁"是最高的道德

---

　　[1]　原载《人民检察》2011年第11期。
　　[2]　参见左民安：《细说汉字》，九州出版社2005年版，第381页。
　　[3]　参见左民安：《细说汉字》，九州出版社2005年版，第381页。
　　[4]　《仪礼·乡射礼记》。
　　[5]　《左传·襄公十一年》
　　[6]　《论语·学而》。
　　[7]　《论语·子路》。

准则，有多种含义，中心含义是爱人，"樊迟问仁。子曰：'爱人'"，[1]强调在人与人之间应该互相关爱。"爱人"不仅仅要做到爱亲人，还要做到"老吾老以及人之老，幼吾幼以及人之幼"。[2]把所爱之人始于亲而及于众，即"四海之内，皆兄弟也"，[3]以实现仁与和的统一。孟子在继承孔子的"仁政""人和"思想的基础上，一方面主张"民为贵，社稷次之，君为轻"[4]的古代民主思想；同时，认为"天时不如地利，地利不如人和"。[5]在春秋战国时期的诸国竞争中，人和居于首要的地位。儒家还指出，"和"是实现远景理想——大同社会的重要内容。《礼记·礼运》云："大道之行也，天下为公。选贤修能，讲信修睦，故人不独亲其亲，不独子其子。使老有所终，壮有所用，幼用所长，鳏寡孤独废疾者皆有所养。"描绘出一幅重诚实，讲仁爱，求友善，修和睦的社会蓝图。

（二）中国传统的和谐司法

中国传统的和谐观不仅体现在思想文化领域，也渗透于司法审判之中。孔子是提倡无讼、息讼的先驱人物。他在"道之以政，齐之以刑，民免而无耻；道之以德，齐之以礼，有耻且格"[6]的思想指导下，憧憬着"必也使无讼乎"[7]的社会；同时，在处理现实的诉讼案件时，特别是家庭内部的讼争时，竭力主张用和解方式息讼。据《荀子·宥坐》记载，孔子当鲁国司寇时，有一件父告子的案件，孔子把人拘押起来，但拖了三个月而不判决。当父亲请求撤销诉讼时，孔子马上把儿子赦免了。孔子的和解息讼思想，为后代思想家所传承，如北宋张载指出："有反斯有仇，仇必和而解。"[8]这从哲学的高度诠释了人与人之间"和解"的重要意义。

在秦汉至明清两千多年的封建社会中，尽管实行专制统治，严刑酷法，除元朝《大元通制》规定"诸戏伤人命，自愿休和者听"外，[9]唐、宋、明、清的刑律对和解没有明文规定。但是，无讼、息讼的思想长期影响着司法官吏，一直是他们处理案件特别是民事案件的指导思想。而且，有的皇帝还在圣谕中明确指示要将息讼作为治国的指导方针之一。康熙在《圣谕十六条》中谕示："敦孝弟以重人伦，笃宗族以昭雍睦，和乡党以息争讼……"[10]清代名幕汪辉祖对息讼的必要性作了

---

[1] 《论语·颜渊》。

[2] 《孟子·梁惠王上》。

[3] 《论语·颜渊》。

[4] 《孟子·尽心下》。

[5] 《孟子·公孙丑下》。

[6] 《论语·为政》。

[7] 《论语·颜渊》。

[8] 转引自《辞海》中"张载"词条，上海辞书出版社1980年版，第1085页。

[9] 《元史·刑法志》所载《大元通制》。

[10] 郑秦：《清代司法审判制度研究》，湖南教育出版社1988年版，第230页。

深刻的分析："词讼之应审者，什无四五。其里邻口角，骨肉参商，细故不过一时兢气，冒昧启讼，否则有不肖之人，从中播弄，果能审理平情，明切譬晓，其人类能悔悟，皆可随时消释。间有准理后亲邻调处，吁请息销者，两造既归辑睦，官府当予矜全。可息便息，亦宁人之道。断不可执持成见，必使终讼，伤闾阎之和，以饱差房之欲。"〔1〕

在古代司法实践中，和解息讼的案例屡见不鲜。如唐代韦景骏为贵乡县令时，有母子相讼者，景骏谓之曰："吾少孤，每见人养亲，自恨终无天分。汝幸在温情之地，何得如此？锡类不行，令之罪也。"垂泣呜咽，取《孝经》付令习读。于是，母子感悟，各请改悔，遂称慈孝。〔2〕再如，《折狱龟鉴》卷八载："梁陆襄为鄱阳内史，有彭、李二家，先因忿争，遂相诬告，襄引入内室，不加责消，但和言解喻之。一人感思，深自咎悔。乃为设酒食，令其尽欢。酒罢，同载而归，因相亲厚。"清人魏息圆曾专门编辑有历史上以道德教化劝息止讼的案例集——《不用刑审判书》。

综上可见，中国传统的和谐文化源远流长、意蕴丰厚，它渗透到我们的民族心理和民族性格中，成为中华民族自古至今普遍认同的价值取向。这种和谐文化对中国古代司法产生了非常显著和深远的影响，使我国古代司法具有鲜明的民族特色，对维持中国古代的社会经济发展起到了重要作用。其所凝结的法律文化与法律智慧，对今天构建和谐法治社会和和谐司法的实践，有许多值得体味与借鉴之处。

二、刑事和解程序的创建及其价值

我国当今的诉讼和解、调解制度既传承了中国古代的和解息讼传统，也吸收了西方国家的有益经验。但总体而言，该制度仍然是一项具有鲜明中国特色的纠纷解决方式，被国际社会誉为"东方经验"。在我国法律中，调解、和解是有特定内涵的专门术语。在民事诉讼法中，将有法官主持的协商称为"调解"，由双方当事人自行协商的称为"和解"；〔3〕在刑事诉讼法中，"调解"或者"和解"均只存在于自诉案件中，有法官主持的协商称为"调解"，双方当事人自行协商的称为"和解"。〔4〕当前正在进行的《刑事诉讼法》修改则创建了一种新型的刑事当事人和解制度。

近年来，在构建社会主义和谐社会和贯彻宽严相济刑事政策的社会背景下，司法实务部门开始试行运用当事人和解的方式处理公诉案件，取得了很好的社会效果，并制定了一系列规范性文件。在理论界，笔者主持的《刑事诉讼法》再修改

---

〔1〕（清）汪辉祖：《佐治药言·息讼》。

〔2〕《旧唐书》，中州古籍出版社1996年版，第961页。

〔3〕2007年《民事诉讼法》第9条规定："人民法院审理民事案件，应当根据自愿和合法的原则进行调解；调解不成的，应当及时判决。"第51条规定："双方当事人可以自行和解。"

〔4〕1996年《刑事诉讼法》第172条规定："人民法院对自诉案件，可以进行调解；自诉人在宣告判决前，可以同被告人自行和解或者撤回自诉。"

课题最终成果——《中华人民共和国刑事诉讼法再修改专家建议稿与论证》将刑事当事人和解作为基本原则之一加以规定："犯罪嫌疑人、被告人与被害人及其近亲属达成和解的，人民法院、人民检察院和公安机关应当考虑当事人的和解意愿，并根据案件情况依法不追究犯罪嫌疑人的刑事责任，对被告人从轻、减轻或者免除处罚。"[1]

在吸收各地试点成功经验和法学界科研成果的基础上，《修正案（草案）》专设"特别程序"编，将"当事人和解的公诉案件诉讼程序"作为四种特别程序之一加以专章规定。《修正案（草案）》第 96 条增加了 3 条规定，即"第二百七十四条对于下列公诉案件，犯罪嫌疑人、被告人自愿真诚悔罪，通过向被害人赔偿损失、赔礼道歉等方式获得被害人谅解的，双方当事人可以达成和解协议：（一）因民间纠纷引起，涉嫌刑法分则第四章、第五章规定的犯罪案件，可能判处三年有期徒刑以下刑罚的；（二）除渎职犯罪以外的可能判处 7 年有期徒刑以下刑罚的过失犯罪案件。犯罪嫌疑人、被告人在 5 年以内曾经故意犯罪的，不适用本章规定的程序。""第二百七十五条对于双方当事人自行和解的，公安机关、人民检察院、人民法院应当听取当事人和其他有关人员的意见，对和解协议的自愿性、合法性进行审查，并主持制作和解协议书。""第二百七十六条对于达成和解协议的案件，公安机关可以向人民检察院提出从宽处理的建议。人民检察院可以向人民法院提出从宽处罚的建议；对于犯罪情节轻微，不需要判处刑罚的，可以作出不起诉的决定。人民法院可以依法对被告人从宽处理。"据此，公诉案件当事人和解程序具有以下特点：一是在案件范围上，公诉案件仅限于两类：因民间纠纷引起的可能判处 3 年有期徒刑以下刑罚，涉嫌《刑法》分则第四章（侵犯公民人身权利、民主权利罪）、第五章（侵犯财产罪）规定的犯罪案件和除渎职犯罪以外的可能判处 7 年有期徒刑以下刑罚的过失犯罪案件；二是在和解主体上，是犯罪嫌疑人、被告人与被害人之间进行协商，达成协议；三是在适用阶段上，检察机关在审查起诉阶段以及法院在审判阶段均可以适用；四是在法律效果上，对于达成和解协议的案件，公安机关和检察机关可以提出从宽处理的意见，检察机关和法院可以对被告人从宽处理。其中，检察机关根据现行《刑事诉讼法》可作出酌定不起诉处理。

当事人和解作为一项新型的案件解决机制，其价值不可等闲视之，主要体现在以下方面。

首先，有利于保护被害人利益及其主体性地位的回归。在当今现代化国家的刑事诉讼中，均承认犯罪嫌疑人、被告人在诉讼中的主体地位，并重点关注保护其合法权利。但是，刑事诉讼中的另一重要角色——被害人的主体地位却长期没有得到重视。不但主动追究犯罪的权利受到严格限制，也不能为了自己的利益直接与加害

---

〔1〕 陈光中主编：《中华人民共和国刑事诉讼法再修改专家建议稿与论证》，中国法制出版社 2006 年版，第 8 页。

人和解，沦为刑事诉讼中"被遗忘的人"。近几十年来，被害人被忽视的状态才逐渐有所改善。1985 年 11 月 29 日联合国颁布了《为罪行和滥用权力行为受害者取得公理的基本原则宣言》，可以说，这是保障被害人权利的转折点，但至今绝大多数国家的法律仍未将被害人列为当事人。而我国《刑事诉讼法》在 1996 年修改时明确规定被害人是当事人，但是其诉讼权利仍然难以得到切实有效的救济，特别是通过附带民事诉讼获得的经济赔偿不但数额很低，而且往往难以执行。通过和解，双方当事人进行协商、沟通，被告人通常都会对被害人赔礼道歉，可使被害人在精神上得到慰藉。而且，被告人为了争取有利的刑事判决及其出于悔过之心，只要有赔偿能力，都会向被害人进行赔偿，赔偿数额比通过附带民事诉讼获得的赔偿要多。

其次，有利于办案机关提高诉讼效率和有效解决纠纷。随着我国社会经济的发展，犯罪率持续攀升，不仅犯罪数量不断增长，新型犯罪种类也不断涌现。面对日趋严重的诉讼压力，办案机关需要通过一系列程序分流措施处理一些简单、事实清楚的案件，才有更多的诉讼资源投入到更为复杂的案件中去。在和解程序中，通过当事人双方的协商达成和解协议使得办案机关能够快速处理这些案件。而且，在司法实践中，由于种种原因，有些案件处理起来较为棘手，而当事人和解则可以避免一些程序规范，使案件较容易得到处理。对于有些案件，办案机关虽然依法处理，但由于被害人赔偿不到位或者当事人对案件结果不满意，往往会上访和缠讼。而当事人和解是由双方当事人自愿协商达成协议解决纠纷的，通常可以避免上访和缠讼的发生。

再次，有利于贯彻宽严相济的刑事政策。宽严相济刑事政策是我国的基本刑事政策，贯穿于刑事立法、刑事司法和刑罚执行的全过程，是惩办与宽大相结合政策在新时期的继承、发展和完善。宽严相济的总体要求是在对各类犯罪依法处罚时，要善于综合运用宽和严两种手段，对不同的犯罪和犯罪分子区别对待，做到严中有宽、宽以济严；宽中有严、严以济宽。宽严相济刑事政策的基本要求为当事人和解的开展提供了重要支持。而当事人和解通过犯罪嫌疑人、被告人与被害人的自主协商，有利于犯罪嫌疑人、被告人真诚悔罪，并获得从轻处理。这为贯彻宽严相济刑事政策提供了重要的路径。

最后，有利于社会的和谐安定。和谐社会应该是民主法治、公平正义、诚信友爱、充满活力、安定有序、人与自然和谐相处的社会。构建和谐社会的关键在于化解矛盾，解决纠纷。当事人和解作为一种新型的解决纠纷方式，具有传统刑事处罚方式所不具有的优点和功能。只有在当事人双方的意愿都得到最低程度的满足时，和解才可能达成，其中的协商谈判、心理博弈显然取决于双方当事人的自由意志，和解与否、和解形式完全由他们决定。这种充分尊重双方当事人主体性地位的案件处理方式不仅能补偿被害人的物质损害和心理创伤，增加被害人的满意感，还由于犯罪嫌疑人、被告人有可能得到从宽处理，而有利于其回归社会，进而恢复因犯罪而受到损害的社会关系。

三、对刑事和解程序进一步修改的建议

应当说，《修正案（草案）》关于当事人和解的规定既借鉴了域外立法和理论研究成果，又吸收了司法实践试点的成功经验，是值得肯定的。但是，笔者认为，仍然需要对刑事和解程序作进一步完善。

（一）扩大公诉案件当事人和解的案件范围

根据《修正案（草案）》第 96 条的规定，故意犯罪案件的和解必须同时符合以下三个条件：一是因民间纠纷引起的；二是《刑法》分则第四章、第五章规定的犯罪；三是可能判处 3 年有期徒刑以下刑罚的。据此，可能判处 3 年有期徒刑以上刑罚的一切案件，如故意伤害（致人重伤）案件（法定刑为 3 年以上），或者可能判处 3 年有期徒刑以下的但罪名不属于《刑法》分则第四章、第五章的案件，如寻衅滋事罪和聚众斗殴罪的案件因规定在《刑法》第六章也不适用于刑事和解。现举两案例以明之：其一，中学生吴某（未满十六周岁）因帮助同学周某殴打池某，用水果刀刺伤池某，致使池某重伤。吴某在司法机关的主持之下与池某及其家人达成了认罪、道歉和赔偿的和解协议，司法机关对吴某予以从轻处理。[1] 其二，在一起寻衅滋事案件中，赵某、宋某、刘某三人在酒吧因醉酒向李某、张某故意挑衅。赵某用水果刀捅对方，致使李某轻伤、张某轻微伤，刘某和宋某则用啤酒瓶砸了李某。事后，双方当事人达成了和解，得到从轻处理。[2] 显然，在上述两个案件中，双方进行和解有利于被告人悔罪自新，有利于被害人的权利救济，有利于实现案结事了和社会关系的恢复，并取得了良好的社会效果。但是，如果按以上"三限制"的规定，上述两个案件都不属于当事人和解的范围。再考察域外的情况，与当事人和解精神相似的美国辩诉交易的案件范围十分广泛。《美国联邦刑事诉讼规则》第 11 条第（e）项规定："检察官与辩护律师之间，或者与被告人之间（当被告人自行辩护时）可以进行讨论以达成协议，即被告人对被指控的犯罪，或者轻一点的犯罪或者其他相关犯罪作承认有罪的答辩或者不愿辩护也不承认有罪的答辩，检察官应做下列事项……"据此，包括谋杀在内的重大案件都可以适用辩诉交易。在德国，在审查起诉阶段，轻罪案件经法院同意，检察院均可以作暂缓起诉的处理。[3] 在司法实践中，有的重罪案件在法庭审理阶段也可以实行辩诉交易。[4]

---

〔1〕 参见宋英辉、袁金彪主编：《我国刑事和解的理论与实践》，北京大学出版社 2009 年版，第 393~394 页。

〔2〕 该案是笔者所知悉的真实案例。

〔3〕 《德国刑事诉讼法典》第 153 条 a 规定："（一）经负责开始审理程序的法院和被指控人同意，检察院可以对轻罪暂时不予提起公诉，同时要求被告人：1. 作出一定的给付，弥补行为造成的损害；2. 向某公益设施或者国库交付一笔款额；3. 作出其他公益给付，或者；4. 承担一定数额的赡养义务……"参见：《德国刑事诉讼法典》，李昌珂译，中国政法大学出版社 1995 年版，第 73 页。

〔4〕 ［德］约阿希姆·赫尔曼："协商性司法——德国刑事程序中的辩诉交易?"，程雷译，载《中国刑事法杂志》2004 年第 2 期。

在俄罗斯刑事诉讼中，也实行 5 年以下剥夺自由刑的和解程序，《俄罗斯联邦刑事诉讼法典》第 314 条规定："在刑事案件中，如果《俄罗斯联邦刑法典》对该犯罪规定的刑罚为不超过 5 年剥夺自由，而在国家公诉人或者自诉人同意的情况下，刑事被告人有权表示同意对他提出的指控并申请不经过法庭审理即对刑事案件作出判决。"对于上述域外的规定，笔者并非主张完全照搬，但是对比之下，《修正案（草案）》关于刑事和解案件范围的规定确实过窄。因此，笔者建议，可以考虑将适用范围适当扩大。具体来说，首先，在保留"因民间纠纷引起的"规定的前提下，取消"涉嫌刑法分则第四章、第五章规定的犯罪案件"的限制。其次，将"可能判处 3 年有期徒刑以下刑罚的"放宽至"可能判处 5 年有期徒刑以下刑罚的"。

（二）扩大附条件不起诉的案件范围

在公诉案件中，贯彻当事人和解精神的途径之一就是附条件不起诉。为此，在扩大当事人和解案件范围的同时，应当修改附条件不起诉案件的适用条件和程序。《修正案（草案）》第 95 条规定了未成年人附条件不起诉制度，其中规定："第二百六十七条对于未成年人涉嫌刑法分则第四章、第五章、第六章规定的犯罪，可能判处一年有期徒刑以下刑罚，符合起诉条件，但有悔罪表现的，人民检察院可以作出附条件不起诉的决定。人民检察院在作出附条件不起诉的决定以前，应当听取公安机关、被害人的意见。未成年犯罪嫌疑人及其法定代理人对人民检察院决定附条件不起诉有异议的，人民检察院应当作出起诉的决定。""第二百六十八条在附条件不起诉的考验期内，由人民检察院对被附条件不起诉的犯罪嫌疑人进行监督考察。犯罪嫌疑人的监护人，应当对犯罪嫌疑人加强管教，配合人民检察院做好监督考察工作。附条件不起诉的考验期为 6 个月以上 1 年以下，从人民检察院作出附条件不起诉的决定之日起计算。"该条还对被附条件不起诉的犯罪嫌疑人应当履行的义务以及撤销附条件不起诉决定的情形进行了规定。据此，附条件不起诉的案件范围必须同时符合以下五个条件：一是未成年人案件；二是涉嫌《刑法》分则第四章、第五章、第六章规定的犯罪；三是可能判处 1 年有期徒刑以下刑罚；四是符合起诉条件，但有悔罪表现；五是未成年犯罪嫌疑人及其法定代理人无异议的。

对于上述规定，笔者认为，需要商榷之处有以下两点：一是附条件不起诉的对象只限于未成年人案件，而且其适用条件限制偏严；二是没有与当事人和解相结合。为此，笔者参考国外附条件不起诉的立法例，并结合我国各地试点经验，试对《修正案（草案）》提出如下修改建议：

首先，未成年人、75 周岁以上老年人以及聋哑人或者盲人涉嫌《刑法》第四章（侵犯公民人身权利、民主权利罪）、第五章（侵犯财产罪）、第六章（妨碍社会管理秩序罪）所规定的犯罪，如果与被害人达成和解协议的，附条件不起诉的适用范围可放宽至可能判处 3 年以下有期徒刑。

其次，上述三类犯罪嫌疑人之外的一般犯罪嫌疑人涉嫌《刑法》第四章、第五章、第六章所规定的犯罪，如果与被害人达成和解协议，可能判处 1 年以下有期徒刑的，均可以适用附条件不起诉。

以上修改建议适当放宽附条件不起诉的案件范围，可能会发生一些不利的后果，但总体来说，还是利大于弊。而且，对于这些弊端，可以通过规定一些制度和措施予以有效消除。例如，参考日本的检察审查会制度，[1]加强对检察院的监督等。

---

[1] 日本检察审查会的成员来自民间，审查会发现检察官作出不起诉处分（包括犹豫起诉）不当的情况，经审查可作出"不起诉处分不当"的决议。此种决议原来不具有强制性效力，后经改革赋予决议具有法律强制力，案件必须决定起诉。

创建刑事强制医疗程序促进社会安定有序[1]

根据我国《刑法》规定，精神病人在不能辨认或者不能控制自己行为的时候造成危害结果的，不负刑事责任。但是，为了防止精神病人继续实施具有社会危害性的行为，并且使之尽快得到治疗康复回归社会，国家有必要对其人身自由进行一定限制并对其采取强制医疗措施。而我国长期以来没有正式建立强制医疗程序，此次《刑事诉讼法》修改创建了"依法不负刑事责任的精神病人的强制医疗程序"（以下简称刑事强制医疗程序）作为四种特别程序之一，将强制医疗措施纳入到法治轨道，对促进社会安定有序具有重要意义。

一、国外对刑事强制医疗程序的相关规定

环顾全球，精神病人实施具有社会危害性的行为是一个普遍的问题。如有资料显示，在西欧的杀人案件中，有10%的案件是精神病人所为，而这部分人占总人口的1%。而西方法治发达的国家在这方面已经建立了比较完善的刑事强制医疗程序，并且积累了比较丰富的经验。在大陆法系国家，许多国家设置了犯罪精神病院，将触犯刑法的无刑事责任能力的精神病人和精神障碍者强制收容于犯罪精神病院，这是保安处分制度的重要内容。如《德国刑事诉讼法》第413条规定："因行为人无责任能力或者无审理能力，检察院不进行刑事诉讼程序的时候，可以申请自主科处矫正及保安处分。"其申请保安处分与审理的程序与普通诉讼程序大体相同。英美法系的刑事制裁体系中不存在保安处分制度，但设有若干犯罪预防措施，这些预防措施与大陆法系的保安处分相似。比如在英国，1959年的《精神卫生法》第65条规定："当陪审团采信关于被告人无刑事责任能力的抗辩时，应作出无罪判决，并命令将被告人收容于内政部长官指定的精神病院给予不定期的强制治疗，直至内政部长官同意病人出院为止。"联合国有关人权公约对于精神病人采取强制医疗中涉及的权利和程序也有所规定。《残疾人权利公约》第14条第1款规定："缔约国应当确保残疾人在与其他人平等的基础上：（一）享有自由和人身安全的权利；（二）不被非法或任意剥夺自由，任何对自由的剥夺均须符合法律规定，而且在任何情况下均不得以残疾作为剥夺自由的理由。"根据该条约第1条规定，"残疾人包括肢体、精神、智力或感官有长期损伤的人"，患有精神疾病的人也属于残

---

〔1〕 原载《检察日报》2012 年 4 月，与王迎龙合著。

疾人的范围。刑事强制医疗措施涉及对精神病人人身自由的限制与剥夺，必须根据法律规定进行，包括实体法律规定和程序法律规定。

二、我国实践中精神病人强制医疗状况

我国此前对于实施社会危害性行为的精神病人进行强制医疗未作具体规定，导致实践中精神病人强制医疗状况的混乱。《刑法》第18条第1款规定："精神病人在不能辨认或者不能控制自己行为的时候造成危害结果，经法定程序鉴定确认的，不负刑事责任，但是应当责令他的家属或者监护人严加看管和医疗；在必要的时候，由政府强制医疗。"根据该规定，一般情况下，无刑事责任能力精神病人在被判定不负刑事责任后，首先应当由其家属或者监护人进行看管和医疗；在必要的时候，由政府进行强制医疗。然而，由于1996年《刑事诉讼法》与相关法律法规没有对强制医疗作出具体程序规定，造成实践中该制度运行缺乏依据。

一方面，精神病人家属往往无力或不愿意履行监管与医疗义务，导致大量精神病人被放任不管，精神疾病得不到及时治疗，继续对社会的安全与秩序产生威胁，或者为了防止精神病人继续危害社会，家属将其长期非法拘禁甚至杀害。另一方面，政府对于精神病犯罪者的监管在各地实践中也表现各异，主要做法是公安机关决定将精神病犯罪者送交公安系统管辖的安康医院进行监管与治疗。但是由于长期投入与建设不足，目前全国仅有24所此类医院，收容治疗能力有限，与日益增多的肇事肇祸精神病人之间形成严重不平衡状态。这种混乱的处置状况，造成很多精神病人或者游荡于社会，继续危害社会安定，或者未经鉴定程序直接被判定有罪而投放到监狱执行刑罚，合法权利受到侵害。

另外，目前精神病人强制医疗程序呈现"行政化"性质。《人民警察法》第14条规定："对严重危害公共安全或者他人人身安全的精神病人，可以采取保护性约束措施。需要送往指定的单位、场所加以监护的，应当报请县级以上人民政府公安机关批准，并及时通知其监护人。"根据该规定，公安机关可以自行启动精神病鉴定程序，并作出强制医疗决定。其间既没有当事人及辩护人的参与，更没有法院与检察院的审理与监督，缺乏透明度，很容易滋生"被精神病"现象，严重侵犯公民合法权益。

我国刑事强制医疗程序的主要内容：新刑事诉讼法创立的刑事强制医疗程序，将实施暴力行为的精神病人的强制医疗纳入司法轨道，解决实践中对这类精神病人适用强制医疗的混乱情况。

由于刑事强制医疗是一项限制与剥夺实施暴力行为的精神病人的人身自由的社会防卫措施，因此，刑事强制医疗程序的构建应当符合正当程序原则，保证程序运行的合法性与合理性，防止国家公权力对公民私权利的侵犯。新刑事诉讼法创立的刑事强制医疗程序规定了对实施暴力行为精神病人进行强制医疗的司法程序，包括强制医疗的申请程序、审理程序、法律援助、救济程序、法律监督等，高度符合程

序公正的要求。其中有几个重点阐述如下：

第一，精神病鉴定。司法精神病鉴定是刑事强制医疗程序启动的前提，只有经司法精神病鉴定认定为不负刑事责任的精神病人才能适用强制医疗。作为强制医疗程序的"入口"，司法精神病鉴定对于正确适用刑事强制医疗程序具有关键意义。准确公正的司法精神病鉴定可以有效帮助区分犯罪人是否为不负刑事责任的精神病人，避免将某些没有精神病的犯罪人当成精神病人处理或者将某些患有精神病的人当成正常犯罪人处理的情形，以保证正确适用刑事强制医疗程序。

第二，诉讼式适用程序。新刑事诉讼法中的刑事强制医疗程序被赋予了普通诉讼程序的形态，并贯彻了司法最终裁判原则。如规定在侦查阶段发现犯罪嫌疑人符合强制医疗条件的，必须先由公安机关移送到检察机关，然后由检察机关向法院提出申请，最后由法院决定是否适用强制医疗。这和普通诉讼程序中由侦查机关进行侦查，再由检察机关进行审查起诉，向法院提起公诉，最后由法院进行审判的诉讼程序是类似的。将强制医疗的决定权交由法院行使，从行政化走向司法化，其意义不能等闲视之。因为我们要明确，首先，实施暴力行为的人，如果不是精神病人而免除刑事责任，其行为就构成犯罪，就应当予以刑事处罚；其次，强制医疗措施也剥夺了精神病人的人身自由。因此，必须赋予强制医疗程序以司法性质，确保其公正性与权威性。

第三，庭审式审理程序。刑事强制医疗的审理程序有如下特点：其一，法院应当组成合议庭审理强制医疗案件。我国审判组织形式有两种：合议庭和独任制。对于一些案件性质轻微、法定刑较轻的案件可以适用独任制由一名法官进行审判，而强制医疗案件涉及当事人的刑事责任能力判定问题，比较复杂，由法官一人独任审理显然不合适。其二，被申请人或者被告人及其法定代理人享有程序参与权，可以在法庭上为了当事人自身合法权益发表意见，影响审理结果。如果是由检察机关提出强制医疗的申请，此类案件中的行为人称为"被申请人"；如果是检察机关对行为人提起公诉，法院审判过程中决定对其适用强制医疗的，此类案件中的行为人称为"被告人"。为了保障当事人的程序参与权利，应当赋予被申请人或者被告人审理过程中充分的诉讼权利，但是此类案件中的被申请人或者被告人很可能是精神病人，不具有诉讼行为能力，不能有效地行使有关的诉讼权利，因此有必要通知法定代理人帮助其行使诉讼权利。

第四，充分的权利保障。新《刑事诉讼法》创立的刑事强制医疗程序赋予精神病人充分的诉讼权利，以保障精神病人的合法权益不受侵害：其一，法律援助权。由于强制医疗案件比较复杂，涉及法律和精神医学两方面的专业知识，并且由于被申请人或者被告人可能是精神病人，在诉讼中他们更需要法律专业人士为其提供法律帮助。因此，被申请人或者被告人没有委托诉讼代理人的，人民法院应当通知法律援助机构指派律师为其提供法律帮助。其二，程序救济权。刑事强制医疗程序不仅应赋予当事人充分的程序参与权，也应当赋予其程序救济权。如果被强制医疗的人及其法定代理人、近亲属认为强制医疗决定不当的，有权向上一级法院申请复议。另外，如果被害人及其法定代理人、近亲属认为采取强制医疗的决定错误，应当追究被强制医疗人刑事责任的，也有权申请上一级人民法院复议，以保持被强制医疗人和被害人权利救济的平衡。其三，及时解除强制医疗权。如果精神病人已经恢复正常或者不具有社会危害性，就失去了强制医疗的必要性，就应当对其解除强制医疗措施，使其恢复人身自由，回归社会。因此，被强制医疗的人及其近亲属有权向法院申请解除强制医疗；强制医疗机构应当定期对被强制医疗的人进行诊断评估，对于已不具有人身危险性，不需要继续强制医疗的，应当及时提出解除意见，报决定强制医疗的人民法院批准予以解除。

第五，法律监督。新《刑事诉讼法》规定：人民检察院对强制医疗的决定和执行实行监督。这是人民检察院加强法律监督的一项重要内容。人民检察院对强制医疗措施的监督应当是全面的，既包括对公安机关移送强制医疗是否合法、对法院决定强制医疗是否适当进行监督，还包括对强制医疗的执行是否存在违法情形进行监督。但是，新《刑事诉讼法》对于人民检察院如何介入强制医疗程序的决定与执行程序展开监督没有具体规定，需要通过司法解释予以具体化。

1995年《刑事诉讼法修改建议稿和论证》一书就已对我国创建刑事强制医疗程序提出了建议和论证，考虑到当时现实条件并不具备，只是作为附录中之一章以备日后立法参考。如今在此次《刑事诉讼法》修改中终于创立了此项程序，实在令人倍感欣慰。然而，由于是首次在《刑事诉讼法》中规定强制医疗程序，难免有不周全之处，比如被追诉人在实施犯罪时具备刑事责任能力，但是在刑事诉讼进程中患上精神疾病丧失刑事责任能力的是否也应当纳入强制医疗的适用对象之中，需要随着今后司法实践经验的积累进一步予以研究和解决。

论庭审模式与查明案件事实真相[1]

一、对"查明案件事实真相"的理解

公正与真相是现代刑事诉讼的核心价值观。诉讼公正包括程序公正和实体公正两方面，刑事诉讼应当坚持程序价值和实体价值的平衡。真相同公正紧密相连，难以分割。真相不明，实体公正难以实现，且程序公正的一个重要价值就在于查明事实真相，保障实体公正。当今世界多国刑事诉讼法典、证据法典均将查明案件事实真相作为其刑事诉讼的目的之一。[2]我国《刑事诉讼法》中更是多次明确规定了"查明"，强调办案人员要查明案情。比如，我国刑事诉讼法的任务"是保证准确、及时地查明犯罪事实"（第 2 条）；"公安机关提请批准逮捕书、人民检察院起诉书、人民法院判决书，必须忠于事实真相"（第 51 条）；人民法院的判决要根据"已经查明的事实、证据和有关的法律规定作出"（第 195 条）。

什么是真相？什么是查明事实真相？这在诉讼法学界乃至整个法学界都存在着定义上的混乱和认识上的歧义。笔者认为，理解诉讼中的真相和查明案件事实应当注意以下五点：其一，案件的"真相"同"事实"存在联系，但二者并非同一概念。任何一个案件都存在着客观的、本原意义上的案件事实，其具有客观性、确定性和过去性。即案件事实一旦发生，就独立于办案人员之外而客观存在，不会随着时间的变化而改变，也不以警察、检察官和法官如何判断案件事实而转移。其二，办案人员在一定条件下能够准确查明、正确判断案件事实。所谓查明案件事实真相就是指办案人员运用所收集的合格证据对案件事实作出的认定符合客观存在的事实。从认识论的角度来讲，案件事实和其他发生在过去的社会事实在一定意义上是相同的，都是可以被认识并准确判断的。这种认识并非任何案件都可以做到，但也并非任何案件都做不到。即便司法认识有某些特殊性、特殊规律，如受办案期限、

---

〔1〕　原载《法学杂志》2017 年第 6 期，与李章仙合著。

〔2〕　例如，《奥地利刑事诉讼法典》第 1 条规定："刑事诉讼是查明犯罪事实、追诉犯罪嫌疑人并作出相关判决的程序。"《德国刑事诉讼法》第 244 条规定："为查清真相，法院应当依职权将证据调查涵盖所有对裁判具有意义的事实和证据材料。"《美国联邦证据规则》第 102 条规定："本规则应当作出解释，以便程序得到公正施行、消除不合理的耗费和迟延、促进证据法的发展以及实现查明事实和保证公正裁决的结果。"《日本刑事诉讼法》第 1 条规定："本法以在刑事案件中，于维护公共福祉和保障个人基本人权的同时，明确案件的事实真相，正当而迅速地适用刑罚法令为目的。"

证据规则等条件限制，但是案件事实真相仍然是可以查明的。其三，追求真相的主要目的是实现实体公正，最大限度地防范冤假错案的发生，冤假错案就是在案件事实的认定上背离了客观真相。当查明真相确有困难时，法官应当按照无罪推定原则的精神，坚决贯彻疑罪从无原则，宣告被告人无罪。其四，查明案件事实真相并非要求查清任何案件的所有细节，而是指查清案件的基本事实、关键事实。实际上，办案人员不可能也无必要将案件的全部细节都一一查清，诉讼中所要查明的案件事实通常是指犯罪事实是否已经发生、该事实是否是被告人所为以及与量刑有直接关联的事实。第五，查明案件事实真相并非刑事诉讼追求的唯一目标，办案人员必须在公正程序的框架下查明真相，绝不可以采用非法取证的手段来达到目的。

案件事实的查明在当今现代化的诉讼过程中，通常都会经过三个基本的诉讼程序：侦查程序、起诉程序和审判程序。其中，审判程序中的法庭审理是查明案件事实真相的关键性、把关性程序，庭审的首要任务就是要通过调查证据查明案件事实真相。因此，本文要集中阐述的问题是，采取何种庭审模式能够更好地查明案件事实真相。在此方面，现代国家已经有相当丰富、成熟的经验，但还需要继续完善。这个问题也是我国正在进行的司法改革所关注的重点问题之一。

二、查明真相的两种庭审模式——对抗式与审问式

当前世界上存在着以美国和德国为代表的两种查明案件事实真相的庭审模式。现概述如下：

（一）对抗式庭审模式与查明真相——以美国为例

1. 对抗式的庭审程序

以美国为典型代表的英美法系国家实行"对抗式"庭审。美国的对抗式庭审主要有以下三个特征。

第一，在美国，只有近10%的案件经过审判程序终结，其余90%以上的案件都未经审判，而是通过辩诉交易的方式解决。[1]美国学者曾对此作出形象的比喻，"我们给10%的人凯迪拉克轿车（审判）乘坐，却要求其他人全部步行（认罪协商）"。[2]对于小部分进行正式审判的刑事案件而言，也存在着法官审判和陪审团审判两种方式。在联邦法院，重罪案件多数是由陪审团审判的，轻罪案件绝大多数

---

〔1〕 根据美国司法部的统计数据，2012年度，在联邦地区法院系统被起诉的被告人总数为96 260名，被定罪的被告人为87 908名，定罪率为91.3%。其中，以有罪答辩（包括不予争辩的答辩）被定罪的被告人为85 774名，占所起诉案件的比率为89.1%；进入法官审判或陪审团审判的被告人为2134名，占所起诉案件比率的2.2%。See Bureau of Justice Statistics, 2011~2012, U. S. Department of Justice, table 12.

〔2〕 Alschuler, "Implementing the Criminal Defendant's Right to Trial: Alternative to the Plea Bargaining System", 50 *U. L. Rev.* 931. 969 (1983).

则是由法官进行审判。[1]总体而言，辩诉交易是美国法庭审理案件的常态，但对抗式庭审的典型特征，实际上集中体现在陪审团审判中。

第二，在陪审团审判中，被告人是否有罪的事实问题由陪审团决定，法官只负责案件的法律适用。法官在庭审期间基本上保持消极状态，他需要对当事人提出的有关证据可采性的异议进行裁决，但其并不参与询问证人，不能对证据的证明力或者证人的可信性发表评论。陪审团在当事人双方举证时也要保持沉默，不得询问证人。

第三，庭审中的举证、质证由控辩双方进行，实行严格的当事人推进主义。交叉询问[2]被美国学者视为"迄今为止人类所创造的发现事实真相的最佳武器"，[3]法庭辩论中，检察官和辩护律师经常进行攻击性、火药味十足的对抗。

2. 对抗式庭审模式对查明真相的要求

美国的对抗制把追求真相作为其诉讼价值取向中的一种，也有部分美国学者承认客观真相是可能实现的，例如，"在一个得到精心设计的制度中，在特定的案件中，形式法律真实的司法认定一般可能会达到与实体真实相一致"。[4]但另一方面，通过正当程序认定的事实即视为真实的理念在美国占据了显要位置。首先，从20世纪五六十年代开始的正当程序革命使得美国的诉讼偏重追求程序正义并日趋竞技主义化，从而在很大程度上弱化了对真相的追求。其次，对立的当事人决定了法庭审理的内容，法官和陪审团不会主动干预，只能根据双方提交给法庭的证据材料作出判断。再次，诸如非法实物证据排除规则、拒绝作证特权规则等在一定程度上限制了事实真相的发现。这些因素使得对抗式庭审自觉或不自觉地降低了对真相价值的追求。这种降低追求的结果便是更加看重程序公正。程序正义的价值超过了实体公正的价值，查明事实的真相就显得不那么重要了。至于检察官，更是以赢得诉讼为主要目的，[5]而不重视追求事实真相。

同时，英美法系刑事诉讼实行"排除合理怀疑"的证明标准。对这一标准，主流的解释是接近确定性，大约达到90%～95%的有罪盖然性，就可以作出有罪判

---

〔1〕 2003年，在联邦法院，被指控重罪的被告人中有4%选择了审判，其中，93%获得了陪审团审判，另外7%得到了职业法官审判；被指控轻罪的被告人也有4%选择了审判，其中，91%接受了职业法官审判，其他的9%接受了陪审团审判。See Bureau of Justice Statistics, U. S. Department of Justice, Compendium of Federal Justice Statistics, 2003 tbl. 4. 2 (2005)。

〔2〕 在美国的交叉询问中，主询问由申请传唤证人、鉴定人的一方当事人进行，反询问则由对方当事人进行。反询问的目的在于推翻证人的证词内容，使裁判者不相信该证人在主询问中所作陈述。

〔3〕 See Wigmore, Evidence, James H. Chadbourn ed. 3d. (1974), p. 32.

〔4〕 ［美］罗伯特·莎摩尔、阿西尔·莫兹："事实真实、法律真实和历史真实"，徐卉译，载王敏远主编：《公法》（第4卷），法律出版社2003年版，第133页。

〔5〕 Gary Goodpaster, "On the Theory of American Adversary Criminal Trial", 78 *J. Crim. L. & Criminology* 118, 120~121 (1987).

决。按照这一标准，就意味着诸如被告人是否实施了犯罪行为等主要事实的认定没有必要达到符合客观真相的程度。

但应注意的是，对该证明标准的理解，英美也有一些学者持不同见解。例如，有学者认为，对"排除合理怀疑"作 90% 或 95% 的量化表述是没有意义的，其暗含了以冤枉无辜来换取某种社会利益的理念。[1]"'排除合理怀疑'在可以达到的认识范围内是一种最高的标准……而可达到的最高标准是如此接近确定性以至几乎没有什么实质的分别。"[2]也有学者（如 Sand）主张，对死刑案件不适用排除合理怀疑的证明标准，而是适用排除所有可能怀疑的标准。[3]

（二）审问式庭审模式与发现真相——以德国为例

1. 德国的实质真实理念

以德国为代表的大陆法系国家实行的是"审问式"（又称职权调查式）庭审，其程序构造以尽可能地发现实质真实为目的。对事实真相的查明是德国刑事程序的核心议题。[4]正如德国学者所讲，"事实上，尽管人类的认识能力是有限的，而且事后再来澄清历史事实有着特殊困难，但是这并不妨碍对客观真实的追求。与此相反，由于不以客观真实为目标会导致刑事诉讼与实体法的基本要求脱节"。[5]审问式传统最明显的特征就在于，法院负有发现实质真实的职责。

2. 庭审程序对实质真实的追求

《德国刑事诉讼法》第六章"法庭审理"详细地规定了法庭审理的方式和过程。简述如下：

第一，由审判长主持法庭审理、讯问被告人和调取证据。（第 238 条）

第二，法庭审理吸收了英美法系对证人、鉴定人的交叉询问规则。第 239 条规定，依检察院和辩护人的一致申请后，经审判长同意，控辩双方可以对证人、鉴定人进行交叉询问。但交叉询问后，亦允许审判长向证人与鉴定人提出其认为进一步查明案情所必要的问题。实际上，在德国的法庭审理实践中，这一被德国学者评价为"异物"[6]的规定，"几乎从未运用过"。[7]

---

[1] George Fisher, "Green Felt Jungle: The Story of People v. Collins", edited by Richard O. Lempert, *Evidence Stories*, Foundation Press (2006), p. 27.

[2] Paul Roberts & Adrian Zukerman, *Criminal Evidence*, Oxford University Press (2004), p. 368.

[3] Leonard B. Sand, Danielle L. Rose, "Proof Beyond All Possible Doubt: Is There a Need for a Higher Burden of Proof When the Sentence May be Death?", 78 *Chi.—Kent L. Rev.* 1359, 1367 (2003).

[4] Bverf GE 57, 250, 275; BverfGE 63, 45, 61; BverfG MDR 84, 284.

[5] ［德］许乃曼："论刑事诉讼的北美模式"，茹艳红译，载《国家检察官学院学报》2008 年第 5 期。

[6] Claus Roxin/Bernd Schünemann: Strafverfahrensrecht, 27 Aufl, C. H. Beck, 2012, S. 352, Rn. 24.

[7] Lutz Meyer-Goßner/ Bertram Schmitt: Strafprozessordnung, 59 Aufl, C. H. BECK, 2016, S. 1037, Rn. 1.

第三，检察官宣读起诉书后，由审判长讯问被告人。在讯问前，审判长会告知被告人其可自行决定陈述何种内容或者保持沉默。（第243条）[1]

第四，讯问被告人后，法庭进入证据调查程序。根据现行《德国刑事诉讼法》第244条第2款的规定，"为查清真相，法院应当依职权将证据调查涵盖所有对裁判具有意义的事实和证据材料"。按照德国联邦最高法院判例的一贯立场，[2]法官的职权查明，是"一种全面的事实查明，这种查明应当涵盖法院获知的或应当知晓的、须运用进一步的或提请法官调查的证据加以证明的情况"。[3]并且，"当经由合法的、无可争议的方式所取得的证据材料有助于查明事实时，这些证据就必须在程序中加以运用"。[4]同时，法官需要在庭审中应一方当事人的申请，努力去寻找和收集其他证据。

第五，法庭适用直接原则和言词原则进行审理。《德国刑事诉讼法》第250条明确规定："如果事实的证明基于人的感知，应当在法庭审理中询问此人。询问不得以宣读先前询问笔录或书面陈述替代。"由于法庭必须争取使用可能获得的最佳证据，因此该原则实际上也体现了审问式庭审对案件客观真相的追求。

从以上庭审程序的设置来看，德国刑事庭审中的法官绝不仅仅是"主持"法庭审理，法律赋予的职权查明义务会驱使法官更加积极地去查明事实真相。

三、中国刑事庭审模式和对真相的追求

我国庭审模式的形成有一个发展的过程。1979年首部《中华人民共和国刑事诉讼法》规定了以继承司法传统为主的超职权主义模式；经过1996年和2012年两次《刑事诉讼法》修改，我们总结了自己司法实践的经验教训，吸收了外国的一些有益经验，特别是英美法系的对抗制的一些做法，形成了现行的所谓"控辩式"庭审模式并正继续进行改革完善。我国的庭审模式虽然在一定程度上吸收了英美对抗式庭审的有益因素，但从整体特征来看，当前的刑事庭审仍然更接近于大陆法系的审问式庭审模式。

（一）中国刑事庭审模式特点

我国现行控辩式庭审模式的主要特色是，一方面注重在庭审中开展控辩双方的举证、质证和辩论，法庭调查采用中国式交叉询问的方式。另一方面，在强化控辩

---

[1] 由于在其他任何证据提交法庭之前，被告人便可在法庭上陈述案情，立即对起诉书进行答辩，因此这一早期阶段的陈述被认为是一种特权和有利之处。但实际上，如果法官基于他从检察官的卷宗中所获知的信息，认为被告人没有说真话或需要进一步了解与案件相关的其他内容时，法官就会经常向被告人提出核实性和试探性的问题。参见［美］弗洛伊德·菲尼等：《一个案例，两种制度——美德刑事司法比较》，中国法制出版社2006年版，第340页。

[2] 具体可参见 BGHStV 1981，164；BGH NStZ 2013，725；s. a. BGH wistra 2013，322.

[3] Werner Beulke：Strafprozessrecht，13 Aufl，C. F. Müller，2016，S. 285，Rn. 406.

[4] Lutz Meyer-Goßner/ Bertram Schmitt：Strafprozessordnung，59 Aufl，C. H. BECK，2016，S. 1056，Rn. 10.

职能的同时，重视、保留了审判者的主导作用。法律既明确规定公诉案件中被告人有罪的举证责任由人民检察院承担，又要求法官负有查明案件真相的职责，并在庭审中赋予法官一系列实现查明真相的权力。

具体而言，我国《刑事诉讼法》对庭审程序作出了如下重要规定：①正式开庭后，公诉人宣读起诉书，被告人可以就起诉书指控的犯罪进行陈述（第 186 条）。②公诉人、被害人和辩护人可以向被告人发问，审判人员（包括陪审人员）可以讯问被告人（第 186 条）。③控辩双方经审判长许可，可以对证人、鉴定人进行询问。审判人员也可以询问证人、鉴定人（第 189 条）。④公诉人、辩护人应当向法庭出示物证、书证，审判人员应当听取控辩双方的意见（第 190 条）。⑤在法庭审理过程中，合议庭对证据有疑问的，可以宣布休庭，对证据进行调查、核实。人民法院调查核实证据，可以进行勘验、检查、查封、扣押、鉴定和查询、冻结（第 191 条）。⑥证据调查结束后，控辩双方可以就案件事实和法律适用问题进行法庭辩论。辩论终结后，被告人有最后陈述的权利（第 193 条）。

从目前的法律规定和庭审模式来看，我国刑事庭审中法官"大包大揽"的高度主动性在 1996 年《刑事诉讼法》的修改中就已经受到了限制。一方面，当前我国刑事庭审中，法官在庭上的主动性已经有所减弱，其职权弱于德国刑事法官的庭内调查权；另一方面，我国《刑事诉讼法》规定了法官的庭外调查权，其庭外主动性的发挥强于德国法官。[1] 同时，保留法官的职权调查是我国刑事庭审的一个显著特征，目的就在于努力查明案件事实真相，基于证据作出正确裁判。但是我国的法官不能过度行使对证据的庭外调查权，因为这样不仅会影响庭审中控辩双方职能的发挥，而且法官也需要顾及司法资源和诉讼效率。

（二）中国控辩式庭审模式的缺陷与改革

目前，我国庭审程序存在的最大问题就是庭审无法真正实质化，"先定后审""庭审流于形式"的问题仍然存在。侦查、审查起诉的证据材料在法庭上难以做到实质性的审查和独立的判断。对此，我国正在进行有相当深度和广度的司法改革，特别是推进以审判为中心的诉讼制度改革，使庭审在审判程序中发挥决定性作用，真正做到控辩双方举证在法庭、质证在法庭、辩论说理在法庭，进而使案件的公正裁判形成于法庭，从而努力实现"事实认定符合客观真相，办案结果符合实体公正，办案过程符合程序公正"。[2] 为此，围绕着完善庭审方式和查明事实真相的关系，笔者认为应当具体进行以下几个方面的改革。

---

〔1〕 2012 年《刑事诉讼法》第 152 条和第 191 条均规定了法官可以在庭外对有关证据进行调查核实。与此相对应，德国刑事法官的职权更多的是一种庭内调查权，其在庭外可以进行一定的调查活动。例如，德国法官可以进行庭外勘验（《德国刑事诉讼法》第 86 条）。

〔2〕 2014 年 10 月 23 日《中共中央关于全面推进依法治国若干重大问题的决定》。

1. 提高证人出庭率，探索贯彻直接言词原则

在我国的司法实践中，证人出庭率极低。笔者自 2014 年 10 月至 2016 年 6 月在有关法院开展了"庭审实质化与证人出庭作证实证研究"的试点与调研工作，根据调研数据，在试点工作开始以前，各试点单位一审法院有证人证言的案件中证人出庭率最高不超过 2.3%，最低仅为 0.33%；二审法院有证人证言案件中证人出庭率最高也仅有 7.38%，最低仅有 1.35%。〔1〕实践中证人出庭率低的一个重要根源就在于《刑事诉讼法》条文的规定存在缺陷。根据我国《刑事诉讼法》第 187 条第 1 款的规定，当事人申请证人出庭需要取得法院的同意。而法院往往拒绝当事人的申请，不通知证人出庭。同时，《刑事诉讼法》第 190 条进一步规定了"对未到庭的证人的证言笔录、鉴定人的鉴定意见、勘验笔录和其他作为证据的文书，应当当庭宣读"，该条为法庭采纳未出庭证人的证言提供了立法依据。两个条文"双管齐下"，架空了证人出庭作证制度。

对此，当前的司法改革中提出了完善证人、鉴定人出庭作证的要求。2016 年 10 月，最高人民法院、最高人民检察院、国家安全部、司法部联合印发了《关于推进以审判为中心的刑事诉讼制度改革的意见》，其中第 12 条规定："公诉人、当事人或者辩护人、诉讼代理人对证人证言有异议，人民法院认为该证人证言对定罪量刑有重大影响的，证人应当出庭作证。"这一改革意见值得肯定，但从发展的角度来看，将证人是否出庭的最终决定权交给法院进行裁量的做法，与辩护方的诉求仍存在着较大差距。当然，要求证人全部出庭是不切实际的，比较可行的方案是，通过司法改革解决以下三个问题：一是完善证人出庭必要性的审查标准，明确不出庭的合法事由，防止法官随意否定控辩双方提出的申请。以下两类证人应当出庭：一类是公诉人、当事人或者辩护人、诉讼代理人对证人证言有异议，且该证人证言对定罪量刑有重大影响的，特别是辩护方要求证人出庭的。另一类是可能判处死刑或者有重大社会影响案件中的重要证人。二是要贯彻直接言词原则，逐步实行庭前证言的排除规则。应当参照《刑事诉讼法》第 187 条第 3 款"经人民法院通知，鉴定人拒不出庭作证的，鉴定意见不得作为定案的根据"这一规定，对于依法应当出庭作证的证人，没有正当理由不出庭的，其庭前证言笔录不得在法庭上宣读，也不得作为定案的根据。三是要在调动法院对于强制证人出庭主动性的同时，将证人出庭的保障机制，即人身安全保护和经济补助落到实处。

同时，与庭审中直接言词原则的贯彻密切相关的一个问题便是，刑事诉讼程序中对证人伪证罪的认定问题，即当证人的庭前证言与庭上证言出现矛盾时应当如何

---

〔1〕 该试点和调研工作包括了在浙江省温州市法院（包括瑞安、平阳两个基层法院和市中院）和北京市西城区法院的试点以及在黑龙江省和广西壮族自治区法院系统的面上调查。

处理。现行《刑法》第 305 条规定了我国的伪证罪。[1]但实践中对伪证罪的归罪机制存在着诸多弊端，其主要表现在两个方面：一是对证人伪证罪的认定多适用于证人当庭推翻自己的庭前证言，从不利于被告的证人转向有利于被告的证人这一情形。二是该罪名的适用也成为了在因证人翻证而导致无罪判决的案件中，公安机关或者人民检察院惩罚、打击甚至报复翻证证人的某种手段。[2]这就导致在审前受到侦查或检察机关威胁、引诱甚至是误导而作出不实证言的证人，无法也不敢在法庭上纠正其错误证言。这无疑会使得"事实证据调查在法庭"这一改革主张无法达到其预期的效果。从域外经验来看，伪证罪的归罪要件多指向证人在法庭上的证言。以德国为例，《德国刑法典》第 153 条和第 154 条规定了对证人"未经宣誓的虚伪陈述"以及"虚伪宣誓"的处罚，明确排除了证人在审前程序（即检察机关和警察面前）的证言。[3]其理论基础就在于承认证人庭上证言的可信性优于庭前证言。对于当前我国的刑事司法改革而言，若想将直接言词原则落到实处，则必须让更多的证人走上法庭，而鼓励证人出庭，在法律规定层面至少需要保障证人免受来自公权力机关，特别是侦查和审查起诉机关的打击、报复。因此，笔者主张参考域外经验，从以下两方面改革我国关于伪证罪的规定：其一，将伪证罪的适用条件严格限定为作证主体在法庭上的虚假证言，即不论证人在审前阶段所述为何，其证言的真实性都应交予法庭进行审查和判断。这样一来，不仅可以鼓励证人出庭，并在法庭上作出真实的证言，还有利于强化法庭在事实和证据调查中的权威地位，进一步推动庭审实质化的进程。其二，以伪证罪规制、惩罚庭上虚假证言应当以故意为前提。对于证人因认知、理解、表达等客观原因造成的不实证言，不得以伪证罪进行追究。同时，法庭应严格按照《刑事诉讼法》第 54 条的规定，对于证人在审前因

---

〔1〕《刑法》第 305 条规定："在刑事诉讼中，证人、鉴定人、记录人、翻译人对与案件有重要关系的情节，故意作虚假证明、鉴定、记录、翻译，意图陷害他人或者隐匿罪证的，处 3 年以下有期徒刑或者拘役；情节严重的，处 3 年以上 7 年以下有期徒刑。"

〔2〕有关分析可参见方勇、南凌志："建立以审判为中心的伪证规制机制——基于伪证罪适用的实证分析"，载《人民司法》2015 年第 21 期。

〔3〕《德国刑法典》第 153 条（未经宣誓的虚假陈述）规定："以证人或鉴定人身份，在法院或其他有权接受证人或鉴定人宣誓的主管机关面前，未经宣誓而作虚假陈述的，处 3 个月以上 5 年以下自由刑。"第 154 条（虚假宣誓）规定："（1）在法院或其他有权接受宣誓的主管机关作虚假宣誓的，处 1 年以上自由刑。（2）情节较轻的，处 6 个月以上 5 年以下自由刑。"按照有关的条文释义，"该类主管机关既不包括检察机关，也不包括警察……在警察或检察机关面前作出的虚假陈述并不适用第 153 条的犯罪构成"。参见 Rudolf Rengier: Strafrecht Besonderer Teil II, 17 Aufl, C. H. BECK, 2016, S. 463. 此外，根据《美国法典》第 18 编 1623 条的规定，判断是否构成伪证罪，主要考虑以下五个条件：①明知地；②作出实质陈述；③陈述为虚假；④宣誓后；⑤在法庭或大陪审团程序或其辅助程序。《荷兰刑法典》第 207 条第 2 款规定："在刑事案件中，不论在平民法庭还是在军事法庭的审理中，作出不利于被告的虚假证言的，处 9 年以下监禁，或处 5 年罚金。"《瑞典刑法典》第 15 章第 1 条也将伪证罪的适用对象限于"依法宣誓的人提供不真实的信息或隐瞒真相的"。可以看到，这些国家对于证人虚假证言的规制均是与法庭相联系，而不包括审前阶段。

受到暴力、威胁等非法取证方法的压力所作出的证言，应当作为非法证据予以排除。

2. 扩大法律援助范围，提高辩护人出庭率

庭审程序是事关被告人定罪处刑的关键环节，被告人的辩护权理应得到充分、有效的保障。但当前刑事庭审中律师辩护率仍然较低。根据有关的调研数据统计，2015 年全国一审刑事案件中，被告人总数为 954 028 人，有辩护人的被告人总数为 202 366 人，有律师辩护的被告人总数为 189 605 人，辩护率为 21.2%，律师辩护率仅为 19.9%。[1]显然，在大量的刑事案件中，被告人在法庭上没有得到辩护律师的帮助。在盗窃、抢劫、伤害、杀人等普通的刑事案件中，也有相当大比例的犯罪嫌疑人、被告人因经济状况而无力负担律师费用。[2]这就导致了，法庭上公诉人对被告人进行强有力的指控，而空荡荡的辩护席上却没有辩护律师与公诉人进行针锋相对的抗争，进而影响到庭审程序公正和实体公正的实现。

我国的法律援助制度起步较晚，尽管已经取得了值得肯定的成绩，但与刑事司法中人权保障的要求还存在着较大差距。依据现行《刑事诉讼法》第 34 条、第 267 条和第 286 条的规定，我国现行法律援助制度的适用范围包括：犯罪嫌疑人、被告人是盲、聋、哑人，或是尚未完全丧失辨认或者控制自己行为能力的精神病人，以及犯罪嫌疑人、被告人可能判处无期徒刑、死刑的案件和未成年人犯罪的案件。[3]2015 年 6 月，中共中央办公厅、国务院办公厅印发了《关于完善法律援助制度的意见》（以下简称《意见》），明确指出，"与人民群众特别是困难群众日益增长的法律援助需求相比，法律援助工作还存在制度不够完善、保障机制不够健全、援助范围亟待扩大等问题"。在扩大法律援助范围的问题上，《意见》中要求，"开展试点，逐步开展为不服司法机关生效刑事裁判、决定的经济困难申诉人提供法律援助的工作……健全法律援助参与刑事案件速裁程序试点工作机制。健全法律援助参与刑事和解、死刑复核案件办理工作机制，依法为更多的刑事诉讼当事人提供法律援助"。这一规定在现有法律的基础上，将我国刑事程序中法律援助的范围进一步扩展至刑事申诉案件、刑事和解案件、死刑复核案件以及刑事案件速裁程序。可以说，我国的刑事法律援助范围有了新的进展。在此背景下，2014 年 10 月，党的十八届四中全会决定中明确提出要"完善法律援助制度，扩大法律援助范围"。

对此，为满足我国群众，特别是经济困难群众日益增长的法律援助需求，司法

---

〔1〕 该数据来源于最高人民法院大数据研究基地对《刑事诉讼法》实施效果的评估成果，载 http://www.binzz.com/jingxuan/35710.html，最后访问时间：2016 年 12 月 21 日。

〔2〕 陈光中："完善的辩护制度是国家民主法治发达的重要标志"，载《中国法律评论》2015 年第 2 期，第 3 页。

〔3〕 2012 年《刑事诉讼法》将法律援助的范围规定为，犯罪嫌疑人、被告人是盲、聋、哑人，或是尚未完全丧失辨认或者控制自己行为能力的精神病人，以及可能判处无期徒刑、死刑的案件和未成年人犯罪的案件。

改革要进一步扩大法律援助的案件范围。本文认为，鉴于在我国《刑法》中，5 年有期徒刑是一个衡量犯罪情节严重程度的档次性标准，建议对可能判处 5 年以上有期徒刑的案件，或者被告人否认自己有罪的案件，如果犯罪嫌疑人、被告人没有聘请辩护人的话，则公检法机关应当通知法律援助机构为其提供法律援助。通过改革，让更多的辩护律师参与到法庭审理中。值得关注的是，一些地方法院在扩大法律援助范围方面已经开始了积极地尝试与探索。例如，2014 年 1 月浙江省出台了《刑事法律援助意见》，[1]将犯罪嫌疑人、被告人作无罪辩解，被告人经济困难且可能被判处 3 年以上有期徒刑，以及人民检察院抗诉等案件纳入了刑事法律援助范围。在此基础上，2016 年 6 月，浙江省进一步明确"对可能判处 3 年以上有期徒刑的被告人确保不因经济困难失去律师为其提供法律帮助的机会"。[2]

3. 严格实行非法证据排除规则

非法证据排除规则是世界法治国家通行的证据规则。有无非法证据排除规则、制度是否规范、实践是否到位，标志着一个国家刑事司法和程序法治的程度。我国司法实践证明，冤案多错在事实认定上，[3]而刑讯逼供，非法取证是导致冤假错案的主要原因。对非法证据的排除有利于查明事实真相，最大限度防止冤假错案的发生。2010 年《关于办理刑事案件排除非法证据若干问题的规定》和《关于办理死刑案件审查判断证据若干问题的规定》的出台，以及 2012 年《刑事诉讼法》的修改，确立了我国刑事庭审中的非法证据排除规则。但该制度在法律和实施层面均存在着缺陷。当前，非法证据排除的实践效果不佳，存在着"启动难""认定难""排除难"等问题。在庭审阶段就表现为，法官通常不启动对证据合法性的法庭调查程序，即便已经启动排除程序，法官也不轻易对有关的证据予以排除。导致非法证据排除难最关键的原因就是"重打击、轻保障，重实体、轻程序"司法理念的影响。

在庭审实质化的背景下，刑事庭审应当加大对非法证据排除规则的适用，进一步规范严格实行非法证据排除的规则。对非法证据的排除倚赖控、辩、审三方"合力"。首先，检察机关要把住审查起诉的关口，监督和制约侦查行为，不能让"带病证据"有机会进入法庭；其次，律师在庭审中应敢于并且善于运用非法证据排除规则，对于庭审中提出的排除非法证据的申请，律师应当提供有关线索或者材料；最后，最关键的一点是，法院应真正敢于排除非法证据。

还应当对该规则的实施作如下具体规定：第一，明确非法证据排除的范围。这主要涉及如何理解《刑事诉讼法》第 54 条规定中的"刑讯逼供等非法方法"，如

---

〔1〕 即浙江省高级人民法院、浙江省人民检察院、浙江省公安厅、浙江省司法厅《关于加强和规范刑事法律援助工作的意见》。

〔2〕 参见 http://news.ifeng.com/a/20160617/49132969_0.shtml，最后访问时间：2016 年 12 月 21 日。

〔3〕 陈光中、于增尊："严防冤案若干问题思考"，载《法学家》2014 年第 1 期。

何界定疲劳审讯、威胁等变相刑讯逼供以及重复自白的可采性问题。笔者认为，以疲劳讯问和以威胁方法取得的犯罪嫌疑人、被告人供述应当排除，以严重引诱、欺骗手段和违反重要程序规定取得的口供也应当予以排除。其二，在非法证据调查程序的启动标准上，笔者认为，考虑到惩罚犯罪与诉讼效率的需求，让辩护方承担"提供相关线索或者材料"这一初步责任是有必要的，但要求不宜过高。应明确，对于当事人及其辩护人提出的相关线索和材料，只要能够证明可能存在非法取证情形，即只要能够大致说出非法取证的时间、地点、人物、方式等情况，形成非法取证合理怀疑的，法官就应当在庭审中启动对非法证据的调查程序，并要求控方对侦查行为的合法性承担证明责任。其三，审判阶段排除非法证据的程序问题。鉴于庭前会议设立的目的是保障庭审的顺利进行，其解决的多为程序性事项，因此法官不能动辄就将非法证据排除扼杀在庭前会议中，更不容许在庭前会议中通过"做工作"的方式阻止辩护方在审判阶段提出排除非法证据的申请，法官应当把控辩双方对证据收集合法性有争议的案件放在正式庭审中来调查解决。经过法庭调查，只要不能排除非法取证可能性的，法官就应当排除该证据。在"完善人权司法保障制度"的背景下，非法证据排除规则的真正落实还需要各程序主体的共同努力，不能让该制度久久停滞在"只闻楼梯响，不见人下来"的状态。

4. 实现程序的繁简分流，进一步完善刑事诉讼中的认罪认罚从宽制度

司法资源的有限性会在客观上影响到刑事庭审对查明真相的追求，因为庭审不可能在每一个案件中都不计成本、不遗余力地查明案件事实。面对激增的案件压力，在现有简易程序的基础上，目前我国正在试点速裁程序和认罪认罚从宽程序，以更好地实现对案件的繁简分流和司法资源的合理分配。在保证司法公正的前提下，提高诉讼效率。

所谓认罪认罚从宽制度，是指人民法院、人民检察院或者公安机关对于真诚承认犯罪、自愿接受惩罚并且积极退回赃款赃物的犯罪嫌疑人、被告人，应当依法从宽处罚。实际上，在十八届四中全会提出要"完善刑事诉讼中认罪认罚从宽制度"之前，该制度在我国有关的条文规定中已经有所体现。[1]2016 年 7 月 22 日，中央全面深化改革领导小组第二十六次会议审议通过了《关于认罪认罚从宽制度改革试点方案》，使认罪认罚从宽制度正式付诸实际。在此基础上，2016 年 11 月 16

〔1〕《刑法》第 67 条规定："犯罪以后自动投案，如实供述自己罪行的，是自首。对于自首的犯罪分子，可以从轻或者减轻处罚……犯罪嫌疑人虽不具有前两款规定的自首情节，但是如实供述自己罪行的，可以从轻处罚；因其如实供述自己罪行，避免特别严重后果发生的，可以减轻处罚。"《刑事诉讼法》在"当事人和解的公诉案件诉讼程序"的规定中也明确，对于"犯罪嫌疑人、被告人真诚悔罪"的刑事和解案件中，公安机关"可以向人民检察院提出从宽处理的建议"，人民检察院也"可以向人民法院提出从宽处罚的建议"。同时，2014 年，最高人民法院《关于常见犯罪的量刑指导意见》在"常见量刑情节的适用"部分也明确，"对于当庭自愿认罪的，根据犯罪的性质、罪行的轻重、认罪程度以及悔罪表现等情况，可以减少基准刑的 10%以下"。

日，最高人民法院、最高人民检察院、公安部、国家安全部、司法部联合印发了《关于在部分地区开展刑事案件认罪认罚从宽制度试点工作的办法》（以下简称《认罪认罚从宽办法》），为实践中办理认罪认罚从宽案件提供具体指导。笔者认为，从查明案件事实真相的角度出发，认罪认罚从宽制度的适用应当正确把握证明标准的问题。

可以看到，《刑事诉讼法》第208条规定了简易程序的适用条件之一便是"案件事实清楚，证据充分的"；2014年8月，最高人民法院、最高人民检察院、公安部、司法部《关于在部分地区开展刑事案件速裁程序试点工作的办法》第1条也明确指出，适用速裁程序要满足"案件事实清楚，证据充分的"这一前提。而《认罪认罚从宽办法》中对于认罪认罚从宽制度的适用则回避了这一问题。那么，适用认罪认罚从宽程序审理案件是应当坚持"案件事实清楚，证据确实、充分"这一标准，还是放弃？若是放弃这一"高标准"，则对案件事实的查明需要达到何种程度？笔者认为，对于认罪认罚从宽制度的适用应当坚持《刑事诉讼法》所规定的"案件事实清楚，证据确实、充分"的证明标准。在简易程序、速裁程序和认罪认罚从宽程序这些简化性的程序中，如果都要求要严格查明事实真相的话，可能会难以实现，但这绝不意味着要放弃对客观事实的追求。应当看到，在这些程序的适用中往往伴随着公正和效率间的平衡问题，效率固然是要兼顾的，但效率最终应当服从公正，不能因为程序的简化就降低对证明标准的要求。即使被追诉人已经认罪，但为了防止"被迫认罪"或者"替人顶罪"，特别是冤错案件的发生，法院对于与定罪量刑有关的基本事实，特别是犯罪事实是否已经发生、犯罪分子为谁等关键事实的证明达到确定无疑的程度。未达到此法定证明标准的，即使被追诉人作出了自愿、合法的有罪供述，也不能适用认罪认罚从宽制度。还有，《认罪认罚从宽办法》第2条中规定了四种不适用认罪认罚从宽制度的情形，其中包括"犯罪嫌疑人、被告人行为不构成犯罪的"情形。但条文中并未明确，此处的"不构成犯罪"是指事实上的不构成犯罪，还是法律适用上的不构成犯罪。对"不构成犯罪"的准确理解直接关系到查明事实真相的问题，笔者认为此处的"不构成犯罪"既应包括事实、证据层面的判断，也应包括法律适用层面的评价。即对于犯罪嫌疑人、被告人事实上并不构成犯罪，或者对其行为的查明确实达不到事实清楚，证据确实、充分的证明标准时，就不应当适用认罪认罚制度。

认罪认罚从宽制度若干重要问题探讨[1]

　　十八届四中全会《中共中央关于全面推进依法治国若干重大问题的决定》（以下简称《决定》）提出："完善刑事诉讼中认罪认罚从宽制度。"这是"宽严相济"刑事政策在新形势下的完善和发展。"宽严相济"的刑事政策最初被表述为"镇压与宽大相结合"，在新民主主义革命时期和新中国成立初期发挥了严厉打击反革命分子和分化瓦解反革命营垒的重大作用。之后，随着形势的变化，政策的表述也有所变化。1956年，刘少奇在中共八大所作的政治报告中提出："实行惩办与宽大相结合的政策，凡是坦白的、悔过的、立功的，一律给以宽大的处置。"[2] 2006年，十六届六中全会《中共中央关于构建社会主义和谐社会若干重大问题的决定》提出"实施宽严相济的刑事司法政策"。宽严相济的刑事司法政策对刑事立法、刑事司法起着指导作用，其基本要求为该宽则宽，当严则严。"宽"具体是指通过区别对待来分化瓦解犯罪分子，进而教育、感化和挽救其中的大多数。"严"是指在一定时期和一定范围内，依法着重打击某些严重犯罪。通过"宽""严"的良性互动，使刑事政策宽严适度，达到打击犯罪，减少矛盾，促进社会和谐的目的。

　　认罪认罚从宽制度作为"宽严相济"刑事司法政策从宽一面在现阶段的直接体现，是通过"该宽则宽"明显提升了程序效率。以刑事速裁程序的抽样统计为例，检察机关的审查起诉周期由过去的平均20天缩短至5.7天；人民法院速裁案件10日内审结的占94.28%，比简易程序高58.4个百分点；当庭宣判率达95.16%，比简易程序高19.97个百分点。[3]

　　2016年各级法院审结一审刑事案件109.9万件，判处罪犯123.2万人，同比分别上升7.5%和4%。[4] 在案件增加迅速，而司法资源相对紧张的形势下，作为提升程序效率的重要举措，认罪认罚从宽制度的进一步完善和适用势在必行。根据

---

　　〔1〕　原载《法学》2016年8月20日，与马康合著。

　　〔2〕　中共中央文献编辑委员会：《刘少奇选集》（下），人民出版社1985年版，第254页。

　　〔3〕　参见"最高人民法院、最高人民检察院关于刑事案件速裁程序试点情况的中期报告"，载 http：//www. npc. gov. cn/npc/ xinwen/2015-ll/03/content_ 1949929. htm，最后访问时间：2016年7月26日。

　　〔4〕　《2016年最高人民法院工作报告》，载 http://www. china. com. cn/legal/2016-03/21/content_ 38072747. htm，最后访问时间：2016年7月26日。

《决定》精神，最高人民检察院《关于深化检察改革的意见（2013～2017年工作规划）》和最高人民法院《人民法院第四个五年改革纲要（2014～2018）》先后提出完善认罪认罚从宽制度。2016年7月22日，中央全面深化改革领导小组第二十六次会议通过的《关于认罪认罚从宽制度改革试点方案》指出，完善刑事诉讼中认罪认罚从宽制度，涉及侦查、审查起诉、审判等各个诉讼环节，要明确法律依据、适用条件，选择部分地区依法有序稳步推进试点工作。"完善"的前提是我国刑事司法中已经存在该项制度。实际上，认罪认罚从宽制度在我国《刑法》和《刑事诉讼法》中都已有所体现，《刑法》第67条规定，对自首的犯罪分子，可以从轻或者减轻处罚。《刑法修正案（八）》规定："如实供述自己罪行的，可以从轻处罚；因其如实供述自己罪行，避免特别严重后果发生的，可以减轻处罚。"这一修改将坦白从宽的刑事政策法律化，正式纳入刑法的从宽范围。刑事诉讼程序体现的认罪认罚从宽制度，则包括了现有法律框架内的刑事简易程序、未成年人附条件不起诉制度、刑事和解制度以及正在部分地区试点的刑事速裁程序。

但是，当前刑事诉讼程序和制度在体现认罪认罚从宽精神的同时，也存在不够制度化、体系化的缺陷。基于此，本文拟就如何遵循诉讼规律、结合司法实际推进认罪认罚从宽制度系统化改革的若干重要问题进行探讨，并提出一些建议，以期对完善认罪认罚从宽制度有所裨益。

一、认罪认罚从宽制度的内涵

（一）何为"认罪""认罚"

德国学者黑克曾以"概念核"和"概念晕"来区分法律概念，"概念核"是指其中不容置疑的确定内容，"概念晕"则是模糊的外延。[1]在认罪认罚从宽制度中，刑法规定的"坦白"与"自首"以及其他可能之情形都属于被追诉人的认罪。坦白是被动供述，自首是主动供述，但"坦白"与"自首"均包括"如实供述自己的罪行"。此处认罪的"概念核"是"如实供述自己的罪行"，也即被追诉人既要承认"行为"，也要承认"犯罪"。

因此，被追诉人的认罪应当是被追诉人自愿承认被指控的行为构成犯罪，但不包括被追诉人对自己行为性质（罪名、犯罪形态等）的认识，可将之简称为"概括认罪"。"概括认罪"的积极要求是被追诉人自愿承认被指控的行为，且认为已经构成犯罪；消极要求是被追诉人对行为性质的误判不影响认罪。被追诉人对已经发生的案件进行回溯性考察属于事实判断，判断标准为主观认识是否符合客观真相。而同一行为是否构成犯罪属于价值判断的范畴，具有主体性、时间性等特点，被追诉人的误判是较为正常的。

"概括认罪"也得到了司法实践的认可。被追诉人在承认"行为"的同时必须

---

〔1〕 参见［德］卡尔·恩吉施：《法律思维导论》，郑永流译，法律出版社2004年版，第113页。

承认"犯罪"，否则不构成认罪。在轰动一时的"许霆案"中，许霆被检察机关以盗窃罪提起公诉。但许霆在承认利用 ATM 故障取出人民币 17.5 万元的同时坚决否认构成犯罪，最终被法院以盗窃罪判处 5 年有期徒刑。许霆虽然在诉讼过程中自愿承认被指控的行为，也即符合"行为"的条件，但许霆始终拒绝承认构成犯罪，"犯罪"的缺失使检察机关和法院未认定许霆符合"认罪"。

"认罚"是被追诉人对于可能判处刑罚的概括意思表示。具体而言，被追诉人"认罚"的判断标准应当为接受公安司法机关提出的抽象刑罚。由于主观认识随着诉讼程序的运行而深化，对是否不起诉和判处刑罚的预测具有相当的不确定性，最终的刑罚只有经过裁判者的最终处理才能确定。只要被追诉人同意可能的刑罚结果，就应认为被追诉人已经"认罚"。被追诉人在侦查阶段的"认罚"是对未来可能判处刑罚的接受；被追诉人在审查起诉阶段的"认罚"是对检察机关处理结果的接受，如不起诉或者量刑建议等；被追诉人在审判阶段的"认罚"是对裁判结果的认可。

被追诉人的"认罚"体现其悔罪性，而主动退赃退赔作为悔罪性的体现，是被追诉人"认罚"的一种特殊表现。最高人民法院《人民法院第四个五年改革纲要（2014~2018 年）》在"完善刑事诉讼中认罪认罚从宽制度"部分提出"明确被告人自愿认罪、自愿接受处罚、积极退赃退赔案件的诉讼程序、处罚标准和处理方式，构建被告人认罪案件和不认罪案件的分流机制，优化配置司法资源"。在此文件中，最高人民法院将被告人"自愿认罪""自愿接受处罚"和"积极退赃退赔"并列，作为被告人认罪认罚的可能形态。最高人民法院、最高人民检察院、公安部、司法部《关于在部分地区开展刑事案件速裁程序试点工作的办法》（以下简称《速裁程序办法》）第 13 条也将"被告人自愿认罪"同"退缴赃款赃物、积极赔偿损失、赔礼道歉"并列。

（二）认罪认罚的从宽效力

认罪认罚行为兼具实体从宽和程序从宽的法律效果。认罪认罚在不同的诉讼阶段可产生不同的法律效果，包括实体从宽和程序从宽。但侦查阶段不存在实体处理的空间，《刑事诉讼法》第 161 条明确规定了侦查阶段的案件处理方式：在侦查过程中，发现不应对犯罪嫌疑人追究刑事责任的，应当撤销案件；犯罪嫌疑人已被逮捕的，应当立即释放，发给释放证明，并且通知原批准逮捕的人民检察院。因此，公安机关在侦查阶段对刑事案件并无实体处理权。认罪认罚从宽制度仅在审查起诉、审判和执行阶段具有实体从宽效力。

为鼓励被追诉人尽早认罪，《最高人民法院关于常见犯罪的量刑指导意见》明确指出，对于坦白从宽幅度，应当综合考虑如实供述罪行的阶段、程度、罪行轻重以及悔罪程度等情况。其中，当庭自愿认罪的从宽幅度明显低于在审前阶段认罪。[1]

从被追诉人的角度而言，只要被追诉人获得了相较普通诉讼程序更有利的程序适用，就可以认为是程序"从宽"。被追诉人在侦查阶段的"程序从宽"主要体现为侦查机关变更、解除强制措施。既有法律规范中的认罪认罚从宽制度，已经显现出减少、限制适用羁押措施的倾向，使被追诉人在刑事诉讼程序中获得了有利的程序适用。

刑事和解案件无论在法律规范层面抑或司法实践运行层面，都贯彻了尽量适用非羁押措施的理念。作为处理刑事和解案件的主要依据，《最高人民检察院关于办理当事人达成和解的轻微刑事案件的若干意见》明确规定："对于公安机关提请批准逮捕的案件，符合本意见规定的适用范围和条件的，应当作为无逮捕必要的重要因素予以考虑，一般可以作出不批准逮捕的决定；已经批准逮捕，公安机关变更强制措施通知人民检察院的，应当依法实行监督；审查起诉阶段，在不妨碍诉讼顺利进行的前提下，可以依法变更强制措施。"在司法实践中，对于达成刑事和解的案件，多地检察机关在批捕阶段认为符合相关规定的一般作出不批捕决定，并建议公安机关变更强制措施。[2]

而在未成年人特别程序中，即便是未成年的被追诉人罪行比较严重，但主观恶性不大，有悔罪表现的也可以不批准逮捕。《人民检察院刑事诉讼规则（试行）》（以下简称《规则》）第488条规定："对于罪行比较严重……不逮捕不致妨害诉讼正常进行的未成年犯罪嫌疑人可以不批准逮捕。"作为对比，在普通刑事诉讼程序中不批准逮捕的条件必须是"罪行较轻"且"没有其他重大犯罪嫌疑"，《规则》第144条规定："犯罪嫌疑人涉嫌的罪行较轻，且没有其他重大犯罪嫌疑，具

---

〔1〕《最高人民法院关于常见犯罪的量刑指导意见》规定："……（三）6. 对于坦白情节，综合考虑如实供述罪行的阶段、程度、罪行轻重以及悔罪程度等情况，确定从宽的幅度。（1）如实供述自己罪行的，可以减少基准刑的20%以下；（2）如实供述司法机关尚未掌握的同种较重罪行的，可以减少基准刑的10%~30%；（3）因如实供述自己罪行，避免特别严重后果发生的，可以减少基准刑的30%~50%。7. 对于当庭自愿认罪的，根据犯罪的性质、罪行的轻重、认罪程度以及悔罪表现等情况，可以减少基准刑的10%以下。依法认定自首、坦白的除外。8. 对于退赃、退赔的，综合考虑犯罪性质、退赃、退赔行为对损害结果所能弥补的程度、退赃、退赔的数额及主动程度等情况，可以减少基准刑的30%以下；其中抢劫等严重危害社会治安犯罪的应从严掌握。9. 对于积极赔偿被害人经济损失并取得谅解的，综合考虑犯罪性质、赔偿数额、赔偿能力以及认罪、悔罪程度等情况，可以减少基准刑的40%以下；积极赔偿但没有取得谅解的，可以减少基准刑的30%以下；尽管没有赔偿，但取得谅解的，可以减少基准刑的20%以下；其中抢劫、强奸等严重危害社会治安犯罪的应从严掌握。10. 对于当事人根据《刑事诉讼法》第277条达成刑事和解协议的，综合考虑犯罪性质、赔偿数额、赔礼道歉以及真诚悔罪等情况，可以减少基准刑的50%以下；犯罪较轻的，可以减少基准刑的50%以上或者依法免除处罚。"

〔2〕参见"民间纠纷引发犯罪刑事和解不予批捕"，载 http://www.scfzw.net/zfxwmk/html/88-7/7421.htm，最后访问时间：2016年4月7日；"安徽寿山：轻微刑案当事人和解可不予批捕"，载 http://news.jcrb.com/jiancha/jcdt/201005/t20100531_362782.html，最后访问时间：2016年4月7日。

有以下情形之一的，可以作出不批准逮捕的决定或者不予逮捕……"未成年人特别程序中的"从宽"与普通刑事诉讼程序中逮捕措施的适用形成了鲜明对比。

刑事速裁程序对逮捕措施也是限制适用。《刑事诉讼法》第69条规定："被取保候审的犯罪嫌疑人、被告人违反前两款规定，已交纳保证金的，没收部分或者全部保证金，并且区别情形，责令犯罪嫌疑人、被告人具结悔过，重新交纳保证金、提出保证人，或者监视居住、予以逮捕。"这说明在一般案件中，被追诉人违反取保候审规定的应当区别情形，决定是否予以逮捕。而《速裁程序办法》则是原则上限制逮捕措施的适用，《速裁程序办法》第3条规定，"适用速裁程序的案件，对于符合取保候审、监视居住条件的犯罪嫌疑人、被告人，应当取保候审、监视居住。违反取保候审、监视居住规定，严重影响诉讼活动正常进行的，可以予以逮捕。"对于符合取保候审、监视居住条件的，《速裁程序办法》强调"应当"取保候审、监视居住；对于违反取保候审、监视居住规定的，也不能一概予以逮捕，必须要达到"严重影响诉讼活动正常进行"的程度，而且此时仍是"可以"予以逮捕，保留了充分的从宽空间。

各地在探索"认罪认罚从宽制度"的试验中，也已出现了上述"程序从宽"的做法。2016年3月初，宜兴市检察院出台《关于建立轻微刑事案件认罪认罚从宽处理机制的意见》，在实体处理从宽之外体现了程序从宽的精神："符合取保候审条件的犯罪嫌疑人将优先采取取保候审强制措施，对于确有羁押必要的，将尽快办结。"[1] 浙江省平阳县自2015年6月实施认罪认罚从宽机制以来，犯罪嫌疑人或被告人的平均羁押天数减少了4.6天。[2]

认罪认罚从宽制度中的"程序从宽"在审查起诉阶段主要表现为检察机关可以适用不起诉，或者向法院提出认罪认罚从宽的量刑建议。《刑事诉讼法》第166条规定："人民检察院侦查终结的案件，应当作出提起公诉、不起诉或者撤销案件的决定。"检察机关在审查起诉阶段确认被追诉人认罪认罚的自愿性、合法性，进而与被追诉人协商之后，可能有两种处理方式。第一种是检察机关经过侦查，认为被追诉人存在《刑事诉讼法》第173条规定的犯罪情节轻微，依照刑法规定不需要判处刑罚或者免除刑罚的情形，可以作出不起诉的决定。第二种是检察机关认为被追诉人的犯罪事实清楚，证据确实、充分，依法应当提起公诉，但可以向法院提出从宽处理的建议。

---

〔1〕 "宜兴认罪认罚从宽处理机制快办提效"，载 http://www.jsjcy.gov.cn/shixianyaolan/wuxi/2016 03/t2746162_shtml，最后访问时间：2016年4月8日。

〔2〕 参见"被告人认罪认罚可依法从宽处罚"，载 http://www.zjcourt.cn/art/2016/6/1/art_4_978 6.html，最后访问时间：2016年7月13日。

二、认罪认罚从宽制度的案件范围与程序阶段

（一）案件范围

对于认罪认罚从宽制度的适用范围问题，论者观点不一，存在较大分歧。笔者认为，原则上可以适用于所有案件，包括可能判处死刑在内的重罪案件。例外情形为"罪行极为严重，没有从宽余地"的案件，也即被追诉人认罪认罚后对处理结果无影响的案件。2016 年 6 月 27 日，中央全面深化改革领导小组第二十五次会议通过了《关于推进以审判为中心的刑事诉讼制度改革的意见》，其第 21 条提出："推进案件繁简分流，优化司法资源配置。完善刑事案件速裁程序和认罪认罚从宽制度，对案件事实清楚、证据充分的轻微刑事案件，或者犯罪嫌疑人、被告人自愿认罪认罚的，可以适用速裁程序、简易程序或者普通程序简化审理。"这说明适用认罪认罚从宽制度的案件范围不局限于简易程序案件，只要"犯罪嫌疑人、被告人自愿认罪认罚"就可以适用从宽程序。这是考虑到认罪认罚从宽制度的初衷是化解不断激增的案件压力，只要被追诉人在符合法定条件时自愿认罪认罚，就应当获得从宽处理的机会。重罪案件直接关乎被追诉人的重大人身、财产权益，案件事实一般而言更为疑难、复杂。而且《关于认罪认罚从宽制度改革试点方案》要求依法有序稳步推进试点工作。结合中央精神，部分地区可以考虑具体情况，更加谨慎地在试点范围适用重罪案件。

在重罪案件中适用认罪认罚从宽制度有利于案件的及时、准确处理。尤其是可能判处死刑的案件，通过认罪认罚从宽制度可以贯彻"少杀慎杀"的刑事政策，减少死刑立即执行的适用。贯彻"少杀慎杀"要通过自首、立功等量刑情节来实现。最高人民法院《关于进一步加强刑事审判工作的决定》中规定了"少杀慎杀"的具体操作标准，对于具有法定从轻、减轻情节的，依法从轻或者减轻处罚，一般不判处死刑立即执行。对于因婚姻家庭、邻里纠纷等民间矛盾激化引发的案件，或因被害方的过错行为引起的案件，案发后真诚悔罪积极赔偿被害人经济损失的案件等具有酌定从轻情节的，应慎用死刑立即执行。此处的法定从轻、减轻情节，以及真诚悔罪等酌定从轻情节，在诉讼程序中都需要通过认罪认罚从宽制度得以落实。近期，某些高官贪腐的案件虽然数额巨大惊人，犯罪情节特别严重，但最终由于悔罪认罚被判处无期徒刑，这实际上就是认罪认罚从宽制度的体现。

（二）程序阶段

为节省司法资源和提升司法效率，应当鼓励被追诉人尽早认罪认罚。宽严相济的刑事政策贯穿于刑事立法、刑事司法和刑罚执行的全过程，而认罪认罚从宽制度作为其直接体现，存在于侦查、审查起诉、审判和执行的整个阶段。具体而言，被追诉人在侦查阶段认罪的，侦查机关在对其认罪的自愿性进行审查后，可以在符合条件时从宽适用强制措施，比如，在符合规定时优先适用取保候审。在审查起诉阶段，检察机关同被追诉人展开认罪认罚的协商，此时可能导致案件的从宽处理。在

审判阶段认罪认罚，被追诉人可以获得实体上较轻的量刑。

为了同认罪认罚从宽制度的程序阶段相适应，应当赋予被追诉人在各个阶段的程序启动权和变更权。这不仅符合认罪认罚从宽制度的协商色彩，也是尊重被追诉人程序主体地位的体现。但综观我国既有的认罪认罚从宽制度，被追诉人仅有启动刑事和解程序的权利。在简易程序、未成年人附条件不起诉和刑事速裁程序中，被追诉人只能被动地接受或者表示异议，不享有任何积极的程序选择权。这显然不利于认罪认罚从宽制度中合意的形成。在"辩诉交易"制度中，被追诉人享有充分的程序控制权，不仅可以主动要求适用辩诉交易，而且在此后的程序进行中也可随时撤回。意大利1988年的刑事司法改革设置了五种简易程序，其中就包括"基于当事人请求而适用刑罚"。在认罪认罚从宽制度中，被追诉人作为最直接的程序主体和适用后果主体，仅拥有程序否定权是不够的。程序权利的缺失不仅易引发被追诉人的不满情绪，甚至可能导致上诉率的增高，违背提高诉讼效率的初衷。因此，应当赋予被追诉人在各个阶段的程序启动权和变更权。被追诉人在各个程序阶段都可提出适用认罪认罚从宽制度的请求，此后，被追诉人也可以申请将认罪认罚从宽程序变更为普通程序。

三、认罪认罚的证据

（一）坚持证明标准

"无罪推定"是现代刑事诉讼中被追诉人权利的基础性保障。我国《刑事诉讼法》第12条体现了无罪推定原则的核心精神，"未经人民法院依法判决，对任何人都不得确定有罪"。无罪推定原则要求由控诉方承担证明责任，而且必须达到证明标准的要求。这对于防范冤错案件具有重要意义，而这一点同样适用于认罪认罚从宽制度。

在被追诉人认罪案件的域外考察中，英美法系国家以当事人对抗主义为基础，诉讼活动被视为一种游戏，辩诉交易被视为一种契约行为。由于辩诉交易是检察官与辩护方之间的协商、谈判，法官对基本事实主要是"形式审查"，绝大多数辩诉交易都能得到法官的认可。发现真实的义务由当事人承担，法官处于消极中立的地位。被追诉人一旦自愿、合法地进行有罪答辩就不再受到"无罪推定"的保护，也就不再适用"排除合理怀疑"的证明标准。在阿尔弗德案中，美国联邦最高法院认为，如果辩诉交易中的证据可以证明被告人有罪达到了"压倒性证据"（overwhelming evidence）的程度，则可以判定被告人有罪，这显然低于"排除合理怀疑"的证明标准。

但以德国为代表的大陆法系国家对于真实的发现采用职权探知原则，认为法官负有尽可能客观公正地发现案件事实真相的义务，[1]控辩双方不负担任何证明责

---

〔1〕 参见［德］汉斯·普维庭：《现代证明责任问题》，吴越译，法律出版社2000年版，第52~54页。

任,"审判阶段查明案件事实的全部责任置于法院……排除合理怀疑证明被告人有罪的责任同样由法院承担"。[1]基于此种认识,德国理论认为被追诉人的认罪不能作为确信其有罪的唯一证据,被追诉人的认罪必须与其他证据一起达到"内心确信"的证明标准。早在1998年,德国联邦最高法院在确立认罪协商指导方针的一则判决中明确指出,法院必须审查被告认罪自白的可信度,必要时应当调查其他证据以确认自白的真实性,否则可能因违反实质真实原则而违法。[2]

笔者认为,我国认罪认罚从宽制度应当坚持客观真实与法律真实的辩证统一,[3]无论在何诉讼阶段,公安司法机关都必须对基本事实进行"实质审查"。这显然不同于辩诉交易制度,而近似德国的认罪协商制度,又自具特色。从1979年制定《刑事诉讼法》到1996年、2012年两次修改,我国《刑事诉讼法》始终坚持"案件事实清楚,证据确实、充分"的证明标准。

被追诉人认罪认罚的,公安司法机关不仅要审查被追诉人的自愿性、合法性,而且要基于客观真实原则审查判断被追诉人的有罪供述和其他证据是否达到了法定证明标准。只有达到证明标准并符合认罪认罚从宽制度规定的,才可以作出相应的从宽处理。未达到法定证明标准的,即便被追诉人作出了自愿、合法的有罪供述,也不能适用认罪认罚从宽制度。

认罪认罚从宽制度的证明标准应与我国《刑事诉讼法》的规定相一致,坚持"案件事实清楚,证据确实、充分"。前文已述,认罪认罚从宽制度适用于侦查、起诉、审判阶段,而《刑事诉讼法》第160条、第168条、第172条、第195条分别规定了公安机关侦查终结,人民检察院审查案件、提起公诉,以及法院作出有罪判决的证明标准为"犯罪事实清楚,证据确实、充分"。在《刑事诉讼法》和相关法律解释中,所谓"犯罪事实清楚"是指与定罪量刑有关的能证明犯罪嫌疑人有罪、无罪、罪轻、罪重,从轻、减轻或者免除刑罚的事实和情节必须查清。2012年《刑事诉讼法》再修改时,在保留"案件事实清楚,证据确实、充分"有罪证明标准的同时,对"证据确实、充分"作了三点解释:一是定罪量刑的事实都有证据证明;二是据以定案的证据均经法定程序查证属实;三是综合全案证据,对所认定事实已排除合理怀疑。[4]

笔者历来认为,我国《刑事诉讼法》中规定的证明标准要求公安司法机关对主要事实、关键事实的证明要达到结论唯一性、确定性,客观上符合事实真相。由

---

〔1〕 [德] 托马斯·魏根特:《德国刑事诉讼程序》,岳礼玲、温小洁译,中国政法大学出版社2004年版,第155页。

〔2〕 参见林钰雄:《干预处分与刑事证据》,北京大学出版社2010年版,第159~160页。

〔3〕 对客观真实与法律真实相结合的具体解读,参见陈光中主编:《刑事诉讼法》,北京大学出版社2016年版,第173~175页。

〔4〕 参见郎胜主编:《中华人民共和国刑事诉讼法释义》,法律出版社2012年版,第115~116页。

于被追诉人已经认罪，为了防止"被迫认罪"和"替人顶罪"，特别是冤错案件的发生，必须对犯罪事实已经发生、犯罪分子是谁等主要事实的证明达到确定无疑的程度。尤其是认罪认罚从宽制度的适用范围可扩展至死刑案件，这就要求严格掌握证明标准。联合国《关于保护面对死刑的人的权利的保障措施》第4条规定："只有在对被告人的罪行根据明确和令人信服的证据、对事实没有其他解释余地的情况下，才能判处死刑。"[1] 所谓"对事实没有其他解释余地"与结论唯一的标准是一致的。

但是，认罪认罚从宽制度坚持"案件事实清楚，证据确实、充分"的有罪证明标准，并不意味着一些次要的事实、情节都要达到此种程度。就司法实践经验来看，"基本事实"清楚和"基本证据"确实、充分，就可以认为达到了《刑事诉讼法》所要求的证明标准。"基本事实"是指影响被追诉人定罪量刑的主要犯罪事实和情节。"基本证据"是指能够证明案件基本事实存在的证据。需要着重指出的是，"两个基本"不同于"事实基本清楚，证据基本确实、充分"。"事实基本清楚，证据基本确实、充分"的说法和做法是对"两个基本"的误读，这导致定罪量刑事实的粗糙认定，既不能准确、及时查明案件事实，也容易导致冤错案件，必须坚决予以摒弃。

（二）证据规则适当从简

世界法治国家在刑事诉讼中普遍建立了一系列证据规则，而认罪认罚从宽制度建立在被追诉人已经自愿承认所指控犯罪事实的基础上，对传统证据规则造成了不同程度的冲击，形成了证据规则从简的效力。

一般认为，我国刑事诉讼中的法官负有依职权主动查明案件事实的义务。《刑事诉讼法》第191条规定："法庭审理过程中，合议庭对证据有疑问的，可以宣布休庭，对证据进行调查核实。"但在刑事简易程序中，可以适当简化庭审质证环节，最高人民法院《关于适用〈中华人民共和国刑事诉讼法〉的解释》第295条规定："公诉人、辩护人、审判人员对被告人的讯问、发问可以简化或者省略；对控辩双方无异议的证据，可以仅就证据的名称及所证明的事项作出说明；对控辩双方有异议，或者法庭认为有必要调查核实的证据，应当出示，并进行质证；控辩双方对与定罪量刑有关的事实、证据没有异议的，法庭审理可以直接围绕罪名确定和量刑问题进行。"这一规定基本可以适用于认罪认罚从宽制度的所有案件，但是对可能判处无期徒刑、死刑的案件，在适当从简的同时，应当注意对关键性证据的核实。

既往理论研究和刑事司法改革为了避免法官"预断"，着眼于防止法官受到审前阶段追诉机关证据材料的影响，但这些程序装置在被追诉人自愿认罪时已无必

---

[1] "关于保护面对死刑的人的权利的保障措施"，载 http://www.un.org/chinese/hr/issue/docs/43.PDF，最后访问时间：2016年7月14日。

要。认罪认罚从宽案件中，控辩双方已经就案件事实达成一致，庭审所要达成的目标是通过审查确保案件事实的真实性。虽然仍需适用证据能力规则、证明力规则等，但同普通程序相比具有较大的灵活性和自由度。下文以直接言词原则和传闻证据规则为例展开论述。

刑事审判中的直接言词原则和传闻证据规则是保障事实查明和维护被追诉人诉讼权利的重要证据规则。《美国联邦证据规则》第 802 条规定了"传闻证据不可采"原则："传闻不可采，除非下列法律或者规则另有规定：联邦制定法；本证据规则；或者最高法院制定的其他规则。"但"传闻证据排除"规则的重要例外情形之一就是辩诉交易，传闻证据在此程序中是可采的。《德国刑事诉讼法》第 250 条规定："对事实的证明如果是建立在个人的认识上的，在法庭审理中应当对其询问。询问不允许以宣读以前的询问笔录或者书面证言而代替。"〔1〕但《德国刑事诉讼法》在"简易程序"部分第 420 条对直接言词原则作出了限制性规定："对证人、鉴定人或者共同犯罪嫌疑人的讯（询）问，允许宣读以前的讯（询）问笔录以及宣读含有出自他们的书面声明的文件进行代替。"〔2〕

理论研讨和域外考察充分说明，认罪认罚从宽制度在证据规则适用上可以适当"从简"。然而，我国体现认罪认罚从宽的现有制度并未完全确立证据规则适当"从简"。刑事和解程序和未成年人适用附条件不起诉、适用同普通程序相同的证据规则。因此，应当在认罪认罚从宽制度中明确证据规则从简效力，可在《刑事诉讼法》中对包括证人出庭在内的证据规则条文进行修改，对认罪认罚从宽制度的证据规则适度从简。

四、认罪认罚从宽制度具体适用的设计

（一）如何载入《刑事诉讼法》

我国《刑事诉讼法》中体现认罪认罚从宽精神的具体条文、制度并不鲜见，但未能形成制度化、体系化的规定。有学者认为，认罪认罚从宽制度可以作为特别程序来设计，主要适用于罪行较轻的案件。笔者对此并不赞同，因为已经存在的刑事简易程序、未成年人附条件不起诉制度、刑事和解制度以及正在部分地区试点的刑事速裁程序，实际上本身就具有认罪认罚从宽制度的性质。如果单独设立特别程序，势必存在交叉、重复，而且不能涵盖可能适用死刑的案件，不能充分发挥认罪认罚从宽制度的优越性。

笔者认为，可以直接将其作为一项基本制度，载入第一章"任务和基本原则"之中。具体条文可表述为："人民法院、人民检察院和公安机关对于真诚承认犯罪、真诚接受惩罚并且积极退回赃款赃物的犯罪嫌疑人、被告人，应当依法从宽处

〔1〕 岳礼玲：《德国刑事诉讼法典》，中国检察出版社 2016 年版，第 108 页。
〔2〕 岳礼玲：《德国刑事诉讼法典》，中国检察出版社 2016 年版，第 154 页。

罚。对认罪认罚从宽的案件，在程序上依法适当简化。罪行极其严重的犯罪嫌疑人、被告人一般不适用认罪认罚从宽制度。"这可以对刑事诉讼中认罪认罚从宽的适用起到提纲挈领的指导作用，而且也契合十八届四中全会"完善刑事诉讼中认罪认罚从宽制度"的精神。

（二）协商程序

英美法系国家的辩诉交易中，检察官为了避免败诉风险而以减少、降格指控罪名、从轻量刑等换取被告人的有罪答辩。由于法官在审查辩诉协议时仅为形式审查，这就要求被追诉人必须"一揽子"接受检察官的指控。换言之，辩诉交易制度中被追诉人的认罪直接导致了有罪的判决。大陆法系国家认罪协商的内容一般仅为量刑协商，德国刑事诉讼法坚持法官发现实质真实的义务，被追诉人的认罪仅被视为一种证据，其真实性需要法官在随后的调查中加以判断。因此定罪协商被排除在认罪协商之外。

但是，在我国的认罪认罚从宽制度中，被追诉人的认罪并不能直接导致有罪裁判。只有达到证明标准并符合认罪认罚从宽制度规定的，才可以作出相应的从宽处理。因此，认罪认罚从宽制度的协商内容一般只限于量刑协商。在审查起诉阶段，检察机关同被追诉人展开认罪认罚的协商，此时可能导致案件的从宽处理，如酌定不起诉或者未成年人附条件不起诉。必须起诉的，检察机关可以提出比不认罪案件较为优惠的简易程序等。此时的协商主体是被追诉人和检察机关。审判阶段的认罪认罚，仅适用于量刑范围。此时的协商主体主要是被告人和法官，由法官主持和审查被告人认罪的自愿性、合法性，并根据事实和法律提出具体的刑罚适用。检察官也是审判阶段协商的参与人员，法官应当与检察官就刑罚适用进行充分的沟通。这不仅可以促进协商程序的公正、透明，而且有助于增强控辩双方对裁判结果的接受度，避免被告人和检察机关因不满裁判结果而提出上诉、抗诉。

（三）被害人的参与

按照正当程序的要求，与程序结果有利害关系的人有权参加该程序并得到提出有利于自己的主张的机会。[1]我国刑事诉讼中的被害人作为当事人和认罪认罚从宽制度的主要利害关系人之一，理应参与其中。但被害人的要求往往带有较强烈的个人情绪，同公安司法机关往往存在较大分歧。在司法实践中，有的案件在被追诉人认罪认罚的情况下，由于被害人坚持要求从严处理，导致认罪认罚从宽制度难以落实。

应当赋予被害人在认罪认罚从宽制度中发表意见的权利。被害人及其诉讼代理人提出书面意见的，应当附卷。公安司法机关审查案件时应当主动听取被害人及其诉讼代理人的意见，并记录在案。但是在认罪认罚从宽制度中，公安司法机关从宽

---

[1] 参见［日］谷口安平：《程序的正义与诉讼》（增补本），王亚新译，中国政法大学出版社2002年版，第11页。

处理的决定不受被害人意见的约束。这一点同刑事和解制度有明显的区别。

（四）法律援助

在认罪认罚从宽制度中，辩护律师对保障被追诉人的合法权益尤为重要。正如美国学者在研究认罪案件时指出的，虽然被追诉人名义上享有认罪或不认罪的绝对权利，但是他们经常会发现，在没有辩护人的情况下自己根本不享有任何保护。[1]各国在认罪案件中都十分重视律师的作用。《美国宪法第六修正案》明确规定了被告人有权获得律师帮助为其辩护，该项权利在辩诉交易中被认为是被告人享有的最重要的权利。[2]大陆法系国家在认罪协商程序中也往往为被追诉人提供免费律师辩护，如《德国刑事诉讼法》第 418 条规定："预计判处自由刑至少 6 个月的，对尚无辩护人的犯罪嫌疑人，就初级法院快速审理程序对其指定辩护人。"[3]

辩护律师的有效参与不仅有利于保障被追诉人的辩护权，防止冤错案件，也有助于推动认罪协商及后续程序的顺利进行。根据《刑事诉讼法》的规定，法律援助范围为侦查、审查起诉、审判阶段和可能判处无期徒刑、死刑的案件。可以看到，这一范围同认罪认罚从宽制度是比较接近的，但也有一定差距。根据十八届四中全会"完善法律援助制度"的要求，中共中央办公厅、国务院办公厅《关于完善法律援助的意见》进一步提出，法律援助机构在法院、看守所派驻法律援助值班律师。健全法律援助参与刑事案件速裁程序与刑事和解、死刑复核案件的办理工作机制。辩护律师在法院和看守所值班后，被追诉人在整个刑事诉讼程序中都可以及时向值班律师咨询法律问题，获得法律援助。这有助于被追诉人在整个刑事诉讼程序中及时认罪协商。

因此，结合中央精神和扩大法律援助的趋势，应当将可能判处徒刑以上刑罚的认罪认罚案件纳入法律援助范围。徒刑以上刑罚涉及被追诉人的人身自由剥夺，覆盖了认罪认罚的绝大部分案件。在这一范围内实行法律援助可以促进认罪协商程序的顺利进行，维护被追诉人的合法权益。

（五）上诉程序

在西方的辩诉交易制度中，检察官为提升指控的成功率，通常要求被告人必须放弃提出上诉的权利，而法官的形式审查并不调查案件的事实真相，这就意味着辩诉交易直接决定了被告人的最终裁判结果。在认罪协商中坚持实质真实原则的德国，为防止被告人因受到非法压力和欺骗而认罪协商，则强调当事人在协商中不能放弃上诉权，《德国刑事诉讼法》第 35a 条规定："如按第 257c 条以协商的方式作

---

[1]　参见［美］乔治·费希尔：《辩诉交易的胜利——美国辩诉交易史》，郭志媛译，中国政法大学出版社 2012 年版，"序言"第 65 页。

[2]　参见陈光中主编：《辩诉交易在中国》，中国检察出版社 2003 年版，第 227 页。

[3]　岳礼玲：《德国刑事诉讼法典》，中国检察出版社 2016 年版，第 154 页。

出的判决，要告知相关人员在任何情况下他有权自由决定是否上诉。"〔1〕第 302 条特别指出："协商的内容不能放弃上诉权，如果以协商的形式达成判决（第 257c 条），则不能放弃提起法律救济程序"。〔2〕我国台湾地区"刑事诉讼法"第 455～10 条明确规定，依协商程序所为之科刑判决，不得上诉。但为保证实质公正，下列情形允许被告人提出上诉：①协议双方合意撤销或撤回协商申请；②被告协商之意思非出于自由意志；③被告人所犯之罪不在可以认罪协商的范围内；④被告人还有其他较重的犯罪事实；⑤法院认为应免刑、免诉或不受理；⑥协商判决违反法定刑范围。

我国审判程序中，法院把实现司法公正作为最高职责，尤其是要严防冤错案件的发生，不宜取消被告人提出上诉的权利。当前简易程序和刑事速裁程序的上诉率较低，量刑协商程序的建立也有助于进一步降低上诉率，但也不能排除个别案件的被告人获得从宽处理后滥用上诉权。如果上诉后按常规开庭审理，则会损害司法权威和诉讼效率，也有违认罪认罚从宽制度的初衷。

笔者认为，可参照现有法律制度设立认罪认罚案件的上诉审查程序。《刑事诉讼法》第 223 条第 2 款规定："第二审人民法院决定不开庭审理的，应当讯问被告人，听取其他当事人、辩护人、诉讼代理人的意见。"《刑事诉讼法》为认罪认罚案件的上诉审查确立了基本法律框架，可以参照法定程序处理被告人上诉案件。具体而言，被告人提出上诉后，二审开庭前以阅卷的形式审查认罪认罚的事实、证据基础。如果有证据证明一审案件事实确有重大错误的，应当正式开庭审理。否则，可直接驳回被告人的上诉。

---

〔1〕 岳礼玲：《德国刑事诉讼法典》，中国检察出版社 2016 年版，第 9 页。

〔2〕 岳礼玲：《德国刑事诉讼法典》，中国检察出版社 2016 年版，第 120 页。

认罪认罚从宽制度实施问题研究[1]

2016 年 7 月 22 日，中央全面深化改革领导小组第二十六次会议审议通过了《关于认罪认罚从宽制度改革试点方案》（下文简称《试点方案》）。2016 年 9 月 3 日，第十二届全国人民代表大会常务委员会第二十二次会议通过了《关于授权最高人民法院、最高人民检察院在部分地区开展刑事案件认罪认罚从宽制度试点工作的决定》（下文简称《试点决定》），认罪认罚从宽制度即将正式在北京、天津、上海等 18 个城市开始为期 2 年的试点。在此之际，笔者侧重对认罪认罚从宽制度的实施问题谈以下几点看法，以期促进试点工作遵循司法规律有序开展。[2]

一、认罪认罚从宽制度试点工作若干基本问题

（一）适用范围

根据《试点方案》，认罪认罚从宽制度适用于"对犯罪嫌疑人、刑事被告人自愿如实供述自己的罪行，对指控的犯罪事实没有异议，同意人民检察院量刑建议并签署具结书的案件"。由此，该制度原则上适用于所有刑事案件，不仅包括轻罪案件，还应当包括可能被判处无期徒刑、死刑的重罪案件。

为了确保公正，《试点方案》规定以下三类案件不适用认罪认罚从宽制度：其一，犯罪嫌疑人、被告人属于尚未完全丧失辨认或者控制自己行为能力的精神病人。因为这类犯罪嫌疑人、被告人的有罪供述的自愿性往往难以确认。而且，他们即便不认罪不认罚，根据《刑法》第 18 条，仍然可以从轻或者减轻处罚。其二，未成年的犯罪嫌疑人和被告人，他们的代理人和辩护人对未成年的犯罪嫌疑人和被告人认罪认罚有异议的。因为这类情况比较复杂，要慎重对待。何况未成年人的犯罪嫌疑人、被告人即便不认罪认罚，依据《刑事诉讼法》和《刑法》有关规定，仍遵照"教育、感化、挽救"的方针，应当对他们从轻或者减轻处罚。如果未成年人案件适用认罪认罚制度，则应当"宽"上加"宽"。其三，犯罪嫌疑人、被告人可能不构成犯罪，以及有其他不宜适用认罪认罚从宽的情形。这样做是为了严格

---

〔1〕 原载《法律适用》2016 年第 11 期。本文为北京市哲学社会科学规划重大项目"司法改革问题研究"（编号：14ZDA06）的阶段性成果。

〔2〕 笔者曾发文对认罪认罚从宽制度作了比较系统的论述，详见"认罪认罚从宽制度若干重要问题探讨"，载《法学》2016 年第 8 期，故本文侧重于研究试点方案的实施问题。

防范在认罪认罚从宽制度的实施过程中出现冤案、错案。除了这三类情况，《试点方案》规定："对犯罪性质恶劣、犯罪手段残忍、社会危害严重的犯罪分子，其坦白认罪不足以从轻处罚的，也必须依法严惩。"也就是说，一些罪大恶极的案件的犯罪嫌疑人、被告人，即便表示认罪认罚，也不应有从宽余地，应当严惩不贷。

（二）从宽幅度

认罪认罚从宽不是无限从宽，而是限定在法律范围之内。从宽处理包括实体从宽和程序从宽，适用于刑事诉讼的各个阶段。在侦查阶段，主要是程序从宽，表现为侦查机关变更、解除强制措施；在起诉阶段，表现为检察机关采取非羁押性强制措施或者作出不起诉决定；在审判阶段，主要是实体从宽，表现为法院依据各个具体罪名的规定，在法定量刑幅度内从宽处罚。

（三）办理程序

为了充分发挥有效惩罚犯罪、优化司法资源配置的价值，认罪认罚从宽制度的办理程序应当借鉴速裁程序试点的改革经验，做到合法、合理、有效的简化。

同时，为了切实保障人权，确保司法公正，《试点方案》设置了必要的配套程序措施，如权利告知程序。侦查阶段，公安机关、人民检察院应当告知犯罪嫌疑人享有的诉讼权利和认罪认罚可能导致的法律后果，听取犯罪嫌疑人及其辩护人或者值班律师的意见。审查起诉阶段，人民检察院应就指控罪名及从宽处罚建议等事项听取犯罪嫌疑人及其辩护人或者值班律师的意见。审判阶段，法院应当告知被告人享有的诉讼权利和认罪认罚可能导致的法律后果，审查被告人有罪供述的真实性、合法性，听取辩护律师的意见和被告人的最后陈述。

此外，《试点决定》提出"严密防范并依法惩治滥用职权、徇私枉法行为，确保司法公正"。这旨在防范认罪认罚从宽制度的违法操作，严禁违法诱骗犯罪嫌疑人、被告人认罪，对本应无罪的案件作出有罪判决；严禁违法适用认罪认罚从宽制度，对本不该从宽处理的案件作出从宽处理。

（四）证据问题

认罪认罚从宽制度坚持案件事实清楚，证据确实、充分的证明标准。这是因为我国刑事诉讼坚持客观真实与法律真实的辩证统一，无论在何诉讼阶段，公安司法机关都必须对基本事实进行"实质审查"，坚持案件事实清楚，证据确实、充分的证明标准，不能因为其程序从简而降低其证明标准，严防在认罪认罚从宽制度实施过程中出现冤假错案。因而，无论是普通程序、简易程序、刑事和解程序，还是认罪认罚从宽制度都应当坚持证明标准的同一性。

认罪认罚从宽制度的证据规则可以被适当简化。如适当简化庭审质证，如果控辩双方对与定罪量刑有关的事实、证据没有异议的，法庭审理可以直接围绕罪名确定和量刑问题进行。当然，对可能判处无期徒刑、死刑的案件，在适当从简的同时，法院应当注意对关键性证据的质证、核实。

（五）法律援助

辩护律师的有效参与不仅有利于保障被追诉人的辩护权，防范冤错案件，也有助于推动认罪协商及后续程序的顺利进行。《试点方案》提出完善法律援助制度，建立看守所值班律师制度，为犯罪嫌疑人、被告人提供便捷、有效的律师帮助；扩大法律援助范围。笔者主张根据十八届四中全会"扩大法律援助范围"的精神，将所有认罪认罚案件都纳入到法律援助范围，并可以借此有效改善辩护律师参与刑事案件比率较低的现象。

（六）被害人意见

被害人在我国刑事诉讼中享有当事人的地位，依法享有参与刑事诉讼的广泛权利。因而，《试点方案》强调刑事被害人的有效参与，人民法院、人民检察院和公安机关办理认罪认罚案件，应当听取被害人及其代理人的意见，并将被告人与被害人是否达成谅解协议作为量刑的重要考量因素，要敦促刑事犯罪嫌疑人、被告人向被害人赔礼道歉、退赃退赔、赔偿损失，保障被害人尽早获得损害赔偿和心理安抚，有效地减轻诉累，及时化解矛盾，修复社会关系。需要注意，被害人意见仅仅是适用认罪认罚从宽的重要因素之一，而非适用条件之一。因而，区别于刑事和解制度，若犯罪嫌疑人、被告人一方和被害人一方无法达成和解，公安司法机关仍然可以依照认罪认罚从宽制度作出从宽处理。

二、侦查机关撤销案件问题

《试点方案》提出，对于犯罪嫌疑人自愿如实供述涉嫌犯罪的事实，有重大立功或者案件涉及国家重大利益，经公安部或者最高人民检察院批准，侦查机关可以撤销案件，检察院可作不起诉决定。在我国，侦查机关包括公安机关、检察院、国家安全机关、军队保卫部门、监狱和海关走私犯罪侦查部门等，这些机关各自对法定范围内的案件享有侦查权。该规定最大的特点在于，赋予侦查机关在特定情形下直接作出撤销案件决定的权力，这相当于赋予侦查机关作出无罪处理的实体处置权（下文将该项权力简称为"撤销案件权"）。笔者认为对于撤销案件权应当慎重对待，要全面、充分地研判这一规定是否符合现有法律框架和"以审判为中心"的改革精神，考察域外法律制度中是否有类似先例。

（一）撤销案件权突破了我国现有的法律框架，并有违"以审判为中心"的精神

1. 宪法角度

《宪法》第135条规定，"人民法院、人民检察院和公安机关办理刑事案件，应当分工负责，互相配合，互相制约，以保证准确有效地执行法律"。《刑事诉讼法》第7条规定了相同内容。根据该规定，法院依法行使审判权，检察院依法行使检察权，公安机关依法行使侦查权。在认罪认罚从宽程序中，撤销案件相当于作出无罪处理，撤销案件权相当于赋予侦查机关将有罪案件作无罪处理的权力，这侵犯

了法院的审判权，与"分工负责"的三机关关系相冲突。另外，公安机关和检察院关于撤销案件的决定仅仅各自经公安部和最高人民检察院批准即可作出。这种通过上下级领导关系作出的决定，缺乏不同性质机关之间的权力制约，也与"互相制约"的三机关关系相冲突。可见，撤销案件权有违《宪法》设定的三机关职权及其互相关系的精神。

2. 刑法角度

撤销案件权，不仅免除了被追诉人的刑罚，更直接免除了他的罪名，这与我国《刑法》规定存在冲突。

第一，撤销案件权以"有重大立功或者案件涉及国家重大利益"为条件，涉及国家重大利益的案件极可能与外交相关，但撤销案件权与《刑法》规定的外交豁免权存在本质差别。《刑法》第11条规定，"享有外交特权和豁免权的外国人的刑事责任，通过外交途径解决"。刑事责任的外交豁免属于国际惯例，不以犯罪嫌疑人认罪为前提，处理结果一般采用驱逐出境。显然，外交豁免案件不能归入认罪认罚从宽制度中。

第二，撤销案件权超越了《刑法》第68条的规定。《刑法》第68条规定，"有重大立功表现的，可以减轻或者免除处罚"，这仅仅意味着，具有重大立功表现的被追诉人至多可以被免除处罚，而不能被免除定罪。此外，《刑法》也并未规定，若案件涉及国家重大利益的，可以免除被追诉人的定罪处刑。

3. 刑事诉讼法角度

撤销案件权与《刑事诉讼法》相关程序设计相冲突。

第一，撤销案件权以"有重大立功或者案件涉及国家重大利益"为适用条件，但这一条件并不符合《刑事诉讼法》第15条规定的不予追究刑事责任的六种情形。首先，"有重大立功或者案件涉及国家重大利益"案件一般属于重罪案件，显然尚在追诉期限内，不属于告诉才处理的案件，也不具有犯罪嫌疑人死亡的特殊情形，由此这类案件不符合第15条规定的（一）、（二）、（四）、（五）情形。其次，撤销案件权适用的情形，不属于《刑事诉讼法》第15条（三）"经特赦令免除刑罚的"情形。因为根据《宪法》第67条，特赦是由全国人民代表大会常务委员会行使的特殊职权，是指对特定范围内的犯罪分子免去其部分或者全部刑罚。换言之，特赦不是针对个案，而是针对特定种类的案件。撤销案件权是直接对所有符合条件的被追诉人免除追诉，与特赦不同。最后，到目前为止，除了《刑法》《刑事诉讼法》以外的其他法律都没有规定免予追究刑事责任的情形，因而也不符合《刑事诉讼法》第15条第6项的规定。

第二，撤销案件权与《刑事诉讼法》规定的侦查机关在侦查终结时的职权相冲突。《刑事诉讼法》第160条规定，"公安机关侦查终结的案件，应当做到犯罪事实清楚，证据确实、充分，并且写出起诉意见书，连同案卷材料、证据一并移送同级人民检察院审查决定；同时将案件移送情况告知犯罪嫌疑人及其辩护律师。"

可以从两方面理解这条规定：公安机关侦查终结时，若认为是有罪案件，必须移送检察院审查起诉；若认为是无罪案件，才可作撤销案件的处理。但撤销案件权的对象都是侦查机关经过侦查认为有罪的案件，因为认罪认罚从宽制度的适用前提为"犯罪嫌疑人、刑事被告人自愿如实供述自己的罪行，对指控的犯罪事实没有异议"。那么，依据《刑事诉讼法》，侦查机关只能将案件移送检察院审查起诉。

4. "以审判为中心"角度

在刑事诉讼中，"以审判为中心"的诉讼制度改革乃是从各个方面凸显法院的审判权，是对公、检、法三机关关系的完善和发展。无论是定罪还是免责，原则上都是审判权的内容，最好由法院作出；退一步而言，可以交由检察院以法律监督机关的身份作出。撤销案件权的实体处分效果已然与法院的审判权等量齐观，这与"分工负责，互相配合，互相制约"的三机关关系相冲突，与"以审判为中心"的精神相违背。

除此之外，在司法实践中，还会面临撤销案件决定书的内容与效力方面的问题。认罪认罚从宽程序中，被告人自愿认罪，并且往往已被采取拘留、监视居住甚至逮捕等限制人身自由的强制措施。依照程序法治原则，只有根据正式的法律文书才可以真正撤销案件，还犯罪嫌疑人自由、无罪之身。那么，公安机关作出的撤销案件的决定书至少需要对立案罪名、犯罪嫌疑人认罪情况和重大立功或者案件涉及的国家重大利益作出必要的明示。撤销案件的决定书是否能囊括上述重要内容？决定书的实体效力是否能与法院作出的不予追究刑事责任的裁决书相等同？这是撤销案件权所面临的实践难题。

（二）考察域外相关制度，尚无侦查机关直接撤销有罪案件的经验可循

1. 相关国际公约

司法实践中，如腐败犯罪、跨国有组织犯罪等犯罪案件取证困难，为了有效打击此类犯罪，一些国际公约规定可以以"减轻处罚"或者"不予起诉"为条件，鼓励犯罪嫌疑人或者被告人提供实质性配合。这一国际刑事准则内容与我国认罪认罚从宽制度的内核相契合。如《联合国反腐败公约》第37条"与执法机关的合作"第1款规定，"各缔约国均应当采取适当措施，鼓励参与或者曾经参与实施根据本公约确立的犯罪的人提供有助于主管机关侦查和取证的信息，并为主管机关提供可能有助于剥夺罪犯的犯罪所得并追回这种所得的实际具体帮助"。《联合国打击跨国有组织犯罪公约》第26条第1款亦作出了相同规定。犯罪嫌疑人提供的"实质性帮助"，在我国法律语境中，与重大立功的情形相类似。

但是，笔者认为《联合国反腐败公约》和《联合国打击跨国有组织犯罪公约》的这部分规定与撤销案件权仍有区别。《联合国反腐败公约》第37条第3款规定，"对于在根据本公约确立的犯罪的侦查或者起诉中提供实质性配合的人，各缔约国均应当考虑根据本国法律的基本原则就允许不予起诉的可能性作出规定。"《联合国打击跨国有组织犯罪公约》第26条第3款也作了相同规定。虽然两份公约并未

明确规定作出不予起诉决定的主体，而将该程序事项交由各缔约国基于"本国法律的基本原则"予以规定。但参考条约原文，该款用"immunity from prosecution"，其意指"不予起诉"，而非"不予侦查"。若以该条约为依据，结合我国法律规定，对于在侦查和起诉中有重大立功的人的罪行豁免，只能由作为公诉机关的检察院作出不起诉决定，而非由侦查机关作出撤销案件的决定。

2. 英美法系的辩诉交易和大陆法系的认罪协商

我国认罪认罚从宽制度的建构，借鉴了英美法系的辩诉交易和大陆法系的认罪协商，前者以美国为代表，后者以德国为代表。但在两大法系的同类制度中，并没有赋予侦查机关撤销案件权的先例。

美国的辩诉交易制度和德国的认罪协商制度对被追诉人作出从宽处理，与撤销案件权存在明显区别。根据《美国联邦刑事诉讼规则》第11条的规定，辩诉交易由检察官主导，在控辩双方之间进行，但辩诉交易内容并不对法官具有强制效力。对被告人从宽处理的判决，仍由法官经过审查独立作出，而非由检察官或者警察直接作出。被告人和检察官协商内容可以包括提出对被告人有利的刑期、以较轻的罪名追诉和减少起诉的罪名等内容，但不包括直接撤销案件或者撤回起诉。根据《德国刑事诉讼法典》第257条c款规定，法官是认罪协商的主导者：由法官提出协商提议，经被告人和检察官同意后成立，法官再根据协商内容对被告人作出从宽量刑的判决。德国认罪协商制度所含标的较美国辩诉交易有所限缩，仅限于提出量刑的上限和下限，不能包括有罪宣告、矫正和保安处分。

可见，无论是大陆法系还是英美法系，根据被告人的有罪答辩所作的从宽处理，一般都由法官以判决的形式作出。相比而言，我国案件撤销权的主体单一，仅为侦查机关；虽要求"经公安部或者最高人民检察院批准"，但撤销案件仍属于侦查机关的内部行为。此外，我国撤销案件权相当于对被追诉人作出无罪处理，这显然超出了前述两个国家法律所允许的协商范畴。

3. 污点证人制度

污点证人制度，又称污点证人作证豁免制度，是指国家为了取得重要证据，或者追究主犯的严重罪行，鼓励同案犯或者其他案件中罪行较轻的犯罪嫌疑人提供关键证据，以此对他们作出不予追究刑事责任的承诺。这实质上是一种区别于辩诉交易或者认罪协商的司法交易，交易标的是国家的追诉权和犯罪嫌疑人的拒绝作证权。我国未明确规定污点证人制度，但美国、加拿大和德国等许多国家则都有相应的规定。

比较而言，污点证人制度中的作证豁免与我国撤销案件权相类似，都免除了国家追诉，等同于刑事免责，在终局效果上是一致的。但两者在具体程序上，特别是作出刑事免责决定的主体上明显不同。

在德国，对于《德国法院组织法》第120条第2~7项规定的州高等法院所管辖的危害国家公共安全的恐怖犯罪，《德国刑事诉讼法典》第153e条规定，"如果在行为之后至其得知行为被发觉之前，行为人就联邦德国的存在或者安全或者宪法秩序的危险的避免有所贡献的，经《德国法院组织法》第 120 条规定的有管辖权的州高等法院的同意，联邦总检察长可以对此行为不予追诉。如果行为人在行为后作出如下的贡献，即向有关部门告发了其所了解的，有关内乱、危害民主法治、叛国或者危害外部安全的企图的，同样适用此规定"。[1]

在美国，污点证人制度的依据包括"刑事免责"案例和相关规定。联邦最高法院在 1896 年的布朗案[2]肯定了"刑事免责"的合宪性。《美国法典注解》第 18 卷第 6001~6005 条[3]具体规定了刑事免责问题。第 6002 条规定，"在联邦法院或大陪审团、联邦行政机关、国会、国会两院联席委员会、众议院或参议院等中进行的程序中，凡基于'拒绝自证其罪特权'而拒绝供述、作证或提供证据的公民，当上述机关根据本条例赋予其刑事免责，以此要求所作的供述、作证或提供证据时，该公民就必须服从上述机关的命令，按要求进行供述、作证或提供证据。公民在上述命令之下所作的供述、证言及提供的证据（以及由此直接或者间接获得的所有信息），不得被用于以追究该公民的刑事责任为目的的任何案件中，除非以伪证罪、虚伪供述罪及违反强制作证命令而对其进行追诉以外"。

根据该一般性条款，第 6003 条作了具体展开，在联邦法院或者大陪审团审判程序中，如果检察官认为需要对某位证人进行刑事免责，须经司法部部长（the Attorney General）或者其他司法长官同意，向法官申请豁免刑事责任的裁决。根据美国三权分立的组织体系，司法部虽然从属于行政体系，但是就职权而言，司法部兼管检察机关，司法部部长是检察机关的最高司法长官。根据第 6005 条的规定，联邦议会程序中刑事免责的命令，由司法部部长直接向法官申请，再由法官作出刑事免责的裁决。根据第 6004 条的规定，部分联邦行政机关在行政程序中，经司法部部长同意，可以直接作出刑事免责的命令（根据第 6001 条的规定，此处的联邦行政机关包括州政府、司法部、国家国土安全局和国防部等）。尽管这些机关经司法部部长同意，可以直接作出刑事免责的命令，但是一般比较慎重。如根据《美国国防法》第 719 条，[4]在涉及国家安全的案件中，国防部对于被追诉人的刑事免责的命令，经司法部部长同意，仍会交由享有军事法庭审判权的法官审查作出。

由上可见，污点证人的豁免在西方国家是存在的，但是为保障程序法治化，一般情况下由法院作出，特定情况下由检察机关的最高司法长官（包括美国司法部部长）作出，而警察、国家安全机关等侦查机关都无权单独作出决定。

---

〔1〕《世界各国刑事诉讼法》编辑委员会：《世界各国刑事诉讼法》（欧洲卷·上），中国检察出版社 2016 年版，第 285 页 。

〔2〕 *Brown v. Walker*，161U. S. 591（1896）.

〔3〕 18U. S. C. A. § 6001~6005.

〔4〕 32C. F. R. § 719. 122.

　　综上所述，我国实施认罪认罚从宽制度涉及方方面面，试点方案需要对此作全盘思考。若赋予侦查机关在"有重大立功或者案件涉及国家重大利益"情况下的撤销案件权，将明显突破我国现有法律框架。考察域外相关制度，这种撤销案件权尚无经验可循；并与当下正在推进的"以审判为中心"的诉讼体制改革有所违背。质言之，在认罪认罚从宽制度中赋予侦查机关撤销案件的权力，与社会主义法治原则相背离，笔者认为应当慎之又慎。

　　笔者不否认司法实践中可能存在有重大立功或者涉及国家重大利益，需要作免责处理，且不宜对社会公开的案件。但这种特殊案件不一定要由侦查机关直接作出撤销案件的决定。笔者建议应当将这种案件交由最高人民检察院或者最高人民法院进行审查后，再作出不公开形式的不予追究刑事责任的决定或者裁决。

陈光中法学文选（第四卷）

司法改革与刑事诉讼法修改

第五部分　监察制度改革与其他

铁路司法体制改革的成就与展望[1]

今年6月30日，全国17个铁路运输中级人民法院和58个铁路运输基层法院、17个铁路运输检察分院和59个基层铁路运输检察院全部与铁路运输系统脱钩，移交给地方属地管理，铁路司法系统整体纳入了国家司法管理体系。这标志着我国铁路司法体制改革基本完成，是近5年来司法体制改革的一项重要成就。

一、铁路司法体制改革过程的回顾

我国铁路司法系统于20世纪50年代初参照苏联模式设立，1957年受"反右"斗争和法律虚无主义的干扰而被撤销，又于"文革"之后被重建。重建之初，铁路司法系统设有三级检察院和法院。1987年撤销了铁路运输高级法院和全国铁路运输检察院，只保留了基层及其上一级铁路司法机关。这些铁路司法机关与全国各个铁路局形成了一套完整的对应关系，铁路司法系统都由铁路运输部门管理，是我国铁路企业的一个组成部分。铁路司法系统管辖的案件主要是与铁路运输相关的刑事、民事和经济案件。在人事上，铁路司法机关的审判人员和检察人员不是国家公务员，而是铁路企业职工，由铁路运输系统按照其内部管理制度任免，不遵循《法官法》《检察官法》的选任程序，也不需通过国家司法考试。铁路司法机关的经费保障也由铁路运输系统解决，国家财政并不负责拨付。

铁路司法系统这样的体制，在一定程度上方便了铁路企业运行过程中案件的办理和各种纠纷的解决，较有效地保障了作为国民经济"大动脉"的铁路的安全运行；但是，其体制缺陷也十分明显：由于隶属于铁路企业，人财物均由铁路企业提供，职能上强调为铁路系统服务，其司法特性受到压制，司法的公正性、权威性难以得到体现和保障。此外，还存在案件管辖易起争端、法律适用不统一、人事任免与权力机关脱离等一系列问题。在实践中，涉铁案件偏向铁路部门的司法不公问题备受关注。例如，2009年某列车长捆绑乘客曹大和致其死亡一案，铁路法院仅判处列车长缓刑，引起社会的普遍不满；法律工作者郝劲松曾对铁路运输部门提起过数次公益诉讼，无一胜诉。民众对铁路司法不中立、不公正的指责甚多，对铁路司法体制改革的呼声也日渐高涨。随着讨论的深入，出现了两个具有代表性的改革方案：一是撤销铁路司法机关，其所管辖的案件全部交由地方司法机关处理。二是保

---

〔1〕 原载《中国法律》2012年第5期。

留铁路司法系统，但应从铁路部门剥离，并对相关制度进行具体设计，以充分发挥其司法特有功能。笔者本人曾主持这方面课题研究，并主张采纳后一种方案，因为铁路司法系统来之不易，已经有一支具备一定素质的队伍，发挥着实际的作用。在我国司法体系中保留铁路司法机关有利于更有效地打击犯罪、处理相关纠纷，并有利于案件管辖等一系列程序问题的合理解决。

2008年12月，中央政法委出台《关于深化司法体制和工作机制改革若干问题的意见》，部署了国家司法体制改革工作，铁路司法体制改革就是其中一项重要内容。经过深入的调研、讨论和反馈意见，2009年确定了总体方案：铁路司法机关作为整体予以保留，但要与铁路部门彻底脱钩，归入地方属地管理。之后，2009～2010年相继出台了《关于铁路公检法管理体制改革和核定政法机关编制的通知》《关于铁路法院检察院管理体制改革若干问题的意见》《关于铁路运输法院案件管辖范围的若干规定》等系列政策措施，有力地推动了铁路司法体制改革的步伐。经过3年的过渡和实施，铁路司法体制改革涉及的机构设置、人事任免、经费保障、案件管辖、人员分流安置等问题，都逐步得到解决，铁路司法系统的体制问题基本得以理顺。今年6月底，全国各铁路司法机关向地方人、财、权的移交工作基本结束，铁路司法体制改革基本完成。

二、铁路司法体制改革的积极意义

对铁路司法系统整体进行保留，具有其合理性，符合我国当前实际。铁路司法系统原有的一整套体系，设置基本完备，人员熟悉业务，实践经验较丰富，是宝贵的既有资源，应予以充分利用。基于现实的考虑，改革涉及百余家铁路司法机关、7000余人的队伍，需要司法机关、铁路部门、中央和地方人事、财政等机关相互协调，将铁路司法系统予以保留，这样做既降低了改革的难度，也有利于大局的稳定和过渡的平稳。而且，保留铁路司法系统作为专门司法机关，较好地适应了铁路运输纠纷和案件的特殊性与专业性要求，有利于延续原有的司法专业化道路，有利于保障铁路运输的正常、安全运行。

将铁路司法系统纳入国家司法管理体系，有利于国家司法统一。铁路司法系统游离于国家司法之外，无疑是国家司法体系的一项缺憾。将其纳入国家司法管理系统，强化了国家司法体系的完整性，也便于对其机构设置、队伍建设、案件管理等各方面进行符合司法规律的统一谋划和管理，有利于优化司法资源的配置，促进法律的统一适用和司法政策的贯彻落实，推进国家司法的统一。

铁路司法体制改革使铁路司法系统与铁路企业脱钩，铁路司法系统的人、财、物等不再受制于铁路企业。铁路司法系统的机构设置遵循《宪法》和《人民法院组织法》《人民检察院组织法》的规定予以设定，法官和检察官的选任、相关领导的产生，都遵从现有的法律制度，这必然彰显出司法独立性、中立性的规律要求，为进一步实现和提升铁路司法的公正性创造了良好的制度条件。

铁路司法体制改革也为其他一些专门司法机构的"去企业化"改革探索了道路。由于历史的原因，林业法院、农垦法院等一些专门司法机构，仍然采用与原铁路司法系统相似的体制。铁路司法体制改革的推进，为这些专门司法机构的"去企业化"改革积累了经验，提供了有益的参照。

三、进一步完善铁路司法体制的展望

本次改革是铁路司法系统的转型性改革，其成绩值得充分肯定。但是并不意味着改革就到了头，仍然有一些问题，需要进一步解决和完善。

首先，部分铁路司法机关管理"两头挑"的问题仍需进一步解决。由于铁路法院、检察院具有跨地域性的特点，其管辖范围不局限于一个省市。本次改革出现了业务管理和人财物保障分属两个省市的"两头挑"现象。以北京铁路检察分院为例，该院下辖北京、天津、石家庄三个基层铁路检察院。三家基层院在业务上接受北京铁检分院的领导，但人财物等保障则由所在的省、市负责。对天津、石家庄两家铁路检察院而言，就面临着业务管理和人财物保障"两头挑"的问题。北京铁路中级人民法院及下属基层铁路法院的情况也是如此。这种现象在全国铁路司法系统中大概占到三分之一。按理说，司法保障机制是为司法业务水平的提高创造良好的人、财、物条件，促进司法公正的实现。"两头挑"现象可能会造成司法业务管理与司法保障的不协调，影响人员队伍的积极性，甚至影响铁路司法机关工作的顺利开展。如何理顺两者之间的关系，仍需要进一步探讨完善。

其次，铁路司法系统人员队伍素质的整体提高，是一个迫切需要解决的问题。铁路司法系统的法官、检察官，比较熟悉铁路相关的司法业务，但是与地方法官和检察官相比，在业务素质上仍有一定差距。虽然北京铁路法院在改革前已经对人员招录提出了通过司法考试的要求，但大多数地方铁路司法机关的人员招录并无这一要求，铁路司法系统中大部分人员并非法律科班出身，其业务素质水平仍有待提高。

再次，铁路司法系统管辖范围设定的科学性，有待实践检验和进一步探讨完善。确定铁路司法机关的案件管辖范围，是体制改革后铁路司法机关开展工作的基础。对此，最高人民法院于今年8月1日颁行了《关于铁路运输法院案件管辖范围的若干规定》，在基本保留铁路法院原来管辖案件的基础上，适当扩大了其管辖范围，包括部分刑事自诉以及高级法院指定管辖的部分普通民事案件。铁路法院作为专门司法机关，如何兼顾专业性案件与普通案件的受理，是案件管辖范围上所要解决的重要问题。因此，指定管辖案件的范围、程序等问题需要进一步出台规定予以细化和明确。

最后，还要进一步明确解决铁路司法机关设置的法律依据问题。1954年和1979年制定的《人民法院组织法》和《人民检察院组织法》均规定了铁路运输法院和检察院，1983年修改这两部组织法时，由于对铁路司法机关等专门司法机关

的存废问题有争议，在组织法的规定中删除了铁路运输法院和检察院，而规定为"军事法院（检察院）等"专门司法机关，导致了铁路运输司法机关法律地位的不确定性。此次司法体制改革既然明确了继续保留铁路运输司法机关，那就应当在今后修改《人民法院组织法》和《人民检察院组织法》时，分别明确规定"军事法院（检察院）、铁路运输法院（检察院）等"专门法院（检察院），从法律上保障铁路司法机关的稳定性，以利于有效开展工作和进一步完善工作机制。

几十年来，铁路司法体制改革几经风雨，走过了曲折的历程，如今终于纳入国家司法管理体系，回归司法轨道，这是很大的进步。改革创新永无止境，铁路司法体制改革中出现的、遗留的一些问题，需要我们进一步在实践中积极探索、总结经验，切实解决。

社区矫正发展及其立法的几个问题 [1]

社区矫正是对我国非监禁刑罚执行制度的改革与完善，经过十多年的探索实践，抓紧制定一部专门的、符合中国国情的社区矫正法，是立法部门当前的一项重要任务。在此，我就社区矫正的发展及其立法问题谈以下几点看法。

一、社区矫正制度在我国的发展是司法文明的体现

我认为我国社区矫正的发展，是充分体现刑事司法文明进步的一个重要标志。社区矫正的特点大家都知道，就是把犯罪的人，当然是罪轻的犯罪分子放在社会上改造，而不是放在监狱里面服刑。其最基本的特点是让他融入社会里面，促使他得到较快改造。在这一方面，我觉得意义非常重大。早在 20 世纪 90 年代的时候，我们国家还没有开始搞社区矫正，我到加拿大去参加国际学术交流活动，并了解了加拿大社区矫正的做法，当时我就觉得这个制度很不错。后来大家都知道，从 2003 年开始，我国开展了社区矫正试点工作。从某种程度上说，我们的社区矫正制度一开始是借鉴西方的，但是我们又结合我国国情，形成了具有中国特色的一种不是在监狱里，而是在社会中对犯罪分子进行改造的社区矫正制度。我国的社区矫正制度起步晚，发展快，这十几年来取得的进步不是一般的，而是飞跃性的发展。我先后参观过北京海淀、江西南昌、浙江台州等地的社区矫正工作，给我的印象是相当深刻的，应当说比我想象的要好得多，而且这项工作越来越系统、越来越完善。

国际上，刑罚轻缓化、行刑社会化是基本趋势。联合国的一些刑事司法规则，如《囚犯待遇最低限度标准规则》《监禁替代措施》《联合国非监禁措施最低限度标准规则》等，都倡导尽可能减少监禁，尽可能适用监禁刑替代措施。世界各国在保留适用监禁刑的同时，越来越倾向于社区矫正的适用。在许多国家，基于"监禁是迫不得已的最后手段"的理念，只把最严重的罪犯送入监狱，把大多数罪犯都放在社区进行矫正，适用社区矫正人数占全部罪犯人数的 50% 以上，有的国家甚至达到 80%。目前我国社区矫正的在册总人数为 70 多万，接近全国罪犯总数的 1/3。这就说明我们对犯罪分子的惩罚，对他的改造已经有很大一部分是在社会上、社区里进行的。我认为这是体现我国司法文明的重要标志。

犯罪分子被关在监狱里面，其自由很少，也非常的孤独。当然对重刑的人进行

---

[1] 原载《法制日报》2017 年 4 月 19 日。

监禁还是非常有必要的，最严重的还要判死刑。但是把犯罪分子放在社会里面进行改造他的自由度大，而且他会接受来自社会、社区各个方面的积极影响。另外一个数字也非常值得我们注意，被执行社区矫正的罪犯上一年的重新犯罪率为 0.2%，这个数字充分说明我国社区矫正的成效是非常明显的。我们如果讲在国际人权保障方面中国的成就，社区矫正就是一个重要的表现。不把犯罪分子放在监狱里面而放在外面，人权保障的力度就明显的不一样，这是我国保障人权的发展，也是司法文明的进步。因此我们要认真总结自己的工作成绩，趁着现在全面推进依法治国的大好形势，把社区矫正事业推向更快发展、更有成效的新阶段。

二、关于社区矫正的立法问题

当前我们要制定《社区矫正法》，这项工作已经筹备了好多年。2011 年《刑法修正案（八）》和 2012 年《刑事诉讼法》修改将社区矫正载入法典，两个基本法把社区矫正写进去了，这就使我们的社区矫正在基本法层面做到有法可依，进入了一个法制化的新阶段。但是，这还不够。随着社区矫正事业的进步发展，这项工作在今天需要全面的规范，进一步用法制来保障社区矫正事业的继续发展，并适应我国整体法治事业进步的需求。

现在《社区矫正法》正在制定之中。据我所知，《社区矫正法》的草案几年前就出来了，然后送到了国务院法制办，至今推进比较缓慢，现在社区矫正要朝着更加正规化的方向发展，如果没有一个系统的《社区矫正法》来规制，确确实实会阻碍它的进展。

制定《社区矫正法》，应当明确司法行政部门的地位，是领导还是指导，我个人认为既然社区矫正局归属司法部，而且各地都由司法局负责社区矫正工作。因此在我们国家的管理体制就是司法行政部门领导社区矫正工作，我认为司法行政部门就是处于领导地位。

还有一点，党的十八届四中全会决定中专门提及了刑事执行工作的体制要统一，但是具体统一到哪个部门，决定没有细讲。我之前在《中国法学》上发表过一篇关于司法体制改革的文章，其中很明确的主张，如果要统一刑事执行的体制，应当由司法行政部门统一负责比较合适。

三、《社区矫正法》制定中要解决社区矫正专门工作人员的身份性质问题

是公务员还是人民警察？这可能是尚未解决的争论焦点，我认为是公务员性质是没有问题的，这个也是底线。问题是能不能说其具有人民警察性质？现在正式的监狱狱警都具备人民警察性质，《监狱法》是这么规定的。而负责社区矫正的专门工作人员呢？我觉得可以从社区矫正的对象这一角度来考虑。社区矫正的对象是犯罪分子，尽管这些犯罪分子的罪行较轻，但毕竟是犯罪分子。如果从犯罪类型来看，也有一些社区服刑人员属于放火、爆炸、涉枪、涉毒类犯罪，一些还实施了故意杀人、故意伤害、抢劫、强奸等暴力犯罪和淫欲犯罪，只不过他们在这些恶性犯

罪中具有法定从轻、减轻情节，或者经过一段监狱改造，假释或保外出来了，那么与犯罪分子打交道的工作人员需要具有一定的权威性，需要一定的强制性，也需要一定的政策水平。从这个角度来说，我认为人民警察在社区矫正专门工作人员中应当占有一定的比率，我觉得这并不是要争什么待遇，而是从工作实际需要角度予以考虑。此外，像经费保障问题、人员落实问题，如果没有这些东西，社区矫正工作就无法继续下去，我就不具体谈了。

我国监察体制改革若干问题之思考[1]

    2016 年 10 月 27 日，第十八届中央委员会第六次全体会议修订了《中国共产党党内监督条例》（下文简称《党内监督条例》），条例第 37 条规定："各级党委应当支持和保证同级人大、政府、监察机关、司法机关等对国家机关及公职人员依法进行监督"，揭开了监察体制改革的序幕。根据党中央的部署，十二届全国人大常委会于 2016 年 12 月 25 日正式作出《关于在北京市、山西省、浙江省开展国家监察体制改革试点工作的决定》（下文简称《试点决定》）。2017 年 6 月 23 日，全国人大常委会法制工作委员会协同配合中央纪委机关，在深入调查研究、认真总结监察体制改革试点地区实践经验的基础上，拟定了《中华人民共和国监察法》（以下简称《监察法》）草案，经全国人大常委会委员长会议讨论，决定提请十二届全国人大常委会第二十八次会议审议。这说明监察体制改革正在快速、顺利推进。《监察法》预计在 2018 年新一届全国人大审议通过，为监察体制改革的完成提供基本的法律依据。

    国家监察体制改革是以习近平总书记为核心的党中央作出的重大决策部署，是事关全局的重大政治体制改革，是推进国家治理体系和治理能力现代化的重大举措。监察体制改革和《监察法》的制定已成为全民关注的最重大的问题之一。值此之际，我们试图立足中国实际，回顾历史轨迹，考察海外经验，遵循法治规律，对此次监察体制改革作以下论述。

一、历史传承与海外借鉴

    我国监察体制改革传承了自古以来独具特色的监察历史传统，借鉴了海外监察反腐制度的有益经验。

（一）历史传承

    发达的监察制度是我国古代政治制度、司法制度的一项重要特色。早在秦汉时期，中央就建立了纠察百官的监察组织机构，其长官御史大夫的地位仅次于丞相，与丞相、掌管军事的太尉并列为三公，御史大夫下设监御史等专职的监察官。至唐朝，御史台成为皇帝直接控制的独立的监察机构。御史台下设台院、殿院、察院三

---

〔1〕 原载《中国法学》2017 年第 4 期，与邵俊合著。本文为国家 2011 计划司法文明协同创新中心第二建设周期重大课题"国家监察制度研究"初期成果之一。

院，分工更细，职责更明确，察院设有监察御史，以监察命名之官由此伊始。此后，监察体制更日臻完善，如元朝的御史台成为与中书省、枢密院平行的机构，至明清发展为都察院之最终体制。

古代监察机构职权广泛，不仅纠弹百官，还监督司法，参与大案审判并向皇帝积极纳言，谏诤得失。如汉朝刺史"周行郡国，省察治状，黜陟能否，断治冤狱"。[1]唐朝御史台职掌"纠举百僚，推鞫狱讼"[2]。历代皇帝极重视支持监察，明太祖朱元璋曾云："国家立三大府，中书总政事，都督掌军旅，御史掌纠察。朝廷纪纲尽系于此，而台察之任尤清要。"[3]为加强监察权威，秦汉御史和法官执法，戴以獬豸冠，以表示似传说中之神兽，能明辨是非，敢触不直。南朝萧齐时御史长官"职无不察，专道而行"，[4]威严之极。

监察官监督各级官吏的方式是多种多样的，主要有向皇帝直接弹劾，奉旨派员对地方巡察或在地方长驻监察机构等。监察机构行使职权相对独立，不受其他行政长官的干预，甚至御史个人可直接上奏弹劾，不必征求直属长官的意见。正如唐朝监察御史萧至忠所言："故事，台无长官。御史，人君耳目，比肩事主，得各奏事，不相关白。"[5]

我国古代监察制度在长期发展过程中，逐步形成了较完备的法律制度体系。这些监察法律详细地规定了监察机构的设置、监察官吏的职责和纪律等，如汉朝有《监御史九条》《刺史六条问事》；唐朝有《监察六条》。宋朝的《诸路监司互察法》规定监司之间或监司与属官之间，发现有违纪违法者可以相互举报，相互察举，反映了监察法规的新发展。清朝的《钦定台规》共42卷，集历代监察法规之大成，是我国古代最完备最严密的监察法规，不仅规定了"内外大小官员，但有不公、不法等事，俱得纠劾"，[6]而且鉴于监察官员是"治官之官"，对其选拔素质要求、回避任用及监察百官的方式、程序都作了周密规定。古代监察制度及其法制的高度发达，在当时历史条件下固然不可能不服务于君主专制统治，但对于维护封建国家的统一，法制的有效实施，整顿吏治，遏制腐败，稳定社会秩序所起的重大作用和宝贵经验，仍值得我们珍视和继承。

近代革命先驱孙中山先生既吸收西方的"民主共和""三权分立"的思想，又传承我国古代发达的监察制度，从而形成了"五权宪法"的思想。孙中山先生主张监察权应当独立，与立法权、行政权、司法权、考试权并立。他领导创建的中华

---

〔1〕《汉官典职仪式选用》。

〔2〕《旧唐书》卷四十四《职官志三》。

〔3〕《明史》卷七十三《职官志二》。

〔4〕《通典》卷二十四《职官六》。

〔5〕《新唐书》卷一百二十三。

〔6〕《钦定台规》"宪纲部分"。

民国国家机构就是按照"五权宪法"所建立的，例如，1936 年《五五宪草》第四章第六节对监察院作了如下规定："监察院为中央政府行使监察权之最高机关，掌理弹劾惩戒审计，对国民大会负其责任"；"监察院为行使监察权，得依法向各院各部各委员会提出质询"。

从古代监察制度对治国治吏所发挥的重要作用到孙中山对此项制度的重视和传承，对我国当前正在进行的监察体制改革应当能提供有益的启示和经验借鉴。

（二）海外借鉴

纵观我国监察制度的发展历史之后，我们再环视域外的监察制度与反腐败体制。

1. 多样化的监察机构

域外的监察机构设置可以分为以下三种类型。

第一，隶属于行政部门的监察机构。这一类机构往往侧重于对行政部门自身的监察。

美国根据 1978 年《美国监察长法》，在各个联邦机构和部门中设立独立的监察长办公室。监察长由总统任命，并经参议院批准。监察长办公室作为政府内部的监察反贪机构，主要负责对所在部门行政项目进行审计，对浪费、欺诈和滥用职权现象进行调查。监察长每年会向国会提交报告；将涉嫌腐败犯罪案件移送司法部门。此外，美国根据 1978 年《美国政府道德法案》，在联邦层面设立政府道德署，其行政长官直接由总统任命和参议院确认。政府道德署主要承担预防腐败职能，推进和监督各行政部门廉政计划的实施，提供廉政法规咨询，组织职业道德教育和培训；涉及腐败犯罪案件，无权侦查或起诉，仅将腐败行为报告给司法机关。[1]

日本在总务省下设行政监察局和人事局，分别开展监察活动。前者主要负责对行政管理情况实行调查，提出评价和建议，但不享有处分权；后者对于违反行政法规的腐败行为，有权作出警告、降薪、停职、免职的行政处分。[2]

第二，隶属于议会的监察机构。这一类机构依靠议会的政治权力和政治权威，对行政机关及其公务员实行全面监察。

瑞典于 1975 年修改《瑞典议会法》，选举 4 名议会监察专员，各自独立监督中央、地方政府机关及其公务人员的公职活动，不仅享有接受公民申诉和控告、立案调查、提出监察专员意见的权力，而且对于部分重大的违法、不当行为，监察专员有权向法官提起公诉。[3] 监察专员制度在英国得到了全面的发展，除在议会设有

----

〔1〕 参见项继权、李敏杰、罗峰：《中外廉政制度比较》，商务印书馆 2015 年版，第 200 页以下。

〔2〕 参见侯志山编著：《外国行政监督制度与著名反腐机构》，北京大学出版社 2003 年版，第 216 页以下。

〔3〕 参见侯志山编著：《外国行政监督制度与著名反腐机构》，北京大学出版社 2003 年版，第 14 页以下。

专门的行政监察专员公署外，还在政府各部门和在英格兰、威尔士等地方设置行政监察专员，以期全面监督公权力行使。[1]

第三，独立的监察机构。

这类机构以韩国最为典型。韩国设立监察院，院长由总统任命，在总统领导下，依法独立开展监察工作。《韩国监察院法》第 20 条规定："监察院从事对国家税款的收入、支出的监察，本法及其他法规规定的会计监察；并对行政机关以及公务员职务进行监察监督，以便改善公务员的职务。"亦即，监察院兼有监察和审计职能，但无权侦查职务犯罪。[2]

以上三种类型监察机构部门隶属不同，职责大致相当，除瑞典的议会行政监察专员外，一般不享有对职务犯罪的侦查权和起诉权。

2. 主导侦办职务犯罪的检察体制

在域外，职务犯罪的侦查权一般交由检察官来主导行使。

在美国，依据《美国法典》第 28 章第 1 节的相关规定，司法部下属的联邦检察机关和联邦调查局拥有对刑事案件的广泛侦查权。包括联邦、州和市镇三级公职人员的职务犯罪，主要由这两个机关进行侦查，少量由地方检察机关直接侦查。鉴于腐败案件侦查的难度很大，联邦检察机关和联邦调查局往往紧密配合，共同成立联合侦查组，由联邦检察官根据起诉的证明标准来主导侦查。[3]

在日本，隶属于法务省的最高检察厅独立行使检察权。检察官负责侦办腐败犯罪案件，并提起公诉。其中，东京及大阪等地区地方检察厅还设立了特别搜查部，专门侦查重大复杂的腐败犯罪。[4]

在英国，在检察长的领导下，多个机关享有职务犯罪的侦查权。主要有：其一，检察长享有一般性的侦查权和起诉权。其二，根据 1987 年《英国刑事法案》，英国于 1988 年设立了独立的反严重欺诈局，它接受总检察长的领导，实行"侦诉合一"，即有权对在英格兰、北爱尔兰和威尔士的严重的欺诈、贿赂和贪污犯罪案件进行侦查和起诉。其三，警察机关针对一般性的腐败犯罪也享有侦查权，并设置了专门的侦查部门，如伦敦警察局设置了经济犯罪指挥部，这些案件一般由皇家检察总署负责起诉。其四，根据《英国税务及海关总署专员法案》，税务及海关总署享有税务及海关领域犯罪（包括腐败犯罪）的侦查权。该机构另设置税务及海关

---

〔1〕 参见季美君："反腐机制以预防为核心"，载《检察日报》2016 年 11 月 22 日，第 8 版。

〔2〕 参见宋振国、刘长敏等：《各国廉政建设比较研究》（修订版），知识产权出版社 2013 年版，第 304 页。

〔3〕 参见王晓霞：《职务犯罪侦查制度比较研究——以侦查权的优化配置为视角》，中国检察出版社 2008 年版，第 75 页以下。

〔4〕 参见项继权、李敏杰、罗峰：《中外廉政制度比较》，商务印书馆 2015 年版，第 209 页。

检察长，由总检察长任命、受总检察长领导，行使相应的起诉权。[1]

3. 权力整合型的监察机构的兴起

鉴于将一般监察职权和职务犯罪侦查职权分立，不利于高效反腐，于是权力整合型的监察机构便在世界范围内兴起，如新加坡的贪污调查局、我国香港地区的廉政公署、印度的中央调查局、澳大利亚新南威尔士的廉政公署，等等，这类监察机构以新加坡和我国香港地区最为典型。

在新加坡，根据《新加坡宪法》和《新加坡预防贪污法》相关规定，反贪污调查局直接隶属于总理公署，局长由总统根据总理的提名任命，受总理直接领导，对总理负责。反贪污调查局内部设三大部门：一是调查部门，负责调查贪污行为，没收赃款赃物。根据《新加坡防止贪污法》，它享有对贪污犯罪的调查权、逮捕权、搜查和扣押权、包括秘密跟踪和监视在内的秘密侦查权。二是信息处理及支援部门，主要负责研究和制订反贪污计划，为贪腐侦查提供技术支持，对公职人员作廉政训导。三是行政部门，负责相关后勤工作。

在我国香港地区，根据《香港特别行政区基本法》《廉政公署条例》的相关规定，廉政公署是负责肃贪倡廉的专门机构，独立处理贪污贿赂等腐败案件，廉政专员直接向行政长官负责。廉政公署由三个部门组成，分别行使三项职能。一是执行处，相当于侦查部门，是廉政公署最主要的部门，其职责是接受及审阅贪污指控、调查涉嫌贪污贿赂或滥用职权的犯罪行为、及时向行政长官报告。廉政公署拥有很高的侦查权限，可以采取拘留及扣押、搜查、限制财产处分等强制措施。二是防止贪污处，职责是审查各政府部门及公共机构的工作程序；担任各机构及公司的顾问，提供防贪建议。三是社区关系处，职责是教育公众认识贪污的危害、争取公众支持肃贪倡廉工作。

这种权力整合的监察模式具备以下特点：一是，监察机构高度独立。廉政公署和反贪污调查局均直接向地区或者国家行政长官负责。香港地区和新加坡都明确规定非经法定程序，廉政公署和反贪污调查局工作不受干涉。二是，监察机构内部职责明确。统一独立的监察机关往往承担常规监察、个案调查和廉洁教育等多重职能。由于这些职能对应的工作特点不同，廉政公署和反贪污调查局都设置对应的职能部门。三是，监察机构享有广泛的侦查权，以高度集权的方式提升反腐败的效率。廉政公署和反贪污调查局除了享有一般的搜查、扣押、逮捕的侦查权，在特殊情况下甚至可以在没有相应的令状的情况下实施紧急搜查、扣押和逮捕。这些特点使得新加坡和香港地区在反腐败上都取得了瞩目的成绩。

但是，权力整合型的监察机构可能带来"一家独大"的制度隐患，因此香港地区和新加坡分别为廉政公署和反贪污调查局设计了严密的监督机制。主要有以下

---

[1] 参见《世界各国刑事诉讼法》编辑委员会：《世界各国刑事诉讼法》（欧洲卷·下），中国检察出版社2016年版，第2137页以下。

三项：其一，仅负有侦查职权，不具有检控权。其二，实施限制人身自由、财产权利的侦查措施时，一般需要得到法院的许可。其三，其内部分别设置调查部门，对自身廉洁性进行监管。

二、我国监察体制改革的特点和重大意义

党的十八大以来，中央开展了强有力的反腐败斗争，取得了令人瞩目的成绩，充分发挥了不敢腐的震慑作用，初步显现了不能腐、不敢腐的效应，反腐败斗争呈现压倒性态势。为了更好地从根本上治理腐败问题，下一步必须扎紧制度的笼子，构建反腐败长效治理机制，因而必须对监察体制进行重大的改革。

此次改革旨在建立"集中统一、权威高效"的监察体制。根据《试点决定》和三省市试点经验的阶段性总结，以及十二届全国人大常委会审议《监察法》的情况，改革内容具有以下四大特点：

第一，监察权成为与行政权、司法权并列的一项国家权力。国家权力的架构模式在西方法治国家普遍采取三权分立的模式，即立法权、行政权和司法权各自独立行使、互相制衡。我国的政治体制是人民代表大会制度，国家权力架构采取了人大统摄下的行政权和司法权（审判权和检察权）并列的模式。根据《宪法》和其他法律的规定，各级监察部门隶属于各级政府，因此监察权属于行政权范围，监察机关地位低于与政府并列的司法机关。[1]

此次监察体制改革将监察权从行政权中剥离，明显提高了监察权在国家权力架构中的等级，使之成为与行政权、司法权并列的国家权力。改革之后，监察委员会与政府、法院、检察院一样由各级人民代表大会产生，对同级人民代表大会及其常务委员会负责，并接受监督，从而形成人大统摄下的"一府一委两院"的政治体制新格局。因此，新的监察权既非行政权，也非司法权，而是一项独立的国家权力。这是新监察体制的标志性特色。

与监察体制改革相适应，需要建立监察官制度，对监察官进行单独职务序列管理。为此，需要在制定《监察法》的同时，比照《法官法》和《检察官法》，制定《监察官法》，对监察官的准入标准、职务等级、职业保障、执业责任等内容作出具体规定，这样才能保证监察委员会不辱使命地完成国家赋予的监察重任。

第二，监察范围全覆盖、无死角。在监察体制改革以前，一方面，根据《行政监察法》第2条之规定，行政监察机关的监察范围限于国家行政机关及其公务员

---

〔1〕 2004年《宪法》第89条规定："国务院行使下列职权：……（八）领导和管理民政、公安、司法行政和监察等工作……"；第107条规定："县级以上地方各级人民政府依照法律规定的权限，管理本行政区域内的经济、教育、科学、文化、卫生、体育事业、城乡建设事业和财政、民政、公安、民族事务、司法行政、监察、计划生育等行政工作，发布决定和命令，任免、培训、考核和奖惩行政工作人员。"

和国家行政机关任命的其他人员，无法涉及人大、政协、司法机关和国家企事业单位等非行政性机构的公职人员；另一方面，根据《党章》和《党内监督条例》的规定，纪委只能对党员进行监督、检查和处理，大量非党员的公职人员不在纪委监督之列，从而形成了大幅的监察空白区域。针对上述监察机制的重大缺陷，此次体制改革作出了重大的制度改变，监察委员会有权"对所有行使公权力的公职人员依法实施监察"，加之监察委员会和纪委合署办公，这样可以使得监督面包括党内和党外的全部公职人员，主要有六大类人员：国家《公务员法》所规定的国家公职人员；由法律授权或者由政府委托来行使公共事务职权的公务人员；国有企业的管理人员；公办的教育、科研、文化、医疗、体育事业单位的管理人员；群众、自治组织中的管理人员；其他依法行使公共职务的人员。[1]从而，确保实现监察范围全覆盖、无死角。

第三，监察权扩展到职务犯罪的调查和处置。在改革以前，纪委和行政监察局合署办公，仅负责对党员和非党员的公务员进行党纪和行政法纪的监察。根据《党内监督条例》和《行政监察法》，一旦涉及犯罪，纪律监察机关必须移送司法机关处理。[2]这类情况占有相当比例，以北京为例，党的十八大以来截至 2017 年 5 月，大约 8% 的违纪违法案件需要移送司法机关处理。[3]这种反腐败的双元体制存在机构分立、力量不集中的缺陷：一方面，纪律监察机关的人员有限，面对反腐败工作压力快速上行，显得力量不足，往往只能求助于从检察院等机关借调人员。另一方面，纪律监察机关的调查内容往往不限于违纪违规，直接涉及职务犯罪，这与检察机关的侦查工作形成重复、交叉，降低反腐败效率。

监察体制改革将人民检察院的反贪污贿赂局、反渎职侵权局以及预防腐败局转隶至监察委员会，终结了原有的反腐败机构分立的局面，监察机构组织更加充实，队伍更加壮大，职权明显扩大。监察委员会履行监督、调查、处置三大职责，并有权采取谈话、讯问、询问、查询、冻结、调取、查封、扣押、搜查、勘验检查、鉴定、留置等 12 项措施，从而将反腐败力量"拧成一股绳"，形成反腐败一体化的格局。

第四，领导体制更为集中。领导体制最重要的问题就是纪委和监察委员会的条

---

〔1〕 监察部副部长肖培于 2017 年 1 月 9 日中央纪律检查委员会新闻发布会首次披露监察委员会的监察范围。

〔2〕《党内监督条例》第 37 条规定："纪委在纪律审查中发现党的领导干部严重涉嫌违法犯罪的，应当先作出党纪处分，再移送行政机关、司法机关处理。"《行政监察法》第 44 条规定："监察机关在办理监察事项中，发现所调查的事项不属于监察机关职责范围内的，应当移送有处理权的单位处理；涉嫌犯罪的，应当移送司法机关依法处理。"（本条现已失效）

〔3〕 党的十八大以来，北京市各级纪检监察机关共立案 9574 件，结案 8791 件，处分 8508 人，涉嫌犯罪被移送司法机关处理 720 人。"北京：保持惩治腐败高压态势"，载中共中央纪律检查委员会网站，http://www.ccdi.gov.cn/yw/201706/t20170612_ 100896.html，最后访问时间：2017 年 6 月 25 日。

块关系，即处理好纪委和监察委员会的上下垂直领导和同级党委领导的关系。在改革以前，纪委的反腐败工作以同级党委领导为主，即"以块为主"。这就造成了纪委受到同级党委过度的掣肘，出现了"压案不批"和"瞒案不查"的问题，河北省委原书记周本顺即为典型例子。[1]因而，十八届三中全会提出"查办腐败案件以上级纪委领导为主"，《试点决定》明确指出监察委员会对上一级监察委员会负责，并接受监督，从而监察委员会和纪委都实行以垂直领导为主的双重领导体制，以强化纪委和监察委员会抵御外部压力的能力。

此次监察体制的重大改革不仅从制度上保障了从严治党、实现有力防腐肃贪，而且在实现"推进国家治理体系和治理能力现代化"和"全面推进依法治国"上迈出了新的步伐，进一步理顺了党政关系、党法关系，具有重大的理论和现实意义。具体如下：

第一，推进党政分工不分家的有机统一。中国共产党作为执政党与政府（狭义上的人民政府，广义上的国家机构）的关系，是一个治国理政中的重大问题，长期未得到妥善解决。处理好党政关系，一方面要坚持党的领导，这是中国特色社会主义最本质的特征；另一方面要改善党的领导，党总揽全局、协调各方，又不包办代替一切，通过国家机构实现党的路线、方针、政策和决策部署。

邓小平在改革开放初期曾总结过去处理党政关系的经验和教训，既将坚持党的领导列为四项基本原则之一，又指出政治体制改革的内容"首先是'党政要分开'"。[2]在新的时期，习近平总书记进一步强调加强党的领导，"党政军民学，东西南北中，党是领导一切的"；[3]同时，党政分工不分家，要"善于通过国家政权机关实施党对国家和社会的领导"，[4]才能做到"同舟共济，齐心协力，共演一台'二人转'的好戏"。[5]

改革以前，纪委走在反腐败的第一线，干部往往是由各级纪委直接宣布对其进行"双规"调查，若经调查发现其涉嫌职务犯罪再移送检察机关侦查，并没有真正通过监察机构来实施党对于反腐败事业的领导。改革以后，监察委员会归纪委领导，两者合署办公，体现党政不分家。监察委员会以高位阶国家机构的名义对所有行使公权力的公职人员实行监察，对职务犯罪进行调查和处置，使监察委员会名副其实地成为纪委开展反腐败工作的主要载体，从而把我国监察体制改革与治国理政现代化紧密结合起来。

---

[1] 参见"河北省委原书记、省人大常委会原主任周本顺严重违纪被开除党籍和公职"，载中共中央纪律检查委员会网站，http://www.ccdi.gov.cn/jlsc/zggb/djcf_ zggb/201607/t20160704_ 81991.html，最后访问时间：2017年6月25日。

[2] 《邓小平文选》（第三卷），人民出版社1993年版，第177页以下。

[3] 习近平总书记在2016年1月7日中共中央政治局常务委员会上的讲话。

[4] 习近平总书记在2014年9月5日庆祝全国人民代表大会成立60周年大会的讲话。

[5] 习近平：《之江新语》，浙江人民出版社2007年版，第23页。

　　第二，推进党规国法的有机统一。何谓"法治"？亚里士多德有经典论述：法治应该包含两重含义，已成立的法律获得普遍的服从，而大家所服从的法律应该是本身制定得良好的法律。[1]监察体制法治化改革的首要任务是制定"良法"。监察体制改革必然需要大幅修改《行政监察法》，拟定新的《监察法》，全面固定此次监察体制改革的新成果。《监察法》应当具体规定监察委员会的组成、产生、监察对象、监察机关职责、权限和程序，以及对监察机关和监察人员的监督等。[2]《监察法》既要赋予监察委员会强有力的职权以适应有力反腐的需要，又要重视对监察委员会进行必要的监督制约，体现国家权力分工制衡的精神。

　　制定《监察法》在实现党规和国法的有机统一上有重大的创新意义。众所周知，在我国，党规和国法既有明显的区别，又有密切的联系。[3]党规代表党的意志，仅适用于党员和党的组织，处罚方式只限于纪律处分，最严重的只能达到开除党籍。[4]国法代表人民意志，适用于全体公民、法人或其他组织，以国家强制力为后盾，处罚方式不限于一般的纪律处罚，[5]还包括追究刑事责任，惩罚犯罪分子。在改革以前，纪委和行政监察部门合署办公，依据党规和《行政监察法》开展反腐败工作，而《行政监察法》广度、力度明显不足，使得强力反腐工作实际上主要适用党规，不仅权力有所扩大，而且与《行政监察法》存在明显矛盾。[6]这就势必要求修改《行政监察法》，拟定新的《监察法》，以使党规和国法更好地相衔接、相统一。

　　以"双规"问题为例，1994年开始规定的"双规"是在特定的历史条件下形成的，是现实的需要，对于反腐败工作起了重大的作用。但"双规"毕竟是党内的规定，只凭"双规"限制人身自由合法性不足，而且只能适用于党内，不能扩大到整个公职人员群体。如今，《试点决定》规定监察委员会有权采取留置措施，并将其纳入《监察法》中，以代替"双规"，在反腐败工作中限制人身自由的依据上实现了党规向国法的转化。

---

　　〔1〕　参见［古希腊］亚里士多德：《政治学》，姚仁权编译，北京出版社2012年版，第57页以下。

　　〔2〕　参见姜明安："国家监察法立法的若干问题探讨"，载《法学杂志》2017年第3期。

　　〔3〕　参见陈柏峰："党内法规的功用和定位"，载《国家检察官学院学报》2017年第3期。

　　〔4〕　原《中国共产党党章》第39条规定："党的纪律处分有五种：警告、严重警告、撤销党内职务、留党察看、开除党籍。"

　　〔5〕　2017年《公务员法》第56条规定："处分分为：警告、记过、记大过、降级、撤职、开除。"

　　〔6〕　纪律检查所采用的"双规"规定在《中国共产党纪律检查机关案件检查工作条例》第28条："凡是知道案件情况的组织和个人都有提供证据的义务。调查组有权按照规定程序，采取以下措施调查取证，有关组织和个人必须如实提供证据，不得拒绝和阻挠……（三）要求有关人员在规定的时间、地点就案件所涉及的问题作出说明……"与之对应，"双指"规定在《行政监察法》第20条："监察机关在调查违反行政纪律行为时，可以根据实际情况和需要采取下列措施……（三）责令有违反行政纪律嫌疑的人员在指定的时间、地点就调查事项涉及的问题作出解释和说明，但是不得对其实行拘禁或者变相拘禁。"（本条现已失效）两者存在明显的矛盾。

监察体制改革的当务之急就是要把《监察法》制定好，这是当下建设中国特色社会主义法律体系的重中之重。我们深切地期望中央纪律检查委员会在全国人大法工委的协同配合下，遵循《立法法》第 5 条的精神，[1]发扬社会主义民主，认真听取各方意见，圆满完成《监察法》的制定工作。

三、监察职权运行的若干具体问题

根据《试点决定》，监察委员会具有监督、调查和处置三大职权，有权采取前述 12 项调查措施。由于监察权属于公权力之列，因而在民主法治国家应当首先遵循惩治腐败与保障人权相平衡的原则。《宪法》第 33 条规定，"国家尊重和保障人权"，贯彻人权保障原则是所有国家机构应尽的职责，监察委员会亦不例外。其次，比例原则。监察委员会限制被调查人的基本权利之时，必须将限制强度控制在适当性、必要性的最小限度范围之内。最后，程序法治原则。监察委员会应当严格按照监察法所规定的程序来行使监察权。以上几项原则旨在最大限度地保证监察工作取得法律效果与社会效果的统一；保证反腐败斗争持续、深入、健康发展，不断取得新的成就。为此，笔者就监察权的具体运行，提出以下几点看法：

（一）技术调查

技术调查是指为犯罪调查需要，监察委员会依法采取的一种特殊调查措施，通常包括电子侦听、电话监听、电子监控、秘密拍照或者秘密录像、秘密获取物证等专门技术手段。

技术调查源于技术侦查措施，2012 年《刑事诉讼法》第 148 条对检察院的自侦案件规定，技术侦查措施适用于"重大的贪污、贿赂犯罪案件以及利用职权实施的严重侵犯公民人身权利的重大犯罪案件"。这是因为职务犯罪往往具有专业性和隐蔽性的特征，致使案件以言词证据为主，客观证据缺乏，难以达到"犯罪事实清楚，证据确实、充分"的定罪标准。因而使用技术侦查措施是取得客观证据的必要措施。

《试点决定》的 12 项调查措施中没有提及技术调查措施。监察委员会若将技术调查弃而不用，显然不利于提升反腐败能力，不符合权威高效的监察体制改革宗旨；若实际上使用技术调查措施，而又不予以明确规定，显然不符合程序法治中的"法无明文规定即禁止"原则。因而，我们主张《监察法》应当在 12 项调查措施之外增加监察委员会技术调查的权力。目前，山西省试点已明确采用技术调查措施。同时，鉴于技术调查措施需要配置专业的队伍和装备，以及出于对技术调查措施的严格程序控制的要求，我们认为应当为其设定严格的适用条件和批准手续，决定以后由公安机关协助执行。

---

〔1〕《立法法》第 5 条规定："立法应当体现人民的意志，发扬社会主义民主，坚持立法公开，保障人民通过多种途径参与立法活动。"

（二）留置

留置是 12 项调查措施中唯一的限制人身自由的措施，引起了各界的高度关注。监察体制改革用留置来取代"双规"，实现了党规和国法的协调统一，在合法性层面上呈现了新的进步。但鉴于留置对于人身自由的严格限制，其强度接近于监禁，因此在采取留置措施时，建议着重作以下四点规范：

第一，应当设置适用留置的具体标准。并非所有职务犯罪案件都必须采取留置措施，留置一般只适用于比较严重的职务犯罪案件，如果涉嫌一般的玩忽职守罪和贪污贿赂、数额较少的犯罪，未必一定要采取留置。同时，在有比较确实、充分的证据证明犯罪事实存在的情形下，才可采取留置。

第二，应当在采取留置后的 24 小时之内，通知被调查人的家属，后者有权通过监察人员向被调查人提供生活用品和药物。

第三，留置期间，应当为被留置人在居住、饮食等方面提供正常的生活条件。

第四，留置期间讯问被调查人，严禁刑讯逼供和采用威胁、引诱、欺骗以及其他非法调查方法，为此讯问时原则上应当采取全程录音录像。笔者认为以上四点是采取留置措施所必备的基本的人权保障。

（三）律师帮助

当监察委员会对被调查人采取留置以及其他调查措施时，涉及公民多项重大的宪法权利问题，尤其是人身自由权、财产权、居住权和隐私权。被调查人一般缺乏相应的法律知识，被留置后处于无援的状态，因而允许被调查人在被留置后聘请律师，以确保他具备必要的防御能力，这是程序公正和人权保障的基本要求。

退一步而言，若现阶段允许聘请律师有一定难度，可以参考我国在司法行政领域开始实行法律援助的做法，考虑比照目前看守所值班律师制度，[1]在留置室等监察委员会的办案场所派驻值班律师，为被调查人提供必要的法律咨询。

公民在被限制人身自由以后，有权聘请律师提供法律帮助，这是人权保障的国际通例。《保护所有遭受任何形式拘留或监禁的人的原则》第 11 项原则提到："被拘留人应有权为自己辩护或依法由律师协助辩护。"[2]我国香港地区的廉政公署也规定了被调查人在被扣留后有权聘请律师。因此，制定《监察法》规定被留置人享有聘请律师的权利，或者享有向律师咨询的权利，不仅是保障人权的需要，而且也是《监察法》符合国际共同价值的要求。

诚然，调查期间允许律师介入可能对调查造成一定程度的干扰，但是可以切实

---

［1］ 参见陈瑞华："认罪认罚从宽制度的若干争议问题"，载《中国法学》2017 年第 1 期。顾永忠、肖沛权："'完善认罪认罚从宽制度'的亲历考察与思考、建议——基于福清市等地刑事速裁程序中认罪认罚从宽制度的调研"，载《法治研究》2017 年第 1 期。

［2］ 程味秋、［加］杨诚、杨宇冠编：《联合国人权公约和刑事司法文献汇编》，中国法制出版社 2000 年版，第 243 页。

保障被调查人人权，有效提升办案质量，尤其是使得调查结果更为准确，防止出现事实认定偏差乃至错误，因而律师介入总体而言"利大于弊"。

四、监察权与司法权的衔接问题

如上所述，监察委员会依法独立行使的监察权，是与检察院的检察权、法院的审判权并行的权力。具体到职务犯罪案件中，监察委员会有权依法独立进行调查和处置，但是不享有最终的定罪量刑权。因而，监察委员会在调查后若认为构成职务犯罪，必须移送检察院审查起诉；检察院决定是否逮捕和是否提起公诉；若提起公诉，法院依法进行审理，作出裁判。在这个过程中，监察权为《监察法》所规范，检察权和审判权则为《刑事诉讼法》所规范，这样就存在监察权和司法权如何相互衔接、协调统一的问题。

（一）监察权与检察权的衔接问题

监察权和检察权的衔接主要体现在移送审查起诉上。检察院对公诉案件的起诉权是《宪法》赋予的专有职权。因而，监察委员会将涉嫌职务犯罪案件移送检察院后，检察院有权依法独立审查后决定是否提起公诉。这就必然会涉及以下三个重要问题。

1. 证据移送问题

监察体制改革以前，纪委在双规调查后将涉嫌职务犯罪的案件移送检察院立案侦查，移送证据的做法是：物证、书证等实物证据移送后直接适用于侦查阶段；询问笔录、证人证言等言词证据不直接移送，由检察院重新收集，转化为合法的证据材料。

监察体制改革以后，证据转化改变为直接的证据移送，解决了重复取证的低效率问题。由于监察委员会同时承担执纪调查和犯罪调查，我们认为移送的言词证据范围以涉嫌犯罪，正式立案调查（一般采取留置措施）为界限，采取讯问（被调查人）、询问（证人）等调查措施所取得的言词证据才可予以移送，以促进监察委员会对职务犯罪调查的规范性、严肃性与高效性相统一，并保障所移送言词证据能经得起审查起诉的检验。

2. 留置与逮捕的衔接问题

北京、山西和浙江三地监察改革试点已有半年，均有案例采用了留置措施。具体的运作方法是，监察委员会将涉嫌职务犯罪的案件移送至检察院后，检察院对于已采取留置的案件经审查后直接决定逮捕，此时留置转化为逮捕。换言之，监察委员会在调查过程中并没有提请检察院批准逮捕。

依据《宪法》和《刑事诉讼法》，检察院依法享有独立行使批准逮捕和决定逮捕的权力。具体而言，我们认为，根据《刑事诉讼法》的规定，留置向逮捕转化有可能产生三类处理情形：其一，对于有证据证明有犯罪事实，可能判处徒刑以上刑罚的被调查人，采取取保候审尚不足以防止《刑事诉讼法》第79条所列社会危险性；或者可能判处10年有期徒刑以上刑罚的，检察院依法独立决定逮捕。其二，对于有证据证明有犯罪事实，案件情节尚达不到逮捕条件的，检察院可以依法转为取保候审或者监视居住。其三，对于移送的证据材料达不到逮捕标准的，检察院可以决定不予逮捕，同时通知监察委员会，说明理由，退回补充调查。对于检察院不予逮捕的决定，监察委员会有权申请复议，如果意见不被接受，可以向上一级检察院提请复核。

3. 决定起诉问题

对于监察委员会移送的案件，检察院经审查后依法独立决定是否提起公诉。检察院认为犯罪嫌疑人的犯罪事实已经查清，证据确实、充分，依法应当追究刑事责任的，应当作出起诉决定。有关不起诉决定，主要有三类情形：一是若被调查人没有犯罪事实，或者有《刑事诉讼法》第15条规定的情形之一，检察院应当作出不起诉决定。二是若检察院认为移送案件事实不清、证据不足的，可以退回监察委员会补充调查，[1]若经过两次补充调查，仍认为事实不清、证据不足的，应当作出不起诉决定。三是若检察院认为犯罪情节轻微，依照刑法规定不需要判处刑罚或者免除刑罚的，检察院可以作出不起诉决定。对于不起诉，有可能存在放纵犯罪之嫌，与"权威高效"的监察体制改革宗旨不相符合，但笔者认为不起诉是检察院的法定权力，而且体现了不枉不纵和疑罪从无的司法公正价值。同时不起诉中的酌定不起诉不等同于放弃追究违纪违法行为，若被不起诉人需要给予行政处分的，一般情况下检察院会提出检察意见，移送有关部门处理。检察院应当将不起诉决定书送达监察委员会，监察委员会有权申请复议，如果意见不被接受，可以向上一级检察院提请复核。

（二）监察权与审判权的衔接问题

对于监察委员会移送起诉的案件，经检察机关提起公诉以后，在法庭上直接涉及审判权和检察权的关系。[2]在一定情况下，监察权和审判权也存在着直接或者间接的衔接关系。

首先，证人出庭问题。在我国，证人出庭率很低，已然成为直接言词原则得不到贯彻，庭审不能实质化的一个棘手问题。[3]为此，十八届四中全会决定强调要完善证人、鉴定人出庭制度。据笔者调查，贪污贿赂类案件的证人出庭率更是"低中之低"，例如在这类案件中，行贿人（污点证人）往往不会出庭作证。监察体制改革以后，法院和检察院要转变观念，排除阻碍，提升贪污贿赂类案件证人出庭率；同时，监察委员会对证人出庭也应尽一份职责，毕竟这类案件的证人证言一般由监察委员会最早调查取得。如果监察委员会积极配合，相信这个问题能够得到较好的解决。

---

[1] 山西省试点经验提出补充调查的问题。张磊："做好深度融合大文章——山西开展国家监察体制改革试点工作纪实"（下），载《中国纪检监察报》2017年6月8日，第1版。

[2] 参见陈光中等："以审判为中心与检察工作"，载《国家检察官学院学报》2016年第1期。

[3] 参见汪海燕："论刑事庭审实质化"，载《中国社会科学》2015年第2期。刘玫："论直接言词原则与我国刑事诉讼——兼论审判中心主义的实现路径"，载《法学杂志》2017年第4期。

其次，非法证据排除规则的适用问题。2012 年《刑事诉讼法》正式以立法形式确立了非法证据排除规则，这是一项保证准确惩罚犯罪，切实保障人权，规范司法行为，促进司法公正的重要证据规则。2017 年 6 月 27 日最高人民法院、最高人民检察院、公安部、国家安全部、司法部联合发布《关于办理刑事案件严格排除非法证据若干问题的规定》（以下简称《规定》），进一步了完善非法证据排除规则，将规则贯彻于包括侦查、提起公诉、一审、二审、死刑复核乃至审判监督程序在内的刑事诉讼全过程。

监察委员会调查职务犯罪案件同样适用非法证据排除规则。这是因为调查所得的证据最终要经过法庭质证才能作为定案依据，证据调查必然要向审判看齐。[1]对此，有以下几个问题需要重点予以关注。其一，监察委员会移送的证据必须经得起非法证据排除规则的检验，从证据源头上确保合法性。监察委员会不能"采取殴打、违法使用戒具等暴力方法或者变相肉刑的恶劣手段"或者威胁的方法，使被调查人遭受难以忍受的痛苦而违背意愿作出供述；而且不能"采用以暴力或者严重损害本人及其近亲属合法权益等进行威胁的方法，使犯罪嫌疑人、被告人遭受难以忍受的痛苦而违背意愿作出供述"。其二，庭审中重复性供述规则的适用问题。重复性供述规则是这次《规定》中的新内容。[2]在职务犯罪案件的庭审中被告人翻供的情况下，庭审应当调查检察院在审查起诉阶段讯问时是否告知主体更换、相应的诉讼权利和继续认罪的法律后果。若未告知，法庭就应当直接排除检察院审查起诉阶段取得的有罪供述，进而必然涉及监察委员会移送的被调查人有罪供述的合法性审查问题。其三，在审判阶段，检察院对职务犯罪调查证据收集的合法性负有举证责任，证明的方法包括出示监察委员会的讯问笔录、播放留置期间的录音录像，还可以提请法院通知监察委员会的调查人员出庭说明情况。调查人员出庭显然是在庭审实践中难以回避的问题。

最后，留置的法律效果。如前文所提到的，留置对于人身自由的限制强度近似监禁，因而在职务犯罪案件的审判阶段，留置会发生的法律效果是：若法院宣判有罪，并判处管制、拘役或者有期徒刑，此时留置就存在刑期折抵的问题，山西省的

---

〔1〕 山西省委政法委指导省高院专门制定《职务犯罪案件证据收集指引（试行）》，规范了监察委员会的证据收集、固定、运用、保存的方式和标准。张磊："做好深度融合大文章——山西开展国家监察体制改革试点工作纪实"（下），载《中国纪检监察报》2017 年 6 月 8 日，第 1 版。

〔2〕《关于办理刑事案件严格排除非法证据若干问题的规定》第 5 条规定："采用刑讯逼供方法使犯罪嫌疑人、被告人作出供述，之后犯罪嫌疑人、被告人受该刑讯逼供行为影响而作出的与该供述相同的重复性供述，应当一并排除，但下列情形除外：（一）侦查期间，根据控告、举报或者自己发现等，侦查机关确认或者不能排除以非法方法收集证据而更换侦查人员，其他侦查人员再次讯问时告知诉讼权利和认罪的法律后果，犯罪嫌疑人自愿供述的；（二）审查逮捕、审查起诉和审判期间，检察人员、审判人员讯问时告知诉讼权利和认罪的法律后果，犯罪嫌疑人、被告人自愿供述的。"

试点经验已经提出了这个问题。[1]至于留置如何折抵上述不同刑罚，有待进一步探讨。

本文提出以上不成熟意见，与法律界同仁切磋，并供主事者参考。

---

[1] 参见张磊："做好深度融合大文章——山西开展国家监察体制改革试点工作纪实"（下），载《中国纪检监察报》2017年6月8日，第1版。

关于《监察法（草案）》的八点修改意见[1]

　　国家监察体制改革是党中央作出的反腐防腐的重大决策部署，是事关全局的重大政治体制改革，是推进国家治理体系和治理能力现代化的重大举措。2016 年 11 月 7 日，中共中央办公厅印发《关于在北京市、山西省、浙江省开展国家监察体制改革方案试点》，拉开了国家监察体制改革的序幕。之后，2016 年 12 月十二届全国人大常委会第二十五次会议作出决定，在北京市、山西省、浙江省开展改革试点工作。到目前为止，三地的改革和探索取得了重要的阶段性成果，积累了许多成功的经验。[2]根据习近平总书记在十九大报告中提出的深化国家监察体制改革、将试点工作在全国推开及制定国家监察法的要求，2017 年 11 月 4 日，全国人大常委会作出《全国人民代表大会常务委员会关于在全国各地推开国家监察体制改革试点工作的决定》。11 月 7 日全国人大常委会正式公布《中华人民共和国监察法（草案）》（以下简称《监察法（草案）》），向社会公开征询意见。

　　制定监察法是以立法形式将实践证明行之有效的做法和经验上升为法律，巩固和深化国家监察体制改革的成果，完善和创新国家监察制度，对于实现党中央的决策部署，构建集中统一、权威高效的中国特色监察体系，具有决定性意义。[3]就所公布的《监察法（草案）》而言，许多具体内容是值得肯定的，但也存在不少问题有待改进，笔者拟谈以下八点修改意见。

一、修改《宪法》应先行于制定《监察法》

　　《监察法（草案）》第 1 条规定："为了推进全面依法治国，实现国家监察全面覆盖，深入开展反腐败工作，制定本法。"第 1 条没有写明"根据宪法，制定本法"，这个问题涉及草案是否具有合宪性的原则性问题。

　　监察体制改革涉及国家权力体系的重大变革，我国将形成全国人民代表大会统

---

　　〔1〕　原载《比较法研究》2017 年第 6 期，与姜丹合著。

　　〔2〕　"关于《全国人民代表大会常务委员会〈关于在全国各地推开国家监察体制改革〉试点工作的决定（草案）》的说明"，引自中国人大网：http：//www. npc. gov. cn/npc/xinwen/2017–11/08/content_ 2032262. htm，最后访问时间：2017 年 11 月 22 日。

　　〔3〕　"十二届全国人大常委会第二十八次会议分组审议监察法草案、国歌法草案等"，引自中国人大网：http：//www. npc. gov. cn/npc/xinwen/2017–06/24/content_ 2024216. htm，最后访问时间：2017 年 11 月 22 日。

摄下的"一府一委两院"的新国家机构体系。《监察法（草案）》第5条第1款规定："中华人民共和国监察委员会是最高国家监察机关。"该草案第15条规定"监察机关的职责是监督、调查、处置"。最高国家监察机关不同于原国务院之下的监察部，是与国务院等并列的国家机构。这与宪法所规定的全国人大之下的"一府两院"的国家机构体系有重大区别。《宪法》第3条规定："国家行政机关、审判机关、检察机关都由人民代表大会产生，对它负责，受它监督。"《宪法》第三章规定的国家机构中包括全国人民代表大会、中华人民共和国主席、国务院、中央军事委员会、地方各级人民代表大会和地方各级人民政府、民族自治地方的自治机关、人民法院和人民检察院。由上可见，《监察法（草案）》所规定的监察委员会及其地位、职权在我国《宪法》第3条和第三章中都没有规定，与宪法规定的国家机构体系有明显的冲突。

如何对待《监察法（草案）》规定的监察委员会与宪法的矛盾，涉及宪法的权威性问题。众所周知，宪法是国家的根本大法，是我国社会主义法律体系中的核心法律，一切法律都是宪法的下位法。《宪法》"序言"中规定："全国各族人民、一切国家机关和武装力量、各政党和各社会团体、各企业事业组织，都必须以宪法为根本的活动准则，并且负有维护宪法尊严、保证宪法实施的职责。"同时，《宪法》第5条规定："一切法律、行政法规和地方性法规都不得同宪法相抵触"。党的十八届四中全会决定指出，坚持依法治国首先要坚持依宪治国，坚持依法执政首先要坚持依宪执政。十八届四中全会之后，为了落实全会精神，还推出了两项重要措施：一个是把过去的全国法制宣传日改为宪法日，一个是设立宪法宣誓制度[1]以彰显宪法具有最高的法律地位、法律权威、法律效力。特别是党的十九大报告中首次明确提出"加强宪法的实施和监督，推进合宪性审查工作，维护宪法权威"。推进合宪性审查的最重要内容之一应该是审查法律、法规是否与宪法相冲突，[2]以维护社会主义法制的统一性，保证没有下位法与宪法相冲突，保证宪法的根本地位。

由此可见，制定并通过与《宪法》相抵触的《监察法》存在两方面的严重问题：一方面，与保障《宪法》统一实施的要求相悖，极大地损害了宪法权威；另一方面，根据《立法法》第96条的规定，"下位法违反上位法规定的"应当予以改变或者撤销，[3]《监察法》必然将成为实质无效的法律。要解决这一重大矛盾，

---

〔1〕 卢义杰、房立俊："推进合宪性审查完善宪法监督制度"，载《中国青年报》2017年10月24日，第4版。

〔2〕 许崇德主编：《宪法》，中国人民大学出版社2014年版，第45页。

〔3〕《立法法》第96条规定："法律、行政法规、地方性法规、自治条例和单行条例、规章有下列情形之一的，由有关机关依照本法第97条规定的权限予以改变或者撤销：（一）超越权限的；（二）下位法违反上位法规定的；（三）规章之间对同一事项的规定不一致，经裁决应当改变或者撤销一方的规定的；（四）规章的规定被认为不适当，应当予以改变或者撤销的；（五）违背法定程序的。"

唯一的途径就是先按照党中央关于监察体制改革的要求修改《宪法》，再根据《宪法》制定《监察法》，如此才能根本解决《监察法》的合宪性问题。《宪法》应将第3条修改为"国家行政机关、监察机关、审判机关、检察机关都由人民代表大会产生，对它负责，受它监督"。在《宪法》第三章设"监察委员会"专节，明确规定监察委员会的地位、性质、职权等。修宪之后在《监察法》第1条中写明"根据宪法，制定本法"，以表示该法完全符合宪法精神及基本原则，是对宪法规定的具体落实。

还要强调指出的是，《宪法》第62条规定了全国人民代表大会行使的职权，包括第3项"制定或修改刑事、民事、国家机构的或者其他的基本法律"。这似乎可以为全国人民代表大会直接制定监察法提供合宪根据。但是，不能忘记的是，任何有关设置国家机构的基本法律的制定或者修改都不得与宪法相抵触，这是基本前提，全国人大无权制定与宪法存在重大冲突的设立监察委员会的《监察法》，这在前面已经作了具体论证，此处不再赘述。

二、人大应对监察委员会进行有效监督

人民代表大会制度是我国的政权组织形式。我国是社会主义国家，国家的一切权力属于人民，而人民代表大会经人民民主选举产生，集中代表人民的根本利益和意志，并接受人民委托行使国家权力。《宪法》第2条规定："人民行使国家权力的机关是全国人民代表大会和地方各级人民代表大会。"其他国家机关都由人民代表大会产生、对它负责、受它监督，三者之间有内在的联系。[1]《监察法（草案）》第6条规定："中华人民共和国监察委员会由全国人民代表大会产生，负责全国监察工作。……中华人民共和国监察委员会对全国人民代表大会及其常务委员会负责，并接受监督。"第7条规定："县级以上地方各级监察委员会由本级人民代表大会产生，负责本行政区域的监察工作。县级以上地方各级监察委员会对本级人民代表大会及其常务委员会和上一级监察委员会负责，并接受监督。"这两条规定明确了监察委员会由人大产生、对人大负责、受人大监督的关系，值得肯定。但是，《监察法（草案）》第51条规定："各级人民代表大会常务委员会可以听取和审议本级监察机关的专项工作报告，并组织执法检查。"《监察法（草案）》所规定的监督方式存在以下两个问题。

首先，监督方式不包括各级监察委员会向各级人大作年度工作报告。但是，与监察委员会平行的其他国家机关都依法向人大负责并报告工作。《宪法》第92条规定："国务院对全国人民代表大会负责并报告工作；在全国人民代表大会闭会期间，对全国人民代表大会常务委员会负责并报告工作。"《法院组织法》第16条规定："最高人民法院对全国人民代表大会和全国人民代表大会常务委员会负责并报

---

[1] 许崇德主编：《宪法》，中国人民大学出版社2014年版，第206页。

告工作。地方各级人民法院对本级人民代表大会及其常务委员会负责并报告工作。"《检察院组织法》第10条也规定："最高人民检察院对全国人民代表大会和全国人民代表大会常务委员会负责并报告工作。地方各级人民检察院对本级人民代表大会和本级人民代表大会常务委员会负责并报告工作。"年度工作报告包括各机构对过去一年工作的总结及未来一年工作的部署，对工作报告的投票表决是人大对"一府两院"进行监督的重要途径。而现在的《监察法（草案）》中没有规定监察委员会向本级人大及其常委会负责并报告工作，与人大及其常委会监督政府、法院、检察院的方式明显不同，大大削弱了各级人大及其常委会对本级监察委员会的监督。在《监察法》中也应明确要求监察委员会向人大作年度工作报告，即规定："中华人民共和国监察委员会对全国人民代表大会和全国人民代表大会常务委员会负责并报告工作。地方各级监察委员会对本级人民代表大会和本级人民代表大会常务委员会负责并报告工作。"当然，地方各级监察委员会还应直接向上级监察委员会负责，接受上级监察委员会的领导。但不能以此为由不向本级人民代表大会及其常务委员会负责并报告工作。

其次，《监察法（草案）》第51条规定各级人大常委会听取和审议本级监察机关专项工作报告的监督方式用"可以"而非"应当"，此种弹性化规定削弱了各级人大常委会的监督职能。关于听取和审议专项工作报告的问题，《各级人民代表大会常务委员会监督法》第8条规定："各级人民代表大会常务委员会每年选择若干关系改革发展稳定大局和群众切身利益、社会普遍关注的重大问题，有计划地安排听取和审议本级人民政府、人民法院和人民检察院的专项工作报告。"第10条规定："人民政府、人民法院和人民检察院可以向本级人民代表大会常务委员会要求报告专项工作。"以上规定说明，各级人大及其常委会需要每年选择重大问题听取和审议其他机关的专项报告，人民政府、人民法院、人民检察院可以主动要求报告专项工作。《各级人民代表大会常务委员会监督法》的上述规定同样适用于监察委员会，因此草案中不应采用"可以"二字淡化各级人大及其常委会听取和审议专项报告的监督方式。

诚然，《监察法（草案）》第54条、第55条规定了监察机关严格的自我监督，但是自我监督再严格也不能代替外部监督。法治国家的国家机构组成的基本原则就是分工制衡，不仅要自我监督，还要受其他国家机关的监督和制衡。就监察委员会而言，权大位高，如果人大不能进行有力、有效的监督，其他机构更难以发挥监督和制约作用。只有使人大成为监察委员会最大的监督力量，才能确保将监察委员会的权力关到制度的"笼子"里。

三、"尊重和保障人权"应写入《监察法》

《监察法（草案）》第4条规定："国家监察工作应当坚持依宪依法，以事实为根据，以法律为准绳；权责对等，从严监督；惩戒与教育相结合，宽严相济。坚持标本兼治，保持高压态势，形成持续震慑，强化不敢腐；深化改革、健全法治，有效制约和监督权力，强化不能腐；加强思想道德和法治教育，弘扬优秀传统文化，强化不想腐。"该条规定的是监察工作应遵循的指导思想和指导原则，笔者认为，且不论本条在立法表述的技术上相当粗糙，就内容而言至少应增写"尊重和保障人权"。因为，《宪法》第 33 条规定："国家尊重和保障人权。"这是一条非常重要的宪法原则，宪法是公民的"人权保障书"，公民的基本权利是宪法最重要的组成部分。我国任何国家机关行使职权都应当遵循宪法所规定的尊重和保障人权原则，监察委员会也不例外。就监察委员会而言，因其具有以下两个方面的特点，更需要强调尊重和保障人权。

首先，依照《监察法（草案）》的规定，监察委员会对行使公权力的公职人员进行全覆盖的监督，其监督的对象数量是相当大的。北京、山西、浙江试点改革后，北京市监察对象达到 99.7 万人，较改革前增加 78.7 万人；山西省监察对象达到 131.5 万人，较改革前增加 53 万人；浙江省监察对象达到 70.1 万人，较改革前增加 31.8 万人。[1]随着监察体制改革试点在全国推行，监察对象变成全国所有"吃财政饭"的行使公权力的公职人员。[2]在这些人成为被调查人员后，监察机关应该保障其作为公民所享有的合法权利。

其次，监察委员会的职能扩展至追查职务犯罪，因此赋予了监察委员会一系列的职权和某些严厉的调查手段，如讯问、搜查、扣押、留置、技术调查等调查措施，以保障有力开展反腐败工作。在这种情况下，对监察委员会的权力不能没有制约，不能忽视人权保障。2012 年修改后的《刑事诉讼法》第 2 条中增加了"尊重和保障人权"的规定，这对整部刑事诉讼法的基本原则、制度和程序起到重要的指导作用，增强了对被追诉人诉讼权利的保障。在监察体制改革中，检察机关的职务犯罪侦查权力已转隶为监察委员会的调查权力，应避免"只转权力，不转权利"的片面思维。现在公布的《法院组织法（修订草案）》《检察院组织法（修订草案）》都增加了人权保障原则；《法院组织法（修订草案）》第 7 条规定："人民法院坚持司法公正，以事实为依据，以法律为准绳，依法保护各主体的诉讼权利和其他合法权益，尊重和保障人权"；《检察院组织法（修订草案）》第 3 条规定：

---

〔1〕 "积极探索实践形成宝贵经验国家监察体制改革试点取得实效——国家监察体制改革试点工作综述"，引自中国政府网：http://www.gov.cn/xinwen/2017-11/05/content_ 5237440.htm，最后访问时间：2017 年 11 月 22 日。

〔2〕《监察法（草案）》第 12 条规定："监察机关按照管理权限对下列公职人员进行监察：（一）中国共产党的机关、人大机关、行政机关、政协机关、监察机关、审判机关、检察机关、民主党派和工商联机关的公务员及参照《中华人民共和国公务员法》管理的人员；（二）法律、法规授权或者受国家机关依法委托管理公共事务的组织中从事公务的人员；（三）国有企业管理人员；（四）公办的教育、科研、文化、医疗卫生、体育等单位中从事管理的人员；（五）基层群众性自治组织中从事集体事务管理的人员；（六）其他依法履行公职的人员。"

"人民检察院的任务是通过行使检察权，追诉犯罪，保障人权，维护国家安全和社会秩序，依法监督国家机关及其工作人员行使职权，保障国家法律正确实施，维护社会公共利益，维护社会公平正义，维护国家法制统一、尊严、权威。"这应当对监察法的制定，特别是对《监察法（草案）》第4条的修改有启示作用。

需要明确的是，《监察法（草案）》第4条增加"尊重和保障人权"尤指程序方面而言的。只有以惩治腐败与保障人权相结合的原则指导办案程序，才能禁止刑讯逼供和其他非法取证行为的发生，从而保证反腐败的办案质量，最大限度地防范冤错案件的发生。

四、应该修改监察委员会独立行使职权的表述

《监察法（草案）》第10条规定："监察机关依法独立行使监察权，任何组织和个人不得拒绝、阻碍或者干涉监察人员依法执行职务，不得对其打击报复。"监察委员会作为反腐败机构，应当依法独立行使职权，但是草案的表述存在问题。

首先，中国共产党的领导是中国特色社会主义最本质的特征，是中国特色社会主义制度的最大优势。党的领导是人民当家作主和依法治国的根本保证。《监察法（草案）》第2条也规定了"坚持中国共产党对监察工作的领导"，但是，第10条中的"任何组织"显然包括各级党的组织和各级人民代表大会及其常务委员会。为了建立集中统一、权威高效的反腐败体制，按照《监察法（草案）》规定将监察委员会的地位提高，并规定监察机关依法独立行使监察权是必要的。域外，以英、美、法、德、新加坡等国为例，其反腐败调查机构在组织上自成体系，不受来自同级政府和其他部门的干扰，以保障反腐机构办理案件时具有相对独立性。[1] 但是，我国监察委员会依法独立行使职权应当与党的领导、人大的监督相统一。即使监察委员会同纪委合署办公，在强调垂直领导的同时，纪委也要接受同级和上级党委的领导。监察委员会在办理重大疑难复杂案件时，在一定情况下也要向同级党委和上级党委汇报。

其次，监察委员会独立性的表述与司法机关独立性的表述不协调，其独立性明显高于司法机关。司法独立原则作为一项重要的法治原则，已被世界各国的宪法所确立。一般司法独立的主体是法院及法官，也有涉及检察机关等相关司法主体的独立。而我国的司法机关则包括法院和检察院。司法独立是司法公正的首要保障，是树立司法权威的必要条件，其使得法院真正成为抵制外力干涉、实现公平正义的最后一道屏障。作为反腐败机构的监察委员会，其独立性不应超过法院。我国1954年《宪法》第78条规定，"人民法院独立进行审判，只服从法律"；第83条规定，"地方各级人民检察院独立行使职权，不受地方国家机关的干涉"。后来经过多次政治运动，1982年修改宪法，重新恢复了司法机关依法独立行使职权的规定，但

---

〔1〕 蒋来用："比较视角下的国家监察体制改革"，载《河南社会科学》2017年第6期，第2~3页。

是考虑到司法工作要接受党的领导和人大的监督，《宪法》第 126 条规定，"人民法院依照法律规定独立行使审判权，不受行政机关、社会团体和个人的干涉"；第 131 条规定，"人民检察院依照法律规定独立行使检察权，不受行政机关、社会团体和个人的干涉"。

综上，监察委员会应当坚持党的领导并接受人大的有效监督；《监察法（草案）》第 10 条表述应该同宪法关于人民法院、人民检察院依法独立行使审判权、检察权，"不受行政机关、社会团体和个人的干涉"的规定相一致。修宪时应对法院、检察院、监察委员会的独立性作统一协调的表述。

五、留置应遵循法治程序

《监察法（草案）》规定了留置作为严格限制人身自由的唯一措施，并对留置的适用条件、批准程序、期限、留置讯问的基本保障、刑期折抵、申诉等问题作了规定，这较"双规"而言，在法治化、程序化方面前进了一步。但是，仍存在较多问题，需作进一步完善。

第一，《监察法（草案）》仅规定了留置这一项限制人身自由的监察措施，过于单一，造成的后果是留置适用范围失之过宽。监察机关留置的对象既包括实施严重职务违法行为的被调查人，也包括可能判处不同刑期的职务犯罪案件的被调查人，所以，监察法中对人身自由的限制措施也应具有多样性以适应实践中的复杂情况。如在留置之外，参照《刑事诉讼法》关于取保候审的规定，增设取保措施，期限可达 6 个月。既能适应职务违法或犯罪调查的不同需要，又能从严控制留置适用范围，减少留置适用。还应进一步明确留置的适用仅限于有证据证明涉嫌职务犯罪，且在调查过程中根据具体情况认为需要加以拘禁的。

第二，"有碍调查，可不通知家属"的例外情况应当取消。在实践中，由于该规定过于弹性，很可能使得"不通知"成为办案常态。依《刑事诉讼法》规定，所有职务犯罪案件被追诉人被拘留、逮捕后均应在 24 小时内通知其家属。[1]公民被依法拘留、逮捕后及时通知其家属：一方面，避免家属因其无故失踪而担惊受怕；另一方面，可以保障其聘请辩护律师及时介入并提供帮助。因此，《监察法（草案）》的"有碍侦查"规定是权利保障的倒退，会形成留置之后"人头失踪"现象。

第三，应当明确规定看守所是留置的统一场所。《监察法（草案）》仅规定在特定场所执行留置，北京、山西、浙江三地试点的总结报告指出"把纪委原'两

---

〔1〕 2012 年《刑事诉讼法》第 83 条第 2 款规定："拘留后，应当立即将被拘留人送看守所羁押，至迟不得超过 24 小时。除无法通知或者涉嫌危害国家安全犯罪、恐怖活动犯罪通知可能有碍侦查的情形以外，应当在拘留后 24 小时以内，通知被拘留人的家属。有碍侦查的情形消失以后，应当立即通知被拘留人的家属。"第 91 条第 2 款规定："逮捕后，应当立即将被逮捕人送看守所羁押。除无法通知的以外，应当在逮捕后 24 小时以内，通知被逮捕人的家属。"

规'场所、公安机关看守所作为留置场所"。[1]笔者认为应统一规定在看守所设立单独的留置室为留置的执行场所，理由如下：第一，看守所具有中立性，且更有利于保障被关押人员的权利。看守所直接接受公安机关的领导，被调查人最后是否被定罪与看守所无利害关系。且看守所的管理比较规范，比较注意人权保障。2017年6月15日公布的《看守所法（草案）》第1条中写明"尊重和保障人权"，并专节对讯问、提解、押解进行了规范，以限制办案机关的权力。由此，被调查人在看守所留置，遭受刑讯逼供、意外死亡的风险降低，权利不易被侵犯。第二，被调查人在看守所内被留置有利于获得值班律师的帮助。2017年8月28日"两高三部"联合发布的《关于开展法律援助值班律师工作的意见》第1条规定："法律援助机构在人民法院、看守所派驻值班律师，为没有辩护人的犯罪嫌疑人、刑事被告人提供法律帮助"，在看守所派驻值班律师，为犯罪嫌疑人提供临时的法律咨询，职务犯罪的被调查人在看守所内留置期间也应当享有获得值班律师帮助的权利。如果不放在看守所中留置，被调查人就不可能获得这项权利。第三，减轻监察委员会因单独设置留置场所所带来的人力、物力和安全保障负担，使监察委员会集中力量高效办理反腐案件。

六、职务犯罪调查应允许律师介入

《监察法（草案）》未明确职务犯罪调查期间律师介入问题。笔者认为这个问题涉及人权保障的重大问题，主张律师应当介入。

首先，按照《监察法（草案）》，监察机关享有讯问、查询、冻结、搜查、留置、技术调查等多种措施，有些措施是相当严厉的。根据《监察法（草案）》第41条第4款的规定，留置的时间一般是3个月，必要时可延至6个月。可见，留置虽与逮捕名称不同，但是实质上都是较长时间剥夺公民人身自由的强制措施。《监察法（草案）》第29条规定："监察机关在调查涉嫌重大贪污贿赂、失职渎职等职务犯罪时，根据需要，履行严格的批准手续，可以采取技术调查措施，按照规定交有关机关执行。"技术调查措施执行过程涉及公民隐私和公共利益，因此，以上这些调查措施很容易对公民的人身权利、财产权利等造成侵犯。这种情况下应重视程序法治、允许律师介入，这是确保程序正义和公民权利的基本要求。

其次，我国1996年修改《刑事诉讼法》，将允许律师介入的时间提前到侦查阶段；2012修改《刑事诉讼法》，辩护律师在刑事诉讼中的诉讼权利得到了较大的扩充和有效的保障。即使涉嫌国家安全犯罪、恐怖活动犯罪与特别重大的贿赂犯罪案件，犯罪嫌疑人仍有权聘请律师，只是需经过侦查机关批准律师才能会见犯罪嫌

---

[1] "积极探索实践 形成宝贵经验 国家监察体制改革试点取得实效——国家监察体制改革试点工作综述"，引自中国政府网：http://www.gov.cn/xinwen/2017-11/05/content_ 5237440.htm，最后访问时间：2017年11月22日。

疑人。[1] 监察体制改革中，不能因为职务犯罪侦查权转隶为监察调查权就将这些来之不易的权利保障规定化为乌有。《监察法》应当比照《刑事诉讼法》的规定，允许律师在被调查人第一次被讯问或者至迟在留置之后介入，否则就是在权利保障上的实质性倒退。

再次，律师介入对提高办案质量和防止冤案错案有重要意义。从过去的双规措施看，冤假错案确实是存在的。办案很难确保百分之百准确，在追究犯罪的程序上，应一开始就有律师的帮助，以求在源头上最大限度地避免冤案错案的发生。

最后，从国际视野和域外经验看，凡是被剥夺人身自由或者是财产被搜查，一般都允许律师介入，这也是国际通例。联合国《保护所有遭受任何形式拘留或监禁的人的原则》第 11 项原则规定："被拘留人应有权为自己辩护或依法由律师协助辩护。"我国香港地区《廉政公署（被扣留者的处理）令》第 4 条规定："被扣留者须获给予合理机会，以便与法律顾问通讯，并在一名廉署人员在场但听不见的情况下与其法律顾问商议，除非此项通讯或商议对有关的涉嫌罪行的调查或执法会构成不合理的阻碍或延迟。"

综上，笔者认为不能片面强调腐败案件的特殊性而忽略程序法治，查处反腐案件也要遵循程序法治的要求，进入职务犯罪调查后应当允许律师介入，以保障被调查人的基本权利。

七、检察机关应拥有独立的审查起诉权

《监察法（草案）》第 43 条规定："（四）移送起诉。对公职人员涉嫌职务犯罪，监察机关经调查认为犯罪事实清楚，证据确实充分的，制作起诉意见书，连同被调查人、案卷材料、证据一并移送检察机关依法提起公诉，检察机关依法对被移交人员采取强制措施。"《宪法》和《检察院组织法》规定，检察院依法独立行使检察权。检察权的核心就是检察院独立的起诉权。根据《刑事诉讼法》的规定，侦查终结后移送检察院"审查起诉"，而不是"提起公诉"。监察机关调查终结移送检察院的案件，检察院不仅有权独立决定采取何种强制措施，而且有独立的审查起诉和决定是否提起公诉的权力。因此，为避免《监察法（草案）》第 43 条的规定引起误解，应该把"提起公诉"改为"移送审查起诉"。

《监察法（草案）》第 45 条规定："对监察机关移送的案件，检察机关经审查后，认为需要补充核实的，应当退回监察机关补充调查，必要时可以自行补充侦查。对于证据不足、犯罪行为较轻，或者没有犯罪事实的，应当征求监察机关意见并报经上一级检察机关批准，依法作出不起诉的决定。监察机关认为不起诉的决定有错误的，可以要求复议。"这条规定使检察院的独立起诉权打了一个折扣，如此

---

[1] 2012 年《刑事诉讼法》第 33 条第 1 款规定："犯罪嫌疑人自被侦查机关第一次讯问或者采取强制措施之日起，有权委托辩护人；在侦查期间，只能委托律师作为辩护人。被告人有权随时委托辩护人。"

规定存在两个问题。第一，要求不起诉时征求监察机关意见，会使检察院丧失了完整、独立的起诉权，与《宪法》和《刑事诉讼法》相抵触。依据我国宪法的规定，检察院作为法律监督机关，依法独立行使检察权，负有保证国家法律正确实施，维护法律尊严和权威，实现公平正义的重大使命。独立行使起诉权是检察机关最重要的一项职能。《刑事诉讼法》第 167 条规定："凡需要提起公诉的案件，一律由人民检察院审查决定。"审查起诉则是通过对案件事实、证据、法律等进行全面审查，严格把关，以确保公诉质量。在过去的司法实践中，鉴于中共纪检委员会位高权重，检察院对"双规"案件都持非常谨慎的态度，不敢轻易作出不起诉决定。现在以法律形式要求检察院不起诉需征求监察机关的意见，实际上把原来不正常的现实合法化，使检察院更加无法独立办案。检察院只有独立地就案件的证据事实及法律适用进行审查并作出是否起诉的判断，而不受外力的干涉和影响，才能真正做到公正办案、依法办案，以最大限度避免在检察环节发生冤案错案。第二，从权限来讲，《监察法》无需也不应规定案件移送检察机关后的程序问题。监察机关调查职务违法和职务犯罪适用《监察法》，案件移送检察机关后适用《刑事诉讼法》。[1]因此，即使需要作出调整，也应由《刑事诉讼法》作出修改。

八、应由全国人大依据立法程序主导监察法起草工作

有关材料说明，这次《监察法（草案）》是由全国人大常委会法制工作委员会协同配合中央纪委机关拟定的。[2]在制定《监察法（草案）》的过程中，中央纪委机关实际上发挥的是牵头抓总作用，笔者认为这样的立法过程是有问题的。

《监察法》的制定工作应当由全国人大主导。根据《宪法》第 62 条的规定，制定、修改法律的权力属于人大。《立法法》第 51 条规定："全国人民代表大会及其常务委员会加强对立法工作的组织协调，发挥在立法工作中的主导作用。"有关部门可以提出法律草案供立法部门参考，但是不可以取代其主导作用，更不能让人大有关部门变成立法的配角。而且由中央纪委机关主导《监察法》的制定，难以避免在立法中出现部门扩权和立法技术粗糙等问题。

再者，2017 年 6 月 23 日，十二届全国人大常委会第二十八次会议举行第二次全体会议审议监察法草案，直到 2017 年 11 月 7 日才将草案公开面向社会征求意见，导致 11 月份公开之后批评声音较多。《立法法》第 5 条规定："立法应当体现人民的意志，发扬社会主义民主，坚持立法公开，保障人民通过多种途径参与立法活动。"回顾过去重要的法律草案，都是及时向社会公开，多次听取民众和专家意见并加以完善。例如，2014 年 10 月 31 日，十二届全国人大常委会第十一次会议开

---

〔1〕 "读懂监察法草案调查权不同于刑事侦查权"，引自中央纪委监察部网站：http://www.ccdi.gov.cn/special/sdjjs/pinglun_ sdjxs/201711/t20171116_ 111829.html，最后访问时间：2017 年 11 月 22 日。

〔2〕 "十二届全国人大常委会第二十八次会议举行第二次全体会议"，引自中国人大网：http://www.npc.gov.cn/npc/xinwen/2017-06/23/content_ 2024134.htm，最后访问时间：2017 年 11 月 22 日。

始分组审议《刑法修正案（九）（草案）》，2014年11月4日至12月3日公开征求意见，并按照征集的意见作了修改补充；2015年6月24日，全国人大常委会对草案进行第二次审议，并于7月6日进入征集意见阶段，之后在广泛听取意见的基础上形成三审稿；2015年8月29日，十二届全国人大常委会第十六次会议表决通过《刑法修正案（九）》。[1]现在正在修改的两院组织法于2017年8月28日由全国人大内务司法委员会提出关于提请审议两院组织法修订草案的议案后，9月4日两院组织法公开征求意见。[2]可见，制定修改法律要及时公开草案，并多渠道听取意见、反复修改，如此才能保证立法的质量。

最后，笔者认为在一年之内完成《监察法》制定工作，时间仓促了一点。因为：第一，制定《监察法》首先涉及修改《宪法》的问题，因此程序更为复杂。《宪法》的修改应由党中央向全国人大提出宪法修改建议，再依照《宪法》第64条的规定由全国人大常委会或者1/5以上的全国人民代表大会代表向全国人大提出正式宪法修改草案，最后经过全国人民代表大会以全体代表的2/3以上的多数通过。第二，试点向全国铺开要到2017年年底至2018年年初才能完成，若操之过急，试点的问题和经验在《监察法》中得不到总结。《监察法》的立法工作不能急于求成，应当稳中求快，以保证立法质量为第一要务。

2017年11月20日，十九届中央全面深化改革领导小组第一次会议通过了《关于立法中涉及的重大利益调整论证咨询的工作规范》《关于争议较大的重要立法事项引入第三方评估的工作规范》，并指出："要根据《立法法》有关规定，紧紧围绕提高立法质量这个关键，健全立法起草、论证、咨询、评估、协调、审议等工作机制，更好发挥立法机关在表达、平衡、调整社会利益方面的重要作用，努力使每一项立法都符合宪法精神、反映人民意志、得到人民拥护。"[3]在制定《监察法》的过程中，只有严格贯彻执行上述两个规范及会议的精神，才能确保《监察法》的制定任务高质量地圆满完成。

---

〔1〕"刑法修正案（九）三次审议历程回眸"，引自中国人大网：http://www.npc.gov.cn/npc/xinwen/2015-08/31/content_ 1945452.htm，最后访问时间：2017年11月22日。

〔2〕"十二届全国人大常委会第二十九次会议在京举行"，引自中国人大网：http://www.npc.gov.cn/npc/lfzt/rlyw/2017-08/28/content_ 2027386.htm，最后访问时间：2017年11月22日。

〔3〕"习近平主持召开十九届中央全面深化改革领导小组第一次会议"，载中国政府网：http://www.gov.cn/xinwen/2017-11/20/content_ 5241134.htm，最后访问时间：2017年11月24日。

《监察法》的问题与完善^[1]

《监察法》的制定在取得了重大成就的同时，仍存在着一定的缺陷，有待进一步完善。现在，我们仅就与《刑事诉讼法》关系比较密切的几个重要问题进行探讨。

一、关于贯彻疑罪从无的问题

古罗马法谚云："有疑，为被告人之利益。"所谓疑罪从无，是指在刑事诉讼中，对于最后没有达到事实清楚、证据确实充分标准的案件，按照无罪加以处理。疑罪从无是刑事司法领域最为重要的原则之一，是司法文明与社会法治的突出体现，对防范冤案错案的发生、维护司法公正起着重要作用。疑罪从无已成为现代法治国家宪法与刑事立法必不可少的内容，为我国《刑事诉讼法》明文确认，〔2〕亦为党的十八届四中全会所强调。〔3〕

对于监察工作是否需要贯彻疑罪从无的问题，我们的回答是肯定的，而《监察法》中的规定是不明确的。例如《监察法》第45条规定："监察机关根据监督、调查结果，依法作出如下处置……（四）对涉嫌职务犯罪的，监察机关经调查认为犯罪事实清楚，证据确实、充分的，制作起诉意见书，连同案卷材料、证据一并移送人民检察院依法审查，提起公诉；……监察机关经过调查，对没有证据证明存在违法犯罪行为的，应当撤销案件。"从法条的规定来看，对涉嫌职务犯罪的，《监察法》仅提出"犯罪事实清楚，证据确实、充分"与"没有证据证明存在违法犯罪"两种情况的办理方式，而对于出现"证据不足、无法形成完整证据链"的情况却属于《监察法》的立法空白，这正反映出"疑罪从无"原则在《监察法》中的缺位。在实际工作中，职务犯罪案件调查终结时"证据不足、无法形成完整

---

〔1〕 节选自"监察制度改革的重大成就与完善期待"，原载《行政法学研究》2018年第4期，与兰哲合著。

〔2〕《刑事诉讼法》第171条规定："对于二次补充侦查的案件，人民检察院仍然认为证据不足，不符合起诉条件的，应当作出不起诉的决定。"第195条规定："在被告人最后陈述后，审判长宣布休庭，合议庭进行评议，根据已经查明的事实、证据和有关的法律规定，分别作出以下判决：……（三）证据不足，不能认定被告人有罪的，应当作出证据不足、指控的犯罪不能成立的无罪判决。"

〔3〕 党的十八届四中全会强调："要健全落实罪刑法定、疑罪从无、非法证据排除等法律原则的法律制度。"

证据链"的情况并不少见。这种情况下，《监察法》应当明确规定按照疑罪从无原则处理，即对证据不足的案件，监察机关应当自行撤销案件，从而消除这方面法律规定缺失的灰色地带。对于监察案件而言，坚持疑罪从无需要决心与勇气，这也契合民主法治与人权保障的刑事司法理念。

二、关于监察机关与公安机关、检察机关的关系问题

监察体制改革整合了反腐败力量，使对职务违法犯罪的调查更为有效地进行，这在一定程度上压缩了公安机关、检察机关的职权。因此，无论是从制约权力、保障人权出发，还是从诉讼规律的角度考量，监察委员会不仅要与公安机关、检察机关顺畅衔接，还应形成相互制衡的格局。这里仅谈以下两个问题：

第一，完善公安机关与监察机关管辖权机制。《监察法》第34条规定："被调查人既涉嫌严重职务违法或者职务犯罪，又涉嫌其他违法犯罪的，一般应当由监察机关为主调查，其他机关予以协助。"在改革以前，检察机关侦查贪污贿赂案件涉及公安机关管辖的刑事案件，根据全国人大常委会法工委等机关的规定，是根据主罪来确定管辖，即"如果涉嫌主罪属于公安机关管辖，由公安机关为主侦查，人民检察院予以配合；如果涉嫌主罪属于人民检察院管辖，由人民检察院为主侦查，公安机关予以配合"。主罪和次罪的区分标准包括罪名、法定刑、犯罪情节等，以主罪来确定管辖有利于案件的高效办理，是比较科学合理的。《监察法》第34条规定的管辖不分主次，以"监察机关优先管辖"为原则，并不妥当，因为公安侦查的刑事案件，如故意伤害、故意杀人、强奸、抢劫、金融诈骗等，监察机关对于这些案件可能缺乏必要的人员和技术。因此，我们认为应当维持主罪管辖原则，或者主罪由公安机关管辖时主罪部分仍由公安机关负责侦查。

第二，加强检察机关公诉职能的独立行使。按照目前《监察法》的规定，检察院对于监察委员会移送审查起诉的案件，如果发现符合《刑事诉讼法》规定的不起诉的情形，需经上一级人民检察院批准才能作出不起诉决定。并且，监察委员会不同意起诉决定的，可直接向上一级检察院提请复议。[1] 而根据《刑事诉讼法》第175条的规定："公安机关认为不起诉的决定有错误的时候，可以要求复议，如果意见不被接受，可以向上一级人民检察院提请复核。"对于公安机关移送的案件，检察机关可以直接作出不起诉决定，不需要经上一级检察机关批准。

我们认为，《监察法》第47条在不起诉问题上过于强调职务犯罪案件的特殊性。相比其他的案件类型，即使是非常严重的犯罪，也并未有特殊规定，《监察法》和《刑事诉讼法》在不起诉问题上应当保持一致。

---

〔1〕《监察法》第47条规定："人民检察院对于有《中华人民共和国刑事诉讼法》规定的不起诉的情形的，经上一级人民检察院批准，依法作出不起诉的决定。监察机关认为不起诉的决定有错误的，可以向上一级人民检察院提请复议。"

三、关于律师介入的问题

关于监察机关在办理职务犯罪案件过程中律师是否可以介入的问题，目前，《监察法》虽然没有明确规定，但也没有明确禁止。我们认为监察调查期间，建议允许律师在被调查人第一次被讯问或者至迟在留置之后介入。关于律师介入的问题，笔者在文章与发言中曾多次呼吁过，但鉴于此问题至关重要，因此本文不惜笔墨再次重申。

首先，从权力配置上来说，《监察法》规定职务犯罪可以对被调查人采取一系列的调查措施，有些措施是相当严厉的，如搜查、扣押、留置、技术调查等。这些措施的强制性、严厉性甚至不亚于刑事侦查措施，严重影响了多项重大的公民权利。我国《刑事诉讼法》第33条第1款规定，犯罪嫌疑人自被侦查机关第一次讯问或者采取强制措施之日起，有权委托辩护人；在侦查期间，只能委托律师作为辩护人。有论者认为，调查不同于刑事侦查，不能适用《刑事诉讼法》的规定。但无论调查与侦查是否具有同质性，关键在于采取的措施是否已经达到严重影响公民权利的程度。如是，则应当启动相应的人权保护措施，允许律师介入。其次，从防范冤案错案的角度来说，尽管《监察法》中对调查措施有严格的程序规范，且明确禁止以一切非法方法收集证据，但在单方办案过程中缺少直接的制约力量，存在着发生冤案错案的风险，必须从监察调查阶段开始就加以防止。诚然，允许律师介入可能对调查造成一定程度的干扰，但是可以切实保障被调查人的合法权利，有效提升办案质量，尤其是使得调查结果更为准确，防止出现事实认定错误，影响后来的审判公正。这是极为重要的事，正如英国哲学家培根曾经指出的："一次不公正的审判，其恶果甚至超过十次犯罪。因为犯罪虽是无视法律——好比污染了水流，而不公正的审判则毁坏法律——好比污染了水源。"[1]最后，从国际视野和域外经验看，凡是被剥夺人身自由或者是财产上被搜查，一般都允许律师介入。联合国《保护所有遭受任何形式拘留或监禁的人的原则》第11项原则规定："被拘留人应有权为自己辩护或依法由律师协助辩护。"我国香港地区《廉政公署（被扣留者的处理）令》第4条规定："被扣留者须获给予合理机会，以便与法律顾问通讯，并在一名廉署人员在场但听不见的情况下与其法律顾问商议，除非此项通讯或商议对有关的涉嫌罪行的调查或执法会构成不合理的阻碍或延迟。"同时，第17条规定廉政公署在办案场所须张贴中文及英文告示告知被调查人前述权利。

另外，按照目前《监察法》的规定，留置场所的设置和管理依照国家有关规定执行。从试点情况看，这个特定场所既有公安机关管理的看守所专门设置的场所，也有纪检监察机关原有办案场所。从权利保障的角度来说，我们认为应当明确

---

[1] 习近平："关于《中共中央关于全面推进依法治国若干重大问题的决定》的说明"，新华网，http://www.xinhuanet.com/politics/2014-10/28/c_1113015372.htm，最后访问时间：2018年4月4日。

规定看守所是留置的统一场所。因为,一是看守所具有中立性,且管理比较规范,更有利于保障被关押人员的权利。二是被调查人在看守所内被留置有利于获得值班律师的帮助。2017 年 8 月 28 日"两高三部"联合发布的《关于开展法律援助值班律师工作的意见》第 1 条规定:"法律援助机构在人民法院、看守所派驻值班律师,为没有辩护人的犯罪嫌疑人、刑事被告人提供法律帮助",在看守所派驻值班律师,为犯罪嫌疑人提供临时的法律咨询,被留置人也应当享有获得值班律师帮助的权利。

总而言之,不能片面强调腐败案件的特殊性而忽略程序法治,查处反腐案件也要遵循程序法治的要求,进入职务犯罪调查后应当允许律师介入,以保障被调查人的基本防御能力,这是程序公正和人权保障的基本要求。

四、关于留置后通知亲属的问题

从权利的角度而言,被留置人家属的知情权的保障涉及基本人权的保障。对此,我国《刑事诉讼法》对被逮捕后的通知做了较为妥善的安排,涉及通知被逮捕人家属的内容、时间、对象以及对犯罪嫌疑人采取逮捕措施后应当在 24 小时内通知家属且无"有碍调查"之例外。[1]可以说,这对权利保障有重要意义,同时契合国际通例与法治文明发展方向。此次《监察法》的制定,对被留置人家属的通知问题,虽然已经有了一定的程序安排,但仍有进步的空间。

《监察法》第 44 条规定:"对被调查人采取留置措施后,应当在 24 小时以内,通知被留置人员所在单位和家属,但有可能毁灭、伪造证据,干扰证人作证或者串供等有碍调查情形的除外。有碍调查的情形消失后,应当立即通知被留置人员所在单位和家属。"实践中,由于该规定过于弹性,且关于"有碍调查"以及"有碍调查的情形消失"均难以准确界定与把握,很可能使得"不通知"成为办案常态。

值得注意的是,《监察法》第 39 条规定了立案程序中的通知家属问题。"立案调查决定应当向被调查人宣布,并通报相关组织。涉嫌严重职务违法或者职务犯罪的,应当通知被调查人家属,并向社会公开发布。"这意味着在立案程序中毫无例外都要通知家属。此时就有可能发生毁灭、伪造证据、干扰证人作证或者串供等有碍调查的情况,既然如此,《监察法》第 44 条规定的"留置可以不通知家属"的特殊规定的必要性就大大减少。就立法技术上而言,留置通知家属所规定的例外情形未必是最佳的选择。虽然立案必须通知家属在一定程度上解决了"人头失踪"现象,缓解了《监察法》第 44 条规定留置不通知家属的例外情况带来的问题,但是相较于《刑事诉讼法》规定采取强制措施时毫无例外都要通知家属,该条在权利保障上有所倒退。因此,我们建议留置后也应当毫无例外通知家属。

---

[1] 《刑事诉讼法》第 91 条规定:"公安机关逮捕人的时候,必须出示逮捕证。逮捕后,应当立即将被逮捕人送看守所羁押。除无法通知的以外,应当在逮捕后二十四小时以内,通知被逮捕人的家属。"

　　我们之所以提出以上四点完善建议，原因在于，尽管我国的反腐败体制改革与《监察法》的制定以建设统一集中、权威高效的国家监察体制为宗旨，但在全面推进依法治国、推进国家治理现代化的新时代背景下，我们绝不能忘记公正是法治的生命线。[1]我们必须要贯彻实体公正与程序公正并重，惩治腐败与保障人权相结合，同时要贯彻追求效率、不忘公正的理念，只有这样，才能保证反腐败斗争有力有序、持续深入地常态发展。

---

　　[1]　党的十八届四中全会提出了实现公正司法的目标，强调了"公正是法治的生命线"，明确了"保证公正司法，提高司法公信力"等全面推进依法治国的重大任务，对以法治促进社会公平正义作出了全面部署。

陈光中法学文选（第四卷）

司法改革与刑事诉讼法修改

第六部分　法治杂谈与案例评析

一、法治杂谈

陈光中：法治应以公正作为生命线[1]

"只有真正做到审判、检察独立，才能保证司法公正。现实中，普通的案件做到比较容易，但遇到特定的案件，检察院和法院就很难独立起来。"

陈光中的微信名为"钟鸣老人"，89 岁的他希望自己能像铜钟一样，常撞常鸣，鹤鸣九皋。

2019 年 8 月 16 日上午，在北京的家中，陈光中总结了自己一生的"成就"："治学领域主要在刑事诉讼法，办了两件重要的事，一件是积极参与《刑事诉讼法》的修改，另一件是对诉讼价值观的探讨和坚持。"

在刑事诉讼法最重要的两次修改中，陈光中积极建言，成为"疑罪从无""尊重和保障人权"等原则入法的关键因素。

被誉为新中国刑事诉讼法学的开拓者和重要奠基者的陈光中，18 岁进入中央大学（今南京大学）法律系学习，1950 年转学北大，两年后毕业留校。后因高校院系调整，他被调至北京政法学院，从事刑事诉讼法的教学工作。

对他和新中国而言，这一切都是从零起步，使用苏联的教科书，通过不断结合中国实际加以转化，逐渐建立中国刑事诉讼法教学体系。

从事法学教育六十余载，陈光中始终坚信"法学家做学问不能只在书斋中坐而论道"。

"伏生九旬传经学，法治前行终生求。"（伏生是汉初经学家）这是陈光中在八十岁寿辰时写下的诗句，而今他已年近九旬，依然为法治"立言"而忙碌，不曾离开。

腿脚已不太灵便，视力和听力也明显下降，但陈光中的思维仍然清晰而敏捷。三个多小时的访谈，从宪法到刑事诉讼法，从法治教育到扫黑除恶，这位"喜欢吃鱼、晚睡晚起"的老人侃侃而谈，没有倦意。

陈光中计划 2020 年开始写一部回忆录，讲述过往的学术、生活点滴。展望九旬之后的生活，他的想法是："倘若能再为国为民做最后一点贡献，则此生我愿

---

[1] 原载于《南方周末》2019 年 8 月 22 日 B10 版。

足矣。"

谈到中国未来的法治建设，陈光中认为，"我们的法治应该是以公正作为生命线，公正必然要求加强人权保障"。

反对者担心漏掉有罪之人

《南方周末》：别人介绍您的身份时，经常强调您是新中国刑事诉讼法学的开拓者和重要奠基者，您是怎么参与到刑事诉讼法修改中的？

陈光中：那是 20 世纪 90 年代，我是诉讼法学研究会会长，又是中国政法大学的校领导。随着社会发展，我注意到 1979 年制定的刑事诉讼法的许多理念、模式与制度已落后于时代，所以我极力倡导尽快修改完善这部法律。当时，我与博士生王洪祥合写了一篇关于刑事诉讼法修改的论文，并在诉讼法学研究会年会上由洪祥代为发言。论文要点上报后，得到了王汉斌（时任全国人大常委会副委员长）的重视。1993 年，全国人大法工委委托我主持专家组编写刑事诉讼法修正建议稿给立法部门作参考，就这样我有机会在刑事诉讼法修改工作中发挥重要作用了。

《南方周末》：据说在 1996 年《刑事诉讼法》第一次修改过程中，有不少分歧，您印象比较深刻的是哪些？

陈光中：当时，立法部门的看法和我们的观点比较一致。1994 年，我们就把初稿交了上去。后来经统计，我们提出的法条约有 2/3 被新《刑事诉讼法》所采纳。

我印象最深的就是"疑罪从无"原则的入法问题。那时，反对者有顾虑，担心这样会漏掉有罪的人。1995 年，立法部门召开了最后一场座谈会，有上百人参加，在这次会上讨论的修正案中并没有"疑罪从无"原则。会议期间，我单独去了王汉斌的办公室，建议务必将"疑罪从无"原则写入修正案草稿，我说全世界都这么做，规定了有一定的风险，但不规定，错判的可能性更大，最后终于被采纳了。

《南方周末》：2012 年，您主张的"尊重和保障人权"被写进了《刑事诉讼法》总则，当时的情况是怎样的？

陈光中：2009 年，《刑事诉讼法》修订再度被列入立法规划。2011 年 8 月，在《刑事诉讼法》修订第一次专家审议座谈会上，我主张"保障人权"一定要写入《刑事诉讼法》总则。因为 2004 年宪法修正案增加了"国家尊重和保障人权"的规定，这一宪法精神应当在有着"小宪法"之称的刑事诉讼法中有所体现。

但几次供讨论的草案都没有把这句话写进去，我很着急。眼看表决在即，在一次全国人大法工委召开的迎新专家座谈会结束后，我主动找了朗胜（时任全国人大法工委副主任），问他保障人权是否准备写进去？他告诉我肯定写进去，我这才放了心。

建议删掉"嫌疑人应如实回答"

《南方周末》：1996年、2012年两次修改《刑事诉讼法》，您都发挥了重要作用，但您常说还有许多难如人意之处，具体是指什么？

陈光中：回看两次修改，我时常感叹，如果思想再解放一点，步子再大一点，改革的力度再加强一点，可能修改得更好。比如"无罪推定原则"，早在1996年那次修改时，我们提出的专家修改建议稿中就主张要确立"无罪推定原则"，当时面临着巨大的阻力。

到了2012年，"无罪推定"入法依然没有得到立法和相关部门的支持，他们认为控方负举证责任与疑罪从无已有明文规定，"无罪推定原则"本身的规定已无太大的必要性。

还有一些条款，如《刑事诉讼法》第一百二十条规定，对侦查人员的提问，犯罪嫌疑人应当如实回答。这意味着犯罪嫌疑人有如实回答的义务，否则可能会被认为认罪态度不好，从而影响量刑。这与"不得自证其罪"的原则相违背的，我建议删掉。但实务部门普遍不赞成，他们认为只要不动用强迫手段，在正常讯问下，犯罪嫌疑人应当如实回答。

《南方周末》：接下来您还打算从哪些方面对刑事诉讼法提出建议？

陈光中：2018年，《刑事诉讼法》进行了第三次修改，但相比于前两次，这一次只是属于小范围修改。所以，去年我已经在申请一个课题项目，倡导尽快启动刑事诉讼法的第四次修改，把十八届四中全会决定中涉及刑事诉讼法的重要内容，都写进《刑事诉讼法》，比如以审判为中心、提高证人出庭率、扩大法律援助范围、完善辩护制度等。

同时，只有真正做到审判、检察独立，才能保证司法公正。现实中，普通的案件做到比较容易，但遇到特定的案件，会受到一些阻力。

要客观对待"死磕律师"

《南方周末》：您一直保持对现实的关注，目前，扫黑除恶专项斗争正在进行，您是否打算提出一些有针对性的建议？

陈光中：我已向中央政法委领导同志建言，特意提到涉黑涉恶的案件要严格做到依法和准确，因为搞错了以后，纠正起来是很难的。

过去的打黑、现在的扫黑除恶，对于维护社会稳定、保障公民安居乐业是十分必要的，但专项斗争也要防止一种倾向掩盖另外一种倾向。

我记得，2011年6月，重庆成立了一个"中国有组织犯罪对策研究中心"，聘请了许多专家当高级顾问，并派人给我送聘书。但当时我已察觉到，重庆的"打黑"活动存在着明显的程序不公，随即在电话中予以拒绝。被我拒绝后，来人将聘书送至我所在工作单位转交。在这种情况下，我写了一封谢绝信，签字、盖章后连同聘书一并寄回重庆市公安局。我在信中指出："贵局打黑，名震全国，如能重程序正义，则更符合法治精神。

总之，无论是"打黑"还是"扫黑"，程序公正都很重要。

《南方周末》：您说过辩护制度是否发达是衡量一个国家民主法治、人权保障程度的重要标志，您怎么看这些年来辩护制度的落实？

陈光中：整体来说，中国的辩护制度有进步。但客观上讲，当今的辩护制度仍需要完善。

首先，要扩大法律援助的范围，对于可能判处三年以上有期徒刑刑罚的案件，应当对其提供法律援助。此处的法律援助并非是值班律师的法律帮助，而是刑事辩护法律援助。

另外，必须要保障律师人身安全，保证律师会见当事人的权利。这几年，社会上有些律师被称为"死磕律师"，实事求是地讲，有些律师是比较激进，违反了律师的职业规范。但也要全面、客观地对待"死磕律师"产生的背景，有的案件律师通过正常渠道办理受阻，公开闹虽有不当，但是不能简单化地对待。

培养对世间变化的敏感性

《南方周末》：从事教育工作六十多年，又担任过校领导，您是怎么理解法学教育的？

陈光中：我教了一辈子的书，做过校长，但我没有特别认真地去总结教学上的体会，只有几点基本看法：一是先博后精，二是学以致用，三是培养法治基本理念，我常教育学生，一定要坚持中国特色社会主义法治道路，真正树立法治思想，身体力行。

《南方周末》：您培养了很多学生，印象深刻的有哪些人？

陈光中：改革开放以后，我就开始带硕士生，后来我在中国政法大学创建了第一个诉讼法博士点，几十年来，培养了不少法律高级人才。最高人民法院原常务副院长沈德咏是最早的硕士生，我记得他上课很认真，半个学期下来，所做的课堂笔记密密麻麻，字体清秀，最后这门课程我给了他全班最高分96分。

现任中央政法委副秘书长王洪祥是我的博士生，脑子很灵，口才很好，工作踏实。我80岁生日时，他作为学生代表做了热情的发言。

我培养的博士生多数还在教学科研部门工作，有的在学术上取得了较大的成就，如卞建林、陈瑞华、张建伟、汪海燕等。

《南方周末》：说到学生，法大的老先生中，您与江平先生、张晋藩先生都是桃李满天下，并在同一年被学校授予"终身教授"称号，现在和他们联系还多吗？

陈光中：我和江平、张晋藩都是同一年的，今年都89岁了。年纪大了，大家也很少走动，私下里偶有联系。有时在一些座谈会上，还能见到江平，张晋藩是搞法制史的，很少参加座谈会，我俩见面机会更少。

《南方周末》：你们几位身体都还不错，您有什么养生之道吗？

陈光中：我不怎么讲究养生，常常还晚睡晚起，习惯在晚上看书工作，几乎12点以后才睡。白天看书写文章累了的时候，听听中国古典民乐。原来的一些体育爱好因为年岁增长，也不适合了。平日里，我主要依靠电子设备，特别是手机了解各种时政资讯。同时还在手机上加入了一些感兴趣的新闻以及社交群组，培养自己对世事变化的敏感性。

《南方周末》：平日里占用您时间最多的事情是什么？

陈光中：我把更多的时间花在了写作上。前不久，我统计了一下，最近9年，我发表文章122篇，还有一部分法治杂谈及访谈。需要说明的是，我的文章相当一部分是与学生合作完成的，我口述，学生记录整理，然后共同修改完成，这是我老年的科研工作方法之一。

2015年7月，我被聘为《中国大百科全书》（第三版）编辑委员会委员、法学学科主编。可以说，这是我追求的法治人生中浓重的一笔。

陈光中：审判独立是审判公正的重要保障〔1〕

我发言的题目是"审判独立是审判公正的重要保障"，分为两个部分：第一部分是对审判独立本身的含义和价值作一般性的解说，第二部分重点讲中国的审判独立问题。

首先，讲第一部分。审判公正是审判的灵魂和生命线，是实现社会公正的最后一道防线。从实体的角度来看，审判公正是指案件最终处理结果所体现出来的公正，其中包括准确地认定案件事实，正确适用法律，公平合理地解决纠纷，惩罚犯罪，恢复社会正义。审判实体公正的实现需要程序公正来保障，只有程序公正才能够最大限度地保证案件办案的质量，最终达到实体公正的目的。审判程序的公正性有若干个重要标志，譬如审判独立，当事人双方或控辩双方的平等对抗，当事人诉讼权利的充分保障，裁判者的中立，审判程序的公开，等等。我认为其中审判独立是程序公正的首要原则，对于实现审判公正，打造司法的公信力，树立审判的权威具有根本性的保障作用。

审判独立也叫司法独立，是一项现代法治国家普遍承认且普遍确立的基本法律原则，它的核心精神就在于法官在进行司法裁判的过程中只服从法律的要求或良心的驱使，客观判断证据、事实，公正裁决案件，而不受任何干预和控制。要求审判独立是由审判的特殊性和司法的规律性所决定的。

这可从下面两个方面去理解。一方面，从维护法律权威方面说，在现代的法治国家，法律一旦被制定，就应当得到无条件的遵守，这是维护法律的严肃性、统一性和权威性的要求，也是现代法治的应有之义。作为案件最后的决定者，法官是通过个案的法律适用来维护法律权威的，这不仅要求法官本身具有良知和较高的业务水平，而且要求法官适用法律的时候要排除各种干扰。如果法官不能够依法独立行使职权，那么法官怎么能够有效地抵制外部的干扰呢？正如马克思所说："法官除了法律就没有别的上司。"我认为这句话道破了法官独立与法律权威的关系，这是第一个方面。

第二个方面，从事实裁判方面来说，审判之所以要独立还在于法官是案件事实的裁判者。现代法治国家法官认定案件事实，应当遵循证据裁判原则和法庭质证原则。证据裁判原则指的是认定案件事实必须以证据为依据，质证原则指的是法官所依据的证据必须在法庭上依法定的程序在当事人或者控辩双方的参与下进行质证，以便辨别它的关联性、真实性、合法性，然后确定是否能够作为认定案件事实的根据。质证原则在一定程度上是同直接言词原则是相关联的，如果要质证，就要搞直

---

〔1〕 原载《中国政法大学学报》2011 年第 3 期。本文系作者在主题为"司法公正与法治建设"的第三届中国法治论坛暨钱端升法学研究成果奖颁奖大会上的发言。

接言词原则。换句话说,我们要尽量地让证人、被害人亲自到庭,接受双方的交叉询问,同时也接受法官的直接询问,以便更准确地判断其陈述的真伪,查明案件事实真相。显而易见,只有亲自主持或者参加庭审的法官和陪审者才真正有资格对证据和事实作出最后的裁判,别人就很难有这样的发言权,至少没有权威的发言权。因此,审判独立也是准确判断案件事实的最有效的保障。

还需要指出的是,联合国的国际公约把审判独立作为一项基本的原则予以明确规定。下面我引述联合国的两个文件,一个是《公民权利和政治权利国际公约》第 14 条的规定,其中指出:"人人有资格由一个依法设立的、合格的、独立的和无偏倚的法庭进行公正和公开的审讯。"联合国《关于司法独立的基本原则》中也规定:"各国应当保证司法相关的独立并将此原则正式载入其本国的宪法和法律之中,尊重并遵守司法机关的独立。"也就是说把审判独立载入宪法和法律并且加以实行,这是各国的政府机构和其他组织的一项职责。以上我说的就是关于司法独立的基本含义、价值、意义以及联合国认为应该普遍遵守的原则。

第二部分专门谈我国的审判独立。我国实行中国特色的审判独立原则,我国《宪法》第 126 条规定:"人民法院依照法律的规定独立行使审判权,不受行政机关、社会团体和个人的干涉。"《刑事诉讼法》《民事诉讼法》《行政诉讼法》中也都有相关的规定,根据以上规定我国的审判机关必须坚持党的领导,接受人民代表大会的监督,这里我想着重结合中国的实际来讨论一下审判机关依法独立行使职权与党的领导的关系,与行政机关的关系以及与人民代表大会的关系,至于审判机关内部的关系,限于时间,我就不讲了。

首先,我们讨论审判机关同党的关系。在我国,共产党是作为执政党对审判机关进行领导的,我认为这个领导主要体现在政治上和组织上以及方针路线上的领导,而不是通过干预办案的方式来体现。党中央早在 1979 年作出的《关于坚决保证刑法、刑事诉讼法切实实施的指示》中就明确地指出:"加强党对司法工作的领导,最重要的一条就是要切实保证法律的实施,充分地发挥司法机关的作用,切实保证人民检察院独立行使检察权,人民法院独立行使审判权,……为此中央决定取消各级党委审批案件的制度。"这个 1979 年的指示,至今仍有重大现实意义。因为现在各级地方党委,包括政法委领导似乎仍然习惯于对具体的案件作协调并热衷于最终的拍板权。这种判而不审的做法,我认为违背了基本的诉讼规律,其弊端也日益显露。大家都知道佘祥林案是省法院退回下级法院,下级法院由政法委协调后敲定改判 15 年,基层法院初判,中级法院维持原判,这样就绕开了省法院。另外最近大家知道的赵作海案,检察院两次退回补充侦查,按照《刑事诉讼法》的规定,一旦两次退回,没有新的理由,主要是没有新的证据,就不能再移送起诉。但是公安机关不愿意,然后通过政法委的协调,结果决定还是要起诉,还是要判罪。在这种情况下,检察院服从党的领导起诉;法院也是服从党的领导来判决。这两个案件如果没有政法委的协调、拍板,不一定会造成冤案。实践证明政法委协调案件,虽然有时候可能有利于服务大局，但也有可能借协调案件之名搞地方保护主义，或者搞疑罪从有。这两个案件明显不是疑罪从无，而是疑罪从有。案件拍板搞错了政法委又不承担法律责任，因为这个案件起诉的、审判的都是检察员、审判员。更何况现在政法委的领导有的还兼任公安局的局长，让政法委协调案件无疑让侦查机关来干预起诉、审判工作。因此为了吸取沉痛的教训，防止重蹈覆辙，保证审判权的依法独立行使，我认为应当取消地方政法委对案件的协调拍板权。地方的政法委对具体案件，我主张一概不要协调干预。当然对于全国性的大案要案或者社会影响重大的案件，我个人认为党中央与中央政法委有权依法协调处理。结合中国的实际，党中央政法委对于一些有全国性影响的案件，当然应当过问。比如说上海的陈良宇案件、厦门的远华案以及其他的一些非常重大的案件，中央必须直接过问。但是中央的过问也应该在宪法、法律的范围内依法过问，这是党章的要求，党章规定："党的组织应当在宪法和法律的范围内活动"，因此中央直接干预案件也得依法不能越权。过去有个别中央领导违法指示案件如何办的例子，社会影响很不好，所以说我们遇到中央的领导对案件有指示如果违反法律，最高人民法院、最高人民检察院应该给领导说明这个案件不能这样处理，应该以法律的权威为重，而不能领导一指示，就照办而不管法律怎么规定。

其次，我要讲的是审判机关与行政机关的关系。关于审判机关和行政机关的关系，尽管我国《宪法》以及相关的法律明确规定，人民法院审判不受行政机关的干预，但是现实中人民法院却无法摆脱行政机关对个案的干预，甚至在有的地方出现法院对行政机关的干预卑屈顺从的奇怪现象。

我在这里举两个例子：一个是重庆市出现的历史上最牛的公函，重庆市下面一个工业区管委会就当地的一个养殖户的案件，给一审法院发出了一份措辞强硬的公函，要求"一审（法院）不应采信（西南大学司法鉴定所的）错误鉴定结论，应作出驳回原告诉讼请求的判决"，并公然警告法院不要"一意孤行"。原以为胜券在握的原告，等来的却是一个与公函要求相符的判决，也就是说法院是按照行政机关的公函来判的。这个案例被曝光后成为一个全国笑话性的事件。

另外一个案例就是四川某地的土地纠纷案件。该市国土局发了一个公函，要求不要马上判，等他们那边办完手续后再判，然后法院也就照办了。由于推迟判决，国土局把一切手续都办完了，判决的胜负对于胜诉一方来说价值就等于零了。

这种事情看起来很典型、很个别，但是实际上反映了我国法院对于行政机关的干预无能为力的现象，反映了我国司法体制的问题。我国现在地方法院的经费由地方行政全额开支，盖办公楼也好，工资也好，都是地方财政一手操办。另外，人事上的编制也是由地方决定的。所以，人事权、财政权都掌握在地方行政机关手里，因此法院只能对它俯首顺从。这种制度上的弊端，中央不是没有察觉，所以党的十六大、十七大，特别是十六大的文件里已经提出要在这方面进行改革，想把地方行政机关管理司法机关的人事权、财政权逐步地剥离开来。而且这个事，党内党外上上下下已经议论了多年，但是因为阻力重重，分歧太大没有办法向前推进。到现在为止，包括这次司法体制工作机制改革在这个问题上，采取回避态度，没有涉及。即便是这样，我认为我们的学者还是有责任去呐喊去呼吁，尽量地去推动，这是学者的良心责任。

最后，我谈一下审判机关和权力机关即人民代表大会的关系。根据我国《宪法》的规定，人民法院由各级人民代表大会产生，向同级人民代表大会负责并接受其监督。而根据《各级人民代表大会常务委员会监督法》（以下简称《监督法》）的有关规定，人民代表大会及其常委会对人民法院的监督主要是通过听取和审议人民法院的工作报告、执法检查等方式来督促人民法院完善内部的监督机制。重点解决一些审判工作里面群众反映强烈并具有共性的一些问题，如告状难、执行难的问题，等等。《监督法》并没有明确规定可以对个案直接进行监督。当然在实践中，人大代表可以向法院和检察院反映个案不公的问题。但是人大代表这种对个案不公提出改正的建议，只是一种建议权和提案权，人民法院对这种建议应当理性对待，既要重视对个案的反映，又要坚持审判权行使的独立性，不受人大代表反映意见的约束。对于反映，要明确态度：反映得对就要改，不对就坚持原判不改。所以说在法院与人民代表大会的关系上，《监督法》的规定同司法独立是没有矛盾的。

总之，坚持审判独立，保证审判公正，树立司法权威，从根本上来说只能走体制改革之路。只有深入进行政治体制与司法体制的改革，审判独立这一重要的法治原则才能够得到实现。

王汉斌　领导立法　贡献重大〔1〕

王汉斌同志是我非常敬重的国家立法领导人之一。在粉碎"四人帮"、结束文化大革命、召开十一届三中全会以后的改革开放时期，他从事和领导立法工作近20年，对建立中国特色社会主义法律体系做出了重大贡献，是我国新时期社会主义民主法制建设特别是立法工作的重要见证人和决策人之一。今天我们看到的这两部著作：《社会主义民主法制文集》《王汉斌访谈录》，真实地记载了汉斌同志从事立法工作的成就和立法思想。内容丰富，见解深刻，既求真务实又高瞻远瞩。我学习这两部著作后，受益良多，现结合我个人专业和参与《刑事诉讼法》修改的工作情况，就汉斌同志的法制建设思想和立法工作方法谈以下几点体会：

第一，立法必须立足中国实际同时又要借鉴古今中外有益的经验。汉斌同志说：最重要的是从我国的实际情况出发，总结我们自己的实践经验，制定适合我国实际情况和需要的法律。同时他又指出：法律是一门科学，是人类社会实践经验的总结，法律是有继承性的。在拟订法律草案时对古今中外的法律，我们都要加以研究，从中吸收一切好的对我们有用的东西。在修改《刑事诉讼法》时他指示，要研究国外的经验，国外搞规范化的刑事诉讼制度有几百年的历史，有些经验带有普遍性，可以借鉴。当然，借鉴也要从我国实际出发。例如，1996年《刑事诉讼法》修改以前我国实行的是"先定后审"的职权主义审判方式，弊端很大。修改中我们适当参考了英美法系"对抗式"的审判方式，规定在法庭上控辩双方举证、辩论，法官中立地主持法庭审理，公正裁判；但又没有照搬英美法系法官在法庭上完全消极被动的做法，从而形成了具有中国特色的控辩式审判方式。实践证明这次审判制度改革基本上是成功的，有效地保证了审判公正的实现。

第二，立法要发扬民主，采取"三结合"的方法。汉斌同志主张，立法部门应当与实务部门、专家共同研究制定和修改法律，同时要广泛吸收各方面的意见。对此我有切身体会。1993年我作为中国法学会诉讼法学研究会会长，在汉斌同志支持下受法工委的委托，组织中国政法大学的教授、专家成立了《刑事诉讼法》修改研究小组。我主持的研究小组所起草的《刑事诉讼法》修改专家建议稿中的许多内容被法工委起草的《刑事诉讼法修正案》所吸收。而且法工委的修正案也多次征求各方的意见并进行反复的修改。1996年1月法工委召开了最后一次为期四天（15~18日）包括实务部门与专家学者100余人的大型座谈会讨论《刑事诉讼法修正案草案》。18日汉斌同志亲自参加听取大会发言，并在最后做了重要讲话（讲话已收入文集）。在会议期间，他还单独找我听取对《刑事诉讼法修正案草案》

---

〔1〕　本文是作者在"王汉斌文集出版座谈会"上的发言，是发表于《法制日报》2012年1月17日的《立法发扬民主　吸收各方意见》一文的原稿。

还有什么意见。我回忆，当时我向他提出了两条建议：一是要确立"疑罪从无"规则，在证据不足的情况下，法院应当宣告被告人无罪；二是由于审判方式改革引进当事人的抗辩因素，影响案件审判效率，建议增设简易程序加以弥补。他非常重视我提的意见，后来在听取实务部门意见后，我的这两条建议在《刑事诉讼法修正案》中都得到了采纳。汉斌同志作为高层的立法领导者对专家学者如此信任、尊重，确实使我非常感动。

第三，强调惩罚犯罪与保障公民合法权益相结合。在《刑事诉讼法》修改中，汉斌同志指出要有力打击、惩罚犯罪，对公、检、法机关必须赋予必要的手段，但在办案中又必须注意不能侵犯公民的合法权益。我们要切实做到打击、惩罚犯罪与保护公民合法权益的统一。正是在这种思想指导下，1996 年的《刑事诉讼法》修改多方面加大了对犯罪嫌疑人、被告人的人权保障，例如，取消了收容审查制度；律师从审判阶段介入提前到了侦查阶段介入；规定在指控犯罪证据不足的情形下，应当作出无罪判决等。这些问题在当时争论都是很大的，如果没有汉斌同志果断的决策就很难规定进去。

在《刑事诉讼法》修改中，汉斌同志不仅重视对犯罪嫌疑人、被告人权利的保障，同时也很重视被害人的权利保障。在他的指导下，1996 年的《刑事诉讼法》修改，将公诉案件中的被害人从一般诉讼参与人改为诉讼当事人，提高了被害人的诉讼地位，扩大了被害人的诉讼权利。在外国的刑事诉讼法中，被害人一般没有被规定为当事人，而我国将被害人规定为当事人，这体现了惩罚犯罪与保障人权相结合的精神，同时也形成了中国刑事诉讼制度一大特色。

汉斌同志还明确表示不赞成在《刑法》和《刑事诉讼法》中规定"坦白从宽、抗拒从严"的口号。他认为"抗拒从严"与被告的辩护权是相矛盾的，不符合保障被告合法权利的精神。至于"坦白从宽"，原则上是可以的，但片面强调坦白从宽，把审讯变成"打态度"，甚至依靠口供办案，也会造成一些偏差。所以，刑法中没有使用"坦白从宽"的提法，而是规定了自首、立功可以从宽或减刑。汉斌同志在法工委工作时所写的文件中也从不使用"坦白从宽、抗拒从严"的提法。汉斌同志对"坦白从宽、抗拒从严"这个口号的精辟分析和正确处理，至今仍值得我们认真领会，并结合司法实践加以贯彻。

第四，强调党组织要保障法律的切实实施。在"访谈录"中汉斌同志具体回顾了 1979 年《刑法》和《刑事诉讼法》通过后，党中央专门发出了关于坚决保证《刑法》《刑事诉讼法》切实实施的指示。并介绍了这个具有重大历史意义的指示的重点内容。指示强调，对国家法律，从党中央委员会到基层组织，从党中央主席到每个党员，都必须一体遵行。绝不允许有凌驾于法律之上的特权。党对司法工作的领导，最重要的是切实保证法律的实施，充分发挥司法机关的作用。党委与司法机关各有专职，不能互相代替，不应互相混淆。为此，中央决定取消各级党委审批案件的制度。汉斌同志在介绍指示的上述内容后，特别指出，党委不再审批案件是一个重要的改革，对促进检察院、法院依法办案是很重要的。当然，对重大的疑难案件，党委也不是一概不能过问。

为了保障法律的切实实施，汉斌同志根据彭真同志的讲话，回答了权大还是法大、党大还是法大的问题，鲜明体现了法律至上的法治精神。他又根据刘少奇同志的讲话精神主张法院应当独立依法审判，党委和政府不应该干涉他们判案。汉斌同志认为，法院独立进行审判所依据的法律，是党中央原则批准，由最高国家权力机关制定的。因此法院依法独立行使审判权与服从党的领导是不相矛盾的，根本不存在"以法抗党""向党闹独立"的问题。

汉斌同志的以上思想主张体现了一个领导干部尽力推进民主法制改革的决心以及一个政治家的远见和魄力，对我国的政治体制改革、司法体制改革和立法、司法实践工作都有重要、现实、深远的指导意义。

转变观念完善制度　严守底线防范冤案[1]

冤案是严重的司法不公，给司法机关的公信力带来极大损害，同时对人权造成严重侵犯。因此，严防冤案发生是社会主义文明司法的一项重要任务。南阳经验不仅是命案办理的经验，也是防止冤案的经验，其中体现的执法理念值得肯定。

第一，树立无罪推定原则意识。根据无罪推定原则，犯罪嫌疑人、被告人在最后确定有罪以前应被假定为无罪的人，要充分保障他们的诉讼权利，不能搞有罪推定，不得强迫自证其罪。检察机关要承担举证责任，法院要根据确实充分的证据达到排除合理怀疑的程度才能定罪；不能证实有罪，就应作无罪处理。

无罪推定要求"罪疑刑疑"作有利于被告人的处理。也就是说，定罪有疑作无罪处理，量刑轻重有疑作轻刑处理。无罪推定是严防冤案发生的一个重要法宝。我国《刑事诉讼法》虽未明文规定无罪推定原则，但其精神在《刑事诉讼法》中已有较为充分的体现。

第二，杜绝刑讯逼供。冤案发生的动因很多，就我国而言，刑讯逼供是造成冤案的最重要原因，至少95%以上冤案是由于刑讯（包括变相刑讯）造成的。为了有效遏制刑讯逼供，修改后的《刑事诉讼法》在原有制度基础上，用多个条文构成"组合拳"来防范冤案的发生。要杜绝刑讯逼供，还应当进一步堵塞法制上的漏洞：一是防止犯罪嫌疑人进入看守所之前遭受刑讯逼供。二是防止在监视居住期间尤其是指定居所监视居住期间发生刑讯逼供。三是防止在看守所讯问中可能出现的刑讯逼供。另外，还要下决心排除阻力，使非法证据排除规则得到有效实施。

第三，保障辩护权的有效行使。犯罪嫌疑人、被告人及其辩护律师根据事实和法律提出有利于他们的材料和意见，与控诉方形成一种控辩对抗的关系。正是这种对抗关系，可以使检察官、法官全面了解案情，克服片面性，正确作出是否批捕、是否起诉的决定，在审判中作出公正裁判。因此，有效行使辩护权是实现司法公正、避免冤案的有力保证。

从司法实践来看，仍有一些办案人员存在轻视律师辩护、不尊重律师依法履行职责的做法，对辩护律师提出的一些合理辩护意见置之不理，甚至故意刁难律师、打压律师。因此，司法人员必须充分认识到律师是实现公正审判、有效防止冤假错案不可或缺的重要力量，尊重律师、善待律师，保障他们充分行使辩护权。

第四，正确理解和处理公、检、法三机关之间的关系。对于刑事诉讼中公、检、法三机关之间的关系，我国《宪法》和《刑事诉讼法》均明确规定：应当分工负责，互相配合，互相制约。

---

〔1〕　原载《检察日报》2013 年 8 月 29 日。

　　然而，当前司法实践中三机关之间重配合、轻制约，甚至在协调下只讲配合，没有制约，就会导致冤假错案的发生。因此，三机关的分工不能混同，应当在自己的职责范围内独立负责，把好各自办案的关口，通过"全流程治理"来保证办案质量。应当贯彻权责相结合原则，谁在职责范围内没有守住关口，导致冤案，谁就应当承担相应的责任。

　　第五，严格掌握证明标准，坚决贯彻疑罪从无。冤案主要是由于证明标准掌握不严，认定案件事实发生错误造成的。在我国，有罪证明标准是"案件事实清楚，证据确实、充分"。2012年《刑事诉讼法》修改在保留原有证明标准的基础上，对"证据确实、充分"作了进一步细化，并引入西方的排除合理怀疑标准。

　　排除合理怀疑在我国应当理解成排除符合常理的、有根据的怀疑，不仅包括"最大程度的盖然性"，而且包括结论之"确定性""唯一性"。对于定罪的主要事实（即犯罪事实是否发生，犯罪由谁实施）以及从重量刑特别是关乎死刑的关键事实、情节等必须坚持唯一性标准。

　　有的案件对主要事实的证明达不到有罪证明标准，就成为证据不足的疑罪案件。为了防范冤案的发生，对于疑罪案件司法人员必须采取宁纵勿枉的价值取向，坚决依法贯彻疑罪从无原则。法院必须下决心作出证据不足的无罪判决；检察机关在审查起诉后也应当坚决作出证据不足不起诉的决定。

　　从世界范围来讲，完全杜绝冤案的发生是不可能的，但是只要理念先进、制度完善、办案人员素质高、防止冤案的决心大，冤案发生的概率就会降到最低程度。

对申诉不止的案件，一定要重新审查 [1]

2014 年 8 月 22 日，福建省高级人民法院宣判念斌无罪。这个判决，引来举国关注。

2006 年 7 月，邻家两名儿童中毒身亡，念斌被警方视为有重大嫌疑。此后 8 年，念斌被 4 次判处死刑，其中，2010 年，最高人民法院以"事实不清、证据不足"为由，不予核准念斌死刑，发回重审。

2014 年 8 月 22 日，福建省高院新闻发言人称，本案除了上诉人念斌的有罪供述外，原判认定被害人中毒原因依据不足，投毒方式依据不确实，毒物来源依据不充分，与上诉人的有罪供述不能相互印证，相关证据矛盾和疑点无法合理解释、排除，全案证据达不到确实、充分的证明标准，不能得出系上诉人念斌作案的唯一结论。

这不是第一起引发举国关注的冤案。从湖北佘祥林案、河南赵作海案到浙江张氏叔侄案，冤案不断地出现在公众视野中，引发人们对冤案何以发生的追问。《中国青年报》记者就此采访了 84 岁高龄的我国刑事诉讼法学界泰斗、中国政法大学终身教授陈光中先生，剖析冤案生长的土壤和纠正之道。

陈光中教授曾于 1993 年受全国人大常委会法工委委托，带领中国政法大学刑事诉讼法的专家学者，进行国内外的调查研究，提出了《中华人民共和国刑事诉讼法修改建议稿》，并全程参与了我国《刑事诉讼法》第二次修改。

陈老精神矍铄、思维敏捷，在念斌案无罪判决作出后第三天，8 月 24 日，欣然接受了《中国青年报》记者的专访。

一、多数冤案源自"疑罪从轻"

《中国青年报》：从浙江张氏叔侄案到福建念斌案，近几年来，屡屡有重大的冤错案件被纠正。在您看来，冤错案件产生的原因有哪些？

陈光中：这些年来暴露了一些冤案，也公开纠正了一些。冤案产生总的原因，在于理念上的偏差，就是"重打击，轻保护"。"重打击"，就是一旦发现刑事案件，就急于破案，过去还提"限期破案""命案必破"。"轻保护"，是在刑事案件里不重视犯罪嫌疑人、被告人的权利保护，在办案过程中，不重视程序正义，不重视权利保护。

按照《刑事诉讼法》的规定，刑事诉讼程序有横向三道关：公安、检察院、法院三家；竖向三道关：一审、二审，如果是死刑案件，还有死刑复核。现实是，

---

〔1〕 原载《中国青年报》2014 年 8 月 25 日，该报记者徐霄桐，实习生高培蕾。

横向不重制约，重配合，竖向不注意真正地按程序把关。总体来说，是理念的偏差。

《中国青年报》：这种理念的偏差，在办案中是如何体现的呢？

陈光中：冤案的原因，在我们国家比较重要的有三大点：一是侦查阶段，搞刑讯逼供和变相刑讯逼供。念斌案中，报道里张燕生律师就说，警方存在刑讯逼供的行为。可以这么说，95%以上冤案是刑讯逼供的结果。警方再根据逼供的结果找证据，找来的证据半真半假。这是最大的一个原因，除非极个别可能亲友之间存在顶替，否则，无罪的人不会无缘无故承认有罪。二是对有罪证据的认定，不符合《刑事诉讼法》对证据确实充分的要求。《刑事诉讼法》要求排除证据之间的矛盾，得出被告人有罪的关键事实结论，应该达到唯一性。这次福建省高院发言人关于念斌案的发言就提到了，案件没有排除合理怀疑，关键证据上没有达到标准。三是没有重视辩护意见。有些司法人员总觉得，辩护人是给被告人说好话、找理由的。有些明显对嫌疑人有利的证据，摆出来也不去核实。

《中国青年报》：如果说刑讯逼供可能是出于公安部门的破案压力，那么，对于证据的认定，为什么会成为冤案发生的第二大原因？

陈光中：因为过去特别怕放纵犯罪，这使得在很长的一段时间里，司法机关实行一种潜规则，即"疑罪从轻，留有余地"。就是这个案件有一些证据，但综合起来看，证据还存在矛盾，没达到唯一性，定罪证据不够。这种情况下，怕放了犯罪嫌疑人，造成放纵犯罪，就还是判，但量刑上会轻一些。按照案情，该判死刑的，不判死刑，怕杀错了，没法纠正。佘祥林案是这样，浙江张氏叔侄案也是这样。尽管1996年《刑事诉讼法》就规定了"疑罪从无"的原则，但实践中，在相当长的一段时间里，是"疑罪从轻"的，这实际上是对法律规定的变相歪曲。

在这种情况下，许多案件实际上带有重大冤枉的风险。这么做的另一个原因，是害怕宣告无罪，对社会、对被害人没法交代。社会上盯着你，如果不是你，那真凶又是谁，被害人和家属盯着。在这种情况下，法院就按"疑罪从轻、留有余地"判了。

二、枉法渎职才追究司法人员责任

《中国青年报》：不少冤错案件都历时多年，几经上下，有的得到了纠正，有的还没有，冤案纠正难的原因是什么？

陈光中：实际上，在冤案中，念斌案8年还不算特别长，河南李怀亮案也是几上几下12年。我认为，念斌这类案件还不是冤案里最难纠正的。因为该案几上几下，始终没有正式生效，这意味着，你总要对这个案子作出一个结论。

冤案是个底线，现在对新的案件，防得更严。新的环境氛围下，有利于作出无罪判决。难的是判决生效的案子，判决一生效，就意味着定案了。

《中国青年报》：为什么这么说？

陈光中：已生效的案件被纠正的，绝大多数是发现真凶，或者发现被害人活着回来了。典型的是佘祥林案和赵作海案。有的确实破案，真凶抓到了。这类情况占大多数，因为明摆着办错了，必须纠正。

至于已经生效、但没有抓到真凶的案子，改判就非常难。一旦改判，就涉及了责任问题，公安机关侦查，有没有违法，有没有刑讯？检察机关有没有失职？法院有没有把关不严？另外，还有社会舆论和被害人方面。经常出现这种情况，还没有改判，被害人家属就领着一群人，到法院施压。

所以，对于那些已在服刑、但申诉不止的犯罪嫌疑人，他们的案件要重新启动审判监督程序，难度非常之大。

《中国青年报》：害怕被追究责任，是否在一定程度上也导致了有关部门不愿意去纠正案件？

陈光中：现在中央也规定要终身追责，总的精神是好的，但是要具体分析，否则会造成另外一方面的副作用。打击办案人员积极性，造成纠正更难。

我认为，不管公、检、法哪家，现在的办案技术条件都是有限的，认识能力也是有局限性的，完善的机制会让错案大大减少，但想完全避免，很困难。我们可以要求零错误、零冤案，但这是一个理想，实际上很难做到。

我认为，只有两种情况，办案人员应该被追责：一种是故意制造冤案，这是枉法；另一种是没有尽到应尽的责任，这是属于渎职，都是主观上有过错，要追究。

至于说案件摆在那儿，经过反复研究，出于认知上有偏差，或者后来发现新的情况，就不应该追责。排除合理怀疑的规定，说起来是明确的，但具体到某一个案件，每个人的掌握是不同的。

《中国青年报》：过去一些重大案件的定罪判决，是经过审判委员会讨论决定的，而不是主审法官或合议庭的决定，这是否给纠正和追责带来难度？

陈光中：原来这种重大案件，有争议判重刑的，都是经过各级法院审委会定的。有时候，法官本人并不主张定罪，但合议庭要服从审委会意见。一般来说，只要法官向审委会实事求是汇报，没有掩盖真相，法官本人是不负责任的。

纠正错案很重要的一点，是研究公、检、法三机关的关系如何正常化。既要配合，又要真正制约，不要搞成联合办案。一参加联合办案就"一锅粥"，一错到底。有时候，公、检、法三家还联合对付律师。最高人民法院发布的《关于建立健全防范刑事冤假错案工作机制的意见》里就有一条，法院不再参加公安机关、检察院联合办案。

三、适当降低申诉立案门槛

《中国青年报》：就目前的情况来看，您觉得如何更好地去纠正冤错案件？

陈光中：在严防冤案方面，现在做得还算比较好。坚持防止刑讯逼供，非法证据排除，坚决不提"疑罪从轻、留有余地"。公、检、法三机关的关系也强调要正常运行。

现在的问题是如何平反，过去"留有余地"被判刑的案件，申诉不止的，有一定数量存在。这里面包含了放纵犯罪的风险，但不平反，更大的可能是冤枉无辜。有的案子，公安机关不去努力，张氏叔侄案是在被害人的指甲里发现了 DNA，才发现出错了。这种案件有那么多吗？有的确实是无头案没有找到真凶。这种案件，严格按证据确实、充分的原则去审判，不够标准就要纠错，这需要很大的勇气和决心。

《中国青年报》：在实际操作上，可以采取哪些措施，去推动冤案的平反？

陈光中：各级法院、检察院应正视这个问题，对申诉不止的案件，一定要重新审查。已生效裁判的申诉立案标准，可以稍微放宽一些。按《刑事诉讼法》的标准，是确有错误的案件，才可以立案。我觉得，条件是不是可以放宽到：有相当大的错误可能性。程序上有严重问题的，也可以启动重新审查。不主动审查，就发现真凶，这毕竟是极少数的情况。

至少在申诉这块，启动的程序标准应适当放宽些。有些冤案，相关部门瞒着遮着，法律程序启动以后，经过审查，才能知道有没有问题。启动也有震动，毕竟，对一个人的冤枉是天大的，更不要说错杀。

二、案例评析

李昌奎案依申诉启动再审符合刑事诉讼法 [1]

8月22日，备受关注的李昌奎案在一审判死刑，二审改死缓后，云南省高级人民法院再审又判死刑，再次成为舆论关注的热点。《法制日报》记者今天就公众关心的问题，采访了我国著名刑事诉讼法专家陈光中教授。

一、启动再审程序合法

记　者：陈教授，您如何看待李昌奎案再审改判？

陈光中：本案再审符合我国《刑事诉讼法》的规定。被告人李昌奎强奸、杀害女青年后，又残杀另一名无辜幼童，罪行极其严重，虽有自首情节，但不足以从轻处罚，依法应当判处死刑。二审改判死缓后，被害人亲属提出申诉，社会反应强烈，检察机关也提出建议，云南省高院经审查，认为原判量刑不当，依法决定再审，以事实为根据、以法律为准绳，改判李昌奎死刑，体现了罪刑相适应，体现了有错必纠，体现了公平正义。

记　者：本案启动再审程序的依据是什么？

陈光中：根据《刑事诉讼法》的规定，对生效刑事裁判启动再审有4种情况：一是当事人及其法定代理人、近亲属向人民法院或者人民检察院提出申诉，经审查符合再审情形的，人民法院应当重新审判；二是各级人民法院院长发现本院已经发生法律效力的判决和裁定在认定事实或者在适用法律上确有错误，提交审判委员会讨论决定再审；三是上级人民法院对下级人民法院的生效裁判，如果发现确有错误，提审或者指令下级人民法院再审；四是上级人民检察院抗诉启动再审。启动再审的法定情形主要是：有新的证据证明原判决、裁定认定的事实确有错误的；据以定罪量刑的证据不确实、不充分或者证明案件事实的主要证据之间存在矛盾的；原判决、裁定适用法律确有错误的；审判人员在审理该案件时有贪污受贿、徇私舞弊、枉法裁判行为的。这些规定，都是为了保障及时发现和纠正生效裁判中的错误，体现了实事求是、依法纠错的精神。李昌奎案就是云南高院根据被害人亲属的

---

〔1〕 原载《法制日报》2011年8月24日，该报记者卢杰、袁定波。

申诉，审查认为原判适用法律确有错误而依法提起再审的，符合《刑事诉讼法》的规定。

二、有公正才有司法权威

记　者：有一种观点认为，本案启动再审不利于维护司法权威。如何看待这种观点？

陈光中：这种观点值得商榷。司法的权威是建立在裁判公正基础上的，只有公正的裁判才具有真正的权威。违背了事实和法律的错误裁判，谈不上有无权威问题。我国《刑法》规定，人民法院对犯罪分子决定刑罚时，应当根据犯罪的事实、性质、情节和对于社会的危害程度判处。对李昌奎判处死缓，并没有体现出对上述因素的全面考虑，属于适用法律不当，裁量有失误的情形，依法应当予以纠正。

当然，适用再审程序纠正生效裁判有着严格的限定条件。刑事再审程序的设置，本身就涉及对法的安定性、实体公正、人权保障等多元诉讼价值的权衡与选择。我国在设置刑事再审程序时，也对上述价值作了慎重的权衡。为追求司法公正，维护当事人的合法权益，我国法律规定了审判监督程序，允许启动再审纠正确有错误的生效裁判；为维护法的安定性，立法又严格限定了启动再审的条件，对提起不利于被告人的再审持特别慎重的态度。再审程序也是一种独立的审判程序，提起再审，并不意味着必然改变既判。《刑事诉讼法》规定，再审案件经过重新审理后，原判决、裁定认定事实和适用法律正确、量刑适当的，应当裁定驳回申诉或者抗诉。李昌奎案作为个别案件，二审改判死缓不当，严重背离了公众对公正的评价，再审改判死刑是完全正确和必要的，真正维护了司法的公信力和权威。

记　者：云南省高院依照二审审判程序和审判监督程序由同一个审判委员会先后作出死缓和死刑立即执行的判决，是否合适？

陈光中：云南省高院审委会决定再审，符合现行法律规定。根据《刑事诉讼法》的规定，人民法院再审时应当另行组成合议庭，视情况不同依照第一审或第二审程序重新审判。再审是一个独立、完整的审判程序，对案件事实、适用法律重新进行全面审理。再审期间不影响原判决的执行。云南省高院另行组成合议庭对案件进行了审理，审委会根据再审查明的事实，讨论决定对该案改判死刑，符合《刑事诉讼法》的规定。《刑事诉讼法》没有规定审委会要在再审中回避。

三、不会引起"翻案风"

记　者：李昌奎案的再审是否会引起更多案件的效仿，导致"翻案风"？

陈光中：刑事再审程序是一种补救性的特殊制度，有严格的限定条件，只适用于纠正个别确有错误的生效裁判。不应将其他案件和李昌奎案作简单类比。"世界上没有两片完全一样的树叶"，何况形形色色的刑事案件？死刑案件判决是在不同的时代背景下作出的，与当时的司法环境密切相关，并且不同时期、不同地方、不同情势下，法官对宽严尺度的把握会有一些差别，都是非常正常的，也完全符合审判规律。实践中，绝大部分案件是公开审理的，也有部分案件，如涉及个人隐私，或未成年人犯罪的案件不公开审理。即便是公开审理的案件，据我所知，出于保护被害人隐私、维护被害人名誉、照顾亲属情绪等因素考虑，一些涉案情节例如被害人过错等，也有可能不在裁判文书上明确表述，更不见诸报端，但是法院在量刑时必须加以考量。

因此，不能仅仅根据裁判文书或相关报道，即对相关案件进行简单类比，甚至在具体处理上据此作出不恰当的评价。不当启动甚至滥用再审特殊程序，不仅将极大损害司法审判的权威性，造成社会秩序的混乱，同时，也极易造成司法权的滥用，侵害案件当事人的合法权益。

经得起法律和历史检验的正义审判 [1]

国人关注、举世瞩目的薄熙来案已于 9 月 22 日上午由山东省济南市中级人民法院作出一审判决，认定薄熙来犯有受贿罪、贪污罪和滥用职权罪，三罪并罚，决定对其执行无期徒刑，剥夺政治权利终身，并处没收个人全部财产，使其受到了罪有应得的惩罚。这是一次公开、公正、严肃的审判，经得起法律和历史的检验，将在我国司法史上留下标志性的影响。对薄熙来案的审判，充分表明了党中央反腐败的坚强决心和鲜明态度；也再次证明，我国是社会主义法治国家，法律面前人人平等，任何人哪怕身居要职，都没有超越法律的特权，只要其行为触犯了刑律，就毫无例外地要受到刑事惩处。

一、彰显程序公正的庭审

在薄熙来案审理中，公诉人依法指控犯罪并有力举证，薄熙来及其辩护人充分进行质证和发表辩护意见，控辩双方针锋相对、角力激烈，法庭居中审判，审判长主持审理理性平和，而且完全根据案情的复杂程度和诉讼实际需要来决定公开开庭审理的时间，以便法庭更好地查明案件事实真相。这次法庭对薄熙来案的审理，是一次不搞"走过场"的实质性的真正审判，充分彰显程序公正性，并得到社会的广泛认同。

法庭对薄熙来案依法彻底地实行了公开审判原则。法庭不仅依法公布开庭时间、地点，准许社会各界人士和薄熙来 5 名亲属共一百余人旁听，公开举行法庭调查和法庭辩论，而且还积极探索和创新审判公开方式，在庭审期间每半天召开一次媒体通气会，通过新闻发言人向媒体及时通报庭审有关情况，还首次采用官方微博延时播报案件庭审实况，向媒体和公众及时、全面、真实披露庭审信息，最后进行了公开宣判，并及时把判决在网上向社会公布。这些超乎预期的做法受到了海内外的广泛关注和普遍赞誉。

法庭对薄熙来及其辩护人的辩护权利给予了充分保障。薄熙来的两位辩护人是由他自行选聘的，两位律师在庭审前查阅了全部的案卷材料，复制了相关证据，并会见薄熙来 20 余次，就辩护思路等与薄熙来充分交换了意见。在庭审中，薄熙来对公诉人指控的犯罪事实都进行了充分的辩解。薄熙来当庭提出的所有发言申请法庭均予准许；辩护人对指控的证据事实和法律理由几乎全部发表辩驳意见；法庭也保障薄熙来充分地发表最后陈述意见，而且薄熙来也承认他的辩护权利得到了很好的保障，并表示法庭的审判给其"一种公平正义的感觉"。

---

[1] 原载《法制日报》2013 年 9 月 27 日。

关键证人出庭是审判程序公正的重要标志。在本案的庭审中，除了当庭展示有关书证、证人证言、音视频证据外，法庭还通知了本案的关键证人大连实德集团有限公司董事长徐明、大连市城乡规划土地局原局长王正刚、重庆市原副市长兼公安局局长王立军作为证人出庭作证，接受控辩双方交叉询问，保证了较高的证人出庭率。被告人也充分行使了质证权，对3位证人分别进行了多次发问。至于关键证人薄谷开来未出庭作证，这是符合法律规定的。我国《刑事诉讼法》第188条第1款明文规定，证人没有正当理由不出庭作证，法院可强制其出庭作证，但被告人的配偶、父母、子女除外。薄谷开来作为薄熙来的配偶，明确表示拒绝出庭作证，法庭当然不能强制其到庭，但法庭上公诉人宣读和播放了她的书面证言以及视频资料。

综上所述，薄熙来案的审判体现了公开公正的要求，满足了公众知情权，完全符合程序正义和现代法治的理念。

二、证据确实充分的判决

在薄熙来案审理中，对于指控的犯罪事实，薄熙来当庭以"不知情""违心承认"等理由来辩解，拒不认罪，全盘翻供，这种情况也引发了社会的热议。但翻供并不意味着不能定罪，我国刑事司法实行证据裁判原则，口供只是证据种类中的一种，定罪主要不是依靠口供，而是以口供以外的证据为主要根据。我国《刑事诉讼法》第53条明确规定："对一切案件的判处都要重证据，重调查研究，不轻信口供。只有被告人供述，没有其他证据的，不能认定被告人有罪和处以刑罚；没有被告人供述，证据确实、充分的，可以认定被告人有罪和处以刑罚。"这表明即使没有被告人供述或者被告人全盘翻供，但只要口供以外的其他证据之间能够相互印证，形成完整的证据链条，排除合理怀疑，达到了有罪的证明标准，照样可以对被告人定罪处刑。何况，就口供而言，我国并非必须以法庭上的被告人供述为准，而是要与其他证据相互印证，视情况可以采纳庭审前的被告人供述。《最高人民法院关于适用〈中华人民共和国刑事诉讼法〉的解释》第83条明确规定："被告人庭审中翻供，但不能合理说明翻供原因或者其辩解与全案证据矛盾，而其庭前供述与其他证据相互印证的，可以采信其庭前供述。被告人庭前供述和辩解存在反复，但庭审中供认，且与其他证据相互印证的，可以采信其庭审供述。"薄熙来的当庭翻供和辩解与其他客观证据相矛盾，而其在侦查阶段所做的书面供认与笔录能与其他证据相互印证。因而，一审法院在综合全案经过质证的证据的基础上，认定公诉机关指控薄熙来所犯的罪行事实清楚，证据确实、充分，故而依法作出严肃的有罪判决。

下面再就薄熙来所犯的受贿罪、贪污罪和滥用职权罪的具体证据认定问题稍作分析。

关于受贿罪，法院以确实充分的证据认定了薄熙来收受唐肖林给予的财物以及明知并认可其妻薄谷开来、其子薄瓜瓜收受徐明给予的财物，共计折合人民币20 447 376.11元的受贿事实。以薄熙来收受的最大一笔贿赂即由徐明出资购买法国尼斯别墅为例，该别墅系薄谷开来使用徐明提供的资金购买并实际控制，而且薄熙来也完全知情。公诉人在法庭上提供的薄谷开来的亲笔证词、同步录音录像和徐明证言以及幻灯片等物证，均证明了 2002 年 8 月某日，薄熙来回家后与薄谷开来、徐明一起观看了法国尼斯别墅幻灯片的事实，这些确凿证据都证实薄熙来对薄谷开来收受徐明资金购买别墅一事是知情的。

值得一提的是，一审判决并未全部认定起诉书所指控的薄熙来受贿的全部事实。如起诉书指控的薄熙来明知并认可其家庭成员收受徐明支付的机票费用中，部分机票费用共计人民币 1 343 211 元因证据不足未予认定；另公诉人出示的薄谷开来关于自己从与薄熙来共用的保险柜中取过美元和人民币的证言，因该证言不能证明薄谷开来所取款项与薄熙来收受唐肖林给予的钱款之间存在关联性，判决也没有采信。这表明法庭对本案相关案件事实的认定是坚持独立公正裁判原则和实事求是精神的。

关于贪污罪，即涉及一项工程完工结算后，上级单位拨付给大连市人民政府的 500 万元问题。薄熙来在法庭上辩称自己对这笔钱没有贪污的故意和参与行为。但王正刚出庭作证的证言，以及公诉人出示的书证和薄谷开来等人的证言，与薄熙来庭前的有关供述和亲笔供词能相互印证，完全证实涉案款项 500 万元系经薄熙来同意后才由王正刚与薄谷开来商量，将此款转入了薄谷开来指定的账户。薄熙来贪污公款 500 万元的犯罪行为脉络清晰、书证人证俱全，完全可以对其予以认定。在铁证面前，薄熙来在法庭上也不得不承认没有进一步追问该 500 万元的流向，应负有责任。这实际上也从侧面佐证了薄熙来非法侵吞 500 万元公款的事实。

关于滥用职权罪，王立军、薄谷开来、吴文康、关海祥等多位证人的证言以及书证等，均证实在王立军等人向薄熙来汇报和揭发薄谷开来涉嫌故意杀人一案（"11·15案件"）后，以及在王立军叛逃前后，薄熙来实施了一系列滥用职权行为。如：在王智、王鹏飞以提交辞职信的方式揭发薄谷开来涉嫌杀人后，薄谷开来举报此二人诬告陷害，薄熙来立即要求对此二人进行立案侦查；严重违反组织程序免去王立军的重庆市公安局党委书记、局长职务；让不具有国家公职人员身份的薄谷开来参与王立军叛逃事件的研究对策，批准薄谷开来建议的对外发布王立军接受"休假式治疗"的虚假消息等。上述滥用职权行为是导致"11·15"案件不能依法及时查处和王立军叛逃事件发生的重要原因，造成了特别恶劣的社会影响。公诉人在法庭上出示的薄熙来滥用职权的证据非常充分，既有证人证言以及关键证人的当庭对质，也有书证等大量客观性证据。事实胜于雄辩，在如此确实、充分的证据面前，薄熙来无论怎样狡辩抵赖，也无法逃脱法律的制裁！

李庄漏罪与辩护人妨害作证罪之立法修改[1]

辩护制度是否完善是一个国家民主法治发展水平的重要标志。毫不夸张地说，我国的辩护制度正濒临严重危机，刑事案件的律师辩护率不断下滑，现仅为 25% 左右，这就是明证。最近发生的李庄漏罪案更加凸显了这一点。如果不改变理念，修改立法并在司法上有所改观，目前的辩护颓势将很难扭转。

本文仅以李庄漏罪案为实例讨论一下我国辩护人妨害作证罪之立法修改问题。

一、案情回顾

2011 年 4 月 2 日，重庆市江北区人民检察院以李庄涉嫌辩护人妨害作证罪将其起诉到江北区人民法院。公诉机关指控：2008 年 6 月 26 日，上海市徐汇区人民检察院以孟英犯挪用资金罪向上海市徐汇区人民法院提起公诉，指控孟英在担任上海金汤城沐浴有限公司法定代表人期间，将徐丽军交给金汤城公司的 100 万元投资款中的 50 万元存入自己的银行账户，用于归还个人贷款。李庄担任孟英的一审辩护人，2008 年 7 月，李庄为帮助孟英开脱罪责，以帮助证人徐丽军索回在金汤城公司投资款为名，引诱、教唆徐丽军违背客观事实改变证言，将其在金汤城公司投资款改变为自己提供给孟英的个人借款。2008 年 7 月 30 日，上海市徐汇区人民法院开庭审理孟英挪用资金案，法院根据李庄的申请通知徐丽军出庭作证。徐丽军按照李庄的授意向法庭进行了虚假陈述。公诉机关认为，李庄在履行刑事辩护职责中，为帮助他人开脱罪责，引诱证人违背事实改变证言，其行为干扰了孟英挪用资金案审理工作的正常进行，应当以辩护人妨害作证罪追究其刑事责任。

2011 年 4 月 19 日李庄漏罪案在重庆市江北区人民法院开庭，法庭审理时辩护人提供证据显示，证人徐丽军在 2005 年 8 月向上海市某法律服务所两名法律工作者陈述，她当初意图向金汤城公司投资 100 万元，但金汤城公司股东朱立岩以 100 万元投资金额太小为由不同意投资。徐丽军就私底下与孟英进行了商议。孟英向徐丽军表示，开业以后不会让徐丽军吃亏。后他人询问徐丽军，孟英是否向徐丽军出具过字据，徐丽军自称不是投资，无须出条。该证言既与徐丽军 2005 年 3 月向孟英挪用资金案侦查人员所作证言证明 100 万元款项是投资款相矛盾，又与徐丽军 2010 年向重庆市司法机关书面控告内容和六次接受重庆警方询问所陈述的 100 万元是投资款的证言相矛盾，从而导致认定李庄在 2008 年 7 月实施引诱、教唆徐丽军违背事实改变证言，因此构成辩护人妨害作证罪的实施存在证据疑点。

公诉方因此向法庭提出，辩护人当庭出示的新证据，与公诉方所出示的证据存

---

〔1〕 原载《刑事司法论坛》2011 年 11 月版。

在矛盾，致使认定李庄的犯罪事实存在一定的疑点。本案证据发生变化，导致认定李庄犯辩护人妨害作证罪的证据存疑，因此，公诉方决定撤回起诉。法庭经过合议庭当庭宣布准许重庆市江北区人民检察院撤回起诉。之后检察院明确表示，对此案不再起诉。

二、评　析

李庄漏罪案以检察机关撤回起诉的戏剧性方式告终，围绕此案的诸多法律争议却始终没有停歇。值此《刑事诉讼法》修改之际，"辩护人妨害作证罪"的构成要件，也因此案而备受关注。

"辩护人妨害作证罪"源于我国《刑法》第306条第1款的规定："在刑事诉讼中，辩护人、诉讼代理人毁灭、伪造证据，帮助当事人毁灭、伪造证据，威胁、引诱证人违背事实改变证言或者作伪证的，处三年以下有期徒刑或者拘役；情节严重的，处三年以上七年以下有期徒刑。"我国《刑事诉讼法》和《律师法》也有类似规定。《刑事诉讼法》第38条规定："辩护律师和其他辩护人，不得帮助犯罪嫌疑人、被告人隐匿、毁灭、伪造证据或者串供，不得威胁、引诱证人改变证言或者作伪证以及进行其他干扰司法机关诉讼活动的行为。违反前款规定的，应当依法追究法律责任。"《律师法》第40条规定："律师在执业活动中不得有下列行为：……（六）故意提供虚假证据或者威胁、利诱他人提供虚假证据，妨碍对方当事人合法取得证据……"从字面上比较这三条规定，《刑事诉讼法》第38条在"改变证言"之前没有《刑法》第306条所规定的"违背事实"的要求，又不像《律师法》第40条直接规定的在"提供虚假证据或者威胁、利诱他人提供虚假证据"之前有"故意"两字，这很容易被解释为只要证人改变了证言，无论是否违背了事实，是否故意为之，都会被认定为妨害作证罪。由于目前我国法律对辩护律师提供法律帮助、会见、调查的权限范围界定不明，导致了律师的一些正常辩护行为被入罪。《刑法》第306条针对辩护律师的规定不尽合理而屡遭学界诟病，而细究起来，《刑事诉讼法》第38条的规定比《刑法》第306条的规定更为严苛，很容易将辩护律师陷于被追诉的境地。在《刑法》第306条没有被修改的前提下，笔者建议在《刑事诉讼法》修改时，应当对《刑事诉讼法》第38条的内容进行修改，严格限定辩护人作伪证或者妨害作证罪的认定条件，具体而言，立法应当明确规定只有在具备以下两个条件的情况下辩护人才构成妨害作证罪：其一，主观上必须是故意，而且是直接故意；其二，客观上必须实施了作伪证或以威胁、引诱方法把符合客观事实的证言改变为虚假的证言的行为。

在李庄漏罪案中，徐丽军确实改变了原来的证言，但徐丽军是否将真实证言改变为虚假证言，也就是案中的100万元究竟是投资款还是借款并不明确。如果能够确定是投资款，那么属于将真实证言改为虚假证言；如果确定是借款，那么说明徐丽军是将虚假证言改为真实证言。即使100万元的确是投资款，徐丽军作了虚假证词，而且这种证言的改变也确因李庄引诱而变，李庄是否构成犯罪，还取决于他是否为明知故意。如果他事先并不知道徐丽军给孟英100万的性质是借款还是投资，则引诱其改变证言就不是故意，也就不构成妨害作证罪。

律师是法律的维护者和人权的保卫者，肩负着光荣的使命，他在诉讼中必须根据事实和法律作有利于犯罪嫌疑人、被告人的辩护活动。在这个过程中，如果他故意违背法律作伪证或妨害作证，当然应受到惩罚。但不分青红皂白，随意追究律师的刑事责任，使律师在从业中战战兢兢、如履薄冰、如临深渊，又怎么能使他以正常的心态做好辩护工作呢？给律师的有效辩护创造良好的至少是人身安全有起码保障的条件，这是立法部门和司法部门的当务之急。

陈光中：聂树斌案存五大疑点 [1]

[案情简介] 1994 年 10 月 1 日，聂树斌被刑事拘留；1995 年，因被怀疑故意杀人、强奸妇女被判处死刑，剥夺政治权利终身；2005 年，王书金承认自己为聂树斌案的真凶；2013 年 9 月 27 日，河北省高级人民法院裁定王书金非聂树斌案真凶，驳回王书金上诉、维持原判。

2014 年 12 月 12 日，最高人民法院指令山东省高级人民法院对聂树斌案进行复查，开启了中国异地复审的先河；12 月 22 日，山东省高级人民法院向聂树斌母亲送达立案复查决定书；2015 年 3 月 17 日，聂树斌被执行死刑后律师首次获准查阅该案完整卷宗；4 月 28 日，山东省高级人民法院召开聂树斌案听证会。会后，该听证会引起多方热议。之后，关于聂树斌案的文章层出不穷，此文是陈光中先生近日在一个聂树斌案研讨会上的发言，经笔者同意，腾讯新闻网特发此稿以飨读者。

聂树斌案复查听证后，社会舆论高度关注，强烈期待司法机关作出公正处理。我认为，聂树斌案迷雾重重，疑点很多，不论从证据事实还是法律理由上均已符合立案再审要求，山东省高级人民法院应当在最高人民法院的支持和指导下通过再审，极力查清聂树斌案的重大疑点，对案件作出公正处理，满足社会的热切期望，并借此提高司法公信力。

我认为聂树斌案存在以下五大关键疑点。

一、存在刑讯逼供的重大可能性

聂树斌被拘禁后 4 天的讯问笔录不翼而飞，内幕如何？这是本案关键问题之一。因为聂树斌被拘禁后，公安办案人员不可能不讯问，当时的《刑事诉讼法》规定，拘留后 24 小时内必须讯问被拘留人。而且事关命案，公安人员急于破案，在正常情况下，必然会连续突击讯问，而且有可能使用违法手段。据办案人员说聂树斌为口吃，需多次讯问，才能完成案件全过程的讯问任务。因此前面 4 天讯问笔录失踪极不正常。也可能由于聂树斌开始不招认，或者"胡说八道"，办案人员就将其隐藏了或者毁掉了，如果这样做，就违反了《刑事诉讼法》规定的办案人员必须忠实于事实真相的要求，"故意隐瞒事实真相的，应当追究责任"。4 天讯问笔录失踪是查明聂树斌案的重要突破口，决不能以原办案方说一句"没有发现刑讯

---

〔1〕 原载腾讯网 2015 年 5 月 13 日。本文正如腾讯网所说的，是在聂树斌案是否要进行立案再审处于有不同主张的热议之时发出的呼声，通过分析聂树斌案存在的五大疑点以及向权威法医专家咨询（见下文）等活动，呼吁对聂树斌案立案再审，践行作为学者的社会责任感，这些活动对聂树斌案后来的平反起了一定的推动作用。聂树斌案最终由最高人民法院提审并按照"疑案从无"的原则作出无罪判决。

逼供"就不了了之。何况申诉律师找到曾与聂树斌关押在一起的纪某，他转述了聂树斌亲口对其说的被残酷刑讯的具体情节："他们不让睡觉、不给饭吃、不给水喝，还用电话线电我、用皮管子抽我，打到精神恍惚、精神崩溃的时候，就把写好的讯问笔录拿来直接让我签字。"讯问笔录缺失和纪某证言表明聂树斌很可能受到了刑讯逼供。要查清这个问题，必然会遇到重大阻力，那就看司法机关及有关领导的决心了。而且河北原办案方有责任讲清这个关键问题，否则山东省高级人民法院就应当作出有利于聂树斌的处理。

二、花衬衫的重大疑点并未合理排除

一是花衬衫来源不明，聂树斌口供虽多次说从三轮车上拿的，但也有几次说是从破烂堆中拣的，聂树斌的口供离案发时间很近，怎么会发生明显差别。至于三轮车主梁某则说根本记不清三轮车上是否有花衬衫。二是由于被害人尸体腐烂，其颈部留痕已消失，现场勘验笔录只是说"窒息死亡"，而无法鉴别是用手掐死或者是用花衬衫勒死。三是花衬衫作为物证应尽量保留原貌，即便需要清洗辨认，也应当在清洗辨认时有见证人，否则谁能证明所辨认的是原物呢？

三、被害人尸体是否有骨折的问题没有真正查清

据现场勘验笔录，康某尸体没有骨折迹象；而申诉代理律师将尸体照片给著名的法医专家（庄洪胜和胡志强）鉴别，他们联合出具意见书，认定有 3 根肋骨缺失。由于法医对被害人尸体未作解剖，只从腹背表面观察，难以准确认定是否有骨折，这是聂树斌和王书金口供的一个关键分歧。但是据申诉律师说，被害人尸体不是火化而是土葬，则按法医常识，如果开棺验尸，是否骨折，可望一锤定音，真相大白。

四、为什么不提取被害人阴道精子

法医学常识告诉我们，发现女尸，法医验尸，必定要考虑是否是强奸杀人，必须在女尸阴道内提取液体，检验是否有精子。发现康某的尸体，离康某死亡仅一周，虽然在高温天气，尸体已腐烂，但精子仍会保留，应当提取作为生物样本。遗憾的是现场法医没有这样做。聂树斌的供述说，他的生殖器已进入阴道并射精。即便在聂树斌供述之后再解剖尸体，仍然存在在阴道提取精子进行鉴定的可能性。但是这些机会都被公安法医人员放弃了。现在能证明聂树斌犯强奸罪的只有聂树斌本人的口供，而没有其他任何实物证据可以印证。如此单薄的证据能证实聂树斌犯有强奸罪吗？聂树斌案强奸是因，杀人是果，因果相联，互相依存，因之不在，果何能存？

五、书记员假签名问题

现在经笔迹鉴定，已经证实，有 6 份重要的诉讼文书是办案人员（书记员）代聂树斌签名的，指印是聂树斌本人的。代签的"理由"是防止聂树斌在签名时用钢笔刺人或自残，这种理由似乎有点滑稽，实在难以令人认可。进而追问一下，聂树斌的真手印是怎样捺上去的？真叫人不敢想下去。办案有时于细节上显真相。聂树斌案在办案程序上的漏洞实在太多，作假也罢，草率也罢，都让严肃的司法形象黯然失色，通过这样的程序认定的事实确实较难符合客观真相！

在简要分析了上面五大疑点之后，我再表达下面两点看法：

第一，聂树斌案现有材料和疑点已符合立案再审的条件。聂树斌案发生和处罚于 20 年前，其办案程序是否违法应当以当时的法律为准绳，但是聂树斌案是否提起再审（审判监督程序），应当适用 2012 年修改的《刑事诉讼法》。该法第 242 条规定："当事人及其法定代理人、近亲属的申诉符合下列情形之一的，人民法院应当重新审判：（一）有新的证据证明原判决、裁定认定的事实确有错误，**可能影响定罪量刑的**；（二）据以定罪量刑的证据不确实、不充分、**依法应当予以排除**，或者证明案件事实的主要证据之间存在矛盾的；（三）原判决、裁定适用法律确有错误的；（四）**违反法律规定的诉讼程序，可能影响公正审判的**；（五）审判人员在审理该案件的时候，有贪污受贿，徇私舞弊，枉法裁判行为的。"

以上用黑体标明的三部分文字都是 2012 年《刑事诉讼法》修改时新增加的内容，而且都是有利于实现申诉人立案要求的。譬如在聂树斌案中发现的法医专家提供的认定被害人有骨折现象的证据、纪某作证聂树斌曾经被刑讯逼供的证言，这两个新证据都说明原审法院可能定罪错误。另外，前 4 天讯问笔录的缺失与纪某的证言说明可能存在刑讯逼供的现象，聂树斌的口供可能应当依法予以排除。特别是第 4 项，办案违反法律规定的诉讼程序，可能影响公正审判的，此处公正审判主要是指实体公正，即就结果公正来讲的。综合聂树斌案情况来看，对聂树斌定罪的证据，是以聂树斌的口供为主线，一定的实物证据和证言配合印证而形成的证据证明体系。而此案现有的五大疑点（此处尚未包括申辩律师强调现场发现被害人钥匙的新证据）已经撕裂了原裁判"证据确实充分"的证据证明体系，因此完全符合提起再审的条件。而且也只有启动再审才能进一步采取必要的措施，如查明原办案人员是否有刑讯逼供行为，被害人是否存在骨折现象，为什么不提取被害人阴道内精液，花衬衫的来源不明等情况。总而言之，严格适用 2012 年《刑事诉讼法》第242 条，就要毫无疑问地决定提起审理监督程序，重新审理聂树斌案。

第二，应当在聂树斌案重新审理中坚决贯彻"疑罪从无"原则。该原则在1979 年《刑事诉讼法》中没有规定，1996 年《刑事诉讼法》就明确规定了"疑罪从无"原则，十八届四中全会决定中也强调了证据裁判与疑罪从无这两项重要原则。根据此原则，聂树斌案与王书金案最后的处理应该有三个可能性（只从强奸杀害康某案来看）：一是王书金是真凶，聂树斌无罪；二是聂树斌是真凶，王书金不是；三是根据"疑罪从无"原则，聂树斌与王书金都不能被认定为真凶。第三种可能表面上看来或许难以理解，甚至部分社会公众也难以认同，但这正是用法治思维、法治方式来审判案件的一种选择。无论是哪一种选择，都必须立足证据，于法有据，做到公开、公平、公正。坦诚地说，如今这个案件进一步如何处理，是否提起再审，以及再审的结果如何，万众关注，社会热期，对山东省高级人民法院以及相关司法领导部门既是一个严峻的挑战，也是一个重振司法权威，提高司法公信力的难得的机遇。

聂树斌案法医问题咨询交流会内容纪要〔1〕

陈光中教授：聂树斌案受到社会广泛关注，我之前写过一篇文章谈论了聂树斌案的几个问题，但在法医问题上自感知识欠缺。聂树斌案目前尚无定论，希望与法医专家交流一下，将法医方面的问题搞得清楚些。

陈光中教授：第一个问题：聂树斌案中康某于 8 月 5 日失踪，尸体于 11 日被发现，法医在 11 日上午现场检验了尸体，但是尸体检验报告的形成时间却是在 10 月 10 日，而聂树斌于 23 日被带走，到 10 月 10 日尸检报告形成前已经有了 6 份聂树斌的供述笔录。原办案单位解释说，因为尸检报告需要通过领导审查批准后才能出具。请问上述情况在公安界、法医界是否正常？

宋忆光主任：我是 1972 年开始从事的法医职业。那个年代，公安办案的总的思路是"不破不立"。所谓"不破不立"，就是发案了，勘查完现场后，有的案子暂时没有结果的话，就会将相关材料汇总后存档，直到案子有了线索，尸检报告才会出。我分析这是聂树斌案报告出得晚的主要原因。对于尸检报告的审批问题：无论是那个年代还是现在，一般情况下，尸检报告的审批都是在本技术部门内完成的，而且无须经过多道手续，没有必要到局长处审批，检验者本人签字就可以出。即使需要审批，也应该保留有原始审批材料，即有拟稿人、修改人、审批人的签字，程序要求这样做。

陈光中教授：当场勘验的有多少人？最后出书面报告需要有几个人签字？尸体检验报告同现场勘查报告是否必须同时出具？

宋忆光主任：当时对于现场勘查中有关人数方面，没有明确的规定，但是勘查现场人员至少不会低于 5 个人。有照相的、录像的、法医的、痕迹的，还有现场做勘查笔录的，绝大部分情况下，勘查命案现场的法医至少是两个人。书面报告需要两个人签字。尸体检验报告同现场勘查报告不一定需要同时出具。勘查笔录放侦查卷，尸检报告一般是破案后再放在卷中。我再说一下现场勘查笔录需要什么内容：现场勘查笔录是需要将接到案子后，谁报的案、什么时候到达的现场、天气情况、周围环境情况、到达现场后干了什么、发现了什么、提取了什么、何时结束、这个现场谁指挥的、这个现场勘查都有什么人参加等内容记录下来。总而言之，勘查笔录就是把开始接到案件至勘查结束整个过程记录下来。而聂树斌案的勘查笔录中，没有反映发现、提取、检验的过程等细节；痕迹检验报告、尸体检验报告、物

---

〔1〕 会议地点：北邮科技大厦第三会议厅；会议时间：2015 年 5 月 21 日上午 11：00~13：15；会议议题：关于聂树斌案的法医问题；与会专家：陈光中教授、宋忆光主任、吴宏耀教授；记录员：牛颖东；本文内容形成于 2015 年 5 月 21 日，并呈送最高人民法院有关领导内部参考；公开于 2016 年 12 月 6 日。

证检验报告、毒物检验报告都需要有，而聂树斌案中并没有全部涵盖。

陈光中教授：第二个问题，康某的尸体从死亡到发现大约 6 天时间，在夏天高温多雨的情况下，是否会腐烂到无法解剖的程度？即使高度腐烂，法医应不应该解剖尸体？

宋忆光主任：第一，发现康某尸体时，尸体已经高度腐烂，在经过 6 天高温雨水天气环境下完全是可以达到这种程度的。第二，尸体无论腐烂到何种程度，法医必须按照程序进行解剖检查。我们解剖尸体的过程是这样的，如果尸体有头发，我们用镊子拢头发，每隔 0.5cm 梳头，还必须立着梳。这个检测完，还要用镊子敲脑袋，听声音，这是规定动作，必须要完成的。还有的规定动作是，对称逐条按压肋骨，然后整体按压，这样就能够知道肋骨是否骨折、骨折的部位、多少根以及方向。肋骨骨折非常复杂，方向不同，创伤机制就不同，有间接骨折，有直接骨折。根据这些就可以知道伤是怎么形成的。不仅颅骨、肋骨需要检查，四肢也是必须要检查的。而聂树斌案的法医不仅没有按照规定动作去做，甚至连基本动作都没有。

陈光中教授：原侦查单位说康某死亡时间是五六点钟，这个时间是如何确定的？胃部内容解剖出来，能否检测出死亡时间？

宋忆光主任：早期 24 小时内的死亡我们根据尸斑、尸僵、尸冷来判断死亡时间；晚期看腐败程度；更晚期的看蛆虫，到现场从尸体上取几只蛆虫用开水烫一下或者用酒精，然后量它的长度，由于苍蝇是积温物种，同样的苍蝇品种，从蛆虫到苍蝇需要 15 天，盛夏天气下大约 7 天的时间。通过蛆虫状态及天气状态来分析和确定尸体的死亡时间。胃部内容被提取出来后，我们将之过筛，通过消化残渣看吃了什么东西，通过消化残渣的消化程度来判断食物在胃内的消化时间。此案经过六七天后，胃内容会腐烂，但是容量不会减少很多。以此可以推断出餐后的死亡时间。

陈光中教授：现在有一个争论，王书金的供词说康某死亡时间是一两点钟，如果是这个时间，她刚吃过午饭，那么胃内食物是基本保留的。如果是办案方所说的五六点，那么食物就消化得差不多了。如果通过解剖可以检测出死亡时间，那么当时法医不对尸体解剖是草率的。

宋忆光主任：是的。胃部检测必须做，胃壁要检测，毒物也要检测。在死者死因不明的情况下，法医必须穷尽所有的检测方法。法医的分析方法有直接证据法和排除法，排除法的前提就是穷尽所有的检测方法，穷尽之后才能排除，这样得出的结论才是有依据的。仅凭自己主观臆断是不行的。

陈光中教授：第三个问题，通过现场照片，可以看出围在死者脖子上的花衬衫，但留下的痕迹已经看不出来了，这能够得出窒息死亡的结论吗？仅凭尸体图片能否看出肋骨有骨折现象？辩护律师请的两位法医专家说，可以看出尸体断了几根肋骨，并且具体到第 9 根、第 11 根、第 12 根肋骨缺失，是否可靠？

宋忆光主任：我从事法医工作到退休，已经检验过 13 000 多具尸体。尽管文证审查也是法医鉴定的重要内容，即通过对照片、文证材料的审查，作出文证审查意见，但是，对于文字描述不清、照片反映不明确、其他佐证不能证明的情况下，仅通过照片不好确定是否存在骨折。从人体解剖学角度来看，人体两侧对称 12 根肋骨，尸体的软组织腐烂后，肋软骨可能会随着腐烂的过程液化，同时将钙化的肋骨露出来（包括肋骨与肋软骨结合处的断端），这样可能会被认为是骨折。但是 7 天时间不会造成肋软骨完全腐败，这种情况下，如果胸廓完整的话，是不易通过黑白照片，特别是通过远景拍摄的照片看出骨折的。而且肋骨骨折通常是一片，也就是连续几根骨折，不会跳着断，隔着一根断一根。

陈光中教授：也就是说，原尸检法医，在没有做进一步检查的情况下，难以确定是否骨折。现在两个法医专家认为有三条肋骨缺失的意见也是根据不足的。

吴宏耀教授：在尸体腐败的情况下，经过七天的尸体，肋骨如果骨折，胸腔处会不会塌陷？

宋忆光主任：肋骨的特点与其他地方不一样，它是圆弧弓的形态，即使断了也有支撑力，所以通常不会坍塌。临床肋骨骨折，一般也不用手术接骨，因为不会塌陷，只需粘布固定就可以了。

陈光中教授：第四个问题，由于康某当时是土葬，那么时隔 20 年，尸体骨骼能否有效保存？开棺验尸能否可以认定肋骨完整或者骨折？

宋忆光主任：尸体骨骼保存得时间长短，要看尸体埋葬的土壤酸碱度和湿度，一般认为，在缺氧条件下，天气、土壤比较干燥，骨骼是能够得到比较好的保存的。这种条件下，经过 20 年甚至更长时间，我们都可以看到骨骼是否有损伤。结合聂树斌案的情况，我认为：如果康某尸体埋葬比较深，土壤干燥的话，是可以看出肋骨是否存在骨折，以及骨折的数量、骨折的形成机制。

陈光中教授：也就是说，现在开棺验尸还存在着可能性去验证康某当年是否骨折。原办案单位说没有骨折和有的法医说发生了骨折都不能说是准确的。尤其是当时仅仅通过表面看了看就确定有骨折的情况，说明当时的法医是草率的。

宋忆光主任：对。当时的法医不仅仅是失误、草率，而且是不负责任的表现。每个人都会思虑不及而造成失误，而许多应该做的工作却没有去做，这就是不负责任。

陈光中教授：第五个问题，当时应不应该从尸体阴道内提取液体，以检测精子？高度腐烂的尸体能否提取到有效的精子进行检测？当年的技术条件下，是否可以进行 DNA 检测及比对？

宋忆光主任：尸体无论腐败到什么程度，法医都不能主观臆断，必须对尸体进行检验。不仅限于阴道擦拭物，还要提取检测头发、阴毛、唾液等。从那个年代到现在都在做的两种检验方法，一是精子直接检验方法，直接通过显微镜看精子，有时精子腐败后其精子的尾部脱落，仅留下头部，我们用 H.E 染色，将精子头部的后半部核的所在部位染成蓝色，前半部分不染色或浅着色，精子的中间部及尾部染成红色，以此确定精子。二是我们会做抗人精试验来证明检材是否存在或可疑存在精斑的预实验。而这些工作当时的法医显然都没有做，其臆断成分太多。关于那个年代 DNA 检验的问题，1985 年英国的杰弗里斯是最早的 DNA 指纹分析及 DNA 特征测定技术发展者，其技术首次在 1983~1986 年的谋杀案中应用。我国公安部 126 研究所在 1987~1988 年已经引进此项技术，并陆续承办案件。辽宁、天津、北京、上海等地在 1990 年前后，相继通过国家验收，开展了此项鉴定工作。但是，这项技术的投入耗资巨大。1990 年以后，由于地区发展不平衡，河北当时还没有开展这个检测，但是公安部可以做这个检测，而且不收费。也就是说我国当时是有条件做这个鉴定的。

陈光中教授：当时石家庄还没有这项技术，但是如果当时取了检材送到公安部去检测是完全可能的。

陈光中教授：第六个问题，按照现场的勘查，有花衬衫围绕死者颈部，当时认定死者为窒息死亡，你认为能不能这样认定？

宋忆光主任：这里的窒息死亡主要指机械性窒息，法医学上指掐、勒、闷、堵、缢，不管哪种方式，首先是把颈部的颈动脉、颈静脉、气管、椎动脉压迫住，使大脑供血不足，进而大脑缺血缺氧，造成窒息死亡。还有一种情况是，把浅表的动脉、静脉压迫住了，深部没有压迫，还能继续供血；另有一种情况是都没有完全压迫住，这个就达不到窒息死亡的效果。理论上讲，颈静脉压迫住需要 2 公斤的力量；颈动脉压迫住需要 3.5 公斤的力量；气管压迫住需要 15 公斤的力量；还有一个是重要的椎动脉，为什么颈椎病人头晕、视力不好，就是因为椎动脉供血不足。若都同时压迫住，需要的力量是十分大的，也只有上吊这一个方式可以达到这种效果。其次，就是掐颈，掐颈还需要以被掐人后背相对固定为前提条件，如果后背不固定，例如到墙角掐就不能达到效果。尽管这些方式都能达到窒息效果，但是阻断的位置不一样、阻断速度不一样、持续时间不一样，就可能发生不死亡或者死亡时间延长的情况。这几种方式中，勒与缢不一样，缢的话，单位每平方厘米的压强特别大，而勒尽管比较紧，但是单位平均作用在颈部血管、气管上的力量比较小，所以勒正常成年人一般是达不到目的，它只是一种加害行为，通过其他方法致死后，怕没死而采取的继续加害行为。用小棒将衣服绞紧了勒可以达到窒息效果。所以说，单位每平方厘米压强大小很重要。因此，我的意见是：这种条件下，用花衬衫勒达不到窒息死亡的效果，即使聂树斌使用了花衬衫，也是先使用了其他手段使死者昏厥后再勒的。

陈光中教授：聂树斌供述说，他用拳头把康某打晕了，怕她醒来，然后用花衬衫勒她。而且，康某还是会点武术的。

宋忆光主任：我看了聂树斌的笔录，他用拳头打脸部、眼部、头部七八下，这样打是不会导致人昏厥的。我不知道花衬衫是什么质地的，在有反抗的情况下用花衬衫勒，花衬衫竟然完好无损，这概率太低了。另外，我补充一点，根据当时破案报道，有人看见，聂树斌总是在发现有女同志上公共厕所时便跟过去；以及根据聂树斌第一次供述，聂树斌曾偷窥女工上厕所并跟踪洗澡后的女工。据此分析聂树斌可能有窥视癖，法医学上称之为性欲倒错症，这种性变态的人一般没有与被偷窥女性发生性关系的要求。在偷窥情况下，这类人绝大部分是不会强奸杀人的。他们在窥视等方式下就已经得到了性满足，反而强奸过程是满足不了他的性欲需求的。

陈光中教授：第七个问题，在尸体腐烂的现场取出花衬衫让聂树斌辨认，从法医角度看，物证花衬衫是否必须原物辨认？是否允许对花衬衫清洗后进行辨认？辨认过程中，除了侦查人员外，是否需要见证人？

宋忆光主任：辨认要进行清洗的，因为清洗干净后好辨认。实际情况中应该这样做的。从我们法医学角度分析，证据分为侦查证据和诉讼证据，辨认侦查证据无需复杂的程序，但是若从侦查证据转变为诉讼证据了，那就必须走程序，譬如说明辨认人是哪个、在什么情况下辨认等都有规定，不但有规定，还一定要有辨认笔录，包括人像辨认、物品辨认等。

陈光中教授：请以 1994 年当时的条件为前提，讲一讲这个案件中法医方面存在的问题。

宋忆光主任：我对这个案子大体有以下三种感觉：第一，原办案法医经验不足。对于裸体，以及下身呈八字形态的尸体，不能机械地认定为强奸杀人。同时，亦不能看到颈部有索物就认定为窒息死亡。应当通过检验来确认。第二，工作不细。即便是尸体腐败，加之天气环境的影响，对于强奸案件现场，一定要在尸体的周围仔细寻找物证，否则一定会出纰漏。我们的经验是：经验不足细上凑，即通过全面的、细致的检查来弥补。新中国成立后就对法医工作程序有要求。1979 年，卫生部第 1329 号文件规定：尸体解剖分为三种，普通解剖、病理解剖、法医解剖。其中法医解剖是这样叙述的：法医解剖限于人民法院、人民检察院、公安局以及医学院校附设的法医科室施行。凡符合下列条件之一者应进行法医解剖：涉及刑事案件，必须经过尸体解剖始能判明死因的尸体和无名尸体需查明死因及性质者；急死或突然死亡，有他杀及自杀嫌疑者；因工、农业中毒或烈性传染病死亡涉及法律问题的尸体。由此可见，对于涉及刑事案件，必须经过尸体解剖始能判明死因的规定并没有得到执行和落实。这类案件需要法医解决的基本问题有死亡时间、死亡原因、死亡性质。而解决这些问题必须解剖尸体并提取相关物证才能得到答案。不管怎么去做，至少死因调查必须要排除毒物的，这个就必须进行尸体解剖；骨骼检查，无论是头部、四肢、肋骨也都是有要求的。而当时的法医都没有按照最基本的要求去做，而且现场检查工作也没有穷尽。第三，主观臆断太多。尸体腐烂了，表面看一下，就不去解剖了；尸体腐烂了，就认为阴道提取物没有检验的价值；颈部有衣物就认为是窒息死亡；下雨了，现场被破坏了，就认为没有意义了；根据尸体姿势就认为是强奸杀人……臆断太多！

吴宏耀教授：请宋主任谈一下对聂树斌案的看法。

宋忆光主任：我粗略地看了聂树斌案的材料，给我留下以下两个印象：第一，王书金描述的情况符合杀人手段产生的法医学效果。其一，王书金叙述的杀人过程描述得很细致，没有用相关手段杀过人的是不会叙述这么细致的，虽然不能肯定王书金就是杀害康某的凶手，但是至少可以肯定王书金是用这个手段杀过人的。其二，王书金描述死者"死不瞑目"的情况符合法医学知识。导致"死不瞑目"的情况有窒息和大失血两种情况。窒息导致"死不瞑目"不是用手抹一下双眼就会闭住，这是在窒息致死过程中必然出现的。其三，王书金描述在掐康某的过程中，发现康某脸部发紫。按照法医学知识来讲，体内的氧在完全阻断的情况下，只够供应一分钟，一分钟后即由氧合血红蛋白形成还原血红蛋白，还原血红蛋白意味着缺氧了，血液变成了黑紫色，因此会出现脸发紫的情况。所以王书金描述的情况，是符合这种杀人手段的。除了这个行为过程符合，时间也符合，窒息死亡的时间是 4 至 6 分钟，到 6 分钟后基本是不可逆的。窒息开始时，并不会呼吸困难，1 分钟到 2 分钟时是吸气困难，接近 3 分钟时是排气困难，王书金对被害人的喘气描述符合法医学知识。所以说，如果王书金没有用这种手段杀过人，不可能描述得这么准确。即使医学专业的学生也未必能描述这么清楚，我是问了几十起案件当事人的描述才了解到这些情况的。第二，聂树斌的 4 次供述都不一样，而且所描述的杀人情况不完整，手段达不到致死的效果。聂树斌对死者是面对面施暴，死者肯定会垂死挣扎。我们研究这类犯罪，犯罪分子大部分都有挠伤，而且这种挠伤都会非常明显，有的甚至半年后还存在痕迹，但是该案中没有被害人反抗的描述，也没有聂树斌被挠伤的证据，不符合常理！

陈光中教授：我想咨询的问题，宋主任已一一详细回答。宋主任实事求是的解释对我启发很大，对整个聂树斌案的分析也有很大的帮助。非常感谢宋主任能够在百忙之中参加这次咨询交流会！

严格依法再审，坚决贯彻疑罪从无〔1〕

万众瞩目的聂树斌案终于尘埃落定了！

12月2日上午，最高人民法院对聂树斌故意杀人、强奸妇女一案作出了再审判决，依法宣告聂树斌无罪。近十年来，本人一直关注这一案件的具体进展，也曾公开表达过应当对这一案件启动再审程序的主张。如今，本人有幸作为专家代表现场旁听了该案的宣判活动，亲自经历和见证了聂树斌案件被改判的历史性时刻，不由得倍感欣慰和动容。最高人民法院的再审判决，纠正了聂树斌一案的原判错误，还给了九泉之下的聂树斌本人及其家属以法律公正。最高人民法院对于聂树斌案的终局改判，不仅创造了新中国成立以来的经典司法案例，更充分体现出自党的十八大以来，在"全面推进依法治国"的背景下，最高人民法院践行司法为民、公正司法的决心。

对于该案的再审审判，本人从刑事诉讼的角度谈以下三点体会和看法。

第一，本案的再审严格依法进行。2005年，因出现"一案两凶"，聂树斌亲属及其代理律师开始申诉，在长期申诉得不到预期回应的情况下，2014年12月，最高人民法院依据指定管辖的相关法律规定精神，依法决定将聂树斌故意杀人、强奸妇女一案指令山东省高级人民法院进行复查。山东省高级人民法院根据最高人民法院的指令依法组成5人合议庭对本案进行复查。经过先后四次延期的认真复查，山东省高级人民法院在全面、交叉阅卷，召开公开的复查听证会，听取各方意见的基础上，建议最高人民法院启动审判监督程序重新审判，并报请最高人民法院审查。最高人民法院经审查，同意山东省高级人民法院的意见，认为原审判决据以定罪量刑的证据不确实、不充分。依照《中华人民共和国刑事诉讼法》的规定，决定提审本案。2016年6月20日，最高人民法院决定，原审被告人聂树斌故意杀人、强奸再审一案由最高人民法院第二巡回法庭审理，这是一个克服困难、排除阻力、使案件进入新的突破性阶段的决定。如今，合议庭直接公开宣判聂树斌无罪，这确实满足了聂树斌亲属及其代理律师和社会公众的长久期待，但也可能有人会产生疑问，为什么不进行开庭审理就直接宣判？本人认为合议庭这样做完全是合法、合理的。其一，《最高人民法院关于适用〈中华人民共和国刑事诉讼法〉的解释》第384条第3款规定："对原审被告人、原审自诉人已经死亡或者丧失行为能力的再审案件，可以不开庭审理。"鉴于本案原审被告人聂树斌已被执行死刑，第二巡回法庭不开庭审理的做法符合法律的规定。其二，本案涉及强奸等个人隐私内容，属于法定的不公开审理的案件范围。其三，尽管本案的再审并未开庭，但是合议庭充分听取了聂树斌母亲及其代理律师的意见，征求了检察机关和法学专家的意见，并亲赴案件发生地进行案件有关情况的调查核实。因此，第二巡回法庭依法决定不开庭审理，不仅于法有据，同时契合了本案的实际情况，有利于实现法律效果和社会效果的统一。

第二，合议庭经再审调查，认为聂树斌被判处故意杀人、强奸妇女罪名"事实不清，证据不足"，因而宣告其无罪。本人认为合议庭判决的突出优点在于对此作了严谨客观具体的判断和分析，归纳原判聂树斌犯罪证据不足表现在以下几个方面：其一，聂树斌被采取监视居住前4天的讯问笔录缺失，严重影响在卷讯问笔录的完整性和真实性；其二，聂树斌的有罪供述在一些关键事实上前后矛盾，反复不定，不能排除指供、诱供的可能，其真实性存疑；其三，原审案卷内缺失案发之后前50天的办案人员调查取得的被害人遇害前后情况的证人证言，且原办案人员未能对缺失原因作出合理解释，严重影响在案证人证言的证明力；其四，聂树斌所在车间案发当月的考勤表缺失，导致在聂树斌有无作案时间问题的认定上缺少原始书证；其五，现场被害人尸体上的花上衣来源不明，能否作为作案工具存疑；第六，由于尸体未作解剖，只做一般性检验，导致被害人死亡的时间、原因等无法由客观证据加以确认。当时辩护人就明确指出，聂树斌的强奸妇女罪属于只有口供没有其他证据支持的孤证。本人认为，该案的原审判决主要建立在聂树斌本人口供的基础上，缺乏客观证据印证，证据和证据之间存在着明显矛盾，基本案件事实尚未查清，基本证据不确凿，更没有形成完整的证据证明体系，因而不能排除他人作案的可能性，远未达到证明聂树斌作案的结论唯一性。

合议庭对本案的再审结果坚决地贯彻了"疑罪从无"原则的要求。作为一项为现代法治国家所普遍认同并为我国《刑事诉讼法》明文规定的重要刑事司法原则，疑罪从无是一种对于疑案处理的价值选择。面对刑事诉讼不可避免出现的个别疑案，如果选择宁枉勿纵，就很有可能形成冤假错案；而如果选择宁纵勿枉，虽有放纵犯罪的可能，却最大限度地避免了冤假错案的发生。聂树斌案的原审人员在基本证据确凿都未达到的情况下，仓促判处聂树斌死刑，为此付出了惨痛的代价。而如今最高人民法院合议庭以对法律负责、对人民负责、对历史负责的态度，以事实为根据，以法律为准绳，依法作出证据不足的无罪判决，这不仅是"疑罪从无"的题中应有之义，更充分体现出我国在十八大以后司法文明与司法人权保障方面的重大进步。

第三，从聂树斌案的纠错平反中，我们确实必须吸取深刻的教训。其教训主要在于：由于办案人员缺乏人权保障观念，缺乏程序价值观念，缺乏证据裁判观念，导致一个年轻的生命被骤然剥夺，并给其全家带来难以弥补的悲痛。我们的司法机关在办案中必须坚持保障人权与惩治犯罪并重、程序公正与实体公正并重，坚决贯彻证据裁判原则与疑罪从无原则，铭记于心而践行于行，这样才能做到努力让人民群众在每一个司法案件中感受到公平正义。

这份庄严的判决不仅宣告聂树斌的无罪，还相当具体地指出了原办案机关，特别是公安机关的程序意识淡薄，在强制措施适用、现场勘查、辨认等程序中存在明显缺陷，更可能存在着有意隐藏或无意丢失案件重要事实证据材料的情况，这涉及承担法律责任的问题，我们期待着该案后续的国家赔偿、司法救助等程序的展开。今天我们绝不允许聂树斌式的冤案再次发生，同时应当对那些石沉大海的聂树斌式冤案尽快启动再审程序，以平反昭雪。

陈光中谈雷洋案：建议最高人民检察院督办
北京市人民检察院主导 [1]

中国人民大学环境学院 2009 级硕士毕业生雷洋 5 月 7 日晚离奇死亡一事引起舆论关注并持续发酵。财新网记者注意到，虽然昌平区人民检察院已介入调查此案，北京市人民检察院称将派法医协助参与调查，但到目前为止，除雷洋家属及律师外，案件调查信息主要由昌平警方发布。

一、此案公众关注的焦点是什么？

5 月 12 日下午，诉讼法学家、中国政法大学终身教授陈光中先生接受财新网记者专访时表示，受到质疑的公安机关自己发布信息违背法治原则，建议此案由更高级别的检察机关——北京市人民检察院来主导调查，最高人民检察院应督办此案。

在陈光中先生看来，雷洋案从媒体报道之初便广受社会关注，属于热点案件。老百姓关注的焦点始终是警方执法过程是否合法，是否超越职权甚至滥用职权，从而导致雷洋死亡。"是否嫖娼的问题需要查，但公众更关注警方怎么会让一个 29 岁的公民在很短的时间内死亡。"

二、抓嫖是不是一定要带回派出所？

北京警方称雷洋当晚存在嫖娼行为，且从警方通报和北京媒体披露的内容来看，雷洋即使嫖娼，也是情节较轻。按照法律规定，嫖娼并不构成犯罪，只是违法行为，不属于刑事侦查范围。

《治安管理处罚法》第 66 条规定，卖淫、嫖娼的，处 10 日以上 15 日以下拘留，可以并处 5000 元以下罚款；情节较轻的，处 5 日以下拘留或者 500 元以下罚款。在公共场所拉客招嫖的，处 5 日以下拘留或者 500 元以下罚款。

陈光中先生分析，即使雷洋嫖娼了，按照上述条文的规定，如果情节较轻，其处罚后果仅仅是行政拘留 5 天以下或者交 500 元罚款。"这种处罚后果就表示，如果警方有确凿证据证明他嫖娼，可以在嫖娼窝点直接取证，当场罚款。警方称在足

---

[1] 原载财新网 2016 年 5 月 12 日，记者单玉晓。雷洋案伊始，尽管检察机关有所介入，但主要由公安机关处理并自行向媒体发布消息，此种情况下，作者建议雷洋案由最高人民检察院督办，北京市人民检察院主导，为后来检察机关直接介入办理该案起到了推动作用。雷洋案中，检察机关认定邢永瑞等 5 人符合玩忽职守罪构成条件，但作出酌定不起诉决定，北京市公安局、中共昌平区纪委给予昌平分局东小口派出所副所长邢永瑞开除党籍、开除公职处分；对其他涉案警务人员也分别给予相应的行政处分。

疗店门口蹲守，那么如何合法取证？是否一定要把他带到派出所取证，还是说就地取证，这是一个问题。"

"从目前的情况来看，雷洋当时并没有携带尖刀或棍子等危险器械。这种情况下，他拒绝执法，警察应如何强制他接受？"陈光中先生认为，在这种情况下，警察执法应把握一定的度，现在警方单方面通报称自己如何执法，"是片面的"。

三、公安机关自己发布信息违背法治原则

财新网记者了解到，针对北京警方两次发布的通报，雷洋家属在 5 月 11 日晚间发表声明，认为警方"误导舆论"。家属称"我们已经多次前往昌平区检察院，检察院现已介入调查；昌平区公安局作为当事方，应等待检察机关的最终调查结果，而不是到处辩解，误导舆论"。

"人家质疑的是你，你自己来解释，特别是公权力机关自己解释，把矛头指向死者的嫖娼行为，来洗刷自己，这显然是违背法治原则的。"陈光中先生表示，雷洋案从被曝光之时起便成为社会关注的热点，这一案件一旦成为社会热点，就不应该由公安机关来发布相关消息，因为公安机关已经成为被质疑的一方。

陈光中先生分析，法治社会遵循的程序公正，核心是裁判者同被裁判者分离，这也是程序正义的核心要件。而现在公安机关是被质疑的一方，公安机关独自回应公众质疑实际上是程序不正义的表现。因此，其实体上的效果也不可能让关注这个案件的公众满意，"无法使人相信，这就是真相"。

四、建议最高人民检察院介入　北京市人民检察院主导调查

昌平警方曾通报称，为进一步查明雷某死亡原因，征得家属同意后，将依法委托第三方在检察机关监督下进行尸检。

在陈光中先生看来，检察院介入尸检，方向是正确的，但是这只是重要内容的一部分，检察院还应调查该案中警察执法是否有违法之处。

《治安管理处罚法》第 113 条规定，公安机关及其人民警察办理治安案件禁止对违反治安管理行为人打骂、虐待或者侮辱。第 116 条规定，人民警察办理治安案件，有刑讯逼供、体罚、虐待、侮辱他人的，超时讯问限制人身自由的，依法给予行政处罚，构成犯罪的，追究刑事责任。

根据《宪法》，人民检察院是国家的法律监督机关。陈光中先生指出，对公安机关行政执法的违法现象，特别是可能涉及犯罪的内容，[1]检察院有职责也有权力介入。但昌平区人民检察院监督公安机关缺乏权威性。他认为，至少应该由北京市人民检察院直接主持调查公安机关执法中有没有违法现象，"如果更加权威的话，最高人民检察院应督办此案，监督机构级别的提高会增加公正性"。

陈光中先生强调，目前检察院介入的是司法调查，并不是警察犯罪后对其进行

---

〔1〕 为纠正原来措辞的不准确，此处稍有修正，原文为："特别是社会关注的内容"。

侦查；调查的重点是公安机关是否在当晚的执法过程中存在违法现象，是否构成犯罪；若构成犯罪，则要立案侦查。

五、情况查明不应非等尸检报告

目前，对于雷洋的死因，各方希望通过尸检报告予以查明。雷洋家属告诉财新网记者，雷洋妻子和父亲已经去昌平区人民检察院确认了尸检申请材料，尸检时间尚未确定。

陈光中先生表示，雷洋案部分情况的查明并不是非要等着尸体解剖报告出来。尸体解剖报告主要是死亡原因，这只是其中的重要部分；在雷洋死亡之前，还有警察执法的具体情节，公安机关是否违法执法以及是否构成犯罪才是检察院调查的焦点问题。

陈光中先生认为，检察院应查明执法过程的真相。"比如，雷洋离足疗店多少米警察开始对他进行盘问？什么时候开始盘问？面对警方的盘问，雷洋的反应如何？怎么开始起冲突的？"

陈光中先生说，现在雷洋已经死亡了，检察机关既要调查涉事民警，也要调查当晚的目击群众，以及足疗店的老板及所谓"性服务提供者"等，"要当成一个案子来调查"。

对于调查信息的发布，陈光中先生表示，若检察院的调查能够达到客观真实的程度，便可以发布一些信息，但最终要有一个总体的调查报告，"这个调查报告应该具有高度的权威性，具有发布之后能够最大限度得到社会民众的认同，有高度的公信力。这是人民检察院发挥法定职能的时候，也是人民检察院接受社会公众检验的时候。"

陈光中：农民无证照收购玉米不构成非法经营罪[1]

2016 年 4 月，内蒙古农民王力军因无证照收购粮农的玉米卖予粮库，原审法院以违反《粮食流通管理条例》相关规定为由，依据《刑法》第 225 条第（4）项规定，认定王力军犯非法经营罪判处有期徒刑一年，缓刑二年，并处罚金人民币 2 万元。此案判决生效后，网络上出现了不同观点。一种观点认为，王力军的行为没有社会危害性，不应该入刑；还有观点认为，国家在收购、买卖粮食环节均有严格的专营制度，该农民收购玉米被判刑符合法律法规。该案经最高人民法院指令巴彦淖尔市中级人民法院再审，近日王力军被改判无罪。笔者也赞同此案应再审改判无罪。

《刑法》第 225 条在列举了非法经营罪的三种非法经营方式后，又通过刑法修正案设置了第（4）项作为兜底款项，即"其他严重扰乱市场秩序的非法经营行为"。一方面，该款项有其存在的合理根据。法律本身具有滞后性，《刑法》条文列举不可能穷尽所有的犯罪行为方式。设置兜底款项，可以在保持《刑法》稳定性的情况下，规范实践中花样不断翻新、层出不穷的非法经营行为，对犯罪分子罚当其罪。另一方面，要防止非法经营罪成为口袋罪。正因为该款项的"兜底性"，使其具有高度抽象性、极大包容性，实践中非法经营罪有扩张的趋势。为防止其成为无所不包的口袋罪名，笔者认为，适用兜底款项应注意三点：其一，应具有严重的社会危害性。入罪行为不仅要符合非法经营罪的形式要件，还应具有与前三项规定行为程度相当的社会危害性。其二，坚持罪刑法定原则。司法实践中适用该项规定应当特别慎重，须是"国家规定"规定了可追究刑事责任或司法解释规定可纳入非法经营罪的行为。其三，坚守刑法的谦抑性。刑法要加强对市场经济秩序的保护，这是由犯罪行为本身的破坏性决定的，但市场经济的本质属性又要求刑法对经济自由保持谦抑性的价值取向。国家对经济领域进行调整，对于介入方式、程度应慎重，以惩罚必要性为原则，尽量限制和减少刑罚权的适用。

就本案而言，王力军没有办理粮食经营许可证和工商营业执照而进行粮食收购活动，确实违反了国家粮食流通管理相关规定，但并不是说违反规定就应当被定罪量刑，还要看其行为是否具有严重的社会危害性。从王力军的行为本身看，一是，其购销行为发生在粮农与粮库之间，起到了粮食买卖的桥梁纽带作用，并没有阻碍、破坏粮食流通的正常渠道，未对粮食安全造成危害；二是，王力军并没有囤积居奇、哄抬价格、牟取暴利等行为，没有达到严重扰乱市场秩序的程度。因此，王力军的行为不具备与《刑法》第 225 条前三项规定行为相当的社会危害性和刑事

---

〔1〕 原载法制网 2017 年 2 月 27 日。

处罚的必要性，不构成非法经营罪。

　　此案中，最高人民法院吸收了舆论中的正确观点，依据《刑事诉讼法》第243条第2款的规定，依法指令巴彦淖尔市中级人民法院再审，纠正已生效的错误判决。王力军案的再审改判无罪，起到了通过个案监督进一步明确非法经营罪兜底款项适用条件的作用，有利于实践中对非法经营罪的正确把握和兜底款项的准确适用。

三、先生个人经历访谈

陈光中与他的民主法治梦 [1]

和知名刑事诉讼法专家陈光中先生交流是一个令人非常愉快的过程。这位年过八旬的长者亲切、谦逊、睿智、和蔼，处处流露着大家的风范。要是从中国人普遍相信的命理学说的角度来看，他生而就是一副长寿相。在整个采访过程中，他几乎不用应该、可能、也许这样模棱两可的词汇。从中不难发现，"严谨"二字在这位法学大家眼中的意义。

陈光中租用的办公室位于北京市西北四环一座静谧的小区里，离他居住的地方并不远。这里绿树成荫，花草满园，鹅卵石铺路，即便是在骄阳似火的八月，小区也是青翠宜人。

他的办公室由一所普通住宅改造而成，客厅被布置成了一间小型会议室，用来指导学生进行学术研究或者举行一些学术会议。最里面的一间是他的书房兼会客室，房间朝南，光线很好。在这间面积不算太大的屋子里，不仅摆满了大量中外法律书籍，更有一些关于中国社会、经济、文化方面的书刊。他说，法学研究应面向现实，面向社会，这样方可提出有实用价值和自主创新的思想和观点。

作为我国刑事诉讼法学界公认的学术权威和学术带头人，陈光中先生与《刑事诉讼法》的立法工作紧紧地联系在一起。1993年，他接受全国人大常委会法工委的委托，带领刑事诉讼法的专家学者，提出了共计3编包含329条规定的《刑事诉讼法》修改建议稿，以及多达35万字的论证稿。而这也正是那次《刑事诉讼法》修改的蓝本。2003年，当得知全国人大常委会将对《刑事诉讼法》再修改，他召集学者成立了《刑事诉讼法》再修改课题组，经过三年时间，完成了总计60万字的《刑事诉讼法》再修改专家建议稿。如今，在正在进行的《刑事诉讼法》再修改工作中依然可以看见这位老人忙碌的身影。

在每次修改中，他都坚信程序法的地位是一个国家诉讼文明的重要标志，并积极主张：加强人权保障；保障控辩双方的平等对抗、法官居中裁判，同时也应赋予法官在庭审中的相对主动性和职权性；律师以辩护人身份提前介入到侦查阶段；建

---

〔1〕 原载《中国人大》2011年10月10日。

立相对沉默权制度等观点。

在近三个小时的访谈中，陈光中先生用轻松的语言回顾了自己参与立法的经历，一幅中国刑事诉讼法发展进步的图画在老人的描述下随即打开。

一、主张适时修改《刑事诉讼法》

19 年前的陈光中一定不会意识到自己的名字将会和随后被世界广泛称赞的《中华人民共和国刑事诉讼法（修正案）》联系在一起。那个时候，改革开放的大潮和市场经济快速发展的实际都对《刑事诉讼法》提出了更高的要求。

1992 年，中国改革开放进入了第 14 个年头，生产力发展之快、社会变革之深刻、思想观念之进步都前所未有。在刑事诉讼领域，一些挑战接踵而至：司法理念滞后，沿用"人犯"的旧名词，有罪推定的痕迹明显；一审程序先定后审，流于形式；疑案处理原则不明确；涉外刑事案件大幅度增加，与外国的司法协助关系越来越成为迫切需要。

而当时身为中国政法大学校长、中国法学会诉讼法研究会总干事的陈光中正极力主张修改《刑事诉讼法》。在当年召开的诉讼法研究会广州年会上，他提交了一篇论文，详细论述了修改《刑事诉讼法》的必要性。"十一届三中全会召开后，小平同志讲，有法总比没有法好，哪怕简单点，首先解决有法可依的问题，所以，1979 年 7 月 1 日《刑事诉讼法》表决通过，主要是参考'文革'前的方案。"回忆起当年的情况，陈光中说，《刑事诉讼法》制定的时间十分仓促，一些条文过于简单，跟不上形势发展的需要。

这次会议结束后，中国法学会通过内部简报，将这次会议的情况报给有关领导。此时，立法机关也正酝酿对《刑事诉讼法》进行修改。

恰巧是这份简报让立法者注意到了陈光中不同凡响的修改《刑事诉讼法》的学术主张。分管立法工作的全国人大常委会副委员长王汉斌在看过简报后，对陈光中的观点表示赞同，并专门作出批示。

1993 年 10 月，陈光中收到了一份由全国人大常委会法工委发来的函，请他组织起草一份《刑事诉讼法》修改建议稿。"当时，法工委的立法任务很重且力量不足，所以，他们提出来，委托我们先拟制一个草案，供他们参考。"接到函件的陈光中既感到兴奋光荣又觉得千斤压顶。

二、理论研究为推动立法

收到函件后，陈光中立即着手组建《刑事诉讼法》修改建议稿研究组，并开始起草工作。为了工作方便，该研究组全部由中国政法大学教授、老师组成，博士研究生也参与了工作。法工委刑法室领导和研究人员及时与研究组互相沟通。

根据法工委的要求，建议稿要尽快起草完毕。陈光中和起草小组的成员们进入了快马加鞭的战斗状态。"当时，我们在国内搞一些调研，同时与法工委刑法室主任李福成及我校教授等五人到法国、德国、意大利等几个典型的大陆法系国家进行了考察。"陈光中这样回忆道。

欧洲之行让研究组受益匪浅。因为在"二战"结束后，一些欧洲大陆法系国家开始对诉讼制度进行调整，最为明显的就是意大利。"意大利在 1988 年的时候，吸收美国对抗式的法律制度，对他们的《刑事诉讼法》作了很大的修改，实际上是重新制定。"让陈光中感触颇深的还有律师介入诉讼提前到侦查阶段，他意识到，这将是刑诉制度未来发展的趋势和方向。

在经过日日夜夜的辛勤工作和反复修改讨论后，1994 年 7 月，陈光中率领的起草小组提前完成了《刑事诉讼法》修改建议稿的编写任务。建议稿上交后，法工委刑法室召开了一整天会议，逐章逐个问题的听取起草小组的汇报。

然而，要把理论成果转化为立法实践并非一路坦途。随后，在由立法部门、实务部门、专家学者三方参与的立法研讨会上，权利与权力的博弈异常激烈。"关于律师介入诉讼提前到侦查阶段的争论非常激烈。"说到此，陈光中颇为感慨。根据原《刑事诉讼法》规定，律师从审判阶段才开始进行辩护工作，学界认为，这不利于对侦查活动进行有效的监督和制约，不便于律师有充分的时间了解案情、搜查必要的证据；但实务部门则提出，侦查阶段正是收集证据，查明被追诉人是否犯罪的重要阶段，此时律师介入，会产生妨碍侦查活动进行的消极作用。"但最终在立法部门的积极协调下，还是拍板决定从侦查阶段就开始介入。"说到此，陈光中高兴地说，不管怎么讲，律师可以在侦查阶段向犯罪嫌疑人提供帮助，这是一个很大的变化。

在辩护制度之外，类似的争论并不鲜见。

当 1996 年 3 月召开的第八届全国人大四次会议通过《刑事诉讼法修正案》时，陈光中十分激动，他说："这是我人生中报效国家的难得机会。"

当年，外界这样评价这部法律：这一次修改亮点颇多，主要体现在确认未经人民法院依法判决不得确定有罪；疑罪从无原则；辩护制度的进步，即律师介入诉讼提前到侦查阶段；审判方式的改革等。

三、倾情《刑事诉讼法》再改

2011 年，《刑事诉讼法》再改，陈光中再次披挂上阵。在 2011 年春节前后，他先后 4 次参加《刑事诉讼法》修改讨论会并深入一些地方调研。在讨论会上，一些主持修改工作的领导都尊称他一声"陈老先生"，对他的学术思想和精神钦佩不已。

"我非常积极地参与立法，认真准备发言，一些观点也被采纳了。"话语间，老人流露出满足与兴奋的神情。

在谈到对《刑事诉讼法》再修改的意见和看法时，他明确表示，"我对草案稿总体比较满意，确实在推进民主、法治与人权的保障上，又前进了一步。"他说，

"这次修改把非法证据排除规则写进去了，而以前就是一个司法解释；在证人出庭问题上，目前出庭率很低，这次重点规定了若干条保障证人出庭的措施，包括不出庭可以强制到庭，还在经费保障上也作了规定。当然有的地方还需要进一步斟酌、修改、完善。"

　　作为一位研究刑事诉讼五十多年的法学大家，陈光中写下了这样一段话："把我国建设成为一个现代化的民主法治国家，这是我年轻开始学法律时梦寐以求的理想，也是我一生治学的指针。我力图通过自己的法学学术活动，促进我国的民主更加发展，法制更加健全，人权更有保障。经过反'右'斗争和文化大革命，我更深切地感到中国要繁荣富强，必须加强民主法制建设，走依法治国之路，在维护人权方面下大力气。这种历史的使命感推动着我、鞭策着我不断地为改革开放、民主法制作不懈的努力。"

陈光中：我所经历的 1952 年高校院系调整和
北京政法学院的成立[1]

　　1952 年的夏天，我从北京大学法律系毕业，留系任助教。正值全国进行高等学校院系调整工作，我也从北大法律系调整到筹建中的北京政法学院，并参加了筹建工作。转眼间 62 年过去了，我从当年 22 岁的小助教成为今日白发苍苍的老教授，北京政法学院也已发展成为全国知名的中国政法大学。但全国高校院系调整，北京政法学院成立的片断往事仍恍如昨日，历历在目。现结合有关资料记述如下。

　　1952 年进行的高等院校院系调整是新中国高等教育史上一件非常重大的事件，对于我国高等教育的影响至为深远。新中国成立后，实行向苏联学习的"一边倒"政策，高等教育领域也要求全盘苏化。1950 年 6 月 8 日召开的第一次全国高等教育会议，认为"旧中国的高等教育制度是半殖民地半封建社会的产物"，确立了"以苏为师"的改革方向。苏联模式将高等院校明确区分为文理科综合性大学和独立的专门性学院。1952 年 5 月，中央政府教育部草拟了一个《全国高等学校院系调整计划（草案）》，提出："应根据国家建设的整个计划和各地各校的主观力量，分清轻重缓急，有步骤地，有重点地分期进行；1952 年主要调整京、津、沪、杭、宁、汉、长沙、广州以及安徽、山东等大城市的高等学校；高等学校的内容和形式，均按政务院关于学制改革的决定及高等学校暂行规程办理，即按大学、专门学院及专科学校三类分别调整充实。"后来在《关于全国高等学校 1952 年的调整设置方案》中则明确提出，这次调整主要是发展专门学院，首先是工业学院，并整顿与加强综合大学。以华北、华东和东北三区为重点实施全国高校院系调整。这次院系调整的方式是，除保留少数文理科综合性大学外，按行业门类建立单科性高校；从旧大学中调整出工、农、医、师范、政法、财经等科，建立专门学院。另外，还根据计划经济和工业建设的需要设置了新的专业，而人文社会科学的一些学科由于被认定为"资产阶级性质"而遭到否定，政治学、社会学等学科被取消。

　　1952 年的高校院系调整规模是很大的，中央人民政府高等教育部在《关于一九五三年高等学校院系调整工作的总结报告》中指出，"迄一九五二年底，全国已有四分之三的院校完成了这一工作，其中以华北、东北、华东三个地区调整较为彻底。经过这一调整，私立高等学校全部改为公立，各院校的性质和任务均较前明确，工科院校得到了发展，综合大学得到了整顿。"关于私立大学问题，早在院系调整之前，中央政府就开始逐步取消教会大学，并改造和限制私立大学。1952 年院系调整的过程中，教会学校被全部撤销，私立大学全部并入或改为公立大学。比

---

　　〔1〕 原载何家弘主编：《法学家茶座》，2014 年第 4 期，总第 44 辑，山东人民出版社 2015 年版，第 55~62 页。

如，近代中国著名的教会大学——燕京大学被认定是"美帝国主义文化侵略的标志"而遭撤销，相关院系分别被并入其他高校，同为教会大学的辅仁大学其大部分也被并入北京师范大学，校名被取消。被保留的综合性大学也被重新拆分组合，比如北京大学被定为文理科综合性大学，保留了一些基础学科进行研究，其他的学科大多分离出来成立专门学院。北京海淀区"八大学院"之名就来自首批兴建的八所专门性学院，即北京航空学院、北京地质学院、北京矿业学院等。这也是现在中国政法大学（研究生院）所在的学院路的历史由来。

北京政法学院成立的另一个历史背景是废除《六法全书》和司法改革运动。中华人民共和国成立前夕，中共中央发布了《关于废除国民党〈六法全书〉和确定解放区司法原则的指示》。该指示指出，"国民党全部法律只能是保护地主与买办官僚资产阶级反动统治的工具""在无产阶级领导的工农联盟为主体的人民民主专政政权下，国民党的六法全书应该废除。人民的司法工作，不能再以国民党的六法全书为依据""司法机关应该经常以蔑视和批判国民党《六法全书》及其他一切反动法律法令的精神，以蔑视和批判欧美日本资本主义国家的一切反人民法律法令的精神"。这一指示在相当长一段时期内决定了对待旧法和西方国家法律的态度。

按照这一指示的精神，国民党的法院及其人员都是为统治阶级服务的旧国家机器，要砸烂旧的国家机器，调整这些人的工作。根据此种要求，1952年，一场全国性的司法机关改革，反对旧法思想的司法改革运动迅速展开。中华人民共和国成立初期司法机关的大部分司法人员接受的是"旧法"观点，被称为旧法人员。在这场运动中，旧法人员6000多人被清出审判工作队伍，约占当时全国审判队伍的22%。而留下来的人员空缺，主要由工人、农民和转业解放军等填补。这部分填补的人员虽然政治可靠，但他们存在的共同问题是专业知识缺乏，工作经验空白，难以满足司法工作的需要，亟需用马克思主义法律观培养的法律人才来弥补充实。于是改造旧大学法律系和建立新的政法院校成为当务之急。在这次高校院系调整中，政法院系进行了大幅度的改造。教育部贯彻中央指示精神，按照"每大区如有条件具备时，得单独设立政法院校"的原则，合并大区范围内综合性大学的法学院系成立独立的政法学院。在北京、重庆、上海、武汉和西安分别设立了北京政法学院、西南政法学院、华东政法学院、中南政法学院和西北政法学院五所政法学院。

正是在这样的历史背景下，中央决定将北京大学法律系和政治系、清华大学政治系、燕京大学政治系和辅仁大学社会学系等专业剥离出来，合并成立单独的北京政法学院。

1952年的6月，虽然院系调整工作已初步展开，但有些情况并没有对普通师生公布。我当时和其他同届同学参加广西的土地改革运动一年刚回来不久，正等待毕业分配。中华人民共和国成立后高校从1951年开始实行毕业生统一分配制度，个人可以填写志愿但必须服从组织分配。我无意从政，志在高校任教，继续深造的愿望非常强烈。由于当时只有中国人民大学聘请苏联法学家培养研究生，我就申请到中国人民大学法律系读"国家和法的理论"研究生。递交申请书后没多久，北京大学法律系主任费青叫我到他办公室谈话。之前我未见过费青主任，刚进办公室，就看到一个叼着烟斗的矮胖中年人在那里，我知道他就是系主任费青。费教授面带微笑对我说："你叫陈光中吧！坐下来，我跟你说几句话。"费青是著名的国际私法教授，又是系主任，我对这次谈话没有一点思想准备，感到有点紧张，一时不知道说什么好。费教授接着说："根据一些助教的推荐和我们对你的了解，你思想进步，学习成绩优秀，目前系里缺少助教，打算让你留校担任助教。"留校任教是十分荣耀的事，也符合我的志向，我立即表示同意和感谢。

留校后尚未开始工作，我们就接到了学校下发的内部通知，中央决定将北京大学法学院的法律系和政治系并入即将成立的北京政法学院，我也与法学院的广大师生一起投入到北京政法学院的筹建工作中。

1952年8月23日，"北京政法学院筹备委员会"宣告成立，委员会由钱端升、韩幽桐、陈传纲、朱晏、戴铮、刘昂、费青、严景耀、于振鹏、程筱鹤、夏吉生11名委员组成，钱端升任主任委员，韩幽桐任副主任委员。钱端升教授是享誉中外的政治学、宪法学专家，时任北京大学法学院院长。筹备委员会的工作紧张有序地进行着，在3个月的时间里共举行了4次工作会议。

我当时由于年轻，参与筹备的工作比较具体。首先是让我去上海集合新生，带到北京政法学院报到。当年录取的新生原来报考的分别是北京大学、清华大学的法律、政治专业。当看到录取通知书上却是北京政法学院时，部分学生表示不理解，有的不愿意入学报到。这就需要去向他们作解释说服工作，并带领他们一起到北京报到。回到学校，又安排我去购买图书。筹建中的北京政法学院图书馆没有自己的藏书，虽然从北京大学图书馆分到一些旧书，但数量有限，杯水车薪，远不能满足教学需求。筹委会办公室授权让我到新华书店购买尽可能有用的图书，我在书店认真挑选法律、经济、哲学、文学等诸多书籍，只要能用得上的书籍都尽可能购买。

筹备工作紧锣密鼓地进行着。1952年9月16日，教育部向中央人民政府政务院文化教育委员会呈报《关于成立北京政法学院的请示》。9月27日，政务院文化教育委员会作出了"文教办徐字第364号"的复函，批复"拟予同意"。这标志着北京政法学院即将诞生。

刚刚成立的北京政法学院由原来的北京大学、清华大学、燕京大学、辅仁大学的师生组成，学院领导大多由华北行政委员会和原华北人民革命大学调来的干部担任。华北人民革命大学是中国共产党鉴于新中国成立必须要有自己的干部队伍，在当时划分的华北大行政区成立的革命大学。设立目的是"培养国家建设人才，给有志于为人民服务的新旧知识分子以学习和工作的机会"。在1952年的院系调整中，华北人民革命大学同其他革命大学一起被合并到当地的各大高校中。所属人员一部分被分配到基层工作，一部分去了中央政法干部学校，还有一部分被分配到了筹建中的北京政法学院，担任各级领导或者教学工作，如北京政法学院党组书记、第一副院长武振声，教务长刘昂等。做教学工作的有高潮、卢一鹏、凌力学等人。从四校调整过来的教师名单原有 45 人，后来有的另调到其他单位，实际调整过来的人当中属北京大学最多，有钱端升、费青、芮沐、吴恩裕、吴之椿、黄觉非等教授，汪暄、杨翼骧、阴法鲁、王利器等副教授，潘汉典、朱奇武、程筱鹤等讲师，罗典荣、周仁、宁汉林、张国华、余叔通、张鑫、欧阳本先、陈光中、潘华仿、张文镇、林道濂等助教；燕京大学有严景耀、雷洁琼、张锡彤、陈芳芝、徐敦璋、张雁深等教授，夏吉生、赵宗乾等助教；清华大学有曾炳钧、于振鹏、赵德洁、邵循恪等教授，杜汝楫讲师；辅仁大学有李景汉、戴克光、洪鼎钟三位教授。

当时的看法是这些教师中的教授、副教授一般属于"旧知识分子"，受西方学校培养，学的也是"旧法"，不能够直接为新中国培养政法干部。根据废除《六法全书》和司法改革的指导思想，为彻底肃清旧法观点对法律院系的影响，他们一般不适宜直接担任政法教学工作。但是根据党的统一战线政策，对少数民族进步教授适当安排职务，如雷洁琼、费青担任副教务长等。其他人除个别被定性为历史反革命另作处理外都参加学习组，由雷洁琼带领大家集体学习，批判旧法，改造思想。我们这些青年讲师、助教毕业不久，受旧法影响不深，大多是党员或团员，可以从事一定的教学辅助工作。我还被派往中央政法干部学校进行为期半个月的培训，学习司法改革政策。回校后向全体同学作司法改革的辅导报告。

当时北京政法学院不按学科分系，全部学员或学生统一分为六个班级进行编排管理，其中第一、第二、第三班是干部培训班，学员都是有过新中国成立前革命工作经历的地方干部，转到政法战线后需要进修学习。第四、第五和第六班是院系调整前原四校的青年学生，原大学二年级、一年级的为四、五班，刚被录取的新生为六班。这三个班级的班主任都是有革命经历的干部，级别大体相当于副处级，副班主任由助教担任。宁汉林、潘华仿和我分别担任第四、第五、第六班的副班主任。第六班的学生都是原来报考北京大学、清华大学政治系和法律系的学生，共有 150 人左右，第六班的学生中后来从事法学教学研究工作的有储槐植、徐杰和严端等知名教授。为适应司法改革之后对新政法干部的迫切需求，干部培训班和青年学生班的学制分别为一年制和两年制，青年学生毕业后颁发大专文凭。但是原四校学生和新入学的学生报考的是本科，毕业时发大专文凭显失公平，考虑到学生的强烈要求，学校颁发的毕业证书只写"北京政法学院毕业"，不显示是大专还是本科。从 1953 年开始，新招收的学生颁发大专文凭，1954 年以后的招生就正式改为 4 年制本科。

学校的课程设置中，政治课程占大部分，开设哲学（辩证唯物主义与历史唯物主义）、政治经济学、中共党史等课程。哲学课主讲《实践论》《矛盾论》；涉及法律业务的课程仅有《共同纲领》《婚姻法》《惩治反革命条例》等很少部分，并重点讲当时正在进行的司法改革运动。课程采取单元制教学模式，每学期划分为若干不同学习课程的单元，每单元集中学习两三个月。具体课程请校外的领导或者知名专家在礼堂上大课，如请艾思奇、孙定国讲哲学，谢觉哉讲政法政策等，年轻教师则上辅导课。在学习方法上强调理论联系实践，学生在每单元结束时要写学习总结，不仅要结合所学理论批判旧法，而且要联系个人的思想实际，写自己思想认识的提高和世界观的改造。青年学生感到学习到的知识太少，对于这样的课程设置和学习方法有一定的抵触情绪。单元制课程的存在时间不长，随着1954年改为4年制本科，课程设置也开始正规化了。

北京政法学院当时的办学条件非常简陋。学校没有一个完整的校舍，所使用的是原北京大学旧址——沙滩校区的一部分，而且是与北京大学、中央财经学院共用沙滩校区，相当拥挤。根据三方协商，归属北京政法学院专用的，只有沙滩校区自西校门起往东到东墙，广场内电钟以北的狭小区域，以及灰楼、活动楼、新灰楼、北楼。其他设施如广场、浴室等均为三校合用。这种情况也是不得已的权宜之计，选择合适的新校址迫在眉睫。根据中央安排，新校址选择在北京西北郊土城，即后来的海淀区学院路41号，现在的海淀区西土城路25号。1954年2月12日，北京政法学院全部搬迁完成，开始了法学教育和研究的新征程。

1952年11月24日，经过整整半年的孕育和筹备，北京政法学院在沙滩的小礼堂隆重举行了成立典礼。典礼的场面我至今仍记忆犹新，中央人民政府内务部部长谢觉哉，中央人民政府教育部部长马叙伦，最高人民法院副院长张志让，中央政法委副主任张奚若、彭泽民，秘书长陶希晋，法制委员会副主任许德珩，华北行政委员会副主任刘秀峰，最高人民法院华北分院副院长韩幽桐等亲临典礼现场，谢觉哉、马叙伦、张奚若、彭泽民、刘秀峰等分别发表讲话和致辞。钱端升教授发表了讲话，对北京政法学院的成立进行了回顾，并希望广大师生团结一致、克服困难，摸索出一套比较好的政法教学方法，共同完成党和国家赋予的任务。

在成立典礼的前一天，毛泽东主席亲笔题写的校名送到了学校。五大政法学院中，只有北京政法学院的校名是毛泽东题写的。其缘由是1952年10月12日和11月10日，钱端升教授两次写信给时任中央人民政府秘书长的林伯渠同志，恳请毛泽东主席题写校名。同年11月23日，林伯渠致函钱端升，告知"题字已写好，兹送上，请查收"。第二天，举行开学典礼时就悬挂起了这块"北京政法学院"的校匾。

最后，还需要说明的是，钱端升教授在举行北京政法学院成立典礼时仍是筹备委员会主任，因为北京政法学院院长是由中央人民政府主席毛泽东任命的，因此延至1953年1月14日才任命下来。

陈光中：致力于刑事诉讼法的一生 〔1〕

他曾力主把"疑罪从无"写入刑事诉讼法修正案，近年为雷洋案、聂树斌案大胆发声

一、人物简介

陈光中，1930 年 4 月 23 日生，浙江永嘉人。著名法学家，新中国刑事诉讼法的开拓者和奠基者，中国政法大学终身教授。曾主持 1996 年刑事诉讼法建议稿起草，主编《中华人民共和国刑事诉讼法修改建议稿与论证》。

在北京西四环边上，海淀区世纪城烟树园一处不起眼的房间，进门右手边悬挂着一块牌子，写着"中国政法大学刑事法律研究中心"。陈光中在 1995 年创建了它，20 年来这里一直是国内外刑事法学研究和交流的前沿阵地，也是这位新中国刑事诉讼法学的开荒者和奠基者每天办公的地方。

在这间 30 平方米开外的房间里，摆满了刑事诉讼法的相关书籍，其中许多注有"陈光中"三个字：《中华人民共和国刑事诉讼法修改条文释义点评》《刑事诉讼法》……采访那天，86 岁的陈光中早早地来到这里等候，花白的头发整齐地向后梳着，步子已有些蹒跚。由于听力不好，他让助理送来助听器，塞了一个在靠近记者一侧的耳中。采访过程中，仍不时有电话打来，听得出是媒体在向他询问对近期一些社会关注度较高的法律案件的看法。陈光中都会对着话筒回复，条理分明，有着法律人特有的严谨。

二、法律人的良心

不久前，在"中国司法文明指数 2016 改进思路"研讨会上，《环球人物》记者目睹了陈光中逻辑清晰的辩答场面，即使面对一群正值盛年的教授也丝毫不落下风。

年近九旬的陈光中，一直秉承着那一代知识分子"国家兴亡，匹夫有责"的责任感，未曾懈怠。"我虽然老了，但好在还能通过做学术演讲、参加座谈会和写文章来发挥自己老年人的余热。"他指了指自己的脑袋笑说，"脑子在短短的几年内还能用，能发挥多少作用是多少作用。"比他小 4 岁的法学专家严端教授曾评价他："陈光中大气，看问题站得比别人高，看得比别人远，这个特点几乎无人能敌。他在诉讼法学界获得权威地位是实至名归。"

正因如此，每当一些案件成为社会热点时，人们总希望听到他的声音，而他也总是会大胆发声。例如今年 5 月初引起舆论广泛关注的雷洋案，因为事关刑事诉讼，有关媒体很快找到陈光中，征询他对此案的建议。"12 日下午，我午睡刚醒，

〔1〕 原载《环球人物》2016 年第 19 期。原文章标题为"陈光中：关于刑事诉讼法的一生"。

就看到手机上的信息，让我尽快就雷洋案做一个个人的看法供参考。"陈光中回忆道，"我跟他们说4点给答复，因为我要查资料，不能主观臆断。"

在不到1个小时的时间里，陈光中做了两件事，一件是查资料，"没经过检查怎么就知道是心脏病发作？他身上的伤是怎么回事？警察有没有违法，如果违法，是否可能构成犯罪？都需要找到法律依据。"案件的出路是什么，是他做的第二件事，"这里面很可能有执法不当的问题。"凭着多年的研究经验，陈光中敏锐察觉，"受到质疑的公安机关自己发布信息违背了程序法治原则，公众自然不相信。"所以他的建议是让检察院介入。随后事情的进展也确如他所言，昌平区人民检察院和北京市人民检察院第四分院先后介入了雷洋案的调查。

聂树斌案同样如此。当聂树斌案转到山东进行再审听证会时，最高人民检察院希望陈光中出面发表看法。当时由于负责播报的电视台在播报时出现了倾向性，导致社会舆论偏向不用再审。面对一边倒的舆论，陈光中顶着压力提出了反对意见，认为聂树斌案符合提起再审的条件。时隔一年，聂树斌案果然重新再审，陈光中说："我不知道到底会不会再审，但我凭着法律人的良心，要对这起案件尽到自己的责任。"

对于类似案件所暴露的执法不公、执法不透明的问题，让一些民众对中国法治产生怀疑，陈光中却不这么看："法治改革的进程中不可能没有阻力，但总体环境是好的。我们应该遵循国家的部署，同时积极建言献策，这样才能把我们国家现代化、法治化、民主化的事业不断向前推进。"

三、做一个立言者

《环球人物》记者第三次见到陈光中是在他的家里，这里距他的办公地点很近，步行只要7分钟，"都是为了陈教授上班方便，节约路上的时间。"他的博士生助理马康告诉记者。

把刑事诉讼法当成生活重心，陈光中已经这样做了几十年。曾经的青年学子变成如今的耄耋老人，也许不变的只是初衷。

"我年轻的时候，希望自己做一个立言者。立言，就是对国家、对社会、对人民有自己的主张，而且这种主张有利于国家、社会和人民。"陈光中说。这种立言落实到现实中，就是他在刑事诉讼法学上的创建和贡献。

"1991年到1997年，他作为中国法学会诉讼法学研究会会长，每年都把'刑事诉讼法修改与实施'列为年会中心议题。"作为陈光中的第一个刑事诉讼法博士，如今的中国法学会刑事诉讼法学研究会会长卞建林教授对记者感叹："1996年《刑事诉讼法》的修改，疑罪从无的入法，毫不夸张地说，他是居功至伟。在我国刑事司法的民主化和科学化道路上，说他鞠躬尽瘁毫不为过。"

"1996年《刑事诉讼法》的修改"，说的是1996年《刑事诉讼法修正案》一事。在此之前，陈光中与他的博士生合力写出了关于建议修改刑事诉讼法的论文要点，因为 1979 年通过的《刑事诉讼法》，由于环境特殊加之时间紧促，一些条文的制定并不完善。论文要点得到时任全国人大常委会副委员长王汉斌的重视。"法工委下来正式文件，委托我提供一个建议稿，就叫'刑事诉讼法修改建议稿'。"采访中，陈光中也提及此事。

"1993 年到 1994 年，我组织中国政法大学教授、老师成立了研究小组，进行了国内调研和国外考察，研究它们的刑事诉讼制度，起草了建议稿，从大的体制到具体程序都有涵盖。"陈光中回忆。那个建议稿共三编、329 条规定，连同论证的内容达 35 万字。1996 年 3 月，《刑事诉讼法修正案（草案）》被全国人大顺利通过，建议稿中 65% 的条文为此次修正案所吸收。

其中，把"疑罪从无"原则写入《刑事诉讼法修正案》，是陈光中最引以为傲的一点，但它的入法过程却无比曲折。

"疑罪从无，就是犯罪事实不清，证据不确实、充分的，应当作出无罪判决。专门防止冤假错案。"陈光中从书房找来他当年主编的《中华人民共和国刑事诉讼法修改建议稿与论证》，对记者说，"我们的建议稿一开始就写进去了，但实务部门感觉风险太大，怕放纵犯罪分子，所以每次座谈会都没有通过它。"直到法工委把修正案草稿拿到人大常委会前召开的最后一次座谈会上，"疑罪从无"也没有被写进去，这让陈光中很着急。

当天，出席了最后一次座谈会的王汉斌把陈光中单独喊到自己住的酒店，"他叫我不要有顾虑，问我对这次讨论还有没有什么看法，我就很坦率地说了'疑罪从无'一定要写进去，对防止误判、保障人权至关重要，是世界潮流，大势所趋。"听了陈光中的论述，"疑罪从无"在最后阶段得到了王汉斌的支持，写进了修正案。

四、虽非烈士，但有暮年之志

1996 年，《中华人民共和国刑事诉讼法》修改，陈光中已经是 66 岁的老人；在这之前，1979 年中国制定了成文的刑事诉讼法典，那年陈光中 49 岁；而刑事诉讼法作为一门学科在中国的建立，就更早了。没有学科，就不会有后面的法律出台以及修改。陈光中作为新中国第一批法学家，是社会主义刑事诉讼法学的主要奠基者之一。

陈光中出生于浙江永嘉的一个士绅家庭。"光中"这个名字，取"光大中华"之意，可见父母之期许。小时候，白天陈光中去学校上学，晚上回来后则由考中过清朝举人的堂伯父教授古诗文，小学便已读完"四书"。

被记者问到当初读大学为何会选择法律时，陈光中笑说："小时候，有一回我跟我父亲去他律师朋友家。发现这个律师很自在，没人管，吃得也很好，所以我也想当律师。"当然，这只是一个玩笑。

1948 年报考大学时，少年陈光中坚信的是：一个人不应庸庸碌碌度一生，他希望做一个对国家和社会有贡献的人。陈光中考取了清华大学、中央大学（今南京大学）法律系，并就近入读中央大学。两年后转入北京大学法律系。

1952 年高校院系调整，陈光中随北京大学法律系调到北京政法学院（中国政法大学的前身），在全面建立法律学科时，他被分配到刑事诉讼法方向上。"当时国内没有刑事诉讼法，要完全学习苏联的模式。"

这期间，陈光中发表了第一篇论文《苏联的辩护制度》。然而，正当他参与编写第一本中国刑事诉讼法教学大纲时，反右运动开始，随后就是"文革"，他被迫中断研究 20 年。"那个时候对我的打击很大，看不到希望，就去打打扑克、下下棋，不务正业。"陈光中说，"但心底始终还是保留了一点梦的影子，想为法学做点贡献"。带着这个梦，"文革"后，陈光中马不停蹄地投入刑事诉讼法工作中，先后与人合写了《刑事证据理论》《中国古代司法制度》等在国内开先河的专著。

如今，陈光中正在为进一步繁荣《刑事诉讼法》修改忙碌着，家中客厅满是各地法院、检察院寄来的卷宗。他拍着其中一摞，慨然地说道："'老骥伏枥，志在千里，烈士暮年，壮心不已。'我虽非'烈士'，但暮年壮志还是有一点的。"

在新征程中勇往直前，再创辉煌

——庆祝初中母校永嘉二中建校八十周年

2018 年的冬天，我们迎来了永嘉二中建校八十周年华诞。

永嘉二中的前身是济时中学。她诞生于 1938 年 7 月，其时，日寇入侵，国难当头，中华民族万众一心，奋起抗日。永嘉楠溪的有识之士徐石麟、陈修仁先生会同楠溪贤达，在枫林小学创立私立济时初级中学。翌年 3 月，校董会邀请著名教育家金嵘轩先生任校长。学校取名"济时"，即"共济时艰"之意，根据金嵘轩先生的解释，指的是办学是为了适应时代需要，补充时代短缺，促进乡村文化，培育战时人才。

金嵘轩先生任校长不久，即为学校制定并手写了"整、齐、勤、朴"四字校训，并正式解读为：整——大家振作精神；齐——全体团结一致；勤——大家为公努力；朴——随时实事求是。在校训的教导、激励下，我们开始立志，努力学习，团结一致，做一个对国家和社会有用之才！

济时中学从枫林起基，到渠口建新校舍，数年后即成为屹立于瓯江北岸唯一的中学，也成为一所富有时代气息和地方特色的战时乡村名校。

我庆幸自己在抗日烽火漫天的年代里，还能进入到济时中学学习。1942 年，我 12 岁时，从白泉小学毕业到济时中学就读。在济时中学的三年里，我不仅打下了扎实的知识基础，也养成了良好的学习习惯。济时中学虽地处乡村，交通不便，校舍简陋，但师资力量雄厚，对学生的管理也很严格。当时教我们的老师个个学识渊博，讲课条理清晰，课堂妙趣横生。陈修仁先生在课后教我们唱郑板桥的《道情》："老渔翁，一钓竿……"此歌此景，至今记忆犹新！

时值抗日战争，全校师生同仇敌忾，洋溢着抗战爱国的气氛。为激发学生的精神，学校时常举行抗战时局报告会、出征军人家属招待会等，并在学生中成立军事训练团，对高年级学生实行军事训练。音乐课上，老师还教我们唱抗日歌曲，如《义勇军进行曲》《松花江上》等，激发同学们的抗日热忱。我们的学习生活带有军事管理的色彩，每天作息信号不是打钟摇铃，而是吹号。早上先在操场上排队唱歌做操，然后再用膳。天晴日，必在早、晚餐前举行升降国旗仪式。一听号声便需快速集合，时间不得超过三分钟，并要求做到"快、齐、静"。以此训导学生适应战时环境，养成严明的纪律。

我在济时中学的学习成绩优异，毕业后以第一名的成绩考入永嘉县立中学（今温州二中），抗战胜利后转到省立温州中学就读，毕业后考上了中央大学（今南京大学），后转学到北京大学法律系就读。毕业后，长期从事法学教学科研和行政管理工作，成为当今有一定名望的法学家。饮水思源，我要感谢曾教过我的老师，更感恩母校济时中学。

新中国成立后，济时中学迁址岩头镇，后来改为公立的永嘉二中，还创办了高中。永嘉二中薪火相传，不断地发展壮大，为国家、为社会源源不断地培养了一批又一批的有用之才。20世纪60年代初期，学校再次成为永嘉县，乃至温州市的名校。据学校校史记载，学校1964年、1965年的高考成绩，名列温州地区前茅，不少同学考入了北京大学、复旦大学、中国人民大学等名校，赢得全县人民的赞誉。

特别是改革开放四十年来，学校取得了令人瞩目的成绩。近些年，学校秉承济中精神，施行"致真教育"，教导学生"立真志、尚真学、铸真品、践真行"，做一个品格高尚又有真才实学的人。学校也因此屡有建树，成就卓著，相继被授予温州市重点中学、浙江省教科研百强学校、浙江省二级普通高中特色示范学校等荣誉。对此，我极感欣慰。

文化，是一所学校的灵魂。从济时中学到永嘉二中，学校走过了八十年的历程。八十年来，有过艰难，有过曲折，更有奋斗与收获。纵观学校八十年的发展历程，永嘉二中培养了不少可圈可点的人物，创造了不少可歌可泣的事迹。这是先贤学长们留给我们的一份珍贵的历史遗产，这是激励我们全体师生团结奋进的强大动力，更是几代二中人来之不易的荣耀！

厚重的历史，是永嘉二中这所山乡学府底气之所存，也是八十年来血脉之所在。继承与弘扬济时中学的优秀传统，是历史赋予永嘉二中的职责与使命。值此校庆之际，我热切希望，让这八十年校庆成为我们学校再次出发的起点，在新的历史征程中勇往直前，再创辉煌！

附录一　陈光中生平大事记

2010 年　80 岁

2月 8 日 被最高人民法院聘为第三届特邀咨询员并参加最高人民法院召开的第三届特邀咨询员会议。

3月 28 日至 29 日 应我国台湾地区东吴大学的邀请，参加在台北举行的"海峡两岸法学交流二十周年纪念研讨会"，并作为报告人在大会上做了题为"炎黄子孙总是情"的发言。

4月 21 日 举办陈光中教授八十华诞庆祝会暨《陈光中法学文选》（三卷）首发会。时任最高人民法院院长王胜俊、最高人民检察院检察长曹建明分别发来贺信。王胜俊在贺信中说："我谨代表最高人民法院，并以我个人的名义，向您表示热烈的祝贺，对您为我国法学事业所做出的重要贡献表示崇高的敬意！在长达半个世纪的科研和教学生涯中，您始终孜孜以求，奉献卓识才智，为发展我国刑事诉讼法学和刑事司法制度做出了卓越的贡献。五十多年来，您笔耕不辍，著述丰硕，是我国刑事诉讼法学的重要奠基人；您治学严谨、崇尚科学，倡导刑事诉讼基础理论和比较法的研究，开启了刑事诉讼法学繁荣发展的新局面；您兢兢业业、教书育人，为国家培养了一大批优秀的栋梁之材。半个世纪以来，您满怀对祖国的无限忠诚，满怀对法治事业的无限热爱，为公民的权利、尊严，为我国刑事诉讼法的完善，倾注了毕生心血。祝您健康长寿！"曹建明在贺信中说："陈光中教授是在海内外享有盛誉的法学家和法学教育家，是我国新刑事诉讼法学的主要奠基人之一，是我国刑事诉讼法学界学术带头人和第一位诉讼法学博士生导师。在从事法学研究和教育的半个多世纪里，陈教授为推动我国刑事诉讼法学学科建设，丰富和发展我国刑事诉讼法学理论，教育和培养法学高级人才，改革和完善我国刑事诉讼法律制度，作出了令世人瞩目的卓越贡献。衷心希望陈教授老而弥坚，学术之树长青，枝繁叶茂，再结硕果，继续为繁荣中国特色社会主义法学研究，推进我国社会主义法治事业不遗余力！"最高人民法院常务副院长沈德咏、最高人民检察院常务副检察长张耕也发来贺信。最高人民法院副院长南英、最高人民检察院副检察长孙谦、中国法学会副会长周成奎、吉林省高级人民法院院长张文显教授、美国加州大学戴维斯分校法学院菲尼教授、中国政法大学校长黄进等人出席庆贺会并致贺词，与会嘉宾共两百多人。

4月22日至23日 主持召开刑事二审程序改革国际研讨会，并在会上代表课题组就实证试点的总结做主旨发言。

7月 出站博士后1名（武小凤）；毕业博士研究生6名（巩富文、吴春平、曾新华、王日春、阿尼沙、倪寿明）。

7月17日 作为召集人之一参加教育部社科委员会法学部与基地主任联席会议。

9月12日至14日 参加中国法学会刑事诉讼法学研究会年会，并提交论文。

9月18日至20日 在北京参加中国政法大学主办的首届海峡两岸法学院校长论坛并发言。

10月26日 参加中国政法大学诉讼法学研究中心揭牌十周年暨中国特色诉讼法制发展与完善研讨会并发言。

12月 被日本立命馆大学《立命馆法学评论（国际版）》杂志续聘担任学术顾问。

12月4日 中央电视台等单位联合主办"法治的力量：十年法治人物颁奖盛典"获全国六大法学大家之一的荣誉。

2011年 81岁

1月19日至20日、2月16日至17日、5月25日至26日 参加全国人大常委会法工委刑事诉讼法修改研讨会并发言，为《刑事诉讼法》的修改提出了许多有益建议。

3月9日 主持召开教育部社科委员会法学学部主办的"法学战略规划研究"课题组第一次全体成员会议并发言。该课题，经教育部社会科学委员会法学学部集体讨论通过，教育部社科司批准，由张文显教授和陈光中教授担任课题组组长，于2010年12月下旬被正式批准为2010年度高校哲学社会科学战略规划研究专项委托项目。

5月8日至9日 赴我国香港特区参加香港中文大学法律学院主办的中国刑事司法制度比较研究国际学术会议并发言。

7月 出站博士后1名（胡献旁）。

9月22日 参加我国台湾地区高雄大学主办的第二届海峡两岸法学院校长论坛并做主题报告。

10月9日 陈光中教授回家乡永嘉县，访问少年时就读的母校——原白泉小学，捐赠10万元并动员乡亲捐资设立"永嘉县陈光中教育基金会"，用于对大若岩镇中心小学的优秀学生和贫困生的资助。现教育基金已达三百万余元，对当地教育事业起到了推动作用。

10月28日至29日 参加中国法学会刑事诉讼法学研究会年会，并提交论文。

11月17日 参加教育部召开的全国高等学校哲学社会科学工作会议。

11月18日 参加全国人大法制工作委员会以及法律委员会联合召开的第一次

《刑事诉讼法修改草案》征求意见座谈会并发言。

2012 年　82 岁

2 月 10 日 参加最高人民法院特邀咨询员座谈会，征求对最高人民法院向全国人大提交的工作报告草稿的意见。

4 月 23 日 参加全国人大法制工作委员会与团中央联合主办的刑事诉讼法修改与未成年诉讼程序研讨会，并做了题为"刑事诉讼法修改的重大进步与未成年人诉讼程序特点"的主旨发言。

5 月 16 日 参加中国政法大学六十华诞庆祝大会。刘延东副总理参加会议。

5 月 21 日 应外交部驻港特派员公署邀请，赴我国香港特区参加在香港的海外记者午餐研讨会，做关于刑事诉讼法修改的讲解报告，并解答记者提问。

6 月 主编的《刑事诉讼法》教材获北京市教育委员会颁发的精品教材奖。

6 月 14 日 参加司法部《社区矫正法草案》征求意见座谈会。

7 月 毕业博士研究生 5 名（黄海波、田力男、郑成昌、郑丽萍、姜爱东）。

7 月 6 日至 8 日 作为召集人之一参与主持召开教育部社科委员法学部与基地负责人联席会议。

9 月 荣获中国法学会评选的"全国杰出资深法学家"称号（全国 25 名）。

10 月 8 日 陈光中等所著的《中国刑事司法制度基础理论》获北京市第十二届哲学社会科学优秀成果奖特等奖。

11 月 6 日 邀请日本德高望重的刑事法学专家松尾浩也教授做学术演讲。

2013 年　83 岁

1 月 10 日 参加全国检察长会议并发言。

6 月 29 日 参加中国政法大学研究生院成立三十周年座谈会。

7 月 出站博士后 1 名（彭新林）；毕业博士研究生 2 名（肖沛权、郑曦）。

7 月 16 日 作为召集人之一参加教育部社科委员会法学部及重点基地主任联合会议。

7 月 21 日 参加福建省法官协会承办的"海峡两岸司法实务研讨会"，并提交题为"论不得强迫自证其罪原则"的论文。

9 月 25 日 参加最高人民法院召开的关于《最高人民法院关于开展轻微刑事案件特别程序改革试点工作的指导意见（建议稿）》的座谈会，并在会后提交书面修改建议、意见。

10 月 主编的《刑事诉讼法》教材（第四版）获北京市教育委员会评选北京高等教育经典教材奖、中国大学出版社图书奖优秀教材奖二等奖。

10 月 14 日至 15 日 参加最高人民法院召开的第六次全国刑事审判工作会议。

10 月 19 日 参加中国刑事诉讼法学研究会年会并提交论文。

11 月 28 日 主持召开"非法证据排除规则实施"研讨会，并代表课题组作项目结项报告（由郭志媛教授具体讲解）。该报告产生了广泛的影响，对非法证据排除规则的完善起到了推动作用。

11月29日至30日 以中国法学会学术委员会副主任身份参加中国法学会第七次全国会员代表大会。习近平、张德江、刘云山等党和国家领导人出席会议并向大会表示祝贺。中共中央政治局委员、中央政法委书记孟建柱受习近平总书记委托代表党中央发表了题为"积极投身法治中国建设的伟大实践"的祝词。

12月6日 在德国弗莱堡参加由司法文明协同创新中心、德国马普外国与国际刑事法律研究所主办的"中国法律研究中心"挂牌仪式暨"中国刑事司法现代化国际会议"，并做了题为"中国刑事辩护制度的改革"的主题演讲。

2014年 84岁

1月12日至15日 率考察小组赴澳门特别行政区对廉政公署、司法警察局进行考察，并在澳门大学做关于"中国内地司法改革"的演讲。

2月12日 参加最高人民法院特邀咨询员座谈会，征求对最高人民法院向全国人大提交的工作报告草案的意见。

5月17日 参加司法文明协同创新中心创新团队首席科学家第一次全体会议，会议选举产生了学术委员会并当选为学术委员会主任。

7月 毕业博士研究生3名（王迎龙、刘哲、刘林呐）。

7月1日至4日 参加最高人民检察院"大检察官研讨班"，并在曹建明检察长单独召开的征求意见会上发言。

7月16日至17日 作为召集人之一参加教育部社会科学委员会法学部暨教育部人文社会科学，法学重点研究基地主任联席会议并提交论文。

8月28日至29日 参加美国加州大学戴维斯分校法学院主办的"庭审中心与传闻证据规则"交流座谈会。

9月1日至3日 以国际刑法协会中国分会名誉会长身份参加巴西里约热内卢州法院主办的"第19届国际刑法大会"。

10月21日 参加中国刑事诉讼法学研究会年会并提交论文。

11月28日 参加最高人民检察院专家咨询委员座谈会，并做"审判中心与检察工作"的发言。

12月6日 在上海参加由教育部、中国大学智库论坛秘书处主办的中国大学智库论坛2014年年会，并做主旨发言"努力为法治中国建设建言献策"，同时提交咨询报告：《以修正案形式修改刑事诉讼法，保障实现司法公正》。

2015年 85岁

1月24日 参加国家司法文明协同创新中心、中国政法大学诉讼法学研究院主办的"依法治国背景下的诉讼法学研究展望"研讨会，并做"法治以民主为前提以公正为生命线"的主题发言。

5月5日 参加尚权律师事务所等单位主办的聂树斌案座谈会并发表意见，随后5月13日在意见的基础上整理成书面稿在《腾讯网》发表了"聂树斌案存五大疑点"一文。同年5月21日就专业法医问题召开会议，形成"聂树斌案法医问题咨询交流会内容纪要"，提交给有关司法部门作参考，对聂树斌案件的平反起到了较大作用。该纪要公开于2016年12月6日，在社会上也形成广泛的法制宣传影响。2016年12月2日，赴沈阳参加聂树斌案的公开宣判并写文章予以充分肯定。

5月23日 参加少年司法与综合保护研讨会并发言，会后由陈光中、卞建林、王敏远、宋英辉等专家联合签名《关于检察院未成年独立队伍办案的意见书》（宋英辉执笔）送曹建明检察长，后曹建明检察长批示赞同。

6月1日 被大百科全书出版社聘任为《中国大百科全书·法学学科（第三版）》主编。中国政法大学校长黄进教授、中国人民大学常务副校长王利明教授、北京大学常务副校长吴志攀教授及中国社会科学院法学所所长李林研究员担任副主编。同年7月10日，主持召开《中国大百科全书·法学学科（第三版）》第一次编委会议，正式开展工作。

7月 出站博士后1名（陆侃怡）；毕业博士研究生3名（谢丽珍、胡莲芳、孔璋）。

8月1日至2日 作为召集人之一参加教育部社会科学委员会法学学部暨教育部人文社会科学法学重点研究基地主任联席会议研讨会。

10月15日至16日 参加外交部主办的中美法律交流会并发言。

11月7日至8日 参加中国刑事诉讼法学研究会年会做主题发言"修正案形式——刑事诉讼法新修改的现实途径"。

11月11日 在温州大学进行学术交流受聘为温州大学法政学院名誉院长、兼职教授。

12月1日 与龙宗智教授合著的《关于深化司法改革若干问题的思考》一文获第七届教育部高等学校科学研究优秀成果奖法学论文类二等奖。

12月5日 与德国慕尼黑大学教授贝恩德·许乃曼教授共同做"刑事审判中的直接言词原则"演讲。

2016年　86岁

1月 毕业博士研究生2名（李卫红、于增尊）。

3月21日 参加最高人民检察院《人民检察院组织法修改专家建议稿》专题研讨会。

3月31日 参加中国法学会《人民法院组织法》修改建议稿专家座谈会。

5月12日 在财新网发表"陈光中谈雷洋案：建议最高检督办 北京市检主导"。引起社会各界对该案的进一步重视，对于检察院介入该案起了推动作用。

5月27日 在第十四期中国法学创新讲坛做主题演讲："公正与真相：现代刑事

诉讼的核心价值观"，主持人为中国法学会副会长张文显教授，辅讲人为最高人民法院江必新副院长、四川大学龙宗智教授。

7月 毕业博士研究生2名（徐灿、薛向楠）；毕业硕士研究生1名（牛颖东）。

7月29日 参加福建省法官协会、海峡两岸法学交流协会（我国台湾地区）主办的2016年海峡两岸司法实务研讨会并致开幕词。

8月5日至7日 以召集人之一的身份参加教育部社会科学委员会法学学部2016年度工作会议、教育部人文社会科学（法学）重点研究基地主任联席会议暨"科技进步、社会治理与法治"学术研讨会。

8月13日 参加中国刑事诉讼法学研究会第二次会员代表大会暨年会。

8月16日 撰写《完善认罪认罚从宽制度若干看法和建议》，刊登于《司法文明协同创新中心成果要报》第三十四期并于十一月被教育部智库内刊采纳。

9月12日 中国教育频道一套播出专题节目报道："法治天下：司法先驱陈光中"。13日，中央电视台一套播出专题节目："天平上的人权"，介绍了陈光中在追求法治事业道路上的卓越贡献。

9月30日 参加司法案例研究院揭牌暨"中国司法案例网"开通会议并被聘任为最高人民法院司法案例研究院首批专家委员会主任。

10月15日 主办"完善刑事庭审的证人出庭制度"研讨会。证人出庭项目在温州中级人民法院试点一年取得重大成就，得到最高人民法院的高度评价，并在全国范围内提倡推广。

12月14日至17日 应德国慕尼黑大学法学院许乃曼教授和德国维尔茨堡大学法学院希尔根道夫教授的邀请，率领中国十位著名刑事诉讼法学教授赴德国参加德中刑事诉讼法学高端论坛，取得了很大的成功。

2017年　87岁

2月12日 参加《环球法律评论》编辑部主办的"监察体制改革与法治"学术研讨会，并做主旨发言《我国监察体制改革的几点看法》。

3月6日 权威媒体《今日中国》授予陈光中等20位学者"全国杰出资深法学家"称号，并逐一予以介绍。

3月28日 参加中国行为法学会主办的"治国理政新理念新思路新战略与法治实施"专题论坛，并就监察调查与刑事侦查关系问题作了发言。

3月31日 参加南京审计大学主办的"国家监察与审计法治学术研讨会"，并做主题发言《我国监察体制改革法治化的三个问题》。

5月27日 参加"于欢案"二审开庭专家观摩，并在庭审后参加专家会谈。

6月8日至9日 在华东政法大学举办"监察委改革与刑事诉讼法""监察制度的古今之变"专题讲座。

6月10日 受邀参加上海交通大学法学院十五周年院庆典礼，并发表主旨演讲

《我国监察制度改革的几个问题》。

6月22日 毕业博士研究生5名（步洋洋、张杰、李婷、徐建新、朱卿）；毕业硕士研究生1名（丁惟馨）。

7月15日至16日 参加国家司法文明协同创新中心、中国政法大学诉讼法学研究院主办，宁夏回族自治区石嘴山市人民检察院承办的"理论与实践：以审判为中心的诉讼制度改革"研讨会，并做开幕式致辞。

8月4日至5日 参加教育部社会科学委员会法学学部主办，北京大学宪法与行政法研究中心和烟台大学共同承办的"教育部社会科学委员会法学学部2017年度工作会议暨重点研究基地（法学类）主任联席会议"，主持开幕式和年度工作会议全体会议第二单元议程。

8月28日 永嘉县陈光中教育基金会获得第三届"温州慈善奖"机构捐赠奖。

9月8日 参加中宣部主办的《中国大百科全书》第三版总编辑委员会成立大会，接受聘书担任"总编委委员、法律学科主编"。

9月13日至14日 参加司法文明协同创新中心主办、中国政法大学诉讼法学研究院协办的"中德刑事诉讼法学高端论坛"，做开幕式致辞并做学术演讲《审判公正与证人出庭问题》。

11月11日 参加中国法学会宪法学研究会和中国刑事诉讼法学研究会联合主办的"国家监察体制改革：宪法学与刑事诉讼法学的对话"研讨会，做主题演讲，对公布的《监察法草案》发表了八点修改意见。

12月11日 举办《中国古代司法制度》新书发布会暨"中国古代司法制度的传承与借鉴"座谈会，并做主题发言。

2018年　88岁

1月11日 参加由中国法学会主办的"改革开放和依法治国40周年"座谈会，做要点发言：一要彻底否定文化大革命，二是"法治必须与民主相结合"，三是"加强刑事司法的人权保障，特别是对辩护制度的完善"。

5月22日 为中国政法大学诉讼法学研究院和刑事诉讼法学研究所联合主办的《刑事诉讼法（修正草案）》研讨会提供书面修改建议。

5月23日 参加由国家检察官学院、中国犯罪学学会联合主办的"动态平衡诉讼观理论与实践"研讨会，并做主旨发言。

6月 毕业博士研究生5名（马泽波、单子洪、马康、唐彬彬、李章仙）。

10月20日 参加中国刑事诉讼法学研究会年会，被授予"中国刑事诉讼法学终身成就奖"荣誉。

10月29日至31日 带领国家司法文明协同创新中心团队赴浙江进行"监察与公检法在工作上的协调衔接问题"专题调研。

11月4日 为"第四届陈光中诉讼法学优秀学位论文报告会暨颁奖典礼"致开

幕辞、闭幕辞。

11 月 17 日 参加由中国政法大学诉讼法学研究院和比较法学研究院主办的中德刑事诉讼法学学术沙龙——由德国慕尼黑大学法学院许乃曼教授共同参与的"中德刑事诉讼中的审前羁押问题"，并做主题发言。

11 月 18 日 作为《中国大百科全书·法学学科》（第三版）主编受邀参加"与改革开放同行——中国大百科全书出版社成立 40 周年暨中国百科出版事业发展座谈会"。

12 月 15 日 参加由中国新闻周刊杂志社主办的"影响中国"2018 年度人物荣誉盛典，获得"见证 40 年·法治人物"奖，并为最高人民法院原常务副院长沈德咏颁发"年度法治人物"。

12 月 17 日 参加由中国政法大学主办的第七届本科生"创新论坛"颁奖典礼暨高端学术论坛之聚焦刑事诉讼法修改，并主讲刑事诉讼法修改相关问题。

12 月 29 日 出席中国政法大学诉讼法学研究院举办的纪念改革开放四十周年暨诉讼法学四十年发展座谈会，并做主旨发言：改革开放成就了我的学术人生，使我成为全国第一个诉讼法学博士生导师，并持续十年之久；成为中国法学会诉讼法学研究会会长，连续担任 22 年之久；受全国人大常委会法工委委托起草《刑事诉讼法修改专家建议稿》，对 1996 年《刑事诉讼法》的修改起到重要推动作用；使我成为终身教授，为中国民主法治建设事业贡献余生。

12 月 30 日 庆祝初中母校济时中学校庆八十周年，为母校题写校名，作庆祝序言并发庆祝视频。

12 月 获"中国政法大学科学研究突出贡献奖·2015~2017 年度科研影响力大奖"，并就"治学的主要体会：文以载道，学以致用"做主题感言。

2019 年　89 岁

1 月 25 日 参加教育部社会科学委员会法学学部主办，中国法学会学术委员会、法律出版社共同协办的《中国法学大事记：1978~2018》发布会暨新时代中国法学创新发展学术研讨会，并做总结讲话。

2 月 出站博士后 1 名（张佳华）。

3 月 22 日 参加洪范法律与经济研究所主办的"刑事诉讼中民营企业权益保护研究"论坛，并做主旨发言。

6 月 毕业博士研究生 2 名（张益南、兰哲）；毕业硕士研究生 1 名（虞惠静）。

7 月 20 日 参加教育部社会科学委员会法学学部主办，中南财经政法大学和甘肃政法大学共同承办的教育部社会科学委员会法学学部 2019 年度工作会议暨教育部人文社会科学重点研究基地（法学类）主任联席会议，并做主持、发言。

9 月 23 日至 27 日 在国家"2011 计划"司法文明协同创新中心、德国明斯特大学主办的中德刑事法研讨会上提交会议论文《中国法律援助辩护问题的探索》，但因故未参加会议。

10 月　《中国古代司法制度》获得中国社会科学基金办公室批准成为重点外文翻译项目。

11 月 16 日至 17 日　参加中国刑事诉讼法学研究会主办，广东外语外贸大学法学院、法治研究院共同承办的中国刑事诉讼法学研究会年会，提供关于完善死刑复核程序的论文，并做大会发言。

11 月 21 日　"陈光中诉讼法学奖学基金会"获紫光集团有限公司捐资人民币伍佰万元，参加捐赠签约仪式并做感谢辞。

12 月 4 日　中国教育电视台一频道"法治天下"栏目播出《走向公平正义——疑罪从无》，介绍了陈光中教授在"疑罪从无写入《刑事诉讼法》"上做出的贡献。

12 月 7 日　主持召开国家"2011 计划"司法文明协同创新中心资助的"中国监察制度改革内部研讨会"。

附录二　陈光中论著目录

专　著

1. 《陈光中法学文选（三卷）》，中国政法大学出版社 2010 年版。

2. 《陈光中法学文选外文卷 "ChenGuangzhong：Selected Works on Law"》，中国政法大学出版社 2010 年版 。

3. 《中国刑事二审程序改革之研究》（合著），北京大学出版社 2011 年版。

4. 《〈中华人民共和国刑事诉讼法〉修改条文释义与点评》（主编），人民法院出版社 2012 年版。

5. 《论检察》，中国检察出版社 2013 年版。

6. 《非法证据排除规则实施问题研究》（主编），北京大学出版社 2014 年版。

7. 《读懂刑事诉讼法》（合著），江苏人民出版社、江苏凤凰美术出版社 2015 年版。

8. 《中国法治百年经纬》（合著），中国民主法制出版社 2015 年版。

9. 《法律素养与依法治国丛书》（主编），清华大学出版社 2016 年版。

10. 《中国古代司法制度》，北京大学出版社 2017 年版。

11. 《司法改革问题研究》（合著），法律出版社 2018 年版。

12. 《公正审判与认罪协商》（主编），法律出版社 2018 年版。

教　材

1. 《刑事诉讼法学（第四版）》（第一主编），中国政法大学出版社 2010 年版。

2. 《证据法学》（主编），法律出版社 2011 年版。

3. 《刑事诉讼法（第四版）》（主编），北京大学出版社、高等教育出版社 2012 年版。

4. 《法学概论（第五版）》（主编），中国政法大学出版社 2013 年版。

5. 《刑事诉讼法（第五版）》（主编），北京大学出版社、高等教育出版社 2013 年版。

6. 《证据法学（修订版）》（主编），法律出版社 2013 年版。

7. 《证据法学（第三版）》（主编），法律出版社 2015 年版。

8. 《刑事诉讼法（第六版）》（主编），北京大学出版社、高等教育出版社 2016 年版。

9. 《证据法学（第四版）》（主编），法律出版社 2019 年版。

文　章

1. "中国刑事诉讼法治建设 60 周年"，载《中国法学刑事诉讼法学年会文集》（2009 卷）与《刑事诉讼与证据运用》（第六卷）2010 年版。

2. "刑事诉讼法再修改与涉及公安机关的若干问题"，载《刑事诉讼与证据运用》（第六卷）2010 年版。

3. "关于我国刑事二审程序运行情况的调研报告"（合著），载《刑事司法论坛》（第三辑）2010 年版。

4. "再谈刑事和解"，载《法学研究》2010 年第 1 期。

5. "侦查阶段律师辩护问题研究——兼论修订后的《律师法》实施问题"（合著），载《中国法学》2010 年第 1 期。

6. "海峡两岸刑事管辖冲突及解决路径"（合著），载《法学杂志》2010 年第 3 期。

7. "刑事和解再探"，载《中国刑事法杂志》2010 年第 2 期。

8. "中国语境下的证明责任问题探讨"（合著），载《法制与社会发展》2010 年第 2 期。

9. "我国刑事证据制度的新发展"，载《中国法律》2010 年第 4 期。

10. "摒弃封建专制糟粕，弘扬优秀文化遗产"，载《中国政法大学学报》2010 年第 5 期。

11. "刑事证据制度改革若干理论与实践问题之探讨——以两院三部《两个证据规定》之公布为视角"，载《中国法学》2010 年第 6 期。

12. "我国侦查阶段律师辩护制度之完善"，载《中国司法》2010 年第 7 期。

13. "'结论唯一'之解读"，载《证据科学》2010 年第 9 期。

14. "改革完善刑事证据制度的重大成就"，载《人民公安报》2010 年 6 月 1 日。

15. "死刑案件证据必须达到'唯一性'标准"，载《中国改革报》2010 年 6 月 25 日。

16. "刑事和解是否适用于死刑案件之我见"，载《人民法院报·理论周刊》2010 年 8 月 4 日。

17. "如何树立司法权威的几点思考"（合著），载《刑事诉讼与证据运用》2011 年版。

18. "李庄漏罪与辩护人妨害作证罪之立法修改"，载《刑事司法论坛》2011 年版。

19. "关于司法权威问题之探讨"（合著），载《政法论坛》2011 年第 1 期。

20. "审判独立是审判公正的重要保障"，载《中国政法大学学报》2011 年第 3 期。

21. "我国公诉制度改革若干问题之探讨"（合著），载《法学研究》2011 年第 4 期。

22. "把握立法契机，推进我国检察事业新发展"，载《人民检察》2011 年第 5 期。

23. "刑事诉讼法再修改视野下的二审程序改革"（合著），载《中国法学》2011 年第 5 期。

24. "我国刑事审判制度改革若干问题之探讨"（合著），载《法学杂志》2011 年第 9 期。

25. "论刑事诉讼中的证据裁判原则"（合著），载《法学》2011 年第 9 期。

26. "刑事诉讼中公安机关定位问题之探讨"，载《法学》2011 年第 11 期。

27. "传统和谐法律文化与当事人和解"，载《人民检察》2011 年第 23 期与《刑事法杂志》（中国台湾）2011 年 12 月。

28. "加强刑事司法人权保障"，载《中国社会科学报》2011 年 1 月 4 日。

29. "推进刑事诉讼的民主法治建设"，载《法制日报》2011 年 8 月 3 日。

30. "刑事和解是否适用于死刑案件之我见"，载《人民法院报》2011 年 8 月 4 日。

31. "刑诉法修改中的几个重点问题"，载《人民法院报》2011 年 8 月 24 日。

32. "我国刑事司法鉴定制度的新发展与新展望"（合著），载《中国司法鉴定》2012 年第 2 期。

33. "刑事诉讼法修改的最大亮点：'尊重和保障人权'"，载《中国法律》2012 年第 2 期。

34. "刑事诉讼法法制建设的重大进步"（合著），载《清华法学》2012 年第 3 期。

35. "铁路司法体制改革的成就与展望"，载《中国法律》2012 年第 5 期。

36. "关于修改后《刑事诉讼法》司法解释若干问题的思考"（合著），载《法学》2012 年第 11 期。

37. "创立评奖制度"，载《民主与法制》2012 年第 29 期。

38. "立法发扬民主 吸收各方意见"，载《法制日报》2012 年 1 月 17 日。

39. "一门正在探索中的学科——《司法学原理》序"，载《检察日报》2012 年 2 月 10 日。

40. "尊重和保障人权：不仅仅是一项基本原则"（合著），载《检察日报》2012 年 3 月 19 日。

41. "创建刑事强制医疗程序促进社会安定有序"（合著），载《检察日报》2012 年 4 月 11 日。

42. "新刑诉法中辩护制度规定之实施问题"（合著），载《人民法院报》2012 年 7 月 18 日。

43. "强化诉讼监督制约　推进诉讼民主法治"，载《检察日报》2012年8月10日。

44. "专家学者的良好学术平台"，载《人民法院报》2012年10月27日。

45. "如何解决新刑事诉讼法贯彻实施中的若干疑难问题"，载《诉讼法学研究》（第十八卷）2013年版。

46. "刑事诉讼法学研究的回顾与展望"（合著），载《诉讼法学研究》（第十八卷）2013年版。

47. "论不被强迫自证其罪原则"（合著），载《澳门研究》2013年第1期。

48. "比较法视野下的中国特色司法独立原则"，载《比较法研究》2013年第2期。

49. "关于深化司法改革若干问题的思考"（合著），载《中国法学》2013年第4期。

50. "我国劳动教养制度改革之探讨"（合著），载《中国法律》2013年第5期。

51. "论无罪推定原则及其在中国的适用"（合著），载《法学杂志》2013年第10期。

52. "排除非法证据，充分保障人权"，载《人民法院报》2013年1月7日。

53. "上帝不犯错，可法官不是上帝"，载《法制日报》2013年5月8日。

54. "转变观念完善制度 严守底线防范冤案"，载《检察日报》2013年8月29日。

55. "经得起法律和历史检验的正义审判"，载《法制日报》2013年9月27日。

56. "严防冤案若干问题思考"（合著），载《法学家》2014年第1期。

57. "应当如何完善人权刑事司法保障"，载《法制与社会发展》2014年第1期（光明日报于2013年12月5日刊发此文）。

58. "我国刑事辩护制度的改革"，载《中国司法》2014年第1期。

59. "如何理顺刑事司法中的法检公关系"，载《环球法律评论》2014年第1期。

60. "关于国家治理现代化问题的若干思考和建议"，载《法大智库建议》2014年第1期。

61. "公正司法，促进社会公平正义"，载《中国政法大学学报》2014年第2期。

62. "国家治理现代化标准之我见"，载《法治与社会发展》2014年第4期。

63. "证据裁判原则若干问题之探讨"，载《中共浙江省党校学报》2014年第6期。

64. "非法证据排除规则实施若干问题研究——以实证调查为视角"（合著），

载《法学杂志》2014年第9期。

65. "关于国家治理现代化问题的若干建议"，载《教育部简报》2014年第10期。

66. "严格实行非法证据排除规则的建议"，载中国法学会《要报》2014年第16期。

67. "司法机关如何依法独立行使审判权、检察权"，载《人民日报内部参阅》2014年1月17日。

68. "刑事诉讼法研究的一个重要问题"，载《人民日报》（理论版）2014年8月3日。

69. "标本兼治，综合应对"，载《人民公安报》2014年8月18日。

70. "依法独立办案才能有力反腐"，载《检察日报》2014年10月14日。

71. "民主立法应有刚性要求"，载中央办公厅法规局《法规要情报》2014年11月15日。

72. "推进以审判为中心的诉讼制度改革"（合著），载《中国法律》（英文）2015年第1期。

73. "论我国司法体制的现代化改革"（合著），载《中国法学》2015年第1期。

74. "审判中心与相关诉讼制度改革初探"（合著），载《政法论坛》2015年第2期。（《人大复印报刊资料/诉讼法学、司法制度》2015年第6期转载）

75. "在司法过程中保障人权的五大举措"，载《中国政党干部论坛》2015年第4期。

76. "完善的辩护制度是国家民主法治发达的重要标志"，载《中国法律评论》第2期"卷首语"与《人民法院报》2016年8月7日。（《中国法律》2016年第4期转载。）

77. "略谈司法公信力问题"，载《法制与社会发展》2015年第5期。

78. "推进'以审判为中心'改革的几个问题"，载《人民法院报》2015年1月21日。（《新华文摘》2015年第5期转载）

79. "刑事速裁程序试点改革符合中国实际需要"，载《人民法院报》2015年9月9日。

80. "完善司法责任制"，载《人民日报（大家手笔）》2015年10月19日。

81. "聂树斌案五大疑点已撕裂原证据证明体系，理应重新公正审判"，载《中国诉讼法判解》（第九卷）2016年1月。

82. "修正案方式：《刑事诉讼法》新修改的现实途径"，载《中国司法》2016年第1期。

83. "法治经济与司法公正"，载《人民法治》2016年第1期。

84. "以审判为中心与检察工作"，载《国家检察官学院学报》2016年第1期。

85. "司法责任制若干问题之探讨"（合著），载《中国政法大学学报》2016年第2期。

86. "责任需要追究亦应遵守时效"（合著），载《人民法治》2016年第6期。

87. "认罪认罚从宽制度若干重要问题探讨"（合著），载《法学》2016年第8期。

88. "深化司法改革与刑事诉讼法修改若干重点问题探讨"（合著），载《比较法研究》2016年第6期。

89. "陈光中：推进法律职业教育培训　建设社会主义法治工作队伍"，载《中国公证》2016年7月。

90. "认罪认罚从宽制度实施问题研究"（合著），载《法律适用》2016年第11期。

91. "中国法治建设面临三个问题"，载《中华智库》2016年3月。

92. "严格司法应'准'字当头"，载《人民日报》2016年5月23日。

93. "完善认罪认罚从宽制度若干看法和建议"，载《司法文明协同创新中心成果要报（第三十四期）》2016年8月16日。（并于11月被教育部采纳）

94. "中国古代诉讼证明问题探讨"（合著），载《现代法学》2016年9月15日。

95. "严格依法再审，坚决贯彻疑罪从无"，载《人民法院报》2016年12月5日。

96. "关于我国监察体制改革的几点看法"，载《环球法律评论》2017年第2期。

97. "信息时代刑事司法的发展与思考"（合著），载《北航法学》2016年第2卷。

98. "完善证人出庭制度的若干问题探析——基于实证试点和调研的研究"，载《政法论坛》2017年第4期。

99. "论刑事审判模式与查明事实真相"（合著），载《法学杂志》2017年第6期。

100. "社区矫正发展及其立法的几个问题"，载《法制日报》2017年4月19日。

101. "我国监察体制改革若干问题思考"（合著），载《中国法学》2017年第4期。

102. "对《严格排除非法证据规定》的几点个人理解"，载《中国刑事法杂志》2017年第4期。

103. "我国监察体制改革若干问题思考"（合著），载《中国法学会成果要报》2017年9月5日。

104. "证人出庭制度改革与完善之建议"（合著），载《司法文明协同创新中心成果要报》2017年9月24日。

105. "关于《监察法（草案）》的八点修改意见"（合著），载《比较法研究》2017年第6期。

106. "一项推进公正司法的成功探索——评《人民法院司法标准化理论与实践》一书"，载《人民法院报》2017年10月11日。

107. "中国政法大学终身教授陈光中等专家认为——《监察法（草案）》存合宪性争议有待完善"，载《人民日报〈内参〉中办、国办信息》第391期。

108. "我经历的1952年高校院系调整和北京政法学院的成立"，载《法学家茶座》第44辑2017年12月5日。

109. "完善《监察法（草案）》之建议"，载《司法文明协同创新中心成果要报》2017年11月21日。

110. "以程序正义保护合法产权"，载《人民法院报》2017年12月30日。

111. "中国古代司法制度之特点及其社会背景"，载《中国政法大学学报》2018年第1期。

112. "推进刑事辩护法律援助全覆盖问题之探讨"（合著），载《法学杂志》2018年第3期。（要点载《教育部简报（高校智库专刊）》2018年8月23日与《司法文明协同创新中心成果要报》第86期）

113. "Gerechtigkeit der Urteilsfindung und Erscheinen des Zeugen（审判公正与证人出庭问题）"，载《Goltdammer's Archiv für Strafrecht（GA刑法学档案）》2018年4月。

114. "古代诉讼证明标准：从原则到具体"，载《检察日报》2018年5月29日。

115. "古代疑罪处理原则异同反映立法宗旨变迁"，载《检察日报》2018年6月5日。

116. "刑事诉讼法修正草案：完善刑事诉讼制度的新成就和新期待"（合著），载《中国刑事法杂志》2018年第3期。

117. "动态平衡诉讼观之我见"，载《中国检察官》2018年7月5日。

118. "中国刑事诉讼法立法四十年"（合著），载《法学》2018年第7期。

119. "监察制度改革的重大成就与完善期待——以宪法修正案、监察法为视角"（合著），载《行政法学研究》2018年第4期。

120. "古代民事诉讼的裁判依据"，载《检察日报》2018年8月28日。

121. "中国古代监察法律的历史演变"（合著），载《甘肃社会科学》2018年第5期。

122. "当前刑事诉讼制度改革面临的几个问题"，载《证据科学》2018年第5期。

123. "司法不公成因的科学探究"，载《中国法律评论》2019年第4期。

访谈及其他

1. "陈光中访谈录"，载《中国法学家访谈录》2010 年版。

2. "禁止强迫自证其罪有望入法"，载《法治周末》2011 年 6 月 21 日。

3. "当务之急要修改刑诉法第三十八条"，载《法治周末》2011 年 7 月 3 日。

4. "法学专家陈光中谈李昌奎案再审：公正才能树法律权威"，载《凤凰网》2011 年 8 月 23 日。

5. "李昌奎案依申诉启动再审符合刑诉法"，载《法制日报》2011 年 8 月 24 日。

6. "刑诉法惩罚犯罪也需保障人权"，载《新京报》2011 年 8 月 25 日。

7. "推进刑诉制度民主化和科学化"，载《法制日报》2011 年 8 月 25 日。

8. "公检法不赞成沉默权入法"，载《京华时报》2011 年 8 月 26 日。

9. "刑事诉讼法修改若干问题"，载中央电视台《焦点访谈》2011 年 8 月 27 日。

10. "对话法大终身教授陈光中"，载网易新闻 2011 年 8 月 31 日。

11. "通知家属有碍侦查留的口子有点大"，载凤凰网 2011 年 9 月 1 日。

12. "刑诉法修订：人权保障力度大于公权力扩张"，载《国际先驱导报》2011 年 9 月 20 日。

13. "适度诉讼化改造让死刑复核更加公正"，载《法制日报》2011 年 9 月 20 日。

14. "陈光中与他的民主法治梦"，载《中国人大》2011 年 10 月 10 日。

15. "将公安机关升格为司法机关值得商榷"，载《法制晚报》2011 年 11 月 1 日。

16. "祸起刑法 306 条"，载《法治周末》2011 年 12 月 29 日。

17. "铁路司法大变革之求解"，载《新京报》2012 年 2 月 22 日。

18. "'小宪法'里大写的人权"，载《中国青年报》2012 年 3 月 9 日。

19. "'保障人权'条款须继续修订"，载《新京报》2012 年 3 月 9 日。

20. "部分条款做到了超前"，载《京华时报》2012 年 3 月 9 日。

21. "保障人权是重中之重"，载《中国纪检监察报》2012 年 3 月 9 日。

22. "惩治犯罪与保障人权并重"，载《人民法院报》2012 年 3 月 9 日。

23. *CHINA ACTS TO BOLSTER DEFENDANTS'RIGHTS*，载《纽约时报》2012 年 3 月 9 日。

24. "处处体现'尊重和保障人权'"，载《钱江晚报》2012 年 3 月 10 日。

25. "陈光中解读刑诉法争议条款：两种拘留不通知不过分"，载《京华时报》2012 年 3 月 15 日。

26. "步子再大点，会修改得更好"，载《中国经济周刊》2012 年 3 月 26 日。

27. "十年来我国刑诉法律制度进步巨大"，载《法制日报》2012 年 7 月 9 日。

28. "证人是否出庭主动权仍在法院"，载《新京报》2013 年 1 月 2 日。

29. "'严打'更应针对恐怖犯罪"，载《国家人文历史》2013 年第 16 期。

30. "就薄熙来案的审判接受凤凰卫视在线直播采访"，凤凰卫视中文台 2013

年 8 月 22 日。

31. "院庭长'内审'损害司法独立"，载《法制晚报》2013 年 8 月 23 日。

32. "公检法配合有损法院中立性"，载《法制晚报》2013 年 8 月 26 日。

33. "应禁人大代表个人监督个案"，载《法制晚报》2013 年 9 月 5 日。

34. "改革人事财权才能独立行使审判权"，载《华西都市报》2013 年 11 月 14 日。

35. "解读司法体制改革"，载法制网 2013 年 12 月 10 日。

36. "陈光中谈司法改革——从权力规制深入到体制层面建设"，载正义网 2013 年 12 月 30 日。

37. "关于 2011 计划司法文明协同创新中心的做法与建设的采访"，载《光明日报》2014 年 5 月 10 日。

38. "对申诉不止的案件，一定要重新审查"，载《中国青年报》2014 年 8 月 25 日。

39. "法、检、公应避免联合办案"，载《法制晚报》2014 年 10 月 21 日。

40. "将司法公正提到更加重要的位置"，载正义网 2014 年 10 月 30 日。

41. "巡回法庭立案受理标准应细化"，载《新京报》2014 年 10 月 31 日。

42. "司法改革方向有了但路要一步步走"，载《新京报》2014 年 11 月 12 日。

43. "司法改革的关键在于政治体制改革"，载《人民法治》2014 年 12 月 5 日。

44. "法学界泰斗陈光中谈冤假错案改判：'命案必破'口号不正常"，载《中国青年报》2015 年 1 月 6 日。

45. "陈光中：反腐败更加深入，力度更大了"，载《中国纪检监察报》2015 年 1 月 19 日。

46. "当前涉黑案件再审如何体现依法治国思路"，载《21 世纪经济报道》2015 年 5 月 4 日。

47. "陈光中：聂树斌案存五大疑点"，载腾讯网 2015 年 5 月 13 日。

48. "聂树斌案法医问题咨询交流会内容纪要"，形成于 2015 年 5 月 21 日，公开于 2016 年 12 月 6 日。

49. "点评《关于完善法律援助制度的意见》"，载《法制日报》2015 年 6 月 28 日。

50. "只有完善的法律援助制度才有'法律面前人人平等'"，载新华网 2015 年 6 月 29 日。

51. "援助范围扩大成核心亮点"，载法制网 2015 年 6 月 30 日。

52. "陈光中：既要法官独立又要追责法官"，载凤凰网 2015 年 7 月 3 日。

53. "法律援助：扩范围、降门槛"，载《中央电视台焦点访谈栏目》2015 年 7 月 8 日。

54. "陈光中：尊重律师、支持律师、保护律师"，载法制网 2015 年 7 月

14 日。

55. "我国刑事司法改革的几个问题"，载《民主与法制时报》2015 年 7 月 23 日。

56. "刑事诉讼法有必要再作修改"，载《检察日报》2015 年 11 月 30 日。

57. "陈光中：司法不公会严重影响经济的正常发展"，载人民法治网 2015 年 12 月 14 日。

58. "陈光中：追求正义的律媒，该如何防范风险"，载《京法网：今日头条》2015 年 12 月 18 日。

59. "应进一步加强未成年人保护"，载《人民法院报》2016 年 1 月 6 日。

60. "陈光中谈周薄案：反腐应与民主法治改革并行"，载财新网 2016 年 1 月 19 日。

61. "中国法治要面对的三个问题"，载《法制日报》2016 年 2 月 24 日。

62. "推进法治中国建设"，载《中国经济报告》2016 年 3 月 1 日。

63. "陈光中谈反腐：'拍苍蝇'应避免制造冤案"，载财新网 2016 年 3 月 21 日。

64. "陈光中：为刑诉法修改鼓与呼"，载《人民日报》2016 年 3 月 23 日，第 18 版。

65. "陈光中谈冤案平反：不能全靠法检自纠自错"，载财新网 2016 年 4 月 28 日。

66. "法官应敢于启动非法证据排除程序"，载财新网 2016 年 5 月 5 日。

67. "陈光中谈雷洋案：建议最高检督办 北京市检主导"，载财新网 2016 年 5 月 12 日。

68. "公正与真相：现代刑事诉讼的核心价值观"，载《检察日报》2016 年 6 月 16 日。

69. "陈光中：关于刑事诉讼法的一生"，载《环球人物杂志·环球人物》2016 年 7 月 16 日，第 19 期。

70. "认罪认罚从宽制度仍应坚持常规证明标准"，载《检察日报》2016 年 8 月 25 日。

71. "公正和真相才是现代刑事诉讼的核心价值观"，载《社会科学报》2016 年 9 月 1 日。

72. "死刑复核应坚持'少杀'原则"，载财新网 2016 年 9 月 12 日。

73. "认罪认罚从宽制度需进一步体系化"，载《检察日报》2016 年 10 月 25 日。

74. "陈光中：认罪认罚从宽制度若干重要问题探讨"，载《人民法院报》2016 年 12 月 1 日。

75. "陈光中：聂树斌案应当载入史册"，载财新网 2016 年 12 月 2 日。

76．"陈光中：监察体制改革需启动系统修法工程"，载财新网 2017 年 1 月 15 日。

77．"陈光中：农民无证照收购玉米不构成非法经营罪"，载法制网 2017 年 2 月 27 日。

78．"陈光中：于欢案定罪量刑明显不公"，载财新网 2017 年 3 月 27 日。

79．"陈光中：制定《国家监察法》保障被调查人权利"，载财新网 2017 年 3 月 29 日。

80．"我国监察制度改革中的三个问题"，载《法制日报》2017 年 4 月 12 日。

81．"陈光中：法治前行终生求"，载《在京浙江人》2017 年第 8 期。

82．"陈光中：建议政法机关主动全面清理冤案"，载财新网 2017 年 9 月 19 日。

83．"陈光中：我国监察体制改革中监察权与司法权的衔接问题"，载《人民法院报》2017 年 9 月 21 日。

84．"监察法草案应'尊重保障人权'，并增设律师介入制度"，载财经网 2017 年 11 月 8 日。

85．"《监察法》的立法工作不能急于求成"，载《中国宪政网》2017 年 11 月 12 日。

86．"专访陈光中教授：创新继承古代司法文明优良传统"，载《人民法院报》2017 年 12 月 15 日。

87．"山东张志超奸杀案十大疑问待解 法学泰斗陈光中称案情不合常理"，载今日头条 2018 年 2 月 3 日。

88．"陈光中：《监察法》是党规转向国法的重要变化"，载《中国新闻周刊》2018 年 3 月 22 日。

89．"关于《刑事诉讼法（修正草案）》的若干修改建议"，载"中国政法大学国家法律援助研究院"公众号 2018 年 5 月 23 日。

90．"对云南孙小果案立案再审完全正确合法"，载《法制日报》2019 年 7 月 27 日。

91．"陈光中：法治应以公正作为生命线"，载《南方周末》2019 年 8 月 22 日。

92．"陈光中：尽一个做学者的责任"，载《新京报》2019 年 11 月 6 日。

93．"法学家陈光中：'疑罪从无'写入刑诉法，来之不易"，载《封面新闻》2019 年 11 月 14 日。

94．"陈光中：打通死刑复核'最后一公里'确保律师辩护全覆盖"，载《财新网》2019 年 11 月 19 日。